泉州年鉴 2018

（总第18卷）

泉州市地方志编纂委员会　编

方志出版社
Publishing House of Local Records

图书在版编目（CIP）数据

泉州年鉴. 2018 / 泉州市地方志编纂委员会编. --
北京：方志出版社，2018.12
ISBN 978-7-5144-3635-8

Ⅰ. ①泉… Ⅱ. ①泉… Ⅲ. ①泉州-2018-年鉴
Ⅳ. ①Z525.73

中国版本图书馆CIP数据核字（2019）第071400号

泉州年鉴（2018）

编　　者：泉州市地方志编纂委员会
责任编辑：刘方圆

出 版 人：冀祥德
出 版 者：方志出版社
地址 北京市朝阳区潘家园东里9号（国家方志馆4层）
邮编 100021
网址 http://www.fzph.org
发　　行：方志出版社图书经销中心
电话 （010）67110500
经　　销：各地新华书店
印　　刷：福州报业鸿升印刷有限责任公司

开　　本：889×1194　1/16
印　　张：35
字　　数：1311千字
版　　次：2019年1月第1版　2019年1月第1次印刷
印　　数：0001～1000册

ISBN 978-7-5144-3635-8　**定价**：320.00元

ISBN 978-7-5144-3635-8
9 787514 436358

泉州市地方志编纂委员会
暨《泉州年鉴》编辑委员会

顾　　问　郑新聪

主　　任　康　涛

副 主 任　陈铁晗　肖汉辉　廖国文　陈文聪　黄文捷

　　　　　张惠评　林龙海　许晓松

委　　员　邓安娜　吴达平　许友烈　张翼翔　周文心　郑国防　林炯泉

　　　　　许旭明　吴建生　黄碧煌　陈　晖　曾焕楷　黄振奋　赖畅水

　　　　　黄黎波　尤剑国　夏丽清　黄万成　黄世界　王伟明　陈文堃

　　　　　黄国富　丁　峰　廖伏树　李文生　黄景生　柳新群　杜朴生

　　　　　林培新　李清景　刘曙庆　赖开族　钟文成　黄世清　王天祥

　　　　　陈进平　潘新雅　刘锦川　林华伟　傅春添　李建芳　陈惠平

　　　　　叶一帆　王家声　骆振军　李跃民　蔡天守　施国宾　李伯群

　　　　　柯跃峰　温锦辉　林琪伟　刘烨明　黄继业　王洪海　陈开基

　　　　　侯守水　李瑞阳　陈凤华　王永春　王茂泉　杨凤翔　庄灿霞

　　　　　陈晓玉　陈严辉　章金良　李培德　白碧英　林　荣　阮玉盼

　　　　　沈家骏　符夷杰　刘水祥　林耀平　许宏程　杨国昕　苏汉庭

　　　　　颜朝晖　黄春辉　张文贤　林荣忠　赖清正　刘林霜　庄永智

　　　　　刘德旺　梁炳辉　刘志平

《泉州年鉴》总编室

编 辑 说 明

一、《泉州年鉴》是由中共泉州市委、泉州市人民政府主办，泉州市地方志编纂委员会组织编纂的年度地方资料性文献。创办于2000年，2018卷为第18卷。

二、《泉州年鉴》以马克思列宁主义、毛泽东思想、邓小平理论、“三个代表”重要思想、科学发展观、习近平新时代中国特色社会主义思想为指导，坚持辩证唯物主义和历史唯物主义的立场、观点和方法，实事求是地记载泉州市2017年政治、经济、文化、社会和生态文明建设发展状况，反映物质文明、精神文明、政治文明、生态文明建设的新成就、新经验以及出现的新情况、新问题，为社会各界和海外人士了解泉州、研究泉州、置业泉州、旅游泉州提供尽可能全面、翔实的地情资料。

三、《泉州年鉴》2018卷设有图说泉州、特载、专记、市情概况、大事记、人口 资源 环境、中共泉州市委员会、泉州市人民代表大会、泉州市人民政府、政协泉州市委员会、民主党派、群众团体、外事 侨务 港澳台事务、法治、军事、经济管理与监督、财税 金融、经济开发合作与产业园区、民企与泉商、农业、工业和信息化、交通 邮政 通信、商贸 旅游、口岸综合管理、城乡建设与环境保护、教育、科学技术、文化 体育、卫生和计划生育、民生及社会保障、县（市、区）、荣誉 人物、附录等类目，个别类目下设分（子）目，条目为内容的基本载体形式。

四、《泉州年鉴》2018卷记述的时限为2017年1月1日至12月31日，选介资料、相关链接及部分图表跨年度选编。

五、《泉州年鉴》文字、标点符号、计量单位均依国家现行规范；文中凡简称“党员”均指中国共产党党员，“省、全省”均指福建省，“市、全市”均指泉州市。对于缩略语、简称、术语，出现频率较少的，随文注释，出现频率较多的，在书后“相关名词解释”中统一说明。

六、《泉州年鉴》全市统计数据采用《泉州统计年鉴》的数据；业务部门的数据出自各供稿单位，如个别数据与统计部门提供的数据有差异，以统计部门提供的为准。全文中除特别注明外，泉州市统计数据不含金门县。

七、《泉州年鉴》资料除了由全市各级机关、社会团体、企事业单位提供外，部分由编辑人员采编。

泉州市地图
图例
设区市行政中心
县级行政中心
乡、镇、街道办事处
村委会、社区居委会
自然村
开发区
设区市行政区域界
县级行政区域界
高速公路
在建高速
铁路及车站
在建铁路
G355 国道及编号
S215 省道及编号
其他道路
主要旅游资源
民用机场
自然保护区
河流及水库
高速公路出入口
审图号：闽S〔2019〕17号
比例尺 1:870 000
福建省制图院 编制
资料截至2017年12月
注：本图界线为权宜画法，不作划界依据。
三明市
福州市
莆田市
龙岩市
漳州市
厦门市
台湾海峡
泉州市
德化县
永春县
安溪县
南安市
晋江市
石狮市
惠安县
鲤城区
丰泽区
洛江区
泉港区
金门县
泉州经济技术开发区
泉州台商投资区
大田县
永泰县
仙游县
长泰县
同安区
翔安区
湖里区
城厢区
荔城区
金门岛
围头湾
深沪湾
泉州湾
湄洲湾

图说泉州

（分类按时序排列）

责任编辑：吴寿民

【古泉州（刺桐）史迹申遗】

2017年1月，国务院决定将“古泉州（刺桐）史迹”作为2018年世界文化遗产申报项目。泉州市委、市政府把古泉州（刺桐）史迹申遗工作作为“一号工程”，全力推进。图为16个遗产点之一的泉州府文庙建筑群鸟瞰 （图/吴寿民）

【金砖国家治国理政研讨会】

2017年8月17日，由中共中央宣传部主办，国家行政学院、中国外文出版发行事业局承办的金砖国家治国理政研讨会在泉州开幕 （图/陈起拓）

2017年9月15日，由国家发改委、中国科协主办的以“双创促升级，壮大新动能”为主题的全国“大众创业 万众创新”活动周福建省分会场活动在泉州市丰泽区领SHOW天地文创产业园区启动　（图/吴寿民）

【“大众创业 万众创新”活动周福建分会场】

【泉州市获“国家森林城市”称号】

2017年10月10日，泉州市获国家森林城市称号。图为从空中拍摄的德化县国宝乡

（图/泉州晚报社）

【第三届海上丝绸之路国际艺术节】

2017年12月10日，由文化部和省政府主办、省文化厅和市政府承办的第三届海上丝绸之路国际艺术节在泉州开幕。图为开幕式文艺演出（图/陈起拓）

2017年3月16日，市委书记郑新聪（左五）检查兴泉铁路泉州段开工建设情况

（图/陈起拓）

2017年3月7日，市长康涛（右二）到永春县调研美丽乡村建设情况 （图/陈晓东）

2017年6月23日，市人大常委会党组书记陈万里（前排右五）到丰泽区企业、项目一线，开展2017年第二季度“促进项目落地、帮扶企业发展”活动周调研　　（图/陈意鸣）

2017年12月26日，市政协主席陈灿辉（左）为中国人民大学国际关系学院院长杨光斌颁发“华大讲堂”主讲嘉宾纪念牌　　（图/张为健）

创 新 泉 州

【创新泉州·政策服务】

泉州数字城管平台推动城市管理智慧化进程（2017年拍摄） （图/胡彦明）

2017年，市行政服务中心各窗口办事效率不断提升，项目审批“瘦身”，群众办事提速。图为市行政服务中心办事窗口 （图/林劲峰）

2017年2月，在晋江市国税办税厅，智能机器人开启“互联网+纳税服务”的涉税咨询新模式，在全省范围内尚属首创。图为纳税人正在税务工作者的指导下与机器人对话

（图/朱娟娟 许荔晖）

泉州网商（虚拟）产业园入驻企业超9000家。图为服务大厅内，工作人员接受创业者咨询（2017年拍摄） （图/郭雅莹）

●创新泉州

2017年，泉州市把全面深化改革作为永续动力，实施产业转型升级路线图，力促产业向中高端迈进；深化国家自主创新示范区建设，发挥“金改区”“综改区”等国家级改革试点效应；完善“1+X”政策体系，首创31项新举措；创新供应链融资模式，小微企业贷款2100亿元、增长10.7%。

【创新泉州·双创样板】

2017年2月13日，泉州经济年会高峰对话举行
（图/泉州晚报社）

2017年3月23日，泉州市外资专场招商推介会举行
（图/杨玙峻）

2017年9月18日，厦门国际投资贸易洽谈会在厦门国际会展中心开幕。图为客商在泉州台商投资区展示区参观动车组模型 （图/陈林森）

2017年9月18日，“创新引领未来”中国（泉州）石墨烯产业应用发展论坛暨石墨烯技术项目对接会在丰泽区海西电子信息产业育成基地举办
（图/泉州晚报社）

【创新泉州·品牌之都】

2017年4月18日，第二十届海峡两岸纺织服装博览会在石狮市开幕 （图/吴寿民）

2017年4月18日，第十九届中国（晋江）国际鞋业暨第二届国际体育产业博览会开幕 （图/赖进财）

2017年11月3日，第十届海峡两岸（厦门）文化产业博览交易会举行，德化瓷在会上备受瞩目（图/陈智勇）

2017年4月18日，第三届海丝博览会在石狮开幕，吸引全球各地的展商和品牌参会（图/吴寿民）

2017年11月8日，第十八届中国（南安）水头国际石材博览会在南安市石材产业展示中心开幕（图/陈龙山）

2017年11月9日，2017年中国（惠安）国际雕刻艺术品博览会开幕

（图/曾志刚）

【创新泉州·“金改”大戏】

2017年，泉州市探索民间融资规范化和阳光化途径，推动民间资本参与地方金融发展。图为市民在石狮市金融服务中心办理民间融资登记

（图/陈晓东）

2017年，农行泉州分行融入当地经济社会发展建设，服务“五个泉州”建设

（图/泉州晚报社）

2017年2月20日，《泉州市 2017 年金融服务实体经济工作要点》印发，推进建设“泉州金融服务平台”，推进企业需求与金融资源的有效对接，建立综合金融服务机制。图为被誉为泉州“金融街”的丰泽街中段

（图/陈起拓）

智 造 泉 州

●智造泉州

2017年，泉州市坚持一手抓高新技术产业发展，一手抓传统产业改造提升。新认定高新技术企业169家、科技小巨人领军企业198家；整合晋江集成电路、南安半导体、安溪湖头光电等3个园区，获批设立省级半导体高新技术产业园。实施“中国制造2025”城市试点示范；完成“百千5311”工程，培育“数控一代”示范产品138个，列入国家级智能制造项目5个；实施重点技改项目238个，全市完成技改投资990亿元。

2017年6月18日，泉州企业工业机器人亮相福建省工业博览会
（图/泉州晚报社）

2017年7月9日，2017年全国示范性微电子学院建设工作推进会在泉州召开
（图/泉州晚报社）

【智造泉州·产业转型】

2017年7月9日，全国示范性微电子学院建设工作推进会与会代表在晋江市参观调研（图/泉州晚报社）

2017年9月20日，泉州台商投资区在2017厦门国际投资贸易洽谈会上签约三个项目，中国中车推出多款车型，备受国内外客商关注（图/泉州晚报社）

2017年11月，“黑五”“网一”活动期间，泉州跨境电商发货量大幅增长（图/王宇静 洪宝森）

2017年11月14日，南安市海丝泛家居线下体验中心正式投入运行（图/泉州晚报社）

【智造泉州·人工智能】

2017年，嘉泰数控专注技术革新，在加工设备、技术服务、自动化生产线、检测等环节均取得发展，实现企业的转型升级　（图/泉州晚报社）

2017年，泉州开发区释放发展空间，加快建设“五个示范区”。图为“任我行”企业内的先进自动化制鞋生产线　（图/陈晓东）

2017年，泉州市大力发展智能制造。图为泉州华宝智能科技有限公司新研发的硫化鞋自动化生产线，一条生产线只需5人值守，平均2分钟生产一只硫化鞋，全部标准化生产，提升生产效率　（图/陈晓东）

2017年，泉州市新一轮技改“数控一代”由点及面全面推广。“黑金刚”成为全国首家鞋业智能制造整体运营商　（图/泉州晚报社）

2017年，泉州市发挥平台“聚才效应”，筑造科技创新高地。图为中科院海西研究院泉州装备制造研究所研究人员正在测试新系统　（图/吴宗宝）

【智造泉州·“泉州制造2025”】

① 2017年，泉州软件园创客项目成果、科技成果集中展示，全方位、立体化、多维度展示“大众创业、万众创新”内涵。图为工作人员展示机器人研发成果（图/泉州晚报社）

② 2017年，在海西电子信息产业育成基地的科技创新驿站，入驻企业集中展示近年来孵化的创业创新成果，吸引市民驻足参观并参与体验（图/泉州晚报社）

③ 2017年，石狮市推进“数控一代”“智能制造”示范建设，涌现出一批具有自主知识产权、竞争力较强的优势企业。图为通达公司车间（图/泉州晚报社）

④ 2017年3月8日，市政府印发《关于推动机器人产业快速发展的实施意见》，支持泉州市机器人产业持续发展。图为饮料装箱由机器人代工（图/泉州晚报社）

⑤ 2017年10月27日，2017年福建省“海峡杯”工业设计（晋江）大赛闭幕。图为晋江工业设计展馆（图/赖进财）

⑥ 2017年，泉州市企业不断加强技术创新，推动转型升级，提升企业竞争力。图为石狮华用新材料科技有限公司研发的功能性TPU薄膜，既可透湿又可防水、保暖，各项参数指标领先于同类产品，可应用于户外服装面料、卫生医疗行业用品、海上作业工作服、潜水服等（图/陈小阳 詹伟志 陈耿哲）

“海丝”泉州

【“海丝”泉州·史迹申遗】

老君岩造像　　（2017年拍摄）

万寿塔　　（2017年拍摄）

六胜塔　　（2017年拍摄）

开元寺　　（2017年拍

“海丝”泉州

2017年，泉州市深化21世纪海上丝绸之路先行区开放合作。全市完成进出口总额1569亿元，与“海丝”沿线国家和地区贸易额720亿元。以“古泉州（刺桐）史迹”申遗为契机，推进历史文化遗产保护、挖掘和整理。守护好古城、古镇、古村落，越来越成为全市上下共同的文化使命和行动自觉，文脉传承深入人心，文化自信更加坚定。

【“海丝”泉州·史迹申遗】

九日山祈风石刻（2017年拍摄）　　（本版图片/吴寿民）

德济门遗址　（2017年拍摄）

天后宫　（2017年拍摄）

泉州府文庙　（2017年拍摄）

【“海丝”泉州 · 史迹申遗】

伊斯兰教圣墓　　（2017年拍摄）

清净寺　　（2017年拍摄）

磁灶窑系金交椅山窑址（2017年拍摄）

洛阳桥　　（2017年拍

【“海丝”泉州·史迹申遗】

草庵摩尼光佛造像（2017年拍摄）　　（本版图片/吴寿民）

江口码头　（2017年拍摄）

石湖码头　（2017年拍摄）

真武庙　（2017年拍摄）

【“海丝”泉州·丝路领航】

2017年3月19日，新华社海外社交媒体平台记者到泉州蟳埔社区进行“一带一路”系列直播　（图/张九强）

2017年4月20日，联合国教科文组织青年创意与遗产研习班在泉州举办　（图/吴寿民）

2017年5月14日，“一带一路”国际合作高峰论坛纪念邮票首发式在泉州举行　（图/李芸生）

2017年6月3日，市委召开中心组（扩大）学习会，邀请国际古迹遗址理事会原副主席、中国文物学会副会长兼世界遗产研究会会长郭旃作《世界遗产申报与保护管理》专题辅导报告　（图/泉州晚报社）

2017年12月11日，海上丝绸之路非物质文化遗产展启动仪式在泉州府文庙举行（图/李芸生）

2017年12月16日，第二届泉州海丝古城徒步穿越活动举行　（图/李芸生）

美 丽 泉 州

●美丽泉州

2017年，泉州市开展国家生态修复、城市修补试点工作。在“润物细无声”的微改造中，古大厝修旧如旧，古街巷活化保护，泉州古城逐步成为见人见物见生活的“活样本”。“海丝”新城加快环湾向湾生长，人气、业态、服务加速集聚；绿化景观明显提升，精心打造山线水线绿道，织就美丽风景线，串起城市“慢生活”；环湾建成区达到220平方千米；实施 125个“千村整治、百村示范”美丽乡村建设工程，包括创建美丽乡村示范村13个、美丽乡村景观带8条，进一步改善农村人居环境。

【美丽泉州·城市建设】

大坪山俯瞰
（2017年拍摄）

紫帽山揽胜（2017年拍摄）

丰泽区中芸洲（2017年拍摄）

南安武荣公园（2017年拍摄）

（本版图片/泉州晚报社）

鲤城区龙岭社区（2017年拍摄）
（图/吴寿民）

丰泽区东海法石社区（2017年拍摄）
（图/吴寿民）

石狮市永宁镇郭坑村（2017年拍摄） （资料图片）

南安市美林珠渊村（2017年拍摄） （图/李芸生）

晋江市金井镇围头湾（2017年拍摄）

【美丽泉州·美丽乡村】

洛江区厝斗村（2017年拍摄）
（图/泉州晚报社）

泉港区樟脚村石头房（2017年拍摄）
（图/李芸生）

（图/吴寿民）

【美丽泉州·美丽乡村】

①	②
③	④

① 惠安县聚龙小镇（2017年拍摄）（图/吴寿民）
② 安溪县城厢镇经兜村掩身群山之中，地势平坦，村容村貌极佳（2017年拍摄）（图/泉州晚报社）
③ 草长莺飞，永春吾峰镇的梯田美景赏心悦目（2017年拍摄）（图/林劲峰）
④ 山城德化冬日暖阳下的美丽景致（2017年拍摄）（图/徐艺星）

【美丽泉州 · 生态泉州】

生态泉州湾（2017年拍摄）　（图/李芸生）

鲤城西街开元寺樱花盛开（2017年拍摄）
（图/吴寿民）

洛江安吉路的宫粉紫荆（2017年拍摄）
（图/陈起拓）

永春桃城镇南星社区（2017年拍摄）
（图/姚德纯）

滨海公园（2017年拍摄）　（图/陈起拓）

幸 福 泉 州

●幸福泉州

2017年，泉州市惠民举措叠加推出，人民生活更加幸福。坚持把七成以上的地方财力用于民生，落实市委“四心”工程，实施教育、医疗、养老、基础设施等补短板项目132个。启动泉州“XIN”行动，聚焦安置房办证、中心城区防洪排涝等10个问题；推进精准扶贫、精准脱贫，现有的建档立卡贫困村和贫困人口实现按时退出；加快建设国家生态文明试验区，空气、水质量保持优良水平。泉州市蝉联全国文明城市、国家卫生城市、综治最高奖“长安杯”，获评全国未成年人思想道德建设工作先进城市。

【幸福泉州·文化繁荣】

2017年10月23日，泉港区首个“百姓书房”——锦绣公园阅读点揭牌，对外免费开放

（图/泉州晚报社）

座落在泉州市区中山公园的“泉州书城”，环境优静。（2017年拍摄） （图/吴寿民）

【幸福泉州·文化繁荣】

2017年12月26日，泉州提线木偶戏亮相央视《记住乡愁》第四季特别节目
（图/泉州晚报社）

2017年5月23日，向人民汇报——2017泉州市“中国文艺志愿者服务日”主题晚会举行。图为钢琴·芭蕾舞《北风吹》
（图/张九强 陈智勇）

2017年踏青时节，小朋友在清源山老君岩写生创作，感受春天气息 （图/张九强）

2017年1月15日，泉州古城旧图书展在陈光纯故居举行 （图/殷斯麒）

【幸福泉州·教育均衡】

泉州幼师附幼孩子们在美丽环境中快乐成长（2017年拍摄）
（图/泉州晚报社）

2017年教师节，丰泽区第二实验小学老师收到学生亲手制作的瓷盘和问候
（图/林劲峰）

福州大学石油化工学院（泉港校区）校园一角（2017年拍摄） （图/陈晓东）

2017年，泉州开发区打造高质量义务教育样板，规范化校车运营模式，从源头上加强校车安全管理和监督工作 （图/泉州晚报社）

泉州台商投资区湖东实验学园（2017年拍摄） （图/林劲峰）

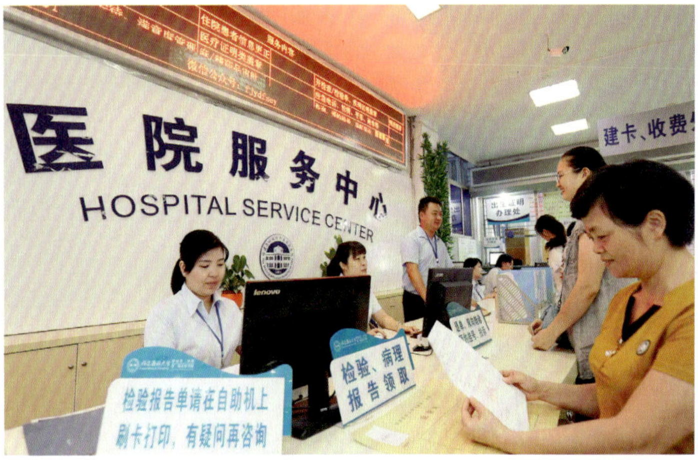

2017年，泉州市医院设立服务中心，方便患者就医（图/林劲峰）

2017年1月13日，21家市卫计委直属以及驻泉州医疗卫生单位参加泉州市2017年医护人员“热血送暖 为生命接力”无偿献血活动（图/林劲峰 张沼婵）

2017年10月23日，泉州老体协自行车健身队结伴骑游。图为他们从市区田安公园的自行车道骑过（图/林劲峰 蔡紫旻）

2017年，永春县老年公寓投用，配有360张床位及娱乐、健身等活动室，改善老年人居住条件（图/姚德纯 陈博文）

【幸福泉州·宜居宜业】

2017年1月2日，“走进健康鲤城—绿色海滨骑行·乐享亲子时光”主题健康公益活动在石笋公园举行。此次骑行路线全程5000米，活动共征集25对亲子家庭参赛
（图/邱佳鑫 黄清波）

2017年1月12日，“古城1区”社区巴士正式上路 （图/泉州晚报社）

2017年12月12日，泉州晋江国际机场迎来2017年第五百万名旅客（图/廖平和）

泉州台商投资区重视安置小区建设，全力打造安居乐业的精品安置小区。图为玉龙花苑安置小区（2017年拍摄）
（图/陈凤阳 黄雅珊）

城市名片

国务院首批公布的历史文化名城
首届东亚文化之都
“海上丝绸之路”起点城市
全国文明城市
全国卫生先进城市
中国优秀旅游城市
国家森林城市
国家园林城市
全国文化模范城市
国家环保模范城市
全国绿化模范城市
国际花园城市
国家生态市
最佳中国魅力城市
国家创新示范区
全国科技进步先进城市“九连冠”
全国综合配套改革试点城市
全国金融服务实体经济综合改革试验区
中国十大品牌城市
中国品牌经济城市
全国改革开放18个典型地区之一
共和国60年中国最具投资潜力城市
国家民营经济综合改革试点地区
国家知识产权示范城市
中国优秀创新型城市
全国技术创新工程示范城市
全国制造业信息化工程重点城市
全国十佳和谐可持续发展城市
国家行政服务标准化试点城市
中国民族民间文化保护工程综合性试点城市
“中国制造2025”唯一地方试点城市
大陆居民赴台湾地区个人旅游试点城市
国家电子商务示范城市
“宽带中国”示范城市
国家信息消费试点城市
信息惠民国家试点城市
全国未成年人思想道德建设工作先进城市
中国快递示范城市

特　载
Features

专　记
Article

市情概况

General Information of Quanzhou City

大事记

Chronicle of Events

人口 资源 环境

Population Resource Environment

中共泉州市委员会

CPC Quanzhou Municipal Committee

泉州市人民代表大会

People's Congress of Quanzhou

泉州市人民政府

People's Government of Quanzhou

政协泉州市委员会

Quanzhou Municipal Committee of the CPPCC

民主党派

Democratic Parties

群众团体

Masses and Organizations

外事 侨务 港澳台事务

Foreign Affairs Overseas Chinese Affairs Hong Kong, Macao and Taiwan Affairs

法 治

Rule by Law

军 事

Military Affairs

经济管理与监督

Economic Management and Supervision

财税 金融

Taxation Finance

经济开发合作与产业园区

Economic Development and Cooperation and Industrial Parks

民企与泉商

Private Enterprises and Quanzhou Merchants

农　业

Agriculture

工业和信息化

Industry and Informatization

交通 邮政 通信

Traffice Postal Communication

商贸 旅游

Commerce and Trade Tourism

口岸综合管理

Port Comprehensive Management

城乡建设与环境保护

Urban–rural Construction and Environmental Protection

教 育

Education

科学技术

Science and Technology

文化 体育

Culture Sports

卫生和计划生育
Hygiene and Family Planning

民生及社会保障
Livelihood and Social Security

县（市、区）

County (City, District)

荣誉 人物
Honors People

附 录
Appendix

市委常委会工作报告

——在中共泉州市委十二届五次全体会议上

中共泉州市委书记　郑新聪

（2017年11月19日）

全面贯彻习近平新时代中国特色社会主义思想

抓牢学习宣传贯彻首要政治任务，专门研究、系统推进，推动党的十九大精神转化为经济社会发展和管党治党的规划计划、思路举措。

扎实做好迎接党的十九大召开和学习宣传贯彻党的十九大精神各项工作。围绕迎接党的十九大胜利召开，深入学习贯彻习近平总书记“7·26”重要讲话精神，精心组织“砥砺奋进的五年”等重大主题宣传活动，浓墨重彩展示发展成就，营造昂扬向上氛围。十九大召开期间，要求全市各级各部门组织本机关、本单位的干部职工收听收看，深刻领会报告的新思想、新论断、新要求。召开4次市委常委会会议或扩大会议，传达学习十九大报告、中央纪委工作报告和新修订的党章，以及《中共中央关于认真学习宣传贯彻党的十九大精神的决定》《中央政治局关于加强和维护党中央集中统一领导的若干规定》《中共中央政治局贯彻落实中央八项规定的实施细则》等文件精神，研究部署学习、宣传和贯彻十九大精神。制定市委《通知》、《宣传方案》、《宣讲工作方案》，按照“学懂弄通做实”“六个聚焦”要求，党员市领导带头到联系县、乡、村和分管联系战线及部门单位、党建扶贫联系点宣讲，组建市委宣讲团及10个宣讲小分队，深入渔排、农户、民企、台胞等基层一线开展分众化精准宣讲，各县（市、区）也参照组织形式多样的宣讲活动，全市上下形成有声势、全方位、立体化学习宣传氛围。目前，全市各级党组织和广大党员干部正按照中央和省委、市委的要求，不断把学习宣传贯彻党的十九大精神引向深入，自觉用习近平新时代中国特色社会主义思想武装头脑、指导实践、推动工作。

坚持以人民为中心的发展思想。今年8月，召开市委十二届四次全会，认真落实省委十届三次全会的决策部署，出台《加快社会事业发展补齐民生短板确保如期全面建成小康社会的决定》，提出实施教育舒心、卫生与健康暖心、养老贴心、民生基础设施安心“四心工程”，明确2020年社会事业重点领域主要指标达到或高于全省平均水平的目标。

3. 以十九大战略部署引领新一轮发展。聚焦服务全省赶超跨越大局，召开全市工作务虚会，深入研究当前、明年和今后一个时期推动泉州发展的思路举措、年度计划和重点工作等，明确“转型攻坚、聚力跨越”工作重心，构建“1234”现代产业体系，即力争2021年GDP达万亿、工业总产值达2万亿，基本形成传统、重化、高新产业三足鼎立格局，实现服务业占比超40%，农业集约发展、特色化规模化进一步提升。

集智聚力办好一批重大专项工作

2017年以来，我们按照“一号工

程”谋划推进事关国家形象、国家利益、泉州发展的几件大事，多次召开市委常委会会议、专题会动员部署，市委、市政府主要领导亲自挂帅，市四套班子成员分头组织专班推进，充分发挥专家团队、干部群众、海内外乡亲等方方面面的力量，市县联动、连续作战、穷尽预测、周全准备、全力落实。

圆满举办金砖国家治国理政研讨会。组建“一办八部”筹划调度，建立高效运转的工作机制，实行“一对一”精细化服务，实现安全保障万无一失、会务组织精准衔接、礼宾服务规范热情、宣传展示特色精美，获得与会领导、嘉宾和媒体记者的高度评价和广泛赞誉。8月16日-19日，开幕式大会、三个平行会议、签约仪式以及大会欢迎晚宴、专场演出、外宾考察调研等系列活动顺利举行，18个国家143名政要名流、学者精英、企业高层等代表出席，22家境内外媒体124名记者参与报道；大会通过了《金砖国家治国理政研讨会泉州共识》，签订了治理能力建设等合作协议。

顺利完成“古泉州（刺桐）史迹”申世遗现场评估。研究制定申报《实施方案》逐一明确节点任务，邀请专家授课、技术服务团队指导，高标准高质量完成16个遗产点的文物修缮、环境整治、遗产展示、监测档案系统和标识体系建设。9月底，顺利完成联合国教科文组织国际专家的现场考察评估，并按联合国教科文组织ICOMOS要求提交第一次书面补充材料。同时，进一步建立遗产保护长效机制，完善应急管理、旅游管控、日常巡查等常态化保护管理制度，正式实施首部实体法《泉州市海上丝绸之路史迹保护条例》，启动制定《泉州市中山路骑楼建筑保护条例》。

成功赢得世界中学生运动会举办权。在党中央、国务院和省委、省政府的关心支持下，充分发挥申办主体作用，严格按照申办委员会统一部署，紧扣“5月递交报告、7月迎检考察、10月陈述答辩”三个关键节点做好申办工作。凭借出众的实力和真诚的态度赢得了国际中体联执委们的广泛信任，晋江获得2020年第18届世界中学生运动会举办权。

保持经济平稳健康发展

坚持稳中求进总基调，全力突围攻坚利长远，及早预估预判困难复杂局面，统筹协调、多措并举，经济运行延续由稳趋升，呈现稳中有进态势。1-10月，全市生产总值增长8.5%，高于年度目标0.5个百分点，一般公共预算总收入增长5.4%，工业增加值增长7.7%，第三产业增加值增长11.2%，固定资产投资增长12.4%。预计可较好地完成全年目标任务。

强化一线调度精准帮扶。市委常委会坚持每月专题研究经济工作，跟进研判形势、研究对策、协调推动。每季度分主题开展“促进项目落地、帮扶企业发展”活动周，市四套班子领导分别带队到各县域，协调解决具体问题，造浓攻坚氛围。着力打好帮扶企业“组合拳”，叠加落实中央、省政策，出台实施稳定工业、技改、外贸、鼓励用电等针对性措施。

开展“项目攻坚年”活动。春节后就召开至乡镇一级的动员视频大会，制定正向激励促进有效投资“12条”，建立以项目为核心的指挥部体制，通过领导全程挂包、集中开竣工、公开晾晒点评、安征迁挂单销号等，形成项目攻坚的浓厚氛围。截至10月底，列入省级“五个一批”项目2168个、总投资18409.6亿元；396个市级在建重点项目完成投资1063.4亿元、完成年度计划91.8%；组织3批、588个项目集中开竣工，其中开工项目372个、总投资1280亿元。大力推动“百亿国家专项基金、千亿重大项目龙头”落地，中化炼化一体化二期、晋华集成电路、兴泉铁路、福厦客专等一批重大、长远性项目相继开工或加快建设，恒安智能化生产基地、龙峰纺织、西人马高端传感器等70个重大项目建成或部分建成。深化产业链招商、定向招商，深圳外资专场招商推介会和“9·18”投洽会共对接项目101个，投资总额66.7亿美元；“6·18”对接民企项目121个，总投资781.6亿元。

提升金融服务实体经济实效。召开专题会学习贯彻全国金融工作会议精神，坚持推进金融创新与维护金融生态并重，让金融市场保持稳定的同时有效服务实体经济。深化“全产业链金融服务”，加快构建百亿产业基金体系，新设两只规模5亿元的兼并重组基金，新兴产业、集成电路、高新技术等基金为企业提供33.1亿元融资支持。泉州银行在全国小微企业金融服务视频会上作“无间贷”典型发言。强化属地金融监管和风险处置责任，党政主要领导亲自抓，多次召开专题会研判分析、研究对策，实行通报、约谈、监管处罚、黄牌警告等措施，强力抓好“控新、化旧、增贷”，不良贷款有序处置化解。保持打击恶意逃废债高压态势，推进“诚信泉州”建设，建立“黑名单”制度。

推动房地产市场持续健康发展。严格落实“房子是用来住的，不是用来炒的”定位，采取“限房价、竞地价”“限地价、竞低房价”“限地价、竞公租房廉租房配建”等措施，稳定和优化土地供应，开展清理整治，全面推行公开摇号购房，打击投机炒房行为。1-10月，全市商品房销售面积同比增长24.4%，其中商品住房增长18.1%；房价上涨温和可控，新建住宅价格环比、同比指数稳居全国70个大中城市中后段。

坚韧不拔抓转型升级

深入贯彻新发展理念，坚守实体经济根基，持续深化供给侧结构性改革，加快优化存量产业，大抓新产业新业态新模式培育发展。企业“好中差”格局从2016年12月末5.4:2.5:2.1演化为2017年10月末6.9:2.0:1.1；占全市工业1/3的纺织鞋服整体复苏，增加值增长7.1%，利润增长19.6%；机械装备、工艺制品、纸业印刷等保持两位数增长；新一代信息技术产业规上增加值增长40%。

用好用足机遇，全面深化两个试点建设。把抓好国家自主创新示范区、“中国制造2025”城市试点示范建设作为“标志性”工程，聚焦“自主创新”和“示范引领”两个关键，先后召开工作推进会、新闻发布会，对照试点内容，逐项分解落实。着力激发产学研用结合体制机制本身的创新，促进科技成果、科研单位、科研人员“三松绑”，下力气解决创新要素与老机制结合不起来的问题，制定完善“1+X”政策体系，推出29项创新举措，其中6项纳入全省推广。

优化创新生态，促进成果转移转化。集中政策、资金、资源等，支持产业集群、重点企业、研发平台等提升集成创新能力。实施“数控一代”示范工程，分行业、分地区指导企业开展智能制造项目建设，培育54个智能工厂、数字化车间和293个“数控一代”示范项目产品，5家企业入围国家智能制造新模式类项目。实施“大院大所”“人才港湾”计划，中科院、华中科大、哈工大等36个高端研发平台开展科研攻关项目318个，引进设立南京大学（福建）环保产业研究院等；制定出台引才聚才系列配套制度，累计引进国家“千人计划”专家24名、“万人计划”专家4名，享受国务院特殊津贴人才81名。高新区全国综合排名上升3位，出台加快培育高新技术企业九条措施，力争新增高新技术企业100家。创建全国质量强市示范城市，出台加强商标品牌建设的意见，中国驰名商标增至154件，马德里商标国际注册增至703件。实施企业家素质提升计划，今年来共组织109期，培训企业家及高管1.2万多人次。

培育平台经济，大抓现代服务业发展。继续开展“第三产业提升年”，深化“平台引领、集聚发展、主辅分离、品牌龙头、项目建设”五大工程，滚动推进百个服务业项目，确保全年完成投资360亿元以上。大抓制造业主辅分离，重点支持龙头裂变、服务外包、服务型制造三种类型，分类指导探索，现有主辅分离企业100家左右。大力扶持第三方第四方平台，培育服务型制造示范企业（平台）国家级3家、省级15家，新增国家3A级及以上物流企业15家，开办仅两年多、以“一址多照、集群注册、统一服务”为特点的网商虚拟产业园已建成1主园11分园，累计入驻市场主体超万家，1-10月全市电商交易总额3190亿元、比增40%。积极打造产城融合新样板，推进3个国家级、5个省级特色小镇建设，累计建成众创空间、孵化器79家。

整体推进全面深化改革

充分发挥国家授予省市的“多区叠加”效应，衔接落实中央、省改革部署，强化系统思维、系统集成，在重点领域研究推出一批标志性、支柱性改革举措，推动各领域改革同频共振、相互促进。

抓“一把手”责任落实。按照“四个亲自”“五个带头”要求，党政主要领导扑下身子亲力亲为抓改革，听取进展汇报、研究改革方案、现场办公等，开展20多轮次改革调研督查，既传导压力，又亲自协调解决具体问题。今年来，召开14次全面深化改革领导小组会议，审议通过15份改革文件，部署推动了多个领域的改革重点工作。坚持项目化推进，重点抓好63项任务、41个项目，不断完善目标责任、督察通报、考核激励、工作协调等推进落实机制。

紧抓重点领域和关键环节改革突破。认真贯彻习总书记对福建自贸区建设、新型城镇化、林改、医改等重要批示精神，市县两级重点抓好“金改”“民综改”等58项国家级、43项省级改革试点，一项一项梳理、检查、评估，一批先行经验纳入上级复制推广。深化“放管服”改革，清理规范行政审批申报、商事制度改革先后得到国务院办公厅通报表扬，1431项市级行政审批和公共服务事项实现“最多跑一趟”。推进工商登记“多证合一”，1-10月新增市场主体13.5万户，其中企业3.6万户。加快市属国有企业结构调整、战略重组，整合组建城建、文旅、金控、交通、水务5家主业突出、竞争力强、支撑带动作用明显的国资集团公司，促进国有企业做强做优做大。

不断拓展开放新空间

积极融入国家“一带一路”和福建海丝“核心区”建设，凸显“记载古丝绸之路历史的‘活化石’”的使命担当，制定《关于深入贯彻落实习近平总书记重要讲话精神加快推进21世纪海上丝绸之路先行区建设的意见》，对照“五个之路”目标路径、“五通”成果清单，梳理推动一批中长期重点工作，积极争取早期收获。

认真履行文化外交使命。精心筹备办好第三届海上丝绸之路国际艺术节，多次召开常委会会议、专题会等部署推进。加强对外文化交流合作，举办联合国教科文组织“青年创意与遗产研习班”，组织16个团组335人前往摩洛哥、新加坡等国家和地区开展文化交流。与马来西亚古晋南市建立友好城市关系。海丝旅游、文化旅游成为热点，“探寻海丝”“文化寻根”“乡愁记忆”等主题旅游迅速升温，前三季度接待游客、旅游收入分别增长21.3%、28.2%。

持续深化经贸往来。积极推动合适产能“走出去”，支持一批有条件、有实力的企业到海外设立绿色工业园区，开展收购兼并、境外上市、品牌推广、高新技术合作。推动对外金融合作，与49个“一带一路”沿线国家开展跨境人民币结算业务，规模达79.33亿元。开展泉州品牌“境外行”“海丝行”，1-10月组织730家企业参加43场境外展销活动，现场及意向成交额1.27亿美元。

打造互联互通新通道。主动复制推广自贸区改革创新经验，加快推行“单一窗口”和“三互”大通关，打造更加便捷口岸通关体系。积极推动综合保税区建设，晋江陆地港成为全国业务量第二的国际示范港，国际邮件互换局兼交换站获批设立。加快一批港口及疏港改扩建工程建设，增开泉州至越南、泰国、菲律宾等外贸航线，1-10月，全市港口货物吞吐量1.09亿吨、增长5.2%，集装箱吞吐量188.9万标箱、增长11.6%。

积极发展社会主义民主政治

市委常委会充分发挥总揽全局、协调各方的作用，扎实推进全面依法治市，支持人大、政协和统一战线履行职能、开展工作、发挥作用，巩固和发展生动活泼、安定团结的政治局面。

支持人大依法履行职责。着力完善党委领导人大工作的机制，坚持把人大工作纳入总体工作布局，支持市人大及其常委会依法行使立法、监督、决定、任免等职权，注重发挥代表主体作用。研究制定《2017-2021年立法规划》，地方立法工作得到全国人大常委会张德江委员长的肯定。11月13日，在全省人大县乡工作和建设座谈会上作典型经验介绍。

加强政协协商民主建设。学习贯彻中央《关于加强和改进人民政协民主监督工作的意见》和省委《实施意见》，发挥人民政协作为协商民主重要渠道和专门协商机构作用，市委、市政府主要领导带头与基层委员零距离对话、面对面交流。支持市政协围绕新兴产业人才、创新转型、海丝建设、民生改善、社会和谐等开展专题协商、视察调研、建言献策。

扎实推进统一战线工作。牢牢把握大团结大联合的主题，统筹推进各领域统战工作。着力提升多党合作制度效能，支持各民主党派、无党派人士参政议政，加强党外知识分子和新的社会阶层人士工作。开展非公经济人士坚定理想信念教育活动，积极构建“亲”“清”新型政商关系，促进非公经济“两个健康”发展。扎实做好新形势下民族宗教工作，促进民族宗教领域和谐稳定。加强和改进新形势下港澳台海外联络联谊工作，进一步做好港澳台海外青年工作，南洋华裔寻根谒祖服务平台加快建设。发动统战资源力量，筹集资金4亿多元支持泉州第一医院病房大楼等同心工程建设和精准扶贫行动。支持工会、共青团、妇联等人民团体依法按照各自章程积极开展工作、履行职责。

扎实做好意识形态工作和宣传思想工作

强化正面宣传和舆论引导，加强对宣传思想文化阵地的有效管理，牢牢掌握意识形态工作的领导权和主动权。

强化思想理论武装。市委班子带头学，市委中心组组织17场集体学习、专题讨论、专家辅导等。发挥党校、行政学院主渠道主阵地作用，通过“东海干部学堂”、思想政治建设专题培训班、学习网站等，多渠道、多层次、多形式轮训干部，用共同理想凝聚广大党员干部共识。组织“百姓宣讲团”“农民宣讲团”巡回宣讲，运用网络、电视台、报刊、微信等媒体，把党的声音及时传达到基层。

严格落实意识形态工作责任制。出台《泉州市意识形态工作责任制考核办法》，常委会会议3次专题研究意识形态工作，并通过组织年度督查、作为干部考核依据、纳入绩效考核等，推动责任制层层落实，意识形态领域总体保持平稳。召开全市高校思想政治工作座谈会，加强对各类讲堂、论坛、报告会等意识形态阵地的管理和指导，做好政审和选题把关，把准方向、守好关口、管住渠道。坚持党管媒体，召开新闻媒体负责人座谈会，支持泉州晚报社、泉州广播电视台等做大做强，加强传播手段建设和创新，提高新闻舆论传播力引导力。深化拓展对外宣传推介，精心实施泉州城市国际形象推广五大工程，讲好中国故事、传播好泉州声音。

培育和践行社会主义核心价值观。蝉联全国文明城市荣誉称号，荣获全国未成年人思想道德建设工作先进城市。持续办好专题专栏，通过宣讲、辅导和讲故事等方式，积极讴歌先进人物和感人事迹，开展“最美人物”系列评选和“身边故事、共同铭记”活动，大力刊播主题公益广告，不断增强民众认同感。开展青少年党史国情教育，建好用好儿童之家、心理健康辅导站（室）、青少年社会教育活动中心等。丰富“家+文化”建设内容，组织“传家训、立家规、扬家风”等活动，创作反映优良家风家训系列文艺精品。以建设全国农村移风易俗工作试点市为契机，着力从党员干部带头、纪律法规、村规民约入手，开展“深化移风易俗·倡导文明新风”活动，今年6月在全国农村精神文明建设工作经验交流会上作典型介绍。

推动文化事业和文化产业发展。积极创建国家公共文化服务体系示范城市，启动全民阅读示范点（百姓书房）建设，广泛开展文化进万家、送欢乐下基层、“三下乡”等系列活动。出台创建优秀传统文化传承发展示范城市《实施方案》，举办优秀传统戏曲走进中小学校和幼儿园系列活动，推动建立长效机制，让广大青少年成为传统文化的参与者和传播者。建立重大文化产业项目数据库，抓好2个“省文化产业十大重点项目”、38个省市级文旅融合重点项目、43个文创产业路线图项目，3个园区获评福建省文化产业重点园区。

着力保障改善民生和维护社会稳定

突出保基本、兜底线、补短板，推动新增财力优先保障基本公共服务，让改革发展成果更多更公平地惠及全体人民，不断增强群众的获得感、安全感和幸福感。保持综治最高奖“长安杯”、国家卫生城市等荣誉称号，列入全国城市“双修”试点。

“六个精准”抓好脱贫攻坚。认真落实扶持对象、项目安排、资金使用、措施到户、因村派人、脱贫成效“六个精准”的要求，坚持把脱贫攻坚作为重要政治任务、第一民生工程来抓，强化党政一把手负总责的责任制，多次召开常委会会议、视频会、现场推进会进行部署，市委、市政府主要领导带队开展暗访督查，督促责任落实、政策落地、措施精准。深入实施“三百工程”，扎实推进干部挂包、跨村联带、山海协作、扶贫捐赠、慈善救助、志愿服务等，构建大扶贫格局。今年实现贫困线和低保线“两线合一”，绝大部分贫困人口收入达到市定贫困线以上，建档立卡贫困村也全部达到脱帽最低要求。但是，我们决不能对外公布脱贫脱帽，而要在稳定脱贫、提升质量和动态管理上下功夫，对已达线脱贫的对象2020年前都不脱挂钩帮扶责任。

推进古城提质新城集聚。全面启动“双修”试点工作，采取专家授课、以会代训进行动员部署，以海丝和古城为特色，制定实施《泉州市生态修复和城市修补工作实施方案》，滚动推进一批城市“双修”项目建设。“点线面”提升城市颜值，突出增绿、提绿、亲绿，山线绿道精品示范段全线建成对外开放，3个水线公园建成开放。完成环泉州湾城乡一体化规划，实现中心市区单元控规覆盖率100%。推进城市执法体制改革，城市管理综合协调和监督考评体系基本形成。

创新农业农村工作。深化农业供给侧结构性改革，推进智慧、品牌、生态、园区、休闲“五个农业”建设。积极探索农村集体产权制度改革，发展多种形式适度规模经营，新增农民合作社、家庭农场、专业大户等新型经营主体500家。深入推进美丽乡村建设，启动农村污水垃圾治理三年行动，抓好266个行政村农村污水处理设施建设，推进440个行政村生活垃圾常态治理。

提升基本公共服务。在抓好33件为民办实事项目的基础上，启动实施泉州XIN行动，力争在3年时间内，有效解决一批历史遗留的、涉及多部门多地区的、存在体制机制障碍的民生历史欠账，市委、市政府班子成员挂钩推进市区防洪排涝、内沟河整治、农村污水治理、集贸市场提升改造等10个专项。加快优质教育资源扩容提质，深化教育综合改革，新增公办幼儿园学位1.01万个、中小学学位1万个，完善提升一批职业院校联盟、职教集团、校企深度合作公共实训基地。实施更加积极就业创业扶持政策，完善公共就业创业服务体系。全面推进健康泉州建设，出台《进一步深化基层医药卫生体制改革实施方案》，在加强基层医疗卫生能力建设、卫技人才培养、服务“全面两孩”等方面加大投入，福医大附属二院东海院区等11个项目进展顺利，新增医疗机构床位2500张以上。城乡医疗、养老保险和低保标准稳步提升，出台实施居家社区养老服务等政策措施，医养结合有序推进，全市新增养老床位1460张。

强化社会治理创新。加强党委对政法综治、公共安全工作的领导，召开常委会会议听取汇报、分析形势、部署工作，多次开展专题调研，现场办公解决实际困难，严密做好十九大、金砖会晤、治国理政研讨会等重大活动、重要节点的维稳安保工作。健全完善立体化治安防控体系，推进“雪亮工程”实战化应用，推行“网格化+”服务管理，抓好“智慧法院”“科技强检”“公安110数据中心”等建设。保持严打高压态势，开展“四打击一整治一会战”“猎狐2017”和“打四黑除四害”等专项行动，推动社会治安持续向好，呈现立案数大幅下降、破案率大幅提升的良好势头。严格落实安全生产“党政同责、一岗双责”，常委会会议6次专题研究安全生产，抓好国务院和省巡查、督查反馈问题的整改落实，出台党委政府及其部门安全生产权力和责任清单明细，开展对道路交通、消防、危化、建筑施工等重点领域安全生产大检查，督促企业落实主体责任，安全生产形势持续稳定好转。研究出台建立完善食品安全责任体系《实施意见》，全面加强食品药品安全综合监管。落实军民融合深度发展，重视加强党管武装工作，严格落实双重领导、党委议军和现场办公等制度，全力协调解决办好涉军难题实事。

深化泉台交流交往

认真贯彻落实中央对台工作的决策部署，发挥祖地文化优势，积极搭建载体平台，推动泉台交流合作，促进互惠互利。

拉紧文化纽带。发挥“宗族宗亲”“民间信仰”“青年交流”等三大优势板块，精心打包策划交流项目，举办台湾同名村镇乡亲来泉寻根续缘、“乞龟祈福”民俗活动、海峡两岸高校文化与创意论坛、台湾青年“海丝泉州行”等系列交流活动。着力做好台湾民众特别是青少年工作，组织赴台开展人才科技工作交流推介，积极吸引台湾高层次人才来泉就业创业。

扩大经贸合作。推动台商服务工作法制化、机制化、社会化和特色化建设，全市新批台资企业53家。组团赴台开展经贸活动、项目对接，全市对台招商引资项目43个、总投资12.2亿美元，包括投资总额8亿美元的矽品集成电路封装测试项目和1.5亿美元的芝奇内存模组及关联项目。举办第二十届海峡两岸纺织服装博览会。

推动直接往来。向金门供水项目有序推进，陆地管道具备试通水条件。泉台直接往来更加便利化，1-10月，泉金航线运营2664航次，运送两岸旅客11.1万人次；泉台空中直航飞行446架次，运送两岸旅客5.2万人次。

持续推进生态文明建设

坚持把生态环保工作作为硬指标、硬任务，纳入经济运行统一调度、重点部署，组织专题调研，实行月通报、季督查，荣获国家森林城市，保持环境质量稳定向好。

强化“党政同责、一岗双责”。年初与各地签订党政责任书，把生态市创建、污染减排、流域整治、环境安全等分解为具体方案、落实到具体责任人。将环保工作目标、职责纳入部门三定方案、年度考核，出台《泉州市生态环境保护工作职责规定》，梳理明确各级党委、政府以及相关部门（单位）工作职责，拉紧生态环境保护责任链条。市党政主要负责同志多次带队开展“四不两直”环保检查，组织环保“一地一责任书”、18个市直单位履责情况督查。

清单落实督察反馈问题整改。坚持边督边改、即转即办，中央督察组移交信访件涉及泉州907件已全部办结答复。市委、市政府主要负责同志带队开展中央环保督察信访件现场查核督办、整改调研。中央整改意见反馈后，第一时间制定整改方案和整改措施清单，逐一明确目标任务、措施步骤、责任单位、责任人员和完成时限，18个整改任务全部按序时推进。

加快生态文明体制改革。主动融入国家生态文明试验区建设，全力抓好年度12项改革任务，制定实施环保督察、林权收储、项目环境影响评价信息公开机制等方案。建立由市委书记任总督察、市长任河长、副市长任副河长和流域长、县乡分段设立河段长以及村级河道专管员的四级河长体系，明确水资源保护等6项职责。建立健全生态环境损害赔偿制度、生态保护补偿机制、自然资源资产产权制度等。

打好水、大气、土壤污染防治攻坚战。持续开展重点流域、跨境流域综合整治和小流域“赛水质”活动，晋江流域13个国、省控断面水质达标率100%，13个集中式饮用水水源地水质达标率100%，近岸海域一、二类水质比例87.5%。实施大气污染防治行动计划，强化建陶行业粉尘、石材行业粉尘、挥发性有机物等污染治理，开展建筑工地、土方车滴撒漏、垃圾焚烧、餐饮油烟等大气排放源专项整治，全市平均空气质量达标天数比例95.5%。推动实施桃源水库周边受污染场地土壤修复，加强重点部位和敏感地带排查和监控，坚决守住环境安全底线。启动环保设施和能力建设大会战，专门出台实施方案，组织实施污水、垃圾、危废处理设施和环境监管能力等4个方面136个项目，加快补齐环境保护能力短板。

坚定不移推进全面从严治党

始终把抓好党建作为最大政绩，全面推进党的政治建设、思想建设、组织建设、作风建设、纪律建设，将制度建设贯穿其中，层层压实管党治党责任。

坚持把政治建设摆在首位。从市委班子做起，认真学习党章、执行党章、维护党章，旗帜鲜明讲政治，带头严守党的政治纪律和政治规矩，牢固树立“四个意识”，坚决维护习近平总书记在党中央和全党的核心地位，坚决维护以习近平同志为核心的党中央的集中统一领导，自觉在思想上政治上行动上同以习近平同志为核心的党中央保持高度一致，在各项工作中毫不动摇、坚定不移贯彻落实中央决策部署。严格执行新形势下党内政治生活若干准则，加强集体学习，坚持民主集中制，充分发挥集体领导作用。

推进“两学一做”学习教育常态化制度化。按照中央、省委部署，研究制定总体《实施方案》和机关、农村、社区、国企、学校、非公企业和社会组织等6个领域的具体指导意见。坚持领导机关、领导干部率先垂范，市委常委会带头开展学习教育，市委常委带头参加组织生活、专题学习讨论，带动各级各部门学习教育活动深入开展。广泛开展向廖俊波同志学习活动，常委会会议3次专题学习贯彻习总书记重要指示精神，组织“学习廖俊波，争做合格党员”主题实践，号召广大干部争当廖俊波式的好干部。建立党员“承诺、践诺、评诺”制度，全市10万多名党员共领办具体项目62万多件，相关经验做法被《人民日报》连续刊载报道，并写入省委《推进“两学一做”学习教育常态化制度化的实施方案》。关心关爱基层干部，健全“五必访五必谈”机制，成立12个县级党内互助协会和互助基金。

提升基层党建工作整体水平。以提升组织力为重点，突出政治功能，出台《规范党支部制度建设的指导意见》，督促落实“三会一课”等基本制度，打造企业、农村、机关、学校、街道社区、社会组织等基层党组织坚强战斗堡垒。市委常委挂钩推进43个市级基层党建项目，并实行一季度一通报。实施党建促脱贫攻坚，开展村级党组织带头人培养计划和村干部异地挂职锻炼，推广“跨村联带”区域化党建工作模式。积极探索城市基层党建新路子，构建“社区党委（总支）—网格党支部—楼栋党小组—党员中心户”组织网络。召开全市国有企业党建工作会议，旗帜鲜明强化党组织在国有企业改革发展中的领导核心和政治核心作用。建设非公企业和社会组织党建培训实践基地，探索将党建工作要求写入公司章程，明确党组织在非公有制企业决策、执行、监督各环节的权责。总结推广共建共享型、龙头带动型、网格推动型、同业互动型、混合联动型等5种园区党建模式，推行“大党建综合体”运作模式，建设8个园区党群活动服务中心。

加强领导班子和干部队伍建设。出台《关于激励干部提升干事创业精气神的八条措施》，着力解决干部队伍中存在的“不冷不热”“不急不慢”“不疼不痒”等问题。健全选人用人机制，集中开展换届后县乡领导班子和领导干部考评工作，推行市管干部百分制量化考评，精准研判干部实绩，科学推动干部能上能下。今年来，市委共调整配备市管干部388人，其中提任104人，平职调整66人，不适宜担任现职调整岗位的2人。实施“1+X”干部教育培训工程，有针对性安排年轻干部驻村蹲点、挂职锻炼，“墩苗”成长。严格执行领导干部个人有关事项报告、廉政情况报告、任期经济责任审计、因公因私出国（境）管理等制度，从严从实加强干部经常性监督管理。

持之以恒正风肃纪。严格落实全面从严治党主体责任、监督责任和责任追究等工作制度，层层传导压力。把纪律和规矩挺在前面，正确把握运用“四种形态”，完善经常性提醒、函询和诫勉工作，约谈全市各级党委、政府、纪委“一把手”，与市直各部门“一把手”进行廉政谈话。各级党员领导干部在本单位党委常委会（或党组）扩大会议上述责述廉、接受评议，并于一个月内开展整改、报告反馈。密切关注“四风”新变种，深挖细查无视中央八项规定精神、潜入地下公款吃喝等顶风违纪问题。紧盯重要时间节点、关键岗位、敏感场所，强化开展“1+X”专项督查，督促指导各地各部门组织“回头看”，针对共性问题开展专项整治。今年来查处违反中央八项规定精神问题142个、处理190人，给予党纪政纪处分108人，实名通报105起典型案例。

深入推进反腐败斗争。认真抓好省委责任制检查整改落实，5个方面、17个整改项目、31个具体问题的“问题清单”已全部完成整改。由市委常委和党员副市长带队到各地开展落实责任制专项检查，并组织整改情况“回头看”。认真贯彻《中国共产党问责条例》，加大问责力度。全面完成市县两级派驻监督全覆盖改革，按节点推进国家监察体制改革。健全乡镇纪检组织建设，全市乡镇（街道）均设立乡镇纪委（纪工委），配备纪委（纪工委）委员3至5名。保持惩治腐败高压态势，今年来共立案2573件、同比上升196.4%，给予党纪政纪处分2206人，移送司法机关处理123人。发挥巡察“利剑”作用，按照“一届党委任期内巡察全覆盖”的要求，制定实施《泉州市2017-2021年巡察工作规划》，市县两级均已开展3轮以上巡察，完成对575个党组织的巡察，反馈问题1854条，移交问题线索501条，已立案审查115人，党纪政纪处分78人，移送司法机关处理27人；针对巡察发现共性、倾向性问题，推动建立健全相关制度458项。落实精准监督助推精准扶贫工作，出台《泉州市脱贫攻坚工作问责办法（试行）》，从严查处群众反映强烈的扶贫领域腐败问题，今年来共处理114人，其中党纪政纪处分43人、诫勉27人，通报5个单位、33人。

2017年11月19日，中共泉州市委第十二届五次全体会议召开 （图/陈起拓）

人大常委会工作报告

——在泉州市第十六届人民代表大会第二次会议上

泉州市人大常委会主任　郑新聪

（2018年1月6日）

过去一年的主要工作

2017年是市十六届人大常委会依法履职的第一年。在中共泉州市委领导下，市人大常委会认真学习贯彻党的十九大精神，以习近平新时代中国特色社会主义思想为指导，切实履行宪法和法律赋予的各项职责，围绕大局，勇于担当，精准发力，有效作为，立法、监督、重大事项决定、人事任免等各项工作在历届基础上取得了新的进展，实现了新一届人大工作的良好开局。一年来，共召开常委会会议8次，主任会议15次，审议2项、通过1项地方性法规，听取和审议一府两院专项工作报告23项，开展执法检查3次，专题询问1次，综题询问1次，工作评议3次，满意度测评9次，作出重大事项决定决议8项，组织专题调研37次，全面完成市十六届人大一次会议确定的各项工作任务。

坚持党的领导，不断推动人大工作创新有为

常委会始终坚持和依靠党的领导，牢固树立“四个意识”，坚定“四个自信”，自觉在思想上政治上行动上同以习近平同志为核心的党中央保持高度一致，确保中央和省、市委决策部署在人大工作中得到全面贯彻落实。

始终坚持把党的领导贯穿于人大工作全过程。一是落实向市委请示报告制度。常委会就年度主要工作安排、监督计划、五年立法规划和年度立法计划、选举省十三届人大代表等重要事项和重大活动，及时向市委请示报告，依法按程序做好相关工作。二是强化常委会党组政治责任。制定常委会党组工作规则，切实发挥“把方向、管大局、保落实”的重要作用。对中央和省、市委召开的重要会议、作出的重要部署及工作要求，及时研究贯彻、推动落实。注重教育引导人大代表、常委会组成人员中的党员干部，树立鲜明政治导向，切实维护良好政治生态。三是贯彻全面从严治党要求。严格遵循新形势下党内政治生活准则，按照省委“五抓五看”要求，制定“两个责任”清单，落实中央“八项规定”精神，对“四风”问题整改进行“回头看”，以去年初省委检查发现问题的整改为契机，在思想认识、责任担当、方法措施上贯彻全面从严治党要求。全力支持派驻人大常委会机关纪检组切实履行职责，加强监督执纪工作。深入开展“两学一做”学习教育和“机关党旗红 • ‘五个泉州’在行动”主题活动，引导全体党员落实“四个合格”要求，以干部作风的新转变展示人大机关的新气象。

始终坚持围绕中央和省、市委重大决策部署履职尽责。一是把学习贯彻党的十九大精神作为当前首要政治任务。组织常委会组成人员、机关全体工作人员原原本本学习党的十九大报告，举办全市人大学习贯彻党的十九大精神读书班暨工作务虚会，对做好习近平新时代中国特色社会主义思想的坚定信仰者、忠实实践者、有力传播者提出要求，对地方人大及其常委会进入新时代、担当新使命、开启新征程深入探讨，切实增强长期坚持、不断完善人民代表大会制度的思想自觉、政治自觉、行动自觉。二是坚决执行中央和省、市委对人大工作的新要求。认真贯彻中央《关于加强党领导立法工作的意见》和省委实施意见，切实发挥人大在立法工作中的主导作用，地方立法特色彰显、务实管用，在全国第二十三次地方立法工作座谈会上，得到全国人大常委会委员长张德江同志的肯定。按照中办印发的《关于健全人大讨论决定重大事项制度、各级政府重大决策出台前向本级人大报告的实施意见》，修订市人大及其常委会讨论决定重大事项暂行规定，在构建决策科学、执行坚决、监督有力的权力运行机制上积极探索、迈开新步。根据中央关于加强和改进人大代表工作的文件要求，强化代表履职监督管理，助推代表联系群众“两个平台”建设，“人大代表联系群众活动室”在全市乡镇（街道）实现全覆盖，代表履职实现“线上”、“线下”相结合，得到省人大常委会领导的充分肯定。按照中央关于推动人大制度与时俱进的部署，锲而不舍推进实践创新。首次组织开展专项工作评议、综题询问，有力推进全链条监督、聚焦式监督、综合型监督，实行常委会组成人员审议意见卡制度，建立基层立法联系点，设立《人大在线》县（市、区）“直播月”栏目，人大工作不断焕发生机与活力。三是紧扣市委决策部署行权履职。按照市第十二次党代会和市委十二届四次、五次、六次全会工作部署，从人大工作的特点和定位出发，致力推动金融服务实体经济、“中国制造2025”城市试点示范、“四心”工程实施、“城市双修”、放大“多区叠加”改革效应等重点工作落实。督促金融风险防控、保障和服务省市人代会等工作得到市委的批示和肯定。根据市委统一安排，全力配合做好举办金砖国家治国理政研讨会、“古泉州（刺桐）史迹”申世遗现场

评估、第三届“海丝”国际艺术节等相关工作，完成市委重点课题《加快推进国家生态文明试验区建设的研究》，深入挂钩乡村、重点企业和在建重点项目，推动一批实际问题得到妥善解决。

始终坚持在市委领导下扎实推进地方政权建设。一是深入推动县乡人大工作和建设。去年以来，受市委委托，常委会领导先后4次带队分赴各地，调研督导中央和省委有关文件精神落实情况。在总结成绩的基础上，就增加常委会组成人员名额、充分行使法定职权等提出建议，提请市委转发各县（市、区）贯彻执行，推动县乡人大在完善履职机制、加强机构建设等方面取得了实质性进展。在全省推动县乡人大工作和建设暨省市人大常委会主任座谈会上，我市作了典型经验介绍。二是依法做好人事任免工作。坚持党管干部与人大依法任免相统一，一年来任免一府两院工作人员101人次，保证了地方国家机关正常有序运转。认真做好宪法宣誓工作，先后组织50名国家机关工作人员进行庄严宣誓，激励和教育被任命人员忠于宪法，依法履职，廉洁奉公，为民服务。三是加强沟通，周密部署，为在本次大会上依法选举省十三届人大代表和市监察委员会主任等做好准备。

突出履职重点，不断促进经济社会持续发展

常委会紧紧围绕我市改革发展稳定和人民群众普遍关注的热点难点问题，启动履职“升级版”，打出监督“组合拳”，有力促进了经济社会健康平稳发展。

促进创新发展。聚焦“五个泉州”和“法治泉州”建设开展“5+1”课题调研，对国家自主创新示范区泉州片区建设、传统制造业转型升级、海丝先行区建设、加快实行“多规合一”、实施农村精准扶贫、推进法治政府建设等提出建议，为市委、市政府决策提供科学依据。开展重点项目建设专题视察，听取和审议市政府关于2017年1-7月国民经济和社会发展计划执行情况报告，及时批准2017年主要经济发展预期目标调整方案，围绕积极应对经济下行、扎实推进项目攻坚、加快国企改革重组等提出意见建议，推动深化供给侧结构性改革，促使经济提质增效加快转型升级。对我市创新创业创造人才队伍建设情况进行专题询问，督促进一步发挥“大院大所大平台”带动效应，加快实施“人才港湾”计划，扎实推进人才发展体制机制改革和政策创新。开展特色现代农业发展、耕地占补平衡等专题调研，跟踪督促常委会关于我市“数控一代”示范工程及“泉州制造2025”实施情况的审议意见办理落实，密切关注“第三产业提升年”活动进展情况，促使加快增长动力转换，推动产业协调发展。对我市行政审批制度改革、加快简政放权、规范行政自由裁量权进行综题询问，督促市政府持续深化“放管服”改革，全面推行权责清单制度，进一步激发市场主体活力和社会创造力。

促进科学理财。听取和审议市政府2016年市本级决算报告、预算执行和其他财政收支的审计工作报告，审查批准市政府2016年市本级决算、2017年地方政府债券转贷收支及市本级支出预算调整方案，深化部门预算执行和决算情况审查监督，推动财政收支总体平稳运行。专题调研我市旅游业专项资金使用管理情况，促使财政部门强化考核评价，进一步提高专项资金使用效率。首次组织对2016年财政审计发现问题整改情况进行工作评议，督促市政府及有关部门强化审计整改“清单式”管理，加大追责力度，确保整改实效。

促进生态建设。密切关注本届人大一次会议作出的《关于加快全市垃圾分类处理利用的决议》和《关于进一步加强全市流域水环境保护的决议》的贯彻执行，综合运用多种监督形式，推动市政府制定实施方案，加强宣传引导，启动垃圾分类试点，探索推进再生资源回收与生活垃圾清运“两网衔接”，加快垃圾处理产业园选址与规划，建成大件垃圾处理站、建筑垃圾集中处理点等一批垃圾分类配套设施；全面推行河长制，巩固重点流域治理成果，推动“治污”“清水”工程向全流域拓展。出台落实环保法第二十七条规定的实施意见，督促市政府向常委会报告年度全市环境状况和环境保护目标完成情况，促使加快形成生产发展、生活富裕、生态良好格局，有力推动国家生态文明试验区建设。

促进民生改善。对中心市区停车管理、拆迁安置房善后工作、城市公厕建设与管理等进行专题调研，推动有关部门进一步合理配置停车设施，回应安置户合法诉求，制定实施新增公厕规划，市区停车难、拆迁难、上厕难得到一定缓解。关注基层妇产科人才紧缺问题，促使合理拓宽人才引进途径，切实提高基层卫计人员待遇。开展教师法执法检查，就提高教师素质、改善教师待遇、统筹师资配置等提出建议，督促市政府及有关部门依法保障教师合法权益，营造尊师重教良好氛围，办好人民满意教育。对市住建局和市卫计委实施重点项目情况进行工作评议，督促认真整改存在问题，如期推进民生建设项目。

促进和谐共享。对我市灾后重建工作进行调研检查，督促有关部门坚持常态减灾和非常态救灾、规划先行与建管并重相结合，进一步提升抵御自然灾害的综合防范能力。对白濑水利枢纽工程安置工作情况进行调研，要求优化完善移民安置方案，确保库区安定稳定。跟踪检查防范打击虚假信息诈骗工作专题询问审议意见的办理落实，切实维护人民群众生命财产安全。开展华侨回国定居情况调研，促使出台相关规定，推动泉籍华侨进一步密切家乡联系，深化交流合作。响应国家“一带一路”建设，依法批准泉州市与俄罗斯迈科普市缔结友好城市，进一步扩大对外合作空间。根据《全国人大机关信访工作办法》，修订人大信访工作制度，以法治思维引导信访，以法治方式化解矛盾。全

年共受理群众来信473件，接待来访275批403人次，有效推动一些信访积案得到妥善处理。

发挥职能作用，不断推进“法治泉州”深入实施常委会自觉站位法治“一线”，积极发挥“主力”作用，在推进科学立法、严格执法、公正司法、全民守法中多措并举、展示作为。

扎实开展立法。坚持党委领导、人大主导、政府依托、各方参与的立法工作格局，按照“有必要、有特色、真管用”和“急需先立”原则，广泛征求立法建议，精心筛选立法项目，科学编制2017—2021年立法规划和2017年度立法计划。根据省人大常委会提出的“通过一部、审议一部”立法工作节奏，滚动推进立法计划实施。第二部实体法《泉州市市区内沟河保护管理条例》历经三次审议，于2017年9月获省人大常委会批准，今年1月1日起正式施行。第三部实体法《泉州市中山路骑楼建筑保护条例（草案）》完成初审。在立法中，坚持问题导向，重视利益相关方诉求，合理设置权利义务。注重发挥常委会组成人员和人大代表的主体作用，建立健全法规立项、修改、论证、协商和审议等立法工作机制。加强统筹协调，会同政府有关部门研究、解决立法重点难点问题。开展立法协商，充分听取各民主党派、工商联、无党派人士意见，集思广益，凝聚共识，不断扩大社会参与立法的深度与广度。

推进依法行政。开展法治政府建设专题调研，督促市政府把严格规范公正文明执法作为重中之重，进一步提升政府工作人员法治思维和依法行政能力。对市政府办理市人大常委会关于城市管理行政执法审议意见情况进行满意度测评，推动有关部门加快构建权责明晰、服务为先、管理优化、执法规范、安全有序的城市管理体制。开展公安基层派出所执法规范化建设调研，督促健全完善执法制度体系，全面推进从严治警，进一步提升基层执法公信力。对市政府贯彻实施森林法和《泉州市海上丝绸之路史迹保护条例》情况进行检查，开展档案法、种子法实施情况调研，督促及时纠正法律法规实施中存在的问题，推动政府加快把各项工作全面纳入法治轨道。

督促公正司法。按照省人大常委会统一部署，围绕法院执行工作情况开展三级联动监督，督促和支持法院加大执行力度，全力攻坚克难，让老百姓真正感受到执行工作的新成效。听取和审议市法院民商事审判工作专项报告，督促法院牢固树立宗旨意识，进一步提高案件审判质量和效率，保障人民群众的合法权益。听取和审议市检察院反渎职侵权工作专项报告，督促加强对渎职侵权犯罪新领域、新动向的分析研究，扩大案件侦办视野，立足反渎、全力反腐，为推进经济社会发展提供有力的法治保障。

加强备案审查。召开全市规范性文件备案审查工作会议，对审查规范性文件做出统一部署，力促有件必备、有备必审、有错必纠。修订《规范性文件（备案）分送审查表》，实现登记、分送、审查、归档等环节全程留痕。对涉及改革发展稳定大局、群众切身利益的重要规范性文件进行“双重审查”，强化备案审查的刚性约束。一年来共收到市政府报送备案文件125件，对符合要求的113件给予备案登记，对有不当情形的及时督促纠正，有效维护国家法制统一。

强化服务保障，不断发挥人大代表主体作用

常委会把畅通代表联系群众渠道、加强代表履职监督管理作为重要抓手，积极推动代表工作取得新成效。

做好代表履职保障。举办两期市人大代表履职培训班，共有488名代表参加培训。及时向代表通报常委会和一府两院重要工作，寄送《人民政坛》《泉州人大》等学习材料，帮助代表知情知政。落实代表活动经费，积极协调市财政对各县（区、市）“人大代表之家”和“人大代表联系群众活动室”建设给予补助。加强代表履职管理，严格代表履职登记，建立代表履职档案，促使代表增强依法履职意识，模范遵守社会公德，自觉接受群众监督。依法开展代表资格审查，配合做好全国人大代表和省人大代表的提名推荐工作。

拓宽代表履职渠道。精心组织市人大代表开展年中调研和年底视察，坚持邀请代表列席常委会会议，参加常委会组织的调研视察、专题询问、执法检查等活动，扩大代表对人大工作的参与。积极开展常委会组成人员联系代表、代表联系群众的“双联”活动，进一步拓宽民意表达渠道。制定《泉州市乡镇（街道）“人大代表联系群众活动室”工作规范指导意见》，全市已建成“人大代表之家”11个、“人大代表联系群众活动室”287个，县级人大代表履职网络平台全部启用，为代表参加学习、联系选民、汇聚民意、履行职责提供了便利和保障。

加强代表建议督办。及时将代表提交的建议、批评和意见交由82个相关单位办理，进一步健全常委会主任会议重点督办、常委会领导领衔督办、各工委对口督办等制度。确定加快新兴产业培育、推动智慧物流发展、建设中心城区快速通道等10件事关大局、关乎民生的建议重点督办，以点带面推动了泉州动车站配套建设及周边环境整治、加大我市48个少数民族村发展扶持力度、市区四类“问题房产”不动产登记历史遗留问题的处理等相关工作。组织开展代表建议办理“回头看”，对部分承办单位的办理工作进行满意度测评，促使建议办理不断规范，办理实效明显增强。392件建议在规定时间内均得到办理和答复，代表反馈满意率达100 %。

加强自身建设，不断提高依法履职水平

常委会以推动“两学一做”学习教育常态化制度化为契机，努力提升

依法履职、服务大局的能力和水平。

以学习增素质。制定市人大常委会和机关干部年度学习培训计划，举办常委会专题讲座、法律辅导21次和新进人大系统干部培训班，加强对宪法、监督法等法律法规，以及人大制度和经济、科技等业务知识的学习，进一步提升常委会组成人员和机关工作人员的政治素质、法律素养和履职能力。

以立制促效能。修订常委会议事和机关管理制度23项，制定出台开展专项工作评议、人大代表联系群众等制度8项，修订机关党建制度14项，确保常委会和机关工作制度化、规范化、程序化。

以创优激活力。努力争创第十三届省级文明单位、市级平安单位和先进“五好”党支部，扎实做好机关绩效考评和离退休老干部、群团等工作，机关党支部全部跨入先进“五好”行列。发挥绩效考评正向效应，率先开展绩效二次考评，奖勤罚懒“动真格”，争先进位成常态，进一步巩固和发展机关充满活力、务实高效、管理有序、风清气正的良好局面。

以宣传扩影响。加强与泉州晚报和泉州广播电视台等主流媒体合作，充分展现人大制度优势、人大工作成绩和代表履职风采。在第27届“中国人大好新闻”评比中，我市选送的两件作品均获二等奖。继续推进人大制度理论研究，一批论文在全省人大系统优秀调研课题评选中获奖。

一年来，常委会还积极配合全国人大常委会和省人大常委会的工作，先后完成8件法律草案的征求意见工作，配合开展17项执法检查、专题调研，承办全省人大财经座谈会。加强对县乡人大工作的联系指导，注重总结推广基层人大工作经验，首次选调部分基层人大干部到常委会机关锻炼学习，不断增强人大工作的整体功效。

届首之年，常委会工作呈现良好开局。这是市委总揽全局、正确领导的结果，是全体人大代表履职尽责、全市人民关心支持的结果。市人民政府和市中级人民法院、市人民检察院自觉对人大负责、受人大监督，严格执行人大决议决定、认真办理代表建议、落实人大审议意见，做了大量艰苦细致、卓有成效的工作。县乡人大团结协作，为市人大工作创新发展提供了有效支持。社会各界高度关注、倾力支持人大工作，为人大依法履职创造了有利条件。在此，我谨代表市人大及其常委会对各有关方面和各界人士表示衷心感谢！

回顾过去一年的工作，我们也清醒地认识到，面对新形势新任务新要求，常委会工作中还存在一些有待加强和改进的方面，如在地方立法中的主导作用有待进一步发挥，监督的针对性和实效性有待进一步增强，讨论决定重大事项制度有待进一步完善，代表履职平台的运用有待进一步深化，同人大代表和人民群众联系的方式有待进一步拓展；自身建设和整体工作水平有待进一步提升。我们将高度重视，虚心听取各方意见，切实加以改进。

开创新时代人大工作新局面

党的十九大是在我国全面建成小康社会决胜阶段、中国特色社会主义进入新时代的关键时期召开的一次十分重要的大会。我们要以党的十九大精神为指导，不断加深对人民代表大会制度宪法地位、本质特征和丰富内涵的理解，从我国政权组织形式认识人大性质，从国家机关组织架构认识人大地位，从党和国家工作大局认识人大作用，以更高境界履行法定职责，以更大气魄推动工作创新，奋力谱写我市人大工作新篇章。

一要立足新时代，体现人大工作新担当。强化政治担当，坚决维护以习近平同志为核心的党中央权威和集中统一领导，坚定不移地走中国特色社会主义政治发展道路，始终把党的领导贯穿于人大工作的全过程和各方面。强化使命担当，深刻领会和把握我国社会主要矛盾转化的重大政治论断，准确定位人大工作，切实增强做好人大工作的使命感和责任感。强化为民担当，坚持以人民为中心的发展理念，保障人民当家作主，切实维护好人民群众的根本利益。

二要贯彻新思想，引领人大工作新实践。坚持以习近平新时代中国特色社会主义思想武装头脑、指导实践、推动工作。发扬改革创新精神，推动立法工作有新进展，监督工作有新成效，重大事项决定有新突破，人事任免有新改进。认真贯彻全面依法治国新部署新要求，加快推进“法治泉州”建设，充分发挥法治在地方治理和社会管理中的重要作用。

三要围绕新目标，展现人大工作新作为。围绕实现党的十九大和省、市党代会确立的目标任务，在推动发展上发力，着眼构建“1234”现代产业体系，促进供给侧结构性改革、经济体制改革和创新驱动、乡村振兴、区域协调发展等战略深入实施；在改善民生上用力，督促补齐民生短板，让人民群众有更多的获得感、幸福感、安全感；在活化文化上协力，促进泉州文化软实力进一步提升；在优化生态上着力，促进生态环境“高颜值”、经济发展“高素质”；在深化改革上助力，促使发挥“多区叠加”效应，推动重要领域和关键环节改革纵深发展。

四要开启新征程，激发人大工作新活力。着眼全面建设现代化泉州新征程，以更高的标准加强人大自身建设，始终保持人大工作的生机和活力。贯彻新时代党的建设的总要求，认真履行管党治党责任，持之以恒全面加强人大党的建设。健全人大组织制度和工作制度，加强县乡人大建设，推动基层人大工作创新发展，使各级人大及其常委会真正成为全面担负起宪法法律赋予的各项职责的工作机关，成为同人民群众保持密切联系的代表机关。

做好新一年人大工作

2018年，市人大常委会要在中

共泉州市委领导下，高举中国特色社会主义伟大旗帜，深入学习贯彻党的十九大精神，坚持以习近平新时代中国特色社会主义思想为指导，不忘初心，牢记使命，牢固树立“四个意识”，坚定“四个自信”，坚持党的领导、人民当家作主、依法治国有机统一，按照“五位一体”总体布局和“四个全面”战略布局的要求，认真履行宪法和法律赋予的职责，为泉州保持旺盛的“走前列”势头，实现全面建成小康社会目标作出新的贡献。

围绕创造美好生活，在服务“五个泉州”建设上彰显更大成效

坚持以人民对美好生活的向往为目标，贯彻习近平新时代中国特色社会主义经济思想，围绕市委“转型攻坚、聚力跨越”工作主线，精心选题，精准发力。加强对国民经济和社会发展计划、预算执行情况的监督。跟踪检查泉州白濑水利枢纽工程规划建设、食品安全监督管理、加强全市流域水环境保护、加快全市垃圾分类处理利用等议案决议落实情况。开展“十三五”规划实施情况中期评估、国有企业发展、实施“城市双修”促进古城保护发展、建设和发展新型研发机构、培育壮大村级集体经济、花卉产业发展、美丽乡村建设、少数民族特色村寨发展与保护、海外华文教育等专题调研。督促加快推广复制自贸区政策措施。听取和审议市政府2017年度全市环境状况和环境保护目标完成情况报告。对市政府落实市人大常委会关于灾后重建、特色现代农业发展、城市公厕规划建设管理等审议意见的情况进行满意度测评。聚焦经济社会发展中的重大问题，组织开展增强泉州综合竞争力、文化软实力、社会创新力、环境营造力、风险管控力、法治公信力等“六大专题调研”，为深化“五个泉州”建设提供决策参考。

围绕提升法治水平，在推进依法治市实践上发挥更大作用

开展“国家宪法日”宣传活动，组织对“七五”法治宣传教育进行中期评估。听取和审议两院深化司法体制改革相关工作情况报告。开展水土保持法执法检查。跟踪检查市政府研究处理市人大常委会关于教师法、《泉州市海上丝绸之路史迹保护条例》等实施情况的审议意见的落实情况，以及市法院研究处理市人大常委会关于执行工作审议意见和民商事审判工作审议意见、市检察院研究处理市人大常委会关于反渎职侵权工作审议意见的落实情况，并开展满意度测评。研究制定立法评估工作规定和修订立法技术规范，进一步完善立法工作机制。充分发挥立法顾问、立法咨询专家、基层立法联系点的作用。坚持“每年必督、一督几年”，加强对我市已颁布法规实施情况的检查。做好《泉州市中山路骑楼建筑保护条例（草案）》《泉州市晋江、洛阳江流域水环境保护条例（草案）》的修改、论证和审议工作。督促市政府实施《泉州市市区内沟河保护管理条例》，开展《泉州市市容和环境卫生管理条例》等三部法规起草工作，启动以移风易俗为主要内容的促进社会文明行为的立法调研。加强规范性文件备案审查工作。畅通信访渠道，推动群众信访问题依法及时解决。

围绕履行法定职责，在推动工作与时俱进上实现更大突破

落实中央《关于健全人大讨论决定重大事项制度、各级政府重大决策出台前向本级人大报告的实施意见》，制定市人大及其常委会讨论决定重大事项的实施办法。研究制定授予公民“荣誉称号”、建立友城管理工作规定。改进人事任免工作，研究制定公职人员任前法律测试实施办法，严格规范供职发言、接受询问、颁发任命书、向宪法宣誓等工作流程，积极探索加强干部任后监督。按照全国人大常委会的统一部署，坚持“由易到难、由简到繁，循序渐进、逐步推进”原则，探索推进市县人大预算联网监督。聚焦百姓关切开展专题询问，选择政府有关部门开展工作评议。组织好省人大常委会年度课题研究，及时总结推广基层人大工作好经验、好做法，推动研究成果转化。

围绕发挥主体作用，在创新代表工作机制上迈出更大步伐

认真贯彻省人大常委会党组《关于加强和改进人大代表履职有关工作的实施意见》。制订实施代表年度培训计划，增强培训工作的系统性、针对性。坚持和深化“双联”工作，切实发挥“人大代表联系群众活动室”、“代表之家”和代表履职网络平台作用。组织好闭会期间代表活动，拓展代表参与常委会、专委会工作的广度和深度。进一步完善代表议案、建议督办机制，做好代表建议办理情况公开和满意度测评，组织开展评选优秀议案、建议和先进办理单位活动。加强代表履职监督管理，完善代表述职制度。重视代表思想作风建设和法纪教育，做好代表履职宣传，展示代表良好形象。

围绕适应时代要求，在加强人大自身建设上取得更大进展

按照学懂弄通做实的要求，深入学习贯彻党的十九大精神。坚持党要管党、全面从严治党，认真落实主体责任，自觉学习和遵守党章，全面推进人大党的政治建设、思想建设、组织建设、作风建设、纪律建设，把制度建设贯穿其中。深入贯彻落实中央“八项规定”精神，继续整治“四风”问题。按照中央部署开展“不忘初心、牢记使命”主题教育，在市人大机关开展学习型、创新型、服务型、法治型、廉洁型“五型”机关创建活动，致力打造担当型、公仆型、业务型、工匠型、实干型“五型”队伍。加强和改进人大新闻宣传工作，讲好泉州人大故事。进一步落实中央和省、市委文件规定，继续推进县乡人大工作和建设。密切与上级人大常委会的工作联系，加强对基层人大工作的指导，发挥人大工作的联动效应。

政府工作报告

——在泉州市第十六届人民代表大会第二次会议上

泉州市人民政府市长 康 涛

（2018年1月5日）

2017年政府工作回顾

一年来，在中共泉州市委领导下，市人民政府认真学习贯彻党的十九大精神，学习贯彻习近平新时代中国特色社会主义思想，全面落实中央、省和市委决策部署，着力稳增长、控风险、谋长远，经济运行稳步回升，金融风险有效化解，产业格局更加优化，实现地区生产总值7533亿元、增长8.3%（预计，下同），主要经济指标保持较快增长；集中力量办成一批影响全局、关系民生的大事要事实事，有力地推动泉州发展迈上新台阶。

——“三大板块”渐成格局，实体根基更加坚实。全市上下大抓发展、大抓龙头、大抓高科技产业，晋华集成电路、中化乙烯、三安高端半导体等投资数百亿元的重特大项目强力推进，传统、重化、高新产业在手大项目投资总额分别达521亿元、730亿元和1089亿元，集成电路、半导体等产业呈现大好发展态势，“三大板块”实现从构想到路线图，到落地见效、初步成形。

——古城新城齐头并进，城市颜值更加靓丽。开展国家生态修复、城市修补试点，在“润物细无声”的微改造中，古大厝修旧如旧，古街巷活化保护，泉州古城逐步成为见人见物见生活的“活样本”。海丝新城加快环湾向湾生长，人气、业态、服务加速集聚；绿化景观明显提升，精心打造山线水线绿道，织就美丽风景线，串起城市“慢生活”。环湾建成区达220平方公里。

——文脉传承深入人心，文化自信更加坚定。以“古泉州（刺桐）史迹”申遗为契机，大力推进历史文化遗产保护、挖掘和整理；守护好古城、古镇、古村落，越来越成为全市上下共同的文化使命和行动自觉。成功举办金砖国家治国理政研讨会、第三届海丝国际艺术节。晋江成功申办第18届世界中学生运动会。永春苦寨坑原始青瓷窑址当选年度中国十大考古新发现。

——惠民举措叠加推出，人民生活更加幸福。坚持把七成以上的地方财力用于民生，落实市委“四心”工程，实施教育、医疗、养老、基础设施等补短板项目132个。启动泉州“XIN”行动，聚焦安置房办证、中心城区防洪排涝等10个问题，从体制机制入手，突破长期想解决而没有解决的难题。扎实推进精准扶贫、精准脱贫，现有的建档立卡贫困村和贫困人口实现按时退出。加快建设国家生态文明试验区，空气、水质量保持优良水平。荣膺国家森林城市、全国未成年人思想道德建设工作先进城市，蝉联全国文明城市、国家卫生城市、综治最高奖“长安杯”。

一年来，我们主要抓了以下工作。

把稳定经济增长作为重中之重

政企联手、巩固工业、大抓三产，规模以上工业、第三产业增加值分别增长8.2%和10.5%。全力稳企业发展。落实市委“促进项目落地 帮扶企业发展”活动周，出台稳定工业、奖励用电、扶持外贸等专项政策，减轻企业负担42.6亿元。举办全国性特色商品博览会7场，开展泉州品牌“中国行”“境外行”展销活动52场。全力稳项目投资。落实市委“项目攻坚年”活动，市领导分片区一线推进，重大项目实行指挥部体制，396个在建重点项目完成投资1271亿元，中化乙烯、通达三期等92个项目开工建设，西人马高端芯片、晶安光电三期等73个项目建成或部分建成，晋华集成电路主厂房封顶。建立重大产业项目招商协调机制，新引进项目323个、总投资2031亿元。全市完成固定资产投资4160亿元，其中工业投资占39.5%。全力稳金融运行。认真落实金融风险防控属地责任，创新困难企业帮扶措施，坚决打击、联合惩戒恶意逃废债，不良贷款率控制在较低水平。

把提高供给质量作为主攻方向

实施产业转型升级路线图，力促产业向中高端迈进。深化国家自主创新示范区建设。完善“1+X”政策体系，首创31项新举措。坚持一手抓高新技术产业发展，一手抓传统产业改造提升，新认定高新技术企业169家、科技小巨人领军企业198家。整合晋江集成电路、南安半导体、安溪湖头光电等3个园区，获批设立省级半导体高新技术产业园。丰泽入选国家双创示范基地。实施市委“人才港湾”计划，认定高层次人才2415人，新增院士工作站12家；设立“一站式”人才服务平台，建成人力资源服务产业园。实施“中国制造2025”城市试点示范。完成“百千5311”工程，培育“数控一代”示范产品138个，列入国家级智能制造项目5个、服务型制造示范项目3个、工业设计中心2家。实施重点技改项目238个，全市完成技改投资990亿元。加强商标品牌建设，获评“中国商标金奖”企业1家、国家质量标杆企业1家，制

（修）订标准132项。新增中国专利奖优秀奖4项。开展“第三产业提升年”活动。培育认定百强企业。新增3A以上物流企业15家，全市快递业务量7.3亿件，占全省近一半；国际邮件互换局获批设立，石狮国际快件监管中心投入运行。全市电商交易额4000亿元、增长42%，网商（虚拟）产业园集群注册发照1万多家，泉智汇、泛家居等平台投入试运行。全年接待游客5460万人次、旅游总收入840亿元，分别增长21%和28%，列入全国优选旅游项目5个。启动“泉州老字号振兴计划”。）“接二连三”发展特色现代农业。完成农林牧渔业产值355亿元。农业“一区两园”完成投资15.3亿元，安溪获批创建国家级现代农业产业园。新增农业新型经营主体500多家、“三品一标”认证38个。扶持农产品生产加工龙头企业30家，培育农业物联网示范企业12家。基本完成农村土地承包经营权确权登记颁证工作。全市远洋渔船57艘，捕捞产量8万吨。

把全面深化改革作为永续动力

发挥“金改区”“综改区”等国家级改革试点效应，在重点领域实现多点突破。提升金融服务实体经济水平。创新供应链融资模式，小微企业贷款2100亿元、增长10.7%。“无间贷”模式成为全国典型。新增境内外上市企业3家、“新三板”挂牌企业8家；海峡股权泉州交易中心设立“青创板”，累计挂牌企业606家。激发民间投资活力。新兴产业、集成电路等基金为企业提供融资59亿元。建立PPP项目审批绿色通道，落地项目26个、总投资316亿元，其中纳入财政部示范项目8个。深化工商登记制度改革。率先启动“多证合一”，实行工商简易注销，“双随机”抽查实现全覆盖，工商注册便利化工作获国务院通报表扬。市场主体总量达68万家，位居全省首位。完善生态文明体制机制。深入推进晋江自然资源资产统一确权登记、永春空间规划编制等省级试点；完成林权收储、环境治理市场主体培育等8项改革任务。泉州开发区被联合国工发组织授予“绿色开发区”。实施国有企业改革重组。整合40家国有企业，组建城建、文旅、金控、交通发展、水务5家市级国资集团。深化海丝先行区开放合作。全市完成进出口总额1569亿元，与海丝沿线国家和地区贸易额720亿元。与马来西亚古晋南市建立友好城市关系。泉州晋江国际机场旅客吞吐量523万人次、增长38%。完成港口吞吐量1.3亿吨、集装箱217.2万标箱。泉金航线运送旅客13.8万人次。石井口岸正式对外开放。

把开展生态修复、城市修补作为重要抓手

完成环泉州湾城乡一体化规划，全面推行城市设计。突出古城保护提升。启动“七个一”示范工程，修缮一批古大厝、特色建筑，“东亚之窗”、美食城等项目进展顺利。西街东段、中山中路实施分时段交通限行和精细化管理。开展“社区营造”试点。完善城市交通体系。兴泉铁路、福厦客专开工建设，泉厦漳城市联盟路、城东至北峰快速通道、动车站综合交通枢纽等项目加快推进，厦沙高速泉州段建成通车。市区建设公共停车设施33个，新增停车泊位5000多个。推行公交一元票价制。市区公共自行车“小黄人”累计建设站点470多个，骑行总次数3200多万人次。“点线面”推进绿化提升。精心打造高速出入口、动车站等一批关键节点绿化工程。改建特色树种景观路14条；山线绿道示范段，以及沉洲、汀洲、白水营等水线绿道公园建成开放。全市完成绿化改扩建面积65万平方米。结合“创城”“创卫”开展环境综合整治。认真执行市人大《关于加快全市垃圾分类处理利用的决议》，启动生活垃圾强制分类试点，大件垃圾处理站投入运行。疏堵并举治理占道经营等城市乱象，环境卫生考评实现城乡全覆盖。标准化改造中心市区农贸市场7个。拆除“两违”557.5万平方米。整治市区内涝积水点54处。推进城市执法体制改革，整合175项集中行政处罚权职能。

把保障改善民生作为第一追求

完成33件市委市政府为民办实事项目。打好脱贫攻坚战。认真落实“六个精准”要求，扶持30个市级扶贫重点乡镇、300个扶贫重点村发展，实现贫困线和低保线“两线合一”。创新帮扶机制，形成社会扶贫“三百”工程、安溪乡镇扶贫开发协会全覆盖、南安光伏扶贫等典型做法。农村危房改造980户，造福工程搬迁1.1万人。办好人民满意教育。实施“领航团队”培养工程。新增公办幼儿园学位1万个、中小学学位1万个。深化职业教育改革，启动技能名师工作室建设，壮大“双师型”教师队伍，现代学徒制试点基本覆盖主要产业，建成福建省大学生创新创业基地（泉州）。抓好关心下一代工作，发挥好青少年社会教育活动中心的校外阵地作用。加快卫生计生事业发展。深化公立医院改革，推行目标管理责任制和院长年薪制，启动“名医带徒”工作。实施基层医疗卫生服务能力三年提升工程。全市新增医疗机构床位2512张。建立统一的城乡居民基本医保制度。加大妇幼医疗资源配置，服务“全面两孩”政策。完善养老服务体系。新建农村居家养老服务站135个，建设提升农村老年体育活动中心30个，市社会福利中心开工。全市新增养老床位1460张，享受政府购买信息化养老服务的人数超3万。加强老龄、老干部工作。推进文化繁荣发展。积极践行社会主义核心价值观。认真落实《泉州市海上丝绸之路史迹保护条例》，全力推进“古泉州（刺桐）史迹”申遗，高标准实施16个申遗点文物本体修缮和周边环境整治，完成国际专家现场考评阶段性任务。公共文化中心主体工程完工，市少儿图书馆正式开放。建成24小时街区自助图书馆46个、村（社区）文化服务中心示范点24个。成功举办联合国教科文组织青年创意与遗产研习班、“中国白”国际陶瓷艺术大奖赛、环泉州湾国际公路自行车赛。第十三届全运会收获金牌8枚，金牌和奖牌数均居全省首位。加强社会保障工作。城镇新增就业12.6万人。城乡医疗、养老保险待遇水平稳步提升，全民参保登记计划全面实施。建立特困人员救助供养制度。及时出台房地产调控政策，实行限房价竞地价、备案价格会商、公证摇号销售等措施，严控投机炒房行为，稳定房地产市场。基本建成保障性安居工程2.6万套，改造石结构房屋3600万平方米。德化进城务工人员安居项目荣获中国人居环境范例奖。深化生态环境整治。以中央、省环保督察为契机，狠抓150项任务整改，开展环保设施与能力建设大会战，建立生态环境保护工作职责体系。认真执行市人大《关于进一步加强全市流域水环境保护的决议》，全面推行河长制，所有集中式饮用水源地和主要干流水质达标率保持100%。启动农村污水垃圾治理三年行动，266个行政村新建污水处理设施，建设改造三格化粪池6.5万户，新增480个行政村实现垃圾常态化治理，持续开展生猪养殖和农业面源污染整治。完成植树造林12万亩、水土流失治理31万亩、矿山生态修复313万平方米。永春流域综合治理荣获中国人居环境范例奖，成为全国典型案例。创新社会治理体制。推进“雪亮工程”，坚决打击和防范违法犯罪活动，完善矛盾纠纷多元化解机制，提升平安泉州建设水平。扎实开展食品药品安全综合监管，加强食用农产品入市质量安全检测，深入推进“餐桌污染”治理。开展安全生产大检查，深化隐患排查治理体系建设，安全生产形势持续稳定好转。完善国防动员机制，把支持深化国防和军队改革当作分内的事，助推驻泉部队现代化建设，实现双拥模范城“满堂红”。民族宗教、统计、物价、粮食、方志、档案、人防、支前、气象、地震以及工会、青少年、妇女儿童、残疾人、红十字会等工作都取得新成效。

把增强政府履职能力摆上突出位置

严格落实中央八项规定及实施细则精神。深入推进“两学一做”学习教育常态化制度化。自觉接受市人大及其常委会监督，依法执行市人大及其常委会决定决议，主动配合市人大依法履职，办理人大代表建议383件，满意和基本满意率达100%。支持市政协履行职能，主动接受民主监督，把协商民主贯穿政府履职全过程，办理政协提案596件，满意和基本满意率达100%。坚持依法治市，深化府院联席会议机制，法治政府、法治社会建设互相促进。全面推行权责清单制度，进一步规范行政审批自由裁量权，实施“一趟不用跑”“最多跑一趟”改革，推行周末收件、24小时自助服务等便民措施，深化国家级电子证照试点，行政审批制度改革获国务院通报表扬。加大效能督查力度，加强廉政、监察、审计等工作。

2018年工作目标任务

党的十九大是我们党和国家发展史上一个重大里程碑，正式宣告中国特色社会主义进入新时代，作出了社会主要矛盾转化的重大论断，鲜明提出了习近平新时代中国特色社会主义思想，指明了实现“两个一百年”奋斗目标和中华民族伟大复兴中国梦的前进方向。做好2018年政府工作：必须全面贯彻党的十九大精神，以习近平新时代中国特色社会主义思想为指导，坚持稳中求进工作总基调，坚持新发展理念，按照高质量发展的要求，主动融入新福建建设大局，突出转型攻坚、聚力跨越主线，深入实施“十三五”规划，深化供给侧结构性改革，全力推进产业升级、城市建设、改革开放、民生补短，决胜全面建成小康社会，加快打造“创新、智造、海丝、美丽、幸福”的现代化泉州。

经济社会发展主要预期目标是：全市生产总值增长8.7%以上，农业总产值增长2.5%左右，工业增加值增长7.8%左右，第三产业增加值增长10.4%左右；一般公共预算总收入增长5.5%左右，一般公共预算收入增长6.5%左右；固定资产投资增长13%左右；实际利用外资增长2%左右，出口增长2%左右；社会消费品零售总额增长11%左右，居民消费价格涨幅控制在3%左右；居民人均可支配收入增长7%左右；完成节能减排任务。

为此，我们要在市委统一领导下，把高质量发展与实现赶超有机统一起来，推动经济社会更好更快发展。在“稳”的基础上着力于“进”，强化工业支撑，扩大三产贡献，加快经济提速扩量；在转型升级上迈开大步，推动“三大板块”成形成势，致力构建“1234”现代产业体系；在城市建设上加速提档，全面推开环湾区域片区更新、景观塑造、修复修补；在民生领域攻坚补短，深入推进“四心”工程，滚动实施“XIN”行动，抓好防范化解重大风险、精准脱贫、污染防治三大攻坚战，努力满足人民群众美好生活需要。

突出实体为本
着力建设现代化经济体系

始终把发展着力点放在实体经济上，从项目支撑、技术支撑、人才支撑入手，推动“三大板块”竞相发展，全力打造高端、高质、高新的制造强市。

巩固扩大传统产业领先优势。一是坚持用新技术、新模式、新业态改造提升传统产业。以智能化改造、供应链整合、新材料应用等为主攻方向，抓好安踏一体化、九牧智慧工厂、百宏差别化纤维等项目。建立适用传统产业转型升级的技术需求库、企业后备库和高端转化平台。二是加快完善产业生态圈。鼓励龙头企业，通过技术升级、主业扩张、兼并重组等方式发展壮大，建设一批核心工厂、高端工厂，打造一批具有国际影响力的大企业集团。鼓励中小企业向“专精特新”方向提升，培育一批单项冠军企业和产品。三是争创全国质量强市示范城市。大力弘扬工匠精神，开展质量品牌提升行动，树立“泉州制造”品牌形象。

延伸拓展重化产业链条。统筹泉港、泉惠石化园区发展，发挥联合石化、中化两大龙头的带动效应，吸引更多企业进入石化深加工领域，大力发展石化新材料和精细化工。重点抓好中化乙烯、天佑能源、中仑塑业、天骄化学等项目，启动中化专属园区建设。加快现有装备产业整合提升，坚持以市场引技术、引项目，推进国家级特种机器人检测评定中心、嘉泰数控（二期）、明匠智能制造等项目建设，加快新能源汽车推广应用和产业发展，建设南安、晋江、洛江、安溪等智能装备产业园。

培育壮大高新技术产业。紧盯市场前景和科技前沿，坚持引龙头、聚项目，着力打造若干个全国重要的新兴产业基地。一是培育集成电路产业。力争晋华集成电路一期投产，加快矽品、芝奇等项目建设，构建“设计—制造—封装测试—装备材料—终端应用”全产业链。二是培育化合物半导体产业。抓好三安高端半导体等项目，对接引进更多配套企业，加强与国家大基金合作建设泉州“芯谷”。三是培育石墨烯产业。立足泉州产业发展需求，推动发展石墨烯材料提炼和石墨烯纤维材料、高透气防水杀菌材料、防腐涂料等，加快产业化应用步伐。

创新发展现代服务业。深化“第三产业提升年”。一是稳步推进主辅分离，加快发展研发设计、信息服务、供应链管理等服务外包，培育20家服务型制造示范企业。二是深化“生产基地+物流+互联网”。支持龙头企业建设智能仓配一体化园区。加快安通综合物流园、中农批国际物流港、南方水产城等项目建设，建好陆地港、天地汇等一批第三方、第四方物流，深入开展“无车承运人”试点，有效引导外挂车船回流。发展壮大垂直供应链电商平台，培育东海跨境电商服务生态圈。推动石狮服装城争创市场采购贸易方式试点单位。三是紧抓文化旅游业这一爆发点。围绕打造“世界海丝文化休闲旅游目的地”，按照“亮点在古城、厚度在山海、空间在生态连绵带”的全域旅游布局，实施“六大旅游产品”培育计划，加快海丝古港旅游综合体策划，用心塑造“古泉州（刺桐）史迹”旅游品牌；抓好八仙过海、小岞生活艺术岛、海丝茶源、岵山古镇、石牛山等项目，高起点构建全市智慧旅游平台。四是推动文体娱乐、健康养老、家政护理等生活性服务业，向精细和高品质转变，促进消费结构升级。

培育发展新动能。一是争创“中国制造2025”国家级示范区。深化智能制造示范创建工程，实施重点技改项目200个，建设数字化示范车间和智能工厂15个以上，推广智能装备和工业机器人1000台（套）以上。加快发展数字经济，推动互联网、大数据、人工智能同实体经济深度融合。二是推进国家自主创新示范区建设。制定泉州片区发展规划，提升高新区发展质量。鼓励企业加大研发投入，强化知识产权创造、运用和保护，组织实施重大科技专项20个，新增高新技术企业120家、科技小巨人领军企业50家以上。高度重视军民融合产业发展，鼓励更多企业参与军品研发生产。三是进一步发挥政企互动好传统。旗帜鲜明支持民营企业发展，激发和保护企业家精神，深化企业家素质提升培训计划，加强对新一代企业家的培养，做好传帮带工作，打造一支有义、有根、有智、有梦的企业家队伍。四是深入实施市委“人才港湾”计划。完善育才引才聚才政策体系，加强人才社区、双语学校、国际医疗等高端配套，解决人才后顾之忧，努力建设人才的梦想港湾、事业港湾、生活港湾。

发挥投资的关键性作用。持续开展“项目攻坚年”活动，按照“五个一批”要求滚动推进，实施在建重点项目423个、总投资8558亿元，力争开工项目70个、竣工70个，全年完成重点项目投资1400亿元以上。注重投资质量，加强重大项目前期论证，实施大招商、招大商“一把手”工程，强化专业招商队伍建设，完善招商考核机制，力促重大产业项目接续落地。

突出乡村振兴
加快推进农业农村现代化

实施产业振兴工程。一是落实粮食安全行政首长责任制。粮食总产量稳定在72万吨以上，基本建成52万吨标准化仓容。二是落实农业功能区制度。围绕茶叶、水果、食用菌等特色产业发展，创建省级以上现代农业产业园8个，建设安溪、永春2个省级智慧农业园。新建农业标准化基地300个，新增“三品一标”认证20个。深入实施农产品质量安全行动计划，加强可追溯平台建设。大力发展林下经济。三是推进一二三产业融合发展。扶持一批农业产业化龙头企业、农业物联网示范企业和乡村旅游示范点，发展田园综合体。培育壮大远洋渔业、水产品精深加工、海洋生物医药产业，建设渔港经济区。

实施宜居环境工程。一是深入推进美丽乡村建设。摒弃“农村脏一点不要紧”的观念，组织实施265个农村污水治理项目，推动所有行政村实现生活垃圾常态化治理。抓好22个小城镇试点，培育发展特色村镇，建设一批环境整治示范村、宜居村。二是加强农业面源污染治理。健全农业投入品减量使用制度，深入开展化肥和农药零增长行动。推行规模养猪场建档立卡管理。三是完善农村生产生活基础设施。抓好白濑水利枢纽、惠女至菱溪引调水、南安“两溪一湾”整治、永春马跳水库等重大水利项目。提级改造农村电网。建立农村公路“路长制”，加强公路安全生命防护工作，改造一批危病桥，建好、管好、护好、运营好农村公路。

实施农民增收工程。一是发挥新型农业经营主体的带动作用，引导更多农民抱团致富，新增农民合作社、家庭农场400家以上，扶持市级示范社和示范农场50家。二是增加农民财产性收入。推进农村土地“三权分置”，加快土地流转，促进农民增收，发展适度规模经营。深化集体林权制度改革，抓好国有农场、林场改革。三是拓宽村财收入。扶持200个经济薄弱村发展，综合实施资源开发、资产租赁、股份合作等创收举措，开展农村集体产权制度改革，抓好晋江、永春、泉港等试点，多途径壮大集体经济。

确保小康路上一个都不掉队。把扶贫工作锲而不舍抓下去，保持原有扶贫政策不变、支持力度不减，形成长效化扶贫机制。致力增强造血功能，支持通过就业创业、入股分红等渠道实现稳定收入，改善提升1300户建档立卡贫困户的住房条件，大力推行精准扶贫医疗叠加保险，让贫困户有尊严脱贫、稳定脱贫。更加关注贫困线边缘的低收入群体生产生活，逐步提高低保标准，提升帮扶实效，筑牢民生兜底保障安全网。

完善乡村治理体制。加大城乡统筹力度，建立健全城乡融合政策支撑体系。以扩大有序参与、推进信息公开、加强议事协商、强化权力监督为重点，完善村民自治制度。抓好农村移风易俗试点。突出政治功能，加强农村基层组织建设，培养一支懂农业、爱农村、爱农民的“三农”工作队伍。

突出机制创新
全面深化改革开放

推进重点领域先行先试。深入实施国家级、省级各项改革试点，进一步拓展“晋江经验”内涵，努力打造具有泉州特色的改革体系。加大实体经济的金融服务力度，发挥好泉州金融服务平台、中小微企业信用信息平台作用，推广“松散型”银团贷款、无还本续贷等做法，既保障重大项目、重点企业，又支持中小企业、民生项目的融资需求；大力发展科技金融、绿色金融等新型业态；扩大企业直接融资规模；加大不良贷款处置力度，切实维护良好金融生态。深化财税体制改革，壮大地方财源，推进产业股权投资基金市场化运作，加大PPP模式的推广应用。深入开展工商登记制度改革，探索实施“证照分离”，打造市场准入便利化链条，营造大众创业、万众创新的良好氛围。推动五大国资集团实体化、商业化运营，在做开发、做实业、做民生、做金融等方面发挥更大作用，加快构建国资监管新体系，力争市属国有企业资产达1200亿元。深化价格、供销等领域改革。

推动形成全面开放新格局。深入实施海丝先行区建设行动方案和发展规划。坚持“引进来”和“走出去”并重，大力发展外贸综合服务企业，支持品牌企业开展国际化经营，进一步提升出口质量和附加值。举办第四届海丝国际品牌博览会。鼓励企业在“一带一路”沿线国家和地区，建设营销网络和经贸合作园区，搭建集群式“走出去”国际合作平台。发挥综合保税区等政策优势，优化口岸功能布局，抓好石湖5#、6#和石井16～19#等泊位建设，增开内外贸航班航线，争取更多货源从泉州港进出。主动复制自贸区创新政策，提高贸易便利化水平。加强与港澳侨交流合作，实施侨务“三新”工程，力争上线运行南洋华裔族群寻根谒祖综合服务平台，涵养新华侨华人、华裔新生代资源。

深化对台交流合作。认真贯彻中央对台大政方针，多做文化认同、民心相通的工作。发挥台商投资区等载体作用，深化泉台集成电路、精密机械、医疗健康等产业对接，大力吸引台湾人才来泉就业创业。

突出品位品质
提高城市承载力和宜居度

坚持谋定而后动，以开展生态修复、城市修补为抓手，下大功夫修整古城，用大手笔建设新城，花大心思提升管理，让泉州这座城市个性更明显、气质更凸显、魅力更彰显。

古城要更有古早味。一是原真性保护。制定传统建筑修缮技术导则，疏解古城功能，恢复历史空间。在西街开展以危旧房屋修缮为主题的“点亮家园”活动，修缮中山路风貌建筑，挂牌保护669幢传统历史建筑，做到“原址、原状、原物、原汁原味”。二是活态化利用。盘活古城公房、古大厝资源，科学布局本地文创产业，建设旅游集散和游客服务驿站，培育精品酒店群和非遗活态展示空间，优化古城业态。重塑小山丛竹、一峰书院等原貌。办好海丝古城徒步穿越活动。三是功能性提升。按照海绵城市理念建设综合管线，启动中山路试验段，开展象峰巷、三朝巷等街巷微改造。构建“公交+慢行”交通方式，打造公交“小蓝”、社区巴士“小白”、自行车“小黄人”、三轮车“小红”等“多彩交通”。四是生态型修复。内沟河是城市水系的重要组成部分，流淌着泉州的历史，见证着古城的变迁。要认真实施《泉州市市区内沟河保护管理条例》，以八卦沟、笋浯溪、百源川池为重点，分期推进水环境整治，打造水清、岸绿、景美的城市地标线。通过见缝插绿、拆改腾退，建设一批口袋公园、袖珍绿地。

新城要更有现代感。一是组团式开发。加快推进东海、城东、晋东、台商区、北峰、江南等组团的片区开发和改造，完善居住、商务、休闲、文教、医疗等功能，培育新城核心区，形成“一湾两江”城市展示面。二是体系化推进。加快兴泉铁路、福厦客专、泉厦漳城市联盟路、城东至北峰快速通道、东海通道、动车站综合交通枢纽等项目进度，抓紧金屿、百崎、武荣通道等项目前期工作，完善环湾交通体系。规划建设生态连绵带，依托现有山水脉络，用绿道串起山林、水体、湿地、田园等自然资源，形成相互衔接、连绵成片的生态体系，让好山好水好风光融入城市。坚持“点线面”结合，加快交通枢纽、重要节点，以及“居民常走、客人常走”门户廊道的景观提升，建成水线绿道系统和山线绿道二期，抓好晋江、洛阳江下游两侧规划建设及流域综合整治。三是标准化配套。加快完善市政设施，建成投用公共文化中心，建设提升防洪排涝设施，进一步完善供电、供气、供水、排水系统。加强人行道、自行车道同步配套。四是统筹化布局。启动新一轮城市总体规划修编，推行“多规合一”，以城市设计为抓手，推进环湾各组团在项目规划、功能、标准、时序等方面的相互衔接，形成同城化发展合力。高标准规划建设南北翼新城，抓好泉州“芯谷”南安园区、泉港石化安全控制区等项目，打造“产、城、人”融合发展样板。支持县域大城关建设。

管理要更加精细化。一是从市民感受最直接的环节抓起。抓好背街小巷修补、工程文明施工、户外广告整治、共享单车停放、红绿灯配时、渣土车运营、垃圾箱分布、夜景照明等精细管理。认真落实市人大《关于加快全市垃圾分类处理利用的决议》，扩大试点范围，实现中心市区垃圾分类大分流。持续开展“无违建”创建活动，推进“两违”综合治理。二是强化城市管理保障。深化执法体制改革，实现“一支队伍管到底”。推动市政公用设施管养分离，加强市场化运作。拓展“数字城管”平台功能，推行城市智慧管理和全面监督。稳妥推进市容环境、交通秩序等政府立法工作。三是倡导共建共管共享。完善家园共造机制，扩大“社区营造”试点，落实“门前三包”制度，提升住宅小区物业管理水平。

突出传承创新
增强泉州文化软实力

文化是一座城市的灵魂。要进一步传承活化千年的海丝文化、闽南文化，让泉州人身上的文化基因代代相传、薪火永续，让文化走进市民生活，走出家门国门，走向光明未来。

坚守核心价值体系。坚持全民行动、干部带头，坚持从家庭做起、从娃娃抓起，深化“家+文化”建设，让社会主义核心价值观内化于心、外化于行。实施公民道德建设工程。推动全国文明城市创建常态化机制化，支持发展志愿服务组织。强化守信激励和失信惩戒联动机制，争创国家社会信用体系建设示范城市。

保护传承传统文化。全力推动“古泉州（刺桐）史迹”申报世界文化遗产，发挥16个申遗点带动作用，健全文化遗产保护长效机制。建设中国海上丝绸之路博物馆。开展优秀传统文化传承发展示范城市创建活动，实施闽南文化保护示范工程，加强历史文化名镇名村、传统村落保护，建成泉州非物质文化遗产馆。抓好古籍文献收集整理。完成《泉州市志》第二轮修编。争创中国工艺美术之都。

繁荣发展先进文化。深化文化体制改革。完善提升基层公共文化设施，争创国家公共文化服务体系示范区。加强新时代文艺精品创作，实施“戏曲名家收徒传艺”计划，全面普及公益性文艺惠民演出。大力发展文化产业、文化市场，培育动漫、创意设计、文物博物等新型文化业态。深化全民健身计划，办好国际大体联足球世界杯预选赛、环泉州湾国际公路自行车赛，筹备世界中学生运动会，推动体育制造业与体育服务业协同发展。

突出绿色发展
加快建设美丽泉州

健全生态文明制度。深入推进国家生态文明试验区建设，完成污染物排海总量控制、用能权有偿使用交易等15项综合试验任务，推进制造业转型升级与生态文明建设形成正向互动，创造一批在全省、全国可复制推广的成果和经验。强化生态环境保护工作职责，认真落实中央、省环保督察整改任务，严格执行红线管控措施，持续完善“两江”流域生态保护补偿机制。

着力解决环境突出问题。按照市人大《关于进一步加强全市流域水环境保护的决议》要求，实施一批跨境流域、重点流域、小流域及黑臭水体、海漂垃圾整治项目，确保全面消除劣V类水体。因地制宜建设安全生态水系。认真落实“河长制”“湖长制”，以流域治理为龙头，统筹山、水、林、田、湖、草等系统治理，打造各具特色、清新自然、富有野趣的流域环境生态样板。深化环保设施与能力建设攻坚，抓好水、垃圾、危废处理设施以及环境监测能力4方面136个项目。全面落实大气、土壤、重金属污染防治工作。坚持不懈推进“厕所革命”。实施森林质量提升工程。

推动节约循环发展。开展能效对标活动，完善重点用能企业的能源监测、审计和管理体系。建好德化陶瓷、泉港石化等国家级循环经济园区。加快淘汰落后产能。全面推进碳排放权交易市场建设。依法清理处置闲置土地，盘活城乡低效建设用地。发展装配式建筑。争创国家节水型城市。

突出人民主体
不断增进民生福祉

坚持以人民为中心的发展思想，以造福人民为最大政绩，对人民群众的悲欢冷暖要感同身受，对民生实事要一件接着一件办、一年接着一年干，切实把市民的期待变成我们的行动，把市民的希望变成生活的现实。

努力让群众享有更好的教育。对照义务教育学校管理标准，深入实施“全面改薄”，推进优质高中建设、“小片区管理”，着力解决中小学生课外负担重、“择校热”“大班额”等突出问题。新改扩建公办幼儿园70所，全市新增学位1万个，普惠性幼儿园覆盖率达75%，解决好婴幼儿照护和儿童早期教育服务问题。提高职业教育与产业发展契合度，重点培育39个服务产业的特色专业群，创建示范性现代职业院校，实现中等职业学校达标全覆盖；推动普通本科高校向应用型转变。实施基础教育“领航团队”培养工程和职业教育名师“百人计划”，加强师风师德建设。办好继续教育、特殊教育，抓好老年教育，建设老年大学新校区。支持和规范社会力量兴办教育。加强未成年人思想道德建设和心理健康服务。做好关心下一代工作。

努力让群众享有更高水平的医疗服务。深化医改工作，提高公立医院综合改革实效；以医联体为突破口，组建城市医疗集团、县域医共体、专病专科联盟，完善医疗资源融合共享、分级诊疗机制。加快推进市第一医院城东新院二期、福医大附二院东海院区、妇产医院、老年医院等13个卫生重点项目。加强县级公立医院五大核心专科和五大薄弱学科建设，推行家庭医生签约服务。引进培养卫生人才，抓好医风医德建设。做好重大疾病和慢性病防控。争创全国中医药先进市。支持社会办医多元化发展。推动计生服务管理转型，提升妇幼健康服务能力，发挥好计生协会作用。

努力让群众享有更优质的养老服务。优先发展居家养老服务，落实新建城区和住宅区配建养老服务设施制度，完善社区养老服务站、日间照料中心；建设150个农村居家养老服务站，提高乡镇养老床位使用率。引导社会力量兴建养老机构，培育专业化服务组织。建设覆盖全市的老年人信息数据库，开展智慧养老试点。深化医养结合，健全医疗卫生、养老机构合作机制，促进医、养、康、护一体化。

努力让群众享有更可靠的社会保障。加大对灵活就业、创业项目的扶持力度，推动高校毕业生、退伍军人和城乡就业困难人员，实现更高质量就业创业。深入实施全民参保计划，稳步提高各项社会保险待遇水平。坚持“房子是用来住的、不是用来炒的”，坚定不移推进房地产调控，制定稳控房价中长期规划，建立长效机制，努力实现房地产健康发展、实体经济转型升级、市民住房条件改善“三赢”局面。抓好保障性安居工程，加快石结构房屋、农村危房改造。加强失地失海农民保障。推广泉港“救急难”工作机制，建设社会救助综合施救平台。重视发展慈善事业。全面实施妇女儿童发展纲要。完善留守老人、留守儿童关爱服务体系。

努力让群众享有更安全的生活环境。全面深化公安改革，推进“雪亮工程”、智慧天网建设，依法打击违法犯罪活动。认真落实信访工作责任制，加强信访法制化建设。落实食品药品安全地方政府负总责制度，深入创建国家食品安全示范城市。抓好重点领域安全生产工作，完善风险分级管控和隐患排查治理体系。支持工会、共青团、妇联等人民团体发挥更大作用。深入开展民族团结进步创建活动。提升依法管理宗教事务水平。对接落实国防动员和军队改革任务，努力解决好军人后路、后院、后代“三后”问题，完善双拥支前运行机制，巩固发展军政军民团结良好局面。

加强政府自身建设

各位代表！中国特色社会主义进入新时代，我们要深入贯彻习近平新时代中国特色社会主义思想，坚决维护习近平总书记在党中央和全党的核心地位，坚决维护以习近平同志为核心的党中央权威和集中统一领导，始终牢记政府前面的“人民”二字，努力做出得到人民认可、经得起历史检验的工作业绩。

转型跨越要有新担当、新作为。进一步解放思想、开拓创新，以功成不必在我的责任担当，以一往无前的奋斗姿态，加快实施赶超三年行动计划，始终保持旺盛的“走前列”势头。突出路线图思维、项目化运作和专业化推进，狠抓重大产业、重大项目、重大改革，强力突破事关全局的重点领域和关键环节。坚持马上就办，拿出真抓的实劲、敢抓的狠劲、善抓的巧劲、常抓的韧劲，确保上级和市委决策部署落地见效。强化正向激励，注重在招商、征迁、企业帮扶、脱贫攻坚、污染治理、风险化解等一线繁重岗位，锤炼一支敢于担当、踏实做事的干部人才队伍。

为民惠民要有新行动、新成效。要带着深厚的感情，站在群众的立场，从人民群众关心的事情做起，坚持财政支出优先投向民生事业。高标准实施36件为民办实事项目。深化“放管服”改革，抓好市行政服务中心搬迁工作，进一步推动集中审批和统一监管；持续规范行政审批自由裁量权，深化行政审批标准化改革，推行自然人和法人审批服务事项分类简政放权；实行受理与审批环节分离，推广24小时自助服务，打造百姓“15分钟办事圈”；全面推行“一门一号一窗一网”新服务模式，建设“互联网+政务服务”一体化平台，致力打造一流营商环境。

从严治政要有新要求、新形象。推进政府系统全面从严治党，开展“不忘初心、牢记使命”主题教育，深入落实中央八项规定及实施细则精神，坚决纠正“四风”突出问题特别是形式主义、官僚主义新表现。坚持用法治思维和法治方式推进政府工作，扎实推进行政诉讼、行政复议和政务公开工作，深化府院联动互动，加强“七五”普法。依法接受人大法律监督、工作监督，落实重大决策出台前向人大报告制度，主动接受政协民主监督，认真办理人大代表建议和政协提案，充分听取各民主党派、工商联、无党派人士和各人民团体的意见，自觉接受监察和审计监督。落实党风廉政建设责任制，像精心呵护山清水秀的自然生态一样，大力营造风清气正的政治生态。

政协工作报告

——在政协第十二届泉州市委员会第二次会议上

泉州市政协主席　陈灿辉

（2018年1月4日）

2017年工作回顾

2017年是本届市政协工作的开局之年。一年来，在中共泉州市委的领导下，市政协常委会深入贯彻落实中共十八大、十九大精神，学习贯彻习近平新时代中国特色社会主义思想，广泛团结各党派团体和社会各界人士，高举爱国主义、社会主义旗帜，牢牢把握团结民主两大主题，把坚持和发展中国特色社会主义作为巩固共同思想政治基础的主轴，围绕服务"五个泉州"建设主线，扎实履行政协职能，为推动泉州经济社会发展作出了积极贡献。

一年来，常委会结合政协实际，注重务实创新，突出工作特色，主要表现在以下几个方面：

一是强化政治自觉，深入学习贯彻中共十九大精神。按照中央和省、市委部署要求，把学习贯彻中共十九大精神作为首要政治任务，组织政协委员、机关干部迅速掀起学习热潮。按照"学懂弄通做实"要求，坚持学原文、悟原理、读原著，深刻领会习近平新时代中国特色社会主义思想丰富内涵，牢固树立"四个意识"，坚决维护以习近平同志为核心的中共中央权威，坚决服从中共中央集中统一领导，切实把思想和行动统一到中共十九大精神上来，着力凝聚思想政治共识和价值理念共识，引导参加人民政协的各党派团体和各界人士把握新时代、牢记新使命，自觉做中国特色社会主义事业的信仰者、实践者、捍卫者。

二是创新委员管理，提升履职水平。按照"懂政协、会协商、善议政"的要求，多层次、多形式组织委员履职培训，提高委员综合素质，发挥委员主体作用。对委员履职严格要求、严格考评、严格管理，制订出台《泉州市政协委员履职情况量化考评管理暂行规定》《泉州市政协港澳委员履职公约》，量化考评履职情况，确立履职"新标尺"，激发履职积极性，增强履职活力。一年来，市政协委员积极参加政协各种例会、协商座谈会和调研视察、提案督办等履职活动3000多人次，履职考评优秀率达84.5%。

三是创新工作形式，增强履职实效。坚持注重质量、务求实效的要求，强调委员在履职建言过程中要说得准、说得有份量、说得有影响力，运用好政协的"话语权"。打造履职特色平台，以委员论坛形式召开政协常委专题议政会，着力扩大协商议政参与面、提升协商层次和实效。创新课题调研形式，坚持"主题聚焦、队伍精干、作风深入、形式灵活"的原则，以"项目化"运作模式推进调研和协商工作，着力把课题做优、做精、做到位，切实为党政决策提供有价值的参考意见。市党政主要领导亲自参加政协协商议政会议，面对面与委员互动交流，听取委员建言，"福建省泉州市委书记与政协委员共话战略性新兴产业人才工作"在《人民政协报》作专题报道。一年来，市政协多项工作在全国政协、省政协会议上作典型交流，50多项协商建言成果和社情民意信息专报得到中央、省、市领导的批示肯定。《人民日报》《人民政协报》等全国性媒体20多次报道市政协工作的做法和成效。

四是创新协商机制，完善履职制度。认真贯彻落实中共中央和省、市委关于加强人民政协协商民主建设的实施意见，与市委、市政府构建了协商议题共同确立、协商计划共同制定、人员共同参与、成果转化共同推进的"四个共同"工作机制。加强政协协商与党政工作的有效衔接，年度协商计划提请市委常委会议审定，纳入市委年度工作要点，由市委、市政府、市政协三家办公室联合发文，并在主流媒体上公布。市委、市政府领导和有关部门负责人参加政协组织的各类调研视察、政情通报、专题协商、重点提案督办等履职活动，通报有关情况，听取委员意见建议，逐步形成了"党委统一领导、政府大力支持、政协主动作为、多方联动配合"的协商局面。

一年来，常委会紧紧围绕全市中心工作，谋划工作思路，注重工作实效，狠抓工作落实，主要做了以下5方面工作。

坚持以服务改革创新为重点
助推全市经济平稳健康发展

围绕创新转型协商议政。与市委协商确定"战略性新兴产业人才的评价认定机制及扶持政策"议题，深入开展课题调研，提出高质量课题成果，召开专题协商会积极建言，综合报送《关于加快泉州战略性新兴产业人才集聚的建议》，市委人才工作领导小组会议专题研究吸纳委员意见，将《建议》任务分解到相关部门，有力推进人才“港湾计划”落地见效。认真完成市委交办的重点课题调研，围绕“培育要素市场，助推泉州国家级自主创新示范区建设”议题，学习先进、分析情况、深入研讨，形成了《向谁学、学什么、怎么做》的调研总报告和15篇子报告，与市政府召开专题协商会，提出以科技创新为核心、以人才建设作支撑，在高新技术产业上谋作为、在项目建设上谋发展等37条建设性意见建议，市政府主要领导批示有关部门认真研究、吸收采纳、推进落实。按照市委、市政府安排，积极参与“促进项目落地，帮扶企业发展”活动周调研，就盘活资源、做大做强，兑现优惠政策，力促创新转型等方面提出对策措施，《拥抱变革积极转型，推动企业跨越发展》等意见建议得到市委、市政府主要领导批示肯定。聚焦我市产业创新转型新要求，与市政府开展“贴近产业需求，助推职业教育创新发展”专题协商，就促进职业教育与产业融合发展、推动职业教育集团化、发挥企业主体作用等方面协商建言，得到市政府主要领导的充分肯定。

围绕供给侧结构性改革建言献策。贯彻落实中央、省、市决策部署，研究确定“深化供给侧结构性改革，振兴实体经济”协商主题，举办委员论坛，提出加快石墨烯产业发展、完善云制造平台、建设工业设计城等协商成果供市委、市政府决策参考。《关于加快我市军民融合产业发展的几点建议》《加快金融供给侧结构性改革，提升服务实体经济效率》等建言得到市委主要领导签批。组织督办《关于进一步推进泉州“数控一代”智能装备产业发展的建议》《关于推动我市制造业供给侧结构性改革，实现创新驱动发展的建议》重点提案，召开提案督办座谈会深入协商建言，市直相关部门认真研究采纳重点推动。委员提出的《供给侧结构性改革下提升泉州制造业竞争力的建议》得到市政府及有关部门重视采纳。配合全国政协开展“推进养老服务供给侧结构性改革，促进共享发展”专题调研，结合泉州实际，提出意见建议。

围绕“海丝”建设献计出力。主动呼应国家“一带一路”倡议，积极服务“海丝泉州”建设。参加第二届中法文化论坛，办好特色活动，加强文化交流、经贸合作，有力提升泉州国际影响力。围绕“把握申遗契机，加快泉州海丝文化旅游产业发展”议题深入调研，举办委员论坛，在加快智慧旅游建设、构建全域旅游体系、打造国际旅游目的地城市等十二个方面提出80多条建议。组织开展“‘古泉州（刺桐）史迹’申遗点保护利用”专题视察，提交《关于“古泉州（刺桐）史迹”现场评估结束后下阶段几项工作的建议》，市政府及相关部门高度重视，召开专题会议研究吸纳。组织开展“发挥海外社团作用，助推海丝先行区建设”“挖掘泉州历史文化元素，发展文化创意产业”等重点课题调研，组织“推动文化旅游业发展”重点提案督办调研，《关于进一步提升海丝泉州国际声誉的建议》等调研成果得到市委领导签批。组织政协委员围绕城市“双修”等主题开展年度视察活动。先后配合全国政协开展“海上丝绸之路文化遗产保护和利用”“推进‘一带一路’建设中国文化走出去”等海丝建设相关工作调研。举办“海丝泉州”诗词吟诵会，与宁夏、新疆、福建文史馆联合举办宁、新、闽“丝路回乡翰墨情”文化交流活动，助力宣传丝路建设，展现对丝路建设的美好愿景和历史担当。

坚持以人民为中心的发展思想
助推民生和社会事业发展

助力补齐民生短板。坚持履职为民宗旨，助力市委补齐民生短板“四心”工程落实。回应群众热切期盼，市政府、市政协领导联合领衔督办“构建大病救助长效机制”“医疗机构药品规范管理”“食品安全监管及地沟油回收处理”等涉及民生诉求的重点提案，促进一批委员关注、群众关心的热点难点问题解决。因应老龄化发展趋势，组织开展“加快推进养老服务业发展”专题调研，提出大力发展社区和居家养老服务业、引进民营养老服务机构、加快推动医养护相结合、建立“互联网+养老”综合服务平台等8条意见建议，得到市委主要领导批示，有力助推我市社区居家养老、医养结合等八大工程落实。关注“全面二孩”政策实施情况，组织督办《关于完善“全面二孩”配套政策和社会保障建议》重点提案，就强化妇幼健康服务体系建设、降低生育成本、发展规范民办幼儿园等方面提出意见建议。聚焦社区物业管理、城乡环境污染整治、城市交通出行、农村教师队伍建设等人民群众切身利益的热难点问题，通过大会发言、调研视察、协商座谈、社情民意等形式，提出意见建议，《加快发展泉州城市公交的建议》等一批委员建言得到市委、市政府领导批示。

积极开展扶贫济困。贯彻落实中央、省、市脱贫攻坚决策部署，坚持帮扶贫困民族村，组织部分市宗教团体、宗教界委员和市直有关单位深入惠安县涂寨镇新亭畲族村开展视察调研和帮扶活动，围绕理清发展思路、挖掘本地优势资源、用好用活民族政策、加强村民就业技能培训等方面出谋划策，并筹措资金帮助改善生产生活条件。市政协领导班子带领机关处级干部挂钩联系68户贫困家庭，组织引导政协委员开展对口帮扶活动。发动社会力量设立特殊教育专项基金，支持和鼓励教师从事特教事业，帮助贫困残障学生解决生活困难。继续组织开展“爱心助学”活动，筹措资金帮扶困难大学生、慰问“孤残儿童”。多次组织医卫界委员、基督教“两会”义诊队深入山区农村开展义诊施药活动，为群众送上真情关爱。

深入基层反映民意。认真贯彻落实省委、市委“四下基层”部署要求，市政协领导班子成员分别挂钩联系县（市、区），定期带领政协委员和机关干部深入基层、深入群众和贫困家庭，倾听群众呼声和诉求，帮助解决实际困难。加强与党派团体和政协委员的联系沟通，了解和收集重要信息。坚持把反映社情民意贯穿于调研、视察等各项履职活动中，进一步完善反映社情民意的信息网络和工作机制，及时收集、整理和上报政协委员在履职过程中形成的真知灼见。全年编发《社情民意》专报180多件，《政协信息》16期，《应严惩食品安全方面的造谣和敲诈行为》《建议重视解决部分地方占用基本农田种植苗木的问题》等30多件专报被省政协采用，《在印尼设立中国科技工业园区可一举多得》等10多件专报被全国政协办公厅采用。

坚持以促进政策法规落实为目的 切实增强民主监督实效

聚焦重大决策部署开展民主监督。贯彻落实中央和省委《关于加强和改进人民政协民主监督工作的实施意见》，推进政协民主监督工作制度化、规范化。助力低保兜底脱贫政策的贯彻落实，围绕“泉州市实施低保兜底脱贫情况”议题，组成五个监督调研组深入基层一线，通过实地察看、入户走访、召开座谈会等形式开展监督调研，与市委、市政府召开民主监督专题协商会，委员们提出真兜底、真脱贫、让兜底对象有更多获得感，确保兜底措施可检查、可验收、可复核，建立兜底脱贫长效常态机制等一批监督意见，得到市委、市政府领导和有关部门的重视采纳。配合省政协来泉开展《关于加强人民政协协商民主建设的实施意见》贯彻落实情况调研督查活动，助推中央和省委、市委《实施意见》落到实处。积极参与平安泉州建设，创建平安单位。组织开展“‘七五’普法工作”专题视察，助力普法宣传取得实效。

聚焦社会热点问题开展民主监督。支持政协委员担任法院人民陪审员、商事调解员，担任检察院人民监督员、涉检信访第三方调解员、刑事申诉案件公开审查听证员，参与司法调解和法院诉讼调解工作，助力化解社会矛盾。组织委员围绕“司法服务和保障非公有制经济发展”开展视察活动，就更好地维护公平正义等相关工作提出意见建议。召开《关于建立处置“恶意消费恶意打假”机制的建议》提案办理协商会，有关部门认真采纳委员建议，对维护企业合法权益、营造良好营商环境发挥积极作用。发挥政协提案在民主监督中的重要作用，一次全会期间，共立案609件，对完善社会帮扶体系、房地产市场监管、城市垃圾分类处理、防灾减灾体系建设、古城文化遗产保护等热点问题，提出落实相关政策和解决问题的意见建议，形成《提案摘报》28期，所提意见建议得到市委、市政府领导批示，市直相关部门将提案办理与贯彻市委、市政府工作部署相结合，制定行动方案，全力推动落实。

聚焦持续改进作风开展民主监督。组织委员参与社会治安综合治理的检查监督，支持受聘的特邀监督员、政风行风评议代表参加明察暗访和检查考评。参与对市行政服务中心办事大厅等窗口单位工作效率和服务水平的视察检查，进一步推动效能管理规范化、制度化建设。参与开展国家卫生城市复审迎检工作现场检查督导，协力创建国家卫生城市。组织委员听取市纪委、市中级人民法院、市人民检察院的工作情况通报，围绕党风廉政建设和反腐败工作、公平公正执法、司法创新实践、维护社会稳定等相关议题建言献策，《人民政协报》以“泉州市政协建言党风廉政建设和反腐败工作”和“泉州市政协围绕司法创新工作建言献策”为题作了宣传报道。组织委员围绕全市经济社会发展情况、部分重点项目建设进展情况和为民办实事落实情况，开展视察活动，针对加强工程质量管理、强化安全隐患意识、防止侵犯群众利益等相关问题提出建议。

坚持团结民主两大主题 齐心协力营造良好发展环境

注重发挥党派作用。坚持中国共产党领导的多党合作和政治协商制度，建立和完善挂钩联系制度，不断加强与各民主党派、工商联、有关人民团体的联络互动。积极邀请党派团体和各界人士参加政协组织的调研视察、督办提案、协商座谈、民主监督等活动，不断加大对各党派团体提出意见建议的办理落实力度。积极推荐民主党派人士参加党政有关部门的监督、评议活动，发动和组织民主党派委员参加各种政情通报会、专题协商会，为他们履职建言创造条件。一年来，市各民主党派、工商联和有关人民团体共提交提案179件，各类发言材料75篇、调研报告48篇。

增进海内外联谊交往。加强与港澳委员的联络沟通，组织港澳委员、特邀嘉宾参加市委、市政府、市政协召开的有关专题座谈会，及时通报我市经济社会发展和市政协工作情况。组织部分港澳委员、特邀嘉宾开展“引进和扶持龙头企业发展”“城市‘双修’”专题视察活动，为家乡经济社会发展献计出力。经常走访台资和侨资企业，主动协调解决他们在转型发展中遇到的困难。组团参加港澳地区泉籍社团的庆典活动，引导和鼓励港澳委员支持特区政府依法施政，维护港澳长期繁荣稳定。广泛接洽海外重要社团和侨亲，增进乡亲情谊。组织华侨大学境外新生开展“看海丝·爱泉州”活动，增强他们对祖国对家乡的认同感。充分发挥泉台民间交流协会作用，为来泉考察访问、投资兴业、寻根谒祖的台湾同胞提供帮助，促进泉台两地民间交流互动。组织编修出版《泉州籍台湾族谱目录》，积极为海峡两岸同宗村寻亲寻根对接服务。注重倾听台湾各界人士的呼声，及时收集和反映信息，《当前对台工作若干热点问题的看法和建议》等专报件被全国政协采用。

广泛汇聚发展合力。经常走访市五大宗教团体、重点民间信仰活动场所负责人，积极做好与民族宗教界代表人士的沟通工作，主动关心、及时反映少数民族同胞和信教群众的意见和诉求。充分发挥民族宗教界委员在促进社会和谐中的重要作用，组织民族宗教界委员围绕“推进文明敬香，创建文明寺观”开展视察活动。充分发挥泉商发展促进会的作用，加强与异地泉商的联系交往，参加异地泉籍商会重要活动，关心他们的生产生活情况，协助破解发展难题。组织异地商会委员回乡开展视察活动，与有关部门联合举办“回归创业”主题恳谈会，召开以“集聚泉商资源，助推泉州产业转型升级”为主题的异地泉籍商会委员座谈会，鼓励引导回归创业。进一步加强对各县（市、区）政协工作的指导和联系，充分利用市、县两级政协的组织与人才优势，选择全市性的重大课题开展联合调研，形成了上下联动、协调配合、互相促进的良好工作局面。

坚持以加强自身建设为抓手
不断增强政协履职能力

加强委员队伍建设。高度重视委员履职能力建设，邀请专家学者开设专题讲座，组织全体委员开展履职业务培训，实现全覆盖。坚持为委员订阅履职相关的报刊杂志，分发学习资料，及时向委员传递政协的重大活动、重要会议、重点工作，引导委员加强学习、拓宽视野、提高履职能力。坚持市政协领导分工走访联系委员、委员联系群众、各专门委员会联系委员活动小组的制度，为委员及时反映社情民意、建言献策、维护自身合法权益提供制度保障。加强同党政及有关部门的沟通联系，组织委员听取有关部门工作情况通报，为委员知情明政创造条件。健全完善委员履职信息数据库，严格考评委员履职情况。

加强政协专委会建设。加强专委会之间、专委会与党政部门、党派团体之间的沟通合作，完善专委会对口联系党政部门机制，围绕专项工作开展更加灵活、更重实效的对口协商。依托专委会设置20个委员活动组，组织委员开展调研、视察、撰写提案、反映社情民意等履职活动，界别工作更具特色和活力。各专委会充分发挥自身的专业优势，结合自身工作实际，探索创新协商形式，积极开展界别协商，主动提出意见建议，有力推动了相关事业的发展。一年来，各专委会组织界别委员分别围绕“泉州制造2025”“中医药事业发展”“特色小镇建设”“交通物流融合发展”“知识产权保护”“中小学生体质健康”等10多个议题，开展专项视察、专题调研、学习座谈等活动30多场次。

加强政协机关建设。着力在推进全面从严治党上下功夫，在加强机关干部队伍建设上求实效，在建立健全长效机制上出成果。充分发挥政协党组领导核心作用，贯彻落实省委“五抓五看”要求，落实全面从严治党主体责任和监督责任，严格贯彻中央八项规定精神，深入开展廉政谈话，支持驻市政协机关纪检组监督执纪问责，持续推进政协机关党风廉政建设和作风建设。深入推进“两学一做”学习教育常态化制度化，贯彻落实市委激励干部提升干事创业精气神八条措施，综合运用学习培训、专题研讨、岗位练兵等方式，激发机关干部工作热情和担当意识，调整充实机关科级干部队伍，营造干事创业、争先创优良好氛围。增强纪律规矩意识，严肃会风会纪，树立政协扎实履职、勤勉敬业的良好形象。强化政协机关绩效管理，狠抓制度落实。积极参与文明城市创建、文明单位创建、志愿服务、结对帮扶等活动。注重加强与《人民政协报》《中国政协》和省、市主流媒体的联系沟通，加大对政协和广大委员履职实践的宣传。举办“美丽中国·海丝泉州——喜迎十九大书画摄影作品展”，编纂出版《泉州市政协志》，办好《泉州政协》期刊、泉州政协网站，不断提高政协的社会影响力。

2018年工作思路

新的一年，要在中共泉州市委的领导下，深入学习贯彻习近平新时代中国特色社会主义思想，高举中国特色社会主义伟大旗帜，牢固树立“四个意识”，坚定“四个自信”，确保人民政协事业正确政治方向；要围绕落实中共十九大战略部署，发挥协商民主的重要渠道和专门协商机构重要作用，加强和改进人民政协民主协商和民主监督工作，聚焦党委政府中心任务，为决胜全面建成小康社会、建设现代化泉州献计出力；要牢牢把握大团结大联合的主题，坚持一致性和多样性统一，找到最大公约数，画出最大同心圆，最大限度地凝聚共识、凝聚人心、凝聚智慧、凝聚力量。

紧贴时代
在深刻领会十九大精神、指导政协实践上实现新提升

把学习贯彻中共十九大精神作为首要政治任务，牢牢把握会议的精神实质和丰富内涵，夯实团结奋斗的共同思想政治基础。按照中共中央的部署和省、市委要求，深入开展“不忘初心、牢记使命”主题教育，深入学习贯彻习近平新时代中国特色社会主义思想，深刻理解、准确把握十九大提出的一系列新思想、新观点、新判断、新举措，坚决维护以习近平同志为核心的中共中央权威和集中统一领导，在政治立场、政治方向、政治原则、政治道路上同以习近平同志为核心的中共中央保持高度一致。着力在学用结合、学用相长、知行合一上下功夫，聚焦十九大关于经济社会发展的决策部署，把十九大精神转化为做好政协工作的科学思路和务实举措，围绕现代化泉州建设目标任务多献良策、多作贡献。

紧贴中心
在推进协商民主、加强民主监督上创造新业绩

坚持把协商民主贯穿政治协商、民主监督、参政议政中，进一步加强政协协商能力建设，完善协商格局、丰富协商形式、提高协商实效。深入贯彻新发展理念，按照市委“转型攻坚、聚力跨越”部署要求，围绕“高新技术产业发展、晋江流域生态保护、军民融合产业发展、民办教育健康发展”等议题，深入开展调查研究，努力增强协商建言的主动性、针对性、务实性，为党委政府提高决策科学性和施政有效性，多尽精诚之心、广建睿智之言。着力推动民主监督深入开展，准确站位选好角度，围绕重大改革举措实施、重要政策文件执行、重点民生工程落实，确定民主监督议题，通过政协提案、专题视察、协商交流、大会发言、信息报送等形式，开展监督性调研议政活动，助推党委政府决策落实。

紧贴民生
在服务全面小康、增进民众福祉上谋求新作为

自觉服从服务于决胜全面建成小康社会大局，积极顺应人民群众对美好生活的向往，围绕助推市委“舒心、暖心、贴心、安心”工程实施，多角度切入、多形式参与，通过协商调研、民主监督、议政建言、扶贫帮困等活动，帮助群众排忧解难，努力增进民生福祉，切实把关注民生、保障民生、改善民生落实到履行职能的工作实践中。加大提案办理力度，在稳定提案数量的同时，更加注重提高提案工作的质量和实效。进一步发挥社情民意信息的重要作用，及时了解群众关注的热点问题，及时反映群众的意见和诉求，协助党委政府把准社会脉动。鼓励和支持委员积极参与慈善事业、扶贫开发等社会公益活动，弘扬传统美德。

紧贴主题
在促进团结联谊、推动社会和谐上作出新贡献

充分发挥人民政协的广泛代表性和巨大包容性，注重发挥各党派团体在政协的主力军作用，努力构建多渠道合作、多形式参政的良好格局，不断增进团结、扩大共识、凝聚合力。认真贯彻党的民族宗教政策，进一步促进民族团结、宗教和睦。针对经济结构多元化、社会阶层多样化、利益诉求复杂化的实际，延伸拓展团结联谊工作范围，致力推进和谐共进。密切与泉籍港澳台各界人士和海外华人华侨的联络联谊工作，共同推进泉州改革发展。加强文史工作，深入挖掘弘扬泉州历史文化，不断增强政协文史的资政育人、团结联谊功能。

紧贴职能
在加强制度建设、提升履职能力上展示新风采

适应人民政协事业发展的新形势新要求，积极探索政协工作的新思路、新举措，完善相关制度建设，进一步提升政协提案、视察调研、协商议政、大会发言、文史资料、社情民意信息等工作科学化水平。以界别为纽带、专委会为基础、委员为主体，强化联系协调，加强内外联络，积极构建沟通顺畅、配合紧密、运转高效的工作格局。深化委员能力建设，加强教育培训，严格纪律要求，完善履职考核，提升履职实效。强化机关建设，优化机关运行机制，确保政协工作务实高效有序进行。进一步密切同县（市、区）政协的工作联系，形成上下联动、协同合作格局。加强党对政协工作的领导，充分发挥政协党组在政协事业中的领导核心作用，全面贯彻新时代党的建设总要求，全面加强政协党组织的政治建设、思想建设、组织建设、作风建设、纪律建设，把制度建设贯穿其中，不断增强政协党组织的凝聚力、战斗力。重视干部的培养选拔和交流使用，提振干部干事创业精气神，以新的工作作风、新的精神状态和奋斗姿态推进政协事业创新发展。

学习宣传贯彻中共十九大精神

泉州市委高度重视，把迎接和学习宣传贯彻中共十九大作为2017年的头等大事来抓。2017年，全市组建市、县及基层十九大精神宣讲团、宣讲小分队120多支，开展宣讲、微宣讲等3600多场次，直接受众近50万人次；在各类新媒体、传统媒体推出专题、专栏40多个，相关报道2000多篇，播出主题公益广告14000多条（次）；开展喜迎中共十九大重点文艺活动10项、300多场次，推动中共十九大精神进企业、进农村、进机关、进校园、进社区、进军营、进网站，全市形成学习宣传贯彻中共十九大精神的热潮。《人民日报》、人民网、福建电视台等中央、省级媒体对泉州市学习宣传贯彻中共十九大精神的生动实践作了大量报道。

做好学习宣传贯彻工作

中共十九大胜利闭幕后，市委常委会迅速作出部署。2017年10月27日，市委召开常委（扩大）会，中共十九大代表、市委书记郑新聪传达中共十九大精神。市委常委会多次研究部署，要求市级党员领导干部带头赴基层宣讲，全市各级各部门要精心组织部署，迅速掀起学习宣传贯彻的热潮，把党员干部群众的思想和行动统一到中共十九大精神上来，把各方面的力量凝聚到实现中共十九大提出的各项目标任务上来。市委办、市委宣传部下发学习贯彻中共十九精神宣传方案、安排表和宣讲工作通知等。11月10日、14日，市委理论学习中心组（扩大）成员参加学习贯彻中共十九大精神中央宣讲团到福建（视频分会场）和省委宣讲团到泉州报告会集中学习。

兴起学习宣传贯彻热潮

发挥“点线面”效应，构建全域联动格局，全面推进学习宣传贯彻中共十九大精神实现全覆盖。发挥领导带头宣讲的“点效应”。11月1日开始，市委书记郑新聪带头到晋江磁灶镇前尾村等基层单位宣讲，带头到市委党校讲党课。市委班子成员、党员市领导分别到联系点开展宣讲。在市领导带动下，市直单位、县（市、区）、乡镇（街道）三级领导分别到基层，与干部群众进行“面对面”的宣讲，推动中共十九大精神进村入户、入脑入心。发挥集中宣讲的“线效应”。组建市委宣讲团，经备课、反复试讲后，于11月16—30日分赴各地开展集中宣讲，并到村居、企业、学校，与基层党员干部群众开展面对面的交流和互动。各县（市、区）也相应成立宣讲团，分赴基层单位宣讲、互动。发挥宣讲小分队的“面效应”。围绕“七进”（进企业、进农村、进机关、进校园、进社区、进军营、进网站）要求，市委宣传部、市委讲师团创新形式，牵头组建农民、市民、民营企业、渔排、台胞、侨乡、军营、高校、机关和“五老”（老干部、老战士、老专家、老教师、老模范）等10支宣讲小分队到基层一线宣讲30多场次。各县（市、区）也相应组织“夕阳红”“土专家”等理论宣讲小分队，采取“海上党课”“闽南语讲解”“歌谣唱诵”等传统草根艺术形式，到一线宣讲宣传中共十九大精神。

形成学习宣传贯彻声势

统筹安排中共十九大召开前、中、后分阶段宣传工作，融合新媒体和传统媒体，坚持网上网下同步，全媒体、全方位、全覆盖，营造学习宣传氛围。在全市各级媒体主要版面和重要时段推出“砥砺奋进的五年”“聚焦十九大”“深入学习宣传贯彻党的十九大精神”“新时代、新气象、新作为”“建设新福建 泉州新作为”等专题专栏，转载转发中央、省级主要媒体相关消息、评论等重要报道，宣传全市上下学习宣传贯彻中共十九大精神的具体举措、实际行动以及好做法、好经验。开展“学习贯彻十九大精神 我们走在新时代”“砥砺奋进的五年”等主题宣教活动，开展《辉煌中国》暨“厉害了我的国”及《不忘初心 继续前进》《法治中国》《大国外交》《将改革进行到底》等大型政论专题片的学习推广宣传。结合“我们的节日”，组织开展主题知识竞赛、演讲比赛、征文等活动，把中共十九大精神融入学校教育、核心价值观教育、精神文明创建、道德模范和最美人物评选等。举办泉州市“喜迎十九大 再踏新征程”——“五个泉州”建设成就图片展，开展文艺晚会、书法展、摄影展、文艺下基层等喜迎中共十九大重点文艺活动，在全社会营造学习宣传贯彻氛围。

2017年11月29日，泉州市领导干部学习贯彻中共十九大精神专题研讨班开班 （图/陈起拓）

2017年10月30日，中共十九大文件及学习辅导读物泉州首发式在福建新华发行集团泉州分公司举行 （图/林劲峰）

2017年10月19日，丰泽区东海街道蟳埔社区群众与街道工作人员一起学习十九大报道 （图/张九强）

“古泉州（刺桐）史迹”申报世界文化遗产

2017年9月23日，省、市、国家文物局文保司领导会见国际古迹遗址理事会现场考察专家吉米·格林

2017年1月，国务院决定将“古泉州（刺桐）史迹”作为2018年世界文化遗产申报项目。按照省委、省政府部署，在国家文物局、中国联合国教科文组织全国委员会等国家部委的统筹指导下，市委、市政府把古泉州（刺桐）史迹申遗工作作为“一号工程”，举全市之力，全力以赴推进。9月底完成国际专家的现场考察评估，申遗工作取得阶段性成果。

搭建组织框架　加强组织领导

2017年3月，市委、市政府成立以市委书记郑新聪为总协调、市长康涛为组长，市委常委、常务副市长张永宁，副市长周真平为常务副组长的古泉州（刺桐）史迹申遗工作领导小组，领导小组下设办公室、文本编制组、文物修缮组、环境整治组、规划测绘组、展示组、文史专家组、宣传组、安保维稳组、利益相关者协调组、档案组等11个工作小组。副市长周真平兼申遗办公室主任，各相关部门负责人为职能组正副组长，具体开展工作。7月，成立以市委书记郑新聪为总协调、市长康涛为现场总指挥的迎检指挥部，全面统筹协调国际古迹遗址理事会专家到泉州现场考察迎检，强化对申遗具体工作的领导和组织。

着眼建章立制　规范工作运行

古泉州（刺桐）史迹申遗工作领导小组下设办公室，负责申遗工作的日常开展及各项综合性事务的统筹协调。为更好规范工作运行，申遗办建立健全申遗工作管理制度，加强管理，严格纪律，抽调人员集中办公。建立健全挂图作战机制，实行项目化运作，具体事项上墙挂图作战；实施周工作通报制度，实时跟踪，强化督查。建立健全有关方面沟通联络机制，完善“一对一”对接制度、专家意见及时确认制度和市、区（市）申遗办联络汇报制度等。申遗办人员实行无节假日、无周末的“5+2”“白+黑”的连续作战、加班加点制度，确保各项工作有章可循，有制度可依，及时、高效、规范运行，全年召开各类协调会200多场，为申遗工作的开展提供有力的协调保障。

遵循“保护第一”原则　开展文物修缮工作

2017年1月1日，泉州首部实体法《泉州市海上丝绸之路史迹保护条例》施行。全面推进实施13个修缮和保养维护项目，按照国家文物局审批的方案，遵循“不改变文物原状”“最小干预”“修旧如旧”等原则，在提升相关遗产点内部环境和景观水平，保障遗产点文物本体安全的同时，确保遗产点的真实性和完整性。期间，多次邀请国家、省文物权威专家现场指导、组织项目验收，对16个遗产点的本体保护问题组织排查归整，梳理建立遗产点问题隐患任务清单，督导逐项抓好落实。

按照“申遗惠民”思路　落实环境整治工程

按照“科学保护、永续传承、惠及民生”的工作思路，实施16个遗产点环境整治相关工作。主要整治项目包括房屋降层、拆除有碍观瞻建筑物、房屋立面整治、传统建筑修缮、店面店招改造、道路改造、广场铺装、“三线”（供电、通信、有线电视等线路）下地及规整、清淤、绿化等内容。自年初进场施工起至7月初，全面完成16个遗产点505个环境整治项目，完成房屋降层3343平方米，拆除有碍观瞻建筑物25879平方米，实施房屋立面整治148幢、传统建筑修缮25栋、店面店招改造230间，完成道路改造31646平方米、广场铺装56550平方米，三线下地及规整全部整改到位，实施乔木种植3393株，完成洛阳桥清淤约8万立方米、江口码头清淤约8.5万立方米，申遗环境整治工作取得良好成效，各遗产点文物周边环境明显改观，提升群众在申遗中的环境获得感。

充分宣传展示 挖掘遗产价值

展示工作主要包括申遗展示馆建设、遗产点现场展示馆建设、标示系统建设与遗产点现场展示利用规划建设、申遗片拍摄制作、翻译工作和流动展示等各项工作。其中，展示馆包括1个总展示馆和8个专题展示馆，面积近4000平方米。总展示馆标识系统共建设16个遗产点二级、三级标识牌，以及警示性、指示性标牌241块。为更好开展展示活动，展示工作结合各地区各部门的情况，以泉州海外交通史博物馆队伍为基础，建立流动巡展队伍，到中小学校、社区等开展大量的文化遗产宣传展览。4月20日举办青年创意与遗产研习班活动，该活动由联合国教科文组织、联合国教科文组织协会世界联合会、中国联合国教科文组织全国委员会、市政府主办，团市委、市文广新局、泉州师范学院承办，活动加强泉州与各国优秀青年代表的交流对话，推动世界各国青年了解、认识泉州海丝文化遗产的传承与创新。

开展档案工作 提供资料保障

以古泉州（刺桐）史迹文化遗产档案凝聚文化遗产之“魂”，讲述史迹“故事”，留下保护管理的“印记”。借鉴鼓浪屿申遗档案信息管理系统建设的经验，建立健全立足泉州实际的遗产档案信息管理系统，由市申遗办档案中心开展档案资料收集，分类目录编制，按照档案“八防”（防盗、防光、防高温、防火、防潮、防尘、防鼠、防虫）要求改造升级，确保档案安全。收集到管理类、遗产类、监测类、项目类、文史类五大类3133卷（盒）、10288件（册），照片1024张，录音录像37盘（时长约22小时），电子等多种载体的文化遗产档案，所有档案全部按照国家行业规范整理，门类齐全、载体多样、内容丰富、翔实准确、富有特色。

2017年9月23日，市委书记郑新聪向吉米·格林介绍申遗有关情况

实施有效监测 强化遗产保护科技内涵

依托数字城管平台，围绕文物安全管控进行专项技术监测及数据采集分析，建立和完善遗产监测系统，实现对遗产点的实时监测。系统包括资源集成、基础数据管理、监测指标管理、预警事件管理、系统管理五大模块，通过将遗产监测与城市综合管理体系充分衔接，利用可视化GIS地图信息，对各遗产点的基础数据、监测数据进行整合和有效调动，实现消防、地震、水文等相关业务部门全天候联动，以及数字城管、预警平台以及各业务部门之间信息高效互动，增强监测系统的常态化和有效性。

主动沟通听取意见 强化相关利益协调

古泉州（刺桐）文化遗产的价值内涵、保护理念获得全市人民和海内外乡亲的广泛认同。群众自发完善16个遗产点的村规民约，成立志愿者队伍、讲解队伍，开展爱遗护遗活动，全市上下、海内外乡亲形成高度的文化自觉和自信。市申遗办多次举行利益相关者座谈会，主动邀请文物修缮工作者、遗产点周边群众、老文化遗产保护研究专家、老文物工作者、宗教人士、华侨华人、志愿者、中小学生等社会各有关利益相关者代表参加，尊重不同层次代表意见，听取不同利益群体的诉求，发动群众力量为申遗工作献力献策。同时，合理利用遗产点空间，通过建设和提升展示馆、传承所、学堂、书院，开发创意产品等，让文物“活起来”，贴近群众、走进百姓，服务社会。

细化迎检准备工作 顺利通过现场考察

在申遗迎检工作中，细化保护管理PPT、价值PPT、考察路线、讲解、翻译、利益相关者座谈会、配套活动、接待、会务等各项工作。进行申遗文本核对，依靠相关专家和技术团队指导，对遗产的核心价值、普遍价值进行研究探讨。围绕文本，补足短板，延伸拓展专项研究范围，对可能需要补充说明的材料进行充分准备。对标识系统、展陈大纲、宣传片文稿进行多轮研讨，使相关历史资料、佐证材料保持一致。多次进行迎检现场模拟演练，细化考察路线，根据遗产的组织逻辑和价值关联，反复推敲、实地踏勘，确定考察路线。组织讲解人员对遗产点的特征属性、分类、关联、突出普遍价值等进行深入浅出的解读准备。9月，联合国教科文组织世界遗产委员会委派国际古迹遗址理事会专家吉米·格林到泉州考察，迎检工作顺利完成。吉米·格林在利益相关者座谈会上对泉州遗产点和保护管理工作作出高度评价：“泉州文物保护做得非常好，对于全世界来讲都是很好的案例，特别是有很多的融合，跟环境、宗教的融合，传统活态的东西跟现代社会的融合，都是很好的案例。”

2017年2月4日，市长康涛在石狮市宝盖山上了解万寿塔周边环境整治情况

依靠专家力量 做好专业材料补充

为确保申遗工作的专业性，市政府聘请国际古迹遗址理事会原副主席、中国文物学会副会长、中日世界文化遗产研究会会长郭旃，对申遗工作进行专业层面指导。发挥清华同衡、中国建筑设计院建筑历史研究所等技术服务团队的技术优势，为申遗工作提供专业技术支撑。同时，针对国际古迹遗址理事会（ICOMOS）提出的问题，组织泉州本地业务骨干配合专家、技术团队，于11月6日完成第一次补充材料，11月23日举行视频会议，补充回答遗产突出普遍价值（OUV）及要素关联相关问题，挖掘突出古泉州（刺桐）史迹的突出普遍价值。

落实要素保障
夯实遗产保护管理基础

落实经费保障，市、县两级财政优先保障申遗经费。设立古泉州（刺桐）史迹遗产保护管理中心常设机构，配齐配强专业人才。全市新设立遗产点常设管理机构5个，新配备专业和技术人员20人，实现16个遗产点均有专门机构和专人管理，形成以市级统筹监管、县级具体实施、遗产点管理机构负责日常的管理运行体系。

2017年春节前，市委常委、常务副市长张永宁陪同中国联合国教科文组织全委会秘书长杜越调研申遗点

2017年8月5日，副市长周真平召开国际古迹遗址理事会现场考察迎检工作会

（本版图片/市申遗办）

“项目攻坚年”活动

市委、市政府于全市经济工作会议上作出开展“项目攻坚年”活动的决策部署，并制订相关方案。按照福建省“五个一批”项目工作的总体要求，推动“项目前期活动年”全面转入“项目建设攻坚年”，集中力量抓项目，促开工、增后劲，解决项目快落地、见投资、见效益问题，确保泉州市在全省发展大局中继续担当“领头羊”的角色，为全省保增长、上台阶提供充足动力。

推进项目攻坚

按照稳中求进、突围攻坚的原则要求，项目攻坚年实行谋划一批、签约一批、开工一批、竣工一批、增资一批和征迁突破一批的“5+1”项目推进工作机制，开展各项攻坚活动，确保2017年实现重点项目完成投资1300亿元以上，新增谋划项目400个以上，招商（签约）项目150个以上，新开工项目70个以上，建成（或部分建成）项目70个以上，增资项目完成投资880亿元以上，突破涉及征迁难点的项目50个以上，确保全年重点项目建设完成投资贡献率占全社会固定资产投资30%以上，确保全年固定资产投资13%的增长，力争全年固定资产投资增长率15%。

抓牢抓实重点

围绕稳增长、调结构、补短板、优供给，加速19个超百亿、19个50亿～100亿元龙头大项目的建设。特别是抓好晋华集成电路及设计、封测等产业链项目、中化乙烯、煤基功能材料以及白濑水利枢纽、兴泉铁路、现代有轨电车一期、泉港解决“厂居混杂”问题一揽子项目等，确保国家专项基金项目落地。

强化产业招商

加大产业项目招商力度，党政一把手扑上去、亲自抓。重点围绕集成电路等新一代信息技术、精细高端化工、高端装备制造等新兴产业主攻方向，既盯紧本土企业，又重视外源引进，力争再突破一批大项目、好项目。2017年参照福建省做法，对各县（市、区）产业项目的招商情况实行“一季一公布、一季一督查”，分档给予奖励，以鞭策后进。近阶段，已部署安排各级各部门要组织定位、定向、定点的精准招商对接工作，筹备一季度外资招商活动。抓好招商签约项目的前期推进工作，实行“时间倒排、任务倒逼、责任倒追”的工作机制，确保项目尽快审批、核准（备案）。

2017年“项目攻坚年”活动开展以来，泉州台商投资区实行大片区招商竞赛的同时，加强服务，把重点攻坚项目列入区行政服务中心绿色通道项目库，提供专人跟踪、全程帮办、时限减半等多项政策，优化发展软环境。图为位于泉州台商投资区的泉州中车唐车轨道车辆有限公司内，工人正在组装轨道客车　（图/陈起拓　陈林森）

泉州国家自主创新示范区建设

建设国家自主创新示范区，是党中央、国务院在新的历史时期着力推进自主创新、加快建设创新型国家的重大决策。2016年6月，国务院批复同意福建省福厦泉国家高新区建设国家自主创新示范区，成为全国科技创新大会之后的新一个创新示范区，纳入国家全面创新改革布局。在省委、省政府的领导下和省直有关部门的支持下，泉州市全力推进自创区建设，取得较好成效。

按“五个一”加快推进

建立由市长任组长的福厦泉国家自主创新示范区泉州片区建设工作领导小组（2016年11月成立）；制定出台一系列政策文件，形成创新发展“1+X”政策体系，包括市委、市政府《关于实施创新驱动发展战略建设国家自主创新示范区的意见》，以及发展新型研发机构、培育高新技术企业等15份配套文件；设立一笔每年3亿元的专项资金；建立一个推进机制，逐个单位、县（市、区）下发工作任务和指标任务，建立责任目标体系，倒排时间节点推进；抓好“泉州芯谷”“数控一代”示范工程等一批重大项目和重点工作。突出国家自主创新示范区改革创新“试验田”的战略定位，着力在创新和示范上下功夫，重点在产业和体制两方面先行先试、争取突破。

在四个方面取得新突破

先行先试、改革创新上，围绕示范区七大改革任务，积极先行先试，首创31项新举措，其中6项在全省推广。高新园区和产业发展上，高新区在全国综合排名上升3位。“泉州芯谷”获批省级半导体高新技术产业园。智能装备产业园洛江园区被确定为第二批省级县（市、区）智能制造试点示范基地。国家农业科技园区品牌建设、大型仪器设备投入两项指标位列全国第一，创新能力指数位居全国第四，被科技部认定为I类园区（创新引领区）。创新平台建设上，在全国率先建设首个“数控一代”科技创新中心，已集聚入驻国家数控系统工程技术研究中心泉州分中心等8个公共技术服务平台。在通过“一院一策”引进中科院海西装备所等一批高端平台的基础上，2017年又新引进建设南京大学泉州环保产业研究院。按“政府引导、实体办院、市场化运作、专业化运营”和“以项目为核心组建创新团队”等创新方式，建设微波技术研究院等39家新型科研机构。区域创新发展上，全市专利申请4.8万件、授权2.4万件，其中发明专利申请6100多件、授权2400多件。全市每万人发明专利6.8件，提前完成年度既定目标（5.3件）。全市培育高新技术企业311家；创新型（试点）企业279家；科技小巨人领军企业361家；建成科技孵化器28家、众创空间44家，集聚创业团队648个、初创企业354家。

洛江嘉泰数控拥有8大系列、300多种产品，包括具有自主知识产权的五轴机床、钻攻中心、雕铣机、智能玻璃加工机等国产化设备（2017年拍摄） （图/洛江区方志办）

“四心工程”与“XIN行动”

为贯彻落实省委十届三次全会关于加快社会事业发展的决策部署，市委启动实施“四心工程”与“XIN行动”，包括教育舒心工程、卫生与健康暖心工程、养老贴心工程和民生基础设施安心工程。力争2020年社会事业重点领域主要指标达到或高于全省平均水平。

教育

幼儿园。一手抓公办幼儿园建设，2017年新改扩建30所幼儿园，新增1万个学位。46.6%幼儿在公办性质幼儿园就读。一手抓购买普惠性民办幼儿园教育服务，计划普惠性幼儿园覆盖率从71.7%提高至2020年的85%。

中小学。实施中小学建设工程包项目，落实“全面改薄”项目，推进“一校多区”“小片区管理”和农村薄弱校“委托管理”等管理模式改革，每年可新增优质中小学学位1万多个。

师资队伍。实施泉州市教育“领航团队”计划，拟用10年时间选派1000名名优校长、教师到北京、上海国内名校挂职跟岗研训，已选派首批培养对象90人。

医疗

硬件上，针对千人医疗床位短缺问题，启动实施加大医疗资源配置三年行动计划，策划实施福医大附二院东海院区、老年医院等13个项目建设，2017年新增医疗机构床位2512张。同时，大力发展高端医疗。如，泉州市引进台湾医事协会，在台商投资区投资5亿美元建设泉州颐和三甲综合医院（该项目是按照国际医疗卫生机构认证联合委员会标准建立的国际化高端医疗机构，也是台湾在大陆投资规模最大的医疗产业项目），计划2018年底完工，2019年正式投入使用。

软件上，一方面，出台公立医院院长目标年薪制管理年度绩效考核办法，改革工资总额核定办法，建立以岗位工作量、服务质量、行为规范、技术能力和患者满意度等为重点内容的医院内部绩效考核体系。另一方面，以医联体建设为突破口，全市建立市县乡三级医疗机构的医联体59个、县域医联体30个、专科医联体5个，覆盖三级医院13家、县级医院18家、基层医疗机构58家、民办机构9家。

养老

加强养老服务设施建设。市、县两级完成投入养老项目资金2.54亿元，高标准推进5个社会福利中心、35个农村幸福院、11个社区老年人日间照料中心和30个社区居家养老服务站项目建设，新增养老床位1460张。

建设中的石笋园（2017年拍摄）（图/林劲峰）

鼓励市场化运营。泉州市全面放开养老服务市场，鼓励企业和其他社会组织，通过公建民营、政府购买服务、无偿提供服务用房、运营补助、以奖代补等方式，或通过捐资捐物捐服务参与居家养老服务照料中心、居家社区养老服务站等养老设施运营。泉港区等地分别引进“龙人·伍心家园”养老项目、“医护航家”等民办机构参与运营乡镇敬老院。

培养专业化服务组织。全市成立专兼职服务队伍877支、农村居家养老专兼职服务队伍510多支、志愿者服务队伍690支，全市有养老护理员649人（持证610人），志愿服务人员2100多人。

推进医养结合。泉州市积极建设一批公办、民办医养结合机构，如泉州市老年医院、鲤城兴贤医院“老年康复医疗养护中心”等，其中，泉州市老年医院计划投资2亿元，设置床位300张，并适当延伸200～300张家庭病床。此外，还支持养老机构设立医务室，鼓励医疗卫生机构到养老机构设诊疗延伸点，全市有15家养老机构内设医疗服务场所。

厦沙高速公路泉州德化段（2017年拍摄） （图/吴丽娇 林泳坤）

基础设施

2017年实施建设项目704个，累计完成投资600亿元，新建道路260千米、绿道87千米、供水管网345千米、燃气管网150千米，新增停车泊位5043个，改扩建绿化面积80万平方米，农村危房改造完工492户。完善城市交通体系。兴泉铁路、福厦客专开工建设，泉厦漳城市联盟路、城东至北峰快速通道、动车站综合交通枢纽等项目加快推进，厦沙高速泉州段建成通车。市区公共自行车“小黄人”累计建设站点470多个，骑行总次数3200多万人次。“点线面”推进绿化提升。打造高速出入口、动车站等一批关键节点绿化工程；改建特色树种景观路14条；山线绿道示范段，以及沉洲、汀洲、白水营等水线绿道公园建成开放。

在抓好33件为民办实事项目的基础上，2017年6月，市委办、市政府办印发《关于开展泉州“XIN”行动推动解决民生热点难点问题的通知》，聚焦群众反映强烈、历史遗留、存在体制机制障碍、涉及多部门多地区、需要2—3年才能做成的民生实事，首批推出10项具体计划（提升便民服务水平；服务全面二孩，加大教育、医疗资源配置；中心城区防洪排涝；内沟河整治提升；老城区背街小巷破损修补；城区部分集贸市场提升改造；工程文明施工与文明行车；小区物业管理逐步规范；安置房不动产权办证；农村生活污水垃圾治理）。从体制机制入手，突破长期想解决而没有解决的难题。各承办单位细化工作方案，落实工作措施，各项工作扎实推进，一些长期想解决而没有解决的难题得到突破，群众反响很好。

中心市区安置房办证。一方面，回应群众关切。采取“容缺预审”和“预收件”方式，对办证材料、图纸预先审核，缩短安置房总登记办证时间，完成6个项目总登记（金凤屿小区、美仙山一期、美仙山二期、笋江花园城、延陵安置小区、城东毓才花苑，可办理分户的安置房总套数达9924套，占需办理分户总套数的90.22%）。另一方面，建立工作机制。成立市安置房登记发证工作领导小组，建立安置房不动产权部门沟通协调机制和责任分解制度，从体制机制入手，探索形成安置房登记发证长效管理办法，防止产生新的历史遗留问题。

农贸市场提升改造。通过重新规划布局市场内部摊位，配备“智慧型”电子秤，建立农产品质量安全追溯体系，对地面、墙壁进行重新铺设、粉刷，形成市场经营管理与经营者自我管理相协调的市场管理体系，2017年完成中心市区金山、东美等7个农贸市场升级改造，完成约1.95万平方米的改造面积，原本“脏乱差”的市场环境变得干净整洁，购物环境变得更加舒适，得到市民广泛好评。

国家级金融综合改革试验区建设

泉州金融改革是全国金融改革一次重要探索和尝试。2012—2017年，国家相关部委对泉州金融改革给予大力支持，中国人民银行等“一行三会”领导多次到泉州考察调研，国务院办公厅、银监会、证监会、保监会派人到泉州挂职指导，并加大政策支持力度，如人行总行将泉州列为首批全国小微企业信用体系建设试验区，批准泉州开展泉州与台湾跨境人民币贷款、外商投资企业资本金结汇管理方式改革及跨境电子商务外汇支付业务等三项试点，银监会支持泉州设立村镇银行实行特殊挂钩政策等；福建省始终高度重视泉州金融改革，省委、省政府领导多次到泉州调研指导金融改革，多次作出批示要求，在政策上、资源上、资金上给予泉州金融改革倾斜支持；泉州市把金融改革作为改革发展的重中之重，贯彻落实央行等12部委《总体方案》和省政府《实施意见》，加快推进创新金融产业转型升级，实现金融与实体经济深度融合发展。2017年全市金融业增加值348.32亿元，比2012年增加208.85亿元，实际增长71.2%，年均增长11.3%；2017年底，本外币各项贷款余额6070.6亿元，比2012年末增加2346.38亿元，增长63%，年均增长10.3%；2017年底银行业小微企业贷款余额2155.95亿元，比2012年底增加953.19亿元，增长79.25%。与此同时，“无间贷”、建立中小微企业信用信息交换共享平台、设立小微企业信贷风险补偿共担资金、小微企业信用信息建档、民间借贷登记备案、准金融机构评级和分类监管等一批创新举措在全国、全省推行，央行《中国区域金融运行报告》主报告连续多年对泉州金融改革予以肯定。

银行林立的泉州丰泽街（2017年拍摄） （图/吴寿民）

2012—2017年，泉州坚持以金融服务实体经济为主线，立足打通金融资本进入实体经济和民间资本进入金融领域“两个通道”，推进重点环节改革和底层自主创新，突出抓好组织领导，成立以书记为组长的金融综合改革试验区建设工作领导小组，设立金融服务实体经济综合改革专项工作组，争取国务院办公厅、银监会、证监会、保监会派人到泉州挂职指导，成立金融改革专家咨询委员会，聘请市政府金融顾问，加强对金融改革的组织领导和协调推进；突出抓好政策支持，梳理对接中央部委、省直有关部门和上级金融机构支持政策42项，对接省直有关部门和金融机构支持政策43项，制定《鼓励金融业发展的若干意见》等近30份金融改革配套政策文件，形成金融改革“组合拳”措施；突出抓好项目运作，把金融改革政策和重要工作策划成为具体项目，2013—2017年市级累计实施金融改革项目230个、金融改革重点创新突破项目42个，县（市、区）级及金融机构分别推进一大批金融改革项目，促进金融改革政策利好转化落地；突出抓好资源投入。省、市两级财政共同设立金融改革专项资金，并逐年增长，累计投入金融改革资金超过10亿元；制定实施《高层次金融人才引进培养暂行规定》，形成有力的金融改革人才支持；在海内外泉州商人中开展金融改革宣传，发动全社会参与，形成金融改革合力，把金融改革“好牌”打成“好局”，初步建成具有泉州特色的实体金融服务体系。

建立多元化的金融组织体系

加快金融要素整合、金融资源集聚，形成聚合效应和带动效应，促进金融市场竞争，降低金融产品的价格，使企业、居民得实惠。至2017年底，人民币贷款加权平均利率6.2572%，比金融改革前降低59个基点。

延伸金融机构网络，全市金融机构9大类41家，营业网点1357个，从业人员2.12万人。其中，引进入驻5家银行，新引进外资保险机构2家；新设银行分支机构（营业网点）220家、社区支行83家、金融便利店10家，实现银行机构网点乡镇全覆盖；开业村镇银行7家。

加快发展金融新型业态，新设海西金融租赁公司、七匹狼集团财务公司、兴业消费金融公司，泉州成为全国唯一同时拥有三类非银机构的地级市；建设泉州（东海）金融供应链集中区、晋江金融中心，设立市属金融控股集团、保险服务创新试验中心；设立产业股权投资基金（母基金），新兴产业、高新技术、集成电路、技术改造、兼并重组等5只子基金落地运作，推动县（市、区）设立14只政府引导的产业基金。

规范发展准金融机构。明确小额贷款公司、典当行和融资担保公司三类机构金融企业主体地位，新设准金融机构86家，2家小额贷款公司试点开展跨县域经营，1家小额贷款公司在香港联合交易所上市。

引入境外资金。在全省率先开展泉州与台湾跨境人民币贷款，发展企业集团跨境人民币资金池，已引入境外低成本人民币资金197亿元。

建立包容性的普惠金融模式

针对泉州作为草根创业型城市的实际，以产业集群、小微企业和“三农”等领域金融服务为重点，在产品服务、管理方式、组织架构等方面进行全方位创新，提高金融服务的可得性和覆盖面。

产业金融上，成立石材、海洋等产业金融专营机构和高新区科技金融服务中心，开展“全产业链金融服务”，创新“N+1+N”供应链融资模式，推进环境污染责任保险试点，推动企业成长全过程、重点产业全产业链和产业转型升级全过程金融服务。全市共建金融供应链314条，支持近200家核心企业带动1000多家上下游企业实现融资，制造业、批发零售业等五个重点行业贷款余额占各项贷款余额的54.2%。

小微金融上，创新“小微企业金融综合服务模式”，发展235个企业贷款专营机构，建立“线上”“线下”综合金融服务平台，在石狮市设立全国首个县级金融公共服务中心，强化对小微企业的融资服务。在全国首创无需还本、直接续贷的“无间贷”产品，带动创新小微金融产品五大系列、212项。建立“首贷”模式，通过“征信+政府担保+银行贷款”等联动，支持有一定成长性但缺乏抵押担保、未与银行建立信贷关系的小微企业与银行建立“首贷”关系。2017年底，小微企业信贷覆盖率38.08%，比2012年底翻番。

农村金融上，创新茶业“茶三通”、渔业“海融通”、船业“信用船”等特色“三农”金融产品38项，设立全省首家县级（德化县）农村产权交易中心，开展农村“两权”抵押贷款，发展小额信贷“1+N”等金融精准扶贫模式，实现农房保险、农机保险、农业基础设施保险全覆盖及社会治安综合保险服务沿海县（市、区）全覆盖，涉农贷款余额比金融改革前累计增长62.06%。

建立可持续的信用信息环境

依托泉州社会信用基础扎实的条件，把信用和信息作为金融业发展的基石，从顶层进行设计，从基础开始干起，完善信用体系和运行机制，构筑金融业加快发展的“底座”，营造有利于金融业有序竞争发展的环境和机制。

在全国率先建成中小微企业信用信息交换共享平台，整合导入21.27万家中小微企业、783万条基础信息数据，实现分散在工商、税务、质监、水电气等17个条块部门单位企业信用信息的交换共享，并以此为基础建立“重点小微企业融资项目库”，已筛选4875家有市场、有潜力、信用记录良好但抵押担保能力不足的小微企业入库，银行给予入库企业授信超过300亿元。

首创小微企业信贷风险补偿共担增信模式，整合设立1亿元的小微企业信贷风险补偿共担资金等5项、2.83亿元的风险补偿和增信资金，引导金融机构资金倾斜投向小微企业；设立15.45亿元的应急金保障

海峡股权泉州交易中心（2017年拍摄） （图/吴寿民）

周转资金，累计向6183家企业提供“过桥”资金1073.12亿元；组建1家市级5亿元和8家县级各2亿元的政策性融资担保公司。至2017年小微企业贷款户数20.47万户，申贷获得率达93.72%。

创新农村增信服务，开展政府、银行共担农业贷款风险损失的涉农贷款试点，累计为35.93万户建档农户发放贷款1207.13亿元；设立6家农村增信服务公司，打造村级贷款担保平台，破解农村贷款担保难问题；推进农户信息建档和信用评级全覆盖，全市建立农户信用档案120.28万户，已建档农户授信余额437.45亿元。

建立开放型的金融投资通道

立足泉州民间资本雄厚优势，畅通民间资本的投资渠道，鼓励和引导民间资本进入金融领域，推动民间资本通过金融渠道转化为产业资本，使民间资本脱“虚”入“实”，释放民间资本的活力。

发展区域资本市场，设立海峡股权泉州交易中心，挂牌企业近606家，新增各类债券融资75亿元，并率先开展“青创板”、排污权交易、碳排放权交易等创新业务；设立海峡金融资产交易中心、海峡石化产品交易中心，交易额分别突破1000亿元和1500亿元；新增上市企业25家，52家企业在“新三板”挂牌，累计发债规模500亿元，全市境内外上市企业达104家，居全国地级市前列。

推动民间资本进入金融机构，辖内11家地方法人银行业机构民间资本占总股本的比例超过90%；辖内10家农村中小金融机构中，9家由民间资本控股；已开业的村镇银行非金融企业发起人全部是民营企业；兴业消费金融公司和金融租赁公司民资分别参股10%和15%，七匹狼集团财务公司100%由纯民资发起。至2017年底，泉州民间资本以参股、发起等方式投资金融业的资金224亿元。

拓宽民间资金进入实体经济的通道，发挥市产业股权投资基金及子基金引导作用，撬动社会资本近300亿元。建立“民间融资登记服务模式”，加强民间融资管理，累计登记民间融资431.44亿元。发挥准金融机构沟通民间资本和实体经济的作用，推动准金融机构向中小企业提供融资768亿元。

建立立体式的金融监管机制

着眼泉州民间金融活跃的特点，确定地方金融改革发展、服务监管和风险处置的职责，建立健全地方金融监管体系，探索金融管控的作为空间，推进对金融服务主体的有效监管和服务。

成立金融风险防范工作小组，由市委书记担任第一责任人、市长担任第一组长，构筑形成政银保司企一体、市县乡联动的防控化解金融风险工作格局，累计化解处置48个风险担保圈，协调帮助500家以上困难企业资金链问题，始终保持较低的金融风险水平。

成立地方金融工作体系，整合分散在相关部门的地方金融工作职能，设立泉州市金融工作局，承担地方金融事务综合协调和服务职能，同时在县（市、区）设立金融办（局），初步形成垂直部门直接监管、地方政府协同配合的基层金融监管机制。

建立准金融机构监管联席会议制度，市政府分管金融工作的领导担任联席会议召集人，统筹指导全市准金融机构管理工作，开展准金融机构评级和分类监管，建立重点企业民间借贷清理维稳制度，有效隔离防范民间借贷风险向金融体系渗透传导。

建设金融法律服务体系，设立市中级人民法院金融审判庭、金融案件诉调中心和市检察院金融检察处，创新26天金融案件快速审理模式，打击恶意逃废债违法行为，营造良好的金融法制环境。

设立地方金融自律机制。设立泉州市上市公司协会、地方金融行业协会，推动地方金融组织自我管理、自我服务、自我发展。

泉州保险大厦（2017年拍摄） （图/吴寿民）

国家发改委民营经济综合改革试点地区建设

2012年，省政府为支持泉州市开展民营经济“二次创业”工作，出台《进一步促进泉州市民营经济发展十条措施》，第一条明确泉州为省级民营经济综合配套改革试验区；12月，福建省政府印发《关于推进泉州民营经济综合配套改革试验的若干意见》。在获批省级民营经济综合配套改革试验区的基础上，泉州积极申报国家发改委综合改革试点，2014年3月，国家发改委批复《福建省泉州莆田民营经济综合改革试点总体方案》，泉州成为全国六个综合改革试点地区之一。

2017年，泉州民营经济增加值6183.51亿元，比上年增长8.5%；民营固定资产投资2933.77亿元，增长20.3%。民营企业法人单位数20.74万家，个体工商户数47.66万家。民营经济综改工作有序推进。

推进政府职能转变

深化“放管服”（简政放权、放管结合、优化服务）改革，推进减权放权。市级取消行政审批和公共服务事项46项、行政审批中介服务事项20项，下放县级行政审批和公共服务事项10项， 根据省级纵向清单调整规范1120项；完成46个市直部门权力清单和责任清单“两单融合”工作，保留市直部门权责事项6090项。优化政务服务。以企业和群众到政府办事最多跑一趟的要求，推动市级1431项行政审批和公共服务事项实现“最多跑一趟”；全面清理规范行政审批事项申报材料，借鉴市级砍掉900件材料做法，县级砍掉各类不必要申报材料4700件。规范行政审批中介服务。出台《泉州市人民政府关于规范行政审批中介服务组织管理的意见》，建立健全以中介组织行业主管部门为主，工商、民政、物价等部门各司其职、共同监管的格局。

推进“双随机一公开”（在监管过程中随机抽取检查对象，随机选派执法检查人员，抽查情况及查处结果及时向社会公开）监管改革。推动各级各部门将工作重心由事前审批向事中事后监管转移，市直37个部门和13个县（市、区）全面完成“一单两库一细则”制定并实施监管，监管对象涵盖泉州各类市场主体近67万户，监管数量位居全省首位；在全省率先建立跨部门“双随机”抽查机制，由工商、公安、质监、食药监、消防等部门联合对专项市场主体名录库进行抽查并随机指派检查人员，创新综合监管模式，实现“一次抽查、全面体检、综合会诊”。

推行“互联网+政务服务”。打造“指尖上的行政服务中心”。拓展微信在线申报、网上预约、手机APP申报、中心网上办事大厅自助申报等多个渠道，推动实体政务大厅、网上办事大厅、手机移动端、自助终端等多渠道融合应用的便民服务“一张网”。推进电子证照平台建设。共享后台基础数据库和流程信息，电子证照共享平台覆盖市县两级行政服务中心进驻的457个部门，完成证照类型4168种，其中证照类1356种，批文类2812种，生成61.8万份电子证照。开通24小时自助服务区。推广行政服务中心自助服务终端，市级24小时自助服务区正式对外开放，自助服务区内设有审批服务事项自助申报一体机，抵押查档、社保、地税、电力自助服务终端机，打印的查档表格直接加盖电子章，无需再到人工窗口加盖公章，解决办事群众“上班时间没空办事，休息时间没处办事”等困扰，为市民提供“全天候不打烊”政务服务。

深化公务用车制度改革。在全省率先建成公车综合服务平台并取得良好成效。3月9日，省车改办在泉州召开全省公务用车制度改革现场会，观摩学习泉州公车平台信息化调度服务、车辆运行北斗卫星定位系统实时监管等建设成果，泉州就车改工作做典型经验发言。推进车辆标识化、信息化管理工作。制订印发《关于贯彻实施公务用车标识化管理工作的通知》，对泉州机要通信（非涉密）、应急、特种专业技术用车、离退休干部服务用车等实行标识化管理。印发《关于市直参改单位公务用车统一安装北斗车载终端设备的通知》，对保留车辆统一加装北斗卫星定位系统，实现车辆调度、轨迹监控、费用结算和绩效管理全程信息化和自动化。做好市管异地任职和挂职选派干部的交通保障工作。制订出台《泉州市市管异地任职和挂职选派干部交通保障暂行规定》，明确省内异地任职或挂职、省外挂职干部交通费用报销次数。推进国有企业及事业单位车改工作。起草编制《泉州市国有企业公务用车制度改革实施意见》及《泉州市事业单位公务用车制度改革实施意见》，推动企事业公车改革工作。

营造公平竞争的市场环境

深化商事登记制度改革。在全省率先全面实施商事登记制度改革，在“三证合一、一照一码”的基础上，实行“五证合一、一照一码”登记模式。在全省率先启动电子营业执照改革，核发首批电子营业执照，推进全程电子化登记，各类市场主体突破68万户，总量持续保持全省第一。在全省率先推行简易注销登记改革，引入承诺制度，免除清算组备案和报纸公告，以市场主体信用信息公示平台公告替代传统报纸公告，将公告45天缩短为10个工作日，有效清理“僵尸户”，减轻申请人负担，2017年泉州市有2882家企业、3740户个体工商户适用新政注销，为经济主体节省公告费用约350万元。经国务院同意，泉州被国务院办公厅表彰为“推动工商注册制度便利化工作及时到位、落实事中事后监管等相关政策措施社会反映好的市、县（市、区）”，全国有20个地方获此荣誉，泉州成为全省唯一受表彰城市。

推进社会信用体系建设。市级公共信用信息共享平台（一期）基本建成，“信用泉州”门户网站开通运行，实现信用信息“一站式查询”，研究起草《泉州市诚信“红黑榜”发布制度（试行）》，“信用泉州”网站及时公布各相关行业“红黑名单”。平台归集涉及法人企业18.8万家，相关信用信息数据49万条，平台归集含市直各部门及各县（市、区）55个单位的“双公示”数据，其中行政许可信息11.4万条，行政处罚信息1.4万条，并实时将“双公示”数据推送到“信用泉州”门户网站对公众进行公示。

深化公共资源市场化配置改革。出台《泉州市公共资源交易平台管理实施细则》，提出平台运行与服务、交易范围、信息服务、监督管理、法律责任等方面的内容，实施统一的制度规则、规范透明的运行机制。制定《泉州市市级公共资源交易目录》，扩大交易范围，增加公车处置、城市户外广告经营权、国有房产招租、冠名权、海域使用权等12个事项，推动更多的项目统一进入公共资源交易平台交易，提高公共资源配置效率和效益。工程领域招投标全面实现全流程电子化。房建市政、交通、水利工程建设项目交易全过程网上公开运行，推进交易过程公开透明，在提高工作效率的同时，规范和约束交易行为。

推进产业发展机制创新

深化供给侧结构性改革。推进企业重组重整。鼓励龙头企业采用资产收购、股权收购和投资控股等方式实施兼并重组；泉州列入破产处置重点案件39件，审结重整案件11件，其中重整成功的8件。实施房地产市场分类调控。推动因城因地因时施策，协调库存较少的县（市、区）增加用地供应、搭建“泉房通”服务平台等，加快土地供应节奏，科学制订中长期房地产用地供应计划，建立房地产用地出让会商制度。实施“补短板”工程包。2017年，组织实施涵盖基础设施、产业、社会事业、民生等领域在内的32个工程包，全年计划投资229.9亿元，完成投资231.7亿元，完成年度计划100.78%。有效降低成本。全年从税费、人力资源、物流等方面为企业减负40亿元。金融服务实体经济改革持续深化，2017年，金融机构存款余额6891.8亿元，比上年增长1.5%；金融机构贷款余额6070.6亿元，增长3.5%。

深化科技体制改革。加快推进福厦泉国家自主创新示范区泉州片区建设。制定实施《福厦泉国家自主创新示范区泉州片区发展规划》《泉州高新区争先进位行动方案》《泉州高新区“一区多园”考核办法》等文件，引导科技资源、人才资源和金融资本加速集聚，推动“产业集聚区”向“创新示范区”转变。出台“1+X”系列配套政策，推出31项全国、全省首创的创新举措，省科技厅将泉州6项首创举措纳入第一批拟向全省推广清单。推进“数控一代”提质扩面，制订出台《关于推动“数控一代”示范工程提质扩面的若干措施》，推进泉州“中国制造2025”城市试点示范工作，实施“百千5311”工程，推进88条数字化生产线；国产机器人在泉州生产、销售完成680台套；推广应用国产数控系统4340套。培育省级科技小巨人领军企业。198家入选“2017年科技小巨人领军企业培育发展库”，落实科技小巨人领军企业加大研发投入奖励政策，组织70家企业申报2017年科技小巨人领军企业研发费用加计扣除奖励，申报资金3214.2万元。

拓展民间投资。2017年，民间投资完成2933.8亿元，比上年增长20.3%。加强PPP项目推介，征集PPP储备项目66个，计划总投资892.48亿元，涉及交通、水利、文化旅游、教育、市政工程等领域。泉州有26个PPP项目落地，投资总额315.77亿元，其中8个项目纳入财政部示范项目，11个项目纳入省级示范项目，26个项目中11个项目社会资本方为民营企业，总投资79.98亿元，民营企业参与PPP项目的数量及占比均为全省第一。争取财政部普惠金融资金1600万元，省级PPP示范项目前期费用奖补资金3296万元，设立“泉州市PPP专项增信资金”3亿元。

深化国有企业改革。启动市属国有企业整合重组，制订出台《泉州市属国有企业整合重组方案》，完成30家企业移交、24家企业产权划转，组建5家市级国资集团公司，谋划中长期发展战略和实施方案，完善集团公司架构，建立规范的议事决策机制和内部管理制度。城建集团对接海丝新城项目，启动绿色建筑产业园前期项目；文旅集团完成古城新门片区“三创园”招商工作；金控集团承接“泉州芯谷”、晋华集成电路等泉州重大产业项目的投融资任务；交通发展集团和水务集团参与谋划生成重大交通、水务基础设施项目。

在数控机床领域起步较早的民营企业嘉泰数控已作为泉州智能制造龙头企业。图为嘉泰数控车间（2017年拍摄）

深化社会事业体制改革

推进医药卫生体制改革。制订出台《泉州市城乡居民基本医保政策一体化暂行规定的通知》，整合城镇居民医保和新型农村合作医疗两项制度，统一为城乡居民基本医保。深化公立医院改革，履行医疗卫生系统行业主管责任，初步建立现代医院管理制度，实行公立医院管理委员会领导下的院长负责制，建立健全医院内部决策执行机制，控制医药费用不合理增长，泉州医疗费用增长率8.71%，完成省里下达的10%以下的控制目标；药品耗材收入占比39.25%，排名全省第四，比上年下降2.35个百分点，完成43%以下的控制目标，其中药占比28.53%，比上年下降3.12个百分点。在全省满意度调查结果中，泉州总体满意度得分87.26分，位列全省各设区市第一名。2017年，在全省改善医疗服务满意度调查结果中，泉州总体满意度得分87.26分，位列全省各设区市第一名。

深化教育体制综合改革。推进办学机制体制改革，推动义务教育小片区管理、合作办学、委托管理、集团化办学等多元化办学，扩大优质教育资源。泉州市有城区义务教育阶段“小片区管理”学校280所，片区内教师交流总数2196人，开展捆绑考核片区60个；义务教育阶段农村薄弱学校“委托管理”承担托管学校39所，农村受托管理学校（农村薄弱学校）48所；泉州中小学有办学集团13个，惠及18所薄弱学校。

深化养老体制改革。城乡社区居家养老服务站广泛覆盖，泉州建成417所城市社区居家养老服务站和680所农村居家养老服务站（农村幸福院、村级敬老院），每年近20万城乡老年人受益。引进禾康智慧养老服务中心的“互联网+居家养老”模式，享受政府购买居家养老服务对象25130名。居家养老服务队伍日趋壮大，泉州城市社区居家养老服务站签订协议单位3222家，加盟服务人员6631人，成立专兼职服务队伍877支，志愿者服务队伍690支，泉州养老护理员649人，农村居家养老专兼职服务队伍510多支，志愿服务人员2100多人。

推进“21世纪海上丝绸之路先行区”建设

2017年，市委、市政府贯彻省委、省政府关于海丝核心区建设的决策部署，主动融入国家“一带一路”布局和福建省海丝核心区，建设海丝重要门户城市，按照先行区先行先试的要求，项目化推进先行区建设，取得一定成效。

为更好对接国家“一带一路”倡议、融入省“海丝”核心区建设，2017年5月26日，泉州市召开十二届市委常委会第38次会议，学习习近平在“一带一路”国际合作高峰论坛上的讲话精神，研究通过《关于深入贯彻落实习近平总书记重要讲话精神加快推进21世纪海上丝绸之路先行区建设的意见》《泉州市21世纪海上丝绸之路先行区建设2017年度工作要点》，明确泉州市“海丝”先行区和“海丝”重要门户城市的发展方向。8月19日，以“国合&耶鲁”培训班到泉州调研为契机，开展与国家发改委国际合作中心的深入探讨和合作，深化海丝规划，策划合作项目，提升合作层次和水平，重点推进“基地、中心、研究院、园区、政策”等“五个一”项目的合作及其他合作事项。

推进与海丝沿线国家的经贸往来

深化经贸交流。2017年1—10月泉州市与海丝沿线国家年贸易总额583.22亿元，约占全市贸易总量的45.9%。截至2017年底，海丝沿线国家地区累计到泉州投资设立企业1589家，实际利用外资额24.71亿美元，约占全市总量的11.9%和8.9%；泉州市累计到海丝国家投资或设立办事机构57个，投资总额7.36亿美元，分别约占全市总量的19.2%和22.1%。匹克、安踏、九牧等大中型民营企业通过自然人或境外关联企业在境外并购或设立办事处或营销中心。加快海丝经贸平台建设。推动泉州综合保税区、晋江陆地港、泉州购跨境电商平台、中兴海丝路跨境电商服务平台等平台建设。泉州国际邮件互换局兼交换站落地晋江陆地港，累计完成跨境快件量352.99万件，累计增长77.19%。举办“第三届中国（泉州）海上丝绸之路国际品牌博览会”，组织相关企业参加“第十五届中国海峡项目成果交易会”。组织339家企业参加“品牌境外行”“品牌海丝行”，现场及意向成交额6828万美元。组织企业参加中国（福建）—越南经贸合作论坛、埃塞俄比亚—中国（福建）投资合作论坛、中国（福建）—白俄罗斯投资环境暨中白工业园推介会、闽茶海丝行等各类国际合作经贸论坛、推介会。推动投资贸易自由化便利化。主动复制推广自贸区制度创新经验，加快实行“单一窗口”和“三互”大通关，全市分四批复制推广98项自贸区改革创新经验；完善国际贸易“单一窗口”检验检疫侧功能和运用，率先将对台小额贸易货物纳入福建省国际贸易“单一窗口”监管。推动综合保税区保税加工、保税物流、保税研发、保税维修、融资租赁、跨境电商等方面发展，打造海丝先行区开放型综合保税服务平台。推动海丝金融合作。出台《关于进一步推进企业挂牌上市工作的若干意见》等政策文件，鼓励外商投资企业挂牌上市、外资发起设立融资担保公司等，形成推动对外金融合作的政策支持体系。截至2017年底，到东南亚地区上市的泉州企业达17家；泉州市跨境人民币实际收付业务涉及的“一带一路”沿线国家80个，实际收付合计559.39亿元，与49个“一带一路”沿线国家开展跨境人民币结算业务，规模达79.33亿元；21家企业办理跨境人民币双向资金池业务，引进境外人民币资金197.03亿元；在全省率先开展泉州与台湾跨境人民币贷款业务，累计12家企业办理泉州与台湾人民币业务备案13笔，备案金额2.22亿元。

加快国际产能合作步伐

支持一批有条件、有实力的企业到海外设立绿色工业园区，开展收购、兼并、重组、股权置换、境外上市和品牌推广及高新技术合作。支持纺织服装、鞋业、箱包等劳动密集型企业抱团到东南亚、中东、东欧、俄罗斯等国家或地区投资建设泉州海外纺织服装、鞋业、箱包等集散地和交易中心，如峰亿轻纺在柬埔寨设立泉州峰亿产业园，打造成为纺织品原料一条龙的供应链，推动企业转型升级和优化组织结构、盈利模式；百宏聚纤实业控股有限公司在越南设立越南百宏实业公司，投资3.5亿美元在越南西宁省鹅油县福东工业区建设年产70万吨的聚酯工程。支持建筑建材、机电企业抱团到中东、东南亚投资设立境外泛家居产销基地，建设泉州海外建材、机电集散地和交易中心，南安泛家居联盟整合厨卫、建材、石材、照明和消防等行业，以产业+联盟+公司的模式走出去，澳大利亚、印度尼西亚、阿联酋三个泛家居海外体验馆正紧张对接中，印度尼西亚“泛家居产业城”已完成选址，正针对产品供应、运营模式展开合作谈判。支持企业并购国际知名品牌，提高泉州品牌国际影响力，如鼓励支持福建泉工股份有限公司并购德国老牌砖机企业策尼特公司等，提高企业国际竞争力。推动远洋渔业合作，加强远洋渔业捕捞实力。支持中际远洋渔业有限公司收购连江县远洋渔业有限公司旗下13艘二手远洋渔船、长福渔业有限公司5艘公海延绳钓远洋渔船和2艘远洋渔业辅助船用于开展远洋渔业生产活动；福建海顺远洋渔业有限公司取得农业部“转场朝鲜东部海域生产”远洋渔业项目审批，20艘远洋渔船全部于9月20日前到达指定海域生产作业。

打造“海陆”互联互通新通道

拓展门户通道。至2017年，泉州晋江国际机场开通51条航线，通达8个国家和地区，累计运送国际（地区）旅客54.3万人次。完成货物吞吐量7175.87万吨、集装箱吞吐量206.54万标准箱，分别增长4.46%、10.67%。泉州—金门航线运送旅客111458人次，增长13.31%。推进兴泉铁路等一批重大基础项目。厦沙高速泉州段于11月16日通车，兴泉铁路泉州段、福厦客专（高铁）泉州段开工建设，泉州秀涂港铁路专用线正在进行勘察设计工作。湄洲湾航道三期工程、斗尾作业区7号泊位、秀涂作业区16号泊位工程、石狮市梅林码头改扩建工程等项目建设进展顺利。提升跨境通关和海空运输便利化水平。泉州晋江国际机场已开通马尼拉、新加坡、巴厘岛、曼谷等国际航线，并受理国际航空货邮运输业务。制订出台《关于进一步促进集装箱从泉州港进出的若干意见实施意见》，引导本地航运企业增开航线。新开通海丝沿线国家集装箱班轮航线2条，总计航线6条，与印度、印度尼西亚、马来西亚、菲律宾、越南、泰国、葡萄牙等7个国家通航，1—10月货物吞吐量293.21万吨，集装箱吞吐量5.31万TEU，优化泉州港外贸集装箱班轮航线的整体布局。

深化国际文化旅游交流合作

推动海丝古城提质、新城集聚。以住建部批复泉州市为“双修”试点城市为契机，以古城为先期突破口，重点推进“四片二线四整治”（“四片区”：城南、府文庙、龙头山、华侨新村；“四整治”：整治交通乱象、环境卫生、占道经营、户外广告）。完成669幢历史建筑及特色建筑普查等基础工作，开展古城区交通提升、水系保护整治等专项规划，研究策划古城旅游线路，提出八卦沟景观提升及全线截污工程方案，开展中山路中段步行化改造工作。成立海丝新城办统筹推进新城建设，打破行政区域界限束缚，加强对200平方千米新城范围内政府投资项目实行统一管控和建设，突破关键节点、组团连线、重点片区“点线面”建设提升，重点推进东海国际会展中心、泉州公共文化中心等海丝新城标志性项目加快推进，力争打造“会展中心—滨海公园—后渚片区—城东”的沿江滨海城市展示面。深化海丝国际文化交流。2月21日，首届“中国白”国际陶瓷艺术大奖赛在德化启动；5月14日，举办《“一带一路”国际合作高峰论坛》纪念邮票首发式；5月16日，开启“清新福建•海丝泉州”名镇之旅嘉年华；6月23日，“活力澳门推广周•福建泉州”在晋江举行；8月17日，举行金砖国家治国理政研讨会；10月15日，晋江获得2020年第18届世界中学生运动会举办权；12月2—4日，举办第二届21世纪“海上丝绸之路”环泉州湾（国际）公路自行车赛。此外，还开展“中国寻根之旅”夏令营、台湾青年大学生“海丝泉州•晋江行”、第六届两岸端午民俗旅游文化节等活动；接待斯里兰卡旅游兼基督教事务部部长约翰•阿马拉通加一行、印度媒体代表团到泉州交流访问，接待来自丹麦、美国等国师生到泉州交流访问。推进“古泉州（刺桐）史迹”申报世界文化遗产工作。实施海丝文艺精品工程。推动全市各文艺院团加快艺术创作生产，鼓励民间创作，木偶戏《施公断案》获第二届南充国际木偶艺术周优秀表演奖和编剧奖；高甲戏《昭君出塞》入选国家艺术基金2017年度传播交流推广项目；梨园戏音乐、南音、泉州笼吹入选文化部第二届中国民族器乐民间乐种组合展演。讲好“海丝”故事。全市组织策划16个团组335人到葡萄牙、摩洛哥、新加坡、韩国、菲律宾等国家和中国香港、中国台湾地区开展文化交流，承办联合国教科文组织青年创意与遗产研习班，邀请联合国教科文组织专家以及60多个国家和地区的80多名青年参加研习班。继续在泰国BTU电视台开设《丝路·泉州》电视栏目，开创广播影视对外交

泉州晋江国际机场（2017年拍摄） （图/泉州晚报社）

2017年12月11日，海上丝绸之路艺术发展论坛在泉州开幕　（图/张九强）

流先河，在国际上讲好泉州“海丝”故事。

拓展“海陆”丝绸之路友好城市和城市联盟工作

拓展海陆丝绸之路友好城市。10月19日，泉州市与马来西亚古晋南市建立友好城市关系，加强与澳大利亚金斯顿市、韩国光州市的沟通联系，推动双方友好往来。组团访问俄罗斯迈科普市、波兰弗罗茨瓦夫市、摩洛哥丹吉尔市、新西兰陶波市、印尼唐格朗市等，协商友好交流项目。推动各县（市、区）做好友城拓展工作，晋江市与意大利库内奥省签订友城协议书，鲤城区与斯里兰卡康提市、日本鸟羽市友城缔结正抓紧推进。

做好侨务统战工作。加快建设南洋华裔寻根谒祖综合服务平台，项目一期征集、扫描族谱5000册，推进侨村族谱数字化、侨情数据库建设，石狮彭田“小平台”可初步提供寻根服务功能。深化海外泉州籍精英接引活动，推进民企、侨企项目合作，做好二、三代青年华裔工作，推动参与海丝先行区建设。

做好招商对接工作。举办“第十五届“6•18”华人华侨项目成果（泉州）专场对接会”，35个项目签约，涉及人工智能、电子信息、装备制造、新材料、新能源等领域，总投资11.02亿元。在厦门举行2017年泉州市外资招商推介会，现场签约24个项目，投资总额27.1亿美元，拟利用外资额19.5亿美元。此外，推进新加坡美福企业有限公司到泉州投资建设“欢乐岛”、马来西亚南洋棕和环保生物燃料有限公司到泉州投资建设环保生物燃料等项目。

发挥海陆丝绸之路城市联盟平台作用。通过平台作用，组织泉州市企业参与“一带一路——国企民企走出去协同发展论坛”、“促进福建省绿色工业发展”系列知识培训班、“2017年发展中国家服装制作技术培训班”、“世界品牌大会”暨第十四届“中国500最具价值品牌”发布会等活动；依托工商理事会在与印中商务理事会、印尼福建商会、厦门中央直属企业投资协会开展的产业合作对接交流会中促进泉州市企业开展对外交流合作。

深化泉州与台港澳合作。2017年来，全市新批台资企业53家，累计批准台资企业1594家，投资总额37.97亿美元。依托泉州台商投资区深耕对台资源，“9•18”现场签约台湾台中产业小镇、台湾唯乐露营车生产基地等3个项目，拟利用资金3.35亿美元。借助旅港乡亲联谊会、“活力澳门推广周”活动换届庆典活动，寻求泉州与香港、澳门在商贸物流、服务制造业、金融业、旅游业等方面的合作空间。

金砖国家治国理政研讨会在泉州举行

2017年8月17—18日，由中共中央宣传部主办，国家行政学院、中国外文出版发行事业局承办的金砖国家治国理政研讨会在泉州举行。此次研讨会是金砖国家领导人厦门会晤的重要配套活动之一。与会代表围绕“深化改革，携手促进共同发展”“交流互鉴，倡导文明多样繁荣”“合作共赢，完善全球治理体系”三个分议题展开讨论。

2017年8月18日，主题为“深化改革，携手促进共同发展”的平行会议召开（图/陈起拓）

中宣部常务副部长、中央文明办主任黄坤明在会上发表主旨演讲，中共福建省委书记、省人大常委会主任尤权在会上致辞。中宣部副部长、国务院新闻办主任蒋建国主持开幕式。中央党校常务副校长何毅亭、国家行政学院常务副院长马建堂、俄罗斯联邦通讯与大众传媒部副部长沃林、印度议会印中友好小组主席塔伦•维杰、巴西中国问题研究中心负责人罗尼•林斯、南非前总统府部长伊索普•帕哈德、坦桑尼亚前总理平达、知名学者罗伯特•库恩和林毅夫等致辞。中宣部副部长庹震、中国外文局局长张福海、国家开发银行董事长胡怀邦、国家行政学院副院长陈立、故宫博物院院长单霁翔，省领导高翔、梁建勇、杨贤金，市领导郑新聪、康涛等参加开幕式。中国、俄罗斯、印度、巴西、南非以及坦桑尼亚、埃塞俄比亚、墨西哥等其他发展中国家的代表交流治国理政经验。

在三场平行会议研讨会现场，与会人员结合自身国情，从本国发展路径、投资环境、文化教育、人文特质、机制创新等不同领域和维度，就金砖国家如何解决共同面临的问题、加深彼此的互信和合作、提升金砖国家的发展质量和国际影响力等方面，畅谈各自的思考和见解。现场气氛热烈，既有观点的激荡，也充满交流互鉴的真诚。与会代表认为，加强治国理政经验交流，有助于金砖各国走好今后的道路，实现更大的发展。金砖国家应推动交流互鉴机制化，提升交流互鉴参与度。金砖国家治国理政研讨会的举办为各国破解发展和治理难题提供平台。

会议通过《金砖国家治国理政研讨会泉州共识》。泉州共识提出：一、金砖国家应坚持发展优先。不断挖掘新的增长点，坚持包容性增长理念，保障民生工程，减少贫困人口，织牢社会安全网，造福本国和世界人民。二、金砖国家应开展互利合作。加强协调配合，共同建设利益共享的价值链和利益融合的大市场，共同构建更加紧密经济伙伴关系，合力拓展更大发展空间。三、金砖国家应积极参与全球治理。推动国际经济规则不断革故鼎新，加强重大国际问题和地区热点问题的协调沟通，积极维护公平正义，不断提升新兴市场国家和发展中国家代表性和发言权。四、金砖国家应加强文明互鉴。金砖国家治国理政经验是宝贵的文明成果，广大新兴市场国家和发展中国家治国理政经验弥足珍贵，要把治国理政经验交流作为人文交流的重要内容，增进彼此了解，相互学习借鉴，不断扩大交流互鉴的朋友圈，为各国实现更好发展提供智力支持。

研讨会期间，中国外文局、中国国家行政学院分别与一批国外机构在泉州签署合作协议。

中国外文局与俄罗斯科学院欧洲研究所、巴西中国问题研究中心、印度德里大学东亚研究和社会科学院、南非《思想者》杂志四家机构签署《关于学术研究及传播领域合作备忘录》。备忘录目的在于助力构建金砖国家人文大交流格局，发挥金砖各国高端智库研讨交流的主渠道作用，服务金砖友好大局。根据协议规定，合作双方重点围绕四个方面开展工作：一是实现信息共享，互相推送研究信息和研

2017年8月17日，金砖国家治国理政研讨会在泉州开幕　　（图/泉州晚报社）

究动态；二是推动人员交流，自2018年起互派人员到对方国家开展学术交流，邀请对方人员参与本方组织的学术研讨活动；三是开展课题研究，每年选择双方感兴趣的研究课题和研究项目开展合作研究或委托研究；四是举办研讨活动，根据需要，适时举办学术研讨活动和专题研讨会。

中国国家行政学院也与俄罗斯、印度、南非、智利、哈萨克斯坦、墨西哥、泰国七国机构分别签署谅解备忘录，建立“治理能力建设伙伴关系”。七国机构分别为：俄罗斯莫斯科国立大学公共行政学院、印度观察家研究基金会（孟买）、南非国家政府学院、智利国家公务员局、哈萨克斯坦阿斯塔纳地区公务员中心、墨西哥国家公共管理高等学院和泰国皇家政治学院。备忘录指出，合作原则是“开放、包容、合作、共赢”，合作内容主要包括六个方面：一、就共同关心的国家发展和全球性议题开展合作研究；二、开展治理人才培训合作，共享经验、相互学习、相互借鉴；三、合作举办治国理政对话会，对伙伴关系进行指导；四、互换学术刊物、资料等，交流治理能力建设研究成果；五、积极发挥金砖国家引领作用，共同致力于建立更广泛的伙伴关系，通过发展经验共享和治理人才培养，帮助其他发展中国家增强发展能力，打造有影响力的南南合作平台；六、鼓励并支持在金砖国家框架下开展形式多样、内容丰富的治理能力建设多边合作项目。

第三届海上丝绸之路国际艺术节

2017年12月10—15日，由文化部和省政府主办，省文化厅和市政府承办的第三届海上丝绸之路国际艺术节（简称“海艺节”）在泉州举办，取得圆满成功，得到各级领导、社会各界和海内外嘉宾的一致好评和高度赞誉。

该届“海艺节”以“展示、交流、合作、提升”为宗旨，以“海丝建设”为主题。围绕展演展示、思想文化论坛、文化项目建设和其他项目4大板块，策划10个核心项目和61个市直、县域联动项目，共200多场文化艺术活动。文化部部长雒树刚、副省长洪捷序、省政协副主席陈绍军、中国轻工业联合会副会长陶小年等国家有关部委和福建省有关领导，联合国教科文组织国际木偶联合会秘书长伊黛娅•奥泰古伊等国际组织官员，突尼斯驻华大使迪亚•哈立德以及伊朗、越南等驻华大使馆官员，友好交流合作城市埃及亚历山大省古鲁姆克区、菲律宾怡朗市代表，东亚文化之都韩国光州市、韩国济州市、日本横滨市代表，共有31个国家和地区的官员、专家学者、艺术家、友城客人、泉州籍乡贤和媒体记者等1100多人齐聚泉州，共襄文化盛会。现场参与群众230万人次，境内外39家媒体刊发（播）3000多篇新闻报道，2000多万受众观看开幕式晚会演出直播，报刊、广播、电视、网络等全媒体综合受众达1亿多人次。

开幕仪式上，文化部部长雒树刚致开幕辞并宣布艺术节开幕，副省长洪捷序致欢迎辞。雒树刚在致辞中代表文化部对艺术节的召开表示祝贺，对莅临艺术节的各国嘉宾、艺术家和各界朋友们表示感谢和欢迎，并希望艺术节利用泉州地处海上丝绸之路起点这一历史与文化优势，继往开来，不断创新，为丝路沿线国家搭建文化艺术交流互鉴的平台。将“一带一路”建成和平、繁荣、开放、创新、文明之路，共创美好的明天。洪捷序在致辞中向参加艺术节的各位嘉宾以及海内外侨胞和艺术家们表示欢迎和感谢，并指出“海艺节”已成为展示和交流海上丝绸之路沿线国家和地区优秀文化成果的重要平台。希望利用这一平台，互学互鉴、深化合作，为“21世纪海上丝绸之路”建设凝聚共识、汇聚力量。

“海艺节”期间，31个海丝沿线国家和地区的79个演艺团体，与泉州演艺团队、艺术家们一起，到全市各县（市、区），为群众带

2017年12月10日，第三届海上丝绸之路国际艺术节在泉州开幕　（图/陈英杰）

2017年12月10日，第三届海上丝绸之路国际艺术节开幕式文艺演出节目《海上花》中，传统花灯冉冉升起，唯美而温馨（图/陈小阳）

来海丝文化艺术表演。活动包括以下主要项目：开幕式文艺演出《向大海》，共11个节目，持续约75分钟，依托翻转式舞台和闽南大厝背景，以组歌为核心，运用舞蹈、戏剧、影视、杂技等艺术手段，围绕泉州人向海而歌、勇闯世界的主线展开，在过去、现在、未来三个维度中生动演绎刺桐港的千年繁华，爱拼敢赢的泉州精神，以及中华民族“再次起航”的中国梦。海上丝绸之路艺术发展论坛，以“共享的价值——艺术在海丝文化中的多元发展”为主议题，德国、法国、美国、乌克兰等国和北京、上海、台湾等地的中外98位艺术家、学者、文化名人，从艺术共同语言、文化遗产保护、传统文化当代表达、文化多元化全球化等多元角度开展演讲和对话；海上丝绸之路非物质文化遗产展，以“一条海上丝路 万千非遗瑰宝”为主题，境内外三大洲、8个国家117个项目参展。以实物展示、活态展演、图文视频等形式，展示海丝沿线国家、地区的宫廷技艺（花丝镶嵌、雕漆、清宫传统刺绣技艺）和民间工艺（雕刻、年画、纺织、剪纸、印泥制作等传统技艺）；“2017中国—中东欧国家文化季”泉州分场活动，由波兰、塞尔维亚、斯洛文尼亚11个国家12个艺术团的147位艺术家，在全市22个剧场（院）举行23场演出，演出包含爵士乐、室内乐、话剧、儿童剧等多艺术种类，展示海丝沿线国家传统和现当代艺术风貌；第十二届泉州国际南音大会唱，以“悠悠海丝、共唱乡音”为主题，菲律宾、日本、印度尼西亚、新加坡、马来西亚等国和中国香港、中国澳门、中国台湾地区的15个南音社团与大陆21个南音社团共567人参加，在全市举行24场多种形式的南音表演；第五届中国泉州国际木偶节，德国、荷兰等境外13支团队和境内18支团队共约400人参加，在全市各地演出76 场，涵盖提线木偶、掌中木偶、杖头木偶、皮影戏、手影戏等品种，是历届参与团队最多、演出地点分布最广泛、人群覆盖面最大、演出场次最多的一届。中心城区其他项目，包括有5000多人参与的第二届泉州海丝古城徒步穿越活动、在德济门遗址广场等举行的4场“古城文艺快闪”活动、200多位海归嘉宾参与的“海归嘉年华”活动，以及在各文创园区和商业休闲中心举办的40场海丝嘉年华活动，此外还有第五届中国海丝书画小品大展赛、“重走海丝之路，助力泉州申遗”摄影图片展、海丝货币与贸易展（泉州）、海丝（泉州）工艺美术精品博览会等展览展示，形成新城古城相互辉映的全城联动盛景。县域联动项目，包括第二届中国（安溪）家居工艺文化博览会、南安九日山仿古祈风仪典、中国（惠安）国际雕刻艺术品博览会、台商投资区“链接·碰撞”海丝意象艺术展等县域联动项目。全市各项目星罗棋布、全面铺开、呼应互动，形成主题突出、特色鲜明的“一台戏”大格局。

城市双修

为贯彻落实中央城市工作会议精神和《中共中央国务院关于进一步加强城市规划建设管理工作的若干意见》，根据《住房城乡建设部关于将福州等19个城市列为生态修复城市修补试点城市的通知》文件要求，泉州市自2017年3月起列为第二批“城市双修”试点城市，为期2年。

明确工作职责及实施范围

市委、市政府明确“生态修复，城市修补”工作由市住建局牵头开展相关工作。2017年4月以来，泉州市生态修复城市修补领导小组办公室牵头市古城办、新城办、规划局等单位起草专项工作方案，并策划一批“生态修复城市修补”项目，中规院专家13次到泉州开展调查及方案设计等工作。历史文化是泉州的特色和名片，泉州的城市“双修”以古城为重点，主要范围是中心城区约300平方千米，重点推进古城6.41平方千米，同步开展新城区及周边协调区域“城市双修”工作。未纳入实施方案范围的县（市、区）和泉州台商投资区要根据住建部《关于加强生态修复城市修补工作的指导意见》工作要求，开展“城市双修”工作，重点做好绿化提升、规划提升、门户道路整治、城乡环境整治等方面的工作。

召开相关会议 开展调研考察

2017年7月28日，市委、市政府召开全市城市“双修”培训动员会，市四套班子领导出席会议。市委书记郑新聪系统阐述泉州城市工作理念和工作重心，凝聚“双修”共识，营造工作氛围；中国城市规划设计研究院谷鲁奇、徐萌两位专家进行“双修”规划授课。9月7日，市政府召开全市城市“双修”工作部署会，市长康涛强调以精细化手法推进试点工作，常务副市长张永宁结合“条块”联动机制具体部署各项工作。9月13日，张永宁带领中国城市规划设计研究院及古城办、新城办等部门负责人，到江苏徐州参加全国城市“双修”经验交流会并汇报泉州“双修”试点工作开展情况。2017年12月4—5日，市海丝新城建设工作协调组联合城乡规划杂志社召开泉州新城集聚发展策略座谈会，邀请国内著名城市规划建设专家、学者共同“把脉”新城发展。11月15日，康涛、张永宁带领市直有关单位和鲤城区政府负责人调研中山路步行化改造试验段、旧人民医院、工人文化宫、旧车站等“城市修补”试点项目；12月26日，市政协副主席林志建带领市政协委员视察华侨新村社区营造、金鱼巷立面整治等项目。

完善“双修”规划 实施项目建设

组织中国城市规划设计研究院、天津大学规划院、深圳城市交通研究中心和泉州市规划院等单位开展传统风貌建筑、交通出行方式等普查，实施古城双修、海丝新城双修规划，修编历史文化名城、中山路、西街等保护规划。完成泉州古城19个规划项目、7个策划项目、7个概念性方案和6个城市设计。策划生成古城保护、双修规划、内河水系、居民出行、社区营造、夜景美化等方面第一批城市双修项目63个，完成投资4亿元。

晋江两岸新貌（2017年拍摄） （图/吴寿民）

古城保护发展

2017年，市古城办根据《泉州市政府办公室关于印发泉州古城2017年工作方案的通知》要求，结合泉州城市“双修”工作部署，在6.41平方千米的古城范围内，多措并举推进古城保护发展提质增效。

推进项目建设

策划古城保护工作。以泉州列入国家生态修复城市修补试点为契机，委托中国城市规划设计研究院系统开展泉州古城“双修”规划，策划生成古城双修第一批工作任务，包括旧街巷整治、市政基础建设、水系生态治理、景观绿化提升等十大方面64个实施项目，全面梳理古城历史文脉资源，确定重点推进“七个一”示范工程，及时分解任务，层层落实责任。全面落实住建部规划司关于历史文化名城探索海绵城市和地下综合管线的要求，完成中山路（打锡街—涂门街）试验段的市政道路专题研究，启动西街东段（钟楼—新华路）的规划设计工作。

研究古城保护政策。结合市政府出台《泉州市市区内沟河保护条例》和审议《泉州市中山路骑楼建筑保护条例》规定，开展相关政策研究；联合华侨大学建筑学院形成《泉州古城历史文化街区保护规定》《泉州市中山中路骑楼修缮奖励补助办法》《泉州历史城区历史建筑修缮管理办法》等7个课题研究初稿，细化《泉州古城“双修”传统建筑修缮施工企业名录暂行规定》，为推进古城保护与修缮工作提供依据。

推进片区项目建设。集中力量推进片区修缮整治，整体改善片区的城市功能。府文庙片区金鱼巷“空间微改造”项目基本完成路面石板条铺设。龙头山片区安置房在建，中侨麻纺厂与源和1916之间“经络”打通，旧厂房正改造升级并同步招商，已有15家企业入驻。开工建设华侨新村片区爱国路拓改工程部分路段；华侨新村微改造项目设计方案优化完成。完成内沟河设计导则及部分地下管线勘察和古城内的指挥巷、礼让巷、县后路等6条背街小巷微改造。

优化古城交通环境。西街东段、中山中路实行分时段交通限行常态化，实施精细化管理，市容市貌得到改善，交通拥挤有效缓解；深化中山中路步行化改造试验段规划设计方案；迁移威远楼及泉山门2个公交首末站，实施威远楼广场景观提升，同步启用开元盛世公交首末站。提倡古城“公交+慢行”理念，协调公交公司梳理、优化调整古城范围内24条公交路线，并投入130辆公交“小白”进行运营，提高“小白”见车率，大型公交车基本退出古城核心区域。

繁荣古城文化

举办第二届徒步活动。作为第三届“海艺节”的核心项目，第二届泉州海丝古城徒步穿越活动于12月16日举办，吸引海内外14441人报名，当天5013位（省内4051人，省外及国外962人）徒步爱好者齐聚古城、共赴盛会。活动将中心市区的开元寺、德济门遗址、圣墓等7处古泉州（刺桐）史迹遗产点与古城特色古街巷由点串线，并植入“涨海声中万国商”等场景及本土元素的拍胸舞、火鼎公婆等6项非遗表演，还邀请13个文创团队参与其中，活动让徒步爱好者领略古城街巷肌理，了解古城历史文化底蕴，促进古城文化落地。

重大节点策划主题活动。多形式举办文化展示活动，提升古城知名度和影响力。举办4场29项“润物无声”系列主题展览，邀请23位参展人举办38场活动，吸引逾10万人次的泉州市民及海内外游客

2017年5月1日，由市古城办主办的“润物无声2017年五一系列活动”之传统闽南民俗婚礼在鲤城区举行。迎亲队伍穿过钟楼、东街、南俊路、打锡街、中山中路，最后抵达通政巷苏廷玉故居 （图/吴寿民）

参观，带动30多个年轻文创团队到古城创业。将西街宋宅后座洋楼打造为“1915艺术空间”文化场地，举办首展——“邂逅西街”当代艺术展，中央美院院长范迪安等名家到场参观指导，并举行艺术创作分享会，让古城文化与当代艺术碰撞交流。利用收储房产，在节假日举办如“五一”闽南婚嫁习俗表演、“六一”古城的童年、“七一”西街带我回家及重访1926摄影文献展览等10余场丰富多样的活动，弘扬传统文化、记忆乡愁。

泉州西街老建筑——宋宅（2017年拍摄）　（图/吴寿民）

挖掘古城文化底蕴。挖掘整理历史人文故事，坚定文化自信。《泉州古城文化规划》进入第二阶段研究，印制古城手绘导览图，编制《老口味》《老戏曲》《老手艺》3本“古城文化丛书”。开展“家园共造、共享古城”系列活动，挖掘出“人文西街”“文庙春秋”“八卦沟故事”等题材，在海峡都市报刊发60版次；举办14场“讲故事”专场活动，比选出百篇故事，用“挖故事、讲故事、用故事”深挖古城文化底蕴和背后故事。联合华侨大学举办“寻海上丝路、探文化古城”主题论坛的2017“古城杯”海丝创新营销大赛和海峡两岸青年大学生领袖营两个活动，增强两岸青年对中华文化的认同感。

营造良好宣传氛围。采用多种方式，全方位多渠道宣传古城保护。全年组织编辑印发18期《古城信息》简报，及时做好古城保护发展相关活动和阶段性工作成果报道。配合央视开展金砖国家领导人厦门会晤网络直播“泉州西街：寻访海丝起点的古早味”活动，吸引3055万名网友在线观看。海丝古城徒步活动得到新媒体、影像媒体、纸质媒体及电台等20多家媒体的竞相报道，10多个微信公众号也同步发布。联合《海峡都市报》《东南早报》等本地媒体宣传报道古城保护工作和活动项目的进展，全年刊登文章超1000篇。响应市委、市政府倡导的“古城文化进校园”理念，派员到华侨大学、泉州师范学院等高校及“温陵讲坛”，宣讲古城文化保护、文化自信、古城旅游等内容。联合泉州师院开展“2017年五一泉州古城旅游文化设计、展示与推广系列展”，包括“寻情、寻境、寻创意——文创产品展”等5个展项，吸引海内外游客和文化爱好者近万人参观。

注重古城文化宣传推介。利用时间节点，主动联系接待国外友人、华侨华人，宣传推广古城文化。全年有国际友人、海外华侨、海外青年华裔、外国师生等数十团500多人次到古城游玩、采风、参观、游学。国际中学生体育联合会主席劳伦特•佩楚卡一行、泉州市国际友城丹麦霍尔拜克市泉湖中学20多名师生、德国诺伊施塔特的25名青少年以及“海丝”古城寻根之旅中来自马来西亚、泰国、澳大利亚等国家的107名华裔青少年等，在市古城办领导或古城讲解员的带领下，游览古城西街和古街巷，寻访传统老店铺，欣赏提线木偶、香

2017年，《老口味》《老戏曲》《老手艺》三本“古城文化丛书”面世　（图/吴寿民）

2017年9月16日，市古城办举办“美丽古城、家园共造”社区营造初阶培训

（图/市古城办）

道、茶道、金苍绣等泉州传统文化表演。开展“古城匠心”泉州市传统工艺青年传承人评选活动，鼓励广大青年发扬“工匠精神”。

促进古城产业升级

培育引导经营业态发展。发展特色文旅产业，形成古城多元化业态格局。推进龙头山旅游商业街区、“东亚之窗”文化创意产业园、泉州美食城、新门旅游文化特色街区等项目建设，推动泉州文旅产业的发展。举办“如何方便游客，体验不一样的西街”和“西街需要什么样的业态”2场座谈会，邀请文化界、商家、管理者等各界人士共同探讨西街业态。制订出台《泉州西街（钟楼至新华路）经营业态管理实施方案》，明确区域内经营项目目录清单，为培育和引导古城发展合适业态作示范；开展方案落实和西街业态经营情况联合检查，该方案试行后不少文创旅游业态入驻，不合适的业态正逐渐退出，西街业态呈现多元性。

开展房产资源整合工作。做好古城公产、古大厝等资源摸底、收储等工作，为盘活打基础。委托市文旅集团——古城公司实施象峰巷7号、台魁巷7号、旧馆驿25号等12处房产保护性收储工作，并对部分收储的房产进行修缮，作为规划展示馆和会客厅或将转给古城公司进行经营性运用。协调鲤城区政府、市文旅集团等相关单位实施苏廷玉故居、陈光纯故居2号楼、老范志等古大厝的保护性收储，整合规划周边资源，重焕古厝活力。委托开展古城范围内公产的产权、分布及现状全面查清工作，完成729宗28.8万平方米的公产测绘，并将574套1236幢公产导入GIS平台，为古城保护与开发利用提供决策依据。

开展社区营造

举行多场社区营造培训。探索自下而上新型社区营造管理方法，开展“美丽古城、家园共造”活动。以华侨新村为社区营造示范项目，邀请台湾大学城乡所博士后到泉州授课辅导2场“社区营造工作辅导座谈会”，启动社区营造培训。委托“乡愁经济”学堂组织初阶、进阶两期社区营造培训，邀请20多名台湾、省内外专家、学者为500多人次学员授课；由100多名社区干部、热心者和专业人士等组成“三合一”团队，开展社区走访、问卷调查、搜集材料等工作，形成社区设施改善、房屋修缮改造、重唤古城记忆、活化文化业态等10个课题成果。通过培训和竞赛初选，有10支团队入围，激发古城居民参与保护和发展家园的热情，将美好的社区营造理念转化为现实，成为社区发展的重要推动力量。

培养古城“新讲古人”。培养一批懂古城、善讲解和会接待的古城文化使者，助推泉州古城文化传播。举办两期“新讲古人”古城讲解员培训，参与培训学员人数超过300名，第一期30名古城讲解员竞选出炉，在国庆和徒步活动中“上岗”，为游客和徒步爱好者义务现场讲解近100场，服务人数7000多人，使更多到古城游玩的人深入了解古城泉州，在品味中感受这座城市独特的文化韵味。

开展志愿服务。联合鲤城区委文明办成立肃清门志愿服务驿站，运营近5个月为数万游客提供免费奉茶、咨询指路、医疗救援等志愿服务，成为展示古城文明的窗口。联合市区两级有关部门举办“守护古城、共创文明”“美化环境、拥抱地球”“爱在鲤城、家园共造”等20多场主题志愿服务，社会公益机构自发定期组织开展关爱老人、扶贫护残等志愿服务。发起“爱心奉茶、清凉古城”征集全城奉茶点地图策划活动，集聚市区近200处免费奉茶点，营造古城热情好客、乐善好施良好氛围。省总工会于9月13日为旧馆驿奉茶点挂牌，作为示范点。

“中国制造2025”试点示范城市

泉州于2013年在全国、全省率先实施“数控一代”创新应用示范工程。2015年4月，国务院总理李克强考察泉州时对泉州市从数控装备应用等入手，加快传统产业从中低端向中高端发展的做法给予肯定，要求泉州走在“中国制造2025”全国前列。5月，在《中国制造2025》发布第三天泉州就发布实施《泉州制造2025》和智能制造、服务型制造、质量品牌三个专项行动计划。7月，省政府在泉州召开全省智能制造暨创业创新现场推进会。2016年11月，工信部批复同意泉州开展“中国制造2025”城市试点示范工作。在工信部、中国工程院和省委、省政府的指导下，“中国制造2025”城市试点示范创建工作有序推进，全市经济呈良好发展态势，重点行业、重点企业稳中趋好、稳中提质。2017年，全市实现地区生产总值7548亿元，增长8.4%，占福建省近四分之一，连续19年位居全省首位。

2017年6月18日，泉州市创建“中国制造2025”城市试点示范工作推进会召开
（图/市科技局）

全面统筹推进创建工作

市政府出台《泉州市创建“中国制造2025”城市试点示范实施方案》和《泉州市推进“百千5311”工作方案》，明确泉州市创建工作围绕智能制造、服务型制造和质量品牌三大方向和具体目标，分解到各县（市、区）和市直牵头部门。2017年3月召开泉州市创建“中国制造2025”试点示范城市新闻发布会，工信部领导到会指导。6月召开工作推进会，中国工程院院长周济讲解“中国制造2025”战略的背景和发展趋势，全面推进泉州市试点示范工作。完善泉州市鼓励智能制造的政策措施，制定泉州市扶持工业机器人产业发展专项政策及推动主辅分离促进服务型制造发展的措施。全国机械行业转型升级推进会和工信部消费品工业智能制造试点示范现场经验交流会在泉州召开，工信部副部长辛国斌、罗文分别出席，并肯定泉州在推进城市试点示范取得的进展。

推动智能制造

全市2000多家规模以上企业参与“数控一代”、智能化改造，使规模以上企业装备数控化率提升10%以上，减少劳动用工约30%。部分国产装备实现对进口装备的替代，为使用企业降低购置成本约50%。抓路线图引领。对17个产业逐一编制“路线图”，聚焦产业链条、薄弱环节、重点项目，并在传统优势产业加快推动数控化、自动化和智能化改造。抓试点示范。恒安、九牧、百凯被列入国家智能制造新模式和标准项目，柒牌、九牧被确定为国家智能制造示范企业，安踏等6家企业被确定为省级智能制造示范企业，9项产品被确定为省级首台（套）重大技术装备，全市确定138个“数控一代”示范项目产品和54个高端装备设备，并抓好推广应用等服务工作。抓支撑平台建设。引进中科院、华中科大、哈工大等到泉州设立新型研究机构，集聚高层次人才近1000名，开展科研攻关项目300多个。推进洛江、晋江2个省级智能制造试点示范基地建设和南安滨江装备基地、安溪2025产业园区建设。智能制造带动效益逐步显现，如柒牌集团改变传统模式，将数字化深入到生产的每个环节。不仅开袋、上袖、服装定型、整烫由自动化设备完成，衣服从车间到仓库也依托立体仓储设备、自动悬挂等自动化系统来完成，减少用工50%，提高工作效率40%以上，产品不良率降低至1%。

发展服务型制造

抓典型促示范。培育首批国家级服务型制造示范企业（平台）3

恒安智能制造基地（2017年拍摄） （图/黄文珍）

个，国家级工业设计中心5家、省级工业设计中心16家，市级工业设计中心33家，AAA级及以上国家物流企业84家（其中AAAAA级2家，AAAA级18家，AAA级64家）。抓项目促转型。以物流园区提升工程包为抓手，加快实施制造业仓配一体化项目，菜鸟（晋江）项目投入使用，晋江陆地港项目、安踏仓配一体化等一批项目开工建设。造氛围促创新。举办“海峡杯”“我的最美校服”“何朝宗”等工业设计大赛，开展“工业设计十佳创新型企业”、泉州市“十佳物流企业”评选等活动，营造服务型制造创新发展氛围。信和涂装由“销售涂料”向“销售涂层”转变，提高产品的一次性合格率，实现服务性收入突破3700万元，利润比上年增长133.58%；福建群峰机械由生产环卫机械向提供环卫保洁服务转型，带动环卫保洁车辆、设备销售，销售收入比上年增长70%，利润增长1.74倍。

提升质量品牌

以创建全国质量强市示范城市为抓手，在质量体系认证、标准战略、质量奖评选、计量工作等方面出台完善一系列扶持政策。全市拥有国际标准11项、国家标准282项、行业标准300项；拥有纺织服装、水暖洁具、石材建陶、茶叶等国家级质检中心6个；制订实施名牌培育三年滚动计划，拥有国家工商总局认定的中国驰名商标154件，地理标志证明商标27个，位居全国地级市前列。2017年，中国品牌价值评价上榜企业45家，占全省上榜总数2/3。南安“全国水暖卫浴知名品牌创建示范区”通过国家质检总局验收，晋江获批筹建“全国运动鞋服知名品牌创建示范区”。

安溪2025产业园区建设(2017年拍摄) （图／刘伯怡）

基本市情

【建置沿革】 泉州古时有温陵、刺桐、清源、泉南等别称。早在旧石器时代，泉州就有人类生息繁衍。随着经济的发展、政治制度的变革，建置代有变化。夏、商两代，泉州在地理区划上属扬州。周朝为七闽地。秦属闽中郡。汉初属闽越国地，后属冶县地。三国吴永安三年（公元260年），析侯官县地置东安县（治所在今南安市丰州镇），至2017年有1757年历史。西晋末年，中原五胡乱华，河洛人衣冠南渡，定居于晋江、洛阳江两岸，泉州自此兴起。唐久视元年（公元700年），置武荣州，辖南安、莆田、龙溪、清源4个县。景云二年（公元711年），武荣州改为泉州，隶属闽州都督府，仍辖南安、莆田、龙溪、清源4个县，泉州建制自此开始，以后凡称“泉州”即指今泉州。元代，泉州设有行省，辖南安、晋江、永春、同安、德化、安溪、惠安7个县。明代，设泉州府，辖晋江、南安、同安、惠安、安溪、永春、德化7个县。清代，设有泉州府、永春州，分别辖晋江、南安、同安、惠安、安溪5个县和德化、大田2个县。民国时期，设有行政督察区，辖永春、安溪、金门、南安、晋江、惠安、莆田、仙游、同安9县。1949年8月31日，泉州城解放，同年9月设立地委、行署，辖晋江、南安、同安、惠安、安溪、永春、仙游、莆田、金门9个县。1971年改为地区，辖泉州市和晋江、惠安、南安、同安、安溪、永春、德化、金门8个县。1985年5月，国务院批准撤销晋江地区，泉州市升为地级市。1986年1月，泉州市人民政府正式成立。2017年辖鲤城、丰泽、洛江、泉港4个区，石狮、晋江、南安3个市，惠安、安溪、永春、德化、金门（待统一）5个县和泉州经济技术开发区、泉州台商投资区。

2017年泉州市行政区划情况简表

表1 单位：个

	土地面积（平方千米）	街道办事处	镇	乡	社区居委会	村委会
全市合计	11015	30	108	25	448	2059
鲤城区	53.53	8	0	0	80	0
丰泽区	108	8	0	0	78	0
洛江区	381.74	2	3	1	19	67
泉港区	306.03	1	6	0	9	92
泉州经济技术开发区	5.5	—	—	—	—	—

续表1

	土地面积（平方千米）	街道办事处	镇	乡	社区居委会	村委会
泉州台商投资区	190.9	0	3	1	0	78
石狮市	159.9	2	7	0	26	101
晋江市	642.36	6	13	0	100	293
南安市	1984.98	3	21	2	41	383
惠安县（不含台商投资区）	481.2	0	12	0	11	207
安溪县	3057.28	0	13	11	34	438
永春县	1456.87	0	18	4	27	209
德化县	2232	0	12	6	23	191
金门县	149.1					

说明：本表合计的数据除面积外，其余不含金门县（政区面积不是实测数据，仅供参考）

【地理位置】 泉州市地处福建省东南沿海，东与台湾省隔海相望，南与厦门市的同安区、翔安区接壤，西与漳州市的华安县、长泰县和龙岩市的漳平县毗邻，北与三明市的大田县、尤溪县和福州市的永泰县以及莆田市的仙游县界连，是福建省三大中心城市之一。陆地辖区东西最大距离149.3千米，南北最大距离158.6千米。

【地形地貌】 按全国地貌区划位置，泉州市西部及西北部山地属闽浙火山岩中—低山亚区的一部分，东南部属闽粤沿海花岗岩丘陵亚区的一部分。东部海岸线曲折，发育有半岛、岛屿和港湾。泉州市地势西北高、东南低，由内地至沿海逐渐下降。即由中山→低山→高丘陵→低丘陵→台地→平原递变，至半岛、岛屿上出现地貌逆差现象，即由平原→台地→丘陵升高。泉州市地貌类型复杂多样，山地及丘陵约占总土地面积79%，平原及台地约占21%。地貌以山地、丘陵为主。山地均属戴云山山脉及其延伸的支脉、余脉，构成西北及中部的大山带。西北部戴云山盘踞德化县全境，海拔1856米，山脊走向为北东—南西向或北西—南东向，大部分地区海拔700米，千米以上山峰多达258座（其中高于1500米的有22座），素有闽中屋脊之称。西部有香岭尖—同发山—妙高山山脉（海拔多在500～800米）、鼎山—大雾山山脉（海拔800～1000米）、天湖山—鹅角冠山脉。中部有梦仙山—天柱山—朝天山山脉、天马山—玳瑁山山脉（海拔800～1000米）。东部有石印山脉（海拔800～1000米）、园林山—五台山山脉、大磨山—大雾山山脉。丘陵分布于山地外侧及河流两岸或河谷盆地的边缘，在沿海一带也有广泛分布，并逼近海岸或伸入海中，组成半岛和岛屿。泉州市东濒海洋，海岸线总体呈北东—南西向，迂回曲折，实际总长度为541千米（全省第四位）。港湾众多，大小港湾约有49个，其中较大的港湾自北而南有湄洲湾、大港、泉州港、深沪湾、围头湾和安海湾等。这些港湾大致呈西北—东南向内陆深入21～35千米，深度一般较大，掩护条件好，水域广阔，湾内包含若干支港、支湾，建港条件甚为优越。湄洲湾的秀屿和肖厝港，为不可多得的深水良港；泉州湾内的秀涂、蟳埔、石湖等港口具备深水条件，可建万吨级码头。此外湾内有282.65平方千米的海滩，沿海0～20米等深线的浅海面积达739.77平方千米，分布有51个岛礁，总面积11.98平方千米。

【气候特征】 泉州市地处低纬度，东临海洋，属亚热带海洋性季风气候，气候条件优越，气候资源丰富，为人民生活和经济发展提供了良好的环境。气温高，光热丰富。年太阳辐射总量为120～140千卡／平方厘米，大部分地区年平均气温为19.5～21.0℃(仅西北部的山区低于18℃)，最热月平均气温达26～29℃，最冷月也有9～13℃。全年无霜期长，沿海地区基本无霜。气温≥10℃的有效积温为5610～7250℃。年日照时数为1800～2200小时。降水充沛，但时空分布不均匀。全市年降水量为1000～1800毫米，自东南部向西北部递增，内陆地区比沿海地区多1倍左右。干、湿季甚为分明：3—9月降水量占全年的80%，为湿季；10月至次年2月仅占全年的20%，为干季。降水量年际间变化率大，少雨年份降水量不及多雨年份的一半。季风气候显著。冬半年主要受蒙古冷高压楔控制，盛行偏北风，气温低，干燥少雨；夏半年主要受副热带高压影响，盛行偏南风，气温高，湿润多雨。冬、夏半年的气候特征截然不同。由于季风活动的不稳定性，造成各种气候要素年际间变化大，也是自然灾害频繁发生的根本原因。

【自然资源】 泉州市土地资源丰富，耕地有限。2017年，全市耕地面积145262.05公顷，园地面积111210.62公顷，林地面积561473.33公顷，草地面积35068.15公顷，城镇村及工矿用地面积143135.79公顷，交通运输用地面积32207.54公顷，水域及水利设施用地面积61201.34公顷。泉州市境内溪流密布，发源于泉州市境内流域面积100平方千米以上的河流有34条，总长度1549千米，其中晋江水系15条，九龙江水系5条，闽江水系9条，单独入海5条；流域面积50平方千米及以上河流81条，总长度2156千米。晋江、洛阳江为泉州市主要河流，全市多年平均水资源总量96.13亿立方米。2017年全市平均年降水量1242.6毫米，比常年偏少327.1毫米，比2016年少1074.5毫米。2017年全市地表水资源量80.43亿立方米。2017年全市地下水资源量23.68亿立方米。2017年全市水资源总量80.6亿立方米，人均拥有水资源量939立方米。泉州市已发现各类矿产46种，地质勘查探明资源储量的矿种29种。其中，能源矿产2种，金属矿产8种，非金属矿产18种，水气矿产1种。主要矿产包括：铁、锰、铜、铅、锌、钼、金、银、煤、硫铁矿、水泥用灰岩（大理岩）、叶蜡石、硅灰石、明矾石、萤石（普通）、石墨、长石、高岭土、陶瓷土（瓷石）、伊利石、水泥用黏土、建筑用花岗岩（凝灰岩）、饰面用及雕刻用辉绿岩（花岗岩、闪长岩）、冶金用石英、玻璃用砂、铸型用砂、建筑用砂、地热、矿泉水等。2017年泉州市土地总面积1099710公顷，其中林业用地684719公顷，占全市土地总面积的62.3%，森林覆盖率59.14%。泉州市野生动植物资源丰富，记录有两栖类2目7科32种，爬行类3目13科61种，鸟类19目51科260种，哺乳类6目14科32种；记录有野生维管束植物212科903属2201种（包括逸生和归化种），其中蕨类植物42科84属199种，裸子植物8科15属20种，被子植物162科804属1982种。

【面积人口】 2017年，泉州市总面积22375平方千米。其中，陆域总面积11015平方千米（包括金门县），占49.23%；海域面积11360平方千米，占50.77%。2017年年末全市常住人口865万人，比上年末增加7万人。65岁及以上老年人口占7.3%。人口出生率14.8‰，死亡率6.6‰，自然增长率8.2‰，常住人口城镇化率65.7%。年末全市户籍人口742.33万人，户籍人口城镇化率49.7%。

【历史文化】 泉州历史悠久，经济开发早在周秦时期就已开始。西晋末年，中原战乱，中原士族大批进入今泉州地域，多沿江而居，晋江由此得名。他们带来先进的生产工艺和文化知识，使晋江两岸得到迅速开发。泉州是国务院首批历史文化名城、东亚文化之都、古代“海上丝绸之路”起点城市，文化积淀深厚，素有“海滨邹鲁”“世界宗教博物馆”“光明之城”的美誉。2017年，全市拥有各级文物保护单位824处，其中国家级31处、省级87处。其中极负盛名的有中国现存最早的伊斯兰教清真寺、世界唯一的摩尼光佛像石刻、中国最大的老君石刻造像、葬有唐代到泉州传教的穆罕默德门徒三贤四贤的灵山圣墓、千年古刹开元寺及东西塔、记载古代海上交通和贸易的九日山祈风崖刻、广受台胞和海外侨胞信众膜拜的天后宫妈祖、民族英雄郑成功史迹与陵墓、宋代蔡襄修建的洛阳桥、号称“天下无桥长此桥”的安平桥，以及与惠东民俗、海滨风光、石雕艺术融于一体的崇武古城等。丰富的人文景观、别具一格的民俗风情和秀出东南的自然风光交相辉映，使泉州成为一个全国乃至国际性的旅游胜地。2017年，泉州市拥有国家级非遗代表性项目名录4批34项（位居全国地级市前列，全省首位），涵盖民间文学、传统音乐、传统舞蹈、传统戏剧、曲艺、传统体育游艺与杂技、传统美术、传统技艺、传统医药、民俗10个类别。泉州保留着弥足珍贵的戏曲文化遗产，有梨园戏、高甲戏、打城戏、“嘉礼”戏等剧种，其中蜚声海内外的有：晋唐士乐余韵南音、宋元南戏“活化石”梨园戏和中国一绝“提线木偶”。泉州是中国历史上对外通商的重要港口，有上千年的海外交通史。自唐代开始，即为中国南方四大对外通商口岸之一。宋元时期，泉州港跃居四大港之首，以“刺桐港”之名驰誉世界，成为与埃及亚历山大港媲美的“东方第一大港”，呈现“市井十洲人”“涨海声中万国商”的繁荣景象。

【经济发展】 1978年改革开放以前，由于泉州地处海防前线，国家投资少，经济长期处于以农业为主的自给、半自给状态，经济总量居全省地市倒数第二。改革开放以来，泉州人民抓住机遇、扭住中心、爱拼敢赢、大胆实践，经历“三来一补”起步、乡镇企业铺路、三资企业上路、成片开发迈大步、区域经济展宏图的经济发展阶段，走出一条“以市场化为制度基础、民营经济与外向型经济互相促进为最大特色、县域经济发达为突出亮点、品牌化为突出优势”的具有侨乡特色的经济建设路子，创造了“泉州模式”。经济实力隔几年上一个台阶，成为福建省乃至全国发展最快、最具活力的地区之一，创造泉州发展历史的新辉煌，也成为全国18个改革开放典型地区之一。全市地区生产总值在1978年为7.79亿元，1992年突破100亿元，2002年突破1000亿元，2013年突破5000亿元，2017年达7548.01亿元，连续19年保持全省第一；人均地区生产总值由1978年的171元增至87615元；一般公共预算总收入由0.8亿元增至788.76亿元；1978年农民人均纯收入仅为75元，2017年农村居民人均可支配收入18606元；城镇居民人均可支配收入由1978年的324元增至42696元。泉州人民立足实际，奋力打造地域特色经济，促进泉港“石化基地”、丰泽“中国树脂工艺之乡”、晋江“中国鞋都”、石狮“中国服装名城”、南安“中国建材之乡”、惠安“世界石雕之都”、德化“世界陶瓷之都”、永春“芦柑之乡”、安溪“乌龙茶之乡”等特色经济的形成并驰名海内外。泉州市是全国首批沿海开放城市之一，被列为全国18个改革开放典型地区之一。获批国家“金改区”“民综改革试点”。2017年泉州民营经济的优势和活力继续提升。2017年，泉州民营经济增加值6183.51亿元，增长8.5%；民营固定资产投资2933.77亿元，增长20.3%。民营企业法人单位数20.74万家，个体工商户数47.66万家。专业化、基地化、区域化、集群化的生产加快城乡一体化进程，带动大泉州城市建设与繁荣，城乡面貌发生历史性巨变。全市常住人口城镇化率达65.7%，环湾区域建成区面积220平方千米，绿化覆盖率43.2%。一个以中心城市为核心，沿海次中心城市为骨干，立体交通网络完备、市政设施完善，具有闽南侨乡特色的泉州湾都市群雏形初现，泉州以组团式、海湾型的城市形态进入全省三大中心城市行列。

【民族宗教】 泉州市人口以汉族为主。根据2010年第六次全国人口普查数据，少数民族有53个，以回族、土家族、苗族和畲族居多。泉州是古代海上丝绸之路的重要起点城市之一，伴随着泉州经济和海外贸易的发展，世界各大宗教从陆路和海路传入泉州，使泉州云集多种宗教。各种外来宗教与本土的道教，长期共存，互相渗透，共同创造泉州丰富的宗教文化。泉州的宗教有道教、佛教、伊斯兰教、景教（古天主教的一个支派）、天主教、印度教（婆罗门教）、基督教、摩尼教（明教）、拜物教、犹太教等诸多宗教，其历史悠久、史迹丰富，在海内外有很大影响，被誉为“世界宗教博物馆”。

【华侨华人】 泉州市是全国著名地级市侨乡，有1700多年的华侨史。分布在世界130个国家和地区的泉州籍华侨华人有948万人，90%居住在“海上丝绸之路”沿线，其中100万人以上的有印度尼西亚、马来西亚、菲律宾、新加坡。泉州华人出国历史悠久。早在三国吴永安三年（公元260年），已有域内居者移居菲律宾。隋朝灭陈（公元589年）后，闽浙动乱，引发今泉州地区历时近30年的第一次出国潮。唐武德五年（公元622年）后，泉州人口开始剧增。地不足耕和拥有良好港湾、罕有台风登陆，使泉州港逐渐成为“海上丝绸之路”重要起点。至唐大历年间，泉州涌现“市井十洲人”“还珠入贡濒”的兴盛景观。随泉州海商船舶出国未归者渐多。唐乾符五年（公元878年），黄巢义军入闽，破惠安、驻南安、攻泉州城，城郊多残破；泉州人出现大规模移居东南亚浪潮。此后，泉州人出国经商、谋生潮流沿续千年之久。仅明、清厉行“海禁”期间，1942—1945年东南亚沦陷日军期间，以及1966年7月至1971年5月对出境严格限制时期，泉州人移居国外人数较少。1972年1月，泉州地区恢复出境审批，泉州再现新移民出国高潮。其后，泉州人出国潮一浪高过一浪。旅外泉州籍乡亲在当地具有很强的经济实力、政治影响力和社会活动能力，成为推动中国与“海丝”国家开展经贸文化交流合作的纽带和桥梁。

【泉州与台湾关系】 泉州是台湾汉族同胞主要祖籍地，根据1926年台湾地区人口调查数据，台湾汉族同胞中44.8%祖籍属泉州府。2017年，全市有台属近16万人，台湾地名与泉州相同的有180多处。泉州与台湾两地有地缘相近、血缘相亲、文缘相承、商缘相连、法缘相循的密切关系。地理位置咫尺相望，地缘相近。地缘是泉州与台湾之间一切渊源的基础和前提，泉州位于福建沿海中部，与台湾地缘的关系最近。地理位置上，泉州市是大陆陆地距离台湾最近的区域。人口地理祖地根源，血缘相亲。历史上泉州曾有三次移民台湾的高潮，仅1945年前后泉州人赴台就有10万余人，一大批泉州籍人士在岛内各界和台湾民众中有举足轻重的影响。文化地理共性突出，文缘相承。两地有共同的方言、相似的建筑风格、相同的戏曲艺术和民间信仰。经济地理互通互补，商缘相通。泉州一直是两岸经济往来最靠前的连接点，据记载，早在隋朝，泉州与台湾两地就有商贸往来。宋元时期，台湾作为泉州海上交通的中转站，通商贸易络绎不绝。即使在两岸关系处在紧张时期，泉州与台湾的民间贸易也未曾停止。政治地理历史归属，法缘相循。宋代，中央政府曾将澎湖划归泉州晋江县管辖；元代在澎湖设置巡检司，隶属泉州同安县。金门县历来都属泉州所辖。因泉州与台湾渊源关系的特殊性，泉州曾在两岸交往史上创下不少“第一”，如第一艘台轮停靠，第一次进行两岸小额贸易，第一个设置台轮停泊点，第一家台资企业上市等，曾被誉为两岸关系的“晴雨表”和“窗口”。全国性对台宣传基地、祖国大陆唯一的对台博物馆——中国闽台缘博物馆，在泉州建成开馆，比较系统地印证泉州与台湾两地关系的历史渊源脉络，更加凸显泉州市对台文化交流的窗口地位。

【地方特产】 茶叶类主要有安溪铁观音（中国十大名茶之一）、本山茶、黄金桂、毛蟹茶、永春佛手等。果蔬类主要有泉州龙眼、永春芦柑、永春岵山荔枝、德化梨、安溪长坑淮山、红心地瓜、南安洪濑紫薯、德化十八格黄花菜等。畜禽类主要有德化黑鸡、德化黑兔、德化黑羊、永春白番鸭等。特色美食类主食主要有咸饭、泉州烧肉粽、萝卜饭、芥菜饭、花菜饭、卤肉饭、芋仔饭、壶仔饭、泉州炒饭、鱼仔粥、鸭仔粥、卤面、面线糊、湖头米粉、豆签、浮粿、粉团、豆粽、甜粽、肉粽、番薯粉粿条、澳茄粿、酸菜鸡丝面等；汤类主要有永春白鸭汤、黑豆龙骨汤、苦菜大肠汤、马鲛羹、香菇豆猪舌汤、灌肠仔汤、石狮牛肉羹、藕段排骨汤、萝卜排骨汤、玉米排骨汤、水豆腐汤、七彩干贝汤、肉燕汤、猪血汤等；包子主要有水晶包、肉夹包、东方包、菜包、水煎包等；素菜主要有安溪水瓮菜、嫩饼菜、窖菜、凉拌苦瓜、辣油笋菜、蒜泥茄子、香油拌海带等；荤菜主要有洪濑鸡爪、崇武鱼卷、西街田螺、姜母鸭、鳗鱼干炖猪脚、焖猪肘、烘猪脚、牛排（有别于西餐牛排）、水门巷炖羊肉、猪血小肠、蚝、清蒸金枪鱼、文蛤蒸蛋、酱香花蛤、蒸油蛤、炒泥蚶、蒸苦螺、炒竹蛏、炒大头螺、沙鱼冻、芥菜炒虾皮、十香全鸭、香芋焖鸭等；甜品主要有满煎糕、石花膏、茜草粿（仙草密）、橘红糕、绿豆饼、粕丸、麻糍、榜舍龟、碗糕、花生汤、豆沙饼、石狮塘头甜粿、石狮芋圆、芋饼、芋蓉（芋泥）、土笋冻、柿饼、菜头酸、糖醋莲藕片、贡糖、椰子饼、雪拉膏、四果汤等。

经济社会发展概述

【概况】 2017年，泉州市实现地区生产总值（GDP）7548.01亿元，按可比价格计算，比上年增长8.4%，经济总量连续19年保持全省第一。按常住人口计算，人均地区生产总值87615元（按年平均汇率折合12977美元），比上年增长7.5%。城镇新增就业人员12.64万人，年末城镇登记失业率为1.28%。居民消费价格总水平比上年上涨1.1%。全市一般公共预算总收入合计完成788.76亿元，比上年增收18.90亿元，增长2.5%。一般公共预算支出637.81亿元，比上年增加40.14亿元，增长6.7%。

【农业】 2017年，泉州市农林牧渔业完成总产值358.14亿元，比上年增长1.0%。粮食种植面积13.64万公顷，比上年减少713.33公顷，下降0.5%。粮食总产量71.12万吨，比上年增加1.99万吨，增长2.9%。肉蛋奶总产量21.24万吨，比上年增长4.7%。水产品总产量113.94万吨，比上年下降2.2%。

【工业和建筑业】 2017年，泉州市全部工业实现增加值3926.19亿元，比上年增长7.7%，工业对经济增长的贡献率48.6%。其中规模以上工业增加值13626.35亿元，比上年增长13.6%。规模以上工业实现销售产值13626.35亿元，比上年增长13.6%。拥有超亿元企业2523家，比上年增加215家，其中超10亿元企业246家，比上年增加57家。全市工业用电量329.11亿千瓦时，比上年增长6.9%。全社会建筑业实现增加值474.19亿元，比上年增长3.5%。全市资质等级以上的建筑企业有615个，完成建筑业总产值1523.93亿元，增长8.1%。

【固定资产投资】 2017年，泉州市固定资产投资4123.80亿元，比上年增长10.0%。全市396个市级在建重点项目全年完成投资1271.3亿元，占固定资产投资的30.8%，全年建成（或部分建成）投产86个项目，新开工98个项目。

【对外经济】 2017年，泉州市进出口总额1567.6亿元，比上年增长2%。其中，出口1046.6亿元，下降2.1%；进口521.1亿元，增长11.3%。新签外商直接投资合同项目196个，比上年增长58.1%，投资总额16亿美元，比上年下降31.9%；合同外资金额6.88亿美元，下降49.3%；按验资口径，实际利用外资15.92亿美元，下降2.2%。新批外商投资超千万美元（含增资）的项目由上年的55家下降到30家。外商投资企业当年累计开业投产28家。签订对外经济技术合作合同金额10996万美元，比上年增长44.5%；完成营业额5031万美元，增长5.4%。批准境外投资企业12家，境外投资金额29352万美元。

泉州古城新貌（2017年拍摄） （图/陈起拓）

【交通、邮电和旅游】 2017年，泉州市交通运输、仓储和邮政业实现增加值506.06亿元，比上年增长8.8%。全市公路通车总里程达17657千米，比上年增加132千米。全市货物运输量28729.95万吨，比上年增长11.8%；客运量7675.78万人次，下降5.9%。全市港口完成货物吞吐量12986.18万吨，比上年增长3.4%；集装箱吞吐量224.26万标箱，增长7.2%。年末全市民用汽车保有量达到127.39万辆（含三轮汽车和低速货车），比上年末增长12.5%；其中私人汽车保有量116.64万辆，增长11.7%。全市有营运汽车总数77959辆。年末拥有省际运输船舶217艘，总载重268.44万吨。完成邮电业务总量360.36亿元，比上年增长46.5%。全市城乡固定电话用户172.54万户，移动电话用户942.01万户，其中4G电话用户707.42万户。互联网用户1071.60万户，其中固定宽带用户292.03万户，移动互联网用户779.57万户。接待国内外游客5474.49万人次，比上年增长21.4%；实现旅游总收入843.81亿元，增长28.7%；旅游创汇13.52亿美元，增长20%。

【金融】 2017年，泉州市金融机构本外币各项存款余额6891.80亿元，比上年末增长1.5%，其中人民币各项存款余额6777.69亿元，比上年末增长2.1%。全市金融机构本外币各项贷款余额5865.47亿元，比上年末增长8.0%，其中人民币各项贷款余额6070.60亿元，比上年末增长3.5%。证券市场通过发行、增发、配售股票共筹集资金18.7亿元，比上年减少12.41亿元。截至年末，境内上市公司（A、B股）数量由上年末的19家增加到20家，总市值1603.73亿元，比上年末下降9%；累计境外上市公司数量由上年末的82家增加到84家。保险业实现各项保费收入197.22亿元，比上年增长9.9%。

【人口、人民生活与社会保障】 2017年，泉州市常住人口865万人，比上年末增加7万人。65岁及以上老年人口占7.3%。人口出生率14.8‰，死亡率6.6‰，自然增长率8.2‰，常住人口城镇化率65.7%。年末全市户籍人口742.33万人，户籍人口城镇化率49.7%。全年全市居民人均可支配收入人均可支配收入33256元，比上年增长7.8%；人均消费支出21538元，增长4.5%；人均住房建筑面积66.8平方米。农村居民人均可支配收入18606元，增长8.3%，人均消费支出14545元，增长7.9%，人均住房建筑面积67.9平方米。全市年末参加养老保险人数523.94万人，比上年新增15.61万人。年末全市收养性社会福利单位有403个，床位数20593张。全市社区服务机构3646处。城市有1.04万人、农村有6.09万人得到最低生活保障救助。

大事记

责任编辑：陈建强 刘楷彬

1月

6日 市急救指挥中心与上海金汇通用航空有限公司签约，直升机空中医疗救援正式引入泉州，开启泉州市“空中120”时代。

7—10日 中国人民政治协商会议第十二届泉州市委员会第一次会议在泉州影剧院召开。受市政协第十一届常委会委托，市政协主席陈灿辉向大会作工作报告。会议选举产生新一届市政协领导班子。陈灿辉当选政协第十二届泉州市委员会主席，骆沙鸣、陈铭福、王祖耀、李冀平、王瑞强、陈益、洪川夫、林志建当选副主席。

8—11日 泉州市第十六届人民代表大会第一次会议在泉州影剧院召开。市长康涛代表市政府向大会作工作报告。市十五届人大常委会主任陈万里作市人大常委会工作报告，市中级人民法院院长欧岩峰作市中级人民法院工作报告，市检察院检察长高扬捷作市检察院工作报告。经选举，郑新聪当选泉州市第十六届人民代表大会常务委员会主任，康涛当选泉州市人民政府市长，张建生、朱团能、曾巍、许文贵、吴友才、蔡思红当选泉州市第十六届人民代表大会常务委员会副主任，张永宁、周真平、卢炳椿、季翔峰、洪自强、吕刚、肖汉辉、农刚当选泉州市人民政府副市长，欧岩峰当选泉州市中级人民法院院长，高扬捷当选泉州市人民检察院检察长。

15日 第八届海峡两岸闽南语歌星选拔赛总决赛暨颁奖仪式在泉州广播电视台举行，大陆5强与台湾5强选手共同角逐大赛冠、亚、季军。经过同唱一首歌、个人风采展示和媒体代表评审投票三轮环节的角逐，最终来自大陆的选手方帅获冠军，来自台湾的选手黄丞、林芫灯分获亚军和季军。

17—22日 由团省委、团市委、台湾“中华杰出青年交流促进会”主办的“品味海丝古城·文化寻根之旅”第三届海峡两岸高校大学生记者挑战赛在泉州举行。活动吸引台湾32所高校、大陆13所高校的百名青年媒体人参加，同时特邀“海丝”申遗联盟城市广州、南京的学子参加。

18日 泉州市医疗保障管理局挂牌成立，标志泉州市医疗保障管理工作迎来新篇章，城镇职工医保、城镇居民医保、新农合等医保经办机构实现“三保合一”，医疗、医保、医药“三医联动”进入新阶段。

泉州文化旅游发展集团有限公司挂牌成立。泉州文旅集团是按照市委、市政府“组建大集团、发展大产业”的战略部署成立的市属国有独资企业，是专业从事文化、旅游、体育产业投资运营的市场主体。

市政府召开泉州城建集团有限公司成立工作会议。泉州城建集团有限公司注册资本金60亿元，主要业务范围包括土地整理开发、工程建设、公用事业运营、地产置业、产业投资等。首批子公司为泉州市城建国有资产投资有限公司、泉州市住宅建设开发有限公司、泉州市东海投资管理有限公司三家企业。

19日 泉州发出首张网约车从业资格证。48名驾驶员参加全市首场网约车从业资格考试。最终3名驾驶员通过考试，可以领取网约车从业资格证。

26日 中国联合国教科文组织全国委员会秘书处致函联合国教科文组织世界遗产中心，推荐海上丝绸之路最具代表性的“古泉州（刺桐）史迹”作为2018年世界文化遗产申报项目。

2月

1日 福建省乡村旅游经营单位评定结果揭晓，泉州4家乡村旅游经营单位获星级称号。其中，洛江田格里拉生态园被评定为四星级乡村旅游经营单位，安溪高仁生态休闲农场、惠安女民俗风情园、丰泽武陵生态休闲农场被评定为三星级。

2日 统计数据显示，春节七天假日，泉州接待境内外游客204.62万人次，与2016年同期相比增长16.7%；实现旅游收入17.62亿元，增长18.5%；旅游住宿设施客房平均出租率为81.7%，过夜游客平均停留天数为1.8天，全市旅游市场呈现健康和谐发展的良好态势。

7日 世界泉州青年联谊会首届创新创业发展论坛暨“侨爱精准扶贫”项目捐赠、签约仪式在泉州举行。

10日 由市委宣传部、市发改委、市经信委、市科技局、市住建局、市金融局、市工商联、市城镇集体工业联合社、泉州晚报社等主办的以“发力供给侧，创新促转型”为主题的2016泉州经济年会在泉州海丝国际中心举办。会上，年度经济人物、年度十佳泉州属异地商会评选、“清新福建•海丝泉州”年度十大魅力小城镇、年度“城市贡献力”典范项目、年度十佳创客项目、年度十大最富工匠精神企业、年度十大智慧城市建设优秀应用等获奖榜单揭晓，以智能制造为主题的《2016年度泉州民营经济蓝皮书》发布。

11—17日 泉州市艺术团一行50余人受文化部委派，到菲律宾参加第17届“菲中传统文化节”暨“泉州新丝路菲律宾行”活动。

14日 神州优车（福建）信息技术有限公司泉州分公司领到市交通委发放的首张网约车经营许可证，成为泉州首家获得合法营运资质的网约车平台公司。这也是福建省第三家合法网约车平台公司。

19日 世界闽南文化节发展座谈会在泉州召开，中国澳门、中国台湾等文化节举办地代表、专家学者参会，并达成《泉州共识》。根据会议达成的共识，世界闽南文化节原则上每年或每两年举办一次，采用申办制。世界闽南文化节秘书处常设泉州。

26日 作为申报2018年世界文化遗产的“古泉州（刺桐）史迹”16个申遗遗产点之一，德济门遗址保护与展示工程启动。

3月

1日 全市全面实施河长制，泉州市河长制办公室（简称“市河长办”）挂牌成立。市河长办依托于市水利局设立，来自水利、环保、住建、农业等10多个涉河部门的工作人员正式入驻、集中办公，进入实体化运作状态。泉州市成为全省第一个实施河长制的设区市。

6日 阿里研究院发布“2016年中国大众电商创业排行榜”，连续第四年对全国城市、县域电商创业进行对比研究。根据排行榜，泉州不仅成为福建省进入前十榜单的唯一设区市，同时还包揽省内进入“2016年中国大众电商创业最活跃的50个县”“2016年十大淘宝村集群” “2016跨境电商创业最活跃的25个县”榜单的所有县、市名额。

16日 兴泉铁路宁化至泉州段全线开工建设。兴泉铁路北起江西兴国，经宁都、石城进入福建境内，终至泉州；为国家I级单线电气化、客货兼顾的区域干线铁路，设计行车速度160千米/小时。

18日 《人民日报》头版头条刊发报道《晋江之路——“晋江经验”15年发展传承综述》。

19日 新华社海外社交媒体平台记者到丰泽区蟳埔社区进行“一带一路”系列直播。此次直播选取福建、广东、陕西、海南等多个省、市，主要面向脸书（Facebook）、推特（Twitter）等海外社交媒体上的用户，让海外观众能够真正了解“一带一路”。

21日 全市法院“统一送达全域通平台”升级为“网格化统一送达平台”，借助全市综治网格化服务平台的村（社区）网格员资源，开展法院法律文书送达工作。此举属全国首创。

23日 泉州市在广东深圳举行2017年外资专场招商推介会，15个国家和地区的600多名客商及企业家代表与会，33个项目现场签约，6个境外商协会、投资促进机构与泉州市签订合作招商备忘录。

28日 省经信委，市委、市政府召开新闻发布会，对外发布《泉州市创建“中国制造2025”城市试点示范实施方案》。根据实施方案，泉州市创建“中国制造2025”城市试点示范总的思路是：“一个核心”，即基本建成先进制造业强市；“两大发展方向”，即推进信息化和工业化深度融合，提高产业供给侧的质量和效率；“三个实施途径”，即智能制造、服务型制造、绿色制造；“四大发展支撑”，即创新支撑、政策支撑、载体支撑、项目支撑。

29日 由公安部治安管理局、公安部办公厅新闻中心、公安部宣传局和人民公安报社主办的“情满万家”2017全国公安派出所好民警颁奖仪式在北京公安部举行，全国评选出50名公安派出所好民警，石狮市公安局蚶江派出所民警张常亮成为福建省唯一一名获此荣誉的民警。

由中国海峡人才市场、省经济和信息化委员会、省委人才办、福州市委组织部、泉州市委组织部、台湾“中华海峡两岸企业交流协会”、台湾机器人产学研联盟主办的2017年海峡两岸（闽台）机器人与智能制造人才项目对接会泉州专场在南安市举行。48名台湾省企业代表带来最新的科研成果，与福建省内企业对接洽谈共谋发展。活动以“推动两岸智造合作发展，携手共同建设两岸家园”为主题。活动当天达成意向合作项目40多个，促成16家泉州企业与台湾代表签约。

4月

12日 经过近2个月的评审工作，国家文物局从全国25个进入终评的发掘和调查项目中评出2016年度全国十大考古新发现。永春苦寨坑原始青瓷窑址成为福建省唯一入选项目。

14日 《人民日报》头版“‘一带一路’•合作共赢”专栏开篇刊发《泉州，再续丝路情缘》。

18—20日 第三届中国（泉州）海上丝绸之路国际品牌博览会和第二十届海峡两岸纺织服装博览会在石狮市举行。展会吸引法国、意大利、芬兰、新加坡、瑞典、越南、泰国以及中国香港、中国台湾等地的企业参展，其间，举办32场产业对接及买家对接活动，1万多名专业买家和客商到会采购对接。

18—21日 第十九届中国（晋江）国际鞋业暨第二届国际体育产业博览会举行。该届展会以“助推体育产城融合，争办世界中运盛会”为主题，重点突出国际化、体育、创新和营销等元素，吸引国内及美国、法国、意大利、俄罗斯、印度、南非、澳大利亚、以色列等70多个国家和地区的客商14.27万人次参会，比上届增长15.8%；达成意向成交额183.37亿元，增长11.9%。

20—21日 省委书记尤权、省长于伟国带领省委省政府工作检查组，到泉州开展工作检查。检查组到安溪县、晋江市项目一线，全面检查泉州市贯彻落实省第十次党代会精神、推动发展再上新台阶的工作情况。

20—22日 由联合国教科文组织、联合国教科文组织协会世界联合会、中国联合国教科文组织全国委员会、泉州市政府主办的联合国教科文组织青年创意与遗产研习班在泉州举办。60多个国家和地区的80多名青年参加研习班。各国青年到古泉州（刺桐）史迹参观考察、欣赏非遗民俗表演、体验传统民俗技艺、品尝泉州小吃，并分组进行遗产传承与创新讨论，总结形成研习成果。

20日 市委人才工作领导小组暨“港湾计划”专项工作小组会议召开。会议研究通过《泉州市高层次人才享受工作生活待遇暂行规定》，明确泉州市高层次人才享受资金补助、安居补助、子女入学、进修培训等20项工作生活待遇。

5月

2日 新华社“一带一路•合作共赢”栏目刊发通稿《福建泉州：续力千年“海丝”梦》。

8日 福州大学石油化工学院泉港校区落成。福州大学石油化工学院是由福州大学、泉港区政府、福建石化集团公司共同建设，学院分设旗山校区和泉港校区，采用“2+2”的培养模式，即本科生前两年在福州大学旗山校区接受基础课学习，后两年在泉港校区完成专业课、工程实践环节学习和毕业论文。

10—13日 2017台湾媒体“清新福建行”采访团到泉州开展以茶文化为主题的采访活动。

11日 中国石油和化学工业联合会化工园区工作委员会发布“2017中国化工园区20强”名单，泉港石化工业园区入选，系该园区自2013年以来连续5年入选，也是全省唯一入选园区。

14日 “驿路·丝路·复兴路”——“行走新丝路喜迎十九大”2017全国集邮巡回展览（泉州首站）启动仪式暨《“一带一路”国际合作高峰论坛》纪念邮票首发仪式在中国闽台缘博物馆举行。首发的《“一带一路”国际合作高峰论坛》纪念邮票一套1枚，邮票面值1.20元。泉州开元寺“东西塔”作为“海丝”元素代表，与北京天坛和国家体育场、甘肃嘉峪关、新疆苏公塔、广西文昌塔、上海东方明珠广播电视塔和外滩、广州塔一道作为城市剪影展现在纪念邮票下方。

中国非遗大数据中心揭牌仪式在安溪EC产业园举行。中国非遗大数据中心成立之后，将从多个方面开展非遗文化保护、传承和推广，建立包括工信部OID溯源认证系统、中国版权保护认证系统、中华人民共和国生态原产地保护系统、互生大数据消费积分系统等互联网技术平台，建立产品销售渠道，强化非遗文化营销推广，培养非遗消费用户，多角度全方位帮助非遗文化产业建设和发展以及传承人保护传承。

17日 阿里研究院和阿里巴巴生意参谋团队联合发布《2016年网商数据应用分析报告》。在报告公布的“网商数据应用50强县”排行榜中，福建有6个县（市）进入榜单，分别是：石狮、德化、安溪、晋江、惠安、南安，均为泉州所辖县市。

28日 以副省长黄琪玉为团长，泉州市市长康涛、晋江市主要负责人等为代表的中国福建世界中学生运动会申办代表团到法属波利尼西亚，在国际中学生体育联合会执委会上正式提交申办报告，标志着晋江2020年第十八届世界中学生运动会申办工作进入最后冲刺阶段。

29—31日 第十一届闽台对渡文化节暨蚶江海上泼水节在石狮市蚶江镇举行。

31日 海西天然气管网工程泉州—德化线在南安市水头镇开工建设。泉州—德化线项目是海西天然气管网的重要组成部分，也是福建省的重大民生项目之一。该项目由中海福建天然气有限责任公司投资建设，管线起于南安市水头镇，途经安溪县、永春县，终于德化县三班镇，全长130千米，建成后年输气能力11亿立方米。

6月

2—5日 泉州歌舞剧团受文化部指派，到韩国光州参加“亚洲文化殿堂”国际庆典演出。

16日 由中国农学会、福建省科学技术协会、中华农学会、石狮市政府主办的第九届海峡论坛•2017海峡科技专家论坛分会场——海峡两岸绿色生态合作研讨会在闽南理工学院举行。海峡两岸150余名专家学者、企业代表围绕“绿色科技与美丽乡村”进行研讨交流。

18—19日 中国工程院院长周济到泉州调研，并在泉州市创建“中国制造2025”城市试点示范工作推进会上作主旨辅导报告。周济从供给侧结构性改革与《中国制造2025》、科技创新是引领发展的第一动力、智能制造是《中国制造2025》的主攻方向、智能制造三范式（层级）和中国推进智能制造三阶段四个部分入手，简要回顾《中国制造2025》的发展历程，并从建设制造强国的战略高度，以国家对《中国制造2025》的具体要求作为对照，对泉州的试点示范建设提出指导意见。

18—21日 作为“第九届海峡论坛•2017年海峡科技专家论坛”系列活动之一的第八届海峡两岸生物多样性与森林保护文化研讨会在德化县举行。

18日 总投资约30亿元的郑成功文化产业园在第十五届中国海峡项目成果交易会上签约。该项目落户南安石井，规划用地265公顷，总建筑面积228339平方米，拟采取PPP模式建设。

19日 纪念郑成功收复台湾355周年系列活动在南安市开幕。此次系列活动内容丰富，包括郑成功收复台湾355周年纪念大会、郑成功文化产业园项目介绍会、民俗活动及参观郑成功史迹、“纪念民族英雄郑成功收复台湾355周年”书画展、第九届海峡论坛•两岸社区农渔业交流合作发展论坛、“纪念郑成功收复台湾355周年”研讨会等。

作为第九届海峡论坛的配套活动之一，以“光地故里共叙缘 两岸文创同发展”为主题的李光地文化节暨海峡两岸大学生文创峰会在安溪县开幕。海峡两岸政商界人士、李光地文化研究专家学者、李氏宗亲代表、青年代表等200多人参加活动，聚焦基层民间，推动青年交流，创新经贸合作。

2017年第九届海峡论坛•海峡两岸传统武术大赛在永春县开幕。大赛主题是“文化同根、传承同源、以武会友、共促两岸缘”。海峡两岸57支代表队（台湾代表队15支）600多名武术精英同台切磋。

21日 第十五届中国•海峡项目成果交易会闭幕。该届交易会吸引泉州市600多家企业参加，42件创新项目成果参展。泉州馆围绕“创新驱动、转型升级”主题，着重展示泉州在国家自主创新示范区（泉州片区）建设及17个重点产业转型升级路线图实施方面取得的发展成就。该届交易会上，泉州通过省组委会审核的对接合同项目928个，总投资511亿元，分别比上届增长5.3%和64.3%，项目数量和投资总额均居全省设区市首位。

22日 由世界品牌实验室主办的“世界品牌大会”暨第十四届“中国500最具价值品牌”发布会在北京举行，会上揭晓2017“中国500最具价值品牌”榜单，该榜单综合财务数据、品牌强度和消费者行为分析得出。17个泉州品牌上榜2017“中国500最具价值品牌”，包括：劲霸、柒牌、七匹狼、鸿星尔克、安踏、九牧、心相印、世茂、德尔惠、361°、贵人鸟、惠泉、盼盼、达利、燕巢亚泰、七波辉、大黄蜂。

7月

1日 泉州市开始实行精准扶贫医疗叠加保险政策。根据《福建省精准扶贫医疗叠加保险方案》，保障对象在享受基本医疗保险、大病保险、医疗救助三层保障基础上，再享受精准扶贫医疗叠加保险。

5—9日 葡萄牙一年一度的“烛光下的文化市场”大型文化活动在该国南部的拉戈阿市举行，泉州南音乐团应邀参加演出。该届活动的主题是“丝绸之路”，中国作为活动的主宾国，与土耳其、伊朗、亚美尼亚等古代“丝绸之路”沿线国家，在活动期间展示和演绎各自不同的文化特色，共同展示古代“丝绸之路”风采。泉州南音作为古代“海上丝绸之路”起点城市优秀文化的代表，在此次活动中展现魅力。

8日 2017年全国示范性微电子学院建设工作推进会在晋江市召开，北京大学、清华大学、中国科学院大学等国内26所已建（筹建）示范性微电子学院的代表与会。与会高校与企业代表就示范性微电子学院建设、集成电路人才培育等议题进行研讨，分享建设经验的同时围绕人才培养集思广益。

12日 由福建省集成电路产业园区建设筹备工作组主办，晋江市芯华集成电路人才培训中心承办，工信部电子知识产权中心泉州分中心、中国集成电路知识产权联盟泉州分中心等协办的晋江市芯华集成电路人才培训中心揭牌仪式暨第一届海峡两岸（晋江）半导体人才交流合作峰会举行，该中心是国内首家集成电路人才培训基地。

14日 永春县与中国人民大学可持续发展高等研究院、福建农林大学海峡乡村建设学院合作成立的永春县生态文明研究院揭牌，中国人民大学可持续发展高等研究院执行院长温铁军任院长。该研究院是全国首个县级生态文明研究机构。

20日 2017（第十五届）中国通信集成电路技术与应用研讨会暨第二届晋江国际集成电路产业发

展高峰论坛在晋江市举办。会议以“自主创新，融合发展”为主题，围绕新型存储器、高性能处理器、MEMS传感器、5G通信、信息安全、智能硬件与可穿戴技术展开探讨。

22日 以“渗滞结合，让城市更宜居”为主题的2017第二届国际海绵城市建设论坛暨第十五届泉州市科协年会在泉州举办。论坛以中国海绵城市建设的迫切需要为背景开展，分别从海绵城市建设研究成果与科技创新、建设与城市规划、投资运营和工程实践三部分入手，引入科学创新理念，系统地阐述海绵城市建设在不同阶段需要解决和注意的问题。

25日 由省经信委、人社厅、教育厅、总工会、团省委和泉州市政府主办的福建省首届工业机器人技术应用技能大赛暨第二届全国工业机器人技术应用技能大赛选拔赛在泉州黎明职业大学开幕。大赛旨在检验福建省企业技能人才与相关职业院校学生操控调试工业机器人的技能水平，发现和培养福建省工业机器人领域的优秀技能人才。

31日 省委、省政府、省军区命名表彰新一轮省级双拥模范城（县），泉州市及所辖晋江市、石狮市、南安市、鲤城区、丰泽区、洛江区、泉港区、惠安县、安溪县、永春县、德化县获省级双拥模范城（县）称号，实现“满堂红”三连冠。同时受表彰的还有泉州市人社局等9个省级爱国拥军模范单位。

8月

4—6日 应马来西亚巴生音乐协会、吉隆坡当地华人社团邀请，泉州音乐家小组到马来西亚巴生市、吉隆坡举办两场“蓝蓝泉州湾”音乐会。

5日 众诚智库与经济观察报社旗下经观政研院推出的“2017年中国县域经济50强”榜单出炉，泉州的晋江市、石狮市上榜，分别列第5位、第32位。

8日 泉州市举行省级双拥模范城（县）牌匾颁发仪式。在新一轮省级双拥模范城（县）命名表彰中，泉州市及11个县（市、区）全部入选，实现“满堂红”三连冠。

9日 一艘装载着1.9万吨航空煤油的油轮驶离泉州港鲤鱼尾作业区，驶向孟加拉国吉大港，开启福建省航空煤油首次出口“一带一路”国家之旅。

11日 中共泉州市委十二届四次全会召开。会议主要任务是，贯彻习近平以人民为中心的发展思想和新发展理念，落实省委十届三次全会关于加快社会事业发展的决策部署，重点研究泉州市教育、卫生与健康、养老、城乡民生基础设施等领域补短板问题，确保如期全面建成小康社会。全会审议通过《中共泉州市委关于加快社会事业发展补齐民生短板确保如期全面建成小康社会的决定》和《中国共产党泉州市第十二届委员会第四次全体会议决议》。

17—18日 由中共中央宣传部主办，国家行政学院、中国外文出版发行事业局承办的金砖国家治国理政研讨会在泉州举行。此次研讨会是金砖国家领导人厦门会晤的重要配套活动之一。与会代表围绕“深化改革，携手促进共同发展”“交流互鉴，倡导文明多样繁荣”“合作共赢，完善全球治理体系”三个分议题展开讨论。会议通过《金砖国家治国理政研讨会泉州共识》。

20日 在中央电视台一套播出的6集政论专题片《法治中国》第三集《依法行政》中，泉州集群注册登记制等举措播出，成为改革典型。

28日 泉州市首个主题电商节举办，围绕“聚产业优势，创电商强市”主题，集结内外贸电商界精英，开论坛、办赛事。启动仪式上，省商务厅、市政府有关领导和电商领域专家、学者以及企业界精英齐聚一堂，分享电商未来发展方向的智慧思考。该电商节历时近5个月，包含十大项内容，其中有泉州首次举办的电商行业专类权威赛事——2017泉州市电商创业创新大赛。同时举办泉州电商峰会暨跨境电商高峰论坛，除邀请行业内知名企业和专家论道外，还展示泉州跨境电商生态圈建设项目。

9月

1日 泉州市医疗保障管理局信息中心签约暨揭牌仪式在泉州市正骨医院举行，此系泉州市在全省率先成立医保局信息中心，也是全省唯一一个地级市成立信息中心。

15—21日 由国家发改委、中国科协主办的以“双创促升级，壮大新动能”为主题的全国“大众创业 万众创新”活动周福建省分会场活动在丰泽区领SHOW天地文创产业园区举行。

17—19日 第十届海峡两岸（泉州）农产品采购订货会（简称“农订会”）在南安市福建成功国际会展中心举行。该届“农订会”延续“两岸携手、以农为媒、共享商机、互利共赢”的办会主题。展会设置台湾特色馆、大陆精品馆、泉州（南安）特色馆、中心馆、“新农人、新农民、新农商”主题馆、港澳地区及“一带一路”沿线国家馆6个展区，共有800个国际标准展位，展品涉及粮油、农特产品、水果、水产品、食品、农产品加工机械等。

18日 以“创新转型 合作共赢”为主题的2017年泉州市外资招商推介会在厦门举行，21个国家和地区的200多位客商和企业家代表与会，现场签约24个项目。

19日 全国社会治安综合治理表彰大会在北京举行，泉州市因社会治安综合治理工作成效显著，获评全国社会治安综合治理优秀市，并蝉联全国社会治安综合治理最高奖“长安杯”。

20日 泉州综合保税区招商推介会暨落实国家“一带一路”倡议与复制自贸区政策研讨会召开。会议宣布自即日起在泉州综合保税区率先推广实施福建自贸区“关检‘监管互认’”、进口酒类定制贴标监管模式等17项措施。

26—28日 第二届中法文化论坛在法国里昂举办，泉州与西安、广州等城市作为中国城市代表参会交流。市政协主席陈灿辉带队参加第二届中法文化论坛系列活动，并作为泉州市代表参加论坛组织的“市长对话”。论坛以“一带一路：文明汇流与共享”为主题。

27—28日 由福建省对外文化交流协会、福建省闽台交流协会、中国闽台缘博物馆主办的第三届海峡两岸民间谱牒文化论坛在中国闽台缘博物馆举办，100多名来自海峡两岸的专家学者、谱牒文化爱好者和姓氏宗亲代表与会。论坛期间，两岸嘉宾捐赠给中国闽台缘博物馆的谱牒文献资料共71种100册，为加强两岸民间谱牒的征集、整理、研究，提供丰富的文献资料和素材。

30日 福厦客专铁路全线开工，采用双线高速铁路标准建设，设计时速350千米；泉州境内线路长99.1千米，新建泉港、泉州南2个站点。该项目是构建福建省高速铁路框架和东南沿海快速铁路通道的重要组成部分，是福建省承接珠三角和长三角两大经济区的桥梁和纽带。

10月

1日 2018年度泉州市职工医疗互助活动启动，提高缴费标准、补助标准，并增加市总工会大病补助。提高标准旨在完善职工医疗互助活动实施办法，建立与经济社会发展水平、各方承受能力相适应的职工医疗互助机制，推动泉州市职工医疗互助活动可持续发展。

9日 中小城市经济发展委员会、中小城市发展战略研究院、中国社会科学院发展与环境研究所等单位在《人民日报》上发布2017年中国中小城市科学发展指数研究成果，包括2017年全国中小城市综合实力百强县市（全国综合实力百强县市）、2017全国综合实力千强镇等多个榜单。泉州五县（市）上榜全国百强县市，30个镇上榜全国千强镇。

10日 国家林业局在河北承德召开2017森林城市建设座谈会，会上向泉州等19个新晋“国家森林城市”授牌。

15日 在意大利撒丁岛奥尔比亚举行的国际中体联执委会会议上，经执委投票表决，晋江获得2020年第18届世界中学生运动会举办权。此系继1998年上海举办第11届世界中学生运动会后，中国城市第二次举办世界中学生运动会。

19日 泉州市与马来西亚沙捞越州古晋南市签订建立友好城市关系协议书，正式建立友好城市关系。

21日 第三届海峡两岸（闽台）水务技术交流会暨材料设备展示会在泉州举行。

23日 福建检验检疫局批复同意泉州石狮国际快件监管中心投入试运行，成为继晋江陆地港之后第二个国际快件监管中心。

30日 由联合国人居署主办的世界城市日——全球城市竞争力论坛在广东广州举办。会上，中国社会科学院（财经院）与联合国人居署发布《全球城市竞争力报告2017—2018：房价，改变城市世界》，测度全球1007个城市的竞争力指数。福建有3个城市上榜全球城市经济竞争力前200强，厦门排名141位、泉州排名156位、福州排名162位。

31日 泉州公共自行车“小黄人”首批20个站点启用，投入1700辆公共自行车，遍布江南新区多个主要街道和人口集中的住宅小区。

11月

1日 2020年世界中学生运动会举办城市签约仪式在晋江市举行，国际中学生体育联合会、中国中学生体育协会、晋江市政府签署赛事合作协议，标志赛事筹办工作启动。

2日 全省最具规模的毒品预防教育社会实践基地在永春县启用，基地占地600多平方米，以“无毒青春 多彩人生”为主色调，集禁毒教育展厅、社区戒毒社区康复工作站、心理辅导等多个功能区域。

3日 以“创新世界 芯创未来”为主题的首届全国集成电路“创业之芯”大赛启动仪式在晋江市举行。该赛事由工业和信息化部人才交流中心主办，晋江市政府承办，是国内首个专注于集成电路相关领域中早期项目的全国赛事。大赛分六个赛程，包括启动阶段、项目发现阶段、项目前期培养阶段、大赛初赛及项目路演阶段、大赛决赛阶段和后续项目投资与孵化阶段，前后持续8个月。

5日 第五届海峡工艺精品奖颁奖典礼举行，泉州市63件作品获奖，其中8件作品获金奖，16件作品获银奖，13件作品获“最佳技艺奖”“最佳创意奖”和“最佳传承奖”，26件作品获铜奖。

8日 第十八届中国（南安）水头国际石材博览会在南安市石材产业展示中心开幕，20多个国家和地区的1000多家企业参展。展会以“互联、共享、创新、卓越”为主题，包括1个主展区以及10个常年展区，展示面积91.1万平方米，是国内石材展会中展位数量最多、办展规模最大的国际性石材盛会。

9—12日 由中国工艺美术协会、中国雕塑学会、中国石材协会、中华文化促进会、中国工艺美术学会和惠安县政府主办的，以“共聚世界石雕之都、同襄产业发展盛会”为主题的2017年中国（惠安）国际雕刻艺术品博览会（简称“雕博会”）在惠安县开幕。“雕博会”吸引美国、意大利、印度、巴基斯坦、越南、缅甸、韩国等国，以及国内上海、浙江、广东、江苏、云南、香港、台湾等地的200多家企业参展，还吸引中国百强建筑装饰企业、实力房地产企业、国内AAAAA级景区、知名建筑规划设计院、全国百家寺院、宗教界、收藏界代表以及全球各地客商上万人参加。

14日 中央文明委发布《第五届全国文明城市名单和复查确认继续保留荣誉称号的往届全国文明城市名单》。泉州市蝉联全国文明城市称号，泉州市石狮、晋江两个县级城市入选第五届全国文明城市。

17日 阿里研究院公布2017中国淘宝村及淘宝镇名单，在全国发现超过2100个淘宝村，超过240个淘宝镇。福建省淘宝村数量位居全国第五，泉州淘宝村数量位居全省第一，占比超过2/3。泉州淘宝镇数量33个，居全国第二。

19日 中共泉州市委十二届五次全会召开。会议主要任务是，学习贯彻中共十九大精神，按照省委十届四次全会部署，组织动员全市各级党组织、党员和干部群众，高举中国特色社会主义伟大旗帜，坚持以习近平新时代中国特色社会主义思想为指导，不忘初心，牢记使命，决胜全面建成小康社会，主动融入新福建建设大局，推动中共十九大精神在泉州落地生根、开花结果，开创现代化泉州建设新局面。市委常委会向全会报告一年来工作情况。全会审议通过《中共泉州市第十二届委员会第五次全体会议决议》。

24日 泉州首家自主研发出一个网约车平台（亲亲快车）的企业（晋江市旅游集散中心有限公司），取得网约车经营许可证，结束泉州网约车市场零自主平台的历史，意味着网约车实现无缝监管。

12月

2—4日 由中国自行车运动协会、省体育局、市政府主办，市体育局、泉州文化旅游发展集团有限公司承办的环泉州湾国际公路自行车赛在泉州举行。欧洲、亚洲、大洋洲和非洲的18支顶级职业自行车队、108名运动员参赛。

10—15日 由文化部和省政府主办、省文化厅和市政府承办的第三届海上丝绸之路国际艺术节在泉州举办。该届海丝艺术节以“展示、交流、合作、提升”为宗旨，以“海丝建设”为主题，包括展演展示、思想文化论坛、文化项目建设和其他项目四大板块，10个核心项目和60多个联动项目，着力凸显国际元素，突出地方特色，坚持全民共建共享。

14日 泉州永春籍著名诗人、作家余光中在台湾高雄病逝，享年89岁。余光中因创作《乡愁》等诗享誉海内外，近10多年来，更是频频返回泉州，力促两岸文化交流，备受泉州乡亲爱戴。

26日 “泉州芯谷”南安园区三安高端半导体项目开工建设。此次启动的三安高端半导体项目，投资总额333亿元（含公共配套设施投资），是在国家集成电路产业投资基金和华芯投资管理公司的帮助支持下，落户“泉州芯谷”南安园区的首个百亿元龙头项目。

29日 中共泉州市委十二届六次全会召开。会议主要任务是，学习贯彻中共十九大精神和习近平新时代中国特色社会主义思想，全面落实中央经济工作会和省委十届五次全会决策部署，总结2017年全市经济工作，部署2018年经济工作，推动全市经济社会持续健康发展。

30日 泉州首座钢桁架人行天桥投用，主梁采用一跨穿式钢桁架结构，跨度54.56米，主梁桥面总宽度4.5米，梯坡道总宽3.3米，设计使用年限100年。

31日 泉州晋江国际机场2017年出入境旅客人数71万余人次，首次突破70万大关，比上年增长25%，创历史新高。

人口 资源 环境

责任编辑：吴远鹏

人 口

【概况】 2017年末泉州市常住人口865万人，比上年末增加7万人。65岁及以上老年人口占7.3%。人口出生率14.8‰，死亡率为6.6‰，自然增长率8.2‰，常住人口城镇化率65.7%。年末全市户籍人口742.33万人，户籍人口城镇化率49.7%。

2017年泉州市年末人口数及其构成表

表2

市、县、区	常住人口（万人）	出生率(‰)	死亡率(‰)	自然增长率(‰)	城镇化水平(%)
泉州市	865	14.8	6.6	8.2	65.7
鲤城区	39.7	14	8	6	100
开发区	4.2	14.1	7	7.1	100
丰泽区	57.9	16.3	6	10.2	100
洛江区	21.5	17.8	6.5	11.3	57.6
泉港区	33.4	14.9	6.8	8.2	51.6
台投区	25.6	16.9	7.7	9.2	56.8
惠安县	75.7	16.3	7	9.4	58.2
安溪县	101.9	14.2	5.3	8.9	46.5
永春县	46.5	14.5	7	7.5	59.1
德化县	29.3	17.7	6.2	11.5	74.8
石狮市	69.1	13.9	6.9	7	79.1
晋江市	210.3	13.8	6.7	7.1	66.1
南安市	149.9	14.7	6.6	8.1	58.6

2017年泉州市常住人口年龄构成情况表

表3

年龄	2017年		
	合计	男	女
总计	100	51.45	48.55
0～4岁	7.05	3.98	3.07
5～9岁	6.48	3.64	2.84
10～14岁	5.46	3.03	2.43
15～19岁	6.97	3.54	3.43
20～24岁	5.21	2.75	2.46
25～29岁	9.33	4.75	4.58
30～34岁	9.46	4.64	4.82
35～39岁	7.55	3.91	3.65
40～44岁	9.41	4.70	4.71
45～49岁	9.45	4.72	4.73
50～54岁	7.55	3.96	3.58
55～59岁	4.23	2.13	2.10
60～64岁	4.52	2.32	2.21
65～69岁	2.74	1.38	1.36
70～74岁	1.66	0.75	0.91
75～79岁	1.35	0.63	0.72
80岁及以上	1.58	0.62	0.96

表4

2017年泉州市户籍人口表

地区	年末总户数（户）	年末总人口（人）									年度人口变动（人）									
		合计	合计中：		性别		年龄				出生			死亡			迁入		迁出	
			城镇人口	乡村人口	男	女	18岁以下	18～34岁	35～59岁	60岁及以上	合计	男	女	合计	男	女	省内迁入	省外迁入	迁往省内	迁往省外
泉州市	2037302	7423288	3685878	3737410	3846132	3577156	1655723	2052018	2687351	1028196	182735	100494	82241	80086	45655	34431	88889	21502	94972	16896
市辖区	328075	1124413	766463	357950	565375	559038	239786	289791	426266	168570	28375	15590	12785	11885	6796	5089	30522	5374	20479	2419
#鲤城区（含开发区）	84705	258563	258563	0	126886	131677	47950	53453	105451	51709	4972	2794	2178	2745	1586	1159	8452	1121	5960	552
丰泽区	83443	256877	256877	0	124747	132130	58000	60707	102307	35863	6471	3661	2810	3221	1790	1431	14210	1952	6145	1057
洛江区	51946	196891	55657	141234	102582	94309	45740	51320	74207	25624	5899	3314	2585	1578	903	675	3985	1040	2517	306
泉港区	107981	412082	195366	216716	211160	200922	88096	124311	144301	55374	11033	5821	5212	4341	2517	1824	3875	1261	5857	504
惠安县	227362	802007	375263	426744	404191	397816	172119	227609	291354	110925	19133	10751	8382	12521	6721	5800	8813	1520	10370	884
台商投资区	58918	220254	92711	127543	110612	109642	45532	62620	80181	31921	4912	2720	2192	4012	2162	1850	1250	369	2027	318
安溪县	319783	1214636	288421	926215	650190	564446	311369	345742	409863	147662	32965	17835	15130	8464	4991	3473	5624	2490	15935	2303
永春县	168336	601450	287420	314030	317532	283918	135049	154849	225932	85620	13738	7482	6256	5741	3315	2426	3043	1004	6799	925
德化县	97232	341318	108116	233202	180933	160385	75625	90215	132050	43428	9909	5386	4523	3931	2301	1630	7102	508	8319	282
石狮市	95656	337068	249061	88007	171512	165556	67037	92950	129210	47871	6851	3861	2990	3389	1956	1433	5852	1510	4441	1232
晋江市	311875	1147136	644203	502933	586720	560416	238679	320044	421868	166545	23365	13033	10332	14828	8600	6228	14461	4413	9048	3451
南安市	430065	1635006	874220	760786	859067	775939	370527	468198	570627	225654	43487	23836	19651	15315	8813	6502	12222	4314	17554	5082

资源

【土地资源】 泉州市辖区内土地总面积112.89万公顷，其中耕地面积14.53万公顷，占辖区总面积的12.87%；园地面积11.12万公顷，占辖区总面积的9.85%；林地面积56.15万公顷，占辖区总面积的49.74%；草地面积3.51万公顷，占辖区总面积的3.11%；城镇村及工矿用地面积14.31万公顷，占辖区总面积的12.68%；交通运输用地面积3.22万公顷，占辖区总面积的2.85%；水域及水利设施用地面积6.12万公顷，占辖区总面积的5.42%；其他土地面积3.93万公顷，占辖区总面积的3.48%。

【矿产资源】 2017年，泉州市有生产矿山企业100家，开发利用矿种19种，煤、铁、金、水泥用灰岩、陶瓷土、建筑石料为主要开发矿种，全年矿石采掘量586万吨，矿业产值8.9亿元。是年，全市出让探矿权2宗，出让价款223.32万元，出让采矿权5宗，出让价款10198万元。全市完成矿山生态恢复治理313公顷，大幅超额完成省下达的新增矿山生态恢复治理面积23公顷和市政府下达的190公顷的目标任务。矿山生态恢复治理投入资金7601万元。安溪县官桥—龙门石材矿区地质环境治理示范工程三期工程开工建设，完成投资1760万元；石狮市全市域废弃采石场生态环境综合治理工程包一期工程启动实施，累计投资2630万元，超额完成省国土厅下达的1200万元的年度投资计划。

【海洋资源】 泉州市大陆海岸线541千米，海域面积11360平方千米。海岛293个，其中，500平方米以上的无居民海岛162个。拥有湄洲湾、大港湾、泉州湾、深沪湾、围头湾五大海湾。

【水资源】 泉州市境内溪流密布，发源于本市境内流域面积100平方千米以上的河流有34条。其中晋江水系15条，九龙江水系5条，闽江水系9条，单独入海5条。晋江、洛阳江为泉州市主要河流，全市多年平均水资源总量96.79亿立方米，其中主要供水水源晋江为福建省第三大河，流域面积5629平方千米，河长182千米，多年平均水资源总量51.2亿立方米，洛阳江（含黄塘溪）流域面积371平方千米，河长39千米，多年平均水资源总量2.3亿立方米。2017年全市平均降水量1356.4毫米，折合年水量147.38亿立方米，比上年偏少46.2%，比多年平均偏少16.9%，属偏枯水年。全市最大点降水量为德化县雷峰镇荐解村荐解站1947.0毫米；最小点降水量为晋江市金井镇钞岱村金井站751.5毫米。全市地表水资源量78.94亿立方米，地下水资源量22.70亿立方米，地表水和地下水不重复量0.17亿立方米，水资源总量79.11亿立方米，人均拥有水资源量为922立方米。截至2017年底，全市19座大中型水库总蓄水量5.16亿立方米，占正常蓄水量的53.1%，比多年同期少7142万立方米，比2016年底少2.3亿立方米。其中，山美水库水位85.04米，蓄水量2.71亿立方米，占正常蓄水量的60.2%，比多年偏少5813万立方米；惠女水库水位67.99米，蓄水量4140万立方米，占正常蓄水量的60.5%，比多年偏少351万立方米。全市建成各类水利工程6万多处，其中水库465座（大型2座、中型17座、小型446座），总库容15.68亿立方米；泵站94处，水井工程2万多口，各类堤防总长525.57千米。初步形成以山美水库为主要水源、以龙门滩引水为补充、以各大中型水库为支撑、以金鸡拦河闸为分水枢纽、以南北渠和湄南工程为主要输水通道的沿海配供水网络体系。

【林业资源】 泉州市有土地总面积109.97万公顷，其中林业用地68.47万公顷，占全市土地总面积的62.3%，非林地41.50万公顷，占37.7%，森林覆盖率59.14%。在林业用地面积中，有林地面积64.01万公顷，占林业用地面积的93.5%，疏林地1.23万公顷，占1.8%，灌木林地7084公顷，占1.03%，未成林造林地7973公顷，占1.16%，苗圃地1112公顷，无林地1.71万公顷，占2.5%。全市区划生态公益林面积26.33万公顷，占全市林地面积的38.43%。

野生动物资源 泉州市野生动物资源丰富，记录有两栖类2目7科32种，爬行类3目13科61种，鸟类19目51科260种，哺乳类6目14科32种。国家一级重点保护野生动物有鼋、蟒蛇、黑鹳、黄腹角雉、华南虎、豹、云豹、金斑喙凤蝶、中华白海豚、中华鲟、红珊瑚等11种。国家二级重点保护动物有蛇雕、大灵猫、黑熊、穿山甲等57种。

野生植物资源 泉州市野生植物资源丰富，记录有野生维管束植物212科903属2201种（包括逸生和归化种），其中蕨类植物42科84属199种，裸子植物8科15属20种，被子植物162科804属1982种。其中，有国家一级重点保护野生植物有银杏、南方红豆杉、水松、伯乐树等4种。国家二级重点保护植物有半枫荷、花榈木、桫椤等17种，省级重点保护植物有油杉、长苞铁杉、福建青冈等11种。

自然保护区(保护小区) 泉州市在典型的森林、湿地和野生动植物重点分布区和生物多样性富集区，建立包括森林、湿地和野生动植物等类型的省级以上自然保护区4个，分别是德化戴云山国家级自然保护区、永春牛姆林省级自然保护区、安溪云中山省级自然保护区、泉州湾河口湿地省级自然保护区，总面积2.49万公顷，自然保护小区总面积1.80万公顷。自然保护区及保护小区的建设基本涵盖泉州市生物多样性最丰富的精华地带，东南沿海典型的山地森林生态系统、泉州湾河口湿地生态系统、晋江源头森林生态系统得到有效保护，有效保护高等植物212科2201种、脊椎动物99科420种。

湿地资源　全市湿地面积9.62万公顷分属近海与海岸湿地、河流湿地、和人工湿地这3大湿地类型。其中，近海与海岸湿地面积6.97万公顷，占全市湿地总面积的72.49%，河流湿地面积1.13万公顷，占全市湿地总面积的11.39%，人工湿地1.52万公顷，占全市湿地总面积的15.43%。

环境

【气候】　气温　2017年，泉州市年平均气温21.2℃，比常年高0.8℃，与2015年、2016年持平，与2002年、2015年、2016年并列历史第二高（1998年21.3℃为历史最高）。其中：南安创历史新高；惠安、永春为同期第二高。各县（市）年平均气温在18.6℃（德化）～22.7℃（南安）之间，气温距平0.3℃（德化）～1.1℃（惠安），异常度0.6（德化）～2.5（南安），晋江、德化正常，安溪偏高，惠安、永春显著偏高，南安异常偏高。其中，冬季平均气温偏高1.4℃；春季平均气温偏高0.6℃、夏季平均气温偏高0.4℃、秋季平均气温偏高1.3℃。极端最高气温，主要出现在9月27日，分别为：惠安33.6℃（9月15日）、泉州37.6℃、晋江37.7℃（9月15日）、南安39.7℃、安溪39.3℃、永春38.4℃、德化35.4℃。与常年相比，晋江、南安、安溪偏高，其余正常。其中，南安极端最高气温39.7℃破历史纪录；9月极端最高气温，泉州（37.6℃）、晋江（37.7℃）、南安（39.7℃）、安溪（39.3℃）、永春（38.4℃）、德化（35.4℃）破历史同期纪录；10月极端最高气温，晋江（36.3℃）、南安（36.4℃）、安溪（36.7℃）、德化（33.3℃）均打破历史同期纪录。极端最低气温，主要出现在2月12日早晨，分别为：惠安7.4℃（2月24日）、泉州6.2℃、晋江6.3℃（2月10日）、南安6.1℃、安溪4.9℃、永春3.6℃、德化0.6℃。

降水　2017年全市平均年降水量1242.6毫米，比常年偏少327.1毫米，比2016年少1074.5毫米。各县（市）年降水量在765.5（惠安）～1842.1毫米（德化）之间，降水距平-493.7毫米（安溪）～18.3毫米（德化），降水距平百分率-32%（惠安）～1%（德化），各县（市）年降水量异常偏少～正常。出现大雨及以上的日数分别为：惠安10天，泉州13天、晋江14天、南安16天、安溪17天、永春16天、德化21天。其中暴雨日数分别为：惠安1天、泉州0天、晋江2天、南安5天、安溪4天、永春6天、德化9天；大暴雨日数分别为：泉州1天、德化1天。日最大雨量，沿海主要出现在7月31日（受“纳沙”残留环流和“海棠”共同影响，普降暴雨到大暴雨），山区出现时间分散，分别为：惠安85.4毫米（7月31日）、泉州108.1毫米（7月31日）、晋江92.4毫米（7月31日）、南安88.5毫米（7月31日）、安溪81.7毫米（4月19日）、永春85.8毫米（6月2日）、德化108.9毫米（9月22日）。汛期从4月21日开始，10月8日结束。雨季历时长，总强度正常：从4月21日开始，较常年（4月29日）偏早8天，较2016年（4月23日）偏早2天，7月2日结束（偏早5天），历时长达73天；降水相对集中时段为4月19—22日和25—27日、6月2—5日和13—21日。后汛期（7月2日—10月8日）气温高、降水少、台风影响小。

日照　2017年全市平均年日照时数2074.6小时，比常年偏多252.4小时，比2016年多434.5小时。各县（市）年日照时数在1881.3小时（南安）～2382.0小时（惠安）之间，日照时数距平为45.7小时（南安）～383.6小时（惠安），异常度0.3（南安）～2.6（安溪）。其中：南安正常，晋江偏多，永春、德化显著偏多，其余异常偏多。

2017年6月12日，泉州市防汛机动救援队在南安市柳城街道露江村黄坑水库，利用正虹吸管和便携式液压抽水泵做紧急排水处理，防范强降雨可能引发的险情　（图/林劲峰 陈鑫炜）

【水文】 2017年，泉州市平均降水量1345.1毫米，折合年水量146.16亿立方米，比上年偏少46.7%，比多年平均偏少16.3%，属偏枯水年。全市最大点降水量为德化县雷峰镇荐解村荐解站1947.0毫米；最小点降水量为晋江市金井镇钞岱村金井站751.5毫米。全市地表水资源量80.43亿立方米，地下水资源量23.68亿立方米，地表水和地下水不重复量0.17亿立方米，水资源总量80.60亿立方米，人均拥有水资源量939立方米。

【海洋】 2017年，泉州市海洋环境质量稳定，保持良好状况。按管理海域面积测算，泉州市海水优良率（第一、二类海水水质海域面积比例）94.3%，比2016年提高0.1%；海洋沉积物质量基本符合第一类海洋沉积物质量标准；海洋贝类质量总体良好；海洋生物群落结构较为稳定。海水养殖区、海水浴场、海洋倾倒区、海洋保护区等海洋环境状况总体良好，能够满足功能区环境要求。泉州湾、围头湾多次发现中华白海豚反映泉州市近岸海域生态环境逐步得到改善。泉州湾内湾、安海湾水质总体仍然较差，主要表现为无机氮和活性磷酸盐超标；晋江、石狮十一孔桥排污口（梧桉溪）邻近海域环境质量仍然较差。

海水水质总体状况 2017年，在泉州市海域布设海水水质站位140个，春、夏、秋、冬四季进行海水质量监测，监测要素包括无机氮、活性磷酸盐、化学需氧量、溶解氧、石油类、汞、铜、铅、镉、砷等。监测结果表明：第一、二、三、四和劣四类海水水质海域面积比例分别为58.8%、35.5%、0.8%、0.9%和4.0%。第四和劣四类海水水质海域主要分布在泉州湾内湾。与2016年相比，优良海水海域面积基本持平，轻度污染及污染海域面积变化不大。

主要海湾海水环境状况 2017年，对湄洲湾、大港湾、泉州湾、深沪湾、围头湾、安海湾等6个典型海湾的环境质量状况进行监测。结果表明：湄洲湾、大港湾、泉州湾外湾、深沪湾和围头湾水质较好，以第一类和第二类海水水质为主；泉州湾内湾、安海湾水质较差，泉州湾内湾以第四类和劣四类海水水质为主，安海湾以第三类海水水质为主，主要超标因子为无机氮和活性磷酸盐。与2016年相比，泉州湾和围头湾海水水质略有好转，其他海湾海水水质变化不大。

县(市、区)海域水质 2017年，泉州市大部分沿海县(市、区)和泉州台商投资区海域海水水质较2016年均有所改善。

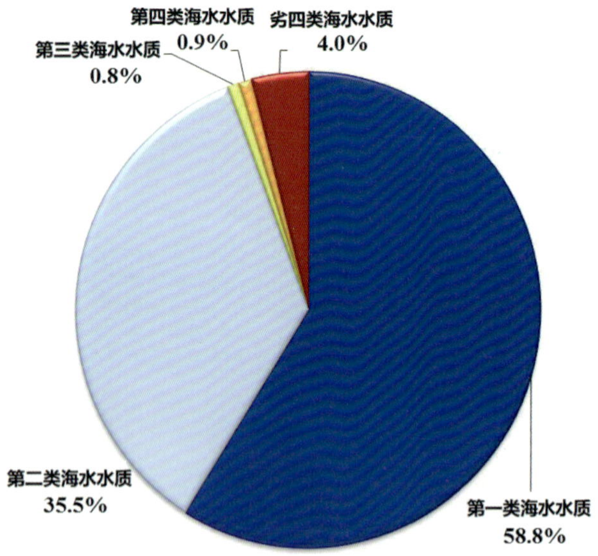

图1 泉州海域各类水质面积比例

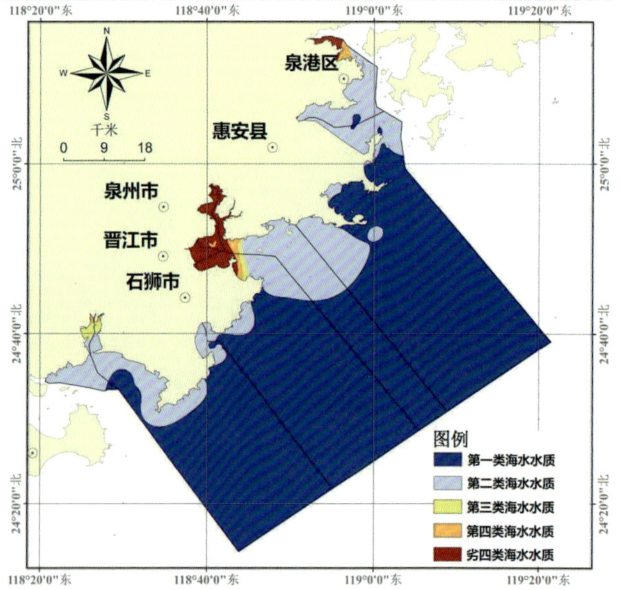

图2 泉州海域水质等级分布示意图

2016–2017年泉州市沿海各县（市、区）、泉州台商投资区一、二类海水面积比例

表5　　　　单位:%

类别	县别/年份	丰泽区	洛江区	泉港区	石狮市	晋江市	南安市	惠安县	台商投资区
第一、二类水质面积比例	2017年	-	-	88.2	95.7	95.4	85.6	99.9	92.3
	2016年	-	-	87.2	95.7	93.3	82.0	99.8	88.9

沉积物　泉州市海域布设沉积物站位29个，监测要素包括汞、铜、铅、镉、砷、石油类、硫化物和有机碳。监测结果表明，泉州市海域沉积物质量总体良好，除安海湾个别站位铜含量超出第一类海洋沉积物质量标准，所有海湾各监测要素均符合第一类海洋沉积物质量标准。

海洋贝类　2017年，对泉州近岸海域各主要养殖区的僧帽牡蛎、近江牡蛎、翡翠贻贝、波纹巴非蛤和缢蛏等贝类品种进行监测，监测要素包括：石油类、铜、铅、镉、总汞、砷、六六六、滴滴涕、多氯联苯、腹泻性贝毒和麻痹性贝毒等。结果表明：海洋贝类质量总体良好，所有贝类样品石油类、总汞、六六六、滴滴涕和多氯联苯含量符合第一类海洋生物质量标准；铅、镉和砷含量符合或优于第二类海洋生物质量标准；个别样品铜含量超出第二类海洋生物质量标准；7月在石狮市永宁镇梅林村海域1个翡翠贻贝样品检出麻痹性贝毒和腹泻性贝毒，其他贝类样品均未检出。

海洋生物多样性　2017年5月和8月，在泉州市海域布设10个站位，开展浮游生物和浅海大型底栖生物的生物多样性监测，鉴定生物种类257种。监测结果表明，监测海域浮游生物和浅海大型底栖生物种类较丰富，群落结构较稳定。

浮游生物　2017年，泉州市鉴定出浮游植物2门90种，平均细胞密度为3.21×104个/升。主要组成为硅藻，主要优势种有菱软几内亚藻、笔尖形根管藻和具槽帕拉藻等；其次是甲藻。平均生物多样性指数2.48，浮游植物群落结构较稳定。鉴定出浮游动物（含浮游幼虫）14门141种（类），平均密度167.6个/立方米，平均生物量429.0毫克/立方米。主要组成为节肢动物门桡足类，主要优势种有强额孔雀水蚤、太平洋纺锤水蚤和亚强次真哲水蚤等；其次为浮游幼虫，主要优势种有短尾类溞状幼虫、长尾类幼虫和蔓足类腺介幼虫等。平均生物多样性指数3.15，浮游动物种类丰富，群落结构稳定。

底栖生物　2017年，泉州市鉴定出底栖生物3门26种，平均栖息密度60个/平方米，平均生物量1.63克/平方米。主要组成为多毛类，主要优势种有背蚓虫和鳞腹沟虫等；其次为甲壳动物和棘皮动物，主要优势种有小相手蟹、明秀大眼蟹、泥蟹和阳遂足等。平均生物多样性指数2.20，底栖生物总体群落结构较稳定。

主要入海污染物及排污口邻近海域环境质量　江河入海污染物：2017年，晋江入海的主要污染物62643.2吨，其中化学需氧物质4.88万吨，氨-氮2321吨，硝酸盐-氮1.01万吨，亚硝酸盐-氮581吨，总磷634吨，石油类132吨，重金属（铜、

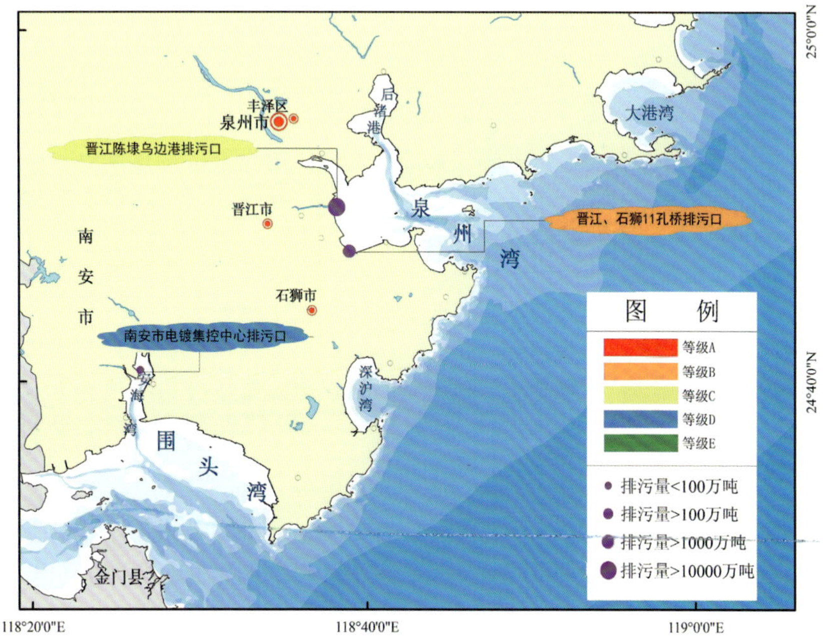

图3　泉州市重点入海排污口分布、污水年排放量及评价等级

排污口级别分类表

表6

等级	警示颜色标识	对邻近海域环境的危害程度
A	红色	对海域环境造成的危害或潜在危害最大
B	橙色	对海域环境造成的危害或潜在危害较大
C	黄色	对海域环境有一定的危害或潜在危害
D	蓝色	对海域环境造成的危害或潜在危害较小
E	绿色	对海域环境基本未造成危害或潜在危害很小

2017年泉州主要海水浴场环境状况

表7

浴场名称	水质等级	健康指数	适宜游泳月份	适宜游泳天数比例（%）	不适宜游泳的主要因素
青山湾海水浴场	优	优	6—9月	94	风浪大、水温偏低
西沙湾海水浴场	良	良	6—9月	86	风浪大、个别时段水质较差、水温偏低

铅、锌等）43吨和砷3.2吨。与2016年相比晋江入海污染物排放量下降11.6%。入海排污口排污状况：2017年3月、5月、7月、8月、10月和11月对南安市电镀集控中心、晋江陈埭乌边港和晋江、石狮十一孔桥（梧桉溪）等3个排污口进行监测。3个入海排污口污水年排放总量2.56亿吨，污染物排放总量5.03万吨，其中化学需氧物质1.40万吨、悬浮物3.41万吨、氨氮1921.6吨、总磷165.5吨、石油类8.1吨、硫化物56.5吨、重金属（含砷）2.6吨和其他污染物（苯胺、氰化物、挥发性酚）0.3吨。重点入海排污口邻近海域环境状况：5月、8月，对晋江、石狮十一孔桥重点排污口（梧桉溪）邻近海域环境进行监测，结果表明：排污口邻近海域海水水质为劣四类，不满足所在功能区水质要求，超标因子是无机氮、活性磷酸盐、化学需氧量和石油类等；排污口邻近海域沉积物质量为劣三类海洋沉积物，不满足所在功能区要求，超标因子为粪大肠菌群。

海洋功能区环境质量　海水养殖区：2017年4月至9月，对泉港肖厝、惠安大港湾、石狮永宁和晋江围头4个传统养殖集中区海水的pH值、溶解氧、化学需氧量、无机氮和活性磷酸盐等指标进行监测。结果表明：4个传统养殖区水质状况总体良好，海水的pH值、溶解氧和化学需氧量均符合养殖区水质标准，无机氮和活性磷酸盐个别月份超出第二类海水水质标准。海水浴场：2017年4月至10月，对山霞青山湾和崇武西沙湾海水浴场连续进行水质监测和综合评价。青山湾海水浴场水质等级为“优”；西沙湾海水浴场水质等级为“良”。青山湾海水浴场健康指数为优，西沙湾海水浴场健康指数为良。监测期间山霞青山湾、崇武西沙湾海水浴场适宜、较适宜游泳的天数占比分别为94%和86%。

海洋倾倒区　2017年，泉州湾、湄洲湾倾倒区均无疏浚物倾倒。监测结果表明：倾倒区及其邻近海域的水质和沉积物质量良好，海底地形地貌保持稳定，满足所属海洋功能区要求。

海洋保护区　深沪湾海底古森林遗迹国家级自然保护区：2017年保护区海洋生态环境保持良好状态，海水pH、石油类、溶解氧和悬浮物含量均符合第一类海水水质标准，与2016年相比，保护区海水水质基本持平。保护对象海底古树桩大多埋在砂层下面，露出滩面的古树桩受潮汐作用受到侵蚀，但未观测到加重侵蚀的现象；古牡蛎礁呈片状零星分布，低潮时露出部分礁体，礁体状况总体稳定。福建崇武国家级海洋公园：2017年海洋公园海水水质总体优良，化学需氧量、石油类、铜、铅、锌、镉、铬、汞和砷含量均符合或优于第二类海水水质标准；无机氮和活性磷酸盐含量均符合或优于第三类海水水质标准；沉积物质量优良，石油类、有机碳、铜、铅、锌、镉、汞和砷含量均符合第一类海洋沉积物质量标

准，符合海洋公园管理要求。海洋公园成为泉州滨海旅游的热点之一，海洋公园的经济、社会、生态效益日益显现。

泉州湾河口湿地省级自然保护区。 2017年，保护区海水无机氮和活性磷酸盐含量超标，其他各项监测要素含量均符合海水水质第一类标准；沉积物有机碳、硫化物、石油类和重金属含量均符合海洋沉积物质量第一类标准。与2016年相比，保护区海域水质和沉积物状况基本持平。保护区主要保护对象入海河口湿地生态系统保持稳定，红树林面积447公顷，品种以秋茄、桐花树、白骨壤为主；观测统计，在保护区栖息或停留的鸟类种类193种3.8万只，种类和数量保持稳定，2017年在保护区外围的海域多次发现中华白海豚。

【地质】 2017年，在城市地质调查中，建成泉州城市地质信息数据库建设及三维可视化地质信息管理服务系统；在农村地质调查中，完成惠安县、永春县农业地质调查。通过农业地质调查，查明惠安县、永春县土壤酸碱度、有机质和氮、磷、钾、铅、汞、锌、硒等25项指标的含量和具体分布范围，为从地球化学的角度指导土壤利用方向、土壤污染防治、永久基本农田划定提供科学依据。

【环境质量】 2017年，泉州市环境质量状况总体良好，各县（市、区）空气质量均达到国家环境空气质量标准（GB3095—2012）二级标准。主要河流（晋江）整体水质为优，Ⅰ类～Ⅲ类水质比例为100%；小流域59个监测断面的Ⅰ类～Ⅲ类水质比例79.7%；12个县级及以上集中式饮用水水源地水质达标率100%；近岸海域一、二类水质比例93.8%。9个城市中（鲤城区、丰泽区和洛江区列为泉州市区），区域声环境质量“较好”的有3个，“一般”的有6个；道路交通声环境质量属于“好”水平的有5个，属于“较好”水平的有3个，属于“一般”水平的有1个。

环境空气质量。2017年，泉州市空气质量以优良为主，市区空气质量达标天数比例94.5%（超标20天）。与2016年相比，监测指标二氧化硫、二氧化氮、可吸入颗粒物平均浓度分别升高9.1%、3.7%和10.4%；臭氧特定百分位数平均浓度升高35.8%；细颗粒物平均浓度持平；一氧化碳特定百分位数平均浓度下降10.0%。各县（市、区）空气质量达标天数比例范围92.2%～98.1%，全市平均96.2%，较2016年上升0.5个百分点。各县（市、区）环境空气中的二氧化硫、二氧化氮、一氧化碳、臭氧、可吸入颗粒物和细颗粒物的年均浓度均达到国家环境空气质量标准（GB3095—2012）二级标准要求。按空气质量综合指数进行排名，2017年泉州市各县（市、区）空气质量从好到差依次为：永春县（第1名）、德化县（第2名）、石狮市（第3名）、安溪县（并列第3名）、惠安县（第5名）、南安市（第6名）、泉港区（第7名）、洛江区（第8名）、晋江市（第9名）、鲤城区（第10名）和丰泽区（并列第10名）。

水环境质量。2017年，泉州市主要河流（晋江）水质状况为优，13个国、省控监测断面Ⅲ类水质达标率100%，Ⅰ～Ⅱ类水质比例46.2%。52条小流域的59个监测断面Ⅰ～Ⅲ类水质比例79.7%（47个），Ⅳ类水质比例5.1%（3个），Ⅴ类及劣Ⅴ类水质比例15.3%（9个）。2017年，泉州市实际开展监测的12个县级以上集中式饮用水水源地的水质达标率均100%。16个近岸海域监测点位一、二类水质比例93.8%。按功能区类别评价，水质达标率93.3%；按水质保护目标评价，水质达标率80.0%。

声环境质量。2017，开展区域声环境质量监测的9个地区（鲤城区、丰泽区和洛江区列为泉州市区），石狮市、南安市和德化县的昼间区域声环境质量达二级水平（较好），其他地区均为三级水平（一般）；开展道路交通声环境质量监测的9个地区（鲤城区、丰泽区和洛江区列为泉州市区），南安市、安溪县、永春县、德化县和惠安县5个地区的道路交通声环境质量达一级水平（好），晋江市、石狮市和泉港区3个地区的道路交通声环境质量达二级水平（较好），泉州市区的道路交通声环境质量达三级水平（一般）。

主要灾害

【气象灾害】 2017年，泉州市气候平稳，气象灾害影响总体较轻，属较好年景。主要灾害性天气有：台风、暴雨、强对流、干旱、高温、寒潮、低温寒害、大雾，以台风、暴雨和强对流造成的气象灾情为重。据泉州市防汛办统计，2017年台风暴雨造成泉州市65237人受灾，直接经济损失27143万元。

台风 2017年有5个台风登陆或影响泉州市，与常年（5.3个）相比属于正常；分别为1702号“苗柏”、1709号“纳沙”、1710号“海棠”、1713号“天鸽”、1714号“帕卡”，其中第9号台风“纳沙”和第10号台风“海棠”，分别于7月30日6时和31日2时50分登陆福清，创有记载以来21小时内双台风先后登陆同一县纪录。双台风造成泉州市直接经济损失1.05亿元，影响程度一般。

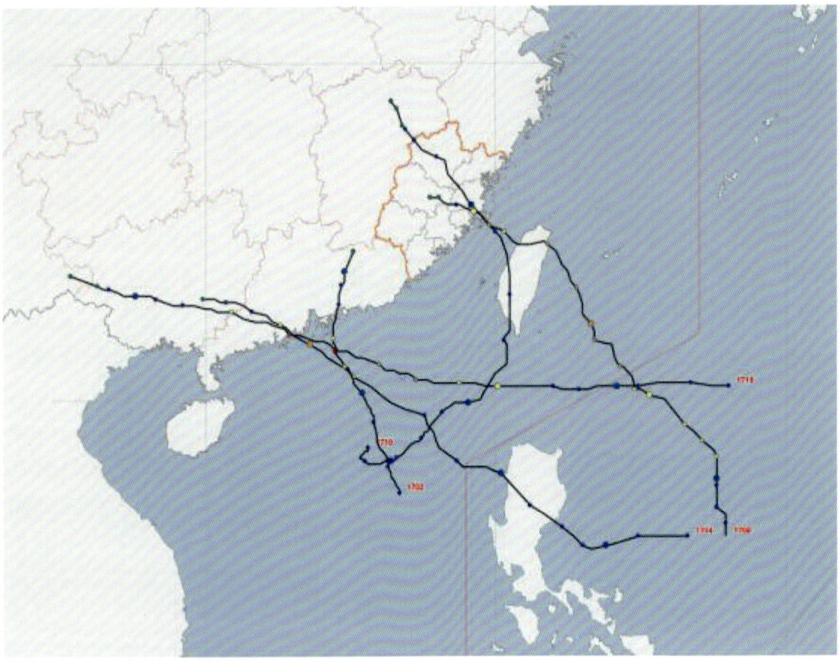

图4　2017年登陆和影响泉州市的台风路径图

2017年登陆和影响泉州的热带气旋简表

表8

台风号	名称	登陆地点	登陆时间	直接经济损失（亿元）	登陆气压（百帕）	登陆风速（米/秒）
1702	苗柏	广东大鹏半岛	6月12日23时00分	-	990	23
1709	纳沙	台湾宜兰县	7月29日19时40分	1.05	960	40
		福建福清	7月30日6时05分		975	33
1710	海棠	屏东县	7月30日17时30分		985	23
		福建福清	7月31日2时50分		990	18
1713	天鸽	广东珠海	8月23日12时50分	-	950	45
1714	帕卡	广东台山	8月27日09时	-	978	33

1702号“苗柏”　“苗柏”于6月10日在南海东南部生成，12日晚在广东省深圳市大鹏半岛沿海登陆，登陆时为热带风暴级，中心附近最大风力有9级（23米/秒），中心最低气压990百帕。受“苗柏”减弱后的低压环流影响和南风急流辐合影响，泉州市大部分乡镇出现暴雨，局部大暴雨，统计13日08时至14日08时全市61个站点出现暴雨，1个站点出现大暴雨，以安溪大坪乡104.9毫米为最大。晋江本站出现8级阵风。

双台风1709号“纳沙”和1710号“海棠”　“纳沙”于7月26日11时在菲律宾以东的西北太平洋面上生成，29日19:40前后在台湾省宜兰县东部沿海登陆，登陆时中心附近最大风力13级（40米/秒，台风级），中心最低气压960百帕。登陆后穿过台湾北部、台湾海峡、平潭岛于30日06:00前后在福建省福清市沿海登陆，登陆时中心附近最大风力12级（33米/秒，台风级），中心最低气压975百帕。30日逐渐减弱为热带低压，20时停编。28日14时南海北部有热带低压生成，20时加强为台风“海棠”，30日17:30前后在台湾省屏东县登陆，登陆时中心附近最大风力9级（23米/秒，热带风暴），中心最低气压984百帕；31日02:50在福清市沿海登陆，登陆时中心附近最大风力8级（18米/秒，热带风暴），中心最低气压990百帕。然后穿过南平，16时进入江西境内，8月1日08时停编。受双台风“纳沙”和“海棠”共同影响，7月29日至8月1日泉州市出现明显风雨天气。前期大范围的高温过程终结，解除气象小旱。受“纳沙”影响，7月28日白天开始风力加大至阵风8级，29至30日东北风7～8级阵风9～10级；受“海棠”影响，7月31日白天风力再次加大至8～9级阵风10～11级；8月1日西南风6～7级阵风8～10级。统计7月28日08时至8月1日08时区域站极大风，有48个站出现8级及以上大风，其中有11个站出现10级及以上，以德化石牛山34.4米/秒（12级）为最大。受“纳沙”影响，7月29日白天转阵雨；30日德化暴雨，局部大暴雨，其余中到大雨；受“纳沙”残留环流和“海棠”共同影响，31日全市普降暴雨到大暴雨；8月1日全市普降大雨到暴雨，局部大暴雨。统计7月29日08时至8月1日20时区域站累积降水，有199个站降水量≥100毫米，其中有4个站降水量≥250毫米，以德化上岸300.9毫米为最大。据市防汛办统计，至8月2日9时，全市有13个县（市、区）111个乡镇（街道）受灾，受灾人口30300人，全市直接经济总损失10531.35万元。累计出动抢险538人次，投入运输设备142班次，机械设备37台班。泉金航线7月29日停运，泉州晋江机场取消72架次航班。

1713号“天鸽”　“天鸽”（强台风级）于8月20日02时在台湾东南洋面生成，23日12时50分前后在广东珠海南部沿海登陆，登陆时中心附近最大风力有14级（45米/秒），中心最低气压950百帕。登陆减弱后的热带低压移入云南境内后，强度持续减弱，24日20时停编。22日“天鸽”西行进入巴士海峡，风力加大，沿海东北风6～7级阵风8～10级，23日沿海东北风6～7级阵风8～9级。8月23日南安暴雨，安溪大雨，永春、德化中雨，其余小雨。台风“天鸽”对泉州市风雨影响和灾害损失都较轻，有效解除高温，缓解气象干旱，影响利大于弊。

1714号“帕卡” 台风“帕卡”于8月24日20时在西太平洋生成，27日08时加强为台风级，27日9时前后在广东台山东南部沿海地区登陆，登陆时中心附近最大风力12级（33米/秒）。受“帕卡”外围影响，26日09时开始沿海风力逐渐加大，沿海东北风5～6级阵风7～8级。27日沿海东北风5～6级阵风7～8级。27日受“帕卡”外围云系影响，早晨自南向北降水，全市有小到中雨，局部大雨。

暴雨 2017年，泉州市出现10场暴雨天气。

3月10日受西南气流逐渐加强及暖切北抬影响，全市普降大雨到暴雨，暴雨站点主要出现在德化、安溪、永春，为泉州市2017年首场暴雨。统计9日20时至10日20时区域自动站，有126个区域自动站降水量≥50毫米，其中以永春坑仔口中学86.9毫米为最大。

4月19—20日受高空槽东移和偏南急流影响，泉州市山区出现暴雨到大暴雨并伴有强对流天气，暴雨站点主要出现在德化、永春、安溪、南安、洛江区，其中大暴雨站点主要出现在德化、安溪。统计19日08时—20日08时区域自动站累计降水量，有113个站点降水量≥50毫米，其中有16个站点降水量≥100毫米，以德化水口镇154.1毫米为最大。

4月21—22日受高空槽和低层切变东移影响，泉州市山区出现暴雨，暴雨站点主要出现在德化、永春、安溪东北部、南安北部。统计21日08时—22日08时区域自动站累计降水量，共有43个站点降水量≥50毫米，其中以永春东关镇94.6毫米为最大。据防汛办统计，至4月21日15时，全市有4个县（市、区）38个乡镇受灾。

5月5—6日泉州市发生强对流天气，山区普降大到暴雨，局部大暴雨。暴雨站点主要出现在德化、永春、安溪、南安。统计5日08时—6日08时区域自动站累计降水量，有23个站点≥50毫米 ，其中有5个站点≥100毫米，以南安眉山乡天山中学126.7毫米为最大。据南安市防汛办统计，南安市共5个乡镇受灾，倒塌房屋9间，转移人口2102人，直接经济损失1081万元。

5月13日受低层切变影响，午后泉州市沿海对流发展旺盛，沿海部分乡镇出现大雨到暴雨，其中晋江本站暴雨。统计13日12时—20时区域自动站累计降水量，有6个站点降水量≥50毫米，以晋江磁灶66.6毫米为最大。

5月15—16日受高空槽东移和切变影响，全市普降大雨到暴雨，暴雨站点主要出现在安溪、南安、泉州市区、晋江、石狮、惠安南部。统计15日08时—16日08时区域自动站累计降水量，有96个站点降水量≥50毫米，其中有2个站点降水量≥100毫米，以安溪大坪乡114.0毫米为最大。

6月2—3日受低涡切变南压和西南急流共同影响，泉州市出现大雨到暴雨、局部大暴雨。暴雨站点主要出现在德化、永春、南安、洛江区、泉港区。统计1日20时—3日20时区域自动站累计降水量，有161个站点降水量≥50毫米，其中有32个站点降水量≥100毫米，以德化三班镇175.6毫米为最大。

6月13—20日受台风“苗柏”残余环流和冷空气的共同影响，泉州市出现持续性暴雨过程。降水性质有3种：13—14日为台风降水；15—18日为低涡切变降水；19—20日为暖区降水。全市普降暴雨到大暴雨，局部特大暴雨。统计6月12日20时—20日20时有63个站点降雨量超过250毫米，250个站点超过100毫米，最大雨量为安溪新寨村小学384.8毫米。

7月29日—8月3日受双台风“纳沙”和“海棠”共同影响，泉州市出现暴雨，统计7月29日08时—8月3日08时区域自动站累计降水量，全市共有152个乡镇累积降水量大于50.0毫米，其中有139个乡镇累积降水量大于100毫米，有10个乡镇累积降水量大于250毫米，以德化美湖乡311.0毫米为最大。

9月3—4日受台风“玛娃”外围东南气流影响，泉州市普降中雨到大雨，部分乡镇出现暴雨。统计9月3日08时—9月4日08时，全市共有10个乡镇降水量超过50毫米，以惠安螺城镇的87.4毫米最大。

【水灾】 2017年，泉州市有13个县（市、区）117个乡镇受风灾水灾影响，受灾人口6.52万人，紧急转移12万人；倒塌房屋82间，死亡3人（剑斗镇东阳村山洪暴发）；农作物受灾减产粮食0.5万吨，经济作物损失1411万元；停产企业116家，公路中断39条次，供电中断17条次，通讯中断33条次；损坏堤防9处、0.4千米，损坏护岸185处，损坏水闸12座，损坏灌溉设施230处。因洪涝灾害造成的直接经济总损失2.714亿元，其中农林牧渔业损失4841.92万元，工业交通业损失7153.35万元，水利设施损失8808.1万元。

【地质灾害】 2017年汛前，泉州市排查发现有地质灾害点1726处，4166户22075人受到威胁；高陡边坡点7818处，威胁11662户57133人。地质灾害点和高陡边坡点主要分部在安溪县、永春县、德化县、南安市西北部和洛江区北部。2017年全市发生地质灾害14起，直接经济损失52.2万元，未造成人员伤亡。其中小型13起，特大型1起，为安溪县西坪镇尧山村9组滑坡。与2016年相比，灾情发生数下降77.42%，经济损失下降82.27%，人员伤亡下降100%。2017年全市地质灾害防治工作整体平稳。

2017年泉州市各级财政投入地质灾害防治资金2760.2万元。其中，中央财政资金1300万元，占47.09%；省级财政资金506万元，占18.33%；市级财政资金154.2万元，占5.60%；县级财政资金800万元，占28.98%。泉州市国土资源局开展隐患排查、搬迁安置、工程治理、预警预报、制度建设等地质灾害防治工作。汛期前，全市确定地质灾害群测群防点7130处，群测群防人员6621人，发放地质灾害防灾明白卡5853张，避险明白卡11104张，市、县、乡（镇）、村、户五级防灾网络建设得到加强；地质灾害隐患点居民搬迁项目列为市委、市政府“为民办实事”项目，涉及44点134户471名搬迁对象。项目于12月初全部完成，投入资金4035万元，完成建筑面积16625平方米，其中市级财政补助资金94.2万元（每人补助2000元）全部发放到户，134户471名居民全部搬迁入住新宅，彻底免受地灾威胁。洛江区、安溪县、永春县和德化县等地6个重大地质灾害工程治理项目顺利推进。

全年派出地质灾害应急技术队伍37人次，完成地质灾害应急技术支撑工作，及时发布“点对点”地质灾害气象风险等级预警15次，将预警信息及时传达至当地党政领导和各级防灾责任人、监测人，为当地政府组织开展巡查监测和转移群众提供指导性意见。

【海洋灾害】　台风风暴潮　2017年，没有台风或热带风暴在泉州沿海正面登陆，“纳沙”“海棠”“古超”台风外围对泉州造成轻微影响，其中受台风“纳沙”的影响，泉州沿海出现增水现象，崇武验潮站观测到93厘米的最大增水。

赤潮。2017年泉州市近岸海域发生2次赤潮灾害，赤潮过程时间累计12天，面积20.2平方千米。其中6月6—13日石狮梅林、东埔至惠安崇武、净峰近岸海域自南向北发生的赤潮，优势种为链状裸甲藻，可产生麻痹性贝毒，为多年少见的有毒赤潮。赤潮发生期间，泉州市按照应急预案，加强赤潮监测和信息通报，严控贝类上市，救治病例，将灾害损失降到最低程度。此次赤潮共发生零星赤潮灾害相关食源性疾病病例13例，经短暂住院治疗全部治愈出院。

海水入侵　2017年4月，在泉港区后龙镇和界山镇垂直海岸线布设2条断面开展海水入侵监测。结果表明：后龙镇断面地下水的氯度和矿化度含量均处于淡水水质分类范围，入侵程度为无入侵　界山镇断面地下水的氯度含量处于淡水水质分类范围，矿化度含量处于微咸水水质分类范围，入侵程度为轻度入侵。

2017年10月26日，市地震局在泉州台商投资区开展地震应急避难场所巡检　（图/市地震局）

【农业灾害】　2017年，泉州市各种农作物病虫害发生25.88万公顷次，防治41.23万公顷次，挽回粮食损失18776.6吨。其中主要水稻病虫发生7.29万公顷次，防治10.38万公顷次。甘薯病虫发生1.35万公顷次，防治1.18万公顷次。花生病虫发生1.80万公顷次，防治1.91万公顷次。果树病虫发生3.70万公顷次，防治4.29万公顷次。蔬菜病虫发生6.29万公顷次，防治10.67万公顷次。茶树病虫发生4.90万公顷次，防治12.30万公顷次。

【林业灾害】　2017年，泉州市林业有害生物发生面积3.61万公顷（其中松材线虫病4656.53公顷、松突圆蚧1.97万公顷、马尾松毛虫3513.33公顷、木毒蛾110.4公顷、黑翅土白蚁1284公顷、松墨天牛4661.73公顷、桉树枝瘿姬小蜂183.67公顷、叶蜂等其它虫害772.67公顷、马尾松赤枯病等其他病害1205.27公顷），防治面积3.61万公顷（其中松材线虫病及其媒介昆虫—松墨天牛9318.27公顷，其他林业有害生物2.68万公顷）。全市成灾面积470公顷，成灾率0.61‰。

【渔业灾害】　2017年，影响泉州的台风（热带风暴）比常年偏少，台风风暴潮共造成渔业损失约2300万元，灾情较轻。

【动物灾害】　2017年，泉州市未发生区域性重大动物疫情。

【森林火灾】　2017年发生森林火灾3起，森林火灾发生率0.46次/10万公顷，过火面积20.7公顷，受害森林面积10.8公顷，森林火灾受害率0.02‰，受害率未突破省控0.8‰指标。

中共泉州市委员会

责任编辑：谢晓艺

综 述

【概况】 2017年，中共泉州市委坚持以习近平新时代中国特色社会主义思想为指导，全面贯彻落实中共十八大、十八届历次全会和党的十九大精神，统筹推进“五位一体”总体布局，协调推进“四个全面”战略布局，贯彻落实省第十次党代会和省委十届历次全会部署，主动融入“再上新台阶，建设新福建”大局，持续落实“五个泉州”建设和市第十二次党代会作出的“二二六”工作部署，着力稳增长、促改革、调结构、惠民生、防风险，推动经济、政治、文化、社会、生态文明和党的建设等各项工作取得新进展、新成效。

【习近平新时代中国特色社会主义思想贯彻落实】 2017年，中共泉州市委抓牢学习宣传贯彻首要政治任务，专门研究、系统推进，把党的十九大精神和省委十届四次全会部署转化为经济社会发展和管党治党的具体部署、各个方面。

做好迎接中共十九大和学习宣传贯彻中共十九大精神各项工作 围绕迎接中共十九大胜利召开，学习贯彻习近平总书记“7·26”重要讲话精神，组织“砥砺奋进的五年”等重大主题宣传活动，展示发展成就，营造昂扬向上氛围。十九大召开期间，要求全市各级各部门组织干部职工收听收看，深刻领会报告的新思想、新论断、新要求。十九大召开后，及时召开市委常委会会议（扩大会议）、市委十二届五次全会、工作务虚会等，传达学习十九大报告、中央纪委工作报告和新修订的党章，以及《中共中央关于认真学习宣传贯彻党的十九大精神的决定》《中央政治局关于加强和维护党中央集中统一领导的若干规定》《中共中央政治局贯彻落实中央八项规定的实施细则》等文件精神，研究部署学习、宣传和贯彻十九大精神。制订市委《通知》《宣传方案》《宣讲工作方案》，按照“学懂弄通做实”“六个聚焦”要求，党员市领导带头到联系县、乡、村和分管联系战线及部门单位、党建扶贫联系点宣讲，组建市委宣讲团及10个宣讲小分队，深入渔排、农户、民企、台胞等基层一线开展分众化精准宣讲，各县（市、区）也参照组织形式多样的宣讲活动，引导广大党员干部自觉用习近平新时代中国特色社会主义思想武装头脑、指导实践、推动工作，全市上下形成有声势、全方位、立体化学习宣传氛围。

践行以人民为中心的发展思想 2017年8月，召开市委十二届四次全会，贯彻落实省委十届三次全会的决策部署，出台《加快社会事业发展补齐民生短板确保如期全面建成小康社会的决定》，提出实施教育舒心、卫生与健康暖心、养老贴心、民生基础设施安心“四心工程”，明确2020年社会事业重点领域主要指标达到或高于全省平均水平的目标。

【重大专项工作】 2017年，中共泉州市委按照“一号工程”谋划推进事关国家形象、国家利益、泉州发展的几件大事，多次召开市委常委会会议、专题会动员部署，市委、市政府主要领导亲自挂帅，市四套班子成员分头组织专班推进，发挥专家团队、干部群众、海内外乡亲等各方力量，周全准备、全力落实。

举办金砖国家治国理政研讨会 组建“一办八部”筹划调度，建立高效运转的工作机制，全方位全环节对硬件设施、环境整治、安保维稳、城市形象、气氛营造等诸多方面竭力预测、全面演练，实行“一对一”精细化服务，实现安全保障万无一失、会务组织精准衔接、礼宾服务规范热情、宣传展示特色精美，获得与会领导、嘉宾和媒体记者的高度评价和广泛赞誉。2017年8月16—19日，开幕式大会、三个平行会议、签约仪式以及大会欢迎晚宴、专场演出、外宾考察调研等系列活动顺利举行，18个国家143名政要名流、学者精英、企业高层等代表出席，22家境内外媒体124名记者参与报道；大会通过《金砖国家治国理政研讨会泉州

2017年11月19日，中国共产党泉州市第十二届委员会第五次全体会议召开 （图/陈起拓）

共识》，签订治理能力建设等合作协议。

完成“古泉州（刺桐）史迹”申报世界文化遗产现场评估 研究制订申报实施方案，逐一明确节点任务，邀请专家授课、技术服务团队指导，高标准高质量完成16个遗产点的文物修缮、环境整治、遗产展示、监测档案系统和标识体系建设。2017年9月，完成联合国教科文组织国际专家的现场考察评估，按要求提交书面补充材料。同时，建立遗产保护长效机制，完善应急管理、旅游管控、日常巡查等常态化保护管理制度，实施首部实体法《泉州市海上丝绸之路史迹保护条例》，制订《泉州市中山路骑楼建筑保护条例》，在古城风貌保护、传统建筑修缮活化、历史文化传承展示、社区自治共建共享等方面，实现做法、案例新突破。

赢得世界中学生运动会举办权 紧扣“5月递交报告、7月迎检考察、10月陈述答辩”三个关键节点做好申办工作，赢得国际中体联执委们的信任，晋江获得2020年第18届世界中学生运动会举办权。

【经济平稳健康发展】 2017年，中共泉州市委坚持稳中求进总基调，全力突围攻坚利长远，及早预估预判困难复杂局面，统筹协调、多措并举，经济运行延续由稳趋升，呈现稳中有进态势。

强化一线调度精准帮扶 市委常委会坚持每月专题研究经济工作，跟进研判形势、研究对策、协调推动。每季度分主题开展“促进项目落地、帮扶企业发展”活动周，市四套班子领导分别带队到各县域，协调解决具体问题，造浓攻坚氛围。着力打好帮扶企业“组合拳”，叠加落实中央、省政策，出台实施稳定工业、技改、外贸、鼓励用电等专项措施，减轻企业负担42.6亿元。

开展“项目攻坚年”活动 春节后即召开至乡镇一级的动员视频大会，制订正向激励促进有效投资“12条”，建立以项目为核心的指挥部体制，通过领导全程挂包、集中开竣工、公开晾晒点评、安征迁挂单销号等，形成项目攻坚的浓厚氛围。2017年，396个市级在建重点项目完成投资1271亿元，比上年增长27.68%，完成年度计划的110%；新开工项目、建成投产项目分别完成年度任务的140%、123%；组织5批、859个项目集中开竣工，总投资2958亿元。推动“百亿国家专项基金、千亿重大项目龙头”落地，中化炼化一体化二期、晋华集成电路、兴泉铁路、福厦客专等一批重大、长远性项目相继开工或加快建设，恒安智能化生产基地、龙峰纺织、西人马高端传感器等73个重大项目建成或部分建成。深化产业链招商、定向招商，深圳外资专场招商推介会和“9·18”投洽会共对接项目101个，投资总额66.7亿美元；“6·18”对接民企项目121个，总投资781.6亿元。

提升金融服务实体经济实效 召开专题会学习贯彻全国金融工作会议精神，坚持推进金融创新与维护金融生态并重，让金融市场保持稳定的同时有效服务实体经济。深化“全产业链金融服务”，构建百亿产业基金体系，新设两只规模5亿元的兼并重组基金，新兴产业、集成电路、高新技术等基金为企业提供33.1亿元融资支持。泉州银行在全国小微企业金融服务视频会上作“无间贷”典型发言。强化属地金融监管和风险处置责任，党政主要领导亲自抓，多次召开专题会研判分析、研究对策，实行通报、约谈、监管处罚、黄牌警告等措施，抓好“控新、化旧、增贷”，不良贷款率控制在较低水平。推进“诚信泉州”建设，构建“一处失信、处处受限”惩戒体系，打击恶意逃废债、非法集资、金融诈骗等违法违规行为，塑造好、维护好金融生态和营商环境。

推动房地产市场持续健康发展 落实“房子是用来住的，不是用来炒的”定位，采取“限房价、竞地价”“限地价、竞低房价”“限地价、竞公租房廉租房配建”等措施，稳定和优化土地供应，开展清理整治，推行备案价格会商、公证摇号销售等措施，打击投机炒房行为。全市全年商品房销售面积1244.5万平方米、比上年增长23.3%，其中商品住房销售面积1025.5万平方米、增长16.4%；房价上涨温和可控，新建住宅价格环比、同比指数稳居全国70个大中城市中后段。

【转型升级】 2017年，中共泉州市委贯彻新发展理念，坚守实体经济根基，深化供给侧结构性改革，加快优化存量产业，大抓新产业新业态新模式培育发展。企业“好中差”格局从2016年的5.4:2.5:2.1演化为2017年的6.8:2.1:1.1，大的更大、中的更专、小的更活，难的更难、有序出清；占全市工业1/3的纺织鞋服整体复苏，增加值比上年增长8%，利润增速提高15个百分点；机械装备、建材家居、工艺制品分别增长10.1%、9.2%、10.9%。

用好用足机遇，深化两个试点建设 把抓好国家自主创新示范区、“中国制造2025”城市试点示范建设作为“标志性”工程，聚焦“自主创新”和“示范引领”两个关键，对照试点内容，逐项分解落实。2017年6月，中国工程院在泉州召开创建“中国制造2025”城市试点示范工作推进会。着力激发产学研用结合体制机制本身的创新，促进科技成果、科研单位、科研人员“三松绑”，下力气解决创新要素与老机制结合不起来的问题，制订完善“1+X”政策体系，推出29项创新举措，其中6项纳入全省推广。

优化创新生态，促进成果转移转化 集中政策、资金、资源等，支持产业集群、重点企业、研发平台等提升集成创新能力。实施“数控一代”示范工程，分行业、分地区指导企业开展智能制造项目建设，培育54个智能工厂、数字化车间和293个“数控一代”示范项目产品，5家企业入围国家智能制造新模式类项目。实施“大院大所”“人才港湾”计划，中科院、华中科大、哈工大等36个高端研发平台开展科研攻关项目318个，引进设立南京大学（福建）环保产业研究院等；制定出台引才聚才系列配套制度，2017年引进认定高层次人才2415人。启动高新技术企业培育三年计划，出台九条扶持措施，2017年新认定166家、累计390家。整合晋江集成电路、南安半导体、安溪湖头光电等3个园区，获批设立省级半导体高新技术产业园。创建全国质量强市示范城市，出台加强商标品牌建设的意见，中国驰名商标增至155件，马德里商标国际注册增至765件。

培育平台经济，大抓现代服务业发展 继续开展“第三产业提升年”，深化“平台引领、集聚发展、主辅分离、品牌龙头、项目建设”五大工程，滚动推进百个服务业项目。大抓制造业主辅分离，重点支持龙头裂变、服务外包、服务型制造三种类型。一批第三方第四方平台渐成规模和气候，培育服务型制造示范企业（平台）国家级3家、省级15家，新增国家AAA级及以上物流企业15家，开办仅两年多、以“一址多照、集群注册、统一服务”为特点的网商虚拟产业园建成1主园11分园，累计入驻市场主体超万家。全市全年电商交易额4000亿元、比上年增长42%，快递业业务量7.5亿件、占全省近一半。打造产城融合新样板，推进3个国家级、5个省级特色小镇建设，累计建成28家科技孵化器、44家众创空间、9家国家级星创天地。

【全面深化改革整体推进】 2017年，中共泉州市委发挥国家授予省市的“多区叠加”效应，衔接落实中央、省改革部署，强化系统思维、系统集成，在重点领域研究推出一批标志性、支柱性改革举措，推动各领域改革同频共振、相互促进。

抓“一把手”责任落实 按照“四个亲自”“五个带头”要求，党政主要领导扑下身子亲力亲为抓改革，听取进展汇报、研究改革方案、现场办公等，开展20多轮次改革调研督查，既传导压力，又亲自协调解决具体问题。召开市深改组会议18次，审议出台改革文件20份，听取审议改革任务推进情况汇报13项，部署推动多个领域的改革重点工作。坚持项目化推进，重点抓好63项任务、41个项目，通过任务分解、台账管理、领导挂钩、挂图推进等方式狠抓改革落实。

紧抓重点领域和关键环节改革突破 贯彻落实习近平总书记对福建自贸区建设、新型城镇化、林改、医改等重要批示精神，市县两级重点抓好“金改”“民综改”等58项国家级、43项省级改革试点，一项一项梳理、检查、评估，一批先行经验获上级复制推广。深化“放管服”改革，清理规范行政审批申报、商事制度改革先后得到国务院办公厅通报表扬，1431项市级行政审批和公共服务事项实现“最多跑一趟”。推进工商登记“多证合一”，全市市场主体总量突破69万户。整合40家国有企业，组建城建、文旅、金控、交通、水务5家市级国资集团公司，并开展实质性运作。

【开放新空间不断拓展】 2017年，中共泉州市委融入国家“一带一路”和福建海丝“核心区”建设，凸显“记载古丝绸之路历史的‘活化石’”的使命担当，制订《关于深入贯彻落实习近平总书记重要讲话精神加快推进21世纪海上丝绸之路先行区建设的意见》，对照“五个之路”目标路径、“五通”成果清单，梳理推动一批中长期重点工作，争取早期收获。

履行文化外交使命 筹办好第三届海上丝绸之路国际艺术节、2017环泉州湾国际公路自行车赛等一系列活动。加强对外文化交流合作，举办联合国教科文组织“青年创意与遗产研习班”，组织16个团组335人前往摩洛哥、新加坡等国家和地区开展文化交流。与马来西亚古晋南市建立友好城市关系。海丝旅游、文化旅游成为热点，“探寻海丝”“文化寻根”“乡愁记忆”等主题旅游迅速升温，全年接待游客5460万人次、比上年增长21%，旅游总收入840亿元、增长28%。

持续深化经贸往来 推动合适产能“走出去”，支持一批有条件、有实力的企业到海外设立绿色工业园区，开展收购兼并、境外上市、品牌推广、高新技术合作。推动对外金融合作，与49个“一带一路”沿线国家开展跨境人民币结算业务，规模79.33亿元。开展泉州品牌“境外行”“海丝行”，组织692家次企业赴境外参加45场展销活动，达成意向金额1.4亿美元。2017年，全市完成进出口总额1569亿元，与海丝沿线国家和地区贸易额720亿元。

打造互联互通新通道 主动复制推广自贸区改革创新经验，加快推行“单一窗口”和“三互”大通关，打造更加便捷口岸通关体系。推动综合保税区建设，国际邮件互换局兼交换站获批设立，石狮国际快件监管中心投入运行，晋江陆地港贸易额55.48亿美元、比上年增长37.79%，成为全国业务量第二的国际示范港。加快一批港口及疏港改扩建工程建设，增开泉州至越南、泰国、菲律宾等外贸航线，泉州晋江国际机场旅客吞吐量523万人次、比上年增长38%。完成港口吞吐量1.3亿吨、集装箱217.2万标箱。

【社会主义民主政治建设】 2017年，中共泉州市委常委会发挥总揽全局、协调各方的作用，推进全面依法治市，支持人大、政协和统一战线履行职能、开展工作、发挥作用，巩固和发展生动活泼、安定团结的政治局面。

人大依法履行职责　着力完善党委领导人大工作的机制，坚持把人大工作纳入总体工作布局，支持市人大及其常委会依法行使立法、监督、决定、任免等职权，注重发挥代表主体作用。研究制订《2017—2021年立法规划》，地方立法工作得到全国人大常委会委员长张德江的肯定。2017年11月，在全省人大县乡工作和建设座谈会上作典型经验介绍。

政协协商民主建设　学习贯彻中央《关于加强和改进人民政协民主监督工作的意见》和省委《实施意见》，发挥人民政协作为协商民主重要渠道和专门协商机构作用，市委、市政府主要领导带头与基层委员零距离对话、面对面交流。支持市政协围绕新兴产业人才、创新转型、海丝建设、民生改善、社会和谐等开展专题协商、视察调研、建言献策。

统一战线工作　把握大团结大联合的主题，统筹推进各领域统战工作。提升多党合作制度效能，支持各民主党派、无党派人士参政议政，加强党外知识分子和新的社会阶层人士工作。开展非公经济人士坚定理想信念教育活动，构建“亲”“清”新型政商关系，促进非公经济“两个健康”发展。做好新形势下民族宗教工作，促进民族宗教领域和谐稳定。加强和改进新形势下港澳台及海外联络联谊工作，做好港澳台及海外青年工作，南洋华裔寻根谒祖服务平台加快建设。发动统战资源力量，筹集资金4亿多元支持泉州第一医院病房大楼等同心工程建设和精准扶贫行动。支持工会、共青团、妇联等人民团体依法按照各自章程开展工作、履行职责。

【意识形态和宣传思想工作】　2017年，中共泉州市委强化正面宣传和舆论引导，加强对宣传思想文化阵地的有效管理，牢牢掌握意识形态工作的领导权和主动权。

思想理论武装　市委班子带头学，市委中心组组织20场集体学习、专题讨论、专家辅导等。发挥党校、行政学院主渠道主阵地作用，通过“东海干部学堂”、思想政治建设专题培训班、学习网站等，多渠道、多层次、多形式轮训干部，用共同理想凝聚广大党员干部共识。组织“百姓宣讲团”和“农民宣讲团”巡回宣讲，运用网络、电视台、报刊、微信等媒体，把党的声音及时传达到基层。

意识形态工作责任制　出台《泉州市意识形态工作责任制考核办法》，通过组织年度督查作为干部考核依据、纳入绩效考核等措施，推动责任制层层落实，意识形态领域总体保持平稳。召开全市高校思想政治工作座谈会，加强对各类讲堂、论坛、报告会等意识形态阵地的管理和指导，做好政审和选题把关，把准方向、守好关口、管住渠道。坚持党管媒体，召开新闻媒体负责人座谈会，支持泉州晚报社、泉州广播电视台等做大做强，加强传播手段建设和创新，提高新闻舆论传播力引导力。深化拓展对外宣传推介，精心实施泉州城市国际形象推广五大工程，讲好中国故事、传播好泉州声音。

社会主义核心价值观　蝉联“全国文明城市”称号，获评“全国未成年人思想道德建设工作先进城市”。持续办好专题专栏，通过宣讲、辅导和讲故事等方式，讴歌先进人物和感人事迹，开展“最美人物”系列评选和“身边故事、共同铭记”活动，刊播主题公益广告，增强民众认同感。开展青少年党史国情教育，建好用好儿童之家、心理健康辅导站（室）、青少年社会教育活动中心等。丰富“家+文化”建设内容，组织“传家训、立家规、扬家风”等活动，创作反映优良家风家训系列文艺精品。以建设全国农村移风易俗工作试点市为契机，从党员干部带头、纪律法规、村规民约入手，开展“深化移风易俗·倡导文明新风”活动，2017年6月在全国农村精神文明建设工作经验交流会上作典型介绍。

文化事业和文化产业发展　创建国家公共文化服务体系示范城市，启动全民阅读示范点（百姓书房）建设，开展文化进万家、送欢乐下基层、“三下乡”等系列活动。出台创建优秀传统文化传承发展示范城市《实施方案》，举办优秀传统戏曲走进中小学校和幼儿园系列活动，推动建立长效机制，让广大青少年成为传统文化的参与者和传播者。建立重大文化产业项目数据库，抓好2个“省文化产业十大重点项目”、38个省市级文旅融合重点项目、43个文创产业路线图项目，3个园区获评福建省文化产业重点园区。

【民生保障改善和社会稳定维护】2017年，中共泉州市委突出保基本、兜底线、补短板，推动新增财力优先保障基本公共服务，让改革发展成果更多更公平地惠及全体人民，不断增强群众的获得感、安全感和幸福感。蝉联综治最高奖“长安杯”“国家卫生城市”等称号，列入全国城市“双修”试点。

“六个精准”脱贫攻坚　落实扶持对象、项目安排、资金使用、措施到户、因村派人、脱贫成效“六个精准”的要求，坚持把脱贫攻坚作为重要政治任务、第一民生工程来抓，强化党政一把手负总责的责任制，多次召开常委会会议、视频会、现场推进会进行部署，市委、市政府主要领导带队开展暗访督查，督促责任落实、政策落地、措施精准。实施“三百工程”，推进干部挂包、跨村联带、山海协作、扶贫捐赠、慈善救助、志愿服务等，构建大扶贫格局。2017年实现贫困线和低保线“两线合一”，绝大部分贫困人口收入达到市定贫困线以上。

古城提质新城集聚　启动“双

修”试点工作，采取专家授课、以会代训进行动员部署，以海丝和古城为特色，制订实施《泉州市生态修复和城市修补工作实施方案》，滚动推进一批城市“双修”项目建设。完善城市交通体系，兴泉铁路、福厦客专开工建设，泉厦漳城市联盟路、城东至北峰快速通道、动车站综合交通枢纽等项目加快推进，厦沙高速泉州段建成通车；推行公交一元票价制。“点线面”推进绿化提升，全市完成绿化改扩建面积65万平方米，山线绿道示范段，以及沉洲、汀洲、白水营等水线绿道公园建成开放。完成环泉州湾城乡一体化规划。推进城市执法体制改革，结合“创城”“创卫”开展环境综合整治，疏堵并举治理占道经营等城市乱象。

农业农村工作　深化农业供给侧结构性改革，推进智慧、品牌、生态、园区、休闲“五个农业”建设。探索农村集体产权制度改革，基本完成农村土地承包经营权确权登记颁证工作。发展多种形式适度规模经营，新增农民合作社、家庭农场、专业大户等新型经营主体500多家、“三品一标”认证38个。推进美丽乡村建设，启动农村污水垃圾治理三年行动，266个行政村新建污水处理设施，新增480个行政村实现垃圾常态化治理，持续开展生猪养殖和农业面源污染整治。

基本公共服务　在抓好33件为民办实事项目的基础上，启动实施泉州“XIN行动”，力争在3年时间内，有效解决一批历史遗留的、涉及多部门多地区的、存在体制机制障碍的民生历史欠账，市委、市政府班子成员挂钩推进市区防洪排涝、内沟河整治、农村污水治理、集贸市场提升改造等10个专项。加快优质教育资源扩容提质，深化教育综合改革，新增公办幼儿园学位1.01万个、中小学学位1万个，完善提升一批职业院校联盟、职教集团、校企深度合作公共实训基地。实施更加积极的就业创业扶持政策，完善公共就业创业服务体系。推进健康泉州建设，出台《进一步深化基层医药卫生体制改革实施方案》，在基层医疗卫生能力建设、卫技人才培养、服务“全面两孩”等方面加大投入，福医大附属二院东海院区等11个项目进展顺利，新增医疗机构床位2512张。城乡医疗、养老保险和低保标准稳步提升。出台实施居家社区养老服务等政策措施，医养结合有序推进，新建农村居家养老服务站135个，全市新增养老床位1460张，享受政府购买信息化养老服务的人数超3万。

社会治理创新　加强党委对政法综治、公共安全工作的领导，召开常委会会议听取汇报、分析形势、部署工作，多次开展专题调研，现场办公解决实际困难，做好中共十九大、金砖会晤、治国理政研讨会等重大活动、重要节点的维稳安保工作。健全完善立体化治安防控体系，推进“雪亮工程”实战化应用，推行“网格化+”服务管理，抓好“智慧法院”“科技强检”“公安110数据中心”等建设。保持严打高压态势，开展“四打击一整治一会战”“猎狐2017”和“打四黑除四害”等专项行动，推动社会治安持续向好，呈现立案数大幅下降、破案率大幅提升的良好势头。落实安全生产“党政同责、一岗双责”，抓好国务院和省巡查、督查反馈问题的整改落实，出台党委政府及其部门安全生产权力和责任清单明细，开展对道路交通、消防、危化、建筑施工等重点领域安全生产大检查，督促企业落实主体责任，安全生产形势持续稳定好转。研究出台建立完善食品安全责任体系《实施意见》，加强食品药品安全综合监管。落实军民融合深度发展，重视加强党管武装工作，落实双重领导、党委议军和现场办公等制度，协调解决办好涉军难题实事。

【对台交流交往深化】　2017年，中共泉州市委贯彻落实中央对台工作的决策部署，发挥祖地文化优势，搭建载体平台，推动泉州台湾交流合作，促进互惠互利。

文化纽带拉紧　发挥“宗族宗亲”“民间信仰”“青年交流”等三大优势板块，打包策划交流项目，举办台湾同名村镇乡亲到泉州寻根续缘、“乞龟祈福”民俗活动、海峡两岸高校文化与创意论坛、台湾青年“海丝泉州行”等系列交流活动。做好台湾民众特别是青少年工作，组织赴台开展人才科技工作交流推介，吸引台湾高层次

2017年5月13日，海峡两岸全域旅游发展论坛在泉州举办　（图/姚德纯）

人才到泉州就业创业。

经贸合作扩大 推动台商服务工作法制化、机制化、社会化和特色化建设，全市新批台资企业67家，投资总额1.62亿美元。组团赴台开展经贸活动、项目对接，推动投资总额8亿美元的矽品集成电路封装测试项目和1.5亿美元的芝奇内存模组及关联项目等一批项目落地。举办第二十届海峡两岸纺织服装博览会。

【生态文明建设】 2017年，中共泉州市委坚持把生态环保工作作为硬指标、硬任务，纳入经济运行统一调度、重点部署，组织专题调研，实行月通报、季督查，获评国家森林城市，保持环境质量稳定向好。

强化“党政同责、一岗双责” 年初与各地签订党政责任书，把生态市创建、污染减排、流域整治、环境安全等分解为具体方案、落实到具体责任人。将环保工作目标、职责纳入部门三定方案、年度考核，出台《泉州市生态环境保护工作职责规定》，梳理明确各级党委、政府以及相关部门（单位）工作职责，拉紧生态环境保护责任链条。市党政主要领导多次带队开展“四不两直”环保检查，组织环保“一地一责任书”、18个市直单位履责情况督查。

清单落实督察反馈问题整改 坚持边督边改、即转即办，中央督察组移交信访件涉及泉州907件按规定时限全部办结答复。市委、市政府主要领导带队开展中央环保督察信访件现场查核督办、整改调研。中央整改意见反馈后，第一时间制订整改方案和整改措施清单，逐一明确目标任务、措施步骤、责任单位、责任人员和完成时限。中央环保督察反馈问题涉及泉州市整改任务30项，按时完成整改5项、提前完成2项，其余23项按节点推进。

加快生态文明体制改革 主动融入国家生态文明试验区建设，推进晋江自然资源资产统一确权登记、永春空间规划编制等省级试点工作，完成林权收储、环境治理市场主体培育等8项改革任务。建立由市委书记任总督察、市长任河长、副市长任副河长和流域长、县乡分段设立河段长以及村级河道专管员的四级河长体系，明确水资源保护等6项职责。建立健全生态环境损害赔偿制度、生态保护补偿机制、自然资源资产产权制度等。

打好水、大气、土壤污染防治攻坚战 开展重点流域、跨境流域综合整治和小流域“赛水质”活动，晋江流域13个国、省控断面水质达标率100%，13个集中式饮用水水源地水质达标率100%。实施大气污染防治行动计划，强化建陶行业粉尘、石材行业粉尘、挥发性有机物等污染治理，开展建筑工地、土方车滴撒漏、垃圾焚烧、餐饮油烟等大气排放源专项整治。推动实施桃源水库周边受污染场地土壤修复，加强重点部位和重点地带排查和监控，坚决守住环境安全底线。启动环保设施和能力建设大会战，专门出台实施方案，组织实施污水、垃圾、危废处理设施和环境监管能力等4个方面136个项目，加快补齐环境保护能力短板。

【全面从严治党】 2017年，中共泉州市委全面推进党的政治建设、思想建设、组织建设、作风建设、纪律建设，将制度建设贯穿其中，层层压实管党治党责任。

政治建设摆在首位 从市委班子做起，学习党章、执行党章、维护党章，旗帜鲜明讲政治，带头严守党的政治纪律和政治规矩，牢固树立“四个意识”，坚决维护以习近平为核心的党中央权威和集中统一领导，自觉在思想上政治上行动上同以习近平为核心的党中央保持高度一致，在各项工作中毫不动摇、坚定不移贯彻落实中央决策部署。严格执行新形势下党内政治生活若干准则，加强集体学习，坚持民主集中制，充分发挥集体领导作用。

“两学一做”学习教育常态化制度化推进 按照中央、省委部署，研究制订总体《实施方案》和机关、农村、社区、国企、学校、非公企业和社会组织等6个领域的具体指导意见。坚持领导机关、领导干部率先垂范，市委常委会带头开展学习教育，市委常委带头参加组织生活、专题学习讨论，带动各级各部门学习教育活动深入开展。开展向廖俊波学习活动，组织“学习廖俊波，争做合格党员”主题实践，号召广大干部争当廖俊波式的好干部。建立党员“承诺、践诺、评诺”制度，全市10万多名党员共领办具体项目62万多个，相关经验做法被《人民日报》连续刊载报道，并写入省委《推进“两学一做”学习教育常态化制度化的实施方案》。关心关爱基层干部，健全“五必访五必谈”机制，成立12个县级党内互助协会和互助基金。

基层党建工作整体水平提升 以提升组织力为重点，突出政治功能，出台《规范党支部制度建设的指导意见》，督促落实“三会一课”等基本制度，打造企业、农村、机关、学校、街道社区、社会组织等基层党组织坚强战斗堡垒。市委常委挂钩推进43个市级基层党建项目，并实行一季度一通报。实施党建促脱贫攻坚，开展村级党组织带头人培养计划和村干部异地挂职锻炼，推广“跨村联带”区域化党建工作模式。探索城市基层党建新路子，构建“社区党委（总支）—网格党支部—楼栋党小组—党员中心户”组织网络。召开全市国有企业党建工作会议，旗帜鲜明强化党组织在国有企业改革发展中的领导核心和政治核心作用。建设非公企业和社会组织党建培训实践基地，探索将党建工作要求写入公司章程，明确党组织在非公有制企业决策、执行、监督各环节的权责。总结推广共建共享型、龙头带动型、网格推动型、同业互动型、混合联动型等5种园区党建模式，推行

“大党建综合体”运作模式，建设8个园区党群活动服务中心。

领导班子和干部队伍建设加强 出台《关于激励干部提升干事创业精气神的八条措施》，着力解决干部队伍中存在的“不冷不热”“不急不慢”“不疼不痒”等问题。健全选人用人机制，集中开展换届后县乡领导班子和领导干部考评工作，推行市管干部百分制量化考评，精准研判干部实绩，科学推动干部能上能下。2017年，市委调整配备市管干部405人，其中提任113人，平职调整75人，不适宜担任现职调整岗位2人。实施“1+X”干部教育培训工程，有针对性安排年轻干部驻村蹲点、挂职锻炼，“墩苗”成长。严格执行领导干部个人有关事项报告、廉政情况报告、任期经济责任审计、因公因私出国（境）管理等制度，从严从实加强干部经常性监督管理。

正风肃纪持之以恒 落实全面从严治党主体责任、监督责任和责任追究等工作制度，层层传导压力。把纪律和规矩挺在前面，正确把握运用“四种形态”，完善经常性提醒、函询和诫勉工作，约谈全市各级党委、政府、纪委“一把手”，与市直各部门“一把手”进行廉政谈话。各级党员领导干部在本单位党委常委会（或党组）扩大会议上述责述廉、接受评议，并于一个月内开展整改、报告反馈。密切关注“四风”新变种，深挖细查无视中央八项规定精神、潜入地下公款吃喝等顶风违纪问题。紧盯重要时间节点、关键岗位、敏感场所，强化开展“1+X”专项督查，督促指导各地各部门组织“回头看”，针对共性问题开展专项整治。2017年全市查处违反中央八项规定精神问题172起、处理221人，给予党纪政纪处分132人，实名通报64批、118起典型案例。

反腐败斗争深入推进 抓好省委责任制检查整改落实，5个方面、17个整改项目、31个具体问题的“问题清单”全部完成整改。由市委常委和党员副市长带队到各地开展落实责任制专项检查，并组织整改情况“回头看”。贯彻《中国共产党问责条例》，加大问责力度。完成市县两级派驻监督全覆盖改革，按节点推进国家监察体制改革。健全乡镇纪检组织建设，全市乡镇（街道）均设立乡镇纪委（纪工委），均配备2名以上专职纪检干部。保持惩治腐败高压态势，2017年全市立案2809件、比上年增长131.38%，给予党纪政纪处分2729人，移送司法机关处理129人。发挥巡察“利剑”作用，按照“一届党委任期内巡察全覆盖”的要求，制订实施《泉州市2017—2021年巡察工作规划》，市县两级均开展3轮以上巡察，完成对841个党组织的巡察，发现“三大问题”1650个，违反“六项纪律”方面问题732个，反映党员干部的问题线索675条，根据巡察移交线索立案审查115人，党纪政纪处分103人，移送司法机关处理28人；针对巡察发现共性、倾向性问题，推动建立健全相关制度400多项。落实精准监督助推精准扶贫工作，出台《泉州市脱贫攻坚工作问责办法（试行）》，从严查处群众反映强烈的扶贫领域腐败问题137个，处理150人；严肃查处群众身边不正之风和腐败问题167件，处理265人。

【市委常委会会议】 2017年，中共泉州市委十二届常委会召开56次常委会会议。

表9 2017年中共泉州市委常委会会议情况表

时间	会议名称	出席人员	会议内容
1月4日	十二届市委常委会第17次会议	市委书记郑新聪主持，市委常委出席	听取市人大常委会党组、市政府党组、市政协党组、市中级人民法院党组、市检察院党组工作情况汇报；研究泉州市《关于全面深化公安改革的实施意见（送审稿）》及重点任务分工方案；研究《关于进一步加强城市规划建设管理工作的实施意见（送审稿）》；听取关于部署福建省出席中共十九大代表选举工作会议主要精神及泉州市贯彻意见的汇报；学习《中共中央关于印发〈县以上党和国家机关党员领导干部民主生活会若干规定〉的通知》，听取市委常委班子民主生活会准备工作情况汇报，研究民主生活会有关材料；研究干部有关事项
1月12日	十二届市委常委会第18次会议	市委书记郑新聪主持，市委常委出席	研究市人大常委会党组和常委会机关日常工作运转、管理有关事项；听取泉州市中共十九大台湾省代表候选人初步人选和全国台籍党员代表会议代表候选人初步人选推荐情况汇报；研究泉州市推荐参评全省造林绿化工作先进集体、先进个人有关事项；研究干部有关事项

续表9

时间	会议名称	出席人员	会议内容
1月15日	十二届市委常委会第19次会议	市委书记郑新聪主持，市委常委出席	传达贯彻十八届中央纪委七次全会、省纪委十届二次全会精神，研究召开市纪委十二届二次全会有关事宜
1月23日	十二届市委常委会第20次会议	市委书记郑新聪主持，市委常委出席	传达贯彻省十二届人大五次会议、省政协十一届五次会议精神；研究《泉州市贯彻落实省委省政府环境保护督察组督察反馈意见整改方案（送审稿）》；听取第三届海上丝绸之路国际艺术节筹备工作情况汇报
2月7日	十二届市委常委会第21次会议	市委书记郑新聪主持，市委常委出席	研究《中共泉州市委 泉州市人民政府关于实施人才“港湾计划”的若干意见》；听取全省农村工作会议主要精神及泉州市贯彻意见的汇报；研究关于加强干部保健有关工作；研究《中共泉州市委常委会2017年工作要点》；学习《党委（党组）讨论决定干部任免事项守则》，研究泉州市贯彻意见；听取泉州市出席中共十九大代表候选人初步人选建议名单产生情况汇报，研究召开市委十二届三次全会有关事项；研究泉州市推荐参评2012—2015年全省统战系统先进集体有关事项；研究关于进一步规范泉州市市属高校、中等职业学校干部管理工作；研究干部有关事项
2月14日	十二届市委常委会第22次会议	市委书记郑新聪主持，市委常委出席	研究市十六届人大常委会2017—2021年立法规划和2017年立法计划项目；听取2016年全市安全生产工作和省政府对泉州市安全生产巡查有关情况汇报，研究整改工作；听取福建省妇女第十二次代表大会主要精神及泉州市贯彻意见的汇报；研究设立市委离退休工作委员会有关事项
2月24日	十二届市委常委会第23次会议	市委书记郑新聪主持，市委常委出席	传达学习张春贤到泉州调研重要指示精神；传达中央、省委政法工作有关会议精神，研究泉州市贯彻意见；传达全省信访工作暨表彰会议精神，研究泉州市贯彻意见；传达全省宣传部长会议精神，研究泉州市贯彻意见；传达全省组织部长会议精神，研究泉州市贯彻意见；酝酿、确定福建省出席中共十九大代表候选人初步人选名单
2月28日	十二届市委常委会第24次会议	市委书记郑新聪主持，市委常委出席	研究《泉州市全面推行河长制实施方案》及市级河长制有关工作；传达全国、全省统战部长会议精神，研究泉州市贯彻意见；研究干部有关事项
3月3日	十二届市委常委会第25次会议	市委书记郑新聪主持，市委常委出席	研究泉州市与中化集团深化战略合作有关事项

续表9

时间	会议名称	出席人员	会议内容
3月16日	十二届市委常委会第26次会议	市委书记郑新聪主持，市委常委出席	传达贯彻2017年全国“两会”精神；传达全省对台工作会议精神，研究泉州市贯彻意见；传达全省机关党的工作会议主要精神，研究泉州市贯彻意见；学习《关于加强和改进人民政协民主监督工作的意见》；研究推荐参评2012—2015年度全省工商行政管理系统先进集体；研究干部有关事项
3月20日	十二届市委常委会第27次会议	市委书记郑新聪主持，市委常委出席	传达贯彻省委常委会（扩大）会议精神；学习领导干部报告个人有关事项“两项法规”，传达贯彻全省学习贯彻领导干部报告个人有关事项“两项法规”专题培训会主要精神；学习3月18日《人民日报》头版头条《晋江之路——“晋江经验”15年发展传承综述》；研究干部有关事项
3月24日	十二届市委常委会第28次会议	市委书记郑新聪主持，市委常委出席	听取泉州市金砖会晤安保维稳工作情况汇报，研究部署下阶段工作；传达贯彻省委常委、宣传部长高翔来泉调研讲话精神；研究《泉州市关于有序推进生态环境损害赔偿制度实施意见的工作方案》（同时作为市全面深化改革领导小组会议议题）；传达全省市县乡三级人大换届选举工作总结会议精神；研究成立中共泉州市计划生育协会党组有关事宜；研究干部有关事项
3月30日	十二届市委常委会第29次会议	市委书记郑新聪主持，市委常委出席	研究《2017年金砖会晤泉州市环境质量保障总体方案（送审稿）》；研究《泉州市配合中央环保督察协调联络领导小组工作方案（送审稿）》；听取2016年度市委常委述责述廉评议结果和整改情况报告；传达十届省委第一轮巡视工作动员部署会和设区市巡察办主任座谈会精神，研究泉州市贯彻意见；传达全省市县两级纪委派驻监督全覆盖及乡镇纪检组织建设工作推进会精神，研究泉州市贯彻意见；研究关于激励干部提升干事创业精气神的八条措施；研究干部有关事项
4月5日	十二届市委常委会第30次会议	市委书记郑新聪主持，市委常委出席	研究泉州市与华芯投资管理有限责任公司合作建设“芯谷”有关事宜；听取世界中学生运动会申办工作进展汇报，研究有关问题
4月10日	十二届市委常委会第31次会议	市委书记郑新聪主持，市委常委出席	传达贯彻全国创建文明城市工作经验交流会主要精神，研究泉州市贯彻意见；听取近阶段全市安全生产工作有关情况汇报；研究市级派驻监督全覆盖改革工作和《关于市纪委向市一级党政机关派驻纪检机构的方案》《关于加强市纪委派驻机构建设的意见》
4月13日	十二届市委常委会第32次会议	市委书记郑新聪主持，市委常委出席	学习廖俊波先进事迹和崇高精神；研究干部有关事项

续表9

时间	会议名称	出席人员	会议内容
4月17日	十二届市委常委会第33次会议	市委书记郑新聪主持，市委常委出席	传达贯彻省委召开的部分市、县（区）负责人座谈会主要精神，分析第一季度经济运行情况；研究《关于建立正向激励机制促进有效投资的十二条措施（试行）》送审稿；学习贯彻习近平总书记关于廖俊波先进事迹的重要指示精神和省委、省委组织部有关会议精神，研究部署泉州市开展向廖俊波学习活动
4月24日	十二届市委常委会第34次会议	市委书记郑新聪主持，市委常委出席	听取关于国务院安委会安全生产巡查组在泉州市巡查情况的汇报，研究整改工作；传达省委农村工作领导小组2017年第一次会议主要精神，研究泉州市贯彻意见；研究《泉州市全面深化改革领导小组2017年工作要点（送审稿）》和《关于组织实施2017年全面深化改革重点项目的通知（送审稿）》；研究泉州市推荐参评全省机构编制工作先进集体和先进工作者有关事宜；研究干部有关事项
5月3日	十二届市委常委会第35次会议	市委书记郑新聪主持，市委常委出席	研究筹备金砖国家治国理政研讨会有关工作；研究泉州市委党校新校区选址建设有关事宜；传达学习全国、全省党内法规工作会议精神，研究泉州市贯彻意见；学习中央《关于推进“两学一做”学习教育常态化制度化的意见》和省委《实施意见》，传达全国座谈会精神，研究泉州市贯彻意见；研究泉州市推荐参评全省工商联系统先进集体有关事宜；研究干部有关事项
5月12日	十二届市委常委会第36次会议	市委书记郑新聪主持，市委常委出席	传达贯彻省委第一季度经济形势分析会暨省委省政府工作检查总结会主要精神，分析2017年1—4月经济运行情况；传达全省“两学一做”学习教育常态化制度化工作座谈会精神，研究泉州市《实施方案》；研究泉州市2014—2016年度精神文明建设各类先进评选有关事项；研究给予第四批省派泉州驻村工作队记功有关事项；研究干部有关事项
5月18日	十二届市委常委会第37次会议	市委书记郑新聪主持，市委常委出席	研究深化创建全国文明城市配套实施方案及考核办法；研究《泉州市法治政府建设实施方案（送审稿）》
5月26日	十二届市委常委会第38次会议	市委书记郑新聪主持，市委常委出席	学习习近平总书记在“一带一路”国际合作高峰论坛上的重要讲话精神，研究《关于深入贯彻落实习近平总书记重要讲话精神加快推进21世纪海上丝绸之路先行区建设的意见》和《泉州市21世纪海上丝绸之路先行区建设2017年度工作要点（送审稿）》；传达贯彻省委常委、政法委书记王洪祥来泉调研讲话精神；研究《泉州市关于深入推进城市执法体制改革改进城市管理工作的实施方案（送审稿）》；听取泉州市集体林权制度改革进展情况汇报，研究下一步工作；听取前阶段意识形态工作情况汇报，传达全国、全省网信办主任座谈会精神，研究下一步工作；传达福建省协调管理社会组织参与国际非政府组织活动联席会议第一次全体会议精神，研究《泉州市贯彻落实我省关于协调管理社会组织参与国际非政府组织活动有关精神的意见（送审稿）》；研究干部有关事项

续表9

时间	会议名称	出席人员	会议内容
6月7日	十二届市委常委会第39次会议	市委书记郑新聪主持，市委常委出席	学习贯彻省委省政府《关于认真学习贯彻习近平总书记对福建集体林权制度改革重要指示精神的通知》；听取关于开展泉州“XIN”行动解决民生热点难点问题的汇报；传达全省追逃追赃工作会议精神，研究泉州市贯彻意见；研究泉州市推荐参评全国社会治安综合治理先进工作者有关事宜
6月15日	十二届市委常委会第40次会议	市委书记郑新聪主持，市委常委出席	研究防范长时间强降雨有关工作；听取1—5月全市经济运行情况分析；研究《泉州市创建优秀传统文化传承发展示范城市实施方案》；传达全省国有企业党的建设工作会议和全省基层党建工作会议主要精神，研究泉州市贯彻意见；研究泉州市推荐参评全国体育系统先进集体和全国信访系统相关荣誉事宜；传达省委、省委宣传部关于金砖国家会晤和治国理政研讨会筹备工作专题会议精神，研究泉州市贯彻意见
6月28日	十二届市委常委会第41次会议	市委书记郑新聪主持，市委常委出席	传达学习省党代表会议精神，研究部署下阶段工作；听取2016年度泉州市落实党风廉政建设责任制情况检查结果和省委责任制检查反馈问题整改落实情况汇报，传达省委常委、纪委书记刘学新在加强省纪委派驻纪检组和省管国有企业、省属公办本科院校纪委领导能力建设研讨班上的讲话精神；传达学习中央《关于加强新形势下党的督促检查工作的意见》及全省党委督查工作座谈会主要精神，研究泉州市贯彻意见；研究泉州市推荐参评全国住房城乡建设系统先进集体、先进工作者和劳动模范有关事宜
7月4日	十二届市委常委会第42次会议	市委书记郑新聪主持，市委常委出席	传达贯彻习近平总书记在中央军民融合发展委员会第一次全体会议、深度贫困地区脱贫攻坚座谈会、中央政治局第四十一次集体学习会上的重要讲话精神和中办国办有关通报以及7月3日中央纪委召开的扶贫领域监督执纪问责工作电视电话会议精神；传达贯彻全国农村精神文明建设工作经验交流会精神；传达贯彻中宣部金砖国家治国理政研讨会筹备工作专题会议精神；研究国务院安委会巡查反馈问题整改工作，听取国家安监总局来泉督导有关情况汇报；研究《泉州市省属国有林场改革实施方案（送审稿）》；研究规范整合重组后的市级国资集团公司所属企业领导人员管理工作；研究推荐参评2013—2016年度全省人社系统先进集体和全省文化系统先进集体有关事宜；研究干部有关事项
7月13日	十二届市委常委会第43次会议	市委书记郑新聪主持，市委常委出席	部署省委组织部到泉州蹲点调研有关工作
7月14日	十二届市委常委会第44次会议	市委书记郑新聪主持，市委常委出席	分析上半年经济运行情况，部署下半年经济工作；传达贯彻全省高校思想政治工作会议、舆论导向和意识形态工作责任制专题会议精神和省委常委、宣传部部长高翔来泉调研讲话精神；传达贯彻全省城市基层党建工作推进会精神；研究追授吴永发、陈奇源“泉州市优秀共产党员”称号有关事项；研究市委副书记陈奕辉挂职期间市委常委工作分工及挂钩联系调整有关事宜；研究干部有关事项

续表9

时间	会议名称	出席人员	会议内容
7月17日	十二届市委常委会第45次会议	市委书记郑新聪主持，市委常委出席	研究组织收看电视专题片《将改革进行到底》有关事项；学习贯彻新修改的《中国共产党巡视工作条例》；研究干部有关事项
7月24日	十二届市委常委会第46次会议	市委书记郑新聪主持，市委常委出席	传达贯彻省委上半年经济形势分析会精神，进一步部署下半年工作；传达贯彻全国金融工作会议精神；听取关于市关工委组成人员调整充实建议方案的汇报
7月27日	十二届市委常委会第47次会议	市委书记郑新聪主持，市委常委出席	传达学习习近平总书记在中央全面深化改革领导小组第三十七次会议上的讲话精神和省委召开的改革联络员会议精神，专题研讨收看电视专题片《将改革进行到底》心得体会；传达全国、全省"扫黄打非"电视电话会议精神，研究《加快构建现代公共文化服务体系创新公共文化服务方式的工作方案》；传达贯彻全省设区市纪委书记座谈会和省纪委半年工作会议精神；研究泉州市推荐参评全省统计系统先进集体和全省纪检监察系统嘉奖有关事宜；研究干部有关事项
7月28日	十二届市委常委会第48次会议	市委书记郑新聪主持，市委常委出席	传达学习习近平总书记在省部级主要领导干部"学习习近平总书记重要讲话精神，迎接党的十九大"专题研讨班开班式上的重要讲话精神
7月31日	市委常委会（扩大）会议	市委书记郑新聪主持，市委常委出席	进一步传达学习习近平总书记在省部级主要领导干部"学习习近平总书记重要讲话精神，迎接党的十九大"专题研讨班开班式上的重要讲话精神和7月29日省委常委会会议精神，就全市学习宣传贯彻作进一步安排
8月4日	十二届市委常委会第49次会议	市委书记郑新聪主持，市委常委出席	传达省委十届三次全体会议精神，研究泉州市初步贯彻意见；传达全省宣传部长专题工作会议精神，研究泉州市贯彻意见；研究《泉州市市区内沟河保护管理条例（草案）》
8月9日	十二届市委常委会第50次会议	市委书记郑新聪主持，市委常委出席	研究《中共泉州市委关于加快社会事业发展补齐民生短板确保如期全面建成小康社会的决定》和《关于加快教育事业发展的实施意见》《关于加快补齐医疗卫生短板发展的实施意见》《关于加快养老事业发展的实施意见》《关于加快城乡民生基础设施建设的实施意见》等四份配套文件；研究中共泉州市委十二届四次全体会议、加快社会事业发展补齐民生短板工作部署会议方案和市委全会讲话、说明；研究市总工会、团市委、妇联、科协等四个单位改革方案

续表9

时间	会议名称	出席人员	会议内容
8月14日	十二届市委常委会第51次会议	市委书记郑新聪主持，市委常委出席	研究《泉州市贯彻落实中央环境保护督察反馈意见整改方案（送审稿）》
8月21日	十二届市委常委会第52次会议	市委书记郑新聪主持，市委常委出席	分析1—7月全市经济运行情况；学习《关于市县党委建立巡察制度的意见》《被巡视党组织配合中央巡视工作规定》，传达十届省委第二轮巡视工作动员部署会和设区市巡察办主任座谈会精神，研究泉州市贯彻意见；传达贯彻全省落实“三会一课”制度现场推进会主要精神，研究党费专项检查中清理收缴的党费市级留存部分使用方案
8月28日	十二届市委常委会第53次会议	市委书记郑新聪主持，市委常委出席	听取2017金砖国家治国理政研讨会筹办工作总结汇报；听取2017年来全市安全生产工作有关情况汇报；研究《关于市级主导招商重大项目税收收入分成的有关意见》；研究晋华公司股权有关问题；研究《泉州市生态修复和城市修补工作实施方案》；传达省委常委、组织部部长胡昌升来泉调研讲话精神，研究贯彻意见；传达全省党外知识分子统战工作座谈会精神，研究贯彻意见；研究省委落实全面从严治党主体责任检查情况“回头看”迎检工作；研究泉州市推荐参评全国社会治安综合治理优秀市嘉奖对象有关事宜
9月4日	十二届市委常委会第54次会议	市委书记郑新聪主持，市委常委出席	听取全国文明城市复查迎检工作汇报；听取近阶段泉州市生态文明建设有关工作情况汇报，研究下一步工作；听取2017年来泉州市党风廉政建设形势分析汇报，研究下一步工作；通报省委落实全面从严治党主体责任检查组来泉开展“回头看”检查主要情况，研究即知即改措施；学习《2017年度设区市、平潭综合试验区意识形态工作责任制考核办法》《党委（党组）网络意识形态工作责任制实施细则》《党委（党组）网络安全工作责任制实施办法》等文件精神，研究下一步工作
9月13日	十二届市委常委会第55次会议	市委书记郑新聪主持，市委常委出席	分析1—8月全市经济运行情况；学习贯彻习近平总书记重要指示和第八次全国信访工作会议精神；听取九届省委巡视泉州市反馈意见整改情况汇报
9月19日	十二届市委常委会第56次会议	市委书记郑新聪主持，市委常委出席	研究泉州市推荐参评厦门会晤筹备和服务保障工作先进集体和先进个人有关事项
9月22日	十二届市委常委会第57次会议	市委书记郑新聪主持，市委常委出席	传达贯彻全国综治表彰大会精神；研究《关于进一步深化律师制度改革的实施方案》；研究中共泉州兴泉金融控股集团有限公司委员会和纪律检查委员会名称变更有关事项；传达全省纪检监察机关推动移风易俗工作座谈会主要精神，研究泉州市贯彻意见；研究干部有关事项

续表9

时间	会议名称	出席人员	会议内容
9月28日	十二届市委常委会第58次会议	市委书记郑新聪主持，市委常委出席	听取党建工作汇报；听取食品安全工作汇报，研究《学习贯彻习近平总书记重要指示精神建立完善食品安全责任体系的实施意见》；研究《泉州市进一步深化基层医药卫生体制综合改革实施方案》；传达全省新的社会阶层人士统战工作会议精神，研究泉州市贯彻意见；研究干部有关事项
10月12日	十二届市委常委会第59次会议	市委书记郑新聪主持，市委常委出席	《泉州市党委政府及其部门安全生产权力和责任清单明细》；学习习近平总书记对脱贫攻坚工作重要指示，传达全省脱贫攻坚现场推进会精神，研究泉州市贯彻意见；学习中央、省委保密工作重要文件精神，传达省委保密委2017年第二次全体成员会议精神，研究《关于加强和改进保密工作的实施意见（送审稿）》；传达省人大、政府、政协换届工作座谈会精神，研究泉州市贯彻意见；研究《关于在深化国有企业改革中坚持党的领导加强党的建设的实施细则（送审稿）》；研究泉州市推荐参评全国科技管理系统先进集体和2013—2017年全省侨联系统先进集体有关事宜
10月27日	十二届市委常委会第60次会议	市委书记郑新聪主持，市委常委出席	研究《关于选举福建省第十三届人大代表工作方案》
11月1日	十二届市委常委会第61次会议	市委书记郑新聪主持，市委常委出席	听取第三届海上丝绸之路国际艺术节筹备工作情况汇报；研究芯谷有关重大项目协议；传达学习习近平总书记在瞻仰中共一大会址时的重要讲话和省委常委会10月31日会议部署精神，研究市领导干部赴基层宣讲党的十九大精神工作方案；研究召开市十六届人大二次会议、市政协十二届二次会议有关事项；研究泉州市贯彻落实闽常办综〔2017〕79号文件的意见；听取县（市、区）领导班子和领导干部换届调整后考评工作情况汇报
11月3日	十二届市委常委会第62次会议	市委书记郑新聪主持，市委常委出席	学习《中共中央关于认真学习宣传贯彻党的十九大精神的决定》；研究泉州市推荐全国人大代表人选的原则意见和泉州市省十三届人大代表（市直部分）初步人选的建议
11月9日	十二届市委常委会第63次会议	市委书记郑新聪主持，市委常委出席	研究《泉州市生态环境保护工作职责规定》；传达全省群团改革工作座谈会主要精神，研究泉州市贯彻意见；研究补助村级组织活动场所建设经费方案；研究干部有关事项
11月13日	十二届市委常委会第64次会议	市委书记郑新聪主持，市委常委出席	研究泉州市学习贯彻中共十九大精神宣传方案和宣讲工作方案；传达全国全面推开国家监察体制改革试点工作动员部署电视电话会议主要精神，研究泉州市贯彻意见；研究泉州市推荐参评全国新闻出版广播影视系统先进集体事宜

续表9

时间	会议名称	出席人员	会议内容
11月14日	十二届市委常委会第65次会议	市委书记郑新聪主持，市委常委出席	研究泉州市第十三届省人大代表候选人初步人选建议名单；研究干部有关事项
11月18日	十二届市委常委会第66次会议	市委书记郑新聪主持，市委常委出席	传达全国精神文明建设表彰大会精神，研究泉州市贯彻意见；传达省委十届四次全会精神，研究召开市委十二届五次全会有关事项及全会文件；传达第十二届省政协委员安排工作会议精神，研究泉州市贯彻意见
11月27日	十二届市委常委会第67次会议	市委书记郑新聪主持，市委常委出席	传达十九届中央全面深化改革领导小组第一次会议和省委常委会会议精神，研究泉州市贯彻意见；传达中办转发《中央宣传部、中央组织部关于认真组织学习〈习近平谈治国理政〉第二卷的通知》，研究泉州市学习贯彻意见；研究《泉州市贯彻落实安全生产领域改革发展实施意见（送审稿）》；研究泉州市推荐参评2017年度全国三八红旗集体、全省平安先进县（市、区）和全省综治先进集体、先进工作者有关事宜；传达省委于伟国书记对贯彻落实中央八项规定实施细则精神有关要求及省委《若干事项》规定；研究关于不再执行具有公务员或参公身份干部提拔调任市属高职高专院校处级以上领导职务鼓励措施问题；研究干部有关事项
11月29日	十二届市委常委会第68次会议	市委书记郑新聪主持，市委常委出席	研究《泉州市深化国家监察体制改革试点工作实施方案》；研究全国人大代表候选人推荐名单及省第十三届人大代表候选人初步人选个别调整事宜；研究第十二届省政协委员推荐人选及十二届市政协委员增补事宜；研究干部有关事项
12月8日	十二届市委常委会第69次会议	市委书记郑新聪主持，市委常委出席	传达学习《中共福建省委关于认真贯彻习近平总书记重要指示大力学习弘扬“红船精神”的通知》文件精神；研究召开市残联第六次代表大会、市工会第十六次代表大会、市第八次归侨侨眷代表大会、市科协第七次代表大会、市妇女第十四次代表大会、市海外联谊会第五届理事大会有关事宜；研究《泉州市人民政府法规草案和政府规章制定程序规定（草案）》
12月13日	十二届市委常委会第70次会议	市委书记郑新聪主持，市委常委出席	传达《中共中央办公厅印发习近平总书记关于进一步纠正四风 加强作风建设重要批示的通知》；研究召开市第十六届人民代表大会第二次会议、政协第十二届泉州市委员会第二次会议有关事项及市人大常委会工作报告、市政协常委会工作报告；研究市人大常委会2018年立法计划（草案）；研究泉州市推荐参评福建省2015—2017年度精神文明建设各类先进名单；研究《泉州市属国有企业负责人履职待遇和业务支出管理规定》；研究干部有关事项

续表9

时间	会议名称	出席人员	会议内容
12月20日	十二届市委常委会第71次会议	市委书记郑新聪主持，市委常委出席	分析1～11月全市经济运行情况；研究市政府工作报告、中级人民法院工作报告、检察院工作报告、计划报告（含2018年重点项目安排）、预算报告等文稿；研究2018年市委、市政府为民办实事项目；研究《关于深化全市公安执法规范化建设的实施意见（送审稿）》；研究《泉州市环保机构垂直管理制度改革工作方案（送审稿）》；研究《中共泉州市委泉州市人民政府关于进一步推进国有农场改革发展的实施意见（送审稿）》；听取2017年来意识形态工作情况及党委（党组）意识形态工作责任制专项督查情况汇报，研究下一步工作；研究干部有关事项
12月27日	十二届市委常委会第72次会议	市委书记郑新聪主持，市委常委出席	传达学习上级有关指示精神，听取泉州市国防动员和后备力量建设情况汇报，研究新时代加强和推进泉州市国防动员和后备力量建设的意见；传达贯彻省委十届五次全会精神，研究召开市委十二届六次全体会议有关事项及会议文件；传达贯彻全省社区治理工作现场推进会精神，研究《关于进一步加强和完善城乡社区治理的实施意见》；听取五年来市委贯彻执行中央八项规定精神情况汇报；听取2017年来泉州市党风廉政建设形势分析汇报，研究下一步工作；传达全省城市基层党建工作经验交流座谈会主要精神，研究泉州市贯彻意见；研究泉州市离退休人员待遇有关事宜；研究中共泉州城建集团有限公司纪律检查委员会管理体制变更事宜；研究干部有关事项

重要决策和工作部署

【概况】 2017年，中共泉州市委学习贯彻习近平新时代中国特色社会主义思想和中共十九大精神，落实省第十次党代会和省委十届三次、四次、五次全会精神，召开市委十二届四次、五次、六次全会和多次常委会（扩大）会议作出决策部署，主要包括衔接赶超跨越三年行动计划，补齐民生事业短板等决策。

【中共十九大精神学习贯彻】 2017年中共十九大召开后，泉州市先后召开市委常委会会议（扩大会议）、市委十二届五次全会、工作务虚会等，部署抓牢学习宣传贯彻首要政治任务，传达学习十九大报告、中央纪委工作报告和新修订的党章，以及《关于认真学习宣传贯彻党的十九大精神的决定》《中央政治局关于加强和维护党中央集中统一领导的若干规定》《中央政治局贯彻落实中央八项规定的实施细则》等文件精神。聚焦“学懂弄通做实”要求，举办专题研讨班轮训市管干部，组建市委宣讲团及10个宣讲小分队深入基层开展分众化精准宣讲，推动十九大精神贯彻落实到各领域、全过程。2017年11月，召开市委十二届五次全会，学习贯彻党的十九大精神，按照省委十届四次全会部署，进一步组织动员全市各级党组织、广大党员和干部群众，坚决维护习近平总书记党中央核心、在全党的核心地位，坚决维护以习近平同志为核心的党中央权威和集中统一领导，坚持以习近平新时代中国特色社会主义思想为指导，切实把思想和行动统一到中共十九大精神上来，落实新时代中国特色社会主义发展的战略安排，主动融入新福建建设大局，奋力开创现代化泉州建设新局面。

【赶超跨越任务衔接部署】 2017年12月，中共泉州市委召开市委十二届六次全会，学习贯彻习近平新时代中国特色社会主义经济思想，落实中央经济工作会和省委十届五次全会决策部署，深入贯彻新发展理念，研究2018年经济工作和赶超跨越三年行动计划，明确“转型攻坚、聚力跨越”工作主线。落实省委赶超跨越指标要求，按照GDP年均增长8.7%以上、一般公共预算收入年均增长6.5%左右来安排“十三五”后三年目标。把高质量发展与实现赶超结合起来，加快构建“1234”现代产业体系，即力争2021年GDP达万亿、工业总产值达2万亿，基本形成传统、重化、高新产业三足鼎立格局，实现服务业占比超40%，农业集约发展、特色化规模化进一步提升。

【民生社会事业短板加快补齐】 实施“四心工程” 2017年8月，中共泉州市委召开市委十二届四次全会，践行以人民为中心的发展思想，落实省委十届三次全会的决策部署，出台《加快社会事业发展补齐民生短板确保如期全面建成小康社会的决定》，部署实施教育舒心、卫生与健康暖心、养老贴心、民生基础设施安心“四心工程”，力争2020年社会事业重点领域主要指标达到或高于全省平均水平。教育舒心工程：主要是回应学位不足与质量不均衡两个当前社会热点，办好“百姓身边的学校”；2017年新增公办幼儿园学位1.01万个、中小学学位1万个。卫生与健康暖心工程：针对床位“上满下空”、医技人才和全科医生短缺等问题，推动医疗资源和人才下沉到基层，让群众从“病有所医”到“病有良医”；2017年新增医疗机构床位2512张。养老贴心工程：按照“低端有保障、中端有市场、高端有选择”，优先发展居家社区养老服务，推动医养结合，构建“离家不离村不离社区”“没有围墙”的养老院，力争到2020年，打造15分钟社区居家养老服务圈，紧急救援（应急救助）、生活照料、康复护理、精神慰藉等服务覆盖所有老年人；2017年，新建农村居家养老服务站135个，新增养老床位1460张，超3万人享受政府购买信息化养老服务。民生基础设施安心工程：下力气整治拥堵、内涝、污染等，以及污水乱排放、河道淤积、跨境污染等问题。

开展泉州XIN行动 这是市委、市政府为民办实事项目的拓展，主要是办好群众反映强烈、历史遗留、存在体制机制障碍、涉及多部门多地区、需要2～3年才能做成的民生实事。梳理首批中心城区防洪排涝、内沟河整治提升、城区部分集贸市场提升改造、历史遗留安置房不动产权办证、服务“全面二孩”加大教育、医疗服务资源配置、老城区背街小巷破损修补、小区物业管理逐步规范、工程文明施工与文明行车、农村生活污水垃圾治理、提升便民服务水平等10个热难点事项，每位市委常委领办一个事项。

开展环保设施与能力建设大会战 专门出台实施方案，集中力量抓好污水、垃圾、危废处理设施和环境监管能力等4个方面136个项目，明确用4年时间从根本上补齐环保能力短板。

纪检监察

【概况】 2017年，泉州市纪检监察工作按照中央纪委、省委、省纪委和市委的部署，严肃党内政治生活，加强党内监督，推进标本兼治，强化监督执纪问责，纠正“四风”，保持惩治腐败高压态势，维护好党内政治生态，严格执行监督执纪工作规则，扎紧制度笼子，加强领导班子和干部队伍建设，推动全面从严治党向纵深发展。全年约谈地方党政领导和部门“一把手”300多人次，对13个党组织、122名党政领导干部实施党内问责，给予党纪政纪处分2729人、移送司法机关处理129人；完成对841个党组织的巡察，立案审查115人，党纪政纪处分103人，移送司法机关处理28人。

【“两个责任”落实】 2017年，泉州市纪检监察机关落实省委“五抓五看”和省纪委“五抓五重”要求，修订完善泉州市“两个责任”清单。由市委常委和党员副市长分别带队开展年度责任制检查和“回头看”检查，坚持问题导向，紧盯“关键少数”，约谈地方党政领导和部门“一把手”300多人次；抓好省、市“问题清单”整改和“问责建议”落实，整改项目255个，问责追责58人。在市纪委监察局网站和“刺桐清风”微信公众号开设专栏，对市委、市纪委履行“两个责任”情况进行“全程纪实”。强化责任追究，对13个党组织、122名党政领导干部实施党内问责。

【纪律审查】 2017年，泉州市纪检监察机关立案2809件，比上年上升131.38%，涉及处级21件、科级242件；给予党纪政纪处分2729人，移送司法机关处理129人。严肃查办泉州经济技术开发区党工委原副书记王某平（正处级）、永春县政府原副县长陈某熙、惠安县公安局原局长林某辉等严重违纪违法案件。完善反腐败协调工作机制，建立健全情况通报、案件移送等制度。强化执纪审查安全监管，组建专职陪护队伍，设立监管组，实现全程监控，加快推进办案中心配套项目建设。

【“四种形态”实践】 2017年，泉州市纪检监察机关深化运用监督执纪“四种形态”。坚决挺纪在前，坚决维护纪律的严肃性，推动执纪审查工作按照监督执纪“四种形态”的要求进行转型。注意区分情形、区别对待，实现“四种形态”之间的转化，对于主动交代、检举立功、挽回经济损失的党员干部，探索从后一种形态向前一种形态的转化；对于十八大后不收敛、不收手，违纪情节严重的，坚决以零容忍的态度严肃查处。是年，把握运用监督执纪“四种形态”处理7935人次，其中第一、二种形态占85.3%，第三、四种形态占14.7%，实现由“惩治极少数”向“管住大多数”拓展。以“关注函”“警示函”“问询函”方式向331人次发函，涉及处级干部28人次，科级干部139人次。

【案件审理】 2017年，泉州市纪检监察机关推进涉刑案件先行处理，落实中央纪委执纪审理工作方式方法的转型，在案件审查阶段，案件审理室对涉刑案件实行提前介入，深入分析案情，提出案件查处的参考意见和建议，做好案件移送司法前审核工作。全年市本级办理的5件涉刑案件全部做到“在移送司法机关前作出纪律处分”。坚持问题导向促进工作开展，针对泉州市未完成“案件遗留件”深入分析研判，促进各地及时审结案件，提高结案率。

【信访举报处理】 2017年，泉州市纪检监察机关落实省纪委信访举报“三抓三服务”工作要求，全面履行信访举报监督职责。全年全市纪检监察机关接收处置信访举报件7052件次，研判筛选办理检控类初信初访件2016件。完善流程操作，编印《信访举报工作规范手册》，组织对11个县（市、区）纪委信访举报件办理情况进行交叉考评。开展转送件跟踪督查，是年抽查信件553件，开展季度专项督查3次。及时分析研判，形成5篇专题分析报告并提出相应的工作建议。开展“纪检监察信访举报工作如何体现‘以人民为中心’”专题调研。实施委领导和机关干部轮流到信访室接访制度，开展委领导带案下访、下基层接访活动，全年市纪委信访室接访286批次；市、县两级纪委全部设立固定的来访接待场所。制订《突发事件应急处置工作规定》，防范突发事件风险；做好厦门金砖会晤、中共十九大等重要会议活动期间的安保维稳工作。

【党风政风监督】 2017年，泉州市出台落实中央八项规定精神，举办有关政策宣讲暨工作培训会。深化“四风”整治日常检查暂行规定，健全“1+X”督查机制，形成纪检监察牵头抓、各职能部门齐抓共管工作格局。全年全市查处违反中央八项规定精神问题172件，处理221人，给予党纪政纪处分132人，实名通报64批118件典型案例。严肃查处群众身边的不正之风和腐败问题167件，处理265人。落实精准监督助推精准扶贫工作，快查严处违规违纪问题137个，处理150人。试点开发建设“民生资金在线监管平台”，收到良好效果。推动移风易俗工作，制订《关于全市纪检监察机关推动移风易俗工作实施意见》，引起中央有关领导关注，《新闻联播》《焦点访谈》《人民日报》等主流媒体集中予以宣传报道。起草《泉州市关于规范党员和国家公职人员操办婚丧喜庆事宜的规定（试行）》。

【纪检监察体制改革】 2017年，泉州市坚持“党委负总责、纪委负专责”，推进监察体制改革试点工作，抓好机构组建、人员转隶、铭牌挂牌工作，实现对所有行使公权力的公职人员监督全覆盖。开展全员双向培训，促进机构、人员、业务全面融合，在全省率先使用留置措施。坚持组织和制度创新，完成市县两级纪委派驻监督全覆盖改革。市直派驻机构由48个减少为30个，监督单位从48个扩大到133个，监督对象从3935人增加到8913人；县级纪委派驻机构数从324个减少为178个，监督单位从379个扩大到1009个。在全省率先将市级纪委派驻机构的后勤保障纳入市纪委管理。实现乡镇一级纪委配齐2名以上专职干部、开展全员业务培训、年内都有自办案件等“三个100%”。

【市县党委巡察】 2017年，泉州市县两级巡察机构核编81个，建立2000多人的巡察工作人才库，完成对841个党组织的巡察，探索开展市县联动巡察，着力构建监督同向、力量互补、成果共用的巡察监督格局，发现问题2382个，反映党员干部的问题线索675条；根据巡察移交线索，立案审查115人，党纪政纪处分103人，移送司法机关处理28人。综合运用巡察成果，推动建立健全财务管理、政府采购、项目建设、脱贫攻坚等方面400多项制度，组织开展机关党建共性问题整改、财务检查等专项活动，紧密衔接国资管理、事业单位管理等领域改革。巡察成果运用相关经验做法得到省委办公厅《八闽快讯》刊载推广。

【反腐倡廉宣传教育】 2017年，泉州市策划拍摄《闽南古厝里的家训——晋江五店市：忠孝传家安分勤业》专题片于省纪委网站播发；启动“点赞和美泉州”家风家规家训征集和展播，邀请广大党员干部群众一起晒家训、传家规，扬家风；组织“对话泉南名家、共沐闽南家风”系列报道，挖掘大泉州地区内30位泉南名家家风传承的当代故事等活动。制作的李光地家规入选《中国家规》一书，邀请中国社科院闽南文化研究中心、方志委的专家教授编纂《泉南古代清官廉事》《泉州乡规民约》《泉州家训》。筹建打造“泉港土坑“海丝”港市、晋江龙湖施氏大宗祠、南安蔡氏古民居”等3座市级家风家训馆；打造“晋江五店市传统街区、李光地故乡安溪湖头、南安梅山镇蓉中村”家规家训文化大观园；洛江区廉洁文化之旅。

保 密

【概况】 2017年，泉州市各级各部门围绕保密工作转型升级“两步走”战略目标，坚持党管保密原则，加强定密管理、保密教育，提升保密综合防范能力，做好保密服务保障，推动中央、省委关于保密工作决策部署落地生根、开花结果，为全面开创现代化泉州建设新局面做好保障。

是年，市保密局按照既要政治过硬又要本领高强的要求，建设一支有理想、有纪律、有担当、有作为的保密队伍，有效履行新时期使命。

坚持用习近平新时代中国特色社会主义思想武装头脑、推动实践、指导工作，严守政治纪律和政治规矩，做到知敬畏、存戒惧、守底线。全面落实从严治党主体责任，推进“两学一做”常态化制度化，永葆忠于党、忠于国家、忠于人民的保密工作者政治本色。

组织广大保密干部对标新时代新使命的要求，找缺陷、补短板、强弱项，使自身专业素质和专业能力有明显的跃升。市、县保密局长、市委党校保密专业授课教师共14人参加福建省国家保密局与武汉大学国家保密学院联合举办的保密培训，提高了保密法治素养。

以永远在路上的韧劲抓好作风建设，拓展和深化落实中央八项规定精神成果。调研检查轻车简从，尽力减少基层和业务部门负担。带着感情服务群众，帮助基层保密部门和保密资质单位排忧解难。

【坚持党管保密原则】 2017年，泉州市委坚持在总揽全局中落实保密主体责任，加强对保密工作的集中统一领导，把党管保密这一本质特征和政治优势体现在把方向、管全局上。

保密工作纳入市委常委会年度工作要点，凸显其在全市工作大局中的战略地位。2017年10月12日，市委常委会会议学习中央、省委关于保密工作决策部署，传达省委保密委员会2017年第二次成员会议精神，审议通过《中共泉州市委关于加强和改进保密工作的实施意见》。鲤城区委常委会会议专题学习省委关于加强和改进保密工作的重要文件，传达省、市保密工作会议精神，研究贯彻落实意见。一些地方和部门党委（党组）结合实际，扎实抓好学习贯彻，将力量凝聚到中央、省委确定的各项保密工作目标任务上。

市四套班子领导集体观看国家安全和保密工作警示片时，自觉遵守会场保密纪律，主动将手机交给工作人员集中保管。全市81位省管干部按要求在省委组织部“党员e家”教育平台上接受保密教育培训，增强保密责任感和领导保密工作能力。领导干部的率先垂范，形成以上促下的效应，激发干部队伍形成做好保密工作的正能量。

市委保密委员会履责担当，在重要工作部署、重大任务落实、重点问题解决上站到一线。年初召开成员会议总结部署，为全年工作定基调画蓝图。指导召开全市保密工作会议细化任务，为推动落实指路径明方法。市委领导为市委党校主体班次学员讲授《筑牢防线，寸土必守，坚决打赢信息化条件下的保密战》专题党课，引起了热烈反响。

【保密服务保障】 2017年，泉州市把做好党的十九大和金砖国家领导人厦门会晤的保密服务保障工作作为重要政治任务，坚持从严要求、从严管理、从严防护，实现万无一失目标。

根据省委保密委《关于做好党的十九大福建省保密服务保障工作的通知》和省委保密办、省国家保密局《关于做好金砖国家领导人厦门会晤筹备和召开期间保密工作的通知》要求，结合泉州市金砖会晤安保维稳部下发的安保维稳工作责任书有关内容，提出具体实施方案，要求各责任单位定人、定事、定时、定责，形成部门、岗位、个人责任链条，不折不扣地落实保密“军令状”。

围绕服务主战场工作目标，突出当好“护城河”功能定位，强化风险排查防控，筑牢坚固保密屏障。借势发力，抓住保密工作纳入安保维稳责任书内容和对发生泄密单位实行综治一票否决的大好契机，举一反三，拓展深化，增强保密检查声势和震慑，努力实现隐患穷尽、问题归零。统筹实施，把厦门会晤专项保密检查与保密自查自评常态化制度化督查、互联网门户网站保密检查等结合起来，实行市国家保密局为主体，市公安、国家安全部门技术力量大力协助的检查力量配备，合理安排时间和单位，避免检查同质化和加重基层负担。严查细查，扩大抽查比例，消除管理盲区，检查市、县机关、单位135个，门户网站57个，电子邮箱108个，计算机1539台，其中涉密计算机123台，内部计算机616台，互联网计算机800台。

督促各机关、单位对人员、教育、载体、设备、场所以及宣传报道等存在的隐患实行销号管理，建立问题台账、责任台账，把整改任务分解到部门、落实到岗位、具体到个人，下发整改通知书151份。对个别单位互联网邮箱被境外机构远程控制导致涉及厦门会晤等敏感信息泄露的问题，责成限期采取补救和整改措施，对相关责任人严肃追责，并由市委保密委员会发文实名通报批评。

【保密综合防范】 2017年，泉州市坚持问题导向，抓住主要矛盾，把握工作力度，全面提升保密综合防范能力。

瞄准“三大管理”深层次问题，持续攻坚发力。定密管理方面，针对依法定密制度机制依然薄弱，一些单位不能准确理解和使用保密事项范围条款的突出问题，坚持抓住重点、个别指导；市委办、市政府办文电审办人员严格定密审核制度，对该定密不定密、定密依据不充分、密级及保密期限不准确的一律退回承办单位重新处理；市国家保密局对一些办文过程中因定密把握不准上门咨询的机关单位，在解疑释惑的同时，主动延伸服务，了解规范定密实际操作中遇到的问题，共同探讨解决办法，使指导定密过程成为增强保密观念和保密知识的过程。网络管理方面，抓好涉密网络测评审批，完成7个单位涉密网络测评，其中2家通过审批并颁发运行许可证；严格互联网网站信息发布管理，贯彻省委办、省政府办转发的《中共中央办公厅秘书局、国务院办公厅秘书局关于严格机关、单位互联网网站信息发布管理的通知》，开展自查自纠，健全信息发布保密审查机制；指导“互联网+政务服务”保密管理，督促项目责任单位严格落实保密措施；谋划涉密领域国产化替代工程，制订工作方案，明确国产化替代范围、步骤、时限、要求等，为全面实施替代工程做好准备。涉密人员管理方面，在涉密人员分类确定基本完成的基础上，把着重点放在加强监督管理上；组织学习国家保密局印发的涉密人员泄密案例通报，督促各单位加强涉密人员上岗、在岗、离岗保密教育管理，确保涉密人员忠诚、纯洁、可靠；南安市国家保密局对涉密岗位的借调、聘用等临时工作人员进行摸排清理，督促指导有关单位调整不适应在涉密岗位工作的人员，严防出现“灯下黑”。

贯彻落实国家保密局印发的《关于全面推进保密工作依法行政的意见》，推进管理职能转变和管理方式创新，提升保密工作依法行政水平。完善权责清单，按照放管服改革部署和市审改办要求，推进权责清单融合，编制市国家保密局行政许可1项，行政监督检查权力1项，其他行政权力2项，其他权责事项15项，明确具体权责事项及设定依据、权责类型、实施主体、追责情形等，并将权责清单向社会公布，接受社会监督。规范执法行为，坚持在法治轨道上执法，在法治框架内用权；严格规范保密检查、涉密项目确认初审、涉密采购和泄密案件查处等行政管理活动，确保执法公正、公平、公开；落实保密行政执法人员持证上岗和资格管理，严防保密管理中出现不当行政行为。依法查处泄密，对触碰保密法律法规行为敢于亮剑，不搞下不为例；组织查处市直某单位丢失密级文件的泄密案件，严肃责任追究，达到处理一人、教育一片的目的。

发挥科技支撑作用，加强保密技术基础设施建设，提高保密综合防护能力。强预警处置：筹建互联网敏感信息监管平台，将97个市直及驻泉省部属单位6000多台互联网计算机纳入监测范围，可实现互联网计算机违规问题第一时间发现和处置。推设备升级：及时关注安全保密产品最新发展趋势，推进保密技术应用；根据涉密载体销毁能力不能满足党政机关需求的实际情况，提出配备先进销毁设备计划，所需100万元专项经费已纳入财政预算。重技术服务：组织保密技术人员深入机关单位和资质企业，介绍保密技术防护知识，解决网络安全保密设备安装及应用中遇到的问题；为一些重要涉密会议、涉密活动提供手机信号屏蔽和手机入柜集中保管服务。

落实省委保密委通知要求，加强重要军事设施周边环境安全保密工作。督促某部队周边严重保密隐患整改，会同有关部门研究专项整治和构建军地保密工作协作机制问题。对个别保密工作落实不力的地方和单位扣减绩效分值。加强对高考、研究生考试、公务员录用考试、司法考试和海峡论坛等重要活动的保密管理。配合省国家保密局对保密资质单位的“双随机”检查。

【保密宣传教育】 2017年，泉州市坚持在拓展载体形式上多动脑筋，在讲好保密故事上多下功夫，让保密教育为人们喜闻乐见，形成人人知密、懂密、保密的良好氛围。

发挥党校主渠道作用，将保密教育纳入党的理论教育和党性教育内容。市、县两级党校主体班次均开设保密课程，参训6500多人次。一些市、县机关单位把保密教育与理想信念教育、党规党纪教育、国防教育等结合起来，通过开设讲座、交流互动等形式，使保密法纪、保密责任转化为接地气、用得上的行为规范。永春县委中心组举办专题学习会，对县直机关和乡镇主要负责人进行保密形势教育。市国家保密局负责人回应基层和业务部门开展保密培训需求，为机关单位授课63次，推动保密教育进机关、进企业、进学校。

按照“谁执法谁普法”的普法责任制，各级保密行政管理部门全面启动“七五”保密法治宣传教育，利用国家宪法日、保密法颁布实施纪念日，组织保密法治宣传活动。开展面向社会群众性保密普法6次，发放资料7300多份，约8200人次参与活动。

适应受众心理特点和接受方式，发挥现代传媒快捷、即时、互动和覆盖面广的优势，不断创新保密教育，增强实际效果。一些机关、单位运用短信、微信、QQ等发送保密提醒，发动广大干部职工关注“保密观”公众号，在轻松愉悦中接受保密文化熏陶。国网泉州供电公司自编、自导、自演微电影，通过短小精悍、生动形象的保密小故事，让人们在笑声中受到警示和启迪，激发培育良好保密习惯的自觉性。

继续做好《保密工作》学刊用刊工作，征订2017年度《保密工作》2262份，1篇研讨文章发表在《保密工作》2017年第3期上。晋江市国家保密局向重点民营企业赠送《保密工作》，编印6期保密内刊，宣传保密知识。全市报送保密工作信息225条，信息质量有所提高。

政策研究

【概况】 2017年，中共泉州市委政研室围绕市委中心工作，完成市委决策参谋助手和服务好全市改革发展等中心任务。先后获省委办公厅、省政府办公厅颁发的“2017年度省重点课题调研组织奖”， 2篇课题文稿分获省重点调研课题二等奖、三等奖；承办市委、市政府领导批示批办的文稿超20件；参与起草市委、市政府制发的政策性文件 5份；组织重点课题调研并撰写调研报告8篇。

【调查研究】 2017年，中共泉州市委政研室抓住一些事关经济社会发展全局的重大问题和市委领导关注、人民群众关心的热点难点问题，深入调研，提建议、谋对策，为市委科学决策服务。

主动对接省重点课题调研方案，紧扣市委工作主线，积极牵头组织全市重点课题调研活动，起草《中共泉州市委办公室 泉州市人民政府办公室关于组织2017年市重点课题调研的通知》，并做好日常协调、服务工作，推动全市各级各部门加强重点领域的课题研究，形成一批高水平、高质量的研究成果，为泉州市各级各部门提供决策参考。

围绕市委中心工作，采取“三级联动”和跨省、市取经学习等调研形式，深入开展调研工作。形成《关于加快我市新型研发机构发展的研究》（刊发于省委政研室《政研专报》2017年第17期）、《深化“放管服”改革 助力一流营商环境的调查与思考》（刊发于省委政研室《调研文稿》第83期）、《新消费时代泉州服装企业应对之策》（刊发于省委政研室《调研内参》2017年第2期）、《泉州市打造国家智能轻工装备基地的研究》（刊发于省委政研室《调研文稿》2017年第52期）、《转型突围，着力建设海丝国际枢纽港》、《加快推动泉州制造业企业主辅分离的建议》、《赴广东省调研新型研发机构的考察报告》等一批调研报告，发挥以文辅政的参谋助手作用。

【服务中心工作】 2017年，中共泉州市委政研室紧贴市委工作中心，为市委领导工作提供服务，做好组织协调工作。

做好中央改革办、省改革办到泉州督察迎检工作。承担市改革办工作，谋划改革年度工作要点，梳理出全年63项重点改革任务。做好市全面深化改革领导小组会议、市全面深化改革专项工作小组联络员会议等会议的会务工作，总结泉州市改革亮点和阶段性成效，形成《泉州市2017年全面深化改革工作年中总结》《泉州市2017年全面深化改革工作总结》等，促进各项改革任务落到实处。跟踪项目推进，抓实抓好改革重点项目，梳理出全年41项改革重点项目，协调确定市领导挂钩联系改革项目并予以重点推进。组织对全市改革试点进行全面摸底，汇总梳理出泉州市国家、省级试点（示范）项目并做好改革试点的清理规范工作。

先后牵头起草市委十二届四次全体会议主文件《中共泉州市委关于加快社会事业发展 补齐民生短板 确保如期全面建成小康社会的决定》，并协调市教育局、卫计委、民政局、市政公用事业局起草实施意见；牵头起草制定《泉州市全面深化改革领导小组2017年工作要点》和《泉州市2017年重点改革项目实施方案》；参与起草《中共泉州市委 泉州市人民政府关于实施人才“港湾计划”的若干意见》；参与编制《泉州市2017—2021年巡察工作规划》《关于建立泉州市委巡察工作人才库的通知》《泉州市跨县（市、区）交叉巡察试点工作方案》等市委、市政府政策性文件。

起草整理市委领导接受记者采访素材、贯彻省委会议精神研究五年规划的讲话素材、在中央改革办督察调研座谈会上的讲话素材、在市全面深化改革领导小组会议上的讲话素材；参加省改革联络员会议、省改革办工作会议的汇报材料；调研巡察组工作会议的讲话、省委巡视组巡视工作动员会上的讲话素材等。

【内部刊物编纂】 《泉州通讯》《泉州改革情况》《泉州调研》和《决策参考信息》是由中共泉州市委政策研究室主办的市委内部刊物，其中，《泉州通讯》是市委机关刊物。2017年，市委政研室发挥《泉州通讯》等四个内刊的主渠道作用，增强精品意识，打造探讨理论问题、交流调研成果的重要平台，及时组织编发一批观点新、分量重的信息，供领导决策参考。全年编发《泉州通讯》12期、《泉州改革情况》33期、《泉州调研》41期、《决策参考信息》12期。《泉州通讯》等四大内刊注重面向基层，及时刊发、宣传基层改革发展的新成效、新经验。《泉州通讯》开辟县（市、区）专刊，集中宣传县（市、区）的发展新经验、新成效，提高宣传效果。

组 织

【概况】 2017年，中共泉州市委组织部着力抓好习近平总书记系列重要讲话精神学习教育，分别举办7期“学习贯彻中共十八届六中全会精神”专题研讨班和8期“泉州市领导干部学习贯彻中共十九大精神专题研讨班”，实现市管干部应训全训。加大专题培训力度，先后举办后备干部精准扶贫能力建设、创新驱动转型升级等专题培训班，分4期组织全市乡镇（街道）党政正职赴浙江大学、重庆大学进行异地培训，提升干部履职尽责的专业化水平。拓宽干部培训渠道，继续办好东海干部学堂，推动网络培训覆盖到科级干部。在市委党校举办专题班5个（21个班次）、主体班15个，培训党政干部3560多人。

【打造高素质干部队伍】 组织对县（市、区）领导班子和领导干部进行考评，以实施量化考评为切入点，全面了解换届调整以来县级领导班子总体运行以及领导干部表现情况，重点掌握好和差“两头”的干部。根据考评结果，11个县（市、区）班子被评为好的2个，较好的9个；339名考评对象中，考评为好的干部52名，差的干部37名。坚持动真碰硬、奖惩并举，用足用好考评结果。对领导班子，及时向其通报考评结果，肯定好的做法，列出问题清单，要求各县（市、区）结合2018年民主生活会，提出整改意见和时限。对考评中被确定为“好”的干部，由市委常委、组织部长进行集体谈话，肯定成绩；对被评为“差”的干部，由市委常委、组织部部长和常务副部长作为谈话人，逐一进行谈话。

贯彻落实《党政领导干部选拔任用工作条例》，坚持先定规矩再定人，突出“两个优先”，精准选人用人。全年调整配备市管干部405人，其中提任113人，平职调整75人，不适宜担任现职调整岗位的2人。提任的113人中，正处级干部25人，其中领导职务17人，非领导职务8人；副处级干部69人，其中领导职务48人，非领导职务21人；市管国有企业领导干部19人。同时做好全国人大、省人大代表、政协委员推荐提名工作，坚持党组织主导人大代表、政协委员人选的产生工作，严格政治标准、身份认定、推荐提名和组织考察，合理确定代表委员结构，把好资格审查关，提高代表委员素质。

注重干部日常管理监督，开展领导干部个人有关事项报告集中填报和查核工作，全年重点查核214人次、随机抽查129人次，组织对7名处级领导干部进行离任经济责任审计。做好“12380”举报受理查核工作，全年办理群众举报125件。严格干部因公因私出国（境）政审管理、学历学位更改审批、“裸官”管理、谈心谈话等工作。严把干部选任全程监督，全年征求并采纳纪检监察机关意见130人次，对15名“带病提拔”科级干部选拔任用过程进行倒查。创新干部监督管理方式，实行市管干部日常管理监督信息沟通制度，与市纪委、市法院、市检察院等11个单位联合创建“市管干部日常管理监督信息库”，每月形成专报报送部领导和市委领导参阅。深化提醒函询诫勉工作，全年对县处级干部进行提醒10人次，函询36人次，诫勉8人次。编印《泉州市组织人事部门信访件调查典型案例选编》，规范提升各级组织人事部门信访举报件查核工作。

2017年1月15日，泉州市高层次人才新春座谈会召开　（图/市委组织部）

突出正向激励，制订实施《关于激励干部提升干事创业精气神的八条措施》及工作要点，提出严守党的纪律、实行亮岗晒绩、推行量化考评、突出正向激励、严格追责问责、宽容失误失败、加强日常监督、提升能力素质等八条具体措施，着力解决干部队伍中存在的“不冷不热”“不急不慢”“不疼不痒”等问题，人民网、中国新闻网等国内主流媒体纷纷予以报道。健全完善干部保健工作制度，召开全市首次干部保健工作会议，组织全市现职处级干部进行健康体检。组织对全市近年来因公殉职、因伤因病致残干部职工的家庭情况进行摸底，做到无一遗漏建档立卡，并出台具体帮扶措施，逐一明确专人负责。

制订出台《关于加强干部挂职锻炼工作的意见》，开展专项干部挂职锻炼，加大培养锻炼年轻干部力度。强化援藏、援疆、援宁干部日常管理，全年接收29名处科级干部到泉州挂职锻炼，选派11名干部到省直单位挂职。做好军转干部安置工作，安置副团职军转干部46名、正团职军转干部20名。做好选调生和大学生村官分配安排、教育培训、调动管理、期满考核、分流安置等工作，全年接收应届选调生58名、大学生村官97名，妥善安置聘任期满大学生村官52名。精心组织党群机关公务员考试录用工作，全年招考录用公务员117名。加强公务员管理系统信息库建设，完成全市27000多名公务员信息采集，扎实推进公务员日常管理信息化、科学化。

【提升党建工作水平】　2017年，中共泉州市委组织部制订《落实党建促脱贫攻坚任务的工作方案》，选派300多名机关、事业单位干部驻村任职，举办2期农村干部培训班，新建村级组织活动场所50个，采取贫困党员专项帮扶、“跨村联带”、建强带头人队伍等10多项措施，推动107个贫困村实现脱贫。发挥泉州民营企业、海外侨亲的优势，由党组织牵线搭桥，实施“三百工程”（百企帮百村、百会扶百村、百侨助百村），全市854家民企和商会从助学、助医、助灾、助困等方面结对帮扶473个贫困村，引进侨捐项目200多个，落实帮扶资金1.95亿元，实施帮扶项目2056个，帮扶困难群众3.2万人。《人民日报》《中国组织人事报》《中国扶贫网》等媒体多次介绍泉州市做法。2017年8月全省第一期、第二期村党组织书记示范培训班，以及11月中央和国家机关选派第一书记示范培训班（第一期）在泉州市举办。

非公党建品牌持续提升 在原有“8+8”组建模式的基础上，创新“兼合式”党组织组建模式，进一步提高党组织的覆盖率。2017年底，全市有非公企业党组织5171个，覆盖率87.3%。非公企业和社会组织党建培训实践基地建成投入使用，承接省内外培训考察56批次、1900多人次，成为“省党员教育培训示范基地”和“省委党校、福建行政学院非公有制企业党建教学基地”。开展党建工作要求写入非公企业公司章程试点工作，出台《关于进一步发挥非公有制企业党组织政治核心政治引领作用的通知》，探索将党建工作纳入非公企业公司治理结构，进一步发挥党组织实质性作用。中央党建工作领导小组秘书组《党建要报》、省委《八闽快讯》专期介绍泉州市做法，中央党校党建教研部副主任祝灵君教授给予高度评价；《关于党群组织联动联推园区非公企业党建的探索与思考》获评2016年度全国非公党建调研成果三等奖。

基层党建各项工作统筹推进 城市党建方面，制订《城市基层党建试点工作实施方案》，召开全市城市基层党建工作现场推进会，指导鲤城区、丰泽区、石狮市等地推进试点工作。国企党建方面，召开全市国有企业党建工作会议，出台《关于扎实推动国有企业党建工作要求写入公司章程的通知》及章程范本、《关于在深化国有企业改革中坚持党的领导加强党的建设的实施细则》等，推动国有企业党的建设各项任务落到实处；学校党建方面，理顺学校党组织隶属关系，中小学校、幼儿园党组织隶属关系按要求全部划归教育行政主管部门，民办学校党建工作得到加强。各县（市、区）原隶属乡镇（街道）、村（社区）学校党组织100%划转到县级教育系统管理，全市各类学校党组织覆盖率79%，党建工作覆盖率100%。

党员教育管理全面加强 推进党费清理收缴、党组织和党员信息采集工作，完成清理收缴党费10052.97万元，并从留成党费划拨出1000万元作为关心关爱的启动资金；采集1.45万个党组织和30.97万名党员的基本信息，信息准确率排在全省前列。开展失联党员规范管理和组织处置工作，探索建立防止党员失联长效机制，通过规范党员组织关系转接、加强流动党员日常管理等方式，强化党员队伍建设。2017年，经查找已取得联系的失联党员有330名，其中纳入组织管理268名，给予组织处置出党44名，开除党籍12名。民主集中制建设、发展党员、党员电教等工作均走在全省前列，《福建日报》头版介绍泉州市民主生活会经验做法，第十四届全省党员教育电视片观摩交流评审会暨党员电教中心主任座谈会在泉州市召开，省委组织部“六好”系列评选泉州市有13篇（部）“六好”作品进入前三名，占前三名作品总数72.22%。

基层党建工作责任有效传导 推动市委常委会专题研究基层党建工作，召开全市基层党建工作重点任务推进会和基层组织建设工作例会，及时传达上级会议、文件部署精神，布置安排相关工作。组织开展县（市、区）委书记、乡镇党委书记、机关工委书记、教育工委书记、非公企业工委书记和国资委党委书记专项述职评议考核工作，结合“两学一做”学习教育工作，先后组织3次全市性督查调研，发现问题、解决问题，传导工作压力，推动各级党委全面落实基层党建主体责任。

【人才发展体制机制改革】 2017年，中共泉州市委组织部做大做实人才工作格局，启动实施人才“港湾计划”，研究推出27条政策措施、96项细化任务，推动人才工作由“服务支撑产业”向“引领产业发展”升级。充实调整市委人才工作领导小组，市委书记亲自担任组长，成立5个专项工作小组，具体统筹“港湾计划”任务落实。对“港湾计划”进行责任分解，由组织部门牵头抓总，29个牵头主办单位对口领办、挂账销号，压实主体责任、倒逼工作落实，逐步构建市委人才工作领导小组议事决策、专项小组具体推动、相关部门分头落实的项目化推进机制。

引才聚才载体建设 整合调动科技、经信、发改等部门力量，布局一批服务全市乃至全省的人才科研创新平台。2017年，全市新获批3家省级工程实验室、4家省级重点实验室、5家省级工程技术研究中心、9家省级众创空间，并与清华大学科技开发部签订产学研合作备忘录，争取到省政府与南京大学签约共建省级环保产业研究院落地。引导9家科研平台抱团发展，成立跨县区、跨领域、跨行业的新型人才联盟，提高人才创新成果的产业化率和转化速度。筛选确定23个全市人才工作直接联系点，给予部门挂钩联系、资金倾斜扶持、改革先行先试等“政策红利”。出台《关于促进人力资源服务业加快发展的实施意见》，积极构建人力资源服务的全产业链。

高端人才服务保障 围绕高层次人才“如何认定、享受什么待遇、怎么服务”，配套出台高层次人才认定标准、认定办法、团队评审以及工作生活待遇、安居保障、医疗保健、编制管理、职称直聘、金融服务、人才市场化评价等“全链条”制度。依托市高层次人才服务中心，整合12个部门人才服务职能，构建“一站式”人才综合服务平台，推行“一窗受理、集中办理、专员服务、全程跟踪”的服务模式，实现人才服务“全天候、集约化”。建立招商引资与招才引智、引才与引技“两个联动”

机制，先后赴深圳、厦门、中国台湾、中国香港及北美、欧洲等地开展经贸科技人才交流等活动，带动人才、团队、项目、资金捆绑进驻。2017年，审核确定省引进高层次人才（ABC类）94名，认定市高层次人才2614名，43人进入省引才“百人计划”人选答辩阶段，人才结构不断优化，人才支撑引领作用日益凸显。

营造干事创业氛围　在《泉州晚报》、泉州电视台、泉州广播电视台开辟宣传专栏，组织专访29个市直单位“一把手”和各县（市、区）党委书记，引导树牢人才工作全局观。公开征集“港湾计划”LOGO标识，拍摄《人才港湾》宣传片、“筑梦泉州”公益广告，制作宣传手册，改版泉州高层次人才网、泉州高层次人才微信公众号，宣传解读推介“港湾计划”。完善党政领导联系高层次人才工作制度，开展以高层次人才为主体的“我与泉州共成长”系列活动，在永春县举办首期高层次人才市情研修班，筹办人才新年晚会，营造重才、惜才的浓厚氛围。加强人才工作宣传报道，2017年，中央和省级以上媒体先后77次报道泉州市人才工作做法，泉州高层次人才网年点击量突破40万人次。

宣传

【概况】　2017年，泉州市宣传思想文化战线按照中央、省委和市委的部署要求，学习宣传贯彻习近平总书记系列重要讲话精神和党中央治国理政新理念新思想新战略，紧扣迎接、宣传、贯彻党的十九大这条主线，围绕“五个泉州”建设中心工作，服务发展大局，各项工作扎实有序推进。全市各级媒体推出中共十九大精神相关专栏40多个，组织相关报道800多篇；开展中共十九大精神集中宣讲、小分队宣讲活动3600多场次，直接受众近50万人次；加强意识形态阵地和思想理论阵地建设，营造良好舆论氛围。深化文明创建，蝉联全国文明城市称号。

【学习宣传贯彻中共十九大精神系列活动】　2017年，泉州市宣传思想文化战线做好中共十九大宣传报道工作。组织协调市直媒体在主要版面和重要时段推出学习宣传贯彻中共十九大精神相关专题专栏，转载转发中央、省级主要媒体相关消息、评论等重要报道，宣传全市上下学习宣传贯彻中共十九大精神的具体举措、实际行动以及好做法、好经验。2017年，全市各级媒体推出中共十九大精神相关专栏40多个，组织相关报道800多篇。

组织开展形式多样的主题宣教活动　开展“学习贯彻十九大精神　我们走在新时代”主题宣教活动、“砥砺奋进的五年”群众性主题宣传教育活动，举办泉州市“喜迎十九大　再踏新征程”——“五个泉州”建设成就图片展。组织开展喜迎中共十九大重点文艺活动，举办文艺晚会、书法展、摄影展、文艺下基层等10项活动，全市共开展300多场次。制作各类十九大公益广告100多条，党报等平面媒体刊登50多期（条），电视台、广播电台播出8000多条（次），累计在1000多个公共场所、2000多个村居、500多条干道悬挂（播映）标语5000多幅。组织党的十九大精神知识竞赛、演讲比赛、征文等活动，把十九大精神融入学校教育、核心价值观教育、精神文明创建、道德模范和最美人物评选等，广泛宣传普及十九大精神。

开展中共十九大精神基层宣讲　成立学习宣传贯彻中共十九大精神市委宣讲团，深入社区、农村、企业、学校开展面对面的宣讲、交流和互动。组织各县（市、区）成立宣讲团，分赴基层单位宣讲、互动。围绕“七进”（进企业、进农村、进机关、进学校、进社区、进军营、进网站）要求，组建农民宣讲小分队、市民宣讲小分队、民营企业宣讲小分队、渔排宣讲小分队、台胞宣讲小分队、侨乡宣讲小分队、军营宣讲小分队、高校宣讲小分队、“五老”宣讲小分队等10支宣讲“轻骑兵”，深入基层一线宣讲30多场次。2017年，全市开展理论宣讲5000多场次，组成市级、县级及基层十九大精神宣讲团近120支，开展党的十九大精神集中宣

2017年12月7日，永春县宣讲团在东关镇南美回族村宣讲中共十九大精神　（图/张九强　庄志阳）

讲、小分队宣讲活动3600多场次，直接受众近50万人次。

【意识形态工作】 *加强意识形态阵地建设* 2017年，泉州市宣传思想文化战线召开全市舆论导向和意识形态工作责任制专题会议、全市高校思想政治工作座谈会，印发《关于进一步加强和规范各级各类讲座、论坛、报告会、研讨会等意识形态阵地管理的通知》，对全市各级各类新闻媒体和思想理论阵地开展导向管理专项检查，始终坚持正确方向导向，加强风险点排查和风险把控，不给错误观点提供传播渠道和空间。

落实网络意识形态工作责任 出台《关于贯彻党委（党组）网络安全工作责任制的意见》，组织召开全市网络安全工作会议，对全市网络安全工作作部署要求。由市委网信办、市公安局与市直单位及省部属驻泉有关单位签订《网站和信息系统安全责任书》。制订下发《泉州市网络信息安全应急响应预案》，在“两会”、“一带一路”国际高峰合作论坛、环保督查、厦门会晤、金砖国家治国理政研讨会、中共十九大等重要敏感时期，实行7×24小时值班制度，做好突发舆情事件应急处置。全年启动互联网应急响应10次，应急值班84天。妥善处置“泉港石化安征迁项目”“塑料紫菜”等涉及泉州重要敏感舆情50多起。

加强意识形态工作分析研判和督查 做好意识形态领域情况的分析研判，市委常委会多次专题研究意识形态工作。制订《2017年度泉州市意识形态工作责任制考核办法》，组织对全市22个市直单位、8个省部属驻泉州单位党组（党委）、14个高校党委，集中开展党委（党组）意识形态工作责任制落实情况专题督查，市委常委会专题研究后形成督查专报下发，督促整改提升，把好方向导向，守好阵地关口，意识形态领域总体保持平稳。

【思想理论阵地建设】 2017年，泉州市做好市委中心组学习服务工作，转发《党委（党组）理论学习中心组学习规则》，制订年度中心组学习计划和学习安排表，围绕“五个泉州”建设，设置学习习近平总书记系列重要讲话和中共十九大精神等11个专题。全年组织市委中心组学习20次，包括中心组（扩大）学习会9次、“两学一做”专题学习讨论4次、华大讲堂7次，编印学习参考资料8期。指导各县（市、区）开展党委中心组学习近200场（次）。协同组织学习廖俊波先进事迹、学习讨论《将改革进行到底》和践行“四讲四有”标准、争做“四个合格”党员等3场专题学习讨论。

组织年度社科研究规划课题89项，组织调研安溪县农民讲师团宣讲工作，形成《安溪县农民讲师团智力扶贫的实践与启示》，总结提炼经验做法，因地制宜在全市8个县（市、区）推广成立农民讲师团，并组建泉州市农民讲师宣讲团到有关县（市、区）巡回宣讲32场，受益农民5000多人次。承办全省社科普及周启动仪式和主会场活动，精心组织好“刺桐讲坛”等社科普及宣传活动。联系中国社科院课题组，组织开展《“晋江经验”的实践与发展》课题调研，深化“泉州模式”“晋江经验”的理论研究和拓展宣传。

【舆论氛围营造】 2017年，泉州市宣传思想文化战线围绕中心、聚焦主题，精心组织主题宣传活动。宣传习近平总书记系列重要讲话精神和治国理政新理念新思想新战略，宣传报道全国、省、市“两会”精神。组织好金砖国家治国理政研讨会、第三届海丝国际艺术节、项目攻坚年、创新驱动发展、古城保护、古泉州（刺桐）史迹申遗、人才“港湾计划”、脱贫攻坚、防汛防台风、文明创建、平安综治、生态文明、民生保障和向廖俊波学习、“两学一做”学习教育等市委、市政府中心工作和阶段性重点工作的系列宣传报道，做好中央环保督查组来闽督察期间的新闻宣传和舆论引导工作。2017年中央、省级各类主要媒体刊发（播）有关泉州的新闻报道20000多条次。

在全市范围内组织开展“虚假违法广告”“扫黄打非”“问题地图整治”“互联网金融风险整治”“打击新型网络诈骗”等专项行动。2017年全市各地发现处置各类有害信息1.6万条，下发过滤关键词303条，上报异地非法出版物信息5条，发现上报处置涉暴涉恐等极端有害音视频1900条，整改网站2个，关停封堵假冒“泉州网”等相关违法网站5个。举办全市网评员培训班和网信系统学习贯彻十九大精神培训班，组织开展“刺桐英雄帖”网评竞赛活动，提升全市网评员队伍政治素养和理论水平。2017年共收集、处理舆情信息8万余条，向省委网信办报送舆情信息1300余条。

2017年8月16—19日，金砖国家治国理政研讨会在泉州举行，宣传思想文化战线主要承担会务保障部和宣传文艺部有关工作。研讨会期间，接待境内外媒体24家124名记者，中央、省级主要媒体、新闻网站及门户网站共刊发（播）有关新闻报道1100多篇；《刺桐情韵》非遗专场演出充分展示中华文化、福建魅力、泉州特色，《中国·泉州》宣传片、《图说泉州》等有力地展示泉州，泉州城市的知名度和影响力得到较大提升。

【文明创建】 2017年，泉州市树牢社会主义核心价值观，指导主流媒体持续办好“践行社会主义核心价值观——‘中国梦•我的梦’”专题专栏，宣传全市各地培育和践行社会主义核心价值观的生动实践。举办各类活动1000多场，受众人数4万余人。做好《辉煌中国》暨“厉害了，我的国”主题宣传推广活动，安排户外大屏、移动电视等滚动播出《不忘初心继续前进》《法治中国》《大国外交》《将改革进行到底》等大型政论专题片。指导各地各有关单位持续加大“图说我们的价值观”“讲文明、树新风”“塞罕坝精神”等主题公益广告宣传力度。

举办廖俊波先进事迹泉州专场报告会，开展吴永发、陈奇源先进典型宣传活动。发动群众参与省、市践行社会主义核心价值观基层“最美人物”评选活动，10人获评泉州市基层“最美人物”，2人获评福建省基层“最美人物”。开展示范乡镇创建活动，9个乡镇被省委宣传部命名为2016年度全省农村宣传思想文化工作示范乡镇。加强道德模范、身边好人推荐评选工作，1人入围第六届全国道德模范候选人、3人入围第五届省道德模范候选人，2人入选中国好人榜、5人入选福建好人榜。组织广大干部群众开展岗位学雷锋活动，在全市范围培育学雷锋活动示范点26个和岗位学雷锋标兵26人，其中1个单位获评2017年度全省学雷锋活动示范点，2人获评全省岗位学雷锋标兵，1人被省委宣传部推荐参评全国岗位学雷锋标兵。组织“文明之行•德耀泉州”道德模范基层巡讲和“道德模范故事汇”基层巡演等活动，以典型示范引领群众自觉践行社会主义核心价值观。

“两个活动”　开展“家+文化”建设活动。在全市范围打造近百个独具特色的家风家训长廊、主题展馆、志愿服务站等家风传承阵地。组织本地文艺工作者创作、新编文艺精品10多场（台）。策划《闽南好家风》大型家风人文节目、“对话泉南名家　共沐闽南家风”系列访谈报道等，征集家风故事30篇，各地家庭温情故事200余篇。组织开展“最美家庭”推荐评选活动，3户家庭入选全国“最美家庭”、10户家庭入选省“最美家庭”。开展“身边故事、共同铭记”演活动。全市确定134个试点村，用树碑立传、文艺创作等方式对身边积极向上、充满正能量、人人可以传颂的人或事进行铭记、传颂。组织对全市25个“身边故事、共同铭记”活动情况开展较好的村（社区）进行活动评选。通过建设教育基地、举办讲堂演出、开展故事征文、组织志愿服务等，用爱心传递正能量，让“身边故事、共同铭记”活动深入人心、成效立显。

文明创建　制订建制区和市直部门文明城市创建考核办法，把文明城市创建考核结果纳入年度绩效评估体系，出台深化创建全国文明城市三个配套实施方案，持续推动文明城市创建考评、社会主义核心价值观宣传、“志愿情•泉州红”品牌活动等机制化常态化。2017年11月14日，第五届全国文明城市名单发布，泉州通过复查，确认继续保留全国文明城市称号。

【文化改革】　创建国家公共文化服务体系示范城市　2017年，泉州市健全完善市级公共文化服务体系，推荐6大类共8家基层文化单位参评第七届“全国服务农民、服务基层文化建设先进集体”，晋江市图书馆、永春县广播电视事业局、安溪高甲剧团获评“全国双服务先进集体”。启动全民阅读示范点（百姓书房）建设，在全市建设一批集阅读、休闲、娱乐、交流等为一体的百姓书房。开展低票价公益性演出活动，2017年全市12个文艺院团共演出860场，其中市公益性演出260场，省公益性演出600场，平均每场观众近400人次。举办“传承薪火、筑梦海丝”百姓大舞台活动，市梨园、高甲、木偶、南音、歌舞剧团和艺校以及民间文艺演出团体累计演出317场，观众人数9万多人次，木偶体验馆全年共举办惠民演出195场，场场爆满。开展“欢乐泉州”“三下乡”宣传文化活动，全年全市组织开展“三下乡”“欢乐泉州”宣传文化活动100多场。联合市直有关单位在南安市东田镇开展泉州市2017年文化科技卫生“三下乡”活动，捐助项目建设资金453万元，筹集资金40万元，赠送发放物品价值22万元，共计515万元，受益群众2万多人次。

创建优秀传统文化传承发展示范城市　2017年，制订出台《泉州市创建优秀传统文化传承发展示范城市实施方案》，设立泉州市优秀传统文化传承发展工程联席会议并召开第一次会议。开展古城“双修”工作和安溪文庙、李光地宅（祠）等全国重点文物保护单位修缮整治工作。扶持非遗传承人开展非遗传习，编辑出版《泉州非物质文化遗产资源实录》，启动泉州市传统戏曲老艺人传承保护高清视频档案录制工作。推进“古泉州（刺桐）史迹”申报世界文化遗产，完成国际专家现场考评，得到国家文物局领导和国际专家的肯定和好评。推动红色文化建设，举办纪念红军长征胜利闽西革命老区写生作品展，编排红色革命题材舞蹈《父辈》、高甲戏《星光》和历史舞台剧《铁血军魂》，提升泉州红色文化知名度和影响力。常态化开展传统文化进校园活动，在中心市区、石狮、台商区等地中小学校试点开展灯谜、南音、漆线雕等非遗项目传承活动，组织高甲戏剧团走进17所学校举行35场展演。组织“弘扬中华优秀传统文化　推动海丝文化传承发展”全市中小学生书信比赛，让广大青少年成为传统文化的参与者和传播者。

全面深化文化体制改革　2017年，市级文化产业发展专项资金评审并补助47个项目，下达扶持资金1400万元，另有14个项目获福建省文化产业专项资金补助共计903.8万元，2个项目获中央文化产业专项资金补助250万元。制订下发《2017年泉州市深化文化体制改革工作要点》《泉州市2017年文化改革发展工作要点及分工安排》，确定30项改革任务。出台《深化国有文化企业分类改革的实施方案》，服务推动“一报一台一网（端）”建设工程，开展“两媒”人事制度改革和传媒集团组建工作。打造“泉州通”“无线泉州”APP及“两媒”官方微博微信、微商城组成的新媒体矩阵，用户（粉丝）数突破400万，居全省地市前列。加强文化人才队伍建设，修订《泉州市文化产业优秀人才遴选暂行规定》。率先在全省开展“互联网+文化消费”模式探索，开发推广泉州文化惠民卡，会员突破15万个，实现线上线下成交量1800多万，直接惠民500万元。建立220家年产值亿元以上的文化企业名录库，重点扶持25家市级龙头企业，艾派集团、顺美集团分别获评“2016年度福建省文化企业十强”及提名企业称号，佳美集团等4家文化企业被认定为2017—2018年度国家文化重点出口企业，泉州新门旅游文化发展有限公司等三家企业荣获第十批省级文化产业示范基地，惠安雕艺园、领SHOW天地文创园、晋江洪山文创园等3个园区获评福建省文化产业重点园区。2017年全市文化产业增加值332亿元，比上年增长10.1%。

【宣传交流】 加大城市对外宣传推介 2017年12月10日—15日，举办第三届海上丝绸之路国际艺术节，吸引30多个海丝沿线国家和地区、70多个演艺团体，1100多位各级领导、嘉宾、专家学者、友城客人、泉州籍乡贤及媒体记者齐聚泉州，共襄盛会。境内外40多家主要新闻媒体214名记者，集中采访报道各项活动，各级各类新闻媒体等刊发（播）海艺节新闻报道3000多篇（条），海内外受众近亿人次。2017年邀请70多批次的境内外各级各类媒体到泉州采访采风，其中，新华社、央视经济频道、法语频道等20多家中央主要新闻单位密集报道泉州海丝建设情况。在全市140个单位和地区设立新闻发言人，全年组织开展50多场新闻发布活动。

加强对台文化交流与入岛宣传 加强与台湾导报合作，开设“海上丝绸之路起点•泉州”专版。2017年，台湾刊发泉州专版200多个，刊发泉州消息600多条。举办2017“两岸闽南人春晚”，录制播出大陆首台以闽南语为载体的闽台少儿春晚，联手两岸50家广播媒体开展“两岸广播春节联播”活动，筹办第九届海峡两岸闽南语歌星选拔赛，办好《三通俱乐部》《安安时间》两档入岛广播节目，被国台办评定为重点对台宣传项目。举办台湾泉州花灯展、我的海丝行•台湾青年参访“刺桐城”交流活动、泉州台湾学生寻根之旅、朱子之路——闽台书院联谊之旅等活动，促进台湾同胞对中华文化的认同感和归属感。

推动对外文化交流 加强与四大洲最大华文媒体《欧洲时报》《美国侨报》《华侨新闻报》《大洋日报》合作办报，全年刊发120个“海上丝绸之路•泉州”专版，刊发报道600余条。通过魅力中国网络电视台（IPTV）在北美等地落地，与美国斯科拉电视台商办第三届“泉州电视周”活动，继续办好泰国BTU《丝路•泉州》栏目，举办“泉州新丝路菲律宾行”、菲律宾•福建（泉州）电视周。2017年，全市共组织策划25个团组471人“走出去”前往新加坡、韩国、菲律宾等14个国家和地区开展文化交流；邀请46个外国文化团组610人莅临泉州交流，推动全市对外文化交流合作上新水平。

统一战线

【概况】 2017年，泉州市统一战线把握大团结大联合的主题，推进中央、省委和市委关于统一战线一系列重大决策部署的贯彻落实，围绕中心，服务大局，凝聚共识，凝聚人心，凝聚智慧，凝聚力量，不断彰显统一战线法宝作用，支持“五个泉州”建设。年内，开展迎接十九大、学习宣传贯彻十九大精神学习各项工作和主题教育活动增强“四个自信”，贯彻落实统一战线一系列重大决策部署，支持民主党派加强换届后领导班子建设，发挥优势服务大局，创新完善四项工作机制，统筹推进各领域工作。

【多党合作政治基础巩固】 2017年，泉州市统战部门开展迎接十九大、学习宣传贯彻十九大精神各项工作。为十九大的召开营造良好的氛围，举办“喜迎十九大•共筑中国梦”诗歌朗诵会、“美丽中国•海丝泉州——喜迎十九大书画摄影作品展”等相关活动20多场次，展现全市统一战线成员与党同心同行的良好精神风貌。把学习宣传贯彻十九大精神作为首要政治任务抓紧抓好，举办部务（扩大）会议、全市党外代表人士学习中共十九大精神辅导讲座、市直统战系统学习宣传贯彻党的十九大精神专题讲座等座谈会、学习会10多场次，切实在学懂弄通做实上下功夫，把统一战线成员的思想和行动统一到党的十九大精神上来，坚决维护习近平总书记的核心地位、维护党中央集中统一领导。市委常委、统战部长林万明深入洛江区马甲镇，向基层一线干部群众宣讲十九大精神，部务会议成员也到各分管领域基层一线宣讲十九大精神。以十九大精神为引领，召开全市统战工作务虚会，谋划2018年工作思路，初步提出“围绕一条主线，完善三个机制，办好五件实事，统筹推进八个方面重点工作，力争五个方面取得新进展”的工作思路。全市统一战线按照中央、省委和市委的部署要求，不断把学习十九大精神引向深入，自觉用习近平新时代中国特色社会主义思想武装头脑、指导实践，推动工作。

主题教育活动增强“四个自信” 开展“不忘合作初心、继续携手前进”学习教育活动，激励民主党派成员继承优良传统，弘扬时代精神，巩固多党合作的思想政治基础。在非公经济人士中开展以“守法诚信、坚定信心”为重点的理想信念教育实践活动，举办年轻一代民营企业家学习贯彻十九大精神坚定理想信念报告会，6位年轻企业家代表作理想信念事迹报告，200多人参加主会场活动，400多人在分会场收看视频会议，2000多人收看在线直播，增强年轻企业家对中国特色社会主义的信念、对党和政府的信任、对自身企业发展的信心、对社会的信誉。在党外知识分子和新的社会阶层人士中开展践行社会主义核心价值观主题教育活动，指导市新阶联开展“迎国庆、诵经典、助创城”万人快闪主旋律等活动，树立新的社会阶层人士良好的精神风貌。

统一战线一系列重大决策部署的贯彻落实 召开全市统战部长会议、全市统战工作半年会、党外干部培养工作专题会议、全市党外知识分子和新的社会阶层人士统战工作会议等，分步骤分层次分领域推进统一战线工作任务的落实，确定“围绕迎接十九大、学习贯彻十九大精神这条主线、做好十方面重点工作、实施‘五个五’工作计划”的工作部署。在党外干部培养方面，确定“真正重视、夯实基础、加强培养、依规选贤、发挥作用”5个方面的重点内容。在党外知识分子和新的社会阶层人士统战工作方面，突出两个重点，健全两个机制，完善组织网络，构建“联络交友、创业挂职、服务社会、参政议政”四个载体，打造发挥作用的活动品牌。

民主党派加强换届后领导班子建设 召开各民主党派泉州市委会新老班子成员座谈会，要求新一届班子进一步凝聚思想、凝聚共识、凝聚力量。协助做好民主党派省级组织换届相关工作，召开协助各民主党派省级组织做好换届工作座谈会，引导全市各民主党派进一步统一思想、提高认识，强化政治意识、严肃换届纪律。换届以来，各民主党派市委会班子结构进一步优化，思想、组织、制度等建设得到进一步加强。

【民主党派建言献策】 2017年，泉州市各民主党派积极建言献策，服务决策参考。全市各民主党派成员为各级“两会”提交建议、提案1245件，其中市政协副主席、台盟泉州市委会主委骆沙鸣《振兴中华老字号 推动中国品牌走向“一带一路”》《加快我国体育产业发展 建设体育强国》被列为全国政协2017年重点提案，《以绿色发展理念 进一步加强我国海绵城市建设》被列为优秀提案。全年被中央统战部《零讯》、省委办公厅《八闽快讯》等刊物采用建议类信息30多条次，其中《建筑垃圾资源化再利用刻不容缓》被《零讯》单篇采用。收集50多篇调研文章编印《第九届党外人士建言献策论坛文集》，送有关部门参考。

【民企社团结对帮扶】 2017年，泉州市统战部门深化精准扶贫，助力脱贫攻坚。推进“百企帮百村”、“百会帮百村”、“百侨帮百村”，深化结对帮扶、产业扶贫、项目帮扶、就业帮扶等，力促强化自身造血功能，提升精准帮扶的效率。发动976家民企、商会、侨商、海外社团等结对帮扶558多个贫困村（含非建档立卡贫困村），实施帮扶项目2056个，落实帮扶资金2.02亿元，受帮扶群众35375人。支持民主党派开展脱贫攻坚民主监督工作，各民主党派市委会深入基层开展考察调研活动59场次，提出意见建议40条，开展扶贫慰问活动74场次，落实各类扶贫资金1015.46万元。做好厅处级干部结对帮扶贫困户工作，市委常委、统战部长林万明落实6.43万元帮扶洛江区林岁、林振兴2户结对帮扶贫困户，落实帮扶资金21.8万元支持泉港、洛江等3户贫困户进行危房翻建；部领导3次到洛江区红山乡开展走访帮扶活动，帮扶困难户12户46人，落实帮扶资金15.6万元。

【同心系列工程推进】 2017年，泉州市统战部门推进“3+2”(即助医、助学、助困和参与精神文明、生态文明建设)同心系列工程，助力补齐民生短板。响应市委十二届四次全会的部署要求，主动融入补齐民生短板的工作大局，推进第一医院病房大楼“同心楼”工程，牵头发动统一战线成员参与补齐民生短板，共有1100多个单位和个人参与此次捐赠活动，到位资金超过1.6亿元。推进“3+2”同心系列工程，在助医方面，全市统一战线组织开展义诊赠药活动184场次，诊疗群众2.8万人次，节省医药费用达167.91万元，捐赠病房、医疗设备等价值5557.7万元（不含第一医院同心楼工程）；在助学方面，帮扶困难学生9162人，发放助学金4041.12万元，捐赠教学楼、教学设备等价值9451.9万元；在助困方面，落实帮扶资金5787.02万元，帮扶困难群众1.5万人次；在参与精神文明建设方面，深入开展文明志愿服务活动，举办同心文化活动167场次，惠及群众3.4万人次；在参与生态文明创建方面，围绕生态文明建设建言献策168篇，开展种植同心林行动，种植香樟、桂树等6600多棵，推动开展生态寺观建设、香炉改造工程等环保行动。

【“回归工程”建设】 2017年，泉州市统战部门发挥网络资源优势，内引外联助力产业转型升级。至2017年，市工商联有会员企业31640多家，县级工商联（商会）组织13个，全国异地泉州籍商会 243（不包括在泉异地商会）个，在泉异地商会40个，会员总数、基层组织数量居全省第一。发挥好联合国海陆丝绸之路城市联盟工商理事会和各级工商联、商会组织的桥梁纽带作用，深化“回归工程”建设，组织民企参加深圳“2017泉州市外资专场招商推介会”、上海“泉州制造2025暨推进产业转型升级招商洽谈会”等对接会20多场次，推介泉州市投资环境、规划愿景、惠企政策等，引导在外泉州籍企业家积极参与家乡建设，促成明匠智能系统、车库咖啡创新创业孵化基地等回归项目6个，拟投资额16.8亿元。组织60名企业家赴“一带一路”沿线国家和地区开展商务洽谈和经贸考察活动12场次，签署5次系列协议，推动“海丝”沿线城市商贸合作发展。

【寻根谒祖平台建设】　2017年，泉州市统战部门推进南洋华裔族群寻根谒祖平台建设，融入海丝先行区建设。完成初设和概算审批，进入招标阶段。征集、扫描包括李光前等海外有重要影响的侨领家族族谱5000多册（150多万页），涵盖85个姓氏。前期局部试点工作顺利推进，在晋江、石狮遴选15个重点侨村开展族谱数字化工作，征集族谱近700册，完成100多册族谱录入工作，在40个重点乡镇启动侨情普查。先后帮助加拿大参议员胡子修等20多位海外侨胞和港澳台同胞成功寻根谒祖。

【四项工作机制创新】　*完善港澳专项工作机制*　2017年，启动对三类人员（投资移居港澳祖籍泉州的人员、在港澳工作祖籍泉州的人员、在港澳读书的泉州籍人员等）普查建档，促进新老泉州籍乡亲的融合，凝聚泉州籍乡亲在港澳的力量。对移居港澳的泉州籍人员、在港澳工作的泉州籍人员这两类人员的调查摸底，由市委统战部联合市教育局、市公安局、市外事侨务办、市侨联等相关单位，依托各县（市、区）委统战部、台商投资区党群工作部进行，已收集1839名乡亲的资料。在港澳就学的泉州籍人员，由市教育局联合市委统战部前往省高招办收集相关数据。

构建“四位一体”党外干部培养管理机制　开展市直统战系统2017年市管副处级后备干部人选推荐考察工作，协调各民主党派市委会开展科级干部调查摸底，研究提出党派后备干部培养工作计划。不断提升统一战线教育培训的实效，选派17人次参加中央、省级培训活动，在市社会主义学院举办党外干部培训班等6班次培训230人次，选派23人次参加市级相关培训。推动党外代表人士实践锻炼基地建设，组织对2016年选派的党外挂职干部进行期满考核。

完善港澳台泉州籍乡亲年青一代回乡交流研学创业机制　2017年以来，举办“海丝情•中国梦”港澳青年骨干培训班，来自港澳25个社团的80名青年精英参加了此次培训班，进行了创业经验的分享、参观海丝重点项目、听取“闽南文化、海丝文化”专题讲座等活动。

探索建立“表现＋履职＋贡献”的港澳政协委员选拔评价机制　2017年，加强与市政协的协同联系，及时跟踪、了解掌握港澳政协委员履职情况，建立“表现+履职+贡献”的港澳政协委员选拔评价机制，通过两个方面的内容强化对政协委员的综合评价，一方面是港澳委员在港澳参加重大公共事务及社团活动的表现；另一方面是对政协委员参加会议和活动的出席率，提交提案、建言献策、参政议政的情况进行评价，促进港澳政协委员履职尽责。

【政党协商】　2017年，中共泉州市委出台《关于加强政党协商的实施意见》，市委统战部制订《2017年政党协商计划》，为推动泉州市多党合作事业持续健康发展提供制度保障。是年，中共泉州市委举办脱贫攻坚民主监督工作座谈会、上半年经济形势分析和下半年经济工作通报会、《泉州市中山路骑楼建筑保护条例（草案）》等6场专题政党协商会议，邀请各民主党派、工商联主要负责人和无党派人士进行协商，吸纳党外人士的意见建议。制订《进一步规范民主党派市委会专项业务经费使用管理的通知》，指导各民主党派市委会规范专项业务经费使用。协助做好民主党派基层组织换届工作，完成鲤城区、洛江区等6个县21个民主党派基层组织换届主委人选的推荐考察工作，推进民主党派组织建设有序、健康发展。做好特约人员的推荐考察工作，推荐9位民主党派、无党派人士担任市审计局第六届特约审计员，9名民主党派、工商联、无党派代表人士担任市检察院首届党风检风监督员。

【党外知识分子和新社会阶层人士工作】　2017年，泉州市统战部门加强党外知识分子和新的社会阶层人士工作。开展泉州市党外知识分子调查摸底工作，收集、整理1300多名代表人士基本信息，初步建立泉州市党外知识分子基础数据库。走访华侨大学、泉州师范学院等高校和市人社局、卫计委、科技局、教育工委等部门，召开座谈会了解泉州市党外知识分子整体情况，并听取意见建议，推进党外知识分子工作。发挥泉州新阶联中专业人才众多的优势，筹建2个界别的专业委员会，成立5个活动交流基地，引导新的社会阶层人士积极服务社会。召开新的社会阶层代表人士座谈会、新媒体网络人士座谈会，走访新社会阶层代表人士，听取意见建议，强化思想引领，引导他们正面发声，弘扬正能量。组织泉州市留学人员优秀创业项目的评审工作，通过广泛宣传、实地走访和专家评审，推选扶持一批优秀项目。指导南安、晋江留学人员联谊会在美国、加拿大、英国、澳大利亚等国设立留学人员服务站，在泉州市归国人才聚集的机构设立引才联络站。泉州市留学人员联谊会发挥民间外交生力军作用，组织志愿者协助做好晋江市申办2020年世界中学生运动会、古泉州(刺桐)史迹申遗、第三届海丝文化艺术节等涉外重大活动翻译、接待和展示、交流等工作；主办“海归嘉年华”系列活动，邀请6名专家学者讲述海丝文化，展现泉州优秀文化魅力，吸引来自全国各地留学人员组织代表和海外留学回国人员等500多人参加。

【“亲”“清”新型政商关系构建】 2017年，泉州市统战部门服务“两个健康”展现新作为。完成市工商联换届工作，选举产生执行委员会委员326名，其中常务委员122名，全市工商联会员队伍不断壮大、结构更加优化，商会组织网络更加健全。构建“亲”“清”新型政商关系，持续开展“亲清润泉商，促进两健康”系列宣传教育活动，完善市工商联与公安局、法院、检察院的沟通联系机制，引导非公经济人士诚信守法经营，营造良好的社会环境。不断激发企业家创新创业活力，举办“融合创新赢接未来—2017泉商巅峰对话”、“晋江经验”学习座谈会等论坛、讲座、学习会10多场次，提升企业家的素质。联合市纪委、市直机关工委等举办“亲清相伴海丝路 同心迈进新时代”主题活动，企业家代表、行业商会、异地商会代表等近400人参与，表达践行“亲”“清”政商关系的坚定决心。推进“五好”工商联、商会组织创建工作，8个基层组织获评全国、全省“五好”县级工商联。

【民族宗教政策落实】 2017年，泉州市民族宗教领域呈现团结稳定局面。争取中央、省级民族补助559万元，市级落实民族补助款460万元。深入德化大溪畲族村和泉港鸾峰畲族村召开现场会，为民族村筹集发展资金200多万元。召开全市宗教工作会议，贯彻中央、省宗教工作会议精神。引导宗教与社会主义社会相适应，强化宗教界人士的爱国主义教育，提高教职人员队伍思想政治水平。引导宗教界广泛参与公益慈善事业，2017年全市宗教界捐赠慈善公益事业超6800万元。妥善协调申遗工作中涉及个别宗教活动场所的相关事宜，助推申遗工作顺利开展。扎实开展工作，推动市天主教爱国会顺利换届。发挥宗教工作联席会议机制作用，召开两次专题会，部署深入开展风险排查，及时掌握民族宗教领域有关情况，为党的十九大和厦门金砖会晤营造安定稳定环境。发挥泉州市佛道教祖庭优势，协助举办纪念广钦老和尚赴台弘法七十周年、宏船老和尚赴新加坡弘法八十周年等活动，促进泉与台湾地区及东南亚等地民间宗教文化交流。

【港澳台联络联谊】 2017年，泉州市接待港澳参访团20多批1200多人次，组团参加港澳社团活动14批80多人次，利用参加庆典、座谈会等，多方走访各界人士，广泛宣传中共十九大精神，推介泉州发展的规划及各方面情况，增进港澳台乡亲爱国爱乡之情，邀请他们参与社会主义建设。指导、帮助泉州籍港澳台社团不断加强自身建设，2017年指导成立香港泉州洛江同乡总会、香港泉州丰泽同乡总会及3个基层同乡会。

召开市海外联谊会第五届理事大会，来自27个国家和地区的近300名海内外理事共襄盛会。协助召开市第八次归侨侨眷代表大会，来自全市各条战线、各行各业的归侨侨眷代表和海外特邀嘉宾600多人参会，为南洋华裔族群寻根谒组综合服务平台募集捐款1560万元。

教育工委工作

【概况】 2017年，泉州市委教育工委下发《关于在全市教育系统深入开展学习宣传贯彻党的十九大精神的通知》，建立领导班子挂钩联系上党课制度，利用手机、微信等新媒体开展“学习‘党的十九大精神’有奖知识问答”，举办“党在我心中”校园歌手比赛，编印中共十九大和新党章应知应会100题，铸牢广大师生理想之源、信念之基。推进“两学一做”学习教育常态化制度化，在市委经验交流会上作“在‘两学一做’学习教育中突出抓好师生党员的思想政治教育”的典型经验汇报。制订《关于建立健全基层党组织按期换届提醒督促机制的通知》，建立党组织换届提醒制度，完成市直教育系统党委、局机关党总支、机关党支部换届选举工作。制订《关于进一步推进市直教育系统“三会一课”常态化制度化的指导意见》，建立“三会一课”经常性督导制度。和市委组织部联合制订《关于加强中小学校党的建设工作的实施意见》，全面提升中小学校党建工作水平。

【教育系统干部队伍建设】 2017年，泉州市在中小学校推行“双向进入、交叉任职”办法，既注重选拔精通教育教学的干部担任党组织负责人，也注重选拔熟悉党务工作的干部担任校领导，打造既懂教学又通党务的中小学校领导班子。对于党政“一肩挑”学校，配齐配强党组织副书记，协助书记抓好工作，泉州培元中学、泉州华侨职业中专、泉州市实验小学等学校配齐党组织副书记。促进中层干部发展，选配、交流机关中层科级干部18名，办理机关干部免去科级职务5名。按照《泉州市直公办中小学校中层干部选拔任用工作操作要点》，进一步规范选拔任用工作，指导市直学校选配一批中层干部。加强干部教育培训，选派机关干部、市属学校人员到省委、市委党校集中培训101人次。配合市委组织部、市委统战部，推动教育系统党内外代表人士担任省“一代表一委员”，做好人选的遴选推荐、考核考察、征求意见等基础性工作，市直教育系统2名干部被选为省人大代表、省政协委员。

【领航团队工程和“三名”工程】 2017年，泉州市实施教育“领航团队”培养工程，选派90名领航团队培养对象赴北京、上海的国内名校，进行为期一年的全脱产挂职培训。领航团队发挥“以点带面”的辐射作用，通过微信“教育领航”专栏和主旨演讲、海报展示、圆桌论坛、物化成果等中期集中展示方式，普及并深化领航培训的先进理念和教学成效，让培训成果惠及更多的教师。实施“三名”（名师、名校长、名班主任）培养工程，选拔推荐省学科带头人104名、省名校长后备人选67名，泉州市中小学学科教学带头人400名、中职双师型学科带头人16名；考核认定市级教学名师72名，培训市级名师培养人选208名、市级名校长培养人选124名；启动1个省级名师工作室、7个省名校长工作室的研修工作；遴选泉州市第三届中小学名班主任30名。是年，泉州市2名教师获评福建省首届“最美教师”，140名教师获评省优秀教师（优秀教育工作者）。公布从教三代以上、累计从教年限100年以上的“泉州市教育世家”13户；与市人社局联合遴选泉州市名优教师（名优教育工作者）120名。2017年高校289人、中职中小学幼儿园89人入选泉州高层次人才，其中第一层次5人，占全市1/3。出台《泉州市高层次人才子女入学服务指南》，2017年协助解决82名高层次人才子女入学。

机构编制

【概况】 2017年，泉州市机构编制工作融入泉州市有关各项重大体制改革，统筹推进行政体制重点领域改革和“放管服”改革，推进事业单位分类改革和机构编制挖潜创新增效，把有限的机构编制资源重点用于服务保障事关市委、市政府中心工作和全局工作的关键领域，以及重大民生公益事业发展，为“五个泉州”建设提供体制机制保障和机构编制支持。

【行政管理体制改革】 *重点领域改革* 2017年，泉州市围绕市、县两级纪检监察、城市管理、安全生产、生态环境、市场监管、盐业监管、医疗卫生、群团机关、综合行政执法等重点领域，积极推进行政体制机制改革、调整优化机构设置，探索创新管理体制和运行机制，切实发挥好机构编制部门科学配置执政资源的作用。

“放管服”改革 持续减权放权，2017年市级取消权力事项37项、下放9项（含子项1项）、清理行政审批中介服务事项6项、根据省级纵向清单调整规范1120项。完成46个市直部门权力清单和责任清单“两单融合”工作，梳理编制权责事项6103项。落实人才“港湾计划”，经梳理共保留14个市直部门人才服务和责任事项39项。加强放管结合，建立“双随机一公开”监管机制，37个市直部门制订 “一单两库一细则”并组织实施监管。在全省率先试点跨部门“双随机”抽查机制，实现“一次抽查、全面体检、综合会诊”。出台《泉州市人民政府关于规范行政审批中介服务组织管理的意见》，提升中介组织服务行政审批效能。突出优化服务，通过简化审批、网上办理、快递送达等方式，推动市、县、乡19689项行政审批和服务事项实现“最多跑一趟”。启动“行政审批·我来说改革”系列活动，引入社会公众参与实现改革由“政府端菜”为“群众点菜”，把政府的服务与企业和群众的需求更好地对接起来，营造浓厚的改革氛围。主动对接国务院督查组，全面宣传展示泉州市“放管服”改革成效，在2017年5月国务院“放管服”专项督查活动正式通报中，泉州市成为全省4个受检地区唯一没有反馈存在问题的设区市。

事业单位分类改革 按照省委、省政府的统一部署安排，推进事业单位分类改革，明确市县两级暂缓分类、新设立或调整设置的312家事业单位类别属性，启动市直生产经营类事业单位改革工作，研究起草《泉州市从事生产经营活动事业单位改革工作实施方案》，解决政企不分、事企不分，以及体制不顺、机制不活、效益不高等突出问题，激发内生发展动力，提高国有资本运营效率。

【机构编制管理】 2017年，泉州市机构编制部门抓好《泉州市控编减编工作实施意见》的组织实施，会同市财政局、人社局等部门组成联合督查组，对各地开展控编减编工作情况进行专项督查，巩固和扩大控编减编工作成果，确保全市行政编制不突破中央核定的总额，事业编制不突破2012年底总量，机关工勤人员编制只减不增，控制政府行政成本。

机构编制挖潜创新管理 加强动态管理，建立健全机构编制审批与问题整改联动机制。创新挖潜增效方式，会同有关部门起草《市直事业单位编外人员聘用管理的实施意见》，加大政府购买服务、养事不养人等公共服务供给方式改革力度，推行“以事定岗、以岗定编”精细化管理方式，缓解机构编制供需矛盾。

事业单位登记管理创新 探索建立泉州市事业单位法人异常名录管理制度，健全“双随机”抽查工作机制，提前完成事业单位法人年度报告公示，中文域名注册管理及网站挂标工作走在全省前列。推动“互联网+机构编制”进程，经中央编办批准，泉州正式列入福建省首批机构编制云平台试点城市。

【机构编制服务保障】 2017年，泉州市机构编制部门按照市委、市政府的部署要求和全面深化改革任务分工，研究制订推进改革工作的具体实施方案，将牵头负责和配合推进的各项改革任务逐项细化分解，确保各项改革任务按计划有序推进、有效落实。是年，先后报请市委常委会、市政府常务会、市长办公会和市委深改组等审议或审定的改革议题7个，配合有关部门研究拟订各类专项改革方案10余项。

服务保障工作调查研究　坚持目标引领、问题导向，围绕事关全市经济社会发展全局、领导关心、社会关注的体制机制问题，按照项目化运作的方式指定专人加强研究，围绕“放管服”改革、城市管理执法体制改革、市直学校师资力量保障、市直公立医院编制管理和卫技人员保障等4个课题，研究对策和制度办法。并先后制定出台《泉州市行政审批制度改革工作要点》《泉州市人民政府关于规范行政审批中介服务组织管理的意见》等制度性文件，推动行政审批制度改革规范化、制度化。

服务保障工作水平　参与泉州各项建设的重大体制改革和机制调整，正确把握和处理各级各部门对机构编制的需求，把有限的机构编制资源重点用于服务保障事关市委、市政府中心工作和全局工作的关键领域和重大民生公益事业发展的用编需求；围绕泉州重点产业建设发展需求，推动“泉州半导体高新技术产业园区”机构编制整体设置方案获批；按照市委《关于加快社会事业发展补齐民生短板确保如期全面建成小康社会的决定》精神，研究探索解决编制缺口新方式、新举措。

机关党务

【概况】　2017年，泉州市机关各级党组织围绕学习贯彻习近平新时代中国特色社会主义思想和党的十九大精神这条主线，紧扣市委第十二次党代会提出的“勇当建设‘新福建’领头羊　奋力开创‘五个泉州’新局面”工作目标，以开展“机关党旗红，‘五个泉州’在行动”主题实践活动为总抓手，推进机关党的各项工作。

年内，组织学习中共十八届六中全会和省、市党代会精神，开展书法摄影、家规家训等“喜迎十九大”主题系列活动，营造浓厚氛围。完成中共十九大代表推荐工作，市直机关党组织和党员推荐率分别为100%和98.8%。第一时间组织收看十九大盛况，制订下发学习宣传贯彻通知，提出具体要求，强化党组（党委）中心组龙头作用，推动党员干部切实学懂弄通做实习近平新时代中国特色社会主义思想和中共十九大精神。积极开展宣讲，中共十九大闭幕后市直机关工委主要负责人即在“机关大讲堂”为380多名市直机关党员干部导读十九大精神，并到挂钩扶贫点南安九都为镇村干部群众宣讲。落实意识形态工作责任制，管好用好机关宣传舆论阵地和党员理论学习平台，举办27期“东海干部学堂”及4期“机关大讲堂”。运用“泉州机关党建”微信公众号和门户网站，“一网一微”高频次全方位宣传十九大精神。按期编发《泉州市机关政治理论学习安排表》和《泉州市机关党员教育学习材料》，举办“开启新时代、亮出新作为——全市机关学习贯彻党的十九大精神系列巡展”等活动，推动十九大精神传达到支部、到党员。推进市直机关“两学一做”学习教育常态化制度化，开展向廖俊波学习活动，制定指导意见，召开工作推进会，加强督查指导。开展党建理论研究，全省机关党建重点课题调研推进会在泉州晋江召开，市直机关工委汇编十八大以来全市机关党建重点课题调研成果，并在会上作典型发言。

【机关全面从严治党主体责任落实】　2017年，泉州市召开推进会、经验交流会，加强调研督查，层层传导压力，力推主体责任落实。市直机关工委牵头组织部分市直单位党组（党委）书记抓机关党建工作述职评议会，市委副书记陈奕辉讲话，市委常委、组织部长孔繁军主持并点评，市公安局等8个单位党组（党委）书记在会上述职，接受民主评议。年初，受市委委托，市直机关工委组织8个检查组对48个市直单位开展上年度全面从严治党主体责任落实情况检查，梳理汇总问题清单299条，督办提出的39个重点问题的整改，并结合第十二轮先进“五好”党支部考评，对落实情况进行“回头看”，及时督促整改，受检单位基本整改到位。组织撰写的《关于市直机关落实全面从严治党责任的实践与思考》分别获评省、市机关党建重点课题调研三等奖、一等奖。年底组织4个调研督查组暨十九大精神“宣讲小分队”深入56个机关党组织，宣讲十九大精神，检查138个党支部“三会一课”记录本，督促指导机关党建工作落实。按照市委要求，协同巡察办建立对接、交办、督促整改机制，指导推动市委巡察发现的机关党建工作存在问题的整改落实，并就共性问题起草整改方案，由市委办下发在全市机关开展专项整改。

【机关基层党组织政治功能增强】　2017年，泉州市树立大抓基层和党的一切工作到支部的鲜明导向，致力提升组织力，增强党组织的政治功能。召开全市“两学一做”学习教育常态化制度化暨“1263”机关党建工作机制建设工作推进会，深化“1263”机关党建工作机制建设，修订工作示意图，层层压紧压实工作责任。为破解机关党建“灯下黑”，按照市委主要领导批示，调研指导石狮机关党建“亮灯领航”工程，并在全市机关党组织推广实施。学习贯彻省直机关党支部七项基本工作法，立足市直机关特点和实际，落实市委组织部《关于规范党支部制度建设的指导意见》，总结提炼、推广实施市直机关党支部“5433”工作法，推动支部工作规范化、制度化，所策划项目获全省机关党建创新项目一等奖。组织对申报参评第十二轮先进“五好”的270个党支部进行考评，授予14个“先进‘五好’党支部标兵”、247个先进“五好”党支部称号。督促指导39个直属党组织换届选举。市直机关工委派员参加28个市直及省部属单位处级领导班子民主生活会。全年市直机关发展新党员148名。市直党校培训党员干部7期598人。加强和规范市直机关党费收缴、使用和管理工作，全年所属党员11200人次补交党费1518.22万元。慰问帮扶机关困难党员307名，慰问金额24.56万元。

【机关党建与业务工作有机融合】 2017年，泉州市搭好建实党员干事创业平台，调动党员参与机关党的工作和服务“五个泉州”发展大局的积极性、主动性、创造性。围绕落实市第十二次党代会精神，制发《深入扎实开展“机关党旗红，‘五个泉州’在行动”主题实践活动实施意见》，恒心恒志打造泉州机关党建的总品牌，引导机关各级党组织策划生成本系统、本部门、本单位服务“五个泉州”建设的“子品牌”，初步形成党建更强、作风更实、业绩更优的集聚叠加效应。落细项目化管理，筛选确定40个年度重点项目，在《泉州晚报》开设项目落实情况报道专栏，每周1～2期，全年刊出72期，倒逼项目落地落实。开展机关特色党建项目竞赛活动，评选表彰市直（省、部属单位）和县（市、区）两个序列各15个项目。组织开展手机摄影比赛并进行巡展，展示“五个泉州”建设的生动场面和重点成果。主题实践活动项目在全市基层党建重点项目展评中获第二名，同题调研报告获市委党建重点课题一等奖、全省机关重点课题调研二等奖，并在国家机关工委《紫光阁》刊载，省电视台“八闽机关党建”栏目到泉州拍摄制作专题片，播出时长近12分钟，反响良好。

【风清气正机关政治生态构筑】 2017年，泉州市开展为期三个月的“加强党内监督　推动全面从严治党”主题学习教育月，机关各级党组织开展四个方面的专题学习和讨论，党员政治纪律和政治规矩意识进一步增强，拒腐防变思想防线进一步巩固。注重家风建设，开展“点赞和美泉州”家风家规家训征集和展播活动，举办“喜迎十九大·翰墨承家训”泉州市家风家规家训书法邀请展，市委常委、市纪委书记、市监察委主任温惠榕到现场指导。持之以恒纠“四风”、改作风，坚持盯紧重要节日节点，加强节假日期间廉洁自律工作，累计通报省委巡视组移交查处、违反中央八项规定精神等典型问题案件13件；在“五一”“端午”期间开展纠正“四风”专项监督检查，发现公款吃喝、公款旅游、公车使用、办公场所使用、公款管理等方面的问题90多条，及时督促各单位即知即改。综合运用监督执纪“四种形态”，做好“1+X”专项督查发现问题线索核实问责工作，核查6个单位的问题线索，全年审理各类违纪案件26件，处分党员26人。继续牵头组织市直机关党群系列33个单位的绩效管理评估工作，促进机关效能优化提升。

【社会主义核心价值观弘扬】 2017年，泉州市注重在文明城市、卫生城市“提升攻坚”创建行动中发挥机关党组织和党员引领表率作用，引导机关党员积极投身“创城”、“创卫”工作。向全市机关广大党员干部发出“美丽泉州·绿色出行”倡议，围绕“我们的节日”开展传统节庆活动，倡导和谐理念和文明新风。市直各级别文明单位创建稳步推进，实现提级增量。多措并举推进学雷锋志愿服务活动，主要做法和经验在全市“志愿情·泉州红”工作座谈会做典型发言。举办　“创森杯”市直机关运动会，51个代表队、1576名运动员参加11个项目33个组别的比赛，助力创建“国家森林城市”宣传。举办迎新春象棋比赛暨爱心助学活动，24支代表队、108名运动员参赛。发挥市直书法家协会作用，编辑出版《书品》1期，活跃机关文化氛围。

【干部职工干事创业精气神提振】 2017年，泉州市组织市直机关党群系列33个单位的绩效管理评估工作，促进机关效能优化提升。以推进“工人先锋号”创建活动为载体，引导干部职工积极参加职工职业技能大赛，促进岗位建功。抓好机关职工素质提升，做好劳模管理服务工作。培育、推荐多个单位和个人获得多项省、市各级各类型表彰，其中福建省工人先锋号3个、省五一劳动奖章4个、　“福建省劳模工作室”1个、市级“工人先锋号（五一先锋号）”14个、省职工职业道德建设标兵个人1个、省职工职业道德建设先进单位1个、市级先进职工之家典型单位2个。举办大龄青年联谊活动，为机关大龄青年搭建增进友谊的交流平台。实施职工爱心温暖工程，慰问困难和一线职工53人，慰问金额5万多元。先后在市工人文化宫、泉港二中、特步集团组织3场为市民群众义务写春联活动，送出春联600多幅。

老干部工作

【概况】　2017年，泉州市老干部工作贯彻落实全国、全省老干部工作“双先”表彰大会和老干部局长会议部署要求，以学习贯彻十九大精神为主线，围绕中心、服务大局，推进各项工作。市委老干部局和下属单位先后获评全国敬老文明号、全省老干部信息和宣传工作表现突出单位、全省“五四”红旗团支部、泉州市绩效管理先进单位。是年，市委老干部局作为全国老干部工作先进集体，在全省老干部工作“双先”表彰大会和全省老干部局长会议上作经验介绍。11月，中组部老干部局副局长杨保平到泉州调研时给予“领导重视、用心用情、内容丰富、保障有力、成效显著”的评价。

是年，泉州市贯彻落实中共中央办公厅、国务院办公厅《关于进一步加强和改进离退休干部工作的意见》（中办发〔2016〕3号）、福建省委办公厅、省政府办公厅《关于进一步加强和改进离退休干部工作的实施意见》（闽委办发〔2017〕6号）文件精神。市委书记郑新聪主持市委常委会和老干委会，传达学习习近平总书记对老干部工作重要指示和两份文件精神，部署学习贯彻的措施。市委副书记、市长康涛，市委常委、组织部部长孔繁军，副市长季翔峰等市领导先后多次主持会议，对老干部工作提出具体要求。市委办公室、市政府办公室出台《关于进一步加强和改进离退休干部工作的实施意见》（泉委办〔2017〕28号），各县（市、区）采取多种形式组织学习领会3份文件精神，结合实际制订出台贯彻落实的实施意见。

【增添正能量活动】 2017年，泉州市开展“畅谈十八大新变化、建言十九大新未来”主题活动，评选出全市正能量活动特色项目12个、为老干部办实事做好事品牌项目12个、首批“最美老干部”76人；在福建广电云平台增设“泉州老干”“老干部正能量”“离退休干部党建”等栏目。在《泉州晚报》、泉州广播电视台开设正能量活动专栏，组织力量制作微视频“老干部之声”15期，邀请地厅级老领导老干部就“党风廉政”“精准扶贫”“生态文明”“依法治市”等热点话题进行重点访谈、建言献策40多场次。市县两级组织老同志参加党委政府征求意见会、关心教育下一代、扶贫助学、弘扬红色精神和传统美德，组织老干部开展“四下基层”“四送活动”，助力“五个泉州”建设，全市开展各类正能量活动251场次18000多人次参加，组建离退休干部网络宣传员队伍28支506人。“中共泉州市委老干部局”微信公众号获人民网舆情检测室发布的全国机关事业单位老干部微信公众号影响力排行榜第23位，并在全省微信公众号工作推进会上介绍经验。

【离退休干部党建】 2017年，泉州市本级和11个县（市、区）全部成立离退休干部党工委，台商投资区成立离退休干部党委，出台《离退休干部党工委运行规则》以及离退休党支部“1359”工作制度，全市现有离退休干部党组织350个、“老党员之家”89个、“老干部之家”75个。鲤城、石狮、晋江、南安、惠安、安溪等县（市、区）将离退休党组织建设工作纳入党建、绩效考评和精神文明检查范畴。安溪县构建县、乡镇（街道）、村（社区）“三级联动”党建工作格局。市财政每年拨付30万元党建专项经费用于离退休干部党工委工作，晋江市设立每年120万元的离退休党组织专项经费，泉港区全面提高下拨离退休干部党支部经费比例、党员学习教育经费、支部书记补贴等。举办第18期全市离退休干部党支部书记培训班、全市离退休党建工作和“两学一做”经验交流会，召开市直离退休干部党支部书记“建言全面从严治党、喜迎十九大胜利召开”座谈会和学习贯彻十九大精神工作部署会，全市组织离退休党员收听收看十九大会议536场次16000多人次。

【老干部政治待遇落实】 2017年，泉州市落实老干部政治待遇。坚持落实阅读文件、参加重要会议和重大活动、通报情况、参观学习等制度，引导老干部在思想上政治上行动上同以习近平同志为核心的党中央保持高度一致。市县两级召开通报会26场次，市委书记郑新聪主持老干部新春团拜会并通报全年工作，市政府市长康涛主持上半年工作通报会并通报工作。“两节”期间，市四套班子领导分别走访慰问离退休干部。市委常委、组织部部长孔繁军多次到老干部局、关工委等涉老部门和涉老组织调研工作，看望慰问老干部。市县两级进一步

2017年10月13日，市直老干部祝寿会举行　　（图/市委老干部局）

健全落实在职领导联系老干部、重阳节祝寿、重点工作征求老干部意见等制度。

【老干部服务管理优化】 2017年，泉州市落实离休干部离休费保障、医药费保障、财政支持“三个机制”，提高离休干部特需经费标准、无工作遗偶定期定额生活补助标准和部分离休干部及“5·12”退休干部护理费标准。经市老干委会议研究批准，给予自愿入住经民政部门批准成立的养老机构的市直离休干部、“5·12”退休干部和原任地厅级退休干部每月500元和800元不等的床位费用补贴。深化社区“四就近”服务老干部工作，鲤城区开元街道东北社区等15个社区被命名为福建省社区服务老干部工作示范点。市委老干部局与鲤城区4个街道社区卫生服务中心分别签订协议，为市直160名离休干部、“5·12”退休干部提供每月上门巡诊、健康咨询等挂钩医疗服务1488人次。利用春节、老年节等传统节日组织走访慰问市直困难老干部710人次，发放慰问金106.56万元。将生活困难市直离休干部、“5·12”退休干部和离休干部无工作遗属补助标准分别提高至2000元、3000元和10000元。市县两级组织离休干部、“5·12”退休干部和科级以上退休干部开展健康体检7516人次。

【关心下一代工作】 2017年，泉州市老干局落实市委、市政府关于加强关心下一代工作要求，按照“党建带关工委建设”要求，围绕“基层工作创新年”，推进基层关工委建设，管好用好119个青少年社会教育活动中心，结合泉州创建新一届全国文明城市和全国未成年人思想道德先进城市等活动，在全市青少年中开展“喜迎十九大”主题教育活动，扩大“百万大手牵小手”“两史三爱”关爱活动品牌影响，中国关工委主任顾秀莲批示肯定。

【活动学习阵地建设巩固】 2017年，泉州市巩固提升“全国敬老文明号”“全省敬老文明号”创建成果，完成“改造提升泉州市老干部（老年）活动中心”为民办实事项目第三年建设任务，推行“党建+”服务模式，为市直100多个离退休党支部的4400多名老党员提供服务保障，全年开展各类党建活动150余场（次），离退休党员3000多人次参加。“老干部之家”举办4个专题的时政沙龙，邀请地厅级老领导共话发展、建言献策，“老党员之家”举办学习贯彻十九大精神等系列主题党日活动。深化全国示范老年大学建设，加强老年远程教育，开通2414个老年远程教育收视点，录制40多课时具有地方特色的课件，《泉州讲古》等三部视频教材被评为全国第四批老年远程教育优秀教材，泉州老年大学代表全国老年远程教育典型在全国会议上发言。举办时政讲堂32场次，开展校园文化活动30多场，推进泉州老年大学城东新校舍建设。

精神文明建设

【概况】 2017年，泉州市精神文明建设工作贯彻全国创建文明城市工作经验交流会精神，组织市文明城市创建工作学习考察组赴江苏张家港学习考察。出台深化创建全国文明城市三个配套实施方案，调整市精神文明建设指导委员会、市创建全国文明城市工作指挥部组成人员，印（编）发市民文明手册、全国文明城市测评（暗访）实地考察操作要求、创文明城工作职责、简报等，明确工作分工、落实进度安排。把开展“城市双修”作为重要抓手，推动构建良好公共环境、公共秩序、公共关系，泉州市继续保留全国文明城市称号、获评第五届全国未成年人思想道德建设工作先进城市。

【文明城市创建】 2017年，泉州市召开市文明委暨精神文明建设先进表彰会议，表彰2014—2016年度市级精神文明建设各类先进。落实测评体系和中央文明委的工作部署，开展“树文明新风、迎金砖宾客”主题活动，制订建制区和市直部门文明城市创建考核办法，把创建考核结果纳入年度绩效评估体系，健全完善奖惩机制。组成创文明城工作考评组进行周考评、月通报或日巡查，继续依托市城市管理综合考评中心、市民文明巡访团等，进行常态化测评巡查，随时发现问题和督促整改。组成督查组到参与全国文明城市（县级）创建的石狮、晋江、惠安进行对口帮建，帮助查找存在问题，推动提升创建水平。泉州市蝉联“全国文明城市”称号，石狮、晋江（全省4个）获评第五届全国文明城市（县级），惠安、永春、德化获得新一届全国文明城市提名城市（县级），环泉州湾文明城市群创建一体化态势形成。

【基层基础文明创建】 2017年，泉州市深化文明单位（行业）创建，结合国家卫生城市复审迎检，组织对辖区省、市级文明行业示范点进行实地督查，推动市级文明单位（学校）落实履行社会责任、创建挂钩联系事项，助力城乡一体化发展。做好全国、省级精神文明建设各类先进表彰的推荐工作，8个村镇、10个单位分别获评第五届全国文明村镇、文明单位，13个镇村、18个单位保留全国文明村镇、文明单位称号，推荐上报省级文明村镇、文明单位候选对象。完成2017—2019年度市级精神文明建设各类先进创建对象的申报。调整市级文明乡镇、文明单位文明奖金发放标准。

【道德模范学习宣传】 2017年，泉州市开展“学习道德模范、争当文明先锋”主题活动，组织“文明之行·德耀泉州”道德模范基层巡讲、巡演各6场次，7000多人次现场受到教育，举办“弘扬雷锋精神·传播道德力量”主题演讲，继续开设道德讲堂等，引导人们向道德典型学习看齐。加强道德模范、身边好人推荐评选工作，泉州市1人被授予第六届全国道德模范提名奖、3人获评第五届省道德模范，2人（群体）登上好人365榜单、4人（数量列全省第一）、15人分别入选中国、福建好人榜。落实道德模范、身边好人帮扶和礼遇措施，市县两级走访慰问困难道德模范230人次、累计发放慰问金15万元。

【文明创建活动】 2017年，泉州市创新性开展“家+文化”建设活动，将文明家庭创建纳入市委、市政府精神文明创建工作表彰序列、制订有关评选表彰办法，开设闽南好家风、温陵人家、和美家风润泉州等专题（专栏），开展“点赞和美泉州”家风家规家训作品评选，组织家庭故事短片征集展播等，有效培育家庭文明风尚，推荐13户家庭入围首届省文明家庭候选名单，4个馆（所）被确定为省级家风家训乡贤文化馆，全市建成一定规模的家风家训文化长廊、主题展馆等家风传承阵地42处。推进“身边故事、共同铭记”活动，制订评选办法，组织试点单位评选，挖掘泉州故事，传承闽南文化；各地按照“重在选树、发动群众、量力而行、注重质量”的原则，通过建设教育基地、举办讲堂演出、开展故事征文等，用爱心传递正能量，让活动深入人心，涌现出一批凡人善举的先进典型。

2017年，泉州市将社会主义核心价值观融入文明校园创建工作，以“‘八不’行为规范”飞行棋、“海丝”名城文明礼仪读本、社会主义核心价值观系列绘本进校园为载体，深化“公共生活好言行”主题活动，开展“小手拉大手”移风易俗活动，引导学生养成良好文明行为习惯，争做文明有礼好少年。推动全市文明校园创建规范化，3所学校获评第一届全国文明校园，89所学校作为省级文明校园候选对象。举办“快乐学习，健康成长”学习心理辅导进学校公益巡讲启动仪式暨文明校园创建成果观摩活动，展示全市文明校园创建成果，以心理健康公益行动助推文明校园创建。

【未成年人主题活动】 2017年，泉州市评选宣传、关心关爱美德少年，3人获评第四届福建省美德少年，“六一”期间走访慰问生活困难美德少年。常态化开展清明“网上祭英烈”、六一“学雷锋争当美德少年”、七一“童心向党”歌咏、十一“向国旗敬礼”四项集中活动，举办泉州市暨丰泽区中小学生“童心向党”歌咏活动、中小学“走进新时代·相约中国梦”中华经典诵读和优秀童谣征集推广活动，深化“我的中国梦”主题教育实践活动。调整充实市未成年人思想道德建设工作联席会议成员，召开联席扩大（现场）会议。

2017年，泉州市注重未成年人活动阵地建设，完成市委、市政府关于建设20个城市社区未成年人文体活动设施场所的为民办实事项目。落实2017年度中央彩票公益金支持的两个乡村学校少年宫建设项目。注重活动成效，举办乡村（城市）学校少年宫成果展演暨“‘八不’行为规范”进校园活动启动仪式，承办2017年福建省乡村（城市）学校少年宫成果展演活动（泉州专场），巩固提升学校少年宫建设水平。组织市未成年人心理健康辅导人员团体实务培训及心理健康教育进社区、进校园、进家庭，承办福建省未成年人心理健康知识百场公益巡讲系列活动（泉州专场），营造全市未成年人健康快乐成长的良好环境。

【公益广告文明宣传】 2017年，泉州市落实《公益广告促进和管理办法》，出台在深化创建全国文明城市中落实培育和践行社会主义核心价值观重点工作任务实施方案，推动各地、各单位（部门）多形式、多载体设置“中国梦”“讲文明树新风”“图说我们的价值观”“‘八不’行为规范”等公益广告，传播文明理念、引领时代新风。深化“我们的节日”主题活动，深入挖掘传统节日浓厚文化内涵，传承闽南民间民俗，2017年中华长歌行——我们的节日·春节、元宵节、清明节、端午节（泉州篇）等在中国文明网展播。

【志愿服务】 2017年，泉州市贯彻《志愿服务条例》，出台全市志愿服务工作实施方案，落实任务分工。健全志愿服务运行、记录等机制。承办福建省志愿服务工作业务骨干培训班，举办泉州市志愿服务组织负责人培训班、组织“守护爱的力量”特训营等，加强全市各级志愿服务组织建设。完成市志愿者协会换届，修订协会章程，规范协会自身建设。推广全国志愿服务信息平台的应用，泉州市在该平台注册的志愿者76.4万名、志愿服务组织5273个，发布志愿服务项目24765个。探索“互联网+志愿服务”，上线发布“志愿情·泉州红”公益地图。组织树文明新风·迎金砖宾客、喜迎海艺节·志愿我先行、穿越古城·探寻海丝、环泉州湾国际公路自行车赛等志愿服务，持续强化大型赛会志愿服务机制。

2017年，泉州市以“志愿情·泉州红”为主题，印发活动实施方案，召开工作座谈会，淬炼提升活动品牌。组织红红火火过大年、邻里守望·情暖泉州、守护古城·共创文明、爱心午餐、关爱老人·与法同行、关爱空巢老人、我的长辈、泉州红树林保护计划、共话十九大·志愿在行动、暖冬行动等志愿服务，弘扬志愿服务理念。发起的寻找罕见血型（孟买血）志愿行动引起全国关注，成立全省首支“五老”志愿服务队、开创环境监督新模式，实施文明交通行动计划、文明出行·利家宜业新风行动等，推进志愿服务活动常态化。

2017年，泉州市6个项目（组织、个人、社区）入围2017年全国志愿服务“四个100”先进典型、3个社区（全省5个）被授予全国社区学雷锋志愿服务联络工作示范站，7个驿站被确定为省志愿服务驿站示范点、7个场馆被确定为省首批公共文化设施学雷锋志愿服务示范单位、6个项目被确定为省优秀志愿服务项目并获省志愿服务基金会扶持、8人入选省志愿服务工作专家、5名志愿者入选省首批五星级志愿者；入选2017年全国社区网络春晚节目的数量占全省50%，获奖节目数全省第一，实现“四连冠”。弘扬志愿服务文化，推动《泉州晚报》《东南早报》、泉州文明网等宣传志愿服务品牌、典型等，营造人人为我、我为人人、友善奉献的社会风尚。确定市级首批公共文化设施学雷锋志愿服务示范单位34个。

【移风易俗工作】 2017年，泉州市以全国农村移风易俗工作试点市为契机，出台构建全市移风易俗工作格局实施方案，召开全市农村精神文明建设暨移风易俗工作推进会，举办专家论坛，开设“破除陈规陋习、树文明新风”“移风易俗怎么看”专题（专栏），组织专项工作督查，不断固化新风正气、公序良俗，泉州作为地级市代表在全国农村精神文明建设工作经验交流会上作专题发言、推动移风易俗“八措并举”的做法刊登于中央文明办《精神文明建设》。注重推动“全民参与、自我约束”，石狮将“文明举办婚丧喜庆”纳入党政班子党风廉政建设责任制主体责任清单，惠安出台党员干部带头推动殡葬改革实施意见，各地将移风易俗内容融入村规民约等，在全市兴起破除陋习的新风。

【诚信建设制度化】 2017年，泉州市健全信用信息管理和“红黑榜”信息发布制度，铁路、民航、银行、工商等领域持续强化征信信息的成果运用，初步实现信用信息共建共享。将诚信建设纳入精神文明建设各类先进的考评体系，推动诚信建设常态化。依托泉州文明网、《诚信泉州》刊发诚信建设政策、诚信文化、典型经验等，加大宣传力度，推进“诚信经营示范街区”建设，助推泉州市诚信建设。

【文明旅游工作】 2017年，泉州市完善旅行社行前教育、旅行团文明督导、游客不文明行为记录、旅游“红黑榜”等制度，抓住春节、五一、国庆等重要时间节点，组织文明旅游骑行宣传、关爱自闭症儿童公益春游、在第二届泉州古城徒步穿越活动线路设置“公共生活好言行、文明旅游伴我行”签名留言板等，引导市民增强文明旅游意识。开展文明旅游提个醒、点个赞、随手拍和中国旅游日文明旅游宣传等活动，普及文明旅游常识。泉州市代表全省文明办系统在省旅游服务监管暨文明旅游工作电视电话会议上作典型作言。

【网络精神文明建设】 2017年，泉州市依托泉州文明网官网及官方微博、微信等新媒体平台，开展指尖上的春节、相约春天·文明常伴在身边、浓情五月·感恩母亲、难忘师恩等网络主题公益活动，开设海上丝绸之路的文明记忆、2017年道德模范在身边网上大看台、学习十九大·道德模范说等专题，弘扬积极向上的网络文化。发挥网络文明传播志愿者作用，引导网民发布、推荐、点赞各类先进典型，弘扬主旋律、传播正能量。市文明办向省文明风网推送信息的评分成绩列全省第一，泉州文明网官方微博“粉丝”15.58万。

信 访

【概况】 2017年，泉州市推进信访基础业务规范化建设、矛盾纠纷排查化解、信访积案化解等各项工作，完成治国理政研讨会、厦门会晤、中共十九大等重大会议期间信访工作。9月，泉州市信访局被省委、省政府评为金砖国家领导人第九次会晤筹备和服务保障工作先进集体。全市信访态势继续呈现“四下降一好转”的特点，即全市信访总量27706件（人）次、比上年下降13.1%，群众到国家信访局上访193人次、下降12.3%，群众到省集体上访143人次、下降31.3%，群众进京到非接待场所上访221人次、下降51.4%，信访秩序进一步好转。

【群众诉求渠道拓宽】 开门接访 2017年，泉州市信访部门继续实行每月15日和每周一市、县、乡三级党政领导干部定时定人定点接访群众制度。全市各级党政领导干部参加接访22098人次，接待群众来访2186批5391人次，受理信访事项1288件，其中当场解决569件、落实领导包案503件、落实责任单位1258件。其中市级党政领导参加接访154人次，接待群众来访93批294人次。

网上信访 在省信访信息系统中开通“领导信箱”端口，方便群众诉求；在泉州市政府门户网站增设“网上信访工作平台”入口，将“市长信箱”群众来邮导入福建省信访信息系统处理。拓宽来邮受理渠道，网上信访工作成效明显，保持访降、信降、网升趋势。全市接待群众来访4000批14368人次，分别比上年下降0.05%、20.3%；受理来信7880件，下降18.3%；受理来邮5458件，上升30.2%，网上信访量占比23.6%。全市办理省长信箱来邮1961件，比上年下降16.4%；市长信箱来邮2065件，上升56.4%；人民网地方领导留言版482件，与上年持平。

“12345”便民服务平台运行 “12345”便民服务平台受理群众诉求43877件，比上年上升272.3%，群众满意率98.8%，其中热线电话受理31499件，占71.8%。热线中心投入使用，由中国电信泉州分公司承接“12345”话务接听业务，该公司从“114”话务平台抽调12名工作人员作为平台话务人员，开展岗前培训，做足上岗准备；5月31日，“12345热线中心”投入使用。建立制度规范，制订实施《泉州市12345便民服务平台监督管理规定》，明确12345便民服务平台的受理范围，各接入单位的责任分工、办理方法和时限、回访核实、督查考评等工作，建立分工明确、运行规范、监管有力的工作机制。强化督查督办，“12345”平台工作情况作为开展便民服务“马上就办”工作的一项重要内容，纳入市政府效能工作一季度一督查。定期汇总通报“12345”平台群众诉求受理、批转、查阅、办理情况，努力提升诉求办理质量和效率。开展热线整合，将“建立政府统一的电话呼叫中心，由市‘12345’便民服务平台统一对外服务，实现便民咨询投诉一号通”纳入泉州“XIN”行动十项民生热点难点项目；开展市直部门热线情况调查，做足前期准备工作，印发《泉州市直非紧急政务服务热线整合方案》，明确整合热线范围、整合方式和工作进度；完成编制举报、文化市场综合举报、人口计生服务等6条热线的整合任务。

【群众矛盾纠纷化解】 *基础业务规范化建设* 2017年，泉州市信访部门紧抓“三率”不放松，及时跟踪全市来信、来访、来邮、网上投诉等信访事项办理“三率”情况，定期对各县（市、区）及市直职能部门“三率”情况进行检查通报，并逐件指导有权处理机关对存在受理、办结逾期的信访事项及时予以整改；全市信访机构及时受理率100%，有权机关及时受理率99.9%；按期办结率100%；对信访机构评价满意率74.1%，对有权机关评价满意率64.5%。组织开展业务培训，组织信访系统干部到国家、省信访局跟班学习5人，组织县（市、区）和职能部门信访干部到市信访局业务科室进行点对点业务培训52人次，邀请省信访局业务负责人到泉州市讲授福建省信访信息系统操作、依法分类处理信访诉求办理程序、网络与信息安全培训等有关业务知识，累计参加培训700人次，提升全市信访工作人员的业务能力。开展信访基础业务规范化全面自查工作，制订工作方案，组织市、县两级信访部门和各职能部门、乡镇（街道）开展信访基础业务规范化全面自查工作，从登记、受理、转送交办、办理、送达、录入、督查督办等环节入手，全面检查来信、来访、来邮、网上投诉、领导干部接访、积案化解和信访信息系统推广应用以及处理、复查、复核等信访基础业务，逐一补缺补漏。

矛盾纠纷排查化解 建立定期排查机制，坚持市县两级每半月、乡镇（街道）每周和重大情况随时排查报告制度，开展大排查、大摸底，并建立工作台账，逐一落实问题清单、任务清单和责任清单，逐一落实责任单位、责任领导、责任人员和化解措施等，努力防止矛盾上行。开展“三无”创建活动，市联席办、市综治办联合下发《泉州市及时就地解决矛盾纠纷创建“三无”县、乡、村活动方案》，总结推广“三访四解”“四进三解五服务”等基层工作经验，组织机关干部采取集中进村入户与平时进村入户相结合的方式，详细了解群众诉求，将群众矛盾纠纷化解在基层和萌芽状态。各地相应制定工作方案，成立组织机构，研究出台配套政策和措施，注重培育树立典型，推进创建活动深入开展。

信访积案化解活动 开展信访积案排查活动，建立工作台账，逐案交办相关县（市、区）和市直有关部门，逐案明确化解时限和工作要求，逐一落实县级领导包案。全市省级信访积案20件，市、县级信访积案100件，全部息诉息访。开展专案评审，市联席办牵头，组织相关业务主管部门、信访部门、人大内司委、法制办、律师，成立专案评审组，并邀请“两代表一委员”及新闻媒体参加；全年开展专案评审39件，逐案还原事实真相，逐案分析提出化解建议。组织开展公开听证评议，推选南安、晋江、惠安等3个县（市）作为公开听证工作示范点，以点带面推进全市听证工作；全市完成公开听证评议28件，住建、国土、人社部门自行组织召开公开听证评议15件。多管齐下促化解，各责任主体充分运用群众工作方法，综合采取法律、经济、政治、说服教育、人文关怀等多种手段，推动化解信访突出问题；梳理适用特殊疑难信访问题专项资金的信访积案，使用专项资金199.35万元，推动化解信访积案2件。

【信访工作责任落实】 2017年，泉州市委、市政府高度重视、高位推动信访工作，多次专题听取信访工作情况汇报，研究分析研判信访形势，提出推进信访工作的办法措施，对重要节点期间的信访工作、群众反映突出的信访问题，及时作出指示批示。市委、市政府分管领导通过召开全市工作会议、专题会、协调会、调研督导等方式，研究部署具体信访工作。

工作责任落实 市联席办牵头，抽调部分市直职能部门业务科室负责人组成督导组，多次对县（市、区）、泉州台商投资区及部分乡镇（街道）开展矛盾纠纷排查化解、信访积案化解等情况进行督导检查，通过听取汇报、查阅档案资料、查看系统、实地查看等方式，了解县（市、区）信访工作情况，指导推进及时就地化解矛盾纠纷。对于工作过程中发现的推诿敷衍、不依法按政策办事等问题，敢于严肃指出，敢于动真碰硬，推动每个案件达到“三到位一处理”要求。全年开展实地督查65次，督办重点信访件225件。

重大活动期间信访　“一带一路”国际合作高峰论坛、厦门会晤、中共十九大等会议期间，精心制订信访工作方案，加强矛盾纠纷排查化解工作，组成信访工作组进驻重要活动地开展值班驻守和劝返接回工作。各项重大活动期间信访工作取得明显成效，信访态势总体平稳。中央环保督察组在泉州市开展督察期间，及时向县（市、区）交办信访件、向省信访工作组反馈办理情况报告和相关报表。对重点件和重复件，每件均由处级领导带队到现场进行实地督查，现场了解企业生产经营现状、环保设施设备运行情况等，确保件件督查到位。中央环保督察组督察期间交办泉州市907件信访件，全部按时办结反馈。

信访突出问题梳理　市信访局履行《信访条例》第三十七条赋予的“三项建议权”，对群众反映比较集中、社会影响较大、涉及面较广的热点、难点信访问题，梳理汇总群众诉求情况，开展调查研究，形成《关于2016年以来群众反映房产办证难问题有关情况的报告》等3件专题研究报告，向党委政府建言献策，推动从政策层面上成批解决问题，从源头上预防类似信访问题的发生。

【信访法治化建设】　诉访分离　2017年，泉州市信访部门对群众涉法涉诉信访诉求，做好教育疏导、解释说明、帮扶救助工作，引导群众走法律渠道。全市信访部门向政法机关转送信访事项2545件，将涉法涉诉信访问题依法导入司法程序进行处理。

依法分类处理　市委政法委将依法分类处理信访诉求工作作为2017年全市政法综治十项创新工程项目之一。市联席会议印发《泉州市依法分类处理信访诉求工作实施方案》，成立由市委常委、政法委书记林锦明担任组长的泉州市依法分类处理信访诉求工作领导小组，加强对依法分类处理工作的统筹指挥。市联席办组织对各地进行督导检查，组织开展“回头看”活动，查找存在问题和不足，研究制订改进工作的方法和措施。国土、水利、交通等职能部门制订出台本系统法定途径清单，做好本系统依法分类处理的部署指导工作。市、县两级信访部门完成分类处理信访投诉请求事项405件，将依法应当通过法定途径处理的信访事项导入相应的处理程序。

信访法治宣传　市信访局与市依法治市办继续联合组织开展信访法规宣传月活动，将服务保障“五个泉州”建设、依法分类处理信访诉求工作等创新工程工作情况作为宣传重点，提升群众知晓率。各地还运用政府网站、微信公众号等新媒体宣传信访法治化建设，营造依法文明上访的社会氛围。全市制作、分发宣传材料369200份，出动信访宣传车下乡宣传1429次，悬挂宣传横幅、张贴标语和图片2994份，设置宣传专栏638个，开展上街咨询宣传活动292次，利用报刊、广播、电视等开展宣传活动3790条。

党校

【概况】　2017年，中共泉州市委党校深入贯彻习近平新时代中国特色社会主义思想和中共十九大精神，以“巩固、提升、探索、创新”为主题，以推进“一流党校”建设为目标，以扎实开展“质量建设年”为主线，坚持党校姓党、从严治校，各项工作有序开展、平稳推进，并取得新进展。是年，《中共泉州市委党校学习宣传贯彻党的十九大精神实施方案》印发，组建市委党校宣讲团外出宣讲170多场次，受众1万多人。5名教师接受电视台采访，2名教师参加泉州电视台“名城群英会”栏目，解读十九大精神。7篇文章在《泉州晚报》理论专刊上发表。在《泉州党校》开设十九大精神学习专栏，刊发相关文章14篇。举办“贯彻党的十九大精神暨第七届党校市情论坛”，组织开展“学习贯彻党的十九大精神”征文活动，征集论文13篇。

【干部培训】　2017年，中共泉州市委党校举办各级各类培训班87期，培训干部7058人次。举办7期泉州市领导干部学习贯彻中共十八届六中全会精神专题研讨班、8期泉州市领导干部学习贯彻中共十九大精神专题研讨班，对全市1200多名县处级领导干部进行轮训。举办“汇聚创新元素推进国家自主创新试验区建设专题培训班”“乡镇长提升履职能力专题培训班”“泉州市后备干部精准扶贫能力建设专题培训班”等专题班次，与市人大、市委组织部、市委宣传部、市委政法委等联合办班7个，培训学员652人次；与市直、县市区有关单位合作举办拓展班次19期，培训学员997人次。开展新课试讲5次，共有67个新课参加试讲，准入55个。邀请69名专家学者到校作专题讲座。招收研究生50人。

【理论建设】　2017年，中共泉州市委党校在省级以上CN刊物发表学术论文29篇，其中一类刊物1篇，211工程大学学报1篇；拟订《党校教研科研专项经费管理暂行规定》；编纂《刺桐求是文库》，入选优秀论文82篇、约59万字；市情调研报告21篇、约18万字。

【决策咨询】　2017年，中共泉州市委党校立项48个课题，其中，全省中国特色社会主义理论研究中心项目4个、省校院中国特色社会主义理论体系研究基地课题15个、省社会主义学院课题4个、市社科规划项目5个；结项22个课题；成果获奖26项，其中省直奖励9项、市直奖励16项；6项咨政成果分别获省校院领导、市领导9人次肯定批示；省校院学术年会论文入选13篇，省社院研讨会论文入选1篇；试行校级课题校委挂钩制度，立项24项；编发《泉州市情研究》4期，刊登4篇学员调研报告；开展合作及委托课题8项。经验总结“构建四个体系，建设新型智库”获中央党校《党校工作通讯》专题登载、推介；经验作法“党校新型智库建设的实践与思考”收录于中央党校《深入贯彻全国党校工作会议精神校长研修班交流文集》。

【非公党建实践基地建设】 2017年，中共泉州市委党校设立泉州市非公有制企业和社会组织党建培训实践基地，建成400平方米的泉州市非公有制企业和社会组织党建展馆，挂牌福建省委组织部“福建省党员教育培训示范基地”和福建省委党校“非公企业党建教学基地”，纳入省、市委年度党建工作重点项目以及全省党建重点培育项目，承接10个省份及省内各地的培训办班和学习考察67批次2383人次，被市委党建工作领导小组评为年度实施党建工作项目化管理优秀项目第一名。

【新校区建设】 2017年5月3日，泉州市十二届市委常委会第35次会议研究确定新校区选址建设有关问题。5月18日，市委党校新校区项目立项，项目选址台商投资区洛阳镇杏田村，总用地面积约33公顷（含代征绿地），其中建设用地约23公顷。项目总建筑面积约91000平方米，总投资5.65亿元。

党史研究

【概况】 2017年，市委党史研究室统筹开展党史正本编写、专题研究、宣传教育、革命遗址保护等各项工作，发挥党史以史鉴今、资政育人作用。提出“全市（室）一本书”，推进全市党史二卷的研著工作。《中国共产党泉州历史》第二卷（1949—1978）形成送审稿，鲤城（含丰泽、洛江）和永春党史二卷正式出版，南安、惠安（含泉港）、安溪党史二卷形成初稿或呈报稿。

【研著《中国共产党泉州历史》第二卷】 2017年，市委党史研究室把研著《中国共产党泉州历史》第二卷（1949—1978）作为全年工作重中之重，全员投入，通过项目化管理，采取多项创新性做法推进研著任务：大规模征集资料，先后查阅档案近3万份（次）、报纸2900多份、史籍图册247本，征集老同志和亲历者回忆录、口述资料90多篇，相关图片120多张；大范围征求意见，发出征求意见稿450多本，召开征求意见会3场，分9个方面征求到意见建议2182条；全方位考证，多层面审订，召开编撰务虚会、交流研讨会、专题论证会等30多场（次）进行专题研讨。前后历经15稿，于6月形成初稿，9月完成征求意见稿，11月完成送审稿。全书60多万字，收录图片、地图50多张。

【党史专题研究】 2017年，市委党史研究室列出社会主义革命和建设时期党史专题72个，由市委办以内部明电形式下达给全市28个单位。各有关单位成立课题组，组织精干力量参与课题研究，于5月底前完成课题成果上报。市委党史研究室承担其中15个综合性专题，编撰人员开展相关专题研究，完成专题论文17篇，其中《“文化大革命”时期侨乡文化延展》一文入选福建省社会主义革命与建设时期党史专题论文集。收集整理老一辈党史工作者和各县（市、区）党史部门的专题研究成果，最终形成130多万字的《社会主义革命和建设时期泉州党史专题研究》初稿。从新时期全面从严治党的要求出发，深入调研泉州革命文化资源的内涵、特点，形成调研文章《对泉州市挖掘革命文化资源推进全面从严治党的思考》，分获省委、市委党建办2017年度党建重点课题优秀调研成果三等奖。

【党史宣传教育】 2017年，市委党史研究室挖掘运用泉州丰富的红色资源，从定位、规划、整合等方面着手，转化研究成果，利用报刊、网站、自媒体等多种载体，做好党史宣传教育工作。把《泉州党史》作为党史宣教的主窗口和主阵地，采取市本级撰稿、县级党史部门投稿、与老同志约稿等方式，多方征集稿件，组织专人编写，共出版4期，约18万字。以《福建省革命遗址通览（泉州市）》的出版发行为契机，开展党史进机关、进院校、进乡村（社区）、进企业“四进”活动，全年向有关单位、学校、社区居委会、村委会赠书420余册。抓住重要党史纪念日的契机开展党史宣传，8月31日泉州解放日，室主要领导在《泉州晚报》发表文章《纪念，为了更好前行》。按照市委推进“两学一做”学习教育常态化制度化的要求，协调各级党史部门及各党史教育基地做好革命遗址展陈及讲解工作，安溪县完成修订中共安溪中心县委旧址展陈内容，并安排人员在中共安溪中心县委、安南永德苏维埃政府旧址2处省级党史教育基地做好讲解工作，全年有4000多人次接受教育。

【革命遗址保护利用】 2017年，市委党史研究室针对泉州市革命遗址点多面广、损毁严重的现状，采取上下联动、点面结合、以点促面的办法，推进遗址遗迹的修缮保护和开发利用。选送中共德化支部旧址和泉州市龙岭爱国主义教育基地（中共紫帽区工委旧址）2处遗址参评第四批省级党史教育基地并入选，提升了革命遗址的保护利用级别。按照省委宣传部、省委党史研究室等部门的统一部署，组织全市党史部门对各县（市、区）党史教育基地有关革命英烈事迹的展览陈列内容进行排查，发现问题3处并协调有关部门进行整改，保证各纪念馆、陈列室革命英烈展览内容的严肃性、科学性、权威性。协调各县（市、区）做好革命遗址的保护利用，南安市完成李刚纪念馆的修缮与布展，启动中共泉州中心县委旧址修缮工作；晋江市做好内坑砌坑革命史陈列室、安海革命烈士纪念馆、安海许集美爱国主义教育基地、英林镇西埔村“埔顶寮会议”项目的布展；泉港区投入120多万元修缮朱汉膺旧居（三朱支部旧址）和陈平山故居；洛江区在罗溪镇洪四村新建青少年党史国史教育示范基地，做好晋南永游击大队大罗溪乡公所战斗旧址、晋南永游击大队攻打国民党军队弹药消防库战斗旧址、七七抗战阵亡将士纪念碑等革命遗址的保护和修缮工作；永春县完成“红色涂山”革命历史陈列馆布馆并定为永春县爱国主义教育基地；惠安县完成湖埭头纪念馆的陈列布展工作；德化县完成德化革命纪念馆展板修缮养护。

讲师团

【概况】 2017年，泉州市委讲师团根据中央和省、市委的部署要求，做好中共十九大精神、习近平新时代中国特色社会主义思想、中共十八届六中全会精神、省市党代会精神等重要精神、重要思想的宣讲工作。扩大互联网、移动通讯等新媒体影响，配合泉州网制作“学习宣传中共十九大精神”微党课，借助电视、手机APP、网络等媒体的优势，推动党的十九大精神进网站，让党的十九大精神家喻户晓、入心入脑。参与金砖国家治国理政研讨会会务保障工作和“海上丝绸之路国际艺术节”执委会综合组相关工作，被省委、省政府授予“厦门会晤筹备和服务保障工作”先进集体称号。

【宣讲活动】 2017年，泉州市委讲师团围绕学习贯彻中共十九大精神、学习贯彻十八届六中全会精神、实施人才“港湾计划”、“一带一路”与“海丝泉州”建设等设置60多个专题，开展理论宣讲和形势任务教育5000多场次，受众近80万人次。中共十九大召开后，泉州市组建市、县及基层十九大精神宣讲团、宣讲小分队120多支，通过集中宣讲、微宣讲等形式，开展中共十九大精神宣讲3600多场次，直接受众近50万人次。其中，市委讲师团宣讲310多场次，受众7万多人次，学习贯彻中共十九大精神专题宣讲160多场次，受众近3.5万人次。参与市委组建的“党的十九大精神”“中共十八届六中全会精神”“省、市党代会精神”宣讲团开展巡回宣讲。依托业余讲师团、特聘教师、宣讲小分队等队伍，组织常态化的基层理论宣讲。加强与报纸、电视、广播等传统媒体合作，以现场嘉宾访谈、电话访谈、电话点评、新闻解读的形式，应邀参与电视台、电台专访10人次，录制“解读十九大，扬帆新时代”（上下两期）、《闽南好家风》（4期），宣传党的理论路线方针政策和各级党委、政府重大决策部署，为广大干部群众解疑释惑。

【理论调研】 2017年，泉州市委讲师团深入基层调查研究，结合泉州市经济社会发展和党员干部群众需要回答的重大理论和实际问题，承担省、市有关部门的科研课题。完成《中国共产党泉州历史》（1949—1978）“党在过渡时期总路线的宣传、贯彻”等五项编写任务。完成“安溪县农民讲师团智力扶贫的实践与启示”“党的十八大以来泉州市业余讲师团建设的实践与思考”“‘晋江经验’的实践与发展”等10多篇调研论文。其中，《光辉思想引领着“奇迹”奔腾奋进——晋江人民对习近平“晋江经验”的生动实践》宣讲报告获评全国“优秀理论宣讲报告”；《安溪县农民讲师团智力扶贫的实践与启示》相关经验材料在中宣部《宣传工作》和《福建改革情况》上刊发。

【理论学习服务】 2017年，泉州市委讲师团配合做好市委中心组学习的服务工作，提供相关学习资料、推荐授课教师；加大对各级党委中心组学习的服务力度，为市直机关和各县(市、区)党委中心组学习提供辅导讲座。依托机关大讲堂、刺桐讲堂、道德讲堂等各类机关讲堂（讲坛）与市教育工委、国资委、交通运输委、司法局、关工委等市直各部门联合开展形势政策宣讲活动。配合市关工委报告团深入各学校开展践行社会主义核心价值观报告会；配合市直机关党工委、市中小企业服务中心举办入党积极分子和继续教育培训班，培训1500多人。此外，先后与市民政局、市住建局、市五建公司、市汽车运输总公司、黎明大学、解放军180医院、南安市委宣传部、南安市石井镇昔坂村等20多个单位开展“理论宣讲示范基地”共建活动。把主题理论宣讲与文化“三下乡”、扶贫慰问等活动结合，制作“理论套餐”，将理论和科技致富书籍送到百姓心中手中，推动理论进基层深入开展。

泉州市人民代表大会

栏目编辑：陈建强

综 述

【概况】 2017年，泉州市人大常委会对地方人大及其常委会进入新时代、担当新使命、开启新征程深入探讨，增强长期坚持、不断完善人民代表大会制度的思想自觉、政治自觉、行动自觉。坚决执行中央和省、市委对人大工作的新要求。发挥人大在立法工作中的主导作用，地方立法特色彰显、务实管用，在全国第二十三次地方立法工作座谈会上，得到全国人大常委会委员长张德江的肯定。着手修订市人大及其常委会讨论决定重大事项暂行规定，在构建决策科学、执行坚决、监督有力的权力运行机制上积极探索、迈开新步。强化代表履职监督管理，助推代表联系群众“两个平台”建设，“人大代表联系群众活动室”在全市乡镇（街道）实现全覆盖。推进实践创新，首次组织开展专项工作评议、综题询问，推进全链条监督、聚焦式监督、综合型监督，实行常委会组成人员审议意见卡制度，建立基层立法联系点，设立《人大在线》县（市、区）“直播月”栏目，人大工作不断焕发生机与活力。紧扣市委决策部署行权履职。从人大工作的特点和定位出发，推动金融服务实体经济、“中国制造2025”城市试点示范、“四心”工程实施、“城市双修”、放大“多区叠加”改革效应等重点工作落实。督促金融风险防控、保障和服务省市人代会等工作得到市委的批示和肯定。根据市委统一安排，配合做好举办金砖国家治国理政研讨会、“古泉州（刺桐）史迹”申世遗现场评估、第三届“海丝”国际艺术节等相关工作，完成市委重点课题《加快推进国家生态文明试验区建设的研究》，深入挂钩乡村、重点企业和在建重点项目，推动一批实际问题得到妥善解决。

2017年12月12日，市人大、市政府联席会议召开 （图/王虎文）

【地方立法】 2017年，泉州市人大坚持党委领导、人大主导、政府依托、各方参与的立法工作格局，广泛征求立法建议，精心筛选立法项目，科学编制2017—2021年立法规划和2017年度立法计划。正确把握“通过一部、审议一部”立法工作节奏，滚动推进立法计划实施。第二部实体法《泉州市市区内沟河保护管理条例》，于2017年9月获省人大常委会批准，将于2018年1月1日起正式施行。第三部实体法《泉州市中山路骑楼建筑保护条例（草案）》完成初审。在立法中，坚持问题导向，重视利益相关方诉求，合理设置权利义务。注重发挥常委会组成人员和人大代表的主体作用，建立健全法规立项、修改、论证、协商和审议等立法工作机制。加强统筹协调，会同政府有关部门研究、解决立法重点难点问题。开展立法协商，听取各民主党派、工商联、无党派人士意见，集思广益，凝聚共识，扩大社会参与立法的深度与广度。

【地方政权建设】 2017年，泉州市人大推动县乡人大工作和建设。受市委委托，分赴各地调研督导中央和省委有关文件精神落实情况，形成调研报告，提请市委转发各县（市、区）贯彻执行，推动县乡人大在完善履职机制、加强机构建设等方面取得实质性进展。依法做好人事任免工作。坚持党管干部与人大依法任免相统一，全年任免一府两院工作人员101人次，保证地方国家机关正常有序运转。做好宪法宣誓工作，组织50名国家机关工作人员进行庄严宣誓，激励和教育被任命人员忠于宪法，依法履职，廉洁奉公，为民服务。

【法治政府建设专题调研】 2017年，泉州市人大开展法治政府建设专题调研，督促市政府把严格规范公正文明执法作为重中之重，提升政府工作人员法治思维和依法行政能力。对市政府办理市人大常委会关于城市管理行政执法审议意见情况进行满意测评，推动有关部门加快构建权责明晰、服务为先、管理优化、执法规范、安全有序的城市管理体制。开展公安基层派出所执法规范化建设调研，督促健全完善执法制度体系，全面推进从严治警，进一步提升基层执法公信力。对市政府贯彻实施森林法和《泉州市海上丝绸之路史迹保护条例》情况进行检查，督促纠正法律法规实施中存在的问题。

【促进经济社会持续发展】 2017年，泉州市人大聚焦“五个泉州”和“法治泉州”建设开展“5+1”课题调研，对国家自主创新示范区泉州片区建设、传统制造业转型升级、海丝先行区建设、加快实行“多规合一”、实施农村精准扶贫、推进法治政府建设等提出建议，为市委、市政府决策提供科学依据。开展重点项目建设专题视察，听取和审议市政府关于2017年1—7月国民经济和社会发展计划执行情况报告，批准2017年主要经济发展预期目标调整方案，围绕积极应对经济下行、扎实推进项目攻坚、加快国企改革重组等提出意见建议，推动深化供给侧结构性改革，促使经济提质增效加快转型升级。对泉州市创新创业创造人才队伍建设情况进行专题询问，督促推进人才发展体制机制改革和政策创新。开展特色现代农业发展、耕地占补平衡等专题调研，跟踪督促常委会关于泉州市“数控一代”师范工程及“泉州制造2025”实施情况的审议意见办理落实，密切关注“第三产业提升年”活动进展情况，促使加快增长动力转换，推动产业协调发展。对泉州市行政审批制度改革、加快简政放权、规范行政自由裁量权进行综题询问，督促市政府持续深化“放管服”改革，全面推行权责清单制度，进一步激发市场主体活力和社会创造力。听取和审议市政府2016年市本级决算报告、预算执行和其他财政收支的审计工作报告，审查批准市政府2016年市本级决算、2017年地方政府债券转贷收支及市本级支出预算调整方案，深化部门预算执行和决算情况审查监督，推动财政收支总体平稳运行。专题调研泉州市旅游业专项资金使用管理情况，促使财政部门强化考核评价，进一步提高专项资金使用效率。首次组织对2016年财政审计发现问题整改情况进行工作评议，督促市政府及有关部门强化审计整改“清单式”管理，加大追责力度，确保整改实效。

【生态建设监督】 2017年，泉州市人大密切关注本届人大一次会议作出的《关于加快全市垃圾分类处理利用的决议》和《关于进一步加强全市流域水环境保护的决议》的贯彻执行，综合运用多种监督形式，推动市政府制订实施方案，加快垃圾处理产业园选址与规划，建成大件垃圾处理站、建筑垃圾集中处理点等一批垃圾分类配套设施；全面推行河长制，巩固重点流域治理成果，推动“治污”“清水”工程向全流域拓展。出台落实环保法第二十七条规定的实施意见，督促市政府向常委会报告年度全市环境状况和环境保护目标完成情况，促使加快形成生产发展、生活富裕、生态良好格局，有力推动国家生态文明试验区建设。

【民生改善调研】 2017年，泉州市人大对中心市区停车管理、拆迁安置房善后工作、城市公厕建设与管理等进行专题调研，推动有关部门进一步合理配置停车设施，回应安置户合法诉求，制定实施新增公厕规划，市区停车难、拆迁难、上厕难得到一定缓解。关注基层妇产科人才紧缺问题，促使合理拓宽人才引进途径，提高基层卫计人员待遇。开展教师法执法检查，就提高教师素质、改善教师待遇、统筹师资配置等提出建设，督促市政府及有关部门依法保障教师合法权益，营造尊师重教良好氛围，办好人民满意教育。对市住建局和市卫计委实施重点项目情况进行工作评议，督促认真整改存在问题，如期推进民生建设项目。

【社会和谐促进】 2017年，泉州市人大对泉州市灾后重建工作进行调研检查，督促有关部门坚持常态减灾和非常态救灾、规划先行与建管并重相结合，提升抵御自然灾害的综合防范能力。对白濑水利枢纽工程安置工作情况进行调研，要求优化完善移民安置方案，确保库区安定稳定。跟踪检查防范打击虚假信息诈骗工作专题询问审议意见的办理落实，维护人民群众生命财产安全。开展华侨回国定居情况调研，促使出台相关规定，推动泉籍华侨进一步密切家乡联系，深化交流合作。响应国家“一带一路”倡议，依法批准泉州市与俄罗斯迈科普市缔结友好城市，扩大对外合作空间。根据《全国人大机关信访工作办法》，修订人大信访工作制度，以法治思维引导信访，以法治方式化解矛盾。全年受理群众来信473件，接待来访275批403人次，推动一些信访积案得到处理。

【公正司法督促】 2017年，泉州市人大按照省人大常委会统一部署，围绕法院执行工作情况开展三级联动监督，督促和支持法院加大执行力度，全力攻坚克难，让老百姓真正感受到执行工作的新成效。听取和审议市法院民商事审判工作专项报告，督促法院牢固树立宗旨意识，进一步提高案件审判质量和效率，保障人民群众的合法权益。听取和审议市检察院反渎职侵权工作专项报告，督促加强对渎职侵权犯罪新领域、新动向的分析研究，扩大案件侦办视野，立足反渎、全力反腐，为推进经济社会发展提供有力的法治保障。

【规范性文件备案审查】 2017年，泉州市人大召开全市规范性文件备案审查工作会议，对审查规范性文件做出统一部署，力促有件必备、有备必审、有错必纠。修订《规范性文件（备案）分送审查表》，实现登记、分送、审查、归档等环节全程留痕。对涉及改革发展稳定大局、群众切身利益的重要规范性文件进行“双重审查”，强化备案审查的刚性约束。全年收到市政府报送备案文件125件，对符合要求的113件给予备案登记，对有不当情形的督促纠正，有效维护国家法制统一。

【人大政治生态维护】　2017年，泉州市人大落实向市委请示报告制度，就年度主要工作安排、监督计划、五年立法规划和年度立法计划、选举省十三届人大代表等主要事项和重大活动向市委请示报告，依法按程序做好报告工作。强化常委会党组政治责任。制订常委会党组工作规则，发挥“把方向、管大局、保落实”的重要作用。对中央和省、市委召开的重要会议、作出的重要部署及工作要求，研究贯彻、推动落实。注重教育引导人大代表、常委会组成人员中的党员干部，树立鲜明政治导向，维护良好政治生态。贯彻全面从严治党要求。严格遵循新形势下党内政治生活准则，按照省委“五抓五看”要求，制订“两个责任”清单，落实中央“八项规定”精神，对“四风”问题整改进行“回头看”。开展“两学一做”学习教育和“机关党旗红‘五个泉州’在行动”主题活动，引导全体党员落实“四个合格”要求，以干部作风的新转变展示人大机关的新气象。

【调研与宣传】　2017年，泉州市十五届人大常委会开展调研43次，市人大常委会副主任分别带领调研组调研重点督办件办理情况、脱贫攻坚工作、特色现代农业发展情况、旅游业专项资金使用管理情况等主要事项。

2017年泉州市人大常委会调查研究情况表

表10

时间	带队领导	调研地点	会议内容
2月3—4日	市人大常委会副主任吴友才	市中级法院、市检察院、市公安局	了解2016年工作情况及2017年工作安排，听取对人大内司工委工作的意见建议
2月14—15日	市人大常委会副主任张建生	惠安县、德化县	加强人大工作联系交流
2月15日	市人大常委会副主任朱团	福建日报驻泉记者站、海峡都市报社、泉州晚报社、泉州广播电视台	走访调研，加强联系交流
2月23日	市人大常委会副主任许文贵	泉港区	与区人大进行工作交流
3月2日	市人大常委会副主任朱团能	洛江区	与区人大进行工作交流
3月7—9日	市人大常委会副主任朱团	泉州市区	旅游业专项资金使用管理情况
3月14—15日	市人大常委会副主任吴友才	市检察院	反渎职侵权工作情况
3月15日	市人大常委会副主任许文贵	惠安县	开展特色现代农业发展情况
3月15—17日	市人大常委会副主任张建生	市档案局	对《泉州市人大常委会关于〈中华人民共和国档案法〉和〈福建省档案条例〉实施情况的审议意见》（泉人大[2012]11号）及《泉州市人大常委会办公室关于印发〈关于市人民政府落实档案法及泉州省条例执法检查审议意见研究处理情况的报告〉的函》（泉人大办函[2013]20号）提出的意见建议的办理落实情况进行跟踪调研
3月27日	市人大常委会副主任许文贵	晋江市	调研特色现代农业发展情况
4月7—11日	市人大常委会副主任许文贵	泉港区	开展脱贫攻坚“春季攻势”行动调研检查

续表10

时间	带队领导	调研地点	会议内容
4月12日	市人大常委会副主任蔡思红	泉州市区	开展课题"加快实行'多规合一'，推动国家生态文明试验区建设"调研座谈
4月12—14日	市人大常委会党组书记陈万里、副主任许文贵	永春、德化、安溪、南安等地	对泉州市遭受超强台风"莫兰蒂""鲇鱼"袭击的受灾、防灾、抗灾和灾后重建工作等情况进行调研
4月13日	市人大常委会副主任吴友才	市中级法院	《关于法院执行工作专题询问的审议意见》处理情况进行调研
5月11日	市人大常委会副主任许文贵	德化县	调研现代农业和流域治理工作情况
5月11—12日	市人大常委会副主任张建生	泉州市区	对泉州市华侨回国定居情况进行专题调研
5月12日	市人大常委会副主任蔡思红	厦门市	考察学习"多规合一"工作先进经验
5月15—16日	市人大常委会党组书记陈万里，党组副书记、副主任朱团能、曾巍，副主任张建生、许文贵、吴友才、蔡思红，秘书长欧阳秋虹	各县（市、区）	检查中央、省关于加强县乡人大工作和建设有关文件贯彻落实情况
5月22—27日	市人大常委会副主任张建生	泉州市高校、中小学、幼儿园、特教学校	开展《中华人民共和国教师法》执法调研
5月25—26日	市人大常委会副主任蔡思红	泉州市区	开展城市公厕建设与管理调研
6月 5 日	市人大常委会副主任许文贵	台商投资区、惠安县	开展代表建议（农业农村类）及重点督办件办理情况调研
6月12日	市人大常委会副主任吴友才	泉州市区	对市十六届人大一次会议法治类代表建议及重点督办件办理情况进行调研
6月13日	市人大常委会副主任蔡思红	泉州市区	对市十六届人大一次会议环城类代表建议办理情况进行调研
6月15—16日	市人大常委会副主任张建生	泉州市区	对市十六届人大一次会议教科文卫类和侨台民宗类代表建议及重点督办件办理情况进行调研
6月20—21日	市人大常委会副主任许文贵	安溪、德化、永春等地	开展耕地占补平衡情况调研
6月21—23日	市人大常委会副主任吴友才	泉州市区	对泉州市民商事审判工作情况进行专题调研
7月4—5日	市人大常委会副主任曾巍	泉州市区	对全市加强创新创造创业人才队伍建设情况进行专题调研
7月4—5日	市人大常委会副主任吴友才	泉州市区	对泉州市法院执行工作情况进行专题调研
7月5日	市人大常委会副主任许文贵	泉州市区	对市政府落实市十六届人大一次会议《关于进一步加强全市流域水环境保护议案决议》情况进行调研

续表10

时间	带队领导	调研地点	会议内容
7月5—10日	市人大常委会副主任张建生	泉州市区	开展福厦泉国家自主创新示范区泉州片区创建进展情况调研
7月6—7日	市人大常委会副主任许文贵	泉州市区	对泉州市特色现代农业发展情况进行调研
7月20—21日	市人大常委会副主任张建生	泉港、石狮、永春和德化等地	重点了解市政府在旅游规划、政策制定、行业管理和宏观指导等方面发挥作用，推进旅游产业体制改革创新，旅游资金投入和公共服务配套以及旅游监督管理工作等方面情况
8月24—25日	市人大常委会副主任吴友才	泉州市区	对泉州市公安基层派出所执法规范化建设工作情况进行专题调研
9月6日	市人大常委会副主任吴友才	泉州市区	主持召开《提升行政执法水平，推进法治政府建设》专题调研座谈会
9月7—8日	市人大常委会副主任蔡思红、秘书长欧阳秋虹	泉州市区	开展泉州市中山路骑楼建筑保护条例立法调研
9月12日	市人大常委会副主任许文贵	市农科所	调研了解泉州市《种子法》实施情况
9月25日	市人大常委会副主任许文贵	安溪县	对泉州白濑水利枢纽工程安置工作情况进行调研
10月12—13日	市人大常委会副主任张建生	市卫计委	对市卫计委实施重点项目情况进行工作评议调查
11月2日	市人大常委会副主任蔡思红	市住建局	对市落实市委、市政府“项目攻坚年”活动部署要求，推进城建重点项目建设工作进行评议调查

【人事任免】 2017年，泉州市人大常委会任免和批准任免地方国家机关工作人员101人（次）。

具体是：经泉州市第十六届人大常委会第一次会议于2017年2月28日审议通过：决定任命廖国文为泉州市人民政府秘书长；决定任命黄文捷为泉州市人民政府办公室主任；决定任命陈文堃为泉州市发展和改革委员会主任；决定任命黄国富为泉州市经济和信息化委员会主任；决定任命丁峰为泉州市商务局局长；决定任命廖伏树为泉州市教育局局长；决定任命李文生为泉州市科学技术局局长；决定任命卢炳椿为泉州市公安局局长；决定任命邓安娜为泉州市监察局局长；决定任命林培新为泉州市司法局局长；决定任命李清景为泉州市财政局局长；决定任命刘曙庆为泉州市人力资源和社会保障局局长；决定任命赖开族为泉州市国土资源局局长；决定任命钟文成为泉州市住房和城乡建设局局长；决定任命黄世清为泉州市城乡规划局局长；决定任命王天祥为泉州市市政公用事业管理局局长；决定任命李伯群为泉州市城市管理行政执法局局长；决定任命刘锦川为泉州市农业局局长；决定任命林华伟为泉州市林业局局长；决定任命傅春添为泉州市水利局局长；决定任命李建芳为泉州市海洋与渔业局局长；决定任命叶一帆为泉州市卫生和计划生育委员会主任；决定任命王家声为泉州市体育局局长；决定任命骆振军为泉州市审计局局长；决定任命李跃民为泉州市统计局局长；决定任命施国宾为泉州市物价局局长；决定任命柯跃峰为泉州市粮食局局长；决定任命林琪伟为泉州市人民防空办公室主任；决定任命刘烨明为泉州市安全生产监督管理局局长；决定任命黄继业为泉州市人民政府法制办公室主任；决定任命陈德庆为泉州市金融工作局局长；决定任命李国坤为泉州市食品药品监督管理局局长；决定任命陈开基为泉州市工商行政管理局局长；决定任命庄冰心为泉州市质量技术监督局局长。任命张黛为泉州市中级人民法院立案庭副庭长；任命林海峰为泉州市中级人民法院民事审判第一庭副庭长；任命丰兰为泉州市中级人民法院审判员、民事审判第二庭副庭长；任命王经艺为泉州市中级人民法院民事审判第二庭副庭长；任命林培阳为泉州市中级人民法院民事审判第三庭副庭长；任命黄蕴真为泉州市中级人民法院民事审判第四庭副庭长，免去其泉州市中级人民法院民事审判第一庭副庭长职务；任命贺张翡为泉州市中级人民法院民事审判第四庭副庭长；任命王志贤为泉州市中级人民法院审判监督庭副庭长；任命陈亚生为泉州市中级人民法院执行庭副庭长；任命戴梅影为泉州市中级人民法院执行庭副庭长；任命潘继红为泉州市中级人民法院执行庭副庭长；免去倪德利的泉州市中级人民法院审判员职务；免去郭建闽的泉州市中级人民法院审判员职务；免去林健民的泉州市中级人民法院审判员职务；免去黄乌坚的泉州市中级人民法院审判员职务。

经泉州市第十六届人大常委会第二次会议于2017年4月28日审议通过：决定任命蔡天守为泉州市环境保护局局长；决定任命黄景生为泉州市民族与宗教事务局局长；决定任命陈惠平为泉州市文化广电新闻出版局局长；决定任命杜朴生为泉州市民政局局长；决定任命陈进平为泉州市城市管理行政执法局局长；决定任命潘新雅为泉州市交通运输委员会主任；决定任命李伯群为泉州市旅游局局长，免去其泉州市城市管理行政执法局局长职务；决定任命温锦辉为泉州市人民政府外事侨务办公室主任；决定任命王洪梅为泉州市人民政府国有资产监督管理委员会主任。任命庄能宗为泉州市中级人民法院审判员、刑事审判第一庭庭长；免去廖国彬的泉州市中级人民法院立案庭副庭长、审判员职务；免去曾晓军的泉州市中级人民法院民事审判第三庭副庭长、审判员职务；免去陈建聪的泉州市中级人民法院审判员职务。

泉州市第十六届人大常委会第三次会议于2017年6月30日审议通过：任命陈明为泉州市中级人民法院副院长、审判委员会委员、审判员。泉州市第十六届人大常委会第三次会议审议决定：泉州市中级人民法院副院长陈明代理泉州市中级人民法院院长职务。任命邱春霖为泉州市人民检察院检察员；任命吴珺莹为泉州市人民检察院检察员；免去邓世章的泉州市人民检察院副检察长、检察委员会委员、检察员职务。免去李新鹏的泉州市人民检察院检察员职务。免去朱启明的泉州市人民检察院检察员职务。免去钱福元的泉州市人民检察院检察员职务。

经泉州市第十六届人大常委会第四次会议于2017年8月31日审议通过，决定：任命杨晓山为泉州市人民政府副市长；免去农刚的泉州市人民政府副市长职务。

经泉州市第十六届人大常委会第五次会议于2017年10月31日审议通过：任命黄灿平为泉州市人民检察院副检察长、检察委员会委员、检察员。免去吴丽菁的泉州市中级人民法院审判员职务；免去邱闪红的泉州市中级人民法院审判员职务。

经泉州市第十六届人大常委会第六次会议于2017年11月28日审议通过，决定：任命李国坤为泉州市环境保护局局长，免去其泉州市食品药品监督管理局局长职务；任命蔡天守为泉州市食品药品监督管理局局长，免去其泉州市环境保护局局长职务；免去黄世清的泉州市城乡规划局局长职务。任命林明宇为泉州市人民检察院副检察长、检察委员会委员、检察员。任命蔡量为泉州市人民检察院检察员；任命王妍为泉州市人民检察院检察员；任命刘少华为泉州市人民检察院检察员；任命程志刚为泉州市人民检察院检察员；免去程和平的泉州市人民检察院检察员职务。

经泉州市第十六届人大常委会第七次会议于2017年12月21日审议通过：任命王帆为泉州市中级人民法院审判员。任命王莉莉为泉州市中级人民法院审判员。任命尹立新为泉州市中级人民法院审判员。命苏中福为泉州市中级人民法院审判员。任命陈琼为泉州市中级人民法院审判员。任命郑昭文为泉州市中级人民法院审判员。任命姚顺坡为泉州市中级人民法院审判员。任命蒋小勇为泉州市中级人民法院审判员。任命傅兴锴为泉州市中级人民法院审判员。免去吴俊民的泉州市中级人民法院审判员职务。免去郭志荣的泉州市中级人民法院审判员职务。免去赖海水的泉州市中级人民法院审判员职务。免去曾聪明的泉州市人民检察院检察员职务。免去许侃侃的泉州市人民检察院检察员职务。

【人大自身建设】 2017年，泉州市人大制订市人大常委会和机关干部年度学习培训计划，举办常委会专题讲座、法律辅导21次和新进人大系统干部培训班，加强对宪法、监督法等法律法规，以及人大制度和经济、科技等业务知识的学习，提升常委会组成人员和机关工作人员的政治素质、法律素养和履职能力。修订常委会议事和机关管理制度23项，制定出台开展专项工作评议、人大代表联系群众等制度8项，修订机关党建制度14项，确保常委会和机关工作制度化、规范化、程序化。

人大重要会议

【市十六届人大一次会议】 2017年1月8—11日，泉州市十六届人大一次会议在泉州市区召开。1月8日上午，市长康涛代表泉州市人民政府向大会报告工作。报告分为三部分：一是过去5年及2016年政府工作回顾；二是新一届政府工作及2017年工作目标任务；三是全面提升政府的施政能力和服务水平。1月9日下午，市人大常委会主任陈万里作市人大常委会工作报告，市中级法院院长欧岩峰作市中级人民法院工作报告，市人民检察院检察长高扬捷作市人民检察院工作报告。会议听取和审议泉州市人民政府工作报告；审查和批准泉州市2016年国民经济和社会发展计划执行情况及2017年国民经济和社会发展计划草案的报告；批准泉州市2017年国

2017年1月11日，市十六届人大一次会议会场　　（图/吴寿民）

2017年12月21日，市十六届人大常委会第七次会议召开　（图/王虎文）

民经济和社会发展计划，审查和批准泉州市2016年预算执行情况及2017年预算草案报告，批准泉州市2017年市本级预算。听取和审议泉州市人民代表大会常务委员会工作报告，听取和审议泉州市中级人民法院工作报告；听取和审议泉州市人民检察院工作报告。会议选举产生新一届泉州市人大常委会、市人民政府领导班子和市中级人民法院院长、市检察院检察长。至会议结束，大会收到市人大代表对各方面工作的建议、批评和意见392件。

【常委会会议】 2017年，泉州市十五届人大常委会召开7次常委会议，会议听取和审议市政府关于泉州市旅游业专项资金使用管理情况的报告、关于泉州市灾后重建工作情况的报告，市检察院关于反渎职侵权工作情况的报告；会议听取和审议市政府关于泉州市2016年市本级财政收支决算草案的报告、关于2016年市本级预算执行和其他财政收支的审计工作报告等，审议市人大法制委关于《泉州市市区内沟河保护管理条例（草案）》修改情况的报告;表决通过《关于批准2016年市本级决算的决议（草案）》等；会议审议通过《泉州市市区内沟河保护管理条例（草案表决稿）》；会议听取和审议市政府关于《泉州市中山路骑楼建筑保护条例（草案）》的议案等报告；批准2017年国民经济和社会发展计划主要经济发展预期目标调整方案、2017年市本级预算调整方案；会开展种满意度测评，决定任免国家工作人员等主要事项。

2017年泉州市十六届人大常委会主任会议情况表

表11

时间	会议名称	参加人员	会议内容
2017年2月28日	市十六届人大常委会第一次会议	市人大常委会主任郑新聪主持会议。副主任张建生、朱团能、曾巍、许文贵、吴友才、蔡思红，秘书长欧阳秋虹参加会议。副市长吕刚，市中级人民法院院长欧岩峰、市人民检察院副检察长孙志平、市政府办主要负责人、各县（市、区）人大常委会主任，部分市人大代表和有关单位负责人列席会议	会议审议通过“一府两院”研究处理《市人大常委会关于防范打击虚假信息诈骗工作专题询问的审议意见情况的报告》并开展审议意见办理情况满意度测评，测评结果为满意。会议审议通过市人大常委会主任会议关于市十六届人大常委会代表资格审查委员会组成人员名单的议案，有关人事任免议案，2016年度规范性文件备案审查情况报告

续表11

时间	会议名称	参加人员	会议内容
2017年4月28日	市十六届人大常委会第二次会议	市人大常委会主任郑新聪主持会议。副主任张建生、朱团能、曾巍、许文贵、吴友才、蔡思红，秘书长欧阳秋虹参加会议。副市长肖汉辉、市人民检察院检察长高扬捷、市中级人民法院有关负责人列席会议	会议对市政府研究处理《市人大常委会关于专题询问泉州市城市管理行政执法工作情况的审议意见》的情况开展满意度测评，测评结果为满意。会议听取和审议市政府关于泉州市旅游业专项资金使用管理情况的报告、关于泉州市灾后重建工作情况的报告，市检察院关于反渎职侵权工作情况的报告，表决通过市十六届人大常委会委员参加常委会工委工作的安排意见（草案），有关人事任免事项
2017年6月30日	市十六届人大常委会第三次会议	市人大常委会主任郑新聪主持会议。副主任张建生、朱团能、曾巍、许文贵、吴友才、蔡思红，秘书长欧阳秋虹参加会议。副市长吕刚，市中级人民法院、市检察院负责人，各县（市、区）人大常委会和有关单位负责人，部分市人大代表列席会议	会议听取和审议市政府关于泉州市2016年市本级财政收支决算草案的报告、关于2016年市本级预算执行和其他财政收支的审计工作报告等，审议市人大法制委关于《泉州市市区内沟河保护管理条例（草案）》修改情况的报告;表决通过《关于批准2016年市本级决算的决议（草案）》等，对市政府研究处理《市人大常委会关于泉州市“数控一代”示范工程及〈泉州制造2025〉实施情况的审议意见》的情况开展满意度测评，结果为满意。会议还通过一批人员任免事项
2017年8月30—31日	市十六届人大常委会第四次会议	市人大常委会主任郑新聪主持。副主任张建生、朱团能、曾巍、许文贵、吴友才、蔡思红，秘书长欧阳秋虹出席会议。副市长吕刚，市中级人民法院代院长陈明、市人民检察院相关负责人，各县（市、区）人大常委会和有关单位负责人，部分市人大代表列席会议	会议审议通过《泉州市市区内沟河保护管理条例（草案表决稿）》。会议对市政府研究处理《市人大常委会关于旅游法执法检查的审议意见》情况开展满意度测评，测评结果为基本满意。会议听取和审议市政府关于加快全市垃圾分类处理利用情况的报告；对创新创造创业人才队伍建设工作情况开展专题询问；表决通过一批人事任免事项
2017年10月31日	市十六届人大常委会第五次会议	市人大常委会主任郑新聪主持会议。副主任张建生、朱团能、曾巍、许文贵、吴友才、蔡思红，秘书长欧阳秋虹出席会议。副市长吕刚、肖汉辉，市中级人民法院、市人民检察院负责人，各县（市、区）人大常委会及有关单位负责人列席会议	会议听取和审议市政府关于《泉州市中山路骑楼建筑保护条例（草案）》的议案等报告；批准2017年国民经济和社会发展计划主要经济发展预期目标调整方案、2017年市本级预算调整方案；对市政府关于《市人大常委会关于森林法执行情况的审议意见》办理情况等进行满意度测评，测评结果均为满意。会议还表决通过有关人事任免
2017年11月28日	市十六届人大常委会第六次会议	市人大常委会主任郑新聪主持。副主任张建生、朱团能、曾巍、许文贵、吴友才、蔡思红，秘书长欧阳秋虹出席会议。副市长吕刚，市中级人民法院、市人民检察院相关负责人。各县（区、市）人大常委会及有关单位负责人列席会议	会议审议和表决通过市人大常委会关于召开泉州市第十六届人民代表大会第二次会议的决定（草案）等；对市政府研究处理市人大常委会若干审议意见的情况进行满意度测评；进行行政审批制度改革、加快简政放权、规范行政自由裁量权工作情况的综题询问

续表11

时间	会议名称	参加人员	会议内容
2017年12月21日	市十六届人大常委会第七次会议	市人大常委会主任郑新聪主持会议。副主任张建生、朱团能、曾巍、许文贵、吴友才、蔡思红，秘书长欧阳秋虹出席会议。副市长肖汉辉，市中级人民法院、市人民检察院相关负责人列席会议	会议表决通过泉州市人民代表大会常务委员会公告稿，讨论通过泉州市人大常委会工作报告稿等；进行相应专题的满意度测评，表决通过有关人事任免事项

【主任会议】 2017年，泉州市十五届人大常委会召开14次主任会议，会议讨论通过2017—2021年立法规划和2017年立法计划等事项，讨论《泉州市市区内沟河管理条例（草案二审稿）》和关于开展“5+1”等若干调研方案，讨论市政府关于提请审议《泉州市中山路骑楼建筑保护条例（草案）》的议案等，讨论《泉州市市区内沟河保护管理条例（草案表决稿）》，讨论市政府关于提请审议泉州市与俄罗斯迈科普市正式建立国际友好城市关系的议案，讨论有关人事任免。

表12　2017年泉州市十六届人大常委会主任会议情况表

时间	会议名称	参加人员	会议内容
2017年2月27日	市十六届人大常委会第一次主任会议	市人大常委会党组书记陈万里，副主任张建生、朱团能、曾巍、许文贵、吴友才、蔡思红，秘书长欧阳秋虹参加会议	会议讨论通过市人大常委会2017年工作要点和监督计划，2017—2021年立法规划和2017年立法计划等事项。提出第二次主任会议建议议题
2017年3月27日	市十六届人大常委会第二次主任会议	市人大常委会主任郑新聪主持会议，市人大常委会党组书记陈万里列席会议，副主任张建生、朱团能、曾巍、许文贵、吴友才、蔡思红，秘书长欧阳秋虹参加会议	会议讨论市十六届人大常委会委员参加常委会工委工作的安排意见，进一步加强市人大常委会信访工作若干规定等。提出第三次主任会议建议议题
2017年4月24日	市十六届人大常委会第三次主任会议	市人大常委会主任郑新聪主持会议，市人大常委会党组书记陈万里列席会议，副主任张建生、朱团能、曾巍、许文贵、吴友才、蔡思红，秘书长欧阳秋虹参加会议	会议讨论市人大常委会财经委、内司委分别提交的调研报告等。提出第四次主任会议建议议题
2017年5月18日	市十六届人大常委会第四次主任会议	市人大常委会主任郑新聪主持会议，副主任张建生、朱团能、许文贵、吴友才、蔡思红，秘书长欧阳秋虹参加会议	会议讨论《泉州市人大常委会工作评议办法（暂行）》（草案）、市人大常委会关于开展市十六届人大一次会议代表建议办理情况专题调研方案等；提出第五次主任会议建议议题

续表12

时间	会议名称	参加人员	会议内容
2017年6月22日	市十六届人大常委会第五次主任会议	市人大常委会主任郑新聪主持会议，市人大常委会党组书记陈万里列席会议，副主任张建生、朱团能、许文贵、吴友才、蔡思红，秘书长欧阳秋虹参加会议	会议讨论《泉州市市区内沟河管理条例（草案二审稿）》和关于开展“5+1”等若干调研方案。提出第六次主任会议建议议题
2017年6月30日	市十六届人大常委会第六次主任会议	市人大常委会主任郑新聪主持会议，副主任张建生、朱团能、曾巍、许文贵、吴友才、蔡思红，秘书长欧阳秋虹参加会议	会议讨论市人大常委会关于接受欧岩峰同志辞职请求的决定和关于提请审议决定陈明代理泉州市中级人民法院院长职务决定
2017年7月17日	市十六届人大常委会第七次主任会议	市人大常委会主任郑新聪主持会议，市人大常委会党组书记陈万里列席会议，副主任张建生、朱团能、曾巍、许文贵、吴友才、蔡思红，秘书长欧阳秋虹出席会议	会议听取市人大常委会调研组关于市十六届人大一次会议代表建议、批评和意见办理情况的调研报告，提出第八次主任会议建议议题
2017年8月21日	市十六届人大常委会第八次主任会议	市人大常委会主任郑新聪主持会议，副主任张建生、朱团能、曾巍、许文贵、吴友才、蔡思红，秘书长欧阳秋虹出席会议	会议讨论市政府关于提请审议《泉州市中山路骑楼建筑保护条例（草案）》的议案等；讨论若干工委提交的调研报告及审议意见稿等；提出第九次主任会议建议议题
2017年8月31日	市十六届人大常委会第九次主任会议	市人大常委会主任郑新聪主持会议，副主任张建生、朱团能、曾巍、许文贵、吴友才、蔡思红，秘书长欧阳秋虹出席会议	会议讨论《泉州市市区内沟河保护管理条例（草案表决稿）》，决定将以上草案表决稿提交常委会第四次会议审议。提出第十次主任会议建议议题
2017年9月21日	市十六届人大常委会第十次主任会议	市人大常委会党组书记陈万里列席会议。副主任张建生、朱团能、曾巍、许文贵、蔡思红，秘书长欧阳秋虹出席会议	会议讨论市政府关于提请审议泉州市与俄罗斯迈科普市正式建立国际友好城市关系的议案，关于“5+1”专题调研报告等，提出第十一次主任会议建议议题
2017年10月23日	市十六届人大常委会第十一次主任会议	市人大常委会党组书记陈万里列席会议。副主任张建生、朱团能、曾巍、许文贵，秘书长欧阳秋虹出席会议	会议讨论市人大常委会关于《泉州市中山路骑楼建筑保护条例（草案）》的初步审查报告，关于2017年市本级预算调整方案的初步审查报告和决议（草案）等。讨论有关执法检查报告及审议意见稿等。提出第十二次主任会议建议议题
2017年11月16日	市十六届人大常委会第十二次主任会议	市人大常委会党组书记陈万里列席会议。副主任张建生、朱团能、曾巍、许文贵、蔡思红，秘书长欧阳秋虹出席会议	会议讨论市人大常委会关于召开泉州市第十六届人民代表大会第二次会议的决定（草案）等，提出第十三次主任会议建议议题

续表12

时间	会议名称	参加人员	会议内容
2017年11月28日	市十六届人大常委会第十三次主任会议	市人大常委会主任郑新聪主持会议，副主任张建生、朱团能、曾巍、许文贵、蔡思红，秘书长欧阳秋虹出席会议。	会议讨论市政府和市人民检察院相关人事任免事项
2017年12月19日	市十六届人大常委会第十四次主任会议	市人大常委会党组书记陈万里列席会议。副主任张建生、朱团能、曾巍、许文贵、吴友才，秘书长欧阳秋虹出席会议。	会议讨论有关人事任免，市人大常委会工作报告稿，市人大常委会视察组关于市十六届人大一次会议代表建议、批评和意见办理工作的综合报告稿等，提出第十五次主任会议建议议题

代表工作

【代表履职保障】　2017年，泉州市人大举办两期市人大代表履职培训班，共有488名代表参加培训。向代表通报常委会和一府两院重要工作，寄送《人民政坛》《泉州人大》等学习材料，帮助代表知情知政。落实代表活动经费，协调市财政对各县（市、区）“人大代表之家”和“人大代表联系群众活动室”建设给予补助。加强代表履职管理，严格代表履职登记，建立代表履职档案，促使代表增强依法履职意识，模范遵守社会公德，自觉接受群众监督。依法开展代表资格审查，配合做好全国人大代表和省人大代表的提名推荐工作。

【代表履职渠道拓宽】　2017年，泉州市人大组织市人大代表开展年中调研和年底视察，坚持邀请代表列席常委会会议，参加常委会组织的调研视察、专题询问、执法检查等活动，扩大代表对人大工作的参与。开展常委会组成人员联系代表、代表联系群众的“双联”活动，进一步拓宽民意表达渠道。制订《泉州市乡镇（街道）“人大代表联系群众活动室”工作规范指导意见》，全市建成“人大代表之家”11个、“人大代表联系群众活动室”287个，县级人大代表履职网络平台全部启用，为代表参加学习、联系选民、汇聚民意、履行职责提供便利和保障。

【代表建议督办】　2017年，泉州市人大将代表提交的建议、批评和意见交由82个相关单位办理，健全常委会主任会议重点督办、常委会领导领衔督办、各工委对口督办等制度。确定加快新兴产业培育、推动智慧物流发展、建设中心城区快速通道等10件事关大局、关乎民生的建议重点督办，以点带面推动泉州动车站配套建设及周边环境整治、加大泉州市48个少数民族村发展扶持力度、市区四类“问题房产”不动产登记历史遗留问题的处理等相关工作。组织开展代表建议办理“回头看”，对部分承办单位的办理工作进行满意度测评，促使建议办理不断规范，办理实效明显增强。392件建议在规定时间内均得到办理和答复，代表反馈满意率100%。

2017年7月4日，市人大组织开展创新创造创业人才队伍建设调研

（图/王虎文）

泉州市人民政府

责任编辑：谢晓艺

综述

【概况】 2017年，泉州市人民政府学习贯彻中共十九大精神和习近平新时代中国特色社会主义思想，全面落实中央、省和市委决策部署，着力稳增长、控风险、谋长远，经济运行稳步回升，金融风险有效化解，产业格局更加优化，主要经济指标保持较快增长；集中力量办成一批影响全局、关系民生的大事要事实事，推动泉州发展迈上新台阶。

“三大板块”渐成格局 实体根基更加坚实 全市上下大抓发展、大抓龙头、大抓高科技产业，晋华集成电路、中化乙烯、三安高端半导体等投资数百亿元的重特大项目强力推进，传统、重化、高新产业在手大项目投资总额分别达521亿元、730亿元和1089亿元，集成电路、半导体等产业呈现大好发展态势，“三大板块”实现从构想到路线图，到落地见效、初步成形。

古城新城齐头并进，城市颜值更加靓丽 开展国家生态修复、城市修补试点，在“润物细无声”的微改造中，古大厝修旧如旧，古街巷活化保护，泉州古城逐步成为见人见物见生活的“活样本”。海丝新城加快环湾向湾生长，人气、业态、服务加速集聚；绿化景观明显提升，精心打造山线水线绿道，织就美丽风景线，串起城市“慢生活”。环湾建成区达220平方千米。

文脉传承深入人心，文化自信更加坚定 以“古泉州（刺桐）史迹”申遗为契机，推进历史文化遗产保护、挖掘和整理；守护好古城、古镇、古村落，越来越成为全市上下共同的文化使命和行动自觉。举办金砖国家治国理政研讨会、第三届海丝国际艺术节。晋江成功申办第18届世界中学生运动会。永春苦寨坑原始青瓷窑址当选年度中国十大考古新发现。

惠民举措叠加推出，人民生活更加幸福 坚持把七成以上的地方财力用于民生，落实市委“四心”工程，实施教育、医疗、养老、基础设施等补短板项目132个。启动泉州“XIN”行动，聚焦安置房办证、中心城区防洪排涝等10个问题，从体制机制入手，突破长期想解决而没有解决的难题。推进精准扶贫、精准脱贫，已建档立卡贫困村和贫困人口实现按时退出。加快建设国家生态文明试验区，空气、水质量保持优良水平。获评国家森林城市、全国未成年人思想道德建设工作先进城市，蝉联全国文明城市、国家卫生城市、综治最高奖“长安杯”。

【稳定经济增长】 2017年，泉州市政企联手、巩固工业、大抓三产，规模以上工业、第三产业增加值分别增长8.2%和10.5%。

稳企业发展 落实市委“促进项目落地 帮扶企业发展”活动周，出台稳定工业、奖励用电、扶持外贸等专项政策，减轻企业负担42.6亿元。举办全国性特色商品博览会7场，开展泉州品牌“中国行”“境外行”展销活动52场。

稳项目投资 落实市委“项目攻坚年”活动，市领导分片区一线推进，重大项目实行指挥部体制，396个在建重点项目完成投资1271亿元，中化乙烯、通达三期等92个项目开工建设，西人马高端芯片、晶安光电三期等73个项目建成或部分建成，晋华集成电路主厂房封顶。建立重大产业项目招商协调机制，新引进项目323个、总投资2031亿元。全市完成固定资产投资4160亿元，其中工业投资占39.5%。

稳金融运行 落实金融风险防控属地责任，创新困难企业帮扶措施，坚决打击、联合惩戒恶意逃废债，不良贷款率控制在较低水平。

【提高供给体系质量】 2017年，泉州市实施产业转型升级路线图，力促产业向中高端迈进。

国家自主创新示范区建设 完善“1+X”政策体系，首创31项新举措。坚持一手抓高新技术产业发展，一手抓传统产业改造提升，新认定高新技术企业169家、科技小巨人领军企业198家。整合晋江集成电路、南安半导体、安溪湖头光电等3个园区，获批设立省级半导体高新技术产业园。丰泽入选国家双创示范基地。实施市委“人才港湾”计划，认定高层次人才2415人，新增院士工作站12家；设立“一站式”人才服务平台，建成人力资源服务产业园。

“中国制造2025”城市试点示范 完成“百千5311”工程，培育“数控一代”示范产品138个，列入国家级智能制造项目5个、服务型制造示范项目3个、工业设计中心2家。实施重点技改项目238个，全市完成技改投资990亿元。加强商标品牌建设，获评“中国商标金奖”企业1家、国家质量标杆企业1家，制（修）订标准132项。新增中国专利奖优秀奖4项。

“第三产业提升年”活动 培育认定百强企业。新增3A以上物流企业15家，全市快递业务量7.3亿件，占全省近一半；国际邮件互换局获批设立，石狮国际快件监管中心投入运行。全市电商交易额4000亿元、增长42%，网商（虚拟）产业园集群注册发照1万多家，泉智汇、泛家居等平台投入试运行。全年接待游客5460万人次、旅游总收入840亿元，分别增长21%和28%，列入全国优选旅游项目5个。启动“泉州老字号振兴计划”。

“接二连三”发展特色现代农业 完成农林牧渔业产值355亿元。农业“一区两园”完成投资15.3亿元，安溪获批创建国家级现代农业产业园。新增农业新型经营主体500

多家、“三品一标”认证38个。扶持农产品生产加工龙头企业30家，培育农业物联网示范企业12家。基本完成农村土地承包经营权确权登记颁证工作。全市远洋渔船57艘，捕捞产量8万吨。

【全面深化改革】 2017年，泉州市发挥“金改区”“综改区”等国家级改革试点效应，在重点领域实现多点突破。

提升金融服务实体经济水平 创新供应链融资模式，小微企业贷款2100亿元、增长10.7%。“无间贷”模式成为全国典型。新增境内外上市企业3家、“新三板”挂牌企业8家；海峡股权泉州交易中心设立“青创板”，累计挂牌企业606家。

激发民间投资活力 新兴产业、集成电路等基金为企业提供融资59亿元。建立PPP项目审批绿色通道，落地项目26个、总投资316亿元，其中纳入财政部示范项目8个。

深化工商登记制度改革 率先启动“多证合一”，实行工商简易注销，“双随机”抽查实现全覆盖，工商注册便利化工作获国务院通报表扬。市场主体总量达68万家，位居全省首位。

完善生态文明体制机制 深入推进晋江自然资源资产统一确权登记、永春空间规划编制等省级试点；完成林权收储、环境治理市场主体培育等8项改革任务。泉州开发区被联合国工发组织授予“绿色开发区”。

实施国有企业改革重组 整合40家国有企业，组建城建、文旅、金控、交通发展、水务5家市级国资集团。

深化海丝先行区开放合作 全市完成进出口总额1569亿元，与海丝沿线国家和地区贸易额720亿元。与马来西亚古晋南市建立友好城市关系。泉州晋江国际机场旅客吞吐量523万人次、增长38%。完成港口吞吐量1.3亿吨、比上年集装箱217.2万标箱。泉金航线运送旅客13.8万人次。石井口岸正式对外开放。

【生态修复、城市修补】 2017年，泉州市完成环泉州湾城乡一体化规划，全面推行城市设计。

古城保护提升 启动“七个一”示范工程，修缮一批古大厝、特色建筑，“东亚之窗”、美食城等项目进展顺利。西街东段、中山中路实施分时段交通限行和精细化管理。开展“社区营造”试点。

城市交通体系完善 兴泉铁路、福厦客专开工建设，泉厦漳城市联盟路、城东至北峰快速通道、动车站综合交通枢纽等项目加快推进，厦沙高速泉州段建成通车。市区建设公共停车设施33个，新增停车泊位5000多个。推行公交一元票价制。市区公共自行车“小黄人”累计建设站点470多个，骑行总次数3200多万人次。

“点线面”推进绿化提升 精心打造高速出入口、动车站等一批关键节点绿化工程。改建特色树种景观路14条；山线绿道示范段，以及沉洲、汀洲、白水营等水线绿道公园建成开放。全市完成绿化改扩建面积65万平方米。

结合“创城”“创卫”开展环境综合整治 执行市人大《关于加快全市垃圾分类处理利用的决议》，启动生活垃圾强制分类试点，大件垃圾处理站投入运行。疏堵并举治理占道经营等城市乱象，环境卫生考评实现城乡全覆盖。标准化改造中心市区农贸市场7个。拆除“两违”557.5万平方米。整治市区内涝积水点54处。推进城市执法体制改革，整合175项集中行政处罚权职能。

【民生改善保障】 2017年，泉州市完成33件市委市政府为民办实事项目。

打好脱贫攻坚战。落实“六个精准”要求，扶持30个市级扶贫重点乡镇、300个扶贫重点村发展，实现贫困线和低保线“两线合一”。创新帮扶机制，形成社会扶贫“三百”工程、安溪乡镇扶贫开发协会全覆盖、南安光伏扶贫等典型做法。农村危房改造980户，造福工程搬迁1.1万人。

办好人民满意教育 实施“领航团队”培养工程。新增公办幼儿园学位1万个、中小学学位1万个。深化职业教育改革，启动技能名师工作室建设，壮大“双师型”教师队伍，现代学徒制试点基本覆盖主要产业，建成福建省大学生创新创业基地（泉州）。抓好关心下一代工作，发挥好青少年社会教育活动中心的校外阵地作用。

加快卫生计生事业发展 深化公立医院改革，推行目标管理责任制和院长年薪制，启动“名医带徒”工作。实施基层医疗卫生服务能力三年提升工程。全市新增医疗机构床位2512张。建立统一的城乡居民基本医保制度。加大妇幼医疗资源配置，服务“全面两孩”政策。

完善养老服务体系 新建农村居家养老服务站135个，建设提升农村老年体育活动中心30个，市社会福利中心开工。全市新增养老床位1460张，享受政府购买信息化养老服务的人数超3万。加强老龄、老干部工作。

推进文化繁荣发展 践行社会主义核心价值观。落实《泉州市海上丝绸之路史迹保护条例》，推进“古泉州（刺桐）史迹”申遗，高标准实施16个申遗点文物本体修缮和周边环境整治，完成国际专家现场考评阶段性任务。公共文化中心主体工程完工，市少儿图书馆正式开放。建成24小时街区自助图书馆46个、村（社区）文化服务中心示范点24个。举办联合国教科文组织青年创意与遗产研习班、“中国白”国际陶瓷艺术大奖赛、环泉州湾国际公路自行车赛。第十三届全运会收获金牌8枚，金牌和奖牌数均居全省首位。

加强社会保障工作 城镇新增

就业12.6万人。城乡医疗、养老保险待遇水平稳步提升，全民参保登记计划全面实施。建立特困人员救助供养制度。出台房地产调控政策，实行限房价竞地价、备案价格会商、公证摇号销售等措施，严控投机炒房行为，稳定房地产市场。基本建成保障性安居工程2.6万套，改造石结构房屋3600万平方米。德化进城务工人员安居项目荣获中国人居环境范例奖。

深化生态环境整治　以中央、省环保督察为契机，狠抓150项任务整改，开展环保设施与能力建设大会战，建立生态环境保护工作职责体系。执行市人大《关于进一步加强全市流域水环境保护的决议》，全面推行河长制，所有集中式饮用水源地和主要干流水质达标率保持100%。启动农村污水垃圾治理三年行动，266个行政村新建污水处理设施，建设改造三格化粪池6.5万户，新增480个行政村实现垃圾常态化治理，持续开展生猪养殖和农业面源污染整治。完成植树造林0.8万公顷、水土流失治理2.07公顷、矿山生态修复313万平方米。永春流域综合治理荣获中国人居环境范例奖，成为全国典型案例。

创新社会治理体制　推进“雪亮工程”，坚决打击和防范违法犯罪活动，完善矛盾纠纷多元化解机制，提升平安泉州建设水平。开展食品药品安全综合监管，加强食用农产品入市质量安全检测，推进“餐桌污染”治理。开展安全生产大检查，深化隐患排查治理体系建设，安全生产形势持续稳定好转。完善国防动员机制，把支持深化国防和军队改革当作分内的事，助推驻泉部队现代化建设，实现双拥模范城“满堂红”。民族宗教、统计、物价、粮食、方志、档案、人防、支前、气象、地震以及工会、青少年、妇女儿童、残疾人、红十字会等工作都取得新成效。

拓宽改造后的北迎宾大道（2017年拍摄）　　（图/李芸生）

【政府履职能力增强】　2017年，泉州市政府推进“两学一做”学习教育常态化制度化。自觉接受市人大及其常委会监督，依法执行市人大及其常委会决定决议，主动配合市人大依法履职，办理人大代表建议383件，满意和基本满意率达100%。支持市政协履行职能，主动接受民主监督，把协商民主贯穿政府履职全过程，办理政协提案596件，满意和基本满意率100%。坚持依法治市，深化府院联席会议机制，法治政府、法治社会建设互相促进。推行权责清单制度，进一步规范行政审批自由裁量权，实施“一趟不用跑”“最多跑一趟”改革，推行周末收件、24小时自助服务等便民措施，深化国家级电子证照试点，行政审批制度改革获国务院通报表扬。加大效能督查力度，加强廉政、监察、审计等工作。

【为民办实事项目】　2017年，市委、市政府为民办实事项目33个，涉及教育、文化、卫生、生态环境、社会保障、养老服务、公共设施等多个领域，全部完成。

2017年市委、市政府为民办实事项目完成情况表

表13

序号	项目	目标任务	完成情况
1	在中心市区推行公交一元票价制	2017年起在鲤城区、丰泽区、泉州开发区全境及洛江万安区内41条2元票制的公交线路实行1元票价制改革	共完成中心市区44条线路一元票价制改革，完成计划的107.3%，中心市区共有57条线路实现一元票价

续表13

序号	项目	目标任务	完成情况
2	推动中心城区公共自行车租赁系统往新区延伸覆盖	2017年在原有规划410个租赁点布局的基础上，进一步向洛江区、泉州开发区、鲤城江南片区、泉港区、台商投资区扩展，合计新增站点266个，增加投入公共自行车8400辆。具体为：中心城区新增60个站点，投入1920辆自行车；鲤城区（江南新区）新增50个站点，投入1600辆自行车；洛江区（万安、双阳街道）新增21个站点，投入630辆自行车；泉港区新增55个站点，投入1650辆自行车；泉州开发区新增50个站点，投入1600辆自行车；台商投资区新增30个站点，投入1000辆自行车	全市共完成288个站点建设，投入8832辆自行车。其中：市市政公用事业局完成中心市区60个站点建设，投入1920辆自行车。鲤城区完成江南新区50个站点建设，投入1600辆自行车。洛江区实际完成34个站点建设，投入1088辆自行车。泉港区完成55个站点建设，投入1650辆自行车。泉州开发区根据实际情况完成41个站点建设，投入1134辆自行车。泉州台商投资区实际完成48个站点建设，投入1440辆自行车
3	实施旧城区水压提升工程	2017年对旧城区部分社区（大淮、琯头、石壁等）给水管道和安吉路（青莲街—大坪山隧道）给水管道进行改造	安吉路（青莲街—大坪山隧道）、琯头社区、石壁小区和大淮新村等部分旧社区的供水旧管网改造均已完工通水，惠及群众用户2600多户，改造管线27千米，完成投资约1250万元
4	提升和规范城市公厕管理水平	2017年将鲤城区、丰泽区社区公厕按照《城镇环境卫生设施设置标准》、《城市公厕卫生标准》要求进行提升规范，全部移交区级统一管理，纳入区级常态化监管体系范围，安排专人负责设施养护、卫生保洁工作，市区两级考评中心列入每月专项考评督查范围，全面提升城市公共厕所管理水平。其中，鲤城区接管80座，丰泽区接管80座	鲤城区已完成投资280万元，将80座公厕纳入区级管理，并列入区卫生考评中心每月专项考评督查范围。丰泽区已将辖区内80座社区公厕纳入经费管理，并对其中40座进行改造提升，累计投入改造费用400万元，公厕已全部投入使用，专人管理，免费开放
5	进一步完善和提升市区体育功能设施	①继续在鲤城区、丰泽区、洛江区、泉港区新建60条（市直12条，鲤城、丰泽、洛江、泉港4个区各建设12条）全民健身路径，每条含18—20件健身器材。②2017年在中心市区（鲤城区、丰泽区、洛江区、泉港区）建设10座社区多功能运动场。新建的社区多功能运动场建设面积700多平方米，配备整体拼装式包塑围网，具有篮球、五人制足球、气排球、羽毛球、广场舞等活动功能，适合社区（村）不同年龄段群众的健身需求	60条全民健身路径与10座多功能运动场均已安装、验收完毕，对群众开放。完成总投资620万元，其中：60条全民健身路径共投入300万元，10座多功能运动场共投入320万元
6	建设30个“共建共享”新型社区	2017年在全市建设30个“共建共享”新型示范社区（其中城市社区20个，农村社区10个）	30个“共建共享”新型示范社区建设已全部建设完成，300万元补助资金已全额落实到位
7	持续深化农村人居环境整治	继续实施农村人居环境整治工程，组织100个村庄创建 “千村整治，百村示范”（全省每年整治改善1000个以上村庄人居环境，创建100个以上美丽宜居村居，下同）工程，其中12个村庄创建省级美丽乡村示范村；打造4条省级美丽乡村景观带；完成103个农村污水治理工程，完成投资10560万元	①美丽乡村建设方面：全市125个美丽乡村已完成 “千村整治，百村示范”工程建设，其中13个村庄完成美丽乡村示范村创建，8条景观带完成美丽乡村景观带创建。②农村生活污水治理方面：全市共实施266个行政村农村污水治理项目，已全部竣工，完成投资4.7亿元

续表13

序号	项目	目标任务	完成情况
8	继续实施公路安全生命防护工程和农村公路危（病）桥改造工程	①实施公路安全生命防护工程300千米，原则上要求前三季度完成前期测设和招投标工作，第四季度开工建设，年底完成。②改造农村公路危（病）桥15座以上，原则上要求上半年完成前期测设和招投标工作，下半年开工建设，年底完成	①公路安全生命防护工程已完成建设342千米，占计划的114%；完成投资3652万元。②农村公路危（病）桥改造工程已完工53座，占计划的353%；完成投资9110万元
9	实施水土流失治理工程	2017年计划完成南安、安溪、永春、德化等4个重点县水土流失治理4333.29公顷	4个省级重点县已完成水土流失治理面积4413.29公顷，占计划任务的101.85%；完成投资3259.16万元，占计划任务的100%
10	扶持10个老区村发展农民专业合作社	2017年扶持10个具有一定科技含量，能充分发挥当地资源优势，带动相关产业发展和经济、社会效益明显的种养殖项目，带动周边农户共同脱贫致富，增加老区村财收入，提高农民收入	10个专业合作社已完成建设并通过检查验收，100万元帮扶资金全部下达
11	建设100个示范村卫生所和50个“中医馆”（中医药综合服务区）	①在全市建设100个示范村卫生所，标配“健康自测小屋”。②在全市基层医疗卫生机构（乡镇卫生院、社区卫生服务中心）新建50个“中医馆”（中医药综合服务区）	①100个示范村卫生所均按照标准完成建设工作，“健康自测小屋”设备均采购到位并投入使用。②50个“中医馆”全部完成建设
12	继续开展食品安全示范创建活动	①创建460个“明厨亮灶”示范街、示范店、示范校。其中，创建 “明厨亮灶”示范街10条、学校食堂“明厨亮灶”示范点100个、“明厨亮灶”示范店350个。②创建20个食品安全社会共治示范乡镇（街道）。选取20个食品安全社会综合治理较为成熟、食品安全监管基础较好的乡镇（街道），开展市级食品安全社会共治示范乡镇（街道）创建，充分发挥试点单位的引领带动辐射作用，全面提升泉州市食品安全治理水平	①完成10条“明厨亮灶”示范街、100个“明厨亮灶”示范校、350个“明厨亮灶”示范店的创建。全市餐饮服务“明厨亮灶”单位数量已达15578家，约占餐饮服务持证单位总数（38152）的41.08%，绝对数和所占比例均排名全省第一。②完成20个食品安全社会共治示范乡镇（街道）创建，各县（市、区）食安办已进行验收并形成验收报告，市食安办正进行审查并组织验收
13	实施重点区域重点品种食品安全风险评价监测	2017年投入300万元，针对关系民生的重点品种食品开展食品安全风险评价监测1万批次。由市食安办通过公开招标，遴选具备相应资质的第三方检测机构承担评价工作。主要采取快速检测与监督抽查相结合的方式对重点区域重点品种食品的安全性进行筛查。市食安办将综合采样地点、采样品种、监测指标、监测结果等，科学分析问题食品的分布特征及其影响因素，客观评价全市食品安全风险状况，督促各食安委成员单位有针对性的完善监管措施	累计完成蔬菜、水果、水产品、畜禽产品四类重点食用农产品风险评价监测（快检）38152批次（其中：不合格样品109批次），合格率为99.7%，并针对不合格样品较多的品种、区域开展专项监督抽检，完成计划任务的381%
14	推进新一轮“菜篮子”工程建设	2017年计划新增无公害蔬菜基地2个；优化无公害蔬菜基地20个；新增无公害畜禽养殖基地2个；优化无公害畜禽养殖基地20个；推进“菜篮子”基地直销体系、食品安全追溯系统建设，建立5个“菜篮子”基地直销网点和食品安全可追溯示范点	全市“菜篮子”基地共完成投资额6480万元。全市新增蔬菜畜禽基地6个，优化蔬菜畜禽基地51个，推动5个基地直销点建设

续表13

序号	项目	目标任务	完成情况
15	搬迁地质灾害隐患点44点134户471人	2017年计划搬迁地质灾害隐患点44点134户471人。具体任务数为：洛江区5点10户46人、安溪县1点1户6人、永春县15点24户87人、德化县23点99户332人	投入资金约4035万元，完成建筑面积16625平方米，134户471名居民已全部搬迁入住新宅，免受地质灾害威胁
16	改造提升200个自然灾害避灾点	2017年选择200个点按A类避灾点标准建设和提升，做到标识醒目、路径明显、责任明确、预案健全、制度上墙、设施配套、功能完善，配备齐全生活保障类物资。县级A类避灾点可容纳300人以上、乡（镇、街道）级A类避灾点可容纳200人以上、村（居）级A类避灾点可容纳100人以上	200个自然灾害避灾点已全部完成改造提升，正加紧采购物资，确保避灾点功能全面到位
17	进一步加密拓展城市安全信息系统（六期）	①扩建及改造约12000路前端智能感知设备（含高清视频摄像头、治安卡口、人脸卡口、WIFI采集设备等）。②加强公共安全视频联网，进一步整合政府部门、企事业单位、村镇社区视频监控系统，推进互联网智能视频资源整合。③优化完善视频联网及共享应用平台，深化共享应用的机制建设，为政府部门间业务应用提供多维度的视频共享服务。④升级优化智能感知大数据和云存储系统建设。⑤紧密结合当前视频侦查前沿技术，进一步扩展实战应用平台功能建设。⑥夯实系统及设备维护管理机制，开展城市安全信息系统项目一、二、三期设备的维保工作	完成项目招标工作并全面铺开项目建设
18	继续开展“计生特殊家庭”关爱行动	采取上门走访慰问、落实特别扶助政策、优先开展帮扶、再生育关怀、志愿者服务等一系列关爱措施，全方位、多渠道帮助计生特殊家庭解决生活、生产、养老、医疗等实际问题。其中，对女方年满49周岁的计生特殊家庭夫妇每人每月给予1000元特别扶助金；对新发生的独生子女死亡家庭，每户给予一次性抚慰金5000元，对新发生的独生子女伤残家庭，每户给予一次性抚慰金3000元	①关怀慰问。走访慰问86户新增失独家庭，发放一次性抚慰金43万元；慰问独生子女伤残家庭33户，发放慰问金9.9万元。②开展“两节”慰问活动。市卫计委、市计生协会联合走访慰问失独家庭，共发放慰问金57.3万元。③为失独家庭解决医疗保障问题。共投入36万元为710户1177人办理住院医疗补充险和住院护理补助险。④兑现特别扶助金。审核确认2017年度特扶对象802人，市级财政下拨专项补助资金180多万元，各地特扶金均发放到人。⑤实施再生育辅助工程。对有生育意愿的失独家庭，免费提供健康检查、优生检测和孕期优生保健等服务。2017年有14户失独家庭再生育。⑥做好联系帮扶工作。开展失独家庭“关爱小组”志愿服务活动，通过定期走访慰问等方式，及时掌握情况，帮助协调解决遇到的困难和问题

续表13

序号	项目	目标任务	完成情况
19	继续为特困失能老人实施政府购买服务	2017年计划为2500名特困重度失能老人实施政府购买服务，各县（市、区）逐月或逐季更新服务对象名单，实行动态管理，确保服务对象准确无误。依托禾康智慧养老服务中心、中介组织、社区居家养老服务站、基层老年组织或老人亲属、邻居等，为老人提供生活照料、家政服务、代购物品、医疗护理等服务。服务组织和服务人员凭服务券或服务卡与村、（社区）居委会进行结算，村（社区）居委会再与上级政府负责部门结算。部分服务组织未覆盖的区域，服务补贴资金直接拨付至村（社区），再转发至看护人。各村（社区）居委会对服务资金的拨付使用起监督作用	各县（市、区）政府购买服务全年服务经费均已核实统计、拨付完毕。“敬老月”期间，市财政局、市物价局为全市4725位特困失能老人发放一次性临时价格补贴资金141.75万元（含政府购买服务对象2500名）
20	继续实施残疾人辅助器具适配救助工程	对300名具有泉州市户籍，持有“残疾人证”，70周岁以下需要且适合装配假肢或矫形器的肢体残疾人，其中贫困残疾人优先。符合补助条件的肢体残疾人，平均每例补助假肢或矫形器装配费12000元，具体装配费按照相关采购程序确定的文件及合同实施，在合同范围内的辅助器具种类及其适配服务按合同价格进行补助	共完成假肢矫形器适配348例，完成计划的116%
21	为全市“一户多残”家庭残疾人发放生活补贴	为具有泉州市户籍，一本户口簿内家庭成员有2人（含2人）以上持有第二代“残疾人证”，且共同生活、具有法定的赡（抚、扶）养关系家庭中的残疾人发放生活补贴	市残联全年累计为2万多名“一户多残”家庭残疾人发放每人每月50元生活补助
22	为321户农村低保家庭建设安居房	2017年计划帮助321户低保家庭建设安居房，2018年新年春节前迁入新居。具体任务数为：洛江25户、泉港50户、南安56户、惠安35户、安溪90户、永春40户、德化15户、泉州台商投资区10户	基本完成。321户建设任务中，已迁入新居的有117户，完成装修的44户，正在装修的60户，基本完成主体建设的87户，在建13户，可按年初计划于2018年春节前全部完成并搬入新居
23	持续开展“救急难”工作	市级财政筹集150万元“救急难”资金用于开展“救急难”工作。对符合《社会救助暂行办法》第四十七条“国家对因火灾、交通事故等意外事件，家庭成员因突发重大疾病等原因，导致基本生活暂时出现严重困难的家庭，或者因生活必需支出突然增加超出家庭承受能力，导致基本生活暂时出现严重困难的最低生活保障家庭，以及遭遇其他特殊困难的家庭，给予临时救助”的城乡居民进行救助和帮扶，当年度资金结余可结转下年度使用。各县（市、区）在当地行政服务中心、各乡镇、街道办事处全面建立“社会救助综合受理窗口”，推广泉港“救急难”工作经验，建立社会救助综合施救平台、“救急难”信息交换平台，逐步实现信息化一门受理、协同办理	市级财政筹集150万元用于“救急难”工作，2017年救助3批次共383人次，发放救助金158.7万元。泉州市被确定为省“救急难”市级试点单位，筹集到社会救助综合施救平台（“救急难”信息交换平台）项目资金200万元

续表13

序号	项目	目标任务	完成情况
24	开展呵护母婴健康服务全面“二孩”行动	①为2万名农村适龄（35—64岁）妇女免费提供宫颈癌、乳腺癌检查。②新建100个“爱婴哺乳室”。在全市的医院、社区、学校、商场、企业等公共场所再建设100个“爱婴哺乳室”	①全年累计完成宫颈癌筛查2万人，完成率100%；完成乳腺癌筛查2万人，完成率100%。②100个“爱婴哺乳室”已完成装修和设备配置，均投入试运行中
25	扶持新建20所公办幼儿园	2017年在全市扶持新建20所公办幼儿园，工程规划建设面积近8万平方米，计划总投资近2.4亿元，其中2017年完成投资1.6亿元，2018年秋季开学前交付使用	20所公办幼儿园已全部开工，建设施工面积9.4万平方米，占年度计划的117.5%；累计完成投资17797万元，占年度计划的111.2%。目前已竣工7所，其余13所进行主体施工，将按计划于2018年秋季开学前交付使用
26	建设提升33个“妇女儿童之家”	①建设13个“妇女援助中心”。在各县（市、区）、泉州开发区、台商投资区各建立1个“妇女援助中心”,共13个。“妇女援助中心”将整合公安、检察、法院、司法、妇联以及社工机关、志愿者等各类资源，协同提供面向弱势妇女群体的专业化、社会化、人性化援助服务，构建“党委领导、政府主导、群团参与、社会协同”的“大维权”工作格局。②新建、提升20个“儿童之家”。在各县（市、区）留守、流动儿童较聚集、有一定条件的10个村（社区）新建“儿童之家”，“儿童之家”要有桌椅、电脑、办公文具等教学及办公辅助设备，有图书室或电子阅览室；有适合低龄儿童娱乐的游戏用品；乒乓球桌、羽毛球网、篮球、排球等部分体育健身用品；洗手设施设备、清洁养护设备、饮水、外伤急救医疗包等生活保障设施和设备。同时对10个原有项目点的服务能力进行提升	①13个“妇女援助中心”建设项目已完成并投入使用，共举办普法宣传、妇女维权讲座近百场，受益群众达十多万人。②20个“儿童之家”项目已建设完成。全年累计开展主题活动、公益讲座及其他服务项目活动351场，共有52497人次的儿童及家长受益
27	新建20个社区未成年人文体活动设施场所	2017年，继续以全面深化创建全国文明城市活动，推进泉州城区社区未成年人宣传栏、图书角、文体活动场（室）、绿色网吧、心理咨询室、青少年科技工作室（科技小制作室）、志愿服务点（小小志愿者之家）建设为重点，扶持20个社区（鲤城区8个、丰泽区8个、洛江区2个、泉港区2个）开展建设，以点带面，全面提升城区社区未成年人文体活动设施、场所建设水平	20个社区未成年人文体活动设施场所项目已全部建成，验收合格并投入使用
28	建设100个农村居家养老服务中心（站）	2017年在全市范围内选取100个条件较好的农村，建设100个农村居家养老服务中心（站），整合原有的老年活动中心、托老所、老年灶、日间照料室等公共服务设施和场所，为农村老年人提供生活照料、家政服务、短期托养、文化娱乐等服务，重点为留守老年人、空巢老人及其他老年人提供服务。每个服务中心（站）房屋应符合抗震标准，设置不少于10张机构养老床位或是日间照料室床位，具备为农村老年人提供就餐、短期托养、家政服务、文化娱乐等照料服务的公益性服务场所	100个农村居家养老服务中心（站）全部完成建设，市级补助经费500万元全部下达

续表13

序号	项目	目标任务	完成情况
29	深化拓展居家养老专业化服务	2017年继续为全市约2万名特困失能、空巢、孤寡、失独、高龄老人购买每人每月不低于20元的居家养老基础服务，内含手机通话费、定期访问、紧急救援等居家养老专业化服务项目。同时，为其中部分特定老年人群体购买助洁、助餐、助浴、助行、助残等居家养老实体援助服务	全市建立14个实体援助服务站（含诊疗中心1个），持续为已纳入平台服务范围的老年人提供居家养老服务。全市享受政府购买居家养老服务对象达到32288名（含晋江市2000名），占计划的161%，其中实体服务援助对象4816名（含晋江市2000名）
30	继续实施“关爱女孩”五项工程	实施关爱女孩“五项工程”（安居、成才、致富、保障、亲情），帮助贫困计生女孩家庭解决住房、就学、生产、生活、就医等方面遇到的困难和问题，帮扶313301人（户）次	①“安居工程”：全市共竣工606户，完成计划的105.57%；共投入资金1810万元，完成计划的105.14%。②“成才工程”：全市共帮扶和减免24020人次，完成计划的138.76%；共投入资金1822.24万元，完成计划的116.51%。③“致富工程”：全市共帮扶1926户，完成计划的128.66%；共投入资金741.11万元，完成计划的144.10%。④“保障工程”：全市共帮扶311758人次，完成计划的112.11%；共投入资金6017.99万元，完成计划的119.45%。⑤“亲情工程”：全市共帮扶19521人次，完成计划的123.22%；共投入资金526.36万元，完成计划的133.80%
31	建设和改造提升30个老年体育活动中心	2017年计划改造提升30个老年体育活动中心，活动中心建设用地和配套场地用地由承建乡镇（街道）和村（社区）协调解决。其中：①新建项目10个（南安市2个、惠安县2个、安溪县2个、永春县2个、德化县1个、台商投资区1个）；②提升改造项目20个（鲤城区1个、丰泽区1个、洛江区1个、泉港区2个，石狮市1个、晋江市4个、南安市4个、惠安县2个、永春县1个、德化县1个、台商投资区2个）	完成新建10座老年体育中心，总建筑面积21350平方米，总投资4320万元；提升改造20座已采取“以奖代补”的形式给予每个承建单位5万元配套补助资金
32	优化提升24个村（社区）综合性文化服务中心示范点	2017年在全市11个县（市、区）和泉州台商投资区建设24个村（社区）综合性文化服务中心示范点（每地各2个）	24个示范点全部建成，每个示范点均按标准配有宣传栏、图书室、多功能室、文体活动室、文体设备、文艺器材等设施设备
33	继续扶持文艺精品公益性演出	2017年全市各文艺院团开展公益性文艺演出250场，其中市直文艺院团演出150场，晋江市、惠安县、安溪县文艺院团共演出100场	全市10个文艺院团共演出260场，占计划的104%。其中市直剧团演出150场，县（市、区）演出110场，观众人数达90076人

支前工作

【概况】　2017年，泉州市推进驻泉州部队生产生活项目建设，支持部队改革。出资40万元协同南安市对某部队莲河营区环境进行重新规划、设计，完成战斗文化园等设施建设。采用委托代建及实物采购的方式帮助部队解决实际困难（3个委托代建项目，4个实物采购项目）。8月，泉州市服务东部战区军事行动拥军支前保障小组成立，并设拥军支前保障小组办公室，挂靠在市支前办。

【部队行动保障】　2017年，泉州市做好主副食品的供应及部队宿营、供水供电、交通、通信等各项支前保障工作。9月底，市县两级支前办配合东部战区相关军事训练，牵头协调卫计、农业、商务、广电、公安、交警、海洋渔业等单位，做好部队活动保障，为部队提供价值15

万余元的食品及价值5万元的实物。市支前办牵头组织相关部门对驻训部队及保障单位进行慰问。各县（市、区）也利用春节、“八一”建军节深入驻地部队进行走访慰问，慰问金额总计310万元。

【支前动员体系建设】 2017年，泉州市利用泉州市人民政府内网系统建立全市支前信息网络系统，并与省支前办相链接。加强支前物资供应站规范化建设，调整充实人员，组织学习培训，让相关人员掌握支前物资保障业务，确保工作不断档；鲤城区、晋江市、惠安县、永春县支前物资供应站开展年度实务演练。加强支前快速食品供应网络的建设，新确定的快速食品供应点有44个，有效提升供应量。8月底，市支前办牵头组织市经信、农业、粮食、商务、海洋渔业、盐务等多个行业主管部门召开专题会议，研究开展年度支前物资潜力调查工作。

【部队实际问题解决】 2017年，泉州市为部队办实事，投入520万元专项资金，帮助驻泉州部队建设生产生活项目55个，并将省办帮扶驻闽部队“六个一好”项目与泉州市项目捆绑进行。为部队办好事，主动协调粮食部门做好驻军的粮油供应工作；根据国家政策给予兑现粮油差价和燃料补贴；帮助安置部队随军随调家属，落实待业生活补贴。为部队解难事，帮助某部综合训练场建设置换土地33公顷；重新制订某部新营区建设用地约51.8公顷军地土地置换方案；根据市政府专题会议纪要精神，制止部队驻地附近矿石非法开采行为。

【军民融合深度发展】 2017年，泉州市发挥地方资源优势，将促进军民融合产业发展列入经济发展扶持政策，新增军民融合扶持政策，从引导企业获取“军工四证”、鼓励企业参与军品招标等方面，支持企业参与军品市场；从鼓励企业购买或委托开发军民两用技术、鼓励军工项目落地产业化等方面支持军民技术融合应用。军鹏特种装备有限公司、迦南新材料科技有限公司、卓展科技有限公司等公司获得部分“军工四证”资质，与部队展开合作；喜玛拉雅公司、浩博新材料公司等正申请“军工四证”，并先行和部分部队展开合作。帮助部队培养军地两用人才，8月份市支前办联合73141部队、市人社局、市双拥办和南安红星职业中学举办第二期驻泉州部队等级厨师培训班，有47名来自驻泉州部队各军种的学员参加培训，并全部通过国家厨师等级考试。2017年全市组织各类培训班8期，培训390余人；新发展军民共建对子10对。

人事管理与人才工作

【人事管理】 2017年，泉州市招录公务员和“参公”人员224人。做好县以下机关职务与职级并行工作，累计完成约4500人职级晋升审批并兑现工资待遇。做好公务员信息采集工作，制定出台公务员信息数据评分细则，推动市直各单位公务员管理信息化。落实事业单位人事管理条例，赋予高校、公立医院更多用人自主权，全面落实公立医院公开招聘补充工作人员方案报备制度。完成2017年度春、秋季全市事业单位公开招聘工作，抓好各级各类公开招聘方案审核（备案）工作，共录用事业单位人员4371人。规范推进事业单位机构改革人员分流安置，完成经贸学院等10家机构整合、划转人员移交手续，涉改人员1581人。深化中小学教师、基层卫生计生专技人员职称制度改革。进一步完善企业工资收入分配制度，提高最低工资标准、工资指导线，健全企业工资决定和正常增长机制。完成泉州市员额内法官、检察官工资套改工作。推进国有企业负责人薪酬制度改革，开展“1+X”津补贴和吃空饷问题专项整治，规范泉州市津补贴发放，实施乡镇工作补贴，落实和提高离退休人员年终过节费和文明单位奖金。创新构建一线考察、绩效考评、量化考核“三考”激励机制，提振干事创业精气神。率先在全省开展军转干部进高校专项培训，首批42名军转干部在全省唯一试点高校——泉州师范学院参加为期一年的带薪脱产培训。坚持“阳光安置”，完成2017年军转干部安置任务312人。

【人才工作】 2017年为泉州市“人才服务提升年”，泉州市组织实施人才“港湾计划”。会同相关部门制定出台高层次人才认定、工作生活待遇、“一站式”服务、职称直聘、人力资源服务业发展等配套政策。联合中国海峡人才市场对泉州市17个重点产业人才队伍开展调研，摸清泉州市人才家底。发布紧缺急需人才引进指导目录，创新开展高层次人才认定，认定高层次人才2415人，其中引进人才137人；入选省引进高层次人才四批145人、省引进台湾人才首批15人。培养各类技能人才3.6万人，评选“泉州市技能大师”30人、“泉州市技术能手”111人。在全省率先开展高层次人才职称直聘，首批核定高中级直聘岗位10个。设立市高层次人才服务中心服务专窗，在全省首创高层次人才认定网上全程申办模式，人才服务明显提速。扶持人力资源服务业发展，在晋江建成全省首个市级人力资源服务产业园，强化双向人力资源服务。至2017年底，全市人才资源总量达118.6万人（其中国家“千人计划”“万人计划专家”33名），占全市人力资源总量的19.4%，人才发展指数全省前列。

发展研究

【概况】 2017年，市政府发展研

2017年9月19日，市政府发展研究中心组织到福州考察高新技术企业
（图/市政府发展研究中心）

究中心围绕市委、市政府中心工作和全市经济社会发展大局开展工作。配合国务院发展研究中心、省政府发展研究中心等到泉州调研的相关工作。出版《泉州发展研究》期刊4期。参与牵头组织2017年中国卡通形象营销大会泉州峰会。

【课题调研】　2017年，泉州市政府发展研究中心完成市重点课题《以创新引领实体经济转型加快培育壮大泉州高新技术产业的思考》。借鉴厦门、福州、南通、无锡等先进城市做法，实地考察晋华集成电路、西人马等企业，紧密联系国内外发展态势和泉州市高新技术产业的现状特征，提出主攻领域、增量发展行动和健全相关机制的建议，并转化成市科技局“四个一批”培育高新技术企业的举措。与中国动漫集团发展研究部开展联合调研，形成《泉州动漫与实体经济融合发展研究报告》，重点从现实条件、探索实践、几点启示及前景展望四大方面，全面剖析泉州动漫与实体经济发展内核，阐述新趋势，为泉州市传统企业转型升级提供新思路。进行现代服务业“两新”模式研究，收集本地特色新业态案例10个，其中《“单聚焦、多品牌、全渠道”的安踏战略》被福建省人民政府发展研究中心选入《现代服务业新业态新模式案例选编》。完成《加强我市国有资产管理与运用的研究》《加快推进我市主辅分离积极发展服务型制造的调查与思考》《稳定出口增长应突出问题导向精准施策》《赴浙江、广东学习城市垃圾分类处理经验的考察报告》《赴深圳、佛山参观学习城市双修与产业转型升级考察工作报告》《从共享单车到城市管理》等课题报告，针对垃圾围城困境、共享单车监管职权碎片化等等问题，提出建设性意见。

【全市政策文件制定参与】　2017年，泉州市政府发展研究中心参与起草《中共泉州市委关于加快社会事业发展补齐民生短板确保如期全面建成小康社会的决定》，参与起草市委办《关于开展泉州“XIN”行动　推动解决民生热点难点问题的通知》，围绕社会事业、城市管理、市政工程、便民服务等四个方面热点难点问题开展课题调研，梳理出21条具体措施。围绕中央“乡村振兴战略”，深入安溪、永春、德化调研，形成《安永德特色村镇调研报告》，并被《泉州市人民政府关于培育发展泉州特色村镇的意见》采纳吸收。围绕形成全面开放新格局，通过分析泉州综合保税区发展的制约因素，提出从传统制造业开放平台向服务业开放平台转型，从功能单一的产业区向现代化综合功能区转型，从出口加工区向综合保税区、自由贸易区转型　“三转型”建议。参与草拟泉州二十年经济社会发展概述（1991年—2010年）。此外，对《公开办加快实施公开制度意见》《泉州市人民代表大会常务委员会关于开展泉州市加强创新创造创业人才队伍建设情况专题询问的工作方案》《泉州市小城市培育试点考核办法（试行）》《强化机关效能建设正向激励措施的通知》等10多份文件提出建设性修改意见。

【智库平台搭建再创新】　2017年，泉州市政府发展研究中心采取“请进来”“走出去”等多种方式搭建智库平台，与北京大学光华管理学院签署“沃土计划”合作框架协议，在泉州市政府发展研究中心设立“沃土计划”社会实践基地，接待广西黔东南州、浙江杭州、陕西西安、辽宁沈阳等省市兄弟单位开展专题调研；参加在天津、福州、厦门等地召开的论坛，提供《泉州主动融入“一带一路”全力建设“海丝”先行区　》、《以建设国家自主创新示范区为契机推进泉台科技合作》等交流材料。

行政服务

【概况】　2017年，泉州市行政服务中心持续推进规范自由裁量权改革，在全省率先推行二手房交易登记“一号一窗一网”改革，推进国家级电子证照建设，创新便民服务方式，致力提升群众获得感。中心“并联审批+电子证照”的做法获李克强总理批示表扬，二手房交易登记“一号一窗一网”改革先后获省、市领导表扬与肯定。2017年市级行政服务中心共收件54692件，办结52883件。承诺件提前办结率97.3%，当日即办32270件，当日办结率61%。政府采购完成采购业务188次，采购成交金额3.43亿元，节约资金6321.89万元；工程交易完成项目257个，中标价40.71亿元，节约资金4.13亿元；泉州市产权交易中心成交项目812宗，挂牌总价26.03亿元，成交总价32.98亿元。各县市中心共收件2322689件，办结2315594件，德化、泉港等9个县级行政服务中心即办率70%以上。

【集中服务平台建设】 便民服务事项梳理改革 2017年6月正式下发关于深化便民服务工作的实施意见，按“应进则进、集中办理”及“同城通办、就近服务”原则梳理事项，市级共梳理312项便民服务事项。鲤城区行政服务中心已进驻医保、社保服务事项37项。丰泽区行政服务中心进驻医保、社保、高速公路电子收费3个单位55个事项。台商投资区行政服务中心在全市率先将13个便民单位全部进驻。

第三批行政服务自由裁量权改革 采取树立标杆、对标实施的办法，将规范自由裁量权工作推广到市直其余28个部门，实现市直全覆盖。分类定权，对44个部门706大项1418小项审批服务事项按鼓励允许类、限制类、禁止类三个类别确定裁量权，改革后，鼓励允许类846项中授权至窗口及科室的763子项，占总数90%，需提请分管领导审批的63项，占7.5%，主要领导负责审批的有20项，占2.4%；对限制类569子项，明确由科室负责签批的有104项，明确由分管领导审批的402子项，由主要领导签批的63子项。量化技术审查标准，对44个部门中涉及技术审查的196个事项，分类细化为具体技术审查标准4535条；对196项技术评审中涉及组织专家评审的94个事项，进一步明确专家评审的刚性修改意见条款和柔性修改意见条款2927条，规范专家自由裁量幅度。实行现场踏勘“清单化”，对44个部门涉及现场踏勘的295个事项，对有关政策文件条款进行重新梳理、转化为3027条可执行的标准，对没有法律法规依据的踏勘环节予以取消，形成审查标准清单，推行“清单打勾式”踏勘。同时推动各县（市、区）规范行政服务自由裁量权工作向纵深推进。

【项目“月嫂式”快速落地平台建设】 2017年，泉州市行政服务中心实施“多规合一”“多图联审”等并联审批新机制。在项目审批立项审批阶段、施工图审查阶段分别嵌入“多规合一”“多图联审”审查机制，实行“一口收件、并联同审、限时办结”。同时，实行“1+1+N”会商会审，即由市行政服务中心管委会及牵头单位视每个阶段情况组织N个部门对项目审批进行会商会审。截至2017年12月共受理项目审批办件653件，办结491件，比原先预计审批时间提速463个工作日，实现项目审批提速提效。

推行项目台账管理。对重点项目从生成推送至中心开始即会同重点办、业主单位，从委托中介机构编制技术报告至项目全程报批，分阶段倒排节点、量身订制台帐，强化“查”“问”“核”机制。首批列入台账管理的16个重点项目，每个月15日、30日两次汇集台账进度上报市政府。截至2017年12月共梳理52个问题，解决销号33个。16个重点项目有5个项目全部办结审批手续开工，1个项目处在第一阶段选址及立项阶段，2个项目推进到第二阶段可研用地审批，7个项目推进到第三个阶段方案审查，1个项目推进到第四阶段施工许可。

【新型信息化服务平台建设】 2017年，泉州市行政服务中心完善电子证照系统，将电子证照作为审批服务的正式环节，纳入行政审批系统的办理流程，推进行政审批服务全程网办，全市完成证照类型6877种，其中证照类2105种，批文类4766种，证明类6种，共生成105.4万份电子证照。同时，在电子证照中引入二维码，生成全国首份电子版工商营业执照并推行。

市行政服务中心会同市审改办分3批对进驻市行政服务中心行政服务事项进行梳理，梳理汇总3批共1562项“最多跑一趟”和“一趟不用跑”行政审批和公共服务事项清单，在省网上办事大厅予以公布。其中市直部门“一趟不用跑”事项88项，市直部门“最多跑一趟”事项1262项，市级分中心“最多跑一趟”事项212项，县级“最多跑一趟”事项17673项。

泉州市在全省率先推行二手房交易登记“一号一窗一网”改革。市行政服务中心管委会组织不动产登记中心、房屋交易中心、地税局耕契税征收中心、房地产测绘队、国土资源信息咨询服务中心、房地产档案馆和有关银行，在全省率先建设不动产交易数据共享平台，改五次排队、五窗“串联式”收件为“一号一窗一网”，即一号排队、一口受理、数据共享、同步联审。改革后，平均每个办件由原来需耗时160多分钟缩短至40分钟左右。自2017年6月28日推行以来，窗口每天均提前近一个小时即办完全天

2017年10月13日，市行政服务中心召开"多图联审"会商会议
（图/市行政服务中心）

办件。改革做法获省国土资源厅肯定，拟向全省推广并上报国土资源部作为典型经验。

针对二手房交易等办件量大的服务事项，实行周末不停休，更好服务群众办事。将邮政速递系统与中心审批系统进行对接，实现一站式邮递快递服务。申请人在网上申报审批事项只需选择邮寄材料，按提示填写相关地址、电话，书面申请材料和办结的证照均通过邮政快递邮寄送达申请人，实现网上审批"一趟不用跑"。将进驻市行政服务中心的收费事项纳入网上办事缴费对接改造，实现远程缴费。设立24小时自助服务区。针对市民入学房产查档、入户户籍查档需窗口办理费时费力现象，中心将"二代身份证网上实名认证"与不动产抵押业务数据打通融合，植入自助机，市民通过身份认证+人脸识别可自助式查询不动产抵押信息，并打印盖电子印章证明文件。同时，将地税、社保、电力自助缴费、不动产抵押查档等自助服务终端纳入打造市级24小时自助服务区，为群众办事提供全天候、不停歇的行政服务中心。在全省行政服务窗口率先引进智能机器人，为企业群众提供"人机对话"审批服务。

【全方位审批服务监督平台建设】 2017年，泉州市行政服务中心引入第三方调查评议机制，强化窗口监督。采取不定期作风暗访、流程细查、以办事者的角度体验式对市中心及医保、社保、公积金、公安出入境等12个分中心的服务效率、服务质量、服务水平进行全方位监督测评，每季度形成分析报告。暗访进驻中心的61个窗口、22个综合窗口、分中心的24个窗口，汇总423个问题，形成两期暗访报告，并通报原单位整改。建立视频效能监察及每周通报制。实行专人值守，通过效能远程视频监督系统全面抽查各部门、各分中心窗口单位实时服务情况，加强对窗口工作人员考勤、工作纪律执行、服务规范、工作效率等方面的监督和检查，并建立每周通报制度。抽查20个部门，通报8次，发现21个问题，全部进行核查整改。切实加强行政电子综合监察及办件回访，2017年共回访64件，汇总57条意见，全部责成窗口部门整改。

【县级行政服务中心建设】 2017年，泉州市各县（市、区）行政服务中心加大改革创新力度，不断创造新经验、好方法。台商投资区行政服务中心创新折叠式审批，将投资项目分为4个阶段，8个环节，合并同质审批、流程再造、简化材料、压缩时限，将项目报批全流程需提交的21个表格整合压缩成3个表格，122份申报材料精简为55份，项目业主办理审批更加省事省时省力。泉港区行政服务中心在全省首创五个政银联体"24小时政务服务点"，开设全市功能最全的政务服务24小时自助服务区。石狮市行政服务中心在全省率先试行设立餐饮、文化类民办非企业单位、出版物零售、美容美发和三类机动车维修经营等4个行业服务专窗，实行"一窗受理、联合审查、一窗回复、一档管理"审批模式，重新编制流程图、服务指南5套，减少流程16个，精减申报材料10份，缩短办理时限4个工作日，提高审批效率。晋江市行政服务中心公布基建项目涉审中介"红榜"。牵头梳理出基建项目审批全流程需由中介机构提供的技术性材料24种，组织相关部门甄选各自行业主管内的涉审中介机构300家，根据其资质、信用等级、业主满意度、服务质量等要素进行综合评价，评出"红榜"中介机构60家，并将评价结果在网站及微信公众号等媒体上公示，方便群众选择服务。

政协泉州市委员会

责任编辑：陈建强

综述

【概况】 2017年，政协泉州市委员会按照“懂政协、会协商、善议政”的要求，多层次、多形式组织委员履职培训，提高委员综合素质，发挥委员主体作用。加强委员服务管理，制定出台《泉州市政协委员履职情况量化考评管理暂行规定》《泉州市政协港澳委员履职公约》，量化考评委员履职情况，确立委员履职“新标尺”，严格要求、严格考评、严格管理，提升委员的履职能力，激发委员的履职积极性，增强委员的履职活力。全年市政协委员积极参加政协各种例会、协商座谈会和调研视察、提案督办等参加各种履职活动3000多人次，委员履职考评优秀率84.5%。

坚持重在质量、重在实效的要求，严格工作要求、创新工作形式、提升工作成效。打造履职特色平台，以委员论坛形式召开政协常委专题议政会，将重点发言与即席发言相结合，扩大协商议政的参与面，着力提升协商的层次和实效。创新课题调研方式，坚持主题聚焦、队伍精干、作风深入、形式灵活的原则，以“项目化”运作模式，深入开展课题调研和专题协商，着力把课题做优、做精、做到位，切实为党政决策提供有价值的参考意见。全年市政协多项工作在全国政协、省政协会议上作典型交流，50多项协商建言成果和社情民意信息专报得到中央、省、市领导的批示和肯定。《人民日报》《人民政协报》等全国性媒体20多次报道市政协工作的做法和成效。

贯彻落实中央和省、市委关于加强人民政协协商民主建设的实施意见，与市委、市政府构建协商议题共同确立、协商计划共同制订、人员共同参与、成果转化共同推进的“四个共同”工作机制。年度协商计划提请市委常委会议审定，由市委、市政府、市政协三家办公室联合发文，并在主要媒体上公布。市委、市政府领导和有关部门负责人参加政协组织的各类调研视察、政情通报、专题协商、重点提案督办等各种履职活动，通报有关情况，听取委员意见建议，逐步形成“党委统一领导、政府大力支持、政协主动作为、多方联动配合”的协商局面。

【协商民主建设】 2017年，政协泉州市委员会坚持围绕中心、服务大局，按照市委、市政府发展思路，把协商民主贯穿于履行政协职能的全过程。开展重点专题协商。主动报告、深入协商，确定市委、市政府与市政协重点协商议题。围绕“战略性新兴产业人才的评价认定机制及扶持政策”开展课题调研，与市委召开专题协商会，市委人才工作领导小组会议专题研究吸纳委员意见，将《建议》任务分解到相关部门落实。围绕“培育要素市场，助推泉州国家级自主创新示范区建设”“贴近产业需求，助推职业教育创新发展”与市政府开展专题协商，委员建言得到市政府主要领导肯定，指示有关部门认真研究、吸收采纳、推进落实。开展常委会专题协商。贯彻落实中央、省、市决策部署，研究确定“深化供给侧结构性改革，振兴实体经济”协商主题，举办常委会委员论坛，提出加快石墨烯产业发展、完善云制造平台、建设工业设计城等协商成果，委员建言得到市委主要领导签批。主动呼应国家“一带一路”倡议，积极服务“海丝”泉州建设，围绕“把握申遗契机，加快泉州海丝文化旅游产业发展”议题深入调研，举办常委会委员论坛，在加快智慧旅游建设、建立历史文化数据库、打造休闲购物街区、构建全域旅游体系等12个方面提出80多条建议。广泛多层推进对口协商和界别协商。是年，针对党委政府急需解决、群众反映强烈、政协组织持续关注的议题，各专委会组织界别委员和委员活动小组，推进对口协商、界别协商工作，先后有30余件协商成果被市委、市政府及有关部门采纳。

【民主监督】 2017年，政协泉州市委员会贯彻落实政协民主监督新要求，以及中办和省委办公厅《关于加强和改进人民政协民主监督工作的实施意见》，立足政协职能，结合泉州实际，从政协民主监督的总体要求、主要内容、监督形式、工作机制等方面提出意见建议，代拟市委《关于加强和改进人民政协民主监督工作的实施意见》，推动泉州市政协民主监督工作向制度化、规范化、程序化发展。聚焦重大决策部署开展民主监督。围绕“泉州市实施低保兜底脱贫情况”议题，组成五个监督调研组分赴南安、惠安、安溪、永春、德化，通过实地察看、入户走访、召开座谈会等形式开展监督调研，与市委、市政府召开民主监督专题协商会，委员们提出的监督意见得到市委、市政府领导和有关部门的重视采纳。配合省政协来泉开展《关于加强人民政协协商民主建设的实施意见》贯彻落实情况调研督查活动，助推中央和省委、市委《实施意见》落到实处。聚焦社会热点问题开展民主监督。支持政协委员担任法院人民陪审员、商事调解员，担任检察院人民监督员、涉检信访第三方调解员、刑事申诉案件公开审查听证员，参与司法调解和法院诉讼调解工作，助力化解社会矛盾。组织委员围绕“司法服务和保障非公有制经济发展”开展视察活动，就依法履行职责、保障民生，更好地维护公平正义等相关工作提出意见建议。聚焦持续改进作风开展民主监督。组织委员参与社会治安综合治理的检查监督，支持受聘的特邀监督员、政风行风评议代表参加明察暗访和检查考评。组织委员听取市纪委、市中级人民法院、市人民检察院的工作情况通报，围绕党风廉政建设和反腐败工作、公平公正执法等议题建言献策。组织委员围绕全市经济社会发展情况、部分重点项目建设进展情况和为民办实事落实情况开展视察活动，针对加强工程质量管理、防止侵犯群众利益等相关问题提出建议。

【参政议政】 2017年，政协泉州市委员会坚持把服务发展、改善民生作为参政议政的重点。精心组织集中议政，市政协十二届一次全会召开期间，发动和引导全体委员围绕全市工作大局，就“泉州制造2025”“创新转型发展”“优化教育均衡发展”“提升生态文明建设”等民生和时政热点问题，通过撰写提案和大会发言，开展全面协商活动，建言专报得到市委、市政府主要领导批示肯定。组织专题调研，各专委会先后围绕“加快推进养老服务业发展”“发挥海外社团作用，助推海丝先行区建设”“挖掘泉州历史文化元素，发展文化创意产业”等议题开展调研，并召开专题协商会，形成课题报告50余份，为党政科学决策提供大量具有参考价值的意见建议。多形式督办提案，一次全会期间，立案提案609件，许多提案针对完善社会帮扶体系、房地产市场监管、城市垃圾分类处理、防灾减灾体系建设、古城文化遗产保护等热点问题，提出落实相关政策和解决问题的意见建议。综合采取市政府、市政协分管领导联合领衔督办和提案办理“两见面三结合”“回头看”等方式，多措并举，推动相关问题解决。市直相关部门将提案办理与市委、市政府开展的泉州“XIN”行动相结合，从体制机制入手，制定3年行动方案，全力推动工作落实。

【党派团结协作】 2017年，政协泉州市委员会坚持中国共产党领导的多党合作和政治协商制度，建立和完善挂钩联系制度，邀请民主党派、工商联、人民团体参加政协组织的调研视察、督办提案、协商座谈、民主监督等活动，扩大对各党派团体提出意见建议的办理落实力度，为他们履职建言创造条件。是年，市各民主党派、工商联和政协专委会提交提案179件，各类发言材料75篇、调研报告48篇。

【海内外联络联谊】 2017年，政协泉州市委员会组织部分港澳委员、特邀嘉宾开展“引进和扶持龙头企业发展”“城市双修”专题视察活动，为家乡经济社会发展献计出力。经常走访台资和侨资企业，主动协调解决他们在转型发展中遇到的困难。组团参加港澳地区泉籍社团的各类庆典活动，增进联谊、密切合作。倾听台湾各界人士的呼声，及时收集和反映台情信息，促进泉台两地民间交流互动。

【社会各界力量团结】 2017年，政协泉州市委员会经常走访市五大宗教团体、重点民间信仰活动场所负责人，发挥民族宗教界委员在促进社会和谐中的重要作用。加强与异地泉商的联系交往，组织异地委员回乡开展视察活动，召开以“集聚泉商资源，助推泉州产业转型升级”为主题的异地泉籍商会委员座谈会，鼓励引导回归创业。加强与各县（市、区）政协联系，形成上下联动、协调配合、互相促进的良好工作局面。

政协重要会议

【市政协十二届一次会议】 2018年1月4—7日，中国人民政治协商会议第十二届泉州市委员会第二次会议在泉州市区举办。该届市政协委员有495人、特邀委员55人。开幕式由市政协副主席李冀平主持。市政协主席陈灿辉作政协第十二届泉州市委员会常务委员会工作报告，市政协副主席骆沙鸣作政协第十二届泉州市委员会常务委员会关于十二届一次会议以来的提案工作情况报告，市科技局、国土资源局作提案办理工作交流发言，各专委会以书面形式向大会呈递工作报告。大会提案工作组收到委员们提交的提案

2017年1月7日，市政协十二届一次会议会场 （图/吴寿民）

775件，其中，市各民主党派、工商联、人民团体和政协专委会提案205件，委员提案570件。提案内容十分丰富，涉及经济、政治、社会建设等多个领域。经过初审立案695件，立案率89.68%。1月7日，市政协十二届二次会议完成各项议程胜利闭幕。市政协主席陈灿辉作闭幕讲话，副主席洪川夫主持。会议听取十二届市政协二次会议提案初审情况的报告，通过十二届市政协二次会议决议。

【常委会会议】 2017年，十二届泉州市政协常委会召开4次常委会议，会议传达学习全国政协十二届五次会议精神，协商《泉州市政协常委会2017年工作要点》（草案），协商通过有关人事事项；市政协委员围绕“深化供给侧结构性改革，振兴实体经济”“把握申遗契机，加快泉州海丝文化旅游产业发展”等议题建言献策；会议讨论修改常委会工作报告及提案工作情况报告，协商通过市政协十二届二次会议时间、主要议程及增补委员名单等相关事宜。

2017年十二届泉州市政协常委会会议情况表

表14

时间	会议名称	参加人员	会议内容
3月31日	十二届市政协第一次常委会	市政协主席陈灿辉主持会议，副主席骆沙鸣、陈铭福、王祖耀、李冀平、王瑞强、林志建，秘书长陈伟平出席会议	会议传达学习全国政协十二届五次会议精神，协商《泉州市政协常委会2017年工作要点（草案）》，协商通过有关人事事项
6月27日	十二届市政协第二次常委会	市政协主席陈灿辉主持会议，市政府领导陈荣洲应邀出席会议并讲话，市政协副主席骆沙鸣、陈铭福、王祖耀、李冀平、王瑞强、陈益、洪川夫、林志建，市政协领导苏小青，秘书长陈伟平出席会议。市政府有关部门负责人应邀参加会议	12名市政协委员围绕“深化供给侧结构性改革，振兴实体经济”议题建言献策
9月20日	十二届市政协第三次常委会	市政协主席陈灿辉讲话，市政府副市长季翔峰应邀出席并讲话，市政协副主席骆沙鸣、王祖耀、李冀平、王瑞强、陈益、洪川夫、林志建，秘书长陈伟平出席会议。市政府有关部门负责人应邀参加会议	政协委员围绕“把握申遗契机，加快泉州海丝文化旅游产业发展”议题议政建言
12月20日	十二届市政协第四次常委会	市政协主席陈灿辉，副主席骆沙鸣、陈铭福、王祖耀、李冀平、王瑞强、洪川夫、林志建，秘书长陈伟平出席会议。市政府副市长肖汉辉应邀参加会议	市政府副市长肖汉辉通报市政协十二届一次会议以来提案办理情况，会议讨论修改常委会工作报告及提案工作情况报告，协商通过市政协十二届二次会议时间、主要议程及增补委员名单等相关事宜

【主席会议】 2017年，十二届泉州市政协召开5次主席会议，会议协商2017年度常委会工作重点和工作计划、民主监督和重点提案议题、委员履职考评机制、有关人事事项及第一次常委会有关事宜，协商通过市政协第二次常委会协商主题及日程安排等事宜，协商确定市政协第三次常委会时间及议程，协商十二届市政协二次会议时间、议程等相关事宜，协商十届市政协二次会议相关事项，协商人事事项，讨论修改十二届市政协《常委会工作报告》《提案工作情况报告》，协商十二届市政协常委会第四次会议时间、议题。

2017年十二届泉州市政协常委会主席会议情况表

表15

时间	会议名称	参加人员	会议内容
3月23日	十二届市政协第一次主席会议	市政协主席陈灿辉主持会议，副主席骆沙鸣、陈铭福、王祖耀、李冀平、王瑞强、林志建，秘书长陈伟平出席会议	会议协商2017年度常委会工作重点和工作计划、民主监督和重点提案议题、委员履职考评机制、有关人事事项及第一次常委会有关事宜
6月24日	十二届市政协第二次主席会议	市政协主席陈灿辉主持会议，市政协副主席骆沙鸣、陈铭福、王祖耀、李冀平、王瑞强、陈益、洪川夫、林志建，秘书长陈伟平出席会议	会议协商通过市政协第二次常委会协商主题及日程安排等事宜
9月18日	十二届市政协第三次主席会议	市政协主席陈灿辉主持会议，副主席骆沙鸣、陈铭福、王祖耀、王瑞强、洪川夫、林志建，秘书长陈伟平出席会议	会议协商确定市政协第三次常委会时间及议程
11月23日	十二届市政协第四次主席会议	市政协主席陈灿辉主持会议，副主席骆沙鸣、王祖耀、李冀平、王瑞强、洪川夫、林志建，秘书长陈伟平出席会议	会议协商十二届市政协二次会议时间、议程等相关事宜。协商关于暂停卓炳连履行政协委员职责相关事宜
12月20日	十二届市政协第四次常委会	市政协主席陈灿辉，副主席骆沙鸣、陈铭福、王祖耀、李冀平、王瑞强、洪川夫、林志建，秘书长陈伟平出席会议。市政府副市长肖汉辉应邀参加会议	市政府副市长肖汉辉通报市政协十二届一次会议以来提案办理情况，会议讨论修改常委会工作报告及提案工作情况报告，协商通过市政协十二届二次会议时间、主要议程及增补委员名单等相关事宜

【重要专题会议】 2017年，十二届泉州市政协召开重要专题会议4次。

泉州市实施低保兜底脱贫”民主监督专题协商会 8月30日，市委、市政府、市政协召开“泉州市实施低保兜底脱贫”民主监督专题协商会，委员们围绕“如何更好实施低保兜底脱贫”建言献策。市领导陈灿辉、林万明、杨晓山讲话，市政协领导骆沙鸣、陈铭福、王祖耀、李冀平、王瑞强、陈益、洪川夫、林志建，秘书长陈伟平参加。

战略性新兴人才的评价认定机制及扶持政策”专题协商会 9月11日，市委、市政协召开专题协商会，围绕“战略性新兴人才的评价认定机制及扶持政策”进行专题协商。市委书记、市人大常委会主任郑新聪主持会议，市领导陈灿辉、翁祖根、孔繁军、林万明、陈铁晗、骆沙鸣、陈铭福、李冀平、陈益、洪川夫、林志建，市政协领导苏小青，秘书长陈伟平参加。

贴近产业需求，助推职业教育创新发展”专题协商会 9月11日，市政府、市政协召开专题协商会，围绕“贴近产业需求，助推职业教育创新发展”进行专题协商。市领导康涛、陈灿辉、张永宁、杨晓山、季翔峰、洪自强、肖汉辉、骆沙鸣、陈铭福、李冀平、王瑞强、陈益、洪川夫、林志建，市政协领导苏小青，秘书长陈伟平参加。

培育要素市场，助推泉州国家级自主创新示范区建设”专题协商会 12月13日，市政府、市政协召开专题协商会，围绕“培育要素市场，助推泉州国家级自主创新示范区建设”进行专题协商。市领导康涛、陈灿辉、张永宁、杨晓山、周真平、洪自强、陈铭福、王祖耀、李冀平、陈益、洪川夫、林志建，市政协秘书长陈伟平参加。

各专委工作

【提案工作】 2017年，泉州市政协十二届一次会议期间，根据《政协泉州市委员会提案工作条例》规定，提案审查委员会对收到的654件提案进行初审和二审，立案609件，立案率93.12%。在立案的提案中，经济建设方面有207件，占33.99%；政治建设方面有29件，占4.76%；文化建设方面有114件，占18.72%；生态文明建设方面有31件，占5.09%；社会建设方面有228件，占37.44%。在立案的提案中，市各民主党派、工商联、有关人民团体和政协各专委会提案179

件，占29.39%；委员提案430件，占70.61%。把立案的609件提案分解为1671件，交由92个有关单位办理。在各提案承办单位的共同努力下，所有提案均在规定的时限内办理完毕，按时办复率100%，一批委员关注、群众关心的实际问题得到有效解决，提案办理均达到满意和基本满意。提案中，政协各参加单位和广大政协委员围绕推动改革创新和转变发展方式献计出力，委员们围绕“建立健康政商关系”“扶持发展泉州市‘数控一代’示范企业”“加强专利海外布局”和“促进民营资本参与泉州市PPP项目建设”等提出许多真知灼见。

围绕统筹城乡发展和增进民生福祉贡献智慧，委员们围绕“实施职业教育精准扶贫”“保护传承创新泉州戏曲”和“西街原生态文化保护利用”等方面提出许多锦囊妙计。围绕健全公共服务体系和推动社会事业发展出谋献策，委员们围绕“完善中心城区主要交通结点指路标志”“完善泉州市公共自行车布点及建设时序”和“完善森林城市建设”等方面提出许多金玉良言。围绕加强民主法治建设和促进社会和谐稳定踊跃建言，委员们围绕“进一步规范泉州市物业管理工作”“加强各类展会管理”和“建立金融债务风险防范机制”等方面提出许多肺腑诤言。

【经济工作】　2017年，泉州市政协经济委员会围绕市委市政府中心工作，针对产业转型创新、回归创业和民生保障等问题，组织协调引导各民主党派和相关界别委员开展视察调研、建言献策，有效提升政协组织和委员的履职能力及水平。精心挑选主题，起草《关于征集‘深化供给侧改革，振兴实体经济’常委会委员论坛发言材料的通知》，明确“关于采用新技术新业态改造提升传统产业”“实施‘中国制造2025’城市试点示范存在困难、问题及对策措施”“泉州市中小型制造业转型升级发展有何需求”等12个协商重点内容。负责承办“培育要素市场，助推泉州国家级自主创新示范区建设”专题协商会，通过走访市科技局、发改委、经信委、商务局等要素保障部门，拜访市委党校、泉州师院等有关专家，了解情况，征求意见，组织召开方案论证会，最后形成专题协商调研工作方案。精心挑选资深政协委员、专家撰写15篇子报告，并对子报告提出修改意见。组织召开三次议稿会和一次审稿会，组织讨论和修改总报告提纲和初稿。围绕“泉州片区建设现状”“泉州片区建设战略构想”和“泉州片区建设工作推进”三个问题进行发言，并概括写成简稿。在十二届市政协第一次全会上，负责大会发言组的工作，把各参加单位送来的43篇材料全部编印成册，组织15名政协委员进行重点发言，及时编发发言摘报，送市委市政府领导批阅。与工商联联合举办异地商会委员及部分泉籍异地商会会长回乡视察恳谈会，视察泉州市重点项目建设，并召开恳亲座谈会。召开异地商会委员座谈会，就如何助推泉州在产业转型升级中出实效、走前头等方面座谈交流。主动走访，加强沟通，分别登门走访市发改委、经信委、财政局、商务局、科技局、国土局以及八个民主党派、工商联等部门，通报2017年市政协常委会工作计划，征求对加强和改进政协经济委工作的意见。接待全国政协及省政协来泉开展调研活动，全力做好保障。接待湖北省黄冈市，广东省湛江市、汕头市、东莞市，宁夏回族自治区政协经济委，广西壮族自治区玉林市等地政协来泉开展调研活动。开展重点提案督办，组织开展《关于推进中小鞋服企业智能制造、转型升级的意见建议》《关于推动泉州市制造业供给侧改革，实现创新驱动发展的建议》和《关于进一步推进泉州市“数控一代”智能装备产业发展的建议》重点提案督办活动。

【市政协社会和法制工作】　2017年，泉州市政协社会和法制委员会开展“推进养老服务业发展”专题调研，形成《泉州市加快推进养老服务业发展的调研报告》，对泉州市养老服务业发展方面取得的成效、存在的问题、面临的困难和如何加快推进做深入分析、研究和探讨，并提出发展社区和居家养老服务业。配合“推进养老服务供给侧改革，促进共享发展”专题调研，对如何推进养老服务业的发展，调研组有更高的站位和更强的前瞻性。组织开展“司法服务和保障非公有制经济发展”视察活动，这次视察活动是《泉州市政协常委会2017年工作要点》的内容，政协委员实地察看市中级法院的家事法庭、诉讼服务中心暨“跨域•连锁•直通”式诉讼服务平台，市检察院的监督指导中心、司法鉴定中心、融媒体演播室和电子阅览室，观看两院的相关视频专题片，并召开视察座谈会。组织开展“助推‘七五’普法实效”专题视察，并召开视察座谈会，就如何促进国家工作人员学法、依法行政、普法、守法，如何在中小学构建普法机制，如何推动社会资源参与普法等议题提出建设性建议。助推创新，献策司法改革，召开听取市法院工作情况通报会，

召开听取市人民检察院工作情况通报会。结合自身工作职能，搭建和利用各种平台，推进社会和法制界别政协委员参与综治维稳工作。根据关于邀请政协委员参与人民调解工作和关于邀请政协委员协助诉讼调解的意见，以及与市检察院的协商意见，鼓励、推动、服务政协委员积极参与人民调解、诉讼调解和涉检信访第三方调解工作；按有关要求和规定，选派和推荐政协委员、政协机关干部应邀担任党风、政风、行风监督员，法制宣讲员，及时了解他们的工作状况，适时与聘任单位沟通协调，为委员履职创造良好条件；依照信访工作路

线图的规范，办理群众来信来访，及时分类转送相关职能部门；参与泉州市法治政府建设实施方案等的征询、修改工作和市政协机关的“平安单位”创建工作。完成十二届一次全会的安全保卫工作，其间，制订周密的安全保卫、信访、道路交通3个方案，并组织实施，确保大会会场安全、委员驻地安全，确保无上访重大事件，确保委员有序、准时地出席会议。组织召开市政协听取市纪委工作通报会。11月16日，市政协召开听取市纪委工作情况通报会。会上，委员们围绕泉州市党风廉政建设和反腐败工作积极建言献策。协助全国政协、省政协和外地政协来泉州市开展调查研究和视察考察工作。

【教科文卫体工作】 2017年，泉州市政协教科文卫体委员会组织专题调研，为推动城市特色与文化旅游深度融合，加快泉州市文化旅游产业转型升级，牵头发动市各民主党派、工商联、各县（市、区）政协和市政协委员活动组围绕“把握申遗契机，加快泉州‘海丝’文化旅游产业发展”开展专题调研，形成33篇有较高质量的调研报告，提出175条意见建议。举办委员论坛，通过市政协常委会第三次会议，以“委员论坛”的形式组织专题议政，播放特别拍摄制作的专题片《把握新机遇：推动泉州文化旅游产业新发展》。助力“古泉州（刺桐）史迹”申遗，开展专题调研，组织撰写《打造申遗史迹精品线路，助推“海丝”文化旅游产业发展》等5篇调研报告。组织年度视察，以“古泉州（刺桐）史迹申遗与保护情况”为主题，深入了解申遗点维护和申遗工作的进展情况，共同营造良好的申遗氛围。呼应省委、市委“补齐民生短板”的工作部署，抢抓创建“全国中医药先进市”等机遇，组织重点调研、视察、提案督办活动，助力社会事业发展。聚焦中医药事业发展。组织重点视察，由陈灿辉主席率医药卫生界委员开展市政协重点视察，围绕“加快泉州中医药事业发展”主题开展视察，召开2场对口协商座谈会，组织撰写调研报告，并形成政协专报《加快泉州市中医药事业发展的建议》。完成《新编泉州本草（植物篇）》编修工作。围绕市政协重点课题“中小学生体质健康情况”，与民进泉州市委会开展协作调研，组织教育界、体育界政协委员与市教育局、体育局等相关部门开展界别协商，共同就“提升学校体育教育质量，促进中小学生身心健康”主题协商对策，并形成调研报告《关于泉州市中小学生体质健康现状分析》《关于增强学生体质促进学生健康发展的建议》，引起相关部门的高度重视。围绕市政协十二届一次会议重点提案，协同相关委（室）配合市政府市政协领导组织“实施医养结合试点”“完善全面二孩配套政策”“构建大病救助长效机制”提案督办活动。呼应“泉州制造2025”战略规划，聚焦泉州市产业创新转型的痛点难点，推进协作调研，组织重点协商，为打造创新型制造业强市建言出力。关注产教融合发展，开展协作调研，组织重点协商，形成政协专报《关于贴近产业需求助推职业教育创新发展的建议》。为帮助政协委员开拓视野、知情知政、科学履职，助推“泉州制造2025”建设，组织华大委员活动组、科技界委员活动组深入德化泰峰瓷坊、五洲陶瓷公司、顺美集团等企业，以“知识产权保护情况”为主题开展委员年度视察活动，召开专题座谈会。抓住喜迎中共十九大召开的契机，扩大书画联谊，组织“专家义诊”，开展“爱心”帮扶，为凝心聚力、促进和谐增添光彩。

【港澳台侨和外事工作】 2017年，泉州市政协港澳台侨和外事委员会组织开展专题调研、重点视察、提案督办，积极协商建言，服务创新发展。选准调研课题，以“发挥海外社团作用，助推海丝先行区建设”作为年度调研课题，列入市政协常委会工作要点。牵头台办、侨办、侨联和致公党等相关单位成立课题调研组，制订调研方案，确定调研形式，深入了解泉籍海外华侨尤其年轻人的家乡情怀和回归诉求；结合走访在泉回归龙头企业，总结了解海外侨商企业回归的经验做法；结合微信互动平台与海外社团组织、特邀嘉宾联系沟通，广泛征求意见建议。在深入调研的基础上，调研组多次组织召开相关单位座谈会，听取意见建议，经几易其稿，最后形成《发挥海外社团作用，助推海丝先行区建设》调研报告。组织委员围绕泉州经济发展焦点和社会热点问题开展调查研究，引导委员分析新情况，研究新对策，建诤言献良策。全会期间，委员们提交提案19件，其中“食品安全监管及地沟油回收处理”提案被遴选为年度重点提案。拓展委员服务平台，探讨如何更好地组织港澳委员参政议政、发挥委员作用、助推泉州经济建设和社会发展的好办法好举措，探讨当前社会特别是民企侨企转型发展面临的新情况新问题和破解的新办法。加强与各界的联络联谊，注重与泉州台商协会联系，关注台资企业运营情况，参加台商协会的重大活动，经常走访台商特邀委员在泉企业，协助解决困难和问题。注重与海外社团的联系，增加交流互访，激发爱国爱乡热情。注重与台湾客人的联系，进一步加强沟通，加强互利合作。做好华侨华人新生代工作，配合省政协组织香港青年“八闽文化之旅”夏令营活动，组织华侨大学250多名来自中国港澳地区的新生开展“看海丝•爱泉州”主题活动等。

【民族宗教工作】 2017年，泉州市政协民族宗教委员会继续开展欠发达地区少数民族村帮扶活动，每年帮扶一个欠发达少数民族村是市政协多年来坚持的一项为民办实事的民心工程，经过前期调研筛选，把帮扶惠安县涂寨镇新亭畲族村村道建设确定为2017年度市政协为民办实事项目，筹措资金100多万元帮助该村铺设村道，解决群众出行难问题。启动新一轮助学活动，举行“少数民族困难大学生座谈会暨爱心助学金发放仪式”，市政协领导及爱心企业家为65名少数民族困难大学生颁发助学金19.5万元。做好重点提案督办协调工作，与社法委共同承担市政协十二届一次会议“脱贫攻坚方面”两个重点提案的督办协调工作。督办协调工作中，及时与提办双方取得联系，加强沟通协调，确保提案办理工作有条不紊地开展。开展“低保兜底脱贫情况”专题民主监督工作，组织委员到惠安县涂寨镇、东岭镇实地调研察看实施低保兜底情况，与镇村干部及贫困户面对面交流，了解掌握实际情况。其间，召开座谈会7场次，实地察看2个镇4个村，走访贫困户20户。引导宗教与社会主义相适应，坚持平时经常性走访和春节期间集中走访慰问相结合，紧密团结联系宗教界代表人士，主动关心他们的工作生活，帮助解决实际困难。利用全会、常委会、界别委员视察活动等平台鼓励引导，听取委员意见建议，引导民宗界别委员选好主题、反映实情，提高建言质量。引导宗教界参与公益慈善事业，参与助学、助医、扶贫济困等各种公益慈善事业。发挥界别委员主体作用，深入调查研究，反映社情民意，提交政协提案，市政协十二届一次全会期间，民宗界别委员撰写、提交提案24件，向全会和常委会议提交大会发言材料2篇。

【人口资源环境工作】 2017年，泉州市政协人口资源环境委员会推动泉州有效应对全面二孩政策实施，承担2017年市政协的重点视察课题“全面二孩政策实施情况”的组织实施。推进示范性生态城市的创建，组织部分委员赴德化县开展美丽乡村和生态建设的考察活动。在实地考察的基础上，委员们对德化县美丽乡村建设，如何发展生态农业、生态旅游提出针对性的意见和建议。关注泉州全面河长制的实施工作，组织委员开展视察，通过实地察看南安市河流管养中心建设情况和晋江西溪南安市区河段综合整治工程（武荣公园段），观看泉州市河长制宣传片和南安市“两溪一湾”宣传片，召开座谈会听取相关情况汇报。开展城市“双修”工作视察，组织委员重点察看城市修补和生态修复工作的推进情况、存在的困难，并组织委员对进一步全面开展城市双修工作发言讨论，提出意见与建议。主动参与环保督查工作，多次组织政协委员协同市政府相关部门深入基层进行明察暗访，开展督查。组织重点提案督办，承担《关于推进中小鞋服企业智能制造、转型升级的意见建议》《关于推动泉州市制造业供给侧改革，实现创新驱动发展的建议》《关于进一步推进泉州市“数控一代”智能装备产业发展的建议》重点提案督办任务。参与“泉州市实施低保兜底脱贫情况”民主监督专题协商活动，参与政风行风建设评议活动。开展走访交流活动，加强与市住建局、城乡规划局、市政公用事业管理局、水利局、计生委、环保局等职能部门和民主党派的沟通与联系，了解他们的工作情况、工作重点，通过列席相关部门的工作会议、参加部门各种主题活动、通报情况、上门走访等形式，促进交流，密切关系。

【文史和学习宣传工作】 2017年，泉州市政协文史和学习宣传委员会编辑出版《泉州籍台湾族谱目录》，服务于海峡两岸同胞寻根寻亲的迫切需求，增进台湾同胞对两岸命运相连关系的高度认同。配合全国政协、省政协开展“香港回归历程”和《蒙古族百年实录》文史资料征集。配合做好委员履职培训。是年，市政协利用政协全会、常委会议等形式，邀请省政协原副主席叶家松、全国政协理论研究会常务理事原冬平授课，以会代训对全体市政协委员、常委进行业务培训。坚持每季度编发一期《学习资料》提供给全体市政协委员学习使用，为委员知情明政、提高参政议政能力创造条件。开展“深入挖掘泉州历史文化元素，大力发展文化创意产业”课题调研，深入各县（市、区）和市直单位开展调研活动，撰写调研报告，提供市直相关部门单位决策参考。开展“‘古泉州（刺桐）史迹’申遗点保护利用”视察活动，配合开展“发展文化旅游产业”重点提案督办。配合全国政协、省政协和省文史馆到泉州开展相关活动，配合全国政协文史和学习委到泉州开展“海上丝绸之路史迹保护和利用”专题调研活动，配合开展诗词吟诵活动，参加泉州诗词学会组织的“海丝泉州”采风活动和泉台诗词联吟会，配合开展以“喜迎十九大，庆祝建国68周年、建军90周年”“美丽中国、海丝泉州”为主题的国庆中秋诗词吟诵会。加强与市政协各参加单位、本委活动组委员的联系联络，及时沟通情况，征集社情民意，听取意见建议，更好地发挥委员的主体作用。参与精准扶贫工作，参与“泉州市实施低保兜底脱贫情况”专题民主监督活动。

民主党派

栏目编辑：周　芸

中国国民党革命委员会泉州市委员会

【概况】 2017年，民革泉州市委会有民革县级市委会2个，总支部4个，支部39个，党员908人，各级人大代表19人，各级政协委员79人。民革泉州市委会获评2017年民革全国组织建设工作先进集体和民革全国社会服务工作先进集体。

是年，民革泉州市委会紧抓“深入学习贯彻中共十九大精神”主题，采取集中与分散相结合的方式，组织全体民革党员收看十九大开幕式直播，并召开市委常委扩大会传达学习；市委会组织党员代表和机关干部参加市直统战系统党委举办学习宣传贯彻中共十九大精神专题讲座。及时出台《民革泉州市委学习贯彻中共十九大精神工作方案》，成立学习宣传领导小组，开展“喜迎十九大，惠民办实事”“我为落实中共十九大献一策”等活动。正副主委分别带队前往各基层组织宣讲中共十九大精神，组织民革党员共同学习交流心得体会；注重拓宽渠道，在泉州民革微信公众号和《泉州民革》刊物上开辟学习专栏，报道各基层组织的学习进展，营造浓厚的学习氛围。开展以“不忘合作初心，继续携手前进”为主题的教育活动。全年，民革泉州市委会组织4次集中学习、各基层组织举办23次集中学习；开展“观故居——走多党合作之路”活动，参观原国民党中央委员黄金如创办的伟伦纪念馆，重温民革党史；副主委徐华作“不忘合作初心”的专题报告，确保主题教育活动取得实效；继续开展“向蔡立忠同志学习”活动，发挥蔡立忠同志先进事迹的示范引领作用。组织各基层组织和广大党员深入学习领会全市统一战线“五个五”五年工作规划文件精神，做好贯彻落实工作；号召广大民革党员围绕喜迎中共十九大，践行市统“五个五”主题活动，撰写心得体会，并精选优秀文章汇编成册，引导提升广大党员的思想觉悟和境界。抓好后备党员储备、优秀人才引进和后备干部培养，探索建立市委会领导班子成员按照各自分工挂钩各高校支部，与高校统战部门结对子、交朋友，加强高校基层组织建设，充实后备力量。

2017年9月16日，泉州民革台湾同胞法律服务中心成立

（图/民革泉州市委会）

【参政议政】 2017年，民革泉州市委会主要负责人参加中共泉州市委、市政府、市政协召开的政治协商会、征求意见会、情况通报会，以及“重要地方性法规《泉州市中山路骑楼建筑保护条例（草案）》”“进一步提升泉州市未成年人思想道德建设水平”“进一步健全创建全国文明城市长效机制”“助力海丝文化旅游大发展”等专题协商会，就法制、经济和社会发展等重要问题发表意见、提出建议。各级“两会”期间，民革党员中各级人大代表、政协委员提交建议和提案223件。在泉州市政协十二届一次会议上，民革泉州市委会提交大会发言2件，集体提案24件，其中，《关于弘扬泉州古城文化魅力打造国际海丝旅游名城的建议》被市政协选定为重点提案，其他5篇提案得到市主要领导批示。是年，民革泉州市委会完成重点调研课题21件（民革省委1个，市政协14个，市委统战部6个），大会发言4件，集体提案36件，宣传信息社情民意106件（被中央统战部和民革中央录用5条、中共福建省委和省委统战部录用4条、民革省委录用26条、市政协、市委统战部录用28条），获评民革福建省信息工作先进集体和泉州统战系统信息工作先进集体。

【社会服务】 2017年，民革泉州市委会成立泉州民革脱贫攻坚民主监督工作领导小组，制订《脱贫攻坚民主监督工作方案》，成立由党内律师、会计师、专家学者组成的第三方评估工作小组，多次前往德化县开展落实的“三三五三”工程（三个扶贫精准、三项扶贫重点、五项扶贫工程、三项扶贫机制），跟踪调研和专项监督评估，把基础性、关键性的环节抓实抓好。参与泉州市第一医院“同心工程”建设活动；开展法律进校园、进企业活动，参与民革市级低保户法律救援站、妇女维权法律援助站和洛江分站的接访工作；开展“爱心妈妈”捐资助学活动，赠送民革优秀女党员“三八”妇女节免费健康体检卡。连续第19年联合民革各地域组织，结合“海西春雨行动”主题开展类型丰富的社会服务活动。到永春县吾峰镇梅林村开展“医疗、科普、法律”三下乡活动，免费发放药品1.5万元，义诊服务群众600多人次，结对帮扶送慰问金1万元。举办首期“同心・扶志”韶盛夏令营活动，向德化县30名贫困留守学生赠送慰问金及学习用品；到永春县东关镇送上扶贫款3万元；参与市妇联开展的泉州市“关爱贫困母亲”大型公益募捐活动，捐资5000元；联合市残联开展“助残日”义诊活动，到文庙为市民免费提供咨询与诊疗；组建党员企业家成立助学基金志愿者服务团，继续实施定点扶贫、精准扶贫，帮助品学兼优、经济困难的学生完成学业。通过“博爱・牵手”“春蕾计划”“救助贫困母亲”“六一关爱儿童”“结对帮扶”等活动，帮助困难群众、贫困学生100多名，捐助爱心款项50多万元。

【推进两岸交流合作】 伴随海峡两岸交流交往的深入发展，往返于台湾、泉州的两岸同胞越来越多。2017年，民革泉州市委会主动为到泉州的台胞提供优质、高效的属地化法律服务，打造“社法与祖统”相结合的品牌项目。9月16日，举行泉州民革台湾同胞法律服务中心成立仪式暨2017年泉州台湾两地律师实务研讨会，泉州与台湾两地专业人士、在泉州的台湾大学生等共计200余人参加。《团结报》《统一战线》《福建民革》、泉州电视台、泉州晚报等多家媒体到场采访，取得良好的社会反响。学习习近平总书记在纪念孙中山先生诞辰150周年大会上的重要讲话精神，以民革中央成立70周年为契机，在常态化开展“三个一”活动（即举办一次涉台专题讲座、进行一次座谈交流、开展一次台企调研）的基础上，加强涉台参政议政，全年完成2份涉台调研成果，9份涉台社情民意。持续做好台湾青年工作，加强与高校合作，分别于三八妇女节和中秋节组织台湾大学生联谊、座谈、调研，加强与台湾青年一代的沟通交流，推进两岸交流合作。加强与中共泉州市委统战部、市台办和涉侨、涉台部门的联系，与涉台企业协调，对重点台属进行慰问，形成常态化工作机制。

中国民主同盟泉州市委员会

【概况】 2017年，民盟泉州市委会学习贯彻中共十九大精神和习近平新时代中国特色社会主义思想，以及中央和省市各级重要会议精神，凝聚政治共识。发扬民盟优良传统，带领全市各级民盟组织和广大盟员，围绕中心，服务大局，参与“五个泉州”建设。2017年3月获评“2012—2015年度全省统战系统先进集体”。10月26日，召开“学习贯彻落实中共十九大精神，担当新时代参政党新使命”座谈会，民盟泉州市委会正副主委、常委、委员及各地方组织负责人参加。11月3日，召开学习贯彻中共十九大精神活动，盟员担任市级人大代表、政协委员、各基层民盟组织负责人等近100人参加。

是年，民盟泉州市委员会发展新盟员91名，发展率4.65%，净增率3.53%，其中教育界22人（高教7人，普教11人），新社会阶层人士30人。截至12月底，全市有民盟盟员2022人，民盟地方组织2个、区工作委员会2个、总支7个，支部86个，小组1个，专门工作委员会12个。民盟盟员或盟员的作品获得全国、省、市各类各级奖项270多项。3月7日，泉州印记闽南文化驿站“盟员之家”揭牌。3月19日，推出“泉州民盟”微信公众号。4月12日，民盟中央美术院泉州分院获民盟中央批准，设址于泉州盛世典藏艺术馆。

【参政议政】 2017年，民盟泉州市委会在泉州市“两会”上，提交市人大建议13件；提交市政协集体提案17件，个人提案38件，大会发言5件。其中，集体提案《关于我市实施职业教育精准扶贫的建议》确定为市政协十二届一次会议重点提案。集体提案《关于尽快解决桃花山片区群众及旅游交通出行问题的提案》《关于我市实施职业教育精准扶贫的建议》《打造泉州志愿服务展示交流平台 提升泉州社会文明水平》作为重要提案摘报得到康涛市长批示，《关于我市实施职业教育精准扶贫的建议》得到副市长季翔峰批示。参加中共泉州市委、市政府、市政协召开的政党协商、专题协商、征求意见会和市检察院、法院、纪委工作情况通报会等，就经济、社会和民生发展等问题提出建议。

【调查研究】 2017年，民盟泉州市委会向民盟中央、民盟福建省委会，市政协，中共泉州市委统战部等提交各类调研报告、论文40多篇。《关于促进民营资本积极参与PPP项目的提案》《我省做大做强机械装备产业亟需突破专利瓶颈》获民盟福建省参政议政优秀调研成果一等奖。参加中共泉州市委、市政府与市政协“战略性新兴产业人才的评价认定机制及扶持政策”“贴近产业需求，助推职业教育创新发展”“推进我市全面‘二孩’政策实施”专题协商。完成《关于在泉州市战略性新兴产业领域加快推广行业专家举荐人才的对策实施建议》《关于加快培育我市高技能人才的建议》《提升我市高职院校“双师”结构师资水平的建议》《完善妇幼健康服务体系 推进全市“二孩”政策落地》等4篇调研论文。参加市政协二季度、三季度常委会委员论坛，提交10篇调研文章，其中《关于完善“泉州云制造公共服务平台”的思考》《补齐短板，重视培育新型导游队伍》作现场发言。组织开展以“校企合作”为主题的高教论坛，先后到仰恩大学、泉州高级技工学校、华侨大学厦门校区、福建农林大学安溪茶学院等调研，征集论文近20篇。

【民主监督】 2017年，民盟泉州市委会成立脱贫攻坚民主监督领导小组，制订2017年度工作计划，做好脱贫攻坚民主监督工作。参与全市2017年脱贫攻坚“春季攻势”行动检查，前往惠安县开展脱贫攻坚民主监督调研检查。民盟界别政协委员参加市政协组织的泉州全面实施河长制、低保兜底脱贫情况等民主监督活动。

【信息工作】 2017年，民盟泉州市委会向各级部门提交社情民意信息100多篇。信息《应将地铁标识列入国家强制性统一标识》被中共中央统战部《零讯》单篇采用，《关于加强“古泉州（刺桐）史迹”商标保护的建议》在《侨区快讯》专题刊发并获市长康涛批示，《我省做大做强机械装备产业急需突破专利瓶颈》得到省领导的批示，《建议我省加快发展语言产业》得到省领导批示并被评为“2016年度民盟福建省优秀社情民意信息”，《我省水产品质量安全监管机制存在空白亟需填补》得到副省长黄琪玉批示。

【社会服务】 2017年，民盟泉州市委会围绕《乡愁：海丝记忆》《中斯友好纽带 两国民间使者》等主题，召开3次民盟讲坛。1月5日，与泉州市公用事业管理局联合主办“翰墨迎新春 同心送祝福”送春联活动，现场为群众书写出春联800多幅。4月15日，组织10多位医生到安溪县湖上乡盛富村开展义诊送药活动，接待就诊群众150多人次。8月16日，组织30多位盟员书画家到小岞镇开展书画下乡及笔会采风活动。9月28日，惠安民盟文化精准扶贫走进小岞镇。10月27日，组织30多位医生前往惠安县小岞镇开展义诊送药活动，接待就诊群众150多人次，捐赠价值3.6万元的医疗器材。11月22日，举办民盟中央美术院泉州分院捐赠仪式暨“丹青溢彩·闽水流韵”名家书画展开幕式。12月2日，组织10多位医生联合到石狮龙穴村开展义诊送药活动，接待就诊群众200多人次。

全市各级民盟组织和盟员在各种爱心公益活动中捐款近1000万元。向泉州市统一战线“同心工程”——泉州市第一医院“同心楼”项目捐赠50万元。5月，向泉州市妇联捐款1万元，用于贫困母亲专项帮扶。5月31日，“大爱盟心，圆梦同行——泉州民盟书画家公益义捐作品展”共收到31位书画家盟员无偿捐献的书画作品63幅，收到32位盟员和民盟石狮市总支等的捐赠款30.2万元。“六一”儿童节之际，向鲤城区开智学校捐赠10万元。石狮市总支向永春玉美小学捐献2.8万元，南安市总支向“万贤扶千户”活动捐款16万元，惠安财经支部“金秋助学”资助贫困生2.8万元，永春支部“金秋助学”为贫困生送去1万元。

中国民主建国会泉州市委员会

【概况】 2017年，民建泉州市第十二届委员会有委员39人（其中主委1人，副主委5人，常委18人），下辖晋江市委会、南安市委会、市直工委会、鲤城区工委会、丰泽区工委会、洛江区总支部、惠安县基层委员会、石狮市总支部、泉港区支部、永春县支部等组织。设有8个专门委员会，全市有会员1470人，主要分布在公有制经济、新社会阶层、教育、医卫、机关单位等部门。

【参政议政】 2017年，民建泉州市委会会员中担任省人大代表2人、市人大代表10人，全国政协委员2人、省政协委员3人、市政协委员28人。在市政协十二届一次会议上，提交集体提案22件、个人提案40余件，其中4件入选重要提案摘报，《关于进一步推进福建省军民融合产业发展的建议》等两件入选发言材料汇编，《关于推进中小鞋服企业智能制造、转型升级的意见建议》和《构建政府和社会相结合的大病救助长效机制》两件提案被列为重点提案。《关于进一步推进福建省军民融合产业发展的建议》由民建福建省委在省政协十一届五次会议期间作为集体提案向大会提交，被列为省政协重点提案；民建泉州市委会在“战略性新兴产业人才的评价认定机制及扶持政策”“贴近产业需求、助推职业教育创新发展”“《泉州市中山路骑楼建筑保护条例草案》征求意见会”等专题协商会上，深入调查研究，提出可行性高的建议，得到市领导肯定。与市社科联联合开展“快递行业与泉州大中专院校产学融合应用研究”专题调研。参与民建福建省委、中共泉州市委统战部联合开展课题调研，向市委统战系统建言献策论坛提交5篇论文，向民建福建省委提交5篇调研报告。

【社会服务】 2017年，民建泉州市委会引导会员关注民生、回馈社会，参与抗震救灾、捐资助学、扶贫济困等社会服务活动。是年开展服务23场次，服务基层群众2402人次，捐款4000多万元。以“不忘合作初心，继续携手前进”为主题，到政和县外

2017年8月29日，民建泉州市委会组织到洛江区开展脱贫攻坚民主监督及扶贫调研（图/民建泉州市委会）

屯村开展“三下乡”活动，慰问当地贫困户。开展“万贤扶千户”、“同心行·民建情”等一系列扶贫活动；响应中共泉州市委、市政府的号召，参加脱贫攻坚“春季攻势”检查行动，开展对口洛江区的脱贫攻坚民主监督工作；为会员搭建交流、学习、服务、合作平台，组织会员赴江西省安源区、贵州省贵阳市等地考察。组织会员参加中国风险投资论坛，中国（江西）非公有制经济发展论坛，海峡物流论坛等，助力会员企业发展。

【宣传调研】 2017年，民建泉州市委会发挥会刊、网站、微信公众号等平台的作用，全年在各级民建网站、微信公众号上刊发各类稿件信息达200余篇次。加强与新闻媒体的联系，宣传会内重要活动和先进人物事迹，展示参政议政成果、社会服务特色和会员风采。与大庆、宜昌、攀枝花等地民建组织交流。联合厦门、漳州民建组织，围绕“陶瓷文化产业发展”开展调研。举办“民建建华课堂福建分课堂暨泉州刺桐讲坛”“民建·金利来杯乒乓球邀请赛”等，开展“统战大讲堂——闽南文化面面观”“喜迎十九大系列活动”“民建情——文化自信八闽行”“不忘初心、携手前行”等主题活动，不断扩大影响力。

【组织建设】 2017年，泉州市有民建会员1470人，其中博士8人、硕士65人、大学本科552人，正高职称6人，副高职称116人，中级职称356人。2017年发展65名新会员，平均年龄35岁，其中本科以上54人，研究生学历4人，占新会员数的83%，中高级职称10人，占新会员数的15%；民建泉州市委会开展各类讲坛、骨干会员培训班、新会员培训班等，多次组织会员参加各级民建组织的骨干会员培训班，提升会员的政治素质。

中国民主促进会泉州市委员会

【概况】 2017年，民进泉州市委会以制度建设为年度工作主题，创新领导班子履职考评等工作模式，履行参政议政等职责。全年发展新会员5人，至年底全市有会员699人。成立市直综合一支部，华大总支、鲤城工委完成换届。

是年，民进泉州市委会制定基层组织换届基本程序、基层组织经费管理办法等基层组织工作制度，修订调研课题管理办法、宣传信息稿件计分办法及稿酬发放标准等规章制度，梳理机关岗位职责等机关工作制度，推动民进泉州市委会机关进一步转型。举办“喜迎十九大·共筑中国梦”诗歌朗诵会，为中共十九大胜利召开营造良好氛围。通过主委会议带头学，常委会议集中学，基层组织全面学，主委、副主委到挂钩基层宣讲等形式，学习贯彻中共十九大精神。11月，在泉州音乐厅举办民进讲堂，邀请中央财经大学教授刘树勇与会员共同探讨书画艺术和人生哲学，提升会员人文素质。12月，在闽南文化交流中心举办“喜迎海艺节白瓷展”，展示泉州海丝文化。开通泉州民进微信公众号，2017年发布28期165条信息。严把会员入会关。加大对入会积极分子参政议政能力考核力度，以提交一篇高质量调研报告作为入会审批的前置条件。举办首次入会积极分子培训。对各级领导班子成员履职情况进行量化考评，激发履职积极性。开展“创先争优树典型”活动，推动基层活动全面开展。

【参政议政】 2017年，在泉州市政协十二届一次会议上，民进泉州市委会提交大会发言2件，集体提案32件，委员提案15件。其中集体提案《关于利用现有医疗资源，实行医养结合试点的提案》被列为市政协重点提案，《让职业教育成为贫困户脱贫致富的“直通车”》《关于开展双创活动促进全市小微企业创新发展的提案》和《关于对在我市举办的各类展会商品质量加强管理的提案》获市领导批示。省十二届人大五次会议上，张锦川提交的《关于加快推进城市垃圾分类工作的建议》被列为重点督办件；市十六届人大一次会议，黄志煌提交的《关于加大中心城区快速通道建设，缓解交通拥堵的建议》被列为

2017年10月8日，民进泉州市委会在泉州梨园古典剧院举行"喜迎十九大·共筑中国梦"诗歌朗诵会（图/民进泉州市委会）

重点督办件。

开展调查研究。将调研作为贯穿年度始末的核心工作来抓，多次召开调研务虚会、年度调研工作会、调研评审会，全年完成35篇调研报告。紧扣中心工作参与政治协商。在市政党协商专题座谈会上对《泉州市中山路骑楼建筑保护条例（草案）》提出4点修改建议，在市政协专题协商会、重点协商会上作《加大科研和高等教育投入助推高新产业发展》《加强古城核心区交通基础设施建设的建议》《培育工匠精神，推进"二元制"职业教育全面实施》的发言，《推进有机肥使用 打造绿色农业品牌》入选市政协重点协商书面汇编。

开展民主监督。在市政协十二届一次会议提交《关于对精准扶贫实行民主监督的提案》，得到市政协的重视。民进泉州市委会专职领导先后5次带队到泉港、永春开展扶贫调研和脱贫攻坚民主监督，撰写《关于实施低保兜底精准扶贫，解决因病致贫的几点建议》，在"泉州市实施低保兜底脱贫情况"民主监督专题协商会发言。全年报送社情民意信息230件次，被上级采用62件次，其中陈建造撰写的《关于加强水产品监管的几点建议》得到省领导批示。

【社会服务】 2017年，民进泉州市委会开展助医、助学、助困等社会服务活动30余场，服务基层群众5000人次，投入社会服务资金近60万元。民进泉州市委会先后五次组织到泉港、永春调研，为38户贫困户送去慰问金6.6万元；春节前，组织到鲤城金峰社区开展义写春联活动；结对鲤城通政社区开展精神文明共建活动，重阳节赠送社区高龄孤寡病残老人1万元慰问品；组织统战教育专家服务团到晋江养正中心小学开展送教下乡活动；参与泉州市统一战线"同心工程"，许维蓄、林成基等捐助"同心光彩基金"20万元；参与民进中央"开明慈善基金会福建省星空专项基金"项目，张家洪捐赠基金10万元；邹德清代表民进泉州市委会捐赠抚州贫困学生2万元，吴玉季慰问泉港贫困户1万元。

中国农工民主党泉州市委员会

【概况】 2017年，农工党泉州市委会围绕泉州市统筹推进"五位一体"总体布局和协调推进"四个全面"战略布局，为建设"创新、智造、海丝、美丽、幸福"的现代化泉州作贡献。高质量完成2017年省、市"两会"提案建议工作，积极反映社情民意，发挥整体合力，参与脱贫攻坚民主监督工作，开展形式多样的活动回报社会。

【参政议政】 在2017年市"两会"期间，农工党泉州市委会以大会发言材料、提案等形式建言献策，向市政协十二届一次全会报送大会发言材料1篇，集体提案25件。其中，《加快推动"泉州制造2025"发展的若干建议》被选为市政协十二届一次全会大会发言，并被市政协选编为《发言摘报》，得到市委书记郑新聪批示；提案《关于完善"全面二孩"配套政策和社会保障的建议》被列为市政协2017年重点提案，所提意见建议受到市领导的高度重视和批示，并由市政府、市政协有关领导领衔督办；政协全会期间，农工党泉州市委会提案《关于加强我市活禽屠宰交易市场规范管理的建议》《关于在我市逐步推广"四点半学校"的建议》被市政协大会选编为《重要提案摘报》，得到市领导批示4件次。其中，《关于加强我市活禽屠宰交易市场规范管理的建议》《关于在我市逐步推广"四点半学校"的建议》得到市委书记郑新聪等市领导批示。在省"两会"期间，向农工党福建省委会报送了《关于加强我省地方戏曲保护与传承的建议》《大力发展设施农业 加快推进我省农业现代化的建议》《关于加快融资租赁业发展 打造福建经济新引擎的建议》3件提案，均被农工党福建省委会采用并作为集体提案提交省政协；《关于申报筹建中国福建海丝茶文化博物馆的建议》被报送省人大会议。农工党泉州市委会《关于加强我省地方戏曲保护与传承的建议》被省政协大会选编为《重要提案摘报》，得到省委书记尤权、省长于伟国，省委常委、宣传部部长高翔批示，并被列为2017年重点提案。

2017年,农工党泉州市委会共收到各级组织、党员报送的社情民意信息500多件，经编辑、整理，并通过农工党中央、省委会，市政协，中共泉州市委统战部等信息渠道向各有关单位报送。全年共报送反映社情民意信息210件/次，被上级部门采用69件 / 次，其中《建议加强对非职业暴露人群HIV预防阻断的重视》、《应防止企业利用捐赠不合格物品方式实施避税的行为》被全国政协信息局采用，获农工党中央采用5件、中共中央统战部采用5件、中共福建省委办公厅采用1件、福建省政协采用3件、农工党福建省委采用51件、福建省领导批示2件。

【社会服务】 根据中共泉州市委统战部、泉州市扶贫开发领导小组办公室《关于支持各民主党派泉州市委会开展脱贫攻坚民主监督工作的实施方案》的有关要求，制定脱贫攻坚民主监督的实施方案，成立农工党泉州市委脱贫攻坚民主监督工作领导小组，与安溪县委统战部、县扶贫办建立常态化联系机制，于6月和8月开展2次脱贫攻坚专项民主监督调研工作、1次扶贫、1次义诊活动。陈益主委还积极参加农工党福建省委赴云南省保山市开展的脱贫攻坚民主监督活动和农工党中央妇委会赴云南迪庆州开展脱贫攻坚调研及扶贫活动。

6月，农工党泉州市委会联合泉州市环保局等7个单位在泉州市新门街南音艺苑开展2017年中国环境与健康宣传周活动暨鲤城区小记者环境新闻作品大赛颁奖活动，活动包含“生态文明 我知我行”环保知识网络答题活动启动仪式、小记者环境新闻作品展演颁奖、环保知识现场抢答、世界环境日主题展板展览、环保理念传播签名承诺等环节和内容，约200人参与“宣传周”活动。各基层组织积极响应，开展形式多样的系列活动，旨在提高大众对环境保护与大众健康事业的关注及环境保护意识，提倡全社会为改善环境质量而共同努力，系列活动取得良好的社会反响。2017年，全市开展义诊5场次，讲座2次，环保骑行2场，活动受益群众1200多人，捐赠物资、药品1万多元，发放宣传材料900多份。11月，农工党泉州市委会携农工党丰泽区工委会、一院支部到台商投资区百崎回族乡开展第二十九届“国际科学与和平周”义诊扶贫助学活动。活动现场共义诊300多人次，免费发放药物价值4000多元。走访慰问百崎乡后海村、白奇村五户困难家庭，并为他们送上慰问金共计15000元。在第二十九届中国“国际科学与和平周”期间，农工党全市各级组织共开展义诊14场次，扶贫助学活动4次，科普、安全、健康保健知识讲座6次，活动受益群众近4000人，捐赠物资、药品67500多元，扶贫助学18000元，发放宣传材料3500多份。

3月，农工党泉州市委会组织为丰泽区一贫困家庭捐款5000元。4月起，广泛发动全市各级农工党组织及广大党员为同心光彩基金（泉州第一医院同心楼工程）捐款，共计267976元。5月，农工党泉州市委会机关为泉州一名“贫困母亲”捐款5000元，帮助其实现“微愿望”。各地方组织和基层组织充分发挥自身优势开展活动：农工党泉州市委会经济委联合丰泽工委会、洛江总支开展六一节捐赠活动，关心留守儿童；鲤城工委会开展2017年世界防治结核病日、全民健身日等宣传活动；泉港总支到山腰街道荷池村清源庵慰问弃婴孤儿；8月，综合总支、洛江总支“惠民生、帮扶送温暖活动”，共建马甲镇彭殊村文体中心并组织开展义诊赠药活动；9月，综合总支组织党员开展“亲子环保公益活动”；石狮总支开展“迎国庆”慰问环卫工人活动；二院基层委员会在重阳节开展义诊活动等。

【组织建设】 2017年，农工党泉州市委会有委员37人，常委17人；有46个基层组织、地方组织（其中有21个市直基层组织）及5个专委会。全年共发展党员70人，截至2017年12月，全市党员数1503人。

致公党泉州市委员会

【概况】 2017年，致公党泉州市委会发展79名新党员，其中女党员21人，研究生12人，中级职称以上39人，其中高级职称11人，平均年龄36.3岁。全市有基层组织77个，党员1582人。

是年，致公党泉州市委会把学习贯彻中共十九大和致公党十五大精神作为首要政治任务，组织全体党员深入学习领会精神。邀请中共泉州市委党校教授作十九大精神学习辅导。各级组织通过召开辅导报告会、座谈会、吟诵会等形式学习宣传贯彻十九大精神。

推进坚持和发展中国特色社会主义学习实践活动。致公党泉州市委会被致公党中央授予“中国致公党坚持和发展中国特色社会主义学习实践活动市级组织先进集体”称号，被致公党福建省委授予“坚持和发展中国特色社会主义学习实践活动先进集体”称号。建设系统基层委员会、石狮市总支部、泉港区总支部、留学归国支部4个基层组织被授予“中国致公党坚持和发展中国特色社会主义学习实践活动基层组织先进集体”称号。党员陈云华等4人被授予“中国致公党坚持和发展中国特色社会主义学习实践活动先进个人”称号。

开展“不忘合作初心，继续携手前进”学习教育活动。召开纪念中国致公党泉州市委员会成立60周年座谈会，并举行“中国梦 侨海情”宣讲活动。

制订《中国致公党泉州市委员会专门工作委员会通则》，对致公党泉州市委会六个专门工作委员会进行调整，并成立留学归国人员工作委员会。陈东华等11人当选为致公党福建省九届委员会委员，其中林丽华、丁毓玲、叶维新被选举为致公党福建省委常委。王丹丹等8人出席中国致公党第十五次全国代表大会。

做好地方组织和基层组织的换届、改选工作，完成致公党永春县委会换届、泉港区总支部、洛江区支部改选工作以及鲤城工委会的调整，建设基层委员会二、四支部班子的调整、充实。

【参政议政】　2017年，致公党泉州市委会完善参政议政通报机制，完善“一支部一提案”制度，建立专门工作委员“三个一”制度，即一篇调研、一篇社情民意信息、一场专题调研活动。全年收到基层组织申报并立项调研课题159篇，完成并验收课题135篇。其中由党员杨连举撰写的《基于互联网+推动医药产业发展》《医学人工智能推动中国健康产业快速发展初探》两篇调研课题入选致公党中央《中国发展论坛2017》文集。

在2017年先后召开的市政协十二届一次会议和市十六届人大一次会议上，致公党泉州市委会共提交政协大会发言材料2篇，党派集体提案19件，致公党员政协委员和人大代表共提交提案、建议案40多篇，其中致公党泉州市委会集体提案《关于进一步提升海丝泉州国际声誉的提案》被确定为2017年泉州市政协13件重点提案之一。致公党泉州市委会3件重要提案摘报获市委书记郑新聪等市领导批示。孙启鹏委员代表致公党泉州市委会作的《加快发展泉州城市公交的建议》的大会发言，获郑新聪批示。

参加市委、市人大、市政府、市政协组织的各种视察、考察活动以及政党协商、专题协商、对口协商、界别协商、提案办理协商等各类协商会议，分别就政府工作报告，纪委、“两院”工作情况通报，重要地方性法规《泉州市中山路骑楼建筑保护条例（草案）》等修改提出意见建议。提交《加快泉州服装产业供给侧改革的思考》等5篇调研材料，并分别在市政府、市政协专题协商会上做口头交流发言。在党外人士建言献策论坛上提交《打造智能立体交通平台，提升民众出行便捷指数》等5篇调研文章。

全年向各级各有关部门报送社情民意信息123条。其中《建立多级管控平台打击“坑老营销”保障老年人权益》等3条信息被致公党中央采用。《关于推动罕见病药品研发和用药保障机制的建议》等3条信息获评致公党中央2016年度参政议政优秀成果。致公党泉州市委会被致公党福建省委会评为2017年度调研和提案工作先进集体。

【社会服务】　2017年，致公党泉州市委会加强社会服务工作实践，探索社会服务工作新模式，进一步提升社会服务工作品牌影响力，增强社会服务实效。是年致公党泉州市委会获评“致公党中央社会服务工作先进集体”。陈进忠获评“中国致公党社会服务工作优秀组织工作者”，孙启鹏等6名党员获评“中国致公党社会服务工作先进个人”。致公党泉州市委会参与致公党福建省委开展的社区致公学校、铁山同心实践基地、致福送诊、致公学校等项目被评为“中国致公党社会服务工作优秀成果”。

这一年，致公党泉州市委会开展监督检查调研工作1次，扶贫活动6次，包括开展教育结对帮扶、捐资助学、基层医疗培训等，捐赠资金、物资累计近50万元。选派党员施由森参加调研组，随省委会主委薛卫民赴四川省阿坝州开展脱贫攻坚民主监督工作调研。

开展“我们的节日”主题志愿服务。春节前夕，致公党泉州市委会志愿者服务队前往永春县苏坑镇、桂洋镇走访帮扶16户困难群众。植树节期间，致公党泉州市委会组织由致公党泉州市委会机关干部、部分妇委会委员组成的志愿者服务队到蓬壶镇第二中心幼儿园开展捐绿植树活动，捐赠价值近万元的苗木。母亲节期间，致公党泉州市委会参与泉州市妇联开展“为贫困母亲圆梦”公益募捐活动，捐赠现金5000元。

依托专委会，以全新姿态开展社会服务。社会服务工作委员会开展“走进自闭症儿童，关爱星星的孩子”主题活动，举办“公益大讲堂”为企业留住人才排忧解难。妇女工作委员会开展“泉州致公爱心妈妈”关爱服刑人员子女活动。

配合上级组织、党委、政府中心工作。响应致公党福建省委帮扶政和县铁山镇，捐款10万元支持当地发展。发动基层组织参与“同心光彩基金”募捐活动，捐赠款项32.01万元，中共泉州市委常委、统战部长林万明特意发来感谢信，对致公党泉州市委会为泉州慈善公益事业和统战工作的支持贡献表示感谢。致公党泉州市委会还联合石狮市总支部等组织致公党泉州市人民医院总支部医疗专家深入石狮郭坑村开展“义诊送健康·情谊暖人心”送医下乡活动，把优质贴心的义诊服务送到农村。致公党泉州市委会在办好现有致公学校的基础上，先后在领SHOW天地文化创意产业园区创办丰泽社区致公学校、在南安市成功开发区创办南安致公家政学校。

【对台交流】　2017年3月7日，致公党泉州市委会接待到福建举办“洪门中华文化寻根知性研习会”的台胞刘沛勋一行31人。做好第九届海峡论坛·两岸社区服务恳谈会相关活动调研、筹备和接待工作。6月17日，参加第九届海峡论坛·两岸社区服务恳谈会的两岸嘉宾一行近60人到泉州参观考察。海峡论坛期间，致公党泉州市委会成员参加致公女校论坛和两岸社区服务恳谈会。致公党永春县委会成员、福建永春翁公祠武术馆常务副馆长潘琼琪作为“永春白鹤拳”非遗传承人，受致公党中央邀请，参加“第九届海峡两岸中华武术论坛”。

【海外联谊】 2017年，致公党中央常务副主席蒋作君率领致公党中央调研组一行到泉州，围绕“推进‘一带一路’建设中国文化‘走出去’”主题开展调研。致公党泉州市委会接待印度尼西亚“印中商务理事会”理事长吴明理等。受市里委派，主委陈铭福率团赴印度尼西亚、菲律宾访问，密切与海外洪门组织和传统侨团的联络交流。致公党泉州市委会与泉州市教育局、侨联等单位联合主办的“筑梦港湾2017——留学•报国•追梦”系列主题演讲，分享留学经历，启迪正面思想，激发报国热情。致公党泉州市委会副主委黄华春发起并组织的2017年海丝侨界青年端午龙舟赛，借助龙舟赛弘扬中华民族传统文化，搭建海内外青年交流合作平台。

九三学社泉州市委员会

【概况】 2017年，九三学社泉州市第六届委员会围绕中心，服务大局，履行职责，推进自身建设，被九三学社福建省委评为坚持和发展中国特色社会主义学习实践活动先进集体和2017年度参政议政工作先进集体、新闻宣传工作先进集体、社会服务工作先进集体。

是年，九三学社泉州市委员会以学习宣传贯彻中共十九大精神为主线，凝聚思想政治共识和价值理念共识，在思想上政治上行动上同中共中央保持高度一致，开展“不忘合作初心 继续携手前进”专题教育、坚持和发展中国特色社会主义学习实践活动。主委王祖耀出席九三学社第十一次全国代表大会。王祖耀、张认成和李长江等出席九三学社福建省第八次代表大会并分别当选社省委常委和委员，洪德裕当选监督委委员。九三学社华大委员会被社中央评为“2013—2017年度参政议政工作先进集体”。

2017年3月5日，九三学社泉州市委会在南安市洪濑镇举行“志愿情·泉州红”弘扬新时代雷锋精神系列活动 （图/九三学社泉州市委会）

【参政议政】 2017年，九三学社泉州市委员会牢固树立新发展理念，组织完成《福建省义务教育城乡均等化现状与对策》《关于防范化解现代互联网金融风险研究》等课题调研，其中《关于提高科技型中小微企业技术创新能力的建议》入选第十二届“九三论坛”，《关于提高我省中小企业技术创新能力的建议》获省第十二届建言献策论坛优秀论文一等奖。围绕统筹城乡发展、推动改革创新、转变经济发展方式、健全公共服务体系、促进民生福祉、维护和谐稳定等建言献策，向市政协十二届一次会议提交3份发言材料和19件集体提案，其中《关于加强医疗机构药品规范管理的建议》列为市政协重点提案，《关于完善中心城区主要交通节点指路标志的建议》《关于加强小河流域整治提高防洪排涝能力的建议》《关于加强预付卡监管工作的建议》得到市委书记郑新聪等市领导批示。《关于加快培育科技小巨人企业的建议》作为九三学社省委集体提案提交省政协十一届五次会议。成立脱贫攻坚民主监督工作领导小组，深入南安市诗山镇民主村、梧埔村，洪濑镇西林村、前瑶村，乐峰镇炉星村等扶贫开发点和建档立卡贫困户，对口了解南安脱贫攻坚，及时跟进开展民主监督。《打造中国动车餐饮文化的建议》《适应新〈规则〉规范特种设备登记业务的建议》《财政周转金长期挂账问题久拖未决应下大力气整改到位》等反映社情民意信息被省政协办公厅采用，《关于加强福建省村集体专用收款票据管理的建议》得到副省长黄琪玉的批示。

【社会服务】 2017年，九三学社泉州市委员会响应“九三同心帮扶计划”，捐助南平政和县东平镇贫困学子。参与市统一战线“同心工程”、“关爱贫困母亲”等社会服务活动，开展“志愿情•泉州红”弘扬雷锋精神等系列志愿活动，联办“问诊贫困源，健康泉州行”等系列公益活动和“每天一点碘，健康多一点”等系列科普活动，在德化真泰尔陶瓷公司、博古陶瓷研究所与洛江区虹山乡中心小学分别建立科技服务基地和文化共享基地。是年，全社捐资120余万元、捐物20万余元、赠书1000余册；举办义诊32次、诊察患者3000余人、施药4万余元，咨询21场、服务3000余人，讲座12场、3000余人听讲，展览8次、3000余人观看，发放材料5000余册。

台湾民主自治同盟泉州市委员会

【概况】 2017年，台盟泉州市委会以亲情乡情为纽带，落实“两岸一家亲”理念，促进两岸融合发展。台盟中央在永春县“余光中文学馆”、泉州南少林寺和安溪县善坛村妈祖文化研究会设立“两岸文化交流基地”。做好在泉州的台湾教师、台生和台商的工作，了解、反映他们的利益诉求，帮助其解决实际困难和问题。“六一”儿童节，台盟泉州市委会与市教育局、市台资企业协会联合，到泉州三中开展2017年“关爱台生 你我同行”活动，看望慰问在中心市区就读初中的10余名台籍学生，为他们送上节日的祝福及生活、学习用品。参与主办两岸闽南语歌星选拔赛、闽南童谣暨少儿闽南语主持大赛，促进泉州与台湾经贸文化交流，增进两岸同胞情感认同。

是年，台盟泉州市委会以迎学习宣传贯彻中共十九大精神为主线，凝聚思想政治共识和价值理念共识，在思想上政治上行动上与中共中央保持高度一致，结合台盟实际深入开展坚持和发展中国特色社会主义学习实践活动和“不忘合作初心、继续携手前进”专题教育活动，加强台盟历史和优良传统教育，进一步坚定盟员的理想信念，增进多党合作政治共识，教育引导盟员把思想和行动统一到中共十九大精神上来。

2017年5月31日，台盟泉州市委会联合市教育局、市台资企业协会到泉州三中开展“关爱台生 你我同行”活动 （图/台盟泉州市委会）

加强组织建设。通过举办盟员培训班、“书香台盟”读书报告会，选派盟员参加台盟中央和省、市主办的各类学习培训，提升盟员素质和参政履职水平。注重后备干部培养管理，制订《后备干部五年培养工作计划》，台盟泉州市委会领导加强与骨干盟员工作单位、县市区和高校统战部门的联系，推动骨干盟员的政治安排、挂职锻炼和成长进步。

发挥制度机制保障作用。制订实施《委员履职工作规则（试行）》、《专门委员会工作规则》《各专门委员会主要工作内容》《社情民意信息工作考评机制》。推进班子成员挂钩联系基层、专委会工作项目化运作和制度化管理、参政议政考评激励、盟务工作督巡等机制，为台盟泉州市委会各项工作的高效有序开展提供保障。

【参政议政】 2017年，台盟泉州市委会完成专题调研成果23件，多件被台盟中央、盟省委采纳。向各级政协大会提交党派提案19件、大会发言15件，其中1件被评为全国政协优秀提案和台盟中央九届委员会优秀提案，3件提案分别列为全国、省、市重点提案。向各级各有关部门报送社情民意信息129件，其中9件被全国政协办公厅采用，3件被中央统战部采用，20件被台盟中央采用，13件次分别被省委办公厅《八闽快讯》、省政协和省委统战部采用。在台盟中央2017年参政议政工作表彰会上，泉州被评为台盟中央九届委员会参政议政工作先进地级市和台盟中央2017年参政议政工作先进地级市。

【社会服务】 2017年，台盟泉州市委会践行为民理念，凝心聚力服务社会。结合自身实际，制订《台盟泉州市委会开展脱贫攻坚民主监督工作实施方案》。台盟泉州市委会负责人多次到台商投资区，通过进村入户和调研座谈了解脱贫攻坚工作开展情况和存在问题，沟通协商、出谋划策。为借鉴台湾社区营造成功经验，助推台商投资区美丽乡村建设，带领台湾世新大学的专家教授一行，深入台商区农村，就如何因地制宜发展休闲农业、提高新农村建设成效进行指导；响应中共泉州市委统战部建设统一战线“同心工程”、助力泉州慈善公益事业的号召，组织企业界盟员发扬爱国爱乡、乐施好善的传统美德，共向“同心光彩基金”捐赠款项11万元。多次组织开展关爱农村留守女童教育、捐资助学、植树绿化等社会公益活动。

群众团体

责任编辑：陈雄南 高 磊

泉州市总工会

【概况】 2017年，泉州市各级工会立足工会基本职能，推进工会组织建设、阵地建设、职工之家建设、产业工人队伍建设和工会党的建设，泉州工会十六大召开，工会改革等各项工作取得新成效。市总工会获市直党群系列绩效考评优秀“四连冠”，市总机关党支部被市委评为“先进基层党组织”，“网上工会”工作得到省总工会肯定。全省劳模创新工作室现场会、产业工人队伍建设、女职工服务工作现场会在泉州召开，交流推广泉州工会多项经验。

【工会改革及组织建设】 2017年，泉州市总工会制订实施《泉州市总工会改革方案》，围绕工会“转职能、转方式、转作风”出台4个方面23项举措，并组织实施。领导班子专兼挂配备到位，基层一线人员在各级工会领导机构中的比例普遍提高，工会群众性显著增强；“网上工会”工作全面启动，市总工会APP客户端1月3日上线，会员数据采集、普惠性服务等各项工作紧锣密鼓开展；市总工会全媒体中心和汇源资产管理公司挂牌成立，工会宣传工作和资产管理工作得到全面加强，工会改革取得阶段性成果。开展工会系统经费管理“1＋X”专项督查，全面完成对304 家市直基层工会的“1+X”专项审计工作，推动工会全面从严治党向纵深发展。泉州工会十六大召开，系统总结过去五年工作，描绘泉州工会未来五年发展蓝图，选举产生新一届工会领导班子。

【“两赛一创”活动深化】 2017年，泉州市举办较大规模劳动竞赛530场，其中重点建设项目劳动竞赛占90%，各行各业参与职工超100万人次。承办全省建筑、陶瓷省级行业职工技能竞赛2场，组队参加省级技能竞赛7场，组织开展市级技能竞赛32场，全市参与技能竞赛职工超30万人。首次以市委名义召开全市职工技术创新工作推进会，市四套班子领导出席，市委书记郑新聪到会讲话；举办全市首届职工技术创新成果展，展出优秀职工创新成果111项；组织职工技术创新成果参加第116届法国巴黎国际发明展、第22届全国发明展、第十二届海峡两岸职工成果展，获奖总数居全国前列。建设省级劳模创新工作室50家、市级劳模创新工作室120家，广泛开展“名师带高徒”活动，评选表彰“好师傅”100名，命名首批30名“泉州工匠”，劳动模范、工匠人才的示范引领作用得到进一步发挥；联合市人社、教育、国资委等部门培训职工30万名；精心服务市人才“港湾计划”，做好各类职工人才申报审核工作。

2017年4月27日，首批30名“泉州工匠”接受表彰　（图/市总工会）

【工会精准服务实施】 2017年，泉州市县两级工会、财政投入资金490万元，扶助市级农民工创业扶助项目98个，试点建设一批“农民工之家”。在重点企业举办多场“缘在工会”活动，为青年职工朋友搭好鹊桥、当好红娘。聚焦职工群众新需求，创建职工子女“四点半课堂”57个，近3000名职工子女放学后在学校得到妥善照顾、精心教育。关心关爱环卫工人，为万名环卫工送去羽绒服作为2018年开年暖冬礼物。开展“幸福泉州·情暖职工”系列活动，2017年“两节”期间共发放帮扶资金1447.73万元，帮扶救助困难职工家庭4819户；改革医疗互助实施方案，适度提高职工缴交额和报销额度，2017年第十一期职工医疗互助参与人数59.26万，筹集互助金2713.7万元，补充就医职工3500多人次，发放补助金500.8万元。“金秋助学”筹集助学款385万元，资助困难职工子女857名。开通泉州至汉口、泉州至南昌农民工返乡动车专列，帮助外来工解决返乡难题。举办“中国梦·劳动美”慰问演出，为数千名职工送去文化大餐；推出《兵来“匠”挡》专题片2期，展示能工巧匠精湛技艺。

【职工权益维护】 2017年，泉州

市总工会启动职工服务中心（站）转型升级工作，计划新建职工服务中心9个，创建三星级职工服务中心25个，申报创建四星级职工服务中心（站）22个；建成“妈妈小屋”103家，其中被评为省级“妈妈小屋建设示范点”11家。用好工会“12351”维权热线、三方五部门下基层接访、职工法律维权一体化基地等平台、载体，及时化解基层矛盾冲突，维护社会稳定。开展工资集体协商“要约行动月”活动，全市58个行业、2209家百人以上企业工会向行政方发出要约，区域性、行业性集体合同覆盖企业49822家；开展“安全生产月”专场宣传咨询活动，参加省市安全生产专项检查8次，2017年全市“安康杯”竞赛覆盖企业1.8万家、职工186万人次。健全职工维权组织网络，开展“强基层、补短板、增活力”活动，全市新建基层工会384家，新发展会员2.5万人。广泛开展会员评家工作，扩大“职工之家”申报认定制试点范围，成立工作组开展对453家市级先进职工之家专项复查工作，建立先进职工之家补助和优秀工会主席奖励机制，评选表彰一批“最美娘家人”，基层工会生机活力有效激发。

共青团泉州市委员会

【概况】 2017年，共青团泉州市委以深化改革、从严治团为主线，坚持围绕中心、服务大局，聚焦“强三性”（政治性、先进性、群众性）、“去四化”（机关化、行政化、贵族化、娱乐化）、“补四缺”（缺编制、缺人员、缺经费、缺场所），推进“凝聚青年、服务大局、当好桥梁、从严治团”四维工作，团结带领全市广大团员青年投身“创新、智造、海丝、美丽、幸福”的现代化泉州建设。创新开展全市“一地一品”团建项目竞赛活动，围绕泉州市中心工作，紧扣“五个泉州”建设大局，强化“项目化管理”理念，评选出12个优秀团建项目，激活基层团建工作。开展省、市两级团员先锋岗创建工作，共创建省级团员先锋岗12家、市级20家，以“学习理论走在前、立足岗位干在前、急难险重冲在前”为基本标准，发挥对广大团员青年的示范引领作用。

【团组织改革与建设】 2017年，共青团泉州市委全面贯彻落实中央、省委、市委党的群团工作相关重要会议、指示精神，制订出台《共青团泉州市委改革方案》，从六大方面的21个领域提出具体的改革措施，着力改革团市委的组织机构、干部队伍、管理模式和工作方式，强化主业意识，拓展社会职能，激发基层活力，完善工作机制，强化政策保障。同步推进县级共青团、市级少先队、中学共青团、高校共青团、学联、青联、中长期青年发展规划等改革工作，带动全市各级团组织共同建设思想政治坚定、组织体系健全、运行机制科学、工作方式创新、联系青年密切、作风扎实过硬，更加充满活力、更加坚强有力的共青团组织。

2017年，共青团泉州市委推进“学习总书记讲话 做合格共青团员”教育实践活动，团市委机关全体干部以普通团员身份编入基层团组织，全程参与基层教育实践活动，落实“为青年办一次实事、为青年上一次团课、开展一次谈心谈话、组织或参与一次志愿服务、组织或参与一次文体活动”等五个一活动。开展“走进青年、转变作风、改进工作”大宣传大调研、“学讲话、话改革、谋发展”机关专题开放日等活动，健全完善团干部直接联系服务团员青年长效机制，其中“1+100”团干部直接联系青年活动在全省综合考评位居第一。建立工作督导制度，通过召开动员会、座谈会、自查报告、检查材料、实地抽查等方式，广泛听取各方意见建议，确保全市各项重点工作部署到位、落实到位，把团的工作任务落到基层、落到实处。履行机关党建主体责任，开展“两学一做”学习教育活动，召开民主生活会、组织生活会，高标准开展批评和自我批评，持续强化落实中央八项规定精神。

【主题教育活动】 2017年，共青团泉州市委利用节日契机，开展“我的中国梦”“红领巾相约中国梦”“五个泉州·青春扬帆”青年典型分享会等主题教育实践活动2800多场，覆盖青少年14万多人次。以学习宣传贯彻中共十九大精神为主线，把学习贯彻习近平新时代中国特色社会主义思想作为首要政治任务和核心业务，组织开展习近平总书记系列重要讲话精神“四进四信”活动，举办高校“与信仰对话”系列活动，开展各类校级报告会300场。组织各高校学生理论社团围绕“我的中国梦”主题，开展学习、宣讲、理论研究成果征集等主题团日活动，引导广大青年学生为实现中华民族伟大复兴而努力奋斗。

【活动载体拓展】 2017年，共青团泉州市委利用电视广播、报刊杂志、网络媒体以及宣讲团、现场会等各类渠道、形式，扩大共青团工作宣传的影响面、渗透力。策划制作《五四那年那些事》动画宣传短片、《青春喜迎十九大 “五个泉州”立新功》、《永远跟党走》等主题视频，得到团中央、团省委转发推广，网络阅读量超300万次。开展“清朗网络·我来护苗”“清明祭英烈 共铸中华魂”“向毒品说‘不’网络宣传”“情暖泉州 青春自护”“传承红色基因”等活动，强化对青少年社会主义核心价值观的培育。

【网络正面宣传引导】 2017年，共青团泉州市委建立以“泉州共青团”网站、“青年之声·泉州”平台、“青春泉州”微博、“青春泉州”微信公众号等网络平台为核心，以县级、高校、市直等团属的“网站+微博+微信”为依托的矩阵体系。全市组建运营团属网站27个、官方认证微博42个（累计吸引粉丝380多万人）、公众微信平台34个（累计关注人数50多万人），“青年之声·泉州”各项工作位居全省首位、全国地市级团委前列。共青团泉州市委被团中央评为“青年之声”建设工作团组织典型、“青年之声·泉州”青少年校外教育服务联盟被评为服务联盟典型。

【青少年志愿服务活动】 2017年，共青团泉州市委开展植绿护绿、清洁家园、学雷锋月活动、“共青团员义务星期六”等系列志愿服务活动，助推泉州城市文明建设，2017年累计发放爱心物资钱款近150万元，受益民众超6万人次。开展2017“河小禹”专项行动，发动全市10所高校组建11支实践队，深化河长制工作宣传活动。实施“文明出行·利家宜业”新风行动，开展公益骑行、文明劝导等主题活动。助力古泉州（刺桐）史迹系列遗产保护工作，招募青年志愿者673名，组建18支“古泉州（刺桐）史迹”护遗志愿服务队，组织全市14所高校500多名大学生成立43支暑期社会实践队伍，开展志愿环保、志愿讲解、“我为申遗代言”等活动。在网络平台开设“古城护遗　青年先行”话题讨论，累计发表相关内容600多条，网络阅读量超20万人次。承接金砖国家治国理政研讨会、第三届海上丝绸之路国际艺术节、环泉州湾国际公路自行车赛、第二届泉州海丝古城徒步穿越等大型赛事活动志愿服务工作，选拔、培训近15000人次高素质青年志愿者参与研讨会各项工作，给海内外宾朋留下美好印象，成为展现泉州的一张美丽的城市名片。

【青年创新创业】 2017年，共青团泉州市委与泉州农商银行联名发行“青创卡”，协助泉州农商银行成立全省首家“青年支行”，为18～40周岁的创业青年简化贷款环节，提高贷款额度，优惠贷款利率。全年全市各级团组织为各类创业青年申请贷款总额29452.88万元。选派7名金融挂职干部赴县级团委开展新一轮挂职工作，推进“银团合作”工作，共青团泉州市委获得2015—2016年度全国“银团合作优秀项目奖”。在晋江开展“青创板”试点工作，推荐优质企业在“青创板”挂牌，帮助优质企业进一步转板到交易板、“新三板”、创业板、主板等资本市场，推动青年创新创业事业跨越发展，已有66家企业上板。围绕市委、市政府重点工作，举办“2017年青年企业家金融峰会”，邀请全国社会保障基金理事会党组成员、副理事长王忠民等名人到场发表主旨演讲，为全市青年企业家提供良好的合作和交流平台。加大在全市重点项目、重要活动上发挥团员青年先锋模范作用，推进创建“青字号”品牌力度，2017年新增全国级青年文明号9家，省级青年文明号24家，省级青年安全生产示范岗2家，省级青年突击队10家，省级青年岗位能手12名。

【共青团助力扶贫攻坚行动】 2017年，共青团泉州市委落实共青团助力脱贫攻坚“扶志、创业、助学、关爱、聚力、强基、助力”等七大行动，全市有6个项目入选省“青春扶贫”大赛决赛。以体验教育为载体，举办漫画赛、微视频等主题活动211场次，培养农村青年致富带头人211人，带动贫困青年313人创收，帮扶贫困户89人，建立就业辅导基地59个，新建青年就业创业中心6个。开展“青耕创业计划”泉州农村青年电商创业培训班，培训农村青年电商创业者5907人，有效引领青年就业创业。组织7个县（市、区）团委对接省级扶贫开发工作重点县，在共青团组织和广大团员青年中营造关注贫困、关爱贫困、关心扶贫的良好氛围。开展“2017—2018年泉州市青年文明号爱心助力脱贫攻坚号户结对”活动，以“号户结对·青春护航”为主题，组织156个国家、省、市级青年文明号单位与贫困青少年结对帮扶，该项目被团省委评为优秀奖。

【青年交流活动】 2017年，共青团泉州市委参与举办联合国教科文组织青年创意与遗产研习班，来自65个国家的84名青年代表和30多位国外嘉宾、专家参加，共话文化遗产保护。举办第四届“海峡两岸高校大学生记者挑战赛”，以“探寻文化遗产　品味刺桐古城”为主题，寻觅“海丝”史迹，突出“古城”特色，以台湾“青年媒体人”的视角，向更多的台湾同胞展示古城独特文化魅力。贯彻市人才“港湾计划”，举办“古城寻爱之美好生活”等多项单身联谊活动，推动青年人才在泉州落地生根，活动得到康涛市长批示肯定，同时撰写的《城乡电商创业成功影响因素的实证调查——基于泉州市人才培养体系现状的调查报告》被团中央评为地市级一类报告（全国地市级仅10篇）。组织泉昌两地60多名青少年在泉州开展融情夏令营活动，增进泉州与昌吉青少年之间的感情和友谊。常态化开展团市委机关开放日活动，2017年开展6次活动，参与人员175人次，加强与青年的紧密联系。

【青少年成长成才】 2017年，共青团泉州市委开展以“见习助就业·牵手毕业生”为主题的见习岗位对接活动22场，全市200个见习基地提供885个见习岗位，为756名青年提供见习机会。开展“高校毕业生创业政策宣讲团”进校园活动，举办宣讲会32场，覆盖5000多人次，帮助他们了解各项就业创业政策。开展“古城匠心”泉州市传统工艺青年传承人评选活动、泉州市首届青少年书画摄影大赛、第四届泉州市十大杰出（优秀）青年企业家评选活动等，为创业青年树立正向激励榜样。指导泉州市青年创业促进会成立“泉州青创学院”，为青年就业创业创造条件。开展“点亮‘启明星’·为青春护航”爱心公益培训、“青少年心理健康团队建设”、“情暖青春 快乐成长”——青少年心理素质提升课堂进社区、“轻松备考12355与你同行”阳光行动等活动，有效服务青少年健康成长。

【青少年合法权益维护】 2017年，共青团泉州市委采用“社工+心理咨询师+志愿者”的运作模式，发挥“12355”青少年维权热线、青少年心理咨询体验中心等青少年服务平台的作用，提供心理咨询、法律维权、应急救助等帮助。部署推进青少年毒品预防教育“6·27”工程，开展“携手同心·共创无毒”等各类青少年毒品预防教育活动39场，累计服务青少年7800人，实现各县（市、区）禁毒宣教活动的全覆盖。开展“青春自护行·普法进校园”流动少年宫进校园系列活动7场，服务农村青少年和外来工子女4000余人。

【青年社会服务体系健全】 2017年，共青团泉州市委成立全省首个地市级音乐人青年社团——泉州市青年音乐人协会，举办青年音乐人沙龙和首届青年音乐人原创音乐节等活动，通过为独立音乐创作人、独立歌手等新兴青年群体组织专门培训、开展职业导航、进行梦想孵化、提供展示平台等，实现素质提升、职业发展、社会融入等个人梦想，推动新兴青年群体“筑梦计划”落实。建立以青联组织为抓手，广泛联系各界青年的工作格局，开展“青联委员走进基层活动”，举办4期活动，参与人员160余人次，凝聚青联委员力量助力扶贫攻坚。举行希望工程大型艺术品义拍，引导青年企业家，艺术家，及社会各界青年代表积极参与青少年成长公益项目，活动筹得善款72.8万元。

【团属事业发展】 2017年，共青团泉州市委发挥青少年宫作为校外教育活动阵地的职能，开设公益培训科目60多个，开设联合办学基地10个，持续打造跳蚤市场、流动青少年宫、公益课堂等品牌项目，参与青少年达10万余人次。获2016年福建省青少年校外教育先进单位称号，所设课题《中小学校内与校外教育有效衔接的实践研究》入选2017年省中小学德育研究课题。泉州市希望工程办公室积极开展“希望工程·圆梦行动”“关爱孤儿·暖心行动”。2017年全市累计发放助学款66.65万元，资助贫困学生168名，走访慰问31名事实孤儿，发放慰问金6.24万元。《泉州青年报》编辑部着力转变发展理念，加强传统媒体与新媒体的有效融合，通过问卷调查、互动内容、专题报道、改进版面等一系列举措，提升办报质量和团属舆论阵地影响力，累计出刊847期。

泉州市妇女联合会

【概况】 2017年，泉州市妇联围绕“三个年”工作目标（妇联改革创新启动年、整合资源行动年、项目带动实施年），落实市委、市政府支持妇联工作四项“政策礼包”，承办建立13个“妇女援助中心”和20个“儿童之家”等市委、市政府为民办实事项目，率先在全省完成“两个全面”（即全面铺开乡镇妇联组织区域化建设和全面完成村妇代会改建妇联）建设任务。

【妇联改革】 2017年，泉州市妇联制订市妇联改革方案，在优化设置、优化环境、创新载体、改进方式等方面下功夫，出台改革措施共7项23条。针对制约基层妇联工作的“四缺”难题，年初市委常委会专题听取市妇联工作汇报，通过支

2017年9月21日，泉州市妇女儿童法治微电影校园展播举行（图/吴寿民）

持妇联工作“四项政策”，惠及市县乡村四级妇联。采取专题动员部署、专项调研督查、定期通报跟踪等方式，推进乡镇妇联区域化建设和农村妇代会改建妇联工作，在全省率先完成“两个全面”任务，全市镇村妇联干部由原来的2857名扩大为32046名，实现资源整合，人才叠加，服务覆盖，作用倍增，激发基层妇联的工作活力。

【妇联工作环境优化】 2017年，泉州市委、市政府及时研究解决事关妇女发展的重大问题，出台“两纲”实施纳入绩效考评、加大妇女人才培养力度、保障基层妇联工作经费、落实基层离任妇干待遇四项政策，把多年来妇联系统想办而没能办成的事落地见效。市县两级均把“两纲”完成情况纳入绩效评估考核内容；市县两级党校将男女平等基本国策课程纳入主体班次教学内容，增强党政领导干部性别主流意识；市县妇联干部与党政机关干部交流和使用力度进一步加大，11个县（市、区）落实乡镇（街道）妇联工作经费644万元，保障基层妇联工作顺利开展；市县两级财政审核发放符合条件的离任村（社区）妇联主席生活补助近128万元，惠及1612人，增强基层妇联干部的荣誉感和责任感。

【关爱妇女儿童系列活动】 2017年3月7日下午，泉州市妇联举办纪念“三八”国际劳动妇女节107周年暨“汇聚巾帼力量·投身五个泉州”主题报告会，表彰一批泉州市三八红旗手(红旗集体)，为泉州市巾帼文明岗授牌。鼓励广大妇女坚定理想信念，积极主动作为，弘扬传统美德，增强自身的使命担当，服务发展大局，促进社会和谐。

2017年3月10日，泉州市妇女儿童法治微电影征集展播活动在泉州市行政中心启动，并举行全市13个“妇女援助中心”授牌仪式。活动得到全国各地、各有关部门和全社会的大力支持，收到来自福建、山东、河北、四川、辽宁、广东、湖北、山西等23个省份及自治区原创微剧本187部，微电影36部。经专家初评、复评、定评，最终评出各类获奖微剧本、微电影作品46件。其中，《一夜夫妻》《门》《十分钟放贷》获微剧本一等奖，《解救女孩苗苗》《送爱回家》获微电影金奖。此外，丰泽区妇联、南安市妇联获优秀组织奖。9月21日下午，泉州市妇女儿童法治微电影颁奖暨“金秋第一课”法治微电影校园展播启动仪式召开。

2017年5月9日，泉州市妇联举办泉州市“关爱贫困母亲”大型公益募捐活动，筹集善款55万元，为55名贫困母亲实现微心愿。举办“母亲健康1+1”公益募捐活动，由市县妇联将爱心善款直接汇至“福建省母亲健康天使基金”指定账户，募集善款128万元，定向扶助“两癌”贫困妇女。举办关爱贫困女大学生百万工艺美术精品慈善捐赠和义拍活动，发动48位国家级、省级、市级工艺美术大师捐出52件原创作品，筹集善款100万元，扶持50名贫困女大学生完成大学学业。

【承办市委、市政府为民办实事项目】 2017年，泉州市妇联承接市委、市政府为民办实事项目。20个“儿童之家”为民办实事项目投入运作，开展各类服务项目活动216场，直接受益儿童及家长3万多人次。高起点、高站位设计打造“大维权”工作格局，13个妇女援助中心列入为民办实事项目，市级投入经费130万元，采取购买服务或半购买的方式，以“妇工+社工+专家+调解员”的联动模式为广大妇女提供“一站式”维权与信息服务，共接受来访、来电、来信353件，开展普法宣传、幸福婚姻大讲堂、妇女维权讲座34场次，受益群众19000多人。

【巾帼建功行动助力创新转型】 2017年，泉州市妇联汇聚力量为泉州市经济总量连续18年领跑福建贡献巾帼智慧。实施巾帼创业创新行动，录播3期泉州电视台《名城群英会》，开展4场“巾帼创业导师+项目”进高校活动，为上千名女大学生提供创业实践和指导服务，取得良好反响。各地妇联举办城乡妇女实用技术、电子商务、产品营销、企业管理等各类培训班46期，受益妇女4300多人次。推荐绿笛山庄申报全国巾帼示范农家乐，培育领SHOW巾帼众创空间、晋江巾帼众创空间等一批创业孵化平台，7个较具规模和成效的巾帼众创空间获省级命名。搭建巾帼企业交流发展平台，组织5名女企业家赴宁夏考察，促进闽宁项目合作，共享资源。

【助力社会和谐】 2017年，泉州市将“平安家庭”创建纳入市级“平安单位”考评内容，把处级干部的家庭作风和家暴问题列入市管干部督查范围为全省首创，构建“大维权”格局。创新家事诉调新模式，实现全市县级法院家事审判庭全覆盖。配齐配强市县乡村四级维权干部，形成上下联动的维权工作机制，市县两级妇联妥善受理来信来访来电565件。探索新媒体条件下普法维权传播方式，市妇联、综治办、教育局、司法局联合开展“市妇女儿童法治微剧本（电影）征集展播活动”征集评选活动，征集到微剧本187部，微电影作品近30部，举办妇女儿童法治微电影颁奖暨“金秋第一课”校园展播活动，活动得到全国20多家媒体的关注，营造维护妇女儿童合法权益的良好法治氛围。

【助力精神文明建设】 2017年，泉州市妇联推荐、评选、表彰市级以上三八红旗手（标兵）125名，市三八红旗集体50个，引领激励广大妇女立足岗位建功。推荐、评选、表彰市级以上“最美家庭”63户，以好的家风支撑起好的社会风气。联合市纪委、市直机关工委等部门开展“点赞和美泉州”家风家规家训征集和展播活动，引导全市党员干部群众立家规、传家训、树家风，营造扬真抑假、扬善抑恶、扬美抑丑、崇廉尚洁的良好氛围。举办“巾帼心向党·喜迎十九大”2017年中秋读诗音乐会，抒发爱党爱国爱乡情怀，凝聚巾帼服务“五个泉州”正能量。制订《泉州市指导推进家庭教育的五年规划（2016—2020年）》，开展家教巡回讲座，普及家庭教育科学知识。“六一”期间开展“我们和留守流动儿童在一起”主题关爱活动3场，组织部分“爱心家庭”参与结对互动，让留守流动儿童切身感受到家庭温暖。实施“书香小芽儿”亲子阅读活动项目，营造全民阅读的良好氛围。

【宣传矩阵提升传播力影响力】 2017年，泉州市妇联注重打造“线上线下”相结合的妇女宣传工作格局。改版升级《泉州女性》，开展寻找2017最美《泉州女性》封面人物活动，社会各界积极参与，点击量31.8万人次，投票人数27.8万，展示侨乡先模女性风采。加强与人民网、中国网、《泉州晚报》、泉州广播电视台、泉州广播电视报等主流媒体深度合作，灵活运用市妇联微信公众号、泉州妇联网、市妇女儿童活动中心户外LED屏幕、公交车载视频、泉州晚报、泉州电视台定期推送宣传各类妇女典型和工作亮点，形成“报网声屏微刊”“六位一体”的宣传矩阵。在四级妇联专、兼职干部中推行妇联通APP，“一呼百万”微信工作法，层层建立微信群，全市创建“好姐妹”联系群、工作群等各类联系妇女工作微信群全市建成“好姐妹”微信群7868个，联系妇女群众近50万人，妇联通用户22445人，做大妇联“朋友圈”，提升妇联工作传播力和影响力。市县两级妇联全部开通微信公众号，市妇联公众号位居全国地市级妇联微信公众号传播指数榜第2位。

泉州市科学技术协会

【概况】 2017年，泉州市科协以建家聚力工程为主线，推动科协事业再上新台阶。市科协获全国院士专家工作站建设示范单位、全国科普日活动优秀组织单位、第三届福建省青少年科学素养网络竞赛优秀组织奖、市直机关第十二轮先进“五好”党支部等荣誉。市科技馆获评福建省首批公共文化设施学雷锋志愿服务示范单位。

【科普工作】 2017年，泉州市全民科学素质工作有效落实。率先在全省实现全部市、县（区）以政府办名义印发《全民科学素质“十三五”规划》。围绕“创新驱动发展，科学破除愚昧”主题，举办泉州市“全国科普日”系列活动，全市举办223个重点科普活动（其中市级53项、县级170项），数量占全省1/4，受益公众48万人次，创历年之最。市科协连续6年获中国科协“全国科普日”优秀组织单位表彰，全市有5个单位、4项活动获中国科协表彰，4个单位、4项活动获省科协表彰，数量位居全省首位。

科普信息化建设全面提速。在全省设区市率先出台《泉州市“科普中国·十城百镇千校万人三年行动”实施方案（2017—2019年）》，为基层信息化建设争取中央财政补助200万元，下拨市级信息化建设补助100万元。在全省公布已建成的首批1192家科普e站中，泉州市占241家，省级示范e站38家，位居全省首位。

实施基层科普行动计划。推荐安溪县茶叶协会、南安市东联优质稻推广技术协会、永春县花卉协会获评“全国优秀农村专业技术协会”。遴选奖补基层优秀农村专业技术协会10个、农村科普示范基地8个、科普示范社区8个、农村科普带头人9个。

青少年科教再创佳绩。在全国、全省竞赛中，成绩继续保持全省第一：在第32届全国青少年科技创新大赛中，获一等奖1个、二等奖4个、三等奖1个；在第32届省青少年科技创新大赛中，获奖总数达47个（其中一等奖14个）；在第17届全国青少年机器人竞赛中，获一等奖6个（全省14个）。在第15届省青少年机器人竞赛中，获奖总数达71个（其中一等奖22个）。邀请中国科协“大手拉小手科普报告”巡讲团到泉州市鲤城、晋江、安溪、永春、德化等地中小学校巡讲12场，受众人数近5000人。组织中小学生参加第三届福建省青少年科学素养网络竞赛，获省“优秀组织奖”。

【科协改革】 2017年，泉州市科协成为泉州市首批改革的群团单位。成为泉州市首批改革的群团单位之一。召开由县（市、区）科协主席参加的科协改革工作推进会，部署改革的方法、步骤，全力推进县级科协改革。

泉州市科学技术协会第七次代表大会召开。来自全市各条战线的352名科技工作者代表、50名列席代表、50名特邀代表参加大会。大会审议通过《新时代焕发新气象，新使命砥砺新作为，为“五个泉州”建设贡献智慧和力量》工作报告，选举产生第七届委员会、常务委员会，骆沙鸣当选新一届市科协主席，章金良、魏隆福、郑华生、王建生、曾路、杨晓翔、吕国荣、吴松青、许志华、王平江、聂泳忠当选新一届市科协副主席。会议还通过授予市科协名誉主席的决定。

【科普宣传】 2017年，泉州市科协加强科普宣传，提升科协形象。联合泉州市电视台开设《科普中国——泉州科普之窗》栏目，覆盖泉州870万人口；联合泉州移动电视合作投放“科普中国”科普宣传片，覆盖泉州1000多部公交车，全天滚动播出；与《泉州广播电视报》合作开设科普漫画专栏，社会反响强烈。与科普作家协会合作编印、出版科普丛书三套7本，共4.7万册，口袋书1册3000本，科普挂图15套，全年免费向重点人群赠阅2.3万余册。在泉州晚报开设“五大工程”专栏，刊出4个版面。办好泉州科普微信平台，推送文章100多篇，关注人数8000多人。

【智力服务】 2017年，泉州市科协实施人才“港湾计划”。推动出台《泉州市院士（专家）工作站建设管理规定（暂行）》《泉州市院士（专家）示范工作站绩效考评实施办法（试行）》。先后邀请21名两院院士及43名各领域专家到泉州开展考察交流、技术对接活动。促成俄罗斯工程科学院院士与石狮市展耀纺织科技有限公司共建院士工作站，成为福建省首家海外院士工作站。与国家建筑材料工业技术情报研究所签订战略合作协议。推荐2人（林玉丹、高岱乐）获第14届福建青年科技奖，推荐1人（高岱乐）获福建省紫金科技创新奖，推荐12篇论文获省科技教育优秀论文奖。开展全国首个“科技工作者日”系列活动，走访慰问21名优秀科技工作者，发放慰问金2.1万元。

服务企业做好项目对接，促进院地合作。促成南京大学与省政府签约共建南京大学（福建）环保产业研究院落户泉州丰泽区；促成石狮市政府与中国纺织工程学会共建中国纺织工程学会石狮服装及配饰产业研究院；促成江南大学与麦都公司共建“安麦生物—江南大学共建联合研究中心”，搭建院（会）地合作新平台。

实施创新驱动助力工程。“6·18”期间，促成13个院士项目，1个专家项目成功对接，总投资额1.08亿元。推动新组建院士工作站12家、专家工作站48家，柔性引进院士12名、院士专家创新团队280名。全市有院士工作站45家，数量位居全省第一，5家获评“福建省院士专家示范工作站”，福建省麦都食品发展有限公司院士专家工作站获评“全国示范院士专家工作站”。

【科技场馆建设】 市2017年，泉州市科技馆新馆列入省政府2017年重点建设项目，确定新馆展教工程PPP代理咨询服务机构、展教工程初步设计中标单位，聘请展教工程建设期间法律顾问。

科技馆旧馆有序运行。市科技馆建成儿童科学乐园、VR体验中心对外开放。利用节假日开展大型科普活动，接待公众近6.6万人次。组织深入鲤城、丰泽、洛江、石狮、安溪、台商投资区等县（市、区）巡展13场次，受众34972人次。组织开展泉州科普讲堂12场次、国学传统文化讲座12场次，受众15603人次。

加强基层科普场馆建设。加强对安溪科技馆、泉港科技馆、惠安科技馆布展设计以及永春科技馆建设、晋江科技馆扩改工程的指导。重点资助新建2个县级流动科技馆，21个社区科学工作室、22个校园创新工作室、10个科普惠农服务站，共计277万元。根据活动绩效，补助社区科学工作室34个，校园创新工作室21个，农村科普惠农服务站19个，流动科技馆5个，特色科普馆2个、科普活动中心1个，共计72.7万元。

【智库建设】 2017年，泉州市科协与中国建筑学会合作联办以“海丝建筑文化建设民族特色城市”为主题的首届海丝建筑文化（泉州）高端论坛。指导成立市工艺美术学会，市电子学会、针灸学会、放射学会等5个市级学会完成换届。

推进智库建设。首次引进高层次智力资源参与决策咨询项目，与中科院广州能源研究所签订《“无废泉州”建设战略研究协议》。制订《泉州市科协科技专家库管理办法》，入库专家398人。全省创新驱动服务平台建设工作会议在泉州市召开，市科协制作的《创新驱动、先行先试，助力“五个泉州”建设——泉州市科协创新驱动助力工程工作巡礼》作为典型经验材料在会上播放。

高端学术交流活跃。围绕“泉州制造2025”，与国家建筑材料工业技术情报研究所共同举办“2017第二届国际海绵城市建设论坛”。

2017年3月19日，第32届福建省青少年科技创新大赛在漳州闭幕，泉州代表队学生科技创新项目金牌总数和奖牌总数继续保持全省第一

（图/市科协）

创新“会、展、赛”一体的形式办好第十五届市科协年会。与中国建筑学会、华侨大学、泉州市土木建筑学会联合主办首届海丝建筑文化（泉州）高端论坛。举办4场科协沙龙活动。资助市级学会、县（市、区）科协承办7场与泉州产业发展、与一带一路战略密切相关的全国性或区域性重大学术活动。

泉州市归国华侨联合会

【概况】 2017年，泉州市侨联紧贴时代脉搏，开拓思路，广泛团结侨界群众支持参与泉州侨乡建设，积极贡献力量。12月22日，召开泉州市第八次归侨侨眷代表大会，全市各条战线、各行各业的归侨侨眷代表和海外嘉宾600多人参加会议。大会选举产生泉州市侨联第八届委员会160名，常委69名；会议期间还举行南洋华裔族群寻根谒祖综合服务平台捐赠仪式，海内外侨界热心人士合计捐资1560万元支持寻根平台建设。

【侨商侨青工作】 2017年，泉州市侨联努力推动侨商回归创业，参与在深圳举行的2017年泉州市外资专场招商推介会，协助推动泉州市首个大型国际主题游乐园——浦西“欢乐岛”项目；市侨商会副会长郑志平引导异地商人到泉州投资“泉州海丝冰雪大世界”（已列入市重点建设项目）；积极宣传、推广市人才“港湾计划”，做好人才工作“直接联系点”——九牧厨卫股份有限公司服务工作；市侨商会、市侨青联举办多期“侨智沙龙”主题活动。

【海外联谊】 2017年，泉州市侨联接待菲律宾菲华各界联合会考察团、菲律宾菲中友好协会访问团、菲律宾中国商会访问团、菲律宾永宁镇联乡总会访问团、新加坡南安会馆“追根溯源南安游”访问团、马来西亚德化会馆联合会总会考察团、马来西亚沙巴古田公会福建省探亲访问团、马来西亚马六甲晋江会馆访问团、马来西亚柔佛州峇都巴辖晋江会馆访问团、马来西亚马六甲朵云轩艺术馆、马来西亚华社研究中心、越南胡志明市福建二府会馆、越南福建商会、澳大利亚澳华历史博物馆、美国美京中华会馆、瑞典中国文化交流中心、葡萄牙福建同乡会等海外参访团30多批次。9月，应马来西亚华社文化艺术咨询委员会、郑和•朵云轩（马六甲）艺术馆邀请，南洋华裔族群寻根谒祖综合服务平台派员赴吉隆坡举办族谱展，马来西亚羽坛名将李宗伟胞兄李宗顺等侨领前往祝贺。马来西亚华社文化艺术咨询委员周美芬、马来西亚刘氏总会会长刘博文、郑和•朵云轩艺术馆馆长黄文庆等出席开幕仪式。新设立聚龙小镇外国语学校“海内外青少年交流基地”；接待到泉州活动的马来西亚首届华裔青少年“中国寻根之旅”冬令营福建晋江营、马来西亚槟城钟灵中学文化寻根夏令营等海外华裔青少年夏（冬）令营活动；市侨青联举办2017海丝侨界青年端午龙舟赛，来自10多个国家和地区的48支龙舟队参赛。

【文化交流传扬】 2017年，泉州市侨联坚持把华侨文化、泉州故事作为密切乡情的纽带，华侨历史博物馆举办北欧当代艺术展、纪念“5•18”国际博物馆日系列活动以及“马来西亚的文化形成及渊源”等专题讲座，编辑完成《“孙中山与华侨华人”学术研讨会论文集》，与市文联共同举办“月是故乡明”华侨华人诗朗诵会；华侨历史学会开展口述历史和侨批研究工作，编辑出版《华侨史》第13辑，参与《华侨与新四军》组稿工作；南安洪濑镇侨联编撰全国第一本镇级华侨志《洪濑华侨志》；《泉州乡讯》注重版面革新，新设“南侨机工英雄谱”等特色栏目。

【南洋华裔族群寻根谒祖综合服务平台建设】 截至2017年底，泉州市侨联征集族谱5200多册，晋江、安溪、德化等地征集到多部清代或民国珍稀版族谱；全市40个重点乡镇侨情普查工作扎实推进，鲤城、泉港、惠安还把侨普工作扩大到所有乡镇和街道；抓好15个重点侨村族谱数字化；完成石狮彭田“小平台”等4项试点工作；帮助加拿大参议员胡子修（唯一华裔参议员）、美国美京中华会馆主席王震华夫人唐美琪、澳大利亚澳华历史博物馆财务董事郑登露、马来西亚彭亨德化会馆章氏家族等20多位海外侨胞成功寻根。

【参政议政和维护侨益】 2017年，泉州市侨联发挥市、县、乡换届后各级侨界人大代表、政协委员作用，开展调研、学习活动，并在“两会”期间建言献策，参政议政，反映侨声，向省政协十一届五次会议提交的《关于整合资源建设南洋华裔族群寻根谒祖综合服务平台的建议》得到主办单位省发改委的重视，表示将对接省文化厅，将该项目纳入海丝数字文化长廊整体资源框架内予以支持；做好侨情信息工作，市侨联、丰泽侨联获全省侨联系统信息工作二等奖；与市公安边防大队联合建立为侨服务共建机制；以《福建省华侨权益保护条例》出台为契机，加强侨法宣传，并做好侨界群众信访工作；发挥市侨联法顾委及基层法律服务站、法律援助站、涉侨维权联系点等作用，为侨界群众提供法律咨询和法律援助。

【侨界精准扶贫和社会服务】 2017年，泉州市侨联开展“百侨帮百村•侨界精准扶贫”活动，集合资源，服务和推动全市贫困归侨侨眷脱贫攻坚。市财政2016年度贫侨救助专项资金于2017年春节前发放完毕，全市有95名贫侨获得资助共计40万元；做好处级干部挂钩洛江虹山乡10户贫困户脱贫工作；先后组织到安溪开展开展助老慈善活动和侨青助学活动，到惠安螺城镇等地开展“爱心惠侨”义诊送药和法律服务活动；在黄仲咸基金、王水九慈善基金等的支持下，继续开展帮扶慰问贫侨活动，传递人间真情。丰泽侨联依托“一站一队”（“刺桐花”华侨留守家庭示范站、侨志愿者服务队），经常性开展以侨帮侨活动，深受社会好评。

2017年3月25日，市台联组织高校师生开展两岸青年创客活动

（图/苏文城）

泉州市台湾同胞联谊会

【概况】 2017年，泉州市台联加强组织建设，健全会长办公会议、常务理事会、理事会工作制度。2月17日，召开七届九次理事会，研究部署2017年工作。主动履行社会责任，选派人员到安溪县龙门镇龙美村驻村，参加“泉州十九大宣讲团台胞小分队”赴基层进行宣讲，参与主办泉州市第十个民族团结进步宣传月启动仪式暨泉港区第八届少数民族文化节，开展主题志愿服务、义务植树、访贫问苦、社区共建、工会会员春游活动等。先后推选28位台胞出席福建省第八次台湾同胞代表会议、推选4位台胞出席第十次全国台湾同胞代表会议。

【泉台交流交往】 2017年5月23—28日，泉州市台联会长陈严辉率团一行9人赴台湾交流访问，深入台北、嘉义、桃园、新竹、苗栗、台南等地返台定居乡亲家庭进行走访慰问，拜访在台泉州籍社团等。拓宽工作对象，组织近20名未到过大陆的台胞到泉州开展“海丝”泉州行活动。做好到泉州参观、考察、调研的上级台联和各省、市台联以及到泉州市进行参观考察、文化交流、经贸合作等各项活动的台湾有关团组的接待服务工作。参与第九届海峡论坛“同名（同宗）村·心连心”活动之台湾宗亲邀请、接待等工作，联系5对泉州台湾同名同宗村，邀请45名泉州籍的台湾岛内嘉宾参加活动，协助台湾新北市许厝的11名宗亲、台南市南沙美的4名宗亲到泉州祖籍地开展“原乡之旅”活动。

【定居台胞服务】 2017年，泉州市有定居台胞464个家族1300多户4364人，其中60周岁以上老台胞483人。开展走访慰问，协助省台联发放“老龄补、困难补”162.36万元，累计553人次受益；“困难台籍学生助学补”0.8万元，有6名困难台籍学生受益。元旦春节期间，累计发放困难定居台胞慰问金4.8万元。全年开具“籍贯证明”28份，出具中高考加分“台籍子女证明”57份。

【泉州常住台胞联系】 2017年，泉州市台联支持、参与华侨大学台湾同学会开展2017年台生送旧晚会，组织开展台湾师生赴平潭参访两岸青年创客活动、泉州高校台籍师生同乐汇活动、泉州台籍教师参观“海丝”景点活动等。开展工作调研，撰写介绍台湾教师、学生专访材料10余篇。

泉州市工商业联合会（泉州市总商会）

【概况】 2017年，泉州市工商联（总商会）完成换届工作，一批思想政治强、行业代表性强、参政议政能力强、社会信誉好的非公有制经济代表人士进入领导班子，为工商联事业发展增添新动力，为建设“创新、智造、海丝、美丽、幸福”泉州做贡献。2017年，泉州市工商联（总商会）被评为“全省工商联系统先进集体”。

【“亲”“清”政商关系构建】 2017年，泉州市工商联对接做好全国政协调研组到泉州调研工作，组织企业家代表参加政商关系座谈会，就构建“亲”“清”政商关系、促进民营经济发展，提出意见和建议。举办廉政文化和健康政商之道专题讲座和专题党课《构建亲清政商关系探析》。同时，深入实施《促进非公有制企业文化建设行动纲要》，倡导诚信文化、廉政文化，探索打造廉政示范点企业。联合市纪委、市委宣传部等单位深入开展“泉商家风家训”专题宣传采访活动，邀请许连捷、许景南、王文礼等就家风传承、诚信建设等现身说法，强化年轻一代的思想引导。

【民企转型发展服务】 2017年，泉州市工商联加强与检察院的联系对接，多次召开联席会议，就“挂钩走访、综合调研、共建教育基地”等7个方面深化合作，联合开展 “民企挂钩走访”活动50多批次、走访企业近150家，深入调查了解企业维权保护、品牌维护等方面的情况，现场指导和帮助企业解决发展中遇到的法律难题，联办《刺桐检阅——服务非公经济专刊》，召开“品牌保护与网络知识产权犯罪惩治研讨会”，进一步形成保障和促进非公有制经济健康发展合力，相关做法得到全国工商联和最高检察院领导的批示肯定。参与劳动关系三方协调工作，联合组织8场基层宣传接访活动，开展“法律三进”系列活动——“新经济形势下的人力资源管理法律问题”专题讲座，提升民企依法经营的水平。同时，针对经济下行压力增大、企业发展困难的实况，动态跟踪企业经营发展情况，推荐优秀民营企业参与各类评先评优，组织推荐恒安、安踏、百宏等18家民营企业申报参评“中国民营企业500强”，发挥品牌企业的示范带动作用。联合泉州电视台举办“融合创新赢接未来——2017泉商(传统VS互联网)巅峰对话”，市工商联主席周少雄、副主席丁水波，美图公司董事长蔡文胜等参加论坛，共同探讨传统产业与互联网经济的发展方向、彼此融合创新共同繁荣的可能路径等话题。

【深化经贸合作】 2017年，泉州市工商联协办、参与世界泉州青年联谊会创新创业发展论坛、厦大“一带一路”国企民企走出去协同发展论坛、澳门服装品牌商及设计师交流洽谈会、2017福建省政府和社会资本合作（PPP）项目推介会、南平“创新点亮发展之路”农业项目对接、赣州（泉州）、宁夏盐池产业合作推介会等重大经贸交流活动，邀请企业出席各类产业对接、项目活动等近300人次，为企业寻找商机和经贸交流搭建平台。同时，先后对接做好“4·18”伊朗伊斯法罕商会到泉州参展活动，香港投资推广署、香港贸发局访问交流活动和安徽省、河南省等经贸考察团的来访活动，促进本土企业家和异地泉州企业家的大交流大合作。融入“一带一路”建设，加强对外联络，协助海陆丝绸之路城市联盟工商理事会，召开第一届二次主席会议，广泛联系认同“一带一路”倡议和工商理事会章程的国际友好商会组织，拓展工商企业交流合作、互利共赢平台。

【参政议政】 2017年，泉州市工商联围绕实体经济运行成本、军民融合、民营企业“走出去”、高质量发展等当前经济发展热点难点开展调查研究，加强与华侨大学、泉州师范学院、泉州市委党校等高等院校的合作，召开非公理论研究座谈会，推动“非公有制经济理论泉州研究基地”有效运作，形成一批有价值的调研报告，推动解决一些行业发展的典型问题。2017年，与市委政研室、市行政服务中心等单位联合开展专题调研，形成《深化“放管服”改革，助力一流营商环境的调查与思考》调研论文，被收录为省重点课题调研文章。积极围绕“中山路骑楼保护条例”“行业协会助推校企合作、加强职业教育”等内容，邀请企业家副主席许清水、企业家常执委等参加政党协商会议发表意见，相关意见得到采纳和肯定。

【精准扶贫】 2017年，泉州市工商联坚持以“绣花功”推进脱贫攻坚，实施“四级联动+走访调研+动态管理”模式，牵头成立泉州市“百企帮百村”精准扶贫行动工作领导小组，形成市、县、乡、村四级联动的一体化工作格局，制订详细帮扶计划，明确“扶持对象、项目安排、资金使用”等方面的具体任务要求，建立帮扶情况跟踪、目标管理等多项工作机制，做好联系对接、走访跟踪、督促落实、情况汇总等工作，及时反映情况和帮助解决问题；采取“商会力量+村企共建+企业家带动”模式，分发《倡议书》1000多份，动员广大工商界人士以回归创业、村企联动、捐赠爱心款等方式参与扶贫，凝聚商会帮扶资源；通过“产业发展+扶贫造血+公益慈善”模式，采取“一对一”结对帮扶的形式，引导组织企业与贫困村对接，结合自身发展实际拓宽思路、创新方式，多渠道帮助贫困村群众增加收入。截至2017年底，经工商联发动参与企业和商会854家，结对帮扶贫困村数473个（进入全联“万企帮万村”台账管理系统的民营企业有177家，涉及221个村，含非建档立卡贫困村），贫困户3595个，企业实施帮扶项目1889个，落实帮扶资金12629万元，帮扶群众11955人。南安市工商联创新载体，开展“万贤扶千户”活动，募集扶贫资金1647.万元，《福建日报》头版头条刊登《百会帮百村、万贤扶千户》推广精准扶贫“南安经验”。

【民生工程】 2017年，泉州市工商联按照补齐民生短板的要求，参与建设泉州市第一医院病房大楼“同心楼”工作，利用各级商会庆典、换届、会员大会和召开联席会等重大活动的契机，通过电话微信通知、印发宣传资料和“同心楼”效果图等方式广泛宣传发动，同时深入走访工商联常、执委企业，重点介绍“同心工程”的意义、目

2017年4月5日，2017年异地泉州籍商会回归创业恳谈会举行
（图/市工商联）

标、内容及相关优惠政策，动员、引导更多泉州企业家投身家乡医疗公益事业。据不完全统计，异地泉州籍商会领域累计捐资总额1500万元。是年，市总商会先后组织5场“问诊贫困源、健康泉州行”活动，联合福州商会、民主党派等组织医疗专家服务团到永春、安溪等地为村民现场诊治病情，宣传科普健康常识。

【“超双百”计划】 2017年，泉州市工商联围绕市委“投资项目超百个、投资额超百亿”的目标，深化“回归工程”建设，参与、协助推动项目回归工作，全年累计投资额超400亿元，协助市政府组织300多家泉州籍企业参加深圳“2017泉州市外资专场招商推介会” 和上海“泉州制造2025暨推进产业转型升级招商洽谈会”，协议投资额分别达32.31亿美元和122.5亿元人民币。举办2017年异地泉州籍商会回归创业恳谈会、长三角泉州籍商会座谈会，推介泉州市投资环境、规划愿景、惠企政策等内容，搭建政企互动平台，引导在外泉州籍企业家参与家乡建设。协助各有关经济职能部门做好各类专场洽谈会及高峰论坛，组织邀请不同层次、不同规模、不同行业的企业参加对接，推荐重点龙头企业参加“福建省第七届民营企业产业项目洽谈会”，组织泉州建材中国行系列成都、沈阳、江浙专场，吸引异地实体公司入驻泉州市网商（虚拟）产业园，促成明匠智能系统、天马山生态农业观光旅游园等回归项目10个，拟投资额18.5亿元。

【基层组织建设】 2017年，泉州市工商联以加强和改进非公有制经济代表人士综合评价工作为抓手，配合做好省工商联换届工作，指导县（市、区）做好工商联换届工作，全市基层工商联已顺利完成新老交接，基层工作力量得到新提升。巩固扩大县级工商联建设成果，出台《泉州市工商联2017年“五好”县级工商联建设工作实施方案》，鲤城、丰泽、泉港、晋江、石狮、南安、安溪、永春、德化9个基层组织被省联、全联确定为“五好”县级工商联，并培育47家“2016年度市级‘五好’基层商会”。

【商协会建设】 2017年，泉州市工商联举办驻泉州异地商会会长会议，强化商协会沟通交流。指导北京泉州商会、武汉泉州商会等5家异地泉州籍商会完成换届，对65家泉州籍商会进行建册立档，完善信息资料，构建联络资料库，夯实联络对接工作基础。2017年3月，联合泉州市湖北商会、香港泉州市同乡总会开展“植树造林、共建绿色家园”植树活动，以实际行动引导商协会增强生态意识，实现可持续发展。

泉州市文学艺术界联合会

【概况】 2017年，泉州市文联发挥“团结引导、联络协调、服务管理、自律维权”职能，坚持以人民为中心的工作导向，开展“深入生活、扎根人民”活动，弘扬社会主义核心价值观，推动文艺精品创作引领，加强文艺为民惠民乐民，拓展对外文化交流，繁荣发展全市文联和文艺事业，为加快推进“五个泉州”建设添砖加瓦，贡献力量。

【文艺活动】 2017年，泉州市文联举办优秀传统戏曲进校园、文学公益讲座进校园、“弘扬中华优秀传统文化，推动海丝文化传承发展”书信比赛、第三届“小城故事会”杯“古城叙事”征文比赛、“海丝韵·刺桐情”秦韵艺术大型古筝音乐会、“穿越刺桐 遇见你”古城文化寻访活动、“践行中国梦 海丝万里行”中国丝绸艺术世界巡展汇报展等活动。

围绕建军90周年，举办“欢乐泉州•走进军营”——庆祝中国人民解放军建军90周年文艺演出。围绕创建国家森林城市，举办“创森杯”全市诗文大赛、“森林城市 绿色家园”摄影主题大赛。围绕学雷锋纪念日和全国第27个助残日，举办泉州市“弘扬雷锋精神·传播道德力量”主题演讲比赛、“放飞梦想·共享阳光”泉州市2017年残疾人艺术作品展、爱心助残广场活动，弘扬社会主义核心价值观。围绕普法宣传，举办“泉州市2017年普法电影公益放映宣传活动”。围绕助学，开展2017泉州市希望工程大型艺术品义拍活动，筹得公益金60多万元。

开展文艺演出、展览展示、文艺赛事等丰富多彩的“为民惠民乐民”文艺活动，举办“我们的中国梦”——文化进万家文化惠民活动，联办好“欢乐泉州”基层宣传文化活动，参与市“三下乡”集中示范活动，组织送书送春联、慰问演出，组织“欢乐泉州·走进石狮”——2017泉州市庆祝“五·一”国际劳动节文艺演出。在春节、元宵等传统节假日期间开展“我们的节日”主题活动，举办“箫起弦动逐梦来”泉州市喜庆2017年元宵节南音会唱等活动。举办“大美泉州”3D摄影展、迎新书法展、迎春书法展、“中国梦.劳动美——泉州市职工书法比赛”入围作品展、闽西革命老区写生行作品展、“相约春天——不忘初心”。举办市老年书画联展、泉州师范学院美术与设计学院毕业生作品展暨人才推介会、《美丽的挣扎》当代艺术作品展、泉州市首届青少年书画摄影大赛、第二届泉州市人才新闻摄影大赛、“水月禅心 少林雄风”新春梵呗音乐会、威远楼曲艺晚会、南音县域会唱、泉州市庆祝“六·一”国际儿童节文艺晚会、“春天唱诗班”——名家经典诵读大会、“桃源情怀赋聚龙”诗文大赛、2017年泉州市民最喜爱春联原创大赛、“入泉欢迎短信”征集活动、“重走光前路 海丝南安行”大型徒步体验活动。

【文艺创作】 精品文艺创作 2017年，泉州市文联实施优秀中长篇小说创作生产工程、优秀电影电视剧培育工程、传统戏曲传承、保护与弘扬工程、舞台艺术精品工程、马克思主义文艺理论建设工程“五大工程”建设，深掘泉州优秀传统文化，弘扬闽南文化、“海丝”文化，完善文艺创作项目库，制定创作计划，办好作品研讨和会员培训，举办晋江少年作家培训班，邀请散文家、鲁迅文学奖获得者周晓枫等国内多位知名作家授课，开展泉州本土作家创作与研究座谈会，组织“喜迎十九大”“五个泉州”“社会主义核心价值观”等采风创作活动，举办“喜迎十九大 艺瓷颂党恩”福建省艺术家走进德化采风创作活动，组织作家前往晋江东田、南安英都、惠安东岭、永春东关、丰泽、洛江、泉港、安溪等地采风20多次。编辑出版《“丝海逐梦”——五个泉州采风作品集》，举办“大海的回声——海上丝绸之路泉州水彩写生作品展”等成果宣传展示，推动各类文艺创作活动，力争每个门类都有精品。举办2016—2017年度庄逢时海内外散文榜颁奖活动，评选颁发泉州文学奖、《泉州文学》年度优秀作品奖、泉州市广播电视艺术奖等文艺奖项，举办“第二届福建省曲艺‘丹桂奖’大赛泉州选拔赛”，组织作品参评省“优秀文学作品奖”、曲艺“丹桂奖”、戏剧“水仙花奖”、书画“八闽丹青奖”、广播电视艺术奖等全省性文艺评奖和展览，市文联获第二届福建省曲艺“丹桂奖”大赛优秀组织奖、第十三届福建省戏剧水仙花奖组织奖称号，扩大泉州文艺生产力和影响力。

文艺创作成果 福建省第八届百花文艺奖泉州市共有19部(件)作品获奖。中国书协举办的展览和论坛中有39人次入展，3人的学术论文入选第十一届全国书学讨论会，在首届怀素草书学术论坛中有1人论文入选，3人入选国家艺术基金“书法创作人才培养”项目，全省仅4名。中国美协举办的展览中有16人次入展，6人获八闽丹青奖美术双年展金奖及金奖提名奖，占全省的20%。在第26届全国摄影艺术展共有7件作品入选。全市作家在《诗刊》等国家级、省级报刊发表作品600多篇（首）；散文诗集《南天禅寺吟怀》等50多部作品集正式出版；林筱聆深入安溪县西坪镇采风创作的小说，入选中国作家协会2017年度定点深入生活项目，中篇小说《杨柳依依》发表于2017年第10期《小说选刊》；高寒创作的广播剧《姑嫂塔》（上、下集）由省宣传部推荐中宣部参评“五个一工程奖”。在第四届福建舞蹈“百合花奖”专业舞蹈大赛获金奖1个，银奖2个，铜奖3个，入围奖4个，最佳音乐创作奖1个，泉州市舞蹈家协会获优秀组织奖。

文艺队伍建设 加强对新文艺组织新文艺群体团结引导工作，创造“四个同样”经验——同样服务、同样活动、同样宣传、同样扶持，得到省文联发文推广。省文联党组成员、书记处书记、副主席王来文率调研组到泉州开展“闽漂”艺术家情况调研，了解在泉州外来艺术家工作生活情况，肯定市文联在延伸工作手臂，团结引导新文艺组织、新文艺群体方面的实践成果。加大各艺术专业领军人物、中青年文艺骨干、新文艺群体拔尖人才和基层文艺工作者的服务力度。加大对全市中青年文艺人才的发现举荐、教育培训、资助扶持、宣传推介力度，引导和举荐文艺人才参评省级、市级优秀人才评选和申报中国文联创作扶持项目。整合各方资源，鼓励和吸引社会力量参与举办形式多样的文艺活动，合力推动泉州文艺事业繁荣发展。

【文艺惠民】 2017年，泉州市文联开展“深入生活、扎根人民”活动和泉州市文艺家“到人民中去”文艺活动、“我们的中国梦”——文化进万家、“送欢乐下基层”等文艺活动，举办艺术作品巡展、文艺基层巡演、文艺采风、文化进校园、文化进社区、文化进军营等文艺下基层活动。

文艺志愿服务队　举办2017“党报送祝福　春联抒真情”活动、“送万福　进万家”下基层公益活动、第三届“海丝泉州年　邮礼送春联”百名书法家义务写春联活动、“到人民中去”电影惠民活动、2017年度“道德模范故事汇”基层巡演、“到军营中去　谱强军战歌”泉州市文艺家走进73146部队慰问演出，市音协成立泉州钢琴艺术志愿者服务队并深入泉州市盲聋哑学校举办志愿活动，形成常下基层、常在基层的机制，为文艺工作者长期深入生活提供必要条件和成果展示平台。“5·23”第四个中国文艺志愿者服务日期间，举办“向人民汇报——2017泉州市‘中国文艺志愿者服务日’文艺演出”、第十三届泉州市摄影艺术节、纪念毛泽东在《延安文艺工作座谈会上的讲话》发表75周年电影晚会等系列活动，其中“向人民汇报”文艺演出市委四套班子领导出席，表彰5位优秀文艺志愿者，并通过泉州电视台面向全市播出。

文艺精准扶贫　开展好文联处级干部结对帮扶，帮助困难群众尽早脱贫。主要领导带头走访慰问、帮扶困难群众，与南安市东田镇6户贫困户23人结对挂钩帮扶，落实帮扶资金13.8万元，有3户12人脱贫，帮扶工作取得初步成效，受到群众好评。

【泉州文化影响力美誉度扩大】2017年，泉州市文联围绕第三届海上丝绸之路国际艺术节举办第五届中国海丝书画小品大赛作品展、“重走海丝之路·助力泉州申遗”摄影大展、“丝路山海情——中乌当代美术交流展”“千里江山万里路——黄坚作品展”“自西向东”一带一路艺术系列油画展王尔义作品展、“一带一路　‘中国白’再出发”——喜迎海艺节“美好生活　从瓷开始”国礼大师陶瓷展。举办“中菲海丝情”南音音乐会、2017中国·泉州“海丝情”第三届国际标准舞全国公开赛暨第七届福建省国际标准舞精英赛、“以水相连　包容共生——北欧当代艺术展览”“江海陆·丝路情——镇江、乌鲁木齐、泉州书法交流展”“大美小岞——2017全国油画名家教授惠安小岞写生作品选展”“山情海恋——王辉师生油画作品联展”“景·观——当代建筑与艺术研究展”。

承办中国电影家协会、中国文联电影艺术中心、省电影家协会主办的国际影片展映周，在泉州巡展第26届中国金鸡百花电影节金鸡国际影展参展影片，承办中国戏协梅花奖艺术团“送欢乐、下基层”福建泉州慰问演出，组织市摄影家协会选送反映泉州城市建设和人民美好生活的作品86幅参加“交汇点——2017连云港国际摄影展”。

分别组织中国知名摄影家和港澳台知名摄影家“重走海丝之路，助力泉州申遗”采风活动，举办大美小岞——2017全国油画名家教授写生活动，邀请全国各美术院校35位名家教授深入小岞开展为期一周的写生创作活动并举办作品展，配合中国民协“走进福建——丝路文化起点考察与民间文化生态保护行动”民间文艺调研组到泉州考察，扩大泉州对外辐射影响。

2017年5月23日，“向人民汇报——泉州市‘中国艺志愿者服务日’主题晚会”在泉州广播电视台举行（图/市文联）

泉州市社会科学界联合会

【概况】　2017年，泉州市社科联做好全市哲学社会科学社团的组织协调和业务监管，作为党和政府联系和团结广大社会科学工作者的桥梁纽带与发展哲学社会科学事业的助手，发挥积极作用。是年，市社科联业务主管的社团52个，联系的高校和社科研究机构22个，指导省、市社科普及基地28个。

是年，泉州市社科联把学习、研究、宣传马克思主义、毛泽东思想、邓小平理论、“三个代表”重要思想、科学发展观和习近平新时代中国特色社会主义思想作为社科工作的首要任务，围绕党中央治国理政新理念新思想新战略和省、市关于宣传思想工作要点和重大工作部署，落实意识形态工作责任制，组织社科界开展理论武装工作。2017年5月11日上午，市社科联召开四届四次全体（扩大）会议，组

2017年1月12日，“晋江经验的实践与发展”课题调研座谈会召开
（图/洪 旭）

织全市社科界纪念习近平总书记“5·17”讲话发表一周年，学习贯彻习近平总书记系列重要讲话精神，学习贯彻党的十八大以来中央、省委、省社科联和市委、市委宣传部关于加快构建中国特色哲学社会科学，落实意识形态工作责任制，推动哲学社会科学繁荣发展的精神和工作部署，总结泉州市哲学社会科学工作，推进社科研究、社科普及、社团管理发展。7月19日，泉州市社会科学界联合会下发《关于进一步加强和规范社科类讲座、报告会、论坛、研讨会等业务工作管理》的通知，加强对社科工作的业务指导。9月27日，泉州市社科联出台《泉州市社会科学界联合会关于印发泉州市社科活动资助项目管理办法（试行）》。

【发挥社科刊物宣传阵地作用】 2017年，泉州市社科联出版会刊《泉州学林》正刊4期，在编发学术理论文章的同时，结合时政热点推出“学习贯彻党的十九大专栏”、“助力五个泉州建设”、“党的建设”、“法治泉州”、“红色文化”等专栏，发挥学刊的阵地作用、窗口效应、示范效果。联合相关部门、社团，合作编辑《李光地与儒学思想学术研讨会论文集》增刊。

【社科联组织发展】 2017年1月10日，泉州师范学院社会科学界联合会成立暨第一次代表大会召开，福建省社科联党组成员，秘书长林兵武出席会议并讲话，泉州师院党委书记游小波教授当选第一届委员会主席。鲤城区、安溪县、永春县、德化县社科联成立，并分别召开第一次代表大会。

2017年1月10日，泉州师范学院社科联成立 （图/洪 旭）

中国国际贸易促进会泉州市支会

【概况】 2017年，泉州市贸促系统坚持服务政府、服务企业的宗旨，稳步推进各项工作，为泉州市开放型经济发展做贡献。是年，泉州市贸促系统紧扣贸易交流和品牌宣传，通过精选展会，组织泉州企业拓展国内外市场。

4月18—20日，由泉州市贸促会参与组织的第三届中国（泉州）海上丝绸之路国际品牌博览会在泉州市石狮服装城艺术展览中心与第二十届海峡两岸纺织服装博览会同期举办，作为第三届海上丝绸之路国际艺术节系列活动之一，取得较好成效。该博览会展区面积2.6万平方米，共组织39个境外国家和地区的 380家企业参展，展位数603个，举办两场对接洽谈会，泉州市参展的瓷器、茗茶、香道、泛家居和智能制造馆深受观众好评。展会期间，到现场参观采购的境内外专业客商、观众超过2.8万人次，境内外有75家媒体共刊发各类原创报道250余篇（条），观看网络直播的观众超40万人。4月，晋江市贸促会牵头承办第十九届中国（晋江）国际鞋业暨第二届国际体育产业博览会和第21、22届泉州（晋江）汽车展览会，展览面积共计12万平方米，现场达成意向成交额193.37亿元，展会现场成交、布展档次、展会活动、展会服务质量均超过往届。

呼应市政府“泉州品牌境外行、海丝行”活动，通过引导企业参展提高市场竞争力。泉州市贸促系统先后组织902家企业、1210个展位，参加埃及纺织机械展、波兰中国商品展等55个国际展会。推动泉州市与境外，特别是“一带一路”沿线国家、地区之间的经贸交往与合作。组织32家企业、36个展位参加2017年北京国际园艺及家庭装饰展览会，利用内展平台帮助企业了解和拓展国内市场。发动九牧厨卫等多家泉州龙头企业和10多家南安中小微建材行业企业入驻“海丝泛家居线下体验中心·成功馆”布展参展，借力泛家居产业项目，为企业开拓国内外市场牵线搭桥。协助福建南山集团组织发动企业参加在马来西亚巴生港自贸区举办的福建（泉州）特色馆常年产品展示。结合石化产业特色和企业需求，有针对性的及时向企业传递重点展会和经贸活动，在“6·18”华人华侨项目对接会上，泉港本益实业等3家企业签约3个项目，总投资5.4亿。组织3批次具有代表性的安溪茶企赴马来西亚等地参加国际性茶会，签约订单2900多万元。举办“互联网+打造石狮新外贸”分享会、外贸跨境电商政策及业务培训会、“新外贸 石狮造”跨境电商论坛，助推跨境电子商务持续健康快速发展。

举办中国贸促会2017年出国展览知识产权（泉州）培训班、企业参展营销能力培训暨“一带一路”市场需求发布会，分别邀请中国贸促会贸易投资促进部、米奥兰特展览公司培训专家作主题分享，推动泉州企业了解、布局“一带一路”沿线国家地区市场，更好地利用展会平台开拓新的市场，寻求新的商机。加强与其他地市贸促会的联系，学习先进经验，借参观2017广东21世纪海上丝绸之路国际博览会等展会之机，与各级各地贸促会沟通交流办展经验，与展览业界同行探讨展览业发展。

【协助泉州企业开展国际化经营】 2017年，泉州市贸促系统开展出证认证业务，努力拓展法律服务领域，帮助泉州市企业提升出口竞争力。

出证认证和咨询培训服务 履行商事法律服务职能，开展自贸区优惠政策和货物原产地证政策的宣传、推广。加强出证认证前期核查工作环节，将前期核查工作交予基层贸促会实施，避免较偏远的企业为出口货物原产地注册远途奔波，简化程序，优化环节，实现就近服务企业，切实为企业提供高效、便捷的商事签证服务。全年为企业签发办理产地证、优惠产地证、商事证明等40302份，代办领事认证1200份，减免进口国关税576.45万美元。深入企业50多次，开展面对面培训；与必维国际检验集团等机构举办关于Sedex道德贸易审核、对外出口法律风险的防范培训等讲座，500多家企业，700多人次参加，切实帮助企业了解最新法律知识，规避贸易风险，为企业“走出去”开拓市场份额提供优质的商事法律服务。做好业务咨询工作，全年为100多家企业答疑解惑200多条，同时做好新旧原产地证签证系统的衔接工作，全面实现产地证操作免费化，为企业节省办证时间和成本。

法律衍生服务 创新服务手段，丰富工作内容，做好商会敦促履约等各项法律衍生服务，帮助企业解决涉外商事纠纷。深化与必维国际检验集团的合作，协助150多家企业办理300多件BV国际检测证书，为会员企业减免检测费用近30万元。在接到泉州市中蓝服装工贸有限公司向法国MIM公司追讨349099.4美元货款和雷马（中国）有限公司被俄罗斯客户恶意拖欠125221.45美元货款的案件后，第一时间前往企业了解情况，指导企业准备证据材料，全力帮助企业追回欠款。组织企业参与反倾销反补贴海外应诉，联系泉州永大食品有限公司参与美国货运反垄断索赔案，争取获得美方货运公司的赔偿，维护企业合法权益。

【帮助企业寻找经贸投资项目和合作伙伴】 2017年，泉州市贸促系统着眼国际贸易发展的新情况、新特点，创新联络交流工作手段，坚持内外并举，助力企业在国内、国外市场寻找合作发展的商机。

发挥好牵线搭桥的作用 利用大型经贸活动机会，组织泉州市200多家企业500多人次参加各类国际性经贸推介会、洽谈会、对接会，帮助企业寻找经贸投资项目和合作伙伴。邀请23位境外商协会代表、企业代表参加在深圳举办的泉州市外资专场招商推介会；围绕永春香产业和香都小镇做主题推介，现场成功对接5个项目，总投资5063万美元。通过内引外联推动泉州企业寻求与境内外商协会、企业的经贸合作商机，特别是在金砖国家领导人厦门会晤期间，选报福建恒安集团有限公司、匹克体育用品有限公司等8家泉州企业获准参加2017年金砖国家工商论坛，为展现泉州企业的良好形象搭建平台。参与第二届“海丝”（国际）泛家居主题系列活动，促成南安市政府与中国建筑科学研究院、南安泛家居网络科技有限公司与万国数据服务有限公司、九牧集团有限公司与西门子股份公司等签订战略合作备忘录10项，“点对点”合作效应强烈，为泉州市建材产业发展和泛家居项目发展添砖加瓦。

发挥拓展渠道的作用 先后接待世界贸易中心协会主席加齐·阿布纳尔、琉球经济战略研究会会长方德辉等率领的7个国（境）

外经贸代表团33人次到泉州考察访问。通过洽谈对接，加强双方信息沟通，促进资源共享，推动协作交流。用活用好境内外商协会、友好合作单位和系统兄弟贸促会的资源，接待中国贸易报社、云南省贸促会等3个境内代表团15人次。通过随团赴境外开展经贸交流合作活动，加强与境外，特别是一带一路沿线国家和地区商协会的交流对接，与斯里兰卡斯中友协、摩洛哥企业联合会、德国汉堡经济促进局等3家境外商协会签订合作谅解备忘录，建立友好合作关系，开拓对外联络渠道。

【发挥商会平台作用】 2017年，泉州市贸促系统通过各类职能载体，靠前做好商会会员服务工作，把商会建设成为会员企业的“娘家”。举办泉州国际商会会长扩大会议暨2017年宏观经济形势分析及企业对策专题讲座，邀请国务院参事陈全生作《宏观经济形势分析及企业对策》讲座，与会国际商会副会长围绕企业发展、联谊协作、商会建设等问题开展交流座谈。针对会议上收集的企业意见建议，及时开展下企业调研活动，重点了解会员企业2017年来的发展情况，收集企业在生产经营及进出口贸易过程中存在的困难问题，促进企业发展，推动国际商会自身建设。组织59位惠安国际商会会员企业参加2017年新春企业家恳谈会暨慈善表彰大会，推荐安通控股等5家会员企业的优秀青年代表参加丰泽区新社会阶层代表人士培训班，提升会员企业的影响力和知名度。

全年编印《泉州贸促简讯》12期3600份，通过泉州贸促网发送信息200多条，及时向会员企业传递、发布国内外最新经贸形势分析和专家见解。发布摩擦预警信息161条，为会员企业了解国内外经贸动态、拓展国际市场提供信息服务。向《中国贸易报》等媒体投稿，宣传推介泉州经济社会发展及国际商会工作动态，市贸促会和特约记者分别被中国贸易报社评为2017年度宣传报道先进单位和优秀特约记者。设立“德化贸促”、“惠安贸促会惠安国际商会”等微信公众号，通过新媒体及时发布国内外贸易资讯和法律预警信息，为会员企业生产经营提供决策参考。

泉州市残疾人联合会

【概况】 2017年，泉州市残联进一步提升残联组织的服务能力和管理水平，残疾人事业发展环境进一步优化，率先在全省出台“十三五”残疾人工作规划纲要，在残疾人基本民生保障、康复救助、就业增收和队伍建设等方面取得突破，为决胜残疾人全面同步小康指明方向。

【落实为民办实事项目】 2017年，泉州市残联系统27项助残工作列入党委政府为民办实事项目，受益残疾人7.4万多名。市残联承接2个省级项目，投入346万元资助1730名智力、精神和重度肢体残疾人居家养护；投入302.5万元扶助605名农村困难残疾人就业创业。实施2个市级项目，投入360万元通过政府购买服务形式为全市0至70周岁肢体残疾人适配356例假肢或矫形器；投入1300多万元，为全市1.1万多户2.1万多名符合条件“一户多残”家庭残疾人发放生活补贴。

【残疾人康复】 2017年，泉州市残在福建省率先将0～6岁儿童脑性瘫痪纳入城乡居民基本医保特殊门诊病种和治疗项目，投入1612.5万元救助1124名残疾儿童，实现0～14岁残疾儿童康复救助全覆盖。投入260万元，实施残疾人助听工程、复明工程、补助精神病患者服药和免费发放残疾人辅助器具，推进残疾人辅助器具补贴制工作。开展残疾人康复机构安全隐患排查整治及康复资金自查工作，研究制定儿童康复机构报备机制，保障儿童康复救助工作健康有序发展。在第一个“全国残疾预防日”，举办主题宣传活动，加强残疾预防与康复宣传教育，编印《残疾预防知识读本》1万多册，邀请医学专家在泉州电视台《健康责任田》栏目制作、播放7期残疾预防及康复知识节目。指导丰泽区开展全国残疾预防综合试验区试点工作。“世界自闭症日”期间，在市青少年图书馆展出300多件自闭症儿童作品，协调泉州承天寺为泉州太阳雨儿童培训学校130多名自闭症儿童捐赠建设“儿童康复训练系统”。

【残疾人社会保障】 2017年，泉州市3.2万名贫困残疾人纳入低保，实现残疾人普遍参加社会保险。协助民政部门落实残疾人“两项补贴”政策，发放困难残疾人生活补贴4414.5万元，享受人数49150人，发放重度残疾人护理补贴3699.6万元，享受人数45500人。投入615万元，为93名在“福乐家园”机构托养的智力、精神和重度肢体残疾人提供机构托养补助，为693名下肢残疾人发放机动轮椅车燃油补贴，为农村困难残疾人新建、修缮住房326座，临时救助贫困残疾人400多人次。完成17.2万名残疾人基本服务状况和需求信息数据动态更新工作。加强残疾人证管理，坚持“积极稳妥、先易后难、逐步推进”原则，开展残疾状况核查工作，全市核销残疾人证2.8万本。加强与市综治、司法局、公安局、信访局等部门的沟通协作，做好残疾人信访积案摸底排查工作，为全市残联系统和残疾人提供法律援助50人次，妥善处理信访信件120件，接待来信来访500人次，保障残疾人合法权益，及时妥善解决残疾人信访和严重精神障碍者肇事肇祸问题。

【残疾人扶贫】 2017年，泉州市符合条件的14252名农村贫困残疾人纳入建档立卡范围，通过精准实施教育帮扶、就业帮扶、住房保障、社会保障和康复帮扶，基本实现稳定脱贫。扶持创建农村残疾人扶贫基地和盲人保健按摩机构发展，推进困难残疾人就近就便就业。投入25.7万元为257户残疾人家庭实施无障碍改造。连续第3年争取市级价格调节基金255万元，向全市8500名60周岁以下特困（低保）重度残疾人一次性发放临时价格补贴。开展领导干部挂钩帮扶德化大铭乡贫困残疾家庭和干部驻村蹲点贫困村活动，帮助贫困残疾人脱贫致富。重大节假日期间，集中走访慰问1000多户贫困残疾户，发放慰问金及生活物品50多万元。

【残疾人就业创业】 2017年，泉州市残联联合人力资源和社会保障部门开展残疾人就业专场招聘会、就业援助月活动，全市新增残疾人就业1338人。举办残疾人电商网络、面点烹饪、中医养生理疗、种植养殖技术等实用技能培训72期2526人，帮助残疾人提升就业本领。举办“放飞梦想·共享阳光”残疾人艺术作品展览及义卖活动，挑选130件作品进行展览，并在“全国助残日”爱心助残广场活动中现场义卖，售出作品价值47280元，全部返还残疾人创作者。举办全市残疾人烹饪职业技能竞赛，组织5名选手参加全省残疾人岗位精英选拔赛，获2个项目第一名和竞赛团体第一名佳绩，3名选手参加全国赛，获1个第六名、1个拼搏奖。落实“1+5”残疾人就业创业优惠政策，发放2016年度奖励补助232.49万元。全市征收残疾人就业保障金2.09亿元，实现按比例安置残疾人就业747人。

【残疾人教育】 2017年，泉州市投入550多万元资助2500多名残疾学生及贫困残疾人家庭子女就学。投入19.4万元实施第八期“通向明天—交通银行残疾青少年助学计划”和彩票公益金学前助学项目，资助71名家庭经济困难的残疾大学生和学前贫困残疾儿童。摸底调查学前贫困残疾儿童142名。全市11名高考残疾考生得到合理便利服务。

【助残宣传】 2017年，泉州市残联开设《泉州晚报》“用心用情·携手助残”专栏、制作专版、刊登助残公益广告，编印《用心用情·扶残助残》五年工作纪实宣传画册，加强“泉州市残疾人联合会”微信公众号运营管理和残联网站建设，宣传报道扶残助残政策及残疾人事业发展动态。《泉州晚报》全年刊登助残信息70多篇，微信公众号推送活动信息101期305条。对接中残联网站、人民网、新华网、中国网等中央网络媒体，播报残疾人工作信息100多篇。联合移动、电信等通讯公司发送20万条助残主题宣传短信。

【残疾人文化体育】 2017年，泉州市举办全市残疾人艺术会演，选送11个节目参加全省第十届残疾人艺术会演全部获奖，两个文艺节目参加第九届全国残疾人艺术会演分别获得一等奖、二等奖。残疾人运动员杨丽婉获2017年世界残奥田径大奖赛3块金牌，第八届世界残疾人田径锦标赛2块金牌。举办全市残疾青少年体育比赛，参加全省青少年残疾人田径、羽毛球、乒乓球、飞镖锦标赛，11人取得名次，泉州代表队获田径和乒乓球锦标赛优秀组织奖。组团参加全省第六届特奥运动会，获25金13银6铜，并囊括团体及全部单项比赛的体育道德风尚奖。依托晋江市特殊教育学校组建泉州市青少年聋人足球队和特奥融合足球队参加省赛，获全省青少年特奥融合足球赛一等奖、聋人足球赛二等奖；参加2017年全国青少年校园足球特奥融合组比赛，获团体第16名、团体体育道德风尚奖。积极发动各级残联开展形式多样、内容丰富的“残疾人健身周”和“全国特奥日”活动，共同营造残健共融的良好社会氛围。

【残疾人工作队伍建设】 2017年，泉州市残联推进残疾人工作者参政议政，12名市、县残联理事长被推选为市、县政协委员或常委，2名残疾人亲友分别被推选为县人大常委、县人大代表，为保障残疾人群体利益呼吁发声。联合市财政局、人社局制订《泉州市乡镇（街道）残疾人联络员管理规定》，落实岗位津贴不低于当地最低工资标准，市对乡镇（街道）残疾人联络员补助从2017年开始由每人每月100元提高到200元。举办全市乡镇（街道）残疾人联络员培训班、残疾人辅助器具业务培训、残疾人工作者心理知识讲座，切实加强基层残疾人工作队伍配备和教育培训，不断畅通服务残疾人的“最后一公里”。

【志愿助残活动】 2017年，泉州市残联发挥群团组织职能作用，开展志愿助残服务。市残联助残志愿服务队坚持每月组织医院专家深入边远贫困村开展“心系残疾人·服务在基层”康复义诊、送医送药及政策宣传服务25场次，服务近万名群众，受到当地群众普遍赞誉。组织发动泉州师院、泉州医高专、福建微公益协会等社会助残力量，在残疾人就业招聘会、文艺会演、广场活动和体育比赛

2017年5月19日，“福乐就业·真情相助”2017年残疾人就业专场招聘会丰泽区分场活动在市区人才大厦举行 （图/市残联）

活动中提供志愿帮扶服务。泉州市优秀残疾人工作者陈欠水获“全国最美志愿者”称号。

【政府购买助残服务】 2017年，泉州市购买服务领域进一步拓展，受益残疾人数量日益增多，项目资金管理使用更加规范。全市各级残联投入政府购买助残服务项目资金1000多万元，项目涵盖康复辅具配置、残疾儿童抢救性康复、“互联网+”居家助残、托养照料、职业技能培训、意外伤害保险、家政婚恋、心理咨询、法律援助等服务。市本级继续通过政府购买助残服务方式实施市为民办实事残疾人辅助器具适配项目，为肢体残疾人装配假肢矫形器。

【“全国助残日”主题活动】 2017年，泉州市在“全国助残日”期间，围绕活动主题，强化宣传、精心组织，开展形式多样的助残活动。市四套班子领导分别带队深入调研残疾人工作、走访残疾人服务机构、慰问贫困残疾人，举办全市残疾人艺术作品展、爱心助残广场活动、召开残疾人就业专场招聘会、开展为贫困残疾家庭母亲圆梦行动、举办残疾人体育比赛、承办“心手相连·我梦最美”第七届闽台残疾人文化周巡演活动等系列活动，关心和帮助贫困残疾人，推进残疾人平等参与社会生活，引导社会各界更加关注贫困残疾人的生活状况和生存环境，努力营造全社会扶残助残的良好氛围。

【市残联第六次代表大会】 泉州市残疾人联合会第六次代表大会于2017年12月17—18日召开。大会听取并审议通过市残联第五届主席团工作报告。市政府残工委表彰一批残疾人自强模范、扶残助残先进集体和先进个人。通过换届，选举产生新一届残联主席团、执行理事会、残疾人专门协会领导班子，加强各级残联组织建设，为推进残疾人事业加快发展提供有力的组织保障。

泉州市金门同胞联谊会

【概况】 2017年，泉州市金门同胞联谊会（简称市金联）凝聚泉州市金门同胞（简称金胞）力量，不断拓展与深化“以金联台、以金促台”的工作内涵，为促进泉州台湾关系发展贡献力量。市金联围绕巩固深化两岸关系和平发展这一主要任务，坚持把团结广大台湾同胞作为对台工作主线，按照中央、省委的决策和市委、市政府的部署，发挥自身优势，以乡情、亲情为纽带，采取主动“走出去”，热情“迎进来”等各种渠道与台湾、金门各社团进行有效交流，推动泉州与台湾两地经贸文化合作，两地人员往来，加深两岸同胞情谊。全年接待到泉州的金门和台湾乡亲8个团198人次，参与出访4团11人次。

【交流交往】 2017年4月29日至5月5日，泉州市金联常务副会长张亚轮等5人赴台湾参加第六届和谐海峡——2017年两岸金门同乡会双年会活动。两岸金门同乡会的代表们共同签署此次双年会决议。双年会的举办为两岸金门乡亲建立起交流联系平台，也为促进金门县建设进步和两岸和平发展作出贡献。8月29日至9月1日，泉州市硬笔书法家协会12月赴金门与金门县书法学会交流并举办书法刻字展览作联络协商。市金联邀请金门县政府教育处组团到泉州参加2017年海峡两岸（泉州）闽南童谣暨少儿闽南语主持大赛。12月29—31日，由市教育局等单位主办，市金联、金门县政府教育处等单位协办的2017年海峡两岸（泉州）闽南童谣暨少儿闽南语主持大赛在泉州举行，金门县代表队12人参加赛，以《天乌乌》等五首闽南童谣歌曲串联表演，获得一等奖。

2017年5月14日，在泉州市金联多次沟通联络协调下，旅台珠浦许氏宗亲会首次到泉州拜访泉郡许氏宗亲会。该活动引起全省金门同胞的关注，反响热烈。7月6—11

日，泉州泉郡许氏宗亲会赴台回访旅台珠浦许氏宗亲会，加强两岸宗亲交流，共续血脉亲缘，建立经常往来的固定联系机制。

【乡谊联络】 2017年1月12日，安溪、永春、德化片区乡亲联谊工作会在永春桃源大酒店举行。来自安溪、永春、德化片区的60多位乡亲齐聚一堂，共谋发展；10月24日，重阳节老金胞座谈会在市区湖美大酒店举行，在泉州年满60周岁以上的金门籍乡亲和金胞遗偶90多人参加，会前特安排医生为乡亲们进行义诊，弘扬中华民族爱老、敬老、尊老的传统美德，联络在泉州老金门乡亲感情。

【“两补”及慰问活动】 2017年，泉州市金联申报和发放2017年度“泉州市老龄金胞与困难金胞生活补助金”（简称“两补”）。全年向107人次发放补助金30.48万元，其中困难金胞9人，老龄金胞98人。在春节期间及日常工作需要，市金联多次到各县（市、区）走访金胞家庭，重点走访老龄金胞和贫病金胞，送去党和政府的关怀。通过走访了解金胞实际情况，为“两补”发放工作提供真实数据。是年，市金联向72人发放吴芳檀敬老金2.1万元，向6人发放吴芳檀大学奖学金1.8万元。

【晋江市金联成立】 2017年，泉州市金联加强基层组织建设，打造服务基层金胞的有效平台。10月27日，晋江市金门同胞联谊会举行成立大会，张亚宗任第一届理事会会长。金门县政府副县长吴成典、台湾金门同乡会总会总会长李台山等金门乡亲近80人前往参会。这是泉州市成立的第二个县级金联，也是时隔12年在大陆成立的第九家金联。

泉州市计划生育协会

【概况】 2017年，泉州市各级计生协会按照“服务科学发展、服务社会和谐稳定、服务计生群众”的工作定位，履行协会职能，全面创新提升，增强协会组织的影响力、感召力和公信力。

是年，泉州市筹集流动人口生育关怀基金3000多万元，建立独立型、联合型、挂靠型流动人口计生协会1962家。在巩固60个县级以上流动人口计生协示范点建设的基础上，评选认定15个市级示范点，晋江市乔丹体育股份有限公司、石狮市海洋职业学院计生协会分别被确定为国家级、省级流动人口计生协会示范点。鲤城区委、区政府出台《关于加强流动人口卫生和计划生育服务管理的工作意见》；晋江市异地商会计生协会工作全面展开，在23个异地省级晋江商会组建计生协会，扩大流动人口计生协会组织建设覆盖面，将生育关怀网络覆盖全国。晋江市和台商投资区探索推行“高龄孕产妇、新生儿纳入保险保障项目”，将流入人口计生户符合生育政策的高龄孕产妇（35—49周岁女性）纳入保障范围。

【计生宣传倡导】 2017年，泉州市计生协会结合节假日开展主题宣传，连续第11年在《泉州晚报》推出“阳光母亲携手同行”系列报道活动，连续第4年开展“为贫困母亲圆梦”活动，弘扬中华民族扶弱济贫的传统美德，帮助贫困计生母亲解决生产、生活困难，送上党和政府以及社会爱心人士的关爱。以“互联网+计生协会”宣传模式，依托网站、微信、微博等新媒体扩大宣传，升级改版协会网站，全面展示协会工作；微信公众号更新141期，推送文章455篇，阅读量78138人次。全市12个县（市、区）已有7个开通微信公众号。在中国计生协“计生协好新闻”评选活动中，泉州市获二等奖2篇、三等奖1篇。全市有1048个村（社区）达到“六好”示范村（居）标准，占41.8%。丰泽区被确定为国家级示范项目点，鲤城区、惠安县、永春县被确定为省级示范项目点。

【生育关怀】 2017年，泉州市计生协会筹集生育关怀资金并加强资金监管，管好用好生育关怀资金。全市新增45个捐款10万元以上的单位和个人，累计334个，其中捐款100万元以上的24个。德化县出台人口福利·生育关怀资金管理使用暂行办法，进一步规范资金的管理和使用。

失独家庭帮扶力度 全面建立失独家庭联系人制度，开展失独家庭“关爱小组”服务活动，每户失独家庭确定一名乡级领导干部和村级干部作为帮扶“双岗”联系人，确定一个“关爱小组”挂钩联系帮扶。市财政给予每个“关爱小组”每年核拨1000元活动专项经费，县、镇两级财政相应配套。为失独家庭构筑医疗保障网，在为每个失独家庭成员办理“意外伤害险”“住院护理补贴险”的基础上，增加办理“住院医疗补充险”，使失独家庭成员基本实现病有所医。

计生家庭保险保障面 推进计生家庭意外伤害保险工作，在争取更多财政投入的基础上，发动群众缴费，有效增强群众参保意识，提高理赔率，扩大参保面。为13.8万户计生家庭办理意外伤害保险，投入保费1380万元（个人缴费占41.21%），理赔1326例867万元，理赔率62.74%。

计生家庭发展项目帮扶 把帮助计生家庭脱贫致富工作融入精准扶贫大局，结合实际实施幸福工程

2017年4月27日，全国流动人口计生协能力建设培训班在泉州举办（图/市计生协会）

和计生小额贴息帮扶项目，形成形式多样、切实有效的“受助户+”帮扶方式，共帮助贫困计生家庭2324户发展生产项目，发放帮扶资金7686万元。

贫困计生女孩上大学资助　发动市生育关怀行动领导小组成员单位和部分市直单位共同参与助学活动，分别挂钩资助50名特困计生女孩四年大学学费，每人每学年5000元，共计100万元。各县市区也积极开展助学活动，全市共资助贫困计生女孩8509人上大学，发放奖助学金2039万元。

泉州市关心下一代工作委员会

【概况】　2017年，泉州市各级关心下一代工作委员会（简称关工委）扩大“百万大手牵小手”关爱活动品牌影响，抓好“基层工作创新年”开局年的各项工作，整体提升教育阵地社会效应，探索以党建带关工委建设新路子，推动全市关心下一代工作发展提升。市关工委以中国人民解放军建军90周年、全民族抗战爆发80周年、香港回归20周年这些重大党史国史纪念日为契机开展教育活动，不断丰富社会主义核心价值观教育内涵和形式。联合市委文明办、市教育局、市文广新局建立一批青少年党史国史教育示范基地，中国闽台缘博物馆、泉州海外交通史博物馆、德化县水口镇坂里中共福建省委旧址、泉州华侨革命历史博物馆（南安市金淘镇占石村叶飞故里）等四个青少年党史国史教育示范基地于7月揭牌。联合市委文明办、市教育局、团市委在全市中小学生中举行“童心向党”歌咏比赛、“向军旗敬礼，向英雄学习”演讲比赛、“走进新时代 相约中国梦”经典诵读展演，用中国梦激扬青春梦，团结教育广大青少年知史明志，爱党爱国爱军；联合主流媒体开展“我们的节日·端午节”进农村、进社区、进学校传承闽南文化系列活动。

【“百万大手牵小手”关爱活动】　2017年，泉州市关工委召开“百万大手牵小手”关爱活动部门联席会，增强联席部门工作合力，深化“十大工程”品牌建设。市关工委会同市级“十大工程”部分牵头单位和县（市、区）关工委负责人到宁波、三明考察“十大工程”的工作队伍（力量）建设、帮教转化创新做法，并针对性地结合泉州实践，开展新的探索和推动。市县两级共推共育思想道德建设、爱心助学等重点工程，在鲤城区试点成立关心下一代志愿者服务队，总结推广泉港思想道德建设“六个好”活动、安溪县“爱心助学”十种模式、永春“阳光家园”留守儿童关爱模式等特色做法，进一步提升“十大工程”品牌内涵，有效形成市县品牌联动合力。各级关工委以“百万大手牵小手”关爱活动“十大工程”为载体，继续把帮扶失足、失学、失业、失管、失亲等“五失”青少年作为切入点，坚持一手抓教育关爱、一手抓帮扶办实事，参与社会治理创新。

开展爱心助学，市关工委本级筹集90万元助学金，资助300多名贫困大学生，并举办“爱心助学”座谈会；“六一”期间，联合市老促会走进永春、安溪山区慰问革命老区青少年；捐建连城县城关第二实验小学、罗坊中心小学“心天地多媒体互动阅读教室”；组织爱心快走公益活动，为山区小学捐赠图书2000册。2017年，全市各级关工委筹集资金4858.86万元，资助大中小学贫困学子39651人。

开展第三届青少年“关爱明天·普法先行”教育活动。各级关工委重点抓好“五个百”活动，举办普法教育1800场次，受教育青少年43万人次。在晋江“关检企配合”、德化“关检联手”帮教模式基础上，市关工委与市检察院、团市委以及鲤城、丰泽、洛江三个区关工委联合在市青少年宫建立泉州市涉罪未成年人“非羁押诉讼帮教中心”，将有效整合市区三个区各自的帮教基地资源，更好发挥“帮教中心”作用。

在家风、家庭、家教方面，市家教报告团精心准备67个专题，在各级妇联及关工委的组织和配合下，深入全市基层、学校、社区、农村开展百场家教进万家活动，利用119个青少年社会教育活动中心、“妇女之家”、“儿童之家”活动阵地开展家庭教育讲座。各级关工委积极参加《两岸家教》杂志征文活动，有9篇入选。

关爱留守流动儿童，联合市直有关单位依托家长学校、青少年社会教育活动中心、校外辅导站、青少年宫、“妇女之家”、“儿童之家”等阵地，创新联系服务方式，借助社会工作理念、方法和项目，普遍开展关爱教育和情感抚慰，开展“代理家长”活动。联合市妇联在德化举办“我们和留守儿童在一起”关爱主题活动，40名“爱心妈妈”、“爱心家长”与留守儿童互换结对卡、赠送小礼物，帮助他们实现“微心愿”。

重视科技培训，鼓励农村青年创业致富。联合市科协、教育局、科技局、环保局举办第14届泉州市青少年科技创新大赛，来自全市988项学生科技作品参赛。组队参加第32届福建省青少年科技创新大赛，获奖总数达47个（其中一等奖14个），3个项目获选参加全国创新大赛，金牌总数位居全省第一。联合市科协举办2017年泉州市青少年科学工作室管理员培训班，为来自各县（市、区）青少年科学工作室的195名管理人员进行专题培训，进一步优化青少年科学工作室组织管理，规范青少年科学工作室日常运行，推动青少年科普工作发展。12月成功承办“福建农村青年致富种子工程”闽南片区培训班。全市和县（市、区）开展农村青年致富种子工程示范户共73户，永春还有乡镇级种子示范户22户。

【青少年社会教育活动】 至2017年，泉州市建成青少年社会教育活动中心119个（其中市关工委扶持各地自建点19个）。市财政从2016年起每年划拨100万专项经费，由市关工委统一考核、统筹分配给各个“活动中心”作为运转经费补助。市关工委制定并下发《泉州市青少年社会教育活动中心运转补助经费考评分配方案》，启动第一年的考评。由市关工委、文明办、财政局、教育局、文广新局、团市委联合组成的6个考评组，分别深入11个县（市、区）和泉州开发区、泉州台商投资区，对119个青少年社会教育活动中心开展认真、细致的专项集中考评，全方位检验活动中心的运行、管理、使用情况，最终根据保底补助和奖励先进相结合的办法分配使用100万专项补助资金。泉港、石狮、南安、安溪、德化等县（市、区）也分别对活动中心进行考评、定级，并给予相应资金补助。在严格考评、规范推进的同时，市、县两级关工委和建设单位坚持“建、管、用并重”原则，不断完善和巩固提高活动中心的管理和使用。

联合市委文明办、团市委、《东南早报》、《海峡都市报》和泉州师院、黎明大学、医高专、幼高专等泉州地面高校，继续发动组织大学生志愿者深入活动中心开展以“大手牵小手，共筑中国梦”为主题的暑期社会实践服务活动。招募500多名大学生志愿者，依托活动中心就地就近为周边青少年提供团队训练、学业辅导、兴趣班等；邀请非遗传承人到活动中心开展闽南文化展示活动，为青少年送去精神大餐。

2017年8月22日，2017年泉州市关工委“爱心助学”座谈会召开，现场发放助学金卡

（图/市关工委）

外事 侨务 港澳台事务

责任编辑：吴远鹏

外事

【概况】 2017年，泉州市开展国际交流活动，加强与友城互访和青少年交流，发展友好关系。全年接待重要外宾25批351人次，其中部级以上外宾10批131人次；接待外国驻华使领馆官员13批63人次，接待外国主流媒体8批119人次。事务交流方面，斯里兰卡旅游兼基督教事务部部长约翰·阿马拉通加，加拿大参议院前议长、联邦参议员利奥·豪萨科斯，菲律宾总统府禁毒委副部长马里亚，尼加拉瓜桑地诺民族解放阵线和萨尔瓦多马蒂阵线干部考察团，孟加拉国人民联盟干部考察团等到访；市委书记郑新聪、市长康涛率团赴塞浦路斯、希腊、意大利开展申办世界中学生运动会相关工作；市长康涛率团赴法属波利尼西亚参加国际中体联年度第一次执委会，递交晋江申办第18届世界中学生运动会报告。文化交流方面，市政协主席陈灿辉率团赴法国参加第二届中法文化论坛系列活动，接待到访的印度耆那教代表团；日本冲绳县空手道交流团到访泉州南少林寺，与泉州武术界交流武艺。友好城市方面，由11个国家的12位政府官员和国际友好组织代表组成的2017福建省国际友城联络员研修班访问泉州；德国诺伊施塔特市青少年代表团到泉州访问，与泉州中学生开展“1+1住家式”交流活动；日本浦添市少儿友好交流团到泉州访问；澳大利亚伦马克·帕林加市代理市长海伦·玛戈丽·斯莱德率代表团访问石狮。

【国际友好交流】 2017年，中共泉州市委外事工作领导小组办公室下发《关于推进我市与重点国家交往的工作意见》，在加快对外通道建设、推动重点区域国际产能合作、拓展对外交往渠道、促进人文深度融合等方面提出具体措施，推进与重点国家交往工作。马来西亚沙捞越州地方政府兼房屋部部长沈桂贤、古晋南市市长曾长青率马来西亚沙捞越州代表团访问泉州，与泉州市签署正式建立友好城市关系协议书；与俄罗斯迈科普市建立友好城市关系获全国友协审批同意；组团访问俄罗斯迈科普市、波兰弗罗茨瓦夫市、摩洛哥丹吉尔市、新西兰陶波市、印尼唐格朗市、菲律宾怡朗市，洽谈友好交流，增进双方之间的了解和友谊；邀请国际友城及友好交流城市组团参加第三届“海上丝绸之路”国际艺术节，推动交流合作；组团访问美国圣迭戈郡、蒙特利公园市，协商具体交流项目，推进双方友好关系。组织德国诺伊施塔特市青少年代表团、日本浦添市少儿友好交流团到泉州开展交流活动；推动丹麦霍尔拜克市泉湖中学与泉州一中学生代表团开展互访交流；安排德国诺伊施塔特市两名人员到泉州市研修，德国莱法州职业教育工作小组与泉州信息学院达成若干合作意向，推荐德国诺伊施塔特市青少年交流项目负责人马克参评并获得福建省第十届“友谊奖”。晋江市与意大利库内奥省正式结好，鲤城区与斯里兰卡科特市、南安市与巴西卡舒埃罗市、美国库比蒂诺市签署建立友好交流合作关系意向书。

【外事管理】 2017年，泉州市加强因公出国（境）管理，建立因公出国（境）督查机制，严格审核把关，抓好总量控制，全年受理国家工作人员出国160批631人次、办理护照、签证188批698人次，调整、压缩因公出国（境）团组23批46人次；开辟绿色服务通道支持晋江市申办世界中学生运动会、人才“港湾计划”等重要出访团组，办理“世中运”出访团组11批56人次，办理参加国际学术会议和招才引智团组15批25人次。加强涉外事务管理，协调管理社会组织参与国际非政府组织活动工作，开展领事保护知识“进机关、进企业、进校园、进社区、进旅游集散地”等活动，严格审发外国人来华签证“被授权单位邀请函”，全年办理邀请外国人事项2176批3744人次，查处、停办无直接业务关系或提供虚假材料的申请事项140批270人次。

【助力企业“走出去”发展】 2017年，泉州市外事部门加强与外国驻华使领馆合作，为企业“走出去”提供信息支持，先后组织2批17家民营企业赴泰国参加“泰国投资机遇研讨会”、拜访泰国投资贸易促进会、实地考察泰国工业园区，了解当地投资环境和政策，洽谈经贸项目；邀请6家新加坡企业到泉州考察，探讨物流和旅游方面合作事宜。着力优化审批服务，加大APEC商务旅行卡推介力度，提高知晓率和使用率。

【金砖国家治国理政研讨会在泉州举行】 2017年8月17—18日，由中共中央宣传部主办，国家行政学院、中国外文出版发行事业局承办的金砖国家治国理政研讨会在泉州举行。此次研讨会是金砖国家领导人厦门会晤的重要配套活动之一。中国、俄罗斯、印度、巴西、南非以及坦桑尼亚、埃塞俄比亚、墨西哥等其他发展中国家的代表交流治国理政经验。与会代表围绕“深化改革，携手促进共同发展”“交流互鉴，倡导文明多样繁荣”“合作共赢，完善全球治理体系”三个分议题展开讨论。会议通过《金砖国家治国理政研讨会泉州共识》，提出：金砖国家应坚持发展优先，不断挖掘新的增长点，坚持包容性增长理念，保障民生工程，减少贫困人口，织牢社会安全网，造福本国和世界人民；金砖国家应开展互利合作，共同建设利益共享的价值链和利益融合的大市场，共同构建更加紧密经济伙伴关系，合力拓展更大发展空间；金砖国家应积极参与全球治理，推动国际经济规则不断革故鼎新，加强重大国际问题和地区热点问题的协调沟通，积极维护公平正义，不断提升新兴市场国家和发展中国家代表性和发言权；金砖国家应加强文明互鉴，金砖国家治国理政经验是宝贵的文明成果，广大新兴市场国家和发展中国家治国理政经验弥足珍贵，要把治国理政经验交流作为人文交流的重要内容，增进彼此了解，相互学习借鉴，不断扩大交流互鉴的朋友圈，为各国实现更好发展提供智力支持。

侨务

【概况】 2017年，泉州市加强与海外华侨及华侨社团联络，开展经贸洽谈及侨务联谊活动。发挥泉州侨务资源优势，宣传发动海外侨胞参与“海丝”先行区和“五个泉州”建设，市领导带队“走出去”开展侨务联谊，组织重要侨务出访团组7批36人次，走访10多个国家和地区。澳大利亚维多利亚省福建同乡会候任会长王毅彬和名誉会长宋佳彬、苏少川，马来西亚福建联合会总会长丹斯里邱财加，旅菲侨领陈祖昌、菲律宾晋江同乡总会理事长施亨利等到泉州访问。菲华商联总会永远名誉理事长陈永栽一行回乡祭祖。菲律宾总统中国特使、菲律宾宋庆龄基金会董事长、上好佳（国际）有限公司荣誉董事长施恭旗携家族成员一行60多人回乡寻根谒祖、参观访问。菲华各界联合会主席蔡志河带领的福建考察访问团、北美洲福建团体联合会秘书长王震带领的福建考察访问团、南部非洲闽南总商会会长朱佳龙一行、美国国际经贸总商会会长苏夏强带领的中国商务考察团等到泉州考察。组织泉州市代表团访问孟加拉国，参加由泉州惠安籍乡贤庄立峰任首届会长的孟加拉国华侨华人联合会成立庆典。组团到新加坡、印度尼西亚、马来西亚开展经贸洽谈、侨务联谊和友好交流活动。组团到美国、加拿大、澳大利亚、新西兰、马达加斯加等参加有关社团庆典活动。世界泉州青年联谊会在泉州举办首届创新创业发展论坛暨“侨爱精准扶贫”项目捐赠、签约仪式。举办第十五届“6·18”华侨华人项目成果（泉州）专场对接会。

【经贸合作】 2017年，泉州市侨务部门邀请7个国家50多名重要侨领和海外客商参加厦门投洽会，共有22个项目签约。深化与东南亚在经贸项目上的合作，副市长吕刚率团拜访蔡天宝、黄志源、李龙羽、李深静等东南亚侨领，推进新加坡美福企业有限公司到泉州投资建设“欢乐岛”、马来西亚南洋棕和环保生物燃料有限公司到泉州投资建设环保生物燃料等项目，第一期投资总额高达2亿美元。开拓侨务引智新模式，承办第十五届“6·18”华侨华人项目成果（泉州）专场对接会和‘6·18’海外专家学者泉州行”活动，组织邀请15个国家（地区）50多名专家和160多家本土企业参会，现场签约项目35个，总投资11.02亿元；推进人才工作海外联络站工作，与加拿大泉州同乡会（温哥华）、中国旅美金融协会（纽约）、美国闽南同乡联合总会波士顿分会（波士顿）、德国开元周游集团（慕尼黑）达成合作协议。

【公共服务体系建设】 2017年，泉州市开展侨法宣传，邀请省侨办主任冯志农作侨法专题讲座，印

2017年5月29日，2017年“海丝”侨界青年端午龙舟赛在惠安县黄塘溪举行 （图/泉州晚报社）

发《福建省华侨权益保护条例》3000册；做好侨务信访工作，办理群众来信来访36件，办结率100%；坚持三级审批制度，出具“三侨子女”身份证明书34份；规范华侨到泉州定居工作，办理华侨回国定居申请218件；根据《华侨来闽定居办理工作办法》，将受理和审批权限下放县级侨务部门；开展创建侨乡特色名镇名村活动，安溪县湖头镇被国务院侨办授予首批“侨乡历史文化名镇”称号。做好为侨服务示范单位参评工作，石狮市侨台外事局、永春县仙夹镇龙水村被国务院侨办评为“为侨服务示范单位”。

【联谊活动】　2017年，泉州市加强对侨联络联谊，全年接待海外侨团和重点人士30余批800多人次，促成菲律宾侨领施恭旗及其家族70余人回乡省亲谒祖。举办华裔青少年夏（冬）令营37期，1695名华裔青少年参加活动。做好2017年度外派教师选派工作，选派24名教师赴厄瓜多尔、菲律宾任教。拓展“世界泉州青年联谊会”（简称“世泉青”）规模，举办第六次会长办公会，吸收新会员38名，会员总数达到364人，覆盖30多个国家和地区，并成立“世泉青”印尼分会、马达加斯加分会，填补当地泉州市级社团的空白，促进当地泉州籍华侨团结互助、抱团发展。举办2017年“海丝”侨界青年端午龙舟赛，邀请来自中、美、澳、菲等10多个国家和地区的48支龙舟队到泉州参赛，搭建无国界的海内外泉籍青年交流合作平台。举办首届创新创业发展论坛，“世泉青”会长丁水波、澳洲福建工商联合总会会长高明清等参加活动。

【精准扶贫】　2017年，泉州市开展“侨爱工程”，在福建省侨办和市财政局的经费支持下，发放大病大灾贫困归侨救助款50万元、华侨事业费200万元；鼓励和引导社会各界尤其是侨界人士开展公益捐赠，泉州“侨爱精准扶贫基金”募得善款110万元；促成马来西亚环企云旅集团与洛江区虹山乡和南安市向阳乡签订旅游开发精准扶贫协议；促成泉州籍侨领为50户鳏寡孤独贫困归侨提供连续5年每年每户2000元的帮扶资金。开展形式多样的扶贫活动，组织到惠安县螺城镇、洛江区虹山乡开展2场义诊活动；在北硿华侨茶果场举办1场科学技术培训班；为151名列入低保的贫困归侨发放每月200元的生活补贴；“两节”期间慰问贫困归侨210户，发放慰问金15万元。

港澳事务

【概况】　2017年，泉州市加强与香港、澳门地区的经贸合作与交流，密切与旅居香港、澳门泉州乡亲社团的交流合作。市人大常委会党组书记陈万里率团到澳门参加世界永春社团联谊会第十二届会员代表大会暨理监事就职典礼活动，参加香港泉州市同乡总会第十四届董事会就职典礼及香港晋江社团总会第十七届董事就职典礼活动；市政协主席陈灿辉率团参加香港泉州同乡会换届庆典活动；市委常委、统战部长林万明率团参加香港永春同乡会庆典活动、第九届世界惠安、泉港、台商投资区同乡联谊大会等。组团到澳门参加世界晋江同乡总会青年领袖回乡创业论坛，到香港参加香港泉州慈善促进总会举办的“福建计划”之长者福利研讨会议等活动。港澳25个主要社团的81名青年到泉州参加第二届“海丝情·中国梦”港澳青年精英故乡行活动。以“海丝泉州·创新创业”为主题，开展联络联谊活动沙龙、智造创新创业经验分享、闽南文化、海丝文化讲座及经贸推介等系列活动。与澳门教育暨青年局、澳门中华青年进步协会合作举办两期澳门中学生“一带一路”赴泉州专题交流活动，来自澳门20多所学校的63名中学生参加活动。

12月27日，香港“泉州历史考察团”一行在晋江草庵考察

（图/高　磊）

【与港澳经贸交流】 2017年，泉州市办理企业人员多次往返港澳地区797批1188人次，受理APEC商务旅行卡申请161批246人次，发放APEC卡304张，为企业循因公渠道商务出行提供更多便利。开展投资推介活动，邀请36名港澳青年企业家参加在深圳举行的2017年泉州市外资专场招商推介会。举办第二届泉州“海丝情·中国梦”港澳青年精英故乡行活动，以“海丝泉州·创新创业”为主题，邀请港澳地区26个主要社团81名青年精英到泉州参加联谊沙龙、经验分享、商务考察、文化讲座等活动。

【与港澳专业人才交流】 2017年，泉州市组织24名涉外酒店管理人才到香港、澳门开展交流活动，通过聘请专家授课及与香港、澳门特区政府旅游局、酒店业管理协会、知名酒店业企业等单位交流互动，学习港澳在酒店业管理方面的先进经验。

【“活力澳门推广周·福建泉州”系列活动】 2017年，副省长李德金、澳门特区政府经济财政司司长梁维特，泉州市政府市长康涛、副市长季翔峰出席“活力澳门推广周·福建泉州”活动开幕式。活动包括泉州与澳门商贸洽谈会、泉州与澳门服装品牌商及设计师交流洽谈会、泉州—澳门青创企业对接洽谈会、泉州与澳门旅游推介洽谈会等一系列活动，有100多家澳门中小企业和200多家泉州市本土企业参加，该活动以澳门企业为桥梁，在产品代理、旅游休闲、文化创意、商业会展等方面达成十多项合作协议和意向，推动福建省与澳门、泉州市与澳门的交流与合作。

【泉州香港举办地方志文化交流活动】 2017年12月27—30日，受香港特区政府教育局委托，香港地方志办公室组织香港中学教师和文史工作者40多人组成“泉州历史考察团”，以“海上丝绸之路及伊斯兰文化在亚洲”为主题，到泉州进行为期4天的考察。12月29日，泉州市方志委与香港考察团举行“泉州·香港地方文史工作座谈交流会”，这是泉州与香港在地方志文化领域的首次交流。与会人员交流分享泉州、香港在地方志研究方面取得的成果，并互赠地方志研究书籍、资料。泉州市文广新局副局长、海交馆馆长丁毓玲应邀介绍“古泉州（刺桐）”史迹申遗情况。考察期间，团员们考察泉州众多文化遗产，并与泉州五中开展教学交流等活动。

涉台事务

【概况】 2017年，泉州市在深化与台湾经济合作、服务台胞等方面先行先试，对台“宗族宗亲”“民间信仰”“青年交流”三大交流品牌效应凸显，对台交流合作水平全面提升。加强与台湾人文交流，实施“共筑精神家园”“共续血脉亲缘”“共促交流融合”三大行动，完成第九届海峡论坛泉州相关活动，组织开展53场次台湾青年“海丝泉州行”活动；“郑成功故里”获批全省对台交流基地，晋江围头村获批全省对台交流示范点，第11届闽台对渡文化节暨蚶江海上泼水节、第三届海峡两岸民间谱牒文化论坛被国台办确定为2017年度重点交流项目。

【与台湾经济交流】 2017年，泉州市加强与台湾经贸合作，全市新批台资企业67家，投资总额1.62亿美元，其中合同台资1.16亿美元；晋华集成电路存储器、颐和三甲医院等涉台重大项目取得突破；推动台湾青年到泉州就业创业。推进向金门供水工程，完成输水线路总长28千米，陆地和海底管道全面贯通。全年泉州金门航线运行3224航次、运送两岸旅客14.06万人次，泉州—台湾空中直航飞行550架次、运送两岸旅客6.58万人次，年客运量均创下历史新高；泉州台湾货运直航货运量58.18万吨，泉州市接待靠

6月17日，参加第九届海峡论坛·闽台同名村镇续缘之旅的近300名台湾同名村镇乡亲到泉州交流。图为台胞在晋江市参观五店市传统街区

（图/周晓丽 许雅玲）

2017年9月27—28日，由福建省对外文化交流协会、福建省闽台交流协会、中国闽台缘博物馆主办的第三届海峡两岸民间谱牒文化论坛在中国闽台缘博物馆举办（图/吴寿民）

泊台轮708艘次、5407人次，其中小额贸易台轮590艘次、5203人次；构建台商大服务格局，出台《泉州市构建台商大服务格局实施方案》，成立泉州市台胞权益保障法官工作室，保护台胞台商合法权益。推行市领导与台商定期联系机制，召开市领导与台商代表座谈会，定期走访台资企业。

【泉台民间交流】 2017年，泉台民间交流协会发挥特有的民间优势，加强与台湾基层民众的沟通联系，热心为会员，特别是为在泉州台商提供生产经营和生活等方面服务，维护其合法权益；重点关注台湾青年到泉州就业创业，开展有关政策法规咨询，牵线搭桥，推进泉州与台湾双向投资、产业对接、贸易往来、文化交流。5月18—22日，协会会长傅圆圆率队到台湾参加泉州籍享有国际声望的人类学大家、台湾“中研院”李亦园院士去世悼念活动。7月，协会协调促成石狮市台湾青年创业基地暨“石狮市台湾文化优创市集”启动，该基地成功引进台湾青年文创企业60多家。主办或参与主办“我的海丝行•台湾青年参访‘刺桐城’”活动、第九届海峡论坛•李光地文化节暨海峡两岸大学生文创峰会、“新形势下台资企业在两岸经贸关系发展中的地位与作用”座谈会、第三届两岸关系论坛——“两岸社会经济融合与两岸交流”研讨会、两岸社区农渔业交流合作发展论坛等活动，发挥民间优势开展多种形式交流。8月29日，组团赴金门澎湖开展联谊活动，促进泉州与金门、泉州与澎湖民间往来和经济文化交流合作。以接待为平台，拓展交流渠道和联络面。全年接待到访台胞20多批200多人次。其中商界团组有：台北市晋江同乡会赴泉州探亲团、台湾南益集团江辉胜、杨玉真、杨玉茹一行，台湾港务国际物流有限公司董事长蔡丁义率领的赴泉州考察团；文化界团组有：澎湖文化交流团一行；台南财团法人安平文教基金会董事长蔡金安一行、台湾青年赴泉州参访团、台北彰化基隆诗词界一行等。

法治

责任编辑：陈建强

地方立法

【概况】 2017年，泉州市坚持党委领导、人大主导、政府依托、各方参与的立法工作格局，征求立法建议，筛选立法项目，编制2017—2021年立法规划和2017年度立法计划。把握“通过一部、审议一部”立法工作节奏，滚动推进立法计划实施。第二部实体法《泉州市市区内沟河保护管理条例》于2017年9月获省人大常委会批准，2018年1月1日起正式施行。第三部实体法《泉州市中山路骑楼建筑保护条例（草案）》完成初审。在立法中，坚持问题导向，重视利益相关方诉求，合理设置权利义务。注重发挥常委会组成人员和人大代表的主体作用，建立健全法规立项、修改、论证、协商和审议等立法工作机制。加强统筹协调，会同政府有关部门研究、解决立法重点难点问题。开展立法协商，听取各民主党派、工商联、无党派人士意见，集思广益，凝聚共识，扩大社会参与立法的深度与广度。

【依法行政】 2017年，泉州市人大常委会开展法治政府建设专题调研，督促市政府把严格规范公正文明执法作为重中之重，提升政府工作人员法治思维和依法行政能力。对市政府办理市人大常委会关于城市管理行政执法审议意见情况进行满意测评，推动有关部门加快构建权责明晰、服务为先、管理优化、执法规范、安全有序的城市管理体制。开展公安基层派出所执法规范化建设调研，督促健全完善执法制度体系，推进从严治警，提升基层执法公信力。对市政府贯彻实施森林法和《泉州市海上丝绸之路史迹保护条例》情况进行检查，督促及时纠正法律法规实施中存在的问题。

【公正司法】 2017年，泉州市人大常委会围绕法院执行工作情况开展三级联动监督，督促和支持法院加大执行力度，让老百姓真正感受到执行工作的新成效。听取和审议市法院民商事审判工作专项报告，督促法院牢固树立宗旨意识，提高案件审判质量和效率，保障人民群众的合法权益。听取和审议市检察院反渎职侵权工作专项报告，督促加强对渎职侵权犯罪新领域、新动向的分析研究，扩大案件侦办视野，立足反渎、全力反腐，为推进经济社会发展提供有力的法治保障。

【规范性文件备案审查】 2017年，泉州市人大常委会召开全市规范性文件备案审查工作会议，对审查规范性文件做出统一部署，力促有件必备、有备必审、有错必纠。修订《规范性文件（备案）分送审查表》，实现登记、分送、审查、归档等环节全程留痕。对涉及改革发展稳定大局、群众切身利益的重要规范性文件进行“双重审查”，强化备案审查的刚性约束。全年收到市政府报送备案文件125件，对符合要求的113件给予备案登记，对有不当情形的及时督促纠正，有效维护国家法制统一。

政法委和综治工作

【概况】 2017年，泉州市政法综治部门把维护泉州市社会安定稳定作为工作的重中之重。全市政法综治各部门始终坚持问题导向，以高度的政治责任感推进重大活动、敏感时期的安保工作，狠抓情报信息搜集研判、健全完善矛盾纠纷排查调处、开展社会面打击整治和提升整体防控等各项工作，有力有序推进落实各项举措，持续打赢中共十九大、“厦门会晤”、治国理政研讨会和“环泉州湾国际公路自行车赛”“海丝国际艺术节”等系列重大活动安保硬仗，完成各项维稳任务。2017年，泉州市连续第五次获“全国社会治安综合治理优秀市”称号，连续三度夺得综治最高奖“长安杯”，年度综治工作考评列全省第三位，政法综治工作持续保持全国全省前列。

【治安环境优化】 2017年，泉州市政法综治部门回应人民群众对社会治安的新期待，全市组织开展系列打击整治行动，整肃治安、保民平安。始终保持严打高压态势，全市呈现刑事立案数下降、破案数上升的良好势头。开展打击电信网络诈骗专项行动，发挥市、县两级反诈骗中心作用，形成“以专对专、技术反制”的打击新模式，持续保持电信网络诈骗案件立案数下降、群众损失数下降和破案数上升、查处违法犯罪人员数上升的“两降两升”良好势头，打击电信网络诈骗工作综合绩效排名稳居全省前列。严格公共安全监管，开展治安要素基础大排查及打击制贩枪支犯罪、易制爆危险物品和寄递物流安全管理整治、高层建筑消防安全综合治理3个专项行动，推进安全隐患大排查、大整改，实现检查覆盖率、问题整改率“两个100%”。针对群众反映强烈的治安热难点问题，组织开展区域性治安问题县（市、区）和单位排查，将电信网络新型违法犯罪、毒品、信访等问题等作为排查重点，排查确定14个市级整治点，由市委、市政府分管领导挂钩联系，促进区域性治安与稳定突出问题的解决。全市各级开展排查756次，排查发现并列入治安重点地区183个，社会治安形势明显好转。

【政法创新活力增强】 2017年，泉州市政法综治部门开展社会治理“智能化建设推进年”活动，在巩固提升已有信息化项目基础上，推出十项创新工程：深化网格化服务管理信息化建设、构建“执行难”多元破解机制、统一送达全域通平台、侦查活动监督平台、全市检察机关掌上监督指导中心、建设“互联网+视频”城市公共安全视频服务平台、二维码门楼牌推广工作、多元化纠纷解决机制建设、打造“互联网+”法律援助升级版、依法分类处理信访诉求工作。各相关部门在推动项目建设的过程中，将项目化管理方式引入政法综治工作中，将创新工作的“软任务”量化成“硬指标”，推动创新工作落到实处，工作成效显著。其中，市中级法院推出的“跨域•连锁•直通”诉讼模式在全国法院推广，立案登记制改革、健全防范冤假错案机制、闽南特色家事审判机制等多项配套改革走在全国前列；市检察院探索的“互联网+检察服务”模式、完善升级未成年检察“四位一体”工作机制、推进公益诉讼试点工作等，有力增强改革的系统性、整体性、协同性；市公安局建设全省第一张由综治牵头、公安负责的数字高清视频专网，推广二维码门楼牌工作，在全省综合考评中名列第一；市司法局探索的“互联网+”法律援助模式获得省司法厅推广；市信访局推动的石狮市依法解决劳动争议问题，得到国家信访局领导的肯定。

2017年12月20日，泉州市政法系统六个“十佳”平安建设者揭榜仪式举行
（图/王盼阳）

【政法队伍建设加强】 2017年，泉州市政法综治部门推进政法队伍思想政治、纪律作风、业务能力和领导班子建设。对员额法官、检察官实行“一人一档”，详细记录案件质量评查、司法规范化检查、案件督查、责任追究等，作为法官、检察官等级晋升、岗位调整和绩效奖金的重要依据。注重加强政法文化建设，举办形式多样的文体比赛、读书会、法制夏令营等活动，建好法官、检察官之家，深化“暖警工程”，为干警营造干事创业的良好环境。市委政法委、市综治办组织全市六个“十佳”平安建设者评选活动，从全市政法委、法院、检察院、公安局、司法行政、信访局六个系统各评选“十佳”平安建设者，表彰一批在政法综治工作中涌现出来的政治坚定、恪尽职守、群众认可的政法综治干部，加强先进事迹的宣传，发挥模范引领作用。

【综治领导责任落实】 2017年，泉州市健全党政领导综治（平安建设）工作责任，推进综治责任全方位落实。细化综治工作责任主体和责任督导追究措施，健全奖优罚劣机制。市委、市政府对综治（平安建设）工作成效突出的6个县（市、区）给予通报表扬。市综治委开展市、县、乡、村平安建设四级联创，组织市级“平安单位”和“平安乡镇（街道）”考评，对符合创建标准的106个市直及省部属单位、299个下属（直属）单位和78个乡镇（街道）进行通报确认。加强综治责任督导和追究，市、县两级共通报79个地区（单位），约谈11个地区（单位），挂牌督办1个，实施综治一票否决2个地区（单位）。

【社会治理能力提升】 2017年，泉州市综治委开展“智能化建设推进年”活动，构建“一纵三横”E治理体系，创新推出“网格化+应用”服务管理模式。其中，“网格化+司法送达”工作模式被最高人民法院司法改革领导小组列为全国首批20个司法改革案例之一，被最高人民法院列入《中国法院信息化蓝皮书》候选案例。“网格化+食品药品监管”工作，打通监管服务“最后一公里”，实现区域联动、共享共治，在全省得到推广。其他部门的网格化+职能应用也正在逐步得到深度应用和推广。此外，推广综治保险普惠民生，8个县（市、区）全部实行综治险投保，107个乡镇（街道）、150多万人次免费受益，全市社会治安综合保险覆盖率72.73%，位居全省第一。

相关链接：“一纵三横”E治理体系。即以E字形结构为表现形式，以网格化信息平台为支撑，构建“一纵三横”E治理体系框架，以此统领泉州政法综治信息化建设。“一纵”：以网络应用贯通到村（社区）、单元网格全覆盖，实现服务管理纵向到底、不留死角。“第一横”：推动社会治理重点领域信息化项目建设，主要以全市统一的网格化服务管理信息平台为基础，关联市级层面的信息平台或信息系统。“第二横”：推动并规范职能部门在网格化信息平台上的业务应用。依托网格化服务管理信息平台，融入了包括流动人口、消防、环保、食品药品监管、司法送达、重点青少年、严重精神障碍患者等职能工作的应用模块，实现信息共享、治理联动。“第三横”：通过“泉州E治理”APP和“平安泉州”微公号，建立指导培训、积分奖励、星级评定机制，激活网格员、平安志愿者等基层治理细胞，打通社会治理的“神经末梢”。

“网格化+食品药品监管”。市食品药品监管局对接网格化信息平台，借助基层网格力量，创新“专业监管人员+专职协管员+专职网格员”联动监管机制，实行查、控、防、处“四位一体”工作模式，构建“县（市、区）+乡镇（街道）+村（社区）”三级食品药品安全网格化监管体系。

【立体化治安防控体系建设】 2017年，泉州市在2016年泉州市入选全国首批“公共安全视频监控建设联网应用示范城市”的基础上，市委、市政府继续将视频监控“城市安全信息系统”建设列入为民办实事项目，市、县两级财政投入1.5亿元，深化视频监控联网应用，扩建及改造1.2万路前端智能感知设备，推进互联网智能视频资源整合，打造升级版的“雪亮工程”。泉州市经验做法在全国“雪亮工程”建设推进会上作经验介绍和展示。按照“政府购买服务、公安统一管理”原则，加强群防群治队伍建设，多方筹措资金建立巡防队伍。全市建立乡镇专职巡防队178支6589人。组建平安志愿者队伍，发动社会力量积极参与，全市组建平安志愿者队伍2686支30余万人，在治安巡防、矛盾纠纷化解、平安建设宣传等方面发挥重要作用。

相关链接：“雪亮工程”。以综治信息化为支撑、以网格化管理为基础、以公共安全视频监控联网应用为重点的“群众性治安防控工程”。通过发动社会力量和广大群众共同参与治安防范，实现治安防控“全覆盖、无死角”。因为“群众的眼睛是雪亮的”，所以称之为“雪亮工程”。

【矛盾纠纷多元调处】 2017年，泉州市构建“大调解”工作格局，发挥县（市、区）人民调解中心的枢纽作用，加强人民调解与行政调解、司法调解衔接联动，建设多元化行业性调委会。在巩固提升医疗纠纷、交通事故、库区移民、物价争议、婚姻家庭、消费纠纷等行业调委会的基础上，继续加大在其他纠纷量大的行业建立行业性调委会，指导行业主管部门依托行业协会、商会等社会团体和其他组织设立专业性人民调解委员会。推动县、乡通过政府购买服务形式配齐专职人民调解员，全市有政府购买服务的专职调解员271名。率先在全省推行人民调解员星级评定工作，在开展星级评定活动的基础上，创新推出“金牌带星牌（1+N）”的人民调解员人才培育新模式（一个金牌调解员结对培养若干名星牌调解员）。全市建立各类人民调解委员会2966个，以个人名字命名的调解工作室66个。全市驻法院调解工作室在县级实现100%全覆盖，在公安派出所设立调解室187个，在乡镇一级实现全覆盖。

【综治（平安建设）宣传】 2017年，泉州市各级各部门开展常态化综治（平安建设）宣传，持续推进综治“三率”工作常态化。市综治委在全市范围内集中开展“平安建设”宣传活动，重点围绕提升群众安全感、知晓率开展系列活动。广泛发动干部、群众关注“平安泉州”微信公众号，全市注册量超过70万，在全国、全省政法类微信影响力排行中连续多期名列榜首，获评“全省政法新媒体优秀账号”。加强与中央、省级、市级各有关媒体的沟通协作，及时总结报道泉州市政法综治建设取得的经验成效，予以推广，受到社会各界高度任何和广泛关注。

法治政府建设

【概况】 2017年，泉州市人民政府依法履行政府职能，促进经济社会全面发展。

简政放权　根据法律法规立改废释和机构职责调整变化情况，建立清单动态调整机制，对上级下放的审批事项，主动衔接；对上级明确取消的审批事项，坚决贯彻落实；同时，在全省率先确立“委托”放权模式，既依法依规推动一批含金量高的审批事项下放基层，又以“委托”事项市、县同责的方式有效防止下放事项“自由落体”。

审批制度改革创新　清理规范行政审批事项申报材料，精简市、县两级各类不必要申报材料5600件，相关经验做法被国务院列为全国32项地方典型经验予以通报表扬。

权责清单制度推行　以编制“五张清单”为基础，构建市、县、乡基本统一、权责一致的行政权力体系，精简市本级2906项权力事项，精简率41.7%，取消68项前置审批和62项行政审批中介服务事项，明确市级政府部门权责事项6090项，并于2017年11月向社会公布最新版市级政府部门权责清单。

相对集中许可权改革　推动泉州台商投资区争取相对集中行政许可权改革试点工作，探索在特殊区域开展行政审批、投资审批、商事登记等方面的改革创新，获得省委编办、省政府法制办批复的试点资格。泉州市按要求抓紧组织起草《泉州台商投资区开展相对集中行政许可权试点工作方案》。

行政体制改革深化　按照精简、统一、效能原则，优化机构编制配置：设立泉州市医疗保障管理局，实现医保经办机构“三保合一”；设立市不动产登记局，作为市国土局的内设机构；调整市行政服务中心管委会为市政府派出机构，负责推进行政审批标准化工作。整合市行政执法局、市政公用事业局，组建市城市管理局，依法行使市政公用、市容环卫、园林绿化、城市管理执法等城市管理相关职责。

商事制度改革打造全国品牌 在全省率先制订《工商登记后置审批项目目录》，创新推行“集群注册”、工商登记简易退出、发放电子营业执照及全程电子化登记等便利化举措。泉州市被国务院办公厅表扬为“推动工商注册制度便利化工作及时到位、落实事中事后监管等相关政策措施社会反映好的市、县（市、区）”。

“双随机一公开”推行 泉州市工商局下发《关于贯彻实施〈福建省工商系统市场主体“双随机”抽查实施办法〉的通知》，将“双随机”抽查作为推进工商登记制度改革加强事中事后监管制度的重点，明确除投诉举报、大数据监测、转办交办以外，工商部门对市场主体的所有监督检查都必须通过“双随机”抽查的方式进行；同时，主动推进跨部门联合抽查，联合公安、人社、食品药品监管、质监、统计等部门开展跨部门抽查。

2017年10月23日，市政府与市中级法院召开府院联席会议

（图/市法制办）

【依法行政制度体系完善】 2017年，泉州市法制办完善依法行政制度体系，推进法治政府建设。

地方立法 把握《立法法》的精神实质，增强立法责任感和使命感，明确立法目标任务。泉州市第二部实体法《泉州市市区内沟河管理条例（送审稿）》市人大常委会审议通过。第三部实体法《泉州市中山路骑楼建筑保护条例（送审稿）》经市政府常务会议审议通过，并形成议案报送市人大常委会；同时，《泉州市人民政府法规草案和政府规章制定程序规定》经市政府常务会研究通过。收集地方政府规章立法项目，完善政府规章制定制度。在对现行有效的市政府及其办公室规范性文件进行梳理的基础上，市法制办收集地方政府规章立法项目13个。市政府根据收集的地方政府规章立法项目建议，围绕市委、市政府中心工作和群众关注的热点问题，适时研究筛选出3～5个合适的立法项目，编制制定规章年度计划。

规范性文件监督管理加强 完成“放管服”改革涉及的规章、规范性文件清理工作。下发《泉州市人民政府办公室关于进一步做好法规、规章、规范性文件清理工作的通知》（泉政办明传〔2017〕87号），明确清理责任主体，组织市政府各工作部门、各县（市、区）对“放管服”改革涉及的现行有效的规范性文件及管理制度进行清理。做好规范性文件备案审查，对各县（市、区）报备的规范性文件备案材料165份进行审查；同时，向省政府、市人大常委会报送105份规范性文件备案材料。

【行政决策科学化法治化】 2017年5月，泉州市法制办修订《泉州市人民政府重大行政决策若干规定》，健全完善政府重大决策的规则和程序。坚持重大行政决策集体讨论制度，落实邀请人大、政协列席政府常务会议制度，构建公众参与、专家论证、风险评估、合法性审查和集体讨论决定相结合的行政决策机制，促进决策的科学化、民主化。坚持在作出重大行政决策之前，听取法制机构的审查意见，确保重大行政决策的合法性。全年市法制办参与审查各类合同、协议66件，出具法律意见50份，较好地确保市政府决策的合法性。

【公平公正执法氛围营造】 2017年，泉州市法制办推进并完成文化市场、交通运输、市场监管、农业、经信、商务等领域行政执法机构整合，理顺市、区两级行政执法体制，减少执法机构和执法层级，实行综合行政执法体制，解决重复执法、多头执法问题。参照市卫生计生执法机构改革模式，推动各县（市、区）整合卫生监督、计生执法机构和职责，综合设置卫生计生综合监督行政执法机构。根据市委、市政府《印发泉州市关于深入推进城市执法体制改革改进城市管理工作的实施方案的通知》规定，市法制办会同相关部门对集中行使的执法事项进行梳理，并报市政府研究通过，调整优化城市管理行政执法机构编制配置。贯彻落实《福建省行政执法与刑事司法衔接信息共享平台工作办法》。全市183家行政执法机关接入“两法衔接”信息共享平台，及时录入相关案件信息，实现“网上留痕、在线监控”。安排专项资金，强化科技、装备在环保、公安、国土资源、两违综合治理等行政执法中的应用。实行行政执法人员持证上岗和资格管理制度，未经行政执法资格考试合格，不得授予行政执法资格，不得从事行政执法活动，保障和监督行政执法人员依法行使职权。开展全市行政执法工作情况调研，到各县（市、区）调研工作情况，并召开市直相关部门座谈会，撰写泉州市行政执法工作情况报告报市人大，得到市人大的肯定。

【阳光透明政务环境打造】 2017年，泉州市主动接受监督，建立健全党内监督、人大监督、民主监督、行政监督、司法监督、审计监督、社会监督、舆论监督等综合协调的监督体系，增强监督合力与实效。自觉接受行政监察、审计等专门监督机关的监督，畅通群众投诉举报和舆论监督的渠道。主动接受人大依法监督和政协民主监督，坚持向人大报告、向政协通报的工作机制。认真办理人大、政协代表议案、建议和意见。建立依法行政与检察监督互动机制，推进“两法衔接”信息共享平台建设，强化对行政权力的制约和监督。出台《关于建立行政检察监督与行政执法工作衔接配合机制意见的通知》，明确检察院可以采取查阅行政执法卷宗材料等形式对相关行政执法行为及涉嫌犯罪案件的移送、受理、立案情况进行监督，行政执法机关应予配合。加强行政机关负责人出庭应诉，每年将涉诉行政机关负责人出庭应诉情况及败诉情况予以通报，有力地促进行政机关应诉意识和能力提升。重视法院司法建议和司法白皮书，下力气对依法行政存在的普遍性问题、突出性问题进行整改规范，从源头上预防和减少行政争议的产生。加强府院良性互动，提升共同化解行政争议能力。2017年10月，围绕“加强生态环境司法保护，研判金融风险防控，深化府院良性互动”主题召开府院第4次联席会议。与市中级法院行政庭加强对案件的交流沟通，协力化解行政争议。

【社会和谐稳定维护】 2017年，泉州市实行依法分类处理投诉请求工作，建立信访部门与职能部门之间衔接顺畅的沟通反馈机制，推进用法治思维和法治方式解决信访问题。健全完善“大调解”工作体系，全市形成纵向包括“镇、村、组、员”的四级人民调解网络，横向包括综治、法院、公安、司法、卫生、信访、国土等有关部门和工青妇等群团组织齐抓共管，社会各界积极参与的“大调解”工作格局。认真办理行政复议案件，是年，市政府收到行政复议申请129件，涉及土地确权、征收拆迁、林权、人防、公安、工商、食品药品、工伤、产权、信息公开、行政不作为等多个领域。通过行政复议案件的审理，保障公民、法人和其他组织的合法权益，化解社会不稳定因素。做好行政应诉工作。全年，以市政府为被告的行政应诉案件有62件。泉州市政府精心准备答辩和证据材料，积极出庭应诉，并多次与法院（包括：鲤城区人民法院、丰泽区人民法院、南安市人民法院、泉州市中级人民法院、厦门市中级人民法院、福建省高级人民法院）沟通联系，促使案件得到公正的解决。排查矛盾隐患，协助国务院法制办在泉州办案16件。

【法治政府建设保障机制落实】 2017年，泉州市依法治市办下发《关于加强国家工作人员学法用法工作的实施意见》，就泉州市国家机关工作人员学法用法工作提出具体任务，出台具体措施，明确具体要求。明确提出把国家工作人员学法用法情况纳入绩效考核、综治考评、精神文明创建等考核内容。加强党对法治政府建设的领导，市委高度重视法治政府建设工作，加强对法治政府建设的领导，坚持党总揽全局、协调各方，把党的领导贯彻到法治政府建设各方面。出台《关于贯彻落实〈党政主要负责人履行推进法治建设第一责任人职责规定〉的分工方案》，明确要求市政府各部门提交市委、市政府研究的重大事项，必须经过本部门法制工作机构或政府法律顾问审核并出具合法性审查意见；明确党政主要负责人履行推进法治建设第一责任人职责，对不认真履行第一责任人职责，本地区本部门一年内发生多件重大违法行政案件、造成严重社会后果的，依法依纪追究主要负责人的责任。

公安

【概况】 2017年，泉州市破获刑事案件26328件，抓获刑事作案成员21322人，逮捕犯罪嫌疑人7918人，移送起诉16579人。破获经济犯罪案件2433件（其中央批1件、部督案件1件、省督案件6件），抓获犯罪嫌疑人1319名，成功发起全国集群战役16起，挽回经济损失7.17亿元。在全市范围内开展标准地址二维码管理工作，安装门牌、梯位牌1960471块，全省数量第一； 标注地址4167933条，全省数量第一；核实地址数4376794个，全省数量第一；登记房屋数3578585座，登记数量全省第二；采集实有人口2868251人、注销实有人口1857189人，采集数量全省第二。受理中国公民出国境83.03万人次，比上年增长10.17%，网上办证25101人次，外国人办证2830人次，台胞落地签办证2404人次，接待登记境外人员住宿84264人次。全市发生交通事故3313件、造成674人死亡、3555人受伤、直接经济损失513.68万元，分别比上年下降3.16%、3.30%、3.55%、18.44%。全市发生火灾3138起、死亡10人、受伤8人、直接经济损失1834万元，火灾“四项指数”分别比上年下降9%、37.5%、38.5%和41.7%，未发生较大及以上火灾，为历年来最稳定时期。组织开展“飓风肃毒2017”会战行动、“5·14”堵源截流和打击涉麻制毒犯罪“4·14专案”等专项行动，全年破获各类毒品案件1600件（其中攻克8件部督和9件省督毒品目标案件），抓获毒品犯罪嫌疑人1729人，缴获各类毒品5.21吨（其中冰毒2.85吨、氯胺酮508.4千克、海洛因2.32千克、甲卡西酮1.84吨、其他毒品0.78千克），查获吸毒人员4333人次，依法强制隔离戒毒795人，执行社区戒毒1234人、社区康复341人。完成市“两会”、元宵灯会、治国理政研讨会、第二届国际自行车赛、第三届海丝艺术节等458场大型活动安保工作。开展涉枪涉爆专项行动，破获各类涉枪涉爆刑事案件147件，清查收缴枪支1082支、子弹47987发、炸药15962千克、雷管64589枚、烟花爆竹31280件、剧毒化学品96.7千克。

2017年，泉州市公安机关以深化执法规范化建设为主线，以改革创新为动力，以加强执法监督管理为重点，以完善执法制度为保障，提升维护社会公平正义能力和执法公信力。年内，市委常委会会议审议通过并以市“两办”的名义出台《关于深化全市公安机关执法规范化建设的实施意见》，明确今后三年全市公安执法规范化建设的目标任务、路线图和时间表。全市公安机关执法质量得到显著提升，执法质量考评成绩位居全省第一。2017年，泉州市公安机关以深化公安改革为契机，规范融合部门权责清单事项，推进行政审批制度改革，加快完善网上服务平台建设，破解执法热点难点问题，促进执法工作提档升级，在省厅对设区市公安改革工作评估中总分居全省第一。

2017年，泉州市财政拨款350余万元，市公安局牵头建设1.1万余平方米的市跨部门涉案财物管理中心，以后每年经费列入市财政预算。中心主体初步投入使用，泉州市跨部门办案平台（包含涉案财物管理模块、电子换押、信息告知、保证金退还四大模块）方案通过论证，拟进行招投标建设，作为全省最早启动并建设的地级市涉案财物集中管理场地。

【刑事侦查】　2017年，泉州市破获刑事案件26328件，抓获刑事作案成员21322人，逮捕犯罪嫌疑人7918人，移送起诉16579人。其中破获“八类”严重刑事案件1157件（立现行命案60件，破获60件），虚假信息诈骗案件2541件；破获侵财类案件15235件，抓获侵财犯罪作案成员7903人，缴获赃款赃物总价值10193.83万元。全市刑侦工作综合绩效排名蝉联全省第一，其中追逃工作绩效实现“十五连冠”，侦破命案、打击电信网络诈骗犯罪、打击“盗抢骗”犯罪、打拐、刑事技术、“三合一”平台建设、侦查指令等多项工作绩效均名列全省第一。

【治安管理】　2017年，泉州市完成市“两会”、元宵灯会、治国理政研讨会、第二届国际自行车赛、第三届海丝艺术节等458场大型活动安保工作。开展涉枪涉爆专项行动，破获各类涉枪涉爆刑事案件147件，清查收缴枪支1082支、子弹47987发、炸药15962千克、雷管64589枚、烟花爆竹31280件、剧毒化学品96.7千克。狠抓旅馆业实名登记，录入旅客信息总数1388.1万条，通过旅馆抓获在逃人员318人。推进“护校安园”专项行动，排查并化解涉校纠纷12件，排查校园内部安全隐患1759处，整改1755处；排查整治校园周边治安乱点517处，排查稳控高危人员837人；校园周边建立治安岗亭510个，设立“护校岗”1356个、警务室489个，校园周边每日巡逻警力9362人次。推进“打四黑除四害”专项行动，破获“四黑四害”重点领域案件911件，其中食品案件191件、药品案件377件、农资案件1件、烟草案件110件、其他涉假案件208件、污染环境案件24件；发起全国打假集群战役5件，侦办公安部督办涉假类案件13件、省厅督办涉假类案件14件，“打四黑除四害”工作绩效继续排名全省第一。开展扫黄打赌专项行动，破获涉黄行政、刑事案件2408件，破获涉赌行政、刑事案件5507件。

2017年11月28日，泉州市公安机关第一届警体运动会开幕

（图/市公安局）

【经济犯罪案件侦查】 2017年，泉州市破获经济犯罪案件2433件（其中央批1件、部督案件1件、省督案件6件），抓获犯罪嫌疑人1319名，成功发起全国集群战役16起，挽回经济损失7.17亿元。组织开展“猎狐2017”“云端2017”“春雷”系列、打击恶意逃废债等专项行动，破获王结成等人特大制售假酒专案、“善心汇”网络传销案、王斌等人泄露内幕信息、内幕交易案等、“3·11”虚开骗税案等一批中央批、部督重特大案件，获得公安部嘉奖令1次、贺电4次。

【户籍管理】 2017年，泉州市在全市范围内开展标准地址二维码管理工作，安装门牌、梯位牌1960471块，全省数量第一；标注地址4167933条，全省数量第一；核实地址数4376794个，全省数量第一；登记房屋数3578585座，登记数量全省第二；采集实有人口2868251人、注销实有人口1857189人，采集数量全省第二。同时，通过专项工作查处各类案件5749件，全省排名第二；抓获在逃人员337名，全省排名第一；查缴重点物品4516件，全省排名第一。

【出入境管理】 2017年，泉州市受理中国公民出国境83.03万人次，比上年增长10.17%，网上办证25101人次，外国人办证2830人次，接待登记境外人员住宿84264人次。推进出入境办证受理服务点延伸工作，增加洛江马甲，泉港界山，石狮凤里、灵秀，惠安净峰、黄塘、崇武，安溪湖头、官桥，永春达埔，德化三班等11个服务点。

【交通管理】 2017年，泉州市发生交通事故3313件、造成674人死亡、3555人受伤、直接经济损失513.68万元，分别比上年下降3.16%、3.30%、3.55%、18.44%。全市查处各类交通违法行为3528086件，其中“五项十类”严重交通违法行为为891561起。纳入省为民办实事项目的160处隐患路段全部按时整治完成，投入资金2513.8万元。推进自主预约考试，全市自主预约人数300多万人。依托“智慧泉州”建设，完成中心市区一期、二期停车诱导系统建设，完成新门街—涂门街—津淮街信号控制升级及绿波带工程。

【消防安全】 2017年，泉州市发生火灾3138起、死亡10人、受伤8人、直接经济损失1834万元，火灾“四项指数”分别比上年下降9%、37.5%、38.5%和41.7%，未发生较大及以上火灾，为历年来最稳定时期。市政府出台《安全生产行政权力单位和责任清单》，全面理顺行业部门消防监管职责。全市13个市直有关部门相继制定本行业系统消防检查方案，开展联合检查行动28次，“查、改、罚”三项执法指标分别比上年上升209%、264%和96%。全年全市各级消防部门审核、验收项目3329个。公安、工商、质监等部门建立并落实消防产品质量整治考核督导、情况通报、定期会商、联合执法、常态宣传等工作制度，加大消防产品质量违法行为查处力度，确保消防产品质量过关。各级工商、质监、消防部门出动检查人员130余人次，检查消防产品生产、销售和使用单位150家，检查消防产品7500万余件（套），责令更换不合格消防产品2920余件（套），下发《责令改正通知书》2974份。针对“三合一”突出问题，市政府连续10年组织开展“三合一”场所火灾隐患专项治理，是年排查整改“三合一”场所2062家；市政府集中挂牌督办8家重大火灾隐患单位，并全部完成整改销案。建立实行常态化火灾隐患排查整治机制，高强度、高密度开展火灾隐患专项治理，重点推进高层建筑综合治理，累计排查高层建筑2788幢，督促有关单位和个人对371栋建筑消防隐患进行整改，明确高层建筑专职消防安全经理人及“楼长”2531人。深化电气火灾治理，工商、质监、电力、消防等部门联合查处12批次不合格电气产品，整改不规范供配电设施155个，督促整改电气隐患503处。经信、质监等部门联合对全市17家电动车生产企业开展联合检查，强化源头管控。住建部门以开展市区物业管理规范提升三年行动为契机，将电动车车棚和智能充电装置建设纳入物业管理示范、优秀住宅小区评定的重要标准，规范电动车集中充电、限时充电；消防部门集中印制8万份电动车火灾警示宣传图免费发放，有效防范电动车充电引发的火灾事故。召开综治网格化管理现场会，推动综治网格平台消防模块的实质化运作。依托综治网格平台，组织发动全市165个乡镇（街道）、2.4万个单元网格员，排查小单位、小场所15万家，整改火灾隐患18万余处。全市有150个乡镇（街道）实现网格化规范化管理达标，达标率90.9%；同步推进消防安全社区创建工作，各地精心打造示范样板，典型引路全面铺开推广，推动361个社区达到消防安全标准，达标率83%，30个社区被评为“全省消防安全示范社区”。立足沿街店铺、城乡居民住宅火灾多发，小火亡人时有发生的现实问题，推广物防、技防措施，推动老旧住宅、沿街店铺、社会福利机构、出租房等重点应用场所配置“5+1”简易消防设施。通过各级各部门的努力，形成“政府主导、部门推动、多方出资、基层维管”的推广应用模式。全市累计投入600余万元专项经费，配置“5+1”简易消防设施6.6万余套，简易喷淋6101个。推动建成微型消防站1944家，建成率100%。市委市政府将微型消防站建设列入2018年为民办实事项目，计划投入1000万元为100个乡镇街道配发微型消防车和器材装备。推动建成覆盖1.5万个社会单位的区域联防组织107个，创新推广使用POC对讲手机和公安网、互联网交互联通的“一键通”手机APP，对全市微型消防站开展多轮次、全方位拉动演练，实现第一时间“打早灭小”。2017年，全市消防业务经费2.93亿元，其中基本支出经费0.81亿元，比上年增长15.54%；政府专职消防员经费0.45亿元，增长25.95%；专项经费1.67亿元，增长50.7%。围绕重大活动消防安保这个核心，核拨安保专项经费660万元，为中心工作的开展提供有力保障。全年全市各级政府累计投入约3.2亿元用于消防队站建设。泉州市石化特勤大队在全省率先建成并实现标准化执勤，石化特勤大队第二中队也正式挂牌投入使用。市综合应急救援中心、石狮市综合应急救援中心、安溪县南翼消防站等6个消防站项目稳步推进。落实《泉州市消火栓管理规定》，组织供水、住建等9个相关部门，召开市区市政消火栓增补施工协调会，协商解决消火栓增设、修护等问题。是年全市新增市政消火栓720个，完好率98.1%。是年全市投入1525万元，新增装备182类共4万余件套。石化特勤大队第一批车辆到位11辆，第二批8000万元车辆装备经费也在全省率先筹措到位。全市有执勤车辆201辆，其中纯进口消防车26辆，所有消防站车辆配备均达到城市消防站建设标准。

【禁毒工作】 2017年，泉州市组织开展“飓风肃毒2017”会战行动、“5·14”堵源截流和打击涉麻制毒犯罪“4·14专案”等专项行动，全年破获各类毒品案件1600件（其中攻克8件部督和9件省督毒品目标案件），抓获毒品犯罪嫌疑人1729人，缴获各类毒品5.21吨（其中冰毒2.85吨、氯胺酮508.4千克、海洛因2.32千克、甲卡西酮1.84吨、其他毒品0.78千克），查获吸毒人员4333人次，依法强制隔离戒毒795人，执行社区戒毒1234人、社区康复341人。推进青少年毒品预防教育“6·27”工程，建成市级毒品预防教育示范学校19所、禁毒教育实践基地54个。

检 察

【概况】 2017年，泉州市检察机关批准逮捕各类刑事犯罪6066件7994人，分别比上年下降1.81%、5.94%；提起公诉13271件16051人，分别上升3.04%、4.4%。服务非公经济发展的经验做法获得最高人民检察院的肯定和推广，“亲清护企”泉州模式被写入最高人民检察院“两会”工作报告。未检“刺桐花”团队入选全国检察机关九大优秀未成年人检察工作队伍团队之一；在全国率先建立的“检察院与河长办”联合执法监督机制，被确定为“全省模式”推广。全市有109个集体和个人获得省级以上表彰。

是年，泉州市检察机关自觉接受人民法院、公安机关的监督制约，坚决支持人民法院作出的正确裁判并做好释法说理工作，坚决支持公安机关与各类犯罪作斗争。关注军地检察协作，服务保障军队和武警部队停止有偿服务工作，依法打击涉军违法犯罪，维护国防利益、军事利益、军人军属合法权益。深化与香港、澳门和台湾地区的司法互助与交流，办理刑事司法协助案件27件、涉港澳台和涉侨案件24件，维护港澳台同胞和归侨侨眷合法权益。

【司法改革】 2017年，泉州市统筹推进以完善司法责任制为核心的司法体制改革工作，落实“三类人员”归类管理，实行轮案制度，落实入额领导办案制度，制订完善检察官权力清单和绩效考核机制，确保司法责任落实到岗。全市遴选员额检察官475人，配备检察辅助人员498人，司法行政人员186人，一线办案力量增长20%左右，案件审结数、审结时限分别比上年上升13.37%和下降12.91%。鲤城区检察院研究制订检察官、检察辅助人员绩效考核量化管理办法，并在全国率先开发使用检察官绩效考核软件，科学高效开展绩效考核工作。配合国家监察体制改革试点工作，完成反贪、反渎、预防等职能机构人员转隶和工作衔接。全市检察机关在6月底前全部完成公益诉讼试点任务。试点开始以来，两级院排查案件线索351条，完成诉前程序351件，提起公益诉讼15件。泉州市检察机关履行公益诉讼诉前程序的做法被高检院全文转发，1名干警获全国检察机关公益诉讼试点工作个人嘉奖。推进涉法涉诉信访改革，建立健全涉法涉诉信访导入、纠错、退出机制，推开律师参与化解和代理涉法涉诉信访案件工作，会同市委政法委、市司法局等五部门共同制订《全面推进律师代理涉法涉诉信访案件工作细则》，落实专门经费补贴及弱势、困难信访人代理律师收费减免措施，制定代理律师名录，并将其身份业务范围等信息在信访接待大厅予以上墙公示，共引入63名律师参与化解涉法涉诉案件128件，代理申诉案件54件。

【特色配套机制创新】 2017年，泉州市铺开掌上、线下一体化检察监督指导中心建设，实现12项检察业务掌上一网通办、线下一窗办理，致力打造家门口、马路边的检察院。掌上检察监督指导中心被列入2017年全市政法综治十项创新工作项目及深化改革重点项目。鲤城区检察院依托掌上平台，为远在四川的被害人未成年家属提供跨越千里的司法救助、心理辅导，被主流媒体推介为“中国检察好故事”。统筹推进以审判为中心的刑事诉讼制度改革，健全刑事案件自行补充侦查、证人出庭作证和庭前提速增效等机制，对自愿认罪认罚的912名犯罪嫌疑人、被告人依法从宽从快处理，对83%的案件建议适用简易程序，审查起诉平均周期缩短至8.3天。铺开运行侦查活动监督平台，对侦查机关办理涉嫌犯罪案件办案流程进行跟踪，跟进监督侦查办案全过程，该平台被列入全市政法系统十大创新项目工程。完善和推广“四位一体”未检工作泉州模式，组建泉州未检“刺桐花”团队和巡讲队伍，成立蔚然工作室，引进青少年事务社工介入、探索设立未成年人刑事救助专项基金、两级院同步开展“防治校园欺凌 护航未成年成长”主题检察开放日活动。47项检察工作经验被最高人民检察院、省检察院专题推介， 28项被《人民日报》等主流媒体刊载推介。

【智慧检务建设】 2017年，泉州市开展以人工智能、大数据为主导的智慧检务试点，应用智能文书纠错、量刑建议辅助和远程提讯、庭审、智能语音输入等现代技术，提升诉讼效率，节约司法成本。整合部门间数据建设检察监督管理平台，推动共建共治共享。丰泽区检察院建成全省首个“智能辅助办案系统”，建立数据驱动业务新型模式。石狮市检察院打造融合十项先进技术的智慧检务4.0版本，实现全业务智慧办案、全要素智慧管理、全方位智慧服务。

【社会治安综合治理参与】 2017年，泉州市做好金砖会晤等重大节点期间维稳安保工作，制订服务保障金砖会晤的28条意见，对存在风险隐患的六种案件、四类人进行专项排查，依托巡回检察联系点、派驻检察室等派驻机构，建立三级风险化解网络，有效化解检察环节和监管场所不稳定因素，督促收监、稳控风险隐患罪犯13人，严厉打击“盗抢骗”“黑拐枪”“黄赌毒”等严重危害群众生活安全感、幸福感犯罪，对15名肇事肇祸精神病人向法院提出强制医疗申请。整治网络有害信息、电信网络诈骗等新型违法犯罪，依法严办“塑料紫菜”网络谣言专案和“6·23”特大电信网络诈骗案。关注社会关系修复，对犯罪情节轻微的依法决定不捕1100人，不诉606人；救助因案致贫的被害人及家属38人；建立台湾籍服刑人员检察驿站、社区矫正基地，确保法律平等适用。组建普法宣传队，开展“法律八进”活动，把“谁执法谁普法”责任落到实处。重视对未成年人的全方位保护，完善亲职教育、留守儿童联动救助机制，起诉侵害未成年人犯罪190人。设立未成年人观护中心5个、观护基地74个，观护涉案未成年人489人，430人实现重新就业或重返校园。组建“刺桐花”团队，开展“刺桐花”护童行动，围绕预防性侵、校园欺凌等专题开展全市学校法治巡讲405场次，覆盖385所学校和28万名学生。市检察院1名干警入选“法治进校园”全国巡讲团讲师，并受邀走进央视专题讲授预防性侵课程。安溪县检察院构筑未成年人普法教育工作立体观护工程，被授予第三届全国青少年普法教育活动“优秀组织奖”。安溪县检察院拍摄的微电影《门》获得团中央、中央综治办举办的第四届“为了明天——关爱青少年彩虹行动”微电影大赛二等奖和网络人气奖。

【刑事诉讼与刑事执行检察监督】 2017年，泉州市坚守严防冤错案件底线，提前介入引导侦查24件，书面纠正违法行为82份，发出检察建议49份；建设侦查活动监督平台，实现重点案件全程跟进，依法纠正违法侦查活动212件、违法情形268项；完善引导侦查取证、审查逮捕案件诉讼化审查、检察长列席法院审委会等机制，督促侦查机关立案35件、撤案111件；追捕追诉195人；开展瑕疵证据补正277件、非法证据排除35件；抗诉刑事案件22件，法院改判或发回重审15件；书面纠正审判活动违法60件次，均获采纳。强化人权司法保障，核查重大案件讯问合法性28件，对不需要继续羁押的监督释放或变更强制措施512人，4件案件获评全国羁押必要性审查精品和优秀案件。

2017年，泉州市推行刑事执行违法违规调查工作机制，探索开展“禁止令”执行专项检察，监督纠正监管执法、社区矫正等环节违法违规行为20件；常态化开展判处实刑罪犯未执行刑罚监督工作，纠正判处实刑未交付执行刑罚82人；强化减刑、假释、暂予监外执行检察监督，审查监狱提请减假暂案件1581件，纠正不当提请77件，均获采纳，审查法院裁定减假案件1264件。在全国率先开展财产刑执行巡视检察，监督1745件罚金刑、没收财产刑进入执行程序，依法对未履行财产刑的66名罪犯从严掌握减刑。深化派驻检察室规范化等级创建工作，泉州市检察院驻泉州监狱检察室、晋江、南安、石狮、安溪等检察院驻看守所检察室被高检院评定为一级规范化检察室。

【民事行政检察监督】 2017年，泉州市对生效民事行政裁判、调解书，提出抗诉、再审检察建议32件；查办虚假诉讼、虚假仲裁4件，涉案金额4100万元。南安市检察院办理一件涉案金额2700万元的虚假仲裁案，获评全国检察机关专项活动先进单位。开展涉及公民人身、财产权益的行政强制措施专项监督活动，发出检察建议31件。开展民事执行款物专项监督活动，向法院发出检察建议51件，均获采纳。与市法制办会签《关于建立行政检察监督与行政执法工作衔接配合机制意见》，建立行政执法信息共享、案件通报、案件移送等机制，该机制获省检察院及市政府办公室全文转发。发出行政执法监督检察建议298件，行政机关采纳299件（含积案）。持续开展土壤污染防治行动专项监督活动，向国土、人防部门发出检察建议110件，督促收回防空地下室易地建设费3424.6万元。

【职务犯罪检察监督】 2017年，泉州市坚持惩治腐败力度决不减弱、零容忍态度决不改变，查办贪污贿赂犯罪154人，渎职侵权犯罪26人。集中清理近三年涉基层干部举报线索173件，查办基层微腐败38人，对不实举报及时答复和澄清反馈。保障国企改革“施工期”建设，洛江区检察院查办国企职务犯罪12人，帮助挽回国有资产损失2719万元。加强追逃追赃工作，追回在逃人员8人、赃款1559万元。坚持惩防并举，铺开预防邮路建设，把廉政文化送进千家万户。围绕项目攻坚，同步跟进30个重点工程项目开展预防，提供行贿犯罪档案查询17038件次。其中2个预防项目，获评全省检察机关“十佳预防项目”第一、二名。

【派驻检察监督】 2017年，泉州市探索建立检察机关与公安、边防、海关缉私等单位联动衔接机制，在公安（边防）派出所及海关缉私局设立检察官工作室70个，设立派驻检察室91个。建立行政检察监督与行政执法衔接配合机制，开展涉及公民人身、财产权益的行政强制措施专项监督。在市场监管、边防、消防、国税、海关稽查等行政执法部门派驻检察官工作室40个，全方位监督行政执法活动。持续推进防空地下室易地建设费、矿山生态环境恢复治理保证金收取专项监督，督促收回“一费一金”5419万元。

【企业平等保护和产权保护】 2017年，泉州市依法平等保护企业家人身和财产安全，营造企业家创业发展法治环境。落实容错纠错机制，依法从宽处理涉嫌渎职但有悔改表现的国家工作人员32人，甄别工作失误与渎职犯罪12人。主动融入自主创新示范区建设，设立知识产权保护实践研究基地及泉州品牌保护联盟，协助企业抱团维权。发布知识产权保护白皮书，起诉侵犯知识产权犯罪276人，助力创新创业。建立办理涉企案件经济影响评估机制，监督纠正查封扣押冻结企业财物不当35件、妥善处理产权纠纷申诉76件，通过检察建议帮助一家企业挽回租金损失3500万元。聘任20名企业家代表为党风检风监督员，推进检企双向监督。联合工商联挂钩联系企业137家，开展“进百家企业”普法宣传活动144场次。指导晋江市检察院建成全省首个非公经济领域法治教育基地，引导企业家强化法治理念，破解企业内部侵财侵权案件多发痛点。时任全国政协副主席王钦敏视察后批示“很受感动”，时任最高人民检察院检察长曹建明批示“‘泉州经验’值得推广”。

【“三大攻坚战”实施保障】 2017年，泉州市围绕服务保障促进经济和金融良性循环健康发展，落实打击犯罪与防控化险、查刑事犯罪与查背后职务犯罪、追责与追资产三个同步，批准逮捕金融犯罪案件207件244人，提起公诉349件438人；参与防范化解金融风险，牵头搭建政检学银四方防护金融安全平台，督办督导恶意逃废债33件，联动促成187家企业主动还本付息或与银行达成和解，挽损2.67亿元。维护资本市场健康发展，起诉全国首例“零口供”泄露内幕信息、内幕交易案和涉案金额24亿元的非法买卖外汇案。专项调研恶意透支型信用卡诈骗犯罪，督促降额或停卡处理967户、问责相关从业人员50人。服务精准扶贫战略，查办涉农扶贫领域职务犯罪13件，追回赃款及时返还农民群众。筹集100万元资金帮助挂钩联系镇建设大棚蔬菜基地，助力66户扶持对象持续、稳定脱贫。攻坚污染防治，起诉破坏生态资源犯罪70人，监督行政执法机关移送涉嫌犯罪案件14件14人，监督立案9件9人，两件案件入选全省十个“破坏环境资源专项立案监督优秀案件”。探索完善生态修复“泉州模式”，最高检组织今日头条、澎湃新闻等知名网站组成采访团到泉州考察恢复性生态检察工作。在全国率先建立“检察院与河长办”联合执法监督机制，联合河长办督促整改涉河涉水违法违章案件28件，被省检察院确定为“全省模式”推广。泉州市检察院设立派驻河长办检察官工作室，德化县检察院在全省首创“河道检察官”，南安市检察院联合18个单位建立山美水库生态保护联盟，惠安县检察

2017年11月30日，洛江区检察院开展以“学习党的十九大精神 维护宪法权威”为主题的“宪法进课堂”宣讲活动 （图/林 升 曾聪虹）

院设立派驻林业生态检察室，德化县检察院推动成立“四市五县环戴云山生态司法保护联盟”。

【补齐民生短板保障】 2017年，泉州市出台保障补短板“四心”工程意见，严惩招生诈骗、暴力伤医、诈骗“养老金”等犯罪。连续四年开展危害食药安全和破坏环境资源犯罪专项监督，监督移送立案17件。重视弱势群体权益保护，出台全省首份办理老年人刑事案件规则。支持务工人员提起讨薪等诉讼23件，获赔175万元；依法对6名贫困在校大学生替考案作不起诉。聘任55名社会贤达参与代理和化解信访难题108件，依法追究5件违法信访案刑事责任。4个基层检察院荣膺或保持国家级“文明接待示范窗口”“文明接待室”称号。选派33名干部结对帮扶德化县上涌镇贫困户66户，帮扶干部自发给每户挂钩扶持对象发放慰问金1500元。同时，泉州市检察院专项筹集302万元资金帮扶挂钩联系镇、村发展特色项目，其中牵头协调相关单位、企业出资100万元，在德化县上涌镇下涌村建设大棚蔬菜扶贫基地，帮助21户贫困户实现持续性、稳定脱贫。

法 院

【概况】 2017年，泉州市法院受理各类案件228366件，审结199994件，比上年上升11.87%和28.71%，收、结案数创历史新高，居全省法院首位。其中，市中级人民法院受理案件25753件，结案23002件，分别比上年上升16.96%和46.87%。在案件数量持续高位运行、案多人少矛盾凸显的情况下，全市法院审判质效继续保持良好态势，其中生效案件服判息诉率99.21%，法定审限内结案率98.65%，分别优于达标值3.21、1.65个百分点。

【司法管理建设与刑事诉讼制度改革】 2017年，泉州市法院创新治理“送达难”，建设“网格化+司法送达”平台，成为全国法院20个司法改革典型之一、全市深化改革重点项目，获最高人民法院周强院长批示肯定。加快信息化3.0版建设，市中级人民法院被评为全国法院信息化建设先进集体。建成审判流程、庭审活动、裁判文书、执行信息四大阳光司法平台，公布生效裁判文书7.42万份，直播庭审及执行活动1640余场。

2017年，泉州市法院完成立案登记制改革，在最高法院立案登记制改革两周年新闻发布会上介绍经验。推进以审判为中心的刑事诉讼制度改革，被最高法院确定为非法证据排除等“三项规程”改革试点法院。加快繁简分流和速裁机制改革，石狮法院成为全国案件繁简分流改革示范法院。深化闽南特色家事审判机制建设，创新离婚证明书、冷静期等措施，全国家事审判方式改革试点工作推进会在泉州 召开。

【刑事案件审判】 2017年，泉州市法院构建以审判为中心的刑事诉讼制度，坚持罪刑法定、证据裁判等原则，推动社会治安综合治理，全市审结一审刑事案件1.2万件1.5万人。严惩严重危害社会治安和群众生命财产安全犯罪，审结杀人、抢劫、盗窃等案件3688件，危害食品药品安全案件93件，涉黄赌毒案件1528件。保持反腐败高压态势，挂牌督办并指定基层法院院长专门审理职务犯罪案件，全市审结贪污、行受贿、渎职等案件203件243人，其中被告人原为处级以上干部11人。打击非法吸收公众存款、集资诈骗、骗取贷款等经济犯罪，审结涉案金额47亿元的虚开增值税专用发票案、泉州市首件股市内幕交易案。严判重罚电信网络诈骗犯罪，审结案件442件779人。贯彻宽严相济刑事政策，坚持“教育、感化、挽救”方针，落实审前社会调查、轻罪记录封存、判后帮教等措施，判处未成年被告人291人。坚持开庭审理、向社会公示，办结减刑假释案件1444件。

【民事案件审判】 2017年，泉州市法院审结一审民事案件2.3万件。妥善审理涉农村土地承包经营改革、房地产纠纷等案件3263件，促进城乡融合发展。审结劳动争议案件2971件，优化用工环境。护航泉州市国家生态文明试验区建设，落实最严格的生态环境保护制度，审结污染环境、破坏资源等犯罪案件60件，公益诉讼案件14件，首次

2017年3月30日，最高法院在泉州召开全国法院“跨域立案诉讼服务”试点工作培训会 （图/市中级人民法院）

判处污染环境者从业禁止。永春法院服务“国家全域旅游示范区”创建。拥军维权，审结涉军案件34件，为军队和武警部队停止有偿服务提供司法保障。解民生之忧，全市法院为1858名经济困难的当事人缓减免交诉讼费，为173名刑事被害人、特困申请执行人和涉诉信访人落实救助金291万元。市中级人民法院妥处群众来信来访1728件次，督导化解积案757件，信访总量比上年下降16%，为金砖国家治国理政研讨会、厦门会晤、十九大等营造稳定社会环境。助力脱贫攻坚，市中级人民法院处级以上干部带头出资24万元，入户结对帮扶60户；全市法院21名干警驻村蹲点，解决帮扶资金518万元；对口援建西藏洛隆县、新疆昌吉市法院120万元。

【商事案件审判】 2017年，泉州市法院审结一审商事案件6.1万件，打造法治化营商环境，推动实体经济发展。服务供给侧结构性改革，稳妥推进破产审判，协调成立泉州市破产管理人协会并担任业务主管部门，成功审理安溪铁观音集团、中宇建材等一批企业司法重整案，促进有价值的危困企业走出困境、确无挽救可能的企业有序退出市场。快立、快审、快判、快执，严打“逃废债”，全力助降不良贷款率，审执结金融案件1.6万件，标的额358亿元。保护自主创新和公平竞争，联办“泉州制造2025与知识产权保护研讨会”，审结知识产权案件3879件，比增188%，首次作出商标使用行为禁令，“华为诉三星专利侵权案”、德化法院陶瓷版权司法保护等在国内外产生积极影响。打击“塑胶椰果”“塑料紫菜”等恶意丑化企业商品声誉犯罪行为。从区域、行业商会聘任商事调解员，就地化解商事纠纷。完善涉外涉侨、涉港澳台纠纷协同解决机制，审结相关案件1394件，设立台胞权益保障法官工作室，加强同“海丝”沿线国家地区的司法协助，对涉外仲裁条款效力的审查认定得到国内外仲裁界好评。各基层法院强化巡回审判，助推当地纺织、鞋服、装备、茶叶、旅游等产业发展，洛江法院开展“司法护企”活动，泉港法院积极服务石化安全控制区建设。

【行政案件审判】 2017年，泉州市法院保护相对人诉权，实质化解行政争议，全市审结一审行政案件941件，其中鲤城、丰泽、南安法院分片区对一审行政案件跨县域管辖，审结758件；市中级法院审结以漳州市二级政府为被告的行政案件136件。加强行政非诉审查执行，办结5087件。推动征收拆迁法治化。召开府院联席会议，就化解金融风险、依法行政提出建议。推进行政机关负责人出庭应诉，发挥“专家会审”作用，通报行政机关涉诉情况并发出司法建议，开展庭审观摩、法治讲座、执法培训等58场。

【执行工作】 2017年，泉州市出台《关于加快推进失信被执行人信用监督、警示和惩戒机制建设的实施意见》，制订12类、43项惩戒措施，对失信被执行人在融资信贷、招标投标、市场准入、任职资格、授予荣誉等方面给予限制，“一处失信、处处受限”的联合惩戒威慑体系初步形成。专网专线连接协执部门，上线查询700余万次，实现对被执行人存款、房产、土地、车辆、证券等主要财产“一网打尽”。推行网络司法评估拍卖，网拍1570余次，成交或以物抵债额11.15亿元，溢价率40.05%。探索统一执行、夜间执行、悬赏执行、失信彩铃、协调“停水、停电、停气”等措施，严惩拒不执行生效裁判行为。全市法院执结案件6.35万件，到位金额43.88亿元，分别比上年上升61.62%和77.94%；执结率70%，提高12.12个百分点。

【诉讼监督】 2017年，泉州市法院坚决把党委的决策部署转化为法院党组的行动，坚持重要工作、重大事项及时向市委、市人大常委会以及市委政法委报告。在审判团队建立党小组，实施党建项目化管理，“三亮三比”党建品牌获泉州市机关特色党建竞赛一等奖。落实市人大常委会关于防范打击虚假信息诈骗工作专题询问的审议意见，接受满意度测评。向市人大常委会报告民商事审判工作和执行工作，对照审议意见，逐条分解任务，细化改进措施。提请市人大常委会依法审议任免审判人员33人。坚持领导亲自抓督办反馈，办理市人大常委会交办信访件65件，办复市人大代表建议10件，在处理夫妻共同债务、加强企业重整清算及金融债权执行等方面，采纳代表意见建议。定期走访人大代表，通过邀请参加重要会议、旁听庭审、参与调解、见证执行、化解信访等多样形式，拓宽代表监督渠道。自觉接受市政协民主监督，通报法院工作，配合开展司法服务保障非公有制经济发展情况等重点视察活动，办复政协提案18件。自觉接受、积极配合、支持检察机关诉讼监督，审结刑事抗诉案件22件，改判或发回重审15件。深化人民陪审员制度改革，一审普通程序案件人民陪审员参审率76%。

司法行政

【概况】 2017年，泉州市司法行政机关开展“百千万计划”主题宣传活动3847场，参与人数843万余人次。开展“新媒体法雨行动”1147场，惠及粉丝数1186万余人次。建立各类人民调解委员会3001个，设立66个以个人名字命名的“调解工作室”。市累计接收社区服刑人员25701人，解除矫正21317人，在矫4384人。其中，缓刑3991人、假释274人、暂予监外执行108人、管制11人。泉州市有律师事务所136家，执业律师1545人，办理各类诉讼和非诉讼类案件44581件，年业务收入3.83亿元，分别比上年增长16.2%、11.8%、6.2%、93.4%。2017年，泉州市建成以市公共法律服务中心为核心，8个县级法律服务中心为枢纽，153个乡镇工作站为支撑，2507个村（社区）联系点为基点的四级实体平台，着眼“均等普惠”要求，打造“一门式”的服务模式。全市公证机构办理各类公证事项40970件，收费1556.7万元。服务重点项目112个，涉及标的额411035万元，拒绝非法公证，为政府、企事业单位和人民群众挽回经济损失190万元。泉州市有16家司法鉴定机构，116名执业司法鉴定人，其中专职68人，兼职48人，司法鉴定机构办理各类案件23957件，业务收费2863.6万元。全市受理指派法律援助案件6049件，其中民事案件4280件、刑事案件740件，行政案件29件。受援人总数6469人，解答各类法律咨询9353人次。泉州市完成国家司法考试泉州考区考务工作，取得全省第一档次成绩。全年全市报名考生2427人，实际参加考生1860人，参考率76.6%。

【普法依法治理】 2017年，泉州市司法行政机关加强普法宣传，提升全民法治水平。

“七五”普法 组织实施法治宣传“百千万计划”，创新开展“新媒体法雨行动”，开发“百千万计划”线上展示平台，细化任务分解，加强督促指导。4月，全省法治宣传教育工作会议在晋江召开。全市开展“百千万计划”主题宣传活动3847场，参与人数843万余人次。全市开展“新媒体法雨行动”1147场，惠及粉丝数1186万余人次。

精准普法 牵头组织开展《泉州市海上丝绸之路史迹保护条例》宣传工作。利用各种重要时间节点，全方位、多层次、广覆盖开展重点法律法规宣传活动，营造学法、知法、用法、守法的良好氛围。

普法平台 对“泉州司法在线”微博、微信、网站进行升级改版，打造动静结合立体网络。配合法制日报福建记者站组织开展乡村普法行系列活动。起草泉州市“谁执法谁普法”责任制实施意见及考评标准。开展检察官“以案释法”工作。优化提升法治文化阵地建设。

【人民调解】 2017年，泉州市司法行政机关加强人民调解工作，创造社会和谐稳定环境。

人民调解组织健全 围绕深化平安泉州建设的总体目标要求，构建“以县级人民调解中心为引领，基层人民调委会为主体，行业性专业性人民调解组织为两翼，个人调解室为补充，纠纷信息员为触角”的多层次、宽领域、规范化的新时期人民调解组织网络体系。2017年，全市建立各类人民调解委员会3001个，设立66个以个人名字命名的“调解工作室”。

多元调解机制健全 拓展“1+3+N”大调解工作格局新领域，建设多元化行业性调委会。在巩固提升医疗纠纷、交通事故、婚姻家庭、消费纠纷、物业纠纷等行业调委会的基础上，市司法局分别联合市旅游局、市物价局等相关行业主管部门下发成立行业性专业性调委会相关文件，拓展旅游、物价等调解组织。成立旅游纠纷调委会建设10个、价格争议调处工作站83个等。优化提升“诉调对接”“检调对接”“公调对接”“医调对接”“交调对接”和“援调对接”六大机制。

纠纷调处成效显著 坚持预警在先、控制在先、调解在先的原则，介入房屋征地拆迁补偿、医疗卫生、道路交通、劳动争议、等社会热点、难点纠纷的调处，不断拓宽调解领域。加大调解力度，提高调解质量，特别是在“两节”“两会”等重要活动期间，开展矛盾纠纷大排查大调处等专项活动，把各种矛盾纠纷消除在萌芽状态。紧扣保障“厦门会晤”和“党的十九大”召开重大任务，按照细之又细、严之又严、实之又实的工作要求开展维稳专项排查工作。2017年，全市各级人民调解委员会排查调处各类矛盾纠纷19288件，调处成功18943件，成功率98.21%。

【社区矫正】 2017年，泉州市司法行政机关加强社区矫正工作，创造和谐社会环境。

全年全市累计接收社区服刑人员25701人，解除矫正21317人，在矫4384人。其中，缓刑3991人、假释274人、暂予监外执行108人、管制11人。2017年5月，在全市启动社区服刑人员电子腕带佩戴试行工作，投入试用电子腕带250套。7月，召开全市社区矫正技防创新现场会，推广泉港区有线视频网格化监控系统、无线家居视频监控系统、社区矫正监管智能APP系统和惠安县人脸识别技术。运作市、县、乡“三级”手机定位管控机制，抽查社区服刑人员手机定位情况3万多人次。采取直接举行社区服刑人员集中教育活动和派员到县（市、区）帮助举办集中教育相结合的方法，对各地受过警告以上处罚和不服从监管的社区服刑人员进行准军事化教育管理，累计开展14期600多人次社区服刑人员集中教育活动。在台商企业福建钜闽机械有限公司建立台湾籍服刑人员社区矫正基地，接纳符合条件的台湾籍服刑人员在泉州适用社区矫正，获得司法部副部长刘振宇的肯定。在全市推广晋江市政府购买社区矫正非执法类项目服务的做法，探索社区矫正工作管理新模式。

加大队伍建设力度，举行全市司法协理员岗位培训。省司法厅社区矫正管理局确定在泉州市开展社区矫正执法队伍和社区矫正中心标准化建设工作，初步确定分别在丰泽区和德化县开展社区矫正执法队伍和社区矫正中心标准化建设试点工作。东南网、法制网以《泉州市司法局多措施强化社区矫正监管》《泉州推进社区矫正智能监管 人脸识别全省首创》《村级协管员助推社区矫正工作开展——泉州市探索社区矫正队伍建设新模式》等多篇报道宣传泉州社区矫正工作。

【律师管理】 2017年，泉州市有律师事务所136家，执业律师1545人，办理各类诉讼和非诉讼类案件44581件，年业务收入3.83亿元，分别比上年增长16.2%、11.8%、6.2%、93.4%。成立泉州市律师服务重点项目志愿团，33名律师对接数十个涵盖民生事业、生态建设、文化技术等方面的重点项目，得到泉州市委常委、政法委书记林锦明肯定，参与服务重点项目208人次，为重点项目提供法律服务228件次；成立泉州市律师协会企业破产管理人委员会和律师参政议政联络委员会，为化解金融风险、服务产业转型升级提供智力支撑和人才支持；全市37名律师担任各级人大代表、政协委员，12名律师经审查推荐作为泉州市人大常委会信访工作特邀律师预备人选；加快推进律师参与化解和代理涉法涉诉信访案件工作，出台律师参与化解和代理涉法涉诉信访案件工作细则及市级工作经费使用管理暂行规定，在市中级人民法院设立律师服务工作站和律师调解工作室，启动律师调解试点工作，帮助群众依法表达利益诉求，维护社会大局稳定。成立首批涉台法律服务人才库，以地缘、法律为纽带，推动两岸律师服务业发展。举办第二期涉外法律服务专题培训班，组织78名律师、公证员到浙江大学参加专题培训；举办律师实务交流与研讨会，推荐律师参与华东律师论坛，2篇论文分获二、三等奖；依托市律协各专业委员会，举办政府法律服务实务研讨会、企业破产管理人专题业务培训等各类主题业务沙龙讲座，参训律师3000多人次；成立首批涉台法律服务人才库，以地缘、法律为纽带，推动两岸律师服务业发展。深化律师制度改革，以市两办名义印发改革实施方案，对改革任务和措施分解立项；建立由市委防范和处理邪教问题领导小组办公室、市中级人民法院、市人民检察院、市外办、市公安局等11个部门或组织成立的律师工作联席会议制度；成立市律师协会“维护律师执业权利中心”和“投诉受理查处中心”，完成2015—2016年度泉州市律师事务所诚信等级评定工作；4家律师事务所获“2014—2015年度福建省优秀律师事务所”称号，9名律师获“2014—2015年度福建省优秀律师”称号，3名律师获“全省司法行政系统先进工作”称号，发挥示范引领作用。

【公共法律服务】 2017年，泉州公共法律服务体系建设成为全省样板，实体平台广覆盖，泉州市建成以市公共法律服务中心为核心，8个县级法律服务中心为枢纽，153个乡镇工作站为支撑，2507个村（社区）联系点为基点的四级实体平台，着眼“均等普惠”要求，打造“一门式”的服务模式。网络平台走前列，在全省率先推出法律援助和公证网络服务平台基础上，先行先试搭建人民调解综合服务管理平台和掌上微信人民调解公众号，多方位广覆盖实现公共法律服务便捷化、智能化，满足人民群众日益增长的美好生活需要。语音平台稳推进，在升级“12348”法律服务热线，建成集法律咨询、法治宣传、化解民间纠纷、指导群众于一体的语音平台“12348”语音呼叫中心的基础上，整合资源，升级改造，推进市级“12348”语音平台与省级平台的有效对接，新增法律知识库、监控管理、办公智能化等功能，更好推动平台系统化、规范化、有序化运作，满足群众基本法律需求。公共法律服务资源齐统筹，推进“一村（社区）一法律”顾问工作，打造公共法律服务广覆盖立体架构，提前实现“一村（社区）一法律顾问”全覆盖。探索推进县级人民调解中心与公共法律服务体系对接，丰泽、晋江、南安等地在公共法律服务中心点设立人民调解窗口，依托公共法律服务平台实现多元调解。2月，召开的全省司法行政工作会议以及7月全省“12348”业务培训会上，泉州分别以公共法律服务体系建设和“12348”平台建设为主题作典型发言，经验做法在全省范围推广。

【公证管理】 2017年，泉州市有10家公证处和56名公证员。全年全市公证机构办理各类公证事项40970件，收费1556.7万元。服务重点项目112个，涉及标的额411035万元，拒绝非法公证，为政府、企事业单位和人民群众挽回经济损失190万元。作为全省首批“诉讼与公证”协同创新试点，发挥公证制度在推进多元纠纷解决机制改革中的职能作用，推动公证参与人民法院司法辅助事务试点。泉州市通淮公证处和鲤城区人民法院作为泉州市“诉讼与公证”协同创新试点单位，签订《诉讼与公证对接合作协议》，确定由公证机构在调解、送达、调查、保全、执行等审判辅助环节为法院提供公证法律服务；为更好地为当事人提供通畅便捷、优质高效的公证服务，指定德化县公证处开展办理公证“最多跑一次”试点，对法律关系简单、事实清楚、无争议的公证事项，承诺只要申请材料齐全、真实，符合法定受理条件，实现让当事人“最多跑一次”；加快推进公证工作改革，合作制公证机构试点获司法部批准，成为福建省新批准的三个合作制公证机构试点城市之一；参与中心市区新批准预售商品房销售摇号公证4431件次，按照“主导、公开、控制”三原则，科学制定规则，合理明确分工，确保公证机构依法独立提供服务。

【司法鉴定管理】 2017年，泉州市有16家司法鉴定机构，116名执业司法鉴定人，其中专职68人，兼职48人。司法鉴定机构办理各类案件23957件，业务收费2863.6万元（其中法医类20226件，收费2202.7万元；交通事故车辆检验鉴定3377件，收费350.2万元）。2017年度司法鉴定考核，评定为合格的司法鉴定机构有16家，评定为合格的司法鉴定人有108人；因当年度未办理司法鉴定业务，不予年度考核的有8人：君驰所新增法医类业务，尚未开展新增业务，4名法医类鉴定人不予年度考核；海丝所2人；安泰所2人。开展司法鉴定诚信等级评定，制订《泉州市司法鉴定机构行业诚信等级评定办法》和《司法鉴定机构行业诚信等级评定标准》，评定2017—2018年度5A级诚信司法鉴定机构2家，4A级诚信司法鉴定机构5家，3A级诚信司法鉴定机构7家，不授予等级的司法鉴定机构2家。加强司法鉴定党建建设，成立中共泉州市司法鉴定人支部（“兼合式”党组织），选举党支部书记1名，组建党组织数6个，选派党建工作指导员联系指导单位数11个，集中推进司法鉴定机构党的组织和工作覆盖。至2017年底，全市11家司法鉴定机构通过省级资质认定。

【法律援助】 2017年，泉州市优化升级互联网技术与法律援助工作融合，完成泉州市法律援助掌上服务平台的开发并开通“泉州法律援助”微信公众号运行掌上服务平台，形成集网上申请、网上审查、监督管理、援务公开于一体的泉州市“互联网+”法律援助“1234”

模式，被列为市政法综治十项创新工程之一，得到市委常委、政法委书记林锦明的肯定，成为唯一一个被省厅正式行文在全省推广的改革项目。创新联动协作机制，出台《泉州市法律援助跨县域受理协作若干意见》，实现法律援助各项事务异地受理，减少群众来回奔波。是年，全市受理指派法律援助案件6049件，其中民事案件4280件、刑事案件1740件，行政案件29件。受援人总数6469人，解答各类法律咨询9353人次。制订实行《泉州市法律援助案件审批指派规则》，统一全市法律援助案件受理范围、条件和规范程序。主动加强与检察院、法院的沟通协调，推进法律援助参与申诉代理制度试点工作。建立完善律师值班制度，全市8个看守所12个法院全部建立法律援助工作站或律师法律服务工作站，引导当事人依法维权。加大论文案例物质奖励力度，评选全市十佳农民工法律援助案件。加强“泉州法律援助”微信公众号和掌上服务平台宣传力度。

【司法考试】 2017年，泉州市完成国家司法考试泉州考区考务工作，取得全省第一档次成绩。全年全市报名考生2427人，实际参加考生1860人，参考率76.6%；共设2个泉州七中和泉州七中金山校区考点，两个考点设81间考场、4间备用考场。

【监狱】 2017年，泉州监狱以“治本安全观”为统领，坚持“严管厚爱”的管理思路，打造过硬队伍。成立党委督办室，加强问责追责。推行离岗培训、队伍正规化管理、督察问题整改机制建设。施行队伍月考核、工作季通报做法，搭建单位和个人量化积分考核体系。在全省监狱系统率先推出微信版警情沟通平台。为民警办实事、办好事，加入泉州市公务员医疗补助，加大工会活动力度、拓展兴趣小组活动等。启动3年信息化建设工程，推进指挥情报中心建设。在全省监狱系统率先出台《罪犯行贿民警处理办法》。制订修订《罪犯提供狱情信息奖励办法》《民警狱情收集奖励办法》等精细化管理制度。建立罪犯巡更自动报警系统，将监控存储时间延长到15天。全年，成功制止3起罪犯预谋行凶、袭击事件；累计收集犯情信息1165条；办理减假保案件1302件，无一错漏；监狱执法调查满意率90%以上。推进“阳光工程”，在全省系统试点“服刑人员教育体系建设项目”。出台《加强和改进个别教育工作实施意见》，推进个别教育能手评比和教育改造工作室建设。联合市检察院、法院、司法局在全省率先建立“台湾籍服刑人员社区矫正基地”。开展“闽南非遗文化进监区”活动，重视开展亲情帮教和社会帮教活动，开展罪犯春节期间离监探亲活动。强化罪犯生活卫生医疗保障。全年，开展各类帮扶活动30场次，落实帮扶资金50余万元，帮扶贫困罪犯及家属300余人次。罪犯教育落实率、心理健康教育普及率均100%，刑满释放罪犯取得技术资格证书率85%以上。

2017年，福建省洛江监狱创新岗位风险防控机制，以向参建单位送达廉政告知书、廉政问卷调查、向民警家属寄发家庭助廉信等多种形式筑牢防腐防线。开展廉政文化“四进”活动，组织民警到宁德福安廉村、晋江五店市古民居参观学习廉政文化林和传统家训家风；开设“廉政微型党课”，邀请普通党员上台交流党风廉政建设学习心得体会。加大对物资采购、工程变更签证等重要敏感领域的监督检查，做到纪检监督检查全覆盖并全程留痕，全年开展专项监督检查6次。加强工程款项支付监督，建立限时办结制度，避免出现人为拖延工程款项支付的现象；凡3万元以上款项支付，分管财务工作的班子成员同步接收到银行的短信通知，加强对财务工作的监督管理。举办“忠诚为党 光荣退休”荣退仪式，用身边的人和事教育民警，增强干事创业的信心和决心。制作《光辉岁月》和《筹建纪实篇》两本记录册，记录筹建发展历程。制订年度民警教育培训计划，落实分级分类培训制度，全年组织党性锻炼和岗位练兵活动66人次。持续开展“开讲啦”对话交流活动，不断传递监狱工作正能量。全年开展“开讲啦”对话交流8期16人次。落实关爱基层干警30条措施，建立民警职工慰问机制，开展节日慰问、生日送祝福等活动，开展健康诊断服务及健康知识宣传等活动，营造和谐温情的警营氛围。开展志愿服务活动，组织义务植树、无偿献血、洛阳古桥护遗等活动，开展结对帮扶和慰问，不定期走访慰问监狱驻地困难群众。优化新监狱的功能设置，强化安全生产，全年组织参建单位集中教育4次，开展安全生产专项检查15次，组织各参建单位管理人员安全生产法律知识考试1次，开展消防实战演练2次。开展项目建设“百日攻坚”活动，推动项目建设。设置民警宿舍、办公室、监舍样板间，对功能布置进行充分认证，确保各功能区域设置更合理。成立物资采购领导小组，统筹开展前期行政、改造资产采购市场调查，邀请专家授课，对市场上众多的型材知识进行详细了解，组织相关人员到宁德、建阳、闽江监狱等兄弟单位学习先进经验，做好新监狱资产采购的准备工作。

【泉州司法强制隔离戒毒所】 2017年，泉州司法强制隔离戒毒所规范场所管理和安全防范工作，开展专项整治活动，探索推进分别施戒管理模式，实施动态管控，确保场所持续安全稳定。做好探访窗口的便民服务建设工作，打造“温情探访”。实施“中华魂”主题教育读书活动。利用主题鲜明的板报宣传、所内报纸，坚持“以文化人”为导向，营造“健康温馨、积极向上”的戒治氛围。创新心理矫治工作，巩固和强化戒毒人员的戒毒动机，坚定戒毒信心和决心，增强社会适应能力和回归社会后自我控制能力。拓展场所的社会功能，举办“场所开放日”活动2次、禁毒知识进校园3次；推进帮扶工作和解除戒毒人员回访工作。注重生卫设施的完善，提高戒毒人员卫生安全保障。注重戒毒人员生活保障，推行戒毒人员“入所包”，深化防疫宣传、传染病防控、所内诊治、医药品管理等重点工作，实现医疗健康运行。

军事

责任编辑：陈建强

泉州军分区

【概况】 2017年，泉州军分区坚持把学习贯彻习近平主席系列重要讲话精神作为重大政治任务，第一时间学、贯穿全年学、融入实践学；深入学习宣贯中共十九大精神，采取原原本本学、常委专题学、领导干部宣讲、全体干部理论集训、主题党团日讨论和重温入党誓词等方法，不断强化“四个意识”，笃定践行“三个维护”，始终确保“三个绝对”。坚持以“两项重大教育”为抓手，紧跟改革进程，抓好“合编合力合心”教育，集聚强军兴军正能量。抓好古田全军政工会议“下篇文章”。群众性文化活动创新开展，结合庆祝建军90周年、纪念全民族抗战爆发80周年开展“强军风采”活动。严肃政治纪律政治规矩，打好意识形态斗争主动仗进攻仗，部队高度集中统一和纯洁巩固。

【依法从严治军】 2017年，泉州军分区贯彻军委国防动员部6个管理规范性文件，抓实安全排查整治，常态开展“三零一好”“百日安全”“十个专项整治”等活动，推进“六严”专项治理，严抓军委“十一条”禁酒令落实，开展“两个专项行动”，配合公安机关破获3起假冒军人案件。确保部队安全稳定。加大党委管财力度，制订《工程建设和物资采购工作流程暂行办法》，规范新体制下财经管理、公务接待、有偿服务等重点领域的制度机制建设和监管力度。规范后装管理秩序，开展枪弹专项清查整治活动，更新改造民兵武器装备仓库安防系统，成立泉州市停偿工作领导小组，牵头协调驻泉部队停偿项目。军转安置、服务老干部、军志编撰、新闻报道等工作有新成效。

【编制体制调整】 2017年，泉州军分区按照军委国防动员部和省军区党委要求，落实编制体制改革任务，构建军分区新型领导管理体系，组织各级干部落编定岗，成立军分区机关“四处”、人武部“三科”，接收河北省军区泉州干休所，做好现役干部转改文职人员摸底工作。

2017年7月31日，“欢乐泉州·走进军营——庆祝中国人民解放军建军90周年文艺演出”举行 （图/陈智勇 林劲峰）

【军事斗争准备】 2017年，泉州军分区加强党委对军事训练、战备建设的领导。规范战备建设，修订作战方案预案，完善战备库室设施，建立健全军警民联侦联情和情报协作互通机制。完成省军区赋予的新大纲试训任务，抓好首长机关和现役干部“周训月考季评排座次”。探索民兵编训模式，民兵应急分队规范化建设试点，基地化、课题化、专业化民兵训练成效明显。完成“三个一线”课题研究，筹划战备规范化建设试点任务。率兵参与遂行非战争军事行动，策应厦门“金砖安保”维稳备勤和防范应对“苗柏”“纳沙”“海棠”等防台抗台救灾任务，牵头协调处置“1·19”坠机事件。

【国防动员体系构建】 2017年，泉州军分区贯彻《国防动员建设“十三五”规划》要求，编实建强综合应急、海上民兵、军兵种勤务保障、新型动员“四类”力量。按照《国防动员潜力调查指标体系》要求，摸清9个大类35个小类121项国防动员潜力。抓好征兵宣传发动，“国防宣传月”有效开展，组织百名国防教育讲师集训，邀请国防大学教授为市党政领导干部专题授课辅导，在公交站开设国防教育免费无线WIFI。军训工作有序推进，培训200名军训教练员，完成9所院校1.5万名学生军训任务。双拥共建成绩显著，走访慰问泉州籍在部队做出突出贡献的现役军人家庭，设站迎接退役返乡老兵，开展扶贫帮困、兴教助学等活动。市本级和11个县（市、区）实现省级双拥模范城满堂红“三连冠”。

泉州预备役高炮团

【概况】 2017年，泉州预备役高

炮团党委坚持以新时代党的强军思想为指导，坚持把铸魂育人摆在首位，用习近平强军思想引领官兵、凝心聚气。落实理论学习制度，围绕迎接和学习贯彻十九大、学习领会习近平强军思想等主题，落实四个季度党委中心组理论学习21天，2次参加东部战区陆军师职领导干部理论轮训。学好习主席“7·26”重要讲话，开展“赞颂新成就、迎接十九大”系列活动；抓好十九大精神学习贯彻，开展“学习十九大、奋进新时代、担当新使命”专题教育，掀起学习贯彻十九大精神热潮。加强思想政治教育，紧贴改革进程强化思想引领，开展“维护核心、听从指挥”主题教育和“学习主席系列讲话、做习主席的好战士”“学强军思想、讲强军故事、干强军事业”两项活动，以及“适应新体制、树好新形象”“服从改革大局、合力建强东陆”“三对比、三珍惜”三个专题教育，官兵“四个意识”增强。强化政治纪律和政治规矩落实，打好意识形态领域主动仗进攻仗，保持团队纯洁巩固，保证集中统一领导。

【练兵备战】 2017年，泉州预备役高炮团树立“人民军队忠于党、随时准备上战场”的使命意识，严格日常战备制度落实，紧贴形势任务抓实战备教育，修订完善各类方（预）案，抓好应急分队建设，团作战值班室和应急分队负责人接受东部战区陆军突击检查。“三基”训练扎实，16名现役干部、10名现役战士参加师“三基”训练考核，全体官兵训练刻苦、参考积极、成绩优异。练兵备战成效明显，围绕抗洪抢险、防抗台风、森林灭火和反恐维稳四个课目，组织110名应急分队人员进行专项训练，应急分队遂行非战争军事行动能力得到提升；高标准完成全师分队军官编组作业示范观摩任务，受到师主要领导肯定，全团军官的组织指挥能力得到提升；以要地防空作战“一个过程”为课题组织首长机关参加师指挥所演练，参演官兵主动锤炼业务本领和战斗作风，组织指挥和遂行作战任务能力进一步提升。

【安全管理】 2017年，泉州预备役高炮团坚持以大项安全教育整顿活动为牵引，借势抓好团队安全工作。开展“学条令、正秩序、严纪律、抓安全”“学法规、守法规、促正规、保稳定”活动，抓好枪弹专项整治，组织签订各类责任书、保证书96份，官兵听令守规的意识不断强化。调整健全安全委员会、保密委员会、政法委员会等安全组织，第一时间传达学习上级指示要求、研究部署开展工作，抓好末端落实，确保安全工作领导坚强、组织得力、效果明显。落实安全形势分析等制度，先后8次组织安全形势分析，掌控安全动态，消除隐患苗头。狠抓安全教育训练，结合形势任务、季节变化、驻地特点等，常讲常抓，官兵安全防范意识和能力有效提升。突出安全防范重点，开展谈心活动，紧盯重要时节、重点部位，常态落实每日巡查夜查，抓好“禁酒令”、保密规定落实以及干部驾驶私家车管理，团队保持安全稳定。

【后勤保障】 2017年，泉州预备役高炮团注重保为打赢，落实财经管理制度和党委管财“五控法”，凡开支必先报告，大项开支必上会，把经费主要用在战备训练和战斗力建设上。注重保为改革，组织固定资产清理清查，先后3次组织集中普查，完成团队固定资产整体移交；落实物资供应行业清理整治通知要求和后勤保障各项制度规定，健全被装账目，规范被装仓库设置。注重保为官兵，落实伙食管理“五项制度”，健全伙食管理登记，针对伙食费调整用心搞好伙食调剂，确保落实伙食标准，官兵普遍满意；加强营院设施维护，全年投入维修经费3.2万元，先后4次联系地方园林部门义务整治营区环境，营院秩序整洁有序。注重保为安全，组织武器弹药和装备器材清仓查库，对团属73类武器装备及各个库室逐装逐室逐柜进行清点分类、登记统计，摸清底数，建立档案。

【正风肃纪】 2017年，泉州预备役高炮团适应东陆“严、实、快、准”工作作风，先后17次召开党委会或军人大会，组织学习政治纪律“十不准”、军队党员“七个决不允许”等政治纪律，以及《100个负面清单》《预备役部队后勤管理政策64条》等新规禁令，利用政治教育、党团生活等时机反复进行解读和提醒教育，官兵听令守规的意识得到增强。彻底肃清郭徐流毒，开展“两个清理”工作，专题召开党委会研究部署，狠抓实物清查和思想清淤。开展作风纪律整治，以各项新规禁令为依据，抓好“八个方面专项整治”“接待费专项清理清查”“‘基层微腐败’专项清理整治”等活动，依法依规、从严从紧的意识深入人心，为团队转型建设、创新发展提供坚强有力的思想作风保证。

武警泉州市支队

【概况】 2017年，武警泉州市支队紧跟习主席思想步伐。抓好《武警部队学习〈习近平论强军兴军〉五项机制》贯彻落实，深化“三带”（党委中心组带机关、常委分片带基层、基层支部带党员）学习机制，按照“四个一”（确定一个主题、展开一次讨论、凝聚一个共识、解决一个问题）学习思路，活用“三学”（以上率下领学、区分层次研学、警地共建联学）办法，深刻领会领袖讲话精神。开展“追随习主席、青春献给党”主题团日、“回顾历史、重温誓词、争当先锋”宣誓和“喜迎十九大共筑中国梦”文艺会演等活动，深化学习教育成效，做到学思践悟、真学真信，真当习主席的好战士，十九大召开后，研究制定《泉州支队学习贯彻党的十九大会议精神实施方案》，按照“动作快、声势大、措施实”要求，采取专家辅导、领导串讲等“十个一”措施，组织官兵学习理解会议精神，掀起学习贯彻热潮。

年内，探索固化“周三”教育方式，坚持统好计划、统好力量、统好授课、统好活动；采取“点将授课、网上查课、推门听课、常态评课”等方式抓好经常思想教育落实；打造“三个讲坛”（专家讲坛、领导讲坛、战士讲坛），搞活“三个课堂”（政策法规、系列讲话、人文历史），提高教育成效。建立“113”主题教育模式（参加总队大课、支队上好小课，基层搞好1次讨论、组织1次交流、开展1次配合活动），走实思想调查、授课辅导讨论辨析、实践转化等环节；制定“两学一做”常态化制度化《十项制度》，狠抓“四项机制”（调查研究机制、研讨交流机制、跟进督导机制、会议讲评机制）落实，在基层党支部开展“三个不一样”（“我和群众不一样”“群众看我不一样有这个支部中队不一样”），在党委机关开展“五手”（能参善谋的高手、组织协调的能手、督导落实的快手、服务基层的好手、能文会武的强手）评选，在全体官兵中开展“宣扬强军小典型、讲述强军好故事”等主题实践活动，具体化、差异化、精准化推动教育落实。支队《以严实标准推进“两学一做”学习教育落底见效》经验做法被总队《情况通报》转发。

是年，制订推进“四心工程”措施，开展“大谈心、大走访、大交流”“知烦恼事、解后顾忧、暖官兵心”和“走近爸爸的战斗岗位”主题亲子等活动，温暖人心。制定《着眼激发动力、提高能力，增强活力，加强干部队伍建设措施》开展专项集中教育，引导干部树立正确的进步观利益观、事业观。组织内部关系专题教育整顿活动，持续开展好“五个三”（①开好“三个会”：干部骨干文明带兵反思会、民主谏言会、官兵同乐文娱会；②落实“三个小”：消除小误会、疏通小隔阂、化解小矛盾；③唱响“三首歌”：《战友之歌》《官兵友爱歌》《感恩的心》；④营造“三股气”：虎虎生气、浓浓暖气、堂堂正气），给基层上紧发条、纯正内部关系；⑤开展“老三样”：棋类、牌类、球类等活动），针对任务繁重叠加的实际，研究制订稳定官兵思想“18条措施”，开展“五大”活动（官兵大谈心、思想大排查、心理大疏导、工作大检查、隐患大整治），每月邀请地方专家到营区面对面开展心理教育和疏导活动，缓解压力。定期收集官兵合理诉求，常态倾听家属心声，为19名困难官兵发放补助经费6.5万元，协调13名干部子女入学入托，调派机关干部代职，保证基层干部轮休。

全年着眼打造“一队一特”“一队一品”军事文化，深入挖掘各单位光荣历史、优良传统，提炼规范队魂、队训、队歌，投入资金加强政治环境、警史馆建设，做到“创先争优用队旗引领、完成任务用队训激励、重大活动用队歌提气、全面建设用队魂支撑”，让红色血脉根植官兵。结合总队“百名典型评选活动”，开展先进典型“报告会”“走基层”和“演讲交流”三项活动。积极与电大开展共建活动，协调官兵学历再升级培训，真正让官兵“入伍即入校”“退伍即毕业”，为学员苗子创造良好环境，全年支队有4名考生考上院校。加强任务中政治工作研究结合担负“金砖安保任务”，组织各类政治方案会审，采取情况诱导、模拟对抗方式集中的组织演练，投入资金补充完善物资器材，提升政治工作实战效能。

【提升履职能力】 2017年，武警泉州市支队始终把“绝不允许有闪失、绝不允许吃后悔药，绝不允许作检讨”作为目标，开展“学规定、查隐患、找问题、补漏洞”活动，所排查出的问题，全部拉单列条、挂账销号。坚持值班首长随时抽查、值班员常态巡查、督查组实地检查、定期全面排查和每日通报，每周讲评的管勤机制，纠治执勤“常见病”“多发病”，以石狮中队“五防一体化”为样板，加快推进执勤方式优化改革，先后投入资金重点推进巡逻道实体化改建、“414”屏显改造，建设智能报警系统、构筑三道防线、健全两警联防联处机制，提升执勤目标“五防一体化”建设标准。

年内，围绕“八落实”，用好“六种组训模式”，制订支队《军事训练季度达标考核方案》，部队训练落实“中队日训练、周会操，支队月抽考、季普考”要求；干部训练落实“日训、周测、月考、季评、集中补”制度，形成真训、严考、实评的氛围。突出关键环节强能，先后组织各类集训（预提指挥士官集训、舟艇骨干集训、应急班集训、魔鬼周极限训练等），部队训练水平稳步提升。在总队举办的4个大项活动中取得2个团体第一、2个团体第二的好成绩（特战分队干部骨干和参谋业务比武团体第一，安保勤务专项干部骨干集训和教练员集训团体第二）。完善保障机制，按照《军事训练场地建设标准》，指导基层建成基础训练场地“八场四室”，并在有条件的中队建成室内健身房、攀登训练场、室内反劫持训练以及索降平台，所有基层中队训练场地100%达标。投入2000多万元推进教导队达标建设，建成交通工具反劫持训练场、抢险救援训练场、室内室外模拟街区训练场、游泳训练场，可视化训练指挥控制室等。

全年贯彻总部、总队党委关于打好“三场维稳战役”系列指示精神，按照“三化”要求完善战备方案、健全指挥体系、规范编携配装、组织常态演练，提升部队快速反应和处置水平，部队始终保持箭在弦上、引而待发的备战状态。按照“广西会议”精神，推进机关“两室两站”、综合战备物资储备库、战备图库室建设和基层“一室一点”、战备车库、冲锋舟库和战备综合库建设，补充车载装备器材，组织专班修订支队，大队、中队3级作战勤务方案，依照《武警部队不打招呼战备突击检查实施办法》，指导各大、中队落实每周方案演练，每月与目标单位进行一次联合方案演练，预想各类突发情况，增强应对各类突发事件的能力水平。2017年以来，支队先后组织官兵，完成泉州“两会”、元宵灯会机动备勤、防抗第9、10号台风、动车站春运执勤等各类临时勤务。特别是9月金砖安保勤务，支队全力组织官兵增援厦门方向担负厦门国际会展片区部分酒店的安保任务；组织官兵担负泉州方向四大类任务（治国理政论坛安全保卫任务、部分环厦公安一级检查站武装警戒任务、部分泉州重点地域联勤武装巡逻任务、驻地反恐处突和抢险救援等机动备勤任务）。

2017年6月30日，武警泉州市支队举行庆“七一”升国旗暨主题宣誓活动　（图/林劲峰　朱志浩）

【部队基层建设】　2017年，武警泉州市支队贯彻习主席“四个坚持扭住”抓基层指示要求，坚持把工作重心放在基层，推进强军目标在基层落地生根。精准帮建促动力，落实“常委包片、股队挂钩”制度，规范党委机关到操场抓训练、到哨位抓执勤、到课堂抓教育、到班排抓学习、到床头抓谈心的“五抓”帮建方法，利用蹲点调研，“双争”考评、蹲连住班等时机，手把手、面对面、心贴心的为基层干部教方法、理思路、把连续5年未创先中队列为按纲建队“示范田”，主官挂帅，定点指导，坚持“一队一策”“一事一策”“一季一策”，提升精准帮建实效。全年持续实地督察指导，组织工作组蹲点帮建，基层各单位建设整体推进、均衡发展。狠抓培训强能力，党委机关把“经常性基础性工作规范运行机制”作为基本教材，利用每周“二四夜校”和每月工作例会，组织分级分类培训，让各级熟悉相关内容、职责和标准，先后组织基层党支部书记，拟任基层主官、思想骨干、士官班长、新毕业排长等5批次培训，结合每月“3个活动日”，常委带头授课，搞好重难点问题研讨，促进基层自主抓建能力素质提升。争先创优增活力，抓好“四级运行机制”，用好“三会一线”制度，规范抓建秩序。依据“分层次竞争、按比例升降”的原则，修订完善《支队双争考评实施办法》，引导各级干在平时、争在平时，开展“远学成武、近学福清、内学晋江”活动，指导基层逐条检视经常性工作落实中的差距，对缺项漏项抓紧补课赶队，夯实部队发展的根基。成立党委机关山区片靠前指导组，将南安、安溪、永春、德化中队4个中队纳入管理，发挥层级管理效能，规范和激发各单位和广大官兵争先创优的工作热情。

【现代化后勤建设】　2017年，武警泉州市支队按照“后勤变前勤”要求，以保任务、保基层、保建设、保改革为方向，打造“六型”后勤。建强应急保障力量，着眼“一专多能、一兵多用”，坚持开展“三个一”活动，强化后勤“一组五队”专业培训岗位练兵。聚焦“实战化”要求，抓好“一组五队”保障模式建设，修订完善9类应急保障预案，定期组织实兵实装演练，组织指挥和应急保障能力得到提高。加强后勤规范管理，坚持党委理财，贯彻《武警部队经费管理二十五条措施》，落实预（决）算管理制度，以经费管理治“超”、物资采购治“散”、工程建设治“暗”为重点，开展财务、装备、资产清查专项治理活动，到基层单位逐个库室过、逐份单据核、逐张发票审、逐样资产账目清。提升服务保障效能，坚持服务保障基层，在经费物资分配、建设项目安排、医疗服务保障等方面，优先考虑基层需要，着力为官兵排忧解难。协调市规划局、国土资源局办理支队东侧地块剩余用地预审等手续和青苗补偿及清理工作，拟建设400米障碍、150米跑道等训练场，解决机关和勤务中队训练保障问题，协调有关部门将东侧地块与恒信酒店进行置换，办理用地的红线图。重点跟进德化中队新营房规划设计，成立专班人员加强对接协调，力争从项目顶层设计上搞好长期科学规划，投入资金对一中队营房进行修缮。

边　防

边防支队

【概况】　2017年，泉州边防支队接处警37210件，立刑事案件4333件、破2024件，均位居第一，受理治安（行政）案件11659件、查结10185件。查获涉嫌走私案件1235件、总案值约8600万元，其中无合法手续成品油案1221件12382.859吨、案值6100万元。先后摧毁6条涉日、涉台走私通道和1个横跨闽粤两省的特大贩毒网络，3件公安部毒品目标案件获国家禁毒委贺电表彰，公安部、部局、省厅领导8次批示肯定，“2016.10.30”走私毒品案中缴获毒品冰毒16.824千克、半成品冰毒（氯麻黄碱）1013.6千克，系全省边防总队建队以来查获量最多的案件。查获1件部督特大组织他人偷越国（边）境案，抓获“蛇头”4人、涉嫌“三非”外国人390人。

【治安防控】　2017年，泉州边防支队开展治安基础要素和沿海基础信息“两项摸排”，累计排查重点人群14123人、重点事件24件、重点场所842处及关注船舶232艘，并实时登记、挂账销号；部署15个专项行动，在8次332小时集中整治Ⅰ级响应拉动中，出动警力4086人次、警车1157车次，侦破“盗抢骗、黄赌毒”等刑事案件301件，查处“黄赌毒”治安案件207件，抓获在逃人员51人，查扣“三无”船舶45艘，排查各类消防隐患870处、查处消防案件229件，查获走私无合法手续成品油案件147件935.74吨，深度纠治辖区治安突出问题；落实“两堵一端”机制，对93千米海岸线65个重点部位逐一实地踏查、逐一评估风险、逐一建立档案、逐一落实盯防，源头防范全面。

【岸线管防】　2017年，泉州边防支队开展治安基础要素和沿海基础信息“两项摸排”，累计排查重点人群14123人、重点事件24件、重点场所842处及关注船舶232艘，并实时登记、挂账销号；部署15个专项行动，在8次332小时集中整治Ⅰ级响应拉动中，出动警力4086人次、警车1157车次，侦破“盗抢骗、黄赌毒”等刑事案件301件，查处“黄赌毒”治安案件207件，抓获在逃人员51人，查扣“三无”船舶45艘，排查各类消防隐患870处、查处消防案件229件，查获走私无合法手续成品油案件147件935.74吨，深度纠治辖区治安突出问题；落实“两堵一端”机制，对93千米海岸线65个重点部位逐一实地踏查、逐一评估风险、逐一建立档案、逐一落实盯防，源头防范全面。

2017年7月30日，边防官兵在晋江市深沪国家中心渔港帮助渔民加固渔船

（图/泉州晚报社）

【执法执勤规范】　2017年，泉州边防支队推广“4+2”执法模式，健全大监督平台和考评、标准、培训“三大体系”，执法规范化建设提档升级；研发“边防行政案件办理平台”，编制证据标准指引，实现网上办理、流转、监督、评查、审批成定式；推动“七个一”结对活动，推动设立派驻法制员工作室，提升监督合力，推动执法审核关口前移；落实重大疑难案件集体议案、执法质量交叉考评“两个机制”，严密涉酒交通执法、赌博类案件“两项排查”，开展涉案车辆、三无船舶“两个清理”，纠治不良行为，规避执法隐患，清理积案208件、车辆366辆、船舶30艘。

泉州边检站

【概况】　2017年，泉州边检站检查出入境交通工具10471架（艘）次、出入境人员898844人次，分别比增14.48%和15.29%，重点审查187人次，查获各类在控在逃人员118人次，办理违法违规案件36起比增400%，先后阻止1名涉恐嫌疑人员入境、查获6名变换身份入境人员。完成香港回归20周年庆祝活动、金砖会晤、十九大等口岸安保任务，远洋渔船管理、实战指挥体系建设等9项做法分别被公安部边防局、省边防总队转发推广，驻守“泉金”航

2017年8月16—18日，金砖国家治国理政研讨会在泉州举行，泉州边检站完成部分代表团成员从口岸入出境的边防检查任务　（图/泉州边检站）

线的执勤业务二科获评“全国优秀公安基层单位”。

【特殊情况检查】　8月16—18日，金砖国家治国理政研讨会在福建泉州举行，泉州边检站以快捷、高效、安全的通关服务，完成部分代表团成员从口岸入出境的边防检查任务。

9月24日，泉州边检站执勤人员在为马绍尔群岛籍“纽卡斯尔”轮办理入境检查手续时，发现该轮4名船员证件中出入境验讫章不成对，存在行程轨迹可疑问题。经查证，该轮于2017年3月15日在山东蓬莱口岸入境卸货，3月22日从山东蓬莱口岸出港前往上海吴淞口岸时，接到轮船公司指令取消上海的靠港计划，在未向吴淞边检站报告的情况下于当日直接出境前往越南hai phong港，存在擅自出境的违法行为，并依据《出境入境管理法》对该轮进行处罚。

1月31日，泉州边检站在对香港至泉州的ZH9094航班进行API预检时，发现1名莫桑比克籍旅客因护照资料页照片与本人照片差别较大，并通过应用公安部出入境综合数据应用平台、梅沙照片查控比对系统，确认为变换身份的不准入境人员。9月12日，泉州边检站通过应用公安部出入境综合数据应用平台、梅沙照片查控比对系统等手段，成功查获1名赞比亚籍变换身份人员。12月11日，泉州边检站在对马尼拉至泉州PR356入境航班进行API名单预查时，发现一名“三非”重点国家加纳籍旅客的出入境记录存在疑点，随后通过人身行李物品检查、联动协查和大数据深度核查等手段，核实该名旅客与在2017年9月因非法居留被遣送出境人员系同一人，且该旅客也承认其变换身份入境的事实，根据相关规定阻止其入境并进行妥善处置。

肖厝边检站

【概况】　2017年，肖厝边检站投入260万元保障重点项目建设和为基层办实事，官兵工作、生活、训练条件大幅改善。开展净港1、2号和零点专项行动，开展口岸涉恐隐患和基础信息大排查活动以及口岸限定区域集中整治活动，对湄洲湾锚地海域进行全覆盖式巡查，对口岸限定区域实行24小时武装巡查，查获全省首例手机存有暴力敏感视频1人次、手机内存有持枪照片的疑似涉恐人员2人、违法违规案件4起4人次。

【警地立体防控机制构建】　2017年，肖厝边检站完善警警联合、警地联勤、警企联手管控模式，与泉州市国安局签订《肖厝口岸反恐工作合作协议》，与泉港公安分局建立反恐防回流协作机制，联合海事、海关和检验检疫等口岸部门签订《肖厝口岸查验单位“四方共管”框架协议》，与辖区企业建立警企共管机制，基层执勤业务科与相邻边防派出所建立快速联动机制，实现立体式协作共管，联合防范和打击口岸涉恐行为。

【提升边检服务水平】　2017年，肖厝边检站依据货源货类、航线特点和码头类型，推出中东原油专递、东盟快捷走廊和出口优检通道3条服务通道，配套建立超大型油轮快速通关“133”工作机制、东盟航线非负面清单船舶免预约报检制度和出口勤务5分钟响应机制，确保各类船舶进港快、卸货稳、离港顺。推进“单一窗口”服务平台应用，船舶100%实现网上报检，打造边检业务和服务流程网上一体化运行报检新模式。优化窗口服务，践行“不眠报检”承诺，落实“边检接待日”制度，服务实现零投诉、零信访、零差评，服务满意率保持100%。

海　警

【概况】　2017年，海警第二支队出海执勤885艘次、警力25131人次，航程60586海里，航时7900小时，开展“净海2017”“国门利剑”等专项行动13次，查办各类案件114件，1件刑事案件获评海警局“十大精品案件”，查获涉案成品油6250吨、冻品104.54吨、台杂货61件，总案值4300多万元，抓获各类涉案人员206人，查扣涉案船舶62艘，调解海上矛盾纠纷3起，成功救助遇险群众20人。

2017年4月24日，海警35105舰列编归建　　（图/海警二支队）

2017年4月24日，海警第二支队吨位最大、设备最先进的海上执法舰艇海警35105舰列编归建。海警35105舰服役后将全面加强支队在辖区海域打击违法犯罪、执行海上安全保卫任务、处置海上群体性突发事件能力及遂行远海维权执法勤务能力，为履行海警队伍“维权、执法、服务”三位一体的职能打下扎实基础。

2017年5月12日，海警35051艇全国“青年文明号”授牌仪式在泉州港后渚码头举行，共青团福建省委、福建省海警总队、共青团泉州市委等有关领导出席活动。

【全国首家海上综合执法合署办事处运作】 2017年3月，为对接海洋强国战略和海警体制改革形势，由海警第二支队三大队、晋江市海洋与渔业局、海监、海事处联合成立全国首家县级海上综合执法合署办事处并实体化运作，旨在实现海上执法、管理、服务的无缝衔接。年内，办事处累计查处海上走私、非法捕捞、非法采砂等各类案件31起（含刑事案件2起），拆除“三无船舶”41艘，清退港区内养殖带约1.7万平方米，清除障碍网箱130件，清理围头湾海域的管防隐患，营造良好的海域治安环境。

【厦门金砖会晤海上安保】 2017年，厦门金砖会晤安全保卫启动后，海警第二支队科学制订海上安保方案，合理部署警力，派出560余人次全面摸排海上各类治安要素及风险隐患，摸排各类基础数据18205条。牵头18家成员单位组建泉州市海空域管控协调组，搭建围头前进指挥所，开展联合行动84次，查获“三无”船舶171艘，查办各类案件105起，通过发挥协同作战效能，守好入厦海域东大门，保障辖区海域的安全稳定。

【海上锚地集训】 2017年6月18—30日，海警第二支队组织所属舰艇在泉莆海域开展海上锚地集训。其间，出动各类船艇32航次，参训官兵1157人次，总航程2386.1海里，总航时300小时40分钟，先后开展舰艇准备与部署、航行组织、舰艇编队、固定武器射击、损害管制等科目的训练与考核，提升舰艇业务训练水平，锤炼部队“能打硬仗、能打胜仗”的实战能力。

【海上遇险船员救助】 2017年10月16日，在泉州晋江围头湾附近海域执行任务的海警35004艇收到泉海88号船舶的电台呼救，支队应警而动，立即命令该艇前往事发海域展开营救。海警35004艇官兵克服海面风急浪高等不良天气影响，迅速搜寻到遇险船舶，逐批次将16名船员全数转移至海警舰艇上，并妥善安置。

【敏感海域重大巡航维权】 根据中央部署，在中国海警局和福建省海警总队筹备组的统一组织领导下，海警第二支队于2017年11月7日始，派遣海警35102舰远赴西沙群岛遂行常态化巡逻管控任务。期间，舰艇总航程2432海里，总航时347小时，完成上级交予的任务。

人民防空

【概况】 2017年，泉州市人防办贯彻落实泉州市“十三五”人防建设规划，推进“结建”工程建设，抓好人防工程建设。推进人防工程防护体系建设。贯彻落实泉州市“十三五”人防建设规划，人防规划体系逐步完善。在完成中心市区980平方千米人防专项规划的基础上，推动县级人防专项规划同步开展，完成了洛江区、石狮市、晋江市、台商投资区人防规划专项编制工作。率先全省在晋江市开展“两规合编”（人防规划融入城市建设规划）试点工作，完成晋江市《博览片区地下空间与人防专项建设规划》，为全省人防工程规划建设提供了创新经验。11月，全省人防比学赶超活动在晋江市博览片区进行现场经验交流，推广泉州市开展的“两规合编”工作经验。防护体系专项工程和人防综合体建设日趋完善，推进战时人防工程配套体系建设。全市人防工程体系配套率居全省前列。加强人防工程质量监管，在推进工程建设过程中，抓好人防工程建设过程监督、竣工验收和备案管理工作，把好工程质量关，市人防审批科和人防设施维护管理站、检测站和各（县、市）办机关人员全年出动1150多人次，对全市150多个在建人防工程开展人防质量监管。率先全省试点人防工程管理集成软件开发工作，推动人防工程建设信息化管理和标准化管理，创新人防工程行政监管和中介机构服务有机结合的人防工程信息监管体系。同时，加强对人防工程设计、审图、监理和防护设备企业的监管，保证人防工程防护设备、设施质量的安全。

【指挥通信与应急保障】 2017年，泉州市人防办做好护航厦门会晤安保工作，厦门安保维稳工作启动，泉州市县两级人防办协同配合，围绕四个阶段安排，紧密结合各自实际，统筹兼顾，突出重点，先后召开党组会、行政办公会、视频会及专题会142场次，开展各类检查160多场次，检查工程项目1873个，检测维护各类警报938台次，整改各类隐患问题286个，确保人防安保维稳工作万无一失，完成省人防办和市维稳部赋予的工作任务。做好9月18日全市警报试鸣工作，针对厦门金砖会晤的特殊情况，及时向市政府请示将原来9月1日（泉州解放日）警报试鸣时间，调整为9月18日。2017年“9·18”，全市组织第20次防空警报试鸣暨人员疏散演练活动，主会场设在安溪县恒兴中学大操场，省人防办副主任张祖明，泉州市政府副市长季翔峰、泉州军分区司令员高宏等领导和机关人员在安溪现场观摩指导演练活动，省、市领导对“9·18”防空试鸣演练给予肯定。与此同时，晋江市人防办在全市中、小学校及优兰发集团公司和部分企业组织近2万多人进行防空疏散演练。做好人防指挥信息化建设，坚持每月组织一次定期拉动到各县（市、区）进行联调联试，督促县（市、区）人防指挥通信平台建设，配置军用电台，促进县（市、区）的指挥平台和信息化建设。同时，加强市人防战备值班室建设和管理，常年实行24小时值班制度，全体值班人员和带班领导在岗在位，保持良好的战备状态。四是组织全市人防机动指挥系统跨区训练。根据省人防办通知要求，2017年5月和7月，组织机动指挥系统操作人员赴江西瑞金和福建长汀进行为期6天的岗位培训，参加训练的人员基本熟悉设备的使用规程和操作方法。同年6月完成与安徽省人防办组织到泉州和省人防办组织的为期2天的跨区联合训练演练任务，促进组织指挥能力的提升。

【工程维护与平战结合】 2017年，泉州市人防办贯彻执行省人防办下达的各项文件精神，抓好全市人防公共工程的维护管理和开发利用工作，落实全市人防公共工程设施、设备的检修及维护管理制度。落实全市人防公共工程设施、设备的检修及维护工作。将每个月的15日定为安全检查日，组织相关人员对全市人防公共工程的设备、设施进行安全检查。巩固和提高平战结合成果，抓好全市人防公共工程的开发使用力度，通过各种宣传渠道按相关报批程序上网公开招租，全市人防工程利用率90%以上，创造就业岗位600多个。按照省人防办和市政府的统一部署，贯彻落实厦门金砖会晤维稳工作会议精神。通过分组、分批对全市人防工程，特别是早期人防工程进行地毯式的巡查，做到不留死角。对巡查中发现的问题提出整改要求，限时整改。确保厦门金砖会晤期间人防工程处于良好的安全使用状态。

【人防宣传教育与人防法规建设】 2017年，泉州市人防办针对金砖会晤的特殊情况，及时调整警报发放时间为9月18日，在丰泽广场、万达广场和刺桐公园北门等居民聚集区开展人防宣传咨询活动。加强宣传教育工作，增强全民的国防观念和人防意识。发挥人防教育馆和新媒

2017年7月，泉州市人防机动指挥系统参加省人防办组织的跨区演练
（图/市人防办）

体宣传平台的作用，与泉州广播电视台、泉州晚报社等新闻媒体密切合作，以“9·18”警报试鸣为契机，加强对人防使命任务的宣传，及时报道人防工作最新动态。9月18日，《泉州晚报》第二版专板登载“9·18”试鸣活动情况和有关人防知识，同时利用移动、电信、联通发放手机短信120.2万条，在市区公交移动电视播放人防宣传片；落实人防宣传教育“五进”（进机关、进党校、进学校、进社区、进企业）工作，特别是进社区、进企业上补齐短板，实现人防宣传教育全覆盖。创新“放管服”改革和行政服务机制。按照市政府办《关于建立健全减权放权事项监管责任清单的通知》等相关文件要求和市审改办的统一部署，开展审批服务申报材料“瘦身”工作，所有14个审批项目均授权分管领导审批，将其中7个审批项目授权审批科长审批，再次疏理人防办行政权力事项并组织实施。开展收缴防空地下室易地建设费专项监督活动；根据《福建省人民检察院关于组织开展督促收取防空地下室易地建设费和矿山生态环境恢复治理保证金专项监督活动实施方案的通知》精神。

2017年9月18日，全市组织第20次防空警报试鸣和防空疏散演练。图为安溪县恒兴中学主会场驻军防化连开展三防演示 （图/市人防办）

相关链接： 防空警报是城市防空工程的重要组成部分，平时用于抗灾救灾和突发事故情况下的灾情预报和紧急报知，战时用于人民防空，是各级人民政府实施人民防空指挥，组织人员疏散的基本手段，是在城市受到空袭威胁时鸣响的提醒人们防空的警报。

防空警报分为预先警报、空袭警报和解除警报这三种预先警报:鸣响36秒，停24秒，反复3遍为一个周期，时间3分钟。市民立即停止一切工作，把家中电源拉闸断电，关好煤气、熄灭火种、关好门窗，携带有效证件，生活必需品及防护器材，迅速撤离到附近地下防空避难所、人防工程、防空洞。空袭警报:鸣响6秒，停6秒，反复15遍为一个周期，时间3分钟。无法进入地下防空避难所，人防工程、防空洞，市民利用地形地物就近隐蔽，趴在地上双手抱头。解除警报:连续鸣响一长声，时间3分钟，市民可以走出地下防空避难所，人防工程、防空洞，恢复正常工作。

试鸣方式，中国一些城市安排每年的某一天进行防空警报的测试。测试一般为15分钟，依照空袭警报、紧急警报和解除警报的顺序鸣响。一是为悼念该城市遭到的空袭中遇难的人民，二是检验人防设备，三是进行国防教育。一些单位也会在这一天安排防空演习。防空警报试鸣之前要在报刊等新闻媒体上公布，以免造成社会恐慌。政府公告:进行防空警报示警时，望市民保持正常的工作和生活秩序。人防办提醒，遇到战争、灾害时，市民一旦听到警报要尽快进入人防工事，除做好行动准备和防护动作以外，当生化威胁征兆明显、响起空袭警报时，防毒面具常需挂在胸前或直接戴上。市民快速到达工事口部时还要服从工事负责人的疏导，不停留、不拥挤、不吵闹;不背包，不夹包、不提包;抱小孩，不牵小孩走;无灯时，要腾出右手，靠右侧探摸、快速进至工事安全区。

如果在战时或者演习的情况下，听到防空预先警报的时候，大家不要慌，首先关好门窗，关闭电源、天然气，带上水、药品和有关的证件，按照防空部门指定的地点，有计划的疏散。如果听到空袭警报后，有个别来不及疏散的人，如果在室内，就赶快找到墙角、桌子底下趴下。在室外找开阔地、草地、有台阶的地方，爬到台阶底下，然后两手交叉，放到胸前，嘴巴微张，防止爆炸带来的冲击波。如果没有台阶，跑到低洼的地方趴下。

经济管理与监督

栏目编辑：谢晓艺

统 计

【概况】 2017年，泉州市统计系统贯彻习近平总书记关于防范和惩治统计造假、弄虚作假的重要批示指示精神和中央关于深化统计管理体制改革、完善统计管理体制的总体要求,对中共中央办公厅、国务院办公厅联合下发的《统计违纪违法责任人处分处理建议办法》(以下简称《建议办法》)召开会议进行专题学习，并下发文件要求各地要把学习贯彻《建议办法》作为重要政治任务，思想政治行动上与党中央保持高度一致，确保中央决策部署不折不扣贯彻执行。市、县两级统计部门利用统计报表布置会、专业培训会，把《建议办法》的主要精神和统计法律底线25条铁律列入必须强调的内容。泉州市规范统计调查项目的管理与审批，按照国家统计局《关于印发统计调查项目审批管理规定的通知》《福建省统计局关于进一步加强统计调查项目审批和管理工作的通知》和《福建省统计局关于建立健全地方统计调查项目审批管理制度的通知》进行统计调查审批管理，修订完善《泉州市统计局部门统计调查项目审批流程》及流程图，并及时更新挂网,推进全市统计调查项目管理逐步规范，形成依法接受管理、依法实施统计调查的氛围和机制。

【统计普法宣传教育与“七五”普法】 2017年，泉州市统计系统根据统计工作发展的需要和省统计局法制工作的部署，市、县两级统计机构成立由统计局主要领导担任组长的“七五”统计法制宣传教育领导小组，落实机构人员，强化对统计普法工作组织领导，保证全市统计“七五”普法工作的顺利实施。切实加强与同级政府法制办、司法局、依法治市（县）办和宣传部等相关部门的联系，取得支持与配合，根据当地统计法制工作的特点，把统计普法工作纳入当地“七五”普法工作的重要内容。将“七五”普法工作列入统计局工作议事日程，做到“三个纳入”，即纳入各年度工作计划、纳入全市统计系统干部职工学习计划、纳入年度工作目标考核，确保“七五”普法工作做到有组织、有计划、有措施、有成效，有效落实各项工作任务。

2017年9月29日，市统计局与鲤城区统计局在常泰街道开展新《中华人民共和国统计法实施条例》大型宣传活动　（图/市统计局）

【统计执法监督】 2017年，泉州市统计系统加强监督检查落实统计执法“双随机一公开”抽查制度，严格按抽查方法、抽查事项清单及工作细则，强化并规范线索收集、管理、核实处理工作，完善统计数据质量监管责任，健全发现统计违法行为追溯机制。规范数据，确保与省级执法数据平台顺利接轨；及时对本单位使用的执法平台数据进行规范和完善；严格按照要素表单要求，及时补充行政职权数据的要素信息，并根据实际纸质卷宗，完善缺失的电子表单信息，补充瑕疵已办执法案件的文书信息。公正裁量，让自由裁量权在阳光下运行；严格执行统计行政处罚自由裁量权制度，对自由裁量权配套制度及制约制度、裁量标准和规范情况等进行网上公开，让公众一目了然地了解执法部门的“权力清单”，做到有权必有责、用权受监督、违法受追究，实现执法依据公开，处罚过程透明，确保统计执法公正公平。文明执法，树立统计阳光执法新形象；公示统计违法行为举报途径，通过书信、电话、传真、电子邮件等多种形式，拓宽监督举报渠道；建章立制，规范行政执法人员行为准则，加强统计执法人员的职业道德教育，制定统计文明执法守则，严格要求统计执法过程的检查用语及工作态度，要求执法人员做到廉洁自律、按章办事；构建统计阳光执法模式，打造统计阳光执法形象。

审 计

【概况】 2017年，全市完成审计项目395个，查出违规金额29452万元；处理应上缴财政28727万元、应减少财政拨款或补贴985万元；审计促进整改落实有关问题金额291688万元，挽回（避免）损失1653万元；移送处理事项39件26人。出具审计报告和专项审计调查报告480篇，被批示、采用173篇；提交审计信息1254篇，被批示、采用2418篇次。提出审计建议1204条，被采纳890条；推动完善规章制度41项。全市计算机应用水平大幅提升，1个优秀案例、2个应用案例、5个鼓励案例获省表彰，晋江市审计局1个审计项目获省质量考核优秀表扬。

【国家重大政策措施落实情况跟踪审计】 2017年，泉州市审计局围绕供给侧结构性改革重点任务，开展金融服务实体经济、税收优惠政策执行、加快产业转型升级、精准扶贫脱贫等4个政策专题和市公共文化中心PPP项目、白濑水库等35个重点建设项目跟踪审计，助力2017年项目攻坚和“放管服”改革等政策措施落实，促进统筹盘活和加快财政资金下达2878万元，落实项目配套资金16777万元。《中国审计》杂志以《泉州市政策跟踪审计取得“十项成效”》予以报道，工作成效得到省厅表扬。

【财政审计】 2017年，泉州市审计局以大数据审计为支撑，省市县三级联动延伸资金链为抓手，推进预算执行情况及决算草案、加快产业转型升级资金使用绩效、支持现代农业发展资金使用绩效、财政事权和支出责任划分、地税部门税收征管和优惠政策执行等五方面内容的同步审计，进一步提高工作效率。促进预算收入及时入库5.82亿元、盘活财政存量资金2.44亿元，其中市本级财政补入库预算资金1.33亿元、盘活存量资金2942万元，有关部门补缴财政资金1880万元，补缴、追回税收近200万元，推动部门单位修改完善规章制度14项。

2017年3月15日，泉州市召开全市审计工作会 （图/市审计局）

【经济责任审计】 2017年，泉州市审计局以南安市领导干部自然资源资产离任审计为试点，探索领导干部经济责任审计和自然资源资产离任审计“一体两翼”制度框架，加强试点实践。联合晋江市审计局对小城镇晋江市金井镇党政主官履行自然资源资产管理和环境保护责任与经济责任同步审计，为实现领导干部自然资源资产离任审计由试点转入到全面推开阶段奠定基础。市县两级共对98位领导干部开展经济责任审计。

【固定资产投资审计】 2017年，泉州市审计局以服务2017年项目攻坚年活动为抓手，开展涵盖13个省重点项目的市政设施建设项目、市文化中心PPP项目、泉厦漳城市联盟路等建设项目管理情况审计调查，持续开展援疆援藏项目和资金审计。全市完成投资审计或调查项目110个，完成投资审计额353401万元，核减投资额3304万元。

【民生资金（项目）审计】 2017年，泉州市审计局开展全市城镇保障性安居工程跟踪审计，推动有关单位兑现农村危房改造补助资金221.06万元，取消、调整、撤销225户保障对象资格或停止享受保障待遇，对惠安、晋江和洛江等保障性安居工程存在的违规问题进行移送处理。组织对南安、安溪、永春、德化4个县市精准扶贫和城乡医疗救助资金“最后一公里”进行审计，促进拨付资金5000多万元，盘活扶贫资金近2000万元，促进扶贫资金发挥效益4972.99万元，精准识别、调整扶贫对象1911人，移送处理8件，推动扶贫政策落实。

【企业金融审计】 2017年，泉州市审计局以五大国有企业集团整合为契机，开展闽侨实业投资有限公司财务收支审计和市属国有企业“三重一大”制度执行情况审计调查，推动国有企业改革和国有资产保值增值；开展泉州银行信贷资产和服务实体经济状况的专项审计和调查，严控信贷资金投向，防范信贷资金“脱实向虚”。

【专项资金审计】 2017年，泉州市审计局开展市级财政性投资信息化建设项目资金使用管理情况和人民医院信息系统专项审计调查，加强信息化风险防范；结合项目审计对“三公”经费和会议费“1+X”情况进行专项检查，开展中心市区道路临时停车收费审计调查、厦门金砖会晤活动经费等民生及热点专项审计或调查，向市政府提交《关于加快推进信息化项目数据共享的专题报告》等要情专报17份，得到市领导的重视和批示。

国有资产监督管理

【概况】 2017年，泉州市国资委所出资企业资产总额首次突破千亿大关，比上年增长14%；归属母公司所有者权益合计556亿元，增长10%。全年累计实现营业收入154亿元，利润总额11亿元，已交税费6.7亿元。城建集团、文旅集团、金控集团、交通发展集团、水务集团、省五建公司、中泉集团、五矿集团、集英保安集团等9家所出资企业实现利润均超千万元，其中城建、水务、文旅集团突破亿元，分别实现利润6.7亿元、1.2亿元、1.01亿元，省五建公司、五矿集团实现大幅增长。

【关键领域改革】 2017年，泉州市国资委按照“体系重构、相对集中、优化结构、以实为本、平稳过渡”的工作思路，开展市属国有企业重组整合，通过股权划拨、资产转入等方式先后组建城建、文旅、金控、交发、水务等五大市级国资集团，将40家市属企业资产整合集聚发展。初步实现国有资本向公共服务、基础设施建设、前瞻性战略性产业、保障民生等领域集中；集团层面内部治理结构基本形成，一批规模大、层次高、带动强的项目加快生成、落地建设。市委、市政府印发《关于深化市属国有企业改革的实施意见》，明确到2020年主要改革目标，提出24项改革举措，作为新时期指导和推进全市国有企业改革的纲领性文件。加强与省企、外企、民企战略合作，通过项目对接投资持股，8家企业开展混合所有制改革，引入非国有资本1.3亿元。城建集团依托三一集团在装备制造领域和全产业链资源的优势，合力开拓装配式建筑市场，打造“绿色建筑产业园”示范基地。文旅集团引入社会资本参与美食城、“东亚之窗”等古城文化旅游项目运营；联手马来西亚银河高科集团推进“泉州市智慧旅游云平台”建设。交通发展集团利用运输网络资源，与民企合作试水共享汽车分时租赁；引入省企参与海上客运公司资产重组，提升“小三通”客运直航服务品质。完成省五建公司、五矿集团、轻工集团等3家所出资企业改制方案审批，27家二、三级权属企业完成公司制改制工商变更登记，为下一步建立公司法人治理结构、完善市场化机制打下坚实基础。

【服务社会民生】 2017年，泉州市成立国资系统项目攻坚领导小组，按照在建、前期、谋划三个阶段建立重点项目库，推进企业通过PPP、EPC、政府购买服务、代建制等投融资模式参与市本级项目。完成市公共文化中心、火车站综合交通枢纽、金鸡水厂、美食城、“东亚之窗”文创园、水墨兰庭等项目年度目标，全年投资近百亿元。企业融资能力持续提升，城建集团通过评级AAA初审；五大市级国资集团完成筹融资超160亿元，支撑重点项目和高端产业投资。

城建集团立足“城市建设运营服务综合提供商”定位，成立代建中心，打造装配式建筑、人工机制砂、海砂净化、城市生活垃圾处理等城建全产业链。文旅集团围绕古城保护提升，培育精品酒店群、美食城、文创园，推进古街巷微改造等原真性保护；完成清源山景区所有权、管理权和经营权分离；首次独立运营2017环泉州湾国际公路自行车赛，承办泉州海丝古城徒步穿越等大型文体活动，打响海丝文化品牌。金控集团作为泉州市重要产业投资平台，有序开展重大产业项目先导性、引领性投资，出资晋华集成电路、泉州芯谷、西人马等高端产业项目；参与泉州银行增资扩股，组建市级政策性融资担保公司。省五建公司不断提升施工工艺和品质，获批3项国家专利，率先采用建筑信息模型和预制混凝土装配式施工技术，完成市公共文化中心图书馆主体安装，成为泉州市最早采用现代技术装配式混凝土结构的公共建筑项目。中泉集团借力“一带一路”发展机遇，拓展境外投资，做强做优劳务派遣主业，在第三届中国海员技能大比武活动中取得佳绩。集英保安集团凸显“金融孵化基地”集聚效应，成为全国首家金库入驻企业。

交通发展集团推进“1条轨道交通、2条铁路、3个通道、4条高速公路以及5座综合枢纽站”等交通基础设施建设；构建“六位一体”公共交通布局，推行“一元票价制”，完成春运、国庆、海艺节等重大节假日和活动公共交通保障任务。水务集团打造水务新生态，推进二次供水、直饮水服务，探索水管单位经营性资产企业化运作模式，年供水量突破1.2亿吨。泉州晋江国际机场旅客和货邮吞吐量再创历史新高，旅客首次突破500万人次，通航范围覆盖全国95%省会城市，成为泉州市对外经济发展和文化交流的“空中桥梁”。

【国资监管服务】 2017年，泉州市出台《市属国有企业负责人履职待遇和业务支出管理规定》，合理确定并严格规范企业负责人公务用车、办公用房、业务招待等待遇支出。因应政策法规变化，修订《关于进一步规范市属国有企业改制工作的若干意见》，切实维护国有资产安全和职工合法权益。设立外派监事会，明确职责定位。通过政府采购统一聘请中介机构，开展企业决算报表审计，提升会计信息准确真实性。

完成省五建六分公司等4家企业财务收支审计以及展览城公司原董事长离任经济责任审计，审计金额超200亿元；推动所出资企业开展权属企业审计项目51个。规范企业产权变动、投资审核、资产评估项目管理，完成企业国有产权实物资产转让15笔，国有房产、广告租赁384宗，担保项目29笔，资产评估备案项目22笔。产权交易中心完成市属企业各类交易金额2.3亿元，比上年增长13%，增值率8.4%。

2017年，入驻泉州市网商（虚拟）产业园的工商局工作人员为网商创业者提供登记注册指导　（图/泉州晚报社）

工商行政管理

【概况】　2017年，泉州市工商行政管理部门以推进改革创新为动力，以服务经济发展为导向，全面深化落实“放管服”改革。泉州市商事制度改革获国务院办公厅通报表扬，成为福建省唯一上榜地区；连续五届蝉联“全国文明单位”。李克强总理批示肯定的《福建省探索“双随机、一公开”标准化、职能化、集成化、一体化提升监管成效》简报中大篇幅介绍泉州市工商部门牵头开展的跨部门“双随机、一公开”抽查工作。

【商事制度改革】　2017年，泉州市工商行政管理部门在全省率先推进“多证合一”改革，共梳理市、县区两级67个部门1055个行政权力事项，确定将“住房公积金缴存登记”等23个事项与先前“五证合一”事项整合，实现“28证合一”；截至12月底，全市10万多家新设企业领取“多证合一”营业执照，全市21万多家企业和农民专业合作社领取或更换加载统一社会信用代码的营业执照；新设“两证整合”个体工商户营业执照13万多户。在全省率先实施“住所（经营场所）申报制”改革，以一纸“住所（经营场所）信息申报表”替代所有的场所证明文件，受惠市场主体超17万户。在全省率先开展企业简易注销和个体工商户简易注销，先后出台企业和个体工商简易注销登记规定（试行），截至12月底全市有3300多家企业、4000多户个体工商户适用新政依申请办理简易注销登记，帮助企业节约公告费用约400万元；登记机关依职权简易注销个体工商户近13万户。全市有14.7万家内资企业(年报率88.6%)、4896家外资企业（年报率83.94%）、25万户个体工商户（年报率66.72%）、3724家农民专业合作社(年报率85.77%)通过国家企业信用信息公示系统（福建）申报并公示2016年度年报，完成国家工商总局所确定的企业年报率不低于85%的目标任务。据统计，泉州市商事制度改革启动至2017年12月底，新增各类市场主体44万多户，占市场主体总数63.9%。全市期末实有各类市场主体超70万户，总量位居福建省首位。

【服务发展】　2017年，泉州市政府下发《关于加强商标品牌建设工作的意见》，全市有国家工商总局认定的驰名商标155件，马德里商标国际注册765件。在国家工商总局与世界知识产权组织联合开展的“2017年中国商标金奖”评选活动中，泉州匹克体育用品有限公司获“中国商标金奖—商标运用奖”，成为福建省唯一获奖企业，泉州市工商局获“中国商标金奖—商标保护奖”提名。商标注册受理窗口正式启动运作。截至12月底，受理商标注册申请件595件，咨询件近1000件。泉州市有效注册商标突破25万件，约占全国的1.8%、全省的36%，平均每万户市场主体拥有有效注册商标3600件，在全国处于领先水平。泉州市工商局与泉州银行签订《商标专用权质押融资战略合作框架协议》，2017年有5家企业通过泉州受理点办理商标质押贷款业务，贷款金额6520万元，全市商标专用权质押融资累计17亿元。以“泉州品牌商标的力量”为主题参展第三届中国（泉州）海上丝绸之路国际品牌博览会，现场参观者超过1万人次，分发宣传册7000本。泉州市政府全额核拨泉州商标馆升级建设经费，并将商标馆建设工作列入政府工作报告，泉州商标馆招录正式干部1名。1.1万多户各类市场主体申请入驻网商（虚拟）产业园；泉州购平台入驻商户1500多家，产品数3.5万个，交易额2700万元。中央电视台“十九大献礼”片《法治中国》刊播泉州市通过集群注册登记等系列服务扶持网商（虚拟）产业园发展的工作情况。在全省率先出台扶持公益广告发展激励政策。“领SHOW”天地国家级广告园区已发展为泉州市文化创意产业发展最活跃的地区，成为绚丽的“城市会客厅”——“地域新名片”，2017年新入驻广告产业及关联产业企业50多家。工商部门深化重点服务工作，帮扶重点企业（项目）350多家办理各类工商事务，“泉州工商登记”微信公众平台关注人数超5万次；办理动产抵押登记361件，帮助企业融资近120亿元，比上年增长146%。全市建立非公党组织5000多个，管理党员3万多名，其中由工商部门牵头建立个私经济党委1个、党支部18个、基层工商所党支部93个，管理非公经济组织党员3000多名。泉州市工商局被评为全省工商（市场监管）系统指导和推进非公党建工作先进单位。

【市场监管执法】 2017年，泉州市工商行政管理部门在全省率先开展宾馆饭店行业跨部门“双随机”联合抽查，抽取企业7200多家，发现公示信息违法违规200多家，通过登记住所或经营场所无法联系1600多家。推进“全省一张网”建设，全市通过平台归集信息57万多条。严格落实经营异常名录制度，全市经营异常名录状态企业约2.3万家，被标注为经营异常状态的个体工商户约13.9万户。组建“1+X”专项督查小组144个，检查市场主体471家，发现问题线索2条。全市当年新增立案3779件，办结案件3937件，罚没1400多万元，其中查办网络违法案件108件，罚没款137万元。创建丰泽区无传销示范点，深入黎明大学开展“防止传销进校园”活动。开展中心市集贸市场、“五小”行业的营业执照登记和监督管理，共检查各类经营户近2万户次，立案查处无照经营案件854件，罚没款308万元。集中开展“八闽红盾出击——2017年反不正当竞争执法专项行动”、房地产广告整治、汽车租赁和二手车交易市场、查处合同违法行为等专项整治，开展市级诚信市场和市级诚信街区创建活动，确定鲤城区涂门街为市级“诚信经营示范街区”。市工商局与市检察院、市工商联联合推进“知名品牌保护联盟”建设，“泉州商标品牌网络保护系统”正式上线运行，编制《泉州知名企业品牌网络保护监测分析报告》，为安踏、特步等本地品牌企业开展异地打假工作。编制《网络市场监测分析报告》和《网络市场舆情监测分析报告》近百期，开展全国范围传销每日网络舆情动态监测分析，实施全国微商涉嫌传销现状调研分析，国家工商总局和国家旅游局以泉州市工商局的报告为蓝本联合发布《警惕WV梦幻之旅网络传销行为》警示材料。国家工商总局竞争执法局发函肯定泉州市工商局网络传销监测查处试点工作。加强网络交易商品定向监测，加强对本市互联网金融信息服务市场违法信息监测排查，完成儿童玩具、灯具等网络商品质量抽检143批次。全年各级12315机构共受理咨询、投诉、举报案件近10万件，为消费者挽回经济损失3000万元，其中“咨询回复率”100%、“一次接通率”94.4%；累计建“消费维权服务站”605个；征集发布2016年度10件维护消费者权益典型案例和8件侵害消费者权益典型案例，举办大学生金融消费维权知识讲座和防范规范电商经营的法律风险讲座，会同公安局等部门销毁2000多万元假冒伪劣物资。开展“八闽红盾出击”——消费维权执法专项行动、中心市区电动车销售市场整治、流通领域电线电缆质量检查等整治行动，组织对流通领域鞋类、电线电缆、服装等商品进行网上网下抽检283批次，完成中心市区公交车服务质量消费调查评议活动。

质量技术监督

【概况】 2017年，泉州市质量技术监督部门贯彻落实《关于开展质量提升行动的指导意见》，做好“中国制造2025”城市试点示范创建工作，举办追求卓越绩效管理、企业首席质量官、品牌价值提升等培训班3期，培训企业家及高级管理人员近200人次。推荐申报各级质量奖，恒安、九牧等5家企业申报第三届中国质量奖，三六一度（中国）有限公司、中天（中国）工业有限公司、福建泉州匹克体育用品有限公司及福建省泉州美岭水泥有限公司等4家企业获评“第四届泉州市政府质量奖”。引导4个区域、42家企业参与品牌价值评价工作，另有部分企业通过行业协会等单位的推荐参评品牌价值评价工作。晋江市获批“全国运动鞋服知名品牌创建示范区”；全面协调推进质量强市示范城市工作，召开创建全国质量强市示范城市工作推进会，结合创建验收细则，针对创建工作的薄弱环节，抓好整改落实，推动创建工作向纵深发展。出台《泉州市贯彻实施质量发展纲要2017年行动计划》，通过省政府质量工作考核组实地核查，取得A级成绩，完成对各县市区政府质量工作考核；开展形式多样的质量宣传活动，着力优化质量发展环境。泉州市“质量月”活动再次被列入全国“质量月”开展主要活动的41个城市之一，承办福建省2017年“质量月”活动启动仪式和“品牌力量，走进泉州”暨中央人民广播电台2017年中国品牌集结行动，开展质量宣传进机关、进学校、进社区活动，弘扬城市质量精神，扩大创建全国质量强市示范城市成果影响，印发《宣传手册》10000册，编发专刊12期。

【“放管服”改革深化】 2017年，泉州市质量技术监督部门以“一趟不用跑”办事模式为目标，倒逼行政审批事项改革。开展行政审批自由裁量权的规范工作和行政审批证照电子化工作，运用新技术、新手段，整合优化办件程序，压缩许可审批办理时限，简化证照遗失补办手续，建立行政审批服务微信群，实现网上申请办结全市首例。市质监局及时总结提升，并将相关经验复制扩展至其他的行政审批服务项目，至年底有80%行政审批项目实现“一趟不用跑”。2017年办理行政审批服务8413件，行政审批即办件和承诺件两大指标实现100% 。加强事中事后监管工作，建立健全“双随机”抽查制度，明确“两单两库一平台一公示”工作制度，共随机抽查企业87家，产品59批次，立案查处3起。

【质量监管】 2017年，泉州市质量技术监督部门强化产品质量监管，组织落实产品质量监督抽查各项工作，全市工业产品质量总体水平稳步提高。是年省级监督抽查合格率比上年提升0.36个百分点，市级监督抽查合格率提高3.06个百分点。做好厦门金砖会晤质量安全保障工作，开展电线电缆专项整治、危险化学品和食品相关产品质量安全监管，加大监督后处理工作力度，加强对部分县市工业产品质量监督抽查合格率较低产品的跟踪，督促整改，全市未出现过产品质量安全事故；严守特种设备安全，做好厦门金砖会晤、泉州治国理政研讨会期间和中共十九大期间特种设备安全保障工作，因在工作中的突出表现，市质监局被市委办、市府办通报表扬，两人分别被国家质检总局和省委、省政府表彰。紧扣提升特种设备“四个率”，加大特种设备安全监察力度，重点组织开展电梯、燃煤锅炉、油气输送管道攻坚战，注重重点使用的单位风险防控，强化各单位责任落实督查，深化“打非治违”及教育引导，形成监管高压态势。与有关部门联合开展执法检查50次，立案查处17件，安全宣传教育活动31场次，指导应急演练22场次；加大打假治劣力度，发挥执法办案的警示促进作用，以“双打”“质检利剑”为牵引，开展农资打假、电线电缆、机动车检测线等专项执法检查，配合市经信委开展“地条钢”专项整治，办理行政处罚案件39件，罚没款63.17万元，受理质量申（投）诉、举报275起，办结率100%，接受群众业务咨询734人次，成功调解汽车三包申诉案件26件。

【提升质量基础】 2017年，泉州市质量技术监督部门突出标准引领，巩固生产领域产品标准制定工作主动作为机制，拓展提升服务行业标准化。全市新增主导或参与完成国家标准50项、行业标准67项、地方标准11项、团体标准4项的制修订工作，团体标准制定取得零的突破。5家家政企业获批省级家政服务标准化试点，鲤城大酒店和家政龙头企业乐乐家政企业获批国家级服务业标准化试点。泉州日春股份有限公司获批国家级农业标准化示范区项目建设，新获批7家省级农标示范区的建设项目，不断扩大农业标准化示范区的覆盖面。德化白瓷入选“中泰3+3”中方地理标志产品，永春县“岵山荔枝”获批国家地理标志保护产品，17家企业获批使用地理保护产品专用标志；实施计量发展规划实施意见，坚决执行国家的减负政策，妥善应对收费调整后的影响。做好安全计量监督检查和检定，努力提升检测能力服务民生计量。检定计量器具25.6万台件，其中免费检定计量器具台件数12.8万台件，减轻企业负担1309.4万元。加大社会公用计量标准的建设力度，全市新建社会公共标准11项，累计167项，更好地满足服务地方产业经济转型升级的需要；全力抓好国家、省级质检中心建设，提升检验检测机构服务区域经济发展的技术支撑作用。国家水暖洁具质检中心通过三合一认证，国家燃香类产品质量监督检验中心（福建）通过福建省质监局专家组现场预验收。福建省特种机器人产品质量检验中心获得省质监局批准，正积极申报国家特种机器人质检中心，国家阀门质检中心通过国家认监委组织的检验检测机构资质认定现场评审。

食品药品监督管理

【概况】 2017年，泉州市食品药品监督管理工作围绕市委、市政府建设“五个泉州”战略决策和全省、全市食品药品监管工作部署，开展食品安全综合监督、推进“餐桌污染”治理，加大食品药品监管和抽检力度，持续开展“双随机”检查和系列专项整治，有效管控食品药品安全风险，保障金砖国家治国理政研讨会餐饮安全、完成创卫创城相关工作。多项业务工作走在全省前列，全市查处食品药品案件数、罚没款数居全省首位，创新“专业监管人员+专职协管员+专职

2017年6月25日，泉州市食药监局在泉州府文庙举行食品安全宣传周活动
（图/市食药监局）

网格员”的食品药品网格化监管成为全省典型得到省委综治办、省食药监局的肯定并联合在泉州召开现场会推广，推进国家食品安全示范城市建设得到省政府李德金副省长批示要求省食品药品监管局注意总结、推广。2017年度全省食品安全满意率综合考评，泉州市得A级。

【食品安全工作落实】　2017年，泉州市委、市政府主要领导4次主持召开食品安全工作会议，分管副市长先后6次召开专题会和现场会，加强食品安全工作的组织部署和督促指导，市长、市食安委主任康涛与各县（市、区）政府签订食品安全责任书，强化各级食品安全政府负总责意识。泉州市食品安全委员会办公室牵头协调，落实食品安全综合监督，推动食品安全工作深入开展：治理“餐桌污染”工作全面推进，先后制订《2017年泉州市治理“餐桌污染”建设“食品放心工程”工作方案》《食品安全有关问题治理实施方案》《泉州市食品安全整治行动实施方案》并牵头组织实施，推进各项治理工作落实；食品安全考核评价进一步落实，推动建立全市食品安全“五主”（党政主抓、部门主管、企业主体、主官主责、人人主人）责任体系，制定下发《泉州市食品安全委员会工作规则》《泉州市食品安全工作评议考核规定》，对县级食品安全满意度实行季度测评、通报，推动整改，以抓考核推动工作开展；深入开展示范城市创建，对照国家食品安全示范城市创建标准，进一步修订细化创建方案，以重点项目为抓手，定期开展工作进展专题评估，全力推进创建工作，指导安溪县做好农资监管平台和茶叶质量安全监管工作，入展全国“双安双创”成果展；应对突发事件及时有效，监测、处置涉及全市食品药品舆情信息，及时处置网络“塑料紫菜”不实视频事件，做好赤潮灾害食品安全应急处置工作，组织开展全市学校及周边食品安全特别是供校食品企业专项检查，有效排查消除安全隐患。

【食品安全巡查】　2017年，泉州市食品药品监督管理部门以创城、创卫为契机，推进农贸市场和小餐饮、小食杂、小作坊食品安全工作。泉州市食品药品监管局多次召开工作会议进行协调部署，全员开启“5+2”“白+黑”模式，利用星期二、星期四晚上及周末开展小食杂、小餐饮地毯式大巡查，检查经营户8万多户次，发放宣传材料3万多份，张贴餐饮后厨功能分区标识、文明餐桌等各类标识9万多张；督促落实三防设施2万多件；小食杂、小餐饮新办理食品经营许可证5957户，市区持证率达到95%以上，经过创建，农贸市场、小食杂、小餐饮全面改观。

【食品药品监管方式创新】　2017年，泉州市食品药品监督管理部门全面实施风险分级管理，完成6.62万家食品药品生产经营单位风险分级，并确定相应检查频次，提高监管针对性和靶向性。探索食用农产品入市检测并机制，出台《泉州市流通领域食用农产品入市质量安全检测方案（试行）》，推行食用农产品检测准入制度，严把农产品入市质量关口。探索餐饮外烩经营管理，出台《泉州市餐饮外烩经营许可管理指导意见》，发放外烩经营许可，乡厨、家宴外烩经营者纳入监管视野。推进重点食品生产企业以及重要批发企业、保健食品企业全面纳入信息化追溯体系建设，有1400多家企业录入追溯系统平台。推进系列示范创建，安排专项资金200万元，完成10条“明厨亮灶”示范街、100个“明厨亮灶”示范校、350个“明厨亮灶”示范店的创建；指导安溪、晋江创建第二、第三批省级食品安全社会共治示范县（市、区），完成20个市级食品安全社会共治示范乡镇创建；推进丰泽区领SHOW天地创建福建省食品安全示范街；筛选14家小作坊开展省级食品生产加工小作坊示范点创建，15家量化等级为A级的餐饮服务单位开展省级餐饮服务“明厨亮灶”示范创建，通过示范创建树立标杆，带动行业规范化。

【食品药品安全保障】　2017年，泉州市食品药品监督管理部门围绕厦门会议食品药品质量安全保障，全面强化食品药品日常监管。食品生产环节，开展对6家供会产品企业全程监管，完成供会产品的交付；推行风险清单管理、风险排查模式，组织开展婴幼儿辅助食品、食品添加剂、瓶桶装饮用水等高风险重点产品专项整治工作，发现问题企业162家，发布召回不安全食品公告47条，召回不安全食品38批次，

2017年1月5日，市食药监局执法人员检查企业　（图/市食药监局）

防止不安全食品流向市场。食品流通环节，新办食品经营许可证2.04万户，依法规范经营主体资格并完成风险分级评定工作。以元旦、春节、端午、中秋国庆为重要时段，以冻库、农贸市场为重点对象，深入开展各项专项检查，特别是针对农村食品安全突出问题开展治理，引导食品经营者办证、换证9600家，探索食用农产品入市质量安全检测，选定17家农贸市场作为试点开展检测监督，对中心城区集贸市场实行常态化检查考评，完成3家大型商超开展“放心肉菜示范超市”创建工作。餐饮服务环节，新增餐饮经营许可证2万份，大幅提升餐饮持证率。对传统小吃容易出现违法添加的牛肉店、包子店以及食品安全隐患较高小餐饮、网络订餐等行业加强抽检监测和专项检查，加大学校食堂和校园周边食品安全监管力度，先后组织开展护航金砖、学校及校园周边食品安全、网络订餐等11项专项整治，创建省级、市级餐饮示范单位860个；圆满完成治国理政研讨会等多个重大活动食品安全保障。药械方面，实现药品生产源头监管全覆盖，完成16家药品批发（连锁总部）企业、1331家药品零售企业的GSP跟踪检查，开展药品流通领域、城乡接合部和农村地区药店诊所药品质量安全集中整治等一系列专项行动，全市共检查药械、化妆品生产、经营单位1.3万家次，约谈药品批发企业20家，零售药店107家。2017年，全市完成食品药品监督抽检10395批次，合格率98.9%，食品安全快检13.7万批次，合格率为99.7%，接收投诉举报信息5402件，全市食品药品监管部门共查处违法案件993件，罚没款入库3416万元，认定假药120件，移送司法机关17件。

【食品药品监管审批】 2017年，泉州市食品药品监管审批服务窗口推行互联网+政务服务，实行“微预约”和“微申报”，6个项目实现全程网办“一趟不用跑”，35个项目实现“最多跑一趟”，占所有审批事项的85.4%。持续细化现场检查标准，推行“痕迹化”阳光审查，全面规范行政审批自由裁量权，建立行政许可申报材料移交制度、问题限时呈报制度，推行“一企一策”个性化服务，不断提升服务效能增强群众获得感。完成存量证照电子化2700余张，全市办理各类食品药品行政审核审批6.28万件。同时，主动服务企业，针对抽检中发现多家瓶（桶）装饮用水生产企业检出铜绿假单胞菌超标问题，组织技术专家深入调查、论证，编写了《瓶（桶）装饮用水生产企业质量控制要点》，帮助企业解决技术难题。支持药品零售连锁企业设置自动售药机工作，全市有231台自动售药机投入使用。出台推进仿制药质量和疗效一致性评价工作扶持政策，2家药企4个品种与研究机构开展一致性评价研究工作。

【食品药品网格化监管】 2017年，泉州市食品药品监督管理部门发挥食品药品质量安全协管员、打假志愿者、“两代表一委员”食品安全荣誉监督员参与食品药品安全协管协查和监督作用，同时，努力探索新模式，有效推进社会共治：一是推进网格化监管，在全省率先推行“专职监管员+专职协管员+专职网格员”模式，实现各县（市、区）网格化监管全覆盖，2017年11月底，省食品药品监管局联合省综治办在泉州市召开全省食品药品网格化监管现场推进会，推广泉州经验做法。二是创新宣传教育模式，加强与主流媒体的合作，组织开展“3·15”消费者权益日、食品安全宣传周、安全用药月大型主题宣传活动，在市区公交车、的士上投放食品药品安全公益广告，邀请市民志愿者开展“环古城骑行”“你点我检蓝马甲系列活动”，并实时直播，累计圈粉80多万人次观看，新华网、福建电视台等媒体予以关注报道。开展“平安杯”食品安全征文比赛活动，收到师生稿件7084件，组织参与食品药品安全知识网络问卷答题，全市超过20万人参加，带动社会广泛参与、关注。三是推广“互联网+明厨亮灶”的社会共治模式，引导社会公众、消费者主动参与餐饮服务食品安全监督，全市“明厨亮灶”餐饮单位达到15500家，占持证餐饮单位的41.08%。

安全生产监督管理

【概况】 2017年，泉州市各级各部门贯彻落实上级的部署要求，采

2017年6月16日，泉州市安全生产委员会和鲤城区安全生产委员会在鲤城区新天城市广场举行“安全生产月”安全宣传咨询日活动 （图/市安监局）

取有效措施，抓好安全生产各项工作的落实，全市安全生产形势持续稳定向好。是年，各类生产安全事故“四项指数”全面下降，即：起数377起、死亡185人、受伤315人和经济损失1618万元，分别比上年下降22.6%、20.6%、18%和72.2%，未发生较大生产安全事故。

市委、市政府领导履行安全生产“党政同责、一岗双责”，多次带队深入检查危险化学品、人员密集场所、燃气、煤矿等重点领域、重点企业安全生产工作，调研督导泉港石化园区安全控制区建设等，对涉及的安全生产重大问题亲自过问，亲自督办。泉州市将安全生产工作纳入经济社会发展、社会综治、精神文明建设、绩效考核内容，做到同部署、同推进；把安全工作与干部考核评价结合起来，在县市党政领导班子实绩考核中，专门设置“社会安全指数”，占3分权重；在机构设置、人员编制、经费问题、车辆等能力保障方面（如：在市安监局增设安监总工、增加安监局执法用车经费、2017年市财政安排安全生产专项经费预算720.4万元，专项用于安全生产宣传教育、事故调查处理等工作、将安全监管部门明确为政府工作部门和行政执法机构），为安全生产工作创造良好条件，确保上级决策部署得到有效贯彻落实。

【安全生产领域改革】 2017年，泉州市安办邀请省专家专题，组织各县（市、区）及市安委会成员单位专题对国家和省安全生产领域改革发展意见精神进行集中宣讲，在晋江市、南安市举办集中宣讲活动，确保各级领导准确把握安全生产领域改革发展的大方向和具体举措。充分利用市安全生产宣传教育培训基地、微信、报纸、网站等多种方式开展宣传工作。市委、市政府下发《泉州市推进安全生产领域改革发展实施意见》（泉委发〔2017〕24号），共7部分34条，在体制机制等方面有效进行突破，包括：进一步强化安全生产领导责任，将政府安委会更名为安全生产委员会，作为党委、政府的办事机构，安委会副主任增加党委有关领导；市、县两级党委、政府每年至少3次召开常委会、常务会，研究安全生产工作；健全安全生产责任体系，明确县级政府安全生产工作由政府常务副职分管，强化事前责任追究，对工作不落实，隐患处理不及时，给予县、乡镇主要领导组织处理或行政处分；强化安全生产基层基础，推广村（居）安全生产网格化，明确配备安全生产协管员；强化安全生产保障体系，建立政府购买安全生产服务制度，发挥泉州市网上中介超市管理系统作用，激活和规范专业技术服务市场；同时，将安全生产领域涉及的70项主要任务，逐项分解给相关责任单位，明确完成时限，确保各项改革措施得到有效落实，提升全市安全生产整体水平。

【目标责任网】 2017年，泉州市安办完善责任体系，调整充实市安委会成员，由市长任组长，由原先下设16个专项领导小组调整充实到20个，出台《安全生产行政权力单位和责任清单》，全面理顺行业监管和综合监管职责。强化责任管控，分解下达安全生产年度目标管理责任制，并严格过程管控，对一次死亡2人和渣土车亡人事故实行挂牌督办，对较大生产安全事故与当年度安全生产目标责任制评先资格挂钩；12月中下旬，市安委会组织12个考核小组，对各县、市安委会成员单位2017年度安全生产责任目标落实情况进行考核，并将较大事故管控及贯彻权责清单、改革发展实施意见、开展职业健康基础建设、风险管控等重点工作与优秀等次挂钩，严格实行 “一票否决”；在全省率先探索启动市对县级政府安全生产巡查，对安溪县政府开展巡查，推动县级政府、企业安全生产责任落实。注重机制运行，建立和落实联络员制度、工作情况季度报送等制度；市安办每季度向同级党委、政府办公室以及纪检监察、组织、文明、综治等部门通报安全生产工作有关情况，年终报送安全生产目标责任制考核结果，并加强沟通联系，强化安全生产考核结果的运用，落实安全生产“一票否决”约束措施。强化企业主体责任，市安办制定出台《泉州市企业全员岗位安全生产责任制指导意见》，明确企业主要负责人、安全管理机构人员、企业工会、车间、班组负责人等全员岗位安全生产职责，明确奖惩机制和工作要求;与企业签订年度安全生产目标管理责任书，切实将“五落实五到位”转化为企业内部管理的制度规范，落实到企业管理的全过程，落实到安全生产的每个岗位、每个环节。

【重点工作】 2017年，泉州市安办强化安全生产风险辨识管控，继续扭住遏制重特大生产安全事故“牛鼻子”不放松，建构双重预防机制；制订出台安全生产风险分级管控实施细则53个、涵盖64个行业（领域、专业），确定标杆企业125家，开展试点工作县(市、区)2个、试点乡镇(街道)25个、试点企业579家，完成“一图一册一报告三公告”的标杆企业106家；在“智慧安监”信息监管平台建立风险管控模块，完成安全生产风险辨识评估企业1030家、各类风险点6413处(其中重大风险点131处、较大风险点1133处、一般风险点2328处、低风险点2821处)；完成安全生产风险辨识评估乡镇2个、各类风险点205处(其中重大风险点1处、较大风险点32处、一般风险点103处、低风险点69处)。推动隐患排查治理常态化，以“提质扩面”为中心，推动“真查实报”，提升排查实效，扩大纳入智慧安监信息管理平台的企业范围、数量，督促企业落实好“企业有清单、车间有表册、岗位有卡片”规定，推动全员参与自主排查隐患，并通过“智慧安监”信息化平台，做到隐患不排查，系统有觉察；上报不按时，系统有报告；整改不及时，系统有警示；责任不落实，系统有考核；工作不到位，系统有评估；全市有5806家生产经营单位纳入信息系统管理，企业通过平台上报隐患12760条，督促完成整改12700条，整改率99.53%；11月底，国家安监总局在泉州市召开培训研讨会，泉州市专题做典型经验介绍。强化宣传教育，启用市级安全生产宣传教育基地，组织全市企业员工、中小学生、机关单位、社会群众进基地参观学习，累计接受150多个单位预约参观，参观人数3670人次；鲤城、泉港、晋江、永春等县（市、区）相继建成安全生产宣传教育基地并投入使用；在泉州晚报刊登稿件37篇，在FM889频道播放公益广告800余次，在泉州广播电视台播放公益广告196余次；市安监局组织参加10期视频执法培训并组织考试；总工会、人社局、安监局等单位联合举办全市首届“职业健康”杯职业病防治岗位技能竞赛，对获得竞赛第1名的选手授予“泉州市五一劳动奖章”称号；组织开展安全生产月活动，推动安全生产基本常识进企业、进学校、进机关、进农村、进家庭、进公共场所；市安监局被国务院安办评为2017年全国安全生产月和安全生产万里行活动先进单位。强化应急救援能力，在泉港石化工业园区南山片区嘉诚（福建）石油化工有限公司开展危险化学品反恐泄漏爆炸事故应急演练，在国家安监总局“2017年安全月特色宣教活动”中获展示交流排行榜第3名。

【大排查大整治和大检查】 2017年，泉州市安办严格监管执法，打击各类严重违法行为8108起，关闭取缔企业129家，停产整顿253家，暂扣吊销证照9家，行政处罚763.6万元；并严格按照《安全生产监管执法手册（2016年）》的要求规范执法程序和执法文书。实行失信惩戒，对存在发生生产安全责任事故、未建立安全生产承诺制度或违反承诺、非法违法组织生产经营建设等10种情况的企业，分级纳入安全生产领域失信联合惩戒对象，严格限制或禁止其新增项目的核准、土地使用、参与工程招投标等；累计有8家生产经营单位被列为失信联合惩戒对象。严肃责任追究，针对大检查发现工作不落实、自查不认真的，问责曝光单位7家；针对大检查期间发生的各类事故，加大事故问责力度，让失责必问、问责必严成为常态；此外，针对2017年发生的1起较大道路交通事故（高速，单列）进行调查处理，建议追究刑事责任1人、由纪检监察机关进一步调查处理的2人、予以撤职、解聘、通报批评等其他处理的5人，共处罚款50万元；对13起一般生产安全事故，实施挂牌督办，严肃责任追究，推动各方责任有效落实。强化曝光震慑，于9月13日、10月13日分两批在《泉州晚报》等媒体曝光企业名单，公开曝光11个典型案例，公布82家关闭取缔或退出企业，起到威慑、教育并重的效果。强化问题整改，国务院安全生产大检查综合督查组反馈的11条问题，整改9条，还有2条正在整改（安全生产执法支队参照公务员法管理问题；惠安应急救援中心人员配备问题）；国务院安全生产大检查“回头看”发现的15条问题，已全部完成整改。严格活动管控，完善大型群众性活动安全管理制度，加强对大型群众性活动安全预警，提示加强安全监管措施。

【重点领域安全生产专项整治】 2017年，泉州市安办每季度选择一些重点领域开展安全专项整治，并针对暴露出来的问题，从机制层面创造性深化整治，有效巩固整治成效。

道路交通方面，深化混凝土运输车辆监督管理，纳入渣土车监管平台，利用科技手段，实行定点路线实时、科学监管；在全省率先建设农村交通安全劝导站，建设农村交通安全劝导站1245个，配备劝导员3011名，实现交警管理触手有力、有效地向农村地区延伸；开展学生和校园周边交通安全专项整治行动，把交通安全教育纳入日常教育教学，落实“护学岗”制度，严查学生和家长交通违法行为，并对查处的违法学生和家长实施定期通报学校、集中约谈家长、教育处罚后放行三个措施，全市学生的交通安全状况有所改观；此外，市交警部门加大对超速、超载、酒后驾驶等“五类十项”严重交通违法行为查处力度，全市查处“五类十项”严重交通违法行为77余万起，其中酒驾8770起，严重违法查处量居全省第一。全市纳入省委、省政府为民

2017年6月22日，泉州市安监局在泉港石化工业园区南山片区嘉诚（福建）石油化工有限公司开展危险化学品反恐泄漏爆炸事故应急演练（图/市安监局）

办实事的160处道路交通安全隐患路段整治任务已100%完成整治。

消防安全方面，消防部门深入开展人员密集场所、易燃易爆危险品场所、文物古建筑、劳动密集型企业、养老机构等专项整治，全市检查单位场所22.2万家，督促整改隐患26.8万处，查封318家，三停1174家，拘留31人，多项执法指数大幅提升，发现并立案的15家重大火灾隐患单位已全部完成整改销案。

危险化学品综合整治方面，采取企业自查、专家核查、行业检查、政府督查“四位一体”的方式，集中开展生产经营环节安全专项整治和“回头看”工作，对检查发现的问题责令采取措施整改到位，对严重违法违规行为或屡查屡犯的问题，坚决予以查处。此外，对全市非法生产、使用醇基燃料行为开展排查摸底，责令15家醇基燃料使用单位停止使用，对1个非法生产醇基燃料点进行立案查处。

煤矿方面，对全市应参加安全“体检”煤矿15处和煤矿上一级公司3家开展安全“体检”。先后成立体检工作组18个，累计参加人员137人次（其中监管部门74人次，聘请专家63人次），查出隐患问题124个并落实整改，整改完成率100%。

非煤矿山方面，开展“头顶库”事故隐患治理工作，泉州市7座“头顶库”，除2座闭库外，其他5座列入泉州市投资工程包管理。完成投资0.16亿元，完成年度计划112%，3座尾矿库“头顶库”改造完成；2座“头顶库”综合利用完成验收工作。

职业卫生方面，全市涉及职业病危害的企业数为1214家，用人单位总人数23万人。1031家用人单位完成职业卫生基础建设，超额完成省政府下达的200家任务数的415 %，并重点打造45家示范样板。狠抓企业职业危害申报、检测，全年投入268万元用于购买职业健康技术服务。

建筑施工方面，对4家违法违规责任主体实施行政处罚，金额36.71万元。将4家施工企业和12名项目建造师列入首批市级质量安全“黑名单”，对其采取限制承接业务、差异化监管、资质资格差别化监管、不得评先评优等管控措施。

粉尘涉爆、涉氨整治和有限空间方面，通过排查整治，摸清企业底数（有粉尘涉爆企业162家、涉氨制冷企业83家、有限空间347家），全市3027家纳入泉州市智慧安监信息管理平台监管的冶金、有色、建材、机械等行业企业，通过平台上报隐患6606处，完成整改6587处，整改率99.71%。

价格管理

【概况】 2017年，泉州市价格管理部门贯彻落实省政府绿色价格政策，实行公交“一元制票价”改革、农业水价综合改革、天然气价格联动机制、差别价格政策、阶梯价格政策等等，促进节能减排、绿色环保。

推进天然气价格改革。市物价局在原天然气价格联动机制的基础上，按照福建省物价局的统一部署，完善优化天然气价格联动机制。对2017年上调的门站销售价格进行调整疏导，下调居民、非居民天然气终端销售价格。7月1日起，全国增值税税率四档变三档，取消13%的增值税税率。2017年减轻泉州市天然气终端用户负担约8000万元。

推进农业水价综合改革。出台《泉州市推进农业水价综合改革实施意见》，针对夯实农业水价改革基础、建立健全农业水价形成机制、建立精准补贴和节水奖励机制等农业水价综合改革工作做出全面部署。督促列入2016年农业水价综合改革试点县（市）的晋江市切实落实好改革要求，并总结可复制推广的改革经验。对列入2017年度综合治水试验县（市、区）的永春县启动农业水价综合改革工作，建立促进农业节水的价格机制以及农业用水精准补贴和节水奖励机制。确定惠安县惠女水库灌区、南安市后桥灌区2个水利工程灌区作为先行改革的项目。

实施绿色价格政策推进公交票价改革。2017年6月5日起对中心市区57条公交线路分批实行一元一票制改革，惠及区域内100多万居民，每年为市区居民减少公交费用支出近3000万元，解决分区段收费易混乱、票制烦琐、乘客出行麻烦等问题。

推进停车服务收费改革。制定出台《泉州市机动车停放服务收费管理暂行规定》，明确社会资本投资建设的停车设施的定价形式，实施差别化收费政策，缩小政府定价范围，定价管理类别由原来的8类减少为5类，规范车辆停放服务收费行为。

推进教育收费改革。泉州市将公办幼儿园、高中（含中职）学费作为行政事业性收费管理，放开民办本科高校（不含独立学院）学历教育住宿费，实施对民办学校更加支持的政策，营利性民办学校收费实行自主定价，非营利性民办大中专、中小学校实行政府指导价管理，赋予学校一定的自主权。取消城区义务教育阶段学生校内午托管理费收费项目。

【价格监督检查】 2017年，泉州市查处价格违法案件49件，实施经济制裁1834.67万元，其中，退还用户220.00万元，没收违法所得1435.83万元，罚款178.84万元。市本级查处价格违法案件8件，实施经济制裁383.39万元，其中，退还用户177.60万元，没收违法所得183.84元，罚款21.95万元。

整治价格收费秩序。泉州市开展殡葬行业服务价格专项检查，重点查处不执行政府定价、指导价以及不按规定明码标价的行为。开展机动车停放服务收费专项检查，召开价格政策提醒会，约谈经营者；按照随机抽查的原则，对主要停车场所进行重点巡查，对性质恶劣、屡查屡犯的2家停车经营者违反明码标价的行为按顶格进行罚款；市民通过“12345”平台发感谢信，对市物价局“真真切切地为百姓做事情”给予肯定。开展抑制房地产价格炒作行为专项检查；对全市65家楼盘销售单位、24家房地产中介机构的价格行为进行检查，发出责令整改通知书23份，限期整改，切实规范泉州市房地产市场明码标价和收费公示工作。

加强市场价格监管工作。加强节假日市场价格巡查工作，对中心城区农贸市场、大型超市、粮油水果批发市场等进行日常巡查，重点打击未明码标价，虚假优惠折价、误导性标价、不履行价格承诺等价格欺诈行为。开展价格诚信创建工作，对市级“诚信经营示范街区”——鲤城区涂门街沿街店面的明码标价及价格诚信情况进行全面巡查，并与177户商家签订《诚信经营承诺书》，共同营造诚信兴商的价格氛围。

建立义务价格监督员队伍。出台建立义务价格监督员队伍指导意见，全市聘请160名义务价格监督员，对他们进行培训，提高他们的价格监督能力和水平。做到整合社会力量共同推进价格综合监管，强化对基层价格行为的监督，推动“放管服”改革工作。

加强价格投诉举报处理工作。执行《价格违法行为举报处理规定》《12358价格监管平台工作规则》《12358价格举报接听接访人员行为规范》等规章制度，畅通价格诉求渠道，提高价格举报的办理效率和办理质量。2017年全市“12358”价格监管平台接到各类价格、举报、咨询、意见建议总计4719件，办结4688件，办结率99.34%。经济制裁总金额209.05万元，其中退还多收价款182.13万元，没收7.27万元，罚款19.65万元。市本级接到价格举报、投诉、咨询、意见建议3046件，办结3043件，办结率99.90%。

【“清费减负”】 2017年，泉州市价格管理部门为全面贯彻落实国务院、省政府关于降低实体经济成本的精神，推进“放管服”改革工作，市物价局制订出台“清费减负”工作实施方案，实施收费目录清单制度，继续实施阳光价费工程，规范中介市场收费秩序，强化对社会热点价费监督检查，及时化解价格矛盾。全年全市减轻企业和群众负担6.33亿元。

加强行政事业性收费管理，实施收费情况报告制度。在市物价局网站向社会公布当年度有资质的收费单位名单和收费项目，凡未进入网上公示名单的收费单位或收费项目，被收费对象可以拒绝缴费。做好收费统计工作。通过“全国收费动态监管系统”汇总上报上年度各收费单位的收费数据。

开展清理规范涉企经营服务性收费工作。市物价局联合市财政局、市经信委、市民政局下发《关于贯彻落实清理规范涉企经营服务性收费工作的通知》，开展清理规范涉企经营服务性工作。同时，市物价局、民政局根据省物价局、民政厅《关于组织开展行业协会商会收费信息集中公示的通知》（闽价电〔2017〕71号）精神，联合组织全市行业协会商会通过“信用中国”网站“行业协会商会收费情况公示系统”将行业协会商会的全程、收费性质、收费项目、服务内容、 费标准、收费依据等信息进行公示。

2017年11月8日，泉州市物价局组织到安溪、永春调研蔬菜价格指数保险 （图/市物价局）

完成重新梳理政府定价管理的经营服务性收费目录清单工作。对市、县定价管理的经营服务性收费目录清单重新进行梳理和调整，将定价管理的涉企经营服务性收费、行政审批前置服务收费和涉企经营服务性收费优惠政策等三项目录清单全面更新，实现定价管理的经营服务性收费目录清单省、市、县三级全覆盖。

【价格调控】 2017年，泉州市创新价格调控工作，建立健全市场价格调控联席会议、价格异常波动应急处理、价格监测预警、价格监督检查、平价商店建设、目标价格保险、社会救助和保障标准与物价上涨挂钩联动、价格调控资金管理、生产流通供应等九大工作机制，全方位调控好价格总水平。2017年全市居民消费价格总水平累计上涨1.1%，低于年初确定3%左右的年度控价目标。

强化价格监测预警工作。落实国家和省局制定的日报、周报、旬报、月报等价格监测日常专报制度，坚持做好居民生活必需品价格监测日报工作。拓宽民生价格信息发布渠道，通过泉州价格信息网、《泉州晚报》、《泉州商报》、《泉州价格简报》、市物价局微信公众号等平台发布民生价格信息，市物价局发布的民生价格信息得到越来越多群众的关注和好评。

科学推进平价商店建设。科学规划调整平价商店建设布局，结合城区不断扩大的实际，对平价商店建设进行规划布局，调整淘汰不规范运行的平价商店。根据平价商店建设实施意见和季节特征，在个别民生商品价格大幅上涨或春节期间，及时启动平价商店，让中低收入群众就近就能购买到质量有保证的平价商品；启动平价商店的条件完全消除后，适时退出平价商店销售方式，逐一核算价差补贴，按照“三个一点”（财政资金补贴一点、平价带动消化一点、社会责任承担一点）的原则落实平价商店建设补贴资金。

完善落实价补联动机制。泉州市在春节期间向16万多名社会困难群众发放临时价格补贴2675.67万元，其中市级财政承担802.7万元，有效缓解春节期间部分生活必需品价格波动对他们基本生活的影响。2017年重阳节和国际残疾人日，泉州市拨出396.75万元，向特困重度失能老人、特困重度残疾人发放价格补贴每人300元。

试点开展目标价格保险。出台《关于开展蔬菜、生猪目标价格保险试点工作的贯彻意见》，有效缓解蔬菜种植户和生猪养殖户的缴费压力，调动他们参保的积极性，扩大目标价格保险的覆盖面，除省级财政补贴30%保费外，明确市、县两级财政对蔬菜和生猪目标价格保险的保费补贴比例为30%，其中市、县两级财政各15%，明显高于省定的最低标准。

粮食储备与供应

【概况】 2017年，泉州市粮食局统筹协调考核工作组各成员单位，按照粮食安全行政首长责任制考核工作要求和部门职责分工，按时完成年度自评、部门评审和现场核查等工作任务，下发2017年度粮食安全行政首长责任制考核工作方案，推进全市粮食安全年度目标任务落到实处。全年订单收购粮食6463吨，发放价外补贴款155.11万元。组织泉州市国有、民营粮食企业与江西、江苏、湖南等地粮食主产区开展产销协作，签订粮食购销合同（协议）26项，产销协作合同意向50.8万吨。扶持、指导4家企业成功申领引粮入闽、入泉州补助资金155.9万元。坚持“抓大+扶小”的发展思路，培育跨区域、多元化、规模化的粮食产业化经营企业，部署发展混合所有制粮食企业试点工作。全市入统粮油加工企业29家，实现粮油工业总产值158.46亿元，比上年增加24.38亿元，产品销售收入153.54亿元，利润总额13.38亿元。

【储备粮规范管理】 2017年，泉州市超额完成省政府下达的粮食储备规模任务。严格执行轮换计划，全市地方储备粮等政策性粮食购销、轮换，全部通过政府确定的产权交易中心平台进行网上公开竞价交易；采用“库厂”结合的方式，委托民营粮油加工企业对应急成品粮油进行轮换管理，加强检查监控，确保1万吨应急大米和4000吨食用油常年足额到位。选取适当数量的原粮委托条件较为成熟的民营企业进行代轮换，降低储备运营成本，实现储备粮常储常新。组织600余人次参加全行业安全储粮和安全生产全员培训以及在线测试，提升规范操作水平。按照“双随机一公开”要求开展粮食流通监管，加强对储备粮、政策性用粮、放心粮油质量的监督管理，部署督导开展粮食库存、粮食质量、“粮食安全隐患大排查快整治严执法”集中行动等专项检查，确保全市储备粮数量充足、结构合理、质量良好、调用高效。

【粮食质量安全监管体系建设】 2017年，泉州市持续提升粮食质量安全监测检验体系和能力建设，制订《泉州市粮食质量安全监测检验体系和能力建设工作方案》。投入470多万元加强市粮油质量监测站的建设，通过省“十二五”项目验收并投入使用，检测能力、检测水平和检测项目居全省前列。继续组织申报“十三五”能力提升和扩建项目；下达补贴资金9万元加强基层粮油质量检验监测能力建设。落实食品安全“四个最严”和“五主”责任，加强对储备粮、政策性用粮、放心粮油质量的监管，扩大抽检覆盖面。组织开展粮食食品安全宣传周、世界粮食日、全国爱粮节粮宣传周活动，强化粮食质量安全宣传，普及质量安全知识。

【粮食应急体系建设】 2017年，泉州市粮食局落实《泉州市应急储备成品粮油管理规定》，加强应急网络建设，出台扶持市级粮食应急（骨干）加工企业、军供定点加工企业、放心粮油经销店实施细则，安排财政扶持资金48万元，确认市级相应企业、经销店37家，签订应急保障协议，提升应急响应和快速处置能力。全市6家粮食加工企业获省级应急加工企业资格认定，并获得省级粮食产业发展补助资金317.5万元。采取粮源专购、定点加工、专用包装袋、“一批一检一报告”等措施，切实保障军粮供应。完善军民融合发展联席工作机制，发挥市级统筹采购军供粮源的规模优势，组织军粮统筹招投标采购，实现提质、降价的良好效果。

【粮食仓储设施建设】 2017年，泉州市抓好新一轮标准化仓储设施建设。实行项目指挥部和领导挂钩制度，强化督导，督促业主单位落实主体责任，严格项目管理，持续、规范加快推动全市标准化、智能化仓储设施建设。制订《泉州市储备粮库规范化建设专项资金管理规定》，申请省上财政建库补助资金3327万元。市本级（包括鲤城、丰泽、洛江）、惠安、安溪、永春、晋江、南安、台商区等项目按时全面开工并进入主体施工。推进近13万吨仓容的“危仓老库”维修改造和全市粮库智能化升级改造。申请中央财政补助资金774万元，投入1934万元启动实施7个粮库智能化升级改造项目。争取中央、省级“粮安工程”军供网点维修改造补助资金530万元，项目圆满竣工验收，军供仓储设施管理水平进一步提升。

财税 金融

责任编辑：陈建强　何佳媚

财 政

【概况】 2017年，全市一般公共预算总收入788.76亿元，比上年增长2.5%；全市一般公共预算收入442.3亿元，比上年增长4.3%。全市一般公共预算支出637.81亿元，比上年增长6.7%。2017年，泉州市财政管理部门落实收入主体责任，逐月下达征收部门和县（市、区）收入计划，强化月度分析预判，加强税收分析监控，培育可持续稳定财源，支持创新驱动构建现代产业生态，落实减负政策增效益，保障项目落地促投资，促进公共服务扩容提质，2017年全市民生支出505.11亿元，占一般公共预算支出的78.8%，同比增长12.2%。落实精准扶贫支持“三农”发展，全市下达农林水支出60.25亿元，加快资金下达进度，从严从紧控制一般性支出，盘活财政存量资金，规范财政资金使用管理，完善项目储备机制。

【全市预算收支执行】 2017年，泉州市一般公共预算总收入完成788.766亿元，比2016年增加18.90亿元，增长2.5%。其中，全市一般公共预算收入完成442.30亿元，比2016年增加18.22亿元，增长4.3%。全市一般公共预算支出637.81亿元，比2016年增加40.14亿元，增长6.7%，其中，民生支出497.20亿元，比2016年增加47.20亿元，增长10.5%，占全市一般公共预算支出的78.0%，比2016年增加4.7个百分点。全市政府性基金收入159.70亿元，比2016年增加10.88亿元，增长7.3%；全市政府性基金支出156.84亿元，比2016年减少9.33亿元，下降5.6%。

【市本级预算收支执行】 2017年，泉州市本级一般公共预算总收入完成111.16亿元，比2016年增加7.99亿元，增长7.7%。其中，一般公共预算收入完成66.87亿元，比2016年增加2.27亿元，增长3.5%。市本级一般公共预算支出89.28亿元，比2016年减少8.66亿元，下降8.8%。市本级政府性基金收入18.89亿元，比2016年减少23.11亿元，下降55.0%；市本级政府性基金支出29.14亿元，比2016年减少15.13亿元，下降34.2%。

2017年泉州市一般公共预算收支完成情况表

表16

收入

单位：万元

预算科目	全市	市本级
一、税收收入	3521184	455797
增值税	1542345	176614
营业税	2347	241
企业所得税	560826	64310
企业所得税退税		
个人所得税	244711	32650
资源税	12357	411
城市维护建设税	219886	36824
房产税	130830	15874
印花税	52623	6107
城镇土地使用税	138799	6557
土地增值税	333018	58499
车船税	44876	7782
耕地占用税	27219	111
契税	211347	49817
烟叶税		
其他税收收入		
二、非税收入	901795	212942
专项收入	208449	29930

续表16

预算科目	全市	市本级
行政事业性收费收入	136930	45678
罚没收入	91334	18674
国有资本经营收入	30063	9924
国有资源(资产)有偿使用收入	361408	72932
捐赠收入	21818	56
政府住房基金	16742	15146
其他收入	35051	20602
年收入合计	4422979	668739

说明：根据2017年度年终决算数填报，市本级不含台商投资区

支出

预算科目	全市	市本级
一、一般公共服务支出	465942	84027
二、外交支出		
三、国防支出	8046	2822
四、公共安全支出	377303	117736
五、教育支出	1381903	154541
六、科学技术支出	149060	28732
七、文化体育与传媒支出	150943	41175
八、社会保障和就业支出	568385	57688
九、医疗卫生与计划生育支出	670817	72661
十、节能环保支出	99204	13560
十一、城乡社区支出	863468	118325
十二、农林水支出	602470	44244
十三、交通运输支出	239180	55224
十四、资源勘探信息等支出	263647	23673
十五、商业服务业等支出	57264	3822
十六、金融支出	9171	2209
十七、援助其他地区支出	2771	2225
十八、国土海洋气象等支出	45240	6815
十九、住房保障支出	119560	7473
二十、粮油物资储备支出	24489	2708
二十一、其他支出	164549	47008
二十二、债务付息支出	111760	6002
其中:地方政府一般债券付息支出	110418	6002
二十三、债务发行费用支出	2913	137
年支出合计	6378085	892807

说明：根据2017年度年终决算数填报，市本级不含台商投资

国家税务

【概况】　2017年，泉州市国税税收收入累计入库520.86亿元。增值税入库322.98亿元；消费税入库71.16亿元；企业所得税入库107.3亿元；车购税入库19.42亿元。是年，泉州市国家税务局贯彻落实简政放权，推行无纸化管理，加快出口退税进度，发挥出口退税职能，增强泉州市出口企业国际竞争力，促进泉州市外贸出口发展。全年办理出口退（免）税133.04亿元，比上年增长1.17%，其中出口退税114.14亿元，免抵调库18.9亿元。

【征管体制改革】　2017年，泉州市办税服务厅严格落实全省纳税服务规范，按照规范的规定办理涉税事项，并结合本地实际，创新纳税服务方式。持续推进“便民办税春风行动”，借助邮政部门网点多、分布地域广、服务时间长的优势，自2014年开始试点委托邮政代开发票代征税款工作，共代开普通发票18万份，代开金额16亿元，代征税款5000万元，成为纳税服务大厅的一个“特殊延伸点”。

2017年，根据国家税务总局《关于建立国家税务局地方税务局合作县级示范区的通知》精神和省局统一部署和要求，泉州市国税局与地税部门协商后，确定惠安县国地税局为泉州市“县级国地税合作示范区”，发挥国地税合作先行先试、示范引领作用。

【营改增税制改革】　一是实现顺利开票。2017年5月1日凌晨1点，泉州市11个单位共开出22张发票，涉及四大行业，其中专用发票8张，普通发票14张。地税代开发票3张，其中专用发票1张，普通发票2张。至此，泉州市国税局“营改增”增值税企业端开票系统成功上线运行，标志泉州市“营改增”税制成功转换，“营改增”试点全面启动。二是加强税负分析。全面推开营改增试点，与原营业税税制相比总体减税1.4亿元，实现所有行业税负只减不增的目标。

【国税依法行政】　2017年，泉州市国家税务局通过创建活动，以点带面，增强国税干部法治理念，晋江市国税局被福建省人民政府法制办公室、福建省国家税务局、福建省地方税务局联合评选为福建省法治税务示范基地，安溪县国税局通过福建省国家税务局法治税务示范基地复评。

【出口退免税】　2017年，泉州国税出口退免税131.5亿元，比上年减少20亿元，下降13.2%。其中，免抵调库20亿元，减少6.2亿元，下降23.7%；出口退税111.5亿元，减少13.8亿元，下降11%。

【分税种收入】　2017年，泉州市国家税务局受两化增值税增收13.2亿元及营改增扩围的影响，增值税入库261.4亿元（占比56.5%），比上年增收53.6亿元，增长25.8%（全省增长35.9%），扣除新增营改增后，增值税入库221.4亿元，增收13.6亿元，增幅6.5%；消费税入库89.3亿元（占比19.4%），减收75.2亿元，下降45.6%（全省下降25.6%）；受两化企业所得税增收11.3亿元影响，企业所得税入库96.6亿元（占比20.9%），增收0.2亿元，增长0.24%（全省下降9.6%）；车购税入库15亿元（占比3.2%），比上年减收1亿元，下降6.54%（全省下降5.1%）。

【纳税服务】　升级办税服务厅　2017年，泉州市国家税务局新增设营改增绿色通道69个，通过政府购买服务招录劳务派遣工86名，组建业务骨干团队13个，开通“营改增”服务热线13个，增设并全面推开自助办税设备、扩容原有等候区面积，在服务区等候区内设置流程指引图及表单模板，方便纳税人查阅。在全市办税服务厅共设自助办税终端办税服务45台，5—11月超过50000户次纳税人自助办理发票发售、认证和代开发票等业务。

推广网络办税　推广应用省局电子税务局平台和“闽税通”申报软件，实现网上申报纳税、网上购买发票、代开发票等事项。自5月成立以来，超过1.2万户次纳税人通过网上申领发票，累计售出发票138万份。金税三期上线以来，有5002户纳税人通过网上申请代开增值税专用发票32711份，代开金额90347万元，税额2710万元；纳税人通过网上进行发票验旧的份数达1106万份，占发票验旧总量的62.3%；截至12月，通过网上申报的纳税人达到95%。晋江市局推出的“十办”服务模式得到总局的肯定。

地方税务

【概况】　2017年，泉州市纳税人23.6万户，其中，企业户16.24万户、个体工商户7.2万户、其他类型纳税户0.16万户。全市地税系统组织各项收入349.66亿元，比上年减少4.81亿元，下降1.4%，按可比口径计算，增收37.52亿元，增长12.09%。税收收入，入库238.80亿元，比上年减少16.86亿元，下降6.6%，按可比口径计算，增收25.47亿元，增长12%。中央级税收68.74亿元；省级税收4.1亿元；县市区级税收165.96亿元。非税收入，入库110.86亿元，比上年增收12.05亿元，增长12.2%；其中社会保险费85.39亿元，增收10.06亿元，增长13.4%。财政收入，组织一般公共预算总收入241.83亿元，完成市政府下达的目标任务。在稳增长的同时，质量有效提升，结构更优化，税性占比居全省第二，公共预算收入占比逐月上升。运行更稳健，地方税收规模保持全省前三，税收增幅保持高于全省地税平均水平。增量更合理，向拓展税源、依法清欠、信息管税要收入，拾遗增收税款25.05亿元。

是年，泉州市地税局建强班子，严明纪律规矩，夯实“两个责任”，推动全面从严治党向基层延伸、向纵深发展，确保中央八项规定精神常态落实。服务基层，落实挂钩联系基层工作制度，建立“三四五”工作机制，开展交心谈心活动。提升素质，强化学习型地税建设，开展“岗位大练兵、业务大比武”，5名干部获全省“信息技术岗位标兵”称号。完善机制，全面修订市局和党组工作规则，以及人、财、物管理等多项内部管理制度；试点建立个人绩效量化考核机制，得到省地税局局长的批示肯定，并被新华社、《福建日报》、省效能办信息专刊等媒体报道推介。

【征管改革】 2017年，泉州市地税局推进税收征管现代化，税收治理能力有效提升。构建集约高效的征管体系，扩大自主申报，企业所得税查账征收面74%，通过风险管理入库税款及滞纳金、罚款9.28亿元；税收大数据平台形成19个涉税指标，对征管质量进行实时监控。构建优质便捷的服务体系，简并申报缴税次数，在全市13个县级办税厅开辟自助办税区域；完善“六能型”办税服务综合平台，实现智能排队预约，注册使用人数超过5万人。构建共建共享的合作体系，实现“一窗一人一机”国地税联合办税，成立公安派驻税务联络机制办公室并覆盖至县一级；试点建立“税务+法院”协税护税机制，参与企业破产重整、清算，强化欠税管理。

【税收运行】 2017年，泉州市地税一般公共预算总收入增幅逆势走好。在稳增长的同时，质量有效提升，结构更优化，税性占比居全省第二，公共预算收入占比逐月上升。运行更稳健，地方税收规模保持全省前三，税收增幅保持高于全省地税平均水平。增量更合理，向拓展税源、依法清欠、信息管税要收入，拾遗增收税款25.05亿元。

【税收服务】 2017年，泉州市地税局聚焦经济社会发展热点、难点，深化“放管服”改革，推动税收营商环境持续优化。服务再升级，主导建成全省首个“不动产收件数据联审平台”，通过“一窗受理、一个平台、并联办理、并联服务”，实现不动产交易全流程、跨部门的“最多跑一趟”，入选新华社《我国五年简政放权进展巡礼》，被省局纳入“闽税通”品牌建设年活动特色工作。流程再优化，实现社保补贴申领的地税环节“一趟不用跑”，年减少打印社保缴费证明近2万份。减负再加力，全年减免税费44.45亿元，通过挂钩联系和蹲点调研机制协调解决企业涉税诉求198条，利用“银税互动”撬动29家银行、帮助327家企业获得贷款17.59亿元。环境再优化，开展走访人大代表活动，凝聚助力经济发展共识，建设“亲清地税”，构建“亲”“清”型政商关系。站位再提升，2个课题获全国税收学术研究优秀成果，3个课题获税务总局科研所领导批示肯定，税收科研优秀成果总量居全省第二。

【税收法制】 2017年，泉州市地税局依法行政的体制机制和方式方法不断完善，实现法律效果和社会效果的相统一。执法规范化，对组织收入、税收优惠政策落实、“放管服”改革情况开展执法督察，全面推进“双随机、一公开”，落实规范性文件管理、重大案件审理制度，依法开展行政复议和行政应诉工作。监督制度化，积极推行行政执法公示制度、执法全过程记录制度和重大执法决定法制审核制度，保障和监督税务机关履行职责。创建常态化，积极推进法治税务示范基地建设，稳步落实依法行政考核指标体系，泉港区局获评“全省法治税务示范基地”。同时，市局建立法律顾问制度和公职律师制度，成立“1+X”纳税人维权先锋队，并在县级局实施个体工商户纳税信用试点评价工作，进一步拓宽执法服务、纳税人维权形式。

【税种管理】 2017年，泉州市地税局推进税种管理精细化，完善管征办法，规范个人所得税征收管理；实行国地税房地产税收一体化

2017年8月14日，泉州市地税局组织到南安九牧集团调研（图/市地税局）

管理，夯实土地增值税管征；推广税源地理信息系统，促进税收增收与土地集约利用“有机融合”。国际税收管理专业化，运用互联网拓展税源信息获取渠道，梳理出15项非居民税收风险特征指标，制作“境外上市公司董事高管薪酬涉税风险点”，查补跨境税款2024万元。规费管理规范化，完善“五证合一”缴费登记信息采集，拓展运用个税申报系统、企业财务报表数据比对分析，促进增人提基数、增收提质效；试行失业保险费明细申报，为全省上线积累经验。

金融业

【概况】　2017年，泉州市围绕“五个泉州”建设，把握“服务实体经济、防范金融风险、深化金融改革”三项任务，组织实施金改重点项目24个，加快发展金融服务产业集群，着力建设区域性实体金融服务中心，取得新的突破和进展。在全国率先明确小额贷款公司、典当行和融资担保公司三类机构金融企业主体地位，在其办理抵（质）押物登记以及司法保障等有关事项时，与泉州银行业金融机构等金融企业实行同等待遇。在全省率先开展碳排放权交易业务，106家控排企业开户，开户率超85%，交易额超3000万元。在全省率先设立地方金融行业协会，推动地方金融组织自我管理、自我服务、自我发展。小微企业信贷覆盖率（37.33%）领先全国、全省水平。农民住房财产权抵押贷款、农村承包土地经营权抵押贷款分别居全国、全省前列。至年末，全市本外币各项贷款余额6070.60亿元，比上年增长3.5%；12月末，三家非银金融机构贷款余额134.71亿元，增长84.4%；全年民间资本进入金融领域或通过金融领域进入实体经济1108.98亿元，发挥金融支持服务实体经济作用。

【发展模式】　2017年，泉州市突出“产业+科技+金融”，构建大金融格局。实施集聚发展培育工程，设立市属金融控股集团，渤海银行泉州分行获批开业，平安银行泉州分行入驻东海片区，泉州（东海）金融供应链集中区、泉州高新区科技金融服务中心、晋江市金融广场等载体初步建成，环泉州湾金融核心区建设形成态势。实施品牌龙头示范工程，评选2017年度泉州金融业10佳，设立农行泉州分行科技支行、泉州农商行青年支行、泉州金改区保险服务创新试验中心，泉州银行获批发行合格二级资本债及增资扩股，122家企业列入省级重点上市后备企业资源库。实施项目建设带动工程，泉州银行总部大厦、民生银行大厦、厦门银行大厦等5个金融业重点项目年度投资8.9亿元，其中，泉州银行总部大厦主体结构封顶。

【特色服务】　2017年，泉州市深化“全产业链金融服务”，创新“厂商通”等金融租赁产品，开通全国首个线上机器人租赁平台，推进晋江国家专利权质押融资工作试点。12月底制造业、批发零售业等五个重点行业贷款余额3288.37亿元，占各项贷款余额的54.2%。完善小微金融服务“泉州模式”，创新“发票贷”“税易贷”“快捷抵押贷”等小微金融产品，“无间贷”在全国小微企业金融服务电视电话会议推广。小微企业贷款余额增速高于各项贷款增速6.1个百分点；小微企业贷款客户数比年初增加4.12万户。打造农村金融服务样板，农村泉港惠屿“征信+”农村信用建设模式得到省上肯定，实现农村小额信贷保险、农房保险、农机保险、农业基础设施保险全覆盖。

【产融对接】　2017年，泉州市金融部门加强产融对接。银企对接方面，提升泉州金融服务平台，深化“线上+线下”金融服务模式，最快放款速度仅需2天；完善“N+1+N”供应链融资，支持近200家核心企业带动超过1000家上下游企业实现融资；开展全省首单银团贷款，创新“科创贷”等科技金融产品。直接融资方面，海峡股权泉州交易中心设立“青创板”，率先开展碳排放权交易业务，海峡金融资产交易中心、海峡石化产品交易中心交易额累计分别突破1000亿元、1500亿元，新增境内外上市企业3家、“新三板”挂牌企业8家，新增各类债券融资75亿元。普惠金融方面，设立普惠金融e平台，发展小额信贷“1+N”精准扶贫模式，推进中小微企业信用信息交换共享平台应用，开展高层次人才金融服务需求调查，强化金融支持弱势群体和创新创业。

【地方金融发展】　2017年，泉州市推动南安市设立金融工作局，设立泉州金融研究院，强化地方金融监管服务。设立泉港合资全牌照证券公司申请被证监会受理；组建1家市级5亿元和8家县级各2亿元的政策性融资担保公司；开展全省首笔小额贷款公司业内兼并重组。完善民间融资登记备案制度，全年累计登记民间借贷1182笔、金额74.45亿元；试点社会治安综合保险服务，覆盖沿海县（市、区）。新设两只规模5亿元的兼并重组基金，市产业投资基金及子基金为企业提供59.1亿元融资支持。

【风险处置】　2017年，泉州市银行业不良贷款率2.6%，比年初下降0.32个百分点。强化企业帮扶处置，专题协调500家以上困难企业资金链问题，支持211家抵押物被查封企业采用“活解封”方式办理转续贷42亿元，采取“股权质押借款”、“收储土地”等方式帮助大户企业“瘦身自救”。加快不良处置进度，全年累计处置不良贷款320亿元，比上年增加34亿元；不良风险暴露匹配度104.58%，上升14.42

个百分点。严打恶意逃废债，约谈敲打9批332家重点企业，315家企业和个人主动还息或达成和解（涉贷32.8亿元），金融重点案件办结率100%。推进“诚信泉州”建设，加强失信惩戒，13家情节较恶劣的企业被列入失信行为人“黑名单”，33家企业被列入公检部门重点督查督办对象。

2017年8月8日，人民银行泉州市中心支行承办“央行支付，支持海丝经济发展——支付系统宣传走进‘一带一路’主题宣传周”启动仪式晚会

（图/中国人民银行泉州市中心支行）

银行业

【概况】 至2017年末，泉州市辖区银行业机构拥有政策性银行、国有商业银行、股份制银行、邮储银行、城商行、外资银行、农村中小金融机构、专营机构和非银行金融机构等9大类47家（其中法人机构19家），营业网点1357个，从业人员2万余人。指导渤海银行泉州分行开业，辖内股份制银行11家。截至2017年12月末，泉州市银行业金融机构本外币各项存款余额6891.8亿元，比上年增长1.49%；本外币各项贷款余额6070.6亿元，增长3.5%。1—12月，泉州市社会融资规模293.19亿元，较上年同期减少27.57亿元；银行不良贷款率2.6%。截至12月末，全市金融机构人民币各项贷款余额6041.91亿元，比上年增长4.38%，其中人民币短期贷款余额为2727.97亿元，下降0.64%；中长期贷款余额3101.87亿元，增长17.29%；票据融资余额160.8亿元，下降54.71%。按行业投向看，新增公司类贷款主要投向租赁和商务服务业、水利、环境和公共设施管理业、交通运输、仓储和邮政业、建筑业。全市中小微企业贷款余额2824.37亿元，占全市企业贷款余额的81.85%，比年初新增27.72亿元。其中，中型、小型、微型企业贷款余额分别为1401.62亿元、1331.25亿元和91.5亿元，分别占全市企业贷款余额的22.82%、22.03%和1.51%；中型、小型、微型企业贷款分别比年初减少96.05亿元、增加116.34亿元、增加7.43亿元。至2017年12月末，全市累计建立13907户贫困农户信用档案，累计评定贫困户信用农户283户；累计建立3991家新型农业经营主体信用档案，累计评定信用主体2867家。至2017年12月末，全辖应收账款融资服务平台申请用户注册数385户，依托平台累计促成应收账款融资交易323笔，融资金额180.48亿元。

【中国人民银行泉州市中心支行】 2017年，中国人民银行泉州市中心支行“货币政策+宏观审慎政策”双支柱政策框架为实体经济发展创造良好货币金融环境。实行“按月规划、节点预警、按季评估”的宏观审慎管理体系，提高金融运行效率和服务实体经济的能力，至2017年12月末，全市18家法人银行业机构各项贷款余额1285.56亿元，比年初增加167.22亿元，占广义信贷的52.86%。实施平均法考核存款准备金，完成对泉州银行、泉州农商行2016年定向降准考核，对其符合定向降准标准继续执行优惠存款准备金率政策。做好辖内7家农行三农金融事业部改革试点差别化存款准备金率调整年度考核工作，4家审核达标的农行三农事业部享受低于农业银行2个百分点的优惠存款准备金政策。发挥再贷款、再贴现政策的功能导向作用降低社会融资成本，加大对三农和小微企业的信贷支持力度，先后向惠安农信社发放4.7亿元支农再贷款，对泉州农商行和泉州银行分别发放5亿元和4.5亿元支小再贷款，为海峡银行泉州分行办理再贴现27笔8122.5万元。以“金融支持经济转型升级三年行动（2015—2017）”为主线，围绕智能制造、创新驱动、小微企业、绿色制造、新兴产业五大转型升级领域开展26项重点项目创新，为经济新旧动能接续转换提供有力支持。推进农村“两权”抵押贷款试点，晋江、石狮农民住房财产权抵押贷款余额分别为8.32亿元、8.94亿元，分别比上年增长22.23%、61.25%；永春农村承包土地的经营权抵押贷款余额2.81亿元，增长逾4倍。支持“插花”扶贫取得明显成效，至2017年12月末，全市金融精准扶贫贷款余额132.23亿元，带动服务建档立卡贫困人口数6677人。加强差别化住房信贷政策引导，切实提高保障性安居工程建设和棚户区改造金融服务水平。实现泉州地区境内银行跨境受托代付业务“零”的突破，至12月末累计办理该类业务21.02亿元。继续推进跨境人民币双向资金池业务稳步发展，截至12月末，有21家企业办理跨境人民币双向资金池业务144.67亿元。

是年，开展辖区法人金融机构合格审慎评估和辖区法人金融机构定价行为评估，继续深化利率市场化改革。印发《人民银行泉州市中心支行关于进一步推进普惠金融发展的指导意见（2017—2020年）》，成立普惠金融工作领导小组，深化推进普惠金融发展工作。围绕银行信贷资产质量、地方政府债务、产能过剩行业、大型问题企业、非金融机构、互联网金融开展金融领域风险排查，加强对晋江、石狮、南安等重点区域，纺织鞋服、水暖建材等重点领域不良贷款情况监测分析。依法规范开展“两管理、两综合”工作，组织开展对市区银行业金融机构2016年度综合评价工作，并结合综合评价结果确定交通银行泉州分行为2017年度综合执法检查对象开展现场检查。全面部署组织实施存款保险标识规范制作使用相关工作，及时开展经营风险提示，促进法人投保机构规范可持续发展。

年内，落实全口径跨境融资宏观审慎管理，鼓励企业用活全口径政策拓宽境外融资渠道，推进资本项目外汇收入意愿结汇，深化资本项下流入端改革。开展骗取国家出口补贴曝光线索排查、手机出口企业核查、服务贸易异常线索专项核查等工作受到省分局的肯定。着力管控内保外贷履约、辖内境外投资、FDI资金流出等资本项下重点流出渠道取得较好成效。强化特许机构事中事后管理，引导东南大宗主动退出特许兑换市场。支持国家级重点建设项目福建省晋华集成电路有限公司的“DRAM存储器项目”的用汇需求，获得省分局个案审批后办理提款登记32924万美元。推动福建百宏聚纤科技实业有限公司成为泉州首家获准开展跨国公司外汇资金集中运营的企业，并于11月17日成功办理首笔跨国公司外汇资金集中运营管理业务。

是年，加强样本维护和调查数据的核实，开展工业景气、民间融资等6项制度性调查，采取以手机扫二维码为主、纸质问卷为辅方式开展城镇储户问卷调查，提高调查效率及质量。在做好农村普惠金融综合服务点改造工作的基础上，成功办理全省首笔农村普惠金融综合服务点代开发票代征税款业务。加大电子商业汇票推广力度，2017年1—12月，泉州市电子银行承兑汇票承兑业务量781.70亿元，电子化率96.58%，贴现业务量1443.82亿元，电子化率99.50%，实现双业务突破95%。督促辖区各机构贯彻落实261号文件要求，依托与公安部门的联合协作机制，加强对电信网络新型违法犯罪的防范力度，1—12月成功制止异常开户、疑似冒名开户行为1025起。试点创新推动“助农取款服务+国债销售”模式，实现辖内“国债下乡”业务的突破。做好发行基金调运、回笼、清分和复点等工作，2017年1—12月累计投放507.58亿元（含同业调剂122.44亿元），回笼432.14亿元（含同业调剂122.44亿元），净投放75.44亿元。搭建和完善硬币余缺调剂平台，推进硬币自循环工作，泉州地区布放硬币自助兑换机92台、硬币清分机63台。加强反假货币机具检测，夯实冠字号码查询工作基础，做好假币收缴工作，截至2017年12月末，泉州全辖接收假币65685张、金额544.15万元，分别比上年下降42.49%和26.84%。提高金融IC卡发卡量，至2017年12月末，全市发行金融IC卡1969.1万张，占银行卡总量占提高到79.05%。

2017年12月13日，中国工商银行泉州分行二手房金融服务中心揭牌
（图/郑绍斌）

【中国工商银行泉州分行】 至2017年末，中国工商银行泉州分行实现拨备前利润13.75亿元，较2016年增加2.05亿元，增长17.49%，完成计划的106.10%，超序时计划0.79亿元。至年末，各项贷款余额630.26亿元，比年初增加27.37亿元。至年末，全部存款余额588.50亿元，比年初减少0.66亿元。各项存款日均余额（人行口径）590.32亿元，比年初增加19.72亿元。至年末，工行泉州分行贷存比（各项贷款/各项存款）102.33%，较泉州市银行业平均水平高出14.60个百分

点。此外，根据泉州银监局关于推进全市银团贷款工作的要求，工行泉州分行牵头组建恒利、爱登堡银团贷款，参与优兰发等银团贷款，发挥债权人委员会作用，推动银行同业合作。支持重点项目建设，推进“三个客户库”和“5个100”拓户工程，储备目标客户超600户，完成项目审批超300亿元，项目贷款和优质客户贷款投放63.41亿元，新增小微企业融资客户50户。新增有效国际结算客户100户。扶持小微企业发展，小微企业拓户55户，累计发放贷款金额8702万元，小微企业监管口径增量22.12亿元，完成任务的369%；普惠金融定向降准增量8400万元，完成任务的120%。通过网上小额贷款业务，工行泉州分行完成新拓展26户，贷款余额1260万元，户数和金额均居全省第一。紧贴泉州产业集群，在全省首创的医保便利贷及出口集群贷业务实现突破，其中出口集群贷实现新拓展8户，新增授信4390万元，医保便利贷在不断的摸索和调整中于9月实现突破。推动创新业务发展，对城区4家直管二级支行进行整合，加强城区资源整合、业务联动和集约管理，提升城区市场竞争力和可持续发展能力。健全管理人员履职评价机制，严格落实季度考评、年度考核各项规定，强化经营压力传导和考评评价结果运用。健全管理人员和培养对象的定期跟踪机制，实行季度报告制度，加强后续跟踪管理，不断完善干部任用评估体系。完善管理人员考核奖惩机制，修订完善重点业务工作推进十条奖惩措施，对分行部室绩效考评突出同业和系统排名指标，对网点负责人试行经营规模激励，探索网点负责人薪酬待遇动态管理。

2017年11月10日，建设银行福建省分行和市政府举行住房租赁工作战略合作签约仪式 （图/中国建设银行泉州分行）

【中国建设银行泉州分行】 至2017年年底，中国建设银行泉州分行一般性存款日均余额632亿元，居同业首位；一般性存款时点余额651亿元，时点新增35亿元，均居同业首位。至2017年底，各项贷款余额562亿元，时点新增65亿元，贷款余额居当地同业第一位。2017年实现中间业务净收入6.55亿元，净收入总量居全省建行系统及泉州当地同业首位。风险管控成效显著，实现不良贷款额、不良贷款率“双降”，2017年全年处置不良贷款29亿元。个人存款方面，实现存款余额和新增居同业第一的开门红；在巩固和稳定存量资金和存量客户的同时，运用产品组合创新等增存利器，开展营销竞赛活动，提升综合服务能力，实现个人存款的稳健发展。对公存款方面，推动量化考核和过程督导，提升团队和客户经理的营销力度；分层营销，深挖客户潜力与增存重点，增强稳存增存后劲；发挥重点产品的“稳”、“增”效应，强力推动黄金租借业务屡创佳绩，实现卷烟销售支付结算系统当年交易归集总量同业第一；实现重点客户、重点项目和重点产品的无缝对接，拓宽与市公积金中心的合作渠道，加大住房维修资金归集力度；机构业务方面，争取政府社保账户，围绕财政存款、基建融资、教育拨款等促进稳存增存。对接泉州市555个重点建设项目，通过任务型团队深化综合金融服务方案设计和推进，实现对泉州市住房公积金管理中心、泉州市城建国有资产投资有限公司、泉州市城市综合开发有限责任公司等客户新增贷款投放。个贷业务增量居同业第一位，消费金融“快贷”业务实现跨越式增长；分期业务、小企业业务主要指标居系统首位。推动普惠金融发展，成立普惠金融事业部，设置村级裕农通普惠金融服务点174个。至2017年底，全行普惠金融口径贷款余额25.54亿元。在国际业务方面，以贵金属业务为突破口，实现重点项目多点开花、多项创新。网络金融业务方面，全行移动金融客户近400万户，其中手机银行客户总量居同业第一；拓展“悦生活”云服务商户，“学易收”“物业云”“党费云”等业务深受欢迎；推进善融商务营销拓展，实现对公客户互联网金融综合服务直联。造价咨询业务方面，巩固建行的“金字招牌”，完成泉州市现代有轨电车一期工程、泉州城东至北峰快速通道、泉州北迎宾大道拓改工程等多个重点建设项目的工程审核业务。

【中国农业银行泉州分行】 2017年，中国农业银行泉州分行下辖一个营业部，12个支行，138个网点，截至2017年末拥员工近3000人。至年末，农业银行泉州分行本外币各项存款余额888.94亿元，比年初增加3.24亿元，本外币各项贷款余额808.85亿元，比年初增加66.45亿元，该行实现拨备前利润23.38亿元，比上年增加1.18亿元。

【中国农业发展银行泉州市分行】 至2017年末，中国农业发展银行泉州市分行各项存款余额66.87亿元；各项贷款余额231.59亿元；实现中间业务收入443.43万元；账面盈利5.06亿元，比上年增盈0.22亿元、增幅4.55%。2017年，立足农业政策性银行定位实际，坚持把支持粮棉油收储和仓储设施建设作为重中之重，实现辖内仓储设施项目贷款全覆盖，确保“粮安工程”。全年累计发放储备粮贷款4.54亿元，至年末粮油贷款余额17.43亿元。结合全年业务发展目标任务，制定分解任务指标，强化目标责任落实。至年末，对公存款日均余额71.20亿元，比上年末增加3.50亿元，增幅5.17%。至年末，非贷存款余额2.04亿元，形成日均存款3.24亿元。全面推进“农发行柜台债”销售推广工作，至年末全市系统推广购买农发行柜台债273.17万元。

【中国银行泉州分行】 至2017年末，中国银行泉州分行本外币贷款余额435.1亿元，本外币存款余额438.21亿元；实现拨备前利润9.5亿元。是年，中国银行泉州分行加大对民生领域、基础设施等重点项目建设，有力支持重点企业做大做强，扶持当地支柱产业转型升级，为泉港城乡、晋江学城、湄南铁路、肖厝港等重点基础设施项目提供贷款18.66亿元，为保利、建发、中骏等房地产客户提供融资7.35亿元，同时为泉州公积金中心提供贷款1亿元；持续强化走出去营销战略，深挖中小企业业务拓展工作，中小企业实现新投放客户81户，新增投放5.41亿元，同时存量客户新增投放2.37亿元；国际结算量和跨境人民币结算量继续以领航者的姿态引领同业，累计完成国际结算量62.48亿美元，外管口径市场份额27.68%，当地排名第一，完成跨境人民币结算量62.48亿元，全口径市场份额28.97%，同业排名第一；高度重视保证金业务，重点跟进万科、保利两个重大项目，设置服务专用窗口，提升客户体验，保证金累计冻结发生额62.11亿元。2017年，设立投资银行部（二级部门），致力于利用投行平台满足企业多元化、差异化的融资需求，促进泉州地区的企业转型和产业升级；在福费廷、能源类供应链融资、保函业务均取得突破，并实现首次为行政事业单位开立保函、首次开立农民工工资转开保函、首次开立区域通关一体化保函、首次开立服务贸易项下付款保函，开立新政后汇总征税保函；推出全国金融系统首单混合财产慈善信托，完成金融领域与慈善事业的一次创新融合；围绕入驻安溪县政府制造2025产业园区拟新建厂房的企业、入驻中国水头石材产业展示运营中心企业总部拟购买办公用房、国有外贸公司针对其上游企业应退未退税款等创新融资方式，满足企业授信需求。为提升客户体验，增强网点竞争力，组建智能柜台推广领导小组和工作小组，协调推进智能柜台工作，实现智能柜台投产网点44家，投产C端设备78台，P端设备135台，智能柜台网点覆盖面53%。

【兴业银行泉州分行】 至2017年末，兴业银行泉州分行各项贷款余额接近600亿元，增量同业靠前，存量市场占比在泉州各银行中排名第三位，比年初上升一位。是年，向总行争取临时贷款额度、绿色金融、小微企业等专项信贷规模、流转票据贴现等手段，增加、腾挪信贷规模，确保泉州市重点优质项目落地。密切关注泉州产业结构升级调整动向和“三去一降一补战略”，落实“有保、有控、有压”的区别信贷策略，支持泉州重大项目、绿色金融、智能制造、小微企业发展，并通过产业基金、PPP引导基金、高新技术企业发展基金等业务，加大对实体经济的支持力度。增强小微金融服务能力，全年累计投放小微企业贷款超过200亿元，发展高新技术企业发展基金业务，2017年末业务余额比年初新增2.11亿元。扩大“连连贷”等无还本续贷产品的运用范围，为35家小微企业办理此类业务，有效地帮助客户降低融资成本。加强“易速贷”、网上自助“循环贷”等小微金融经典产品组合的打包销售，加快“兴e融”在线融资产品的落地推广。加快绿色金融特色产品和重点项目落地，借助福建省启动碳排放权交易试点的契机，发放泉州首笔、全省第二笔碳排放配额质押贷款，年末分行绿色金融客户数比年初增加42户，绿色金融业务余额比年初增加17亿元。把握区域优势主导产业和龙头企业转型升级需要，争取引入福建省企业技术改造投资基金和福建省政府和社会资本合作（PPP）引导基金对接泉州项目，加大中票等各类债务融资工具应用，帮助企业扩大融资渠道，获得更多低成本资金。全年债务融资工具落地18亿元，技改基金5.23亿元，PPP引导基金4.1亿元。通过供应链金融“M+1+N”模式支持本地制造业龙头企业的近80家上下游中小企业，有效解决中小企业抵押物不足、担保措施偏弱等造成的融资难问题。运用移动互联等新技术，升级完善银行支付结算功能。借助兴业银行在国内首家推出的企业移动支付产品“兴业管家”，帮助企业打造收付为一体的综合移动金融服务体系，并利用其转账免收手续费等便利优点，降低企业财务支出，至年末，为近3000家企业成功办理兴业管家。适应跨国公司贸易投资便利化需要，落地泉州首笔跨国公司外汇资金集中运营管理业务。加大兴e付、移动网银产品的推广，全年互联网支付结算量超过220亿元。

【泉州银行】 至2017年末，泉州银行资产总额1013.77亿元，比上年末增加108.26亿元，增幅11.96%；各项存款余额584.97亿元，比上年末增加74.39亿元，增幅14.57%；各项贷款余额380.52亿元，比上年末增加66.67亿元，增幅21.24%；不良贷款余额6.56亿元，不良贷款率1.72%；实现净利润3.66亿元，比上年同期增加0.35亿元，增幅10.57%。是年末全行小微贷款增速高于全行各项贷款平均增速3.72%，小微贷款户数高于上年同期395户，小微企业申贷获得率高于上年同期0.26%，实现小微贷款“三个不低于”。坚定零售战略转型重心。零售产品体系持续丰富，获客与盈利能力获得提升，其中社区银行产能大幅提升，实现规模翻番；42家社区网点中有34家实现当季盈利；通过打造特色社区金融服务模式等方式，打通线上线下获客渠道。加大对实体经济的信贷供给力度，主动对接福建与泉州经济发展，加快福州、厦门两个“增长极”建设。支持地方产业转型升级，主动对接泉州重点在建项目，着力支持地方经济发展；发展绿色金融，实现绿色金融服务“三个不低于” 目标。加强小微金融服务能力，立足供给侧结构性改革高度，持续深化“无间贷”创新，“无间贷”笔数和金额覆盖率70.13%和57.54%，分别较年初提高5.77和6.64个百分点。推出“惠渔贷”“便利贷”“商标贷”等近10项新产品，持续推动产品创新。专项支持小微企业，开发小额抵押评分卡技术，提高审批效率。通过发行小微金融债、申请支小再贷款、落地中小企业统借统贷业务等方式多渠道拓宽小微信贷来源，连续多年实现小微贷款“三个不低于” 目标。着力提升品牌影响力，该行推出的“无间贷”立足供给侧结构性改革高度，增强小微企业信贷供给与服务效率，获得泉州金改联合评估专家组肯定。11月，该行作为中小银行代表，出席全国小微企业金融服务电视电话会议并发言，“无间贷”成为全国典型并推广。打造线上线下网点服务品牌，发挥电子银行主动营销与渠道拓展潜能，持续升级和构建网络金融平台体系，先后获中国金融品牌“金栗子”奖、区域性商业银行最佳手机银行功能奖和最佳网上银行用户体验奖等。推动网点结构优化与服务触角延伸，至2017年末，网点总数105家，其中莆田分行正式开业，南平分行完成筹建并报批开业，初步完成环泉州重点城市网点布局。履行社会责任，赞助2017环泉州湾国际公路自行车赛，全年累计社会捐赠约200万元，其中向泉州市慈善总会捐款，用于资助建设泉州江南老年颐乐园；持续开展金融知识万里行、金融服务月等金融消费者教育活动；2017年纳税总额3.34亿元，履行企业纳税责任。

2017年10月12日，中国人民银行泉州银行代理发行库揭牌

（图/泉州银行）

【泉州市农村信用社 泉州农商银行】 至2017年末，泉州市农信社、农商银行各项存款余额1414.85亿元，比年初增加130.68亿元，增幅10.18%；存款市场份额20.78%，比年初上升1.52个百分点，增量市场份额82.23%，总量和增量均位居全市银行业金融机构首位。各项贷款余额857.80亿元，比年初增加76.98亿元，占全市银行业贷款增量的26.88%，增幅9.86%；贷款市场份额13.86%，比年初上升0.61个百分点，保持全市银行业金融机构第2位。全年累计纳税9.12亿元，占全市财政总收入的1.2%，助力泉州经济发展。信贷投放更加优化，涉农贷款加快增长，支农力度有所增强。至年末，全辖涉农贷款余额712.3亿元，占各项贷款的83.04%，涉农贷款增幅10.74%，高于同期各项贷款平均增幅0.88个百分点。小微企业贷款进一步铺开，至年末，全辖小微企业贷款余额618.04亿元，比年初增加60亿元，增幅10.75%；小微企业贷款户数13.9万户，比年初增加3.66万户；申贷获得率95.53%，比上年上升1.31个百分点。金融精准扶贫工作持续深入，至年末，全辖建立国定、省定贫困户信用档案1.39万户，完成率100%；对直接帮扶贫困户发放贷款6477户、余额3.10亿元。理财销售火爆开展，至年末，全辖发行理财产品441只，比上年增加136只，增幅44.59%，总募集金额173.46亿

元，增加69.51亿元，增幅66.87%。电子商业汇票业务健康发展，至年末，全辖办理8819笔承兑汇票、金额26.81亿元，其中电子银行承兑汇票8225笔、金额25.90亿元，电子化率96.63%。国际业务再上新台阶，泉州、晋江、南安农商银行和惠安、德化联社开展外汇业务，全辖外币资产总额6360万美元，负债总额1765万美元，国际结算量3.59亿美元，外币结售汇量3.19亿美元，增幅27.47%。网点转型更加优化，加快小额便民点强化升级，全市范围内共布设小额便民点1852个，实现村村全覆盖，打通农村金融服务最后一公里。因地制宜制定适应转型升级的劳动组合方案，通过实行一点一策，差异化设岗排班、弹性上班时间、一人多岗等方式，优化柜面组合，释放网点营销潜力，促进网点从操作型向营销型转变，打造轻型网点、智能网点。2017年，全辖再次进行柜面“瘦身”171人，86个网点实行“一行一柜一人”，46个网点实行周末轮休制度。

【中信银行泉州分行】　至2017年末，中信银行泉州分行资产总额147.86亿元，存贷款余额193.71亿元。树立“服务立行”的经营理念，继续从产品服务、信贷管理机制、外部合作机制等方面入手，拓宽实体企业的直接融资渠道，为企业提供更为全面的融资便利，加大对辖区内实体经济的金融支持力度，提升服务效能。支持制造业转型升级，投放信贷资源，投向纺织鞋服、食品饮料、机械制造、建筑建材等重点行业。同时储备制造业授信项目，特别是给予符合“泉州制造2025”条件的行业龙头企业授信支持。助力辖内绿色产业发展，重视发展绿色金融助力生态环境保护和建设，对接政府绿色环保重点项目，通过发放固定资产贷款等方式多渠道筹集资金，加大绿色信贷投放，重点支持低碳、循环、生态领域融资需求。扶持小微企业发展，在贴现业务方面，通过向上级行再贴现业务对小微、涉农企业的政策支持，主动给予小微企业特别是小微涉农企业贴现利率优惠，降低小微企业的融资成本。通过给予银承敞口管理费、结算手续费等减免的方式，主动向小微企业让利，帮助企业减少资金运营成本，促进企业的良性发展。主动调研走访泉州辖区内的小微企业，拟选取个别重点产业集群作为试点，开办小微企业专项贷款，简化审批流程，确保业务办理的高效、便捷，为小微企业提供实实在在的资金支持和服务便利。多种渠道盘活信贷资源。推进去产能，加强与地方政府协作。同时，在依法合规、风险可控的前提下，开展资产证券化、信贷资产流转等业务盘活信贷资源。

【民生银行泉州分行】　至2017年末，民生银行泉州分行有员工539人，管理部室21个，企业金融部5个，传统支行17家，小微支行16家，社区支行14家。全年合计纳税1.88亿元。全年服务客户数累计112.3万户。服务网点遍布丰泽、鲤城、洛江、泉港、台投、清濛、晋江、石狮、南安、惠安、安溪、德化等区县。全年实现贷款余额305.47亿元，2017年重点聚焦实体经济领域，推广“流水贷”“民生易贷”“不规则还款”“无还本续贷”等贷款产品，致力于缓解小微企业融资难，提升金融服务水平。

【交通银行泉州分行】　至2017年末，该行有分行营业部、晋江支行、石狮支行、南安支行、丰泽支行、惠安支行六个营业网点。设离行自助银行4家，离行单机点14个。至2017年底，员工人数189人。2017年，注重在产品和服务上动态、过程的管理，加强高位营销，建立清晰的分层营销服务体系；拓展政府重点项目，优化信贷资产结构；转变票据业务发展模式，优化供应链客户结构；努力实现投行业务的突破，拓展同业客户。夯实客户基础和储蓄存款结构；加强与总行信用卡中心直销团队紧密协作，优化当地用卡环境；建立个贷团队开展房贷业务，营销国有企事业单位、军队等优质单位。贯彻落实市委市政府工作部署，加强政银企之间的沟通，服务当地重点项目建设，支持泉州小微企业发展，为促进泉州金改区建设做出应有的贡献。

2017年泉州地区银行业机构基本情况表

表17

序号	名称	地址
1	华夏银行泉州分行	州市鲤城区温陵路81号
2	工商银行泉州分行	丰泽区丰泽街610号
3	建设银行泉州分行	丰泽区丰泽街建行大厦
4	交通银行泉州分行	丰泽区宝洲街浦西万达广场商业综合楼4号-01#
5	泉州银行	丰泽区云鹿路3号

续表17

序号	名称	地址
6	广发银行泉州分行	丰泽区津淮街25号燃气大厦A栋1-2层
7	省农信联社泉州办事处	丰泽区宝洲街万达中心写字楼A座4楼
8	农发行泉州分行	丰泽区田安路丰盛写字楼2-5层
9	福建海峡银行泉州分行	丰泽区泉秀路北侧丰盛假日城堡E栋
10	平安银行泉州分行	丰泽区丰泽街311号君逸大厦一层
11	招商银行泉州分行	丰泽区丰泽街煌星大厦
12	中信银行泉州分行	丰泽区丰泽街336号凯祥大厦1-3层
13	上海浦发银行泉州分行	丰泽区丰泽街29号
14	首都银行（中国）泉州分行	泉州市丰泽街361号国投大厦
15	厦门国际银行泉州分行	泉州市丰泽区宝洲路288号
16	光大银行泉州分行	泉州市丰泽区田安路288号青年大厦
17	厦门银行泉州分行	丰泽区湖心街474号
18	恒丰银行泉州分行	泉州市丰泽区江滨北路368号中骏
19	邮政储蓄银行泉州分行	泉州市九一街160号邮政大楼
20	兴业银行泉州分行	泉州市丰泽区丰泽街兴业银行大厦
21	中国银行泉州分行	丰泽区丰泽街中段南侧中银大厦
22	农业银行泉州分行	丰泽区泉秀路农行大厦
23	民生银行泉州分行	泉州市丰泽区刺桐路689号
24	渤海银行泉州分行	丰泽区泉秀街道宝洲街与田安路交叉口福新商厦

2017年泉州市小额贷款公司基本情况表

表18

序号	机构名称	地址	负责人
1	泉州汇鑫小额贷款股份有限公司	泉州市丰泽街361号财政大楼12层	周永伟
2	福建泉州市鲤城区创信小额贷款有限公司	鲤城区江南高新技术电子信息产业园区紫山路2号办公楼三楼	吴荣光
3	泉州市丰泽区创鑫小额贷款有限公司	田安北段303号（丰泽建行三楼）	戴国良
4	洛江区恒信小额贷款有限公司	洛江区安吉路尚东国际A栋602	林育民
5	泉州经济技术开发区百盛小额贷款股份有限公司	泉州经济技术开发区崇敏街37号	蔡子敬
6	泉州台商投资区联首小额贷款有限公司	福建省泉州台商投资区福建华文轻工有限公司一楼店面（东园）	郭廷志
7	晋江市恒诚小额贷款有限公司	晋江市曾井小区建行大厦19楼	许连捷

续表18

序号	机构名称	地址	负责人
8	晋江市鑫盛小额贷款有限公司	晋江市青阳迎宾路华泉大厦三楼	洪峥奇
9	石狮市富银小额贷款有限公司	石狮市东港路世府名门一楼	林和平
10	南安市鑫宇小额贷款有限公司	南安市仑苍镇水暖城一期	蔡建设
11	惠安县融信小额贷款有限公司	惠安县螺城镇八二三东街兴业大厦三楼	许景南
12	永春县中鑫小额贷款有限公司	福建省泉州市永春县桃城镇留安路1号建行大厦13楼	施养市
13	德化县瓷都小额贷款有限公司	德化县龙浔镇进城大道B幢一层105号	温雅国
14	安溪县闽华小额贷款有限公司	安溪县凤城镇金龙现代广场D幢28层	谢文坚
15	永春县美岭小额贷款有限公司	永春县城南街2号电信大楼16层	苏永钢
16	晋江融信小额贷款有限责任公司	晋江市池店泉安路俊德大厦7-9楼	蔡俊伟
17	安溪县鑫城小额贷款有限公司	安溪县凤城镇河滨南路168号龙湖山庄售楼部七楼	李金城
18	泉州台商投资区永亨小额贷款有限公司	泉州台商投资区东园镇龙苍村	黄达平
19	泉州经济技术开发区万兴小额贷款股份有限公司	泉州经济技术开发区清濛园区2-22(D)地块三楼左侧	黄文显
20	泉州市鲤城区汇银小额贷款有限责任公司	泉州市丰泽街建设银行大厦右梯14楼	王国珍
21	福建省南安市成功小额贷款股份有限公司	南安市水头镇华辉广场华辉中心十一楼1105室	郑连发
22	石狮市中联银小额贷款有限公司	石狮市振兴路51号闽南金融中心二楼	田启明
23	泉州市丰泽区润泽小额贷款有限责任公司	泉州市丰泽区丰泽街建行大厦19层C座	吴端雅
24	泉州市丰泽区闽侨小额贷款股份有限公司	泉州市丰泽区田安路与湖心街交叉口假日湖景三楼	殷伟生
25	福建泉州市惠安县和金小额贷款有限公司	泉州市惠安县惠东工业区翔豪新城4幢底层编号101、102、103、105、106、107	吴荣光
26	泉州台商投资区德隆小额贷款有限公司	台商投资区百崎乡后海村12幢隆盛轻工有限公司园区	郭修彬
27	德化县鑫汇丰小额贷款有限公司	德化县龙浔镇进城大道5号楼	郑成全
28	南安市宏骏小额贷款有限公司	南安市美林街道办事处庄顶滨江一号1#三楼	陈吉祥
29	晋江市百应小额贷款有限责任公司	晋江市青阳崇德路154号中银大厦21层	黄书楷
30	福建省安溪县佳信小额贷款股份有限公司	安溪县金融行政服务中心6C号楼1401#-1413#	高雪冬
31	南安市天邦小额贷款股份有限公司	南安市成功街滨江大厦四层	陈秀玉
32	福建省泉州市鲤城海银小额贷款有限公司	泉州市鲤城区九一街商务大厦二楼	陈文海

2017年泉州市典当行基本情况表

表19

序号	机构名称	地址	法人代表
1	泉州市宏基典当行有限责任公司	泉州市鲤城区新门街610号源和1916创意产业园37号楼一层	康宝忠
2	泉州中泰创展典当有限责任公司	福建省泉州市鲤城区新门街南区11#-11号（新门街449号店面）	常亚玲
3	泉州市兆南典当有限责任公司	泉州市鲤城区南环路鲤城科技创业服务中心大楼一楼	曾景怀
4	福建省百源典当有限责任公司	泉州市鲤城区后城巷旧城改造工程7号楼141号（新编门牌号193号）	林燕琼
5	泉州市豪康典当有限公司	泉州市丰泽区丰泽街361号国投大厦8楼	陈加成
6	泉州市协成典当有限责任公司	泉州市后城旅游文化街7幢142-144号店	曾圣豪
7	泉州信和典当有限公司	泉州市丰泽区田安路与丰泽街交叉口东南侧和昌花苑5号楼A-30号店面	王启明
8	福建泉州万泰利典当有限公司	丰泽区宝洲路北侧与浦西路交叉处	赖加种
9	泉州市海城典当有限责任公司	丰泽区田安北路东湖大厦一楼	陈振成
10	泉州市闽侨实业典当有限公司	丰泽区田安北路闽侨大厦一楼	殷伟生
	泉州市闽侨实业典当有限公司晋江分公司	晋江市青阳街道办事处泉安中路晋兴国际公寓一楼	黄建泉
11	新联发（泉州）典当有限责任公司	泉州市丰泽区坪山路西侧碧水湾09号13号店	白佳林
12	泉州诚信典当有限公司	洛江区万兴街大江盛世A区3#106号店面	林沧海
13	福建省华兴（泉州）典当有限责任公司	泉州市泉港区田里商住小区5幢105-106号	黄　浩
14	泉州恒盛典当有限公司	晋江市安海镇鸿塔小区第B7憧1-3层店1号房	吴景良
15	福建省晋江市柚兴典当有限公司	晋江市磁瓷市场釉花大厦10号	吴聪杰
16	福建信源典当有限公司	晋江市磁灶镇天工陶瓷城	苏炳源
17	福建元亨典当有限公司	晋江市世纪大道华美国际花园	黄书楷
18	晋江金山典当有限公司	晋江市新塘街道占头工业区1-4号	吴文裕
19	福建富邦典当有限公司	晋江市英林镇英龙南路99号	吴良伟
20	泉州同丰典当有限公司	晋江市青阳阳光东路宏伟大厦第5-6号店面	丁健峰
21	福建中美典当有限公司	晋江市梅岭街道双沟社区河滨路中美大厦1楼	蔡益金
22	石狮市达狮雄典当有限责任公司	石狮市八七路2412号达狮雄大厦	王荣聪
23	福建省庆东昇典当行有限公司	石狮市石泉路426号华山K25号楼	吴良凯
24	石狮市富之达典当有限责任公司	石狮市子芳路狮城帝苑11幢H101号店	王月云
25	泉州亨顺典当有限公司	福建省泉州市南安市水头镇海联创业园D-1地块瑞发商业大厦1层102号店	黄思景
26	泉州市广汇典当有限责任公司	惠安县世纪大道吴厝围小区B12幢4-5号店	王旭明

续表19

序号	机构名称	地址	法人代表
27	安溪黎昌典当有限责任公司	安溪风城镇祥云路233号	王燎原
28	安溪县顺鑫典当有限责任公司	安溪县凤城镇大同路306号	叶福坤
29	福建省银晟典当有限责任公司	安溪县凤城镇河滨北路756-757号	钟月明
30	泉州市同吉典当有限公司	安溪县凤城镇河滨南路888号9幢19-20店	苏舜峰
31	德化县中信典当有限责任公司	德化县龙浔镇瓷都大道6号楼	黄清瑞
32	福建聚亿典当有限公司	福建省泉州经济技术开发区德泰路锦绣江南3号楼连接体一层二层	柯景诗
33	泉州经济技术开发区万丰典当有限公司	泉州市清濛经济技术开发区德泰路328号万兴大厦1楼	丁金朝
34	泉州兴源典当有限公司	泉州市泉州台商投资区杏秀路119号	张　坚

保险业

【概况】 2017年，泉州市实现保险原保费收入197.22亿元，比上年增长9.91%。其中，财产险公司实现原保费收入62.6亿元，比上年增长6.36%，人身险公司实现原保费收入134.63亿元，增长11.65%。赔款及给付累计支出59.93亿元，比上年增长4.03%。其中，财产险赔款支出31.52亿元，比上年下降0.47%，人身险赔款及给付支出28.38亿元，增长9.49%。2017年，泉州保险业新增设立两家地市级保险公司，分别是海峡金桥财产保险公司泉州中心支公司与和谐健康保险公司泉州中心支公司。2017年，泉州市拥有地市级保险公司55家，其中，财产险公司27家，人身险公司28家。另有中介代理公司21家。

【财产保险】 2017年，泉州市根据保监会工作部署，全行业启动商业车险费率二次改革。7月，全市27家产险公司全部通过系统验收。据统计二次费改后，车险单均保费比上年下降6.23%，续保单均保费下降10.42%，投保人商业车险保费支出进一步降低。人身险方面，根据保监会2017年134号文件要求，泉州市各人身险公司开展产品自查和清理，积极向上争取政策，开发合规保障型产品。2017年，人身险业务平稳健康发展，现金流充裕。保险中介方面，根据保监会2016年82号文件要求，4月，泉州市7家法人保险代理公司在保险行业协会的组织协调下，与兴业银行泉州分行签订注册资金托管协议，并足额办理协议存款。

【环境污染责任保险】 2017年，泉州市环境污染责任保险投保企业40余家，在保企业数量较上年同期翻番，环境污染责任保险项目被评为福建省金融创新项目、金融创新创意项目。全市近20家保险公司开展食品安全责任保险，2017年在保责任限额超20亿元，是上年的3倍。

2017年泉州地区保险系统机构基本情况表

表20

项　目	财产保险公司			人寿保险公司		
	机构数(个)	职工(人)	营销员(人)	机构数(个)	职工(人)	营销员(人)
保险公司合计	165	3564	4918	265	2059	38167
中心支公司（市级分公司）	24	1621	922	24	988	2563
支公司	55	1089	1755	34	705	17368
营销服务部	86	854	2241	207	366	18236

2017年泉州地区保险公司业务情况表

表21

	原保险保费收入			赔款支出		
	2016年	2017年	同比	2016年	2017年	比上年
财产保险公司合计	588527	625970	6.36	316652	315178	-0.47%
企业财产保险	22058	22682	2.83	24697	26414	6.95%
家庭财产保险	4578	6298	37.57	5581	1801	-67.73%
机动车辆保险	487049	507204	4.14	240216	236929	-1.37%
工程保险	530	3123	489.25	1450	770	-46.90%
责任保险	15635	17485	11.83	7099	7717	8.71%
信用保险	1042	23	-97.79	634	3105	389.75%
保证保险	14512	22371	54.16	4387	6297	43.54%
船舶保险	6539	6587	0.73	5865	6005	2.39%
货运险	4722	5745	21.66	4073	5773	41.74%
农业保险	3231	3474	7.52	6013	3136	-47.85%
意外伤害险	14852	17039	14.73	6807	6815	0.12%
健康险	13767	13939	1.25	9792	10398	6.19%
其他	12	0	-100.00	38	18	-52.63%
人寿保险公司合计	1205728	1346255	11.65	259518	284141	9.49%
寿险	989172	1081696	9.35	216786	234804	8.31%
意外伤害险	34907	39570	13.36	7532	9177	21.84%
健康险	181649	224989	23.86	35200	40160	14.09%

证券业

【概况】 2017年，泉州市证券市场通过发行、配售股票筹集资金18.7亿元，比上年减少12.41亿元。其中，新发行A股1只，增发4只，筹集资金14.38亿元，比上年减少11.06亿元；境外新发行上市2只，筹集资金4.32亿元。

【境内外上市泉州企业104家】 至2017年末，泉州市累计在境内外上市公司104家，其中境内20家，境外84家，上市企业数量位居福建省首位、全国地级市前列，总募集资金折合人民币约702亿元，市值近4000亿元；泉州1家企业通过证监会发审委审核待发行，1家IPO申报材料报证监会审核，6家在福建证监局辅导备案，30家企业启动上市工作。

2017年泉州市证券分公司基本情况表

表22

序号	名称	地址	负责人
1	兴业证券股份有限公司泉州分公司	泉州市丰泽街361号国投大厦5层	颜长安
2	华福证券有限责任公司泉州分公司	泉州市丰泽区丰泽街213号兴业银行泉州大厦第13层第A、B、C、D单元	王俊兴
3	东兴证券股份有限公司泉州分公司	泉州市丰泽区东湖街道田安路武夷花园11#中心商场明旺金融中心四层北侧	叶　青
4	民生证券股份有限公司泉州分公司	泉州市丰泽区津淮街25号燃气大厦A栋11楼	蔡明阳

2017年泉州市证券营业部基本情况表

表23

序号	名称	地址	负责人
1	兴业证券股份有限公司泉州丰泽街证券营业部	泉州市鲤城区丰泽街361号原财政综合大楼（国投大厦）3、4楼	陈章曦
2	兴业证券股份有限公司晋江泉安路证券营业部	晋江市安海镇泉安路西畲工业区万兴泰工贸城联泰综合楼A1、2层	黄文通
3	兴业证券股份有限公司石狮八七路证券营业部	福建省泉州市石狮市湖滨街道八七路1279号中天国际1#楼一、三层	谢鹏程
4	兴业证券股份有限公司南安新华街证券营业部	南安市新华街成功大厦裙楼一、三、四层	陈伟峰
5	兴业证券股份有限公司晋江崇德路证券营业部	福建省泉州市晋江市青阳街道崇德路金融广场3栋101号1层	傅子勤
6	兴业证券股份有限公司安溪中山街证券营业部	福建省安溪县中山街新景商业广场二楼	陈　轩
7	华福证券有限责任公司泉州田安路证券营业部	泉州市丰泽区田安南路东侧外代大厦2层	吴华良
8	华福证券有限责任公司泉州丰泽街证券营业部	泉州市丰泽区丰泽街311号君逸大厦三楼3A-3G	刘立好
9	华福证券有限责任公司晋江崇德路证券营业部	晋江市青阳福隆商业广场新街139号	吴家博
10	华福证券有限责任公南安成功街证券营业部	福建省南安市柳城办事处成功街滨江大厦1幢一层商场	陈光荣
11	华福证券有限责任公司惠安八二三东路证券营业部	泉州市惠安县螺城镇八二三东路新东街兴业银行惠安支行办公楼3层	李继贤
12	华福证券有限责任公司安溪民主路证券营业部	安溪县凤城镇民主路D1、D2幢二层商场3	傅晓杰
13	华福证券有限责任公司石狮金林路证券营业部	石狮市金林路38号（B幢）	洪志坚
14	华福证券有限责任公司泉州湖心街证券营业部	福建省泉州市丰泽区湖心街西段南侧星湖雅苑1号楼办公201、办公202	张锦锋
15	华福证券有限责任公司永春留安路证券营业部	福建省永春县留安路口建行大厦七层	唐小文
16	东兴证券股份有限公司泉州田安路证券营业部	泉州市田安路武夷花园明旺金融中心2层	林丽娟
17	东兴证券股份有限公司泉州丰泽街证券营业部	福建省泉州市丰泽区丰泽街666号南益集团大厦首层101单元及23层	吴振良
18	东兴证券股份有限公司石狮濠江路证券营业部	石狮市濠江路东侧前园段众和国际大厦A座八层	马　戈
19	东兴证券股份有限公司晋江和平路证券营业部	晋江市青阳镇阳光时代广场A1栋6楼	赖秀栋
20	东兴证券股份有限公司惠安建设南路证券营业部	惠安县螺城镇中新大厦6号楼1层、4层	郑诗虔
21	华泰证券股份有限公司泉州九一街证券营业部	泉州市九一街百源大厦四层	陈明凤
22	广发证券股份有限公司泉州涂门街证券营业部	福建省泉州市鲤城区涂门街改造工程E1春晖楼二楼及五楼	苏　晖
23	中国中投证券有限责任公司晋江迎宾路证券营业部	晋江市青阳迎宾路新世纪豪园一期二层	蔡命港
24	国泰君安证券股份有限公司泉州云鹿路证券营业部	福建省泉州市丰泽区云鹿路仟禧汇大厦1～2层	庄金龙
25	海通证券股份有限公司泉州田安路证券营业部	泉州市田安路288号青年大厦四层	朱承凯
26	中泰证券股份有限公司泉州宝洲路证券营业部	福建省泉州市丰泽区宝洲路中段南侧泉州浦西万达广场商业综合体1号建筑（甲级写字塔1A塔）A1702、A1703号	黄红瑜

续表23

序号	名称	地址	负责人
27	中航证券有限公司泉州田安路证券营业部	泉州市田安路丰盛大厦15楼	陈 斌
28	东海证券股份有限公司泉州丰泽街证券营业部	泉州市丰泽街560号保险大厦十四层	林琼虹
29	光大证券股份有限公司泉州田安路证券营业部	福建省泉州市丰泽区田安北路288号青年大厦三楼	郑真平
30	长城国瑞证券有限公司晋江东华街证券营业部	晋江市东华街北侧福隆商业广场一期1～6幢连接体新街129号	邢丽华
31	长江证券股份有限公司泉州宝洲路证券营业部	泉州市丰泽区宝洲路中段南侧泉州浦西万达广场商业综合体1号建筑（甲级写字楼1A塔）八层A801、A809	林国怀
32	大同证券有限责任公司泉州刺桐路证券营业部	泉州市丰泽区刺桐路刺桐华侨公寓A幢1层10号店面、2层、3层	付 强
33	东北证券股份有限公司晋江长兴路证券营业部	福建省晋江市青阳街道长兴路明鑫财富中心办公综合楼801单元	林雄文
34	平安证券股份有限公司泉州安吉南路证券营业部	泉州市洛江区万安办事处万安开发区Ⅱ期安吉南路东侧恒盛（汽车）商城AB栋第六层	王 雷
35	中信证券股份有限公司泉州安吉路证券营业部	泉州市洛江区安吉路28号	曾闽粤
36	申万宏源证券有限公司泉州丰泽街证券营业部	泉州市丰泽街213号兴业银行大厦11楼	肖 良
37	中信建投证券股份有限公司泉州丰泽街证券营业部	泉州市丰泽区丰泽街中段煌星大厦西区裙楼1楼	庄建军
38	国信证券股份有限公司泉州德泰路证券营业部	泉州经济技术开发区德泰路114～118号建行综合楼四楼	邓育龙
39	西藏东方财富证券股份有限公司泉州田安路证券营业部	福建省泉州市丰泽区丰泽街道田安南路外代大厦一楼	林丹娜
40	中信证券股份有限公司泉州宝洲路证券营业部	泉州市丰泽区宝洲路中段南侧泉州浦西万达广场商业综合体1号建筑（甲级写字楼1B塔）B1903、B1906单元	肖 翼
41	东兴证券股份有限公司永春八二三东路证券营业部	泉州市永春县八二三东路189-191号	谢晓丽
42	东兴证券股份有限公司德化瓷都大道证券营业部	德化县龙浔镇瓷都大道旧区改造二期北侧安置房2幢1层07	吴应山
43	中银国际证券有限责任公司泉州丰泽街证券营业部	福建省泉州市丰泽区丰泽街中银大厦13楼	姚锦诚
44	兴业证券股份有限公司泉州德泰路证券营业部	福建省泉州经济技术开发区德泰路3-14（A）号地块娱乐城紧挨中信银行一侧	陈斌斌
45	太平洋证券股份有限公司石狮福辉路证券营业部	福建省泉州市石狮市建德花园二期3号楼101～102室	陈良才
46	中国银河证券股份有限公司泉州南俊路证券营业部	福建省泉州市鲤城区开元街道东升社区南俊北路132号	吴良凯
47	中国中投证券有限责任公司石狮八七路证券营业部	福建省泉州市石狮市八七路天恒国际中心七楼F0707	陈良伟
48	申万宏源证券有限公司石狮八七路证券营业部	福建省泉州石狮市八七路鸳鸯池商业中心6号楼4楼	王荣荣
49	招商证券股份有限公司晋江和平中路证券营业部	福建省晋江市青阳莲屿社区和平中路1号泰兴达大厦六层东北侧A单元	黄恒照
50	国泰君安证券股份有限公司晋江长兴路证券营业部	福建省泉州市晋江青阳街道长兴路222号明鑫财富中心第六层601、605单元	庄 强
51	长城证券股份有限公司晋江迎宾路证券营业部	福建省泉州市晋江市青阳街道迎宾路新世纪豪园一期7A7	林智芳
52	浙商证券股份有限公司泉州云鹿路证券营业部	福建省泉州市丰泽区云鹿路鲲鹏国际中心5楼509	蔡燕福

续表23

序号	名称	地址	负责人
53	华鑫证券有限责任公司泉州宝洲路证券营业部	福建省泉州市丰泽区浦西万达广场甲级写字楼1B塔808\809单元	庄家煌
54	中山证券有限责任公司泉州丰泽街证券营业部	福建省泉州市丰泽区丰泽街建设银行大厦17层C7	邱加伟
55	安信证券股份有限公司泉州湖心街证券营业部	福建省泉州市丰泽区湖心街铭典2号楼店面10	刘强安
56	华林证券股份有限公司公司泉州宝洲路证券营业部	福建省泉州市丰泽区宝洲路万达中心B座3003～3005	吴福星
57	中信证券股份有限公司晋江长兴路证券营业部	福建省晋江市青阳街道长兴路222号明鑫办公综合楼7楼708、709	尤锦炜
58	广发证券股份有限公司晋江长兴路证券营业部	福建省泉州市晋江市青阳街道陈村社区长兴路明鑫广场B栋一层13～14号店面	吴志荣
59	东方证券股份有限公司泉州津淮街证券营业部	福建省泉州市丰泽区津淮街25号燃气大厦A座502	陈北燕
60	方正证券股份有限公司泉州泉秀路证券营业部	福建省泉州市丰泽区云鹿路与泉州路交叉处泉州东海液压润滑设备厂A栋五层501	李求约
61	华安证券股份有限公司泉州宝洲路证券营业部	福建省泉州市宝洲路万达广场写字楼B座1002～1003单元	张修龙
62	东北证券股份有限公司泉州丰泽街证券营业部	福建省泉州市丰泽街信息大厦一楼店面及二楼办公楼	潘任凭
63	国泰君安证券股份有限公司南安成功街证券营业部	福建省泉州南安市柳城成功街鑫溢财富中心1～2号楼商业3层18-23、25-31号单元	杨紫薇
64	兴业证券股份有限公司惠安中山南路证券营业部	福建省泉州市惠安县螺城镇中山南路欧景帝苑广场二楼	张署彬
65	国盛证券有限责任公司泉州津淮街证券营业部	泉州市丰泽区津淮街东段新城花园1号楼06～07号店	洪伟钦
66	光大证券股份有限公司泉州石狮濠江路证券营业部	福建省泉州市石狮市濠江路众和国际大厦十楼	李敏捷
67	华鑫证券有限责任公司泉州南山南路证券营业部	福建省泉州市泉港区南山南路锦绣公园5号楼	陈　洁
68	信达证券股份有限公司泉州丰泽街证券营业部	福建省泉州市丰泽区丰泽街东方银座21号楼店面102、202	蔡少波
69	中山证券有限责任公司泉州丰海路证券营业部	福建省泉州市丰泽区丰海路海丝国际中心第一号楼第七层07单元	刘德润
70	广州证券股份有限公司泉州津淮街证券营业部	泉州市丰泽区刺桐东路与津淮街交叉口东北侧群盛国际华城1#楼店面31、32号	黄攸逸
71	联储证券有限责任公司泉州宝洲路证券营业部	福建省泉州市丰泽区宝洲路东段南侧中骏国金中心5号楼店面37号	韦剑飞
72	东海证券股份有限公司石狮宝岛中路证券营业部	福建省泉州市石狮市宝盖镇宝岛中路178号濠江国际二期2幢1层108单元	林建雄
73	江海证券有限公司晋江长兴路证券营业部	福建省泉州市晋江市青阳街道长兴路明鑫办公综合楼2205～2206	汤　丹
74	联讯证券股份有限公司泉州宝洲路证券营业部	福建省泉州市丰泽区宝洲路浦西万达写字楼B座4303、4305室	黄国都
75	中泰证券股份有限公司泉州万荣街证券营业部	福建省泉州市洛江区万荣街现代华城科技中心广场1#楼右侧101、102室	吴志军
76	国金证券股份有限公司泉州云鹿路证券营业部	福建省泉州市丰泽区云鹿路鲲鹏国际中心7层703、705单元	曾国泉
77	东吴证券股份有公司泉州宝洲路证券营业部	福建省泉州市丰泽区宝洲路万达广场写字楼B3601	王若啸
78	天风证券股份有限公司泉州泉秀路证券营业部	泉州市丰泽区泉秀路巴厘印象1号楼一、二层	周文英
79	万和证券股份有限公司石狮石龙路证券营业部	福建省泉州市石狮市灵秀镇百德汇峰广场6幢1706单元	黄灿鹏

经济开发合作与产业园区

责任编辑：陈雪娥　陈晓婷

主要经济板块与产业集群

【概况】 2017年，泉州市纺织鞋服规上工业产值4652亿元，比上年增长13.1%；建材家居规上工业产值3160亿元，15.3%；食品业规上工业产值1059亿元，13.9%；工艺制品规上工业产值875亿元，20.1%；纸业印刷规上工业产值697亿元。18.2%。泉州市石油化工规上工业产值2189亿元、比上年增长18%，机械装备规上工业产值1638亿元，比上年增长12.6%。

【纺织鞋服】 2017年，泉州市纺织鞋服规上企业1683家，实现工业增加值1151.39亿元，比上年增长8.0%，利润增长18.3%。其中，纺织业实现工业增加值208.13亿元、增长7.1%；纺织服装、服饰业实现工业增加值468.58亿元、增长8.8%；皮革、毛皮、羽毛及其制品和制鞋业实现工业增加值554.76亿元、增长7.1%。纺织服装产量占全国的10%，运动鞋产量占全国的40%、全球的20%，匹克、安踏等品牌已进入国际市场。

安踏体育用品集团有限公司 2017年实现营收166.9亿元，较上年度增长25.1%；市值突破1000亿港币。

特步(中国)有限公司 2017年营收近60亿元，门店7000家，蝉联中国赞助马拉松赛事最多的体育用品商，蝉联天猫及京东销量最高的运动鞋品牌，电商继续成为其主要增长驱动力之一。

三六一度(中国)有限公司 2017年营收近55亿元，拥有6300多家门店，其童装收益延续强劲势头，是首个赞助奥运会的中国体育品牌。

【建材家居】 2017年，泉州市建材家居产业完成规上工业增加值689.52亿元，增长9.3%，完成规上销售收入3078.04亿元。形成南安石材、晋江南安建陶和南安水暖厨卫等三个产业链较为完整、行业集聚度高、竞争力较强的主导优势产业集群，是全省乃至全国重要的建材产业基地。其中，石材行业成为全国乃至东南亚地区规模最大、种类最齐全的石材生产、出口基地和辐射全球的世界级石材生产交易中心，拥有全国仅有的4枚石材业“中国驰名商标”（溪石、南星、宗艺、万隆），《中国·水头石材指数》为全国唯一的石材指数。建陶行业是全国四大建陶生产基地之一，拥有3家上市公司（恒达、万利、华泰）和国家名牌产品16个。外墙砖等一些产品在全国市场份额较高。水暖厨卫行业拥有行业内中国名牌产品7块中的4块。南安仑苍是中国三大水暖生产基地之一，南安水暖厨卫产业基地为国家新型工业化产业示范基地、国家外贸转型升级示范基地。

九牧集团 2017年，集团公司实现产值约60亿元，纳税总额3.98亿元。拥有5大生产基地，在全球拥有超过4000家专卖店，5万多个销售网点。公司拥有超过2000名研发设计团队，拥有16个实验室，创立8个研究院、欧洲运营中心及北美运营中心，近3000项产品先进专利，截至2017年获得15项iF，12项红点设计大奖、“中国好设计”金奖。公司品牌价值达178.36亿元（2017中国品牌500强），连续6年蝉联卫浴行业第一，成为卫浴行业最具品牌价值的企业。公司荣获中国质量奖提名奖、中国环境标志产品、国家工业设计中心、国家企业技术中心、国家知识产权示范企业、省级智能制造试点示范企业、省服务型制造示范企业等多项荣誉。

福建西河卫浴科技有限公司 2017年，公司实现产值5亿元以上，纳税3319万元。该企业系九牧集团下属的股份制子公司，是一家专业生产洁具和淋浴花洒的企业。公司营销网络基本覆盖全国各省（自治区），产品远销欧美、东南亚、大洋洲等国家和地区。公司获得中国弛名商标、中国名牌产品、中国卫浴行业知名品牌、福建省名牌产品、福建省著名商标等荣誉，通过SGS国际质量体系和环境认证，以及加拿大CSA、CE等认证。公司与东陶（TOTO）、成霖、乐华（箭牌）、美标等企业建立了良好合作关系。

英良集团 2017年，公司实现产值1亿元以上。英良集团是一家高质及高速发展起来的大型综合性集团企业，业务涉及矿山开采、石材销售及加工、工程装饰、艺术品收藏、文化及传媒产品开发等诸多领域，并迅速发展成石材行业转型升级的标杆企业。英良集团旗下的高端战略品牌“五号仓库”，主营殿堂级石材珍品，推崇石材的极致奢华与时尚，已收集世界上最顶级的、最独特的、最高贵的石材珍品几百款，致力于打造石材界高端产业品牌。

【食品饮料】 2017年，泉州市食品饮料规模以上工业实现工业增加值259.21亿元，增长8.5%，销售产值1036.97亿元，产销率97.9%。其中农副食品加工业实现工业增加值36.46亿元，增长14.3%；食品制造业实现工业增加值141.09亿元，增长11.5%；酒、饮料和精制茶制造业实现工业增加值81.65亿元、增长1.8%。主要产品糖果产量占全国20%，休闲食品制造业占50%，饮料茶叶占20%，水产品加工占近10%，粮油加工业占10%。全市各地立足资源禀赋，发展特色食品工业，如安溪乌龙茶等依托生态资源优势发展山区资源型食品工业；泉港、石狮、惠安等地发挥临港优势，发展水产品加工、食用油加工、啤酒酿造等临港食品工业；晋江、惠安等地依靠创新能力和电商优势，发展“两头在外”的休闲食品制造业，形成泉州休闲食品加工集聚区。泉州市拥有中国驰名商标17件及“全国食品工业强县”2个（晋江、惠安），安溪县 “中国茶都”、中国乌龙茶（名茶）之乡等荣誉称号。

福建达利食品集团有限公司 公司每年投入年销售额的3.5%用于新产品的开发以及生产设备的改造及创新，推出至少不低于20个品种的新产品，每一项都取得的巨大成功，成为同行业中引领新潮流的领航企业。2017年引进国内第一条智能一体化饮料食品（豆奶）生产线，在原有生产基础上实现生产效率提高25%、运营成本降低23%、产品升级周期缩短31.8%、产品不良率降低28.57%、单位产值能耗降低11.5%，新增年销售收入3.8亿元，净利润3亿元，上缴税收4450万元。

福建盼盼食品集团有限公司 盼盼食品是以农产品精深加工为主的国家级农业产业化重点龙头企业，主要生产“盼盼”牌麦香系列膨化食品，法式小面包、软面包、蓉香包、丝润面包、小卷包、铜锣烧、瑞士卷、欧咔蛋糕、梅尼耶干蛋糕、软华夫、肉松饼等烘焙食品，以及子品牌“艾比利”膨化系列食品等。集团率先在业内推行品牌整合传播策略，以稳健高效的品牌系统建设从而赢得市场终端博弈，“单品突然”策略成功也深受业界好评，“梅尼耶”“鲜小薯”等成为2017年金砖会晤指定食品。

【工艺制品】 2017年，泉州市工艺制品规上工业企业产值875亿元、比上年增长20.1%。泉州市工艺制品行业历史悠久、产品丰富，形成陶瓷、藤铁、石雕、木雕、树脂等较具规模实力的产业集群，实现从家庭作坊到现代产业、从家庭副业到支柱产业的历史蜕变。形成以德化城关为主的陶瓷工艺产业基地，以安溪城关周边和尚卿等乡镇为主的藤铁工艺产业基地，崇武、山霞、螺阳为主的石雕产业基地，以张坂镇、杏田为主木雕产业基地，以为丰泽、鲤城、洛江和台商投资区为主的树脂工艺产业基地，打造“中国瓷都•德化”“中国藤铁工艺之乡”“中国石雕之都”“中国树脂工艺之乡”等区域特色品牌和“中国白瓷”“惠安石雕”地理标志，拥有“冠福”“佳美”“磊艺”3个中国驰名商标。

【纸业印刷】 2017年，泉州市纸业印刷规上工业企业产值697亿元、比上年增长18.2%。泉州作为全国大型纸制品交易中心之一，依托发达的民营经济，产业转型升级进一步加快。行业涌现出恒安、玖龙、恒利、优兰发等知名企业；恒安集团营业额超200亿元的骄人成绩，在全国同行业中名列前茅。目前泉州是全国最大的卫生用品生产基地和出口基地之一。

【石油化工】 2017年，泉州市石化规上工业产值2189亿元，规上工业增加值541.58亿元，比上年增长3.9%。拥有泉港、泉惠两个石化工业园区和晋江、石狮两个纺织工业石化园区，石化产业形成龙头带动、差别化发展的格局。泉港与泉惠石化工业园区以炼化一体化带动生产大宗化工产品，并以特种树脂、橡胶、工程塑料等为特色差异化发展下游加工产业，为做大福建省合成树脂、合纤原料、合成纤维和合成橡胶产业提供原料支持。晋江与石狮纺织工业区以PTA等原料为产业链源头，互补延伸发展涤纶等化纤原料等，形成纺织化纤产业集群。

福建联合石化公司 先后投资400多亿元，建设炼化一体化项目、炼油乙烯脱瓶颈改造及配套工程，公司具备1400万吨/年炼油、110万吨/年乙烯、80万吨/年芳烃的生产能力。主要产品包括汽油、柴油、煤油、液化石油气、石油焦、硫磺（液体/固体）、轻质燃料油、聚乙烯、聚丙烯、对二甲苯、苯、丁二烯等。公司下一步计划在现有1400万吨/年炼油规模保持不变，以结构调整和内涵挖潜改造为主，开展炼油二期工程原油适应性及国V油品升级改造项目；同时策划三期建设项目（再建设1200万吨/年炼油、100万吨/年乙烯项目或将400万吨/年老炼油装置通过技改扩能至1000万吨/年及配套化工项目）。

中化泉州石化公司 由中国中化集团投资300亿元，建设1200万吨/年炼油项目，主要生产装置包括常减压蒸馏、渣油加氢、蜡油加氢裂化等18套先进装置及10万吨级配套码头和仓储设施。主要产品为煤油、汽油、柴油、苯、甲苯、混合二甲苯、聚丙烯以及液化气、硫黄、化工轻油等。计划建设二期100万吨/年乙烯、80万吨/年芳烃及炼油改扩建项目，拟于2020年建成投产。

石狮市佳龙石化纺纤有限公司 由北京佳龙投资有限公司和新疆华凌工贸（集团）合资建设，占地面积50公顷，建成一期60万吨/年PTA（精对苯二甲酸）项目，于2010年4月顺利投产。二期计划建设110万吨/年PTA生产装置，使用一期预留地，公用工程主要依托一期项目。

【机械装备】 2017年，泉州市机械装备产业完成规模以上增加值382亿元，增长10.6%，完成规模以上工业产值1638亿元。通过实施“数控一代”与智能制造，行业企业全面向数控化、自动化、智能化发展，市场需求稳定，行业整体保持平稳增长态势，增速居各行业前列。泉州机械装备产业涉及8个大类、47个中类、111个小类，其中通用设备、专用设备、金属制品、电气机械和

借力智能化设备及生产线，泉州市企业转型升级步伐加快。图为在泉州市琪祥电子科技有限公司DIP封装车间内，工人使用智能化的光学检测仪器检测电子元器件的焊接状况（2017年拍摄） （图/陈晓东）

器材及计算机、通信和其他电子设备等5个大类的产值均超百亿元。已规划建设了福建省装备制造业（南安、晋江）重点基地等一批机械装备制造基地。洛江区、晋江市被认定为省级智能制造试点示范基地，居全省前列。泉州工程机械中的路面机械、装载挖掘机械，专用设备中的砌块机械、石材机械和金刚石工具、陶瓷机械、纺织机械、制鞋机械，通用设备中的轴承、阀门、电动工具、空气压缩机等均占有较大的国内市场份额，其中圆盘针织机（大圆机）、砌块机械、石材机械和金刚石工具等产品产量居全国首位。

嘉泰数控科技股份公司 公司是一家专业从事自动化、智能化精密加工设备的研发、生产、销售和服务的高新技术企业，以数字化制造技术为核心，产品渗透到机械加工各个方面，主要面向航天航空、军工、汽车、船舶、轨道交通、风能发电、消费电子、3C通讯、医疗器械、五金及工装模具等行业提供以高速精密 CNC 加工中心机为主的各类高端智能数控装备，并提供整体解决方案和全过程支持服务。先后被授予"国家数控系统工程技术研究中心泉州分中心""院士专家工作站""高新技术企业""省级企业技术中心""福建数控机床联合实验室""福建省战略性新兴产业骨干企业"等60多项称号。公司已成为国内知名的高端数控机床及核心功能部件的研发制造中心。

泉州市汉威机械制造有限公司 公司创立于1996年，是一家集机械设备开发、生产、销售与服务为一体的高新技术企业，公司的主营业务主要为：婴儿纸尿裤、成人纸尿裤、妇女卫生巾等数控一体化智能生产线设备，至2017年销售网络涵盖国内26个省份、国外多个国家和地区。近年来先后获得"省创新型企业""市行业技术中心""企业技术中心"等称号。

福建铁拓机械有限公司 公司成立于2004年，是一家专业的沥青搅拌设备及沥青再生设备制造商。沥青混合料热再生组合搅拌设备市场占有率居国内首位，也是蝉联多届"工程机械TOP50产品"之一，2016年获工信部"制造业获福建省经信委首批"服务型制造示范企业"荣誉。沥青搅拌设备销售一直保持20%的稳步增长。产品销往全国所有省市及欧非亚等全球58个国家和地区，超过1500套设备在全球各地为道路建设行业服务。2017年产值超3亿元，其中出口额占30%以上。

产业园区建设

【概况】 2017年，泉州市省级以上工业园区14个，其中国家级工业园区4个，分别是泉州市台商投资区、泉州经济技术开发区、泉州市出口加工区和泉州市高新技术开发区。泉州市省级以上开发区实现地区生产总值约2069亿元，固定资产投资完成额约1124.6亿元，财税收入超280亿元，实际利用外资总额54.9亿元，外贸进出口总额432.5亿元，实现绿色园区和污水处理厂100%覆盖。

【集聚效应】 2017年，各省级以上开发区发挥自身优势，努力拓展上下游配套项目，促进产业集群化发展，产生良好的集聚示范效应，带动形成纺织服装、鞋业、石化、机械装备和建筑建材等5个超千亿产业集群，打造一批全国性产业基地。

【招商引资】 2017年，各开发区结合实际，建立正向激励机制促进有效投资，不断完善招商引资措施，推进重点项目建设，盘活闲置土地和厂房资源，全面升级发展新动能。"厦洽会"上，泉州市组团成功对接49个项目，投资总额25.76亿美元，拟利用外资19.49亿美元，比上年增长1.7%。其中，合同项目40个，投资总额17亿美元，合同外资12.94亿美元，比上年增长1.9%，其中大部分签约项目均落户各开发区内。台商投资区围绕新材料、绿色智能交通、健康医疗养生、文化旅游服务、高端制造装备等五大主导产业，实施精准招商，共签订合作意向及框架投资协议项目15个，总投资额超600亿元；晋江经济开发区快速推进高效太阳能电池生产项目、万业汇商业广场等83个重点项目完成投资105亿元；泉州综保区引进中通速递、科立材料等7个项目落地，完成投资额8500万元；泉州经济开发区通过换项目、换业主、换股权等方式，成功置换优质项目投产10亿元，盘活空置土地12多公顷。

【转型升级】 2017年，在福建省国家级和省级开发区综合发展水平评价中，排名前10位的开发区泉州占3个，分别是泉州经济技术开发区、晋江经济技术开发区、泉州台商投资区。泉港、泉惠石化园区整合升格申报国家级石化经济技术开发区稳步推进，已由国务院批转商务部；南安经济开发区深入实施重点产业转型升级路线图，引导水暖卫浴、消防机械等家居建材类关联企业融入“泛家居”产业布局，并不断吸纳培育电商物流等新兴服务产业，天广消防、泛科轴承等一批骨干企业运行势头较好，有效带动支撑经济增长；台商投资区组织玖龙纸业、加德利电子等企业实施省级重点技术改造项目6个，项目总投资24.6亿元。

【科技创新】 2017年，泉州高新技术产业园鲤城园区打造“泉州高新区科技创新服务中心”，运营场所面积5.5万平方米，入驻项目63个，其中民营研究院所7家、科技服务机构8家、科技型企业48家，被福建省科技厅认定为“省级科技企业孵化器”；石狮高新区坚持奖励和宣传并重，激励自主创新，全年入选省级新兴研发机构1家、省级两化融合重点项目3个、省科技小巨人领军企业6家、省知识产权优势企业新增1家以及多个项目入选市级数控一代和高端装备设备名单，园区企业技术水平日益提升，科技成果丰盛。

【基础设施建设】 大量的资金投入加快泉州市各开发区基础设施建设和项目建设速度，资源配置不断优化。晋江经济开发区启动市政配套建设项目210个，总投资3亿元，路网建设不断完善，医疗、休闲、教育等公共配套设施建设和“智慧园区”建设持续加快。完善配套措施，健全服务机制，提升开发区总体功能优势。泉州综保区对入驻园区企业实行全程跟踪服务，为企业代办工商营业执照、环评等手续，陪企业办理项目建设过程中的各项手续，及时帮助企业解决项目建设中的困难和问题；鲤城高新区强化平台支撑功能，持续提升科技金融等综合服务水平，帮助企业实现融资超30亿元，被省经信委认定为福建省中小企业公共服务示范平台；泉州台商投资区建设“一站式”行政服务“超市”，创新项目折叠审批机制，建设“项目管家平台”和“中介超市”平台，成功获批省级相对集中行政许可权改革试点单位。

【绿色发展】 2017年，推动开发区环境整治，严格督促按时保质完成规划环评、污水集中处理，泉州市省级以上开发区实现污水处理厂100%覆盖。省级绿色园区实现100%覆盖，泉州开发区、泉惠石化工业区被确认为第一批“绿色开发区示范区创建单位”。泉州经开区获得联合国工发组织授予绿色园区称号；所有省级以上开发区污水集中处理实现全覆盖。

2017年泉州市省级以上开发区一览表

表24

层级	行政区域	园区名称	主要产业	组成区块	规划面积（平方千米）
国家级		泉州开发区	纺织鞋服、电子信息、机械制造、医药食品	3	200
		泉州台商投资区	纺织鞋服、机电设备、造纸及纸制品	1	27.5
		泉州高新技术产业开发区（鲤城园区）	电子信息、纺织鞋服、机械汽配	1	6
		泉州高新技术产业开发区（石狮园区）	纺织服装、电子科技、精细化工、五金机械	1	20
		泉州综合保税区	保税物流、进出口贸易、加工贸易、航空维修	1	2
省级	洛江	洛江经济开发区	轻纺、五金机电	4	23.137
	泉港	泉港石化工业区	石化产业	4	29.6
	晋江	晋江经济开发区	纺织鞋服、食品、光电信息	3	98
	南安	南安经济开发区	水暖厨卫、消防阀门、日用制品	3	34.49
	惠安	惠安经济开发区城南工业园区	鞋服包袋、建材机械、食品	1	8
		惠东工业园区	纸制品、化纤、食品、机械	1	5.09
		泉惠石化工业区	石化产业	1	33.8

续表24

层级	行政区域	园区名称	主要产业	组成区块	规划面积（平方千米）
省级	安溪	安溪经济开发区	食品、生物医药、五金、光电	3	123
	永春	永春经济开发区	日用品、食品、轻纺服装	1	11.33
	德化	德化陶瓷产业园区	日用陶瓷、工艺品、树脂	1	22.46

对外经贸与技术合作

【概况】 2017年，泉州市加强对外经贸与技术合作，全方位开展招商推介活动，举行2017年泉州市外资专场招商推介会，组织参加2017厦门国际投资贸易洽谈会，对接项目，促进项目落地，搭建招商合作新平台，加强在招商推介、经贸交流、资讯共享等方面开展合作。泉州市新批外商投资企业196家，投资总额108.49亿元，合同外资46.63亿元，实际使用外资106.83亿元，同比增长0.1%。新批（含增资）投资额超亿美元项目7个，投资总额8.89亿美元，合同外资2.47亿美元。

2017年，泉州市对外贸易总额1567.6亿元，比上年增长2%。其中，出口1046.6亿元，下降2.1%；进口521.1亿元，增长11.3%。

2017年新批赴境外投资企业12家，投资总额2.93亿美元。全年完成外经营业额5031万美元，同比增长5.4%，外派劳务人数5704人次，同比增长0.6%。

【招商引资】 全方位开展招商推介活动，签约对接一批优质项目，其中：在深圳举行2017年泉州市外资专场招商推介会，对接外资项目52个，投资总额40.89亿美元，拟利用外资21.74亿美元；组织参加2017厦门国际投资贸易洽谈会，对接49个项目，投资总额25.76亿美元，拟利用外资19.49亿美元，其中，合同项目40个，投资总额17亿美元，合同外资12.94亿美元；在厦门举办“2017年泉州市外资招商推介会”，现场签约项目24个，其中优质产业项目23个，投资总额28.18亿美元，拟利用外资20.52亿美元。促进项目落地，第十九届中国国际投资贸易洽谈会期间签约的52个合同项目中，有42个项目在2017年履约落地。全市纳入福建省“五个一批”项目动态管理信息系统项目55个，投资总额654.71亿元。搭建招商合作新平台，先后与世界贸易中心协会、美国加州蒙特利公园市商会、德中经济文化促进协会、阿联酋福建总商会、越南中国商会福建企业联合会、马来西亚福建总商会等境外机构签订合作招商备忘录，就加强招商推介、经贸交流、资讯共享等方面开展合作。

对台港澳经贸与技术合作

【概况】 2017年，泉州市推进对台港澳经贸合作，利用重大活动招商选资，推动重点项目实施，开展投资促进、洽谈合作经贸活动，对台港澳经贸合作保持平稳发展态势。泉州市利用3月专场外资招商推介会和9月厦洽会两个重大经贸活动，成功对接台资项目10个，投资总额7.29亿美元，拟利用台资5.9亿美元；成功对接60个港资项目，拟利用港资32亿美元，投资总额超过1亿美元的项目有6个。推动一批重点项目洽谈合作，如矽品集

2017年9月18日，2017年泉州市外资招商推介会在厦门举行 （图/市商务局）

成电路封装测试项目、旺旺文旅实业项目、香港华商环球鞋业智能制造项目等，成效明显。

【展洽贸易】 2017年，第一届海峡两岸食品交易会和第十届农订会举办，分别达成88.65亿元、10.62亿元交易合同金额。第九届品牌泉州香江行活动在香港会展中心举办，泉州市25家参展企业达成555万美元成交金额。第25站活力澳门推广周活动在泉州举办。对台直航班轮平稳运行，全年排载直航台湾本岛集装箱班轮14462.5标箱，其中输入10199.5标箱，输出4263标箱。泉州市共有20家对台小额贸易企业开展业务经营，贸易总额达5997万美元。

【经济交流】 2017年4月，组织“泛家居”产业7家企业赴法国、英国和匈牙利开展投资促进、洽谈合作经贸活动。5月，香港贸发局副总裁叶泽恩率香港跨境投资服务业和创意服务业2个代表团到泉州考察，14家企业参与对接交流。6月中旬惠安中太进出口贸易有限公司赴港参加股权投融资对接会。6月份组织经贸团组赴台湾开展农订会台湾招商招展活动。11月份组织7家航运、物流龙头企业组成经贸代表团赴香港参加第七届亚洲物流及航运会议，并设立泉州城市展馆。

山海协作

【概况】 2017年，泉州市对口帮扶任务的县（市、区）有鲤城区、丰泽区、泉港区、石狮市、晋江市、南安市、惠安县等7个县（市、区）。分别是鲤城区与明溪县、丰泽区与顺昌县、泉港区与宁化县、石狮市与政和县、晋江市与长汀县、南安市与古田县、惠安县与光泽县。全年共拨付对口帮扶资金9980万元，其中鲤城区1200万元、丰泽区1300万元、泉港区拨付1300万元、石狮市1680万元、晋江市2000万元、南安市1300万元、惠安县拨付1200万元。其中明溪县汽配工程机械产业园区考核荣获全省第4名，获得省上奖励100万元。

【扩大协作领域】 2017年，泉州市按照“政府推动、市场主导、优势互补、合作共赢”，将山海协作对口帮扶和扶贫开发工作结合起来，努力破解区域发展瓶颈，着力补齐民生发展“短板”，主要在建立机制、领导互访、项目协作、资金援助等方面不断强化交流对接。不断创新合作方式，扩大合作领域，从资金扶助到产业扶持，从人才培养到人文交流，双方协作领域不断扩大，开展互访交流活动，形成互惠互利、长期合作、共同发展的新格局。2017年，7个对口帮扶县（市、区）党政领导组织相关部门开展互访交流共计14次。

对口支援

【概况】 2017年，根据中央和省委、省政府的统一部署，泉州市对口支援西藏昌都市洛隆县、新疆昌吉州昌吉市和宁夏吴忠市盐池县、同心县、红寺堡区。

【对口支援洛隆县】 2017年，泉州选派10位干部人才执行第八批援藏任务，安排计划内资金2495万元和规划外资金2600万元。

项目援建 4个项目建设总体进展顺利，布许村福建新村2017年6月底开工，10月中旬已基本完成主体工程建设；夏玉村福建新村完成主体工程建设，大部分完成砌体，部分开始外墙装修；县城工业园区福建新村全部完成砌体，大部分完成外墙装修；规划外援建的县藏医院二期工程基本完成。

产业援助 通过招商引资，引进项目，增强经济发展后劲。引进汉能集团，项目总投资8000多万元，在孜托镇久玛村试点建设昌都市首个分布式光伏扶贫项目后，又计划在其他6个乡（镇）继续建设小型光伏发电站，预计受益群众665户3325人。促成新增4家注册登记的招商企业，注册资金8000万元，又促成泉州毅通食品科技有限公司与洛隆洛宗特色产品有限公司达成合作意向，开展产品和品牌合作，共同开发新产品和开拓内地及西藏市场，促进当地农牧民增产增收。

技术援助 做好文化援藏、医疗援藏、工程技术援藏等工作，文化援藏促使洛隆电视台在采编队伍建设、频道改版、栏目设置、对内对外宣传和内部管理有明显提升，实现县电视新闻在市级评奖中“零”的突破。医疗援藏参与实施“医疗精准扶贫”计划，走访11个乡（镇）开展农牧民体检和建立健康档案工作，同时开展医务培训，主动与当地医生“结对子”，一对一进行相关医护讲座。交通援助主动承担全县农村公路普查工作，做好洛隆县农村公路在建项目管理，全面负责全县15个在建农村公路项目质量管理和技术指导。城建援助发挥设计院的技术特长，对异地扶贫搬迁安置项目和县城高层商住楼图纸进行过细的技术审查，又参与《昌都市洛隆县县城控制性详细规划》修编工作。

互动交流 开展多层次的结对共建帮扶工作，有序推进两地各类交流合作。泉州中院、检察院、经信委、交通委、城乡规划局、总工会、广播电视台等单位领导分别到洛隆县对接援藏工作，与洛隆县对应部门开展共建活动，并发动社会和企业力量，捐赠款物合计1200多万元；增派5名B超（检验）医生，圆满完成为期两个月的包虫病筛查防治工作；高，设立“洛隆县格桑爱心帮扶基金”和“洛隆县泉洛劳模关爱基金”，持续关爱和帮扶当地困难群众和困难职工。洛隆县29名教师在泉州幼高专永春校区的师资培养、21名医疗卫生专业人员在泉州各医院的学习培训和34

名学生在南安职校的职业技术培训都顺利完成。

【对口支援昌吉市】 2017年泉州市选派22位干部人才执行第七批援疆任务，安排计划内资金6701万元。

项目援助　推进项目建设。是年实施牧民定居、美丽乡村、派出所办公用房等25个民生项目（工程建设类项目19个、非工程建设类项目6个），六工镇干渠改造、市四中学综合教学楼、市十四小教学楼、S201公安检查站、阿什里乡派出所、1：500数字地形图等22个项目全面完工，4个项目按年度计划稳步推进，完成投资1.136万元，拨付援疆资金6701万元，做到援疆资金80%用于民生、80%用于基层。

产业援助　坚持“强化招商促发展，深化服务促建设”主线，加强援受两地及内地的经贸合作交流，拓展产业合作空间，促进产业转移和产业链延伸。一是加大招商推介。整合招商资源，梳理汇编优惠政策，先后组团参加海丝海博会、台交会、西洽会、亚欧博览会、厦洽会、惠安雕博会等大型会展活动，举办项目推介会8场次，大力宣传昌吉市良好投资环境、扶持政策及发展优势，并赴河北雄安新区考察，主动承接产业转移。接待国内知名企业和闽籍企业家38批256人次到昌吉市参观考察、洽谈项目。二是创新援疆平台。成立新疆首个援疆促进会——“昌吉市泉州援疆促进会”，吸纳会员企业200多家，加强泉昌两地交流协作，广泛凝聚泉籍人士智慧力量，实现以商招商、互利共赢。依托“刺桐花红昌吉”微信公众平台和纸媒，将昌吉市的优惠政策点对点推送至相关企业和投资者，并加强与各兄弟县市间的横向交流，实现招商资源共享、互通有无。泉昌两地旅游协会合作协议成功签订，旅游援疆稳步推进。三是突出招商导向。推动昌吉国家高新区针对闽籍企业在土地购买、税收返还等方面制定相关优惠政策，并设立266.67公顷纺织服装产业园，制定出台引进纺织服装企业专项政策。截至年底，福建富臣食品、成达兴智能科技、合江防腐木等福建援疆企业落户昌吉国家高新区，福建省信通投资集团股份有限公司、卡鑫隆服饰有限公司等13家企业签订意向协议，总投资近105亿元。涉及消防设备、纺织服装等行业的8家福建企业提出明确投资意愿。

智力援助　坚持把智力援疆作为增强受援地发展软实力的重要内容，支持援疆技术人才在产业发展、医疗卫生、教学教研、技术推广、课题研究等领域发挥作用。一是拓展专业技术人才援助。“三个一百”专业技术人才援助计划稳步实施，帮带昌吉市人才59名，组织医疗专家开展义诊活动10余场次，帮助群众2000余人次，并创新开设“儿童健康门诊”，填补儿科健康门诊空白。建立德化县医院与昌吉市妇幼保健院医疗联合协作服务体系战略合作联盟，捐赠价值10万余元超声工作站，填补昌吉市妇幼保健院3项超声技术检查空白。二是深化基层干部队伍培训。坚持把援疆培训融入泉州市人才培训范畴，分期分批选派402名市直部门、乡镇街道、村和社区三级干部人才赴厦门市、泉州市等地考察，重点对文明城市创建、“美丽社区建设”等成功经验进行考察学习，有效助推创城工作。选派骨干教师、班主任、校长290余人参加培训，不断提升教育教学水平。并通过“请进来”的方式，开设《泉州名师、名企、名医大讲堂》，开展专题培训23场次，培训党员干部、专业技术人员3347人。三是创新开展职业技术培训。深入探索优势互补、资源共享的联合办学模式，搭建泉昌两地职业院校交流对接平台，促成昌吉职业技术学院与泉州师院、石狮纺织服装学院达成战略合作协议，重点培养熟练的纺织服装产业技工。并利用高新区企业人才培训服务中心等培训机构，培养专业技术实用人才、高技能人才和农村带头人8000余人次，不断提升受援地人才素质。

情感援助　通过举办活动、扶贫帮困、捐资捐物、走访慰问、设立基金等多种方式，主动参与社会公益事业，通过结对认亲、扶贫帮困、设立基金、捐资助学等多种形式，加深两地情缘。一是民族团结促稳定。参与“民族团结一家亲”活动，22名援疆干部与少数民族群众 建立“一对一”结亲关系，从工作生活、婚丧嫁娶等日常点滴着手，相互帮助，增进情谊。创新开展“同系民族结·同包同心粽”联谊和“开斋节”“古尔邦节”拜年活动，并结合“结亲周”活动，援疆干部分批深入基层，与结亲对象同吃、同住、同劳动、同学习，以“援疆医生进社区、进企业义诊”“我与亲戚共同悦读十九大精神”等形式，加深各民族间的感情。二是融合互动促交流。举办庆“六一红领巾心向党 唱响中国梦”暨“大手拉小手”结对帮扶活动和“庆七·一 感党恩”泉昌生命救助金发放仪式，为221名疆内外贫困学生发放助学金103.7万元，资助272名大病患者250.2万元。开展“情系牧区暖冬行”和“佃坝助学行”活动，泉州爱心人士和爱心企业为农牧区儿童捐赠运动鞋3000余双、羽绒服570余件、爱心棉衣150余件，并设立20万元刺桐红助学基金。开展“手拉手 心连心”丝路文化夏令营活动，增强泉昌两地青少年对祖国大家庭的认同感。联合泉州昌吉市援疆促进会创办泉昌情悦读思享会、泉州援疆书屋，向昌吉市15所中小学捐赠图书75万元。三是援疆情怀促传承。以“四帮四促”为主题的“老援疆干部再续泉昌情”系列活动成功举办，邀请历届援疆干部重返第二故乡，讲述援疆故事，重温援疆情谊。

【对口支援宁夏】 2017年泉州市选派6位干部（每个县各2位）执行第十批援宁任务，安排计划内资金360万元。

民企与泉商

责任编辑：杨 翚 陈建强

综 述

【概况】 2017年，泉州民营经济活力不断增强，年末工商登记民营企业20.74万家，比上年末新增4.39万家；个体工商户47.66万家，新增11.95万家。全年实现民营经济增加值6183.51亿元，比上年增长8.5%，增速提高0.7个百分点；其中民营规上工业增加值3025.71亿元，增长8.8%，比全市规上工业平均增速快0.6个百分点。民间投资增长20.3%，2017年来各月增速均在15%以上，下半年以来均在20%以上，快于全市投资10.3个百分点。限额以上民营单位商品零售额增长20.3%，高于限上零售额平均增速1.6个百分点。

【民营企业转型升级】 泉州海关统计数据显示，2017年，占据泉州出口总值64%的纺织品、服装、家具、箱包、鞋类、塑料制品、玩具等七大类传统劳动密集型产品，年出口额669.9亿元，比上年下降1.1%，但出口机电产品实现7.8%的增长，货值141.9亿元，占同期出口总值的13.6%。2017年泉州市百家重点出口企业实现出口值419.57亿元，比上年增长18.16%；组织2030多家企业参加境内外108场展销活动，尤其是连续两年在广交会主展馆设立“泉州品牌展示专区”，举办“供采对接交流会”，使泉州优势产业、品牌企业和名优特产品受到海内外客商的高度赞誉。此外，泉州拓展与金砖四国的贸易市场，2017年出口金砖四国总额105.44亿元，比上年增长120.12%。

围绕“海丝”先行区建设，泉州鼓励企业“走出去”，重点推动纺织服装等劳动密集型产业到东南亚、南亚、中亚等投资设立产业专区、营销中心和跨境电商配送中心。泉州企业累计赴“海丝”国家投资或设立办事机构48个，匹克、安踏、九牧等大中型企业还通过自然人或境外关联企业在境外并购或设立办事处或营销中心，推动峰亿轻纺柬埔寨生产项目、“匹克集团”国际化系列项目、南安泛家居海外项目、亚洲农业投资股份有限公司柬埔寨贸易项目等一批国际产能合作项目。

南安以“政府+联盟+公司”三位一体的运作模式，成立“海丝”泛家居产业联盟，围绕泛家居产业项目的思路、模式、机制、平台等方面进行实践探索，项目升格成立福建省泛智能家居产业联盟。泛家居产业联合会会员企业上千家，全市泛家居类超亿元企业140家，泛家居产业年产值近900亿元。项目走进美国、巴西等国家，约旦、意大利、阿尔及利亚、印度、阿联酋、俄罗斯等国家政商前来考察，并与硅谷Z-wave联盟、世贸中心、国家建材展贸中心、中国建筑科学研究院、中合农发商贸集团、东兴证券等多家贸易组织、央企、金融机构签订战略合作协议。面对“一带一路”市场，与印度尼西亚、埃及、印度、柬埔寨、澳大利亚、约旦、阿联酋、沙特等10多个国家地区签订一系列采购协议，并且在阿联酋、印度尼西亚、约旦、马来西亚建设线下体验馆。

2017年10月23日，第122届中国进出口商品交易会第二期在广东广州开幕，泉州市有227家企业参展。图为展会现场　　（图/泉州晚报社）

投资兼并

【参股福建首家民营银行】 2017年1月，福建首家民营银行华通银行股份有限公司获福建银监局批准开业。福建华通银行注册资本24亿元，注册地在中国（福建）自由贸易试验区平潭片区，成立发起的企业中包括福建盼盼生物科技股份有限公司、福建三盛房地产开发有限公司两家泉州企业。

【跨界入局】 2017年4月，九牧王发布公告宣称跨界教育，其全资子公司“九盛投资”与“上海慕华”签署合伙协议，拟参与设立“杭州慕华”基金，规模为10亿元，投资于文化教育及其衍生行业、新兴产业。九牧王表示，此次投资是为进一步助推九牧王发展转型。

【收购】 2017年8月，纳川股份通过其参股的新能源产业股权投资基金启源纳川收购动力电池锰系龙头星恒电源，布局新能源电池行业。星恒电源成立于2003年，是中国锂电池出口的龙头企业。据研究机构EVTank统计，星恒电源在专用车市场具有较强的竞争力，2016年装机量位居第二名，是物流车锂电龙头企业。此外，纳川股份实际控制人控制的企业参与设立动力电池股权投资基金九派远江基金，以受让及增资的方式最终获得惠州亿鹏51%的股权，完成对新能源汽车关键零部领域的布局。

2017年10月20日，安踏体育在官网宣布旗下一家全资附属公司完成收购小笑牛（KingKow）业务之100%权益，包括有关商标。KingKow成立于1998年，是一个定位于中高端的童装品牌，专门设计和销售0～14岁婴童服饰。安踏童装逐渐成长为安踏集团业绩增长的重要驱动力。试水成功后，安踏加大力度开拓婴童中高端市场。2015年，安踏推出定位于高端市场的儿童服饰品牌FILA KIDS。安踏将童装品牌小笑牛收购后，将加强中高端童装的业务能力，完善儿童服饰的细分市场。

2017年12月25日，匹克控股的泉州市达发置业投资有限公司以9791.19万元的价格获得旗牌王（中国）纺织服饰有限公司、泉州市宝龙制衣发展有限公司的100%股权，标志着旗牌王系公司重整案取得实质性成功，这是泉州市首例经由司法途径市场化处理的破产重整案。

【增股注资】 2017年9月11日，厦门银监局核准七匹狼集团认购2.115亿股厦门银行增发的股权。认购行权后，七匹狼集团持有厦门银行2.115亿股股权，持股比例为8.9%，成为厦门银行第五大股东。七匹狼控股集团股份有限公司在银行领域积累众多成功案例，曾投资兴业银行、光大银行、晋江农商银行、重庆农村商业银行等多家银行。

2017年11月20日，福建安溪铁观音集团股份有限公司及控股子公司福建省安溪茶厂有限公司财产与营业事务交接仪式举行，北京和君集团有限公司正式“接盘”。安溪铁观音集团与安溪茶厂面临危机后，泉州市委、市政府决定适用重整程序化解债务危机。先行由市直管理部门和安溪县政府牵头成立清算组，并由北京市中伦（深圳）律师事务所负责法律事务，在法院受理后指定清算组担任管理人。通过重整程序的适用，债权人、股东及企业职工利益得以兼顾，并引进北京和君集团有限公司作为重组方，为其注资2.2亿元，成为安溪铁观音集团最大股东。

【投资建厂】 2017年11月26日，由泉州籍企业家李贤义创办的信义玻璃与加拿大安大略省达成投资框架协议，计划投资两条优质浮法生产线，计划日熔量1800—2000吨。此将为继马来西亚工业园后，信义玻璃在海外地区建设的第二个海外事业部。

2017年12月28日，福建浔兴拉链科技股份有限公司发布消息称，公司拟与下属子公司浔兴国际发展有限公司（浔兴国际）共同出资在孟加拉设立浔兴拉链孟加拉有限公司，投资总额4950万元，其中公司认缴99%，浔兴国际认缴1%。浔兴拉链孟加拉有限公司注册地址位于孟加拉巴布纳帕克西伊苏尔迪出口加工区，公司经营范围涉及拉链、纽扣及相关模具、配件、服装及箱包等相关辅料的生产、销售。

商会活动

【新商会成立】 2017年3月22日，广州市福建晋江商会成立暨第一届理监事就职典礼在广州白云国际会议中心举行，晋江陈埭乡贤、广州安大贸易有限公司董事长丁清增任首届会长。广州市福建晋江商会是晋江成立的第22个异地商会，拥有100多家企业会员，涉及鞋业、服装、皮具、家具、纺织、包装、食品加工、建筑建材、五金、机械配件等诸多行业领域。庆典仪式上，广州市福建晋江商会党支部也同步成立。

【异地商会会长回归创业恳谈会召开】 2017年4月5日，泉州市委统战部、市工商联、市政协经济委举办的2017年异地泉州籍商会回归创业恳谈会在泉州举行。活动旨在共同凝聚泉商力量，搭建政企互动平台，推进回归创业工程，服务“五个泉州”建设。市委常委、统战部部长林万明，市政府副市长洪自强，市政协副主席林志建出席会议，市工商联（总商会）部分企业家副主席（副会长），全国各地泉州籍商会会长、驻泉州异地商会会长及部分海外泉州籍商会会长160多人参加会议。市委统战部副部长、市工商联党组书记陈晖主持会议。当日，参加会议的异地泉州籍商会会长到石狮市考察通达电子集团（智能制造）、石狮国际轻纺城（商贸市场）、石狮世贸摩天城（旧城改造项目、商业综合体）等项目。

【联谊会举行】 2017年11月26日，第四届华东片区泉州籍商会会长联谊会暨“深学笃行十九大，携手共迎新征程”高峰论坛活动在安徽芜湖举办。来自华东片区泉州籍商会20多名泉州籍商会会长、支部书记、常务副会长出席会议。会议强调要深入学习贯彻中共十九大精神、要加强商会组织建设和制度建设、要积极参与“回归工程”建设、要热心光彩和社会公益事业等四点要求。厦门市泉州商会会长李文派、南通市泉州商会会长谢友尚、杭州市泉州商会党支部书记兼常务副会长吴炳昌等6名异地泉州籍商会会长代表，围绕各自商会的会务工作作经验交流发言。

【异地泉州籍商会秘书长工作交流会举办】 2017年11月17—18日，由泉州市工商联主办、北京泉州商会承办的2017年首次全国异地泉州籍商会秘书长交流会在北京举行。来自全国各地100多名泉州籍商会秘书长参加会议。

【武夷山市泉州商会举行第三届理监事会就职典礼】 2017年12月2日，武夷山市泉州商会第三届理监事就职典礼武夷山市举行。武夷山三霖投资开发发展有限公司董事长蔡咏忠当选为新一届会长。海内外工商界代表人士800多人出席典礼。武夷山市泉州商会于2009年7月27日成立，商会成立8年来，为泉州籍工商企业提供联络交流平台， 500多家泉州籍企业在武夷山落户发展，涉及旅游、房地产、茶业、酒店、种植养殖业、针纺、影视传媒、食品加工、包装、建材等10多个领域，总投资额上百亿元。

创新创举

【匹克体育打造首款3D打印跑鞋】 2017年5月8日，匹克体育在北京发布旗下首款3D打印跑鞋。此次匹克发布的3D打印跑鞋，以缓震跑鞋“悦跑五代”为原型，辅以3D打印技术实现科技创新。在继承悦跑五代透气、舒适穿着体验的同时，3D打印技术制成的3D材料中底，通过SLS激光烧结技术以及更为弹性轻质的TPU粉末成型的3D打印跑鞋，既能保证跑步时中底所需的强度，同时由于材质的轻质又能提供出色的柔软度及缓冲回弹性能。

【泉州籍企业美图公司与国际社交软件巨头FACEBOOK合作】 2017年7月，泉州籍企业美图官网发布公告称，美图成为Facebook AR工作室Beta早期测试版首家合作伙伴，为其提供三款AR相机特效：Selfie from the Future（明日自拍）、MeituFamily（美图大家族）、Instant Glam（瞬间魅力）。美图公司成立于2008年10月，创始人吴欣鸿、董事长蔡文胜，均是泉州人。在这次合作中Facebook将会提供AR工作室的平台和工具，美图则利用这些工具来开发具体的滤镜特效。据悉，深耕AR领域的Facebook之所以选择与美图合作，除了看重美图旗下产品月活用户量超过4.5亿，每月创造的照片和视频超过60亿的规模优势之外，Facebook更看重美图在AR领域的探索和一系列成功尝试。

【泉州企业引领制定石墨烯团体标准】 2017年7月26日，高性能石墨烯防腐蚀涂料团体标准制定高峰会议在泉州举办，近百名来自全国的石墨烯领域专家、企业代表参会，制定石墨烯涂料团体标准，推进石墨烯防腐蚀涂料产业化进程。会上，信和新材料股份有限公司信和牵头制定石墨烯防腐蚀涂料与石墨烯防辐射涂料标准两项团体标准。信和新材料股份有限公司专门成立石墨烯研究院，在产学研合作领域里深入挖掘该材质在各个领域的应用前景。

【502家企业入围2017年泉州市级产业龙头企业名单】 2017年8月，2017年市级产业龙头企业名单公布，泉州502家企业进入名单，在2016年基础上，新增206家企业。市级产业龙头企业涵盖纺织鞋服、石油化工、机械装备、建材家居、食品产业、工艺制品、纸业印刷、新一代信息技术、生物与新医药、新材料、新能源、节能环保、现代服务业等多个领域。

入选企业中，支柱性产业纺织鞋服有143家入列，包括泉州海天材料科技股份有限公司、安踏（中国）有限公司、福建柒牌时装科技股份有限公司等。石油化工26家，包括福建联合石油化工有限公司、信和新材料股份有限公司、中化泉州石化有限公司等。机械装备90家，包括福建铂阳精工设备有限公司、嘉泰数控科技股份公司、福建铁拓机械有限公司等。建材家居51家，包括泉州市菲莉家具发展有限公司、冠达星（福建）有限公司、九牧厨卫股份有限公司等。食品产业35家，包括福建加多宝饮料有限公司、福建好彩头食品股份有限公司、达利食品集团有限公司等。工艺制品39家，包括泉州宏帆艺品有限公司、福建建明石业有限公司、福建省德化龙峰陶瓷有限公司等。纸业印刷33家，包括福建恒安集团有限公司、雀氏（福建）实业发展有限公司、玖龙纸业（泉州）有限公司等。新一代信息技术29家，包括福建火炬电子科技股份有限公司、泉州市功夫动漫设计有限公司、金保利（泉州）科技实业有限公司等。生物与新医药8家，包括泉港金燕海洋生物科技股份有限公司、石狮市华宝集团有限公司、泉州鑫盛食用菌科技有限公司等。新材料15家，包括泉州市德源轴承实业有限公司、晋江恒盛玩具有限公司、福建百宏高新材料实业有限公司等。新能源19家，包括福建钧石能源有限公司、国网福建省电力有限公司泉州供电公司、福建省鸿山热电有限责任公司等。节能环保10家，包括泉州梅洋塑胶五金制品有限公司、石狮市鸿峰环保生物工程有限公司、阳光中科（福建）能源股份有限公司等。现代服务业4家，包括泉州顺丰运输有限公司、泉州安通物流有限公司、福建传化公路港物流有限公司、福建陆地港集团。

【4家泉州企业成全国创业创新典范】 2017年 9月，第三批国家小型微型企业创业创新示范基地名单公布，泉州领秀天地文化创意产业园入列。至此，全市4家企业被评为国家小型微型企业创业创新示范基地，其他3家分别是海西电子信息产业育成基地、源和1916创意产业园、弘桥智谷（泉州）电商产业基地。入选国家小微企业创业创新示范基地将有利于集聚社会服务资源，发挥示范效应，带动专业服务水平和服务质量整体提升，满足广大中小企业服务需求。

【多家泉州企业上榜2017年度纺织十大创新产品】 2017年12月，2017中国纺织创新年会召开，泉州市恒安、安踏、浩沙、海兴等企业的产品获评“2017年度纺织十大创新产品”。在上榜的全国64家企业及产品中，福建恒安集团有限公司的女性经期安心裤上榜“舒适体验”类创新产品，浩沙实业（福建）有限公司的耐氯高弹针织泳装上榜“易护理”类创新产品，安踏（中国）有限公司的“雨翼”科技防水运动服上榜“户外功能”类创新产品，福建省海兴凯晟科技有限公司&山东迪尼姆科技股份有限公司的“舒弹丝牛仔套装”上榜“低碳环保”类创新产品。

【七匹狼品牌连续三年登陆米兰时装周】 2017年6月18日，七匹狼旗下潮流品牌WOLF TOTEM的2018年春夏新品发布大秀在米兰国际时装周举行。这是七匹狼第三年受米兰国际时装周官方邀请出席。近三年来，七匹狼在品牌设计文化方面动作不断。2014年，七匹狼推出“狼图腾”品牌，先后开发出苗狼、藏狼、傣狼等多个系列产品。2015年，“狼图腾”倾力推出的“傣狼”系列首次亮相米兰时装周并惊艳全场。2016年，“狼图腾”再次来到米兰国际时装周，这次展示的是“彝狼”系列。2017年，七匹狼的“狼图腾”继续深挖中国少数民族美学元素，以西南诸省的侗族特色建筑为灵感，加上旧式工艺和银饰效果，重新解构和设计融入“狼元素”的时尚潮品。

2017年10月30日，中化泉州炼化一体化项目（二期）开工建设誓师大会举行　（图/泉州中化公司）

【4名泉商入选“全球华人大慈善家”】 2017年6月，胡润研究院发布《2017胡润全球华人大慈善报告》，列出58名历年慈善捐赠额超过5亿元的在世华人大慈善家。世茂集团董事局主席许荣茂、新华都实业董事长陈发树、达利集团董事局主席许世辉、厦门源昌集团董事长侯昌财等4名泉州籍企业家也在榜单之列。其中，许荣茂捐赠额超过10亿元，其他3人捐赠额在5亿元～10亿元之间。

【泉商郭廷真陈伟坤出席APEC峰会】 2017年11月8—10日，2017年亚太经合组织（APEC）工商领导人峰会在越南岘港举行。工商领导人峰会是APEC峰会系列会议之一，是各经济体领导人与工商界开展对话交流的重要平台，也是全世界最具影响力的工商界活动之一。来自泉州的派顿（中国）有限公司董事长郭廷真及总经理陈伟坤应邀出席在越南的工商领导人峰会，同工商界的代表们进行深入的交谈及商业对接。

【6名泉商选举为全国工商联第十二次全国代表大会代表】 2017年11月24—26日，中国工商业联合会第十二次全国代表大会在北京召开，福建省产生的31名中国工商业联合会第十二次全国代表大会代表出席会议，其中6名代表来自泉州，包括：福建省工商联副主席，连捷投资集团董事长、总经理许清流；福建省总商会副会长，福建鸿星尔克体育用品有限公司CEO、执行董事吴荣照；晋江市委统战部副部长、市工商联党组书记陈秋景；福建省工商联副主席、泉州市工商联主席、福建七匹狼实业股份有限公司董事长周少雄；福建省工商联副主席、厦门市工商联主席、厦门恒兴集团董事长柯希平；福建省工商联副主席、福建弦德投资有限公司董事长蒋志鹏。

慈善公益

【许连捷家族向晋江市慈善总会捐赠6666.66万元】 2017年6月14

日，许连捷代表许书典家族向晋江市慈善总会捐赠善款6666.66万元。作为晋江市慈善总会成立的倡导者，许连捷及其家族成员成员热心慈善公益事业，成立以许连捷父亲许书典的名字命名的家族慈善基金，多次借家族成员婚庆的日子捐出善款，累计捐赠善款5亿多元，是晋江市慈善总会冠名慈善基金中最大的一笔善款，多用于教育、老年人事业、光彩事业等公益项目。

【许明金捐资1亿元成立香缤控股集团扶贫基金】 2017年9月29日，泉商许明金创立的香缤控股集团扶贫基金成立签约仪式在福州举行。以1亿元为基础成立的香缤控股集团扶贫基金，每年将从基金收益中安排500万元，通过省光彩会用于福建省光彩事业和扶贫项目。香缤控股集团是全国知名的供应链综合服务型企业，集团成立17年来，在专注自身事业发展的同时，在慈善领域累计捐赠超2.3亿元。

【林秀成捐赠1亿元设立安溪教育慈善基金】 2017年10月31日，三安集团董事长林秀成向故乡安溪捐款1亿元，设三安教育慈善基金。至此，三安集团累计捐资9亿余元支持家乡公益慈善事业。林秀成捐赠建设的三安大桥也在2017年通车，该桥是安溪县城最宽、最长的大桥，成为安溪新老城区居民来往交通和出入厦沙高速路最快捷的通道。该大桥包括连接线长1920米，其主桥长557米，建安工程费及拆迁费3亿元左右。在该大桥筹建期间，林秀成捐资3亿元，支持大桥项目建设。

【许明良斥资1.3亿与福师大合建福建师大索莱达学院】 2017年11月18日，由石狮籍旅菲乡贤、福建师范大学76级体育系校友许明良捐建的福建师大游泳馆捐赠揭牌仪式举行。许明良是福建师大76级体育系校友，1985年创立香港建明集团，1985年出资5000万美元成立菲律宾友好基金，许明良为香港建明集团创办人、菲律宾友好基金会创始人、菲律宾《世界日报》董事长。值此母校110周年校庆之际，许明良捐资2000万美元（约1.3亿元），与母校合作筹建福建师大索莱达学院。当许明良获悉母校缺少一座标准化室内游泳馆时，再次捐赠500万元建造“福建师大游泳馆”。

【许荣茂向故宫捐赠《丝路山水地图》】 2017年11月30日，泉州石狮籍企业家、世茂集团董事局主席许荣茂向故宫博物院捐赠明代《丝路山水地图》。《丝路山水地图》绘于绢本之上，幅宽0.59米、全长30.12米，是一幅绘制于明代中后期的，应为内府使用的青绿山水手卷。地图上描绘东起嘉峪关西至天方城（今沙特阿拉伯伊斯兰教圣城麦加）的辽阔地域范围。这幅地图负载大量原始的地理信息，它的出现以实物证明在西方地图传入中国之前中国对世界地理，特别是对于丝绸之路沿线已有清晰的认识。全卷画出211个地理坐标，许多丝路上的重要城市，如中国的敦煌、乌兹别克斯坦的撒马尔罕、阿富汗的赫拉特、伊朗的伊斯法罕、叙利亚的大马士革等都有清晰的标注。此前，许荣茂在故宫博物院多方筹措资金以开展“养心殿研究性保护项目”之时，曾代表世茂集团捐资8000万元。2017年初，得知故宫博物院正在准备购买一幅具有珍贵历史价值的明代地图时，他又出资2000万美元将其收购并无偿捐赠故宫博物院。

泉企峰会

【泉州经济年会年度峰会举办】 2017年2月10日，由泉州市委宣传部、市发改委、市经信委、市科技局、市住建局、市金融局、市工商联、市城联社、泉州晚报社等单位主办的以“发力供给侧，创新促转型”为主题的2016泉州经济年会在泉州海丝国际中心举办。市委常委、宣传部长陈铁晗，市人大常委会副主任朱团能，市政府副市长吕刚，市政协副主席林志建出席峰会并为年度经济人物等评选项目颁奖，峰会上，年度经济人物、年度十佳泉属异地商会评选、“清新福建·海丝泉州”年度十大魅力小城镇、年度“城市贡献力”典范项目、年度十佳创客项目、年度十大最富工匠精神企业、年度十大智慧城市建设优秀应用等获奖榜单纷纷揭晓，以智能制造为主题的《2016年度泉州民营经济蓝皮书》发布。峰会上，市工商联主席、七匹狼董事长周少雄分享《传统企业的转型之道》，金诚集团副总裁蒋雪琦带来《新型城镇化进程：民间资本的财富密码——“西湖论金”走进泉州》的主题演讲，九牧厨卫股份有限公司董事长林孝发则以《智能制造引发产业新变革》为题，讲述他的体会和感受。此外，针对“一带一路”与“中国制造2025”带来的新机遇，福建纳川管材科技股份有限公司董事长陈志江、金诚集团副总裁蒋雪琦、福建省闽发铝业股份有限公司总经理黄长远、冠达星股份有限公司董事长杨建明、福建一品嘉云创信息技术股份有限公司总经理庄伟雄等企业家还以“突破·创新”为主题，通过对话与智慧碰撞，探讨泉州民营企业面临的机遇与挑战，给现场企业家带来启发。

【第三届中国（泉州）海上丝绸之路国际品牌博览会暨第二十届海峡两岸纺织服装博览会在石狮举办】 2017年4月18—20日，第三届中国（泉州）海上丝绸之路国际品牌博览会（品博会）和第二十届海峡两岸纺织服装博览会（海博会）在石狮举办。植入海丝元素的海丝海博会使石狮逐渐从海峡两岸的办展定位，向“一带一路”和全球化办展过渡。展会吸引来自法国、意大利、芬兰、新加坡、瑞典、越南、泰国以及中国香港、中国台湾等地的企业参展，其间举办32场产业对接及买家对接活动，1万多名专业买家和客商到会采购对接。其中，海博会展示范围覆盖纺织品、服装面料、服装服饰、辅料、纺织新技术、智能设备缝制机械及配件、互联网、电子商务、区域合作与产业上下游与服务等。借助海博会的平台，产业链不同环节的参展商们均收获不凡的战绩。

海丝品博会的举办地在石狮服装城展示中心一号馆共三层，总面积2.6万平方米，设展位603个，参展企业380家。展品范围包括：泉州海丝品牌文化、海丝沿线国家和地区的服装服饰、家居饰品、特色食品、农产品、传统手工艺品等；食品、咖啡、保健品、酒类产品等；智能制造、健康医疗、厨房家电、大数据等；装饰品、时尚服饰、护肤品等。代表泉州海丝品牌的六大县市品牌馆，安排在一层中庭，约旦馆、蒙古馆、欧洲创新馆等展区围绕中庭，共设置295个标准展位。二层设有标准展位217个，分别为伊朗馆、乌兹别克斯坦馆、巴基斯坦馆、马来西亚馆、泰国馆等。三层设有标准展位91个，为国际名酒展区。

海博会设一个主展区、三个分展区，主展区设在石狮国际轻纺城，同时设立石狮服装城、石狮纺织机械市场、海西（石狮）电子商务园区共三个分展区，形成“三星映月”的展区格局。石狮国际轻纺城内的主展区面积6.2万平方米，加上三个分展区，总展区面积超过30万平方米。展品覆盖纺织、服装、面料、辅料、纺织机械、咨询设计、电商服务平台等，展区内容包括台湾馆、休闲服装及面料流行趋势展区、国家面料馆精品展区、中国纺织新技术及应用展区、产学研及设计师作品展区、产业集群展区等。展会吸引来自中国台湾、广东、浙江、新疆、江苏、江西，以及福建的石狮、晋江、福州、厦门、莆田等地的专业采购商到场参观采购，主展区吸引超过万名的专业采购商到场参观采购。

2017年2月10日，泉州经济年会在泉州海丝国际中心举行

（图/泉州晚报社）

【第十九届中国（晋江）国际鞋业暨第二届国际体育产业博览会举办】 2017年4月18—21日，第十九届中国（晋江）国际鞋业暨第二届国际体育产业博览会（体博会）在晋江举办。该届展会以“助推体育产城融合，争办世界中运盛会”为主题，重点突出国际化、体育、创新和营销等元素，吸引国内及来自美国、法国、意大利、俄罗斯、印度、南非、澳大利亚、以色列等70多个国家和地区的客商14.27万人次，比上届增长15.8%；达成意向成交额183.37亿元，增长11.9%。体博会展馆面积6万平方米，设置2200个国际标准展位，设有体育用品、鞋纺材料、机械设备等三大主体展区，同时设立“一带一路”品牌馆、晋江鞋业指数馆、科技馆、招商馆、体育城市馆、集成电路馆、石墨烯产业应用展示馆、人力资源服务馆、产业展示馆、品牌产品馆、中小企业鞋类精装区、媒体展示区、台湾鞋机馆等10多个特色馆。

鞋博会于2016年首次升级为“体育产业博览会”，2017年展会再次升级，不仅设有体育用品、鞋纺材料、机械设备等三大主体展区，展会首次设立的“一带一路”品牌馆吸引来自印度、越南、泰国、韩国、巴西、孟加拉国、阿尔及利亚等多个国家和地区的20多家品牌企业参加，海外客商斩获多份意向合作订单。尤其是来自13个国家和地区的73家跨国采购团成员对鞋机和鞋材表现出浓厚兴趣，收获沉甸甸的合作订单。品牌企业参展方面，伴随着中国体育产业大消费时代的到来，行业细分板块纷纷崛起。安踏、361°、舒华、森地客、卡尔美等体育用品知名品牌加快对冰雪运动、骑行运动、水上运动、沙滩运动、足球运动等细分运动领域的拓展。特别是安踏，在此届展会现场展示“ANTAUNI”线上商品个性化定制服务平台，引领消费新模式。在2016年，晋江泳装行业协会首次以抱团形式参展的基础上，晋江的泳装、拖鞋、制伞行业纷纷在此届展会上设立行业馆，掘金休闲体育和沙滩运动商机。体育城市晋江的多元化产业优势在此次展会中得到展现。

中国•晋江鞋业发展指数馆首次亮相于该届博览会，同期正式发布中国•晋江鞋业发展指数2016年度报告（以下简称指数报告）及《晋江体育用品产业发展蓝皮书（2017年）》（以下简称蓝皮书），引发行业高度关注。这是晋江首次对外发布体育用品产业发展蓝皮书。其中，指数报告从成品鞋价格指数、鞋材价格指数、外贸价格指数、鞋业景气指数、外贸景气指数等五个分指数的角度直观地描述、剖析2016年晋江鞋业发展态势及市场变化趋势。蓝皮书则对中国体育产业的创新之路和晋江体育用品业的现状和发展趋势做全面阐述。业界认为，两份权威报告的发布将使晋江在世界体育用品业界，尤其是在制鞋业界的地位将得到进一步巩固。

【“泉州建材中国行”系列推介活动走进成都】 2017年7月28日，泉州市政府主办的“泉州建材中国行”系列推介活动走进成都。这是自 2015 年启动以来，“泉州建材中国行”系列推介活动的第八场，活动由泉州市经信委、财政局、住建局、工商联、泉州晚报社、泉州广播电视台和成都南安商会等联合承办。九牧厨卫、新东源石业、华泰集团、亚伦集团等一大批在全国具有影响力的卫浴、石材、建陶和家居品牌企业参展，南安泛家居项目、申鹭达、宏华集团和协进陶瓷登台推介，重点推介智能化、节能型的新产品和新技术，泉州建材首次在成都抱团展示产业集群实力风貌。

建材家居产业是泉州市四大主导产业之一，2016年完成规上工业增加值677.22亿元，完成销售产值2661.27亿元。其中，南安石材集中加工区是中国乃至东南亚地区规模最大、种类最齐全的石材生产、出口基地，石材进出口量分别占全国的60%和55%，是辐射全球的世界级石材生产交易中心；晋江市磁灶镇、内坑镇和南安市水头镇、官桥镇为主的建陶产业集群是全国四大建陶生产基地之一，建陶产品年产量占全国的25%，外墙砖在全国市场中占主导地位；以南安为核心的水暖卫浴产区，是企业品牌最多、市场占有率最大、生产规模最大、产业链最完善的国内三大水暖卫浴产区之一。全市有几十万名建材供销人员常年活跃在祖国的大江南北，在国内市场占有率超过75%。

【第十八届中国（南安）水头国际石材博览会】 2017年11月8—11日，第十八届中国（南安）水头国际石材博览会（简称“石博会”）在“中国建材之乡”南安市举办。石博会吸引千余家企业参展。该届“石博会”以“互联、共享、创新、卓越”为主题，设展区11个，展位28661个，展示面积91.1万平方米，是国内石材展会中展位数量最多、办展规模最大的国际性石材盛会。该届“石博会”致力于打造全产业链链条，一方面向矿山资源上游延伸，搭建中国花岗石现板集中采购平台；另一方面，向下游客户端延伸，创新营销模式，划定400平方米的区域作为石材“互联网+”集中展示区域，邀请国内外的石材“互联网+”企业入驻展示。

【中国（惠安）国际雕刻艺术品博览会】 2017年11月9—12日，中国（惠安）国际雕刻艺术品博览会（简称“雕博会”）在惠安世界石雕之都展示中心举办。该次雕博会以“共聚世界石雕之都、同襄产业发展盛会”为主题，采取“展与销、展与会、展与赛”相结合的方式举行一系列商贸洽谈、产业对接和技艺文化交流活动，旨在加快惠安“世界石雕之都”建设，全面提升惠安雕艺品牌的知名度和国际化水平，全面加快惠安雕艺产业的转型提升、跨越发展。该次雕博会场馆规划总面积5万平方米，室内展馆面积2.2万平方米、设置600个标准展位，其中国际展位120个；室外展场面积4000平方米、设置200个摊位；同时在企业设立5个分会场主题展馆。展品涵盖石雕（碑石、建筑装饰石材）、赏石、木雕、玉雕（含珠宝）和其他雕刻工艺品，以及雕刻设备、环保设备、原辅材料等。该次惠安雕博会签约订单突破60亿元，展会规模、参观人数和成交金额均创历史新高。

【第二届中国（安溪）家居工艺文化博览会】 2017年12月12—15日，第二届中国（安溪）家居工艺文化博览会在中国（安溪）家居工艺城举办。该届博览会以“艺术家居，品质生活”为主题，共设置展览展示、工美竞赛、文化论坛、商贸对接四大主题板块，涵盖十几项精彩纷呈的活动，让海内外客商共享家居工艺艺术盛宴。主展馆共设三层，展出面积2万平方米，设有973个标准展位和353间商铺，吸引意大利、马来西亚、巴基斯坦、尼泊尔、缅甸、加纳等17个国家，以及中国香港、澳门、台湾、河南、山西等地的专业客商组团前来参展。展品涵盖园林户外家具、花园公园用品、陶瓷艺术品、户外雕刻艺术、家居软装饰品、现代家居工艺、茶文化艺术品、旅游文化纪念品、创意产品、高校及创客设计师设计作品等。

博览会期间，安溪家居工艺文化软装时尚周、“走近家居工艺·寻韵魅力安溪”中国著名作家安溪大型采风活动暨“地域文化与文学创作”座谈会、“领略双铁文化·感受两都风采”旅游考察等配套活动接连登场。第二届“匠心杯”中国（安溪）藤铁工艺现场创作大赛、第二届中国（安溪）家居工艺文化博览会优秀作品评选活动、“安溪工匠”（藤铁工艺类）选拔暨技艺挑战赛等竞赛优秀作品集中展示并现场颁奖。展会期间，现场举行15场以上商贸对接洽谈会，成交金额超过8000万元，意向签约项目金额7亿元。

农 业

责任编辑：陈雪娥　陈晓婷

综 述

【概况】 2017年，泉州市完成农林牧渔业总产值358.14亿元，比上年增长1.1%。其中，农业实现产值148.26亿元，比上年增长3.6%；林业实现产值4.94亿元，增长11.2%；畜牧业实现产值61.72亿元，增长1.4%；渔业实现产值133.74亿元，下降2.3%。农村居民人均可支配收入18604元，比上年增长8.3%，连续多年位居全省第二。粮食播种面积13.64万公顷，产量71.12万吨；水果总产量49.33万吨，比上年增长4.29%；茶叶产量8.09万吨，增产3.85%；蔬菜产量159.42万吨，增长0.7%；食用菌总产量8.16万吨，增长7.9%；肉蛋奶总产量21.24万吨，增长5.14%。

【农业资源】

2017年，泉州市按照农业部、福建省农业厅关于一年两次开展休闲农业监测工作要求，布置休闲农业监测工作，休闲农业经营主体总计272个，其中农家乐122个，休闲观光农园（庄）150个；从业14401人，其中农民就业11485人；年接待14334973人次；营业收入22.10亿元，其中农副产品销售收入8.27亿元。

“福建安溪铁观音茶文化系统”是第二批“中国重要农业文化遗产”，入选“全球重要农业文化遗产”预备名单；丰泽清源山茶文化系统、洛江槟榔芋栽培系统、洛江红心地瓜栽培系统、洛江黄皮甘蔗栽培系统、洛江芥菜栽培系统、南安龙眼栽培系统、南安石亭绿茶文化系统、永春佛手茶文化系统、永春岵山荔枝栽培系统、永春闽南水仙栽培系统、晋江花生文化系统、惠安余甘栽培系统、安溪油柿栽培系统、安溪山药栽培系统等14项是“中国农业文化遗产”。

永春县东关镇引导农民发展冬瓜、西瓜种植等特色农业，增加农民收入（2017年拍摄） （图/姚德纯）

【休闲农业】

休闲农业知名品牌创建活动 2017年，泉州市级财政拨出专项资金250万元扶持休闲农业发展；惠安县下坑村被评为2017年中国美丽休闲乡村；南安市森林山庄、惠安县惠女风情园、永春县三岭村、德化县芹峰休闲农场等4个休闲农业点被评为福建省休闲农业示范点；安溪县山都村、晋江市运伙村等2个村被评为福建省最美休闲乡村，“安溪县国心绿谷休闲生态茶庄园、洛江区石龙谷、台商区田野风观光果园、德化县江山美人茶庄园、安溪县冠和现代茶庄园、泉港区兴农生态园、惠安县下坑村青山湾乡村休闲旅游度假区、南安市联益生态休闲农庄、石狮市中茂生态农庄、南安市清境桃源生态农业观光园”等10个休闲农业点获泉州市人民政府授予“泉州市休闲农业示范点”称号。

休闲农业“324”工程 以24个承载点为发展重点，继续打造“休闲农庄、休闲农业园区、休闲茶叶庄园”3条休闲农业体验带，生产基地规模3000公顷，资产总额10.9亿元，2017年接待188万人次，年营业收入27050万元（其中农产品销售收入18031万元）；据不完全统计，“324”工程创建以来新增投入30054万元，政府财政扶持1.06亿元。

休闲农业联盟试点工作 南安市十家休闲农业企业成立南安市休闲产业联盟，为休闲产业抱团发展探索出新的方向，产业联盟近期合作重点包括3个方面：相互宣传，在各联盟企业设置宣传栏，宣传彼此的项目；资源共享，包括人员、设施的临时调配及客源共享等；在发展中加强沟通合作。

种植业

【粮油作物】 2017年，泉州市粮食播种面积13.64万公顷，平均公顷产5214.75千克，总产71.12万吨。

谷类作物 播种面积7.74万公顷，平均公顷产5811千克，总产

44.95万吨，其中春收作物种植面积0.12万公顷，总产0.34万吨；夏收作物3.28万公顷，总产19.19万吨；秋收作物种植面积4.34万公顷，总产25.43万吨。稻谷播种面积7.13万公顷，占谷类作物92.22%，总产42.10万吨，占谷类作物93.66%。其中早稻面积2.91万公顷，平均公顷产5913千克，总产17.18万吨；中稻面积1.59万公顷，平均公顷产6147千克，总产9.76万吨；晚稻面积2.64万公顷，平均公顷产5742千克，总产15.16万吨。泉州市水稻面积最大是南安市的2.36万公顷，占泉州市水稻面积的33.09%，总产14.03万吨，占泉州市水稻总产的33.33%。其次是永春县1.86万公顷，占泉州市26.02%，总产11.15万吨，占泉州市26.48%。其三是安溪、德化和惠安，面积分别为1.20万公顷、0.77万公顷和0.38万公顷，分别占泉州市的16.85%、10.90%和5.30%。大小麦播种面积0.12万公顷，平均公顷产2820千克，总产0.34万吨。以小麦为主，面积0.09万公顷，占76.67%。主要分布在泉港区，面积0.10万公顷，占85.56%。杂粮播种面积0.48万公顷，平均公顷产5205千克，总产2.51万吨。以玉米为主，面积0.43万公顷，占89.35%，其次是高粱0.04万公顷，占8.16%。

薯类　薯类播种面积5.38万公顷，平均公顷产4642.5千克，总产24.98万吨。甘薯播种面积3.74万公顷，占薯类面积69.51%，总产19.24万吨，占薯类总产77.02%，平均公顷产4873.5千克。泉州市面积最大是惠安县，面积0.95万公顷，占25.29%，总产4.30万吨，占22.35%，公顷产4549.5千克。其次是安溪县0.56万公顷，总产2.52万吨，公顷产4506千克。马铃薯播种面积1.64万公顷，总产5.74万吨，平均公顷产3499.5千克，面积最大是永春县，面积0.47万公顷，总产1.40万吨，公顷产2965.5千克。其次是德化县，面积0.44万公顷，总产1.80万吨，公顷产4092千克。

豆类　豆类面积0.52万公顷，总产1.19万吨，公顷产2277千克。以大豆为主，播种面积0.44万公顷，占84.10%，总产0.96万吨，占80.67%。

油料　泉州市油料作物播种面积2.14万公顷，总产5.48万吨，公顷产2563.5千克。以花生为主，播种面积2.13万公顷占99.69%。总产5.45万吨，占99.45%。

安溪铁观音茶叶制作（2017年拍摄）　（图/林劲峰）

【水果】　2017年，泉州市水果总面积6.35万公顷，比上年增长0.42%，总产量49.33万吨，增长4.29%。其中，柑橘面积1.54万公顷，比上年增长0.5%，产量27.59万吨，增长2.26%；龙眼面积2.18万公顷，下降0.2%，产量5.97万吨，增长7.57%。

【蔬菜】　2017年，泉州市蔬菜播种面积8.76万公顷，产量159.42万吨，比上年增长0.7%。

【中药材】　2017年，泉州市中药材播种面积501公顷，比上年增长3.6%，全年产量1524吨，增长4.6%。

【食用菌】　2017年，泉州市食用菌总产量8.16万吨，比上年增长7.9%。

【茶叶】　至2017年，泉州市茶叶栽种面积5.37万公顷，产量8.09万吨，增产3.85%。其中，安溪县栽种面积4.07万公顷，产量6.21万吨；永春县栽种面积0.92万公顷，产量1.58万吨。

【花卉等园艺作物】　2017年，泉州市花卉播种面积0.29万公顷，比上年增长2.0%。鲜切花产量1157.93万枝，比上年增长4.8%；盆景园艺806.62万盆，下降2.8%。

畜牧业

【概况】　2017年，泉州市肉蛋奶总产量21.24万吨，比上年增长4.7%。其中，肉类总产量16.18万吨，比上年增长3.5%；禽蛋4.13万吨，增长11.5%。

【各类畜禽产量】　2017年，泉州市生猪存栏103.04万头，比上年增长17.5%；出栏142.15万头，增长

0.97%。家禽存栏933.04万羽，比上年增长5.97%，出栏1841.75万羽，增长5.54%；牛存栏12.75万头，下降2.44%，出栏7.39万头，增长5.42%；羊存栏22.58万头，下降11.03%，出栏36.74万头，增长1.97%。

渔业

【概况】 2017年，泉州市渔业产值133.74亿元，比上年下降2.3%，占大农业比重37.3%。水产品总产量113.94万吨，比上年下降2.24%。其中，淡水产品产量2.29万吨，比上年增长3.0%；海水产品产量111.65万吨，下降2.3%。淡水产品产量中，淡水捕捞0.28万吨，淡水养殖2.01万吨；海水产品产量中，海洋捕捞76.77万吨，下降4.9%；海水养殖34.87万吨，增长3.82%。

【水乡渔村】 2017年，永春水凤凰获评第九批省级“水乡渔村”称号，成为泉州市第19家省级水乡渔村。泉港惠屿岛水乡渔村、南安联益生态休闲水乡渔村、永春水凤凰水乡渔村等3家单位获“福建省最受欢迎水乡渔村”称号；泉港惠屿村、晋江围头村获国家最美渔村称号。

【互联网+渔业】 2017年，泉州市推动互联网+渔业网络营销，提升水产品牌知名度，南安市洪梅镇获“中国水产餐饮第一镇”荣誉称号，晋江阿一波食品有限公司全年度网络销售首次突破200万元，惠安曼玲鱼卷已完成专业化网销平台建设。

【设施渔业】 2017年，泉州市以转变传统养殖方式为重点，加大推进工厂化养殖设施建设力度，加大科技投入，开展标准化池塘改造，扶持陆基工厂化循环水养殖和优质苗种繁育，全年完成标准化池塘改造项目2个，投资45万元，改造面积2.67公顷；完成工厂化养殖场项目建设3个，建设面积20000平方米，总投资4100万元；完成鲍鱼育苗场扩改建项目1个，面积3200平方米，总投资85万元；推动泉州市268.4公顷标准化示范养殖基地建设。永春县南虹石蛙生态养殖专业合作社工厂化石蛙养殖基地1500平方米厂房已投产，年产石蛙5吨，产值120万元，成功突破石蛙幼种繁育技术，填补泉州市产业空白。

2017年6月6日，泉州市“放鱼日”活动在深沪湾湾外海域举行

（图/市海洋与渔业局）

【渔业“五新”技术推广】 2017年，泉州台商投资区锦盛农业农民专业合作社引进泰国巨型淡水龙虾成功规模养殖；惠安县金鑫水产综合试验有限公司从日本进口锦鲤种鱼亲本用于繁育纯正进口锦鲤；泉港天惠海洋生态科技有限公司成功引进美国绿盘鲍开展网箱养殖；安溪县长坑清辉水产养殖场引进黄金鲫鱼25000尾养殖试验取得成效；永春县福德农业有限公司承包近6.67公顷山垅田进行改造，从湖北引进2吨小龙虾苗进行规模养殖，有效带动泉州市小龙虾产业发展；晋江福大鲍鱼水产有限公司与厦门大学合作开展鲍鱼遗传育种中心项目建设争取纳入国家级种业提升工程重点建设项目规划，培育出鲍鱼新品种2个（西盘鲍和杂交鲍“东优1号”），累计培育出新品种苗种4亿余粒，推广省份包括福建、广东、海南、山东和台湾地区。泉州昌源渔业有限公司“申福1号”“申福2号”、福大鲍鱼培育的西盘鲍、皱纹盘鲍正申请国家级水产育种创新基地储备项目。

【远洋渔业】 2017年，泉州市紧抓远洋渔业发展战略机遇期，先后发展6家远洋渔业企业。是年新增远洋渔船13艘，截至年底，累计投产远洋渔船57艘，总投资近15亿元。深沪远洋渔业通关码头于2016年9月份通过省口岸办组织的验收后已投入使用，逐步成为泉州市远洋鱼获物集散地，随着基地的不断配套完善，泉州市远洋产业的经济和社会效益将进一步得到发挥。

【水产品精深加工】 2017年，泉州市打造“崇武鱼卷”“泉州金牡蛎”“晋江紫菜”三大省级渔业品牌，提升品牌知名度和市场影响力。“深沪紫菜”“深沪巴浪脯”“深沪鱿鱼乾”“深沪蝦仁乾”“永宁太平洋牡蛎”等5个水产品认定为国家地理标志。阿一波食品有限公司“深海”和石狮市飞通通讯设备有限公司“FTGMDC”等2个商标认定为福建省著名商标。

【水产品出口】 2017年，泉州市出口水产品11.96万吨、2.95亿美元，分别比上年增长33.19%和5.96%，实现量价齐增，再创历史新高。其中“一带一路”沿线国家占八成以上，成为泉州对外出口新亮点，为泉州“海丝”先行区和海洋强市建设增添新活力。

林 业

【概况】 2017年，泉州市完成植树造林总面积0.89万公顷，其中，荒山造林0.11万公顷，比上年增长63.1%，人工促进天然林更新面积0.08万公顷，增长175.6%。全年完成幼林抚育作业面积0.78万公顷，比上年下降10.25%。年末实有封山育林面积3.45万公顷。全部木材产量43.68万立方米，比上年下降1.8%。

【林业产业】 2017年，泉州市林业产业产值930.69亿元，比上年增长8.08%，居全省设区市首位。组织林业企业参加义乌森林博览会、“6·18”项目成果交易会、厦门国际投资贸易洽谈会、三明林博会等展会活动，获得金奖产品1个、优秀电商称号1个，征集林业技术需求5项，达成项目对接3项。泉州市新增林业外资项目5个，项目总投资14397万美元，其中利用外资3583万美元，实际到资3523万美元。

【林下经济】 2017年，泉州市新增林下经济项目88个，其中省级项目48个、市级项目40个。新增投资1.23亿元，其中省级补助450万元、市级200万元。种植品种主要有铁皮石斛、黄花远志、白虫草、黄栀子、台湾榕、三叶青等，新增种植面积73.33公顷，林下养殖主要品种有棘胸蛙、羊、鸡、蜜蜂等，年新增棘胸蛙近20万只、羊2000头、鸡12万羽、蜜蜂1700箱。泉州市累计林下利用面积9.88万公顷，累计林下经济产值37.3亿元。从事林下经济产业的林农68106人，带动贫困户发展林下经济22户124人。

位于永春县岵山镇的海峡蓝天生态庄园依托当地气候和土壤条件，在成片的荔枝、龙眼树下种植灵芝菌（2017年拍摄） （图/康庆平）

水 利

【概况】 2017年，泉州市平均降水量1356.4毫米，折合年水量147.382亿立方米，比上年偏少46.2%，比多年平均偏少16.9%，属偏枯水年。全市最大点降水量为德化县雷峰镇荐解村荐解站1947.0毫米；最小点降水量为晋江市金井镇钞岱村金井站751.5毫米。全市地表水资源量78.939亿立方米，地下水资源量22.698亿立方米，地表水和地下水不重复量0.167亿立方米，水资源总量79.106亿立方米，人均拥有水资源量为922立方米。截至2017年底，全市19座大中型水库总蓄水量5.16亿立方米，占正常蓄水量的53.1%，比多年同期少7142万立方米，比2016年底少2.3亿立方米。其中，山美水库水位85.04米，蓄水量为2.71亿立方米，占正常蓄水量的60.2%，比多年偏少5813万立方米；惠女水库水位67.99米，蓄水量为4140万立方米，占正常蓄水量的60.5%，比多年偏少351万立方米。

【水利建设】 2017年，泉州市建成各类水利工程6万多处，其中水库465座（大型2座、中型17座、小型446座），总库容15.68亿平方米；泵站94处，水井工程2万多口，各类堤防总长525.57千米。初步形成以山美水库为主要水源、以龙门滩引水为补充、以各大中型水库为支撑、以金鸡拦河闸为分水枢纽、以南北渠和湄南工程为主要输水通道的沿海配供水网络体系。

【水务】

2017年，《泉州市全面推行河长制实施方案》出台，建立市、县、乡三级河长制体系，市委主要领导担任总督察，市政府主要领导担任河长，4位副市长担任副河长，各级党委、政府主要领导作为河流管理保护的第一责任人，层层

永春县石鼓湿地公园（2017年拍摄） （图/颜雅婷）

压实责任。全市设有河长168名，副河长372名，流域河长426名，河道专管员1667名。

是年，《泉州市实行最严格水资源管理制度考核工作实施方案》印发，对各县（市、区）2017年度最严格水资源管理制度落实情况进行考核，并通报考核结果。统筹协调水资源管理重大问题，强化水资源调度配置，全面实现水资源统一规划、统一管理、统一调配、统一监控；加强全市地下水水资源开发、利用、管理和保护；继续推进水资源动态系统二期工程建设，从增加监测控制手段、扩大监测范围、升级系统平台软硬件等方面入手，完善提升水资源动态管理系统，通过对全市供水水源地实时水质水量信息和用水状况的在线监控分析，进行实时调度配置管理，实现全市水资源的科学调度和优化配置。

年内，金门供水工程海陆管道全线贯通；山美水库流域生态环境保护试点项目基本完工，入库断面水质持续改善；永春马跳水库可研顺利获批。完成农村饮水安全巩固提升工程受益人口9.98万人，其中国家建档立卡贫困人口8996人，提前三年完成扶贫任务。发展高效节水灌溉面积0.13万公顷，建成高标准农田节水灌溉面积0.16万公顷，农业水价综合改革同步推进；验收水库120座，强化海堤10.5千米、治理河道3.91千米；建设安全生态水系86.1千米。在全省率先全面推行水利工程电子招投标，健全完善水利工程质量监管体系，运用工程质量监督平台和水利工程信息（信用）管理系统，实行水利建设质量工作和质量项目综合考核，将创建“全国质量强市示范城市”放在更加突出的位置，加强质量监管，全面提升水利建设质量工作水平。立足水利实际，全面筑牢防汛抗旱安全线、城乡供水保障生命线、水生态文明建设保护线和行业安全运行联防线，安全生产实现零事故。2016—2017年度全省水利工程质量和安全生产考核名列第一。

山美水库流域生态环境保护试点项目（2017年拍摄） （图/泉州晚报社）

工业和信息化

责任编辑：吴远鹏

综 述

【概况】 2017年，泉州市规模以上工业企业累计实现增加值3328.10亿元，比上年增长8.3%，增速比2016年加快0.6个百分点，高于全省平均水平0.3个百分点。工业经济总体保持平稳运行，生产结构继续优化，经济效益稳定向好。

【工业经济运行】 2017年，泉州市规模以上工业37个行业大类中有30个行业实现增长，占81.1%，其中实现两位数以上增长的行业有14个。增加值总量前10位的行业中5个行业高于全市平均水平，分别为纺织服装服饰业（增长8.8%）、非金属矿物制品业（增长11.3%）、食品制造业（增长11.5%）、文教工美体育和娱乐用品制造业（增长14.2%）、造纸和纸制品业（增长10.2%），分别高出0.5个、3.0个、3.2个、5.9个和1.9个百分点。

全市列入统计的184种产品中有136种产品产量比上年增长，增长面73.9%，有44种产品增速超过20%，占全部监测产品的23.9%。装备类产品中，金属切削机床增长13.0%，阀门增长13.3%，服装、鞋帽加工机械增长9.8%；一般消费类产品中，膨化食品增长21.8%，糖果增长14.2%，布增长16.1%，纱增长14.1%。

规模以上工业企业实现销售产值13626.35亿元，产销率95.8%，比上年提高0.2个百分点。其中，小微企业表现良好，实现销售产值5279.31亿元，产销率97.5%，高于全市平均1.7个百分点，高于大、中型企业2.7个百分点。

全市规模以上工业中民营企业完成增加值3025.71亿元，占规模以上工业增加值的比重90.9%，增长8.6%，拉动全市规模以上工业增长7.9%，对规模以上工业增长的贡献率达到94.7%。其中，民营轻工业完成增加值2077.62亿元，比上年增长8.0%，对规模以上工业增长的贡献率为61.4%；民营重工业完成增加值948.09亿元，比上年增长9.9%，对规模以上工业增长的贡献率为33.3%。

2017年6月16日，泉州洛江嘉泰数控科技股份公司技术员作业中
（图/洛江区方志办）

至年底，全市产值超亿元工业企业有2523家，累计完成产值13215.16亿元，现价增长17.1%，占全市规模以上工业总产值的93.0%。分产值段看，全市亿元企业中10亿元以上246家，累计完成产值6450.85亿元，现价增长18.6%；5亿～10亿元351家，累计完成产值2400.63亿元，现价增长14.6%；2亿～5亿元930家，累计完成产值2926.56亿元，现价增长17.0%；1亿～2亿元996家，累计完成产值1437.12亿元，现价增长15.1%。

2017年，全市累计完成工业投资1620.74亿元，比上年增长19.6%，增幅提高1.6个百分点，比全市平均水平高9.6个百分点，对全市固定资产投资的贡献率70.7%，拉动全市固定资产投资增长7.1个百分点。其中，纺织服装服饰业、皮革毛皮羽毛(绒)及其制品业、非金属矿制品业、纺织业等行业投资额较大，分别完成投资213.36亿元、163.99亿元、149.91亿元和117.39亿元，分别比上年增长49.1%、43.0%、15.5%和12.3%。

【工业结构变化】 2017年，泉州市规模以上高新技术产业实现增加值499.54亿元，占规模以上工业增加值的比重15.0%，比上年增长8.0%。全市规模以上机械装备业实现增加值382.15亿元，占规模以上工业增加值的比重11.5%，比上年增长10.6%，增幅比全市平均水平高2.3个百分点，分别比纺织鞋服业、石油化工业和建材家居业高2.6、6.7和1.3个百分点，对规模以上工业增长的贡献率为14.7%，机械装备业领跑主导产业。规模以上新一代信息产业保持高速增长，实现增加值62.81 亿元，比上年增长37.6%，增幅提高10.9个百分点，比全市平均水平高29.3个百分点。高耗能行业比重下降，全市六大高耗能行业实现增加值917.53 亿元，占规模以上工业增加值的比重27.6%，占比分别较上半年下降0.6个百分点，增加值比上年增长7.0%，增幅比上半年回落1.6个百分点。

【工业经济效益】 2017年，泉州市工业利润总额增速加快，全市规模以上工业企业实现利润总额1074.06亿元，比上年增长17.6%，增幅比上年提高2.4个百分点。分行业大类看，表现较好的两个行业分别是皮革毛皮羽毛及其制品和制鞋业、黑色金属冶炼和压延加工业，分别实现利润总额183.75亿元和27.14亿元，分别增长23.4%和312.5%，合计拉动规模以上工业利润总额增长6.1个百分点，对规模以上利润总额增长的贡献率为34.5%。

企业盈利能力 规模以上工业主营业务收入利润率为8.2%，比上年提高0.3个百分点；主营活动利润率7.8%，比上年提高0.3个百分点。4526家规模以上工业企业中，有80家出现亏损，比上年减少12家，亏损面为1.8%，同比下降0.2个百分点；亏损企业亏损总额7.28亿元，比上年下降60.2%。

要素投入产出效率 从资产要素看，2017年，全市规模以上工业每百元资产实现的主营业务收入173.4元，比上年增加14.9元，资产利润率13.5%，比上年提高1.9个百分点，总资产贡献率21.1%，比上年提高1.5个百分点。从劳动力要素看，2017年，人均主营业务收入101.3万元，比上年增加14.2万元，全员劳动生产率26.65万元/人，比上年增加3.87万元/人，企业生产效率提高。

2017年泉州市规模以上工业企业主要经济指标

表25 单位：元

指标名称	企业单位数（个）	工业总产值（当年价格）	工业销售产值（当年价格）	出口交货值	资产总计	负债合计	主营业务收入	利润总额	利税总额	平均用工人数（万人）	工业增加值
总计	4526	142168174	136263531	21784474	79729807	35467747	130293143	10740619	15148460	128.57	33281041
煤炭开采和洗选业	5	48856	49020	0	74826	19737	56588	11838	21376	0.25	30637
采盐	1	5359	3070	48	262606	17857	2420	554	712	0.11	4418
制造业	4431	135454863	129616786	21784426	74482011	33025946	125308892	10419717	14672701	126.60	31761240
主导产业	3628	109281995	104612941	17445362	59971692	27110483	101658217	8356904	12090834	103.99	26193276
#纺织鞋服	1683	46496288	44985016	9666281	23939175	10167467	43419154	3390851	4510400	58.99	11513856
石油化工	326	21878565	19873672	1290440	14204847	7695714	19450972	1779162	3408709	7.30	5415787
机械装备	604	16388148	15822991	1626710	9387574	4086180	15503297	1296376	1648070	13.54	3821536
建材家居	1247	31588464	30780449	5381640	16674556	6887484	30148981	2462587	3246892	29.24	6895247
特色产业	819	26314008	25319992	5184865	13514642	5481904	23719197	2200979	2708478	25.43	6103026
#食品饮料	259	10596058	10369723	891443	6037584	1627454	10007509	1076842	1305263	8.97	2592090
工艺制品	375	8748712	8555582	3985846	3611908	1838670	8171180	649363	785780	12.17	2240018
纸业印刷	185	6969238	6394687	307575	3865150	2015781	5540508	474774	617435	4.29	1270917
新兴产业：新一代信息技术	73	2812790	2671136	172891	1405613	607190	2639326	235573	308445	2.40	628054
生物医药	14	465494	442217	17001	368569	148909	440102	41570	51835	0.61	119609
农副食品加工业	47	2559006	2488229	328840	1057222	465238	2479891	129302	152409	0.84	364603
食品制造业	105	5649825	5541490	492311	3880323	909955	5339548	684871	822539	4.70	1410975
盐加工	1	7420	7863	0	10228	8644	7842	797	945	0.01	1566

续表25

指标名称	企业单位数（个）	工业总产值（当年价格）	工业销售产值（当年价格）	出口交货值	资产总计	负债合计	主营业务收入	利润总额	利税总额	平均用工人数（万人）	工业增加值
酒、饮料和精制茶制造业	107	2387227	2340004	70292	1100039	252261	2188070	262669	330315	3.42	816512
纺织业	278	9699420	9548041	786244	5447455	2567684	9128925	587617	769265	7.74	2081318
纺织服装、服饰业	842	17560532	16872132	6037110	8618316	3238709	15976577	1200859	1582881	25.29	4685835
皮革、毛皮、羽毛及其制品和制鞋业	753	22788790	21922884	4301035	11520233	5188935	21682030	1837490	2467830	29.98	5547637
木材加工和木、竹、藤、棕、草制品业	15	279905	265197	0	97279	23234	247404	23663	31232	0.29	91073
家具制造业	39	970210	951158	251792	572543	331677	897211	65400	79794	0.90	234982
造纸和纸制品业	116	5713744	5150342	243020	3342730	1791683	4355000	384505	496394	3.16	1064890
印刷和记录媒介复制业	69	1255494	1244345	64556	522420	224097	1185508	90269	121041	1.14	206028
文教、工美、体育和娱乐用品制造业	257	6114083	5991484	2815859	2631253	1371382	5775587	516170	597305	6.24	1250411
石油加工、炼焦和核燃料加工业	6	11163989	9457914	607841	7692919	4336380	9361520	1148593	2548568	0.43	3398690
化学原料和化学制品制造业	101	3862497	3726370	124896	2290685	1267945	3665566	224049	311643	1.77	584614
医药制造业	12	349986	333078	17001	335002	144375	330964	30332	40244	0.54	98595
化学纤维制造业	44	2713153	2660006	122046	2140469	1139044	2451934	121511	173113	1.45	498366
橡胶和塑料制品业	175	4138926	4029382	435657	2080774	952345	3971952	285009	375385	3.64	934116
非金属矿物制品业	738	16184141	15739864	2618232	9156746	3717778	15339190	1106576	1569576	17.18	3764393
黑色金属冶炼和压延加工业	20	2182199	2181985	2891	859879	477414	2102499	271365	352764	0.59	239556
有色金属冶炼和压延加工业	13	1065393	1030984	31885	365905	93779	1033408	28383	35798	0.45	155201
金属制品业	94	2271597	2161016	238187	878436	304172	2167047	159457	205575	1.74	500636

续表25

指标名称	企业单位数（个）	工业总产值（当年价格）	工业销售产值（当年价格）	出口交货值	资产总计	负债合计	主营业务收入	利润总额	利税总额	平均用工人数（万人）	工业增加值
通用设备制造业	144	4388209	4287059	354127	2522535	1172836	4210325	314856	**405238**	3.25	995898
专用设备制造业	143	3069616	2934049	210965	1764913	759183	2839611	262859	**324089**	2.68	661181
汽车制造业	75	995923	975181	170963	555228	249478	913933	66286	**91780**	1.16	187040
铁路、船舶、航空航天和其他运输设备制造业	13	397590	393531	163807	238668	183663	334305	10268	**21356**	0.24	80084
电气机械和器材制造业	61	2318850	2267445	182196	2007502	805160	2265177	246608	**291117**	2.05	720265
计算机、通信和其他电子设备制造业	61	2706565	2572649	163563	1328965	578310	2540509	226501	**296539**	2.16	599697
仪器仪表制造业	12	106225	98487	9329	76648	28881	98817	9073	**11906**	0.23	28357
其他制造业	85	2166409	2061360	806210	1328730	413472	2035376	123016	**163326**	3.26	495248
废弃资源综合利用业	5	261786	257545	0	53515	32381	257434	1692	**3212**	0.05	16662
金属制品、机械和设备修理业	1	133574	133574	133574	14679	4497	133574	469	**469**	0.01	48378

煤炭业

【概况】 2017年，泉州市辖区内有煤矿企业8家，采矿许可证12本，保有储量4703.32万吨，矿井12处，生产能力159万吨/年。其中，省属国有煤矿企业天湖山能源实业有限公司有采矿许可证2本，保有储量2244.44万吨，矿井2处、核定总产能45万吨/年，均为生产矿井；乡镇煤矿企业7家，采矿许可证10本，保有储量2458.88万吨，矿井10处、设计总产能114万吨/年，其中设计产能9万吨/年6处、15万吨/年4处，均纳入建设项目管理。是年，全市仅天湖山能源公司2处煤矿生产，生产原煤38.30万吨，实现产值2.99亿元，上缴税收6974万元。乡镇煤矿均转入建设阶段，分别进行煤炭资源整合或改扩建，无原煤生产量，全年仅销售库存煤炭3.64万吨，上缴税收127.43万元。

【基本建设与技术改造】 2017年，泉州市经有权部门核准立项的乡镇煤矿建设项目10个，其中煤炭资源整合项目7个，扩建项目3个；设计总生产能力114万吨/年，设计井巷工程量24746.9米，设计总投资9746.13万元。天湖山能源公司自筹环保技改资金150万元，完成含春煤矿矿井水沉淀池改造工程；投入地质补勘资金250万元实施含春煤矿含二+580米块段硐探工程，完成井巷工程量1300米；投入1451万元优化含春煤矿生产系统，完成井巷工程量4752米。

【化解煤炭过剩产能】 2017年，泉州市继续推进煤炭产业结构调整，退出煤矿3处、化解产能17万吨/年，其中关闭退出类煤矿2处，分别为福建省永春煤矿南湖一号井（5万吨/年）和官殊矿井（6万吨/年）；整合淘汰类1处，系天湖山能源公司天湖岩煤矿（6万吨/年）。

【煤矿安全生产】 2017年，泉州市开展煤矿安全“体检”，市、县两级煤炭行业管理部门共成立18个煤矿安全“体检”工作组，对全市15处煤矿及3家煤矿上一级公司分别开展安全“体检”，累计参与安全“体检”人员137人次，查出隐患或问题124个；加大安全生产达标创建。天湖山能源公司全年投入1786.46万元，对照新颁布的煤矿安全生产标准化建设要求，对所属2处煤矿的矿井通风、提升运输等生产系统以及采掘工作面进行技术改造和提升，经考核确认，天湖山能源实业有限公司含春煤矿、铅坑煤矿分别为二级和三级安全标准化矿井；实施煤矿安全生产精准执法，市、县两级煤管部门全年共组织执法检查121个矿次（市级29个矿次、县级92个矿次），共发现安全隐患487条，督促煤矿企业落实整改到位。是年泉州市煤矿实现安全生产。

制造业

【概况】 2017年，泉州市全部工业实现增加值3926.19亿元，比上年增长7.7%，工业对经济增长的贡献率达48.6%。其中规模以上工业增加值3328.10亿元，比上年增长8.3%。全年规模以上工业实现销售产值13626.35亿元，比上年增长13.6%，其中出口交货值2178.45亿元，比上年增长10.2%。拥有超亿元企业2523家，比上年增加215家，其中超10亿元企业246家，增加57家。规模以上工业企业经济效益综合指数305.4，比上年上升29.4点，其中总资产贡献率21.1%，上升1.5个百分点；资本保值增值率103.1%，下降2.4个百分点；资产负债率44.5%，下降1.2个百分点；全员劳动生产率26.65万元/人，提高3.87万元/人；流动资产周转率3.2次，提高0.2次；工业产品销售率95.9%，提高0.2个百分点。全年规模以上工业企业实现利润总额1074.06亿元，比上年增长17.6%，其中外商及港澳台商投资企业、股份制企业和股份合作制企业利润分别增长15.3%、20.1%和20.5%。规模以上工业亏损企业亏损额7.28亿元，减亏11.03亿元。

【传统产业】 制造业 2017年，泉州市机械装备产业完成规模以上增加值382亿元，比上年增长10.6%，完成规模以上工业产值1638亿元。泉州机械装备产业涉及8个大类、47个中类、111个小类，其中通用设备、专用设备、金属制品、电气机械和器材及计算机、通信和其他电子设备等5个大类的产值均超百亿元，行业门类相对齐全。泉州机械装备产业形成较为完整的“毛坯铸锻—零部件生产—整机装配—产业服务”产业链，形成工程机械、建材机械、纺织机械、制鞋机械、机床、水暖、模具以及轴承等8个特色子集群。企业主要分布在鲤城、南安、洛江、石狮、晋江等地，区域特色日益显现。产业基地初现雏形，全市规划建设福建省装备制造业（南安、晋江）重点基地等一批机械装备制造基地，洛江区、晋江市获评首批省级智能制造试点示范基地。形成一批特色行业和优势产品，在国内市场，泉州工程机械中的路面机械、装载挖掘机械，专用设备中的砌块机械、石材机械和金刚石工具、陶瓷机械、纺织机械、制鞋机械，通用设备中的轴承、阀门、电动工具、空气压缩机等均占有较大市场份额，其中圆盘针织机（大圆机）、砌块机械、石材机械和金刚石工具等产品产量居全国首位。在国际市场，泉州机械装备产品销往包括欧美发达国家在内的100多个国家和地区。引进创新服务平台，采用“平台+项目+人才”方式，相继引进和建设中科院海西研究院泉州装备制造研究所、华中科技大学泉州智能制造研究院、福建（泉州）哈工大工程技术研究院等高端公共创新服务平台，通过组织哈工大工研院、华中智能研究院等平台开展技术宣讲、项目对接，邀请平台专家开展“数控一代”智能制造培训，推动平台与企业间的合作。

2017年10月31日，晋江国际鞋纺城开业 （图/李芸生）

石化产业 2017年，泉州市石化产值 2188.7亿元、比上年增长17.9%），规模以上工业增加值541.58亿元，增长3.9%；销售产值1987.37亿元；产销率 90.8%。联合石化公司累计加工原油911万吨，产值497亿元（比上年上升19.7%）。中化泉州石化有限公司累计加工原油1173万吨，产值472亿元（比上年上升13.1%）。泉州石化发展主要推动泉港、泉惠石化工业区资源整合、优势互补，形成整体合力。持续改造福建联合石化和中化泉州石化两大炼化基地，提升产业竞争力，以内涵挖潜改造为主，提高原油适应性，完美重油加工手段，提高企业经济效益；利用国内外原料资源，加快发展多元化原料加工产业，形成基本有机化工原料的多元化发展和供给格局；发展石化深加工产业，发展各类化工新材料、专用精细化学品等高端石化产品，形成高端产品集群；集聚发展晋江、石狮纺织化纤产业，以PTA为原料引领，互补延伸发展化纤原料、纺织助剂，形成纺织化纤产业集群。石狮市重点推动石狮佳龙石化纺纤公司转型升级提高竞争力，投资50亿元，建设220万吨/年PTA和40万吨/年PET。晋江市重点续建百宏新材料公司的BOPET薄膜和正麒、港溢、龙峰等化纤项目。

食品产业 2017年，全市农副食品加工业实现工业增加值36.46亿元、比上年增长14.3%；食品制造业实现工业增加值141.09亿元、比上年增长11.5%；酒、饮料和精制茶制造业实现工业增加值81.65亿元、比上年增长1.8%。主要产品糖果产量占全国20%，饮料茶叶占20%，水产品加工占近10%，粮油加工业占10%。拥有中国驰名商标17件及“全国食品工业强县”2个（晋江、惠安），安溪县“中国茶都”、中国乌龙茶（名茶）之乡等荣誉称号。

纺织鞋服业 2017年，泉州市纺织鞋服全行业规模以上企业1683家，实现工业增加值1151.39亿元，比上年增长8.0%。其中，纺织业实现工业增加值208.13亿元，比上年增长7.1%；纺织服装、服饰业实现工业增加值468.58亿元，比上年增长8.8%；皮革、毛皮、羽毛及其制品和制鞋业实现工业增加值554.76亿元，比上年增长7.1%。纺织服装产量占全国的10%，运动鞋产量占全国的40%、全球的20%，安踏、匹克、361度、特步等品牌进入国际市场。

造纸及纸制品业 2017年，泉州市造纸及纸制品业全行业规模以上企业116家，年产值超亿元企业78家，约占全部规模以上企业产值的96.6%，行业规模以上企业增加值106.49亿元，比上年增长10.2%。

【战略性新兴产业】 *石化* 2017年，泉州市石油化工产业规模以上工业总产值2188.7亿元，增加值542亿元，列入国家九大炼油基地之一，炼油能力2600万吨，乙烯120万吨，产业规模、技术水平位居全国前列。拥有联合石化、中化两大龙头企业，和泉港、泉惠两个省级石化工业区及晋江、石狮两个纺织工业园区，形成石化产业龙头带动、差别化发展格局。

高端装备制造 泉州市致力于打造有全国影响力的轻工智能装备产业基地。加快建设南安、晋江、洛江、安溪智能装备产业园和国家级特种机器人检测评定中心、嘉泰数控（二期）、明匠系统集成等重点制造装备项目。2017年，机械装备产业规模以上工业总产值1638亿元，增加值382亿元。机械装备产业具备较为完整的“毛坯铸锻—零部件生产—整机装配—产业服务”产业链，形成建材机械、纺织机械、制鞋机械、机床、水暖、模具以及轴承等7个特色子集群。

电子信息 2017年泉州市集成电路、半导体等产业呈现较好发展态势，与台湾联华电子合作具有自主产权的晋华集成电路项目，一期总投资375亿元，与之相关联的矽品、芝奇等22个项目，构建集成电路“设计-制造-封装测试-装备材料-终端应用”全产业链；培育化合物半导体产业，推进总投资333亿元的三安高端半导体项目，建设泉州“芯谷”。形成数字视听、智能安防、无线电对讲机、LED和太阳能光伏、微波通信等六个特色产业集群。数字卫星接收设备、无线电对讲机等产量占全国同行业的50%以上；智能安防是全国三大生产基地之一；太阳能光伏、LED成为泉州市电子信息行业的新增长点，是福建省的重点发展区域。

新材料 培育石墨烯产业，发展石墨烯材料提炼和石墨烯纤维材料、高透气防水杀菌材料、防腐涂料，加快产业化应用步伐。市、县两级政府和部门支持高校科研机构开展石墨烯研发，建设公共服务平台，推进产学研协同创新。泉州、晋江两级政府积极推动福建新峰二维材料科技有限公司在晋江设立“福建海峡石墨烯产业技术研究院”，晋江市政府承担8000万元启动经费，无偿提供2万平方米研发场所，每年将承担3000万元的运营经费。研究院依托泉州市领先全国的鞋服、纺织、纸制品、光伏等产业优势，聚焦战略性先进材料石墨烯及相关学科高端先进技术，搭建开放的公共技术平台，引进国内外石墨烯材料领域及相关学科的一流科学家和工程专家团队，专注产业应用技术研究开发，实现高新技术与传统产业的跨界融合。研究院实现单层石墨烯薄膜规模化，研发出石墨烯高分子抗菌鞋垫，抗菌率高达80%；计划开展将石墨烯3D多层微气囊技术应用于拖鞋及运动鞋、可高效去除甲醛真菌异味等空气净化用高性能过滤芯片、高稳定性的锂电池负极材料。

盐业

【概况】 2017年，泉州市实现销售盐产品63324吨，完成年计划115.05%，比上年减销12721吨，减幅16.73%。其中，小包装碘盐实现销售24993吨，完成年计划104.82%，比上年减销2227吨，减幅8.18%；食品加工用盐实现销售38331吨，完成年计划123.13%，比上年减销10494吨，减幅21.49%；多品种盐实现销售8970吨，完成年计划76.27%，比上年减少2112吨，减幅19.06%。全年实现利润总额1591.6万元，比上年增加68.84万元，完成年计划目标1150万元的138.4%。市盐务局建立高效的物流配送网络，共有配送车辆22辆，配送能力228吨/趟，直达碘盐销售网点1150个，辐射半径平均达98千米，基本实现4小时内可全市送达。

【食盐市场监管】 2017年，泉州市加强盐政执法，规范食盐市场秩序，保障食用盐安全。开展市场检查，整治食盐市场，加强对学校工厂食堂、餐饮业、超市、食杂店的稽查，对农贸市场等食盐流通领域的整顿规范，查处打击假冒伪劣小包装碘盐，加强对食品加工用盐的跟踪管理和季节用盐市场检查，加强对用盐厂家进行法律法规和食品安全的宣传工作，建立客户资料档案，规范食盐市场秩序。查处私盐贩利用工业盐冲击食盐市场的违法行为，做到公开执法，精准执法。全市出动盐政执法人员11696人次，检查餐饮店、食杂店、学校工厂食堂14828家，查处违法案件927件，办结773件，查获各类违章盐产品636.29吨，罚没款19.05万元，移送公安机关立案侦办1件，查处省外“臭脚盐”案12件。

城镇集体工业

【概况】 2017年，泉州市维护城镇集体经济稳定发展，加强城镇集体资产运营管理，完成城镇集体企业主要财务指标的汇编，对市工艺公司等7家企业进行财务审计，对市机电厂等4家企业进行财务检查，防止集体资产流失，指导11家集体企业到期房产进入产权交易中心公开招投标，共28个标的，面积1.54万平方米，成交金额335.6万元，比原租金增加154.9万元，提高85.7%，确保集体资产保值增值；开展二轻联社及全资企业整合重组工作，按照精减人员、高效管理的原则规范职能设置、内设机构和人员配置和建章立制，使其转型成为适应市场经济发展的规范企业。

【盘活集体资产】 2017年，泉州市组织对古城范围内城镇集体企业土地、厂房等资产逐一进行调查摸底、登记造册，分类指导，盘活资产，确保保值增值；指导市工艺公司整合雕刻厂、脱胎漆器厂、包装装潢厂等企业资产，为规划建设泉州市工艺美术中心打牢基础，指导市陶瓷工艺厂做好企业厂房拆迁安置前期，服务西郊片区改造，指导做好二轻大楼征迁安置工作，服务市政府老范志古大厝保护修缮工作，指导做好工艺公司、竹编厂、剧装玩艺公司等3家集体企业基本情况的调查摸底，服务泉州海西工艺文化产业运营中心项目。

2017年7月12日，泉州工艺美术研究院授牌　（图/陈云青　林志伟）

【推进传统工艺美术发展】 2017年，泉州市城联社根据《泉州市传统工艺美术保护发展规定》和《泉州市工艺制品产业转型升级路线图》，结合行业实际情况，起草制订《泉州市推进传统工艺美术传承发展三年行动方案（初稿）》。市城镇集体工业联合社与中国轻工业联合会沟通对接，争取支持，开展申报“中国工艺美术之都•泉州”工作。筹建泉州市工艺美术中心。利用古城保护改造契机，以“展览、收藏、研究、交流”为功能定位，市城镇集体工业联合社提出将位于市区花巷许厝埕的泉州市工艺美术公司旧大院改建为泉州市工艺美术中心。会同华大设计院形成集工艺美术精品收藏展示交流场所、大师工作室、非遗传习所、拍卖交易场所和古城旅游景点等于一体规划设计方案。2017年7月，市城镇集体工业联合社与华侨大学联合设立“泉州工艺美术研究院”，举行授牌授印仪式并签订发展战略合作框架协议，共同打造集传承保护、研发创新、培训交流、融合发展等于一体的工艺美术科研公共服务平台。2017年，泉州市加快优秀人才培养，组织推荐338名参评第五届福建省工艺美术大师和工艺美术名人，审核推荐3人获省经信委推荐参评，组织评选50名泉州市传统工艺青年传承人。市城镇集体工业联合社制订印发《关于加强工艺美术大师服务管理的实施意见》，组建命名30个工作室、补助资金30万元，全市累计命名160个、补助资金160万元。开展大师带徒授艺补贴工作，支持131名工艺美术大师带徒弟388名、落实补贴资金184.92万元。聘请两岸专家教授举办2017年“一带一路”工艺美术创新发展高级研修班，205名省、市工艺美术大师、名人及优秀技艺人员参加，进一步强化人才培训。

【工艺制品产业转型升级】 2017年，泉州市建设华厦匠人泉州工艺美术交易与公共服务平台。市城镇集体工业联合社与南威软件股份有限公司对接磋商，建设集“宣传推介、产品交易、作品拍卖、众筹融资、知识产权保护、网上政务平台”等于一体的华夏匠人泉州工艺美术交易与公共服务平台，发动全市37项艺种、237位大师（艺人）入驻平台，完成APP手机客户端系统软件开发和平台建设， 12月27日，举行平台上线发布会暨福建省传统工艺美术知识产权保护中心授牌仪式。平台推动互联网、大数据、人工智能和工艺美术的深度融合，打造“互联网+工艺美术”的全新经济生态，强化知识产权创造、保护和运用，保护消费者的权益，为买售双方提供知识产权登记、认证、维权等一条龙全生命周期服务。开拓市场强化展评交流。发动全市近500家工艺制品企业参加欧洲、美国、东南亚等境内外知名展会，获奖作品300余件；指导德化、安溪、晋江、惠安等发挥工艺制品区域特色举办现场创作大赛、工艺美术精品展等展会，提升泉州市工艺制品影响力。创新营销渠道，组织1000多人参加在线交易及全球购业务等电子商务业务培训，拓展消费新业态。推动产业融合及研发创新。推动工业与旅游产业融合，指导德化顺美陶瓷体验馆、如瓷生活文化馆、惠安建明玉雕城、永春香文化展示中心等4家企业发展工业旅游。组织申报国家级众创空间1家，新增省级众创空间2家，申报省级知识产权优势企业2家，制定发布《电子商务交易产品信息描述规范—日用陶瓷》省地方标准。推动泉州工艺美术职业学院陶瓷生产实训基地和永春县国家级燃香类产品检验中心。

【海丝（泉州）工艺美术精品博览会举办】 2017年，在第三届海上丝绸之路国际艺术节期间，泉州市城镇集体工业联合社组织在闽台缘博物馆举办“海丝（泉州）工艺美术精品博览会”。博览会期间工艺美术精品展展出作品362件，包括4位国大师代表作品25件和11个类别37个艺种的省大师、市大师、民间名艺人代表作品337件；工艺美术大师现场创作表演包括木偶头雕刻、陶瓷雕塑、金苍刺绣、纸织画、香道、影雕、刻纸、花灯、彩扎等9个项目，社会各界参观人员近10万人。

电 力

【概况】 2017年，泉州市境内有发电厂690座，装机容量8830.819兆瓦。其中福建省公司管辖电厂9座，装机容量分别为晋江热电厂100兆瓦，云顶风电96.4兆瓦，福建炼化312兆瓦，南埔电厂1940兆瓦，晋江石圳燃气1592兆瓦，鸿山一期1200兆瓦，五堡电厂2000兆瓦，双格风电48兆瓦，为7288.4兆瓦，其余为泉州地调管辖电站，装机1542.42兆瓦。其中水电装机容量为890.32兆瓦，占地区各类电源57.72%；垃圾电厂装机容量128兆瓦，占地区各类电源8.3%；风电装机容量44兆瓦，占地区各类电源2.85%；分布式光伏电站装机容量199.10兆瓦，占地区各类电源12.91%；其他包括热电厂、企业自备发电装机容量281兆瓦，占各类电源18.22%。

【电力生产】 2017年，泉州地区非统调机组年发电量62.16亿千瓦时，比上年下降13.69%。其中水电29.16亿千瓦时，比上年下降30.52%；火电21.54亿千瓦时，比上年增长4.96%；光伏发电1.14亿千瓦时，比上年增长率213.01%；风电3.25亿千瓦时，比上年增长38.82%；垃圾发电7.06亿千瓦时，比上年增长3.69%。

【社会用电】 2017年，泉州地区社会用电量470.4亿千瓦时，比上年增长7.2%，增长率同比提高3.4个百分点。其中，工业用电量329.1亿千瓦时，比上年增长6.9%，增长率比上年提高2.8个百分点。最高负荷743.1万千瓦，增长率比上年下降1.3个百分点。第一产业用电量1.41亿千瓦时，比上年增长20.1%，增长率同比提高13个百分点。第二产业用电量333.1亿千瓦时，比上年增长6.8%，增长率同比提高3.3个百分点。第三产业用电量49.4亿千瓦时，比上年增长11.1%，增长率同比提高6.0个百分点。城乡居民生活用电量86.4亿千瓦时，比上年增长6.4%，增长率同比提高2.4个百分点。

【电网建设】 2017年，泉州市累计完成电网建设投资37.3亿元，完成年度计划的100%。建成35千伏及以上变电站4座、线路147千米；新建及改造10千伏线路410.21千米，新增配电容量27.69万千伏安；中心市区配网自动化百分百覆盖建设，故障自愈平均时长降至1分钟，配电网供电可靠性和电压质量显著提升。至2017年底，泉州有500千伏变电站4座、容量820万千伏安，线路567千米；220千伏变电站38座、容量1306万千伏安、线路1992千米；110千伏变电站164座、容量1481万千伏安、线路3059千米。地区配网10千伏馈线3328条，其中公用馈线2922条，10千伏线路总长度23648千米，其中电缆7507千米。公用配电变压器30126台，总容量1243万千伏安。专变配电变压器44606台，总容量为1605万千伏安。

信息化建设

【概况】 2017年，泉州市落实国家信息化发展战略纲要、“十三五”数字福建规划以及2017年“数字福建”建设工作要点的要求，制订出台《泉州市积极推进“互联网+”行动实施方案》《泉州市深化制造业与互联网融合发展实施方案》，围绕《泉州市推进智慧城市建设三年行动（2016—2018年）》《泉州市新一代信息技术产业转型路线图》等工作部署，推动信息技术与城市深度融合，大力发展数字经济，助力泉州市城市管理和产业发展。

【信息网络基础设施完善】 2017年，泉州市围绕建设“宽带中国”示范城市的要求，加大信息网络基础设施投资力度，推进“信息网络”工程包建设，实施信息通信网络提速升级工程，加快建设广泛覆盖和深度互联城市信息网络，是年完成投资20.2亿元，完成全年计划104.88 %。实施“数字”两个工程包建设，全年投资28亿元。

【智慧城市建设】 2017年，“泉州市新行政服务中心智能化系统”等23个项目列入2017年市级财政性信息化建设计划，总投资4.8亿元，2017年市级财政计划投资1亿元。新行政服务中心智能化系统、南洋华裔族群寻根谒祖综合服务平台（一期）、环保数据资源中心、突发事件预警信息发布中心、城乡规划管理信息系统、污水管网实时在线监测系统（城东一期）、城建档案数字化项目、住房公积金管理中心三级等保、社会救助综合施救平台等项目完成方案审核；新行政服务中心智能化系统、南洋华裔族群寻根谒祖综合服务平台（一期）等开工建设。

【互联网与制造业融合发展】 2017年，泉州市制订出台《泉州市积极推进“互联网+”行动实施方案》《泉州市深化制造业与互联网融合发展实施方案》《关于推动机器人产业快速发展的实施意见》，加快互联网创新成果与经济社会各领域的深度融合。兑现加快智能制造和两化融合发展专项资金4692.3万元，扶持项目135个。培训互联网公共平台，德化县“互联网+陶瓷”列入省区域化链条化试点；讯网科技的“环球鞋网公共服务平台”、领航科技的“领航服装企业生产服务平台”两个项目列入省互联网经济公共服务平台支持项目。

无线电管理

【概况】 2017年，泉州市无线电管理强化服务意识，合理配置和利用各项无线电管理资源，规范无线电台站审批与管理，加强执法监督检查，加快技术设施建设步伐，保障无线电安全，维护空中电波秩序，服务经济社会发展和国防建设。

【频率台站管理】 2017年，泉州市无线电管理局修改完善审批服务标准体系，受理行政许可审批191件，核发电台执照7273份，指配频率53个，船舶呼号1个，转报频率申请5份，转报12款设备型号核准、业余呼号1个，注销电台执照82张，变更电台执照19张，换发电台执照9332张，销售无线电发射设备备案单位2家；梳理审批事项，变更4项无线电管理审批项目；完善审批服务标准体系，全面修订标准文本；在福建省网上办事大厅、中国泉州、市行政服务中心等网站上修改完善审批服务指南及权责清单；开展许可审批自由裁量权工作，完善一次性告知程序及文档；启用业余台站审批管理及台站核查程序；核查校对泉州市台站所有数据近60万项，修改出错数据83项；重新梳理相关台站地理位置信息，开展地图作业和实地核查，确保修正数据的准确性；梳理过期电台执照并在台站数据库中进行封存，共清理封存1595个台站；开展频率占用费征收工作，收取90家单位缴纳的频占费52.95万元。

【产业发展】 2017年，泉州市无线电管理局多方整合资源，探索产、学、研、宣合作模式，依托移动、电信、联通三大运营商、泉州市对讲机行业协会、相关高校和研究机构，以及环球专网通讯等专业新闻媒体，开展人才培养合作、产品展示推介、新技术推广、行业渠道整合等活动；注重行业引领，推动公网对讲机行业发展壮大，抓住模转数契机及对讲机行业发展趋势，在公网数字对讲机发展初期，走访对讲机生产企业，宣讲国家模转数政策，建议企业逐步缩减模拟对讲机生产规模，开展公网对讲机的市场调研和技术研发，引导企业把研发生产重点从模拟机转移到公网数字对讲机上；为企业出谋划策，降低生产成本，走访电信、移动、生产企业和销售单位，就公网对讲机资费偏高问题开展调研，为运营公司出谋献策，提出应用物联网数据卡、开通流量池共享数据流量等建议，节省公网对讲机业务的使用成本，改善行业发展基础条件。

【执法检查】 2017年，泉州市无线电管理局开展执法行动49次，派出执法人员222人次，检查设台单位（个人）186家，出具责令整改通知书28份。将打击治理“伪基站”“黑广播”纳入常态化工作，全年不间断监测分析广播频段数据，加大对“伪基站”、“黑广播”违法犯罪活动的打击力度，查处“伪基站”3起，“黑广播”9起，提供技术检测报告18台。利用干扰排查联动机制和技术手段快速排除干扰隐患，受理无线电干扰案件11件，其中公众通信基站干扰7件，晋江机场干扰1起，泉州海事局电台干扰1件，汽车防盗器干扰1件，市民投诉运营商1件，所有干扰均及时排查完毕。

【无线电安全保障】 2017年，泉州市无线电局管理局细化保障方案，加强沟通协调，明确分工责任，强化应急预案，注重培训演练，保障无线电安全。重大活动无线电安全保障，服务党政机关，共建和谐社会。8月，金砖国家治国理政研讨会在泉州市举办，管理局在会晤演练期间排查两起公众通信受无人机管控设备干扰事件，保障各工作单位的无线电设备正常使用。厦门金砖会晤举办期间，管理局派出频管、执法及监测团队8人，全程参与保障工作。2017年环泉州湾国际公路自行车赛、“第三届海上丝绸之路国际艺术节”的无线电安全保障任务。为重大 考试保驾护航，全年组织无线电考试保障13场。

【技术设施建设】 2017年，泉州市无线电管理局完成4个在建的重大技术设施项目，建设资金预算781.5万元，包括便携及车载两用无线电监测测向系统、无线电安全保障便携式无线电信号侦测仪、泉州市重点业务区域网格化监测网、泉州市无线电发射设备科普展示中心；开展技术设施项目建设研究，申报考试无线电安全保障智能监测系统、泉州市南安石鼓山固定监测站升级改造、泉州市移动监测车升级改造、无线电频谱使用评估系统、执法记录平台等5个项目。

交通 邮政 通信

责任编辑：陈雪娥 陈晓婷

交通运输业

2017年在建的泉州火车站综合交通枢纽　　（图/市交通运输委）

【概况】 2017年，泉州市拥有营运车辆65928辆。其中客运汽车5850辆(含出租汽车3395辆)，营运载货汽车60078辆。高级客车1260辆，占客车总量(不含出租汽车)的51.3%。泉州市拥有营运船舶219艘268.6万载重吨233客位（其中：海峡两岸直航客运船舶1艘，营运货船218艘），货船单船平均吨位达12321载重吨；集装箱（多用途）船舶148艘199.05万TEU，平均单船载箱位898TEU/艘，油船10艘5.53万载重吨。

【铁路运输】 2017年，泉州市辖区铁路运营里程约360千米，其中货运铁路为漳泉肖铁路（243.88千米）、湄洲湾南岸铁路支线（26千米）、中化泉州石化专用线（3.15千米），2017年货运总量8454102吨；客运铁路为福厦铁路（86.97千米），2017年客运总量13218545人，其中泉州站8922915人，晋江站3545757人，惠安站749873人。

2017年泉州铁路有限责任公司主要指标完成情况表

表26

项　目	单位	实绩	预算	完成预算计划率(%)
货物发送量	万吨	347.23	428.00	81.13
货物周转量	万吨千米	103326.90	111000.00	93.09
货运收入	万元	19876.88	21089.00	94.25
提供服务收入	万元	1028.34	1021.00	100.72
运输收入	万元	20905.22	22110.00	94.55

【道路运输】 2017年，泉州市完成公路货运量16537.19万吨，货运周转量1422371.61万吨千米；完成公路客运量5805.82万人次，旅客周转量413944.33万人千米；公路运输总周转量增幅10.7%，增幅位居全省第一位。

【公路运输枢纽站点】 2017年，泉州市场站建设完成投资2.26亿元。其中，泉州火车站综合交通枢纽完成年度投资1.65亿元，晋江陆地港二期完成年度投资3795万元，传化公路港完成年度投资2300万元并已建设完工。

【甩挂运输】 2017年，泉州市新增（更新）牵引车49辆、挂车74辆，累计完成投资3109.6万元。

【“无车承运人”】 2017年，泉州市“无车承运”试点工作一年来，试点效果显著，有效整合全国资源，通过信息网络实现零散运力、货源、站场等资源集中调度和集中配置，推动泉州市货运行业从“多、小、散、乱”向集约化、规模化、组织化方向发展。是年，泉州传化公路港、南安天地汇、晋江闽运兴等3家交通部首批试点企业正式投入运营，试点企业接入企业3725家，车辆96471辆，交易运送量261万吨，营收10.88亿元。

【定制客运】 2017年，泉州市开展道路客运班线定制客运服务试点工作，以国有企业福建省泉州市汽车运输公司为试点企业，选定泉州至福州、泉州至石狮、惠安至泉州三条客运班线开展定制客运服务，提供网上预约、站点选择、就近搭乘的便捷服务，有效提高运营实载率。

【城乡客运一体化】 2017年，泉州市加快推进城乡交通运输一体化工作，晋江、石狮实现全域公交化运营，石狮市成为全省唯一入选2017年全国交通运输一体化示范县第一批创建的县（市、区）。

【城市公交】 2017年，泉州市新增公交线路8条，完成年度计划的267%，优化公交线路9条，完成年度计划的180%；完成新增更新公交车辆1296辆，完成计划的1296%。泉州市有公交企业18家，公交车辆3441辆，营运线路262条，公交驾驶员2669名。

中心市区公交 中心市区清洁能源、新能源公交车所占比例65.74%，中心城区万人公共交通车辆拥有量14.9辆/万人，中心市区公交站点的500米半径覆盖率99.5%，中心城区公共交通占机动车出行比例31.3%。中心市区公交企业3家，公交车1827辆，营运线路87条。中心市区公交综合停车场8个，总用地面积18万平方米，公交首末站87个。完成中心市区44条公交线路一元一票制改革，鲤城、丰泽、泉州开发区、洛江万安区内运营的公交线路全部实现一元一票制。

社区巴士 泉州社区巴士采用“线状”与“块状”相结合的新型经营模式。2017年，“线状模式”开通3条线路，投入运营车辆50辆。全省首创的“块状”模式开通古城1区观光线路，投入电瓶观光车128辆，“块状巡游、走街串巷”，有效解决古城背街小巷出行难题。

【水路运输】 至2017年底，泉州市水运企业59家，其中国内水路运输企业58家，海峡两岸直航客运企业1家。2017年，泉州市完成水路货运量11240.69万吨，货运周转量1776.94亿吨千米。水路总周转量增长12.02%，增幅位居全省第二位。泉州港口完成货物吞吐量1.3亿万吨，集装箱吞吐量224.24万TUE；泉台集装箱班轮运输航线共运营104航次，运载集装箱15143TEU。

2017年11月10日，泉州市政府印发《进一步促进水路运输业发展的实施意见》（泉政文〔2017〕150号），从鼓励企业新增运力、促进企业规模发展、鼓励开辟国际航线、实施船舶贷款贴息四大方面，对做大做强泉州水路运输行业给予政策奖励扶持。

2017年，依托“泉州—赣州”铁路班线，开通至赣州集装箱海铁联运通道，泉州集装箱海铁联运实现“零”的突破。

2017年，泉州—金门客运航线由每日8个航班增加至10个航班，全年完成运营3224航次，运载旅客140623人次，创历史新高。航线自开通以来累计运载旅客突破100万人次。

【港口建设】 2017年，泉州港（不包括湄洲湾南岸的港区）港口水运工程在建项目7个，实际完成投资130000万元，完成年度投资计划的103.17%。秀涂作业区16号泊位工程基本完工；石狮市梅林码头改扩建工程项目进展顺利；石湖作业区5—6号泊位、锦尚作业区2号泊位扩建及4号泊位工程于8月开工建设；晋江东石良兴码头二期工程于5月开工建设。按照“竣工一批，续建一批，建设一批，储备一批”的原则，做好项目储备和前期工作。围头湾石井航道二期工程项目初步设计获省发改委、省交通运输厅批复，施工图设计通过审查；石井作业区18—19号泊位工程可行性研究报告以及申请报告提交省发改委待核准。

【航空运输】 2017年，是晋江机场实施“十三五”规划的重要一年，更是顺利实现换挡提速、提质增效的关键一年，旅客吞吐量首次突破500万人次大关，各项指标均创下历史新高。是年，机场坚守“飞行安全、廉政安全、真情服务”三条底线，坚持稳中求进总基调，安全生产、运营管理、服务品质、发展质量、基础设施建设、党的建设等重点工作都有新作为、新气象，为提前完成“十三五”规划打下良好基础。全年完成航班起降43926架次、旅客吞吐量534.05万人次、货邮吞吐量5.93万吨，在全国229个民航机场中分别排名第59、45、34位，分别比上年增长30.0%、40.8%、19.3%。

2017年，泉州公交新购700辆纯电动公交车
（图/泉州市交通运输集团公司）

【航线航班】 2017年，晋江机场有21家国内外航空公司驻场运营，通航城市46个（净增5个）。其中国内38个、国际（地区）8个，客座率75.7%。落实市政府与厦航、深航签订的战略合作协议条款，助力厦航、深航深耕泉州航空市场，厦航、深航分别投放14架、5架过夜飞机，市场占有率分别达36.7%、26%。持续构建合作有序、适度竞争的市场格局，首次引进青岛航空、东海航空投放过夜运力；引进东航开通国际中转航班；首次引进福州航新开国内中转航班。国际（地区）航班保持平稳较快增长，完成航班起降5849架次、旅客吞吐量670348人次，分别比上年增长6.4%和12%。

【旅客吞吐量突破500万人次】 2017年12月13日10时50分，2017年第500万位旅客产生，机场年旅客吞吐量首次突破500万人次。2017年以来，泉州晋江国际机场大力引进航空公司，不断增加驻场运力，新增、加密国内国际航线，进一步完善航线网络布局。特别在冬春航班换季后，加开多趟航班，平均每天执行160个以上进出港航班，增幅50%以上。

邮政业

【概况】 2017年，泉州市邮政业业务总量完成159亿元，比上年增长37%，占全省比重40%；业务收入完成68亿元，增长27%，占全省比重32%。其中，快递业务量完成7.4亿件，比上年增长34%，占全省比重45%，居全国第十位；快递业务收入完成58亿元，增长26%，占全省比重36%，居全国第十四位。四项指标均居全省首位。全年邮政业带动社会消费品零售总额突破1200亿元。

【邮政公司】 2017年，泉州市提供邮政普遍服务的营业场所220处，

2017年7月18日，泉州市首届快递行业职业技能竞赛举行

（图/泉州市邮政管理局）

服务半径4.2千米。平均服务人口4.16万人，电子化营业场所有179处，邮筒（箱）563个，村村通邮率100%，村邮站203个，“三农”服务站11个，便民服务站2889个，邮政专用标识车辆151辆，新建住宅小区信报箱配置率100%。

【快递企业】 2017年，泉州市有快递许可企业128家，从业人员1.5万余人，全年新增分支机构102家，快递末端网点692个，分支及末端网点总数1510个。泉州市乡镇（133个）快递网点覆盖率100%。城市快递入区方面，泉州市共设立智能快件箱1130处1251组，智能快件箱格口数89648个，通过智能快件箱投递快件量2136万件，快递电动三轮车市区通行590部。顺丰东南区、“四通一达”福建省区等14个快递省际分拨中心集聚泉州，中转处理场所新增6万余平方米，总面积近50万平方米。有各类型车辆2000余辆，其中干线运输车辆328辆。

电信业

中国电信泉州分公司

【概况】 2017年，中国电信泉州分公司全业务经营收入32.32亿元，其中，固网业务收入16.77亿元；移动业务收入15.55亿元。天翼用户年度净增11.25万户，总数252.18万户，其中4G用户总数170.1万户，4G智能机用户总数152.63万户；电话用户（含天翼）总数414.46万户；宽带用户（含无线宽带）年度净增14.9万户，总数183.68万户；ITV用户总数92.53万户。

【移动通信网络】 2017年，泉州电信启动LTE五期工程的建设开通任务，并提前半年时间完成。截至2017年，电信在网4G基站数8300个、总载扇数达到4万个，全面实现行政村以上连片全覆盖，4G覆盖率98.5%，移动端到端感知优良率96.34%，同行业领先。同时，等比例叠加覆盖NB-IoT网，实现在各县市城区、乡镇、行政村及主要道路的连片覆盖，NB覆盖率97.6%，全省第一，覆盖效果可比肩CDMA网络为行业最广，为NB-IoT业务提供了强大网络能力支持。2017年以来，泉州电信净增物联网卡55.25万个，在网物联网卡用户突破百万户。

【光纤宽带网络】 2017年，泉州电信新增FTTH端口46.3万个，达330.1万个，在全省率先完成宽带用户全光覆盖及一类县分自然村通光

纤，光宽质量、覆盖面均保持全省同行业领先水平。另外，泉州电信在年初发布智能光纤宽带新标准，以100兆起步、1000兆引领，推进4K智能天翼高清、天翼智能组网、家庭云TB级存储、全高清电视电话、宽带智能提速等专属产品。截至年底，泉州电信百兆用户87.41万户，百兆占比72.71%，宽带平均速率88.52M，达到全国领先水平；天翼高清新增用户数50.5万户，达到92.5万户，规模全省第一；完成智能组网服务17.27万次、家庭云发展56.2万。

2017年9月7日，中国电信泉州分公司举行NB-IoT网络商用启动仪式暨物联网产业生态大会 （图/电信泉州分公司）

【运营服务能力】 2017年，泉州电信落实宽带服务“三项承诺”，打造“光宽+ITV”端到端运营平台，开发光宽自动判障系统，深入800M重耕、无线网络优化，创新无人机基站保障项目、3A5D自动规划系统，全年实现移动端到端感知优良率96.34%，宽带端到端感知优良率98.03%，ITV用户感知优良率99.5%，均保持同行业领先。同时，上线IT架构互联网化项目，复杂业务平均受理时长压缩50%、简单业务压缩20%；开发支撑之翼、微信受理等线上工具，提升一线人员移动办公效率；以客户为中心，开展总经理接待日，保持电信服务品质优势，重点业务满意度行业领先；举办第三届员工运动会，丰富兴趣小组活动内容，增强企业的凝聚力和向心力。

【通信服务保障】 2017年，泉州电信完成金砖国家治国理政、环泉州湾自行车赛、海丝国际艺术节等各项通信保障任务。特别是在2017年厦门金砖国家会晤当中，泉州电信除做好8月17—18日在泉州召开配套会议保障的同时，还主动配合厦门做好会晤期间的通信保障。会晤期间出动通信保障专业人员约2600人次，并先后派出18人次支援厦门保障工作，100%完成153项重点保障任务，业务无一出现故障，获得与会人员的一致好评，并得到省、市、厦门政府和集团、省公司的高度认可。开展信息安全工作，规范新入网用户实名登记，加强存量用户实名质量。至年底，公司全部在网电话用户实名率100%，400商务总机实名合规率100%，并完成近30万的一证超5卡用户清理。同时，还配合公安机关拦截、关停诈骗号码，排查不法信息网站，以一系列的具体措施改善网络环境。

【智慧城市建设】 2017年，泉州电信联合联通公司举办“落实提速降费、推广六模全网通终端行动”发布会，双方宣布：为进一步把提速降费落到实处，合力打造面向厂商、零售商、用户端良性的手机终端生态圈，在泉州全面推广六模全网通手机，让更多的消费者享有网络自主选择权，并得到更多便利服务和实惠。举办“物联新时代，智慧新泉州”NB-IoT网络商用启动仪式暨物联网产业生态大会，宣布中国电信在泉州启动NB-IoT网络商用，并与7家物联网生态重点企业签订NB-IoT战略合作协议，助力智慧城市建设，为老百姓生活提供更多便利。聚焦“互联网+”，深耕“政务、教育、医疗、工业+物联网、云”等领域，拓展新型ICT应用，助建智慧城市。构建互联网金融生态圈，加快翼支付商圈建设，把鲤城区建成省级翼支付示范城。至年底，泉州电信翼支付月均活跃商户数、活跃用户数，累计交易额，均排名全省第一。

中国移动泉州分公司

【概况】 2017年，中国移动通信集团福建有限公司泉州分公司（简称泉州移动）实现通信服务收入近55.08亿元，收入规模在全省移动系统及本地通信运营商中排第一位。自公司运营以来，累计上缴税收超98亿元，税收贡献居本地国有企业前列。其中，2017年上缴各类税收5.8亿元。截至2017年底，公司移动客户规模超600万户，区域市场份额63%，持续保持通信市场领先地位。

【提升网络运行维护品质】 2017年，泉州移动以提升网络运维品质为主线，网络质量得到大幅度提升。在建设覆盖方面，4G基站建设总数已超1.5万个，站点规模、网络覆盖面均超2G、3G网络。实现泉州市主城区、县城城关、乡镇镇区、行政村以及绝大部分自然村的4G网络覆盖；实现高铁泉州段连续覆盖，沈海高速、泉三高速、厦沙高速、莆永高速等高速泉州段全线连续覆盖，国道省道道路连续覆盖，为广大泉州市民提供更快速、更优质的4G网络服务。在业务转型方面，响应“宽带中国”发展战略，加大偏远农村光纤覆盖力度，实现城市光纤到户覆盖率100%，固定宽带市场份额30%；用户平均接入能力城市地区达到50M以上。围绕实施上级公司的“大连接”战略，拓增连接的价值空间，做好“内容带电视、电视带宽带”的融合，推动单一宽带业务向“智慧家庭”生态转型，为市民提供内容更丰富、图像更高清的互联网电视产品。

【服务城市信息化建设】 2017年，泉州移动结合移动网络和信息化技术，助力泉州村镇综治安全建设，为泉州各县市农村提供安全平台建设，提升乡村安全防控能力。大力推进警务信息化建设，提升警员办案效率。是年，公司为泉州市2000名警员提供警务通设备，实现移动警务等信息化支撑。同时，辅助各级公安系统加快综治管理建设，累计完成签约泉州市综治网络化专线600多条线路（包含乡镇政府、派出所、卫生院）合作。结合物联网应用，加强车辆管理，辅助民警做好车辆盗抢办案工作，提升治安管理实效。

【通信保障】 2017年，泉州移动做好元宵花灯、晋江鞋博会、石狮海博会、海丝文化节等地方重大活动的通信保障工作，全年完成30余场政务通信保障活动；在重大会议保障方面，完成汛期台风抗灾、金砖国家治国理政研讨会等重大通信保障任务。全年进行重大活动通信保障31次，累计投入人数200人次、应急通信车48辆次，确保各类突发话务有效吸收，提升客户满意度。引入京信卫星球机、鑫诺便携式卫星设备、450M指挥调度系统等先进设备，在汛期、台风等极端灾害天气下，保障地方的党政军工作以及内部指挥调度通信需求。此外，公司还引入超级基站、应急卫星通信车等先进设备，在汛期、台风等极端灾害天气下，保障地方的党政军工作以及泉州市生产生活通信需求。打击“伪基站”犯罪。协助泉州市公安局、泉州无线电管理局强化打击“伪基站”通信技术诈骗犯罪，全年协助破获“伪基站”犯罪案件6件，抓捕“伪基站”犯罪嫌疑人8人，缴获犯罪设备6套，保障广大市民的通信安全。

中国联通泉州分公司

【概况】 2017年，中国联通泉州分公司贯彻落实集团公司聚焦战略，着力打造互联网化运营新模式，为泉州通信行业提供发展动力。全年累计主营收入11.66亿元，比上年增长0.88亿元。

【提升服务水平】 2017年，中国联通泉州分公司秉承“以客户为中心，用服务促发展”的服务理念，以为用户提供优质通信服务及促进社会和谐为己任，努力做到“消费让客户放心，服务让社会满意”。公司上下围绕客户感知，在网络、业务、服务等方面不断变革创新，着力打造面向互联网时代的客户服务能力，网络质量、消费提醒、窗口服务等方面明显提升，客户口碑显著改善。

【提速降费】 2017年，中国联通泉州分公司率先在市场打响“流量免费用”品牌，推出无限流量卡、天王卡、沃快卡等多种大流量产品，引入“无限”流量消费理念，开启全民畅享无限流量新时代。让越来越多的用户能真切感受高速移动通信网络和丰富的互联网应用带来的畅快体验，得到更多实惠。“电话免费打，百兆宽带免费送、联通电视免费看”的超值优惠政策走进千家万户。

【创新发展】 2017年，中国联通泉州分公司坚持创新合作发展。面对数字经济浪潮，统筹布局消费互联网、家庭互联网、产业互联网三大领域，转换发展动能，实现高质量发展。福建联通（企业）云计算产业园（泉州软件园）被市政府确定为泉州市重要的数据与信息服务园区之一，全力支持中国联通泉州分公司参与智慧城市的信息化建设。

2017年6月9日，泉州电信、联通全面推广六模全网通手机

（图/电信泉州分公司）

商贸 旅游

责任编辑：陈雪娥　陈晓婷

批发和零售业

【概况】 2017年，泉州市限额以上批发零售业法人企业达到2588家，比上年增加431家，实现商品零售总额1165.10亿元，增长24.6%。

【消费品市场趋稳】 2017年，全市消费大环境总体平稳，消费品市场缓慢回升。食品类价格保持低位。房地产市场成交活跃，推动泉州建筑及装潢材料类、家用电器类等零售额增长维持超20%增长。全市石油及制品销售保持平稳增长，零售总额增幅有所加快。消费升级带动中高端汽车快速增长，汽车销售额增幅重回两位数。

【各类产品批发及零售】

农畜产品批发及零售 2017年，泉州市限额以上农、林、木产品批发业法人企业4家，从业人员45人，年销售总额7.59亿元。

食品、饮料批发及零售 2017年，泉州市限额以上食品饮料批发及零售业法人企业406家，从业人员20520人，年销售总额341.67亿元。

纺织、服装及日用品批发及零售 2017年，泉州市限额以上纺织、服装及日用品批发及零售业法人企业786家，从业人员13681人，年销售总额1274.65亿元。

文化、体育用品及器材批发及零售 2017年，泉州市限额以上文化、体育用品及器材批发及零售业法人企业67家，从业人员1283人，年销售总额84.48亿元。

医药及医疗器材批发及零售 2017年，泉州市限额以上医药及医疗器材批发及零售法人企业59家，从业人员4140人，年销售总额79.60亿元。

矿产品、建材及化工产品批发及零食 2017年，泉州市限额以上矿产品、建材及化工产品批发业法人企业346家，从业人员6678人，年销售总额1696.93亿元。

机械设备、五金交电及电子产品批发及零售 2017年，泉州市限额以上机械设备、五金交电及电子产品批发法人企业71家，从业人员2513人，年销售总额140.20亿元。

汽车、摩托车、燃料及零配件零售 2017年，泉州市限额以上汽车、摩托车、燃料及零配件零售法人企业299家，从业人员14138人，年销售总额479.71亿元。

烟草批发及零售 2017年，泉州市限额以上烟草批发及零售法人企业2家，年末从业人员1575人，年销售总额116.85亿元。

【供销社批发及零售】 2017年，泉州市供销系统商品销售总额152.28亿元，比上年增长16.55%；实现利润总额7861.63万元，增长15.48%，经济运行稳中有进，综合实力和服务能力持续增强。

住宿餐饮业

【概况】 2017年，泉州市限额以上住宿餐饮业法人企业实现餐费收入和商品销售收入共30.47亿元，比上年增长6.9%，住宿和餐饮业实现增加值81.73亿元，增长3.8%。

【星级酒店】 2017年，泉州市新增四星级饭店1家；到年底，泉州市有星级饭店80家，其中五星级饭店13家、四星级33家、三星34家，星级饭店总数和高星级饭店数量居全省各设区市之首。

【一般旅馆】 2017年，泉州市限额以上一般旅馆法人企业64家，从业人员3053人，年营业额5.55亿元。

【餐饮服务】 2017年，泉州市限额以上餐饮业法人企业97家，从业人员5097人，年营业额13.14亿元。

【旅游饭店】 2017年，泉州市限额以上旅游饭店法人企业113家，从业人员15773人，年营业额26.45亿元。

旅游业

【概况】 2017年，泉州市旅游业围绕世界“海丝”文化休闲旅游目的地和“五个泉州”建设，丰富旅游产品，完善设施配套，强化市场监管，创新旅游营销，推动泉州市旅游业取得新成效。全年接待国内外游客5474.49万人次，比上年增长21.4%。其中，国内游客5329.23万人次，比上年增长21.7%；境外游客145.26万人次，增长10.9%。全年实现旅游总收入843.81亿元，比上年增长28.7%。其中，旅游国内收入752.55亿元，比上年增长29.6%；旅游创汇13.52亿美元，增长20%。

【管理体制创新】 2017年12月29日，福建省政府批复同意将泉州市旅游局更名为泉州市旅游发展委员会，泉州市旅游行政体制改革迈出关键一步。

国有景区管理体制改革取得新进展。成立文旅集团，发挥引领作用，打造重大旅游项目投资和经营平台。清源山景区经营权划归市文旅集团，引进专业管理团队运营，实现所有权、管理权和经营权分离，成为泉州市国有景区体制改革的示范，为下一步改革提供经验。

市场监管机制不断创新。在全省率先建立“1+3+N”旅游市场综合监管模式，清源山设立旅游法官工作室，安溪清水岩、永春北溪文苑、南安香草世界设立旅游纠纷人民调解委员会，永春旅游集散中心、永春北溪文苑、晋江五店市设立旅游巡回法庭，永春县设立旅游警察中队，下设

2017年12月16日，第二届泉州海丝古城徒步穿越活动举行

（图/市旅游局）

13个旅游景区警务室。这些做法得到“秋冬会战”国家执法检查组和市领导的评价和肯定。

【旅游产品提升】

旅游项目建设 2017年，泉州市纳入省市重点在建旅游项目19个，累计完成投资57.53亿元，完成年度计划128.84%；纳入全省旅游系统休闲重大项目23个，累计投资49.9亿元，完成年度计划207.96%；省市全域旅游重大项目及基础设施工程包项目2个，累计投资1.9亿元，完成年度计划172.73%。围绕“古泉州（刺桐）史迹”申遗，策划生成“海丝古港”文化旅游综合体项目。海丝茶源（安溪）文化旅游项目、泉港福安集团希尔顿酒店、七匹狼高端休闲度假村等11个项目正式签订合同，计划投资77.3亿元；台商投资区八仙过海大型滨海旅游项目开工建设并增资至80亿元；德化戴云山旅游综合开发等5个旅游项目入选2017年国家优选旅游项目。

“古城”全域旅游发展 深化古城历史建筑、特色街区、休闲步道、街头公园等修复和提升工程，完善古城旅游交通标识标牌设置，在部分街区设置分时段限行步行街，优化提升旅游业态和产品，推进古城景观绿化和夜景亮化，推动新门街、东亚之窗、泉州美食城等项目建设，出台西街经营业态的指导意见，支持特色民宿和精品主题酒店发展，完善古城旅游配套。引进非遗活态展示，丰富古城文化内涵，优化游客旅游体验。举办两期古城讲解员培训班，聘用60名优秀学员组建古城讲解员队伍，国庆中秋假期义务讲解32场，取得很好的社会效益。随着古城全域旅游发展和“古泉州（刺桐）史迹”申遗的不断深入，古城旅游持续升温，据专项监测显示，国庆中秋长假8天泉州西街累计人流量突破40万人次。

丰富休闲度假产品 主动融入全域生态旅游省建设，结合清新指数发布等工作，促进环境优化美化。支持永春、德化创建国家级全域旅游示范区。加快提升清源山、晋江五店市等旅游景区配套和游览内涵，带动周边旅游业态集聚发展。南安欢乐水世界、清境桃源等休闲体验产品相继开业；德化九仙山、永春天沐温泉等休闲旅游项目有序推进；惠安惠女风情表演、泉港涂岭猪脚美食文化节等8个旅游产品获评福建省首批优秀创意旅游产品。

“旅游+”产业融合 创建省级旅游观光工厂，新增省级观光工厂3家，泉州市现有23家，数量全省最多；七匹狼集团获评首批国家工业旅游创新单位，系全省唯一；全省2017年推进工业旅游创建观光工厂工作现场会暨观光工厂标准培训班在泉州市举办。加快旅游与体育、林业、海洋、卫生等产业融合，推动创建一批省级体育旅游休闲基地、养生旅游休闲基地、森林人家、露营公园，新增8家省级生态旅游示范区、1家水乡渔村、3家福建省三星级乡村旅游经营单位、1家养生旅游休闲基地、1家体育旅游休闲基地、2家露营公园，推动聚龙生态旅游区创建省级旅游度假区。发展乡村旅游，加快推进惠安崇武镇创建省级乡村旅游休闲集镇，永春介福乡福东村等27个村创建特色村。举办旅游扶贫村企对接会，推动泉州市33家旅游企业与33个旅游扶贫村结对帮扶，签订《企村结对帮扶协议书》。

旅游商品发展 举办2017首届海丝旅游商品元宵特卖会、泉州旅游商品设计创作大赛和第六批“泉州伴手礼”认定活动；在首届中国民族特色旅游商品大赛中，泉州获得1金2银1铜的全省最佳成绩。参加2017年度“福建好礼”评选，其中4件商品获“福建好礼”旅游商品称号，14件商品获“福建好礼”旅游美食伴手礼称号，市旅游局获最佳组织奖。

【旅游服务配套完善】 2017年，泉州市实施“厕所革命”，完成新（改）建旅游厕所60座、第三卫生间10座。推进旅游集散中心建设，重点推动泉州海丝新城旅游集散服务中心建设，完善惠安县、安溪县、晋江机场旅游集散服务中心功能配套。

智慧旅游 建设“清新福建”旅游多卡通闸机34台，全部接入省旅游信息平台；推广和使用语音导览系统，在丰泽区设立智慧语音导游点260处，泉州市中心城区共现有语音导游点560处。

人才培养　举办导游在职提升教育培训、古城讲解员培训、厦漳泉青年骨干导游培训等各类培训20多场。组织涉外饭店中高级旅游管理人才赴港澳培训交流。400名骨干导游员入选“全省千名导游员在职提升教育培训计划”。推选泉州市优秀导游员参加“清新福建金牌导游”评选，1人获评首批“清新福建金牌导游”。

【旅游市场监管】

安全生产监管　2017年，泉州市开展安全生产大排查大整治、反恐防爆、中共十九大以及黄金周和汛期、旅行社包车等专项检查，检查13个县（市、区）和61家企业，发现隐患96条，并持续跟踪督促整改，确保安全隐患整改到位。

行政审批　新增出境游组团社2家，新增旅行社5家，注销旅行社4家。新增四星级饭店1家，取消3家四星级饭店和5家三星级饭店的星级称号，并对1家酒店下发整改通知书，限期整改。组织电子导游证换发工作，审批发放电子导游证1249张。

旅游执法　加强A级景区日常管理，明察暗访力度加大，撤销2家A级景区，责令7家限期整改，提升泉州市A级景区的管理水平和服务品质，并将旅游发展指数纳入市对县（市、区）绩效考评。开展旅游联合执法486人次，检查旅游团队356个、导游人员556人次、旅游经营单位226家，发出改正通知15份，罚款处罚旅行社3家，注销旅行社3家，优化旅游发展环境。

旅游投诉　落实旅游投诉“一口受理、 快速办结、先行赔付”服务承诺，全面运行12315旅游投诉平台，受理旅游投诉88件，均全部办结，为游客挽回经济损失3.5万元。

文明旅游　组织举办“志愿情•泉州红”文明旅游骑行宣传活动、“志愿服务巾帼行”活动、“牵手星星，开启欢乐之旅”关爱自闭症儿童公益春游活动、“中国旅游日”文明旅游宣传等主题活动，以文明旅游“背包行”“提个醒”“点个赞”“随手拍”“文明旅游进社区”和“文明旅游志愿服务”等形式，普及文明旅游常识，引导广大游客主动参与。

【旅游品牌推广】

海丝旅游形象和品牌建设　2017年，泉州市借助金砖国家治国理政研讨会、2017环泉州湾国际公路自行车赛、第三届海上丝绸之路国际艺术节以及第四届海丝泉州自驾旅游节、第二届海丝文化旅游嘉年华等大型活动推介海丝形象；借助斯里兰卡国家旅游部长到访，策划“重返泉州续缘海丝”话题，微博阅读量超过1亿人次，名列微博全球综合榜第二、旅游榜第一，被评为IAI国际旅游奖事件营销类优秀奖；围绕古城策划2017泉州海丝古城徒步穿越、“海丝泉州”通关文牒首发、新讲古人免费带你游西街、惠安女免费游刺桐等活动；对接中央电视台、美中旅游业联合协会、马来西亚8度空间电视台等到泉州采风踩线、拍摄专题片；在合福高铁、沪深动车上投放宣传广告。

重点旅游市场营销　举办“首届高山古琴会”，签约“一带一路”报业集团，将在海丝沿线53个国家设立旅游宣传窗口；参加由国家旅游局主办的“美丽中国——2017年港澳地区主题旅游宣传”活动。随省旅发委赴南昌、深圳、兰州、西安等地开展推介。组织企业赴贵州、广西、安徽、新疆及福州等地旅游推介交流。对接青海、宁夏、河南洛阳、广东梅州及省内三明、龙岩等地到泉州旅游推介交流。组织企业参加2017中国——东盟博览会旅游展以及第十三届海峡旅游博览会、四川国际旅游交易博览会、昆明国际旅交会、第三十一届香港国际旅游展、台北两岸观光博览会等重要旅游展会。

旅游产品整合和包装　梳理整合旅游资源，编排30条一日游专题旅游线路和10条多日游精品旅游线路向外推介。“泉州丝绸之路文明之旅”入选“最受港澳青少年欢迎的十大主题游学活动”，“古城文化之旅”等3条线路入选“最受深圳市民喜爱的福建精品旅游线路”。鼓励旅游企业加强与OTA合作，策划“暑期放‘价’爱出发”活动，推动清源山、崇武古城、九仙山等泉州重点景区大规模上线驴妈妈旅游网、去哪儿APP、携程等各大OTA首页板块。策划组织海丝泉州旅行商采购大会，邀请全国重点旅游批发商到泉州踩线采购旅游线路。

2017年8月18日，参加金砖国家治国理政研讨会的外宾参观世界闽南文化展示中心（图/市旅发委）

会展业

【概况】 2017年，泉州市开展“泉州品牌境外行、海丝行”活动，通过引导企业参展提高市场竞争力。泉州市贸促系统先后组织902家企业、1210个展位，参加埃及纺织机械展、波兰中国商品展等55个国际展会，推动泉州市与境外，特别是“一带一路”沿线国家、地区之间的经贸交往与合作。组织32家企业、36个展位参加“2017年北京国际园艺及家庭装饰展览会”，利用内展平台帮助企业了解和拓展国内市场。根据泉州市产业特色，组织企业参与区域产业特点明显、展示对接成效显著的展会活动。协助福建南山集团组织发动企业参加在马来西亚巴生港自贸区举办的福建（泉州）特色馆常年产品展示。结合石化产业特色和企业需求，有针对性的及时向企业传递重点展会和经贸活动，在“6·18”华人华侨项目对接会上，泉港本益实业等3家企业签约3个项目，总投资5.4亿元。组织3批次具有代表性的安溪茶企赴马来西亚等地参加国际性茶会，展会期间签约订单2900多万元。举办“互联网+打造石狮新外贸”分享会、外贸跨境电商政策及业务培训会、“新外贸 石狮造”跨境电商论坛，助推跨境电子商务持续健康快速发展。

第三届中国（泉州）海上丝绸之路国际品牌博览会于4月18—20日在泉州市石狮服装城艺术展览中心与“第二十届海峡两岸纺织服装博览会”同期举办，“海丝国际品牌博览会”作为“第三届海上丝绸之路国际艺术节”系列活动之一，取得较好成效。展区面积2.6万平方米，组织39个境外国家和地区的 380家企业参展，展位数603个，举办两场对接洽谈会，泉州市参展的瓷器、茗茶、香道、泛家居和智能制造馆深受观众好评。展会期间，到现场参观采购的境内外专业客商、观众超过2.8万人次，境内外有75家媒体共刊发各类原创报道250余篇（条），观看网络直播的观众超40万人。同月，由晋江市贸促会牵头承办的“第十九届中国（晋江）国际鞋业暨第二届国际体育产业博览会”和“第21、22届泉州（晋江）汽车展览会”，展览面积12万平方米，现场达成意向成交额193.37亿元，展会现场成交、布展档次、展会活动、展会服务质量均超历届。

举办“中国贸促会2017年出国展览知识产权（泉州）培训班”“企业参展营销能力培训暨‘一带一路’市场需求发布会”2场展览业务培训会，分别邀请中国贸促会贸易投资促进部、米奥兰特展览公司培训专家作主题分享，推动泉州企业了解、布局“一带一路”沿线国家地区市场，更好地利用展会平台开拓新的市场。

【会展国际化经营】 2017年，泉州市贸促系统开展出证认证业务，拓展法律服务领域，尽力帮助泉州市企业提升出口竞争力。

出证认证和咨询培训服务 履行商事法律服务职能，开展自贸区优惠政策和货物原产地证政策的宣传、推广。加强出证认证前期核查工作环节，将前期核查工作交予基层贸促会实施，避免较偏远的企业为出口货物原产地注册远途奔波，简化程序，优化环节，实现就近服务企业，切实为企业提供高效、便捷的商事签证服务。全年为企业签发办理产地证、优惠产地证、商事证明等40302份，代办领事认证1200份，减免进口国关税576.45万美元。深入企业50多次，开展面对面培训；与必维国际检验集团等机构举办关于Sedex道德贸易审核、对外出口法律风险的防范培训等讲座，共计500多家企业，700多人次参加，帮助企业了解最新法律知识，规避贸易风险，为企业“走出去”开拓市场份额提供优质的商事法律服务。做好业务咨询工作，全年为100多家企业答疑解惑达200多条，同时，做好新旧原产地证签证系统的衔接工作，全面实现产地证操作免费化，有效地节约企业的办证时间和成本。

法律衍生服务 创新服务手段，丰富工作内容，做好商会敦促履约等各项法律衍生服务，帮助企业解决涉外商事纠纷。继续深化与必维国际检验集团的合作，协助150多家企业办理300多件BV国际检测证书，为会员企业减免检测费用近30万元。组织企业参与反倾销反补贴海外应诉，联系泉州永大食品有限公司参与美国货运反垄断索赔案，争取获得美方货运公司的赔偿，切实维护企业合法权益。

【会展经贸投资与合作】 2017年，泉州市贸促系统着眼国际贸易发展的新情况、新特点，创新联络交流工作手段，坚持内外并举，助力企业在国内、国外市场寻找合作发展的商机。

利用“4·18”“5·18”“6·18”“9·8”等大型经贸活动的机会，组织泉州市200多家企业500多人次参加“金砖+”暨“一带一路”国际经贸合作论坛等各类国际性经贸推介会、洽谈会、对接会，帮助企业寻找经贸投资项目和合作伙伴。邀请23位境外商协会代表、企业代表参加在深圳举办的“泉州市外资专场招商推介会”；围绕永春香产业和香都小镇做主题推介，现场成功对接5个项目，总投资5063万美元。通过内引外联，推动泉州企业寻求与境内外商协会、企业的经贸合作商机。金砖国家领导人厦门会晤期间，由南安市贸促会选派的两位工作人员表现突出，获得中国贸促会，福建省委、省政府的肯定和表彰。参与第二届海丝（国际）泛家居主题系列活动，促成南安市政府与中国建筑科学研究院、南安泛家居网络科技有限公司与万国数据服务有限公司、九牧集团有限公司与西门子股份公司等签订战略合作备忘录10项，“点对点”合作效应强烈，为泉州市建材产业发展和泛家居项目发展添砖加瓦。

年内，先后接待世界贸易中心协会主席加齐·阿布纳尔、琉球经济战略研究会会长方德辉等率领的7个国（境）外经贸代表团33人次到泉州考察访问。通过洽谈对接，加强双方信息沟通，促进资源共享，推动协作交流。接待中国贸易报社、云南省贸促会等境内代表团。通过随团赴境外开展经贸交流合作活动，加强与境外特别是“一带一路”沿线国家和地区商协会的交流对接，与斯里兰卡斯中友协、摩洛哥企业联合会、德国汉堡经济促进局等3家境外商协会签订合作谅解备忘录，建立友好合作关系。

【商会会员服务】　2017年，泉州市贸促系统通过各类职能载体，靠前做好商会会员服务工作，把商会建设成为会员企业的“娘家”。举办泉州国际商会会长扩大会议暨2017年宏观经济形势分析及企业对策专题讲座，邀请国务院参事陈全生作《宏观经济形势分析及企业对策》讲座，与会国际商会副会长围绕企业发展、联谊协作、商会建设等问题进行交流座谈。会议由泉州国际商会副会长企业承办，是泉州国际商会联谊活动的一次新尝试，不仅为国际商会副会长单位之间提供交流沟通、共享信息的平台，也有利于企业加实地考察、相互学习。针对会议上收集的企业意见建议，开展下企业调研活动，重点了解会员企业2017年以来的发展情况，收集企业在生产经营及进出口贸易过程中存在的困难问题，促进企业发展，推动国际商会自身建设。组织59个惠安国际商会会员企业参加2017年新春企业家恳谈会暨慈善表彰大会，推荐安通控股等5家会员企业的优秀青年代表参加“丰泽区新社会阶层代表人士培训班”，提升会员企业的影响力和知名度。

2017年11月11日，第二届海丝（国际）泛家居主题活动周在南安市举办
（图/泉州晚报社）

2017年泉州市主要外经贸活动一览表

表27

序号	重大活动名称	主办、承办、牵头（组团）单位	时间	地点	参加对象
1	印度国际石材展	市商务局	2月2—5日	印度 斋普尔	有关企业
2	美国拉斯维加斯国际服装服饰、面料辅料及鞋类展	市商务局	2月20—23日	美国 拉斯维加斯	有关企业
3	第二十七届中国华东进出口商品交易会（华交会）	华东九省市政府	3月1—5日	上海新国际博览中心	有关企业
4	巴基斯坦汽车摩托车及配件展	市商务局	3月3—5日	巴基斯坦 卡拉奇	有关企业
5	美国工程机械博览会	市商务局	3月7—11日	美国 拉斯维加维	有关企业
6	越南国际汽车零配件及售后服务展览会	市商务局	3月15—17日	越南 胡志明市	有关企业
7	印度孟买全球经济贸易展	市商务局	3月19—21日	印度 孟买	有关企业
8	韩国国际采购交易会	市商务局	3月23—26日	韩国 首尔	有关企业
9	波兰国际石材建材展	市商务局	3月24—26日	波兰 弗罗茨瓦夫	有关企业

续表27

序号	重大活动名称	主办、承办、牵头（组团）单位	时间	地点	参加对象
10	印尼国际汽摩工业展	市商务局	3月29日—4月1日	印尼 雅加达	有关企业
11	沙特吉达国际石材展	市商务局	4月4—6日	沙特 吉达	有关企业
12	第十九届中国(晋江)国际鞋业(体育产业)博览会	中国轻工业联合会	4月18—21日	晋江市美旗城1号展馆	鞋类企业
13	第121届中国进出口商品交易会（广交会）	商务部	4月15—5月5日	广州琶洲展馆	有关企业
14	土耳其国际建筑工程机械展	市商务局	5月3—7日	土耳其 安卡拉	有关企业
15	意大利米兰国际食品展	市商务局	5月8—11日	意大利 米兰	有关企业
16	美国拉斯维加斯国际五金及花园用品展	市商务局	5月9—11日	美国 拉斯维加斯	有关企业
17	波兰国际办公、家居礼品暨户外用品展	市商务局	5月26—28日	波兰 华沙	有关企业
18	越南汽配展	市商务局	5月26—29日	越南 胡志明	有关企业
19	中国消费品（俄罗斯）品牌展	市商务局	5月30—6月1日	俄罗斯 莫斯科	有关企业
20	俄罗斯工程机械展	市商务局	5月30日—6月4日	俄罗斯 莫斯科	有关企业
21	泰国曼谷国际亚洲世界食品展览会	市商务局	5月31—6月4日	泰国 曼谷	有关企业
22	斯里兰卡中国商品展	市商务局	6月2—4日	斯里兰卡 科伦坡	有关企业
23	（日本）工艺美术品暨陶瓷、漆器展览会	市商务局	6月9—11日	日本 东京	有关企业
24	巴西时尚服装及内衣展	市商务局	6月18—20日	巴西 圣保罗	有关企业
25	中国品牌箱包欧洲展	市商务局	6月23—24日	德国 奥芬巴赫	有关企业
26	德国法兰克福秋季国际消费品博览会	市商务局	6月24—27日	德国 法兰克福	有关企业
27	俄罗斯国际石材展	市商务局	6月27—30日	俄罗斯 莫斯科	有关企业
28	坦桑尼亚国际贸易博览会	市商务局	6月28日—7月8日	坦桑尼亚 达累斯萨拉姆	有关企业
29	肯尼亚贸易博览会	市商务局	6月29日—7月1日	肯尼亚 肯雅塔	有关企业
30	巴西圣保罗国际时尚服装及面料展览会	市商务局	7月2—5日	巴西 圣保罗	有关企业
31	印度家居装饰、礼品及家庭用品展览会	市商务局	7月4—6日	印度 孟买	有关企业
32	东京国际礼品消费品杂货展览会	市商务局	7月5—7日	日本 东京	有关企业
33	美国亚特兰大国际礼品及家居用品展	市商务局	7月13—17日	美国 亚特兰大	有关企业
34	美国纽约国际服装面料展	市商务局	7月17—19日	美国 纽约	有关企业
35	孟加拉国际鞋业及皮革技术展	市商务局	7月20—22日	孟加拉 达卡	有关企业
36	德国杜塞尔多夫国际鞋类及时尚配饰展览会	市商务局	7月27—29日	德国 杜塞尔多夫	有关企业
37	美国拉斯维加斯国际消费品及礼品博览会	市商务局	7月30—8月2日	美国 拉斯维加斯	有关企业

续表27

序号	重大活动名称	主办、承办、牵头（组团）单位	时间	地点	参加对象
38	捷克国际服装及鞋类展览会	市商务局	8月1—3日	捷克 布尔诺	有关企业
39	印度新德里国际皮革博览会	市商务局	8月5—7日	印度 新德里	有关企业
40	2017中国—亚欧商品贸易博览会展	中国亚欧博览会秘书处	8月12—16日	新疆乌鲁木齐国际会展中心	有关企业
41	美国纽约国际礼品展	市商务局	8月19—23日	美国 纽约	有关企业
42	加拿大服装纺织品采购展	市商务局	8月21—23日	加拿大 多伦多	有关企业
43	印尼国际玩具及婴童用品展	市商务局	8月23—25日	印尼 雅加达	有关企业
44	英国伯明翰中国品牌出品商品欧洲展览会	市商务局	9月3日—6日	英国 伯明翰	有关企业
45	中亚国际纺织技术与纺织机械展览会	市商务局	9月7—9日	乌兹别克斯坦	有关企业
46	印度五大行业展	市商务局	9月14—16日	印度 孟买	有关企业
47	意大利米兰国际家居及消费品展	市商务局	9月15—18日	意大利 米兰	有关企业
48	法国巴黎国际服装采购展暨中国纺织品服装贸易展览会	市商务局	9月18—21日	法国 巴黎	有关企业
49	第十四届中国—东盟博览会	商务部、东盟10国经贸主管部门以及东盟秘书处	9月18—21日	广西南宁	有关企业
50	中国品牌波兰展	市商务局	9月22—24日	波兰 华沙	有关企业
51	第八届中国茶都（安溪）国际茶业博览会	中国茶叶流通协会、海峡两岸茶业交流协会	10月10—13日	安溪茶博汇会展中心	茶业类企业
52	日本东京时尚世界服装配饰及鞋包展览会	市商务局	10月11—13日	日本 东京	有关企业
53	第122届中国进出口商品交易会（广交会）	商务部	10月15—11月4日	广州琶洲展馆	有关企业
54	巴西户外用品展	市商务局	10月24—27日	巴西 圣保罗	有关企业
55	第十八届中国（南安）水头国际石材博览会	南安市石材协会	11月8—11日	南安水头国际石材展览中心	石材业类企业
56	菲律宾国际建筑建材及工程机械展	市商务局	11月9—12日	菲律宾 马尼拉	有关企业
57	印尼国际食品展览会	市商务局	11月12—15日	印尼 雅加达	有关企业
58	澳大利亚中国纺织服装服饰及鞋类展	市商务局	11月14—16日	澳大利亚 悉尼	有关企业
59	中国（伊朗）贸易博览会	市商务局	12月4—6日	伊朗 德黑兰	有关企业
60	马来西亚福建商品展	市商务局	12月8—11日	马来西亚 吉隆坡	有关企业
61	中东（迪拜）中国家居品牌博览会	市商务局	12月10—12日	阿联酋 迪拜	有关企业
62	福建品牌海丝行（柬埔寨站）	市商务局	12月15—18日	柬埔寨 金边	有关企业

口岸综合管理

责任编辑：郑泽虹

综 述

【概况】 2017年，泉州市口岸工作响应国家“一带一路”倡议，落实市政府下达的年度重点工作和目标任务，口岸主要指标全面增长，口岸通关环境不断优化，口岸对外开放持续扩大，口岸安全保障水平显著增强，泉州晋江国际机场实现完全对外开放，石井口岸作业区扩大开放通过国家验收，口岸科学发展和跨越发展再上新台阶，口岸服务于泉州开放型经济发展的能力和水平进一步提高。是年，泉州市海港口岸外贸进出口吞吐量完成3865.23万吨，比上年增长5.4%；集装箱进出口吞吐量完成13.44万标箱，增长11.24%。对台小额贸易货运量完成60.55万吨，比上年增长341.25%；对台直航货运量完成32.94万吨，下降41.93%。泉州—金门客运直航3227航次，出入境旅客14.06万人次，比上年增长18.61%。泉州晋江国际机场航空口岸进出飞机5681架次，出入境旅客66.21万人次，比上年增长13.71%；国际货运量完成244.19吨，进出口贸易额156.03万美元。

【扩大对外开放】 2017年，泉州市持续推进口岸扩大对外开放，助力经济发展。推进口岸对外开放。指导南安市加快石井口岸基础设施和查验配套设施建设，做好与国家、省口岸查验部门的沟通协调，石井作业区于12月通过国家六部委联合验收。指导晋江市推进泉州港远洋渔业深沪作业区建设，完善作业区配套，围头港区2号泊位于1月通过省级开放验收，深沪远洋渔业码头成为全省唯一的远洋渔业专用码头，全年进口货物2.93万吨，货值1.17亿元。此外，晋江机场获批进境食用水生动物指定口岸，锦尚作业区扩大开放列入国家口岸“十三五”发展规划。

搭建口岸开放载体。市口岸办与邮政管理局、海关、国检等部门密切配合，向上争取政策支持，7月3日国家邮政局批复同意设立泉州国际邮件互换局兼交换站。继续支持晋江陆地港建设，引导其与泉州晋江国际机场合作共同拓展国际货运业务，并利用海运快件、航空卡运等多式联运模式实现与省内11个外贸集装箱海港码头、3个空港口岸和1个铁路口岸的无缝衔接，晋江陆地港成为全国唯一一个汇集国际陆港、保税物流、国际快件和跨境电商四大通关平台的内陆口岸。2017年，晋江陆地港进出口贸易额55.48亿美元，比上年增长37.79%，集装箱进出口完成35.9万标箱，增长18.8%，业务量继续保持全省第一全国第二。

2017年5月8日，中央电视台《对话》栏目邀请央企在泉州港石湖作业区畅谈“一带一路” （图/福建省泉州港口管理局）

发展口岸经济。出台《泉州市人民政府关于进一步提升口岸综合竞争力，促进外贸进出口货物就地通关若干措施的通知》，服务开放型经济发展，全年新增两条“海丝”班轮航线，两条外贸内支线。推动石湖港区肉类进口制定口岸申报工作，加快闽台农产品市场冷链查验储存一体化设施，帮助本地企业依托口岸优势实现转型升级，肉类指定口岸筹建工作顺利完成。协调解决中农批澳牛进境口岸问题。

【议事协调】 2017年，泉州市完善口岸议事协调功能，提升服务水平。市政府办新设大通关协调科，增强口岸办工作力量。市口岸办继续协同海关、检验检疫、海事、边检等口岸部门贯彻国务院《关于印发落实“三互”推进大通关建设改革方案的通知》精神，泉州口岸在全省率先实现口岸关检“一站式”查验全覆盖。建立联合检查制度，定期对出入境（港）船舶与飞机的安全、交通员工个人携带物品等开展联合检查。建立口岸闯关联合处突协作机制，共享X光机等查验设备，联合查控入出境（港）旅客携带物。建立口岸联合快速救治机制，提高口岸执法效能。加快口岸查验基础设施建设，肖厝港口岸联检大楼完成竣工验收。

牵头开展全市降低集装箱进出口环节合规成本通关时间专项治理行动，印发《关于试点免除查验没有问题外贸企业吊装移位仓储费用的通知》，实施“通关流程烦琐”问题排查，全面推进口岸系统简政放权工作，企业通关时间普遍缩短1—2天，每柜集装箱货物通关成本减少200—300元，免除查验没有问题集装箱费用53.13万元，于10月提前完成“压缩通过时间三分之一，通关成本降低5%”的年度工作目标。为29家企业发放奖励资金7872.6万元，促进集装箱运输企业的健康发展。跟踪落实玖龙纸业进口原材料从泉州口岸就地通关事宜，协调解决货物适用欧美直航监管模式等关键性难题，在有效监管的前提下为企业提供便捷通关服务。

2017年8月23日，市长康涛（左一）检查泉州港石湖作业区工作（图/福建省泉州港口管理局）

【便利通关】 2017年，泉州市创新口岸便利通关措施，优化通关环境。港口管理部门抓好港口发展顶层设计，牵头编制《泉州港总体规划》和配套的规划环评，初步方案已经形成。推进港航基础设施建设，石湖作业区6号泊位工程、锦尚作业区2号泊位扩建及4号泊位工程开工建设。制定出台引航相关标准，完善港口服务价格形成机制，降低港口物流成本。检验检疫部门以中国电子检验检疫（E-CIQ）主干系统上线为载体，开启“互联网+质检”模式，对进口废料、对台小额贸易杂货实施现场与虚拟集中查验，降低现场开箱查验率和实验室检测时间，货物整体开箱查验率由98%降至22%，7天以上的检测周期占比由超过40%降低至5%以下。创新对台监管模式，辖区进口台湾鳖卵占大陆七成以上，泉州—金门航线成为两岸旅客往返的“黄金通道”。海关部门深化口岸“三互”合作，应用推广统一版关检合作“一次申报”系统，提升关检协同作业效率。创新“分提单作业”监管模式，保证中景石化等异地公司从泉州港口进口大宗化工商品。编制《泉州综合保税区政策产业指引》等资料，复制推广自贸区创新制度。创新“跨境电商+邮路运输”监管模式，促进泉州国际快件监管中心快件、邮件、跨境电商三大业务迅猛发展，保障晋江机场国际航班、国际中转和“离境退税”业务开展。海事部门推行“5+2”“白+黑”全天候工作制，试行办理船舶进口岸并联审批，加快推进海事信息化建设进程，提供海上安全预警信息服务，提高口岸通关效率。边检部门主动适应口岸发展形势和出入境业务特点，打造边检业务和服务流程网上一体化运行报检新模式，船舶100%实现网上报检，推出中东原油专递、东盟快捷走廊和出口优检通道三条服务通道，配套建立超大型油轮快速通关“133”工作机制、东盟航线非负面清单船舶免预约报检制度和出口勤务5分钟响应机制，确保各类船舶进港快、卸货稳、离港顺。在全省通关便利化测评中，泉州海关、泉州检验检疫局、泉州海事局以及边检部门均列同系统第一名。

【风险防控】 2017年，泉州市落实口岸风险防控机制，保障口岸安全。强化口岸各查验单位之间的协调配合，建立工作台账，开展口岸安全隐患排查和整治工作。市口岸办会同各单位及相关企业举行港口突发事件应急演练，配合公安部门开展反恐维稳工作，做好石湖、石井、围头等口岸因厦门会晤分流货物、人员的各类临时通关服务，防范各类疫情传播，对航道、航标、码头、危化品监管场所、机场、快件邮件监管现场的安全监管全面升级，尽职履责完成海域空域等各个口岸的安全管控工作任务，保障金砖会晤、中共十九大会议等重大事项期间的全市口岸安全。

海关（含缉私）

【概况】 2017年，泉州海关审核报关单98601份，增长25.3%。监管进出口货物3885.19万吨，增长3.8%；进出境集装箱216541标准箱，增长6.1%。监管进出境旅客798053人次，增长14.6%。监管进出境快件340.3万件、进出境邮件

210.9万件、跨境电商货物10.9万件。完成税收入库113.51亿元，增长45.12%。查获3起固体废物走私刑事案件及1起违规案件，涉案固体废物1500余吨、案值900多万元。监管对台小额贸易额4.1亿元，增长55.6%。

【通关监管】 2017年，泉州海关审核进口报关单24944份，增长0.6%；出口报关单73657份，增长36.6%。监管进出口货物货值219.95亿美元，增长26.9%；监管进出境集装箱载货量257.9万吨，增长5.1%。全年办理加工贸易电子手册备案305份，备案金额30.42亿美元。

【行邮监管】 2017年，泉州海关监管泉州—金门航线旅客140623人次，增长18.6%，创泉州—金门航线开航以来全年人数新高；监管泉州晋江机场进出境航班5646架次、旅客657430万人次，分别增长4.5%、13.8%。全年监管进出境快件重量9797吨，金额7.4亿元，征收税款1791万元；监管进出境邮件重量3824吨，金额3.4亿元，征收税款501万元；监管跨境电商货物重量160吨，金额3343.5万元，征收税款401.3万元。

【税收征管】 2017年，泉州海关完成关税4.7亿元、增长28.7%，进口环节税108.8亿元、增长45.9%；全年办理征免税证明225份、增长42.4%，审批货值5880万美元、增长35.3%，减免两税5374万元、增长11.3%。

【打私工作】 2017年，泉州海关推进“国门利剑2017”及“蓝天”行动，打击重点环节、重点领域走私成效较大。关警联合风险研判机制作用持续发挥，“两简”案件（简单案件和简易程序案件）改革有效推进。全年刑事立案30件（其中署局一级挂牌督办3件），案值5.4亿元，涉税2.5亿元，移送起诉11起42人；行政立案58件，案值1.33亿元，涉税1000万元，全年罚没1944.2万元。

【对台贸易】 2017年，泉州海关监管对台小额贸易农水产品1.6亿元、增长74.7%，食品6671万元、增长1.1倍，台杂货1.8亿元、增长30.3%。全年监管ECFA货物货物值5.88亿元、增长1.73%，减免税款4890万元、增长1.36%；从台湾输入货物主要为水产品、丙烯、二甘醇、纺织纤维等。

【地区贸易】 2017年，泉州市外贸进出口总值1568亿元，比上年增长2%，占福建省进出口总值的13.5%，进出口规模居厦门、福州之后列第三位，其中出口1047亿元、下降2.1%，进口521.1亿元、增长11.3%，外贸顺差525.9亿元；进出口同比值、出口同比值及进口同比值增速分别比福建省平均水平低10.1、6.2和16.2个百分点。全年泉州口岸外贸货物吞吐量3680万吨、比上年增长3%，其中出口501万吨、增长11.9%，进口3179万吨、增长1.8%。泉州企业从泉州口岸进出口1109万吨、比上年下降0.7%，占泉州口岸外贸货运量的30.1%，其中出口15万吨、下降32%，占泉州口岸出口总量的3%；进口1094万吨、下降0.1%，占泉州口岸进口总量的34.4%。

2017年11月30日，首批因火山爆发滞留印度尼西亚巴厘岛的中国旅客通过泉州晋江国际机场回国 （图/叶 杨）

【海关服务地方经济发展】 2017年全国海关通关一体化改革，压缩通关时间成效显著。是年泉州关区进、出口通关时间分别为14.03小时、1.33小时，比2016年进、出口通关时间分别下降35.91%、58.57%。落实《厦门海关、泉州市人民政府合作备忘录》，打造一流营商环境。推广复制自贸区创新制度，发挥泉州综合保税区政策功能作用。推动泉州国际邮件互换局（交换站）获批，石狮国际快件监管中心揭牌，泉州关区邮快件和跨境电商业务实现高速增长，全年监管国际快件、邮件和跨境电子商务（直购）货物

562.2万件，重量13781吨，总金额11.1亿元，征收税款2693.3万元，分别比上年增长54%、94% 、86%、62%。验收批准2个外贸作业点和2个石材进口监管堆场，支持晋江国际机场新增多条航线，推动泉州口岸扩大对外开放。落实海关企业信用管理制度，关区新增通过重新认证的高级认证企业8家，总数占厦门关区的1/3。

出入境检验检疫

【概况】 2017年，泉州市检验检疫出入境货物2.69万批，货值137.78亿美元，分别比上年下降9.69%、增长34.44%。分别占福建局检验检疫进出口批次、货值的12.75%和44.11%，与福建局辖区进出口平均增长率比较，批次低15.39个百分点，货值高12.21个百分点。其中，出境16620批，货值31.79亿美元，分别比上年下降17.72%、增长34.11%；入境10293批，货值105.99亿美元，分别增长7.20%、34.54%。检出进出口不合格货物992批，比上年下降62.71%；其中出口156批、进口836批，分别下降46.02%和64.74%。个别产品货值增长较快。对东盟国家的出口货值跃居第一位。

2017年，泉州市检验检疫货物出境批次下降的主要原因是辖区出口大宗货物玩具调整出法检目录、输埃及装运前检验取消等；货值大幅增长的主要原因是成品油出口"一带一路"国家或地区市场提速，是年向新加坡、马来西亚、印度尼西亚、澳大利亚、阿联酋、泰国等7个"一带一路"沿线国家和地区出口成品油376.21万吨，占总量的88.11%。入境批次、货值增幅明显的主要原因是以原油为主的能源类化工基础大宗商品，其国内需求增长，而且国际市场矿产品价格上涨。

2017年，泉州市检验检疫货值快速增长的有：进口大豆7.44亿美元，比上年增长131.03%；出口种苗花卉264.82万美元，增长46.55%；进口酒类1249万美元，增长62.21%；出口成品油24.16亿美元，增长64.59%；进口原油80.12亿美元，增长31.34%；进口危险化学品6.49亿美元，增长76.01%；进口煤炭3.06亿美元，增长91.36%。

【主要贸易伙伴】 2017年，泉州市出口输往国家前十位中，东盟国家占一半席位，对东盟国家的出口货值22.37亿美元，占比79.05%，比上年增长70.99%，出口批次仅次于美国，出口货值已超美国跃居第一位。对东盟国家出口货值成倍增长的主要原因是对新加坡、马来西亚、印度尼西亚和泰国出口成品油，上年同期该货物刚出口，出口量较小。

【陆地港跨境业务】 2017年，晋江陆地港检疫查验进境国际快件6655票、383.74万件、9564.45吨，分别比上年增长136.92%、244.38%和190.96%；检疫查验进境国际邮件2689票、162.48万件、4434.56吨，分别下降9.37%、下降2.52%和增长12.63%；检疫查验跨境直购进口656票、10.28万件，上年没有此类业务。陆地港业务保持强劲发展态势，占福建省4个陆地港总量90%以上。晋江陆地港作为全国唯一一个汇集国际陆港、保税物流、国际快件和跨境电商四大通关平台的内陆口岸，开辟服务泉州"海丝"先行区外贸新通道，已成为福建省外贸和口岸经济的新增长点。

2017年4月27日，泉州出入境检验检疫局与晋江陆地港5家进出境寄递服务企业签订《保障国门安全主体责任书》，强化跨境寄递渠道安全风险防范

（图/泉州出入境检验检疫局）

2017年泉州检区出口大宗货物检验检疫一览表（按货值排序）

表28

名次	商品名称	批次	货值（万美元）	比上年增长（%）		占出口总额比例（%）	
				批次	货值	批次	货值
1	成品油	175	241569	23.24	64.59	1.05	75.98
2	动物水产品	2335	29451	25.13	5.96	14.05	9.26
3	家具及竹木藤草制品	5692	14588	-1.86	-12.26	34.25	4.59
4	糖果	3316	11271	8.30	3.44	19.95	3.55
5	水果	561	2920	-49.78	-53.86	3.38	0.92
合计	—	12079	299799	0.77	43.85	72.68	94.30

2017年泉州检区出境货物主要贸易国家（地区）情况表（按货值排序）

表29

名次	贸易国家（地区）	批次	货值（万美元）	比上年增长（%）		占出口总额比例（%）	
				批次	货值	批次	货值
1	新加坡	347	96276	-21.49	62.77	2.09	30.28
2	马来西亚	835	48084	-24.57	17.86	5.02	15.12
3	菲律宾	1373	37862	-3.92	163.66	8.26	11.91
4	印度尼西亚	661	33038	-1.49	487.97	3.98	10.39
5	中国香港	270	20535	-29.13	98.82	1.62	6.46
6	美国	4962	13779	-12.89	-34.36	29.86	4.33
7	韩国	153	11216	-18.62	1900.15	0.92	3.53
8	泰国	570	8432	-9.38	-22.58	3.43	2.65
9	澳大利亚	425	7909	-22.16	-56.03	2.56	2.49
10	肯尼亚	36	5840	28.57	3386.48	0.22	1.84
合计	—	9632	282970	-21.49	62.77	57.95	89.00

2017年泉州检区进口大宗货物检验检疫一览表（按货值排序）

表30

名次	商品总类	批次	货值（万美元）	比上年增长（%）		占出口总额比例（%）	
				批次	货值	批次	货值
1	原油	148	801184	-5.73	31.34	1.44	75.59
2	危险化学品	384	64911	120.69	76.01	3.73	6.12
3	大豆	151	74432	151.67	131.03	1.47	7.02
4	石材	3387	38625	36.08	41.21	32.91	3.64
5	煤	97	30633	19.75	91.36	0.94	2.89
6	动物皮张	849	11839	3.66	10.14	8.25	1.12
7	废物原料	2016	8489	-23.02	-18.27	19.59	0.80
合计	—	7032	1030113	9.89	38.53	68.32	97.19

表31

2017年泉州检区入境货物主要原产国家（地区）情况表（按货值排序）

名次	贸易国家（地区）	批次	货值（万美元）	比上年增长（%）		占出口总额比例（%）	
				批次	货值	批次	货值
1	沙特阿拉伯	125	439791	-21.38	19.49	1.21	41.49
2	伊拉克	31	240097	24.00	56.65	0.30	22.65
3	巴西	87	62253	141.67	453.35	0.85	5.87
4	印度	3384	38987	36.18	42.38	32.88	3.68
5	科威特	17	38524	41.67	-36.36	0.17	3.63
6	印度尼西亚	688	33677	7.67	61.26	6.68	3.18
7	安哥拉	10	31037	400.00	3614.75	0.10	2.93
8	美国	914	30315	2.70	9.75	8.88	2.86
9	俄罗斯	10	18122	25.00	-25.78	0.10	1.71
10	韩国	163	15507	279.07	228.00	1.58	1.46
合计	—	5429	948311	26.29	35.67	52.74	89.47

海事

【概况】 2017年，泉州海事局安全保障辖区船舶进出港50375艘次，比上年增长24%，其中国际航行船舶进出口岸查验7793艘次，比上年增长23.1%，船舶国际化、大型化发展的趋势较为明显。港口货物装卸量11620.6万吨，比上年增长9.5%，其中外贸货物4686万吨，增长11.2%，集装箱224.3万标箱，增长16.1%，危险货物吞吐量4774.3万吨，下降2.5%。两岸直航货运船舶进出港2536艘次，货物吞吐量168.7万吨。泉州—金门航线直航客舶安全运营3224航次，运送两岸旅客140623人次，比上年增长18.6%。港口建设费征收额达2.54亿元，比上年增长3%。实施船旗国监督（FSC）检查892艘次，查处缺陷6591项，滞留船舶32艘次；实施港口国监督（PSC）检查69艘次，查处缺陷247项，实施船检质量监督检查135艘次，检查率22.3%，发现船检质量缺陷船舶10艘。

【海上安全监管】 2017年，泉州海事局统筹开展入厦船舶专项监管、船舶报告信息核查等专项活动，全面开展隐患排查治理，严格入厦船舶管控，实行安保工作“清单式”管理，强化环节把控，完成厦门会晤海上安全保障工作。开展安全生产大检查、安全生产大排查大整治活动，建立动态安全风险隐患数据库，编制“双重预防”工作指南，强化重大风险管控。推动泉州市政府印发实施《泉州市海上非法载客综合治理工作方案》《泉州市海上非法采运砂综合治理工作意见》。联合市安监局、海洋与渔业局、交通运输委等部门对7个沿海县（市、区）综合治理情况进行督查、通报。联合海洋、海警等部门开展“净海”行动，实行泉州湾、围头湾24小时驻点执法，加强对海上非法采运砂船舶的治理力度。

2017年7月21日，泉州海事局辖区最大公务船艇——“海巡0806”在泉州后渚码头投入使用 （图/王 黎 陈小芬 张金华）

泉州石湖港（2017年拍摄） （图/石狮市方志办）

州师范学院签署“新海丝•船员”合作协议，扶持泉州船员产业发展。组织船员考试543期16048人次，签发船员证件6292本（项）。2017年，新增安全诚信公司1家、安全诚信船舶6艘、安全诚信船长2名，占福建省获评总量近七成，航运公司安全诚信品牌不断强化。

【海事执法】 2017年，泉州海事局完善现场综合执法机制，作为全省唯一的试点单位，完成“现场综合执法系统”（2.0版）试点运行工作，为该系统在全省推广运行创造条件。与福建省海警第二支队三大队及晋江市海洋与渔业局签署《晋江市海上综合执法合作协议》，创新海上综合执法合署办公模式。在各海事处设立“指挥值班室”，接入VTS、CCTV、VHF等信号，为海事处开展动态监控及电子巡航打牢基础。聚焦基层执法过程中“老大难”问题，开展“案卷质量提升年”活动，全年实施行政处罚198案407件，督促整改执法督察发现问题262个。出台执法证据收集及应用、加强行政强制、规范海事行政命令、规范证书取证工作等4个指导意见，为基层执法提供有力指导。与厦门海事法院签订《关于扣押船舶管理合作协议》，破解长期停航船舶“监管难”；首次成功申请强制执行立案，破解行政处罚“执行难”；建设6个案件调查室，为一线执法人员100%配备执法记录仪，实行执法全过程记录，破解执法过程“取证难”。

【搜救应急保障】 2017年，泉州海事局完善《海上搜救应急指挥操作手册》，开发海上搜救应急指挥系统，推进搜救应急标准化、程序化。协助建立泉州市安捷海岸救援服务中心等社会搜救志愿者队伍，增强海岸救援力量。组织海上搜救行动32次，成功救助船舶12艘、161人，水上交通事故起数比上年下降33%，直接经济损失下降40%，人命救助成功率100%。加快防污染应急体系建设，《泉州市防治船舶及其有关作业活动污染海洋环境应急能力建设规划》建设项目纳入泉州市党政领导干部生态环境保护责任目标考评指标，基本实现沿海县级市船舶污染应急指挥体系的全覆盖。首艘60米级B型执法船“海巡0806”艇列编使用，泉州VTS扩建工程投入试运行，形成了8站1中心、重点水域全覆盖的监管格局。推进VTS值班标准化，调整VTS值班模式，管理运行效率持续提升。

【海事服务】 2017年，泉州海事局推进福建省国际贸易“单一窗口”海事一期对接项目和保障国际航行船舶进口岸审批业务工作。牵头口岸查验部门建立国际航行船舶联合登临检查工作机制。主动提供口岸开放业务支持和指导，围头2号泊位新增外贸作业点、石井作业区通过口岸开放国家级验收。实施重点项目挂钩联系制度，为辖区42个涉海工程项目保驾护航，主动对接厦门新机场临时航道、湄洲湾航道三期Ⅱ阶段、金门供水、福厦铁路安海湾特大桥等一大批重点工程建设，严把安全关口，做好项目服务，支持项目按时投入建设。停征船舶登记费，年均为企业直接减负98万元。全年办理船舶登记368件，实现船舶抵押融资10.1亿元。与泉

城乡建设与环境保护

责任编辑：吴远鹏

城乡规划

【**概况**】 加强泉州环湾新城空间控制和重要节点等城市设计；加强规划管理，完善规划委员会制度，将规划督察员派驻延伸到所有县（市）和泉港区；深化行政审批制度改革，行政审批和公共服务事项调整为30项；策划形成《泉州市概念性空间发展战略规划研究》《环湾新城集聚行动方案》《历史文化名城保护行动方案》等200多个城乡规划项目；完成泉州火车站综合交通枢纽项目、泉州现代有轨电车一期工程的规划审批工作，配合相关部门办理福厦客专泉州段、兴泉铁路泉州段、海西天然气管网德化支线工程、惠女至菱溪（黄塘）引调水工程设计方案讨论及相关手续。完成泉州市第二实验小学开发区校区的规划审批及泉州老年医院项目的规划条件调整及论证、公示工作。

【**规划编制**】 2017年，泉州市依法加强规划编制和审批管理工作，完善规划体系。中心市区完成环泉州湾城乡一体化规划、泉州市有轨电车线网规划等55个规划项目和课题，实现单元控规覆盖率100%。晋江市总体规划获省政府批复，永春县、安溪县总体规划获市政府批复，石狮市全域一体空间统筹规划提交成果，南安、惠安总体规划通过技术审查；晋江、惠安、南安、泉港等地实现控规覆盖率超过90%。谋划生成《泉州市概念性空间发展战略规划研究》，并经市政府专题会议研究；谋划生成《泉州特色小镇（街区）统筹规划》，提出泉州创建特色小镇（街区）的总体目标、框架体系及空间布局指引；策划形成《城市规划设计工作推进方案》、《环湾新城集聚行动方案》和《历史文化名城保护行动方案》等200多个城乡规划项目。

完成《环泉州湾城乡一体化规划》。进一步优化“一湾两翼三带”发展空间格局，落实环湾发展的战略构想。《环泉州湾城乡一体化规划》的核心内容主要包括总规实施评估报告、规划总报告和负面清单三部分：总规实施评估报告从人口与用地规模、产业经济、城乡空间格局、公共服务设施、城乡基础设施、人文与生态体系以及规划实施机制等7个方面对《泉州市城市总体规划（2008—2030）》的实施情况进行系统评估，形成43项主要评估结论；总报告提出以实现城与乡的全域布局统筹、推进产与城的全面融合发展、引导上与下的规划协调传递为核心思路，通过目标与发展规模一体化、生态空间维育一体化、城乡空间布局一体化、产业空间格局一体化、基础设施建设一体化和特色资源利用一体化等六大策略，实现环泉州湾地区建设成为三生融合的“海丝门户城市、东亚文化之都、创新智造名城、宜居大美泉州”的目标愿景；负面清单旨在构建一套控制深度存在差异、各个主体均能接受的导控机制，确保一体化规划的发展设想能够得到有效传导。在管控方式上，规划结合空间层次和行政辖区实际特征，对规划区内不同地区（市辖区、辖区外中心城区内、中心城区外2980规划区内）的“负面清单”进行管控精度与深度的调整。

《泉州市中心区行人过街立体设施布局规划》完成修编成果。该修编对各片区主要道路行人过街立体设施布局规划、改善和实施等进行可行性分析。修编的方案建议近几年布局行人过街立交设施共226处，近期拟规划建设40座行人过街立体设施。

《洛江片区单元控制性详细规划》于10月17日通过市城乡规划局组织的技术审查。该规划范围为纳入泉州市中心城区980平方千米范畴的洛江区全部区域，包括万安街道、双阳街道、河市镇和马甲镇的部分区域，面积约为167平方千米。与会专家和部门代表认为本次规划的技术路线合理，编制目的明确，编制成果较完整，编制深度基本符合《福建省城市控制性详细规划编制导则》及相关规范、规定的编制要求，原则予以通过，要求规

2017年12月4日，泉州市海丝新城建设工作协调组邀请国内著名城市规划建设专家、学者共同“把脉”新城发展。图为专家们踏勘水线项目
（图/储晓莉 张晓明）

划编制单位认真吸纳专家和与会代表提出的意见和建议，抓紧对规划方案进行修改和完善，尽快提交修改成果，按程序报批。

【古城保护】 2017年，《泉州历史文化名城保护规划（修编）》报福建省政府审批，《中山路历史文化街区保护规划》《西街历史文化街区保护规划》报省住建厅审查，完成《城南历史文化街区保护规划》初步方案。

【城市设计】 2017年，《泉州环湾新城空间控制和重要节点城市设计》《城东南滨江片区城市设计》《泉州会展中心区域重要节点城市设计》和《泉州湾跨海大桥两端桥头堡区域城市设计》报市政府审查研究。《后渚码头及周边区域概念规划设计》移交市旅游局。完成《中山路历史文化街区城市设计》《西街历史文化街区城市设计》《城南历史文化街区城市设计》的初步方案。

【规划管理】 2017年，泉州市加强环湾中心城区的管控，制定中心城区规划审批结果报备制度并由泉州市政府印发实施，将中心城区980平方千米范围内属于晋江、石狮、南安、惠安行政管辖的区域纳入规划审批结果报备范围，制订报备制度实施细则，初步建立起环湾规划统筹管控制度；完善规划委员会制度，市政府印发关于调整泉州市城市规划委员会成员名单的通知，将环湾县（市）、泉州开发区、泉州台商投资区、古城办、新城办等纳入规划委成员单位，筹备市规划委听取城市规划工作和项目汇报会议工作；加强规划管控和执行力度，2017年省政府规划督察员就泉州市控制编制、规划“一书两证”审批、历史建筑保护和公布开展等督查工作7次，其中专项检查2次。市政府派驻石狮、晋江、南安、惠安等环湾县（市）规划督察员定期到派驻地开展例行督查，将规划督察员派驻延伸到所有县（市）和泉港区。

加强制度建设，研究出台《泉州市城乡规划局行政审批责任追究办法（试行）》。《泉州市中山路骑楼建筑保护条例（草案）》经市政府研究通过上报市人大。

深化行政审批制度改革，研究出台《关于推进“放、管、服”工作深化行政审批制度改革的实施方案》，将现行的47项行政审批和公共服务事项调整为30项；结合权力清单调整，梳理并报送第二批“一趟不用跑”和“最多跑一趟”事项清单24项，实现“一趟不用跑”和“最多跑一趟”事项达到80%；严格按程序、时间节点和审批时限等要求落实好并联审批工作；制定《关于驻市行政服务中心窗口轮岗工作办法》，推行在编人员轮岗机制；先后制定出台《规划审批工作规程》《建设项目设计方案规划技术审查规程》《进一步规范国有建设用地使用权出让地块规划条件管理办法》等，最大限度地降低自由裁量度；制作“工作登记卡”，按照“一项目一台账”的办法对项目审批实行全程登记台账制度；推进“互联网+政务服务”，全面推行电子证照应用。

【城市“双修”与民生基础设施“补短板”】 2017年，泉州市开展古城保护发展工作。市城乡规划局配合市古城办完成泉州古城“双修”（生态修复、城市修补）规划与设计，完成中山路、西街等历史街区保护规划编制和审批工作，开展中山路、西街、城南聚宝历史文化街区城市设计，做好金鱼巷微改造、威远楼前广场改造提升、“小山丛竹”公园方案设计等项目的规划服务工作；开展八卦沟整治提升方案研究工作；完成旧馆驿25号和台魁巷7-1等古城房屋修缮的方案设计工作。开展基础设施补短板工作，推动爱国路、奎霞巷、丰泽后街等断头路、瓶颈路建设，继续推动丰州片区、城东片区等排水滞洪系统建设工作，完善各片区防洪排涝系统功能。

推进城乡民生基础设施领域补短板，结合《泉州市综合交通规划（修编）》、《泉州市综合管廊布局规划》等民生基础设施相关规划，生成民生建设项目。

交通设施建设方面，完成城市轨道线网规划、有轨电车线网规划编制，开展有轨电车1、2号线施工图设计等前期建设工作；加快东海大桥、百崎大桥等重要节点工程前期研究论证；推动影响片区交通组织或路段通行的县后街、爱国路、圣墓路等城市支路改造建设，打通城市交通节点及断头路、瓶颈路；推动后渚大桥东桥头节点、江滨北路与坪山路节点等交通节点建设及江南南环路交通改善提升；推动森林公园、千亿大厦等人行过街设施建设。

排水防涝综合管廊建设方面，重点推进完善丰州组团西华洋滞洪区等片区防洪排涝系统关键环节，推进高风险内涝重灾区整治，使各排涝分区具备基本框架，逐步提升防洪排涝能力；完成《泉州市综合管廊近期建设规划》编制工作，梳理出泉州市综合管廊近期建设项目，推动相关项目实施。

市政设施建设方面，推动城市社会公共停车场、加油加气站、垃圾收集转运、公厕等市政设施完善，提升城市承载能力。推动山线绿道、供销大厦及晋江下游生态整治工程沉洲公园、笋江公园等停车场建设，结合新建居住小区、公共停车场、公交场站等有条件的同步推动新能源汽车充电专项建设，持续人行过街设施、自行车租赁系统、变配电站、加油加气站、垃圾收集转运、公厕等市政基础设施建设。配合做好教育、卫生、养老等领域补短板，市城乡规划局配合市卫计委组织编制《泉州市中心城区卫生服务设施布局规划》，从规划编制和用地布局、用地预留和保障上加大对民生问题涉及养老、教育、医疗、社区服务等方面的规划管理和服务。编制完成的东海、北峰、江南等片区控规对民生相关配套公共服务设施均按照规范标准进行预留，并将街道、社区级的公共服务设施一并纳入单元图则，进行指标控制，作为地块出让时的相关依据。

推进生态修复，推动相关县（市、区）完成本地景观风貌专项规划编制工作，创建特色生态景观都市。推动植物园、森林公园等山体公园的完善提升工作。推动市区滨江北路沿线公园、洛阳江两岸景观绿化提升工程建设。

测 绘

【概况】 2017年，泉州市推进数字泉州地理空间框架平台GIS软件升级改造，完成数字泉州地理空间框架平台影像数据更新建库；推进数字县域工作，“数字泉港”通过竣工验收，稳步推进“数字德化”；主动对接市申遗办，为“古泉州（刺桐）史迹”16个遗产点申遗提供航拍影像图和地形图36幅，保障申遗工作的顺利推进。为泉州市行政执法局办理地理空间框架数据对接用于数字城管系统管理。为泉州市城建国有资产投资有限公司提供航拍影像图用于片区征迁工作。

【数字县域】 2017年“数字泉港”通过竣工验收，泉港区结合当地经济发展实际，把石化列为“数字泉港”重要典型应用示范项目，为促进石化产业发展提供坚实的测绘地理信息支撑。“数字德化”稳步推进，准备申请预验收。

【基础测绘】 2017年，泉州市投入资金271万元，推进数字泉州地理空间框架平台GIS软件升级改造，完成数字泉州地理空间框架平台影像数据更新建库，完成数字泉州地理空间框架平台和智慧国土监管平台两个信息系统的安全等级保护建设。

【行业监管】 2017年，泉州市在全市范围开展测绘资质和测绘成果质量“双随机、一公开”抽查工作，对泉港国土测绘队等5家测绘单位完成的测绘项目进行抽查评定，依法对抽查结果进行公告，并要求测绘成果质量“不合格”单位限期完成整改。制订出台《泉州市测绘地理信息市场中介机构管理暂行规定》，加强对测绘资质的管理，为15家测绘单位完成新申请测绘资质初审，完成测绘单位信息变更14家，补充修改数据10家，业务范围变更2家，测绘资质升级1家。依法依规为安溪县三维测绘服务有限公司等14家测绘单位办理测绘作业证共计68本。

【法治宣传】 组织开展“8•29”测绘法宣传日活动，投入1.38万元在城市公交等车载移动电视上滚动播放宣传短片，扩大新《中华人民共和国测绘法》的宣传覆盖面，设立宣传点200余个，悬挂宣传横幅400多条，张贴宣传海报100多幅，摆设宣传展板100多张，分发各种宣传材料2万多份，发送公益短信5万多条。

重点工程

【概况】 2017年，泉州市安排交通、能源、水利、城建环保、工业园区等基础设施项目228个，总投资4946.1亿元，其中，在建交通项目28个，总投资716.2亿元，年度计划投资80.5亿元，预备交通项目25个，总投资356.9亿元；在建能源项目15个，总投资158.5亿元，年度计划投资46.1亿元，预备能源项目6个，总投资182亿元；在建水利项目19个，总投资539.6亿元，年度计划投资44.5亿元，预备水利项目7个，总投资39.7亿元；在建城建环保项目72个，总投资1515.8亿元，年度计划投资222.9亿元，预备城建环保项目20个，总投资249.3亿元；在建工业园区项目29个，总投资447.6亿元，年度计划投资73.2亿元，预备工业园区项目7个，总投资740.4亿元。

【在建项目】 2017年，在建基础设施项目全年完成投资492亿元，完成年度计划的105.33%，其中，在建交通项目完成投资71.2亿元，完成年度计划的88.53%；在建能源项目完成投资56.6亿元，完成年度计划的122.72%；在建水利项目完成投资23.7亿元，完成年度计划的53.15%；在建城建环保项目完成投资263.3亿元，完成年度计划的118.13%；在建工业园区项目完成投资77.3亿元，完成年度计划的105.6%。

城市建设

【概况】 2017年，泉州市531个城建项目完成投资360.5亿元，占年度计划的102.7%。其中，市住建局负责实施城建项目21个，完成投资33.5亿元，占年度投资计划的102.82%。统筹城建项目建设管理，泉州市公共文化中心4幢主楼加快内外装修，东海大厦基本完工，城东至北峰快速通道项目推进全线工程施工，完成年度计划115.91%。晋江下游生态整治工程的沉洲公园、汀洲公园建成开园，推进白水营公园建设。站前东西大道西延伸段、群石排洪渠、泉三高速南惠支线泉州北互通连接线、田安大桥北连接线拆迁安置房工程、沉洲片区二期旧城改造安置房等项目基本完工。

【宜居环境建设】 2017年泉州市宜居环境建设项目1714个，总投资2518亿元，年度计划投资518.07亿元，完成投资616.3亿元，占年度计

江滨南路总部区（2017年拍摄） （图/李芸生）

划投资的118.96%，其中，已完工项目1328个，在建项目346个，前期项目39个。

【公共停车场建设】 2017年泉州市城乡公共停车场工程包累计建成停车位6179个，占福建省下达任务数4600位比例为134.3%，完成投资额4.91亿元，占福建省下达任务量4.47亿比例为109.9%。完成兴祥大厦立体停车库、永宏花苑立体停车库、经贸职业技术学院临时停车楼、劲达临时综合停车楼、东海大酒店临时机械式立体停车楼、泉州东站临时机械式立体停车库等6个机械式立体停车场联审。开展《泉州市停车场管理条例》立法前期调研工作，广泛向各相关单位、停车场经营公司和市民征求意见，基本完成《条例》初稿的撰写工作。

【道路两侧立面整治】 2017年，泉州市完成市区首批进出城道路两侧建筑立面整治工作，对池店段、鹤山路、通港街路段、安吉路、江滨北路和站前南北大道等路段“裸房”和沿线店招进行立面整治，少林路两侧立面整治施工单位进场开展工作。

【项目建设代建制实施】 2017年，泉州市开展人民医院二期综合病房大楼项目、第一医院城东二期工程、泉州市廉政教育基地项目、泉州社会福利中心（一期）、泉州市老年医院和泉州非物质文化遗产馆改建项目等12个项目代建工作，“让专业人做专业事”，实现专业化建设管理，项目建设效率明显提升。

村镇建设

【概况】 2017年，泉州市推进特色小（城）镇建设、美丽乡村建设、传统村落保护发展、历史文化名镇名村改善提升、农村危房改造等村镇建设工作，统筹推进城乡生活污水处理设施建设。启动培育发展泉州特色村镇工作，明确首批39个特色小镇、19个特色乡村的预备考察名单。实施《泉州市小城市培育试点2017年工作方案》，试点镇策划生成项目666个，完成投资434.1亿元，占年度计划的116.8%。11个特色小镇建设工程包（市政设施部分）完成投资13.03亿元，完成福建省下达任务的338.4%。石狮市蚶江镇、晋江市金井镇入选第二批全国特色小镇。

【人居环境整治】 2017年，泉州市125个“千村整治，百村示范”美丽乡村建设工程完成投资4.82亿元，占年度计划的106%；重点推进影响村庄环境的项目整合，整治“裸房”1998栋；硬化村道面积70.3万平方米；新增村庄绿化面积23.8万平方米；新建集中污水处理设施89个、新建污水管网长度91772米；有效转运处理垃圾能力达771.1吨/日。

【污水治理】 2017年，泉州市实现7个乡镇、266个村庄的生活污水治理，完成65385户三格化粪池新建、改造任务，市政府将农村生活污水治理列为挂牌督办项目和泉州“XIN”行动首批十大项目之一。市、县两级推动建立市场化机制，落实第三方运行管理。推动各地策划生成农村污水治理工程包13个，推进泉港区、台商投资区项目落地（明确社会投资方）。实施污水收集处理设施建设项目128个，全市污水收集处理设施共完成投资9.54亿元，占年度投资计划的102.9%。完成污水管网建设343千米，占计划建设管长的135.6%。

【“美丽乡村”建设】 2017年，泉州市实施125个省级“千村整治、百村示范”美丽乡村，打造一批环境整治村、示范宜居村和美丽乡村景观带。安溪县黄岭村、晋江市运伙村入选2017年“全国改善农村人居环境美丽乡村示范村”，永春县桃溪生态修复工程项目获2017年“中国人居环境范例奖”。

【名镇名村和传统村落保护】 2017年，泉州市组织开展传统村落摸底调查，36个村庄申报第五批中国传统村落，永春县五里街镇西安村、德化县杨梅乡云溪村列入2018年省政府重点扶持历史文化名镇名村对象，26个村落入选第二批省级传统村落。争取中国传统村落中央财政支持，3个村落获得中央奖补资金900万元，全市19个中国传统村落有14个获得中央财政支持，占比73.6%。

【危房改造】 2017年，泉州市组织开展农村危房改造对象摸底调查，明确改造对象1326户，重点抓好省级以上建档立卡贫困户危房改造，提高市级农村危房改造补助标准至最高2.4万元，缓解贫困户危房改造经济负担，下达市级补助资金1165.2万元。福建省下达泉州市农村危房改造980户任务全部开工、竣工492户，占年度竣工目标任务的126.8%。

【石结构房屋改造】 2017年，泉州市改造房屋11.5万栋，面积3797.2万平方米，平均改造率108.8%；累计完成投资246.3亿元，占年度计划的108.8%；累计开工建设2512.1万平方米，占年度计划的101.8%；累计建成2372.9万平方米，占年度计划的100.5%。

市政建设

【概况】 2017年，泉州市开展市容提升与环境整治保障工作，推进城市建设与管理体制机制创新，完善市政基础设施配套，提升城市园林景观和改善宜居指数。中心市区生活垃圾处理率、城市污水处理率分别达98.69%、95.05%，全市生活垃圾处理率、污水处理率分别达98.59%、92.14%；中心市区建成区绿地率、绿化覆盖率、人均公园绿地面积分别达40.3%、43.2%、14.4平方米，全市城镇建成区绿地率、绿化覆盖率、人均公园绿地面积分别达40%、43.6%、13.59平方米；中心市区气化率达94.3%；中心市区出厂水及管网末梢水水质合格率分别达99.9%和99.1%。各项指标数据稳中有进，市政公用服务水平不断提高。落实垃圾处理、排水防涝、供水和公厕等4个市政基础设施工程包，实施中心市区绿化提升项目72个，增加花化彩化、提靓城市街景，形成一路一特色、步移景异的城市道路景观风貌。推进农村生活垃圾治理三年行动。新增440个行政村实现垃圾常态治理，覆盖率达69.6%；实现全市133个乡镇垃圾转运系统100%全覆盖。完成中心城区公共自行车“绿色出行”一期、二期为民办实事项目，投建站点470个、自行车1.5万辆，租赁会员超21万人、骑乘超3300万人次。2017年6月，获评“省级节水型城市”。8月，通过国家卫生城市复审。

滨海公园春季花海（2017年拍摄） （图/市市政公用事业局）

【公用设施建设】 2017年，泉州市推进市政公共设施建设，生态景观建设方面，中心市区进出城道路绿化提升及景观综合整治，实施51个绿化工程项目，新建、改造绿地面积54万平方米；整治东环城河（东街口至温陵路段）、田安路与宝洲路交叉口绿地、东干渠（临津淮街与淮秀路交叉口）、城西路排洪渠（临城西路段、临江滨北路段）等5处渠边绿地，加强绿化景观营造和设计，打造成街区公园、口袋公园，新增绿地9000平方米；完成丰海路蟳埔段（泉州市丰海路绿化景观提升工程—晋江大桥东段）、丰海路蟳埔段（中芸洲—海悦府）晋江大桥西段的绿化景观提升工程建设，提升绿化面积22811平方米；对东海立交、后渚立交等门户节点，进行桥梁花化彩化，增加城市的立体绿化，对泉秀街与田安路交叉口大淮渠边、泉州博物馆西侧、田安南路高架桥边、宝洲路肉联厂临街、东海延年公寓至双垵街等地块，进行拆硬复绿、拆墙透绿、见缝插绿，打造特色绿景，对道路及边角地、闲置弃置地等建设小绿地，营造微景观，增添街头绿意，提亮城市街景，对城市主次干道两侧围墙拆除，进行植树增绿或改造成低栅栏、通透式绿色围墙，实现透绿增绿，增加道路绿化的层次感和纵深感。

公园建设方面，滨海公园绿化喷灌系统改造及钢结构桥梁建设工程，推进公园绿化用水结构优化，钢结构桥梁的建成改善公园“断头路”的现状；实施“城市公园、百姓客厅”主题绿化提升工程，刺桐公园梳理四周植物，增加绿视率，增设景观小品及木平台，改造面积约3000平方米；对芳草园入口花坛进行改造，适当增加市民休闲娱乐设施、增加绿化配置，建成小游园，改造面积约2000平方米。

城市绿化彩化花化工程建设完成北山隧道口边坡及两侧、山海路分车带地被、道路两侧建绿及主要节点花化彩化，第三届“海丝国际艺术节”活动线路真武庙申遗片区、双垵街口、海星街北侧等花化彩化工程，营建滨海公园10公顷花海。

内河整治方面，对大淮渠进行清淤及生态铺砌，铺装5627平方米，清淤5200立方米；田淮渠清淤，本工程范围起于田淮渠儿童医院水闸，止于云谷水闸，清淤渠长为1598米，总面积2.42万平方米，总清挖淤泥土方量为3.54万立方米；西北洋排洪沟渠整治，对3.9千米排洪沟渠清淤，清淤方量15700立方米；采用铁艺栏杆对7.2千米排洪沟渠两侧石栏杆加高改造。

宝洲路街浦西万达前人行通道工程，在宝洲街闽南茶都前建设一座单跨钢箱梁结构的人行过街天桥，该项目于2017年10月开工建设。人行天桥主桥全长32.5米，宽6.0米。天桥采用钢箱梁结构，主梁下部采用结构花瓶墩、桩基础；梯道下部结构采用钢管柱式墩、桩基础，还将同步增设排水设施、景观绿化及其他附属设施等。天桥两侧各布置建设1:4梯道及螺旋梯与主桥相连，仅供行人通行，非机动车推行。

坪山路右拐江滨北路路口改造工程，项目主要对坪山路右拐江滨北路进行车道扩宽，利用现有人行道（宽5米）拓宽一车道（宽约3米），改善坪山路右拐江滨北路通行环境。主要改造主要内容有：改造人行道长度约97米，拆除硬化人行道面积约256平方米，雨水口改造5座，雨水管道改造约97米，迁移路灯4根，迁移交通标志牌1座，重新施划交通标线，周边破损沥青路面修补等。

泉秀东街沥青化改造工程，工程改造内容主要包括路面加铺沥青工程、交通工程及检查井提升改造工程。施工范围起于坪山路交叉口，由西向东依次经过云鹿路、黎明大学、宝珊花园，终于东海立交东海大街起点段，道路全长4千米，2017年8月完工。项目完成机动车道加铺沥青层11.86万平方米，非机动车道加铺沥青层2.16万平方米，交通标线施划面积1.38万平方米，各类检查井提升合计1085座。

山线绿道工程精品示范段，工程起点为大坪山大坪路，终点与森林公园三期步道相接，包括一条自行车道及一条人行步道（自行车道全长4.01千米，宽3.5米，其中路基段2.69千米，栈道段0.83千米，桥梁段0.49千米；人行步道全长4.04千米，宽3米，其中路基段1.70千米，栈道段1.32千米，桥梁段1.02千米），全程采用人车分离式绿道设计。工程于2017年10月实现全线贯通。

室仔前生活垃圾填埋场气体收集发电，项目主要建设内容包括导气管的采购安装、负压收集预处理系统、发电系统、电力并网系统、简易厂房等，项目建成后预计正常年发电量1631万千瓦时，年均处理垃圾填埋气1061万立方米，通过发电产生经济效益，减轻填埋气体恶臭，消除爆炸等安全隐患，避免温室气体甲烷的直接排放，总投资约2000万元。2017年完成项目前期招标，确定填埋气体综合利用项目使用权人。

室仔前生活垃圾卫生填埋场渗滤液处理系统改扩建工程，项目包括日处理渗滤液400吨及日处理库区地下水导排系统排放水1000吨两套系统，总投资7921.35万元，采用ROT的建设运营模式向社会公开招商，合作运行年限为20年。该项目于2017年基本完成前期手续办理及土建主体结构施工。

【垃圾和污水处理】 2017年，泉州市开展垃圾分类工作，实行三分类（可回收物、有害垃圾、其他垃圾），启动14个小区（单位）开展垃圾分类，引进6家企业参与垃圾分类工作；中心市区建成全省首座大件垃圾处理站，总投资383万元，日设计处理规模30吨/日；440个行政村建立垃圾治理常态机制，完成剩余5个乡镇的垃圾转运系统建设，实现泉州市133个乡镇垃圾转运系统全覆盖；全市生活垃圾无害化处理量257.38万吨，其中中心市区（鲤城区、丰泽区、洛江区、泉港区、泉州开发区、泉州台商投资区）64.28万吨；采取PPP模式（即政府和社会资本合作模式）对室仔前垃圾填埋场渗滤液处理站实施改扩建。城镇污水处理设施及管网配套建设方面，通港西街（宝珊花园—迎宾馆）污水管改造工程完工，完成内衬修复80米，顶管工作井、接收井15座，逆作井17座，开挖换管51米，小型顶管307米；对东海片区、城东片区污水管网存在的19处管道缺陷进行改造，完成管道开挖改造129米、非开挖修复177米、新建及修复检查井30座；对城东片区污水管网存在的47处管道缺陷进行改造，完成金庄街150米的管道铺设，完成年度计划投资100万元；刺桐泵站压力管改建工程完成年度计划投资100万元；东海污水厂现状配套管网改造工程，完成年度计划投资50万元；泉州市污水管网实时在线监测系统（城东一期）工程，包括整合管线节点、排水户节点、水文监测点、气象监测点等功能，建设城东污水管网在线监测系统、建设城东片区16个节点的监测站，工程完成预算审核。

【燃气】 2017年，泉州市液化天然气项目完成投资28亿元，建设城市天然气门站5座（泉州门站、晋江门站、惠安门站、泉港门站、霞美门站），液化天然气储配站11座（泉州储配站、磁灶储配站、普莲路储配站、德化储配站、永春储配站、永春苏坑站、安溪储配站、安溪龙门站、南安东田站、南安诗山站、南安固美站），高中压调压站6座，汽车加气站18座；建设燃气管网3333千米；发展居民用户70万户，已通气的居民用户27万户，工商业用户3700家，日均用气量约349万立方米。全市共有液化石油气企业35家，其中中心市区3家，泉港6

家，晋江8家，石狮2家，南安9家，惠安2家，安溪2家，永春2家，德化1家。全年销售液化石油气32.35万吨。对全市液化气企业储配站、燃气汽车加气站等燃气场站开展一轮“拉网式”“全覆盖”的安全大检查，检查各类燃气场站74站次，提出整改意见362条，停产整顿燃气企业3家，处罚企业4家，处罚金10万元；全市瓶装液化石油气实名销售工作完成用户建档393008户，完成用户实名269449户，实名制完成率68.56%；完成餐饮用户及其他商业用户、高层建筑中的燃气用户的燃气安全软管更换254288户；开展“打非治违”专项行动239次，取缔“黑气点”154家，扣押钢瓶4206个，拘留人员9人，进一步规范燃气市场经营秩序，确保燃气市场安全稳定；推进天然气管网西三线及晋南片区项目建设，紫帽调压站改造工程投入运营。南安普莲路储配站投入试运营，惠安门站与罗山调压站基本完成改造，霞美门站至泉港门站新建高压管线800米，晋南片区新建管线23千米，全年累计新增燃气管道601千米，其中高压管道9千米、中压管道333千米、低压管道259千米；推进老旧小区天然气管道建设。完成11006户用户的开发和施工。

【供水】 2017年，泉州市自来水公司完成供水量15016万吨，售水量10987万吨，受理用水申请约17600户，年度建设、改造供水管网约74千米，供水管网总长度约4074千米，出厂水质综合合格率99.9%。

城市供水设施建设方面，完成城东街道东星社区一户一表给水工程改造和西福社区一户一表给水工程建设，惠及921户用水居民，完成台商投资区张坂镇玉埕村井头自然村、门头村和东园镇群青村给水工程，惠及569户用水居民；市政供水管网建设（约74千米 ，投资约7650万元）：新管网建设49.6千米，配合市政道路建设进行国道324线泉州台商投资区段、站前东西大道延伸段、普贤路延伸段、东海片区部分区域给水管道施工，完成台商投资区张纬五路、张纬六路、张经十三路、张经十四路、张经十六路等市政给水工程的建设任务；旧管网改造24.4千米，完成安吉路、瑞安街、城东街、湖心苑、东梅社区、凤山社区、江南高新园区南北七路、媒人桥路、晋江池店片区砌坑村、江南片区火炬工业区、高山工业区、兴贤路和石崎新港路等老旧供水管道的更新改造。水厂建设项目方面，金鸡水厂累计完成建设资金投资15588.15万元，完成土地征迁任务61%；泉南水厂三期项目完成 8000多万元的工程投资额，基本完成土建工程量，净水工程进行自动化控制系统安装调试，具备通水试运行条件。

节水工作方面，强化节水宣传，提高全民节水意识。在小区、学校开展宣传活动，编制《白水为泉 点滴成州》宣传册，倡导节约用水从我做起，从家庭做起，从现在做起，合理利用，杜绝浪费的节水理念；推进水平衡测试及节水型企业（单位）、居民小区的创建、考评、验收，完成水平衡测试 12家，节水型企业（单位）11家，节水型居民小区 2家；严格执行水厂计划管理制度，全年纳入计划管理用户3660户，处理用户申请 102单，计划管理率90.89%。2017年，泉州市被福建省住建厅、省发改委联合命名为省级节水型城市。

【清源山风景名胜区建设和管理】 2017年，清源山管委会坚持贯彻新发展理念，稳步推进景区体制机制改革，正式启动管委会工作人员过渡公务员工作；启动编制清源山风景名胜区总体规划（修编）、花博园片区详细规划、五虎朝狮片区详细规划，科学谋划景区发展；全面推进清源山景区全山消防供水管道、地质隐患点调查、景区绿化改造和提升、“智慧景区”、夜景提升等项目建设，进一步完善提升景区基础设施。

高标准、高质量推进古泉州“刺桐”史迹老君岩造像、伊斯兰教圣墓申遗点的环境整治（包括灵山跨北渠人行桥及圣墓展陈服务中心建设）、展示馆布置、绿化提升、申遗档案整理等工作，于9月顺利通过国际专家现场考察评估。

推进国家AAAAA级旅游景区整改工作，全力推动景区“厕所革命”，景区厕所改造提升项目得到市民、游客的一致好评，中国旅游报于11月2日对此进行专题报导；清源山景区公交车开通，解决长期困扰景区发展的游客上山难问题；构建景区大营销格局，筹拍宽屏电影短片《大道清源》影片在东南卫视、福建电视台综合频道、福建电视台旅游频道、泉州电视台等陆续热播，同时也在清源山游客中心长期免费对外播放，进一步提升清源山景区的知名度。

加强景区安生生产工作，全面深入开展平安景区建设，实现安全生产零事故；树立和践行“绿水青山就是金山银山”的理念，强化规划监管，狠抓景区综合整治，督促相关责任单位落实住建部遥感动态监测变化图斑整改工作，依法对15处建设项目履行规划审核，查处“两违”建筑13处约800平方米，制止和拆除违法修墓建墓7座，有效保护景区资源；加强景区生态保护，持续开展病虫害防治，松材线虫病死率下降至万分之一以下，得到国家、省有关部门的充分肯定，全国林业有害生物生物防治示范区建设工作总结暨现场会在清源山景区召开。

为整合资源，做大做强清源山旅游产业，9月1日起清源山风景名胜区实现管理权和经营权分离，经营权移交清源山旅游投资有限公司，清源山管委会的职能由原来的管理、经营转变为管理、经营活动的指导和监督，移交工作总体平稳、有序。清源山管委会加强文明创建工作，巩固和深化全国文明单位的创建成果，于11月蝉联第五届“全国文明单位”称号。

2017年建成通车的厦沙高速德化段 （图/市交通运输委）

交通建设

【概况】 福建省泉州市公路局负责全市国省干线及部分主要县乡道2160.73千米专养公路的建设、养护、管理工作。2017年投入专养公路建设及养护资金10.7亿元（含地方政府投资），实现年平均综合好路率94.45%、年平均干线好路率97.52%、年平均PQI（路面质量指数）值89.52。

【改造工程】 2017年，泉州市实施水泥砼路面重铺工程28.3万平方米/40.71千米；“白改黑”工程（水泥路面改为沥青路面）33.5万平方米/33.28千米；破碎板修复6.7万平方米，完成投资3.38亿元。班站、停车区、服务区建设，新建2个公路站（一都、南官），改造4个公路站（城北、惠东、灵水、莲厝），新建3个停车区（宝坑林场、西岑、东埭），改造龙门隧道服务区，累计完成投资2457.8万元。完成排水系统24.40千米，投资647万元；完成集镇整治1千米，投资78万元；完成安保工程国、省干线285.35千米、专养农村公路96.24千米，投资1643.47万元；补充、完善和更新专养公路交通安全设施，投资1202.5万元；完成绿化工程196.82千米，投资1901.8万元；完成生态公路60.47千米，投资1100万元；完成危桥改造7座，投资1024万元；完成公路灾害防治31.43千米，投资2055万元。

【建设工程】 2017年，国道355线安溪县南翼新城过境段新建工程，项目总投资3.9亿元，2017年度完成投资2亿元（含征迁费用），占年度计划的100%；国道324线晋江紫帽塘头至磁灶井边段改造工程，项目总投资5.0亿元，其中建安投资2.26亿元，2017年度计划投资0.9亿元，完成投资0.91亿元，占年度计划的101%；国道355线（原县道346）K20+000—K23+330三班至永春界路段提级改造工程，项目总投资7639万元，2017年度完成投资3000万元（含征迁费用），占年度计划的100%；县道311线（原县道353）桂阳乡至联三线（上涌村）镇镇通干线公路建设项目，项目总投资17896万元，2017年度完成投资2000万元（含征迁费用），占年度计划的100%；县道313线（原县道351）春美乡至联三线（锦洋村）镇镇通干线公路建设项目，总投资32836万元，2017年度完成投资12000万元（含征迁费用），占年度计划的100%；省道215线（原省道307）丰州至洪濑段改造工程，项目总投资5.56亿元（其中建安工程费2.2亿元），计划工期3年，2017年度计划投资4000万元，完成投资995万元，占年度计划的24.9%，受拆迁进度制约，进度较慢。

【有轨电车项目】 2017年，泉州市有轨电车项目计划投资1.5亿元，完成投资1.87亿元，占年度计划的124.7%。

建筑业

【概况】 2017年，泉州市建筑业开拓建筑市场，加快推进转型发展，不断强化行业服务，整体实力和质量效益获得同步提升。全市完成建筑业总产值1523.9亿元，比上年增长8.1%；实现建筑业增加值474.2亿元，占全市国民生产总值6.28%；全行业上缴总税收36.92亿元，占全市总税收的4.86%（其中，国税税收20.9亿元，占比4.01%；地税税收16.02亿元，占比6.71%），“营改增”（“营业税”改“增值税”）政策实施后，建筑业仍是主要税源行业。

2017年，泉州市住建局按照“扶优扶强、做专做精”的原则，帮扶和引导建筑业企业提升资质，全年新获住建部批准一级总承包资质企业18家，住建部批准一级专业承包企业3家（4项次），地方批一级专业承包企业42家（64项次）。全市有建筑业总承包和专业承包企业1126家，其中特级企业2家（省五建、闽南建工），一级企业173家。规模企业呈梯队良性发展，2017年，产值超5亿元的企业56家，产值超亿元的企业165家，一级及以上企业完成产值894.4亿元，产业集中度达58.7%。企业经营领域不断拓宽，在巩固房建、市政、装修装饰、建筑幕墙、古建筑等传统专业的同时，积极向公路、水利、钢结构等专业拓展，逐步形成优势专业突出、各专业齐备的建筑业格局。

【机制改革与市场监管】 2017年，泉州市推进装配式建筑试点，出台《关于大力发展装配式建筑的实施意见》，从制度设计和体制机制两方面促进装配式建筑发展。推动装配式建筑基地和试点项目建设，全年完成建筑产业化基地工程包投资55160万元，经发科技、建惠科技、三角洲、绿保科技、西河科技等建筑产业化基地建成投产，落实惠安县人社局福利中心等6个装配式建筑试点项目14万平方米；推进工程总承包试点，在政府投资的房屋建筑和市政基础设施工程开展工程总承包试点，培育工程总承包试点企业，12家企业列入全省第一批试点企业，确定泉州市丰泽区第二实验小学东海校区建设项目等7个项目为总承包试点项目。

泉州市创新和改进建筑施工企业、中介机构监督管理机制，加强事中事后监管，加强建筑施工企业、招标代理机构、造价咨询企业监督管理，开展全市建筑施工企业、招标代理机构、造价咨询企业信用评价工作，构建“诚信激励、失信惩戒”的市场环境。

泉州市加强建筑市场监督管理，开展半年度、年度全市建筑市场执法检查，重点检查工程承发包、项目管理人员到岗履职等情况，是否存在转包、违法分包、挂靠等违法行为，随机抽查53个项目，发出《责令整改通知单》40份、《执法建议书》8份，对7家施工企业在全市信用评价中扣50分，对检查发现的问题责令属地住建部门依法查处、限期整改。加强招标代理机构、造价咨询企业日常监管，开展半年度、年度专项检查，共检查招标代理机构178家次、成果文件135份、造价咨询企业186家次、成果文件169份，对14家成果文件质量较好的企业给予通报表扬，29家成果文件质量较差的企业给予通报批评，将存在严重问题的3家企业列入“失信名单”。

【市场开拓】 2017年，泉州建筑业企业坚持实施“走出去”战略，开辟和抢占外埠市场，形成以华南地区为核心区域，辐射全国30多个省份的市场格局，全年完成省外产值846.9亿元，外向度水平达55.6%，居全省第二位。政府主动靠前服务，为企业“走出去”搭建平台，市住建局、工商联、建筑行业协会组织骨干企业分赴广东省深圳市、东莞市，安徽省合肥市、芜湖市以及湖南省长沙市、常德市、岳阳市等地开拓市场，了解泉州企业在湖南、广东、安徽等地区市场开拓情况，与当地福建、泉州商会搭建合作交流平台。

【农民工权益维护】 2017年，泉州市住建局加强对建设系统欠薪问题专责处置，全面推广“无欠薪项目部”创建活动，推行农民工工资与工程款分账管理、银行代发工资、劳务实名制管理，并加强层级督促指导，全市房建、市政府投资项目“无欠薪项目部”创建率达100%。坚持日常监管与关键节点专项排查相结合，开展福建省建筑施工企业信用综合评价，将劳务作业人员实名制管理情况纳入评价，每个项目每季度至少评价一次，是年全市评价在建项目5008项次。开展工资支付情况专项检查，重点检查农民工工资支付情况、“无欠薪项目部”创建情况、劳务实名制落实情况等内容，全年随机抽查53个项目，对“无欠薪项目部”创建不规范的7个项目、存在欠薪问题的2个项目进行全市通报，并责令限期整改。建立有效的分级、部门联动机制，对于群体性讨薪事件，从严处理恶意拖欠农民工工资行为的企业。

房地产业

【概况】 2017年，泉州市房地产市场围绕控房价、稳市场的主要任务，持续平稳健康发展。商品房销售增长明显。全市商品房销售1244.5万平方米，比上年增长23.3%，其中商品住房销售1025.45万平方米，比上年增长16.4%。市本级商品房销售346.06万平方米，比上年增长39.3%，其中商品住房销售282.02万平方米，比上年增长27.3%。存量房交易持续增长。全市存量房交易512.37万平方米，比上年增长60.7%，其中存量住房交易399.8万平方米，增长60.9%。市本级存量房交易167.34万平方米，比上年增长55.8%，其中存量住房累计交易面积140.67万平方米，比上年增长60.4%。商品房价格总体平稳。全市商品房均价7832元/平方米，比上年上涨7.7%；商品住房均价7402元/平方米，比上年上涨4.5%。市本级商品房均价9935元/平方米，比上年上涨8.3%，其中商品住房均价9322元/平方米，比上年上涨4.4%。商品房库存稳中趋降。至2017年末，全市商品房库存940.2万平方米，去化周期13.6个月；其中商品住房库存498.4万平方米，去化周期8.6个月，市本级商品房库存262.71万平方米，去化周期14.2个月；其中商品住房库存156.24万平方米，去化周期10.4个月，商品房供应基本平衡。全市商品房供应1001.53万平方米，比上年增长25.8%，其中商品住房供应746.77万平方米，比上年增长46.5%。市本级商品房供应253.93万平方米，比上年增长9.8%，其中商品住房供应200.12万平方米，比上年增长21.4%。房地产税收增长明显。全市实现房地产税收129.76亿元，比上年增长26.7%，占税收总收入18.6%。

【房地产调控】 2017年，泉州市限制新购买的住房应取得不动产权证满2年方可转让，其中非泉州市户籍家庭到泉州市和泉州市户籍家庭跨市本级、县（市）购房的须取得不动产权证满5年方可转让。限制非泉州市户籍家庭在市区及晋江、石狮、南安、惠安等部分县（市）只能新购1套住房，且应于购房前在泉州市缴满1年个税或社保，或办理居住证1年以上。新增房地产用地供应全部采取“限房价，竞地价”方式进行拍卖出让，最高销售均价按所在片区当前销售均价每年上涨6%进行控制，建设周期控制在两年，成交楼面地价控制在房价的三分之一以内，稳定市场预期。

【商品房价格管理】 2017年，泉州市改变简单采用参照周边同类同品质价格确定备案价格的方法，按照“总体有目标，片区有控价，楼盘有系数”的办法，将中心市区分为5个片区，按照每个片区2017年1—8月的最高成交价对该片区商品住房进行最高限价，半年内涨幅控制在3%以内；对每个商品住房项目楼面地价、容积率、教育资源、商业配套、开发企业品牌等进行量化系数计算，并由住建部门会同财政、国土、物价、审计、规划、泉州调查队等部门，根据项目系数计算结果，会商并确定商品住房项目预售备案价格。

对分批办理预售许可的商品住房项目，6个月以内再次申请预售许可的不予上调备案均价，6个月以上的上调幅度不得超过3%。对销售均价过高、不接受政府价格指导的楼盘，不予办理预售许可、不予办理网签合同备案、不予办理现房销售备案。预售价格备案后，6个月以内不得调整预售备案价格，6个月以上的上调幅度不得超过3%。

【房地产市场有效供给扩大】 2017年，由市住建局在房地产用地供应环节提前介入，各县（市、区）在供地前报经市国土资源局与住建局进行会商并核准后，集中统一供地。是年全市会商核准供应土地约400公顷，是2016年的近2.5倍，可建商品房约800万平方米。全市核实2000年以来已供应未按时开工房地产用地217宗，土地面积753.42万平方米，可形成商品房供应2065.79万平方米，逐宗制订处置方案，限时督促用地企业加快开工建设。至2017年底，已开工117宗，共开发土地454.8公顷，建筑面积1136.1万平方米，其中住宅879.2万平方米。

水 务

【概况】 2017年，泉州市创新流域保护管理机制，建立市、县、乡三级河长制体系，市委主要领导担任总督察，市政府主要领导担任河长，4位副市长担任副河长，各级党委、政府主要领导作为河流管理保护的第一责任人，全市设有河长168名，副河长372名，流域河长426名，河道专管员1667名。落实最严格水资源管理制度，对各县（市、区）进行考核，并通报考核结果。统筹协调水资源管理重大问题，强化水资源调度配置，全面实现水资源统一规划、统一管理、统一调配、统一监控；加强全市地下水水资源开发、利用、管理和保护；继续推进水资源动态系统二期工程建设，增加监测控制手段、扩大监测范围、升级系统平台软硬件，完善提升水资源动态管理系统，通过对全市供水水源地实时水质水量信息和用水状况的在线监控分析，进行实时调度配置管理，实现全市水资源的科学调度和优化配置。全面筑牢防汛抗旱安全线、城乡供水保障生命线、水生态文明建设保护线和行业安全运行联防线，安全生产实现零事故。泉州市在2016—2017年度全省水利工程质量和安全生产考核中名列第一。

【重大项目和民生水利工程建设管理】 2017年，金门供水工程海陆管道全线贯通；山美水库流域生态环境保护试点项目基本完工，入库断面水质持续改善；永春马跳水库可行性研究报告获批。完成农村饮水安全巩固提升工程受益人口9.98万人，其中国家建档立卡贫困人口8996人，提前三年完成扶贫任务。发展高效节水灌溉，同步推进农业水价综合改革；验收水库120座，强化海堤10.5千米、治理河道3.91千米；建设安全生态水系86.1千米。全面推行水利工程电子招投标，健全完善水利工程质量监管体系，运用工程质量监督平台和水利工程信息（信用）管理系统，实行水利建设质量工作和质量项目综合考核，创建“全国质量强市示范城市”，加强质量监管，全面提升水利建设质量工作水平。

环境保护

【概况】 2017年，泉州市坚持“生态立市”，突出“生态+”，着力打造“美丽泉州”，全市生态环境质量保持优良，生态环境质量稳定向好。在生态保护方面，森林覆盖率稳定在58.7%，森林蓄积量为3798万立方米，较2016年增加126万立方米，湿地保有量9.62万公顷，海洋保护区面积1.15万公顷，海洋生态保护红线区面积24.02万公顷，占全市海域面积41.73%；新增水土流失治理面积2.08万公顷；新增矿山恢复治理面积约313公顷；建成省级自然保护区3个、国家级自然保护区2个，全市保护区总面积2.80万公顷，保护区生态环境总体良好。

生态建设方面，推进国家生态文明试验区建设，全面实施排污权有偿使用和交易，完善流域水资源保护补偿机制，推进环境污染责任保险，试点生态环境损害赔偿，推行环境监管网格化管理；加强自然保护区监督管理，开展“绿盾2017”自然保护区监督检查专项行动；加快绿色发展，采取集约、创新、低碳、循环等手段，着力解决制造业存在的资源能源高消耗、环境高污染等问题，推动形成石狮市集中供热、南安石粉综合利用等一批绿色发展典型；提升城市颜值，实施“三大园林工程”，山水园林工程重点顺应城市生态肌理构建绿道山线、滨海水线和环城河道慢行体系，打通山—城—海视线廊道，泉州山水天然画卷的轮廓日渐清晰；文化园林工程重点对古泉州（刺桐）史迹16个申遗点、重要交通门户绿化景观提升，遴选城市基调树种，彰显泉州绿化特色；百姓园林工程采取点线面结合、系统性提升，推进绿化提升三年行动，群众生态获得感不断增强。

【大气污染防治】 2017年，泉州市完成大气颗粒物源解析工作，强化颗粒物、臭氧污染天气的防控和应对；出台臭氧攻坚实施方案，建立健全臭氧污染防治长效机制。完成4个省级大气重点治理项目和24个市级大气重点治理项目；实施重点行业挥发性有机物治理，完成205个VOCs（挥发性有机化合物）治理项目。完成8台30万千瓦及以上燃煤发电机组超低排放技术改造；强化建陶、石材、热电、钢铁等行业工业烟粉尘治理；开展建筑扬尘、餐饮油烟、露天烧烤、垃圾焚烧等专项整治。加强机动车污染防治，全面实施机动车排气工况法检测，全年共淘汰黄标车10443辆。

【水环境综合整治】 2017年，泉州市深化重点流域（含近海水域）、跨境流域整治，完成投资17.9亿元，实施整治项目142个；落实省委、省政府“小流域综合整治”为民办实事项目，完成投资3.98亿元，推进九十九溪、大盈溪、林辋溪等14条小流域的综合治理，9条小流域实现水质类别提升，消除3条劣Ⅴ类水体；持续开展小流域赛水质活动，完成24条参赛小流域69千米河段治理，解决一批流域污染问题；组织饮用水水源保护区环境问题排查，开展近岸海域汇水区域11座城镇污水处理厂提标改造；推进河长制工作，完成全市35个流域单元“一河一档一策”建设，进一步完善水质监测点位规划，构建市、县、乡三级河流水质监测网络。

【土壤污染防治】 2017年，《泉州市土壤污染防治行动计划实施方案》出台，以农用地为重点，开展土壤污染状况详查。加快推进危险废物处置设施建设，泉州市工业废物综合处置中心完成投资3.7亿元，基本建成危险废物焚烧处理线和甲、乙类仓库，完成全市工业危险废物、石狮市生活垃圾焚烧飞灰等存量清理。

【环评审批服务】 2017年，泉州市优化申报材料，依法规范前置审批条件，进一步简化审批程序，保障重点项目落地，推进泉州芯谷规划环评报批，完成洛阳江清淤工程等重点项目的环评审批工作。制订《推进落实工业园、产业园规划环评指导意见》，指导各地做好规划环评修编。是年，全市受理1212件环评审批、924个竣工环保验收事项，全部按时或提前办结。

【排污管理与排污权交易】 2017年，泉州市实施排污许可制，开展全国统一编码排污许可证的申请和核发工作，共计核发火电、造纸、水泥、电镀、纺织染整、制革的253家企业排污许可证。晋江市、惠安县、永春县开展生态环境损害赔偿试点工作。推进排污权交易，全市有422家建设单位通过市场完成1037笔排污权交易，交易总额1.58亿元，累计有119家企业签订环境污染责任保险合同，承担风险1.83亿元，保费179万元。完成《泉州市晋江、洛阳江流域水环境保护条例（草案）》送审稿编写和省、市、县387家企业环境信用评价工作。

【环境安全】 2017年，泉州市开展重点环境安全隐患专项督查，督促134个隐患点完成整改；完成917家企业、建设项目完成环境应急预案备案，完成148家较大及以上环境风险企业和7个工业园区的环境风险评估；加强核与辐射安全监管，进一步强化放射性物品“一体化”管理体系，完成放射源安全专项行动，加强放射源信息化管理，完成41家放射源单位的视频监控；收贮废旧闲置放射源10枚；强化废旧金属熔炼辐射监测。

【环境应急能力建设】 2017年，泉州市不断完善环境应急装备配置，配备完善应急监测和个人防护装备；泉州市本级环境应急能力硬件装备（含应急指挥车）经省环保厅审核达到《全国环保部门环境应急能力建设标准》地市级二级标准；市本级分别建立7个市级环境应急物资储备库，进一步健全环境应急物资储备、调拨和紧急配送保障体系；完善全市环境应急预案体系，印发实施《泉州市突发环境事件应急预案》《泉州市城市重污染天气应急预案》。

【环境监察执法】 2017年，泉州市坚持勤查重罚，开展各类专项执法检查，落实污染源日常环境监管随机抽查制度，利用错时执法、联合执法、异地交叉执法、挂牌督办、信息公开、媒体曝光等综合手段，严厉打击环境违法行为。是年，全市立案处罚企业1839家、罚款6637万元，征收排污费1.22亿元；实施停产、限产案件39件，按日计罚案件4件，查封、扣押案件295件，移送侦办案件172件（其中，行政拘留143件、涉嫌环境犯罪29件）；141家企业自动监控设施安装联网，65家企业实施污染源自动监控设施的第三方运营维护；完成12个省级挂牌督办件解挂申报；向人民银行、银监部门通报环境违法信息508条。

【环境监测】 2017年，泉州市通过监督性监测和企业自行监测相结合、手工监测与自动在线监测相配套的方式，履行环境保护监管职责和企业环保主体责任；持续推进重点污染源监督性监测，全年完成一级、二级重点废水污染源监督性监测77家次，达标率100%，废气污染源监督性监测69家次，达标率100%，污水处理厂监督性监测75家次，达标率100%，危废监督性监测65家次，达标率98.5%；重金属监督性监测84家次，达标率98.8%；开展污染源在线自动监控设备比对监测。全年共完成废水COD和氨氮自动监测设备比对监测各138台次和115台次，合格率分别为100%和99.1%；废气二氧化硫和氮氧化物在线自动监测设备比对监测各86台次和85台次，合格率均为100%；继续推行重点监控企业自行监测，督促相关企业按自行监测方案按时开展排污自行监测；强化信息公开，对污染源监督性监测和企业自行监测信息予以公开，落实企业信息公开主体责任，保障公众知情权，接受社会监督。

教育

责任编辑：刘楷彬

综 述

【概况】 2017年，泉州市加强学校领导班子和教师队伍建设，改善学校办学条件，扩充基础教育容量，提升职业教育、高等教育服务能力，推动各类教育协调发展。是年，泉州市教育经费总收入189.92亿元，比上年增长9.87%，其中公共财政预算安排的教育经费148.64亿元，增长7.8%。全年争取省上扶持资金10亿元（不含转移支付），比2016年增长4.49%。通过公开招聘、专项考核、遴选优秀教师、调动等方式补充教师4439名，其中编内教师1566名，编内教师岗位中61%的岗位用于补充农村教师。2017—2018学年度，全市有高等学校19所，其中本科高校6所、高职高专院校12所、成人高校1所，招生37085人，在校生126125人；中等职业教育学校38所（含技工学校6所），招生29815人，在校生80334人；普通中学326所，招生141627人，在校生403545人；小学1341所，招生128959人，在校生740033人；幼儿园1503所，招生136146人，在园幼儿384330人。全市各级各类学校教职工118448人，其中专任教师93028人；普通高等学校教职工10557人，其中专任教师7095人；中等职业教育学校（含技工学校）教职工3427人，其中专任教师2955人；普通中学教职工36370人，其中专任教师31181人；小学教职工35087人，其中专任教师33391人；幼儿园教职工32613人，其中专任教师19123人。

【义务教育经费保障及"两免一补"】 2017年，泉州市落实省政府完善城乡义务教育经费保障机制的实施意见，全市义务教育公办学校生均公用经费按省定基准定额或高于省定基准定额拨款，其中小学750元、初中950元，泉州市本级高于省定标准250元；对公办寄宿制学校学生，按每生每年400元标准增加安排公用经费，足额落实对寄宿制学校和小规模学校增加公用经费的规定；特殊教育学校生均公用经费按普通初中生均公用经费8倍安排为7600元。

2017年，泉州市落实"两免一补"政策中免学杂费资金7.8亿元，受益学生195万人次。免费提供教科书和新华字典1.2亿元，受益学生197.67万人次，补助寄宿生生活费121.91万元，受益学生1915人次。实施营养改善计划，全年拨补资金5453万元，受益学生10.8万人次。自2017年起，对全市义务教育阶段学生按小学30元、初中40元标准免费提供作业本，拨付资金2354.41万元，惠及学生95.38万人。自2017年起，对2016年秋季以来在市直民办学校就读的义务教育阶段学生1.35万人按公办学校生均公用经费基本定额减免学杂费870万元。

【校舍建设工程】 2017年，泉州市制订《泉州市教育系统2017年项目攻坚活动方案》，全年谋划项目4个（泉州华侨职校台商区校区、泉州财贸干校台商区校区、泉州艺校、泉州幼高专教师培训楼），签约项目1个（泉州信息工程学院第三期建设），开工项目1个（泉州医学高等专科学校附属人民医院二期综合病房大楼）。推进1个在建重点工程项目的建设（泉州信息工程学院学生宿舍楼及附属工程，2017年竣工）。全年新改扩建幼儿园30所，新增学位1万个，争取省级资金6629万元，市级下达配套补助资金2000万元。其中20所被列入市政府为民办实事项目，当年施工面积9.4万平方米，竣工7个，完成投资1.78亿元，完成年度计划的111.2%；16所被列入省为民办实事项目，当年施工面积8.3万平方米，竣工6个，完成投资1.48亿元，完成年度计划的138.3%。中小学幼儿园工程包全年开工建设107个项目（其中中小学94个、幼儿园13个），拟新增学位20993个，当年竣工78个，完成投资5.625亿元，完成年度计划的112.5%。校安工程2017年全年开工建设项目35个（规划56个），省级补助资金1.58亿元，开工面积6.3万平方米，当年竣工项目16个。

【学生资助】 2017年，泉州市发放学生资助资金3.27亿元，惠及学生315.94万人次，覆盖各个教育阶段。全年办理生源地助学贷款1.34万笔，支付助学生源地贷款贴息423.97万元。市本级及12个县（区、市）的学生资助中心全部通过省级标准化评估验收，合格率100%。

【教育精准扶贫】 2017年，泉州市安排专项扶贫专项资金400万元，对市定300个扶贫村所在116所小学（含教学点）进行扶持，受益学生1.37万人。

学前教育

【概况】 2017年，泉州市加快公办幼儿园建设，新增学位1万个，近50%幼儿在公办性质幼儿园就读。推进政府购买普惠性民办幼儿园教育服务，普惠性幼儿园覆盖率71.7%。是年，全市有独立幼儿园1503所，其中公办性质幼儿园521所（公办281所、集体办240所），民办幼儿园982所（其中普惠性民办园448所）；小学附设学前班（幼儿班）550个点。在园幼儿数

2017年12月22日，泉州幼儿师范学校附属幼儿园举行“徒步古城 探寻海丝”远足活动，让孩子们感受古城老街巷风光与人文魅力 （图/陈晓东）

38.43万人，其中外来工子女11.83万人，占在园幼儿总数的30.77%。学前三年入园率97.90%。幼儿教职工总数32613人，其中在编教职工4855人。2017年，泉州市通过多渠道培训，促进学前教育保教水平的不断提升。组织“科学管理 提高质量”和“加强教师专业建设 提升学前教育质量”两场专题培训活动；召开贯彻落实《3—6岁儿童学习与发展指南》推进工作会议；举行泉州市第六个学前教育宣传月启动仪式暨省级课题《泉州市校园足球创新赛制的应用与推广》研究阶段交流活动；举办“2017年泉州市幼儿园卫生保健知识培训班”；组织第九期园长跟班学习活动；组织24所省级示范性幼儿园面向全市开展开放活动。

【教育事业发展规划】 2017年，泉州市出台《关于加快教育事业发展的实施意见》《泉州市服务全面二孩加大学前教育及医疗资源配置三年行动等两个实施方案》《关于开展泉州“XIN”行动推动解决民生热点难点问题的通知》《关于泉州市第三期学前教育行动计划的实施意见（2017—2020年）》等政策性文件。

【普惠性学前教育】 2017年，泉州市推动普惠性民办幼儿园政府购买服务工作，引导各县（市、区）加大对民办幼儿园的财政经费投入，支持普惠性民办幼儿园办学，建立健全以县为单位的普惠性民办幼儿园政府购买服务机制，全市各县（市、区）已全部出台普惠性民办园的认定和扶持办法，泉州市在全省率先实现政府购买普惠性民办幼儿园服务县域全覆盖。2017年得到省上民办幼儿园购买服务奖补资金6310万元（占全省的28.68%）。全市普惠性幼儿园在园幼儿数占比71.72%。

【示范幼儿园创建】 2017年，泉州市分别有6所、6所、22所幼儿园被确认为省、市、县级示范性幼儿园（其中省级有：泉州幼高专东海湾实验幼儿园、晋江东镇石中心幼儿园、晋江市梅岭街道桂华中心幼儿园、洛江区双阳中心幼儿园、德化第二实验幼儿园、泉州台商区洛阳中心幼儿园；市级有晋江市艺术实验幼儿园、石狮市神州第二幼儿园、泉州经济技术开发区实验幼儿园、洛江区信和幼儿园、晋江市第四实验幼儿园、德化县金锁幼儿园），全市有314所示范园（其中省级44所、市级48所、县级222所），有近1/3的幼儿在各级示范园就读。

2017年泉州市幼儿适龄人口入园分县（市、区）情况表

表32

地区	园内外适龄幼儿数（3～5岁）（人）		在园内适龄幼儿数（3～5岁）（人）		入园率（%）	在园幼儿数（人）	毛入园率（%）
	小计	其中：女	小计	其中：女			
合计	386218	166367	378121	162927	97.90	384330	99.51
鲤城区	20080	8993	20076	8991	99.98	20076	99.98
丰泽区	21150	9287	21142	9284	99.96	22033	104.17
洛江区	10108	4491	9965	4301	98.59	10104	99.96
泉港区	21029	9570	20399	9284	97.00	20443	97.21
惠安县	30553	12936	29502	12491	96.56	29578	96.81
安溪县	49430	20725	47952	20055	97.01	48906	98.94

续表32

地区	园内外适龄幼儿数（3～5岁）（人）		在园内适龄幼儿数（3～5岁）（人）		入园率（%）	在园幼儿数（人）	毛入园率（%）
	小计	其中：女	小计	其中：女			
永春县	19127	8153	18744	7989	98.00	18891	98.77
德化县	16400	6654	15929	6446	97.13	16726	101.99
石狮市	34480	14803	33863	14556	98.21	34300	99.48
晋江市	85789	37422	84407	36818	98.39	86007	100.25
南安市	67390	28440	65705	27931	97.50	66636	98.88
台商区	10682	4893	10437	4781	97.71	10630	99.51

义务教育

【概况】 2017年，泉州市落实“改薄”（全面改善贫困地区义务教育薄弱学校基本办学条件）项目，新增城镇中小学位1万个，促进环湾城市教育优质均衡发展，全市实现义务教育基本均衡发展。是年，全市有普通初中321所（其中，初级中学188所、完全中学105所、十二年一贯制学校5所、九年一贯制学校23所）；初中一年级招生96298人，在校生266179人，毕业生77877人，初中学龄人口入学率98.32%，毛入学率108.01%。全市小学1341所，一年级招生128959人，在校生740033人，适龄儿童入学率100%。全市全面消除66人及以上超大班额。

【义务教育改革】 2017年，泉州市推进小片区管理、委托管理、合作办学、集团化办学、办学联合体等办学机制体制改革，扩大优质教育资源供给。全市初中阶段小片区管理现有小片区18个，学校56所，交流教师377人；薄弱学校委托管理现有委托方学校11所，受托方11所，交流教师80人；办学集团7个，集团内成员学校10所。小学阶段小片区管理现有小片区87个，学校378所，交流教师1740人；薄弱学校委托管理现有委托方学校34所，受托方44所，交流教师118人；办学集团3个，集团内成员学校4所。德化县教育局小片区管理经验《高度城镇化背景下“片区+委托”管理模式探索与实践》在2017年全省基础教育提升质量研讨班交流。

2017年，泉州市深化“分层递进教学”“先学后教”“全员课堂”等高效课堂教学改革，构建适合校本学情的课堂教学模式，石狮永宁中学“学本课堂”教学改革、石狮三中“差异教学”等教育综合改革经验获国家和省高度肯定。开展“一师一优课、一课一名师”活动，推动信息技术与学科教学的深度有效融合。

2017年，泉州市开展市教育系统初中教师教育教学技能岗位练兵竞赛活动，促进教师专业发展，评出特等奖1名、一等奖5名、二等奖9名、三等奖15名、优秀奖51名。

2017年，泉州市有22所普通初中通过“福建省义务教育教改示范性建设学校”认定，推动学校围绕内涵建设和质量提升，大胆探索课程与教学改革。

2017年7月5日，鲤城、丰泽小学毕业生家长参加公办中学初中招生电脑派位 （图/林劲峰）

【进城务工人员随迁子女就学】 2017年，泉州市围绕“平等、融入、成才”的理念，保障进城务工人员随迁子女平等接受教育。结合户籍政策改革等要求，修订进城务工人员随迁子女小学入学条件。2017年入读中心市区公办小学的条件：居住证和务工证“两证”均需达一年及以上。2017年秋季全市小学外来工子女27.52万人，占在校生37.19%；普通初中外来工子女9.63万人，占在校生36.18%。

【小升初免试就近入学】　2017年，泉州市贯彻落实国家教育法律法规与政策，科学制定泉州市小升初招生入学政策，坚持单校划片、对口直升和多校划片、随机派位相结合的初中招生办法，依法招生、阳光招生、规范招生。

【义务教育管理标准化学校建设】　2017年，泉州市坚持“以评促建”的原则，成熟一所创建一所评估一所，召开小学、普通初中“义务教育管理标准化学校”建设与评估工作推进会，组织开展市级评估，2017年泉州市62所小学、59所普通初中被省教育厅确认为“福建省义务教育管理标准化学校”。

2017年泉州市小学教育普及分县（市、区）基本情况表

表33

地区	校内外学龄人口总数（人）	在校学龄人口总数（人）	学龄入学率（%）	在校学生数（人）	毛入学率（%）
合计	730361	730361	100	740033	101.32
鲤城区	46449	46449	100	46498	100.11
丰泽区	37550	37550	100	37891	100.91
洛江区	16583	16583	100	16728	100.87
泉港区	28995	28995	100	29180	100.64
惠安县	58839	58839	100	58933	100.16
安溪县	109841	109841	100	112287	102.23
永春县	35983	35983	100	36184	100.56
德化县	22864	22864	100	22997	100.58
石狮市	61297	61297	100	62188	101.45
晋江市	174739	174739	100	178680	102.26
南安市	120035	120035	100	120962	100.77
台商区	17186	17186	100	17505	101.86

2017年泉州市初中教育普及分县（市、区）基本情况表

表34

地区	校内外学龄人口总数（人）	在校学龄人口总数（人）			学龄入学率（%）	在校学生数（人）			毛入学率（%）
		小计	普通初中	职业初中		小计	普通初中	职业初中	
合计	246431	242284	242284	—	98.32	266179	266179	—	108.01
鲤城区	22450	22450	22450	—	100	23804	23804	—	106.03
丰泽区	12053	12040	12040	—	99.89	14078	14078	—	116.8
洛江区	6062	5944	5944	—	98.05	6389	6389	—	105.39
泉港区	9772	8960	8960	—	91.69	9462	9462	—	96.83
惠安县	19251	19183	19183	—	99.65	20974	20974	—	108.95
安溪县	33158	30671	30671	—	92.5	35008	35008	—	105.58
永春县	14146	14108	14108	—	99.73	14544	14544	—	102.81
德化县	9461	9387	9387	—	99.22	9698	9698	—	102.51
石狮市	20351	20343	20343	—	99.96	22171	22171	—	108.94
晋江市	55502	55502	55502	—	100	62781	62781	—	113.11

续表34

地区	校内外学龄人口总数（人）	在校学龄人口总数（人）			学龄入学率（%）	在校学生数（人）			毛入学率（%）
		小计	普通初中	职业初中		小计	普通初中	职业初中	
南安市	38632	38103	38103	—	98.63	41005	41005	—	106.14
台商区	5593	5593	5593	—	100	6265	6265	—	112.02

普通高中教育

【概况】 2017年，泉州市推动普通高中多样化、有特色发展。全市达标高中校88所（一级达标34所、二级达标28所、三级达标26所），比例居全省前列。高考、中考成绩位居全省前列，全市30名学子考上北京大学、清华大学，被北大清华录取的人数居全省第二位。学科竞赛与科技创新活动成绩显著。是年，全市有普通高中115所（其中，高级中学5所、完全中学105所、十二年一贯制5所），普通高中招生45367人，其中进城务工人员随迁子女招生14713人；在校生137366人，其中进城务工人员随迁子女招生43202人，毕业生44365人；全市有省级达标高中88所，全市普通高中学生有47.8%在省一级达标高中就读，有88.2%在省达标高中就读。

【中考中招制度改革】 2017年，泉州市完善统招、定向、保送、自主招生等多元化的高中录取办法，泉州市优质高中将不低于50%的招生指标分配至各初中学校。改进中招切线录取主要依据，是年泉州市中招切线录取以考生中考所有学科考试成绩的等级和中考语文、数学、英语、物理、化学等五个学科考试成绩的分数作为主要依据。

【普通高中达标晋级和示范性普通高中建设】 2017年，泉州市组织开展晋江紫峰中学、永春美岭中学创省二级达标高中和德化三中创省三级达标高中的市级评估验收，组织指导泉州五中、晋江一中等13所学校接受省示范性普通高中建设学校遴选培育暨省一级达标高中复查。

【高考综合改革】 2017年，泉州市举办新高考改革专题培训会，邀请上海、浙江等地知名新高考改革专家作专题讲座；组织新高考学习考察；加强学生综合素质评价研究，以泉州五中为依托开展学生综合素质评价课题研究实验，明确学校改进教育教学的目标任务，加快提升应对高考综合改革的能力；组织开展泉州市学生生涯规划指导培训活动，加强学生职业生涯规划指导。

【普通高中特色办学】 2017年，泉州市确认20所泉州市特色高中，支持学校基于人人成才、多样化成才，促进学生全面而有个性地发展，对接高考综合改革，促进普通高中学校优质特色发展。

【行政主导和教研引领双轮驱动】 2017年，泉州市举行全市高中、初中教学质量提升专题培训活动，做好高考中考质量分析，召开高考中考复习备考系列专题会议，成立学科教学教研指导组，组织开展省一级达标高中教学公开周校际教学观摩研讨活动。组织开展2017年高考复习备考网络直播论坛。

【高考中考与学科竞赛、科技创新比赛】 2017年，泉州市高考成绩稳步提升，高考文科成绩持续全省走前列，理科成绩稳中有进。全市中考单科及格率80.17%、全科及格率59.15%，全市初中学生三年巩固率98.62%，中考成绩全省走前列。全市参加全国中学生五项学科竞赛获省一等奖总数113人，居全省首位，泉州七中学科竞赛入选国家集训队3人，居全省学校第一。组织开展学科竞赛培训与科技创新教师培训，增强学科竞赛指导能力与辅导质量、科技辅导教师的综合素质和指导能力，提高学生科学素养。全市参加省青少年科技创新大赛中获金牌12项、省青少年机器人竞赛获金牌25项、省中小学电脑制作活动获一等奖22项均居全省首位。

【普通中学学科教学联盟建设】 2017年，泉州市发挥学科教学联盟10个基地校与58个联盟校的示范、辐射与引领作用，永春一中语文学科、泉州五中数学学科等8个项目被确认为福建省首批普通高中优质学科课程建设项目。

【课程教学改革项目建设】 2017年，泉州市培育建设20所省、市级“普通高中课程改革基地校”，推进学校课程体系建设、学科核心素养培养、课堂教学方式改革、教学管理制度创新、教师素质能力提升、学生发展评价改革与实践。

【教学视导和教师研训】 2017年，泉州市开展基于问题导向的单校与片区相结合的教学视导，加大学科研训的规模与力度，开展初中道德与法治、语文、历史教育部统编新教材培训及各学科研训活动，提高教师课程实施能力与水平。

【基于信息化的质量监测、反馈、指导系统建设】 2017年，泉州市构建以提高质量为导向的管理机制，科学应用网上阅卷系统等信息化手段，立足基于实证的大数据分析。组织2017年全市中考网上阅卷工作，组织全市高中初中质量检查并做好质量分析，考前组织编制高考中考适应性试卷、制作“试题解析微视频”供全市各校共享，提高复习备考的针对性与实效性。全市基础教育省级教学成果奖一等奖及获奖总数居全省首位。

高等教育

【概况】 2017年，泉州市推动高等教育与产业融合发展。3所高校入选省应用型本科转型试点，30个专业入选省高校服务产业特色专业。全市高校与2052家企业建立校企合作关系（年产值亿元以上企业560家），组建1个省级、3个市级职业教育公共实训基地，获批10个省级职业院校专业群实训基地（占全省1/4）。是年，全市有高等学校19所（公办9所、民办10所），其中本科高校6所（公办2所、民办4所）、高职高专院校12所（公办、民办各6所）、成人高校1所；另有福建农林大学安溪茶学院、福州大学石油化工学院。全市有在校生约12.9万人，2017年高校应届毕业生就业率98%以上。

2017年，泉州市高校新增省级高层次人才25人，新引进“桐江学者”特聘教授10人；建设中德（泉州）职业教育师资培训基地，邀请德国、乌克兰职业教育专家学者，面向全市职业院校开展3期（近500人次）专题培训，推动泉州市职业教育与国际先进理念有效对接；实施职业教育名师“百人计划”培育项目和职业教育技能名师工作室建设工程，2017年遴选培育58名中青年学科（专业）带头人、10个名师工作室；依托职业院校联盟，组织职业院校校长、学科带头人、骨干教师到广东、苏州等职业教育先进地区考察学习。

2017年，在福建省首届工业机器人技术应用技能大赛中，学生组半数奖项为泉州市所得（一、二、三等奖各1名，唯一一个一等奖为黎明职业大学获得），并代表福建省参加国赛获得二等奖、三等奖各1项。2017年全国、福建省职业院校技能大赛，泉州市获国赛一等奖1项目、二等奖3项、三等奖7项，省级一等奖14项、二等奖53项，三等奖75项、优秀奖130项。

【政府统筹推动】 2017年，泉州市市、县两级职业教育联席会议制度有效运作，印发《泉州市提升职业教育服务产业发展能力工作要点》，制订职业院校专业群建设规划、职业教育“正面清单”，统筹推动职业教育改革发展。市级职教专项资金作用凸显，推动职教集团、职业院校联盟、公共实训基地、师资培训等重点项目建设，并引入第三方开展专项资金绩效评价工作，提高资金使用效益。

【高校综合实力提升】 2017年，泉州市应用型本科、高职院校实现分类发展，泉州师范学院、闽南理工学院、泉州信息工程学院为省级应用型本科转型试点高校；泉州师范学院入选省示范性应用型本科培育项目单位，泉州师范学院、闽南理工学院入选硕士授予点培育项目单位；黎明职业大学、泉州幼儿师范高等专科学校为省级示范性现代职业院校建设培育项目院校，通过2017年省示范性现代职业院校评估；黎明职业大学在由全国高职高专校长联席会议颁布的《2017中国高等职业教育质量年度报告》中，入选“服务贡献50强”，是全省唯一入选的高职院校。中高职协调发展有效推进，组建汽车、文化创意、纺织服装、智能制造4个市级职业院校联盟，并依托职业院校联盟开展专业师资培训、课程开发等，有效实现区域内优质职业资源共享互补。教育教学改革成效显著，全市高校获2017年省高等教育省级教学成果奖特等奖2项、一等奖4项、二等奖4项；获省职业教育教学成果奖特等奖4项、一等奖6项、二等奖11项，总数约占全省1/4。

【人才培养与产业发展】 2017年，泉州市构建“亲产业”专业结构，对接17个产业转型升级路线图，制订市级职业院校专业群建设规划，重点扶持智能制造等39个服务产业特色专业群建设，30个专业入选省高校服务产业特色专业、13个专业群入选省级高职院校服务产业特色专业群、6个专业入选省高职院校产教融合示范专业点培育项目。建立职业院校专业设置“正负面清单”制度，对泉州市高职院校19个产业发展急需、相对艰苦专业的高职学生实施学费减免（每生每学年0.6万元），2017年支出2038.8万元（3398名学生）。全面推行“二元”主导的现代学徒制人才培养模式改革，10所院校与51家企业在23个专业开展“二元”制试点，获批省级试点项目数全省最多（约占全省1/3），基本覆盖全市主要产业。

【产教融合与校企合作】 2017年，泉州市高校与2052家企业建立校企合作关系，其中年产值亿元以上企业560家，校企共建研发平台国家级4个、省级22个、市级22个，2017年度联合开展科研项目144个、获得专利196个、技术服务收入3947.6万元。公共实训基地建设取得重要突破，由市教育局牵头建设的泉州市职业教育公共实训基地入选省级职业教育公共实训基地培育建设项目；培育建设智能制造、健康照护、汽车后市场服务三个市级公共实训基地；获批7个省高职院校专业群实训基地。已建设的3个省级、7个市级职教集团有效运作，2016—2017学年开展订单培养1496人、校企联合开展技术攻关项目52个、合作编写教材35门、联合制定人才培养方案专业110个、培训职工6.8万人次；11月，新组建泉州市食品教育集团，助推泉州市食品相关职业教育及食品产业的发展；黎明职业大学牵头建设的泉州市建筑职教集团新入选省级多元投资主体职教集团培育建设项目。开展产学研协同创新，新获批3个省级高职院校应用技术协同创新中心（全省2批18个，泉州市占1/6）。

2017年泉州市初中教育普及分县（市、区）基本情况表

表35

学校＼项目		在校生数（人）	招生数（人）	毕业生就业情况（至2017年10月）		办学性质（人）
				毕业生数（人）	就业率（%）	
华侨大学		25691	6100	5505	97.1	公办
仰恩大学		5962	1610	1522	99.0	民办
泉州师范学院		18015	4680	4961	94.6	公办
福建师范大学闽南科技学院		7004	1830	2298	98.9	民办
闽南理工学院		14594	4420	3888	95.1	民办
泉州信息工程学院	本科	6275	2540	—	—	民办
	专科	1994	260	1669	98.7	
合　计		79535	21440	19843	97.2	—

华侨大学

【概况】 2017年，华侨大学设有泉州和厦门两个校区，总占地面积255.9万平方米，建筑面积111.4万平方米。有31个学院，27个一级学科硕士点、2个二级学科硕士点，20个专业学位硕士点，8个一级学科博士点、2个二级学科博士点，5个博士后流动站。拥有12个学科门类，形成文理渗透、理工结合、工管相济、协调发展的学科体系。有国家重点学科、省部级重点学科41个。有双聘院士6人，有国家“万人计划”领军人才入选者、“国家杰出青年科学基金”获得者、国家“百千万人才工程”入选者、全国文化名家暨“四个一批”人才入选者、国家高端外国专家项目入选者、教育部“新世纪优秀人才支持计划”入选者，以及历年享受国务院政府特殊津贴专家等各类高端人才近400人；拥有科技部“创新人才推进计划”重点领域创新团队和教育部“长江学者和创新团队发展计划”创新团队。全日制普通本科生23777人，硕士博士研究生4235人，来自中国香港、澳门、台湾地区以及50多个国家的学生4707人。2016—2017学年，华侨大学招收全日制本科生6374人，招生范围覆盖全国31个省（市、自治区）、港澳台地区及33个国家和地区。

【国内首部《金砖国家概览》发布】 2017年4月12日，华侨大学发布《金砖国家概览》。该书是国内首部全面介绍金砖国家国情、解读金砖国家机制的著作。学校全力服务金砖国家领导人厦门会晤，举办“金砖国家理论培训班”“金砖国

2017年7月1日，华侨大学庆祝香港回归祖国20周年升国旗仪式在泉州校区廖承志广场举行
（图/殷斯麒）

家智库国际研讨会”，选派260名师生志愿者服务金砖厦门会晤。

【材料科学学科进入ESI世界排名前1%】 2017年5月，华侨大学材料科学学科首次进入ESI世界排名前1%。材料科学学科成为继工程学科、化学学科之后，2017年，华侨大学第三个进入ESI世界排名前1%的学科。吴季怀教授连续三年入选爱思唯尔中国高被引学者榜单，化工学院周树锋教授入选科睿唯安2017年“高被引科学家”名单。

【学生竞赛创佳绩】 2017年11月18日，第十五届“挑战杯”国赛在上海闭幕。华侨大学6件参赛作品获全国一等奖1项、二等奖2项、三等奖3项，团体总分位居全国第41名（福建省第2名），创近10年来最好成绩。

【教师人才队伍及科研能力】 2017年，华侨大学新增加拿大双聘院士1人（至年底有6名双聘院士），国家高端外国专家（文教类）项目入选者10人，国务院特殊津贴专家3人，教育部思政司“思想政治教育中青年杰出人才支持计划”1人，福建省高校领军人才1人，福建省引进高层次创新人才7人，此外还有闽江学者、福建省高等学校新世纪优秀人才支持计划、福建省高校杰出青年科研人才培育计划、福建省外专百人计划等各类高层次人才项目、福建省引进高层次人才入选41人次，迄今累计拥有各类高层次人才400余人次。

2017年，华侨大学高水平论文影响力持续提升，在英国自然出版集团发布的2017年度自然指数内地高校TOP100排名中，华侨大学名列第78；社科论文在人大复印报刊资料转载量位列全国高校第52，综合指数位列第54。在2017年国家发改委发布的《“一带一路”国内高校智库影响力排名》中位列第9。2017年，华侨大学获各类各级科技项目860项，经费1.36亿元。其中，科技纵向项目256个，批准经费6463.28万元；横向项目152个，到账经费2129.26万元。其中国家级科技项目67个，省部级科技项目107个，市级项目10个，其他类别科研项目69个，校内项目立项79个；社科纵向项目193个，经费921.9万元，横向项目新增72个，总经费758.43万元，获国家社科基金各类项目24个；获省部级社科项目77个，获市厅级项目92个、科校内项目立项113个。2017年，华侨大学获市级以上科学技术奖15项，获省部级以上社科奖项4项。其中包括获2017年度国家科学技术进步奖二等奖1项，2017年度高等学校科学研究优秀成果奖（科学技术）项目二等奖1项，获2016年度福建省科技奖4项，获2017年度泉州市科技奖7项，获2017年度泉州市专利奖1项，中国岩石力学与工程学会科学技术奖1项。此外，获福建青年科技奖3人，福建运盛青年科技奖1人。2017年，华侨大学高水平科技论文数量和质量稳步提升，根据中国科学技术信息研究所报告显示，2016年发表科研论文被SCI、EI、CPCI-S收录达777篇次。根据Web of Science数据库查询显示，至2017年11月，华侨大学发表科研论文被SCIE收录论文2887篇，被引次数25276次，篇均被引8.76次。2017年全校获专利授权283件，其中，发明专利161件，实用新型119项，外观设计3件。获软件著作权登记26件。截至2017年12月，全校拥有有效专利741件，其中发明专利427件，实用新型282件，外观设计专利32件。2017年，华侨大学“脆性材料加工技术与装备”教育部创新团队入选2017年教育部“创新团队发展计划”滚动支持名单。新批准建设科技创新平台7个，新增1个福建省高校特色新型智库和4个校级人文社科研究培育基地建设，新增1个教育部国别和区域研究中心备案名单（泰国研究所）、1个福建省发展和改革委员会批准的数字福建“一带一路”服务业大数据研究所（现代应用统计与大数据研究中心）、1个福建省旅游发展委员会批准设立的“福建省智慧旅游产业示范基地”（智慧旅游研究所）。

【国内外高级别学术会议】 2017年，华侨大学加强学术交流，举办各类学术会议和学术讲座，举办近300场高级别的学术会议。举办或承办的会议有：2017年复杂网络前沿问题学术研讨会、第10届服务科学国际会议，第二届国际有机合成前沿研讨会，第十九届全国代数表示论研讨会，第二届数据科学与大数据技术研讨、“微分方程定性理论与分支理论”研讨会、首届化学工程、环境工程、生物工程与转化医学国际研讨会、印尼发展与智库建设研讨会、福建省社科界2017年学术年会分论坛暨福建省传播学会2017年会、中国旅游安全高峰论坛（2017）、“朱子学的新发展”国际学术会议、“学术期刊与学术评价”研讨会、第六届人文社会科学集刊年会、第三届饶宗颐与华学国际学术研讨会、第六届中泰战略研讨会、“第二届国际华文教学研讨会”暨“第七届两岸华文教师论坛”、“金砖国家合作与‘一带一路’建设”专题研讨会、中国国际关系学会第十二届博士生论坛、福建省高校思想政治理论教学研究会2017年会、第十届全国语言文字应用学术研讨会、全国高校商务管理研究会、第二届数据科学与大数据技术研讨会、金砖国家智库国际研讨会、“中美通识教育与法治社会建设”国际论坛、第一届中国公共管理论坛、推进以马克思主义为指导的哲学社会科学学科基础理论建设座谈会、“第五届科学社会主义论坛”、“哲学与生活世界变迁”理论研讨会、第十一届两岸宗教学术论坛等多场高级别学术会议，各学院开展材料与化学论坛、化工学院讲坛、机电讲坛、计算机学院学术报告会、建筑讲坛、数学讲坛系列讲座、土木讲坛、系统科学研究所学术报告、信息讲坛、制造工程研究院高端论坛等系列讲座，邀请Joseph Kost、姚建年、王跃飞、文兰院士等知名专家到校作学术报告近300场。

【校企、校地合作】 2017年，华侨大学推进产学研合作，加大科研成果转化力度，推进加强校企、校地合作，助推地方经济发展。拍摄“华侨大学文化创意产业”主题宣传片，组织参加科技成果对接会30余场，推介展示科技成果450余项，专利成果转让5项。推进科研人员开展实地走访、对接省内外企业60余家，解决企业技术瓶颈问题，洽商对接与合作。与南安市政府签署共建“华侨大学机电产品设计制造技术服务基地”合作协议，与丰泽区共建华侨大学（丰泽）创新创业园战略合作协议，建成产学研合作平台2个，推荐4个重点项目入驻。2017年，“建筑工程扬尘在线智能监控系统”项目、“石墨烯—EVA复合功能材料”、“全自动滴液机研发”项目、“医学图像自动分析及计算机辅助诊断/手术系统”项目、“多靶点小分子抗癌新药TW9183的开发及其关键中间体的产业化”项目、“工程机械（农机）智能控制系统产品平台”项目、“新能源电动汽车电机控制器等项目在第十届海峡两岸（厦门）文化产业博览交易会（简称“文博会”）暨2017年海峡两岸高校设计展、第十九届中国国际高新技术成果交易会（简称“高交会”）对接并获奖，华侨大学获“文博会”展览展示银奖。

泉州师范学院

【概况】 2017年，泉州师范学院设有东海、诗山和江南三个校区，占地面积79公顷。下设18个二级学院，设置63个全日制本科专业，涵盖经济学、法学、教育学、文学、历史学、理学、工学、管理学、艺术学九大学科门类，拥有省级重点学科14个。面向全国招生，全日制在校本科生、研究生18000多人。校本部教职工1234人，其中专任教师867人；教授101人、副教授275人；具有博士学位教师227人，博士占比26.3%；硕士以上占比80.5%；专任教师中，享受国务院特殊津贴专家4人、国家教育指导委员会委员2人、教育部新世纪优秀人才支持计划1人；福建省特殊支持高层次人才“双百计划”1人、福建省闽江学者特聘（讲座）教授36人、省级百千万人才工程人选3人，福建省教学名师3人、福建省高校新世纪优秀人才支持计划22人、福建省高校杰出青年科研人才培育计划12人。有教育部“卓越教师”培养计划改革项目1个、教育部教师队伍建设示范项目“专业和课程改革”1个、国家级特色专业2个、国家级专业综合改革试点项目1个、国家级人才培养模式创新实验区1个、国家级大学生校外实践基地1个。拥有省级科研创新平台29个，其中省级“2011协同创新中心”1个、省级人文社科基地10个、省级重点实验室8个、省级工程（技术）研究中心3个、省级行业技术开发基地1个、数字福建大数据研究院（所）1个、省级服务型制造公共服务平台1个、省级院士工作站1个、省高校特色新型智库1个、省高校中华优秀传统文化教育示范基地2个。

2017年，泉州师范学院引进学科带头人4名，引聘博士54名、台湾全职教师7名，新聘用人员102名。新增闽江学者特聘（讲座）教授12名。新增桐江学者特聘教授7名，新增清源学者讲座教授14名。入选省市人才计划105人，其中福建省高等学校新世纪优秀人才支持计划3人、福建省高等学校青年科研人才支持计划4人。获批福建省思政课教学科研团队择优支持计划立项项目1个，福建省中青年思政课教师择优资助计划立项项目2个。获评全国群众体育先进个人1人、福建省优秀教师2人、泉州市名优教师2人。

【本科教学与人才培养】 2017年，泉州师范学院实施分层教学改革，大学英语从2017级新生开始实施“分级+选修+免修”的课程教

2017年11月4日，福建省李光地研究院在泉州师范学院揭牌
（图/泉州师范学院）

学改革。开展2017年度省级教学改革研究项目申报，10个项目获批省级立项，其中2个项目获批省级重大教改项目立项。推进教材建设，5部教材获评省级优秀特色教材。开展在线课程建设，12门课程获批省级精品在线开放课程立项建设。开展2017年教学成果奖励申报，获评省级教学成果奖特等奖、一等奖、二等奖各1项，实现省级教学成果奖特等奖零的突破。强化本科实践教学，获批省级实验教学示范中心1个、虚拟仿真实验教学中心1个；获批泉州市智能制造公共实训基地，市教育局、泉州华中科技大学智能制造研究院共同投入1000万元建设经费。新设置国际商务、电气工程与智能控制、光电信息科学与工程3个本科专业，申报机械设计制造及其自动化、体育经济与管理、数字媒体艺术3个专业。数学与应用数学、国际经济与贸易2个专业通过首批省级专业评估，英语、市场营销、计算机科学与技术、广告学4个专业参加省级专业评估。广告学、通信工程、电子商务、动画、音乐学、材料化学、视觉传达设计、环境设计等闽台“3+1”“4+0”项目8个专业参加省教育厅项目年审。化学工程与工艺专业接受IEET认证实地访评；遴选电子信息科学与技术和计算机科学与技术2个专业纳入第三批IEET认证试点专业。组织学生参加省级以上学科专业赛事，获省级以上奖项452项。加强创新创业教育，与连捷集团建设省大学生创新创业基地（泉州），获批省教育厅、市政府建设经费1000万元；大学生创新创业园入选首批省级高校大学生创新创业园。获批国家级大学生创新创业项目24个、省级项目45个。2017年面向全国31个省（市、自治区）录取本科新生4262人，面向云南、广西、内蒙古招收少数民族预科30人。本科生源质量进一步提高，部分专业录取分数超本一线，理工师范类投档线首次突破本一线。2017届毕业生4961人，4805名全日制应届本科毕业生取得学士学位证书。举办大型招聘会6场、专场招聘会21场，提供就业岗位12691个，举办就业创业指导讲座23场。2017届毕业生就业率96.69%。

【学科建设与研究生教育】　2017年，泉州师范学院完成服务国家特殊需求人才培养项目艺术硕士验收评估工作。申报新增硕士学位授予单位，遴选艺术、工程、教育和国际商务4个专业学位申报硕士学位授权点；申报硕士学位授予培育单位，遴选音乐与舞蹈学、化学工程与技术、食品科学与工程、纺织科学与工程、教育学、光学工程和工商管理7个学科申报拟新增硕士学位授权点。加强马克思主义理论学科建设，纳入学校“十三五”学科建设规划。2017年新录取35名研究生，25名研究生顺利毕业，就业率100%。与福州大学、福建师范大学、福建农林大学联合培养硕士研究生，2017年联合招收20名研究生。新增艺术硕士研究生导师5名，遴选联合培养硕士生导师23名。组织研究生参加省级以上学科专业赛事，获省级以上奖项17项，其中，研究生到台湾参加2017年第十届海峡两岸合唱节获银奖。

【科学研究】　2017年，泉州师范学院信息功能材料福建省高校重点实验室参加省教育厅评估获评“优秀”等次；近海资源生物技术福建省高校重点实验室、智能计算与信息处理福建省高校重点实验室参加教育厅评估获评“良好”等次；福建省大数据管理新技术与知识工程重点实验室参加科技厅评估获评“良好”等次；福建省人文社科研究基地南音研究中心通过考核评估。成立福建省李光地研究院。新增福建省轻纺化工绿色过程技术工程技术研究中心、福建省绿色环保功能鞋材工程研究中心、泉州师范学院省纺织服装产业服务型制造公共服务平台、数字福建智能制造大数据研究所、福建省高校特色新型智库海丝文化传承发展研究院、福建省高校人文社科基地侨乡区域经济研究中心、农村环境整治与废弃物资源化福建省高校重点实验室、服装材料福建省高校重点实验室8个省级科研创新平台。组织申报各级各类科研项目，获批各级各类科研项目303个，其中获批国家自然科学基金项目7个、合作项目1个，合作获批国家自然基金海峡联合基金重点支持项目2个。首次获批国家社科基金重点项目、国家语委公开申报科研项目、福建省发改委石墨烯技术研发和产业发展专项项目等。获批各类科研经费6062万元。申请各类专利82件，其中发明专利49项；获批授权专利35件，其中发明专利13项、实用新型14项、外观设计8项。获第二届“啄木鸟杯”中国文艺评论年度优秀作品1项。主办或承办各级各类学术会议研讨会11场。

【社会服务】　2017年，泉州师范学院修订《泉州师范学院服务泉州经济社会发展行动计划》，发布《泉州经济社会发展蓝皮书（2017）》，打造校地发展共同体。为政府决策咨询服务，《福建省关于加快发展健身休闲产业的实施意见》等6项咨询报告获省、市各级政府采纳。组织参加第十五届中国海峡项目成果交易会、第三届中国（泉州）海上丝绸之路国际品牌博览会和第二十届海峡两岸纺织服装博览会，推介科研成果。在南安光电信息产业基地设立“泉州师范学院南安科研工作站”，委派科技人员驻站，推动校企合作。组织科技人员与泉州市发改委、石狮市等开展校地合作，推进“现代化新型非织造技术”等10余项成果的转化应用。开展泉州“海丝”历史文化研究，服务泉州“海丝”保护和申报世界文化遗产；开展南音新作《凤求凰》海内外巡演，助力泉州成为世界南音人才培养与学术研究交流中心。南音新作《凤求凰》被文化部列入2017年度全国舞台艺术重点创作剧名录，南音艺术传承基地获批教育部高雅艺术进校园项目，出版《凤求凰》DVD和《泉州南音（弦管）集成》（1—10册）。与中共泉州市委宣传部共建新闻传播学院。拓展继续教育工作，获批省级“十三五”中小学名师名校长培养单位、省级职教师资（通信类）培养培训基地、省终身教育重点建设项目（社区教育）示范基地、省级军转干部进高校专项培训试点单位。完成各级各类教育培训39期，共计5860人次，其中省级项目1154人次，市级项目4706人次。

【对台及对外交流合作】 2017年，泉州师范学院与台湾景文科技大学、台湾亚洲大学缔结姐妹学校，签订合作协议。为455名学生和交流生办理赴台手续，与台湾龙华科技大学签订2017年闽台“3+1”项目合作办学协议。与美国加州大学北岭分校、美国伊利诺伊州大学、新西兰商学院、捷克帕拉茨基大学、泰国博仁大学、马来西亚沙捞越大学6所国外高校缔结姐妹学校，签订合作协议。接待菲律宾、德国、法国、巴西等访问团组70多批次，300多人到校访问。100多名国（境）外学者到校开展学术交流和讲学。师生近750人次到国（境）外进行学习进修和文化学术交流活动。争取侨领陈守仁博士捐资200万元设立陈守仁国际交流基金，设立学生境外交流奖助金。新增与美国加州州立大学北岭分校、美国密苏里大学堪萨斯校区交流生项目。选派120多名学生到英国、捷克、韩国等高校交流学习。获省侨办经费支持，设立华文教师海外培训项目，首次选派教师到菲律宾华校进行华文教育巡讲，培训当地师资330人。承办2017年菲律宾华裔青少年学中文夏令营，接待和培训菲律宾华裔学生99人。选派10名学生到美国、菲律宾、缅甸等国任教。推进留学生教育，做好密克罗尼西亚学历留学生项目和国际船员培训项目，首次获省政府留学生奖学金支持，招收69名留学生到校学习。

职业教育与成人教育

【概况】 2017年，泉州市有招生资格的职业中专学校29所，其中公办学校22所、民办学校7所。教育部评定的“国家级改革发展示范性中等职业学校”3所，省教育厅评定的“省级改革发展示范性中等职业学校”4所，省教育厅立项建设的A级“示范性现代中等职业学校”5所、B级6所。全市职业中专学校设置107个专业，其中属于第一产业的有6个专业、第二产业21个专业、第三产业80个专业。2017年招生30962人，其中招收全日制职业中专学历教育学生24497人。

【职业教育活动周】 2017年，泉州市下发《泉州市教育局等六部门关于做好2017年职业教育活动周工作的通知》，活动主题为“共筑职教梦，喜迎十九大”。市教育局与市经信委、泉州晚报社在《泉州晚报》开设加快发展现代职业教育宣传专栏，全方位、多形式地宣传职业教育。全市职业院校通过开展开放校园、举办校园文化艺术节、举办公开教学周、技能比赛、社区服务等系列活动，营造关注职业教育、重视职业教育的氛围。

【中职特色校建设】 2017年，泉州市启动“泉州市中等职业学校特色校建设工程”，计划在“十三五”期间，建设一批面向泉州市产业发展需要、办学定位准确、办学基础良好、发展潜力较强的中等职业学校特色校。经过专家评审，确定安溪陈利职业中专学校等10所中职学校为特色校项目培育校。

【中等职业教育改革】 2017年，晋江安海职业中专学校、惠安开成职业中专学校通过福建省中等职业教育改革发展示范学校建设计划第二批（含第一批暂缓通过）项目学校验收。晋江职业中专学校仓储与配送实务、晋江安海职业中专学校数控铣床加工技术与项目实训被确定为福建省第二批职业教育精品在线开放课程建设项目。泉州华侨职业中专学校现代商务服务专业群、晋江华侨职业中专学校信息类专业群、晋江职业中专学校物流商贸专业群、安溪陈利职业中专学校农业机械专业群4个专业群被确定为2017年福建省职业院校服务产业特色专业群建设项目。晋江晋兴职业中专学校、晋江安海职业中专学校获2017年福建省职业教育教学成果奖一等奖、南安职业中专学校、晋江职业中专学校获二等奖。

【中职技能赛事获奖】 2017年，在全国职业院校技能大赛中，泉州市选手获一等奖1个、二等奖1个、三等奖13个。在2017年全国职业院校信息化教学大赛中，泉州市选送的作品获一等奖1个、二等奖4个、三等奖4个，占全省30.77%。在福建省职业院校技能大赛中，泉州市有21所中职学校189名学生参加比赛，有8个大类18个项目获一等奖，11个大类48个项目获二等奖，13个大类52个项目获得三等奖，总成绩位居全省前三。2017年福建省“网龙杯”职业院校信息化教学大赛，泉州市中职学校获一等奖作品10件、二等奖作品9件、三等奖作品11件，位居全省前列。泉州华侨职业中专学校以5金2银的成绩位列全省中职学校首位，市教育局获最佳组织奖。

2017年泉州市高职高专院校基本情况表

表36

学校 \ 项目	在校生数（人）	招生数（人）	毕业生就业情况（至2017年10月）		办学性质
			毕业生数（人）	就业率（%）	
黎明职业大学	8831	3691	3037	100.0	公办
泉州幼儿师范高等专科学校	5397	1794	1449	100.0	公办
泉州医学高等专科学校	7723	2862	2685	99.4	公办
泉州经贸职业技术学院	4352	2140	1629	99.3	公办
泉州工艺美术职业学院	1914	1357	503	92.2	公办
福建电力职业技术学院	1680	700	589	100.0	公办
泉州纺织服装职业学院	2016	2041	460	98.9	民办
泉州理工职业学院	5080	2135	1594	98.9	民办
泉州华光职业学院	5015	3225	1018	99.7	民办
泉州轻工职业学院	4309	2201	1123	99.2	民办
泉州海洋职业学院	2552	1452	479	98.1	民办
泉州工程职业技术学院	377	500	14	95.0	民办
合 计	49246	24098	14580	98.4	—

泉州黎明职业大学

【概况】 2017年，泉州黎明职业大学占地42公顷，建筑面积230042平方米，其中各类教室47446平方米，实验实训场所57211平方米。鲤城校区0.69公顷，建筑面积1.1万平方米。馆藏纸质图书88.7万册、电子图书6500GB，多媒体教室座位3730个。设有土木建筑工程、机电工程与自动化、信息与电子工程、纺织鞋服工程、材料与化学工程、经济管理、外语外贸与旅游（国际贸易）、文化传播和继续教育（国际交流）9个学院、40个专业，形成以应用工科、现代生产性服务业为主的专业布局。在校生13000多人（含成人教育）。2017届毕业生就业率100%。

2017年，泉州黎明职业大学有教职员工637人，其中高级职称教师216人（含正高职称18人）、博硕教师418人。双师素质教师占86.7%，拥有全国优秀教师2人，黄炎培职业教育“杰出校长奖”1人，教育部全国行业职业教育教学指导委员2人，全国石化行业教学团队1个、全国石化类教学名师1人；福建省优秀教师7人，省级教学团队4个、省级教学名师7人、专业带头人11人、省级高校“杰青”2人，省教育评估专家9人；泉州市“海纳百川”高端人才7人、市级“港湾计划”高层次人才29人；客座教授22人。根据高水平师资队伍建设要求，对教职工开展分层分级培训。29人入选泉州市高层次人才，133人次获市级以上表彰，其中国家级35人次、省级51人次、市级47人次。入选人社部高技能人才培训基地、全国高职院校“双师型”教师比例100强、省级职教师资培养培训基地，建有2个市级大师工作室、4个技能大师工作室。

2017年5月26日，福建省公办高职院校治理能力建设暨示范性现代职业院校建设现场推进会在泉州黎明职业大学召开 （图/泉州黎明职业大学）

【专业课程建设】 2017年，泉州黎明职业大学拥有国家级重点专业2个，省级示范专业9个、精品专业7个，省服务产业特色专业群3个。设有技能鉴定站，可开展35个工种技能鉴定。有5门在线开放课程和1个教学资源库获省级立项，2门课程入围福建省第二批继续教育网络课程建设方案。教学资源库《海上丝绸之路技艺传承与文化传播》通过教育部组织的网评，进入国家备选库。获省级教学成果奖二等奖1项、中国轻工业行业教学成果奖二等奖1项；有产教融合示范专业培育项目2个，专业群实训基地培育项目2个，省级多元投资主体职教集团培育建设项目1个，创新创业教育改革项目试点专业立项2个，泉州市职业教育建筑类公共实训基地1个，在线精品共享课程3门。获第二届全国职业院校教师微课大赛高职组一等奖1项、二等奖4项、三等奖5项；获国家信息化教学大赛一等奖1项、三等奖2项，是福建省首次获得一等奖；获信息化教学大赛省级一等奖3项、二等奖1项、三等奖3项。

【招生就业】 2017年，泉州黎明职业大学组织招生宣传小组到广东、海南等15个省，利用各种渠道扩大学校影响力，较好地完成2017年新生录取工作，录取新生3134人，其中秋季招考录取新生本科线上考生文史类（380分）31人，理工类（333分）100人，生源质量稳中有进。毕业生就业率100%，用人单位的满意度96%以上。

【科研与社会服务】 2017年，泉州黎明职业大学技术服务收入1179.05万元。54项校外纵向课题获立项，到账经费30.5万元；117件专利获得授权，其中发明专利7件，计算机软件著作权3件，累计发生各类专利费用近62万元；转化专利成果6项，1项发明专利获2016年度晋江市职工十大发明创新成果奖，海峡项目成果交易会和中国高校科技成果交易会上，实现项目对接3项。区、市专利资助到账12.3万元；承接横向课题49项，到账经费210万元。全年学校教职工发表论文187篇，其中SCI收录1篇，EI收录2篇，CPCI-SSH（社科及人文会议录引文索引）收录2篇，国际学术会议论文集收录2篇，三类以上论文46篇，核心期刊论文12篇，出版专著2部。组织、引导教师申报5类科研人才培养计划，1人入选福建省高等学校新世纪优秀人才支持计划；1人入选福建省高校杰出青年科研人才培育计划；新增9人入库泉州市科技咨询与评估专家。获省自然科学优秀论文奖1项，泉州市科技进步奖三等奖1项；中国高职图书馆发展论坛论文二等奖1篇，民盟福建省参政议政优秀调研成果一等奖1项，第七届海峡两岸高校设计奖视觉传达设计类银奖1项、铜奖1项、产品设计类铜奖2项；第十届海峡两岸（厦门）文化产业博览交易会获视觉传达类银奖1项、视觉传达类铜奖1项、产品设计类铜奖2项，海峡工艺优秀作品奖金奖1项，中华工艺精品奖入围奖2项；中国皮革业发展论坛暨中国皮革协会专业委员会年段镇基皮革和制鞋科学技术奖科技创新优秀奖2项。

【创新创业教育】 2017年，泉州黎明职业大学融汇创新创业与就业指导两项基本职责，在全省高职高专院校首创性地成立创新创业实体学院，实施党委书记“一把手”工程，打造“教育—实践—实战—孵化”创新创业教育体系，校企共建“创新创业+”专业实体，将创新创业教育贯穿人才培养全过程。获2017年中华职业教育创新创业大赛第一名；2017年创新创业竞赛成绩名列全省同行前茅，累计获省级以上奖项36个，其中国家级3个；吴文斌获全省高校“创业之星标兵”称号；学生申报专利8件；孵化成功4个项目；2个典型案例分别入载2017年、2018年福建省高职质量年报。

泉州医学高等专科学校

【概况】 2017年，泉州医学高等专科学校有洛江、清源、北门街等三个校区，占地面积32.68公顷，建筑面积203797.26平方米。校内实训基地总面积58620.11平方米，教学、科研仪器设备总值9591.2万元，馆藏图书总量53.45万册。拥有7所附属医院及分布在全省各地的教学实习医院、实习药企217家。设有11个教学教辅院部、中心、馆。设置有17个专业。面向全国招生，文理兼收，有全日制大专在校生7775人。成人教育设置10个专业，与福建医科大学、福建中医药大学联合举办5个专升本专业，在学函授学生1652人。拥有1个教育部、卫生部“第一批卓越医生教育培养计划”试点项目，2个教育部、财政部“高等职业学校专业服务产业发展能力”项目，3个福建省高职教育现代学徒制、二元制办学项目。1个国家级教学团队，2个省级优秀教学团队。1个全国健康服务类示范专业，1个省级产教融合示范专业点A类培育项目，2个省级服务产业特色专业群，6个省级高职精品专业，9个福建省高等职业教育示范专业。13门省级高职精品课程，3门省级精品在线开放课程。2个中央财政支持国家级实训基地，3个省财政支持高等职业教育实训基地，3个福建省高等职业教育生产性实训基地，1个省职业院校专业群实训基地A类培育项目。1个福建省高校应用技术工程中心建设项目，1个福建省高职院校应用技术协同创新中心建设项目。有教职员工512人，专任教师363人，其中副高以上职称120人，享受国务院特殊津贴专家1名，省级高校教学名师2名，泉州市“桐江学者”特聘教授1名。“双师型”教师占专业教师总数75.95%。

【惠安新校区科学谋划】 2017年，泉州医学高等专科学校党委科学谋划学校未来发展，争取惠安新校区建设用地，选定惠安黄塘为校区新址，提升办学质量和层次。组织撰写惠安新校区建设规划报告，争取取得市政府支持。科学谋划新校区，采取稳步推进，分步实施，分期建设的原则，由中职部先行搬迁入住黄塘中学。

【专业建设】 2017年，泉州医学高等专科学校出台《泉州医学高等专科学校专业设置与动态调整管理办法》，完善专业设置管理和专业动态调整机制。出台《泉州医学高等专科学校专业质量评估实施办法》，确定包括“专业定位与规划、人才培养方案、课程建设、实践教学、专业师资、学生满意度、人才培养质量、校院（企）合作与社会服务、社会评价与特色创新”9个方面的评估指标体系，开展专业评估，优化专业结构。主持全国高等职业院校卫生检验与检疫技术专业专业教学标准的研制工作，对接区域经济发展和行业发展需求，开展全国专业调研，建立与区域医药卫生和健康事业发展需求度高契合的国家专业教学标准，并通过教育部专业教学标准评审，在全国卫生检验与检疫技术的专业建设中起到示范引领作用。2017年护理专业获2017年省职业院校产教融合示范专业A类培育项目；临床医学类专业群、药学类专业群获批省职业院校服务产业特色专业群建设项目。药学专业群实训基地被确定为2017年福建省职业院校专业群实训基地培育项目。

【课程与教学改革深化】 2017年，泉州医学高等专科学校出台《泉州医学高等专科学校教学质量工程建设奖励办法》《泉州医学高等专科学校教学成果奖励实施办法（修订）》《泉州医学高等专科学校校、院（部）二级教学管理实施细则的通知》等，教学管理制度日趋完善。打造基础医学数字化教学平台，建设临床检验数字化教室，持续推进慕课、微课课程建设，依托信息化、虚拟仿真等，推动教学方法改革。《儿童护理》获福建省第二批职业教育精品在线开放课程。开展2017年“教学活动月”系列活动，举办活力课堂教学观摩竞赛、教师信息化教学竞赛、医学职业教育教学改革论文征集评选等活动。评选2017年校级教学成果奖获奖项目13项，其中《基于校行企共建“335”卫生检验与检疫技术专业人才培养模式的研究与实践》项目获2017年省级教学成果奖二等奖。

【校企“双主体”育人】 2017年，泉州医学高等专科学校推动学校与行业企业合作育人、合作发展，建立吕国荣、王翠玲、陈幼芳、郑书耘、王志刚、曾华彬6个名师工作室，其中医学影像专业吕国荣工作室获泉州市高等职业教育名师工作室立项。开展技艺、文化传承创新等活动。牵头医院、行业、企业成立“母婴健康服务应用技术协同创新中心”，获批福建省高职院校应用技术协同创新中心第二批建设项目。成立海西分子医学研究中心，完善提升“泉州市科技创新公共服务平台——SPF级动物实验室”，做好环境医学研究中心、天然药物研发中心、医学人文应用文科研究中心等应用技术协同创新平台，提升应用技术研发能力和社会服务水平。2017年，完成29项国家发明专利和实用新型专利的申请，4项实用新型专利获得授权。推行现代学徒制，深化“二元制”技术技能人才培养模式改革，康复治疗技术专业现代学徒制试点获批省第三批现代学徒制试点项目；护理专业、药品经营与管理专业获批省“二元制”技术技能人才培养模式改革试点项目。

【人才培养】 2017年，泉州医学高等专科学校承办2017年福建省职业技能竞赛“口腔医学技能”项目，并在国、省技能大赛中取得优异成绩。2017年，在省级技能竞赛中、高职组获二等奖6个、三等奖9个、优秀奖6个；国家级技能竞赛获一等奖1个、二等奖2个；国家行业协会技能大赛获一等奖2个、二等奖4个、三等奖13个、优秀奖1个。教师在省级、国家行业协会技能竞赛中获得特等奖1个、一等奖1个、二等奖2个、三等奖2个。

【科学研究】 2017年，泉州医学高等专科学校教职医护员工发表论

2017年5月10日，泉州医学高等专科学校第十一届校园科技文化艺术节开幕
（图/泉州医学高等专科学校）

文171篇，其中发表在核心刊物以上的论文64篇、SCI论文6篇；有市级及以上立项的科研项目33个；17个科技类项目获2017年泉州市科技计划项目立项；向省科技厅推荐申报2018年度福建省自然科学基金项目4项。

泉州幼儿师范高等专科学校

【概况】　2017年，泉州幼儿师范高等专科学校占地总面积35.47公顷，建筑面积13.86万平方米，实训基地建筑面积3.6万平方米，图书馆藏书51万册，固定资产总值40171万元，教学科研仪器设备3919万元，校内实训基地26个，校外实训基地126个。面向全国招生，2017年度招收新生2369人，全日制在校生达5397人。教职员工421人，专任教师258人，硕士学位以上教师155人，副高以上教师107人，双师素质教师188人。开设学前教育、小学教育、艺术教育、英语教育、特殊教育和休闲服务与管理等15个专业。

【示范校建设】　2017年，泉州幼儿师范高等专科学校推进“福建省示范性现代职业院校建设工程”项目，形成以学前教育、艺术教育和小学教育为核心的3大专业集群建设，艺术教育专业群获批福建省职业院校服务产业特色专业群立项建设项目，泉州幼儿师范高等专科学校为省“十三五”中小学名师名校长培养培训单位、“福建省教育科研协同创新基地”。面向社会开展培训12037人次，职业技能鉴定1512人次，为企业提供技术服务项目104个，校企对接科研成果项目9个，主持省市级科研项目28个，获实用新型专利2项，技术推广2项，被评为福建省第一届省级文明校园、泉州市落实学校综治安全目标管理责任制先进学校和服务贡献十佳职业院校。教师参加全省职业院校信息化教学大赛获一等奖、二等奖各1项，获省级教学成果奖一等奖2项。学生参加全国职业院校技能大赛获三等奖1项，省赛一等奖2项、二等奖13项和三等奖6项；参加全省高校师范生教学技能大赛获二等奖1项、三等奖6项。

【社会服务】　2017年，泉州幼儿师范高等专科学校毕业生1449人，就业率100%，对口率96.7%，本地就业比45.3%，起薪线2579元，位居全省师范类专科学校首位，增幅21.8%，用人单位满意度100%。承担闽宁、闽藏对口帮扶，派出14人支援宁夏，帮助宁夏培训干部与教师20名，为西藏洛隆县培训教师30名。接受10个省（区）30批183人参访学习，其中省外23批138人。帮扶12所幼儿园发展，承办学前教育全省技能大赛。推荐学生到新加坡就业，服务“一带一路”倡议。

2017年11月28日，西藏洛隆县教育系统师资培养泉州研修班在泉州幼儿师范高等专科学校开班　（图/泉州幼儿师范高等专科学校）

泉州经贸职业技术学院

【概况】　2017年，泉州经贸职业技术学院占地面积33.47公顷，建筑面积11.73万平方米。设有会计系、商务系、信息技术系、轻工系、经济管理系、公共基础部、继续教育部、思想政治教研部8个教学系（部）和1个二级分院（慈山分院）；开设会计（注册会计师）、国际商务、商务英语（跨境电商）、网络营销、港口与航运管理、物流管理、服装设计与工艺、汽车运用与维修技术、应用电子技术等22个专业（含专业方向），面向全国招生。于2017年4月通过省教育厅专家组的第二轮人才培养工作的评估。在编教职工295人，专任教师202人，全日制在校生4343人。馆藏纸质图书45余万册，电子图书资源16000GB。

2017年，泉州经贸职业技术学院专任教师具有高、中级职称教师占的70%以上，博士、硕士研究生学历、学位教师占40%以上，“双师素质”教师占80%以上；5位教师获得省级及以上优秀教师、教学名师和专业带头人称号，1个教学团队被评为省级优秀教学团队；有1位教师被列入省级100名高职专业带头人培养计划，1位教师被评为第11届中国十名优秀国际项目经理（IPMP），1位教师被评为泉州哲学社会科学领军人才，1位教师被确定为国家发展改革委首批PPP专家（全国343名），2位教师被聘为省级创业指导师。

【特色项目】 2017年，泉州经贸职业技术学院注重内涵建设，实施全员参与、全过程渗透、全领域覆盖之“三全”培养学生职业核心能力，推进供给结构改革，取得明显成效。一方面将职业核心能力培养融合渗透到教育教学全过程，促进教学改革持续深化，全面提高学生学习的积极性和主动性，另一方面建设一支水平过硬的职业核心能力师资队伍。举办4期国家职业核心能力骨干师资培训班，有1位教师被聘为国家职业核心能力专家团专家，28位教师获国家职业核心能力高级指导师和国家技能鉴定高级考评员资格。在研究成果方面，汇集38篇学院教师教学改革论文的《高职教育供给侧改革探索——融合培养学生职业核心能力案例集》，由厦门大学出版社编辑出版。被人力资源和社会保障部授予“国家职业核心能力培训认证项目示范培训基地”“职业核心能力水平认证考评点”“国家职业核心能力教育示范基地”“国家职业核心能力培训与认证泉州管理中心”。与实施“三全”培养学生职业核心能力的供给结构改革相配套，还同步建设“互联网+”线上线下结合自主学习平台，推进供给方式改革。构建“互联网+”线上线下结合自主学习平台，开发《走进泉州》《经贸在线》等特色化校本在线课程180门，推进线上线下结合混合学习方式，并以此推动线上线下“混合式学习”“小组协作学习”“移动学习”等学习模式改革及“翻转课堂”“体验式教学”“项目教学”“案例教学”等行动导向教学模式的推广。

【实践教学】 2017年，泉州经贸职业技术学院重视实践教学在人才培养工作中的突出作用，强化和改进实践教学，培养和提高学生的专业技能。筹措资金，加大投入，改善实践教学条件。有财税一体化实验室等功能齐全的校内实验实训室61个；与福建双喜集团、新华都有限公司、厦门布塔信息技术股份有限公司、泉州宏兴记账有限公司、中国邮政集团公司泉州分公司等企业建立校企合作关系，推行“订单培养”“二元制”“现代学徒制”等人才培养模式，共建校外实习基地78个，实验、实训开出率100%，基本满足实践教学的需要。全面实行为期半年的顶岗实习制度、“双证书”和“课证融通”制度，毕业生双证书率达95%，初次就业率达95%。重视学生技能的培养和锻炼，推行“以赛促教”“以赛促练”“以赛促提”，促进学生专业核心技能与职业核心能力的提高，人才培养质量稳步提升。近两年各专业学生在全国ERP沙盘模拟经营大赛总决赛、全国大学生金融精英挑战赛、全国服装设计与工艺职业技能大赛、全国院校商业精英挑战赛等各类国家级技能竞赛中获一等奖6项、二等奖7项、三等奖21项；在全省各类技能大赛中，获一等奖9项、二等奖22项、三等奖24项。

【科研成果】 2017年，泉州经贸职业技术学院设有科技协会、地方文化研究中心等20多家科研机构；主持完成省、市级研究课题22项，“项目带动”校级课题50多项。其中《打造6C培养模式推进大学生创新创业》获2017年省职业教育教学成果奖特等奖；主编教材或出版专著6部，在CSSCI、本科学报等CN刊物上发表论文100多篇，获得实用新型专利4项。

【社会服务】 2017年，泉州经贸职业技术学院发挥学院职业技能鉴定站工种较为齐全的优势，提供会计、电子商务、物流管理、国际商务、市场营销等专业的职业技能、职业资格证书、专业技术职称等的培训和技能鉴定。开展校内外职业技能鉴定3413人次，为地方经济发展培养培训急需紧缺人才。利用教学资源优势，与市财政局、市人社局合作，开办福建省会计从业资格考试和泉州市国家公务员考试等常设考点，提供相关服务；2017年组织32522人次参加会计从业资格考试、公务员考试、事业单位招考、经济师考试、二级建造师考试、资金从业资格考试等。泉州经贸职业

2017年9月18日，泉州经贸职业技术学院与福建双喜集团举行服装设计与工艺专业“二元制”技术技能人才培养2017级新生开班仪式

（图/泉州经贸职业技术学院）

技术学院还主动向企业和兄弟院校提供职业核心能力培训，取得较好的社会效益和经济效益。参与协办第九届海峡论坛•李光地文化节暨海峡两岸大学生文创峰会，体现服务社会的教育功能。

泉州工艺美术职业学院

【概况】 2017年，泉州工艺美术职业学院占地面积20.33公顷，总建筑面积7.72万平方米。设有18个全日制专业，8个成人教育专业，面向全国招生。三年制大专录取人数875人，报到学生739人，报到率84.45%；五年制大专253人，招生录取生数取得建校以来最好成绩，在校生规模突破1916人。

【师资队伍建设】 2017年，泉州工艺美术职业学院印发实施《学院教职工年度考核暂行规定》，根据学院发展需要，选派30多名教师参加访学、进修（其中出国境研修5人），遴选2018年度访问学者2人，培育教学科研骨干、专业带头人和教学名师，提高“双师型”教师比例和教师团队建设水平。与广东轻工职业技术学院开展教师综合素质提升培训班，学院150名教师参加并获得培训证书。做好学院紧缺教师的招聘工作，新招聘教师12名。强化师德师风建设，开展院级教学名师评选活动并评出5位教学名师，启动开展学院“最美教师”评选活动，开展院级专业带头人届满考核，全面落实师德“一票否决制”。推进课时津贴改革，全面提高教师待遇。新增福建省陶瓷艺术大师3名、建省陶瓷艺术名人1名、福建省创业导师1名；赖双安获评中国轻工业职业教育教学名师，赖颖秦获评福建省优秀教师；3名教师入选泉州市高校中青年专业带头人培养对象；工商管理系获评“泉州市三八红旗集体”、1名教师获“泉州市优秀共青团干部”称号，2名教师获阿里巴巴“百年橙师”资格认证。黄永星作品《何朝宗》获“中国白”国际陶瓷艺术大奖赛优秀奖。

【课题立项】 2017年，泉州工艺美术职业学院向省、市各部门申请各类项目22个（国家社会科学基金艺术学青年项目1个，省中青年教师教育科研项目13个，省教育科学“十三五”规划课题2项，省社会科学规划基础研究项目1个，泉州市科技重点项目1个，泉州市社科规划项目2个；市教育科学“十三五”规划课题2项），同时推荐1本著作参评福建省第十二届社会科学优秀成果奖；组织8个在研项目结题。参与国家财政部、发改委下达的德化陶瓷产业园区循环化改造项目的企业调查、子项目立项考察、技术指导等，促进德化县域经济节能减排工作的发展。与龙岩高岭土公司合作，开展低品位瓷土矿的应用研究与推广，取得较好效果。作为牵头单位发起成立泉州市工艺美术学会，吸引100多名泉州市不同艺种的大师、从业者入会，致力泉州工艺美术产业文化的发展、产业的繁荣，增强工艺美术文化研究的力量。

【创新创业教育】 2017年，泉州工艺美术职业学院邀请省大学生创新创业与就业公益导师服务团到校开展讲座，将创新创业教育引入美院大讲堂，开展“2017年‘互联网’大学生创新创业大赛”“校园井盖彩绘大赛”等一系列院级创新创业大赛系列活动，组织学生参加上级各类创新创业大赛，举办“职场模拟”集中培训，选派12支团队入驻“大学生创业孵化（安成）基地”并遴选创业导师指导，建设创客咖啡厅、创意设计中心，强化创新创业实践指导。举办2017届毕业生供需见面会，组织邀请42家用人单位到校招聘人才，为毕业生提供就业岗位800多个，邀请老工匠珠宝有限公司、九牧集团、乐普艺术陶瓷有限公司等企业到校举行专场招聘会，收集发布2000多条网络就业信息，服务好学生的就业工作。

【社会服务】 2017年，泉州工艺美术职业学院围绕地方经济社会发展的需求，根据学院的办学基础，为地方提供个性化的服务。协同德化县人社局等部门调查德化企业的人才需求和培训需求现状，形成调研报告，并以此为基础，组织二期

2017年4月17日，来自8个国家的35名女学员参加泉州工艺美术职业学院承办的“2017年发展中国家妇女能力建设研修班”

（图/泉州工艺美术职业学院）

中、高级技能鉴定考试，351人次参加，其中获合格、优秀人数236人；举行二期陶瓷类高技能人才社会化考核，认定技师9人次、高级技师52人次；举办SYB创业培训10期，培训288人；联合德化县工业设计协会，开展工业设计培训180人。加大成教招生力度，举办艺术设计、工商企业管理等专业成人教育，录取函授大专艺术设计专业新生40人；招收专本衔接考试学生72人。依托办学特色，开展特色服务，举办第二期和第三期“建阳区陶瓷工艺美术培训班”，培训83人；完成灯彩、德化瓷烧制技艺2个百工录子项目的建设；建设成为阿里巴巴“跨境电商人才培育基地”，培训阿里巴巴跨境电商人才243名。出版《手拉坯进阶技法》著作，为手拉坯从业者、爱好者提供指导。

【交流合作】　2017年，泉州工艺美术职业学院与陕西铜川职业技术学院、湄洲湾职业技术学院等院校建立校际合作关系，与陕西黄堡工业园区签订战略合作框架协议，与泉州市华浔品味装饰有限公司、厦门火星时代科技有限公司、福建省网龙普天科技有限公司等签订校企合作框架协议；与泉州市憨鼠网络科技有限公司、德化县唐丰陶瓷有限公司等10家企业签订“二元制”改革合作协议；与中国美术学院工业设计研究院签订战略合作协议。与福建省外经贸干部培训中心建立长效合作机制，2017年开展“海丝情•陶瓷韵”国际文化交流活动6期，来自埃及、斐济等20个发展中国家的300名学员到校学习陶瓷文化、感受陶瓷魅力；接待100多名中国香港地区大学生和印度尼西亚华裔青少年到校学习非遗文化；举办第二期美术素质教育与高考改革新趋向论坛，开展泉州市文化创意职业院校联盟活动，举办联盟校长研修班和骨干教师培训班各1期。举办2017节毕业生作品展，吸引1000多名外地师生到校观看。协办做好201年中国技能大赛——第三届全国陶瓷职业技能竞赛、福建省陶瓷行业技能竞赛、第六届福建省陶瓷艺术与设计创新大赛、“何朝宗杯”2017年中国（德化陶瓷工业设计）大赛等。德国文化经济促进会领导、乌克兰国家美术与建筑学院领导、英国威尔士大学校长等到到校参观交流。

民办教育

【概况】　2017年，泉州市有民办中小学、幼儿园1040所，占全市学校总数的32.48%，其中中等职业学校8所，民办中学23所，民办小学27所，民办幼儿园982所；全市民办中小学、幼儿园在校生数27.55万人，占总数的17.35%。有民办高等学校10所，其中本科高校4所、高职高专院校6所。截至2017年11月，全市有非学历教育培训机构193所，其中在教育部门办理办学许可证的133所；无证非学历教育培训机构248所，其中限期整改的教育机构193所，依法被取缔的无证教育机构55所。2016年9月以来，新增民办学校56所，其中民办中学3所，民办幼儿园49所，非学历教育培训机构4所。全市有1所民办高中通过省三级达标高中的验收，有6所民办园被评为“福建省示范园”，15所民办园被评为“泉州市示范园”。

【民办教育改革】　2017年，泉州市召开两次专题会议，开展两次实地调研，举办一次专题培训和组织研修班外出考察学习，对民办教育分类管理改革进行政策解读，学习先进地区民办教育改革经验做法，对民办学校的举办者、校长进行部署动员，针对民办学校分类登记、分类管理的核心关键问题开展互动研讨，了解民办学校的办学成效和实际困难，梳理当前泉州市民办教育热点难点问题，为今后泉州市实施民办学校分类管理改革平稳过渡奠定基础。组织《福建省民办教育促进条例》立法调研，举办泉州市民办教育高级研修班，针对中国民办教育改革和发展趋势，剖析现行民办教育政策走向，探讨民办学校办学过程中的热点、难点问题，借鉴发达地区的成功经验，拓展民办教育的政策视野和办学思维，梳理科学办学理念和经营理念，促进民办学校办学品质的整体提升。

【民办中小学专项督导】　2017年，泉州市开展民办中小学专项督导，对民办学校办学条件、财务管理、规范招生、教师队伍建设、学校安全管理、素质教育开展情况等进行专项检查，督促学校依法依规办学。

【幼儿园办园行为规范】　2017年12月，泉州市在全市范围内全面部署开展幼儿园规范办园行为专项督导检查，以依法办园、管理机制、师资准入、师德师风、安全工作、卫生保健六大方面作为督查重点，要求各单位要重点抓、抓重点、查不足、排隐患，建立起幼儿园办园行为的常态监测机制，加强对幼儿园的风险防控和监管。

【特色办学探索】　2017年，泉州市引导学校立足办学特色和优势，坚持开放办学，发挥优势，加强师资队伍建设和学科建设，提升办学品位，探索民办教育特色化发展，促进民办学校内涵发展和提高办学水平，培育一批高质量有特色的民办学校，打造泉州市民办教育品牌。全市有1所民办高中通过三级达标高中的验收，有6所民办园被评为“福建省示范园”，15所民办园被评为“泉州市示范园”。

【非法集资及无证教育机构整治】　2017年，泉州市下发《泉州市教育局关于做好全市民办学校开展非法集资

2017年10月25日，仰恩大学与中国人民银行泉州市中心支行、中国农业银行泉州分行主办的银校诚信文化共建暨校园诚信文化节启动仪式举行 （图/仰恩大学）

风险隐患排查工作的通知》，实行属地责任，各县（市、区）教育局、各民办学校成立领导小组，按照“宁可工作交叉，不可留下空白”的原则，开展全覆盖、无盲区、无遗漏的拉网式、抄底试摸底排查。通过滚动式摸排和常态化排查相结合，全面实时掌握本辖区的重点问题，把影响社会和谐稳定的因素查清，把矛盾问题找准，做到底数清、情况明。各县（市、区）教育局设立防范和打击非法集资举报电话和留言信箱，接受群众的举报和反映。对民办学校因自身发展向银行等金融机构贷款的，继续督促民办学校制定切实可行的偿债办法和计划，有效化解债务危机，确保学校正常的教育教学秩序，维护社会稳定。

2017年，泉州市针对无证民办园和教育培训机构的数量、分布和实际情况，实施分类指导，分类处理。对可整改的民办园和教育培训机构明确整改项目和要求，制定整改对策，限定整改时间。经整改符合办学条件的，引导其补办办学许可证，并及时做好相关登记报备工作；对缺乏基本办学条件，存在严重安全隐患的依法取缔，妥善安排被取缔无证民办园幼儿的分流工作。对未经批准、非法开展各种教育教学活动的无证民办园和教育培训机构进行曝光，让家长及时了解专项治理信息，有序选择规范、合格的民办园和教育培训机构。全市9所无证民办园经整改已补发办学许可证，33所无证民办园和55所无证培训机构被依法取缔，2303名幼儿被当地教育主管部门顺利分流。还有441所无证民办园和193所无证培训机构限期整改。

表37

2017年泉州市民办高校基本情况表

学校＼项目		在校生数（人）	招生数（人）	毕业生就业情况（至2017年10月）	
				毕业生数（人）	就业率（%）
仰恩大学		5962	1610	1522	99.0
福建师范大学闽南科技学院		7004	1830	2298	98.9
闽南理工学院		14594	4420	3888	95.1
泉州信息工程学院	本科	6275	2540	—	—
	专科	1994	260	1669	98.7
泉州纺织服装职业学院		2016	2041	460	98.9
泉州理工职业学院		5080	2135	1594	98.9
泉州华光职业学院		5015	3225	1018	99.7
泉州轻工职业学院		4309	2201	1123	99.2
泉州海洋职业学院		2552	1452	479	98.1

续表37

学校＼项目	在校生数（人）	招生数（人）	毕业生就业情况（至2017年10月）	
			毕业生数（人）	就业率（%）
泉州工程职业技术学院	377	500	14	95.0
合 计	55178	22214	14065	98.2

仰恩大学

【概况】 2017年，仰恩大学占地面积1217550平方米，建筑面积415484平方米，其中教学行政用房面积152815平方米，实验实习场所面积51339平方米。运动场馆36个，总面积118885平方米。教学科研仪器设备资产总值7735.7万元，拥有纸质图书136.8万册，电子图书92.6万册。设有8个学院，5个直属系部，22个本科专业，其中在招专业18个，涵盖管理学、经济学、工学、文学、法学五个学科门类。年内下达专升本和普通本科招生计划1610人，实际录取1607人。全日制在校生5952人；专任教师310人，硕士及以上学位教师约占67.4%，高级职称教师约占20%。2017年，仰恩大学1位教师入选2017年度“福建省高校杰出青年科研人才培育计划”，1位教师获评“2015—2017年度福建省优秀教师”，4位教师入选泉州市高层次人才，2位教师入选福建省创业导师，8位教师入选泉州市创业导师。选派教师参加各级各类进修培训440人次，其中攻读博士学位3人、攻读硕士学位13人，到国（境）外参访培训44人。成立仰恩大学教师发展中心，分阶段、分步骤地开展教师发展提升相关服务，完善教师培养和专业发展机制。制定《仰恩大学教职工手册》《仰恩大学柔性引进讲座教授的相关规定》，修订《仰恩大学教师进修管理办法》。

【学科专业建设】 2017年，仰恩大学围绕地方经济社会发展需求，结合实际情况，建立学科专业动态调整机制，当年停招行政管理专业，新增工业工程专业。重点建设2个省级应用型人才培养专业群试点项目、2个省级服务产业特色专业、3个省级创新创业教育改革专业；抓好2个校级重点建设专业群、4个校级重点建设专业、2个校级重点建设课程群的建设工作。2个学科（工商管理、应用经济学）入选省级应用型学科立项建设项目，1个学科（计算机科学与技术）入选省级应用型学科培育项目；2个专业群试点项目（金融服务业专业群、文化创意产业专业群）入选省级示范性应用型人才培养专业群；2个专业（英语、计算机科学与技术）被增列为省级创新创业改革试点专业。完成5个专业（金融学、英语、广告学、计算机科学与技术、市场营销）的福建省普通高等学校本科专业评估任务。

【教学与科研】 2017年，仰恩大学强化教学督导检查，开展青年教师教学竞赛、微课教学比赛等教学竞赛，举办教学观摩、优秀班级创建、教学名师和教学成果评选等活动。3门课程入选省级精品资源共享课；教研项目《应用型本科院校中的中文学科转型》入选福建省教育科学“十三五”规划2017年度课题。14项在研省部级教育教学研究与改革项目中，3个项目为福建省本科高校重大教育教学改革研究项目。自编教材《大学生职业发展与就业指导》（第二版）获评福建省2017年本科优秀特色教材；仰恩大学被评为2016—2017年度“最受高中欢迎高校”。制定《仰恩大学科研成果奖励办法》，设置学术论文奖、学术著作奖、科研项目奖、优秀成果奖、专利奖5个奖项。年内立项各级各类科研项目115个，其中市级及以上科研项目57个。到账科研经费395.85万元。市级以上科研项目结题39项，按期结题率90.7%，结题通过率100%。公开发表论文73篇，其中EI收录1篇、核心期刊3篇。“文化创意虚拟仿真实验教学中心”获批省级虚拟仿真教学中心，“跨学科物联网人才培养实验教学示范中心”获批省级实验教学示范中心。

【信息化建设】 2017年，仰恩大学开设4间研讨教室、6间军事理论专用教室、15间录制教室、148间普通多媒体教室，分两批次更新仰恩楼、吉隆楼40间多媒体教室的投影仪，为22间多媒体教室配置移动终端辅助教学设备，校内所有多媒体教室均安装“雨课堂”智慧教学软件，并开通教室、实验室互联网接入，方便教师开展基于互联网的移动终端辅助教学。更新高配置计算机330台，在满足公共计算机教学的基础上，可开设计算机图像处理、数据库管理与开发、OpenStack云平台基础等实验实践类课程。依托仰恩大学教师在线学习中心，开设网络公开课10门，公开选修专题30门，每周推送2—3个国内知名专家学者的专题讲座。建立云桌面实验室，通过云服务器将管理学院综合实验室和会计学院电算综合实验室

2017年11月16日，升学在线2017高中高校对接峰会（福建）暨厦门理工学院高中校长论坛在厦门举办，仰恩大学获评“最受高中欢迎高校”（图/仰恩大学）

联系起来，方便统一管理和共同下发任务。开展经济与金融教学示范中心软硬件建设和平台建设，在原有基础上新增SimTrade外贸实习平台和商务英语函电教学平台，并与上海孚盟软件有限公司合作，建立孚盟外贸教学实习平台。同时将经济学院银行实验室、会计学院实验室、沙盘实验室等纳入经管类创新创业教育综合实验中心的建设中，形成财务决策、物流、现金流/资金流、信息流为一体的经管类跨专业创新创业教育综合实训平台。

【创新创业教育】 2017年，仰恩大学创新创业教育改革不断深化，初步形成以创新创业通识课程为基础、以学科前沿为引领、以实践训练为平台的线上、线下兼具的课程体系。全校有创新创业导师135人，初步建成专兼职结合、多学科专业融合的创新创业教育导师队伍。建立学生创新创业成绩无纸化档案，实现学生创新学分申报、学院审核、数据统计、学生个人创新创业学分积累与转换成绩单均在教务系统上完成。第二课堂活动深入开展，学生专利申请工作取得突破，完成专利申请123项，10项获得授权，另有2项通过实审等待授权。大学生创新创业训练计划项目持续推动，2017年立项建设40项，其中5项获立国家级大学生创新创业训练计划项目，30项获立省级大学生创新创业训练计划项目，其中“茄子直播——专注民间体育赛事”获评省级大学生创新创业优秀项目。获省级以上学科和技能竞赛奖项54项，其中国家级28项、省级26项。参加第十三届“挑战杯”大学生课外学术科技作品竞赛，报送的10件作品中，1项获省赛二等奖、3项获三等奖、4项获优秀奖。参加第四届“创青春”福建省青年创新创业大赛，1个项目获优秀奖。与洛江区妇联共建洛江区女大学生创新创业基地。大学生创业园被认定为泉州市众创空间，有47个项目完成入驻，其中15个创业项目完成工商注册。1个项目获省级资助5万元，6个项目获市级资助12万元。与福建三二一电子商务咨询管理有限公司签订合作协议，公司派出优秀讲师和管理人员，在产业园对70余名大三、大四学生进行为期一个月的“亚马逊”跨境电子商务平台的实操培训，并对学习效果较好的学生进行定向人才输送。

【对台及对外交流合作】 2017年，仰恩大学与台湾高雄第一科技大学商定引进其国际商学院（AACSB）认证教育模式，并就开设跨境电子商务人才培养实验班达成合作意向。邀请台湾短期教授团到校讲学授课8人次，开设创新创业类课程8门，聘任台湾专任教师6人。选送69名学生到台湾交流学习。选派25名教职工到国（境）外交流访学。与4所国（境）外高校签订合作协议或备忘录。近10位国（境）外校方领导和学者到访交流。海内外聘请外籍教师7人次。

科学技术

责任编辑：何佳媚

综　述

【概况】 2017年，泉州市科技系统围绕市委、市政府有关科技创新工作的决策部署，以开放创新聚资源、以协同创新增能力、以大众创业万众创新添活力，推动重点关键环节创新不断突破，开创全市科技创新发展新局面，各项工作取得新成效。全年新认定高新技术企业166家、科技小巨人领军企业198家，有效期内高新技术企业达390家，为14家高企转报高新技术企业科技保险补贴，落实保险补贴资金51.04万元。设立15亿元高新技术企业发展基金，鼓励商业银行开展高新技术企业投融资业务。其中兴业银行泉州分行向48家高新技术企业授信4.54亿元；与农行泉州分行合作设立高新技术融资“科创贷”业务，向12家高新技术企业授信1.36亿元。组织实施新材料、生物与新医药产业转型升级路线图，加大科技计划项目扶持力度，首批立项支持高端装备制造业、新能源、新材料、生物与新医药等重点产业科技项目19项，补助经费475万元。泉州国家农业科技园区通过国家科技部验收。泉州（台商投资区）和永春两个省级农业科技园区通过省科技厅验收评估，泉州省级农业科技园区在全省9个农业科技园区评估中得分排名第一。新增省级工程技术中心5个，市级工程技术中心12个，省级孵化器3个，省级新型科研机构7个，省级重点实验室4个，省级众创空间9个；国家级星创天地6家，省级6家。

【科技计划项目】 2017年，泉州市组织实施各级科技计划项目310项，经费投入9116.13万元，其中：省级项目134项，下达经费4073.13万元；市级项目176项，下达经费5043万元。

科技成果与奖励

【成果】 2017年，泉州市科技局继续做好科技成果登记等工作。全年完成有效科技成果登记31项，其中推荐报送省科技厅成果登记31项。组织开展2017年度泉州市科学技术奖励评选工作。全市推荐有效报奖项目158个，经形式审查147个合格，有效申报的各类科技人才（主要完成人）超过750人。全年全市登记技术合同89项，合同成交金额8387.56万元。

2017年5月20日，2017年泉州市海洋技术产业技术创新高峰论坛暨项目对接会在泉州国家农业科技园区海洋生物园举办　　（图/市科技局）

【奖励】 2017年，泉州市有5件专利获第十九届中国专利奖优秀奖，分别是福建浔兴拉链科技股份有限公司的“一种压胶机的切胶装置”、泉州华祥纸业有限公司的“废纸脱墨浆生产薄页包装纸的制造方法”、泉州市天龙环境工程有限公司的“一种喷漆有机废气的净化装置及溶剂回收方法”、福建省佳美集团公司的“陶瓷薄板的烧成工艺”、厦门大学和信和新材料股份有限公司的“一种聚苯胺重防腐涂料及其制备方法”。1月9日，中共中央、国务院在北京举行国家科学技术奖励大会，蜡笔小新（福建）食品工业有限公司参与完成的“果蔬益生菌发酵关键技术与产业化应用”获2016年度国家科技进步二等奖。9月1日，省政府表彰2016年度福建省科学技术奖。泉州市（含驻泉州单位）有26项成果获2015年度福建省科学技术奖，其中技术发明奖二等奖1项、三等奖2项，科技进步奖一等奖1项、二等奖6项、三等奖16项。11月22日，市政府通报表彰2017年度泉州市专利奖，表彰“薄膜太阳能电池模板电流密度补偿方法201010254064.6”等6个项目为泉州市专利奖一等奖，“节省使用空间的鞋类自动化生产线及鞋类自动化制作方法201410372019.9”等15个项目为泉州市专利奖二等奖，“一种链轨节的新型工装夹具201310340900.6”等30个项目为泉州市专利奖三等奖。根据《泉州市专利奖评奖规定》，对一等奖每项奖励人民币20万元，二等奖每项奖励人民币10万元，三等奖每项奖励人民币5万元，合计发放泉州市专利奖奖励资金420万元。

科技交流与合作

【概况】 2017年，泉州市科技局组织实施“产学研合作计划”，面向泉州市企业与企业家联合会会员单位等公开征集到21个技术需求项目，择优扶持4家企业开展市级产学研合作项目。

【交流与合作】 加强对企业申报福建省中科院STS计划配套项目（院地合作）的引导，推荐5家企业的院地合作项目，截至年底全市开展院地合作项目70多个。组织泉州市企业参加中国·南亚科博会、福建省智慧医疗科技成果推介对接会、福建“6·18”科技投洽会、中国·满洲里国际科博会、中国·南亚东南亚技术转移对接会及科博会、中国·东盟技术转移与创新合作大会、厦门“9·8”科技投洽会、福建省微电子产业科技成果推介对接会、中国国际高新技术成果交易会、海丝创新合作暨科技外交官跨国技术转移专场等各类展会、科技成果推介会与论坛10多场，推荐企业成果展示、技术需求等各类项目50多个。其中，在2017年南亚东南亚技术转移对接会上，泉州国光软件开发有限责任公司（优守卫）作为福建省唯一代表上台演讲。4月23—28日，与市委组织部组团到台湾进行人才科技交流考察活动，促成泉州华中科大智能制造研究院与台湾科技大学智慧型机器人研究中心达成机器人视觉技术合作协议、市物联网科学学会与台湾物联网协会达成物联网技术应用开发战略合作协议等5项合作协议或意向。10月31日，市科技局与清华大学科技开发部签订《泉州市科技局与清华大学科技开发部产学研合作备忘录》。12月22日，泉州市生产力促进中心与泉州市尚德投资咨询有限公司举办泉州与台湾生物医药产业产学研对接会，邀请台湾专家推介“骨碎补抗骨质疏松健康食品开发”“铁皮石斛开发及应用”“香菇多醣开发及应用”“生物废弃物急速有机肥处理最新技术”“3D图像处理及印刷技术”等技术，同时邀请泉州相关企业进行对接。

【技术机构设立】 2017年，泉州市经省级批复设立3家国家技术转移海峡中心分中心、1家人才培养分基地和1家福建省技术转移机构，分别是：国家技术转移海峡中心泉州分中心（依托泉州市生产力促进中心）、国家技术转移海峡中心晋江分中心（依托晋江市技术市场管理站）、国家技术转移海峡中心装备智造分中心（依托泉州市装备制造业协会）和国家技术转移人才培养（泉州）基地（依托泉州市科技培训中心）、福建省级技术转移机构（福建海峡西岸知识产权研究院有限公司）。

科学普及与宣传

【概况】 2017年，泉州市科技局与各大主流媒体开展合作，加大对科技重点工作和政策的宣传力度。通过《科技日报》《中国工业报》《泉州晚报》及泉州广播电视台等主流媒体陆续刊发多条重要信息、专题报道、政策解读，集中展现全年各项科技工作进展情况、取得成效。发挥泉州市科技信息网科技门户网站及微信公众号的作用，加强科技信息宣传工作，及时发布各级各类科技政策和解读内容，公开科技项目申报等各项办事指南，为社会公众及时全面地了解泉州科技工作提供便捷高效的窗口。

【报刊出版】 2017年，泉州市科技局编辑出版《侨乡科技报》50期，国内发行30余万份，与菲律宾《商报》合作编印出版《侨乡科技报》海外版52期，海外发行80多万份。2件作品分获第三十届（2016年度）科技报系统优秀作品二、三等奖。编发《科技信息参考》动态版22期，专题版15期，供市领导参阅。

【人才活动周】 2017年5月20—27日，以“科技强国，创新圆梦”为主题的2017年泉州市科技·人才活动周在泉州市各地同时举行。通过展示科技创新成就、大众创新创业成果，宣传科技创造美好生活，激发科技创新创业热情，营造支持科技创新、促进科学发展的社会氛围。据不完全统计，2017年全市有311个单位、299名科技人员参加科技周活动，开展各类科技周活动48项，参与活动的群众达23450人次。其中，举办科技报告会（讲座、研讨会）16场；科技培训16期，受训农牧民近1640人次；科技下乡活动39次，科技咨询服务3320人次、技术服务18人次、义诊服务1562人次，赠送农资、物品45000元；开放科研院所、高校1所，科普基地10个；发送科技短信500条、科技资料17600份，展出宣传展板14块、科普画廊30米，放映科普影视1场。

科技服务

【概况】 2017年，泉州市推进科技成果转移转化，采取“一院一策”“实体办院、投管分离、专业化运营”等方式，鼓励建设微波技术研究院等40家新型科研机构，投入研发资金超5亿元。推动成立泉州市人才创新共享联盟，聚集研发人员441人，开放共享仪器设备近150台，承担各类科技项目237个，获发明专利198项。新引进泉州南京大学环保产业研究院等高端平台，与清华大学科技开发部签订产学研合作备忘录，泉州“数控一代”科技创新中心加快建设。截至年底，泉州

2017年10月31日，市科技局与清华大学科技开发部签约建立产学研合作关系（图/市科技局）

市拥有中科院海西研究院泉州装备制造研究所等16家高层次科技创新公共服务平台。建成28家科技孵化器（其中国家级2家、省级18家）、44家众创空间、9家国家级星创天地（数量居全省第一），集聚创客团队648个，初创企业354个。

【新型研发机构建设考察】 2017年1月9—13日，泉州市科技局和市委政研室组织部分县（市、区）科技部门、新型研发机构代表学习考察广东省广州、东莞、深圳三市新型研发机构建设情况，并邀请广东省科技情报研究所专家作题为《关于新型研发机构的实践案例与思考》的讲座。

【科技金融服务平台】 2017年，泉州市生产力促进中心作为合作单位，联合海峡股权交易中心（泉州）有限公司开展科技金融服务方面合作，共建泉州市科技金融服务平台，共同申报中央引导性项目。举办科技金融如何做好融资方案及融资路演讨论沙龙、首批18家挂牌展示企业暨泉州市十佳创客项目科技金融对接会，并对企业需求进行征集汇总，组织各类投资机构带队到企业进行一对一走访。9月，举办科技型企业科技金融对接暨融资项目路演会，泉州市比邻三维科技有限公司、泉州永春达盛香业股份有限公司、泉州众信超纤科技股份有限公司、泉州市时刻行信息技术有限公司四家企业在会上进行融资项目路演。

农业科技示范建设

【概况】 2017年，泉州市科技局围绕泉州农业农村发展科技需求和创新驱动发展主要任务，提升农业科技创新服务能力。加快发展绿色农业，向社会广泛征集农业科技项目，征集217个项目申报省、市级农业科技、星火计划项目。全市80个项目列入2017年省、市级农业科技、星火计划，争取各级科技经费1917万元，其中16个项目列入省级农业科技、星火计划，争取上级扶持资金645万元，下达市级农业科技计划项目64个，经费1272万元。加大农业科研推广工作，农业科技创新工作取得显著成效。其中泉州市农科所主持承担的在研（建）农业科技项目32个，引进粮油、园艺作物种质资源117份，35个新品种通过（参加）国家、省区试，8个品种重新登记，泉花551获新品种权，“高淀粉型甘薯新品种泉薯9号的选育与利用”项目获市科技进步一等奖，并参评省科技进步奖。全市推广培育、引进的粮油作物新品种、新技术6.67万公顷，创新和引进的各项新成果在省内外累计推广面积23.33万公顷，增创社会经济效益近3亿元。贯彻落实国务院、省政府关于深入推行科技特派员制度的实施意见，制订出台《泉州市人民政府办公室关于深入推进科技特派员创新创业的实施意见》，建立泉州市科技特派员工作联席会议制度，组织认定市级科技特派员83名、市级法人科技特派员4家，推荐认定省级科技特派员76人、省级法人科技特派员1家，实施22个泉州市级科技特派员示范基地、科技型农民专业合作社后补助项目。开发科技特派员创业培训资料大型数据库，建设完善农业专家人才库，新入库农业专家200多人。新认定12396农村科技信息服务站点11家，组织摄制《柑桔黄龙病综合防控栽培新模式技术》等2部农村实用技术电视专题片，制作多媒体课件13个，组织开展种植业、畜牧业、林业、海洋渔业等农村实用技术远程培训与咨询服务17期，培训人员5万多人；择优遴选各县（市、区）科技局推荐的农村实用技术培训课题15个，下达补助经费8.5万元，联合或委托当地的有关单位共同开展现场技术培训班，受惠农民工10000多人次。

【科技园区建设】 2017年，泉州市科技局调整充实泉州国家农业科技园区管委会成员，协调做好泉州国家农业科技园区验收工作，经专家现场考察和视频答辩，通过科技部验收，建成核心区面积1.07万公顷，示范区面积5.9万公顷，辐射区面积23.2万公顷，实现核心区生产总值201.5亿元，示范区生产总值698亿元。在《国家农业科技园区创新能力评价报告2015》中，泉州国家农业科技园区创新能力指数排名位居全国第四，创新水平优势明显，成为国家农业科技园区创新发展的领跑者，在创新能力聚类分析中位居I类园区（创新引领区）。配合省科技厅，完成泉州（台商投资区）和永春两个省级农业科技园区验收评估工作，其中泉州省级农业科技园区在全省九个农业科技园区评估中获评“优良”园区，获省厅园区平台建设奖励性后补助200万元。

【创新服务平台培育】 2017年，泉州市科技局制订出台《泉州市“星创天地”创建实施方案》，打造适应农业农村创新创业需求的“星创天地”，全年入选国家级星创天地6家，省级6家。截至年底，全市有国家级星创天地9家，占全省入选数的23%，数量居全省第一，集聚创业团队204个、创业导师86名，服务初创企业220个，举办创新创业活动270场次，开展创业教育培训286场次。培育农业工程（行业）技术研究中心，组织安溪国家茶叶质量安全工程技术研究中心申报2017年福建省高水平科技研发创新平台和泉州市科技创新平台和条件建设计划项目，安溪国家茶叶质量安全工程技术研究中心列入2017年高水平科技研发创新平台补助，争取补助经费850万元。开展海洋科技产学研协同创新，协调举办泉州海洋产业技术创新高峰论坛暨项目对接会，论坛邀请30多位知名专家作主旨演讲，促成6个项目对接签约，泉州海洋产业创新研究院揭牌。

科技拥军

【概况】 2017年，泉州市科技系统发挥地方科技优势，整合地方科技资源，调动地方科技力量，推动示范基地、培训基地等科技拥军载体建设，提高科技拥军的层次和水平。在《泉州市科技局科技拥军要点》的基础上，根据市双拥领导小组要求，制订《泉州市科技局进一步加强科技拥军工作的实施意见》和《泉州市科技局科技拥军项目管理办法（暂行）》。提供科技服务和项目经费支持，对驻泉州部队官兵进行相关培训。

【科技服务和项目经费支持】 2017年，泉州市科技局立项扶持省边防总队海警第二支队等26个项目132万元。解放军第一八〇医院的“颌面部骨折手术治疗的方法改进研究”和“医学指导下的真菌性角膜溃疡个体化综合治疗”项目获泉州市科技进步三等奖。泉州市科技信息研究所免费为驻泉州部队提供科研“查新”服务，每年坚持向部队官兵免费赠阅《侨乡科技报》等科技报刊杂志2000多份。科技开发中心发挥“12396”服务平台优势，为驻泉州退役士兵及军嫂开展农业科技培训。各县（市）区科技局发挥自身优势，为驻地官兵科技练兵提供科技服务和项目经费支持。

【驻泉州部队官兵科技培训】 2017年，泉州市科技局发挥泉州市生产力促进中心“福建省科技拥军示范基地”和泉州市科技培训中心“市级科技拥军培训基地”功能，衔接落实与厦门大学继续教育学院共建驻泉州部队厦门大学高等教育示范班项目，组织驻泉州部队60名官兵报名参加厦门大学继续教育学院的学历继续教育。2017年，科技培训中心组织开展科技拥军两用人才培训6项，培训驻泉州部队官兵。

知识产权

【概况】 2017年，泉州市国家知识产权示范城市工作在全国41个示范城市（地级市）2016年度考核中排名第9位。2017，泉州市专利申请量47179件，授权量25525件，数量均位居全省第一位；其中发明专利申请量和授权量分别为6130件和2483件，分别比上年增长16.67%和74.37%。截至12月，每万人发明专利拥有量6.81件。泉州市年度专利申请量和授权量连续7年位居福建省设区市第一位。评选2017年度泉州市专利奖51项，其中一等奖6项、二等奖15项、三等奖30项，发放奖金420万元；全市有5项专利获2017年中国专利奖优秀奖，获奖数量创历史新高。2017年，全市查处各类专利案件278件，案件数量位居全省第二位，其中专利侵权纠纷案件52件、假冒专利案件226件。全市8个有执法主体资格的县（市、区）科技和知识产权局实现独立办案。石狮设立专利行政执法大队。泉州市知识产权维权援助中心接收咨询1472个，受理维权援助与举报投诉案件84件。培育和加强中介机构监督，新增国家知识产权局批准设立的专利代理机构4家。新增国家知识产权示范企业4家、国家知识产权优势企业4家、福建省知识产权优势企业22家；新认定泉州市知识产权试点企业93家、泉州市知识产权示范企业10家。截至2017年底，全市培育国家级、省级和市级知识产权试点示范和优势企业分别为44家、125家、370家。推动专利权质押贷款项目签订合同56个，授信额度8.51亿元，金额居全省前列。新增通过贯标认证企业84家，累计通过贯标认证企业105家，数量居全省第一位。开展专利密集型企业培育工作，31家企业被列入首批专利密集型企业培育入库对象。

【国家知识产权示范城市建设】 2017年，泉州市推进国家知识产权示范城市建设，制订并组织实施《2017年推进泉州市新一轮国家知识产权示范城市工作计划》，将年度目标和任务分解到市直有关单位和各县（市、区）、泉州开发区、泉州台商投资区，每季度通报各县（市、区）专利工作任务完成情况，确保示范城市年度工作落到实处。推动县域知识产权工作提升，晋江市、南安市、德化县入选国家知识产权“强县工程”示范县，石狮市获批国家知识产权“强县工程”试点县。

【知识产权创造】 2017年，泉州市本级知识产权经费投入3500万元，其中知识产权发展专项资金1300万元，市科技局专利产业化项目经费2200万元。落实《泉州市人民政府办公室关于促进专利运用和保护的意见》等专利政策，对专利申请、专利奖、专利权质押贷款、通过《企业知识产权管理规范》认证、企业购买专利、专利中介机构等按规定给予资助和奖励，全年发放各类资助和奖励资金1295.61万元。2017年，县级政府、管委会投入知识产权工作经费1.55亿元。开展专项服务，引领企业创新。开展“知识产权入园进企”专项服务行动，全年组织50多次市、县两级知识产权工作人员及专利代理人到企业开展专利申请、专利权质押融资、贯标、专利维权等专项服务，为1000多家企业提供指导和帮扶服务。开展发明专利申请系列辅导服务活动，为企业提供发明专利申请系列辅导服务，举办8次集中辅导，走访30多家企业，为500多人（次）提供专利申请辅导。

【执法维权】 2017年，泉州市开展集中检查40余次。石狮成立专利行政执法大队，成为泉州市第2个设立专利行政执法大队的县级市。组织举办全市专利行政执法培训班，提高专利行政执法工作人员的法律素养与执法办案能力。强化电商等新领域、新业态专利行政执法保护，在电子商务园区、平台、协会等设立知识产权维权援助工作站和知识产权服务工作站，推动构建省、市、县三级专利保护服务体系。开展展会执法维权工作，以晋江、石狮等地的展会为重点，组织人员进驻（晋江）国际鞋业暨第二届国际体育产业博览会、中国（泉州）海上丝绸之路国际品牌博览会、海峡两岸纺织服装博览会等展会开展专利行政执法及受理举报投诉工作，全年接受参展商和群众咨询200余次，检查参展企业100余家、展品600多件。加大对专利代理机构的培育扶持和监管力度，将专利代理机构列入“双随机”抽查市场主体名录库，根据法律法规规章及监管工作需要进行抽查。2017年，新培育专利代理机构4家，截至年底，全市有专利代理机构9家、办事机构11家、执业专利代理人60名。运行好“12330”知识产权维权援助与举报投诉服务平台，新设立中国（泉州）知识产权维权援助中心石狮电商园工作站、安溪华侨职校工作站、安溪尚卿乡电商工作站。泉州市知识产权维权援助中心接收社会公众、知识产权权利人的维权援助与举报投诉咨询1472人次，接收维权援助与举报投诉案件84件。开展知识产权志愿服务活动7次。加强与法院、检察院等部门的协作，落实“两法衔接”。加强知识产权纠纷仲裁与人民调解工作，选聘首批泉州市知识产权纠纷人民调解员15名，并组织调解活动2次；与泉州市仲裁委联合推动知识产权仲裁工作，征集知识产权仲裁员，筹建知识产权仲裁院。

【转化运用】 2017年，泉州市推动专利运用，提升专利价值。推进专利权质押融资工作，开展专利权质押融资需求征集工作，向有关银行推荐51家企业。落实专利权质押贷款贴息补助政策，7家企业获市级补助110.61万元，17家获省级补助361万元。推动泉州（晋江）专利技术展示交易中心建设和运行，引导企业开展专利交易和运营，全年服务企业1654家，促成企业供需对接687次，达成专利技术交易52项，完成交易金额4365.4万元。加强专利布局，培育密集型企业。开展专利密集型企业培育工作，重点支持水暖卫浴、纺织面料、数控机床（工业机器人）等领域开展知识产权密集型产业及企业培育工作，征集专利密集型企业31家作为培育入库对象。指导纺织面料、水暖卫浴产业的龙头企业运用专利导航成果，开展利信息利用和专利布局，促进高价值、市场竞争力的核心专利产出，提升企业、产业的创新驱动发展能力和市场竞争力。配合福建省知识产权局开展数控机床、纺织机械、路面机械等3个智能装备产业专利导航工作。

【宣传教育】 2017年，泉州市科技局通过全国知识产权宣传周、中国专利周等有利时机，加强专题宣传和日常宣传，开展形式多样的宣传活动。在人民网福建频道、《中国知识产权报》、泉州广播电视台、《泉州晚报》《东南早报》《侨乡科技报》等媒体宣传报道泉州市知识产权工作成效；在泉州公交路线看板栏、泉州移动电视发布知识产权宣传广告；举办“知识产权知多少”答题送流量活动等。加强校园知识产权宣传，举办“专利小创客”、高校知识产权知识竞赛等活动。推荐泉州七中入选第三批全国中小学生知识产权教育试点学校。全年通过泉州知识产权信息网发布信息405条，市知识产权局微信公众号推送信息100多条；在人民网刊登知识产权报道3篇，在《泉州晚报》刊发知识产权报道近30篇，在泉州广播电视台播放知识产权报道20多次，发送知识产权手机短消息2万余条。开展分类培训，培养专利人才。全年举办专利申请实务中级研修班、企业知识产权运用和管理实务专题培训班、专利信息分析利用实务培训班等各类知识产权培训近40场次，受训人数3968人次，通过中国知识产权远程教育平台泉州分站组织举办各类知识产权网络培训18682人次。

循环经济（节约型经济）

【概况】 2017年，泉州市规模工业能源消费总量2320.91万吨标准煤，单位增加值能耗比上年下降3.8%。推进燃煤锅炉整治，2014—2017年整治燃煤锅炉598台，完成省下达的任务。

【工业绿色制造体系建设】 推动工业绿色制造体系建设工作，信泰科技的新型环保鞋面材料绿色设计平台建设项目获国家奖励790万元；闽华电源获工信部绿色工厂称号；九牧厨卫一款产品获工信部绿色设计产品。

【示范园区建设】 2017年，泉州市推进德化陶瓷产业园区、泉港石化工业区、福建海西再生资源产业园和石狮市等国家级循环经济示范试点建设，同时推选永春工业园区、泉惠石化工业园区、中泰（石井）石材聚集区、泉港石化工业园区四个工业区申报并入选省级循环经济示范园区。

高新技术产业

【概况】 2017年，泉州新一代信息技术产业以光伏产业、消费类电子产品、软件和信息服务业等为主，高新技术产业规模以上工业产值2378亿元，比上年增长12%。完成规模以上工业增加值62.81亿元，比上年增长37.6%，累计销售产值267.11亿元，产销率达95%。其中，太阳能电池（光伏电池）全年产量69万千瓦，比上年增长42%；光电子器件全年产量6964.62万只（片、套），增长53.5%。软件和信息服务业快速发展。泉州软件园入住企业70多家。全市有8家软件企业上市（含“新三板”）。中国国际信息技术（福建）产业园数据中心一期5000个机柜已投入使用，可根据客户数据存储需求扩容至15000个机柜。

2017年，福建联合石化公司通过征集“金点子”、成立“职工创新工作室”等活动，带动企业员工创新增效。图为沙特专家在进行化工产品质量的升级科研攻关 （图/庄国辉）

【产业建设】 2017年，安溪湖头光电产业园区133.33公顷已建设完成，总投资100多亿元，入驻企业16家，基本形成涵盖“衬底—芯片—封装—应用”的光电产业集群，园区实现产值54亿元，纳税1.05亿元。二期于12月开工建设，规划用地62.7公顷，拟投资21亿元，建设工业标准厂房56.6万平方米，投入使用后，可新增产值50亿元以上。南安光电信息产业基地重点发展太阳能光伏、半导体照明、数字对讲机和电子应用产品等产业，已入驻企业85家，投产41家，在建38家。截至12月，列入市重点工业项目24个，年度计划总投资23亿元，完成投资24.34亿元。

【中国国际信息技术（福建）产业园】 中国国际信息技术（福建）产业园（以下简称“EC产业园”）是省“十二五”规划重点项目，主要以大规模、多等级数据中心为核心，发展云计算、数字媒体、服务外包、电子商务、文化创意五大产业，建设功能完善、技术领先、辐射海峡两岸的国际一流信息产业园。EC产业园总规划面积3.3平方千米，其中一期核心区用地100公顷，投资概算100亿元，主要建设“三中心三基地”，即数据中心、信息技术教育实训中心、APEC国际交流中心、服务外包产业基地、惠普聚贤国际数字媒体产业基地和国家级电子商务产业基地。

社会科学

综述

【概况】 2017年5月11日，泉州市社科联四届四次全体（扩大）会议召开，总结全市哲学社会科学工作，推进社科研究、社科普及、社团管理进一步发展。7月19日，市社科联下发《关于进一步加强和规范社科类讲座、报告会、论坛、研讨会等业务工作管理》的通知，加强对社科工作的业务指导。9月27日，市社科联出台《泉州市社会科学界联合会关于印发泉州市社科活动资助项目管理办法（试行）》。2017年，泉州市25项课题获国家社科基金项目立项，其中重点项目2个、一般项目19个、青年项目2个、后期资助项目1个、中华学术外译项目1个；65项课题获省社科规划项目立项，其中重点项目1个、重大项目5个、一般

2017年泉州市获国家社科基金项目立项课题表

表38

项目类别	学科类别	项目名称	负责人	所在单位
重点项目	中国历史	制度转型与北朝财政研究	王万盈	泉州师范学院
重点项目	宗教学	高延中国宗教著作全集（18卷本）翻译与研究	张云江	华侨大学
一般项目	哲学	科学哲学视域中的问题域研究	马　雷	华侨大学
一般项目	哲学	中国茶道科技文化研究	吴鸿雅	华侨大学
一般项目	哲学	西方马克思主义宗教思想研究	朱彦明	华侨大学
一般项目	应用经济	我国新型货币政策的结构调整功能及其有效性研究	徐小君	华侨大学
一般项目	法学	纵向价格垄断协议规制模式研究	张　骏	华侨大学
一般项目	国际问题研究	海权纠纷背景下政府应对渔业涉外突发事件策略研究	王丽霞	华侨大学
一般项目	中国历史	马来西亚槟城华人义山碑铭整理与研究	陈景熙	华侨大学
一般项目	宗教学	当代东南亚华人基督教会的网络结构、社会资本及发展趋势研究	张钟鑫	华侨大学
一般项目	宗教学	“一带一路”视野下妈祖信仰网络研究	范正义	华侨大学
一般项目	中国文学	抗美援朝文学与1950年代中国报刊漫画的互文研究	常　彬	华侨大学
一般项目	中国文学	中国新生代导演电影的叙事研究（1988—2018）	王晓平	华侨大学
一般项目	语言学	汉语口语互动分级标准研究	王跃龙	华侨大学
一般项目	语言学	现代汉语新诗语言计量研究	潘夏星	华侨大学
一般项目	新闻学与传播学	东南亚华文媒体的网络传播力研究	戴　明	华侨大学
一般项目	管理学	海峡西岸城市群旅游经济网络的演化、驱动及影响机制研究	李勇泉	华侨大学
一般项目	管理学	脆弱性影响的复杂工程项目风险评价与管理体系重构研究	秦　旋	华侨大学
青年项目	理论经济	国际贸易中劳工标准的发展趋势及新常态下中国对策研究	王　铂	华侨大学
青年项目	管理学	新经济下基于社会化媒体的消费者协同创新机制及演化研究	贾微微	华侨大学
一般项目	教育学	“一带一路”视阈下中国建设亚洲高等教育枢纽的路径研究	王焕芝	华侨大学政治与公共管理学院
一般项目	艺术学	当代美国文献剧研究及中国本土借鉴探讨	黎　林	华侨大学外国语学院
一般项目	艺术学	闽南民间工艺美术域外交互提升文化认同路径研究	郑　黎	华侨大学美术学院
后期资助项目		国际金融监管法律冲突研究	吴永辉	华侨大学法学院
中华学术外译项目		文学翻译的理论与实践——翻译对话录	朱　琳	华侨大学外国语学院

项目30个、青年项目16个、年度项目10个、应用研究后期资助3个。泉州市社会科学规划项目立项89个，其中委托项目15个、重点项目13个、一般项目34个、青年项目22个、社团项目2个、合作项目3个。

【省社会科学普及读物出版资助项目立项】 2017年5月4日，福建省社科规划办下发省社会科学普及读物出版资助项目立项通知。华侨大学图书馆张彬主持的《人类史的图像阅读与福建文化》、华侨大学美术学院宋武教授主持的《图说福建传统手工艺》、泉州师范学院陈桂炳教授主持的《海丝名城说泉州》、泉州经贸职业技术学院杜朝运教授申报的《闽南名人家风家训》、华侨大学美术学院吴东弓教授主持的《古刺桐海丝遗址绘本》获立项资助。

【社科活动资助项目】 2017年7月5日，泉州市2017年社科活动评出资助项目18个，其中学术交流类9个、普及宣传类9个。5个项目被评为重点项目，13个项目被评为一般项目。

学术动态

【“‘晋江经验’的实践与发展”课题调研】 2017年1月9—14日，中国社科院课题组到泉州进行“‘晋江经验’的实践与发展”第一次调研。该课题系市委重点课题，由市社科联具体负责组织协调服务工作。组织座谈会4场、考察调研22场（次），参加座谈对象、考察点覆盖全市所有县（市、区）。2017年2月26日至3月5日，中国社科院课题组到泉州开展“‘晋江经验’的实践与发展”第二次调研。

【《泉州社会科学丛书》编撰工作启动】 2017年7月21日，泉州市社科联下发《关于组织2017年度泉州社会科学丛书书目申报工作的通知》，启动《泉州社会科学丛书》编撰工作。

2017年11月3日，2017年福建省社会科学普及宣传周启动仪式在晋江市祖昌体育场举行 （图/洪 旭）

社科活动

【社科普及宣传】 2017年6月13日，泉州市社科联和市海交馆到万安中心小学开展古泉州（刺桐）史迹系列普及宣传活动。

2017年6月4日，由泉州市申遗办、市教育局、市社科联、中新社泉州支社主办的“古泉州（刺桐）史迹名家讲堂进校园暨泉州海丝小记者团成立”启动仪式在市通政中心小学举行。

2017年7月21日，由泉州市委宣传部、市社科联主办的2017年社科普及周主会场筹备工作暨人才“港湾计划”宣传解读会议在市行政中心召开。

2017年11月3日，由福建省委宣传部、省社科联主办，省社科普及工作联席会议成员单位联办，泉州市委宣传部、泉州市社科联、晋江市委、晋江市政府承办的2017年福建省社会科学普及宣传周启动仪式在晋江市祖昌体育场举行。时任省委常委、宣传部部长、省社科联主席高翔，省政协副主席陈绍军，省委宣传部副部长刘志坚，省社科联党组书记、副主席林蔚芬及省直联办单位领导，泉州市委常委、宣传部部长陈铁晗，泉州市政协副主席陈益等出席启动仪式。

【高层次人才沙龙活动】 2017年9月16日，由泉州市委宣传部、市社科联主办，泉州市企业经营管理协会承办的“泉州市社科界高层次人才沙龙活动”在泉州丝路文化艺术展览馆举行。

【社科专题调研】 2017年4月11—12日，福建省社科联副主席缪建萍到晋江市、南安市、丰泽区开展社科工作专题调研。

社科成果与奖励

【获评全国先进社科组织】 2017年3月22—25日，全国大中城市社科联第28次工作会议在广西柳州召开，泉州市社科联参加会议，并被评为全国先进社科组织。

【省社科联知识有奖竞答表彰】 2017年12月4日，省社科联表彰第七期社科知识有奖竞答活动获奖单位。其中，永春县社科联获最佳组织奖，泉州市社科联、晋江市社科联获优秀组织奖，洛江区社科联、南安市社科联、石狮市社科联、德化县委宣传部、泉州师范学院社科联、闽南理工学院获鼓励奖。

【泉州学研究成果】 2017年，泉州学研究所以研究、弘扬泉州文化和闽南文化为主要任务，发挥组织、联络、协调、服务作用，推进泉州学研究及办好《闽南》杂志。编辑出版泉州学丛书。推动《泉州学研究与佛教文化》的编辑出版工作，完成稿件的审稿工作，并与社会科学文献出版社签订出版合同。组织专家对泉州学丛书拟采用稿——《泉州学研究与闽军枭雄史话》进行审稿。做好《“泉州学与21世纪海上丝绸之路”研讨会论文集》的审稿校对工作，收到具有较高学术水平的参会论文30余篇。开展“泉州学讲堂”系列科普公益讲座活动。2017年举行“泉州学纵横谈”（学术讲堂）及“探寻西街”“王顺兴信局”“泉州提线木偶”“泉州南少林”“探秘泉州海交馆”共6期“泉州学讲堂”活动，得到热心市民、学生的热烈响应。推进基础研究。泉州学研究所彭志坚参与的《泉州历史名人人生设计与大学生职业生涯规划指导研究》获泉州市社会科学规划项目青年项目立项。完成2017年省重点课题《传承海丝精神 打造泉州特色文化品牌的研究》。筹备泉州学与21世纪海上丝绸之路研讨会。研讨会主题为“泉州学与海上丝绸之路研讨会”，2017年完成邀请函寄送、联络专家学者、收集参会论文、编辑整理论文集等相关工作。

研究成果 2017年，泉州文物研究、华侨华人研究、泉州港与海上丝绸之路研究、方言研究等方面的研究成果推陈出新，学术研讨气氛浓烈。泉州市2017年哲学社会科学研究规划结项课题与泉州学有关的有：“泉州语言资源有声数据库建设可行性研究”“闽南民间故事的活态传承及创意元素产业化应用研究”“沿海卫所与明清泉州海洋史研究”“菲律宾华文文学中的‘晋江现象’”“泉州华侨与中国文化西传——以林振述、林健民和施颖洲为中心”“基于数字化建设的南音保护与传承研究”“泉州市华侨农场史”“泉州‘海丝’文化公示语的英译研究”“泉州传统手工艺文化遗产发掘、保护与利用研究”“泉州市基督教音乐研究”等。

学术活动 2017年，“‘纪念郑成功收复台湾355周年’研讨会”“‘李光地与儒学思想’学术研讨会”“福建省闽南文化研究会2017年学术年会”“‘海峡两岸生活美学与闽南文化’学术研讨会”“‘一带一路’倡议与新福建建设”研讨会、“纪念李贽诞辰490周年暨学术研讨会”等泉州学、地方学、闽南文化相关学术活动相继召开，取得丰硕的学术成果。

2017年7月23日，“泉州学讲堂”第4期讲述泉州提线木偶 （图/泉州学研究所）

文化 体育

责任编辑：郭延杰

综述

【概况】　2017年，泉州市创建优秀传统文化传承发展示范城市，文物保护工作再创新绩，古泉州（刺桐）史迹申遗工作取得阶段性成果，恢复重建打城戏传承中心；申报第四批国家公共文化服务体系示范区，各县（市、区）、泉州开发区、台商投资区立足各自实际和特色，注重打造百姓舞台，推进“一县一品”“百姓书房”“百姓阅读点”建设。推动文化领域供给侧结构性改革，加快文化产业创新发展和转型升级，推进文化事业和文化产业并重发展。

【文化体制建设】　2017年，泉州市制定《泉州市文化体制改革专项工作小组2017年工作要点》，印发《2017年泉州市文化改革发展工作要点及分工安排》。出台《关于深化国有文化企业分类改革的实施方案》《泉州市文化领域行业组织建设会商工作机制议事规则》《泉州市市级文化产业发展专项资金管理暂行规定》和《泉州市市级文化产业发展专项资金申报评审实施细则》。开展“两媒”人事制度改革和传媒集团组建工作，“两媒”人事制度改革方案提交市深化改革领导小组研究。推动创新文化消费理念，《泉州市探索建立文化消费市场培育机制》在《福建改革情况》第7期刊发。推进传统媒体和新媒体融合发展，加快打造“泉州通”“无线泉州”APP及“两媒”官方微博微信、微商城组成的新媒体矩阵，新媒体用户（粉丝）数突破400万户，居全省地市前列。推动文化旅游改革创新，1月18日泉州文化旅游发展集团正式挂牌。加快推进中华优秀传统文化传承发展示范城市创建工作，持续抓好21个闽南文化生态保护区建设，推进公共文化服务标准化均等化建设，通过第四批国家公共文化服务示范区初评。成立泉州市文化市场管理工作领导小组，市文化市场综合执法支队荣获2016年度全国打击侵权盗版有功集体三等奖。

【文化公共服务体系建设】　2017年，泉州市推进公共文化服务体系建设，通过第四批国家公共文化服务体系示范区初评和文化部第六次公共图书馆评估定级工作。推荐6大类共8家基层文化单位参评第七届“全国服务农民、服务基层文化建设先进集体”，晋江市图书馆、永春县广播电视事业局、安溪高甲剧团获评“全国双服务先进集体”。启动“百姓书房”建设，泉州迎宾馆、梨园古典剧院等56个集阅读、休闲、娱乐、交流等于一体的“百姓书房”投入使用。泉州市公共文化中心主体工程完工，进入装修阶段；泉州歌舞剧院施工队伍进场施工；泉州市非遗展示馆改建项目抓紧推进。开展基层综合性文化服务中心建设试点工作，全面完成11个县（市、区）和泉州台商投资区24个村（社区）综合性文化服务中心示范点改造提升任务。实施“万千百十”文化惠民服务工程，举办元宵灯会、温陵讲坛等群众性文化品牌活动。开展低票价公益性演出活动，全年全市完成公益性演出957场，其中市公益性演出336场，省公益性演出600场。举办“传承薪火、筑梦海丝”百姓大舞台活动，市梨园、高甲、木偶、南音、歌舞剧团和艺校以及民间文艺演出团体轮番上演，累计完成演出331场，观众人数超10万人次；木偶体验馆惠民演出场场爆满，共演出203场。持续开展“欢乐泉州”“三下乡”宣传文化活动，围绕中国梦、社会主义核心价值观、传承中华优秀传统文化、学习宣传贯彻党的十九大精神等主题，先后组织“欢乐泉州”走进南安、石狮、德化、军营、幼高专、惠安等地。是年全市组织开展“三下乡”“欢乐泉州”宣传文化活动100多场。

【文化产业发展】　2017年，泉州市印发《关于落实创新驱动战略加快泉州市文化产业发展的实施措施》《2017年度泉州市各县（市、区）文化产业绩效考核指标体系及其说明（试行）》，在泉州晚报、泉州广播电视台、泉州文化产业网等媒体开设文化产业“砥砺奋进的五年——文化产业”专栏，展示五年来文化产业发展成果。《泉州市力促文创园区转型升级》《福建泉州：四大举措提升文化产业新质效》在人民网刊登。工艺美术业，华夏匠人泉州工艺美术交易与公共服务平台建设于12月底上线，成立华侨大学泉州工艺美术研究院。印刷业，平台建设取得进展，与北京印刷学院达成战略合作，成立“泉州分院”，注册“泉州市北印印刷技术服务中心”。文化创意业，加快工业设计向高端综合设计服务转变，全年新增2家国家级工业设计中心、5家省级工业设计中心、6家市级工业设计中心，有国家级工业设计中心5家、省级工业设计中心16家、市级工业设计中心27家。文化旅游业，有AAA级景区23家、AAAA级景区11家。观光工厂23家，数量全省最多。有10个项目列入省文化旅游重点项目。广播影视业，全年电影票房收入3.46亿元，比上年增长19%。《简爱时代》获中宣部社会主义核心价值观主题微电影征集展示活动优秀作品三等奖。广告业，推进工商登记制度改革，全市新增各类广告经营企业4173家。动漫业，举办2017中国卡通形象营销大会泉州峰会，吸引150多家动漫企业、实体经济企业代表参加。惠安雕艺园、领SHOW天地、洪山文创园被评为福建省重点文化产业园区，各获奖励100万元。全市建立220家年产值亿元以上的文化企业名录库，艾派集团公司获评“2016年度福建省文化企业十强”称号，顺美集团获评“2016年度福建省文化企业十强”提名企业，泉州新门旅游文化发展有限公司、晋江市五店市开发建设有限公司和南安市亿辉油画工艺有限公司获第十批省级文化产业示范基地，佳美集团、顺美集团、龙鹏集团、艾派集团4家文化企业被认定为2017—2018年度国家文化重点出口企业，泉州阳光创艺陶瓷股份有限公司等10家企业被授予“2015—2016年泉州市文化产业发展十佳企业”称号。6家文化企业列入2017年度上市后备企业。全年争取到中央、省级文化产业专项资金补助分别为250万元、903.8万元。组织300来件文化产品参加第四届（2017）福建文创奖评选，有7件作品获金奖、5件作品获银奖、12件作品获铜奖，市文改办被福建文创奖组委会授予组织促进奖。

【文化交流与合作】 2017年，泉州市继续加强与《台湾导报》合作，开设“海上丝绸之路起点•泉州”专版。继续办好《三通俱乐部》《安安时间》两档入岛广播节目。继续加强与四大洲最大华文媒体《欧洲时报》《美国侨报》《华侨新闻报》《大洋日报》合作办报，继续通过魅力中国网络电视台（IPTV）在北美等地落地，与美国斯科拉电视台商办第三届“泉州电视周”活动，继续办好泰国BTU《丝路•泉州》栏目。举办第三届海上丝绸之路国际艺术节、“泉州新丝路菲律宾行”、菲律宾•福建（泉州）电视周、世界闽南文化节发展座谈会、蔡宗伟“素墨心香”书法艺术展、“泉澎乞龟民俗文化活动”“春风得意——2017两岸闽南人春晚”“逐梦海丝——2017闽台少儿电视春晚”“两岸广播春节联播”、第九届海峡两岸闽南语歌星选拔赛、台湾泉州花灯展、我的海丝行•台湾青年参访“刺桐城”、泉台学生寻根之旅、朱子之路——闽台书院联谊之旅等活动。全年全市组织策划25个团组471人“走出去”前往新加坡、韩国、菲律宾等14个国家和中国香港地区开展文化交流；同时，邀请46个外国文化团组610人到泉州交流。举办2017年全国曲艺、木偶、皮影优秀剧（节）目展演、中国戏剧家协会梅花奖艺术团“送欢乐、下基层”、海南省委宣传部原创民族舞剧《黄道婆》到泉州开展交流慰问演出等活动。配合中国民协“走进福建——丝路文化起点考察与民间文化生态保护行动”民间文艺调研组到泉州考察。组织中国知名摄影家“重走海丝之路，助力泉州申遗”采风活动、港澳台知名摄影家“重走海丝之路，助力泉州申遗”采风行。举办大美小岞——2017全国油画名家教授写生活动。

【文化活动】 *泉州·澎湖“乞龟”民俗活动* 2017年元宵期间，第十一届泉州·澎湖“乞龟”民俗活动举行，泉州天后宫与澎湖天后宫携手合制重达2.68万千克的大米龟，为两岸民众祈福。

第三届闽台“三同文化”节 第三届闽台“三同文化”节于7月24—26日在泉港区举办。文化节以“扩大民间交流，深化融合发展”为主题，以“三同文化”交流为纽带，在3天内，举行两岸同名村寻根结对、妈祖文化交流、北管文化交流、同植同心树、签订意向书、闽台漆刻画与木雕展、参访考察等8项活动。有80多位台湾宗亲到泉港寻根谒祖、考察交流。

《刺桐情韵》泉州“非遗”专场演出 8月17日晚，泉州市举行《刺桐情韵》泉州“非遗”专场演出，向前来参加金砖国家治国理政研讨会的各国嘉宾展示南音、南少林五祖拳、惠安女服饰、提线木偶和梨园戏等。

第十届海峡两岸文博会 由中共中央台办、文化部、国家新闻出版广电总局、福建省政府主办，厦门市人民政府、台湾亚太文化创意产业协会联合承办的第十届海峡两岸文博会于11月3—6日在厦门国际会展中心举办。泉州市参展工作获最高奖优秀组织奖。该届文博会，

2017年12月11—15日，“2017中国—中东欧国家文化季”泉州分场活动举行。图为14日晚，克罗地亚Elvis Stanic Group乐队在仰恩大学表演爵士乐

（图/市文广新局）

泉州参展文创企业69家，展位188个；签约项目15个，金额54.4亿元；征集投融资项目28个，金额近60亿元。159件文创作品入围两岸工艺最高奖“海峡工艺精品奖”，其中金奖8件、银奖16件，最佳传承奖5件、最佳创意奖5件、最佳技艺奖3件；获海峡工艺优秀作品奖36件，其中金奖10件、银奖7件，获2017福建文创奖作品6件，其中金奖1件、银奖2件，获福建文创概念设计奖作品17件，其中金奖5件、银奖3件，获福建文创新秀设计奖作品1件，获奖总数全省前列。

第三届海上丝绸之路国际艺术节开幕式演出 12月10日晚，开幕式大型文艺演出《向大海》在海峡体育中心举行。文化部部长雒树刚，副省长洪捷序，省政协副主席陈绍军，中国轻工业联合会副会长陶小年，市领导郑新聪、康涛、陈万里、陈灿辉、翁祖根、林万明、陈铁晗、张永宁、林锦明、杨晓山等，突尼斯驻华大使等外国使节出席并观看开幕式演出。

中国—中东欧国家文化季泉州分场活动 邀请6个中东欧国家艺术团，3个东亚文化之都艺术团，2个海丝沿线国家艺术团，1个非洲艺术团等，共11个国家12个艺术团147人到泉州举办23场演出，现场观众15000多人次。演出内容有当代舞、民族舞、摇滚乐、爵士乐、话剧、儿童剧、室内乐等，覆盖各县（市、区）、高校、剧场、商场等。

第十二届泉州国际南音大会唱 由福建省文化厅、泉州市人民政府主办的第十二届泉州国际南音大会唱于2017年12月7—11日举行。活动以“悠悠海丝、共唱乡音”为主题，举办开幕式演出和拜馆交流会唱以及音乐剧《九歌·意象》专场演出，其中开幕式演出《悠悠海丝唱乡音》于8日晚在梨园古典剧院举行。活动汇聚菲律宾、日本、印度尼西亚、新加坡、马来西亚等和中国香港、中国澳门、中国台湾等地区36个南音社团，560多人参加，在泉州南音艺苑、泉州府文庙李文节祠、市工人文化宫、鲤城区群艺馆、西街肃清门等场馆进行20多场南音交流会唱。

第五届中国泉州国际木偶节 12月7—11日，由福建省文化厅、泉州市人民政府、联合国教科文组织国际木偶联会中国中心主办的第五届中国泉州国际木偶节在泉州举行。该届木偶节是截至2017年历届参与团队最多、艺术品种最丰富（提线木偶、掌中木偶、杖头木偶、皮影戏、手影戏等）、演出地点分布最广泛、人群覆盖面最大、演出场次最多的一届，有来自德国、俄罗斯、荷兰、澳大利亚、比利时、印度、菲律宾等13个国家和中国台湾地区以及中国上海、广东、浙江、四川、贵州等地和泉州31个木偶艺术团，400人参加。

海上丝绸之路非物质文化遗产展 活动以“一条海上丝路 万千非遗瑰宝”为主题，在泉州古城区展出海丝沿线国家和地区、国内国家级文化生态保护区包括泉州的重要非遗项目。共有23个省份、7个境外国家以及福建省9个地市参展，参展项目112个，参展人数205人。展览时间为12月11—14日，其中泉州非遗项目展览延至2018年1月3日。

古城文艺快闪系列活动 “古城文艺快闪”系列活动自4月启动至12月12日演出8场，活动融入海丝元素、闽南元素，展示泉州“非遗”文化魅力，体现古城海丝文化。每场活动都吸引近千人的围观。

社会文化

【概况】 2017年，泉州少儿图书馆建成投入使用。泉州少儿图书馆建筑面积4000平方米、阅览座位200个，馆内设置低幼绘本阅读区、少儿图书借阅区、多媒体阅读体验区、电子阅览室、动漫视频演播和绘本故事讲演厅等，图书借阅全部实行智能化管理，满足泉州市少年儿童日益增长的文化需求。建设城乡“百姓书房”。城乡“百姓书房”是泉州市2017年新开展建设的项目，“百姓书房”布局在人口密集、交通便利的区域，实行公益性无偿服务，采用图书馆总分馆建设模式，按照“藏、借、阅、乐”一体的设计理念，具备书报刊阅览、外借、电子文献及网络服务、文化休闲等功能；利用物联网和大数据等新技术，实现图书自助借阅、数字资源共享等功能。市区迎宾馆和梨园古典剧院2个点于金砖国家领导人治国理政论坛会议期间投入使用。建设丰泽、泉港、石狮、晋江等地“百姓书房”。开展基层综合性文化服务中心建设试点工作。坚持试点先行和普及发展相结合，在11个县（市、区）和泉州台商投资区改造提升24个村（社区）综合性文化服务中心示范点，该项目列为2017年市级为民办实事项目，市级投入240万元，全部完工，每个示范点均按标准配有宣传栏、图书室、多功能室、文体活动室、文体设备、文艺器材等设施设备。申报创建第四批国家公共文化服务体系示范区。继续实施“万千百十”文化惠民服务工程（“万千百十”的内容是万场戏剧歌舞演出、千场辅导讲座、百部电影、十个图书流动服务中心）。开展具有主题性、特色性、交流性、展示性的活动，如2017年泉州元宵灯会、温陵讲坛、“爱文化·阅经典·快乐暑期——书香泉州”青少年暑期阅读推广活动，示范、带动全市的文化惠民服务。继续指导各县（市、区）开展群众文化活动，打造文化品牌。

【“非遗”保护管理与申报】 2017年，泉州市有13个项目入选第五批省级非遗推荐项目名录。入选项目有，民间文学：南少林传说（丰泽）、李五传说（晋江）；传统音乐：道教音乐（洛江）；传统技艺：香料制作技艺（厦门海沧、永春）、南音乐器制作技艺（泉州台商投资区）、衙口花生制作技艺（晋江）、涂岭红红茶制作技艺（泉港）、武夷清源茶饼制作技艺（丰泽）、安海庐山国佛雕技艺（晋江）；传统医药：针灸（留章杰针灸）（鲤城）。扩展项目有，传统技艺：木雕（泉州张坂木雕）（台商投资区）；民俗：保生大帝信俗（鲤城）、田公元帅信俗（南安）。做好非遗传承人工作。公布第七批市级非遗代表性项目代表性传承人81人。开展第四批省级非物质文化遗产代表性项目代表性传承人申报工作。组织推荐2017年度中国非物质文化遗产传承人群研修研习培训计划。办好泉州市2017年中国“文化和自然遗产日”活动。现场活动有泉州市第七批非遗传承人颁证仪式；《泉州闽南文化生态保护区展示点图览》《泉州非物质文化遗产资源实录》首发仪式；“海丝卡”发行仪式；闽南民间舞蹈（国家级非遗传承人郭金锁）收徒仪式；《闽南舞韵》传统民俗表演、福船扬帆海丝路——国家级非遗项目“福船制作技艺”展览、“中菲海丝情”南音音乐会、泉州少儿南音会唱暨南音项目国家级传承人工作站现场辅导活动等。

2017年，泉州市举办海上丝绸之路非物质文化造产展。活动以“一条海上丝路 万千非遗瑰宝”为主题，在泉州古城区展出海丝沿线国家和地区、国内国家级文化生态保护区包括泉州本土的重要非遗项目。非遗展共有23个省份、7个境外国家以及福建省9个地市参展，参展项目有112 个，参展人数205人。境外团组有7个，分别是突尼斯、伊朗、尼泊尔、土耳其、越南、柬埔寨、巴基斯坦。国内团组有23个，活动邀请中国对外文化集团北京中展丹青展览有限公司参与策展。展览地点为4个展区：府文庙展区（包括庄际昌祠、惠风堂、崇圣祠）、苏廷玉故居展区、鲤城区文化馆展区、鲤城区花灯展馆展区。

【闽南文化生态保护】 2017年，泉州市加快泉州非物质文化遗产馆改建项目建设。泉州非物质文化遗产馆改建项目，对侨乡体育中心保龄球馆进行改建、功能布展，项目总投资4626万元，是泉州市2017年“项目攻坚年”项目，完成项目建议书批复、旧馆移交、前期经费批复和场馆展陈初步方案编制，确定工程代建、招投标代理、造价咨询和建筑安全鉴定单位，完成初设比选、旧场馆内部、屋面和外部正立面拆除、建筑结构检测、可研申报、初设及概算申报、总承包招标开标、监理招标开标、承建单位进场施工等工作。组织参加中央电视台综艺频道《群英汇》泉州专场演出。12月19日播出泉州文化专场，展示泉州丰富的文化底蕴和群众文化建设的成果。

文学艺术

【概况】 2017年，泉州市组织召开全市剧目创作务虚会，研究分析泉州市艺术创作态势，特别是现实题材创作，推动泉州市艺术创作，组织泉州市13个艺术团体或艺术院校参加福建省第九届中青年演员比赛，涵盖梨园戏、高甲戏、木偶戏等剧种以及话剧、南音、戏曲器乐、音乐舞蹈等艺术形式，发现培养一批青年艺术人才，完善泉州市艺术人才队伍建设，完成2017市委新春团拜会和2017年新年音乐会。全市13个文艺院团继续开展文化惠民演出，推出精品剧目，推进优秀传统文化进校园、进农村演出，常态化开展“传承薪火、筑梦海丝”百姓大舞台活动和泉州木偶旧团址改造提升木偶体验馆等公益性演出，全年演出1491场，近50万观众观看演出，让广大百姓共享文化发展成果。

【美术】 2017年，泉州市美术家协会主办“纪念长征胜利闽西革命老区写生作品展”“泉州第二届青年画家国画提名展”等展览，蔡永辉《惠女阿芳》专题展览入选全亚洲规格最高的“香港•2017国际授权展”，郭宁水彩画《老家》（评委作品）参展“第十一届全国水彩粉画展”，郭宁油画《陇西写生》2幅参加“中国精神•中国梦——美丽乡村行”写生采风作品展。孙宏图、蔡鑫、王爽、

2017年6月10日，“中菲海丝情”南音音乐会在泉州市青少年宫音乐厅举行，两国南音弦友同台演奏千年雅乐，庆祝“文化和自然遗产日”

（图/张九强）

吴跃华、郑琦玮当选为成立的新福建省美术家协会青年艺委会委员。1月8日，蔡永辉《惠女阿芳》专题展览入选全亚洲规格最高的“香港·2017国际授权展”。2月，郭宁水彩画《老家》（评委作品）参展“第十一届全国水彩粉画展”（中国美术家协会主办）。2月11—14日，泉州画院、泉州市美术家协会主办的“纪念长征胜利闽西革命老区写生作品展”，在泉州画院二楼展厅展出。2月11—24日，泉州市美术家协会、泉州市艺术馆、泉州市青年美术家协会主办，福建省集雅文化发展有限公司承办的“时光如华”丹培拉油画联展——林建平、张庆国、施俊雄在集雅文化二楼展出。2月25日—3月1日，福建省美术家协会、中共泉州市委宣传部、泉州市文化广电新闻出版局、泉州市文学艺术界联合会主办，福建省美协水彩画艺委会、泉州画院、张雄书画院承办，厦门市美术家协会、泉州市美术家协会协办的“大海的回声——海上丝绸之路泉州水彩写生作品展厦门巡展”，在厦门张雄书画院美术馆展出。3月18日—4月中旬，中国国家画院美术馆福建分馆等单位举办的“李家顺绘画作品展”在晋江THC泰华宸美术馆展出。4月16日，福建省美术家协会、湖北省国画院、泉州市美术家协会、丰泽区委宣传部主办的“国风楚韵”画展在盛世典藏艺术馆展出。5月，郭宁油画《陇西写生》2幅参加“中国精神•中国梦——美丽乡村行”写生采风作品展（中国文学艺术界联合会、中国美术家协会主办）。5月16日，泉州市美术家协会安溪桃舟写生基地挂牌。5月27日—6月2日，为纪念“5·23”延安文艺座谈会75周年，由泉州市美术家协会、泉州画院主办，泉州市青年美术家协会、桑莲居艺术馆承办的“泉州第二届青年画家国画提名展”在桑莲居艺术馆举办，展出12位画家的30余幅作品。5月30日—6月5日，福建省美术家协会、晋江市委、晋江市政府、泉州市美术家协会、泉州画院联合主办蔡笃取《古镇丹青——安海题材油画展》。6月，黄文中、黄华斌、吴跃华、吕小川、王爽、郑琦玮、曾军艺、吴东权加入中国美协。6月，组织会员捐赠作品参加“泉州市希望工程艺术品义拍活动”。7月5日，由福建省惠安县人民政府、福建省泉州市文联和北京当代中国写意油画研究院共同主办的《大美小岞——2017全国油画名家教授惠安小岞写生展览活动》在惠安县小岞镇启动。7月10日，《大美小岞——2017全国油画名家教授惠安小岞写生作品展》新建成的小岞美术馆举行开幕仪式，共展出作品162幅。7月，黄云涛　《盛夏余兴》、黄炳金《梦呓乡语》、郑琦玮《长物籍》入选　2017首届中国（宁波•北仑）青年漆画大展（中国美术家协会主办）。7月，泉州市美协少儿艺委会、中国人寿泉州分公司共同举办“国寿小画家”少年儿童绘画作品活动泉州选拔比赛。7月，泉州市美协少儿艺委会举办“丝路美术——2017泉州市少儿作品邀请展”。8月16日，“八闽丹青奖”第二届福建省美术双年展福建省美术家协会专家组泉州看稿会在泉州画院举办。8月25日，举行“2017年泉州市希望工程艺术品义拍活动”，筹得善款67.95万元，将用于捐助泉州市“希望工程·圆梦行动”与“青春同行·助孤行动”中的贫困准大学生、事实孤儿。9月25—29日，泉州市美协、香港集古斋、香港闽南文化研究会等单位联合举办的林剑仆国画展在香港展出。9月26日至10月8日，泉州市申遗办、泉州市文广新局主办，泉州画院、泉州府文庙管理处承办的“画说刺桐——泉州古迹水彩写生作品展”在府文庙东庑举办。该展是迎接联合国教科文组织世界遗产委员会国际专家对泉州市申遗现场考察评估，是泉州市申遗配套活动之一。9月，黄坚国画《陌生的山水》、赖兴才国画《磐石无语》入选　“第四届今日丝绸之路国际美术邀请展”（文化部、陕西省政府主办）。10月，戴毅强水彩画《花开时节》获福建省委、省政府颁发的“福建省第八届百花文艺奖”三等奖。10月12—18日，由泉州市申遗办、泉州市文广新局主办，泉州画院、泉州美协、桑莲居艺术馆承办，中国海西艺术馆协办的“画说刺桐——泉州古迹水彩写生作品展”在桑莲居艺术馆举办。10月，福建省美术家协会青年艺委会成立，孙宏图、蔡鑫、王爽、吴跃华、郑琦玮当选为委员。10月，黄华斌《后源金秋》入选　2017“八大山人”全国写意中国画作品展（中国美术家协会主办）。11月，许瑞珍　《丝路古韵　》、黄炳金《顾影》、许建宁《安平桥畔闹元宵》入选2017中国（厦门）漆画展（中国美术家协会主办）。12月，王铭、柴子油画《提线木偶戏》，苏宗辉国画《眺望》，陈婉婷国画《灯火阑珊》获金奖提名奖。12月8—14日，第三届海丝国际艺术节系列活动之《庆祝十九大·海丝辉煌——2017泉州美术作品展》在泉州海外交通史博物馆开展。展览由泉州市委宣传部、泉州市文化广电新闻出版局、市文联主办，泉州市美术家协会、泉州画院、泉州海外交通史博物馆承办，共展出作品102件。12月10—15日“千里江山万里路——黄坚作品展”在泉州海丝艺术公园红房子展馆展出黄坚教授40幅彩墨作品。12月12日，“丝路山海情——中乌当代美术交流展”在小岞美术馆开幕。展览展出21位乌克兰艺术家的60余件作品和39位中方艺术家的百余件作品，泉州市郭宁、戴毅强、蔡永辉、蔡鑫等15位的作品参展。

【音乐（含南音）】　2017年，泉州市举办“喜迎十九大，乐动刺桐城”系列音乐会。在泉州音乐厅举办国际新生代钢琴家熊嘉诚独奏音乐会及大师班、爱沙尼亚小提琴家雅尔维独奏音乐会。举办喜庆2017年元宵节南音大会唱，来自菲律宾、澳门、台湾、广东等10多个南音社团的海内外弦友参加会唱。泉州市音协成立二胡专业委员会，市合唱协会召开第二届会员代表大会，市音协古筝专业委员会举办五周年系列活动。2月9日，由泉州市文联、泉州少林寺主办，少林养艺轩协办的2017“水月禅心 少林雄风”新春梵呗音乐会在泉州少林寺大雄宝殿举行。7月底至10月，举办“喜迎十九大，乐动刺桐城”系列音乐会。8月16－17日举办筝协五周年——古筝大赛。8月20日，由泉州市文联、共青团泉州市委共同主办的“海丝韵·刺桐情” 秦韵艺术大型古筝音乐会在泉州影剧院举办。10月14日，市委宣传部、市文联、团市委主办，泉州市合唱协会、泉州市青少年宫承办的“喜迎十九大 颂歌献给党”泉州市合唱音乐会在泉州市青少年宫举办。

3月18日，泉州市音协二胡专业委员会在泉州师范学院音乐与舞蹈学院音乐厅成立。 11月中旬，市音协成立泉州钢琴艺术志愿者服务队并深入泉州市盲聋哑学校举办志愿活动。

10月14日，市合唱协会召开第二届会员代表大会，选举陈世友为第二届市合唱协会会长。

2月10—12日，由泉州市文联、泉州市文广新局主办，泉州市曲艺家协会、泉州南音乐团等承办的“箫起弦动逐梦来”——泉州市喜庆2017年元宵节南音大会唱在泉州市区金山老干部活动中心举办，来自菲律宾长和郎君社总社、澳门南音社、台湾南音代表团、广东省南音研究会等10多个南音社团的海内外弦友参加会唱。4月23日，市音协古筝专业委员会举办筝协五周年系列活动，邀请台湾的黄文玲、邓竞然开设《台湾筝乐发展的概况与现状》等专题讲座。5月启动首届泉州钢琴艺术节系列活动，邀请艾迪斯费舍尔夫妇于泉州音乐厅举办钢琴独奏、四手联弹音乐会；艾迪斯费舍尔夫妇在泉州师范学院音乐舞蹈学院举办钢琴大师班；邀请中央音乐学院朱贤杰教授举办为期两天的钢琴大师班讲座；6月17－18日在泉州音乐厅举办国际新生代钢琴家熊嘉诚独奏音乐会及大师班。5月19日，爱沙尼亚小提琴家雅尔维独奏音乐会在泉州音乐厅举办。6月11日，由福建省文化厅主办，福建省非物质文化遗产保护中心和泉州南音中心承办，泉州市文广新局、市文联以及菲律宾长和郎君社总社协办的“中菲海丝情”南音音乐会在泉州市青少年宫音乐厅举行。7月31日，市音协在泉州师院音乐厅主办小提琴名家系列音乐活动，邀请上海音乐学院小提琴副教授、上海音乐学院附中管弦系主任周铭恩老师来泉教学展演。11月4日，上海民谣音乐人“荷马先生”全国巡演（泉州站）活动举办。

5月8—25日举办首届泉州钢琴艺术节系列活动第五届欧米勒公开赛泉州选拔赛。

杨双智的钢琴组曲《梅花》获福建省第八届百花文艺奖二等奖。

泉州市南音传承中心于2017年1月协办以泉州大开元寺主办的“零元义拍·丙申冬暖助学慈善义卖”活动。3月协办由泉州市残疾人联合会举办的第十届全省残疾人艺术会演泉州选拔赛。5月协办2017中德国际青少年艺术节比赛和“永远跟党走”第十二届中国青少年艺术节泉州选区总评选。6月协办“蝴蝶花开”鲤城区舞蹈家协会2017年庆“六一”少儿舞蹈展演和第五届全国青少年才艺创意大赛及“感恩有你，启梦汉唐，放飞希望”2017幼儿文艺会演和“2017快乐阳光”第13届中国少年儿童歌曲卡拉OK电视大赛泉州赛区选拔赛和‘庆祝中国人民解放军建军90周年’鲤城区2017年中小学生“童心向党”歌咏比赛，并选派人员赴厦门参加中国曲协、中国舞协、中国影协、中国杂协深入学习贯彻习近平总书记文艺工作座谈会和十次文代会重要讲话精神专题研讨班。中心与北京大学附属中学共同建立的“南音（泉州弦管）北大附中传习所”，并于12月15日在北大附中举行揭牌仪式，是国内第一家非闽南语地区的南音传习所。同年12月曾家阳赴武汉参加“长江之韵”纪念黄海怀先生逝世50周年·第二届武汉音乐学院弹拨艺术周，在武汉音乐学院举行专家专场音乐会。

【戏剧】 2017年，泉州市推进戏剧惠民活动，在梨园古典剧院、泉州南音艺苑、泉州木偶剧院、泉州高甲传承中心剧场、泉州艺术中心等文化场所进行低票价公益演出；开展“优秀传统戏曲进校园”活动，在泉州实验中学、泉州市刺桐幼儿园举办泉州市优秀传统戏曲走进校园文艺演出。12月，中国戏剧家协会梅花奖艺术团“送欢乐、下基层”慰问演出在市区梨园古典剧院举行，来自国内最顶尖的17位中国梅花奖艺术家同台竞艳，荟萃京剧、梨园戏、高甲戏、昆曲、徽剧、黄梅戏、越剧、淮剧、评剧等剧种。艺术创作方面，梨园戏传承中心的梨园戏《御碑亭》获福建省第八届百花文艺奖二等奖，泉州市木偶剧团木偶戏《卢俊义》、晋江市掌中木偶剧团木偶戏《龙山情缘》、安溪县高甲戏剧团高甲戏《憨生别传》获福建省第八届百花文艺奖三等奖。6月，第十三届福建省戏剧水仙花奖比赛24人获奖，其中专业组一等奖1人，二等奖5人，三等奖11人；民营职业组三等奖1人；院校组优秀新人奖2人，新人奖4人，市戏剧家协会获优秀组织奖。11月10日，全市剧目创作务虚会议召开。11月28—30日，全市剧目创作会议召开，邀请福建省艺术研究院专家、福建省艺术指导委员会部分成员、泉州市艺术指导委员会部分成员研讨《榕树魂》《柯贤溪》《李师师》《太后贺寿》《慧眼考官》《洛阳桥》《清客》《父母心》等剧目。11月，曾静萍当选福建省戏剧家协会第七届副主席、11人当选省剧协理事，周杰俊等14人当选省剧协第一届青年艺术委员会委员。蔡美娜等加入中国戏剧家协会。

福建省梨园戏传承中心（福建省梨园戏剧团），2017年，福建省梨园戏传承中心创作梨园戏《李师师》，抢救复排梨园戏《苏英》《朱买臣》《刘文龙》《陈三》《朱文太平钱》《吕蒙正》及《皇都市》《摘花》《公婆托》等十几个经典传统剧目和折子戏，并在剧场开展常态性公益演出，推出梨园周末和春节元宵、五一、中秋、十一等演出周活动，全年完成演出80多场。9月在北京大学百周年纪念讲堂开展“梨园戏现象—梨园戏的返本开新”研讨会，对梨园戏《朱买臣》《御碑亭》进行研讨；11月参加第八届北京·南锣鼓巷戏剧节独立剧场论坛单元“女性生活·古典与现代”梨园戏分享活动；以及梨园戏《御碑亭》《朱买臣》赴北京、金华、上海巡演；12月，精选梨园戏《吕蒙正》中经典折子戏《过桥入窑》《送银米》《煮糜》《探窑》《辞窑》赴上海参加2017年第三届上海小剧场戏曲节。

泉州市提线木偶戏传承保护中心（泉州市木偶剧团），2017年，泉州市提线木偶戏传承中心复排经典剧目《水漫金山》和《火焰山》及对大型提线木偶戏《卢俊义》重新进行加工、修改提升工作。继续开展非物质文化遗产进校园系列演出活动，进入泉州刺桐幼儿园、通政小学、金山幼儿园、财贸幼儿园、丰泽第五幼儿园、浦西幼儿园、东海幼儿园等学校，弘扬传播泉州提线木偶艺术。每周二、四、六、日下午四点至五点在泉州市木偶剧团旧团址和泉州木偶剧院开展常态性的公益性演出，全年完成演出108场。2月，参与由网龙华渔教育和福建省非物质文化遗产保护中心联合出品的VR纪录片《一堂木偶课》拍摄及其它非遗产系列活动；5月与福建省广播电视集团合作，参加深圳文博会活动。6月，参与泉州市旅游局组团，赴贵阳领南、广西南宁举办“泉州市旅游推介会”，及赴成都参加第六届成都国际非物质文化遗产节，进行展演，应河南平顶山、广东五华木偶剧团邀请，选派优秀演员前往并开展教学指导工作，精选节目《四将开台》参与张艺谋导演的《对话·寓言2047》，在国家大剧院进行首演；配合完成马来西亚电视台、中央电视台cctv3文化时分和三沙卫视到剧团拍摄非物质文化遗产表演、传承、保护、制作等过程的工作。7月，赴四川都江堰参加“泉州提线木偶戏展演活动”。8—9月，参加市旅游局组团，赴深圳与南昌参加“清新福建旅游推介会”，9月，参加中央电视台新闻综合频道的《新闻直播间》的节目录制活动。11月，参加文化部“全国曲艺木偶戏展演”活动和参加泉州旅游局组团，赴安徽合肥、芜湖等地参加旅游推介会展演，及赴武夷山参加由中组部组织的“中央医疗专家组”福建非遗项目考察展演活动。12月，剧团五进央视，分别在央视戏曲频道《品戏读城》、央视综艺频道《群英会》、央视军事农业频道《乡村大世界》特别节目、央视综艺频道《艺术人生》和央视国际频道《记住乡愁》等栏目，展演泉州提线木偶艺术。

泉州市高甲戏传承中心（泉州市高甲戏剧团），2017年，泉州市高甲戏传承中心创排现代高甲戏《星光》，复排传统剧目《女巡按》《陈若霖斩子》及小戏《追敬德》《昭君出塞》《笋江波》《妗婆打》《云安点将》等深入基层演出，参加文庙演出58场，在剧场文化惠民演出30场，下基层演出76场，并携高甲童话剧《渔夫与渔夫》进校园演出61场。高甲小戏《界树下》参加“2017年全国优秀小戏小品展演”活动，获“优秀展演剧目”奖。高甲乐队赴海南海口省歌舞剧院参加“第二届中国民族器乐民间乐种组合展演”活动，并获“（泉州笼吹）第二届中国民族器乐民间乐种组合展演奖”。中心以十九大代表陈娟娟同志为首，成立劳模工作室及以传统小戏、折子戏的“传帮带”方式来加强对青年演员的培养，同时剧团积极“走出去”弘扬传播高甲戏艺术，1月应新加坡心中文化教育中心邀请赴新加坡参加“春城洋溢华夏情”文化交流活动，在中国文化中心、新加坡总统府、新加坡中华总商会以及华文学校进行春节慰问演出活动；4月携高甲戏《金钗记》《杨门女将》《兵反皇都》《黄卷与蚊诗》《女巡按》《西施》《大闹花府》及折子戏专场赴金门料罗里顺济宫参加文化交流演出活动；6月，参加“金门非遗文化周”——泉州市高甲戏传承中心展演；7月，赴摩洛哥参加“摩洛哥沃利比里斯国际音乐节”文化交流演出活动；9月，携带8台剧目赴新加坡参加“韮莱芭城隍庙庆祝奉祀清溪佑伯主100周年大典”文化交流演出活动。

梨园戏《陈三五娘》剧照（2017年拍摄） （图/张婧婧）

泉州市闽南民间歌舞传承中心（泉州市歌舞剧团），2017年，泉州市闽南民间歌舞传承中心创作一台具有闽南特色“非遗”民间舞蹈专场；与鲤城区政府联合打造一台“培养和践行社会主义核心价值观——《我家在鲤城》”为主题的综艺节目；与泉港区政府联合打造一台以中国“非遗”艺术——北管为元素的音乐、舞蹈专场，进行“泉港之夏”惠民巡回演出，创作排演全新曲目的交响乐，在春节、元宵期间进行高雅艺术交响乐惠民演出，并深入德化山区等地进行现代音乐推广、交响乐普及教育演出。创作舞蹈《丝海妙音》和《醉·七响》参加第四届福建省舞蹈“百合花”专业舞蹈大赛，分别获表演银奖、创作铜奖和表演铜奖、创作入围奖；剧团获优秀组织奖。2017年，剧团演出210场，如坚持剧场常态性“惠民工程、周周有戏看、文庙李文节祠”演出，以及多场市委宣传部、市文广新局、电视台主办的“宣传党十八大精神”“欢乐泉州下基层”“文化下乡”纪念《延讲》“向人民汇报”“革命传统教育”等主题活动演出，深入“自闭儿童学校”、“福利院”、“颐乐园”老人院，完成“志愿者在行动”、关爱儿童、老人的献爱心演出，与市总工会合作创演一台以歌颂劳动者为主题的“海丝情·劳动美——喜迎十九大”慰问劳动者、外来工巡回演出，举办庆“六一”——“闽南歌舞进校园”活动演出深入多所学校与学生们欢度儿童节，与鲤城区公安分局联合举办“平安社区——110在行动”主题宣传演出，开展“文化走军营”活动到梅山等部队进行慰问演出。剧团于2月赴菲参加第17届“菲中传统文化节”暨“泉州新丝路菲律宾行”活动；6月，受文化部委派，应韩国邀请赴韩国光州参加“亚洲文化殿堂”国际庆典演出；8月，随“福建文化海外驿站”揭牌仪式艺术团赴马来西亚演出，展示闽南非遗文化。

【文学】 2017年，泉州市作家在《诗刊》《散文》《散文选刊》《星星》《散文诗》《文艺报》《福建文学》等国家级、省级报刊发表作品600多篇（首）。50多部作品集正式出版。泉州20多位作家的作品入选由福建省文联等主编的《八闽古城古镇古村》丛书，蔡其矫、陈志泽、戴冠青、李建民、林轩鹤、吴晓川的评论入选由福建省文联、省作协主编的《闽派诗论》。陈志泽《生命的颤音》入选《2016中国散文诗精品阅读》，潇琴的《散文诗五章》入选《中国散文诗100年大系》，王忠智的《穿越时空那座桥》入选《星星诗刊》主编的《2016年度最佳散文诗选》，陈志泽、王忠智、吴奋勇等作品入选《2016中国年度散文诗》。蔡芳本、林轩鹤、叶逢平、吴谨程等人诗作入选《福建诗歌精选》。林筱聆深入安溪县西坪镇采风创作的小说，入选中国作家协会2017年度定点深入生活项目；长篇小说《观音》入选省扶持项目；中篇小说《老宅》，经首届福建省中长篇小说双年榜专家组评定，入选该榜中篇小说提名作品；中篇小说《杨柳依依》被2017年第10期《小说选刊》选用。施伟小说《逃脱术》改编的电影，入围第20届上海国际电影节项目创投，获得东南文化特别关注奖。3月，涂元伟的中篇小说《子宫不是宫》获得由上海文学杂志社等举办的第一届“人金—段和段杯”《上海文学》小说大赛大奖。叶逢平诗歌获得福建省第30届优秀文学作品榜暨“陈明玉文学榜”年度诗歌榜作品，李伟才《许谋清的赤岸》获得年度文艺评论榜作品，张国琳《中国传奇惠安女》获得年度报告文学榜提名作品，王伟《现代性故事的想象机制与讲述方式》获得年度文艺评论榜提名作品。高寒创作的广播剧《姑嫂塔》（上、下集）由省宣传部送往中宣部参评“五个一工程奖”。省委宣传部、省财政厅公布2017年度福建文艺发展基金资助项目名单，陈华发创作的电视连续剧剧本《南洋少林》入选，获得经费资助。林轩鹤朗诵诗《把春天画在海丝路上》在“第二届中国花样少年语言表演艺术大赛”中获福建省决赛金奖、全国总决赛银奖。10月13日，郑剑文获得2016—2017年度庄逢时杯海内外文学奖金榜奖，蔡飞跃等获得银榜奖，吴晓川等获得铜榜奖。12月，涂元伟的电影剧本《嗨，马小帅！》获“第二届全国优秀儿童电影剧本（动画片）剧本征集活动”一等奖，王炜炜所著的《黑白蝶》获中国金融文联、中国金融作协主办的第三届中国金融文学奖长篇小说奖。康玉琨作品获第十三届全国青少年冰心文学大赛教师文学创作奖一等奖。蔡飞跃散文集《青衿骋怀》及绿萍等泉州作家散文分别在2017年中国散文年会评奖中获一等奖、二等奖。《星星·散文诗》第11期刊出康小英等3位新秀作品。

【书法】 2017年，泉州市书法家协会加强组织建设。9月，召开第七次会员代表大会，李德谦当选新一届泉州市书协主席。协会会员总数超过1000人，其中中国书协会员达到110多人，省书协会员450人。春节期间，市书协与相关单位联合举办近20场义务书写春联活动，组织书法家进社区、下乡镇、到农村、进小区义写春联。1月，由泉州晚报社、泉州市文联、中国农业银行股份有限公司泉州分行联合主办的2017年“农行杯”——“党报送祝福 春联抒真情”活动深入泉州各县区市举办13场次的写春联活动。1月6日，由省书协、市文联主办的“送万‘福’进万家”下基层公益活动在惠安聚龙小镇开展，省文联顾问、省书协主席陈奋武等10余位书法家参加活动。1月10—25日，由市文联主办的第三届“海丝泉州年•邮礼送春联”百名书法家义务写春联活动在泉州市区及各县（市、区）部分邮政储蓄银行营业网点和市民广场举行，组织百名泉州市书法家免费为市民书写新春对联。组织创作数十件书法作品参与市直有关单位及社会各界举办的爱心慈善拍卖活动。

书法展览　1月1日，由市文联主办、市书法创作基地承办的迎新书法展在泉州市青少年宫文化中心五楼展出。4月26日至5月2日，“中国梦·劳动美——泉州市职工书法比赛”入围作品展在泉州书法创作基地和泉州青年书法馆举行。6月27日，庆祝中国共产党成立96周年泉州市老年书画摄影展在田安路老年活动中心四楼开展，展出书画摄影作品323幅。9月，市文联与市纪委、市直机关工委、市总工会联合主办“喜迎十九大　翰墨承家训”泉州市家风家规家训书法邀请展。12月10—16日，作为第三届海丝国际艺术节的系列活动之一，第五届中国海丝书画小品大赛作品展在泉州中国闽台缘博物馆开展。第五届中国海丝书画小品大赛于9月开始面向全球征稿，收到世界各地书画家投稿作品5235件，193件书画作品获奖。该届作品展由第三届海丝国际艺术节组委会主办，省美协、省书协、中国闽台缘博物馆、泉州市委网信办、泉州市文联承办。

参展获奖　曾锦溪的行草《华亭论书》获省第八届百花文艺奖荣誉奖，王志安的册页《王志安书东坡题跋》、林景辉的行草中堂《自作诗三首》获二等奖，施育煌的篆书《司马光真率铭》、吴国雄隶书条幅《张怀瓘书断选录》、获三等奖。8月，“八闽丹青奖”——第二届福建省书法双年展泉州参赛作品评审会举行，从全部非中书协会员投稿作品中评审出100件作品送省复评。6人获八闽丹青奖提名奖，占全省的20%。10月份全国第二届行书展投稿作品看稿会举办。在中国书协举办的展览和论坛中，39人次入展，其中全国第二届临帖展有4人入展，全国四届草书展中有7人（胡温平、黄加忠、施华源、王振良、肖朝晖、张聪明、郑志安）入展，全国第二届楷书展有2人入展，全国第八届楹联展中有6人入展，“民族脊梁——迎庆党的十九大胜利召开全国书法大展”2人入展（林景辉、曾锦溪），全国第四届隶书展有2人入展，全国第四届青年展有7人入展，在第二届全国行书展中有5人入展（王志安等）。

【摄影】　2017年，泉州摄影家协会举办六期摄影培训班，与北京摄影函授学院、省摄影家协会等合作开设培训班，邀请中国摄影家协会副主席雍和、潘朝阳、五届金像奖评委杨恩璞、中国摄影报副总柴选、华赛金奖得主张村成等名家授课采风。协会会员总数1360人，其中中国摄协会员104人，省摄协会员410人。

创作成绩　11月，在中国文联、中国摄影家协会主办的第26届全国摄影艺术展览获佳绩，潘登《低头族》、陈哲渝《茶点》、黄榆泰《魅力菠萝啤》《烹饪专家》、吴海燕《一洗白》、吴兴斌《衣说》（组照）、吴锦明《与神共舞》等6个作者的7件作品入选，占全国入选作品总数（418幅）的1/60。洪宗洲摄影《半生的专注》组照省第八届百花文艺奖三等奖。

影展展赛　1月，市委宣传部、市文联主办的“大美泉州3D摄影”作品展在泉州台商投资区海丝艺术公园红房子举行。3月23日，市绿化委、市文联联合举办“森林城市　绿色家园”摄影主题大赛。5月21日，在源和1916创意园区举办第十三届泉州市摄影艺术节。5月，市文联与市机关工委等单位启动“机关党旗红　五个泉州在行动”主题手机摄影比赛。6—7月，市委组织部、市文联主办“第二届泉州市人才工作新闻摄影比赛”。10月11—17日，市委宣传部、市文联主办，市摄影家协会承办的“喜迎十九大　光影颂党恩”泉州市摄影精品展在源和1916文化创意产业园区公共展厅展出。11月，启动“庆祝党的十九大　创造新辉煌”泉州摄影作品巡展。12月9日，作为第三届海丝国际艺术节系列活动之一，“重走海丝之路·助力泉州申遗”摄影大展在泉州源和1916公共展厅展出。协助中国摄影家协会、《大众摄影》杂志社举办“大美惠安，千年之约”全国摄影大展。

网络建设　在微信公众号“泉州摄影家”上举办微影展，推送32期优秀作品。举办公益大讲堂，邀

2017年2月9日，香港·泉州书法家迎春展开幕　（图/陈小阳）

请澳洲风光摄影师詹姆斯、省摄协副主席朱庆福、省摄协潘朝阳、贵州师范大学摄影专业老师彭浩相关摄影专家作4期专题讲座。

【舞蹈】 2017年，泉州市书法家协会加强组织建设，9月，召开第七次会员代表大会，李德谦当选新一届泉州市书协主席，协会会员总数超过1000人，其中中国书协会员达到110多人，省书协会员450人。 2017年，泉州市舞协开展各种形式的舞蹈活动与泉州电视台联合主办全市少儿舞蹈比赛，通过泉州电视台一套和三套进行转播。5月28—29日，市文联、石狮市委宣传部、东南早报、泉州市工人文化宫主办的2017中国·泉州“海丝情”第三届国际标准舞全国公开赛暨第七届福建省国际标准舞精英赛在泉州石狮市体育馆举行。协助中国舞协、省舞协举办的“海丝圆梦——海上丝绸之路国际舞蹈交流研习（2017·泉州）”，与柬埔寨文化教育部代表团切磋舞技。5月，市舞协成立街舞委员会。

泉州师范学院音乐与舞蹈学院的舞蹈《阮厝的银腰带》、晋江少儿艺术团的舞蹈《呛呛滚来好年冬》获省第八届百花文艺奖三等奖。5月，《我从海边来》《正月点灯红》《人之初》《精舞门霹雳少儿》 四个节目参加省文联、省舞协主办的“舞动中国梦——第七届福建省原创少儿舞蹈大赛暨‘小荷风采’全国少儿舞蹈展演福建选拔赛”获奖，市舞协、晋江市青少年宫获优秀组织奖。11月，在省文联、省文化厅主办的第四届福建舞蹈“百合花奖”专业舞蹈大赛上，获得金奖1个，银奖2个，铜奖3个，入围奖4个，最佳音乐创作奖1个，市舞协、泉州闽南民间歌舞传承中心、泉州幼儿师范高等专科学校获优秀组织奖，泉州师范学院音乐与舞蹈学院获组织奖。叶晓丽的论文《在舞蹈生态学视阈下探索泉州民间舞蹈“火鼎公婆”的文化特征》，获福建省第五届高等学院艺术教育科研论文一等奖并入选参加全国第五届高等学院艺术教育科研论文。

【民间文艺】 2017年6月3日，泉州市民间工艺美术家协会主办，民进泉州市委文化支部、晋江市工艺美术协会协办的“走海丝之路，话民艺创新”主题活动举办。6月29—30日，由中国民协研究资料部主任王锦强带队，中国古村镇专业委员会副会长、省文物考古博物馆学会理事长郑国珍，省民协副主席陈晓萍，以及中国社科院研究员吴晓东等多名大学教授、相关媒体记者组成的中国民协“走进福建——丝路文化起点考察与民间文化生态保护行动”民间文艺调研组到泉州考察。活动由中国民间文艺家协会和福建省文联共同主办，泉州市文联协办。10月18—20日，与省文联、省民文协、省美协、省书协在德化举行“喜迎十九大 艺瓷颂党恩”福建省艺术家走进德化采风创作活动。12月8—18日“一带一路‘中国白’再出发”——喜迎海艺节“美好生活 从瓷开始”国礼大师陶瓷展在源和1916产业园闽南文化交流中心举办。活动由香港经济导报台海新闻中心、民进泉州市委、泉州市文联、泉州市城镇集体工业联社、省陶瓷行业协会主办。陈明良陶瓷《志在书中》获省第八届百花文艺奖荣誉奖，连紫华陶瓷《自在持莲观音》获一等奖。

【电影】 2017年，福建省皇品文化传播股份有限公司的电影《深流不息》获省第八届百花文艺奖三等奖。1月8日，“到人民中去”电影惠民活动晚上在泉州市花博园举行，活动由省电影家协会、市文联主办，上映《上甘岭》等优秀革命影片。5月22日，由市文联、市司法局联合主办的“泉州市2017年普法电影公益放映宣传活动”在市区威远楼广场启动，持续至12月。5月23日，市文联主办的纪念毛泽东在《延安文艺工作座谈会上的讲话》发表75周年电影晚会在市区威远楼广场举行。10月25—30日，市文联与中国文联电影艺术中心、福建省电影家协会共同举办“影载中华情，圆梦新丝路”——国际影片展映与交流研讨活动，展映第26届中国金鸡百花电影节金鸡国际影展参展影片。

【电视】 2017年，泉州市文联、市视协举办“泉州市广播电视艺术奖”评奖，选送优秀作品参加“福建

2017年10月25日，“影载中华情，圆梦新丝路”——国际电影展映周开幕式泉州影剧院举行 （图/市文联）

省广播电视艺术奖”评奖。泉州广播电视台文艺纪录片《海上丝绸之路》获省第八届百花文艺奖二等奖，安溪县广播电视台广播剧《回家》获三等奖。组织多场《欢乐泉州》“到人民中去”文艺下乡活动，策划、组织完成《“向人民汇报”5.23文艺演出》《泉州电视艺术家走进安海宣讲十九大文艺采访活动》《泉州电视艺术家走进南安杨子山某部军民宣讲十九大文艺慰问活动》等系列主题文艺活动。10月，11名青年电视业务骨干参加在莆田举办的“学习贯彻党的十九大福建电视艺术高级研修班”。11月20—23日，协会9名电视节目主持人参加在福州举办的“海峡两岸主持人论坛”。

【曲艺】　2017年8月28日，由泉州市文联、市文广新局主办的“第二届福建省曲艺‘丹桂奖’大赛泉州选拔赛”在泉州市艺术馆剧场举行，来自泉州市各县（市）区21个作品参赛。11月22日，由省文联、省文化厅联合主办的第二届福建省曲艺“丹桂奖”大赛揭晓，市文联、市文化广电新闻出版局选送的8个节目获奖。市文联、市文化广电新闻出版局获优秀组织奖。杨江东等加入中国曲协。

档案

【概况】　2017年，泉州市档案局根据市委、市政府申遗工作任务分解，按照世界文化遗产申报要求，指导督促“古泉州（刺桐）史迹”16个遗产点各相关县区、各相关单位做好档案收集整理和规范建档工作，组织遗产点口述档案视频采集，牵头组织完成“古泉州（刺桐）文化遗产档案中心”建设。鲤城馆开辟“古城记忆”展馆，再现古泉州千年印记，助力全市申遗工作；鲤城局、丰泽局、洛江局、石狮局、晋江局、南安局、和台商投资区局等全力配合开展申遗点档案收集整理工作。

年内，加快推进“乡村记忆档案”工作，在全省率先完成泉州市7个国家、省级示范村的项目验收。4月，省“乡村记忆档案”示范项目建设现场会在泉州召开。11月，受邀在全国“美丽乡村建设档案工作”项目验收会上作典型经验介绍。参与金砖国家治国理政研讨会等重大活动，参与并督导活动档案规范整理和接收进馆。安溪馆介入李光地文化节、第十届世界安溪乡亲联谊会等重大活动；惠安局参与指导中国（惠安）国际雕艺博览会档案工作。推进社区规范化管理，出台全省首个新的城市社区档案管理规范性文件。举办纪念建党建军活动，市局与南安局等相关单位联合在南安市眉山乡三凌村举办“三凌村地下革命档案史料展”。与市军分区、泉州晚报社等联合在晋江五店市历史街区举办纪念“9·18”事变暨建军90周年晚会。鲤城馆举办“忆峥嵘岁月”红色老电影海报展。

是年，加强重点项目档案工作，下发重点项目档案工作文件，开展项目档案登记、指导和验收工作，举办全市档案业务培训班，并派员赴国网电力、泉港石化园区等地授课，提升重点项目档案管理水平。联合市发改委重点办，随机对泉州电信公司等12个重点项目开展档案专项执法检查，跟踪回访，督促整改。德化局开设重点项目建设档案查询“绿色通道”，为兴泉铁路德化段等重点项目征地拆迁提供高效服务；泉港局服务区委区政府安征迁工作，加强对安征迁项目档案工作的指导和监管，确保动迁村档案的完整和安全。加快推进台商投资区“大档案”管理体制。加快档案工作体制创新，推动台商投资区党工委、管委会联合出台《泉州台商投资区国家档案资源整合工作实施方案》，指导该区在全区范围内探索实施档案集约化管理和信息资源的共建共享的“大档案”管理体制，在全省首创“大档案”工作管理体制。

全年，做好土地确权登记颁证档案和精准扶贫档案工作，以永春县为试点，开展农村土地承包经营权确权登记颁证档案工作调研。举办全市农村土地确权登记颁证档案工作动员部署暨业务培训会，督促指导各县（市、区）做好档案的收集归档工作。派员参加全市“脱贫攻坚”中心工作。德化局出台《农村产权交易档案管理办法》。提升档案服务利用水平，市馆结合“两学一做”学习教育活动，推出“践行‘五个一’，打造优质窗口”服务品牌。全面完成1979—1985年解密划控106个全宗台账的登记、统计、汇总，并对外开放利用。永春馆接收中华人民共和国成立后至2016年的全部婚姻登记档案并开放查询利用；丰泽馆查档窗口服务被市总工会授予“泉州市工人（五一）先锋号”称号。

2017年，泉州市各级党委、政府更加重视档案工作，以多种方式支持档案事业发展。市委、市政府多次研究协调市档案工作，翁祖根、张永宁、肖汉辉等市委、市政府领导多次到市档案局（馆）调研，协调解决市档案新馆建设等问题。晋江市委市政府为晋江局增设下属事业单位“晋江市档案文献管理利用中心”，并增加4个事业编制；德化县委县政府专题协调解决档案数字化、征集和抢救保护等经费110万元，并在干部考录和交流上给予政策倾斜；南安市委、惠安县委主要领导到局（馆）走访调研，并召开常委会专门听取档案工作汇报，研究解决档案工作相关问题；鲤城区委到鲤城馆开展党日活动；台商投资区党工委、管委会专题研究该区档案资源整合工作；鲤城、丰泽、晋江、石狮、南安、永春和台商区等档案工作被纳入2017年度本级绩效考评工作内容。

专业人才培养和干部队伍建设　组织全市档案系统13人参加全省档案执法人员资格培训，并全部

通过资格考试。强化干部队伍业务培训教育，全市有300多名档案干部参加档案专业技术人员继续教育培训，35人获得档案中高级职务任职资格，47人参评初级职务任职资格。开展档案学术研讨和档案科研项目研究活动，市档案学会被省档案局、省档案学会授予年度优秀组织单位奖。

【执法检查】 2017年，泉州市档案局组织开展档案执法检查活动。配合市人大常委会开展全市档案“一法一条例”实施情况跟踪调研，对市不动产档案馆、城建档案馆及洛江、泉港、南安、安溪、台商区等开展档案“一法一条例”实施情况跟踪调研。开展档案行政执法检查。市、县两级档案局都建立档案工作监督检查“双随机，一公开”机制，市局首次采用“双随机”方法，对12个2008年来完工的重点建设项目进行档案执法检查，对11家市直单位开展档案安全管理专项检查，跟踪回访和督促整改。洛江局探索“档案大执法”模式，联合区人社、财政、住建、教育等部门，对全区各乡镇（街道）、区直单位开展档案安全专项检查；晋江局、石狮局、惠安局、永春局、德化局等相继组织开展档案执法　检查。

行政审批和公共服务　泉州市档案局开展“放管服”行政职权梳理，更新并编制市级档案行政审批和公共服务事项目录，全面规范档案行政审批和公共服务工作。在全省率先规范档案行政职权职责，建立健全行政权力清单、公共服务清单和责任清单、事中事后监管制度等一系列审改工作机制。依托网上办事大厅窗口，开展“互联网+政务服务”工作，实行部分行政审批和公共服务事项网上办理制度；德化局档案公共服务事项全部进驻县行政服务中心综合窗口。

档案监督指导　进一步加强市直单位档案工作，出台《关于做好2017年市直单位档案工作的通知》文件，贯彻执行国家档案新规，并采取以会代训方式，组织市直单位档案员学习档案业务新规，推动市直单位档案管理规范化。推行档案质量合格认定工作，市局在市直单位档案登记和电子目录数据报送基础上，重新启动档案质量合格认定工作，结合“市档案新馆建设五年行动计划”和档案业务日常督导工作，完成19家市直单位档案合格认定工作，提升基层档案室业务规范化水平。石狮局对6家民办幼儿园档案管理工作进行合格认定。

【档案馆建设】 2017年，泉州市档案局加强档案馆功能建设。持续从源头上加强档案资源的接收征集工作。是年，泉州市馆征集到1953年何香凝画作、沈钧儒题词的《猛虎下山图》、137种民国前全国各地老志书及文革老毕业证书等特色档案。鲤城局举办到期档案移交培训；惠安馆征集到净峰寺弘一法师纪念室名家书画作品10件、惠籍书法家书法作品104件；德化馆征集到《德化地名志》《岁月知青》等资料，填补馆藏最早记载德化瓷器资料的空白。加大档案资源整合力度。市馆在档案资源建设方面开始实施“新馆建设五年行动计划”，对所有立档单位开展先期调查摸底、质量认定、数字化前移，并有序实施文书档案与专业档案、文书档案与电子档案、文书档案与“三重”档案并重的模式，为新馆启用后全市档案资源大整合、大接收打好基础。加大“侨批档案”征集力度。2017年，市馆加大对散存民间珍贵侨批档案的征集力度，从民间新征购285件含美国、文莱等国家的珍稀侨批及附属侨民护照、回（归）国证、签证等，丰富馆藏侨批品种和内涵。晋江馆联合侨联，向海外华侨华人征集侨批。档案馆宣教功能进一步拓展。市局指导南安馆创建省级中小学档案教育社会实践基地，全市国家、省级实践基地数量继续保持全省第一。市馆依托爱国主义教育基地和中小学生社会实践基地等平台，挖掘“海丝”“侨批”等档案资源，深化与媒体单位、学校、市直相关职能部门的教育共建活动。安溪馆与慈山学校开展馆校共建合作，为学校教学实习和师生教育提供平台。

档案馆库建设　推进泉州市档案新馆大楼项目建设，协调东海指挥部和设计单位，完成项目大楼框架设计和技术审查、档案专家评审，组织设计单位人员赴省新馆参观学习。2017年12月，市政府用地联席会议研究通过项目用地，快速推进完善项目初设，办理项目启动前期相关手续。跟踪指导县（市、区）新馆建设进度，继续督促安溪、丰泽加快新馆建设各项前期工作，推动安溪新馆启动项目设计招标和项目前期工作；丰泽新馆基本完成项目设计和前期工作；台商区过渡馆库完成设备采购安装，投入使用并开始接收档案。市局争取到安溪新馆中央馆库建设补助资金和晋江新馆省级“以奖代补”资金，合计1300多万。

数字档案馆建设　启动泉州市数字档案馆项目，开展前期调研，赴浙江参观学习示范数字馆建设经验。完成馆藏档案全文数据化，馆藏档案数字化总量突破1300万页，成为全省首个也是唯一的档案全文数字化量超千万页的设区市档案馆。指导石狮馆建设全省首个县级数字档案馆，基本完成数字档案馆建设项目招标工作。永春馆和安溪馆的民国档案目录注入被列入国家重点档案目录基础体系建设项目。

档案安全防范体系　召开全市档案安全工作座谈会，贯彻落实国档局《关于进一步加强档案安全工作的意见》和国家局、省档案安全工作座谈会精神。市馆进一步修订馆库安全、信息安全、保密工作等一系列安全管理工作制度，与泉州消安公司签订维保合同，定期组织保密知识专题讲座、消防知识培训及应急演练，确保档案实体在收、管、存、用等各个环节的安全。加

强档案网站、公共邮箱、档案局域网、档案数据库、档案查询利用系统等的日常管理和安全维护，提高技术防范水平。严格执行国家档案局《档案数字化外包安全管理规范》，做好档案数字化外包的安全防范工作，确保档案加工过程的信息安全。开展电子档案异地备份工作，和省馆完成异地备份工作。惠安县委召开常委会专门研究档案馆安全工作，惠安馆完成库房安防设备改造升级；洛江馆争取资金，扩大完善档案库房和安全防护设施。

2017年6月9日，国际档案日，参加市档案馆开放日活动的市民和学生参观珍贵历史照片　（图/林劲峰）

【开发宣传】 2017年，泉州市加强档案编研开发工作。挖掘开发全市馆藏资源，市馆配合参与《中共泉州历史》（第二卷）编写，给20多个部门提供档案2600多卷，16300多页，历时6个多月。鲤城馆编研出版《鲤城名人档案（美术类第一辑）》；德化馆编纂《德化陶瓷工艺美术大师（名人）名录》；晋江馆参与晋江电视台《品味晋江》栏目拍摄；安溪馆编纂《世界安溪人档案录》。扩大宣传“侨批档案”，市馆挖掘筛选具有泉州特色的馆藏侨批档案，举办“百侨百村侨批珍品展”，并与省档案局联合在泉州开展巡回展，走进泉州师院、南安和洛江华侨农场等，展览吸引市直大批中小学生、党员干部及社会各界群众前来学习参观。中新社刊出通稿，向全球华侨华人宣传该工作。与海峡都市报、泉州电视台合作，开辟“泉州侨批故事”专栏，拍摄侨批微电影《回家的路》，挖掘侨批背后的海内外交流历史，宣传泉州侨批文化。编撰侨批专著《两地书、故乡情——泉州侨批展汇编》《侨批档案宣传折页》等，为泉州“海丝”申遗添砖加瓦。晋江局拍摄《情牵两地书》侨批宣传片，并从清华大学、华侨大学等高校聘请9名华侨史和侨批文化研究专家为特约研究馆员，共同研究晋江侨批。组织珍贵档案参评工作，组织各县（市、区）档案馆、市直单位档案室，甄选出一批有价值、有档次、有特色的珍贵档案，赴省参与第二批珍贵档案文献评选活动。鲤城、惠安、安溪各有1项珍贵档案文献入选第二批《福建省珍贵档案文献名录》。

档案“大宣传”。打造“四合一”档案宣传新模式。市局组织对海丝档案和侨批档案文化、档案业务成效、档案法制、科普宣传等进行宣传，拓展深化档案文化、信息、法制、科普宣传“四合一”的大宣传新模式。强化档案普法力度。市局依托学会开展形式多样的档案法治和科普宣传教育活动，参加“2017年全省社科普及周”宣传活动，举办“侨批中的家风”档案专题展。深入洛江、南安等地开展档案法制宣传，组织全省九地市最多人数参加全国档案法律法规知识竞赛，推进档案普法工作。各县（区、市）局相继以多种形式组织开展档案法治和科普宣传。开展丰富多彩的“6·9”档案日系列活动。根据2017年国际档案日主题，市、县两级档案馆都组织开展第五届泉州市档案馆日活动。市馆举办“崇尚光荣”档案查询和捐赠、“古城书画作品展”、“百侨百村侨批珍品展”等活动，中新社刊发活动通稿。档案宣传工作。2017年，中新社两次刊出泉州档案工作宣传通稿，《中国档案报》在头版头条刊出泉州市档案局先进事迹。2017年，《人民日报》《福建日报》《泉州晚报》《中国档案报》及人民网、新华网等各级主流媒体200多次关注报道泉州市档案工作。鲤城局在《福建档案工作信息》的刊发量连续三年居全省县（区、市）局第一。

地方志

【概况】 在2017年全国地方志系统信息化工作会议暨信息化研究会年度会议上，泉州市方志委信息化工作成绩突出，获得中国地方志指导小组办公室通报表扬。泉州年鉴再创佳绩，在2017年“全国地方志优秀成果（年鉴类）评选”中，《泉州年鉴》获地市级三等奖，《德化年鉴》和《石狮年鉴》分获县级一等奖、三等奖，《泉州年鉴》2017卷的编纂工作得到中指办主任冀祥德的肯定。

2017年10月，市方志委及时对地方志编纂委员会组成人员名单作调整充实，市委书记郑新聪任市方志委顾问，市长康涛任市方志委主任，市委一位常委，市政府一位副市长和“两办”负责人任市方志委副主任，做到“领导到位”。

按照市委、市政府“一号工程”工作部署，配合做好“古泉州（刺桐）”史迹申遗档案的收集、整理工作任务；根据要求，从旧志古籍、地情书籍、地情数据库等资料中，整理出57份有关申遗点的史志资料和照片上报市海丝申遗办。鲤城区、丰泽区、洛江区、晋江市、石狮市、南安市、泉州开发区、台商投资区的方志机构配合申遗点的档案收集整理工作，提供大量史料。

服务泉州市“古城保护与提升工程”，配合市古城办“古城文化丛书”第一辑“老字号”地情丛书编纂工作，提供相关史料，出版《老口味》《老手艺》《老字号》。

牵头负责泉州市城市“双修”历史文化组工作。启动全市文史资料征集工作，搜集整理《泉州内沟河志》《中山路志》等历史文化资料。筹建泉州市历史文献资料共享数据平台，项目纳入“城市双修”第一期建设项目，预算150万元。

2017年，泉州市方志委联合市纪委、市委文明办、市妇联、泉州晚报社等单位，编纂《泉州家训》《泉州乡规民约》和《泉州历史上的清官廉吏》等地情书，完稿交付出版；晋江市方志办出版《晋江家训选读》，并在《晋江史志》刊物上开辟“家训家风”专栏，参与在五店市开展的“家训馆里讲家风”——泉州市“小手拉大手”移风易俗活动，开展讲述“我家家训”故事活动。安溪县方志办联合县纪委、县委宣传部、县委文明办、县方志办、县妇联筹办家风家训展厅，2017年9月完成布展工作，成为安溪弘扬优秀传统文化的主阵地之一，集中开展“新时代·新风尚”家风家训主题教育活动58场；永春县方志办搜集整理家风族训、名人故事、风俗传说等方面的资料，为美丽乡村景点文案供稿数万字，参与县纪委牵头的《桃源家声》征编工作，征集整理10多万字的永春县家风家训初稿。

【县(市、区)志、部门志编修】 2017年，泉州市推进县（市、区）志、部门志编修工作走编修工作县级志方面，《安溪县志》出版；《石狮市志》完成审查验收工作，提交出版；《永春县志》召开评稿会；《德化县志》《南安市志》《晋江县志》进行终审；完成《泉州开发区志》初审工作；《丰泽区志》初稿完成。

部门志方面，出版《泉州市教育志》《泉州检察志》2部；完成《泉州物价志》《泉州政协志》审查验收工作；完成《泉州工会志》审稿；指导《泉州人防志》《泉州农科所志》编纂，完成初稿。截至2017年底，部门志出版27部，完稿6部，在编2部。

【年鉴编纂】 在2017年“全国地方志优秀成果（年鉴类）评审”中，泉州市选送的2016卷《德化年鉴》获得县级一等奖，《泉州年鉴》《石狮年鉴》分获地市级和县级三等奖；《德化年鉴》2017卷篇目还被列入中指办的试点单位。

市方志委先后组织编辑人员参加全省地方综合年鉴主编培训班和全省地方综合年鉴编辑培训班。在全省培训班后，及时举办全市年鉴业务培训班，传达学习全省培训班的会议精神和培训内容，并针对市县两级综合年鉴中存在的问题进行解析，提升全市年鉴主编和业务骨干的业务素养，推动全市年鉴事业进一步发展。2017年10月，全省第一次综合年鉴评稿会在泉州晋江召开，省内外年鉴编纂专家对《泉州年鉴》《晋江年鉴》进行审评，市方志委组织全体年鉴编辑参会学习，做好评稿会成果应用。

【地情开发利用】 2017年，泉州市方志委积极做好地情资源开发利用工作。编好内刊，传递市情。坚持做好《泉州月志》编纂出版工作，在保证质量的基础上，对各板块加大精编力度，压缩一般性“领导活动”和“会议”内容，增加社会民生内容，增加“地情博览”板块，在“海丝史话”的栏目后增加“古代科技”“人物春秋”“古城名巷”“老街口味”栏目。《泉州月志》在保持向市县党政领导和市直各单位赠阅的基础上，增加赠阅全体市人大代表和政协委员，为其参政议政提供市情参考；增加向驻外泉商赠阅，帮助“记住乡愁”，增强参与家乡建设的回归意识；2017年又新增向全省各地市和省外兄弟城市方志机构交流《泉州月志》。《泉州月志》印刷发行量已近3000份，影响力进一步扩大。

利用资源，资政垂鉴。泉州市党政领导历来重视地方志的作用，市方志委秉承“要领导重视，首先要重视领导”的工作理念，主动为新到任的市领导赠阅《泉州市志》等地情资料书籍，或以《方志快报》形式呈报有关信息，为资政工作提供帮助。

注重开发，普及地情。市方志委编纂的泉州地情丛书第四辑——《泉人著史修志录》《泉州院士录》《泉州侨界名人录》《泉州大事实录》《泉州古代职官录》正式出版。与市海洋渔业局合作编纂的泉州地情丛书第五辑——海洋文化系列完成初稿，分别为《美丽泉州海》《泉州海民俗》《泉州海味道》《泉州捕捞养殖》《泉州海底世界》。开展地方志文化“六进”活动，结合建军节、教师节、重阳节等节日，深入基层，送出各类地情书籍1000多册，帮助基层建立方志书柜3个。各县（市、区）方志机构开展“六进”活动，结合法规宣传和传统节日宣传，为基层单位送去地情书籍3000多册。鲤城区方志委打造“古城大讲堂”方志文化品牌，引导各界人士尤其是年轻人对历史文化名城的关注、了解及保护提升

2017年5月，“泉州地情系列丛书”第四辑出版　　（图/吴寿民）

活动参与。

专志编纂，突出特色。《泉港区姓氏志》正式出版；永春县方志办与县农业局合作编纂的《永春芦柑志》形成初稿；全市各地探索推进村镇志编纂，石狮《永宁镇志》2017年12月获颁“中国名镇志文化工程”入选证书，是福建省唯一列入全国首批名镇志文化工程的志书，石狮市方志办受邀在全国论坛学术交流会上发言，介绍典型经验；德化县全县开编乡镇志，累计出版乡镇志8部，2017年指导审核出版《春美乡志》《葛坑镇志》，完成《三班镇志》《国宝乡志》初审工作，内部出版《浔中村志》，并按照中指组办公室志书处的修改意见，继续做好浔中镇“中国名镇志”初稿的修改补充工作。

【方志交流平台】　2017年，泉州市方志委加强馆网建设，重视现代传媒建设。泉州地情网站、泉州史志微信公众号信息推送和维护常态化。全面检查网站各栏目信息维护情况，动态栏目按要求每周进行更新。做到当天上传微信公众号信息同步上传至相应的栏目。全年编发微信公众号信息670条、图片670幅。加强对县（市、区）网络建设监督和指导。已建方志网的鲤城、泉港、石狮、晋江、德化运行良好。已建微信公众号有鲤城、丰泽、洛江、泉港、晋江、南安、惠安、德化、台商区。鲤城区方志委运用新媒体、新技术，建成“鲤城区地名文化志在线编修”系统。加快数据库扩容。完成对“泉州地情网库二期”升级建设，网站开设网络互动交流平台，加强与网民及各个县（市、区）网络管理员的沟通联系。泉州地情中心数据库正式上线，共设9个分库，分别是志书库、年鉴库、月志库、地情图书库、姓氏族谱库、文献期刊库、数字媒体库、方志工具库，并预留升级扩容的较大空间。在现有的地方志网站与数据库基础上，对各种数据、文字、图像、音视频等地情信息资料经过二次加工、处理，2017年完成数字化加工入库462册1.75亿万字。泉州市方志委、石狮市方志办共同探讨形成闽台方志馆筹建的初步方案，上报省方志委；泉港方志馆不断充实完善馆内各分区内容，着手开展方志馆二期建设，完成民生馆设计初步方案和革命墙方案设计，2017年接待各级参访人员15批次，212人次。晋江市方志办探索在五店市传统文化街区建馆的可行性；德化县方志馆建设方案经县政府同意，拟设志书、年鉴、地情、姓氏、名人、陶瓷、书库等7个分馆；南安市方志馆建设项目纳入文化建设规划；安溪县方志馆，经县政府同意，与县综合档案馆统一规划建设，面积约2000平方米。搭建对外交流平台。2017年，市方志委与全国各地开展各种形式的方志文化交流。《泉州月志》赠阅范围从本市，拓展到全省各地、省外部分地市；与全国各地史志档案机构交换志鉴及地情书籍600多册，向各单位赠书1000多册，收藏各地赠书300多册；接待香港地方志办公室、香港中学教师考察团、北京市方志办、浙江省义乌市方志办、绍兴市柯桥区史志办、内蒙古乌海市史志档案局等考察组，介绍推广泉州市方志委首创的日记、月志、年鉴、志书“四位一体”系统保存地情资料机制。

文物

【概况】　2017年，泉州有各级文物保护单位849处，其中31处全国重点文物保护单位、87处省级文保单位和731处市（县）级文物保护单位，16处全国重点文物保护单位列入古泉州（刺桐）史迹申报世界文化遗产遗产点；涉台文物保护单位281处，其中全国重点文物保护单位12处、省级文物保护单位43处、市（县）级文物保护单位226处；革命文物98处，均为县（市）级或暂未定级的三普文物点。

【考古调查】　2017年，永春苦寨坑原始青瓷窑址考古发掘工作获“2016年度全国十大考古新发现”

称号。4月12日国家文物局公布永春苦寨坑原始青瓷窑址考古发掘工作获“2016年度全国十大考古新发现”殊荣。该窑址发掘总面积约350平方米，清理出9座土洞式长条形的龙窑，采集大量原始瓷标本。通过碳十四年代测定，显示窑址年代为公元前1700多年至公元前1400多年，即距今3400—3700多年的夏朝中后期到商代中期。该窑址的发掘将中国烧制原始瓷的历史向前推进200年，为探索中国原始瓷器的起源和发展提供重要实物资料。在发掘过程中，有中央电视台新闻频道及《中国文物报》《海峡都市报》《泉州晚报》等多家媒体报道或转载。

德化县城东工业区三期项目用地文物调查与考古勘探。2—3月，泉州市考古队对工程用地范围进行调查勘探，调查面积约3平方千米，登记文物点1处。为城市基建项目工程的开展和文物保护工作提供相应文物资料。

配合“古泉州（刺桐）史迹”申报世界文化遗产进行考古调查工作。德济门遗址延伸调查清理。3—4月，配合德济门遗址保护展示工程市考古队对德济门遗址进行调查清理，延伸清理出城墙东侧约一米遗址和暗沟遗址的走向。泉州府文庙考古勘探调查。5—6月，泉州市考古队对崇圣殿与李文节祠之间的区域开展考古勘探，共布16条探沟，2个探方，总勘探面积244平方米，发现水井、墙基、房屋地面等多处建筑遗迹及一方明代《泉州府儒学修造记》碑刻。泉州市江口码头清淤工作。6—7月，泉州市考古队人员对文兴码头、美山码头附近的水生植物、废弃物以及河道淤泥，危害文物安全各类危险因素进行清理，清淤面积约3.5万平方米。

泉州市永春县介福乡坑刀山原始青瓷窑址的考古发掘工作。8—9月，福建省博物院与泉州市博物馆考古人员组成联合考古队在永春介福坑刀山发掘，发现4座保存较完整的窑炉，包括火膛、窑室、出烟室，是国内保存较好的龙窑的遗迹。出土大量标本，胎较薄且坚硬。其中施釉的器物标本较多，而且釉色均匀、色彩明亮，经年代测定为公元前1500—1200年。坑刀山原始青瓷遗址是苦寨坑遗址的延续，其重要性和价值不亚于苦寨坑夏商遗址的发现。通过两个遗址比较研究，可以了解当地早期龙窑起源及其演变序列，进而研究夏商代窑业技术以及福建闽江、九龙江流域考古学文化交互传播和影响。

旧车站考古勘探工作。10—11月，泉州市考古队对泉州旧车站内拟建用地进行考古勘探，面积约500平方米，清理出近千件宋至民国时期瓷器残片和砖铺地面遗迹。通过该次考古勘探活动，初步了解旧车站区域地层情况。

惠安黄塘镇虎窟村明代古墓葬考古清理。11—12月，泉州市考古队对惠安黄塘镇虎窟村古墓葬进行清理，确定为明代三室糖水灰墓葬，出土酱釉小罐、瓷器残片以及棺钉若干。

【文物保护管理】 2017年，泉州市组织实施一批全国重点文物保护单位的修缮、抢救性加固、安防和周边环境整治工作。泉州天后宫西厢修缮工程、德济门遗址保护与展示工程、泉州府文庙东西两庑及东厢修缮工程、开元寺东西塔勾缝工程、真武庙大殿修缮工程、安溪文庙修缮工程通过初验，泉州草庵石刻附属建筑石亭抢险加固工程待初验。南安中宪第、蔡氏古民居建筑群第二期修缮工程正在施工。南安林氏民居、李光地宅和祠问房大厝修缮工程正在准备做招投标前的财审预算工作。

组织文物安全状况排查。组织文物、公安、住建、规划、安监、消防等相关部门成立专项督查组，设立4个小组，分点督查，排查和整治文物安全隐患。对全市文物点

2017年，永春苦寨坑原始青瓷窑址首次向公众开放，吸引许多文史爱好者、考古爱好者到场探秘 （图/陈小阳 姚德纯）

分类梳理，建立安全台账，排查发现突出安全隐患55处（火灾隐患21处、雷电灾害隐患1处、其他自然灾害隐患1处、安全管理隐患17处、其他类型15处），对问题挂牌跟踪督办，确保整改到位。发现立行立改安全隐患65处(火灾隐患32处、盗掘盗抢隐患3处、人为破坏隐患2处、洪水灾害隐患3处、雷电灾害隐患1处、其他自然灾害隐患6处、文物库房安全隐患11处、展出文物安全隐患及游客安全隐患2处、其他类型5处)。

国保单位保护规划编制。洛阳桥、圣墓、天后宫(德济门遗址)保护规划待申遗成功后按世界文化遗产要求进行修改再行上报国家文物局审批，安平桥保护规划编制继续在与清华大学磋商；屈斗宫德化窑址、南坑窑址、泉州港古建筑（石狮）、庵山遗址、郑成功墓、李光地宅和祠、安溪文庙、草庵石刻、磁灶窑金交椅山遗址保护规划编制报批；亭店杨氏民居、惠安青山宫、南安林氏民居、南安中宪第、南安五塔岩寺联系编制单位。

【历史文化名城（镇、村）保护管理】 2017年，泉州市文物管理部门配合古城办、市城乡规划局做好泉州市历史文化名城保护规划修编工作，加强对古城内文物建筑的抢救性修缮工作。会同市住建局加强对中国历史文化名镇安溪湖头镇创建精品特色小城镇的指导工作。

【对外交流合作】 博物馆领域对外交流。2017年，泉州市市14家在册博物馆（不含中国闽台缘博物馆）在2017年举办93场临时展览，累计参观人次159万。其中国内交流展览11场次，国际交流展览2场次。参与包括“第三届中国海丝国际品牌博览会”、联合国教科文组织青年创意和文化遗产研习班、“第三届海上丝绸之路国际艺术节”等在内的三大涉外活动。泉州市博物馆第三届两岸大学生闽南聚落文化与传统建筑夏令营活动暨学术研讨会。在中国文物信息咨询中心合作文物仿制、国家海洋博物馆藏品征集、“5·18”全省第一次可移动文物普查成果（厦门）展览工作以及中央苏区（闽西）历史博物馆“福建省纪念建军90周年革命文物联展”的文物和资料征集调研工作活动，提供重要协助。

文保领域对外交流。2017年元宵节期间，在天后宫举办第九届泉·澎“乞龟”民俗文化活动，推动泉州和澎湖的文化交流活动。10月13日，由福建省作家协会、泉州市文广新局、泉州市文联、泉州府文庙文物保护管理处、泉州孔子学会和菲律宾华美集团、菲律宾中国华东联谊总会等联合举办的第九届（2016—2017年度）庄逢时海内外散文榜颁奖仪式在泉州举行。该年度征文活动以“古泉州（刺桐）史迹与乡愁”为主题，收到来自北京、香港、安徽、浙江、山东、山西、福建等省（市、区）和菲律宾等国家的作家的投稿1000余篇。郑剑文作品《从灵山到世家坑》获金奖。蔡飞跃作品《对渡》等13件品分获银奖、铜奖和佳作奖。当天还举办旅菲泉籍诗人王勇闪小诗系列5《日常诗是道》推介礼、“一带一路”文学题材创作座谈会。

博物馆

【概况】 截至2017年底，泉州市登记备案的国有博物馆有12家（不含中国闽台缘博物馆），市属博物馆3家（福建省泉州海外交通史博物馆、泉州市博物馆和泉州、华侨历史博物馆），各县（市、区）博物馆9家。有国家一级博物馆1家，二级博物馆3家，三级博物馆2家，工作人员219名（含合同制临时聘用人员85名）。经过第一次全国可移动文物普查工作的详细调查，泉州市共有41986件可移动文物，其中39249件套为博物馆馆藏文物，其中珍贵文物有7094件（含一级文物184件，二级文物379件，三级文物6531件）。 全市博物馆总建筑面积95000余平方米，库房面积4500余平方米，常设展厅35个，临时展厅17个，展览总数123场次。

【“5•18”国际博物馆日系列活动】 2017年5月18日，契合2017年国际博物馆日主题“博物馆与有争议的历史：博物馆讲述难以言说的历史”，中国闽台缘博物馆举办系列博物馆日活动。活动包括举办《“古泉州（刺桐）史迹”图片展》《“驿路·丝路·复兴路——行走新丝路，喜迎十九大”2017年全国集邮巡回展活动（泉州首站）暨“一带一路”国际合作高峰论坛”、纪念邮票首发仪式》《匠意薪晖——中国闽台缘博物馆藏闽台工艺美术精品展》；开展“闽台民俗图片展”进学校、“5•18世界博物馆日系列活动之精致木作（学生场）”、“我和妈妈逛博物馆”教育活动、“博物馆仲夏夜——博物馆之友•教师专场活动”；接受多名社会热心人士捐赠藏品16件/套，包括《温陵晋邑梅严陈氏族谱》、《民国三十年南安广源媚记陈氏家谱添丁部》、《台湾新志（民国版）》、清蓝鼎元撰《修史试笔（下册）》、《民国仙游郑氏屏山三秀公派支谱》，以及台湾海峡海捞动物骨骼化石、古代陶渔网坠等。

【“馆藏文物预防性保护系统项目”结项验收】 中国闽台缘博物馆“馆藏文物预防性保护系统项目”于2015年4月通过国家文物局立项批复，至2017年9月，先后完成设备安装调试。通过项目实施，实现对文物库房、展厅文物保存、展示微环境的全面实时监测，为下一步实现对馆藏文物保存，展示环境进行较为精准的调控提供科学数据，同时充实部分文物病害分析检测、

2017年8月27日，“水流云行闽台书法五百年特展暨闽台书风学术研讨会”在中国闽台缘博物馆举行 （图/中国闽台缘博物馆）

杀虫防霉、文物囊匣、空气杀菌净化及防震装备，提升馆藏可移动文物预防性保护的能力。

【中国闽台缘博物馆】 2017年，中国闽台缘博物馆加强藏品征集与管理，接收捐赠藏品209件/套，运行调试馆藏可移动文物预防性保护系统项目设备，对旧馆移交古籍、文献、纺织品等文物进行消毒、除虫、防霉等保护工作。承办全省博物馆馆藏文物保护培训班。拓展对台对外交流活动，举办国台办对台交流重点项目“第三届海峡两岸民间谱牒文化论坛”“朱子之路——闽台书院联谊之旅”，赴澎湖生活馆举办《印象生活——闽台龟粿文化展》。推进学术研究，出版《闽台缘》文史集刊3期，出版《谱牒文化与寻根研究》。联办《驿路•丝路•复兴路——行走新丝路，喜迎十九大》《喜迎十九大再踏新征程——‘五个泉州’建设成就图片展》。举办《水流云行——闽台书法五百年特展暨闽台书风学术研讨会》。常态化开展“情系闽台缘——流动的博物馆”系列教育品牌活动125场次。全年接待观众125万人次，其中台胞4.8万人次。做好全国博物馆文化创意产品开发试点工作，依托馆藏资源和陈列展览推出文创产品2个系列26款，在“第二十四届北京国际图书博览会”“海峡两岸文化产业博览会”上分获优秀奖、最佳人气文创产品奖。

【泉州市博物馆】 配合2017年“5•18国际博物馆日”主题，泉州市博物馆举办“免费鉴宝”、“文物捐赠”、“闽南文化周”、《公共文化服务保障法》专家座谈会等系列活动，通过泉州艺校师生和泉州非遗界的闽南文化传承人进行南音现场表演、打城戏表演、手抄南音曲谱、陶瓷制作、木偶头雕刻、刻纸、花灯制作、传统制茶技艺、传统制衣等，使陈列在博物馆展厅的文物都“活”起来。2017年9月，与鄂尔多斯青铜器博物馆联合举办《漫漫丝路 泽遗百代—草原•海上丝绸之路文物精粹展》。组织2017第三届“两岸大学生闽南聚落文化与传统建筑调查夏令营暨学术研讨会”。“厦门金砖会议•治国理政”会议在泉州召开，泉州市博物馆作为接待参观点，为会议期间外国友人参观博物馆创造良好舒适的环境。

2017年3月，泉州市博物馆参与德济门遗址考古项目调查清理项目，清理出德济门遗址东侧暗沟遗址和城墙遗迹，采集、出土一大批宋至民国时期的瓷片以及建筑构件。5月，参与泉州府文庙考古勘探调查项目，对崇圣殿与李文节祠之间的区域开展考古勘探活动，发现一块被刻意保护埋藏地下明代碑刻，题为《泉州府儒学修造记》，保存完整，字迹清晰；出土一批宋至民国时期的陶瓷片以及少量的铜钱、瓦当。8月，参与泉州市永春县介福乡坑刀山原始青瓷窑址的清理发掘工作。出土大量标本，胎较薄且坚硬，施其中釉的器物标本较多而且釉色均匀、色彩明亮，经年代测定为公元前1500—1200年。坑刀山原始青瓷遗址是苦寨坑遗址的延续，其重要性和价值不亚于苦寨坑夏商遗址的发现。通过两个遗址比较研究，可以了解当地早期龙窑起源及其演变序列，进而研究夏商代窑业技术以及福建闽江、九龙江流域考古学文化交互传播和影响。10月，参与旧车站蕃佛寺遗址考古发掘项目，初步了解旧车站区域地层情况，出土一批宋至民国的瓷器残片。对惠安县黄塘镇虎窟村明代墓葬考古清理工作。该墓葬为明代三室糖水灰墓葬，现存前埕挡土墙和墓室，墓室已被盗扰。考古人员清理出较完整的墓室一座，出土两件较为完整的酱釉小罐、少量的瓷器碎片以及若干枚棺钉。

【泉州海交史博物馆】 2017年，泉州海外交通史博物馆在日本长崎举办“刺桐帆影——泉州海外交通史博物馆‘海上丝绸之路’藏品展”。庆祝中斯建交60周年，助力海丝沿线国家民心相通与人类命运共同体的构建。中国文物局、中国文物交流中心、泉州海交馆、斯里兰卡文化部、斯里兰卡国家博物馆等单位在斯里兰卡国家博物馆联合举办“长风破浪——中斯海上丝路历史文化展”。

2017年1月“古泉州（刺桐）史迹”被推选为代表中国申报2018年世界文化遗产项目，申遗总展示馆选定在泉州海外交通史博物馆建设，为配合泉州市政府做好申遗的各项准备工作，2—9月泉州海交馆对主体楼一楼的展厅进行提升改造。9月24日，联合国教科文组织世界遗产委员会委派国际古迹遗址理事会专家吉米·格林先生一行对“古泉州（刺桐）史迹”申报2018年世界文化遗产项目进行现场考察评估，考察第一站即为总展示馆。“刺桐：古泉州的故事”展厅于10月1日正式对外开放该展览。

“瀚墨丹青——新乡市博物馆馆藏书画精品展”为518博物馆日泉州海交馆引进河南省新乡市博物馆的馆藏书画作品展。该展共展出60幅名家作品，比较出名的如赵孟頫、张瑞图、唐寅、郑板桥等。

12月11日，配合泉州第三届海上丝绸之路国际艺术节，由第三届海上丝绸之路国际艺术节泉州执委会、中国钱币博物馆、福建省钱币学会主办，中国人民银行泉州市中心支行、福建省泉州海外交通史博物馆、泉州钱币学会承办，在泉州海外交通史博物馆伊斯兰陈列馆三楼举办“梯航百货万国商——海上丝绸之路货币与贸易展”。

2017年，泉州海外交通史博物馆提供专业讲解服务632批次，接待境内外观众约85万人次。全年举办14场“海丝文化大篷车”进社区和校园巡展，共计28000人参与；配合展览、节假日组织策划14场原创宣教活动，共计1500人参与。在册志愿者126人；志愿者讲解53场；志愿服务 2310小时。

2017年，泉州海外交通史博物馆筹建“中国外销瓷标本中心”，泉州海交馆对东门等外销瓷窑址进行调查、采集标本。对法石古沉船进行考古勘探，确认沉船位置。对市区番佛寺遗址进行考古调查和勘探。征集外销瓷器、石刻、墓志铭、航海用具等众多文物。

2017年，泉州海交馆与北京林业大学合作开展“泉州湾宋代海船船体材质及结构稳定性研究”，搭建基于声发射技术的材质及结构稳定性监测系统，对采集的信号进行分析，初步开展对船体实时、动态、无损的监测。开展基于数字图像相关方法的船体尾部变形位移的监测，对宋代海船船尾的加固保护的必要性与有效性提供科学依据。开展基于加速度传感器的船体振动研究。初步开展木材吸湿行为和湿应力的研究，通过试验方法测试杉木在吸湿过程和解吸解吸过程时的水分扩散系数和表面发散系数，并建立杉木吸湿过程和解吸过程的有限元模型，分析含水率的变化和湿应力的分布，为木材的保护提供科学依据。与中国文化遗产研究院合作开展“泉州湾宋代海船糟朽构件加固试验研究”。通过残块试验，对比纳米纤维素、高分子量PEG、微晶石蜡、海藻糖等材料对于糟朽木材的加固效果。摸索加固工艺，考察在加固过程中添加碱性纳米粒子后的加固效果以及对木材中酸的中和效果，并取得初步成果。完成“泉州湾宋代海船适宜保存温湿度环境条件研究”。通过氯化钠潮解临界湿度实验、不同湿度条件下不同木试样的含水率及尺寸稳定性的观测与分析以及温度变化对木材稳定性的影响等实验研究，分析确定船体稳定保存的安全温湿度条件，为船体保护提供科学依据。委托中山大学完成“泉州宋代海船木材样品中的微生物分析”，并组织专家对分析报告进行评审。组织专家对“泉州湾宋代海船船体材质及结构稳定性研究”与“泉州湾宋代海船糟朽构件加固试验研究”两个课题进行中期评估。与福建省建筑设计研究院合作编制完成“泉州宋代海船预防性保护工程技术方案”，组织专家对方案进行评审。根据评审意见对方案进行补充完善。协助中国文物信息咨询中心开展国家海洋博物馆的文物展品复仿制工作，协助做石刻拓片10张，提供部分藏品文物信息。做好与国家文物局水下中心文化遗产保护中心的合作项目——“馆藏针路簿的资料征集与整理”的联络工作，对馆藏针簿进行初步整理。

2017年12月18日，中国海外交通史研究会第八次会员代表大会在泉州海交馆召开，来自全国各地的嘉宾100多人参加盛会。

推动学术交流，泉州海交馆选派多人次参加各种国内外学术会议，主要有国家文物局水下文化遗产保护中心举办的“2017年出水与饱水文物保护专题研讨会”、“东亚文化遗产保护学会”第六次国际学术研讨会（上海）、“东亚视域下的日本研究——以海上交流为中心”国际学术研讨会（杭州）、“第十四届全国文物修复技术研讨会”（福州）、“海洋文明与城市变迁——‘一带一路’视野下的沿海城市发展”研讨会（上海）、“基督宗教研究论坛之景教研究国际论坛”（北京）、第三届南海与海上丝绸之路研讨会（海南）等。

借助举办学术讲座形式，为馆内外学者搭建交流平台。如邀请海洋出版社编审、海交史研究专家刘义杰作专题报告《从堪舆罗盘到航海罗盘——兼谈闽人对航海的贡献》；海交馆副研究员王丽明作“印度与斯里兰卡印度教寺庙考察”专题汇报。

由中国海外交通史研究会与福建省泉州海外交通史博物馆主办的国家级刊物《海交史研究》，是中国海外交通史研究领域具有代表性的学术期刊之一，2017年被选为南京大学中文社会科学引文索引（CSSCI）扩展版来源期刊。《海交史研究》为半年刊，2017年完成一

2017年7月1日，“闽粹·非遗巡演”启动仪式暨泉州晚报社读者节嘉年华在泉州晚报社举行。图为花灯传承人傅草艺现场教小朋友制作花灯　（图/泉州晚报社）

年两期，共发表32篇论文，内容涉及海图、商品贸易、移民、动植物的传播、海神信仰、海关等与海上丝绸之路相关的主题。

2017年，为配合泉州申遗工作，海交馆科研人员在一个多月的时间完成《泉州湾宋代古船的发掘与研究》的四次校对工作，该书于2017年9月由海洋出版社出版。响应“一带一路”倡议，海交馆从《海交史研究》遴选出具有重要参考价值的作品，出版“中国海交史研究丛书”第一部《海上丝绸之路综论》，该书由海洋出版社于2017年12月出版。选派相关人员协助福建省文物局参与《福建省博物馆概览》第一期和第二期培训，并完成概览泉州海外交通史博物馆部分的编写；应省宣传部要求撰写爱国主教育基地书稿《中华海洋文化的缩影——福建省泉州海外交通史博物馆（增订版）》等。

报　刊

【概况】　2017年，泉州市有7家报纸《泉州晚报》《东南早报》《晋江经济报》《石狮日报》《泉州广播电视报》《海峡都市报.闽南版》《海丝商报》。

共7家期刊《华侨大学学报哲学社会科学版》《华侨大学学报自然科学版》《海交史研究》《黎明职业大学学报》《泉州师范学院学报》《泉州文学》《东方收藏》。

21家侨刊乡讯《泉州商报》《泉州乡讯》《侨乡科技报》《华侨大学报》《晋江乡讯》《石狮侨报》《惠安乡讯》《安溪报》《桃源乡讯》《梅山乡讯》《泉州人家》《闽南》《收藏快报》《晋江商人》《海峡影艺》《瓷都德》《泉州企业家》《郑成功研究》《闽台缘》《海丝智造》《丝路纵横》。

42家连续性内部资料出版物《泉州通讯》《泉州人大》《泉州政协》《泉州学林》《泉州党史》《泉州党校》《泉州教育》《泉州工人》《泉州警察》《泉州青年》《清源》《侨乡现代农业》《惠安教育》《石狮文艺》《泉州女性》《福建炼化》《惠安文化》《晋江党史》《安溪教育》《安海》《泉州工程造价管理》《泉州建筑业》《儿童发展研究》《教研通讯》《泉州法学》《刺桐法槌》《星光》《泉州文博》《泉州月志》《泉州市企业与企业家》《泉州市人民政府公报》《泉州检察》《泉州保险》《泉州老科协》《惠泉人》《德化教育》《德化月志》《晋江人大》《南安市企业之家》《晋江市人民政府公报》《泉州华侨历史博物馆通讯、泉州公路》。

【《泉州晚报》】　2017年，泉州晚报社做好20多个重大主题宣传报道；加大文化体制改革探索，加快融合发展，新媒体用户数居全省地市报首位；探索多元化广告收入模式，挖掘报业新增长点，利润、纳税比上年上升。报社获评“中国城市党报经营创新十强”“2016年度全国报刊广告金推手奖”“金砖国家领导人第九次会晤筹备和服务保障工作先进集体”；“直播泉州”栏目平台被评为2016年度中国报业新媒体优秀创新项目奖；“媒体云平台”项目被评为2016年度中国报业新媒体优秀创新奖30强；时政要闻部被评为2017年福建省“新春走基层”活动先进集体；评论部被评为“五一先锋号”；摄影部被评为“福建省青年突击队”；印务中心夺得“福建省2016年度印刷质量评比精品奖”。全市范围建立学生记者站100个，中心市区中小学全覆盖，在册学生记者突破8000多人，开展活动500多场。全年报社利润总额增长19.2%、上缴税收总额增长1.7%。其中，报社新媒体广告经营收入增长217%（1—11月）、泉州晚报印刷厂亏损额下降48%。

重大主题宣传报道 2017年，泉州晚报社把宣传十九大作为头等政治任务，发挥融媒体优势，报网端微一体运作，线上线下联动互动，创新报道形式，累计推出100多个版面、500多篇报道。

报社各媒体配合完成20多个重大主题的宣传报道，如各级两会、省委省政府工作检查、五个泉州、金砖国家治国理政研讨会、第三届海上丝绸之路国际艺术节、xin行动与补短板、精准扶贫、两学一做、古泉州（刺桐）史迹申遗、古城保护发展、项目攻坚年、环保督查、全面深化改革、“家+文化”、“身边故事 共同铭记”、世界中学生运动会、2017环泉州湾国际公路自行车赛、人才港湾、安全生产、“深化创建全国文明城市”、“迎接国家卫生城市复检”等宣传。

关注民生，围绕民生热点，先后针对停车收费、古城社区巴士、共享单车、海丝旅游等推出专题报道。关注身边好人好事，继续打造中国晚报优秀专栏《脸谱·中国梦》和《雷锋在身边》等栏目，挖掘基层人物感人故事，先后推出“2017年泉州市岗位学雷锋标兵”、妇女节等系列报道。继续开展《党报送祝福 春联抒真情》《阳光母亲 携手同行》《共同托起他们的理想》等品牌活动，以及通过《东南公益》栏目帮扶弱势群体。

媒体融合 2017年年初，泉州晚报社成立新媒体公司。报社旗下“两微一端”（微信、微博、客户端）新媒体矩阵总用户数285万，用户数居全省地市报首位。其中，《东南早报》2017年微信公众号全年总阅读量超4517万人次、总点赞超58万、传播力指数超1322，为福建媒体微信公号年度第一。

推进媒体融合项目。启动泉州晚报社融媒体“中央厨房”项目建设。推进泉州晚报社媒体云项目平台一期建设，其重要组成部分的生活服务板块——“生活通”于上半年完成平台开发，引入商户入驻。推进“泉州通”客户端建设。6月22日，市委办、市府办联合发出通知，要求进一步做好“泉州通”客户端建设推广工作。泉州通下载量突破45万。传播方式创新方面，首次推出“动漫+新媒体”传播方式，早报官微开通“枣视频”。

巩固网络主流舆论阵地。据不完全统计，2017年，经泉州网刊发新闻，被新华网、人民网、新浪、搜狐等各大网站转发约6000余篇；泉州网代运营网站有20个，代运营的微信公众号有13个；泉州网首次同步开设英文网站，首次与商业网站联手，首次与城市网盟协作，首次赴省外直播，首次运用VR技术。

【侨乡科技报】 2017年，《侨乡科技报》做好对外科技宣传工作。对重要版面进行改版，围绕泉州市科技中心工作，推出“聚焦新型科研机构 实施创新驱动发展”专栏12期、“强化科技创新驱动 引领现代农业发展”专栏4期、福厦泉国家自主创新示范区泉州片区获批成立周年系列报道9期以及“人工智能”等专题40多篇。全年编辑出版50期，国内发行30余万份，与菲律宾《商报》合作编印出版《侨乡科技报》海外版52期，海外发行80多万份。2件作品分获第三十届（2016年度）科技报系统优秀作品二、三等奖。

2017年7月上旬，侨乡科技报社承办2017年泉州科技夏令营活动。组织《侨乡科技报》小记者团的小记者与市科技局系统干部职工子女到泉州国家农业科技园区果蔬园参观学习。

【《泉州文学》】 2017年，《泉州文学》按期编辑出版12期，刊物总印数24000册，总印张120000。刊登小说、散文、散文诗、诗歌、文学评论体裁文学作品296篇。刊登“小说天地”栏目42篇，“散文荟萃”栏目77篇，“诗歌在线”栏目74篇，“散文诗苑”栏目11篇，“文学评论”栏目20篇，“境外作家访谈”栏目2篇，“名家手笔”栏目4篇。刊登校园文学作品17篇。刊登著名泉州诗人作品，共刊登15人；“道德在线”栏目刊登4篇道德模范教师的采访文章；“‘创森杯’全市诗文大赛获奖作品选辑”刊登优秀作品8篇；“诗人远行，乡愁永在——深切缅怀余光中先生”栏目刊登泉州作家、诗人怀念文章13篇；开辟“‘五个泉州’在行动”栏目刊登采风文章25篇。2017年第3期继续出版女作者作品专号，组稿20篇；2017年第5期继续出版青年作家作品专号，组稿19篇；2017年第6期继续设计“校园文学专辑”栏目，组稿4篇。刊登“遵守八不规范 做文明公民”2版，“社会主义核心价值观·24字”1版，“学习雷锋精神 弘扬文明新风”1版，“世界读书日·书卷多情似故人 晨昏忧乐每相亲”1版，“树文明新风 迎金砖宾客”主题公益广告5版，“文明旅游·每个人都是一道亮丽的风景线”1版，“谁知盘中餐粒粒皆辛苦”1版，全年刊登公益广告12版。

与鲤城区文联、鲤城区教育局联办第二届“小城故事会”杯“老鲤城的味道”征文颁奖仪式，举办以“古城叙事”为主题的第三届“小城故事会”杯征文比赛。组织《泉州文学》2016年度优秀作品奖评奖工作。评出10件2016年发表于《泉州文学》的优秀作品。在“泉州文艺网”官网、“泉州文学”微信公众号、《泉州晚报》及时发布卷首语、目录信息，在中国知网发布电子书。2017中国作家网每期转发《泉州文学》目录信息。在晋江机场候机厅展示《泉州文学》，在全市文化科技卫生“三下乡”集中示范活动中赠书增刊。原载于《泉州文学》2017年第七期的《檀河旧事》被《中篇小说选刊》2017年第六期选载。

【《闽南》杂志】 2017年，《闽南》杂志编辑出版6期（总57～62

期）。自2017年1期起，《闽南》杂志在目录中添加英文目录。

2017年《闽南》杂志除当期策划之外，主要采用“闽南文化生态”“泉州学”“文史”“海峡”“人物”“视野”“艺苑”“乡土”等栏目。

泉州乡贤、国际著名人类学家李亦园先生于2017年4月18日逝世。编辑部策划专题，于2017年3期（总59期）推出怀恋李亦园大师专题，刊发《怀念李亦园大师》（林少川）以及李亦园大师的两篇著论：《“泉州学”的新视野》《从“海滨邹鲁”到“海滨中原”——闽南文化的再出发》。

“闽南文化生态”栏目：1期收录《从谱牒中的乡规民约看闽南社会的乡治传统》（陈文革），《早期鼓浪屿外国侨民对社区空间构成的影响》（李艳林）；2期收录《茉莉花五代时由海外传入闽南刍议》（谢重光），《“入赘与立族”——元明之际南靖家族始迁祖入赘现象探析》（丁向阳）；3期收录《丰泽区文化创意产业发展现状及对策研究》（林丽珍 王雪婷），《明代月港贸易繁荣促进航海技术发展》（郑 云）；4期收录《从唐诗韵律看闽南方言古音犹存》（林宝卿），《近代闽南侨乡教育现代化——以集美小学的创建为例》（陈欣妍）；5期收录《安溪茶业与茶神信仰》（李玉昆），《五台乐山、昭惠庙与通远王信仰》（彭志坚）；6期收录《茶王公信仰习俗调研》（郭志超），《洛阳街的红砖骑楼》（吴峻峰）。

“泉州学”栏目：1期收录《清代乡会考官、提督学政泉人录》（杨清江），《闽南俗语中有关“读册”的谚语》（林宝卿）；2期收录《从泉州发现的西班牙银币看大帆船贸易》（陈 鹏）；3期收录《元代泉州特产舍儿别》（刘志成 郭 盼）；4期收录《传承海丝精神 打造泉州特色文化品牌的研究》（中共市委宣传部课题组）。《吴鲁<正气研斋汇稿>述略》（郭延杰）；5期收录《对李贽研究的开拓——记首都师范大学教授张建业》（代 山）；6期收录《通州方志所载詹轸光弔李贽诗文探析》（曹志敏 吕春丽）。

“文史”栏目：1期收录《海上丝绸之路上的中国船员》（李玉昆），《五朵梅峰秀，彤云一院深——话说梅峰书院》（林联勇）；2期收录《泉州地震碑刻考》（林晓鸣）；3期收录《泉州斗南“九十九间”里的传奇》（梁春光），《顺天学政张鸣骏进士第》（陈忠杰 张森文）；4期收录《芗城楼寨 历经沧桑》（林南中），《北宋泉州幕职州县官》（吴镇国）；5期收录《<重修鳌城迁建石狮城隍庙记>考略》（李国宏）；6期收录《明代姜志礼大修洛阳桥》（郑焕章）。

“海峡”栏目：1期收录《诗书传家远：从楹联管窥天一信局之儒风》（施沛琳、林南中）；2期收录《清代晋江人对台湾农业生产发展的贡献》（郑焕章）；4期收录《石狮海峡渔文化博物馆》（邱国凹 钱希爱）；5期收录《鲤城区对台宗教文化交流现状分析》（林丽珍 王雪婷）；6期收录《泉港民间传统文化“头北”戏的调查探讨》（陈支平、郑其明、陈祖基）。

“人物”栏目：1期收录《宋末元初泉州回族诗人蒲寿宬生平概览》（刘成峰）；2期收录《郭良的仕途与明朝中后期之官场》（黄英湖），《后月港时代华商“郭侨”的海内外朋友圈》（洪达勇）；4期收录《巴金和他“南国的梦”》（刘燕凌）；5期收录《闽南民间故事中的李光地形象》（钟金德），《“李五中举”辨》（陈金土）；6期收录《菲律宾爱国侨商孙庆珍烈士传略》（孙照宇）。

“视野”栏目：1期收录《<泉之城>节选》（原著：Anne N. Duncan翻译：姚鸣琪 叶妮雅），《赤子功勋》（王树声）；2期收录《芬芳袭人：永春香产业的文化观察》（李国宏），《穿越海峡的浓浓乡情》（戴冠青）；3期收录《17—19世纪英国人对中国东南地区植物的考察》（廖 凯 林立强）；5期收录《象棋与泉州趣话》（陈鹏），《泉州的名匾文化》（林晓鸣）；6期收录《五代潮州籍名僧道匡禅师考》（由 之），《三生三世东关桥》（林联勇）。

“艺苑”栏目：1期收录《温陵多才俊 翰墨写情怀——泉州市80后青年书家群体述评》（彭新国）；2期收录《镌刻思想 雕镂人生：南安榕桥李贽雕像赏介》（李正清/供稿 彭志坚/整理）；3期收录《南 音——中国音乐史上的活化石》（龚万全）；4期收录《用优秀传统艺术丰富现代生活美学——以泉州本土书画艺术鉴藏为例》（彭新国）；

“乡土”栏目：1期收录《散落灵山上的海丝遗梦》（吴晓川）；2期收录《承载先人荣光：洛江桥南刘氏家庙》（刘育钢），《泉港土坑家规家训的解读及思考》（郑其明）；4期收录《万古守安澜，千载洛阳桥——洛阳桥碑石记》（林培养）；5期收录《千年古街上的海丝印记（上）》（洪泓）；6期收录《千年古街上的海丝印记（下）》（洪 泓），《心灵的倾诉 生命的传奇——张玉春报告文学系列的创作特色》（陈忠义）。

“乡音”栏目：1期收录《2017年文化科技卫生“三下乡”活动启动》《<闽南>荣获第二十届福建对外新闻奖三等奖》；2期收录《“海丝路•税收情”税收史料展在泉州举办》《“泉州学讲堂”第一讲在泉州师范学院举行》；3期收录《泉州东西塔登上<“一带一路”国际合作高峰论坛>纪念邮票》《泉州学讲堂之行走篇——探寻西街》；4期收录《泉州学讲堂——王顺兴信局》《泉州学讲堂——提线木偶》《金砖国家治国理政研讨会在泉州举行》；5期《“泉州学讲堂

——泉州南少林寺”举行》《“泉州学讲堂——探秘海交馆”举行》《2016——2017年度庄逢时海外内散文榜颁奖座谈会在泉州召开》；6期收录《文化连接世界　艺术沟通心灵——第三届海上丝绸之路国际艺术节在泉盛装上演》《海上丝绸之路艺术发展论坛在泉州举行》。

广播电视

【概况】　2017年，泉州市有广播电视台8座（县级7座）。调频转播发射台9座，发射机总功率13.95千瓦，电视转播发射台9座，电视发射机总功率36.95千瓦。全市广播综合覆盖率98.53%，电视综合覆盖率98.48%。全市广播电台全年播音83083.67小时，全年自制节目59403.7小时；电视台全年播出46574.5小时，全年自制节目5649小时。有线广播电视用户1398292万户，其中数字电视用户1398292户。

是年，泉州广播电视台拥有新闻、交通之声、经济生活和刺桐之声四个广播频率以及新闻综合、都市生活、影视剧和闽南语四个电视频道；泉州广播电视报社负责编辑出版以文化生活为主的广电报，每周一期。福建广电网络集团泉州分公司主要负责泉州市广播电视传输网络的规划、建设、运营以及新兴业务的开发和应用。

全年，与市总工会、市人力资源与社会保障局共同主办泉州市广播影视岗位练兵赛系列活动。组织“喜迎十九大　我说新福建”全市广播电视播音员、主持人岗位练兵活动和新闻记者（文字记者）岗位练兵活动。依托泉州市广播影视协会开办“广电大讲堂”，组织人员参加国家、省新闻出版广电部门组织的培训，推动泉州市广播影视人才培养。

2017年9月3日，泉州广播电视台与中央电视台联合直播《泉州西街：寻访海丝起点的古早味》
（图/泉州广播电视台）

【打造广播影视精品】　2017年，泉州市《瓷源“碳”秘》等25件广播电视作品（论文）获得福建新闻奖奖励。福建省皇品文化传播有限公司的《廖俊波》《送爱回家》、福建省西窗文化传播有限公司的《憨爸》获得国家新闻出版广电局奖励，占福建省受奖励节目数的75%。在全省广电品牌栏目扶持评审中，泉州广播电视台《周末视点》被评为电视一类，惠安县广播电视台《 你好宝贝》被评为广播二类，晋江市广播电视台《晋江财经报道》被评为电视二类，泉州市总获奖数量占全省的30%。在全国、全省广播电视公益广告扶持项目中，《爱，别等待》（制作单位：泉州市原创文化传播有限公司）被评为全国电视三类。石狮市广播电视台被评为省级传播机构三类，法制清廉拼音版（制作单位：南安市广播电视台）被评为省级广播一类，被忽视的校园暴力（制作单位：石狮市广播电视台）被评为省级电视三类。

【对外交流】　2017年，泉州市文广新局、泉州市广播影视协会继续办好泰国BTU《丝路·泉州》栏目。组织全市各台向泰国BTU《丝路·泉州》栏目提供节目，做好每期节目的审核和传送，全年传送节目53期。泉州广播电视台加强与凤凰台、黄河台、菲律宾菲中电视台等境内外外宣平台合作。31部以“海上丝绸之路”为题材的外宣专题片，通过黄河台在美国斯科拉电视台《中国泉州》专栏播出；福建省新闻出版广电局、泉州广播电视台与菲中电视台在菲律宾举办2017菲律宾·福建（泉州）电视周活动及《唱歌拼输赢》菲律宾赛区海选活动；联系菲律宾、印尼、新加坡等地电视媒体，合作举办“全球欢喜来卡拉”闽南语演唱大赛；继续通过汉雅星空“魅力中国”网络电视台在中国台湾及东南亚、澳洲、北美、欧洲等地落地播出《唐山过台湾》等12档闽南语栏目和闽南人春晚、中秋博状元等特别节目，全年播出3400多期，受众达100万。通过“国广东方”海外播出平台，传播闽南语频道自制节目。晋江市广播电视台与泰国BTU卫视合作，开办《丝路·晋江》栏目，并借此平台向东南亚地区传播，讲述晋江发展故事，传播“一带一路”理念。制作8个专题节目，通过马来语、泰语、菲律宾语、印尼语、英语这五种语言，在东南亚等“一带一路”国家播出。石狮市广播电视台向《神州瞭望》外宣协作网传送优质节目，共有《家在围里面》《陶醉石狮》《遇见灵秀山》《闽韵》等13期节目被采用，在北美斯科拉电视网播出。

【闽台交流】 泉州广播电视台通过与台湾相关传媒机构合作，举办“我的海丝行·台湾青年参访‘刺桐城’”交流活动，筹办第九届海峡两岸闽南语歌星选拔赛，《唱歌拼输赢》栏目邀请台湾地区选手来泉参加比赛。晋江市广播电视台继续精选《相等五里桥》广播节目在台湾云嘉广播电台落地播出，提升收听率；反映晋台两地深厚渊源的6集纪录片《两岸两安平》在台湾东森电视台播出。

【监管】 2017年，开展广播电视节目制作经营证和广电新闻记者证的年检工作，完成广播电视节目制作经营证换证工作，做好全市广播电视播音员主持人证和新闻记者证核发。组织全市媒体开展频率频道播出呼号自查，县级台自办频道行为得到规范。做好广电媒体、广电节目制作机构等事中“双随机”检查，按要求做好建档。完成县级广电机构基本情况调查工作。加强广告播出管理，查办群众举报等广告违规事件，组织电视剧广告播出检查，进一步规范广告播出秩序。参与全市公益广告检查考评工作。

【公共服务项目】 2017年，泉州市推进无线数字化覆盖建设，规划54个乡镇补点方案，并报上级部门审核。高山台站基础设施建设，完成安溪县清水岩转播台基础设施建设，督促德化观音岐转播台、南安南山无线发射台基础设施建设。农村电影放映工程，全市全年完成农村电影放映24815场（其中商业片放映12572场），占年度放映任务100.34%；城区数字影院建设，全市有数字电影院59家，影厅325个，座位47403个，其中年内新增影院16家，影厅92个，座位12561个。2017年，全市电影票房总收入3.46亿元，比上年增长13%。

【安全播出传输】 2017来，广播电视安全播出重要保障期累计93天。各级广电部门严格执行安全播出规章制度，实行24小时值班及零报告制度，落实各项应急措施，完成安全播出重要保障期24小时值班及零报告制度，未发生重大安全播出事故。

【泉州广播电视台】 2017年1月20日，泉州广播电视台广播新闻获2016年中央人民广播电台发稿“十强”称号。3月6日，泉州广播电视台“无线泉州”矩阵号正式落户“央视新闻移动网”APP。4月30日，泉州广播电视台联合央视新闻移动网双logo直播“五一”特别节目《探秘丝路考古新发现——福建永春苦寨坑原始青瓷窑址》。5月，泉州广播电视台闽南语频道开播十周年，泉州台举办系列宣传活动。5月30日，由泉州广播电视台与广东广播电视台、上海广播电视台联合摄制的7集纪录片《海上丝绸之路》缅语版在缅甸播出。8月17—18日，由中共中央宣传部主办，国家行政学院、中国外文局承办的金砖国家治国理政研讨会在泉州举办，泉州广播电视台报道大会进程，制作系列节目《客从他乡来》在央视和福建台播出。8月23—27日，“我的海丝行·台湾青年参访‘刺桐城’”交流活动由福建省新闻出版广电局主办、泉州广播电视台、泉州泉台民间交流协会、台湾“中华文化国际交流协会”承办。9月3—4日，金砖国家领导人在厦门会晤，央视新闻新媒体推出48小时不间断直播“相约金砖之厦”，其中9月3日17:00—19：00两小时的时段中，与泉州广播电视台“无线泉州”APP联合进行移动客户端直播。该次直播以《泉州西街：寻访海丝起点的古早味》为题。10月18—24日，中共十九大在北京召开。泉州广播电视台紧紧围绕十九大主题进行宣传报道。12月2日，第四届丝绸之路电影节颁奖仪式在福州举行，泉州广播电视台参与拍摄的《海上丝绸之路》纪录片获得十佳作品。12月6—10日，泉州广播电视台与菲律宾菲中电视台在马尼拉联办2017菲律宾·福建（泉州）电视周。在菲中电视台联办《菲中时讯》节目，增设泉州台闽南语歌曲选秀节目《唱歌拼输赢》菲律宾赛区，作为《唱歌拼输赢》新赛季国外海选的第一站。12月10日，第三届海上丝绸之路国际艺术节于在泉州开幕，泉州广播电视台进行报道。与东南卫视联合直播开幕式演出盛况，与央视新闻移动网进行《一条海上丝路 万千非遗瑰宝》直播，央视新闻移动网、央视新闻客户端、央视新闻头条号等多平台双LOGO同步播出，点击量近百万。12月31日，泉州广播电视台《闽南好家风》正式开播。

图书馆

【概况】 截至2017年底 ，泉州市有市、区、县公共图书馆11所（丰泽、洛江尚未建馆），其中一级馆7个（泉州、晋江、南安、石狮、南安李成智、鲤城、永春），二级馆3个（惠安、德化、安溪），泉港区图书馆未定级。

泉州市图书馆，建筑面积7310平方米，在编职工39人，2017年投入517万元文献购置经费，完成14万多册图书的采访、编目、加工、入库工作；完成1259种刊报的订购、登到、上架流通工作；搜集到地方图书近千册；2017年提供专题资料检索9个，下载论文2000余篇。截至2017年，馆藏总量93万册，电子图书35万种，数字资源总量52TB。流通总册次200.1万，少儿册次127万，街区自助图书馆25万册次，百姓书房2.9万册次。基础网络设施设备得到充实完善，数字资源得到充实更新。采集20000条政府公开信息建库，制作90集公开课视频，数字化10万页地方图书，摄制30集《泉州海丝文化微视频》。2017年举办的各种读书活动200多次。如，元旦、春节期间，举办“好书伴您过年”、温陵讲坛讲座、文化三下乡、“纪念‘4·23’世界读书日”系列、少儿阅读推广活动等。各种专题的图片展、书展17次。荐读活动方面除开设新书、新刊专架外，还开设热点专题书架、导读宣传栏、微信公众服务号等方式进行阅读推广。

2017年1月7日，由泉州市委宣传部牵头组织，市直相关单位参与组成的“三下乡”服务团，走进南安市东田镇，宣传政策，赠送图书，送医送药，带去一台精彩的三下乡文艺慰问演出。泉州市图书馆参加这次“三下乡”活动，为当地群众送去400多册图书和200张“泉州市数字图书馆”阅读卡，吸引现场当地农民群众和外来工的围观和索取。泉州市图书馆还向东田镇文化站赠送500册图书。

【少年儿童分馆】 2017年3月15日，泉州市图书馆少年儿童分馆开放运行。截至12月31日，全馆馆藏总量20万册，全年流通总人次60万，流通总册次95万，其中外借册次55万册次。办理借阅证5097本。少儿分馆开展读者活动，开展绘本讲读活动49场次、手工活动92场、珠心算、木偶剧表演涂鸦等18场次；接待来自全市各中小学、幼儿园、社会机构及团体参观和实践活动30场。举办9场少儿主题展览、19场少儿主题讲座，每周末都举办周末影院和少儿VR体验活动。

【“百姓书房”】 2017年8月15日，泉州市图书馆“百姓书房”梨园剧院阅读点和迎宾馆阅读点建成开放，其中，梨园剧院阅读点面积200平方米，藏书量1.3万册；迎宾馆阅读点面积100平方米，藏书量0.5万册，“百姓书房”采用集阅览、借阅、休闲于一体的自助服务模式。截至12月31日，两个阅读点接待读者4万人次，图书借阅量2.9万册次，办理借阅证1000本。

【举办泉州少年诗词大赛】 2017年5月7日，作为泉州市图书馆“4·23”世界读书日系列活动之一的“泉州少年诗词状元大赛”举行决赛，从初赛近500名选手中突围而出的10名优秀选手参与“状元”的角逐。决赛由华侨大学文学院原院长王建设教授、华侨大学文学院苗民副教授和黄立一老师担任点评嘉宾。刘海宁、李思朋、陈舒娴夺得前三甲。

【图书馆学会学术年会】 2017年11月9—10日，泉州市图书馆学会2017年学术年会在惠安举行，是泉州市图书馆学会第十五届学术研讨会。该次年会研讨题目“图书馆与社会共享”，共有100多名来自公共图书馆、高校图书馆、中小学图书馆的会员参与研讨会，收到论文50余篇。会上表彰学会中小学图书馆先进集体。学会组织向惠安县螺山小学捐献1100册图书。

著作

【概况】 2017年，据不完全统计，海内外泉州人全年新出版各类著作111种。研究泉州的著作出版进一步取得新成果，《泉州市非物质文化遗产资源实录》《听见南音历史的声音》《闽南俗语教学》等专著、文集的出版。文学类著作大量涌现，涵盖小说、散文、随笔、诗歌等文学体裁；其他著作还包括自然科学类、哲学、社会科学类、艺术类等方面。

【作品选介】 《听见南音历史的声音》 郑国权主编，中国戏剧出版社2017年出版。该书是一本南音老唱片曲集。收录包括德国、美国和中国20世纪上半期流传下来的南音黑胶老唱片138首曲目。全书既有老唱片及其封面照片，又附以曲词和赏析文字，并有部分工尺谱曲谱，并且老唱片全部数字化，每张唱片页附有每首弦管曲的二维码，方便海内外爱好者和研究者用手机扫码下载视听。

《闽南俗语教学》 黄印级编著，上海文汇出版社2017年出版。该书收录有闽南话汉语拼音法、快学闽南话、常用谚语、歇后语、数字成语、成语、数字俗语、俗语、闽南话俗语故事等9个板块，近3700条俚俗语。黄印级研究出汉语拼音字母和汉语拼音法拼读的方式，创新9种特殊的发音。

《泉州：海丝起点 多元文都》 泉州市文化广电新闻出版局与泉州晚报社联合编撰，中国书籍出版社2017年出版。该书包括历史、地理、人文、侨乡、台港澳、宗教、南戏、南拳、南建筑、闽南语、民俗、手艺、饮食13个部分。采用16开本，分上、中、下三册，近50万字，600多幅彩图。

2017年泉州地区出版的自然科学类著作

表39

书名	编著者	出版单位
超越普特南试题：大学数学竞赛中的方法与技巧	（美）勒兹万·吉尔卡，（美）蒂图·安德烈埃斯库著；郑元禄译.	哈尔滨：哈尔滨工业大学出版社
肿瘤患者之友	许天文，黄夷伍主编	福州：福建科学技术出版社
泉州古城老口味	泉州古城保护发展工作协调组主编	北京：九州出版社

表40

2017年泉州地区出版的哲学社会科学类著作

书名	编著者	出版单位
学思践悟集——2013—2014年泉州市委党校论文选辑	中共泉州市委党校等编著	福州：福建人民出版社
学思践悟集——2015—2016年泉州市委党校论文选辑	中共泉州市委党校等编著	福州：福建人民出版社
学思践悟集——2013—2016年泉州市委党校市情调研报告选辑	中共泉州市委党校等编著	福州：福建人民出版社
孙中山与华侨华人学术研讨会论文集	本书编委会编	北京：九州出版社
近代厦台交流档案资料选编	厦门市档案局（馆）编	厦门：厦门大学出版社
泉州市非物质文化遗产资源实录：全三册	泉州市文化广电新闻出版局编	北京：九州出版社
十年科协路：福建省泉州市科学技术协会探索与实践：2007—2016	陈永宝编著	福州：福建科学技术出版社

表41

2017年泉州地区出版的文博方志类著作

书名	编著者	出版单位
泉州年鉴2017	泉州市地方志编纂委员会	北京：方志出版社
泉州：海丝起点 多元文都：全三册	泉州市文化广电新闻出版局，泉州晚报社编	北京：中国书籍出版社
泉州侨界名人录	许晓松，何佳媚编著	福州：海峡书局
石井书院志略	吴杭州编著	福州：福建美术出版社
紫帽镇名胜志	黄启明主编 泉州市历史名人研究会编	福州：海峡文艺出版社
蔡其矫研究. 第一辑	李伟才主编	福州：海峡文艺出版社
蔡其矫研究. 第二辑	李伟才主编	福州：海峡文艺出版社
木偶大师黄奕缺回忆录	吴裕挺记录整理	北京：中国戏剧出版社
南天禅寺题刻集	本书编辑委员会编	杭州：杭州出版社
赖氏宗祠大观	赖启明编著	南昌：江西人民出版社

表42

2017年泉州地区出版的文学类著作

书名	编著者	出版单位
白驹过濑	周牵连主编	北京：团结出版社
洪辉煌作品自选集	洪辉煌著	福州：海峡文艺出版社
世事杂侃——耳顺掇菁集	林明辉著	北京：九州出版社
我们的时代我的诗	贺彦豪著	北京：团结出版社
施子荣诗词选辑	施子荣著	北京：中国华侨出版社
花开诗音	黄秀惠著	北京：中国文联出版社
风窗月	林竑斌, 刘荣成著	北京：中国文联出版社
水车	戴高山著	北京：群言出版社
国寿成功人	洪坚固著	上海：文汇出版社
散文诗艺术技艺例话	陈志泽著	北京：作家出版社
老屋青艾	张雄著	厦门：厦门大学出版社

表43

2017年泉州地区出版的艺术类著作

书名	编著者	出版单位
慧语与明言	苏维迎编著	北京：中国书籍出版社
闽南俗语教学	黄印级编著	上海：文汇出版社
永春风——刘宝生摄影艺术作品选	刘宝生著	北京：九州出版社
清兰雅韵	蒋清兰著	福州：福建美术出版社
竖译南音指·谱·曲	李寄萍,张光宇著	北京：中国戏剧出版社
听见南音历史的声音	郑国权主编；泉州市文化广电新闻出版局，泉州地方戏曲研究社编	北京：中国戏剧出版社

体 育

【概况】 2017年泉州市贯彻落实《奥运争光计划纲要》，实施体育后备人才培养精品工程，以“基地”创建活动为平台，指导各级体校在场地设施、业务管理和办学保障等方面加强建设并在资金上给予扶持，促进各级少体校标准化、规范化发展。是年，泉州体育运动学校、南安市少体校、晋江市少体校通过该周期“国家高水平体育后备人才基地”认定。安溪、德化、惠安等地体校通过该年度“福建省体育后备人才基地”复评。泉州市剑影实验学校、泉州南少林国际学校被命名为“福建省单项体育后备人才基地”。

第十三届全运会于2017年8月27日至9月8日在天津举行。泉州市有98名运动员入选福建省体育代表团参加田径、击剑、帆船帆板等23个项目的决赛。在群众体育项目比赛中，有18人次在男子三人篮球、象棋、龙舟、羽毛球、健身气功等5个项目上夺得1金6银2铜；在竞技项目比赛中，有8人在7个项目上获得7枚金牌，8人在7个项目上获得11枚铜牌，泉州市运动员所获金牌和奖牌数均位居全省各地市之首，创造泉州市全运会参赛历史最佳纪录。泉州市体育局、南安市文体局被省体育局授予“参加第十三届全运会突出贡献奖”。

2017年，泉州市根据《关于进行新周期运动员网络注册的通知》及省第十六届运动会竞赛规程总则等文件精神，按时完成全市800余名运动员的网络注册及省运会运动员资格确认工作。在日常工作中，加强与各项目教练员及基层各体校的沟通，协助教练员做好运动员的招生及训练，了解泉州市各项目及兄弟地市的情况，研究组队参赛对策，制订训练计划。办好年度17个项目的泉州市少年儿童锦标赛，通过比赛检验训练效果，进一步强化体育后备人才梯队建设和泉州市组队参赛的选拔工作。组队参加31个项目的省锦标赛，获得11枚团体金牌并带入第十六届省运会。

2017年6月2日，福建省“阳光体育”青少年体育俱乐部比赛在泉州师范学院附属小学开幕　（图/林劲峰　陈喜云）

【全民健身】 2017年泉州市开展全民健身运动，以“全民健身日”和传统节假日为节点，市、县、镇、村四级全年共举办各类全民健身活动3500多项，参与人数200多万人，环保骑行、篮球等级联赛、电子竞技大赛、半程马拉松越野赛、厦漳泉同城化网球邀请赛等各种类型的全民健身活动吸引群众参与，推动全民健身运动持续深入开展。举办市直机关运动会、第十届全市老年人健身运动会及全市中小学生联赛等全民健身活动。以全民健身品牌赛事健身工程为抓手，培育出百队千场广场篮球赛、南少林传统武术大赛、高山徒步大赛等全民健身品牌赛事活动；以“一区（县、市）多品”“一街（镇）一特色”“一行一品牌”为切入点，依托赛事活动，打造系列全民健身品牌赛事活动，涌现晋江市全国健身健美冠军赛、全国沙滩排球锦标赛、晋江国际马拉松比赛，南安市“郑成功杯”篮球邀请赛、石狮市象棋锦标赛等品牌赛事。

2017年10月29日，2017“惠安雕艺文创园杯”海峡两岸（泉州）高山徒步大赛在永春县呈祥乡举行（图/林劲峰 苏福彬）

2017年，泉州市实施运动促进健康行动计划；健全市、县区、乡镇、社区四级体育组织网络，为市民健身提供科学指导和服务；利用各类媒体普及科学健身知识、传授科学健身技能、宣传科学健身效果。全年举办2期二级社会体育指导员培训班，培训骨干人员245人。截至2017年底，泉州市有社会体育指导员14526名，其中国家级70人、一级340人、二级2988人、三级11128人。

2017年，泉州市坚持以项目为支撑，持续完善和提升群众体育基础设施建设，进一步优化全市群众体育健身条件，不断完善居民“15分钟健身圈”。是年争取省、市两级财政投入资金5895万元，建设省级城市社区全民健身设施项目31个（含15个省级社区多功能运动场、6个室内健身房、7个笼式足球场、3个门球场）；建设市级为民办实事项目100个（含60条全民健身路径、10座多功能运动场、新建10座、改造提升20座老年人体育活动中心）。

【体育社会组织网络体系建设】 2017年，泉州市强化市全民健身领导小组的统筹协调作用，建立健全市（区）、县（市）、镇（街道）、行政村（社区）、自然村（小区）五级全民健身纵向组织网络。形成覆盖各单项体育协会、群众体育协会和俱乐部等全民健身的横向组织网络，推动体育组织的实体化进程。截至2017年，泉州市各县（市、区）全部成立体育总会，市级单项体育协会32个，全市含各县（市、区）共有社会体育组织与团体332个，健身站点663个。

【青少年体育】 2017年，泉州市体育局与市教育局联合举办泉州市中小学生篮球、足球、排球、乒乓球、羽毛球、田径、啦啦操、五祖拳操等市级联赛，其中还将排球、足球联赛放在学校举行，提高学生体质。全年有4200余名学生参加市级联赛。通过市县两级联赛选拔运动员参加福建省各项中学生体育联赛，在田径、篮球、排球等项目上处于全省前三名水平。

是年，全市有3所中小学校被评定为国家级体育传统项目学校、58所中小学校被评定为省级体育传统特色项目学校。8月，泉州市的晋江金井镇毓英中心小学、泉州师范学院附属小学培园青少年体育俱乐部被国家体育总局授予“2013—2016年度全国群众体育先进单位”称号。

【对外交流】 2017年，在第31届泰王杯国际帆船赛中，泉州号获当日总成绩第三。2020年第18届世界中学生运动会申办成功。举办2017国际沙滩足球大奖赛、“南益杯”2017国际网球公开赛•泉州站比赛、2017年海峡两岸（泉州）高山徒步大赛等国际性赛事。

【竞赛表演】　2017年，泉州市申办和承办国际及国内品牌体育赛事，以“一区（县、市）一品”“一街（镇）一品”为切入点，逐步形成环泉州湾国际公路自行车赛、“匹克杯”百队千场篮球赛、“南益杯”2017国际网球公开赛•泉州站、“谁是舞王”中国广场舞民间争霸赛、晋江国际马拉松比赛等一批品牌赛事。完善“政府引导，企业承办，社会参与”体育赛事运作模式，提高赛事策划运作水平，放大赛事综合效益。2017环泉州湾国际公路自行车赛于12月2—4日在泉州举行，吸引到18支国内外高水平职业车队参赛。

【体育产业】　2017年，泉州市推进体育产业与相关产业的互融共通，开创体育产业开放创新、大众创新、协同创新的新模式。加大体育与旅游的融合，利用海洋、岛屿、港湾、沙滩资源、山水生态资源和人文历史资源，打造集旅游休闲运动、民俗传统体育、休闲农庄等元素的户外运动基地、自驾游营地、拓展训练营地等，洛江石龙谷体育旅游公园、南安水世界、晋江围头湾体育休闲基地相继投入使用，安溪龙门镇运动休闲小镇、晋江深沪体育小镇开工建设，丰富泉州市体育产业业态。先后举办全国高山徒步大赛、泉州首届山地露营节、第二届泉州海丝古城徒步穿越活动等赛事活动。

2017年12月2日，2017环泉州湾国际公路自行车赛在泉州举行　　（图/陈起拓）

卫生和计划生育

责任编辑：吴远鹏

医疗卫生

【概况】 2017年，泉州市推进医疗卫生体制改革，推进卫生项目建设，推进基层医疗卫生服务体系建设，加强卫生监督，推进医政管理与行风建设，加强疾病预防与控制，推动妇幼健康服务水平持续提高，加强中医中药工作，巩固国家卫生城市创建成果。泉州市有医疗卫生计生机构4830家。其中，医院129家、社区卫生服务中心（站）253家、乡镇卫生院126家，疾病预防控制中心12家，妇幼保健院（所）11家，急救中心及采供血机构各1家，门诊部102家、诊所729家，医务所（室）66家，村卫生所（室）3313家，计生服务机构62家。全市床位数36303张，卫技人员（含计生）41343人，每千人均床位数4.2张、每千人均卫技人员4.78人。全市总诊疗人数3591.29万人次，门诊、急诊人数3473.43万人次，入院人数999776人次，出院人数997029人次。按发病日期统计，全市报告法定甲乙丙类传染病34212例，报告发病率398.74/10万，其中甲类传染病霍乱1例，乙类传染病16103例，甲乙类报告发病率187.69/10万；丙类18108，报告发病率为211.05/10万。法定传染病报告质量综合率99.16%。是年，泉州市被确认为全国促进流动人口社会融合示范单位，通过国家卫生城市复审；泉州市基本公共卫生服务绩效考核连续三年位居全省前三名，综合评分排名全国前十名。全市医疗服务总体满意度跃居全省各地市第一名。

【医疗卫生体制改革】 2017年，泉州市推行院长年薪考核制，6家市属公立医院和石狮、晋江、惠安、永春、泉港、台商投资区等6个县（市、区）实行院长年薪制和年度目标管理责任制，落实院长自主经营权；改革医院工资总额核定办法，明确工资总额核定以医疗服务（医务性收入）为主要来源，规范医生、护士和行政后勤人员最高年薪之间比例，完善医院内部分配制度；完善院长选拔任用制度，推进院长专业化和职业化；注重现代医院管理知识培训，培养一批熟悉医院管理的人才；全面组织核对医疗服务价格执行情况，核算拟订服务成本，优化医疗服务价格，完成门诊诊察费、三四级手术调整测算，确认按病种收付费的220病种；建立改革指标监测、分析、通报、约谈制度，全市公立医疗机构医疗收入比上年增长8.82%，平均住院费用增长0.74%，门诊次均费用增长4.68%；药占比28.3%，比上年增长下降4.32%，药品耗材收入占比38.97%，比上年增长下降3.6%，医疗服务收入占比30.72%，比上年增长1.84%，检查化验收入占比29.02%，比上年增长下降1.04%，公立医院收入结构更加合理；促进社会办医多元发展，给予符合条件的7家民办医疗机构148.35万元补助，批准设置17家医疗机构，加强监管，从投资者资质、区域卫生规划、质量安全等方面进行全方位监管，将二级民营医疗机构纳入评价，提升民办医疗机构社会信誉度。推进分级诊疗，以省级分级诊疗试点石狮市、安溪县为突破口，推动全市各县（市、区）全部启动分级诊疗工作。全市二级以上公立医院收治由下级医疗机构转诊住院人数17792人，向下转诊的住院人次3128人，相比2016均有大幅度提升；鼓励医师多点执业，继续放宽医师多点执业条件及范围，推进医疗人才同城化；市第一医院先后与北京天坛医院、上海儿童医学中心和仁济医院等建立不同形式的专科联合体，共有30个临床科室与国家级重点学科协作，本级财政给予补助500万元，打通上转绿色通道；组建紧密型医疗联合体，福建医科大学附属第一医院闽南分院与泉港区医院整合成联合医院，德化两家县级医院与16家乡镇卫生院结对建立医联体，推进优质资源均衡下沉。全市建立市县乡三级医疗机构的医联体59个、县域医联体30个、专科医联体5个，覆盖三级医院13家、县级医院18家、基层医疗机构58家、民办机构9家；建设专病专科网络平台，泉州市第一医院胸痛中心与各县医疗机构建立心血管理疾病急症救治网络，泉州市中医院针灸康复科与石狮、鲤城、台商区等地社区卫生服务中心建立专科联盟，泉州市妇幼保健院与石狮、泉港、惠安等地妇幼保健院建立妇幼保健专业联盟，推进诊疗服务延续性。

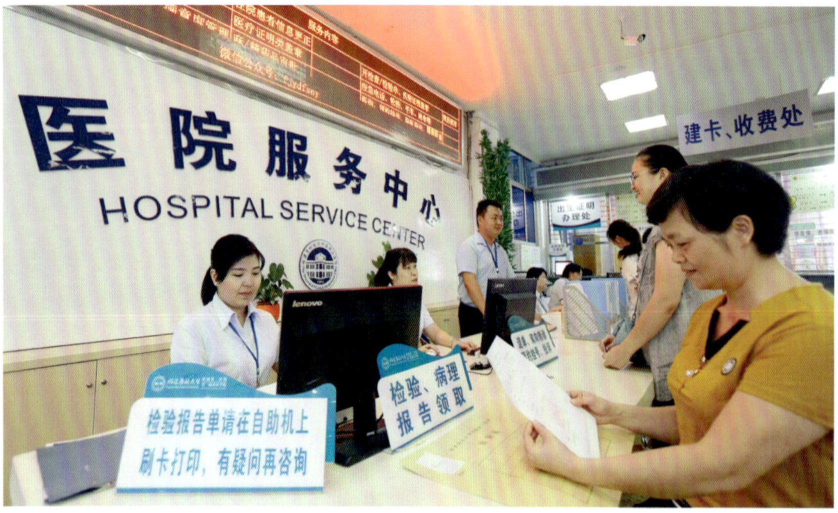

2017年，泉州市医院设立服务中心，方便患者就医　（图/林劲峰）

【卫生规划与基本建设】 2017年8月，《泉州市区域卫生规划（2016

—2020年）》印发。推进卫生项目建设，泉州市争取到省级以上投资项目7个，项目总投资40259万元，其中：中央投资9800万元，省级投资1200万元，地方投资27959万元，总建设面积8.74万平方米。全年新增床位2512张。全年全市11个医疗卫生在建重点项目，计划总投资84.09亿元，年度计划投资10亿元。有5个项目列入医疗卫生服务工程包，年度计划投资2.4亿元，完成年度投资2.93亿元，完成年底计划投资的122.08%。在建市直医疗卫生重点项目工6个（第一医院城东院区二期病房大楼、第一医院城东院区一期配套工程、光前医院综合病房楼、医高专附属人民医院综合病房楼、泉州老年医院、泉州市妇产医院），全年完成投资3.15亿元，完成年度计划的105%，超时序进度5个百分点。建设区域医技检查共享平台，建立以泉州市第一医院为市影像中心，覆盖惠安县、永春县等七个县市区的医学影像中心。泉州市第一医院与县级公立医院、基层医疗机构建立心电远程诊断中心，完成县域医学影像中心建设工作。

【基层医疗卫生服务体系建设】 2017年，泉州市推进“建设群众满意的乡镇卫生院”，新增国家级“群众满意的乡镇卫生院”11个（累计29个）、国家级“优质服务示范社区卫生服务中心”5个（累计5个）；全国“百强社区卫生服务中心”1家（累计3个）；启动基层医疗卫生服务能力提升工作三年行动，开展乡镇卫生院（社区卫生服务中心）等级评价工作，全市共9家乡镇卫生院等级评审为二级（一甲1家、二乙8家）。推进基本公共卫生服务均等化，泉州市督促各县（市、区）按服务人口人均50元落实基本公共卫生服务各级财政补助经费，全市共补助4.29亿元。为城乡居民提供14类基本公共卫生服务项目，全市共建立居民健康电子档案765.13万份（电子建档率88.84%），高血压、糖尿病、严重精神障碍患者健康管理人数分别为50.73万人、18.03万人、32972人，65岁以上老年人建档管理59.05万人。启动基层医疗卫生服务能力提升工作三年行动，各地制订具体实施方案，对辖区基层医疗卫生机构医院评价自评工作。推进家庭医生签约服务，在全市所有社区卫生服务中心和乡镇卫生院推行家庭医生签约服务，为签约居民提供基本医疗、基本公共卫生、健康评估、健康咨询服务，全市常住人口签约人数351.8万人（常住人口签约服务覆盖率41%）、重点人群签约数157.79万人、精准扶贫对象签约数49628人。推进全市一体化村卫生所建设，全市行政村2060个，规划设置一体化村卫生所1947个，全部完成设置。落实市委市政府为民办实事项目，建设100个示范村卫生所，再建100个爱婴哺乳室，推行2万名农村妇女免费“两癌”筛查。

【卫生监督体系建设】 2017年，泉州市加强公共场所、饮用水和涉水产品监管工作，全市监督各类公共场所12752户次，下达整改意见书1263份，立案查处88家，罚款金额20.85万元；市、县两级卫生监督机构对14家市政集中式供水单位、32家农村集中式供水单位、1165家二次供水单位的生活饮用水卫生管理工作开展监督检查和水质快速检测2215份，监督抽检1家水化学处理剂、1家输配水设备和1个品种的水质处理器，对发现问题的单位发出卫生监督意见书522份，责令限期整改并督促落实到位。强化传染病防治和消杀类健康产品监管，全市共检查辖区内各级各类医疗卫生机构2160家，下达卫生监督意见书214份，立案查处16起，罚款3.9万元。对全市持有工商营业执照餐具、饮具集中消毒服务单位35家开展4轮专项监督检查，检查抽检产品1375（套），合格1324套，合格率96.3%，下达监督意见书74份，媒体公告企业28家次；立案查处2起，罚款3000元。对15家第一、二类消毒产品生产企业进行检查，重点检查净化车间、出厂检验报告和生产记录、是否使用禁用物质、消毒产品卫生安全评价报告、消毒产品标签（铭牌）、说明书等内容；对154家第三类消毒产品生产企业检查重点检查生产条件、生产过程以及消毒产品标签和说明书等内容；其中婴儿用卫生用品生产企业重点检查空气消毒设施、出厂检验报告等内容；现场随机抽检产品51份，合格率100%。做好学校卫生、职业卫生、放射卫生监管，将学校自备水卫生纳入全市饮用水卫生专项整治工作范畴，开展学校春季传染病防控工作督导。全市共监督检查1323所学校，抽检309所。3月，职业卫生、放射卫生监督工作职能移交市卫计执法支队。全市放射诊疗机构309家，取得放射诊疗许可证270家，许可率88.24%；应开展建设项目预评价198家，实际开展159家，预评价率80.30%；应开展建设项目竣工验收251家，实际开展206家，竣工验收率82.07%；放射工作人员个人剂量应监测839人，实际监测785人，监测率93.56%；应进行放射职业健康检查839人，实际检查826人，健康检查率98.45%。针对监督检查中存在的违法行为，全市共立案查处11家，罚款金额2.4万元。开展以打击防控采血鉴定胎儿性别行为为重点的整治“两非”专项行动，全市共结案383件，其中重大案件34.5件；处理涉案人员385人，其中判刑24人，开除党籍2人，吊销医疗机构许可证2家，吊销医师执业证书7人，吊销护士证书2人，

【医政管理与行风建设】 2017年，泉州市通过 “微整形”，亮化、绿化、养化硬件设施；绘制“线路图”，探索“患者不动、医生集中”的人性化服务模式，调整门诊专科诊室、医技检查室布局，将人员导医和标识导医有机结合，改善就医环境；开展预约诊疗服务，开通“掌上医院”，运用“互联网+”开通官网预约、微信预约、多种形式检查检验结果查询服务，不断优化服务流程；全面推行日间手术，设门诊住院一站式服务，开展志愿服务；发布首批9个医疗服务

2017年4月21日，华侨大学医学发展研讨会暨华侨大学医学院、临床医学院揭牌仪式举行 （图/郭泳德）

暖心品牌；增强责任意识，完善医疗质量管理体系，贯彻《医疗质量管理办法》，保障医疗安全；陆续成立市级15个质控中心，对全市二级以上医疗机构进行各相关专业的业务指导和质量督导检查，每年定期开展各专业质控评价；逐步提高临床路径管理和优质护理比例，全市34家医院实行临床路径管理，三级医院按临床路径管理的出院人数占比例39.1%，二级以上公立医疗机构实行临床路径管理的出院患者比例达29.84%，全市全部三级医院和96.3%的二级医院（仅泉州医高专附属人民医院未开展）开展优质护理服务；规范合理用药管理，全市7家三级医院利用信息化手段开展临床合理用药指导，全市抗菌药物使用率、使用量比上年同期均有所下降；急诊急救服务逐步衔接，有9家急救中心与上海金汇通用航空有限公司建立直升机空中医疗救援服务，构建地空联动的立体化医疗急救网络，有9家医院建立胸痛中心、8家医院建立卒中中心，市第一医院通过“互联网+”建立心电信息平台实现数据共享，开通24小时全天候响应，整合院内多学科优势，胸痛病人入院到球囊开通时间降低至74分钟，低于国际要求的90分钟；狠抓行业不正之风，开展耗材专项检查，统一市卫计委属医院投诉电话，在医院内醒目的位置向群众公布“九不准”内容，完善医疗纠纷处置，全市192家公立医院均参加医疗责任险，参保覆盖面100%。全市受理纠纷调解申请205起，比上年下降25.45%，理赔资金551.04万元，比上年下降36.94%；规范医疗废物管理，完成医废中心应急炉建设并投入使用，日处理量可达20吨，全市有4767家医疗卫生机构纳入医疗废物集中收集系统，覆盖率达100%，产生、收集医疗废物4184吨，比上年增加362吨，比上年增长10.6%。全省第三方社会满意度测评泉州市得分87.87分，比上年增长2.14分，位居全省设区市第一名。

【疾病预防与控制】 2017年，泉州市加强人感染H7N9流感防控，处置晋江、石狮和惠安等地6起人感染H7N9禽流感疫情（惠安1例病例为厦门发现，感染地在惠安县）。结核病防控方面，全市12个县（市、区）均完成服务模式转型。全市新登记活动性肺结核病3760例，其中新发涂阳病人1632例，新涂阳病人治愈率86.2%，活动性病人治疗成功率86.7%，病人发现较去年有所下降。艾滋病防控方面，全市新报告艾滋病病毒感染者/病人549例，报告死亡110例。手足口病防控方面，累计监测516份标本，阳性462份。阳性率为88.17%。登革热防控方面，全年报告23例登革热病例，均为输入性病例，均无二代病例；流感防控方面，累计报告流感样病例24352例，流感样病例比例为3.02%，未发现异常信息；采检2205份咽拭子，阳性469份；处置5起学校流感样病例暴发疫情，防止疫情蔓延。霍乱防控方面，共采集外环境标本2908份，检出1份不产毒的O1群霍乱弧菌（田鸡，小川型）和1份产毒的O139霍乱弧菌（病例感染源的甲鱼）；采检腹泻病例标本4468份，结果除1份O139阳性外余均阴性。鼠疫监测，累计采集血清1029份标本，肝脾740份标本，结果均阴性。

开展常规免疫工作，为适龄儿童免费接种11种免疫规划疫苗3183886针次，其中为流动儿童接种1096649针次，报告麻疹确诊病例23例、百日咳3例、流脑1例，无新生儿破伤风、白喉、流脑病例，继续维持无“脊灰”状态，免疫规划针对疾病七病发病率为4.70 /10万，比去年同期下降44.90%；完成脊髓灰质炎疫苗相关病毒登记清册和封存、转运与销毁工作。

加强慢性病防控，全市常住人口报告死亡病例32231例，报告死亡率3.76‰。全市报告新发住院恶性肿瘤病例11310例；加强地方病和寄生虫病防控，完成2284名8—10岁儿童、1122名孕妇的尿碘、盐碘含量等检测，以乡（镇、街道）为单位开展生活饮用水水碘和水氟普查，监测11个病区村8—12岁学生265人，氟斑牙检出率—11.9%。完成4722例“三热”病人血检，结果阳性数4人，报告输入性疟疾病例4例。

做好精神卫生相关工作，全市严重精神障碍患者检出率4.23‰，管理率93.91%，规范管理率85.51%，服药率79.6%，均达到国家指标要求。

加强职业健康服务体系建设，全市完成23649例重点职业病监测个案资料的录入与审核，共填写与审核有毒有害作业工人健康监护汇总表1096份，疑似职业病报告卡109

张，尘肺病报告卡28份，用人单位信息卡675份；加强放射卫生监测，完成77家医疗机构125台医用X射线机的防护监测，完成医用X射线机预控评价30台，监测放射卫生工作人员个人剂量3856人次。

开展食品污染物及有害因素监测，完成采样715份，其中送省内其他地市检测256份；接收其他地市样品127份，合计检测完成586份，检测完成率100%；全市报告食源性疾病病例信息6578条，完成率120.48%；完成462条标本信息报告，并分离出37例阳性结果，阳性分离率8.01%。

开展饮用水卫生监测全年采集水样份1851份，合格1356份，合格率73.3%。其中城市937份，合格865份，合格率92.3%；农村914份，491份，合格率53.7%；开展公共场所卫生监测，完成公共场所卫生监测81家210点次，合格率99.0%；抽检各类公共用品具503份，合格率94.2%；开展学校卫生相关监测，全市报告共完成学生健康体检42.65万人，龋齿检出率33.5%、肥胖10.9%、视力不良59.9%、沙眼0.5%、营养不良18.1%。监测149家学校教学环境，合格83家，合格率55.7%；开展消毒监测，完成32家消毒产品生产企业办证前现场卫生监测抽检，完成消毒产品委托抽检17批次，生产环境监测抽检800份。

加强麻风病防治管理，新发现麻风病例7例，其中丰泽、南安、安溪分别为1、4、2例。全市实行麻风联合化疗的麻风病人43人，所有的麻风病人都得到及时治疗和护理；加强性病防治，全市累计报告梅毒病例4041例，发病率47.10/10万。

【卫生应急】　2017年，泉州市制订《泉州市防汛防台风卫生应急预案》《泉州市突发化学中毒事件卫生应急预案》《泉州市大面积停电事件医疗卫生处置应急预案》《泉州市城市重污染天气卫生应急预案》及工作方案等，完善应急处置流程；科学处置人感染H7N9流感疫情，对各县（市、区）农贸市场活禽交易场所等抽检外环境样品386份，检出H7N9病毒阳性132份，对晋江市、石狮市5例确诊病例开展流行病学调查、消杀、密切接触留观等，科学、有效、有序处置疫情，所有密切接触者均未发现异常情况；开展秋冬季重点传染病防控督导检查工作；开展应急救护知识“进社区、进农村、进学校、进企业、进机关、进家庭”活动，全面普及防灾避险、自救互救等应急救护知识与技能；推进卫生应急床位扩充项目，健全紧急医学救援网络，完成215张扩充床位建设。

【卫生人才队伍建设】　2017年，泉州市拥有医学博士94名、医学硕士1560名、医学学士10182名，高级职称3078名，比2016年底新增卫技人员3160名，其中医生977名、护士1451名。新增硕博士194名、高级职称418名，建立院士专家工作站1家。医疗卫生行业前三批入选泉州市高层次人才586人，占全市入选人数的24.3%；实施基层卫生人才培养工程，依托省内医学高等院校为基层卫生院订单培养免费医学生，提高农村卫技人才队伍学历水平和服务能力。2017年通过卫技人员正高级职称评审33人、副高级职称评审324人；通过卫技人员基层正高级职称评审15人、基层副高级职称评审46人；参加全国卫生技术人员初中级职称考试6459人，参加全国执业护士资格考试1966人，卫技人员整体素质进一步提高。

【医学教研】　2017年，泉州市开展继续教育及科研教学工作、住院医师规范化培训，有40个科研课题申请市卫计委科研经费15.5万元；举办各类培训班123场次，召开全市性学术会议25场，共培训医务人员20000多人次；创建高水平临床专科，市第一医院8个专科获得省医疗“创双高”重点专科建设项目，确定12个市级重点专科，给予补助780万元。

【妇幼保健】　2017年，泉州市开展妇幼健康优质服务工程建设，推动全市妇幼健康服务水平持续提高，创建妇幼健康优质服务示范工程，惠安县和南安市争创省级妇幼健康优质服务示范县，安溪被国家卫计委授予“妇幼健康优质服务示范县”称号；提升妇幼健康服务能力，在全市推广和使用统一的母子健康手册为妇女儿童提供系统、规范的生育全程基本医疗保健服务；推进孕产妇、儿童保健和婚前保健门诊规范化建设和完善孕产妇、新生儿危重症转诊救治网络，落实出生缺陷三级防治措施，全市有人类辅助生殖技术资格医院3家，其中“试管婴儿”资格2家，产前诊断资格医院2家，新生儿救治和儿童救护分中心2个；落实农村孕产妇住院分娩补助等妇幼重大公共卫生项目工作，完成国家农村孕产妇住院分娩补助项目5.10万人次、增补叶酸预防神经管缺陷项目4.86万人次、农村妇女和城市已婚低保妇女“两癌”检查项目宫颈癌检查项/HPV试点项目2.44万人次、农村孕妇和城市低保孕妇免费产前筛查诊断项目1.9万人次、乳腺癌检查项目2.44万人次、地中海贫血2.4万人次、免费孕前优生健康检查项目3.9万对；启动服务全面两孩加大医疗服务资源配置三年行动和孕产妇保健分级诊疗工作，调整与优化产儿科及医护人员的资源配置和补充。全市实际增加产科床位528张（完成年度任务数的120%）、儿科床位410张（完成率100%），招聘妇产科、儿科医技人员681人（完成率107.8%），组织助产人员上岗理论培训2期790人；开展人类生殖辅助技术服务专项监督检查、打击代孕专项行动；组织开展两轮病残儿医学鉴定，共鉴定178人，认定属病残儿153人。

【中医中药】　2017年，泉州市开展市委、市政府“为民办实事”项目“建设基层医疗机构‘中医馆’”工作，市级共投入专项资金1056万元，县级按照1:2配套，在全市范围内完成66个基层中医馆建设。丰泽、洛江、泉港、石狮、惠安、南安、永春、德化等8个县（市、区）创建全国基层中医药先进单位工作通过国家中医药管理局的评审。

【爱国卫生运动】　2017年，泉州市对巩固国家卫生城市工作高度重视，全民共建共管氛围浓厚，各项措施落实到位，城市面貌和管理水平提升明显，整体卫生水平达到《国家卫生城市标准（2014版）》要求，通过全国卫生城市复审工作；全面开展城乡除“四害”工作，市中心城区“四害”密度控制水平经福建省爱卫办组织专家现场考核确认：城区鼠、蚊、蝇密度控制水平达到国家病媒生物控制水平C级标准，城区蟑螂密度控制水平达到国家病媒生物控制水平B级标准。

【义务献血与血站管理】 2017年，泉州市开展献血知识宣传活动，设立血站开放日活动，全市无偿献血55970人，献血量86377.5u，比上年增长4.6%，无偿献机采血小板2261人，3443.5治疗量，比上年增长17.1%。

【干部保健】 2017年，泉州市适时扩大保健覆盖面，保健对象大范围调整增加，增加在职处级干部和高层次人才，调整后保健服务对象近3000人。建立保健对象年度定期体检制度，起分别组织离休干部（含“5•12”退休干部）及原任地厅级退休老干部，全市在职正处级干部及市管企业领导人员，在职副处级干部和高层次人才（近3000人）进行健康体检。4家保健基地（定点）医院专门开设的保健（专科）门诊，为保健对象提供保健专科服务和绿色就诊通道；向省保健办申请建立省级保健专家共享机制，将省级保健专家组60名专家作为市干部保健顾问，共享省级专家资源；完成海丝元宵灯会、两岸青年联谊会、海峡论坛、第三届海丝国际艺术节、环泉州湾自行车赛等近30场次大型活动，治国理政研讨会等重要会议，和中央领导考察泉州期间医疗卫生保障工作，累计派出医务人员520人次参加现场医疗保障。

计划生育

【概况】 2017年计生统计年度（2016年10月1日至2017年9月30日），泉州市常住人口757.5万人，出生人口13.44万人，出生率17.88‰，政策符合率94.92%，出生性别比113.39，群众满意率99.3%，信息准确率97.98%；“全面两孩”目标人群在2017年度生育人数约5.75万人，占目标人群总数的11%，同比上升3.6个百分点，“全面两孩”政策实施效果明显，出生人数基本符合预期。

【管理与服务】 2017年，泉州市落实计生目标管理责任制，实行“一票否决”，对16个计生工作薄弱乡镇（街道）实行重点管理，改革计生服务管理方式，取消计生“双查”，每年采取入户等形式访视2～3次；加强基层计划生育工作的指导。提升计生信息建设水平，启用新版全员人口信息系统（B/S），建设计生“两网”信息平台，推动基层卫生医疗系统、全员人口信息系统进一步整合，开展相关统计调查工作，按月对全市51.75万全面两孩目标人群的孕育情况进行监测，开展全国生育状况抽样调查，完成84个样本点、1680份个人问卷和84份村委会、居委会问卷调查；加强流动人口服务管理，4家企业和1所学校获全国第一批流动人口健康促进示范单位，6个社区（村居）获全国第一批流动人口社会融合示范社区；在37个乡镇（街道）开展基层卫计融合、信息共享、生育全程服务等方面工作试点， 在全市所有县（市、区）开展人口健康助理员队伍建设试点，推动、加强村级计生管理员队伍建设，鼓励在做好计生工作基础上，协助落实基本公共卫生、健康扶贫、健康教育等工作，试点单位涵盖140个乡镇，1623个村（社区）。

【奖励与扶助】 2017年，泉州市落实计划生育各类奖励扶助制度，全年确认年满60周岁的农村奖扶对象8978人、城镇奖扶对象13990人，50～59周岁的农村计划生育家庭提前奖励扶助对象18872人；计划生育特别扶助对象802人；农村“二女扎”夫妇奖励对象95164人；农村贡献奖励对象5572人。市本级财政下拨计划生育各类奖励扶助制度专项补助经费共2416.65万元；继续实施关爱女孩“五项工程”，市、县两级投入资金10917.7万元，帮扶计生女孩家庭35.78万人（户）次。其中，“安居工程”投入资金1810万元，完成计划数的105.14%，帮扶606户改善居住条件；“成才工程”投入资金1822.24万元，完成计划数的116.51%，奖助学24020人次；“致富工程”投入资金741.11万元，完成计划数的144.1%，帮扶1926户发展生产；“保障工程”投入资金6017.99万元，完成计划数的119.45%，发放低保、养老、医疗等保障补贴278077人次；“亲情工程”投入资金526.36万元，完成计划数的133.8%，帮扶19521人次解决生活、生产等方面遇到的困难；继续帮扶计划生育特殊家庭，落实全额补助计划生育特殊家庭成员参加城乡居民基本医疗保险，并在医保报销的基础上再给予减免或补助门诊、住院治疗产生的医疗费用，开展节日慰问全市失独家庭活动，发放慰问金57.3万元；组织对再生育意愿的计生特殊家庭，免费提供健康检查、优生检测和孕期优生保健等服务，有14户失独家庭实现再生育；全面启动医养结合工作，全市有15家养老机构内设医疗服务场所，3家民营医院投入建设养老机构，21家养老机构与医疗卫生机构签订合作协议。市卫生和计划生育委员会、市民政局联合确定第一批市级医养结合试点单位18家；稳步实施“全面两孩”政策。

【流动人口计生服务管理】 2017年，泉州市举办“情暖刺桐古城 健康与你同行”——泉州市流动人口关怀关爱活动暨新市民健康城市行启动仪式，国家卫生计生委和中国计生协联合开展的“全国流动人口健康服务年启动活动”在泉州市举办，泉州市流动人口动态监测分析报告被收录《福建省流动人口发展报告》，启用“泉州市流动人口健康服务信息共享平台”，泉州市流动人口基本公共卫生计生服务均等化工作通过国家卫生计生委的督评验收。

民生及社会保障

责任编辑：吴远鹏

居民生活

2017年2月20日，国家统计局泉州调查队开展春节期间消费价格调查（图/国家统计局泉州调查队）

【居民收支】 2017年，泉州市居民人均可支配收入33256元，比上年增长7.8%；人均消费支出21538元，增长4.5%；人均住房建筑面积66.8平方米。按常住地分，全市城镇居民人均可支配收入42696元，比上年增长7.7%，人均消费支出26044元，增长3.3%，人均住房建筑面积66平方米；农村居民人均可支配收入18606元，增长8.3%，人均消费支出14545元，增长7.9%，人均住房建筑面积67.9平方米。城乡居民家庭恩格尔系数分别为33.4%和41.2%。

【居民社会保险】 2017年，泉州市年末已参加养老保险人数523.94万人，比上年新增15.61万人。其中，参加企业养老保险人数139.56万人，新增5.56万人，参加机关事业单位养老保险人数19.76万人，新增9.91万人，参加城乡居民社会养老保险人数364.62万人，比上年新增0.14万人。年末企业离退休人员领取基本养老保险金人数10.08万人，全部实现养老金按时足额发放。

【社会福利】 2017年，泉州市年末全市参加失业保险人数68.4万人，领取失业保险金人数4.06万人。参加工伤、生育保险人数分别为113.38万人和97.93万人。全市参加职工基本医疗保险人数116.35万人。参加城镇居民基本医疗保险居民41.59万人；参加新型农村合作医疗人数563.7万人，参合率达99.97%。年末全市收养性社会福利单位有403个，床位数20593张。其中，儿童收养性福利机构12个，床位564张，年末在院人数364人；城镇老年收养性福利机构18个，床位4557张，

【农村人居环境和扶贫开发】 2017年，泉州市年末在院人数1446人；社区养老服务机构和设施237个；社区互助性养老设施136个。全市社区服务机构3646处。全市城镇服务中心达2274处，其中社区服务中心136个、社区服务站2132个。城市有1.04万人、农村有6.09万人得到最低生活保障救助。全年销售社会福利彩票11.94亿元，筹集社会福利资金3.47亿元，直接接收社会捐赠款2.24亿元。全年全市创建60个人居环境整治村、30个美丽乡村示范宜居村、5条美丽乡村景观带，投入实际扶持资金7500万元；确定30市级扶贫开发重点帮扶村，投入市级扶持资金1.59亿元。10个省级扶贫开发帮扶村共争取各类资金达22216万元，实施帮扶项目214个。组织实施“造福工程”，落实搬迁安置 10808人。

【居民耐用消费品】 2017年，泉州市居民年末城镇每百户家庭拥有彩色电视机125.9台、洗衣机80.1台、电冰箱（柜）88台、空调181.6台、计算机97.7台、家用汽车44.8辆、移动电话245部。年末农村百户家庭拥有彩色电视机119.9台、摩托车97.3辆、家用汽车15.2辆、洗衣机77.3台、空调96.2台、移动电话273.2部。

2017年1月泉州市区主要生活必需品价格表（一）

表44

	早籼米	鸡蛋	茄子	草鱼	带鱼
新门菜市场	2.6元/500克	5元/500克	3元/500克	8元/500克	20元/500克
东街菜市场	3元/500克	5元/500克	4元/500克	8元/500克	18元/500克
东美菜市场	2.6元/500克	4.8元/500克	3元/500克	8.5元/500克	21.5元/500克
东湖菜市场	2.5元/500克	5元/500克	2.5元/500克	8元/500克	25元/500克
嘉华生鲜超市	2.68元/500克	3.99元/500克	2.68元/500克	—	—
汇都生鲜超市	2.38元/500克	3.98元/500克	1.98元/500克	7.8元/500克	—

2017年1月泉州市区主要生活必需品价格表（二）

表45

	中段鲜猪肉	精瘦猪肉	猪排骨	鸡肉	白萝卜
新门菜市场	14元/500克	17元/500克	30元/500克	10元/500克	1.5元/500克
东街菜市场	14元/500克	17元/500克	28元/500克	14元/500克	2元/500克
东美菜市场	14元/500克	16元/500克	27.5元/500克	13元/500克	1.5元/500克
东湖菜市场	13元/500克	16元/500克	26元/500克	12元/500克	1元/500克
汇都生鲜超市	12.5元/500克	15元/500克	23元/500克	—	0.39元/500克
新华都	10.8元/500克	13.8元/500克	21.98元/500克	—	0.68元/500克

2017年1月泉州市区主要生活必需品价格表（三）

表46

	大白菜	小白菜	上海青	西红柿	包菜
新门菜市场	2元/500克	3.5元/500克	3.5元/500克	4元/500克	2.5元/500克
东街菜市场	2元/500克	4元/500克	3.5元/500克	4元/500克	3元/500克
东美菜市场	1.5元/500克	2元/500克	2元/500克	4元/500克	1.5元/500克
东湖菜市场	1.5元/500克	2元/500克	2元/500克	4元/500克	1.5元/500克
汇都生鲜超市	0.78元/500克	0.99元/500克	0.69元/500克	4.58元/500克	1.39元/500克
新华都	0.58元/500克	0.98元/500克	0.88元/500克	4.98元/500克	1.38元/500克

（来源：泉州市物价局、鲤城区物价局、丰泽区物价局 采价日期：2017年1月6日）

2017年12月泉州市区主要生活必需品价格表（一）

表47

	早籼米	鸡蛋	茄子	草鱼	带鱼
新门菜市场	2.8元/500克	5.5元/500克	3元/500克	8.5元/500克	25元/500克
东街菜市场	2.8元/500克	5.5元/500克	3元/500克	10元/500克	25元/500克
东美菜市场	2.5元/500克	4.7元/500克	3元/500克	10元/500克	20.5元/500克
东湖菜市场	2.5元/500克	5元/500克	2.5元/500克	8元/500克	26元/500克
浮桥农贸市场	2.6元/500克	5元/500克	3元/500克	9元/500克	27元/500克
来福隆购物广场	2.18元/500克	5.28元/500克	2.58元/500克	—	—
汇都生鲜超市	2.68元/500克	5.28元/500克	3.38元/500克	8.8元/500克	16.8元/500克
新华都丰泽店	2.98元/500克	5.98元/500克	2.58元/500克	9.98元/500克	22.8元/500克

2017年12月泉州市区主要生活必需品价格表（二）

表48

	中段鲜猪肉	精瘦猪肉	猪排骨	鸡肉	白萝卜
新门菜市场	14元/500克	17元/500克	28元/500克	12元/500克	1.3元/500克
东街菜市场	14元/500克	17元/500克	30元/500克	15元/500克	1.5元/500克
东美菜市场	12元/500克	15元/500克	25.5元/500克	12.5元/500克	1.5元/500克
东湖菜市场	14元/500克	17元/500克	27元/500克	11元/500克	1.3元/500克
浮桥农贸市场	14元/500克	16元/500克	30元/500克	—	2元/500克
来福隆购物广场	10.98元/500克	12.98元/500克	22.98元/500克	—	0.68元/500克
汇都生鲜超市	11.8元/500克	12.8元/500克	21.5元/500克	—	0.78元/500克
新华都丰泽店	12.8元/500克	13.8元/500克	18.8元/500克	11.8元/500克	1.38元/500克

2017年12月泉州市区主要生活必需品价格表（三）

表49

	大白菜	小白菜	上海青	西红柿	包菜
新门菜市场	1.3元/500克	3元/500克	2.5元/500克	3元/500克	1.8元/500克
东街菜市场	1.5元/500克	3.5元/500克	2.5元/500克	3元/500克	2元/500克
东美菜市场	1.5元/500克	3元/500克	3元/500克	3.5元/500克	1.8元/500克
东湖菜市场	1.5元/500克	2元/500克	2元/500克	3元/500克	2元/500克
浮桥农贸市场	1.8元/500克	3元/500克	3元/500克	3.5元/500克	2元/500克
来福隆购物广场	0.78元/500克	3.98元/500克	2.98元/500克	1.98元/500克	0.98元/500克
汇都生鲜超市	0.68元/500克	2.98元/500克	1.98元/500克	2.58元/500克	0.98元/500克
新华都丰泽店	0.98元/500克	2.38元/500克	2.38元/500克	3.98元/500克	1.58元/500克

（来源：泉州市物价局、鲤城区物价局、丰泽区物价局 采价日期：2017年12月14日）

2017年2月泉州楼市行情表

表50

丰泽均价	碧桂园天玺湾 12000元/平方米	海宸尊域 11000元/平方米	东海湾十二宴 11500元/平方米	盛世smarl 12800元/平方米	保利城 14800元/平方米
	绿创山语城 8500元/平方米	中骏广场 13000元/平方米	泉州上实海上海 11500元/平方米	—	—
鲤城均价	茂诚皇江御 7800元/平方米	泉州中骏商城 8500元/平方米	幸福电商城 8000元/平方米	鼎盛大观 6800元/平方米	建发珑璟湾 7800元/平方米
洛江均价	城建康桥学府 6100元/平方米	美裕蓝山郡 6500元/平方米	律汇红树湾 9300元/平方米	美亚芳邻 7500元/平方米	泉州恒大翡翠龙庭 7300元/平方米
南安均价	英良印象五号 5000元/平方米	创力悦湾 5200元/平方米	万星城市广场 4500元/平方米	山水花园城 5700元/平方米	龙润湾美 6500元/平方米
石狮均价	世贸摩天城 8400元/平方米	龙嘉华城 6500元/平方米	祥芝渔风情小镇 4546元/平方米	金王首府 6500元/平方米	石狮恒大名都 8400元/平方米
晋江均价	新城吾悦广场 8000元/平方米	龙湖紫晋城 7000元/平方米	舒华奥体中心 8700元/平方米	晋江金龙城 4400元/平方米	晋江高铁城 4800元/平方米
安溪均价	安溪万达广场 5600元/平方米	裕福明珠 4500元/平方米	鼎盛尚学领地 7100元/平方米	龙润铁观音山庄 6300元/平方米	龙湖春天 5500元/平方米
台商投资区均价	紫云台 6000元/平方米	万道克拉公馆 5000元/平方米	新新蓝郡国际 6100元/平方米	台盛时代广场 5400元/平方米	尊湖 6800元/平方米

（来源：搜房网，时间截至1月6日）

2017年12月泉州楼市行情表

表51

丰泽均价	碧桂园天玺湾 12000元/平方米	海宸尊域 11000元/平方米	东海湾十二宴 11500元/平方米	盛世smarl 12800元/平方米	保利城 14800元/平方米
	绿创山语城 8500元/平方米	中骏广场 13000元/平方米	泉州上实海上海 11500元/平方米	—	—
鲤城均价	茂诚皇江御 7800元/平方米	泉州中骏商城 8500元/平方米	幸福电商城 8000元/平方米	鼎盛大观 6800元/平方米	建发珑璟湾 7800元/平方米
洛江均价	城建康桥学府 6100元/平方米	美裕蓝山郡 6500元/平方米	律汇红树湾 9300元/平方米	美亚芳邻 7500元/平方米	泉州恒大翡翠龙庭 7300元/平方米
南安均价	英良印象五号 5000元/平方米	创力悦湾 5200元/平方米	万星城市广场 4500元/平方米	山水花园城 5700元/平方米	龙润湾美 6500元/平方米

续表51

石狮均价	世贸摩天城 8400元/平方米	龙嘉华城 6500元/平方米	祥芝渔港风情小镇 4546元/平方米	金王首府 6500元/平方米	石狮恒大名都 8400元/平方米
晋江均价	新城吾悦广场 8000元/平方米	龙湖紫晋城 7000元/平方米	舒华奥体中心 8700元/平方米	晋江金龙城 4400元/平方米	晋江高铁城 4800元/平方米
安溪均价	安溪万达广场 5600元/平方米	裕福明珠 4500元/平方米	鼎盛尚学领地 7100元/平方米	龙润铁观音山庄 6300元/平方米	龙湖春天 5500元/平方米
台商投资区均价	紫云台 6000元/平方米	万道克拉公馆 5000元/平方米	新新蓝郡国际 6100元/平方米	台盛时代广场 5400元/平方米	尊湖 6800元/平方米

（来源：搜房网，时间截至12月12日）

2017年5月泉州车市价格表

表52

价格	品牌	车型	价格	备注
10万元以下	POLO	2016款1.6L手动舒适型	7.79万元	降幅1.20万元
	赛欧	2015款 赛欧3 1.3L手动理想款	5.69万元	降幅0.6万元
	传祺GA6	2016款235T 手动舒适款	9.48万元	降幅0.80万元
10万元—20万元	福特	2014款嘉年华两厢1.0 GTDi自动劲动型	11.39万元	降幅0.90万元
	雅阁	2016款2.4L舒适版	19.68万元	降幅1.50万元
	逍客	2016款1.2T手动时尚版	12.98万元	降幅1.00万元
20万元—50万元	奥迪A5	2016款改款 Caupe 45 TFSI quallra	45.90万元	降幅12.70万元
	凌波	2017款 2.0T GTS	21.39万元	降幅1.50万元
	福特	2017款狮虎2.0T自动四驱Ecoboosl245	24.28万元	降幅3.30万元
50万元—100万元	林肯	2015款MKX 2.7T 自动四驱总统版	65.98万元	无优惠
	捷豹F-PACE	2016款3.0T 高性能首发限量版	73.0万元	降幅16.80万元
	宝马5系GT	2015款535i豪华型	75.17万元	降幅17.63万元
100万元以上	Jeep	2016款3.0T r Levanle S	142.80万元	降幅5.00万元
	玛莎拉蒂	2016款Cayenne Turbo S 4.8T	210.40万元	降幅73.50万元
	迈巴赫S级	2016款Panamera 4 Execulive Edilion 3.0T	110.80万元	降幅25.00万元

(来源：新浪网；时间截至：2017年5月25日)

2017年12月泉州车市价格表

表53

	品牌	车型	价格	备注
10万元以下	捷达	2017款 捷达1.4L手动舒适型	7.89万元	降幅1.30万元
	五菱宏光	2016款五菱宏光S 1.5L 手动舒适型	5.59万元	降幅0.39万元
	POLO	2016款1.6L手动舒适型	7.88万元	降幅1.31万元
	锋范	2017款锋范1.5L 自动精英版	8.85万元	降幅0.76万元
	帝豪	2016款帝豪GS 1.8L 手动领尚型运动版	8.64万元	降幅0.14万元
10万元—20万元	哈弗	2018款哈弗H6运动版1.5T自动两驱精英型蓝标	11.26万元	降幅0.04万元
	朗逸	2017款朗逸1.6L自动舒适版	12.00万元	降幅1.69万元
	思域	2016款思域1.0T 手动180 TURBO舒适版	11.55万元	降幅0.04万元
	传祺	2017款传祺GS4 1.3T自动两驱豪华版200T G-DCT	12.17万元	降幅1.51万元
	逸轩	2016款逸轩1.6L 自动XL 尊享版	11.24万元	降幅2.54万元

续表53

	品牌	车型	价格	备注
20万元—50万元	凯美瑞	2016款凯美瑞双擎2.5L自动十周年纪念旗舰版	30.83万元	降幅2.15万元
	途观	2017款途观L 1.8T 自动两驱豪华版330TSI	24.98万元	降幅1.00万元
	途昂	2017款途昂2.5T自动豪华版530 V6	45.39万元	降幅1.50万元
	普拉多	2018款普拉多3.5L自动TX	47.98万元	无折扣
	沃尔沃	2017款沃尔沃 XC60 2.0T 自动T5AWD个性运动升级版	37.52万元	降幅6.47万元
50万元—100万元	牧马人	2017款牧马人 3.6L自动十年限量珍藏版Rubican Recan	54.99万元	无折扣
	捷豹	2018款捷豹F-PACE 3.0T SC 自动S高性能版	78.83万元	降幅5.97万元
	宝马	2017款宝马X5 2.0T 自动xDriver28i	66.33万元	降幅9.47万元
	途锐	2017款途锐3.0T 自动启程型	58.85万元	降幅7.03万元
	凯迪拉克	2017款CT6 3.0T 自动40T领先型	58.05万元	降幅9.94万元
100万元以上	奔驰	2017款奔驰S级 3.0T 自动S400L	122.00万元	降幅2.80万元
	揽胜	2017款 揽胜运动版5.0自动V8 SVR	226.1万元	降幅3.70万元
	发现	2017款发现3.0自动V6首发限量版	108.93万元	降幅1.87万元
	奥迪	2017款奥迪A8L 4.0T 自动60 TFSI Quallra 豪华版	152.6万元	降幅32.20万元
	奔驰	2017款奔驰GLE级3.0T 自动500e 4MATIC	106.7万元	降幅13.10万元

（来源：新浪网；时间截至：2017年12月14日）

民 政

【概况】 2017年，泉州市推进民政事业，构建推动养老事业全方位、多层次健康发展的政策支持体系。做好养老设施补短板工作，推进养老设施建设，基本形成以居家为基础、社区为依托、机构为补充、医养相结合的多层次、智能化养老服务体系。推进政府购买基本养老服务，享受政府购买居家养老服务对象30288名，加快推进医养结合工作；完善社会救助体系，确保社会救助托底线、救急难、可持续，城乡低保逐渐提标扩面，农村最低生活保障标准大幅提高，泉港区、晋江市和石狮市实现低保标准城乡一体化。加大特困人员救助供养力度，全面落实临时救助制度，建立社会救助和保障标准与物价上涨挂钩联动机制，防灾减灾救灾工作高效落实，做好受灾人员转移安置工作，及时跟踪灾情发展，积极查灾核灾。社会福利事业健康发展。推动农村留守儿童关爱保护和困境儿童保障工作，强化机构供养和散居孤儿生活保障，开展流浪乞讨人员救助，全面落实残疾人两项补贴政策，慈善事业健康发展；支持国防和军队建设，构建军民深度融合体系，开展新一轮双拥创模工作，泉州市本级和11个市（县、区）同时荣获新一轮省级双拥模范城（县），实现"满堂红"三连冠。全力以赴服务军改，开展心理健康进军营、项目建设进军营、联谊活动进军营、科技文化进军营和支前保障进军营等"五进"军营活动，优抚保障政策落到实处，实施重点优抚对象抚恤补助标准自然增长和城乡同一标准制度，开展烈士褒扬工作，做好复退军人维稳工作，有序推进退伍士兵安置工作；激发社会活力，构建多元化社会治理体系，不断健全城乡社区基层设施，创新社区治理模式，提高社区管理服务水平，统筹推进城乡社区建设，做好40个市级农村社区建设示范点、28个省级第二批农村社区建设示范单位，农村社区建设水平持续提升，壮大社区工作队伍，加快社会工作推进步伐，培育壮大社工队伍，组织社会组织参与购买社会服务，推进农村社会工作试点，开展"三社联动"项目。泉州市老龄年志愿者协会被民政部立项，扶持资金50万元，3家社会组织被省立项，扶持资金27万元；

加强专项社会事务管理，构建均等化公共服务体系；依法依规做好婚姻收养和社会组织规范化管理，推进行政审批改革，2017年受理行政审批事项386件，提前办结率100%，群众满意率100%，做好区划地名工作，做好泉州行政区划有关基础材料收集和调研工作，加大革命老区的扶持力度，落实革命"五老"人员各种待遇，加强革命老区发展专项资金管理，下达省、市扶持资金1181万元，提高殡葬服务水平，全面实行对"城乡困难群众基本殡葬服务费"全免制度，2017年有9362人减免基本殡葬服务费857万元。推进公益性骨灰楼堂建设，新建公益性骨灰楼堂54个。完成省、市两级为民办实事项目。

【社区建设与服务】 2017年，泉州市通过实施省级社区综合服务站和市级社区服务站等项目建设，增强城乡社区服务功能，省、市两级分别投入120万和90万用于5个省级社区综合服务站和18个市级社区服务站的项目建设，提升社区服务水平；加强和完善城乡社区治理，推动社区治理重心向基层下移，在全市选取30个社区开展"共建共享"新型示范社区建设，加强基层社区治理体系建设，下达福利彩票公益金200万元，用于40个市级农村社区建设示范点建设，开展28个省级第二批农村社区建设示范单位建设和30个省级城乡社区协商示范点建设，创新基层社会治理；健全社区工作机制，实施《城市社区服务体系建设规划（2016-2020年）》，建立健全部门协作机制；优化社区人才队伍，落实省级大学生服务社区计划，优化社区工作者的来源渠道，推荐7名专家入选首届福建省城乡社区治理专家委员会，为泉州城乡社区治理提供人才支撑和智力支持，促进海峡两岸在社区治理方面的经验交流。

【社会组织管理】 2017年，泉州市新登记社会团体375家（其中市级18家）、民办非企业单位142家（其中市级17家）、非公募基金会13家（其中市级3家）。开展社会组织年度检查，全面了解社会组织活动及发展情况，规范社会组织活动，发挥服务经济服务社会的积极作用，全市性社会团体应检563家、已检349家，年检率61.9%；民办非企业单位应检169家、已检113家，年检率66.8%；基金会应检11家、已检10家，年检率90.9%；培育发展社会组织，推进购买服务，组织社会组织参与购买社会服务项目申报，泉州市推荐参与民政部B类或C类服务项目社会组织各1家，推荐8家社会组织参与民政部B类或C类服务项目，泉州市老龄年志愿者协会被民政部立项，扶持资金50万元，推荐8家社会组织参与省民政厅A、B、C、D类服务项目，有3家社会组织被省民政厅立项，扶持资金27万元；推进民办社会工作服务机构发展，对于新成立的开展服务满一年，且运作良好的民办社会工作服务机构，给予5万元的一次性初创经费补助，被认定为优秀民办社会工作服务机构的，给予10万元的扶持资金，对政府购买项目经考核评估优秀的，优先承接政府授权或委托的项目；开展2017年市级社会组织随机抽查，随机抽取10名执法人员，分为5组，对按5%的比例从泉州市社会组织市场主体名录库中随机抽取的37家社会组织和2家被群众举报的社会组织进行现场检查；推进社会组织党建工作，泉州市民政局成立中共泉州市民政局社会组织综合委员会，领导和管理市级无行业党组织、无业务主管部门、直接登记的社会组织党建工作。

【婚姻收养登记管理】 2017年，泉州市办理国内结婚登记86090对、离婚登记13936对、补领登记11181对；涉港澳台华侨结婚登记247对、离婚登记53对、补领登记504对；涉外结婚登记131对、离婚登记24对、补领登记19对；办理收养登记46件；婚姻登记简政放权，2017年4月起停征婚姻和收养登记费。

【儿童收养与儿童福利院】 2017年，泉州市办理国内收养登记46件，涉港、澳、侨、台收养登记6件。泉州市有儿童福利机构10家（含综合福利院儿童部），床位564张，在院抚养儿童364人。

【养老事业】 2017年，泉州市有各类老年福利机构146家（含福利院、福利中心、敬老院、老年公寓、村级敬老院等），床位30023张（含日间照料室床位），年平均入住床位1024.7张。足额发放生活定补，泉州市健在“五老”人员342人，全年发放市级配套“五老”生活补助金79.6万元，各县（市、区）定期补助标准全部高于省定标准。80周岁以上高龄“五老”人员286人，每人发放高龄补贴500元，共5.72万元；特困“五老”人员145人，每人发放特困补助1000元，共5.8万元；落实医疗补助政策，“五老”人员全部免费纳入新型农村合作医疗，每人每年享受600元医疗补助，共发放市级配套资金4.09万元，住院“五老”人员医药费在新农合报销后，基本实现实报实销；开展两节慰问活动，泉州市本级安排30万元慰问金，县、乡配套，保证每个“五老”人员都能得到慰问。

2017年，泉州市完成全市163个乡镇（街道）配备1名养老救助协理员的招聘工作，专门从事镇（街道）养老、救助等民政工作，提高基层民政服务能力；持续推进养老服务业发展，新增养老床位2590张，每千名老人拥有养老床位达30张，投入省级补助资金1003万元完成59个农村幸福院建设，泉州市级投入补助资金500万元建设完成100个农村居家养老服务中心（站）。城市社区居家养老服务中心（站）实现全覆盖，满足农村老年人居家养老服务需求。禾康智慧养老专业服务组织覆盖全市除晋江市以外的11个县（市、区），晋江市依托雅适家政公司信息平台，实现对各乡镇、街道的养老服务，推进城乡社区居家养老服务专业化，泉州市有530名养老护理从业人员持有专业资格证书，市、县（市、区）两级政府投入1600万元用于为老年人购买居家养老专业化服务，全市投入建设85个邮政夕阳红俱乐部，配备娱乐设施、健康体检用品，为老年人提供舒适的活动场所，出台非营利性养老机构一次性开办补助和床位运营补贴标准等相关政策，有11家民办养老机构得到省级补助84.44万元，10家民办养老机构得到市级补助24.26万元；推进医养结合工作，鼓励社会资本办医，优先支持社会资本举办康复、养老等专科特色明显的医疗服务机构，引导非公立医疗机构走差异化发展路子，与公立医院形成功能互补、良性有序的市场竞争格局，让老年人在养老机构享受便捷高效的医疗服务。

【老区建设】 2017年，泉州市加大脱贫攻坚力度支持革命老区开发建设，继续抓好4个市级老区重点帮扶村工作，每村泉州市老区办补助50万元，落实帮扶资金200万元；将“扶持老区特色产业示范项目”列为市委、市政府2017年为民办实事项目，扶持10个老区村农民专业合作社，每个项目补助10万元，计100万元；是年共争取省老区办扶持资金261万元，下达市级老区专项资金970万元；每年有近百个老区村得到挂钩帮扶，推动全市革命老区社会事业全面发展。

【拥军优属与抚恤】 依托泉州蓝天专业心理机构，购买拥军优属心理健康服务的方式，为现役官兵和优抚对象提供以“家”为主题的心理健康服务，支持部队建设，探索拥军项目实体建设新形式，投入科技文化拥军专项资金，开展军民融合项目对接，解决驻泉部队的实际困难；

落实优属和抚恤政策，维护优抚对象合法权益，按时足额发放抚恤补助资金和义务兵优待金，深化下访谈心、关爱帮扶活动，建立优抚对象个人信息档案，通过纳入低保、医疗救助、临时救助、慈善救助、就业援助等形式，帮助优抚对象解决生活、医疗、住房等实际困难；广泛开展走访慰问生活困难重点优抚对象活动，实现重点优抚对象“八一”、春节全员慰问，“八一”期间走访慰问发放慰问金456.79万元；春节期间走访慰问发放慰问金595.8万元。

【复退军人安置】 2017年，完成上年秋、冬季退役士兵接收工作，全年接收2457人，其中符合政府安排工作条件的退役士兵111人（回原籍90人，易地安置21人），全部安置上岗并按要求发放地方经济补助金；开展适应退役士兵需求的职业教育和技能培训，全市共报名参加培训687人（其中职业教育613人，技能培训74人）；按规定完成移交接收军休干部7人，落实军休干部的“两个待遇”。

【赈灾与救济】 2017年，受台风的影响，泉州市受灾人口8.11万人次、转移安置5.78万人次，房屋倒塌80间。灾情发生后，各级民政部门及时启动应急预案，组织人员赶赴受灾地区查灾、核灾，上报灾情，全年下拨自然灾害生活补助资金1410万元，帮助受灾群众解决实际困难；是年，完成市、县两级《自然灾害救助应急预案》修订工作。补助300万元完成改造提升200个自然灾害避灾点。

【救助】 2017年，泉州市各县（市、区）按照户籍人口每人每年7元的标准筹集临时救助资金，共救助城乡困难群众15365人次，发放临时救助金3811.84万元。推进“救急难”工作，形成政府各部门高效联动以及政府救助与社会力量救助紧密衔接的工作机制，泉港区、晋江市分别被确定为全国和全省综合试点单位，全市发放“救急难”救助金158.7万元，救助383人。实现城乡医疗救助“一站式”即时结算服务，提高医疗救助水平；落实“医改”工作，做好过渡期医疗救助工作，落实城乡医疗救助基金筹集分配，完成医疗救助对象统计；推进城乡医疗救助移交工作。

加大特困人员救助供养力度，将农村“五保”对象、城市“三无”人员统一纳入救助供养制度适用范围，实现城乡统筹。明确特困人员救助供养标准由基本生活标准、照料护理标准两部分组成，其中，基本生活标准原则上按当地城市低保标准的130%确定，照料护理标准按全自理、半自理、全护理三种分别参照当地最低工资标准10%、25%、40%确定。特困人员救助供养标准得到大幅提高，由原来每人每月最低582元、最高860元提高至最低794元、最高1622元。至2017年底，全市城乡特困人员共6213人，其中城乡特困人员分别为684、5529人，累计发放救助供养资金6918.95 万元，月人均补助达1080元，比上年增长50.2%。

【福利彩票发行与资金管理】 2017年，泉州市电脑福利彩票投注站1108家，“中福在线”销售厅10家，即开型彩票刮刮乐销售点1108家，全市发行福利彩票11.94亿元，比上年减少2080万元，减幅1.71%（其中电脑票发行8.68亿元，即开型彩票刮刮乐8568万元。“中福在线”2.40亿元）。上缴公益金3.46亿元（其中中央级1.73亿元，省级7665万元，市、县两级9616万元），比上年减少128万元。

【行政区划与地名管理】 2017年泉州市撤销1个村、设立1个社区（石狮市宝盖镇撤销龙穴村，设立龙穴社区），新设立2个社区居委会（南安市罗东镇设立新雨亭社区、南安市梅山镇设立锦绣社区），有2个村委会更名（南安市石井镇“涴江”村更名为“菊江”村，“（土昔）坂”村更名为“昔坂”村），有1个自然村拆分为2个自然村（南安市诗山镇社二路梯自然村拆分为社二路梯自然村和备湖自然村）。

2017年，泉州市开展全市标准地址二维码楼门牌设置工作，推进中心城区（鲤城区、丰泽区、洛江区）一些支路无名称的命名工作，全市各县（市、区）共命名小区和建筑物40多条、有2条街路更名、新命名225条街路；开展全市各县（

2017年9月30日，泉州市举行向革命烈士纪念碑敬献花篮仪式

（图/陈起拓 郭雅莹）

市、区）、泉州台商投资区第二次全国地名普查补查补更的督导自查、全面核查和迎接省民政厅验收工作；完成《中华人民共和国标准地名词典》词条泉州市部分的编纂、校对、完善和修改工作。

2017年，泉州市完成2017年全市市间县级界线5条、市内县级界线3条以及乡级界线25条的联检工作；开展“平安边界”创建活动，继续推动“平安边界”建设纳入“平安泉州”和各地平安建设总体规划，推动全市“平安边界”建设向纵深发展；结合界线联检工作，开展市间县级界线“平安边界”创建活动，泉州市分别与莆田市、三明市开展平安边界建设，石狮与晋江线，利用界线联检时机，修复损毁界桩13颗。

【国防教育和双拥宣传】 2017年泉州市在12个中小学生社会实践基地设置国防教育项目，开设军事教育课，分期分批组织学生到基地接受教育，让参加社会实践的学生过准军事化的军营生活；举办“少年军校”“军事夏令营”“军训”等活动；开展“国防教育日”活动，成立泉州市国防教育青少年交流艺术团，打造泉州国防教育窗口品牌；开展防空警报试鸣暨人员疏散演练活动，完成20万人疏散演练任务，举行烈士纪念日活动、第十七届军民“心连心”系列活动等。组织驻泉州“红色尖刀连”官兵参加央视“春晚”泉州分会场演出活动；加强与各级新闻媒体协作，与中国网签订战略合作协议，开设“品牌之都——双拥泉州”栏目，宣传推广“双拥模范城”这一泉州城市名片，开设“双拥情满泉州湾”微信公众号，图文并茂地宣传泉州市双拥工作动态。

【最低生活保障】 2017年，泉州市提高城乡低保标准和补助水平，2017年1月起，城市低保标准由原来的每人每月540元（安溪县、永春县、德化县为492元）提高至567元（安溪县、永春县、德化县为516元）；综合考虑精准扶贫和缩小城乡差距需要，对农村最低生活保障标准进行大幅提高，全市农村低保标准全部提高至420元以上，比2016年最低提高29.6%，最高提高42.3%。至2017年底，全市有城乡低保对象71225人，其中城市、农村低保对象分别为10374、60851人，全年发放低保金25146.88万元。城市低保对象和农村低保对象月人均补差分别是522元、279元。

民族与宗教事务

【概况】 2017年，泉州市推进民族与宗教工作，推进民族团结进步事业，开展全市第十个民族团结进步宣传月活动，加强少数民族传统文化建设，推动泉州市畲族文化展馆、畲族歌谣保护、陈埭回族史馆修缮等优秀少数民族传统文化保护发展，协调推动挂钩帮扶民族村工作，发展民族乡村经济和社会事业。有效提高全市宗教工作法治化水平，完善规范宗教活动场所建设管理办法；深化民间信仰场所试点管理，经普查统计，全市10平方米以上民间信仰活动场所数量7000多处；加强组织建设，宗教界自身建设成效明显；推动泉州市宗教文化走出去、促进宗教文化交流；发挥宗教界积极作用，全年全市宗教界捐赠公益慈善事业资金6469万元。

【推进民族团结】 2017年，泉州市推进民族团结进步事业。在泉港区开展全市第十个民族团结进步宣传月活动启动仪式，各县（市、区）举办少数民族文艺会演、普法宣传、义诊等相关活动14场；加强城市民族工作，做好丰泽区、鲤城区、晋江市城市少数民族流动人口服务管理体系建设试点工作，开展专题调研，下拨专项经费32万元；推动晋江市青阳街道阳光社区成立全市首个少数民族流动人口服务管理服务站。

【加强少数民族传统文化建设】 2017年，泉州市投入36万元支持泉州市畲族文化展馆、畲族歌谣保护、陈埭回族史馆修缮等优秀少数民族传统文化保护发展；投入12.5万元推动7个少数民族传统体育运动基地建设；资助少数民族贫困大学生34人。组织3篇关于民族团结进步相关文章在《中国民族》杂志刊发。组织参加的“中华一家亲•2017海峡两岸欢度三月三节暨福建省第六届三月三畲族文化节、第十届海西两岸少数民族丰收节”活动。

【发展民族乡村经济和社会事业】 2017年，泉州市落实中央、省级民族补助款559万元，市级民族补助款460万元。市民宗局联合市财政局赴各县（市、区）检查2016年中央、省、市三级少数民族补助资金的拨付和使用情况。协调推动挂钩帮扶民族村工作，48个挂钩单位累计投入帮扶资金256.8万元；市政协在惠安县新亭畲族村召开帮扶现场会，落实扶持资金114万元。福建省人大对市少数民族精准扶贫专题调研和市委常委、统战部长林万明到德化龙塔畲族村少数民族精准扶贫调研。晋江市召开现场会，筹集456.9万元精准帮扶后溪回族村发展。做好少数民族特色村寨建设，4个民族村被国家民委命名挂牌中国少数民族特色村寨，培育新一批民族村申报少数民族特色村寨，争取、下达帮扶资金260万元。组织参加2017年海峡两岸少数民族茶产业交流会暨福建省少数民族名优茶评选大赛，获最佳组织奖等奖项；开展全市少数民族工作干部培训班，提升少数民族干部的工作能力和业务素质。

【加强宗教事务管理】 2017年，泉州市宗教工作法治化水平有效提高。召开全市学习新修订的《宗教事务条例》部署会和各宗教团体专题学习会，在党校处级、科级主体班开设宗教政策法规相关课程，推动宗教工作干部走进宗教团体、宗教活动场所宣讲条例精神。联合市国土局、市住建局等部门，完善规范宗教活动场所建设管理办法。做好中央统一战线工作调研检查组来泉州督查中央关于宗教工作重大决策部署的落实情况的相关准备以及做好反馈问题整改工作。在全市宗教活动场所推广丰泽区青莲寺建设宗教法治文化公园的典型做法。组织12名宗教场所负责人参加“互联网+宗教事务”福州论坛，指导各地创新网络宗教事务管理措施。重新梳理宗教工作部门权力清单和责任清单，规范行政执法行为。会同相关职能职门，开展宗教领域执法活动，依法取缔非法宗教活动。加强基层执法力量，惠安县成立宗教服务中心，安溪县成立民族与宗教管理服务中心。组织9名干部参加民族宗教行政执法考试。抓好宗教场所安全工作，下发整改通知书近百份，组织消防安全培训2次，开展全市性安全检查4次。

【民间信仰场所试点管理】　2017年，泉州市开展民间信仰活动场所大普查，据初步统计，全市10平方米以上民间信仰活动场所数量7000多处，泉州市成为全省两个民间信仰试点管理地区之一。

【宗教界自身建设】　加强组织建设，市天主教、永春县佛协完成团体换届工作；加强讲经交流，市佛协举办三次佛教讲经交流活动，市道协举办5次双月活动，举行1次玄门讲经比赛活动，市基督教“两会”开展神学思想建设研讨活动；加强文化建设，指导成立福建省南少林禅武文化促进会、福建省弘一大师文教艺术研究院等两个省级宗教文化平台，承办全省宗教文物保护培训班，协助大开元寺、清净寺完成申报世界文化遗产各项工作任务，成立泉州花桥慈济宫陈列馆，指导晋江市开拍宗教故事微电影《感恩龙山寺》；加强交流交往，举办“悲愿无尽•和合共生”海丝佛教论坛——宏船老和尚赴新弘法八十周年纪念活动暨庆莲寺全山落成圣像开光祈福大典、广钦老和尚赴台弘法七十周年纪念活动、第五届南安凤山文化节、市佛协重走海上丝绸之路、泉州佛学苑赴台参学和首届“保生大帝”慈济文化节，推动泉州市宗教文化走出去、促进宗教文化交流。充分发挥宗教界积极作用。全年全市宗教界捐赠公益慈善事业资金6469万元。在精准扶贫方面，引导五大宗教捐资1646万元支持同心工程建设，市佛协133万元精准帮扶少数民族病患家庭。石狮市宗教界筹集资金资助20户少数民族贫困户，每户安装1套价值2万元的太阳能光伏发电系统。在助学方面，通淮关岳庙支持鲤城区教育事业1500万元；泉州少林寺发放助学金25万元；通淮关岳庙为德化100名残疾人学子发放助学金16万元；石狮市基督教两会援建5个多媒体互动阅读室；福建省禅文化交流促进会义工到南安市特殊学校献爱心。在助老助困方面，大开元寺4000万元在石狮清净寺捐建佛教敬老院。泉州少林寺邀请99位老人吃素食，观看少林武术表演，并向每位老人发放999元的慰问金。承天寺第6次与鲤城区鲤中街道东华社区、鲤城妇幼保健院联合举办“百家宴”，500多名老人享受美味午餐，参加免费体检，并赠送慰问品。惠安县霞霖妈祖宫举办第四届千人敬老重阳节活动，向70岁以上老人发放油、米2200份，慰问特困户10户，并为老人提供义诊、免费配眼镜、义务理发等活动。天主教花巷堂举行为长者祈祷礼、祝福礼，并慰问退休神父1.5万元。晋江市组织宗教界开展爱心助残捐赠活动，捐赠慰问金7.7万元。石狮市佛协捐资16万元，连续五年举行“法喜充满”慰问低保户活动。在义诊方面，市基督教义诊队开展义诊赠药活动9场，服务6000余人次，为群众节省费用25万元；大开元寺公益协会组织多场义诊。

2017年，泉州市出台文件扶持少数民族村发展经济。图为泉港区钟厝畲族村建设文化馆，打造畲村风情特色村寨　（图/陈晓东）

社会保障

【概况】　2017年，泉州市社会保障能力水平持续提升，职工基本养老、失业、工伤参保人数分别为139.55万人、68.4万人、113.38万人。企业离退休职工、机关事业单位退休人员和城乡居民养老待遇水平再次提高。全市机关事业单位养老保险参保单位2711家，参保人员19.76万人，其中在职参保人员14.46万人。

【养老保险】　2017年，泉州市共有企业离退休人员10.07万人，养老保险待遇连续12年提高，调整惠及全市95212名企业退休人员，月人均增加137.86元，调整后月人均养老金增至2328.32元；100%按时足额社会化发放，全年累计发放27.25亿元。继续发挥养老保障托底作用，至2017年底全市有无力参保的县及以上集体企业退休人员、未参保高龄职工老年生活保障金享受对象3988人和756人，全年累计发放老年生活保障金2834.14万元和549.40万元。推进全民参保登记计划实施，全市810.50万名应登记对象信息全部登记入库，157.18万名需入户调查对象均完成，实现全民参保登记入户率、入户调查完成率、登记信息入库率“三个100%”。至年底，全市有364.62万人参加城乡居民保，参保率99.19%；有262.97万人缴费，缴费率96.24%。两项指标位居全省首位，实现全省缴费率考核“六连冠”。全市有87.76万名老年居民每月按时足额领取养老金，全年累计发放养老金13.14亿元，并为2.63万名死亡居民的家属发放丧葬补助金5779.34万元；全市基础养老金平均标准达120.81元。全市有101.04万名被征地对象纳入保障（全省最多，比上年底增加5.46万人），其中33.03万名被征地人员每月按时足额领取110元至420元不等的养老保障金，计7.54亿元，比上年增加2.97万人，人均保障水平199.30元。加快机关事业单位养老保险制度改革，市人力资源和社会保障局联合市财政局制订市本级机关事业单位基本养老保险费及职业年金结算工作方案，督促清算市直各机关事业单位改革实际实施时间与国家规定实施时间之间的错后期基本养老保险和职业年金缴费工作。

【失业保险】 2017年，泉州市征收入库失业保险基金1.9亿元，领取失业保险金4.06万人次，发放失业金4077.85万元，为失业人员缴纳职工医疗保险费745.66万元。落实失业保险降费政策，为企业和职工减征失业保险费9514万元。为593家符合申报“稳岗补贴”条件的企业发放补贴资金3802万元，惠及企业职工9.69万人。至2017年底全市参加失业保险统筹职工达68.4万人，全市失业保险历年基金累计结余26.31亿元。

【工伤保险】 2017年，泉州市加大建筑企业工伤保险扩面力度，开展实施“同舟计划”，维护建筑业从业人员特别是农民工工伤保险权益。全市新建项目797个，实现新建项目100%参保。市人社局、住建菊、安监委、总工会联合开展建筑施工企业参加工伤保险工作督导检查。全市全年有1031个工程项目参保，惠及农民工14.04万人，工程总造价614.97亿元，征收工伤保险费5837万元。全市工伤保险基金收入3.03亿元，支出1.54亿元、享受人数4290人，享受“老工伤”待遇296人、发放待遇435.53万元。

【保险基金发放与管理】 2017年，泉州市建立社会保险基金安全责任制，拟订监管工作方案，定期组织情况分析，依法开展监督工作；由社会保险经办机构合理设计业务流程，严格执行内部审计、内部监控制度，严把审核、复核、对账、稽核关，确保基金万无一失。利用全国异地协查平台，采取现场认证、上门认证、网上认证等综合认证手段，全面推广应用福建省企业退休人员管理信息系统暨人脸识别系统，有序开展养老金领取资格认证工作，至2017年底全市通过人脸识别认证系统认证8万余人。

医疗保障

【概况】 2017年，泉州市将市人社局承担的全市城镇职工基本医疗保险管理、城镇居民基本基本医疗保险管理、城乡生育保险管理职责，市卫计委承担的全市新型农村合作医疗管理以及药品、医用耗材集中采购管理职责，市民政局承担的城乡医疗救助管理职责，市物价局承担的医疗服务价格和药品价格管理职责，市商务局承担的药品配送管理职责统一划转交由市医保局承担，于1月18日挂牌成立。整合泉州市医疗保险管理中心、泉州市新型农村合作医疗管理服务中心机构和职责以及泉州市社会劳动保险管理中心承担的生育保险基金管理职责，组建泉州市医疗保障基金管理中心，于4月13日挂牌成立。2017年全市基本医保参保人数721.64万人（其中职工医保116.35万人、城乡居民医保605.29万人），位居全省第一。生育保险参保人数达97.93万人。

【三保合一整合】 2017年，泉州市整合优化城镇居民医保和新型农村合作医疗两项制度，统一为城乡居民基本医保，以市政府名义印发《泉州市城乡居民基本医保政策一体化暂行规定》，解决城乡居民医保制度差异和碎片化问题。实现市级统筹区内覆盖范围、筹资政策、保障待遇、医保目录、定点管理、基金管理“六统一”。9月1日，泉州市整合市属医院和正骨医院信息技术力量，依托正骨医院在全省率先设立信息中心，为全省第一个医保局信息中心。

【医疗保障待遇】 2017年，泉州市职工医保范围内住院报销比89.58%，占医疗总费用报销比70.33%，其中享受公务员医疗补助住院报销比95.28%，占医疗总费用报销比74.81%；居民医保范围内住院报销比59.71%，占医疗总费用报销比46.86%；新农合范围内住院报销比68.02%，占医疗总费用报销比47.82%。提高国家一类疫苗异常反应引起的脊髓灰质炎等相关疾病的基本医保报销水平，实际补偿比70%以上。对确诊为人感染H7N9禽流感参保患者的住院使用的药品、诊疗项目和医疗服务设施项目全部纳入医保支付范围，患者所发生的门诊和住院的医疗费用不设起付线，按95%予以报销。

【医保扶贫】 2017年，市医保局牵头修订完善泉州市城乡居民医疗救助政策，统一全市救助对象、救助方式及标准、救助服务，以及救助基金筹集和管理。2017年全市实施“一站式”救助15.30万人次，救助金3383.58万元。在基本医疗保险、大病保险和医疗救助等保障的基础上，按照《福建省精准扶贫医疗叠加保险方案》要求，2017年7月1日起至2020年12月31日，在全市为建档立卡农村贫困人口实施精准扶贫医疗叠加保险。采取两道补助的方式，保障对象在基本医疗保险、大病保险和医疗救助的基础上，由精准扶贫医疗叠加保险采取双上限控制的方法对“目录内”医疗费用予以限额报销的“第一道”补助；对特定13种疾病基本患者，经基本医疗保险、大病保险、医疗救助和“第一道”精准扶贫医疗叠加保险补偿后，个人负担部分再给予90%补助的第二道补助。截至2017年12月底，全市有18185人次享受精准扶贫叠加保险补助，享受第一道补助67.44万元，第二道补助127.89万元，补助金额合计195.33万元。

【药品阳光采购及药品货款代结算】 2017年，泉州市改革原来传统药品采购模式，在全省率先建立阳光药采联盟，通过引导泉州一院等10家医院牵头成立由268家医保定点医疗机构组成的泉州市阳光药采联盟，发挥泉州市医疗需求量大的特点，在省级16693个挂网药品目录的基础上，遴选出泉州市4298个药品目录。据统计，竞争性药品平均降价7.73%，非竞争性药品平均降价0.69%，基础输液平均降价19.23%，血液制品平均降价1.36%，2017年为泉州市再节省药品采购资金超2亿以上。开展以医保支付结算价为基础开展药品货款统一结算支付工作，由医保经办机构直接同药品供货商完成结算。11月，完成市级结算工作队伍组建，全市29家县级以上公立医院完成药品货款委托结算申请。11—12月，全市首批18家公立医疗机构、25家药品供应企业开展药品货款结算工作，结算金额4696.57万元。

【医疗服务价格改革】 2017年，泉州市允许市场竞争比较充分、个性化需求比较强的70个医疗服务项目和28个特需医疗服务项目自主制定价格，向社会公开后执行；调整公立医院3级及以上手术类和公立医院普通门诊诊查项目价格，按照拉开省、市、县价格差距要求，参照省级价格，在深入测算的基础上，降低75项检查、检验类项目价格，制定出台22个项目价格；开展以按病种付费为主、多种付费方式相结合的复合型支付方式改革，对照国家遴选的320个病种和省级出台的100个病种，确定220个泉州市诊断明确、技术成熟、并发症少、疗效确切的病种。

劳动保护

【概况】 2017年，泉州市落实就业目标责任制，全市城镇新增就业12.64万人，完成省下达任务的102.8%；城镇登记失业率1.28%，低于省下达指标0.72个百分点。推进就业精准扶贫，国家、省定精准扶贫对象3.92万人全部入库。实施劳动合同法，全市各类企业劳动合同签订率97%。推进劳动就业用工备案系统建设，落实网上劳动就业登记、劳动用工备案和劳动保障监察制度，构建和谐劳动关系。

【就业服务】 2017年，泉州市实施“稳就业、防失业、促创业”行动计划，组织开展“春风行动”、就业援助月等公共就业服务专项活动，提供免费公共就业服务近19.3万人次，保障各类群体充分就业。帮助308人实现就业，享受优惠政策3105人。帮助45户零就业家庭127人实现就业，向215名生活严重困难的就业困难人员发放慰问金43.1万元，宣传介绍再就业免费培训、创业培训等政策，帮扶就业。帮助4500名离校未就业实名登记毕业生实现就业，离校未就业实名登记就业率85.0%。推动大学生创新创业，为1673名困难毕业生、残疾毕业生和享受国家助学贷款毕业生发放求职创业补贴334.6万元，为221名大学生发放职业院校学生实习补贴19.89万元；评定省、市级大中专毕业生创业项目54个，新增省级高校毕业生创业孵化基地4家，总数达30家，实现“一县一基地”目标。组织4场就业扶贫专场招聘活动，106家用工单位提供就业岗位2127个，现场达成就业意向109人。开展一系列企业用工服务专项服务活动，市、县人社部门举办各类招聘会249场（省外异地招聘会31场），参会企业7337家次，达成就业意向7.15万人，有效保障企业用工需求。

【职业培训】 2017年，泉州市培训各类劳动者25.12万人次，其中完成“春潮行动”农民工职业技能提升培训6.14万人次、“互联网+”从业创业人员培训3.63万人次。依托全市82家职业技能鉴定站，组织开展职业技能培训鉴定4.56万人次。组织举办11期（SYB）创业培训1553人。是年全市新增技能人才36265人，新增高技能人才9675人，评选泉州市技能大师30名、省级技能大师人选1名。

【职业资格与技能考评】 2017年，泉州市开展职业技能竞赛和技术技能比武，举办省、市级职业技能竞赛35场次，有111名选手在市级一类赛中被授予“泉州市技术能手”称号，有242名选手通过竞赛取得高级工及以上职业资格证书；承办泉州市首届家政服务行业职业技能竞赛。组织鉴定4.5万人次，其中新增高级工8456人，技师、高级技师1219人，涵盖机械制造、电子通信、纺织鞋服、石油化工、物流电商、文化生活等多个领域多个职业。贯彻执行新公布的《国家职业资格目录清单》，启用职业资格证书管理系统，启用新版国家职业资格证书，制证实现相片、印章电子化。

【劳动权利维护】 2017年，泉州市加强劳动用工规范管理，完善协调劳动关系三方机制，选取晋江、石狮开展和谐劳动关系综合实验区试点；开展劳动关系和谐先进单位创建，石狮市宝盖鞋业工业园区获评省级劳动关系和谐工业园区，南安市柳城街道获评省级劳动关系和谐街道，嘉泰数控科技股份公司等13家企业获评省级劳动关系和谐企业。完善协调劳动关系三方机制，

“无欠薪项目部”覆盖所有政府投资项目。全年处理欠薪等案件1441件、立案处理欠薪案件142件、涉及劳动者1.76万人、追发劳动报酬1.35亿元，依法处置欠薪群体性案件154件，涉及劳动者5286人，移送涉嫌拒不支付劳动报酬案件24件，全市欠薪案件、涉及金额、劳动报酬群体性案件、涉嫌拒不支付劳动报酬案件分别下降40%、60%、49%、45%，治欠保支呈现“四个下降”态势，未发生影响面大的欠薪事件和极端事件。以教育、卫计系统为试点，在全省率先开展事业单位劳动人事争议调解；晋江陈埭镇劳动保障事务所入选全国专业性劳动争议调解示范点；全市处理劳动争议案件、涉及劳动者人数分别比上年下降11.7%、18.8%，劳动争议案件调解成功率上升4个百分点达83.3%。

【工资监管和指导】 2017年，泉州市公布全市2017年企业工资增长指导线及建筑业、批发零售业、住宿餐饮业、交通运输仓储和邮政业等四个重点行业工资指导线。组织1000多家企业开展第7次企业薪酬试调查，公布2017年泉州市人力资源市场工资指导价位和行业人工成本信息，为用人单位和劳动者提供工资价位信息服务，供用人单位确定人工成本时参考。最低工资标准进一步提高到执行1500元、1380元两档，分别提高11.1%和12.2%。

老龄事业

【概况】 至2017年底，泉州市有老年人口101.5万人，约占户籍人口的13.64%。其中，女性老年人口53.5万人，占比52.71%。80岁以上老年人口14.8万人，占老年人口总数的14.6%。全市有百岁及以上老人380人。每位百岁老人每月可享受市、县两级高龄营养补贴250—300元。其中，台商投资区为百岁老人发放补贴达800元/月，泉港区为百岁老人发放补贴500元/月。10月，印发《泉州市老龄事业发展和养老体系建设“十三五”规划》，提出泉州市“十三五”期间老龄事业发展和养老体系建设主要指标29项，从老年社会保障、医养融合发展、养老服务体系建设、老年宜居环境建设、老年精神文化生活、老年社会组织、养老产业发展等七个方面明确“十三五期间”老龄事业发展和养老体系建设的主要任务，并提出强化组织领导、健全体制机制、完善投入机制、深化调查研究、加强督促检查等五条保障措施。全年全市有364.62万人参加城乡居民养老保险，参保率99.07%，年度缴费率96.24%。全市全面建立高龄老人生活补贴制度，全年累计发放高龄补贴金6317.5万元，惠及8万多名老年人。11个县（市、区）、泉州台商投资区均建立经济困难的高龄、失能等老年人补贴制度。丰泽区、石狮市、泉州台商投资区为80周岁及以上老人购买意外伤害保险。全市新农合参合率99.98%，其中65周岁以上老年人占9.18%，农村老年人基本做到应保尽保。18家医院单位开展医养结合试点工作，21家养老机构与医疗卫生机构签订合作协议，28家二级以上综合医院开设老年优先就诊窗口。

持续推动“互联网+居家养老”服务模式，市、县（市、区）两级政府共投入逾1600万元，30288名老年人享受政府购买的居家养老信息化服务，其中的6053名老人同时享受实体援助服务。禾康智慧养老服务中心服务范围覆盖泉州市除晋江市以外的11个县（市、区）（晋江市自建信息化服务平台），建有实体服务站16个，为老年人提供就近就便的医疗服务、紧急救援服务及便民帮扶服务。全市开办各级老年大学（学校）2469所，市、县、乡三级建校率100%，村级建校率91.5%，在校学员28.6万人，占全市老年人总数29%。建有全国老年远程教育实验区9个，开通老年远程教育收视点2414个，建点率97%。全市建有基层老年协会2598个，老年协会会员63.1万人，占老年人总数的63.9%。建设乡镇（街道）、村（居）两级基层老年活动中心2737个，老年人均体育健身场地1.2平方米。

2017年10月，泉州市基层老年协会规范化建设经验交流会在安溪县召开，邀请福建省各设区市与会观摩座谈。会上为25家基层老年协会规范化建设的示范单位授牌，进行典型单位交流经验，并组织与会人员参观示范点建设。

【百岁老人】 2017年6月30日统计，泉州市有百岁及以上老年人376人，比2016年同期增加39人。其中，男性45人，女性331人，最高龄老人为惠安县螺阳镇的陈久老人，女性，111周岁。百岁及以上老人人数最多的乡镇为南安市石井镇，有百岁及以上老人12名。至2017年底，全市有百岁及以上老人380人。

【“百企进百村敬老助老”帮扶活动】 2017年，泉州市老龄办、工商联、慈善总会联合开展“百企进百村敬老助老”活动，历时一年多，引导爱心企业，与村（社区）建立敬老助老结对帮扶制度。活动涌现出万龙集团（香港）投资公司、福建达利集团等100家爱心企业，全年参与帮扶7619人次，投入资金4549万元，开展帮扶活动378场，有106个村（社区）、38711名老人直接受益。

【老年乘车优待】 2017年，泉州市及各县（市、区）政府继续为老年人乘坐公交车购买乘车保险，为老年人乘车出行提供相应保障。全市均执行60周岁以上半价、70周岁以上全免费的乘车优待政策。泉港区、安溪县免费范围延伸至60周岁；晋江市将老年人免费乘车年龄由70周岁提前至65周岁；惠安县将老年人免费区域从县城延伸至乡镇，60周岁以上的老人凭敬老卡或者爱心卡即可免费乘坐螺城镇等六个乡镇的公交。

【养老服务设施建设】 2017年，泉州市建成11所乡镇（街道）居家社区养老服务照料中心和135所的农村居家养老服务站（农村幸福院、村级敬老院），提升30所城市社区居家养老服务站。至年底，全市建有30023万张养老床位，每千名老人拥有养老床位30.42张，护理型床位2057张。

【关爱特殊老年人群体】 2017年，泉州市所有县（市、区）建立经济困难的高龄、失能等老年人补贴制度，为80周岁及以上低保老年人(不含“五保人员”），每人每月发放100元的高龄补贴。全市有2500名特困失能老人纳入政府购买服务范围，每位特困失能老人每月可享受300元的政府购买服务。10月，市财政局、市物价局为全市4725位特困失能老人发放一次性临时价格补贴资金141.75万元。年满60周岁的城乡独生子女家庭和农村二女家庭夫妇每人每月可领取200元计生奖励扶助金，纳入低保对象每人每月300元。

【退休干部职工】 2017年，泉州市落实和提高离退休人员年终过节费和文明单位奖金；共计办理市直机关事业单位工作人员退休审批手续241人（不含党群、教育系统和事业单位工勤人员）。开展“送温暖，解忧难”活动，元旦、春节“两节”期间，市领导带队慰问困难退休专家学者3人，组织慰问市直机关事业单位特困人员、住院人员338人；慰问干部、职工遗属179人，并发放慰问金；组织市直机关事业单位退休人员参观市重点项目活动，分批组织260位老同志参观晋江安平桥公园、草庵寺。重阳节期间，继续做好为届满80岁、90岁、100岁的退休人员举办祝寿活动，给285位寿星发放慰问金和生日蛋糕。为2100多名市直机关事业单位退休处级干部和高级职称专业技术人员赠订《福建老年报》，离退休人员的各项生活待遇得到较好落实。

【老年教育及文娱活动】 2017年，泉州市举办首届“泉州市老年春晚”，该活动由泉州市老龄办、泉州广播电视报共同主办，2017年度，在泉州市区及各县（市、区）开展10余场海选及巡演，平均参加队伍约20支/场，参加人数2000余人，吸引6000多名老年人参与、百万余人观看关注。2017年，泉州老年大学落实《泉州市老年教育“十三五”发展规划》，举办专题时政报告、讲座24场次，时政系开设5个处级退休干部时政班，学员人数300多人；推进泉州老年大学校舍项目建设，项目建设规模28286平方米，项目建设资金1.5亿元，纳入市财政预算，2017年投资4000万元；加大对基层老年学校的指导力度，推进基层老年教育发展；加强老年远程教育收视点、资源库建设，提升老年远程教育整体水平，推进全国老年远程教育实验区建设；开展“在党的旗帜下”“畅谈十八大新变化　展望十九大新未来”“喜迎十九大　共筑中国梦”等三个系列30多场校园文化活动，组织校临时党支部、时政系、艺术团、老年志愿服务队等开展10多场“文化惠民下基层”演出活动，开展对外文化交流活动，石狮市老年大学组织到奥地利参加中欧国际文化交流活动，其中《梦回大唐》和《感恩妈祖》两个节目获交流活动金奖，《美女爱旗袍》节目获银奖。

慈善事业

【概况】 2017年，泉州市提升慈善资金募集能力，完善慈善救助项目，加强慈善队伍建设，提升管理和服务水平，促进慈善事业发展。12月19日泉州市慈善总会举行第三次会员代表大会，会议审议通过第二届理事会的工作报告、财务报告及章程的修改，选举产生新一届理监事会，沈耀钦当选第三届慈善总会会长。泉州江南老年颐乐园运营工作，管理逐步规范，服务有所提升，营销有效拓展，经营状况向好。与香港福建希望工程基金会、香港泉州慈善促进总会、慈济慈善事业基金会等慈善机构合作，共同开展助学、助残等慈善项目。按照规定进行慈善信息公开，将每个月的慈善活动信息和捐赠收支明细，在“泉州慈善”网页进行公开，接受社会各界监督。泉州市慈善总会全年接收善款22381.55万元，支出善款16441.51万元（包括定向慈善资金支出），新增冠名慈善基金6个，认捐或到位善款15670万元。

【助困】 2017年，泉州市慈善总会投入73.18万元，通过市民政局安排实施，资助11户低保户安居房装修，与民政部门一起，春节走访慰问246户困难家庭；通过团市委和市妇联慰问贫困孤儿、贫困母亲，资助南安市梅山镇贫困户脱贫。

【助学】 2017年，泉州市市慈善总会投入131.8万元，与市教育局关工委一起，资助2所学校建设“多媒体互动阅读室”，增添爱心图书；资助348名2017级贫困大学生入学。

【助医】 2017年，泉州市慈善总会投入42.46万元，对全市患有癌症、白血病、尿毒症的191名低保病人开展重病关怀；与泉南协会合作下乡义诊送药。

【助残】 2017年，泉州市慈善总会投入26万元资助30名特困聋儿和10名贫困就学就业年龄段听力残障人配戴助听器。

【助老】 2017年，泉州市慈善总会投入874.18万元，资助泉州市江南老年颐乐园建设、慰问颐乐园老人等，资助南安市省新镇满山红村老人协会添置活动设备，资助老年大学开展远程教育。

【公益】 2017年，泉州市慈善总会投入15293.89万元，专项慈善基金定向资助慈善公益项目14295.75万元，香港福建希望工程基金会定向资助希望小学937.3万元，慰问泉州市聋哑学校等 60.84万元。

县（市、区）

责任编辑：刘楷彬

鲤城区

【区情概况】　鲤城区位于泉州市区中心区域，晋江下游，东、北邻丰泽区，西、北毗南安市，西、南与晋江市交界。2017年辖开元、鲤中、海滨、临江、江南、浮桥、金龙、常泰8个街道和泉州高新技术产业园区（江南园），81个社区居委会。面积53.74平方千米。常住人口39.7万人。五代时，环城遍植刺桐树，以“刺桐城”“刺桐港”扬名天下。2017年，鲤城区获“全国首批健康促进区”和“省双拥模范城”“七连冠”称号。

【经济发展】　2017年，鲤城区实现生产总值494.96亿元、同比增长7.5%。公共财政总收入18.33亿元，同比上升7.8%。全社会固定资产投资132.03亿元，同比增长5.8%。合同利用外资2911万美元，同比下降62.6%；实际利用外资按验资口径完成5084万美元，同比增长1.6%。出口商品总值5.21亿美元，同比下降2%。实现社会消费品零销售额356.87亿元，同比增长11.3%。居民人均可支配收入4.11万元，同比增长6.3%。

农林牧渔业总产值2625万元，粮食油料总播种面积79.93公顷，蔬菜产量6894吨，肉蛋奶产量160吨，水果产量165吨。现有农业部“三品一标”（有机食品、绿色食品、无公害农产品、地理标志）农产品认证品牌6个，无公害农产品产地认定基地、企业4家，获绿色食品标志使用权农业企业2家、有机食品标志使用权农业企业1家，获农业部农产品地理标志登记1个。

规模以上工业产值363.66亿元，同比增长4.5%；规模以上工业增加值86.53亿元，同比增长4.5%；规模以上工业三大支柱行业完成产值319.04亿元，同比增长2.3 %。产值超亿元企业达92家，实现总产值319.7亿元，同比增长13.6%。全区有16个“数控一代”示范项目，8家市级以上智能制造试点示范企业（其中国家级1家、省级4家），5家企业通过工信部两化融合贯标管理体系评定。新增高新企业8家，企业获市专利奖10个，占全市总数的20%；培育国家级、省级、市级知识产权优势企业及试点示范单位15家。

第三产业增加值180.24亿元，同比增长8.1%。楼宇总部经济创税2.3亿元，增长7.3%。限上电子商务企业实现网上零售额41.8亿元，增长38.5%。全区第三产业增加值占地区生产总值比重近60%。帮助企业申请各级项目资金和荣誉，呈报“东亚之窗”、新门文旅街区、源和1916四期麻纺厂等多个项目参评2017年省级、市级现代化服务业集聚示范区以及申请两个批次省级服务业发展引导资金。其中，新门文旅街区项目获评第一批泉州市现代服务业集聚示范区；源和1916四期麻纺厂、“东亚之窗”分别获290万元、200万元省级服务业发展引导资金。

【城市建设】　2017年，鲤城区紧抓城市“双修”建设、美丽乡村建设、文明城市建设，城市品位加快提升。

全区城建项目18个，总投资89.38亿元。全区年度计划投资20.37亿元，完成投资20.15亿元，占年度计划的98.92%。第一批试点项目30多个，总投资超20亿元。配合抓好“七个一”示范工程：一园（小山丛竹公园建设工程）、一区（龙头山片区改造提升工程）、一河（八卦沟及两岸地区综合提升工程）、一街（西街综合提升工程）、一路（中山路综合提升工程）、一厝（老范志大厝展示提升工程）、一站（旧车站改造提升工程）。策划实施站前大道西侧、兴贤路中段、田中石结构房屋等片区改造项目，建成新天城市广场、建发珑璟湾、尚好家园、盛世城品等一批商住楼宇。投入1200万元实施市政设施建设：完成金鱼巷、礼让巷、县后街二院北侧等2017年“XIN”行动改造，整治提升进出城通道景观，启动南环路道路及景观提升改造、笋江路兴贤路五岔路口和江滨北路鲤城段景观与立面改造，2号污水提升泵站正式运行。建设江南新区公共自行车站点50个、投入微笑自行车1600辆。

在全市率先出台《鲤城区关于深入推进城市执法体制改革改进城市管理工作的实施方案》，改革和完善城市执法体制，实施西街东段、中山中路分时段交通限行和精细化管理。开展泉州市“美丽古城、家园共造”社区营造活动，启动政府、社会、群众互动联系、共同参与的城市治理工作体制。启动城市垃圾分类处理试点。强化学校、车站、医院、景点等重要区域周边管理，综合治理占道经营，推进农贸市场标准化改造。开展新一轮深化“两违”（违法占地、违法建设）综合治理三年行动，完成市下达“两违”整治任务140%以上。完成各级环保督察整改工作，环保目标责任书和污染物减排工作在全市考核中获得“六连优”，环保网格化管理经验在全省推广。投入4000多万元完善配套设施，推进市容卫生整治，高分通过国家卫生城市复检。

【社会事业】　2017年，鲤城区实施总投资近80亿元的民生社会事业补短板专项工程，解决供需矛盾突出、塔尖资源不足、老城新区不均等问题。

民生支出占一般公共预算支出比重达66%，全面完成总投资近1.5亿元的26个为民办实事项目。新增就业9000多人，城镇登记失业率控制在0.87%以内。社会保险继续提标扩面，职工基本养老、城镇居民养老、失业、工伤等各类保险参保人数分别增至9.41万、4.18万、5.63万和7.88万人。完成全民参保登记试点工作，参保登记入户调查完成率100%，登记信息入库率100%。建成浮桥街道延陵安置小区保障性安居房170套，辖区石结构房屋改造项目顺利推进，完成市下达拆除和投资任务的106%。

加快实施中小学校布局及建设五年规划，泉州七中江南校区全面开工，泉州十五中图书馆等9个“薄改扩容”项目竣工或部分竣工，泉州实验中学附属学校落户江南新区，新增公办幼儿园和中小学学位5500个。高质量通过教育部国家义务教育监测和全国中小学校责任督学挂牌督导创新区省级评估，获评省级安全教育示范区，7所中小学被确认为省义务教育管理标准化学校。

实施基层医疗卫生服务能力提升工作三年行动，引入一批社会办医项目，万祥医院开工建设，新增医院床位40张。获评全国首批健康促进示范区、省级妇幼健康优质服务示范区、省市计生先进区。江南街道社区卫生服务中心获评国家百强社区卫生服务中心。实施居家社区养老和机构养老工程；累计建成一站式社区服务站76个。

紧抓古城发展的历史机遇，打造文化升级版。举办2017年泉州灯会暨鲤城区第十九届元宵花灯展；完成第三届海上丝绸之路国际艺术节工作；保生大帝信俗入选民俗类省级非物质文化遗产代表性项目名录；火鼎公婆等6个项目7名传承人入选第七批市级非物质文化遗产代表性项目代表性传承人名录；7名非遗传承人入选市高层次人才；新增2家市级文化产业示范基地；泉州源和创意产业园运营有限责任公司获评国家小微企业创业创新示范基地；功夫动漫旗下“漫客工场”被认定为2017年度福建省“创客空间”；泉州新门文旅街区获评市第一批旅游休闲集聚示范区；区运动员吴德琳、刘咏诗在第十三届全运会三人制篮球公开赛和击剑团体项目上各获一金；慢生活创意产业园运营有限公司被评为2016年度市“十佳”体育服务企业。

【政风建设】 2017年，鲤城区坚持依法行政、提效减政、廉洁从政，加强党的政风建设。全年组织6轮巡察共巡察32个单位党组织，占全区总巡察目标的34.8%，完成设置派驻纪检组11家（其中综合派驻纪检组8家、单独派驻纪检组3家），实现向区一级党政机关派驻监督全覆盖。落实中央八项规定精神，完成公车改革任务，“三公经费”下降27.7%。12月30日揭牌成立区监察委员会，实现对全区所有行使公权力的公职人员监察全覆盖。行政机关法律顾问制度基本建立，行政审批事项缩短至法定时限的40%以内，群众满意率99%，依法行政绩效考评在全市名列前茅。接受区人大及其常委会监督，依法执行区人大及其常委会决定、决议，办理人大代表建议115件。主动接受民主监督，发挥政协作为协商民主重要渠道和专门协商机构的重要作用，办理政协提案135件。

【“守护古城·共创文明”志愿服务活动启动】 2017年3月5日，由市委文明办、市古城办、鲤城区文明委和东南早报主办的“守护古城·共创文明”志愿服务活动在鲤城区府文庙广场启动。鲤城区各相关文明单位志愿者现场开展志愿者招募和税法、工商、银行、维权等业务咨询以及卫生保健等便民利民志愿服务。主办方还在古城范围内设置16个签章点，组织开展“‘八不’行为规范”内容签章主题活动，在宣传古城历史文化的同时引导市民朋友自觉遵守“八不”行为规范，不少参与活动的市民在志愿者的带领下主动参与家园清洁志愿服务。同时，主办方还在当天活动途经的12个主要交通路口安排志愿者开展文明交通引导，志愿者们协助交警进行文明交通出行引导，劝导电动车骑士文明骑行，机动车礼让行人等。

【上演闽南传统民俗婚礼】 2017年5月1日，由市古城办主办的“润物无声2017年五一系列活动”之传统闽南民俗婚礼在鲤城区举行。身着红衣，高举迎亲牌、喜牌的迎亲

2017年9月30日，泉州古城微型消防车配发仪式在鲤城区府文庙广场举行
（图/王盼阳）

2017年鲤城区经济和社会发展主要指标一览表

表54

指标名称	单位	实绩	比上年增长（%）
地区生产总值	亿元	494.96	7.5
固定资产投资	亿元	132.03	5.8
财政总收入	亿元	18.33	7.8
地方一般预算收入	亿元	10.43	1.4
地方财政支出	亿元	12.48	1.5
农业总产值	亿元	0.26	-3.8
规模以上工业增加值	亿元	86.53	4.5
社会消费品零售额	亿元	356.87	11.3
出口商品总值（海关口径）	亿元	5.21	-2.0
实际利用外资（验资口径）	亿元	0.51	1.6
城镇居民人均可支配收入	元	41105	6.3

队伍，穿过钟楼、东街、南俊路、打锡街、中山中路，最后抵达通政巷苏廷玉故居。该活动旨在传播闽南风俗、展示闽南魅力、弘扬闽南文化、保护传统非物质文化遗产。

丰泽区

【区情概况】 丰泽区位于泉州市区中心区域，晋江下游北岸、洛阳江下游南岸。2017年辖8个街道、78个社区。面积129.6平方千米。常住人口57.9万人，户籍人口256877人。是泉州市中心城市核心区，福建省重点侨区之一。2017年，丰泽区入选全国第二批“双创”示范基地，获“省双拥模范城”“六连冠”称号。

【经济发展】 2017年，丰泽区实现生产总值591亿元，增长8.6%；工业总产值434.9亿元，增长9.2%，其中规模以上工业产值392.4亿元，增长9.9%；一般公共预算总收入33.9亿元，增长13.4%，其中一般公共预算收入20.7亿元；固定资产投资222.2亿元，下降24.7%；社会消费品零售总额248.7亿元，增长13.2%；居民人均可支配收入50330元，增长7.1%；实际利用外资（验资口径）7.6亿元，增长7.4%；海关出口商品总值81.6亿元，增长3.7%。三次产业比重调整为0.3:32.2:67.5。

全社会固定资产投资完成222.2亿元，77个在建重点项目完成投资181.7亿元、完成年度计划103%，其中，24个市级在建重点项目完成投资76.7亿元、超年度计划8.5个百分点；17个项目开工建设，19个项目建成（或部分建成），3个项目回迁安置。征收土地130.87公顷，征收房屋面积65万平方米。组织实施51个三产重点项目和53个旧厂房改造项目，完成投资110.82亿元。举办首届“丰尚之春国际时尚文化季”、第五届购物节等大型促销活动，新增2个商业综合体，浦西万达、中骏世界城、东海湾太古广场等商圈加速繁荣，实现社会消费品零售248.7亿元，同比增长13.2%，其中29家年零售额超亿元企业增长21.2%，22家新增限额以上企业增长43.1%；18家限上电子商务企业实现零售额31.9亿元，同比增长73.7%，旅游休闲、教育文体、养老健康、家政服务等消费新热点形成，匹克体育获评市级十佳体育服务企业，新增市级家庭服务龙头示范企业6家。成立丰泽区首家异地商会上海丰泽商会、香港泉州丰泽同乡总会，组织参加“6·18”“9·18”“深圳专场”等招商推介活动，对接项目83个、总投资30.6亿元，新设外商投资企业16家，东亮环球科技等4个项目签约落地。启动东海跨境电商生态圈建设。组织103家企业参加广交会、华交会等国内外展会，出口超千万美元企业20家，全年实现海关出口商品总值81.56亿元。

2017年，丰泽区推动产业提质增效。突出全渠道发展方向，拓展线上线下二维空间，讯网网络获评国家级电子商务示范企业，新增市级电商十佳企业3家；泉州市网商（虚拟）产业园、华大电商产业园、海西国家广告产业园区（泉州园）引进电商企业3782家。实施“互联网+制造”行动，涌现出匹克、虎都等一批互联网+定制化生产制造典型，科立讯电子获评“两化”融合贯标企业。推动生产性服务业与传统产业深度融合，打造工业设计、检验检测、服务型制造三大公共服务平台，2家企业公共服务平台项目入选国家级服务型制造示范平台项目（获评数全省第一）。实施“百千5311”工程，开展“机器换工”，推广应用数字化生产线6条，建成智能制造示范生产线2条，12项产品入选市级“数控一代”示范项目，数控装备制造产业实现产值18.3亿元，同比增长23.7%。实施重大技改项目12个，完成投资18亿元，26家企业被确定为市级龙头企业，培育细分行业领军型企业4家。海西电子信息产业育成基地吸引3家行业协会加盟、51家企业入驻，带动无线通信产业增长15%。软件信息产业形成集聚规模，泉州软件园入驻企业82家，营业收入3.65亿元，同比增长62.2%。全区软件信息产业年营业收入占全市60%。优化金融产业生态圈，加快推进泉州（东海）金融供应链集中区建设，渤海银行泉州分行落户丰泽，新增市级金融服务业十佳单位8家，金融业增加值占生产总值比重11.8%。总部楼宇经济取得新成效，7家企业总部动工建设，培育纳税超千万元楼宇22栋。文化创意产业持续壮大，海西国家广告产业园区（泉州园）入驻企业474家、获评省级文化产业重点园区，培育市级文化创意产业十佳企业3家。现代物流业加快布局，泉州海峡箱包物流商城开业，丰泽智慧物流园入驻企业107家，新增3A物流企业2家、市级十佳物流企业3家。实施全域生态旅游战略，推进南少林寺片区旅游综合体、蟳埔渔人码头等一批旅游产业项目，评选丰泽旅游形象大使，泉州鲜花港吸引游客80余万人次。

2017年，丰泽区致力打造大众创业万众创新示范基地。围绕七大板块、30项重点任务，实施供给侧结构性改革项目22个；发挥“金改区”“综改区”政策叠加效应，新增“新三板”挂牌企业2家，6家企业被确定为省重点上市后备企业，17家企业被确定为市重点上市及场外挂牌后备企业；增设“双创示范基地绿色通道”窗口，全面推广电子证照，实施企业“五证合一、一照一码”和个体工商户“两证整合”改革，新增市场主体7400户，颁发“两证整合”个体工商户营业执照1.15万户；筹建供销集团，社有资产加快盘活。开展农村土地承包经营权确权登记工作。吸引泉州南京大学环保产业研究院等10个高层次科研平台入驻发展，海西国家广告产业园区（泉州园）获评国家级小型微型企业创新创业示范基地，新增国家企业知识产权管理规范贯标企业2家和省级各类科技企业（研发机构）26家。组织实施市级以上科技项目9个，区级科技项目51个，每万人口发明专利拥有量12.15件（位居全市第二）。承办全国“双创”活动周福建分会场，策划生成111个“双创”项目，总投资328亿元。加快高校毕业生创新创业孵化基地建设，华创园首批入驻项目40个。对接市人才“港湾计划”，出台33条人才措施，加强电子商务精英、文化创意产业等10支人才队伍建设，举办公益招聘活动65场，新增就业1.1万人、省级高层次创新创业人才12人、工科类青年专业人才16人，人才资源总量占常住人口总数约17.3%。

【城乡建设】 2017年，丰泽区城市建设加快推进，城市核心区形象日益显现。启动华大南埔山片区改造，推进西郊片区棚户区改造，保障城东至北峰快速通道、北峰霞美棚户区改造龙兴小区二期等重点基础项目落地，完成进出城立面景观整治5.1万平方米；投入1500万元，完成3个污水收集处理配套管网建设项目；开展“百路整修计划”，整修道路114条，提级改造群养公路4条；新建公共停车位765个、公共自行车租赁站点60个、城市充电桩126个，疏通城市“微循环”。完成10个“美丽社区”建设、40座社区公厕改造升级和4770户老旧小区天然气改造安装，完成夜景提升工程40处。加强文化遗产传承，投入3500万元，完成古泉州（刺桐）史迹申遗有关文物本体修缮、申遗点整治以及周边区域环境改善，通过国际专家现场考察。投入6452万元，开展创城、创卫活动，启动垃圾分类处理试点工作，加强道路机械清洗保洁，城区环境更加整洁；开展泉州“XIN”行动，实施4大类城市精细化管理项目和市容市貌“十项整治”，设置便民摊点专区3处，分类改造农贸市场19个。提升社区管理水平，培育市级“一定五化”新型社区、社工站、“社区营造”等试点社区9个。在泉州市率先启动智慧城市建设，智慧丰泽（一期）PPP项目“141”工程建设有序推进。拆除“两违”建筑面积34.8万平方米，超年度目标33个百分点，东湖街道新获省级“无违建”示范街道。落实党政领导生态环保目标责任书，开展泉州湾内湾丰泽段污染治理和生态修复，完成造林绿化100公顷和生态公益林补偿2400公顷，完成少林路、北山隧道等15个绿化提升项目，拆墙增绿15处，新增绿地12.85公顷，提升绿化景观12.5万平方米。落实最严格水资源管理制度，全面推行“河长制”，实现区、街道、社区三级“河长制”全覆盖，推进重点流域（含近海水域）水环境综合整治、黑臭水体整治，晋江流域丰泽段和北渠丰泽段饮用水源水质达标率100%。开展餐饮油烟污染、工业企业大气减排、土方车滴洒漏等专项整治，完成锅

2017年9月15日，全国“大众创业 万众创新”活动周福建省分会场活动在丰泽区启动 （图/吴寿民）

炉清洁能源替代工作和黄标车年度淘汰任务，办结中央环保督察信访件61件。

【社会事业】　2017年，丰泽区增进市民获得感。完成11方面39项为民办实事项目，全年民生支出16.5亿元，占一般公共预算支出72.7%。落实积极就业政策，加强对高校毕业生、社区富余劳动力等群体就业帮扶，开展就业培训2.3万人次，城镇登记失业率控制在0.82%。城镇职工基本养老、失业、工伤、医疗和生育保险覆盖率均超额完成年度任务，城镇居民养老保险参保率达99.43%，在泉州市率先完成全民参保登记。落实低保精准机制，完善临时救助、医疗救助、困境儿童保障和残疾人“两项补贴”等措施，发放各类补助资金1371.1万元。新增省级社区老年人日间照料中心2个，提升省级社区居家养老服务站6个，新建家庭综合服务中心6个，4个社区引进专业养老服务机构。实施教育扩容提质工程，完成北峰中学综合楼、第十中学综合楼、城东中学体育馆建设，推进东海教育工程项目包建设，新增公办幼儿园2所，3所基层学校升格为实验性小学，14所学校通过省、市级义务教育管理标准化认定。实施“五名”培育工程，培育省级首届名校长1人；成立全省首家少年宫教研中心，中考成绩连续11年位居全市前列；成立区教育发展基金会，筹集资金1.7亿元。实行公立医院院长目标年薪制和聘任制，推进区疾控妇幼机构综合楼等项目建设，新增医疗机构床位110张，成立泉州市正骨医院专家工作站，丰泽、北峰街道社区卫生服务中心蝉联全国百强。加强疾病预防控制，启动城市慢性病家庭医生签约服务试点工作，完成家庭医生签约服务17.34万人，签约率30.36%。加强中医药服务能力建设，创建全国基层中医药先进单位工作通过评审验收。开展医疗资源配置项目三年行动，服务“全面两孩”，人口保持均衡发展。东凤、源淮社区获全国流动人口社会融合示范社区。开展群众性精神文明创建活动，源淮社区获评全国文明单位；实施文体惠民工程，新增省级社区多功能运动场3个，建成（提升）各类群众性文体活动设施41处。体育事业繁荣发展，举（承）办国际大力士泉州公开赛、2017海上丝绸之路环泉州湾国际公路自行车赛（丰泽赛段）、海峡两岸暨港澳地区群众网球赛等体育赛事。山线绿道精品示范段、3个水线公园对外开放，群众有更多休闲好去处。开展安全生产大检查大整治，督促落实整改隐患1.13万个，全区安全生产形势保持平稳态势。实现食品药品安全网格化监管全覆盖，建成餐饮食品安全示范街2条。强化防灾减灾抗灾和应急处置，保护群众生命财产安全。开展矛盾纠纷排查化解，畅通信访渠道。建设“智慧丰泽”综治管控中心，健全三级网格化巡逻防控体系，推广实施“大小联巡”防控模式，开展打击“盗抢骗”“雷霆出击2017”专项行动，加强特殊人群管理，率先在全省县（市、区）开展反恐演练。

2017年丰泽区经济和社会发展主要指标一览表

表55

指标名称	单位	实绩	比上年增长（%）
地区生产总值	亿元	591.0	8.6
固定资产投资	亿元	222.2	-24.7
财政总收入	亿元	33.9	13.4
地方一般预算收入	亿元	20.7	3.2
地方财政支出	亿元	22.6	20.8
农业总产值	亿元	3.5	7.1
全部工业总产值	亿元	434.9	9.2
社会消费品零售额	亿元	248.7	13.2
出口商品总值（海关口径）	亿元	81.6	3.7
实际利用外资（验资口径）	亿元	7.6	7.4
城镇居民人均可支配收入	元	50330	7.1

【全市首个家事调解工作室落户】2017年1月6日，丰泽区司法局、区妇联建立家事纠纷联动化解机制，成立全市首家以个人名字命名的家事纠纷调解工作室——“郭丽娜家事纠纷调解室”。该工作室由华大街道南埔社区调委会主任郭丽娜负责其日常运作。郭丽娜从事调解工作多年，参与调解成功的案件不计其数，其中不乏家事纠纷、邻里纠纷等类型的案件。在此期间，郭丽娜积累了丰厚的群众基础和丰富的调解经验，有较高的知名度和影响力，并多次获省、市、区优秀调解员称号。工作室成立后，郭丽娜将从妇女儿童和家庭的实际需求出发，第一时间掌握纠纷动态，及时有效地化解矛盾，维护妇女儿童权益合法权益。

【新华社海外社交媒体“一带一路”直播首站选择蟳埔】　2017年3月19日，新华社海外社交媒体平台记者到丰泽区蟳埔社区进行“一带一路”系列直播。新华社对外部海媒室编辑记者缪晓娟介绍，此次直播选取福建、广东、陕西、海南等多个省、市，主要面向脸书（Facebook）、推特（Twitter）等海外社交媒体上的用户，让海外观众能够真正了解“一带一路”。直播活动中，新华社外籍专家、来自埃及的穆小龙戴上蟳埔女独特的“簪花围”，用英语、阿拉伯语向海外观众介绍泉州的多元文化。直播获得超过50万的点击量，直播过程中也吸引大量国外网友参与互动。

【创建大众创业万众创新示范基地】 2017年7月20日，丰泽区召开创建大众创业万众创新示范基地工作领导小组成员单位工作会议，听取成员单位意见和建议，全面部署建设丰泽区国家双创示范基地，打造全省乃至全国创业创新热土。会上，区领导介绍丰泽区国家双创示范基地的建设任务，汇报双创示范基地工作方案制定等工作；各成员单位负责人结合各自工作职责和各自工作实践，就丰泽区国家双创示范基地工作方案提出意见建议。丰泽区紧抓双创总体思路，自被国务院确定为全国双创示范基地伊始，紧扣省政府出台的“双创十条”，调动全区各机关单位、企业、科研载体的积极能动性，提出双创服务提升、双创载体支撑、创新成果转化、科技金融助力、双创品牌推广、双创文化建设、城市配套完善七大工程，并策划生成111个项目作为创建工作的具体支撑点。依托并发挥各龙头企业、八大园区、各级各类众创空间、孵化器、新型科研平台等载体资源，将三年（2017—2019）的创建工作任务量化分解，明确分年度建设目标，确保工作高效有序推进。9月15—21日，承办2017全国大众创业万众创新活动周福建省分会场系列活动。以海西国家广告产业园为主会场，泉州软件园等4个产业园区为分会场，策划创客成长集训营、法务培训等技能提升型活动8个，泉州市创新创业大赛、60小时极限挑战赛等竞赛路演类活动5个，科技金融对接会等项目对接类活动2个等，总计28项系列活动，展示全省9个设区市、108个优秀创业创新项目，包括草根创客、资本大咖、业界专家、高校学者、行业领袖、高校大学生等在内，直接参与“双创”活动周的对象超过1.1万人次。在活动周中促成商洽协议13项，达成意向4项，成交金额约1500万元。与国内35家媒体合作，推出280多篇报道，促进创业创新的理念深入人心。

洛江区

【区情概况】 洛江区位于泉州市中心城区东北部，东北毗邻惠安、仙游两县，西连南安市，南接丰泽区。2017年辖万安、双阳、河市、马甲、罗溪、虹山6个镇（乡、街道），共86个村（社、居）委会。面积374.81平方千米。常住人口21.5万。林地面积2.42万公顷，森林覆盖率64.4%，活立木蓄积量90.2万立方米。已发现各类矿产15种，占全市的32.6%。洛江区占市区2/3的土地，是中心城市东进的重要拓展带，亦是著名侨乡和港澳台同胞的主要祖籍地。2017年，洛江区获评“全国书法教育示范区”和“全省平安县（市、区）”。

【经济发展】 2017年，洛江区实现生产总值175.95亿元，增长9.7%；一般公共财政总收入17亿元，其中公共财政预算收入10.15亿元，增长7.4%；工业生产总值461.96亿元，增长12.7%，其中规模以上工业生产值447.54亿元，增长13%；第三产业增加值44.3亿元，增长14%；农业总产值7.74亿元，下降1.3%；全年完成出口总额41.11亿元，全社会固定资产投资117.23亿元，增长16.8%；农民人均可支配收入1.57万元，增长7.6%。实现社会消费品零售总额40.25亿元，增长22.3%。

以项目化发展设施农业，建设蔬菜、花卉等各类智能温室大棚2.4万平方米，扩大鲜切花、九品莲花基地等观赏农业规模，设施花卉种植面积居全市前三位，获中国花卉博览会银奖1项、铜奖4项。新增林下经济项目3个，获批市级农民林业专业合作示范社、家庭林场示范场2家，林下仿生态种植石斛、金线莲面积达8.6万平方米，建成全省最大鼓槌石斛生产基地。全面完成土地承包经营权确权登记颁证，引导流转土地26.67公顷。改善农业基础设施，完成河市、虹山片区小型农田水利工程项目，除险加固重点山围塘，建设高标准基本农田366.67公顷。

新增规模以上工业企业22家。省级智能制造试点示范基地河市西片区加快建设，已具备企业入园条件；嘉泰数控二期、铁拓机械改扩建工程、精镁机械、机器人检测试验研发中心等重点项目动工建设；传统产业企业稳定生产，全区好中差企业数比例调整为65.9:9.1:25；落实市“百千5311”计划，加快传统优势产业“机器换工”，卫生用品行业产值增长28%。加快创新转型，投资3.85亿元实施省市重点技改项目16个，7家高新技术企业、4家院士（专家）工作站通过认定，8家企业入选省级科技小巨人领军企业培育库，1家列为中国制造业单项冠军培育企业，3家列为省级服务型制造示范企业。建筑业增长势头强劲，新增建筑业企业30家、新增资质105项，产值139.73亿元、建筑纳税3.06亿元。

出台加快发展现代服务业实施意见，继续开展“第三产业提升年”活动，30个重点三产项目完成投资11.26亿元。商贸流通业持续壮大，汽车销售额、电商营业额分别增长41%、12%。楼宇经济逐步见效，尚东国际、现代华城、方圆建设大厦等商务楼宇引进90多家企业入驻。生态旅游更具吸引力，泉州野生动物世界、虹山全域旅游等拉动有力，全年接待游客突破155.68万人次，增长30%，旅游总收入19.16亿元，增长32.03%。房地产市场保持稳定，新开工房地产24.47万平方米、竣工29.16万平方米，销售面积52.03万平方米、销售金额45.18亿元。

落实全市和区委“项目攻坚年”活动部署，实施重点项目建设指挥部工作机制，成立13个重点（征迁）项目指挥部，强化一线督促和正向激励，项目建设全面提速。53个区级重点项目完成投资37.05亿元，超出年度计划4.82个百分点，列入省市重点项目均大幅超额完成投资计划，全社会固定资产投资增长16.8%。“五个一批”项目进展顺利，列入省级项目库122个、总投资490亿元。实施项目征迁“攻坚”“清零”行动，兴泉铁路、西环路四期、泉州植物园二期等新增征迁项目快速推进，完成土地征收300多公顷、房屋征迁12.6万平方米。加强农转用和土地征收项目、林地报批工作，有效保障项目建设需要。加大促建力度，依法收回8宗逾期未开工工业项目用地，跟踪处置7宗未按时开竣工房地产用地，梳理发布中心城区50多万平方米闲置厂房及办公楼宇资源，通过二次招商盘活15.5万平方米。

围绕智能装备上下游产业及生态旅游业、现代服务业，主动走出去“点对点”“面对面”开展招商，嘉泰科技、中力机械、鸿益砖机、南唐古镇养生文化旅游、爱琴海购物公园、泉州城市物流大脑基地、泉州绿色建筑产业园等重大项目达成意向、成功签约、落地建设。2017年对接项目80个、总投资25.6亿元；对接民企产业项目13项、总投资20亿元；实际利用外资4600万美元。

【城乡建设】 2017年，洛江区完善规划体系，洛江片区单元控规审查工作加快推进，组织编制阳江片区修建性详规和城市设计。完善城区主干路网体系，洛江区西环路加速建设。继续推进塘西、后埭、新南等片区城市化改造，启动阳江片区首期支路网、水系和阳江学园建设前期工作。完善城市通行微循环体系，打通万兴街等城市断头路，实施路面硬化和“白改黑”工程；城区新增停车泊位634个，完成万安片区公共自行车系统建设；实施无线城市建设、百兆光纤入户工程，新建4G基站138个；建设10千伏配电线路40千米，改造升级配变台区40台。

开展城市“双修”和“XIN”行动，完成万安片区背街小巷整治，启动万安农贸市场改造，完成城区主干道夜景工程。全面普查建成区污水管网情况，建立万安、双阳污水管网养护机制，完成河市西片区污水提升泵站及配套管网工程，启动霞溪工业区污水管网建设和河市、马甲污水管网前期工作。推动城市管理执法体制改革，深化“两违”综合治理，拆除“两违”36万平方米。做好泉州市国家卫生城市复审和全国文明城市总评迎检工作，以高质量通过专家测评；新民村被评为全国文明村。投入1500万元抓好14个人居环境整治村、美丽乡村示范（宜居）村建设，开展万福“社区营造”。实施农村生活污水治理三年行动计划，新改建农村生活污水处理设施8个、三格化粪池2156座。全面完成68万平方米危房、石结构房屋改造任务，提级农村公路25千米，解决5个村饮水安全问题。

启动绿化提升“三年行动”，推动一批关键节点绿化提升，新改建3条5千米绿化景观路，启动桥南湿地公园建设，完成绿化改扩建9万多平方米。实施洛阳桥两侧清淤和桥南街建筑立面整治、道路改造，做好洛阳桥、蔡襄祠和古村落传统建筑修缮保护，“古泉州（刺桐）史迹”洛阳桥申遗完成国际专家现场考评阶段性任务。配合中央环保督察，落实反馈问题整改，高质量完成33件信访件办理，生态环境保护机制进一步健全、质量进一步提升。全面落实“河长制”，开展河道清淤、禁养清零、工业纳管、设施提升、铁腕执法五大攻坚行动，推进12个水环境综合整治项目，“河畅、水清、岸绿、景美”愿景初步呈现。开展第三批小流域“赛水质”活动，推进洛阳江流域河市段综合治理、晋江东溪罗溪安全生态水系等项目，水质总体稳定达标，城乡景观绿线、生态水线加快塑造。增设义务植树基地6个，完成造林绿化和森林经营200多公顷，综合治理水土流失300多公顷，推进矿山生态恢复治理。完成黄标车淘汰和节能减排任务。

【社会民生】 2017年，洛江区出台加快补齐民生短板“1+4”政策文件，开展“四心”工程，实施民

2017年洛江区经济和社会发展主要指标一览表

表56

指标名称	单位	实绩	比上年增长（%）
地区生产总值	亿元	175.95	9.7
固定资产投资	亿元	117.23	16.8
财政总收入	亿元	17.0	16.4
地方一般预算收入	亿元	10.15	7.4
地方财政支出	亿元	14.94	11.2
农业总产值	亿元	7.74	-1.3
全部工业总产值	亿元	461.96	12.7
社会消费品零售额	亿元	40.25	22.3
出口商品总值（海关口径）	亿元	41.11	0.03
实际利用外资（验资口径）	亿元	3.13	6.1
城镇居民人均可支配收入	元	26984	7.4
农村居民人均可支配收入	元	15709	7.6

生补短板项目91个，完成为民办实事项目53件。落实“六个精准”要求，实施“兜底线”“挪穷窝”等工程，所有建档立卡贫困人口收入达到市定贫困线以上；建设农村低保户、贫困计生女孩家庭安居房45户，搬迁安置地质灾害隐患点10户；鼓励扶持村财薄弱村因地制宜发展壮大集体经济，完成10个村光伏发电项目；建立“3+1”医疗保险制度，在全市率先出台精准扶贫医疗补助方案，助力稳定脱贫，防止因病、因残返贫。落实促进就业和鼓励创业政策，城镇新增就业6000多人。实施城乡居民养老保险制度，做好与新老农保制度衔接，发放养老金近4000万元。新建农村幸福院（居家养老服务站）4个、城乡社区服务站4个。

投入近1亿元建设闽南师大附属小学、泉州第十一中学等9所中小学、幼儿园校舍及配套设施，7所中小学义务教育管理标准化通过市级评估；落实“三免一补”与助学政策资金1700多万元；获评全国书法教育示范区。出台深化基层医药卫生体制改革方案，建立合同制卫技人员招聘使用管理制度，推动分级诊疗；加强基层卫生机构学科和设施设备建设，马甲中心卫生院通过二级综合医院评审，河市卫生院获评全国“群众满意乡镇卫生院”，创建全国基层中医药工作先进单位通过国家级评审。适应全面两孩政策，推动计生服务管理转型。新建体育休闲公园、多功能运动场3个，优化提升基层综合文化服务中心示范点18个、全民健身示范中心10个，完成畲族民俗展示馆建设，区公共文化中心建设顺利推进。12月4日，举办环泉州湾国际公路自行车赛洛江段比赛。

完善社会治安防控网，建设高清视频监控探头679路，实行专职防控力量24小时巡逻值守，实现城乡社区网格化服务管理全覆盖，综治“三率”稳步提升。健全矛盾纠纷排查化解多元机制，完善领导干部定期接访和信访包案制度，上级交办信访积案全部妥善解决。设立“普法驿站”，组建普法讲师团，“七五”普法有力推进。改善食品药品综合监管方式，加大监管力度，群众饮食用药安全得到有效保障。开展安全生产大检查，推进重点隐患排查整治，安全生产形势稳中向好。

【智能制造业发展】 2017年，洛江区加快新一代信息技术、新材料、高端装备制造等战略性新兴产业发展，对接引进西人马联合测控、久信石墨烯等产业项目落地。建立战略性新兴产业重点项目库，铁拓机械、维盾电气等4家企业项目被评定为省级战略性新兴产业项目。引导企业运用“互联网+”战略助推信息化和工业化深度融合，组织维盾电气等5家企业合计6个项目被评定为省级两化融合重点项目。探索以标准引领两化深度融合的发展新模式，新维电子、嘉泰数控等3家企业获市级两化融合贯标补助。组织嘉泰数控、培新机械等7家企业共计20项产品列入2017年市级“数控一代”示范项目产品，数量创三年来新高。贯彻实施“百千5311”工程，通过嘉泰智能、华数机器人等智能制造项目的示范作用，以点带面，引导各相关领域企业积极参与智能制造发展。以智能装备企业认定工作，服务省级智能制造试点示范基地发展，在省内先行先试，组织19家企业经专家评审及公示，获智能装备企业认定。 推进洛江区企业加大技改投资力度，提高行业生产效率及制造工艺。组织华普新材料近20家企业列入省、市技改储备项目，18个项目承担市级技改项目，获补助资金265.3万元。

【两岸青年企业家创业合作研讨会】 2017年9月6日，由洛江区台办、团区委、区委人才办主办的“青春聚缘·洛台共赢”两岸青年企业家创业合作研讨会在洛江区举行，系全市首次举办两岸青年企业家组织之间的合作交流活动。会上，洛江区青商会与泉州市台资企业协会青年委员会签订全市首个大陆青年企业家组织和台湾青年企业家组织之间的合作伙伴协议。协议就加强双方互动往来，共同促进洛台两地经贸、商务交往；深化双方青年企业家在技术、产品、渠道和营销等方面的合作；组织“台二代”青年企业家、青年台干、岛内各界青年到大陆创业就业、与大陆优秀青年企业家交流交往；传承和弘扬中华传统文化；推进台湾青年创业基地建设等方面达成共识。

洛江区远眺（2017年拍摄） （图/王柏峰）

此次交流研讨活动的举行，既为两岸青年人才提供展示才华的舞台，又深化两地青年创业合作，推动两地青年广泛深入交流，对提升洛江城市知名度和影响力具有十分重要意义。

泉港区

【区情概况】 泉港区位于泉州市东北部，湄洲湾南岸。2017年辖南埔、界山、后龙、峰尾、前黄、涂岭6个镇，以及山腰街道办事处和1个国营盐场，下辖96个行政村和4个居委会。面积441.4平方千米，其中陆域面积321平方千米、海域面积119.6平方千米。总人口41.9万人。耕地面积55.61平方千米。矿产主要有饰面用花岗岩、闪长岩、建筑用花岗岩、凝灰岩、陶瓷土（瓷石）、高岭土、砖瓦用粘土、建筑用砂、脉石英及钼 10 种。是著名的侨乡和台胞祖籍地之一。2017年，泉港区获“省双拥模范城”和“全省平安县（市、区）称号”。

【经济发展】 2017年，泉港区实现生产总值526.86亿元，增长8.6%（预计数，下同）；工业增加值359.04亿元，增长9%；第三产业增加值113.99亿元，增长10%；一般公共预算总收入111亿元，增长1.09%；一般公共预算收入32.5亿元，增长8.33%；固定资产投资261.7亿元，增长15%；出口商品总值（海关口径）6.1亿元，增长4%；实际利用外资（验资口径）7.4亿元，增长2%；社会消费品零售总额88.65亿元，增长11%；居民人均可支配收入24013元，增长7%。

实施“5+1”项目攻坚活动，253个区级重点项目完成投资245亿元，增长39%；聚氨酯汽车材料、百川彩纱超市等90个项目新开工建设，福海三期、建华管桩等55个项目建成投产。清理批而未供用地130.67公顷、盘活闲置土地167.8公顷；获批项目用地60公顷、组织土地出让79.27公顷。获上级补助7.4亿元、国家专项基金15.8亿元，争取联合石化公司企业所得税省级财力分成约1.5亿元。深化平台招商、定向招商，引进闽南数据湖产业园等重大项目23个，总投资295亿元。鼓励引导民间投资，推出总投资42.29亿元PPP项目包8个，七镇连通管网工程、民生综合工程、新能源公交车和充电站设施3个项目落地实施。

坚持以对接需求、破解瓶颈为导向，出台航运、物流、金融、旅游等10多项稳企助企政策措施，兑现奖补资金7000万元；2家企业项目列入省战略性新兴产业重点项目，23家企业列入市产业集群龙头企业。按季度分主题开展“帮扶企业发展，促进项目落地”活动周，成立石化行业协会，开展企业家巡回宣讲，帮助企业解决人才引进、产品销售等问题200多项，实现规模以上工业产值增长10.3%。强化口岸开放服务，实现福建省航煤首船出口。开展政银企对接，帮助27家企业获得贷款授信57.4亿元，创历史新高；开展企业重整重组，有效打击恶意逃废债行为，办理企业过桥转续贷48笔5.3亿元，不良贷款率保持全市最低。

主动对接大众创业、万众创新需求，促进区域发展从要素推动向创新驱动转变。支持企业机器换工，引进工业机器人13台，建成智能生产流水线4条、数字化车间3家，入选省级两化融合重点项目10个。实施纳川管材、中平神马等12个技改项目，完成投资12.2亿元；13家企业获评省级高新技术企业、科技小巨人、知识产权优势企业。全面启动“两区一园”建设，实施石化科技众创园、石墨烯研发中心、化肥催化剂国家工程研究中心等产学研合作项目19个，专利申请量突破3000件，每万人口发明专利拥有量4.62件，增长52%。实施“双创泉港”人才发展战略，开展紧缺专业人才定制培养、地校企人才合作共育等14项引才聚才活动，评选区优秀人才107人、泉港工匠9名，入选省市高层次人才75人，获评福建省石化产业人才集聚基地。

加快构筑完善“135”现代产业体系，落实石化产业转型升级路线图，新华福、佳化化学等6个项目开工建设，天骄化学一期、凯美特等7个项目建成投产，石化产值突破800亿元。投入6.58亿元建设区间道路、防洪排涝等6个公用工程，公共应急池、自来水厂、综合管网等建成投用，石化园区连续五年入选中国化工园区20强。港口物流业持续增长，肖厝作业区5—7号泊位等加快建设，海上航运中心、陆地港服务中心开业运营，完成港口吞吐量5050万吨、集装箱2.1万标箱。食品饮料、建筑建材、机械装备和汽车制造等产业快速成长，产值突破300亿元。以电子商务、乡村旅游等为代表的现代三产向新型化拓展，新建成阿里巴巴村级服务站20个，全年电商交易额突破6亿元；1—2日游线路开通运营，全区接待游客突破100万人次，旅游总收入15亿元，增长13%。培育发展特色现代农业，完成农林牧渔总产值22.62亿元，农业效益在土地、海域面积逐年减少的情况下得到巩固和提升。

【城乡建设】 2017年，泉港区加快城市扩体量、强功能、提品质，通过环保督察、卫生城市、文明城市等12项国家级考核。开展“多规合一”试点，编制土地、消防、交通、旅游等专项规划，高质量设计高铁站前区、大学城、滨海新区等控规详规，促进各类规划协调统一。实施城建重点项目126个、宜居建设项目125个，分别完成投资168亿元、15.5亿元，福厦高铁泉港段（站）、坝头溪流域综合整治等一批城建精品开工建设，植物园景观改造提升、玉笏朝天公园一期、科技馆等补短板项目如期完工。加快规划建设凤凰大道、第二疏港大道一期工程等63千米干线路网建设，投放120部新能源公交车、1650辆小黄人自行车，方便群众出行。以河（库）长制、路长制为抓手，对28条河流、25座水库（含山塘）进行分步整治和常态管理，完成30千米主干道绿化提升，水系绕城、绿网交织的城市景观风貌初步形成。坚持扩大房源与稳定房价一起抓，推出一批“双限用地”，新开工商品房面积103万平方米，建成区面积增加10%。68个小城镇项目完成投资18.9亿元，新创建省级美丽乡村7个，惠屿、东张、小坝分别入选全国最美渔村、文明村、少数民族特色村寨。投入1805万元用于园林、管网、路灯等市政设施市场化管养，完成80千米城区雨污水管网清淤检测，城区环境卫生考评甩后争先。完成植树造林118.67公顷、水土流失治理220公顷、矿山生态恢复治理13万平方米，森林覆盖率41.41%。46个重点水利工程完成投资5亿元，坝头溪生态水系一期和12座小型水库加固工程竣工验收，入选高效节水灌溉项目县、县域节水型社会达标建设县。开展黄标车、畜禽养殖、海漂垃圾专项治理，挂牌督办解决21个环保督察反馈事项，联合石化泄漏检测修复、国电超低排放改造等项目通过验收，完成能源消耗总量和强度“双控”目标。

【社会事业】 2017年，泉港区投入1.37亿元，完成8项35件为民办实事项目。出台民生“1+4”补短板、泉港XIN行动等措施，全年民生支出27.14亿元，占一般公共预算支出的78.21%。整合政策、资金、项目和挂钩力量，帮扶183户657人脱贫，全区贫困人口收入均超过市定贫困线。全面实施全民参保登记试点工作，“五保”供养、高龄老人、困难残疾人补贴和征地收海人员养老保障等扩面提标，提前实现低保标准和扶贫标准“两线合一”。坚持拆、改、建相结合，拆除两违建筑61万平方米，改造石结构房屋281万平方米、棚户区8328套，审批个人建房1500宗。出台促进就业、支持创业实施意见，城镇新增就业6098人、农村劳动力转移就业6136人。新建成7个老年服务中心、6个居家养老服务站、26个避灾点。试点开展“1+N”网格治理模式，建立全区网格基础信息数据库，完成村（居）“雪亮工程”一期建设，获省级双拥模范城（五连冠）称号。加强普法教育、信访化解、安置帮教工作，社区矫正教育管理基地建成投用，获评全国法治区创建活动先进单位。开展输油管道、建筑施工等安全专项整治，建成食品药品网格化监管网络，防震减灾工作获全市综合考核一等奖，危化品综合应急救援演练获评全国安全生产月特色宣教活动。深化名师名校长培养、校长教师校际交流、课堂教学改革等做法，率先实行普通高中免费教育，入选国家义务教育教师队伍“县（区）管校聘”管理体制改革示范区；投入1.7亿元，实施益海实小、锦川实幼等10个新改扩建项目，办学条件明显改善。深化医联体建设，实行自主招聘、院长年薪制，建设名医工作室4个；推行分级诊疗、家庭医生签约服务模式，举办全省首届石化职业健康高峰论坛；筹建泉港区中医院，通过国家基层中医药先进单位评审，基本公共卫生服务绩效考核获国家优秀奖。拓展“救急难”试点、“互联网+”居家养老助残服务范围，设立10个村级“救急难”服务窗口，为群众购买社会治安、自然灾害、救助对象人身险等15项商业保险。完成农村土地确权合同签订，农村集体产权制度改革列入全省试点。推进简政放权、放管结合，开展企业直通服务，梳理公布最多跑一趟事项803个，规范自由裁量权744项，建成24小时综合型自助便民服务区和5个政银联体自助服务点。实施五证合一、电子证照等便利举措，新增各类市场主体3530户，新设市场主体增长50.72%；内资企业年报率全市第一。举办“家+文化”、网络孝文化节等系列活动，改造提升15个村（居）综合文化服务中心，新建2个文明礼堂、10个百姓书房，打造书香泉港。加强文化保护和传承，推进土坑村等文物本体保护修缮，新增市级非遗传承人6个，“涂岭红”红茶制作技艺入选省非遗名录。扶持壮大工艺美术、文化创意等文化产业，泉港工艺品在各级博览会上屡获奖项。

2017年泉港区经济和社会发展主要指标一览表

表57

指标名称	单位	实绩	比上年增长（%）
地区生产总值	亿元	526.86	8.6
固定资产投资	亿元	261.7	15.0
财政总收入	亿元	111.0	1.09
地方一般预算收入	亿元	32.5	8.33
地方财政支出	亿元	35.02	15.9
农业总产值	亿元	22.87	0.8
工业增加值	亿元	359.04	9.0
社会消费品零售额	亿元	88.65	11.0
出口商品总值（海关口径）	亿元	6.1	4.0
实际利用外资（验资口径）	亿元	7.4	2.0
城镇居民人均可支配收入	元	32562	8.5
农村居民人均可支配收入	元	18081	7.2

【石化安征迁项目】 泉港石化安

征迁项目是近年来全市规模最大、投入最巨、搬迁群众最多的单体征迁项目，计划用5年时间（2016—2020年），基本完成3个镇17个行政村约5.27万人、房屋约553.7万平方米搬迁，推进石化工业区周边的绿化隔离带建设。2017年3月组建项目指挥部，制定安征迁推进“路线图”、年度“任务书”和分阶段“时间表”，完成测量评估7490栋、完成54.1%，协议签订5925栋、236.3万平方米。设立以区委书记为组长、区长为第一副组长的领导小组，下设综合办、司法保障办、考察监督办和7个片区指挥部，抽调征迁干部1380多人，业务培训2500多人次，分17个征迁小组65个小编队，召开指挥长会议、协调专题会议53场次，开展专项督查38次，协调解决征迁共性问题130多件，基本完成征迁房屋编号、建档工作，征集征迁群众工作建议、意见380多条。聘请法律顾问，抽调政法、公安系统人员担当司法保障员派驻各片区指挥部，接受群众法律咨询260起，帮助调处群众矛盾纠纷125起，介入司法调解33起。4月13日—5月13日，组织开展《房屋征迁补偿方案》征求群众意见月活动，吸收意见建议344条；6月1日，发布实施《征迁公告》《房屋征迁补偿方案》等规范性文件。参照以前标准，配套制订动迁群众子女入学、宫庙祖厅安置、劳动力安置等16个系统方案。组建产城融合、城乡建设等公司融资平台，对接省工程包、省棚房区改造等政策，争取国开行、农发行等金融机构支持，批准授信额度268亿元，办理贷款64.66亿元，区级投入资本金13.98亿元。按程序完成21家测量、评估公司公开招投标工作，组织开展测量评估业务培训、模拟测量评估、抽样比对等工作，对房屋测量评估标准进行综合评定。建设征迁管理APP系统，形成网上签约、自动结算、追踪查询、全程公开监管服务流程。出台房票安置实施细则，建设全省首家房产超市，采取新开发楼盘50%“双限住房”（限房价、限购房对象）措施，满足群众购房需求。制定安征迁项目社会稳定风险评估和应急防范预案，建设征迁区域社会治安稳定网络化管理体系，加强对社论舆情监测管控和正面宣传引导。增配执法力量，在征迁区域设立24小时执勤卡点12个、流动巡查队伍11支，组织开展安控区域建筑“三材”专项整治和公职人员“两违”清查行动，制止拆除1565宗，约8.1万平方米，查堵运载建筑“三材”车辆716辆次，强制销毁报废215辆；约谈问责涉嫌参与“两违”党员干部8名。

【福大石油化工学院（泉港校区）落成】　2017年5月8日，福州大学石油化工学院（泉港校区）落成。泉港区是中国石油化工园区、国家产城融合示范区、国家循环经济示范试点园区和福建省十大新增长区域、千亿产业基地之一。福州大学石油化工学院是由福州大学、泉港区政府、福建石化集团公司共同建设，学院分设旗山校区和泉港校区，采用“2+2”的培养模式，即本科生前两年在福州大学旗山校区接受基础课学习，后两年在泉港校区完成专业课、工程实践环节学习和毕业论文。2016年9月，福州大学石化学院泉港校区启用，至2017年底入驻2013级、2014级本科生427人，中国石油大学（北京）和福州大学的博士生3人、硕士生24人，已涵盖本科及硕士、博士研究生等不同层次教育教学。福大石油化工学院计划在泉港校区建立石化研究院、技术转移中心、孵化基地，联合其他高等院校共同组建协同创新联盟，为促进石化工业技术创新和产业升级、实施“石化强省”战略提供人才支撑和智力支持。

【泉港石化工业园区连续5年入选“中国化工园区20强”】　2017年5月11日，中国石油和化学工业联合会化工园区工作委员会发布“2017中国化工园区20强”名单，泉港石化工业园区入选，系该园区自2013年以来连续5年入选，也是全省唯一入选园区。“中国化工园区20强”的评选，包含综合经济实力、基础设施配套、环境保护及节能减排、循环经济、安全与公众认知5个主要指标，是石化工业园区综合实力的反映。“中国化工园区20强”已成为石化行业共同认可的国内化工园区发展的风向标，其销售收入、利润总额、固定资产投资高于行业平均水平，质量优于园区外的企业。泉港石化工业园区是《福建省湄洲湾石化基地发展规划》确定的湄洲

福州大学石油化工学院泉港校区校园一角（2017年拍摄）　（图/陈晓东）

湾石化基地先导区，并被国家发改委和财政部确定为2014年国家级循环化改造示范点园区。园区规划面积29.6平方千米，主要围绕联合石化一体化1400万吨/年炼油、110万吨/年乙烯开展下游产业链招商，入驻仙境、洋屿、氯碱和南山四个片区企业33家以上。

石狮市

【市情概况】　石狮市位于福建省东南沿海突出部，东濒台湾海峡。2017年辖7个镇2个街道。陆地面积157.15平方千米，海岸线长67.6千米，海域面积968.5平方千米。常住人口690701人，户籍人口338138人。历史文化底蕴深厚，名胜古迹众多。是福建省著名侨乡、台湾同胞主要祖籍地之一。2017年，石狮市获评“全国文明城市”。

【经济发展】　2017年，石狮市实现生产总值746亿元、同比增长8%，一般公共预算总收入60亿元、与2016年持平，一般公共预算收入40.8亿元，完成年度目标，全体居民人均可支配收入46782元，同比增长7.5%，经济综合实力保持全国中小城市百强第16位。

重点项目签约项目数量位居泉州市第1位，完成重点项目投资153.2亿元，同比增长14.4%，技改投资110亿元，同比增长15.4%，固定资产投资503亿元，同比增长12%，新落地产业项目27个，总投资131.9亿元，工业供地130公顷，工业投资同比增长13.8%。

出台促进纺织服装产业创新转型、降低实体经济企业成本等一系列政策措施，兑现惠企资金4.8亿元，实现纺织服装产业产值566亿元、同比增长9.5%。石狮市与中纺联、中国纺织工程学会、中国纺织信息中心合作建设“一馆一院一中心”；成立纺织服装产业联盟，组建供应链管理、外贸服务等产业集群服务平台，聚合全产业链资源优势，保障产业发展要素供给，帮助企业解决资金、信息、招工等难题。突出印染、辅料两个在国内具有重要市场地位的行业，出台专项行动方案，推动印染集控区循环化改造和五金辅料企业整合提升。出台智能产业发展规划和配套扶持政策，组建智能产业技术创新战略联盟，以通达、科达、富达、飞通为龙头的智能产业迅猛发展，实现产值123亿元、同比增长33%。

实现第三产业增加值348亿元、同比增长11%。港口经济、现代物流、电子商务、休闲旅游等服务业加快集聚。新增商业销售企业74家、规模以上服务业企业24家，电商年交易额超600亿元、日均发货量超30万件；接待游客459万人次、同比增长14.8%，旅游总收入99.1亿元、同比增长10%。举办第三届中国（泉州）海上丝绸之路国际品牌博览会、第20届海博会和国际时装周，完善服装城、轻纺城管理体制，完成轻纺城安置分配，服装城入选中国商品市场百强、引领产业市场30强。石湖港5号6号泊位开工建设，进口肉类指定口岸获批筹建，两岸海运快件监管服务中心、石材交易市场建成投入运营，全年港口货物吞吐量3515万吨、同比增长5.5%，集装箱吞吐量164万标箱、同比增长2.5%。新批及增资外资项目60个，实际到资2.2亿美元、同比增长2.5%，出口商品总值138.8亿元、同比增长4%。

启动建设海洋生物食品园，推进祥芝、东埔、永宁渔港经济区建设，实现海洋渔业深加工产值28亿元、同比增长6%。建设现代休闲农业项目5个，引进推广农作物新品种25个，创建农业标准化示范基地2个。

推进27项重点改革任务，启动市属国企实体化改革。整合73家、资产总额300亿元左右的市属国有企业，组建并运营国投、城投、产投三大集团。出台国资管理、重点项目代建制等配套制度，理顺国有资产管理体制，构建政府投资项目的载体和抓手。三大集团全年实施重点项目191个、完成投资12.8亿元。

坚持一手抓增贷，一手抓化解风险，组建政策性融资担保公司，设立信贷风险资金和智能产业、海洋产业2个基金，出台12个专项贷款包，为中小微企业新增贷款超50亿元。打击各类骗贷、逃废债行为，灵活采取“一行一策”“一企一策”“国有平台承接资产包”等方式，处置不良贷款48亿元，化解布料市场、闽商系、小玩皮三大担保圈债务，守住不发生系统性、区域性金融风险底线。

出台集聚人才创新创业的措施，实施产学研对接、创业孵化等6大类23个人才工作重点项目，入选省级产业人才聚集基地，培养创新创业团队7个，126人入选泉州市级以上高层次人才名录。对接“泉州制造2025”，实施“科技小巨人”跃升计划和高新技术企业倍增计划，组织重大科技合作项目6个，培育科技小巨人领军企业8家、省级创新型企业备案15家，新增专利792件。

【城镇建设】　2017年，石狮市深化美丽乡村建设，新增重点村（社区）示范典型9个，采取措施增强10个薄弱村“造血”功能。出台沿海五镇民房建设和全市未建回批地处置政策，启动回批地置换安置房试点，配租配售各类保障性住房1.4万套，完成已建回批地、安置房办证2.2万平方米。

围绕保护“山”的自然生态，投资1.03亿元、实施13个项目，推进休憩点景观改造和登山步道、景区停车场、供水、安防系统建设。实施“四绿”工程，完成植树造林及封山育林106公顷，整治修复废弃石窟，持续提升宝盖山、灵秀山两大城市“绿核”生态景观。围绕海岸带开发建设，启动环湾湿地公园、红塔湾海岸公园、古浮湾生态恢复工程和沿海大通道生态廊道项目，开展海岸带生态环境综合整治，基本完成峡谷旅游路、石永二路东延伸段建设，启动共富路、锦蚶路、红塔湾旅游路等项目，缩短山海城时空距离。围绕完善“城”的功能，服务福厦高铁项目，对接环湾快速路，完成学府路、宝岛路、宋塘路综合改造，打通镇中路南段、宝岛路中段等城市“断头路”，完善各片区、工业园区周边道路等基础设施。启动永宁古卫城、凤里八卦街、曾坑四端堂、华山古民居等“古城、古街、古村”保护整治，建成加曾寨、灵山灵峰、黄金海岸、永宁城隍庙等片区安置房。建设智能交通管理系统、公共自行车二期、汽车驾驶员考试场等项目，扩大路内停车收费试点，加强交通微循环管理，城市脉络更加畅通。

推进水、大气、土壤污染防治，全面推行“河长制”，投入1.5亿元治理梧垵溪、厝上溪等10条河道；抓好热电企业超低排放改造和挥发性有机物、印染行业定型机废气治理，完成黄标车淘汰任务；规范处置多年积存的垃圾焚烧飞灰固化物23.5万吨。编制生活污水收集处置专项规划，推进生活污水处理厂提标扩容改造，新建污水收集管网10.3千米。

【社会事业】　2017年，石狮市注重城市环境建设，提升群众宜居宜业舒适度，完善城管体制，城管重心下移，破除社区交叉地带、安置房物业管理等方面存在的体制机制障碍，推进社区“牛皮癣”、线缆乱拉乱挂等“十个专项整治提升”，完成首批4个城市积水点改造，拆除“两违”建筑38.3万平方米。新建村（社区）综合文化服务中心26个，打造“百姓书房”示范阅读点10个，开展“书香狮城”、文化惠民剧场、广场文化艺术节等活动，组织评选首届“醒狮”文艺奖。加强文化传承保护，公布第四批市级非遗名录5个、第二批市级非遗项目代表性传承人20人。抓好古泉州（刺桐）史迹申遗工作，万寿塔、六胜塔、石湖码头（林銮渡）等遗产点通过联合国教科文组织的现场考评。协办环泉州湾国际公路自行车赛（石狮段），通过全国武术之乡复核。

与中国教科院合作推进五大改革项目体系，抓好学校管理体制改革、办学联盟合作、教育优秀人才引育等工作。市财政投入教育事业11.5亿元，新建、改扩建学校42所，厦外石狮分校附属小学等10所学校建成投入使用，新增学位4000个；复办华侨中学高中部，引进山东271教育集团合作办学；利用公共资源改建幼儿园，投入1000万元购买普惠性幼儿园学位，惠及9729名学龄前儿童。

对接省立医院、福医大附属二院、泉州市第一医院、医生集团等优质医疗资源，深化市医院医联体建设，推行家庭医生签约服务，开展镇村卫生服务一体化管理，推进分级诊疗制度建设，推进公立医院和基层医药卫生体制综合改革。建立基于绩效考核的财政投入机制，市财政投入医疗卫生事业6.2亿元，公立医院药占比降至32%；新农合复合支付模式补偿比例提高至80%，保持全省最高。

加强社会管理，注重提高社会保障水平，建成残疾人康复中心、鸿山镇东埔三村敬老院，推动社会福利中心养老院“公建民营”，全市农村幸福院增至13个、村（社区）居家养老服务中心增至99个；低保、城居保、新农合、医疗救助、临时困难救助、生育关怀等工作继续走在全省前列。安全生产、防汛抗台、信访维稳、食品药品、道路交通等工作有序开展，“七五”普法扎实推进。在泉州市率先建立平安志愿者队伍，强化安保维稳工作，刑事案件同比下降32.3%，社会治安满意率95.4%，获全省平安县（市、区）称号。

提高政府公职人员履职能力，深化“放管服”改革，启动新行政服务中心整合搬迁，推行政务公开和“双随机一公开”监管模式，推进权力清单和责任清单“两单融合”，规范行政审批自由裁量权，梳理公布“一趟不用跑”和“最多跑一趟”办事清单，试行“一窗式”审批模式，取消行政审批事项33项。实施投资项目阶段式并联审批，实行审批否定事项备案制度。完成7件27项为民办实事项目，办理人大代表建议148件、政协提案251件，办结率100%。12345便民服务中心受理群众诉求4.5万件，回访满意率97.6%。“三公”经费下降近两成。

【获评全国文明城市】　2017年，石狮市创建全国文明城市工作指挥部及其办公室召开19次专题会，协调部署整改薄弱环节和突出问题，全市全员发动。3月，启动“石狮红·志愿汇”系列活动；5月，开展平安志愿服务活动；8月，举办“助力创城　志愿先行”活动。美丽海岸志愿者协会组织净滩活动近200场，清理海滩垃圾近700吨。石狮市拥有“阳光太太”、美丽海岸、海上救援等15个专业服务团体和各类志愿服务队358支，注册志愿者近2.2万名，占总人口的12%，志愿服务成为石狮亮丽城市品牌。开展“莫炫嫁妆”行动，连续四年举办五场文明集体婚礼，倡导时尚、节俭的婚嫁风尚，弘扬社会主义文明新风。评选先进典型，全市“中国好人”17名、“福建好人”17名，入选人数位居全省县市前列，全国文明单位2家、文明镇1个，省级文明单位（含学校、社区、村镇）33个；新建4个核心价值观主题公园以及3条主题街区；在省级“五古丰登”示范点“大闽府”定期举办南音表演、灯谜展猜等活动，丰富市民文化生活；举办“全民读书月”“流动图书车阅读在身边”等系列活动；举

石狮市祥芝渔港（2017年拍摄）　（图/颜华杰）

办“狮城新风”讲堂83场，创新推出“乡贤开讲”，邀请19位乡贤回乡授课；出版《寻找书本上的石狮》《书馨》等9套文化丛书；推出23场“音为你”文化惠民专场；全市3个家庭获省级“书香之家”称号，其中入选全国“书香之家”1个；修订刊播《市民文明公约》，推动核心价值观教育进机关、进社区、进学校、进企业；开展“城乡携手、文明共建”行动，组织全市110家各级文明单位挂钩帮扶351户困难家庭，55家市级文明单位（学校）与37个村（社区）、6家乡村学校少年宫结对共建，落实帮扶共建资金500万元。创新城市管理，成立市城市管理委员会，在所有镇（街道）派驻9支287人执法队伍，建立村（社区）城管工作站，构建“市、镇、村”三级联动管理机制。对全市1458支消火栓进行全面排查和养护，并逐一登记建档。连续四年将乡村（城市）学校少年宫建设列入市委市政府为民办实事项目，投入850万元建设35所少年宫。完善民生事业，2015年以来17件26项民生工程被纳入年度市委市政府为民办实事项目，涵盖镇（街道）综合文化站、村（社区）居家养老服务中心等建设工程，市财政投入7.76亿元。城乡居民收入、低保、新农合等指标连续保持全省县级市首位。2017年，石狮市正式获评全国文明城市。

【成立全省首个反商业贿赂联动办公室】　2017年5月12日，石狮市检察院、公安局在石狮纺织服装产业联盟揭牌设立反商业贿赂联动办公室，检察和公安部门联合设立此类机构在全省尚属首例。于4月18日成立的石狮纺织服装产业联盟，由来自石狮区域内纺织服装产业链上下游企业（单位）、社团组织，以及石狮区域外颇具影响力、对行业发展贡献较大的企业（单位）自愿组成，汇聚石狮纺织产业相关的13个社会团体以及4000多家企业，是石狮纺织服装相关行业协会的第一次联盟。因应纺织服装产业在惩治和预防商业贿赂方面的司法需求，石狮市检察院与石狮市公安局制定《在石狮纺织服装产业联盟联合开展反商业贿赂工作规定》。根据规定，石狮检察院与石狮公安局加强在惩治与预防商业贿赂方面的协作配合，统一执法理念，建立工作机制，搭建联动平台，保障和促进石狮市非公有制经济健康成长。反商业贿赂联动办公室成立后，将受理纺织服装产业联盟、企业或个人反映的商业贿赂及其他经济领域违法犯罪线索；加强对商业贿赂犯罪的惩治力度；为企业提供法律咨询和商业贿赂犯罪预防服务；开展反商业贿赂宣传工作；提供商业贿赂人员档案查询服务，发挥商业贿赂人员档案查询制度在行业廉洁准入制度中的作用，帮助纺织服装企业防控风险，营造诚信经营、廉洁从业营商环境。

【成立全国首个“纺织服装法庭”】　2017年11月7日，由石狮法院以及石狮纺织服装产业联盟打造的“石狮纺织服装法庭”及商务纠纷人民调解委员会在石狮国际轻纺城挂牌，系国内首个纺织服装专

2017年石狮市经济和社会发展主要指标一览表

表58

指标名称	单位	实绩	比上年增长（%）
地区生产总值	亿元	772.7	8.5
固定资产投资	亿元	512.3	14.1
财政总收入	亿元	60.11	0.2
地方一般预算收入	亿元	41.6	3.1
地方财政支出	亿元	53.08	9.2
农业总产值	亿元	46.2	-6.8
全部工业总产值	亿元	351.9	7.2
社会消费品零售额	亿元	445.3	8.9
出口商品总值（海关口径）	亿元	145.65	9.8
实际利用外资（验资口径）	亿元	14.64	3.2
城镇居民人均可支配收入	元	46955	7.9
农村居民人均可支配收入	元	22803	8.1

业法庭。　石狮纺织服装产业联盟成立于2017年的“海丝海博会”期间，是石狮市委、市政府作出的一项利于产业发展的重大决策，也是石狮纺织服装产业上下游相关资源的强强联合。为打造一流的营商环境，更好地服务石狮纺织服装产业联盟的会员企业，帮助企业防范和化解法律风险，协调解决会员企业在生产经营活动中可能发生的一般法律纠纷，以及具有代表性、典型性的危及企业生存和发展的重大法律纠纷，石狮市法院、石狮市司法局在石狮纺织服装产业联盟分别设立“石狮市纺织服装法庭”和“石狮纺织服装产业联盟商务纠纷人民调解委员会”。石狮市法院相关负责人表示，成立该法庭为石狮纺服企业开通涉法服务的VIP通道，实行“快立、快调、快审、快结”机制，一站式帮会员企业解决涉法问题，保护纺服企业的合法权益，提升企业防范和化解商业风险的能力，规范推动企业的自身发展。

晋江市

【市情概况】　晋江市位于福建省东南沿海，东濒台湾海峡。2017年辖13个镇、6个街道办事处、293个行政村和101个社区居委会。陆地面积649平方千米，海岸线长121千米。户籍人口114.71万人，常住人口210.3万人。土地面积74434.61公顷。境内发现矿产12种。是全国著名侨乡和台湾汉族同胞祖籍地之一。2017年，晋江市获评“国家知识产权强县工程示范县”和“省双拥模范城”。

【经济发展】　2017年，晋江市实现生产总值1981.50亿元，同比增长8.2%。按常住人口计算的人均生产总值94470元（折合13992美元），增长7.5%。全市公共财政总收入212.23亿元，同比增长5.6%，其中本级公共财政预算收入126.77亿元，同比增长5.0%；全市社会消费品零售总额667.29亿元，同比增长12.3%。实际利用外资（验资口径）5.63亿美元，同比增长3.1%。全市城乡居民人均可支配收入37022元，增长8.6%。其中，城镇居民人均可支配收入45883元，增长7.7%；农村居民人均可支配收入21870元，增长10.0%。城乡居民收入差距进一步缩小。

实现农林牧渔业总产值43.20亿元，下降1.2%，其中，农业产值8.85亿元，增长7.7%；农林牧渔服务业产值1.71亿元，增长4.5%；畜牧业受畜禽养殖退出影响，完成产值2.76亿元，下降22.7%；渔业受限制近海捕捞影响，完成产值29.84亿元、与2016年持平。

实现工业总产值4809.98亿元，增长10.7%，增幅较上年提高2.3个百分点，其中，规模以上工业产值4420.36亿元，增长11.3%，增幅较上年提高2.6个百分点。五大优势产业完成规模以上工业产值3479.16亿元，增长11.7%，其中，纺织服装业、制鞋业、建材陶瓷业、食品饮料业、纸制品及包装印刷业分别增长11.2%、8.4%、12.8%、15.3%、18.9%；五大新兴产业完成规模以上产值488.82亿元，增长13.0%，其中，新材料业、智能装备及机械制造业、海洋生物业、汽车制造及零部件业分别增长12.1%、14.7%、37.6%、12.0%。全年产值超亿元工业企业达822家，比上年增加92家，实现工业产值4064.53亿元，增长15.0%，比全部规模以上工业产值增幅高出3.7个百分点，对规模以上工业产值的贡献率达118.1%，拉动规模以上工业产值增长13.3个百分点。全市规模以上工业企业综合能源消费量408.54万吨标准煤，下降13.6%；单位增加值能耗下降19.5%。

实现第三产业增加值增长11.1%，增幅较上年提升0.9个百分点，连续五年超过生产总值和工业增加值增幅；第三产业增加值占生产总值的比重提升到38.6%，对生产总值的贡献度达49.8%，拉动生产总值增长4.1个百分点。其中，营利性服务业实现增加值190.83亿元，增长25.0%，拉动第三产业增加值增长5.5个百分点；批发和零售业实现增加值195.75亿元，增长9.9%，拉动第三产业增加值增长2.7个百分点；交通运输、仓储和邮政业实现增加值120.24亿元，增长8.6%，拉动第三产业增加值增长1.4个百分点。

【城乡建设】　2017年，晋江市深化新型城镇化试点建设。加强规划管理，基本建成“多规合一”信息共享平台，形成市域空间“一张图”管理架构。推进城市“双修”，完善文体、养老、旅游等专项规划，彰显见人见物见生活的城市发展理念。完善城市配套，基本完成组团（片区）指挥部整合撤并，组织10个安置房项目回迁。深安线马坪至外曾段、横九线龙湖段等重点道路开工，迎宾路北延、伞都大道等23条道路通车。福厦客专泉州南站落地晋江，机场年旅客吞吐量突破500万人次。国际人才社区、大明国际学校等高端配套项目加快推进。建成10个农贸市场、30处城市公园绿地。八仙山公园、市医院公共停车场建成投用。提升精细管理，开展城市管理国际化对标行动，推进16个专项，建成停车诱导系统，整治防汛隐患点262个、内涝积水点14个，“两违”、占道经营、小区物业等热点问题得到有效解决。

做好中央、省环保督察问题整改。聚焦生态水域治理，全面推行河长制，全域打响“霹雳1号”行动，中央环保督察组反馈30批次178件信访投诉全部办结，销号污染源484个、关停违规企业64家，一批突出环境问题得到解决。实行流域治理“五个一”机制，推进河流“五清”项目309个，整治河道215千米，9条河流实现截污管道闭合。统筹大气、土壤综合治理和绿化景观建设，造林绿化1166.67公顷，九十九溪等田园风光项目进展加快。彻底整治“地条钢”，完成黄标车淘汰任务，全年空气质量优良率96%。

推进农村土地制度改革三项试点、土地承包经营权确权登记颁证、集体产权制度改革、林地占补平衡试点，全省首宗集体经营性建设用地入市，村级股份经济联合社增至4个，农村土地制度、集体产权制度等改革经验亮相全国。举办首届农业“嘉年华”，开展农村一、二、三产融合试点，获评省级农业龙头企业34家。出台壮大集体经济九条措施，平均村财提高到73.34万元。举办大学生“乡村营造”夏令营，建成20个最美乡村，金井围头获评中国最美渔村，新塘梧林、金井塘东获评省级乡村旅游特色村。

【社会事业】　2017年，晋江市突出待遇均等化、城乡一体化、资源优质化、管理精细化，统筹投入民生资金74.65亿元、占本级支出66.56%，加快补齐民生短板，办成22件为民实事，建成65个补短板项目。开展脱贫攻坚，301户特困群众脱贫解困，建立新增贫困对象动态管理、常态帮扶机制。实施186个教育项目，新增公办幼儿园学位2370个、中小学学位10540个，养正中学完成搬迁，拔萃双语学校、泉州五中桥南校区开工，晋江一中与法国约翰夏科中学缔结姊妹学校。实施19个医疗卫生项目，市医院迁建进展加快，树兰医疗合作务实推进，设立院士工作站、名医工作室，区域医学检验中心和疑难病远程会诊平台投用，晋南分院通过国际JCI认证。中医院完成三级甲等中医院现场评审，磁灶、东石卫生院建成投用，陈埭卫生院获评全国“百佳”乡镇卫生院。加强卫计融合，优化妇幼儿童健康服务，有效应对“全面两孩”。实施35个养老项目，建成居家养老服务站20个，6个村级敬老院投用。抓好保障性安居工程，落实石结构危房改造7856宗。投放200部纯电动公交车，公交出行分担率提高到15%，行政村公交覆盖率92%。深化平安晋江、法治晋江建设，落实金砖国家厦门会晤等重大活动保障措施，治安管控、信访维稳、安全生产形势保持稳定，社会治安满意率创历史地获泉州首位、全省第9。加强食品药品监管，中小学食堂“明厨亮灶”实现全覆盖。

【爱情电影《海角有个五店市》上映】　2017年2月14日，福建电影人创作投资的爱情电影《海角有个五店市》在全国上映。此前，制作方在福州闽台艺文园区举办该片MV的发布会。《海角有个五店市》根据闽南真实故事改编，讲述民国时，庄家陶瓷的继承人庄家树与唱高甲戏的少女吴彩凤的一段刻骨铭心恋情，未料阴差阳错分隔海角两地。半个多世纪后，海心带着太爷爷庄家树留下的爱情信物——“陈三五娘盘”从马来西亚到晋江五店市开启寻根之旅，这段寻根之旅也让庄海心收获爱情。该片六成以上的场景在五店市拍摄。极具闽南特色的皇宫起、红砖厝、三间张、燕尾脊尽在镜头里。3—12日，第34届迈阿密国际电影节在美国佛罗里达州迈阿密市举办，在华语电影单元中，入围三个奖项的福建本土影片《海角有个五店市》获最佳影片金奖。《海角有个五店市》入围的三个奖项，分别为最佳影片金奖、最佳音乐奖，此外主演王德顺入围最佳男主角奖。

【全国示范性微电子学院建设工作推进会】　2017年7月8日，2017年全国示范性微电子学院建设工作推进会在晋江市召开，北京大学、清华大学、中国科学院大学等国内26所已建（筹建）示范性微电子学院的代表与会。教育部高教司、工信部人才交流中心、示范性微电子学院建设专家组、示范性微电子学院建设与筹建高校、中国半导体行业协会、省教育厅、省电子信息集团的领导、专家，以及泉州市和晋江市领导、集成电路企业代表80多人参加会议。会上，西安电子科技大学、中国科学院大学、北京工业大学三所高校的代表分别进行经验交流，半导体行业协会代表和福建省晋华集成电路有限公司、新思科技公司代表分别作相关发言。与会高校与企业代表就示范性微电子学院建设、集成电路人才培育、产学研合作方式等议题进行研讨，分享建设经验的同时围绕人才培养集思广益。参会高校代表还分组交流各自在建设示范性微电子学

2017年晋江市经济和社会发展主要指标一览表

表59

指标名称	单位	实绩	比上年增长（%）
地区生产总值	亿元	1981.5	8.2
固定资产投资	亿元	1028.86	—
财政总收入	亿元	212.23	5.6
地方一般预算收入	亿元	126.77	5.0
地方财政支出	亿元	148.18	7.8
农业总产值	亿元	43.2	-1.2
全部工业总产值	亿元	4809.98	10.7
社会消费品零售额	亿元	667.29	12.3
出口商品总值（海关口径）	亿元	480.43	-2.9
实际利用外资（验资口径）	亿元	37.78	5.5
城镇居民人均可支配收入	元	45883	7.7
农村居民人均可支配收入	元	21870	10.0

2017年10月15日，晋江市庆祝获得2020年第18届世界中学生运动会举办权　（图/晋江市方志办）

院方面的经验。福建省晋华集成电路有限公司与福州大学、福建省集成电路产业园区建设筹备工作组与华中科技大学武汉国际微电子学院签订合作协议。

【成立国内首家集成电路人才培训基地】　2017年7月12日，由福建省集成电路产业园区建设筹备工作组主办，晋江市芯华集成电路人才培训中心承办，工信部电子知识产权中心泉州分中心、中国集成电路知识产权联盟泉州分中心、集邦咨询顾问（深圳）有限公司协办的晋江市芯华集成电路人才培训中心揭牌仪式暨第一届海峡两岸（晋江）半导体人才交流合作峰会举行，该中心是国内首家集成电路人才培训基地。福建省晋华集成电路有限公司与芯华培训中心举行订制班签约仪式，双方交换委托培养协议。晋江市芯华集成电路人才培训中心由晋江市政府出资建设，采取“政策主导、委托运营、市场运作”模式，聘请卡夫曼奖获得者刘炯朗教授担任培训中心校长，联合国际专业集成电路人才培训机构，引进欧美等集成电路发达地区的先进教学资源和师资力量，将创建成为国家级集成电路人才培训基地。福建省集成电路产业园区筹备组相关负责人表示，该中心将成为晋江市集成电路人才的主要来源之一，缓解晋江市集成电路用工需求、提升集成电路人才的实践创新能力。晋江也将以该中心为载体，搭建国际半导体人才合作交流平台，探讨建设国际半导体人才培养、交流、合作的模式、机制和认证体系，吸引国际高端专业人才聚集，推动福建省集成电路产业的快速发展。

【获得2020年第18届世界中学生运动会举办权】　2017年10月15日，在意大利撒丁岛奥尔比亚举行的国际中体联执委会会议上，经执委投票表决，晋江获得2020年第18届世界中学生运动会举办权。此系继1998年在上海举办第11届世界中学生运动会后，中国城市第二次举办世界中学生运动会。世界中学生运动会是国际中学生体育联合会主办的最高水平赛事，自1974年以来已经举行16届。在国际中学生体育联合会主席劳伦特•佩楚卡宣布该结果前，中华人民共和国驻意大利特命全权大使李瑞宇在代表团陈述开始时，首先宣读国务院副总理刘延东的支持函，刘延东代表中国政府作庄严承诺，全力支持晋江申办2020年第18届世界中学生运动会。申办委员会执行主席、教育部副部长田学军，申办委员会执行主席、福建省副省长黄琪玉等分别作申办陈述并致辞，申办委员会执行副主席、晋江市委书记刘文儒代表晋江陈述。晋江提出的申办口号“在一起，更出彩，better us better future”得到国际中体联执委们的高度评价。

南安市

【市情概况】　南安市位于泉州市西南部。2017年辖23个乡镇、3个街道、2个省级经济开发区。面积2036平方千米，海域面积61.6平方千米，海岸线长32.8千米。户籍人口1635006人。查明有资源储量的矿产15种。是民族英雄郑成功的故乡。2017年，南安市获评“国家知识产权强县工程示范县”。

【经济发展】　2017年，南安市实现生产总值977.38亿元，同比增长8.5%。一般公共预算总收入70.29亿元，同比增长6%；一般公共预算收入41.1亿元，同比增长6.8%。社会消费品零售总额440.3亿元，同比增长12.3%。城镇居民人均可支配收入42541元，同比增长8.8%；农村居民人均可支配收入19864元，同比增长8.8%。

实现农业总产值47.6亿元，同比增长3.8%。全国农业农村信息化示范基地、全省首个区域生态循环农业项目落户洪濑，向阳获批省农村产业融合发展试点示范乡镇，洪梅被授予“中国水产餐饮第一镇”。新增国家级农民合作社示范社1家、省级示范社6家。

实现规模以上工业产值2070.3亿元，同比增长10.3%，规模以上“好中差”企业呈7:2:1格局。完成技改投资240亿元，新认定高新技术企业23家、省“科技小巨人”领军企业18家，授权发明专利360多件，万人有效发明专利拥有量5.42件。

建成全省首个国家水暖洁具产品质检中心，水暖厨卫产业入围全国第四批产业集群区域品牌建设试点名单。“泛家居”产业实现线上平台线下体验营销闭环，率先成为中国电子商务服务总部基地，与美国硅谷Z-wave联盟达成战略合作，“泛家居”产业年产值超900亿元。推广“数控一代”、智能化改造，明匠智能制造项目落地建设，省级智能制造试点示范企业数量居全省第2位，全国机械行业转型升级推进会、消费品工业智能制造试点示范现场经验交流会在南安召开。推进“泉州芯谷”南安高新技术产业园区建设，投入建设资金21.17亿元，并获批省级半导体高新技术产业园区，总投资333亿元的三安系列高端半导体项目落地建设。69个“第三产业提升年”实施项目完成投资99.5亿元。新增1个国家级服务型制造示范项目、2个省级现代服务业集聚示范区。天地汇公司获批国家“无车承运人”试点，石材产业展示运营中心、成辉国际五金机电城揭牌运营，中国水暖城蝉联“全国诚信示范市场”称号。全市电商交易额突破215亿元。接待游客586万人次，旅游总收入96.5亿元，分别增长20.3%和26.8%，五里桥文化公园获评国家AAAA级旅游景区。

193个在建重点项目和315个重点工业项目分别完成投资254.4亿元和215亿元，推进阳光中科（三期）、海丝冰雪世界、杨子山大地艺术生态修复工程、成功文化产业园等项目，带动全市固定资产投资完成659.07亿元，同比增长18.1%。引进落地产业项目112个，总投资330多亿元。

实现商品出口85.2亿元。石井港区16—17号泊位开工建设，对外开放口岸通过国家验收。泉金航线运送旅客突破13万人次。举办纪念郑成功收复台湾355周年系列活动、凤山文化旅游节、农订会，新增1个国家华侨国际文化交流基地。

【城乡建设】 2017年，南安市完成土地利用总体规划调整完善方案编制和新一轮城市总体规划编制，列入全省首批城市总体规划试点。推进新区建设和旧区改造，启动实施柳湖水系连通综合整治工程，城北“五馆一校一场”确定规划方案，新政务服务中心主体落成，77个城建项目完成投资143亿元，“三大绿化指标”超国家标准，建成区面积拓展至33.11平方千米。水头居全国综合实力千强镇第46位，水头、官桥、仑苍列入全国重点镇，全市城镇化率提至58.3%。梅山蓉中村继续位居全国文明村行列，霞美金山村首获全国文明村称号，眉山观山村纳入中国传统村落保护名录。启动城市综合执法管理体制改革，“数字城管”平台建成投用。客运中心汽车站试运行，公共自行车租赁系统一期投用，科院北路、纵三线省新至梅山公路基本建成通车，完成年度农村公路安全生命防护工程和危病桥改造任务，新增公共停车位近400个，新增公路里程38.6千米，完成交通设施投入29.6亿元。

【生态建设】 2017年，南安市在全省首创河流管养中心，启动“两溪一湾”安全生态水系综合整治工程示范段建设，成为全省综合治水新样板。垃圾焚烧发电厂（三期）全面投产，城镇污水处理厂及配套管网完成投资2.3亿元。启动农村生活污水、垃圾治理三年行动，建成100多座污水二级处理设施、1.3万个三格化粪池，超额完成上级下达目标任务。所有集中式饮用水水源地水质达标率保持100%，空气优良率97.4%。完成植树造林超1333.33公顷，治理水土流失4800公顷，获评国家水土保持生态文明工程，成为全国水土保持“天地一体化”监管试点县。启动领导干部自然资源资产离任审计试点工作，推进企业碳排放权、排污权市场交易，核定参与排污权交易企业23家。

【社会事业】 2017年，南安市80%以上的本级财力用于民生改善，投入40.5亿元，完成12件44项为民办实事项目。落实扶贫资金1.6亿元，完成农村危房改造160多户、造福工程搬迁1600多人，推动5796人实现脱贫，“1+11”培训模式、“百会帮百村”“万贤扶千户”和“金融+光伏扶贫”成为典型。启动全面提升教育质量三年行动，确立“1248”教育改革思路，整合提升中心市区教育资源，设立名优教师培养基金，新增公办幼儿园学位

2017年南安市经济和社会发展主要指标一览表

表60

指标名称	单位	实绩	比上年增长（%）
地区生产总值	亿元	977.38	8.5
固定资产投资	亿元	659.07	—
财政总收入	亿元	70.29	6.0
地方一般预算收入	亿元	41.1	6.8
地方财政支出	亿元	74.87	13.2
农业总产值	亿元	47.6	3.8
规模以上工业增加值	亿元	381.81	8.8
社会消费品零售额	亿元	440.3	12.3
出口商品总值（海关口径）	亿元	86.71	6.8
实际利用外资（验资口径）	亿元	5.37	-57.4
城镇居民人均可支配收入	元	42541	8.8
农村居民人均可支配收入	元	19864	8.8

2300个、中小学学位2000个，教育投入20.69亿元。在全省率先成立健康南安发展促进会，滨海医院、康宁医院、妇幼保健院新院区投用，启动建设市医院新院区，改造提升2所乡镇卫生院，新增床位数250张。举办“建海丝新路·展南安风姿”等大型文化活动10场、公益演出160多场。海丝商报正式创刊，市图书馆、李成智图书馆通过国家一级馆复评，九日山被列入“古泉州（刺桐）史迹”首批遗产点。1个家庭获评首届全国最美家庭。举办市第十届运动会，国家级足球训练基地落户南安。南安籍运动员在全运会获金牌数占全省三分之一强。侨捐社会公益资金连续24年超亿元。保障性安居工程、石结构房屋改造任务完成。启用“12345”便民服务中心、联合调解中心、公共法律服务中心，获评省级平安县（市、区）。开展军民融合试点项目，实现省级双拥模范城“八连冠”。

2017年11月8日，第十八届中国（南安）水头国际石材博览会开幕（图/陈龙山）

【第十三届中国（南安）国际水暖泵阀暨消防器材交易会】 2017年1月30日—2月1日，第十三届中国（南安）国际水暖泵阀暨消防器材交易会在南安成功国际会展中心举办。交易会以“连接世界，智慧共生”为主题，集产品展览、技术交流、专题研讨、经贸洽谈活动于一体，参展产品突出泵类产品、阀门产品、管道类产品、水暖洁具及消防器材。参展企业659家，设展位1470个，参观人数12万人次，签订意向合同金额78亿元。交易会期间还举行新品发布会、优秀品牌参展商评选、优秀特装评选、暖心活动等活动。

【第六届南安·国际凤山文化旅游节】 2017年9月27—28日，第六届南安·国际凤山文化旅游节在南安诗山凤山寺举办，近500名海内外嘉宾参加。该届旅游节以“海丝梦·凤山缘”为主题，主要包括开幕式、“神韵凤山·古韵海丝”主题诗词楹联创作大赛及主题书法展、凤山传统礼典、凤山文化园推介、台湾青年就业创业推介、南安旅游路线推介和《凤山圣王颂》音乐电视剧、《凤山记述》展播等。开幕式还举办“中国华侨国际文化交流基地”授牌仪式、电视剧《广泽尊王》剧本颁证仪式，以及“神韵凤山·古韵海丝”主题诗词和楹联创作大赛颁奖仪式。

【第十八届中国（南安）水头国际石材博览会】 2017年11月8—11日，第十八届中国（南安）水头国际石材博览会在南安石材产业展示中心举办。该届石博会以“互联、共享、创新、卓越”为主题，设11个展区，包括1个主展区及10个常年展区，设置展位28661个，展示面积91.1万平方米，参观人员10万多人次。签订购销合同1951个，同比增长7%；贸易总额113.7亿元，同比增长8.5%；签订外贸订单4.49亿美元，同比增长3.5%；外贸订单占比26.2%，各项成效均创历届之最。

【第二届海丝（国际）泛家居主题活动周】 2017年11月11日，第二届海丝（国际）泛家居主题活动周暨海丝泛家居联合会年会系列活动在南安成功国际会展中心举办。活动周以“绿色、跨界、转型、发展”为主题，包括主题活动周启动、泛家居产业联合会年会、泛家居“双11”线上线下采购狂欢节、房企与泛智能家居产业推介对接会、“泛家居·FUN青春”创业创新系列活动、海丝泛家居设计师论坛等系列活动，吸引海内外636家企业客商参会，4天人流量突破12万人次，达成协议合作意向5笔、意向金额4.8亿元。

惠安县

【县情概况】 惠安县位于福建省东南沿海突出部，介于泉州湾与湄洲湾之间。2017年辖12个镇、11个社区、207个村。面积（不含泉州台商投资区，下同）481.2平方千米。人口80.2万人。土地面积57334.19公顷。花岗石资源储量在1亿立方米以上。是福建省著名侨乡，又是台湾汉族同胞的主要祖籍地之一。惠安雕艺传承千年，源远流长，技术精湛，享誉天下。2017年，惠安县入选“全国新型城镇化质量百强县”，位居县域经济居全国中小城市综合实力“百强县”第35位，连续24年进入福建“十强”行列。

【经济发展】 2017年，惠安县实现生产总值688.76亿元，增长8.1%。其中，第一产业增加值25.59亿元，第二产业增加值452.03亿元，第三产业增加值211.14亿元，三次产业比例为3.7:65.5:30.7。一般公共预算总收入67.7亿元，一般公共预算收入35.29亿元、增长3.6%。全体居民人均可支配收入30111元、增长8.2%。

兑现各类涉农补贴1408.6万元，实施省级农民创业示范项目5个，创建农业标准化生产基地15个，新建设施温室大棚68.27公顷，引进台湾农业新品种25个，18000公顷粮食生产任务顺利完成。喆畋、中田等一批现代农业项目初具规模，成为生态体验、观光休闲和农民增收新亮点。崇武国家中心渔港通过竣工验收，出台扶持发展大吨位大马力外海远洋捕捞渔船实施意见，新建钢质渔船43艘，改造水产工厂化养殖设施 5560平方米，实现水产品总产量25万吨。

推进供给侧结构性改革，实施“基地化”战略，制订出台培育高新技术企业实施意见、促进工业经济发展若干措施等10多份政策措施，兑现扶持资金4.85亿元，实现工业增加值8.8%。开展“项目攻坚年”“项目招商年”等活动，制定出台促进有效投资八条措施，实行一个项目、一名挂钩领导、一个主管单位、一个承接或代建主体“四个一”项目推进机制，实现固定资产投资320.59亿元、增长17%，增幅居泉州市前列。中化泉州炼化一体化（二期）开工投建，石化中下游项目竣工投产3个、启动建设4个，石化产业实现产值535.87亿元、增长13.6%。举办2017年中国（惠安）国际雕刻艺术品博览会，签约订单突破60亿元，展会规模、参观人数和成交金额均创历史新高，雕艺产业完成产值228.76亿元。出台促进建筑业发展扶持措施，引进1家甲级建筑设计院，中国交通建设广州航道局在惠安设立子公司，引进建设2家装配式建筑生产基地，新增钢结构装配式建筑面积3.4万平方米，建筑企业完成施工产值519. 5亿元，回乡缴纳所得税3.9亿元。出台商贸流通业发展扶持措施，引导企业加快主辅分离，新增限上商贸企业15家，400家企业入驻电商虚拟产业园，全年电商交易额位列全国网商数据应用50强第23位。建成小岞美术馆并举办“大美小岞”全国油画名家教授写生展览活动，获评“2017中国金牌旅游城市”，全年接待游客780.3万人次、实现旅游收入71亿元，分别增长21%和29%。

【城乡建设】 2017年，惠安县开展城乡总体规划和惠西新城等14个控制性详细规划及专项规划编制，成立闽南古建筑研究院，出台雕艺文化和闽南建筑特色融入城市建设指导意见，公布首批历史建筑名单。中国足协青少年足球训练基地等一批项目相继落地，禹洲、万盛综合体等9个重点城市项目完成投资17.09亿元，聚龙君悦山庄等17个重点城镇建设项目完成投资13.92亿元，黄塘人民公园等44个试点小城镇项目完成投资10.18亿元。县城区中山路、世纪大道及联三线岩峰至崇武古城段沥青化改造顺利完成，城南新区4条市政道路、联三线黄塘至虎窟段、县道309线涂斗路拓改和一批农村公路工程包项目开工建设。新改扩建供水管网20千米，新增输变电容量5万千伏安。新建公交首末站5个，新增城乡公交线路8条，改造提升公交智能停靠站119座。启动美丽乡村建设第二个五年行动计划，完成投资2419万元。改造石结构危旧房500万平方米，创建农村社区建设示范村12个。螺城镇、崇武镇上榜“全国综合实力千强镇”。

【绿色发展】 2017年，惠安县新增造林绿化371.87公顷，恢复矿山生态环境5.33公顷，治理水土流失483.33公顷。开展大气、水、土壤污染专项整治。启动“河长制”三年行动，实施小流域综合整治工程，禁养区畜禽养殖场全部关闭，推进清淤浚泥、截污纳管和污水处理提标改造等系统工程，综合整治河道22千米，铺设污水管网12.7千米，处理污水1938万吨，县城污水收集率89.2%。启动农村污水垃圾治理三年行动，103个行政村（社区）覆盖污水收集处理设施，54个行政村建立垃圾治理常态化机制。在泉州市率先探索推进生态环境损害赔偿制度改革，开展“石粉尘”专项治理和石雕行业提升行动，关停不达标企业76家，整治施工扬尘、餐饮油烟和工业废气，淘汰黄标车368辆，主要污染物减排目标全面完成，全县空气质量保持优良。

【社会事业】 2017年，惠安县出台补齐民生短板“1+4”配套文件，县财政统筹投入43.93亿元用于社会民生建设，办好45件为民实事。落实积极就业政策，城镇新增就业10215人、农村转移劳动力就业2595人。城市低保、农村低保、居民保基础养老金标准分别提高到每人每月568元、420元和130元，实现扶贫标准与低保标准“两线合一”，帮助1796户家庭脱贫解困，提前完成市定扶贫标准线下所有贫困人口脱贫任务。开工建设县社会福利中心，建成12个农村居家养老服务站，为6347名70周岁以上老年人购买居家养老服务教育代建工程包项目竣工4个、开工11个，新办4所公办幼儿园，创建5所“智慧校园”试点校，通过省级“全面改薄”评估验收，高考本科上线率65.3%，公立医院综合改革深入推进，医联体建设、家庭医生签约服务等有效开展，“全国基层中医药工作先进单位”创建工作通过国家评估，德诚医院成为华侨大学附属医院。落实

2017年11月9日，2017年中国（惠安）国际雕刻艺术品博览会开幕
（图/曾志刚）

“全面两孩”政策，计生政策符合率96.88%。启动新图书馆、博物馆项目设计，新建标准化篮球场13个和健身路径36条。出台综治平安建设考评及奖惩办法，开展“千名干部访万家”活动，新建4480个视频监控点，规范6个镇社区网格化服务管理，开展“飓风肃毒”等专项行动，打击违法犯罪行为。

【惠安千人齐插秧创造上海大世界基尼斯纪录】　2017年4月22日，第48个世界地球日，2017年的活动主题为“节约集约利用资源，倡导绿色简约生活——讲好我们的地球故事”。福建、浙江、广东和江西386组家庭1132人，在惠安县“泉州聚龙岛•绵羊农场”参加“九仙山杯创造基尼斯千人亲子齐插秧”活动。30分钟后，1.95公顷水田插满初春秧苗约9万株。经惠安县公证处工作人员公证，上海大世界基尼斯总部为主办方颁发“千人亲子插秧节”的基尼斯证书。

【2017“海丝”侨界青年端午龙舟赛】　2017年5月29日，由世界泉州青年联谊会、华侨大学青年联合会、省侨界青年联合会、泉州新社会阶层代表人士联谊会、泉州市侨商联合会、泉州市侨界青年联合会、聚龙小镇主办的2017“海丝”侨界青年端午龙舟赛在惠安县黄塘溪举行，中国、美国、澳大利亚、菲律宾等10多个国家和地区的48支龙舟队参赛。龙舟赛以“一带一路聚侨青，龙舟竞渡话端午”为主题，紧扣“一带一路”与“侨青”两大亮点，48支参赛队伍中有27支队伍来自海内外的华侨民间组织、华侨商会、华侨企业和涉侨企业。活动旨在借助龙舟赛弘扬中华民族传统文化与体育竞技精神，让更多国际友人感受中国民俗文化的独特魅力。美国华侨侨领林秋育表示，已经是第二年组织美国朋友和企业员工参与到海丝侨界青年端午龙舟赛中，希望能够通过赛龙舟让大家体验中国民俗文化。在龙舟竞技中展示当代青年的拼搏精神，增进与其他侨界青年的互动交流，共话发展。

【2017年中国（国际）惠安雕刻艺术品博览会】　2017年11月9—12日，由中国工艺美术协会、中国雕塑学会、中国石材协会、中华文化促进会、中国工艺美术学会和惠安县政府主办的，以“共聚世界石雕之都、同襄产业发展盛会”为主题的2017年中国（惠安）国际雕刻艺术品博览会（简称“雕博会”）在惠安县开幕。“雕博会”吸引美国、意大利、印度、巴基斯坦、越南、缅甸、韩国等国，以及上海、浙江、广东、江苏、云南、香港、台湾等地的200多家企业参展，还吸引中国百强建筑装饰企业、实力房地产企业、国内AAAAA级景区、知名建筑规划设计院、全国百家寺院、宗教界收藏界代表以及全球各地的上万名客商参加。9日还举行雕艺产业推介、投资合作项目对接活动，签约10个具有代表性和影响力的项

2017年惠安县经济和社会发展主要指标一览表

表61

指标名称	单位	实绩	比上年增长（%）
地区生产总值	亿元	688.76	8.1
固定资产投资	亿元	320.59	—
财政总收入	亿元	67.7	-19.4
地方一般预算收入	亿元	35.29	3.6
地方财政支出	亿元	67.28	8.4
农业总产值	亿元	47.81	1.9
规模以上工业增加值	亿元	341.58	9.5
社会消费品零售额	亿元	198.29	8.1
出口商品总值（海关口径）	亿元	30.39	-0.5
实际利用外资（验资口径）	亿元	10.07	14.7
城镇居民人均可支配收入	元	40232	7.2
农村居民人均可支配收入	元	19014	9.7

目，项目总金额54亿元。“雕博会”场馆设置600个标准展位（国际展位120个）；室外展场面积4000平方米；在企业设立5个分会场主题展馆。展品涵盖石雕（碑石、建筑装饰石材）、赏石、木雕、玉雕（含珠宝）和其他雕刻工艺品，以及雕刻设备、环保设备、原辅材料。该届“雕博会”“展与销、展与会、展与赛”相结合，举行一系列商贸洽谈、产业对接和技艺文化交流活动，旨在全面提升惠安雕艺品牌的知名度和国际化水平，全面加快惠安雕艺产业的转型提升、跨越发展。“雕博会”期间还举行雕塑与城市发展研讨会、海峡两岸雕刻艺术交流展、寺院古建艺术交流会、全国大学生雕塑创意设计大赛、中国石材协会石雕石刻专业委员会2017年年会等一系列主题活动。同时，对参展作品进行评奖，举行惠安雕艺摄影大赛、惠安雕艺工程图片展、惠安雕刻艺术文化景观系列游、惠女风情和民间艺术表演等配套活动。在展示中心还设立客商接待中心、雕艺伴手礼卖场、惠安美食馆和特产馆等服务场所。

安溪县

【县情概况】　安溪县位于晋江西溪上游，泉州、厦门、漳州中间接合部。2017年辖24个乡镇473个村（居）。面积3057.28平方千米。人口120万。全县开发利用的矿产有铁矿、水泥用石灰石（大理岩）、高岭土、地热、石墨、黄石、硅灰石、矿泉水、建筑用石料（花岗岩、凝灰岩）等12种。连续九年位居全国重点产茶县首位，安溪铁观音品牌价值以1424.38亿元位居中国地理标志品牌价值茶叶类第一位，入选“2017中国十大茶叶区域公用品牌”。

【经济发展】　2017年，安溪县推进“项目攻坚年”活动，303个县级重点项目完成投资250亿元，“五个一批”晒开工项目数进入全省前十名，新开工项目数、新增产业项目开工数、新增产业项目签约数均进入全市前三名。在全市率先出台招商选资正向激励机制，划分“三大战区”开展招商竞赛，全年新引进法国玛尚新材料、印尼PPI国际贸易、香港国泰达鸣等170个产业项目，总投资220亿元。在推进茶业、家居工艺业等传统产业转型发展的基础上，以现代专业产业园区为载体，推进光电、信息技术、生物科技、文化旅游、高端装备制造、水产物流加工、机电阀门卫浴等新兴产业发展，特别是安溪2025产业园、南方水产城、卫浴新城3个新产业园区，分别有11家、6家和18家企业入驻，产业发展不断构筑新高地。2017年实现生产总值515.33亿元，同比增长8.9%；一般公共预算总收入40.49亿元，增长8.8%；一般公共预算收入26.57亿元，增长9.3%。综合实力提升至全国百强县第65位、最具投资潜力中小城市百强县第25位、创新创业百强县第81位。获2017全国百佳生态文明城市、全国电子商务进农村综合示范县、全国电商百佳县等称号。

【城乡建设】　2017年，安溪县加快中心城区建设。新的县影剧院建成投入使用。完成凤山书院、绿道北线慢行系统规划设计。加快安溪一中南校门、沼涛实小、三安大桥东侧等片区改造，启动解放路西侧、三安大桥西侧、祥云路等片区改造。石狮岩隧道左洞、东西大道、自来水三期改扩建等工程有序推进。实施城区重要节点绿化亮化提升工程。新增休闲广场2.2万平方米、公园绿地13.5万平方米。推进湖头新城和南翼新城“两个新城”建设。湖头镇、龙门镇入围“全国重点镇”。湖头镇建成全省首个镇级博物馆——阆湖博物馆；启动李光地故里建筑群保护开发、站前路片区改造等项目。龙门镇入选全国首批运动休闲特色小镇，南翼新城莲苑大道、G355国道等项目加快推进。开通县城至南翼新城公交线路。抓好魅力村镇建设，尚卿藤云小镇建设初具规模，黄岭村获评国家级美丽乡村示范村。完成清溪桥头至金谷大演省道路灯工程。建成清水岩景观大道。农村公路改

2017年12月5日，第十届世界安溪乡亲联谊大会在安溪县举行

（图/陈龙山）

造提升工程开工505千米、建成200千米。

【社会事业】 2017年，安溪县实施“教育惠民、健康利民、养老暖民、宜居便民”四大行动及“XIN”行动计划，24件为民办实事项目完成投资8.9亿元。在全省率先实现镇级扶贫开发协会全覆盖，筹集超1.25亿元社会资金，完成5475人造福工程易地扶贫搬迁任务，实现4339名贫困人口脱贫。启动“领航人才”培育工程三年行动，全年投入教育建设资金4.98亿元，改造41个农村薄弱学校，新改扩建8所城区学校，新增学位5000个。启动县医院门诊医技大楼等13个卫生项目建设，全面落实“一归口，三下放”管理制度，完成县医院、中医院和12家乡镇卫生院院长公选。推进医联体建设，设立省人民医院安溪分院。改革完善计划生育服务管理机制，落实“全面两孩”政策。全面推进全民参保和扩面工作。建成低保户安居工程90户，建设保障性安居工程690套、农村幸福院7所，居家养老服务中心18所，2400名老人享受政府购买居家养老服务。

【第九届海峡论坛·李光地文化节暨海峡两岸大学生文创峰会】 2017年6月18—20日，安溪县以“光地故里共叙缘·两岸文创同发展”为主题举办第九届海峡论坛·李光地文化节暨海峡两岸大学生文创峰会（以下简称“文化节”），海峡两岸政商人士、李光地文化研究专家学者、李氏宗亲代表、青年代表、台湾教育文化经贸促进会代表等200多人与会，探索李光地文化、追求李光地思想、传承和弘扬李光地精神。文化节期间，举办“李光地与儒学思想”研讨会、两岸大学生“李光地文化”生活创意设计研讨会、海峡两岸盆栽花艺技能竞赛、海峡两岸美食文化交流、中国著名作家走进茶乡采风考察等活动。

【第十届世界安溪乡亲联谊大会】 2017年12月5—6日，安溪县举办第十届世界安溪乡亲联谊大会，世界各地500多名安溪籍乡亲代表与会。大会以“根脉相连 共融发展”为主题。开幕式上，县委、县政府集中表彰一批长期热心家乡公益事业的单位和个人，签约9个处于行业高端、产业前沿的项目，预计总投资86亿元。开幕式还举行项目集中开竣工仪式，20个项目预计总投资208亿元，将有力地推动安溪经济社会发展。开幕式上还发布《第十届世界安溪乡亲联谊大会宣言》，并举行世界安溪乡亲联谊会会旗交接仪式。大会期间，还召开安溪县归国华侨联合会第九次代表大会、海内外安溪社团秘书长联席会，并举办“腾飞的中国茶都”图片展、开展投资环境考察活动等。

【第二届中国（安溪）家居工艺文化博览会】 2017年12月12—15日，以“艺术家居·品质生活”为主题的第二届中国（安溪）家居工艺文化博览会在安溪家居工艺城举行。博览会借助“海丝国际艺术节”平台，设置展览展示、工美竞赛、文化论坛、商贸对接四大主题板块，设973个标准展位和353间商铺。活动期间，还开展海峡两岸青年人才文创设计邀请赛，“安溪工匠”（藤铁工艺类）选拔暨技艺挑战赛组装、包装、焊接、刷漆、编织、创意六大篇全门类集中式比赛，泉州传统工艺美术大师文化沙龙，福建省家具协会和福建省家具及装饰品出口基地商会年会暨闽商企业领袖高峰论坛等活动。

2017年安溪县经济和社会发展主要指标一览表

表62

指标名称	单位	实绩	比上年增长（%）
地区生产总值	亿元	515.33	8.9
固定资产投资	亿元	362.76	—
财政总收入	亿元	40.49	8.8
地方一般预算收入	亿元	26.57	9.3
地方财政支出	亿元	63.1	16.7
农业总产值	亿元	67.01	2.9
规模以上工业增加值	亿元	204.51	9.1
社会消费品零售额	亿元	262.42	10.5
出口商品总值（海关口径）	亿元	30.07	4.2
实际利用外资（验资口径）	亿元	6.73	11.5
城镇居民人均可支配收入	元	29767	9.2
农村居民人均可支配收入	元	15145	8.1

永春县

【县情概况】 永春县位于福建省东南部、晋江东溪上游。2017年辖22个乡（镇）、236个村（社区）。面积1456.87平方千米。户籍人口60.19万人。全县耕地保有量1.93万公顷。已发现各类矿种30种。是福建省著名侨乡。2017年，永春县被确定为全国生态保护与建设典型示范区、全国县（市）域乡村建设规划示范县，桃溪流域生态修复工程获评中国人居环境范例奖。

【经济发展】 2017年，永春县实现生产总值373.31亿元，比上年增长8.7%，其中第一产业增加值25.96亿元，比上年增长5.6%；第二产业增加值207.95亿元，比上年增长7.9%；第三产业增加值139.40亿元，比上年增长10.4%；三次产业结构比为7.0：55.7：37.3；财政一般公共预算总收入16.59亿元，比上年增长2.8%；一般公共预算收入11.10亿元，比上年增长3.3%；固定资产投资150.01亿元，比上年增长16.3%；实际利用外资1.4亿元，比上年增长4.1%；社会消费品零售总额87.41亿元，比上年增长10.4%；城镇居民人均可支配收入29795元，比上年增长1.8%；农村居民人均可支配收入14476元，比上年增长7.1%。

粮食产量13.72万吨，比上年增长3.7%；农业总产值43.82亿元，比上年增长5.7%。效益农业发挥优势，投资3.93亿元建设省级农民创业园项目12个，绩效考评全省第一。蛋鸡农业智慧园获评省级现代农业智慧园，“岵山镇晚荔”入选国家地理标志保护产品，“永春白番鸭”获国家农产品地理标志保护认证，成立永春绿源柑橘苗木繁育场院士专家工作站，建设芦柑标准示范园100公顷、生态茶园143.33公顷、百香果园57.33公顷。培育优质安全农产品品牌，新增2个绿色食品认证、1个无公害产品认证，“三品一标”农产品达21个，有38家企业纳入省级农产品质量安全可追溯体系管理平台的监管范围，实现蔬菜、芦柑、茶叶、猪肉、鸡蛋、水产品六大常规产品全覆盖。农村综合改革持续推进，完成22宗地、107.6公顷非规划林地发证，全国农村信息进村入户试点工作取得成效，在全市率先完成农村土地确权登记颁证工作，发放农村土地承包经营权抵押贷款2.2亿元。新增流转农村土地533.33公顷。新增农民专业合作社154家，全县合作社达到979家；新增家庭农场63家，家庭农场达到188家。完成高标准农田建设1266.67公顷、旧村复垦33.33公顷。推广科学测土配方施肥，全县测土配方施肥面积26666.67公顷，施永配方肥面积超11333.33公顷。

工业增加值186.14亿元，比上年增长8.5%；规模以上工业增加值174.83亿元，比上年增长9.0%；完成工业投资45.8亿元，其中技改投资35.36亿元；帮助16家企业办理资金转贷71笔、5.33亿元，为企业兑现各类扶持资金8826.41万元。全年新招引工业企业46家，总投资30亿元的九牧永春智慧园制造产业园顺利推进，博纯二期、永燠制药正式投产，汇源集团新增3条生产线并在永春设立华南总部，修正药业在永春设立福建区域总部，新奥集团投建综合能源服务项目。推动传统、特色产业加快技术改造、自主创新、资源整合，万家美、南德针织、永春老醋、津源醋厂等83家企业完成技改，福源锌业达成重组合作框架。香产业园二期投用，新入驻香企2家，达盛香业在海峡股权交易中心挂牌交易，国家级燃香类产品质量监督检验中心通过省级验收。化解煤炭过剩产能17万吨，东风矿业在永春设立企业总部。轻纺鞋服、新能源新材料产值分别达225亿元、120亿元，主导地位更加明晰。

成立全城旅游投资开发公司，整合盘活全县旅游资源，云河谷、东关桥完成修复，牛姆林景区提升工程有序推进，七匹狼高端休闲度假村项目签约，一都酒香古街、横口船山岩玻璃栈道等项目投入使用，天沐温泉试运营。全年接待游客480万人次，旅游总收入39.6亿元。实施电商重点打造和运营一个“福建永春特色馆”和电子商务进园区、进协会、进企业、进社会、进乡村的“一馆五进”普及工程，电商销售额13.5亿元。房地产市场平稳健康发展，销售面积46万平方米，比上年增长26.44%。新增限上商贸企业42家。全年公路客运量859.35万人次，比上年增长8%；客运周转量75589.22万人千米，比上年增长8%；货运量2278.36万吨，比上年增长13%；货物周转量33.5亿吨千米，比上年增长13%。

实施重点项目239个，完成投资239.49亿元，建成投产投用（部分投产投用）项目192个。其中纵四线介福至五里街公路工程、北环路及其支路道路工程、县道331线岵山至仙夹路段公路改造工程等基础设施项目建成投用，永燠制药一期、春江源食品、美津科技二期等17个工业项目建成投产或部分投产，63个工业技改项目实现当年技改当年投产，新建水利堤防护岸3.5千米、安全生态水系综合治理河道26.57千米，77个补短版工程项目完成投资14.57亿元。

【生态保护】 2017年，永春县与中国人民大学、福建农林大学成立全国首个县级生态文明研究院。全年完成造林绿化1093.33公顷，水土流失治理2920公顷。推进国家主体功能区、重点生态功能区、空间规划编制、自然生态空间用途管制等试点建设，制定产业准入负面清单，建立国土开发利用差别化准入制度。被确定为全国生态保护与建设典型示范区、全省综合性生态保护补偿试点县。县工业园区被评为省级循环经济示范园区。连续4次上榜全国“百佳深呼吸小城”榜单，党政领导生态环境保护目标责任书考核成绩连续两年排名全市第一。入选全省首批综合治水试验县，实施全面治水，县域内各级监测断面水质达标率100%，桃溪流域水质由V类提升至III类。流域综合治理典型经验被列入全国典型示范区推广。全面铺开河长制工作，承办太湖流域片第三次河长制工作交流会，并作典型介绍。作为全省唯一县级单位在中联部和省委举办的研讨会上讲述河流治理经验。

【城乡建设】 2017年，永春县推进联合国人居奖创建，建设数字化城市管理平台，深化“清新桃源·宜居永春”三年提升行动，全年完成新房美化1611幢28.23万平方米，裸房装修3200幢101.18万平方米，古厝修缮220幢11.46万平方米，危房拆除355幢7.48万平方米，违章处理855处14.51万平方米。实施宜居环境建设项目27个、投资77.21亿元，占年度计划的105.48%。完成环城路立面改造、县城市规划展览馆和科技馆的主体建设，新建城区市政道路5千米，改扩建给排水管网20千米、污水管网10千米、燃气管网15千米。全面铺开“全城植绿”工作，提升主干道沿线绿化景观，县城绿地率39.86%，绿化覆盖率43%。美丽乡村10个县级示范村和5个精品村完成投资1.48亿元，市级环境整治村、美丽乡村示范（宜居）村、美丽乡村景观带建设完成投资3980万元。新建农村生活污水处理设施18座，农村生活污水、垃圾治理经验在全省视频会上作典型介绍。完成农村路网改造60千米、危桥改造6座，获评全省“四好农村路”示范县。淘汰黄标车711辆，提前超额完成市下达任务。兴泉铁路永春段开工建设。

永春县城夜景（2017年拍摄）　（图/李芸生）

2017年永春县经济和社会发展主要指标一览表

表63

指标名称	单位	实绩	比上年增长（%）
地区生产总值	亿元	373.31	8.7
固定资产投资	亿元	150.01	16.3
财政总收入	亿元	16.59	2.8
地方一般预算收入	亿元	11.1	3.3
地方财政支出	亿元	32.16	2.0
农业总产值	亿元	43.82	5.7
规模以上工业增加值	亿元	174.83	9.0
社会消费品零售额	亿元	87.41	10.4
出口商品总值（海关口径）	亿元	19.68	-13.7
实际利用外资（验资口径）	亿元	1.4	4.1
城镇居民人均可支配收入	元	29795	1.8
农村居民人均可支配收入	元	14476	7.1

【社会事业】 2017年，永春县出台民生补短板若干方案，全年民生项目资金支出25.23亿元，占一般公共预算支出的79%；44个县级为民办实事项目完成投资14.66亿元。脱贫攻坚成效明显，建档立卡815户贫困户全部脱贫，36个省定贫困村全部摘帽，实施造福工程365户、1318人，安置地质灾害隐患点居民、低保户、特困户、贫困户残疾人等76户、2020人。教育事业再创佳绩，高考本科上线率72.89%，6人进入全省前100名，4人录取到清华、北大。深化公立医院综合改革，县中医院搬迁投用，完成安康医院新病房大楼、儿童福利院主体建设，改扩建吾峰、桂洋卫生院，完成一体化村卫生所标准化建设51家。城镇新增就业7121人。加大“五险一金”扩面征缴，新农合参合率99.99%，城乡居民养老保险参保率99.65%。文体事业繁荣发展，苦寨坑原始青瓷窑址获评全国十大考古新发现，介福乡获评中国陶瓷之乡，余光中文学馆被台盟中央设立为两岸文化交流基地，白鹤拳电影《极品师徒》入围第四届海丝国际电影节。承办第九届海峡论坛、海峡两岸传统武术大赛，获评全群众体育工作先进单位。综治“三率”位居全市前列，推进“七五”普法、城市安全信息系统、群众性治安防控工程建设，深化“无毒县”创建，获评全省平安县。

【苦寨坑窑址入选全国十大考古新发现】 2017年4月12日，经过近2个月的评审工作，国家文物局从全国25个进入终评的发掘和调查项目中评出2016年度全国十大考古新发现，作为福建省唯一入选参评项目的永春苦寨坑原始青瓷窑址名列其中。2016年度全国十大考古新发现评选初评活动于2月21日启动，从全国40个发掘和调查项目中投票产生25项进入终评。在进行一天半的汇报演示后，评委会经过评议和无记名投票，产生2016年度全国十大考古新发现。2015年底，永春县介福乡苦寨坑发现9

条原始青瓷龙窑遗迹、出土大量原始瓷标本，轰动一时。考古队在多个窑炉火膛底部采集碳粒样本进行碳十四年代测定，结果显示这两处窑址的年代为公元前1700多年至公元前1400多年，即距今3400—3700多年的夏朝中后期到商代中期。把中国烧制原始瓷的历史向前推移200年。专家组在点评中表示，永春苦寨坑窑址和前两年发掘的辽田尖山窑址印证东南沿海广大的印纹硬陶生产区域，从技术上讲，都有可能创制出带釉的原始瓷器。窑址中出土夏商时期的原始瓷器，与东苕溪流域原始瓷器的创烧几乎同时。区域考古调查发现在周边地区还有十余个窑址，是一个具有一定规模的生产区域。表明这里与东苕溪一带各自在生产印纹硬陶的基础上创制了原始瓷器。同时，专家组指出，永春苦寨坑窑址的发掘厘清这一区域的生产时代，出土有相当质量水平的早期原始瓷器。产品主要在晋江流域使用，并影响到闽江流域，西周时生产的中心区域转移到闽北地区，以后在与浙东地区的竞争中消亡。苦寨坑发掘中清理9座窑炉，其中有几座保存较为完好，为土洞式长条形的龙窑，与东苕溪流域是不同的技术体系。专家组认为，福建地区是原始瓷器生产的重要区域，与中原地区的联系也十分紧密。

【第九届海峡论坛•海峡两岸传统武术大赛】 2017年6月19日，2017年第九届海峡论坛•海峡两岸传统武术大赛在永春县开幕。大赛主题是“文化同根、传承同源、以武会友、共促两岸缘”。该次大赛有海峡两岸57支代表队（台湾代表队15支）600多名武术精英同台切磋，受邀的台湾传统武术选手大部分集中在台湾中南部，很多武术团体是首次到大陆参赛。比赛项目围绕有闽台渊源的白鹤拳、五组拳、地术拳、自然拳、太极拳等拳术展开，通过中华传统武术拳种的交流及比试，以武会友、传承同源。

【成立全国首个县级生态文明研究机构】 2017年7月14日，永春县与中国人民大学可持续发展高等研究院、福建农林大学海峡乡村建设学院合作成立的永春县生态文明研究院揭牌。中国人民大学可持续发展高等研究院执行院长温铁军任院长。该研究院是全国首个县级生态文明研究机构。该研究院主要承担三大职责。第一，加强永春生态文明建设的战略性研究，总结全县生态文明建设的经验模式，从战略、策略、目标、措施等入手研究探索国家生态文明战略和相关政策在永春的落地转化，为推进生态文明建设与其他文明有机统一提供基本思路对策建议。第二，进行生态文明建设的创新性实践，指导开展相关领域的示范创新，探索土地流转背景下的农民合作组织和乡村治理创新，开展产权制度改革等生态文明建设政策制度的调查研究；挖掘和整理永春地方性资源，举办永春乡村社区大学、培养生态文明建设人才；传承乡土文化，推动乡村文化创意和乡村文旅发展，培养永春乡村文创品牌。第三，推进生态文明建设的市场化运作，为企业与高校、科研院所搭建沟通联系的桥梁，引导社会资本投资公共产品，引进对接社会资本，探索一条市场、政府、高校、研究机构之间的合作路径，推动示范项目在永春落地，最大限度发挥生态科研效益，促进社会效益、生态效益、环境效益、经济效益同步增长。

德化县

【县情概况】 德化县位于泉州市西北部。2017年辖18个乡镇、214个行政村（社区）。面积2232平方千米。户籍人口33.6万人。境内资源丰富，拥有“山多、水足、矿富、瓷美”四大优势。是全国最大的陶瓷工艺品生产和出口基地。占据全国80%的网上茶具销售市场，获网商指数、网商数据应用普及性、跨境电商“三个全省第一”，是全国最大的陶瓷电子商务产业基地。2017年，德化县连续四年进入“中国电子商务百佳县”榜单，连续三年跻身全国大众电商创业最活跃十佳县。

【经济发展】 2017年，德化县实现生产总值221.05亿元，比上年增长7.7%；一般公共预算总收入16.45亿元，增长5.2%，其中一般公共预算收入11.02亿元，增长0.6%；居民人均可支配收入26145元，增长7%。

农业总产值20.6亿元，增长1.5%。全年支农支出4.99亿元。新增市级以上家庭农（林）场示范场7家、合作社示范社13家。建设县级农产品质量安全检验检测中心，新增“三品一标”认证9个，纳入市级以上农产品质量安全可追溯体系试点建设单位10家。棘胸蛙全营养粉片项目落地，与央视七套农业节目联合主办林下经济（棘胸蛙）产业发展论坛，江山美人茶庄园获评市休闲农业示范点，恋南山黄花远志花茶获评海峡两岸农产品采购订货会十佳伴手礼，茶油奶奶有机山茶油获评中国国际农产品交易会金奖、福建百佳旅游美食伴手礼、入选金砖厦门会晤国宴用油。

工业总产值296.4亿元，增长9%，其中规模以上工业产值269.71亿元，增长9.4%；陶瓷业产值227.42亿元，增长14%；规模以上矿业产值35.9亿元，增长23.9%；规模以上电业产值8.2亿元，增长4.3%。工业纳税6.42亿元，其中陶瓷纳税3.61亿元。工业技改投资12.5亿元，兑现涉企资金1.39亿元，争取上级补助14.45亿元。新增市场主体4912家，规模以上工业企业8家，列入省市级龙头企业17家、省级两化融合项目6个、省级技术创新重点项目2个、省级科技创新项目3个、省级“专精特新”中小企业6家，新增高新技术企业、省工程技术研究中心、科技小巨人领军企业、科技型企业、众创空间等科技企业（平台）73家。列入省重点上市后备企业2家、市级场外市场挂牌后备企业5家，华夏金刚在新三板挂牌上市。

第三产业增加值82.43亿元，增长10.8%。全县接待游客398.77万人次，旅游总收入38.42亿元，“世界瓷都·润养德化”旅游品牌进一步提升，银瓶湖列入省级水利风景区，九仙山景区入选首批省级露营公园，桃仙溪生态旅游区获评省三星级乡村旅游单位，洞上陶艺村获省乡村旅游创客示范基地。新增全国淘宝村1个、省农村电商示范村10个，获阿里农产品电商销售50强县；主导制定的4项国家标准通过立项，《电子商务交易产品信息描述规范 日用陶瓷》省地方标准正式实施。商品房销售40.16万平方米、销售额27.01亿元，分别增长0.4%、14.4%。全县金融机构存款余额200.32亿元、贷款余额189.39亿元，分别增长8.1%、17.6%，存贷比94.5%；不良贷款率全市县域最低。

全社会固定资产投资126.2亿元，增长13%。176个重点项目完成投资86.5亿元，增长101.6%。争取土地、林地指标73.33公顷、112.6公顷，完成供地100公顷、征地584.33公顷、拆迁房屋19.8万平方米。成立城市投资建设公司、陶艺城投资建设公司，争取上级资金14.33亿元、政府债券资金6.01亿元。开展“大招商招大商”活动，新引进项目60个、协议总投资120.16亿元，实际到资5.69亿元。

参加第二届中法文化论坛活动取得丰硕成果，32件德化陶瓷在法国汇流博物馆展览；国家博物馆德化白瓷展被央视等媒体竞相报道，出版《德化白瓷艺术作品集》，58件（套）作品被国家博物馆收藏；18件（套）德化白瓷入选金砖厦门会晤国礼瓷和国宴瓷，德化装饰用瓷成为金砖会议主会场一大亮点；举办“中国白”国际陶瓷艺术大奖赛、中国陶瓷行业技能竞赛、“收藏德化”系列活动；组织参加德国法兰克福礼品展、香港家庭用品展、敦煌国际文化博览会等境内外知名展会，在广交会设立“世界陶瓷之都—中国德化”专区；“世界陶瓷之都”LOGO启用，品牌影响力进一步扩大。

【城乡建设】 2017年，德化县提级改造农村公路30千米。厦沙高速公路德化段建成通车。实施35个市政提升工程，改造城区人行道2.6万平方米，新增城市道路12.4千米，新建、改造水电气和污水管网268.3千米，新开通公交线路3条，县城建成区扩大1.5平方千米达27.5平方千米，入围全国县级文明城市提名城市，获评国家园林县城，蝉联国家卫生县城。造林绿化1080公顷，治理水土流失2386.67公顷，改造石结构房屋2.1万平方米，创建特色花卉景观村7个，列入市级数字家庭示范村2个，新增省级传统村落14个，入围全国美丽宜居示范村庄2个，葛坑村成为全省首批“乡村记忆档案”示范村，城区环境空气质量优于国家二级标准，水质达标率100%，获评首批国家生态文明建设示范县。

【社会事业】 2017年，德化县财政民生支出22.71亿元，占一般公共预算支出比重80.5%。新增城镇就业5138人，农村劳动力转移就业3012人。列入全省均衡性财力转移支付补助县。推进26个教育项目，新增校舍面积2.5万平方米、学位3400个，县老年大学获评全国示范老年大学。住院实际补偿比、政策范围内补偿比居全市前列，实现乡村卫生服务一体化全覆盖，全国基层中医药工作先进县通过省级评审。造福工程易地搬迁2958人、地质灾害搬迁99户332人，924户2645人实现脱贫、48个省定建档立卡贫困村摘帽。提高城乡居民低保标准，提前一年实现和市定扶贫标准“两线合一”。进城务工人员安居项目获“中国人居环境范例奖”。获评中国全面小康十大示范县。

【国家生态文明建设示范县】 近年来，德化县加大生态文明建设力度，按照《德化县国家生态文明建设试点示范县建设总体规划》和《德化县国家生态文明建设试点示范区实施方案》，在全县范围内铺开生态文明试点示范县建设，明确各单位建设任务和责任分工，协同推进生态文明各项工作。全面实施《德化县十三五生态文明建设规划》，完善生态保护制度，改善生态环境质量，发展生态经济，倡导绿色生活，生态文明建设取得良好成效，于2017年8月22日通过国家环保部技术评审，9月获环保部命名国家生态文明建设示范县，是全国首批、全市唯一获此荣誉的县份。

【“中国白”国际陶瓷艺术大奖赛启动仪式】 2017年2月21日，由中法文化论坛组委会、泉州市政府、德化县政府主办以“一带一路，共融发展”为主题的“中国白”国际陶瓷艺术大奖赛启动仪式在德化县文庙举行，中法艺术家齐聚世界瓷都，畅谈陶瓷文化。在启动仪式上，专家们进行多个艺术主题发言，其中法国罗丹博物馆馆长卡特琳•舍维约作《伟大艺术家罗丹对雕塑艺术发展的贡献和罗丹美术馆对于国家艺术发展的贡献》、佳士得中国瓷器及艺术品国际主管热拉尔迪娜•勒南作《国际陶瓷艺术发展过程和陶瓷收藏的发展》、法国塞尔弗国家陶瓷艺术中心主任罗曼•萨尔法蒂作《法国国家陶瓷城对于欧洲陶瓷文化发展及烧制工艺的推动》、中法文化艺术研究中心副理事长佳玥作《艺术与文化的关系、品牌建立的关系》、哈佛大学陶瓷中心项目负责人赵梦作《传统陶瓷材料在当代陶瓷艺术中的魅力》等主题分享。

【《环戴云山生态保护司法联盟》签订】 2017年5月15日，德化县检察院牵头与福州市永泰县，莆田市仙游县，三明市大田县、尤溪县的检察院建立“四市五县”环戴云山生态保护检察联动机制，并签订《环戴云山生态保护司法联盟》。此举在全省率先打破“一对一”的单一协作模式，推动一体化的生态检察联动机制建设，构建生态领域预防联动模式，确立个案协助通报制，打造“1+N”生态监管单位协作模式。《环戴云山生态保护司法联盟》签订后，各地将通过加强区域合作，强化生态建设司法保护。整合资源，最大限度地发挥跨区域司法协作的纽带作用，形成推动区域合作工作机制。发挥优势，协调带动区域内环保、水利、国土、林业等生态领域监管单位及区域内公益组织、团体参与区域性生态保护工作，构建内外联动的区域合作格局，推动戴云山脉及闽江、晋江源头重点生态区域的司法保护联防联治。定期召开联席会议，建立磋商和联络员机制，督促落实协作事宜，及时报告合作事项进展情况和工作建议，强化流域水环境、土地及矿产资源、森林资源、野生动物资源等方面保护。逐步建立维护边界稳定及纠纷解决机制、个案协助及通报制度、信息共享制度、“大宣教”合作机制、生态领域联防联动机制、重点区域保护机制等。

2017年德化县经济和社会发展主要指标一览表

表64

指标名称	单位	实绩	比上年增长（%）
地区生产总值	亿元	221.05	7.7
固定资产投资	亿元	126.2	13.0
财政总收入	亿元	16.45	5.2
地方一般预算收入	亿元	11.02	0.6
地方财政支出	亿元	27.73	10.2
农业总产值	亿元	20.6	1.5
全部工业总产值	亿元	296.4	9.0
社会消费品零售额	亿元	61.82	10.9
出口商品总值（海关口径）	亿元	18.0	14.7
实际利用外资（验资口径）	亿元	0.68	4.1
城镇居民人均可支配收入	元	31337	8.5
农村居民人均可支配收入	元	14253	9.5

2017年8月20日，外国艺术家在北京国家博物馆参观德化白瓷艺术展

（图 泉州晚报社）

泉州经济技术开发区

【概况】 2017年，泉州经济技术开发区实现生产总值173.54亿元，同比增长9.7%；工业增加值154.15亿元，同比增长9.0%；第三产业增加值18.34亿元，同比增长15.6%；全社会固定资产投资27.75亿元，同比增长22%；社会消费品零售额61.12亿元，同比增长16.9%；一般公共预算总收入13.58亿元，同比增长5.5%；一般公共预算收入7.58亿元，同比增长4.8%；实际利用外资（验资口径）7046万美元，同比增长7.6%；出口商品总值64.77亿元，同比增长4.9%。2017年，泉州经济技术开发区被联合国工业发展组织授予“绿色开发区”称号，成为全国第5个、全省第1个获此荣誉的开发区；被国家科技部授予“国家火炬无线通信特色产业基地”；提前143天完成黄标车淘汰整治任务，指标居全市第一；公众评议得分全市第一；解决分别遗留19年和18年的崇荣街、旧铺农贸市场等城市管理“老大难”问题，实现园区面貌大改观。

【转型提质】 2017年，泉州经济技术开发区坚持创新驱动，推动产业转型升级，加快新旧动能接续转换，培育新经济、新动能，持续增加发展后劲。突出科技创新，推进供给侧结构性改革。组织实施技术改造，推进智能制造，帮助企业应用“数控一代”实现改造升级，提高供给质量和效率，促进供需有效对接。新增省级科技小巨人领军企业7家、高新技术企业3家，两项科技创新企业已经分别达到15家和26家，高新技术产业产值占全区工业总产值的62.8%；九牧王服装个性化服装智能生产线自动化率65%以上；黑金刚研发的柔性智能制鞋生产线，实现传统鞋业制造向智能化、个性化、自动化、平台化转变；锐驰公司智能无屏电视核心部件光机项目顺利推进。突出“三换”，加快腾笼换鸟。把招大商定格为重头戏，重奖招商引资者，最高奖励1亿元。利用政府招商平台，加快吐故纳新，有效盘活资源。僵尸企业换项目。一批占用土地、厂房资源但已未能产生效益的企业成功置换华景、舒柏锐、聚慧丰、开心米奇等优质项目，并快速投产达效，实现产值10亿元，税收5000多万元。中关村盛世光明集团、全球酒店行业综合排名第二的维也纳国际酒店、万科、世界500强企业协鑫集团等一批优质项目签约。另外，还洽谈对接投资额20亿元的京东集团京东云。空置用地换业主。组织开展空置土地和厂房清理，建设数据库，鼓励支持业主以转让等方式盘活空置土地，清濛园区191120平方米空置厂房成功盘活136200平方米，盘活率71%。派克鞋业易主引进投资4亿元的友臣食品项目，嘉庆轻工通过租赁空置厂房1.2万平方米，嫁接高端外贸出口生产企业，有效实现换产换能。困难企业换股权。引导管理不善、活力不足的企业，通过股权重整置换等方式，调整优化公司法人治理结构，帮助企业迎来新的发展机会。长城国瑞证券有限公司对区内问题企业SH公司运用“债务重组+并购重组”方式化解资金困难，促进企业重组再生。突出模式创新，拓展发展空间。出台优惠政策引导支持纺织、鞋服等传统产业深化电商应用，特步公司成为全国两化融合示范企业，九牧王入股韩都衣舍携手推广销售男装品牌，海泰克、道诚2家电子商务公司成为市级电子商务示范企业，电子信息综合提升工程等“互联网+”项目正有序推进。建设2.5产业园、圣弗兰产业综合体等新业态载体，打造一批咖啡梦工厂、时尚梦工厂、创客中心等开发区版众创空间。引导企业通过创新营销模式实现转型发展，规模以上企业100%开展电商业务。帮助企业与上下游各产业链的尖端品牌战略合作，形成全产业链商业模式。采取展位费补助和出口补贴等方式，鼓励企业参加省内外重点展会，积极扩大出口。举办第三届汽车文化节，成交车辆585台，成交金额超过1亿元。

【**金融改革**】 2017年，泉州经济技术开发区发挥全市金改前沿阵地优势，以打造立足泉州、辐射全省的区域资本市场为目标，以构建多功能融资服务平台、集聚金融要素、创新金融产品、推动企业改制上市、优化金融生态环境等为重点，扩大企业直接融资，有效服务实体经济发展。推进挂牌融资。2017年，海峡股权泉州交易中心新增挂牌企业104家，挂牌企业606家，新增融资额18.16亿元，实现直接融资32.76亿元，挂牌企业和融资额居全省各地级市首位。创新基金使用。实施国有产业基金使用机制改革，由国有产业基金入股参股高新技术企业和投资购买根据企业订单量身定制的理财产品，相关企业税收贡献增长76%。提高资产证券率。“一厂一策”帮扶上市，名品电子、黑金刚公司登陆新三板，东南光电被列入新三板创新层企业。4家企业启动股份改制，19家企业列入省级、市级重点上市后备企业，6家企业列入泉州市场外市场挂牌后备企业。稳定金融市场。采取由区属国有企业参与司法拍卖收购不良资产抵押物、“债务重组+并购重组”促风险大户重生等方式，有效压降不良贷款，提前三个月完成市下达的年末不良贷款率5%目标。实施区内银行机构风险防控化解激励考评，兑现奖励1000万元。协调解决20家企业资金链问题，涉及金额6亿元，为企业提供“过桥”转贷91笔，涉及金额4.66亿元。

【**智慧建设**】 2017年，泉州经济技术开发区围绕“互连、互通、互动、互生”目标，建设电子政务、智慧安监、智慧统计、智慧城管、智慧党建、工商网上巡查、社会事业民生服务平台等智慧项目，为助推园区发展提供科技支撑。智慧管理上，推进“千兆进楼宇、百兆到桌面”，区内基本实现光纤网络、4G网络、无线局域网、高清数字电视网络全覆盖。推进OA系统建设，构建互连、互通、互动的“互联网+政务”平台；建设多个网上办事系统，成为维护稳定、打击犯罪、服务发展和社会治理的重要载体。智能图书馆、共享单车、小黄人等智慧民生工程相继建成并投入使用。智慧服务上，以打造全国最高效的行政服务品牌为目标，落实“最多跑一趟”和“一趟不用跑”要求，对所有列入省、市、区的重点项目开辟“绿色通道”，推行快递式上门服务，打造“指尖上”的政务服务，做到客商与审批部门、客商与被征地群众两个“不见面”。在全省率先推行负面清单管理，推行“审批备案制”，审批时限压缩在法定时限的12.5%，当场即办率87%以上，各项行政服务效能指标居全省前列，公众评议得分蝉联全市第一。

【**配套优化**】 2017年，泉州经济技术开发区坚持以经营城市的理念建设园区，加快发展社会事业补齐民生

2017年9月25日，泉州经济技术开发区2017年项目攻坚年第三季度集中开竣工仪式举行（图/市商务局）

短板，构建以人与自然和谐的良好园区环境，吸引各类人才和投资者驻区安家、创业营商。提升形象。抓好中央环保督察反馈意见整改落实，全区上下齐心协力抓好创卫复审迎检工作，树立具备指路、明确管理区域和提醒群众遵守卫生纪律的多功能地界牌，集中力量开展城乡接合部、农贸市场等关键点专项整治行动，完善环卫基础设施，生态环境、市容市貌焕然一新。围绕“住在公园里的开发区”的目标，组织实施景观提升工程，对道路景观、公园绿地、夜景照明进行全面改造升级。投入资金1.5亿元加快实施吉泰路改造升级和A区慢行道建设。在园区主路口具备路标功能的精品建筑项目建设，提升园区对外城市形象。提升品质。围绕“名学校、名校长、名老师”，加快市二实小开发区校区建设，扩容开发区实验学校，让创业者及务工人员子女“有学上，上好学”；深化医联体建设，开展双向转诊、分级诊疗工作，通过购买医疗服务，扶持清濛医院升级，让员工群众“有医就，就好医”；完善污染物集中处理等环保设施，淘汰落后产能，强化节能减排，推行清洁生产，防治大气污染，规范处理废物，加强环境保护、推进生态文明建设，创建绿色开发区，为创业者提高生态福利，让员工朋友“有得住，住得好”。提升稳定。做好重大活动安保维稳，实现检查覆盖率、问题整改率“两个100%”。强化社会综合治理，实现园区社会治安高清监控视频全覆盖，密度居全市首位；推行完善“片区普查，部门专查”的安全生产网格化检查体系，全面深化“六打六治”打非治违和专项整治，运用“智慧安监”平台实行分类分级管控，开展安全生产大排查、大整治、大检查，全区安全生产形势平稳，未发生一般性以上安全生产事故，国务院督察零问题、零信访。

2017年泉州经济技术开发区经济和社会发展主要指标一览表

表65

指标名称	单位	实绩	比上年增长（%）
地区生产总值	亿元	173.54	9.7
固定资产投资	亿元	27.75	22.0
财政总收入	亿元	13.58	5.5
地方一般预算收入	亿元	7.58	4.8
工业增加值	亿元	154.15	9.0
社会消费品零售额	亿元	61.12	16.9
出口商品总值（海关口径）	亿元	64.77	4.9
实际利用外资（验资口径）	亿元	4.48	7.6

【新园建设】 2017年，泉州经济技术开发区坚持以点带面、整体推进，加快官桥园区建设，新的互动发展载体加速形成。设施建设方面，完成进区大道南段及东西主干道东段竣工验收和北三路工程预验收及西三路工程建设；北八路完成雨污水管网及水泥稳定层施工，占工程量的45%；园区中路一期项目顺利开工。停工长达五年之久的B1地块土石方平整工程已基本完工，完成年度计划投资100%。F地块土石方平整竣工验收及C-1-01地块土石方平整也已完成。完成起步区道路绿化工程。采用PPP模式实施园区下洋溪整治及周边配套项目，启动再生水厂建设。要素保障方面，加快土地征收报批。联合官桥镇先后开展两次保护性施工，有效解决制约起步区“锁咽喉”工程瓶颈的B地块及周边项目20公顷用地问题；完成16.8公顷土地的移交，解决4.8公顷争议地历史遗留问题；完成23.53公顷林地报批工作以及40.33公顷土地农转用报批工作。落实建设资金保障。通过购买理财产品、工程量质押、协调银行贷款利息互付、协调返还分配土地出让金、加大筹融资力度等方式，筹措园区建设资金8亿元，有效解决园区建设资金问题。项目引进落地方面，贯彻落实“大招商、招大商”工作方案，引进联东U谷、平安物流、保利协鑫、金榕纸桶等行业龙头企业，储备意向入驻项目34个。

泉州台商投资区

【区情概况】 泉州台商投资区位

于惠安县南部，泉州中心城区东面。2017年辖洛阳镇、东园镇、张坂镇、百崎回族乡4个乡镇和惠南工业园区（省级开发区），共78个行政村。面积218平方千米。户籍人口22.03万人。土地面积21926.13公顷。森林覆盖率20.66%，森林蓄积量178816立方米。矿藏主要有饰面用花岗岩和建筑用花岗岩两种。

【经济发展】　2017年，泉州台商投资区实现生产总值260.54亿元，增长8.6%；工业增加值175.30亿元，增长8.1%；固定资产投资202.85亿元；一般公共预算总收入13.37亿元，一般公共预算收入8.25亿元；社会消费品零售总额增长11.5%；第三产业增加值63.43亿元，增长12.5%；实际利用外资3.11亿元；出口商品总额增长15.1%。11项主要经济指标中有3项指标增速排名全市前列，9项指标增速高于全市平均水平。

农业总产值8.53亿元，农村居民人均可支配收入19014元，同比增长9.7%。划定基本农田保有量1066.67公顷，粮食播种面积6806.67公顷，总产量2.96万吨，出栏生猪2.12万头、家禽100.76万羽，水产品总产量3.5万吨。推进土地确权工作，全区78个村全部完成权属调查，合同签订完成率97.44%。实行农业“三项补贴”改革，兑现农业支持保护补贴资金410万元。推进66.67公顷沿海防护林修复和133.33公顷红树林封育工程，完成造林绿化299公顷。推广“生态景观建设模式”，高标准推进洛阳镇梅岭村等10个村“乡村生态景观林”建设。生成民生水利项目12个，总投资约3.9亿元。

规模以上工业增加值159.98亿元，增长8.7%。25个工业大类行业中有23个保持同比增长，支柱产业继续保持两位数增长。全区有规模以上企业217家，其中产值超亿元企业175家。重点税源户纳税增长65%，其中51%的重点税源户纳税增幅20%以上。加大企业技改力度，玖龙纸业、嘉德利电子等7个项目列入2017年省重点技术改造项目名单。30家企业列入2017年市产业龙头企业名单。争取上级各类扶持资金2904万元，兑现区级奖励资金3147万元。搭建科技创新平台，组织推荐泉州装备制造研究所、福联精编等34家（次）企业申报省、市技术创新、数控一代、“专精特新”等项目。全区专利申请量2332件，专利授权量870件，有效发明专利276件，每万人口发明专利拥有量10.95件。

第三产业增加值63.43亿元，同比增长12.5%。14个区级第三产业重点项目完成年度投资34.38亿元。八仙过海项目新增投资计划30亿元，世茂蓝色海湾、海丝艺术公园、洛阳古桥古街旅游效应显著，全区接待游客总人数、旅游总收入分别增长23.2%和30%。加快培育和引进电子商务龙头企业，2017年电子商务销售额超5.5亿元。商品房成交面积27.15万平方米，同比增长212.43%，其中商品住房成交面积26.04万平方米，同比增长219.51%；货运周转量、货运量分别同比增长11.84%、16.04%。加快发展特色产业，培植规模木雕企业42家，2017年创造产值1.8亿元。

【城乡建设】　2017年，泉州台商投资区落实项目攻坚年活动，实施大片区作战，以乡镇为单元成立四个片区指挥部，开展全区拉练大检查和“百日大会战”活动，加快重点项目建设。204个区级重点项目完成投资163.08亿元，其中在建项目完成投资156亿元，完成年度计划的128.4%。43个省市重点项目完成投资106.37亿元，完成年度计划的124.5%，其中29个在建项目完成投资97亿元，完成年度计划的127.9%，进度排名全市第一。丰树物流、海霞路等55个项目新开工建设，完成年度计划的117%；洛阳大道、装备制造研究所等45个项目建成（或部分建成），完成年度计划的150%。“五个一批”项目完成投资116.93亿元，完成年度计划的120.4%，并获省级正向激励奖励。

全区“五纵五横”道路网络加快推进；324国道工程完成拓改，福厦铁路客运专线前期工作有序开展。玉坂安置小区、锦厝安置小区工程验收；金屿安置小区封顶，湖东安置小区、后港安置小区项目进展顺利。建成台商公交中心枢纽站、莲新村公交始末站等公交站点，新增定制公交线路3条，全区行政村公交覆盖率87.2%。投入1340万元建设48个公共自行车租赁点，投放自行车1440辆。全年实施各类污水处理项目34个，完成投资6292万元，完成污水管道施工约25.99千米；全区78个行政村2511个三格化粪池已全部完成新建、改造任务。

全区17条河流（湖）全面推行河长制管理，河流断面水质、水生态、水环境面貌得到有效改善。建立全区农村环境卫生“一清一保一机制”，全区垃圾无害化处理8.6万吨，垃圾无害化处理率达100%。在泉州市“美丽乡村”环境卫生考评中，连续34个月位居全市第一。全区337家石材企业关停退出，实现石材加工行业整体退出。淘汰黄标车105辆，提前一个季度完成全年黄标车淘汰任务。通过中央环保督察，党政生态环保目标责任在市级考核中获评优秀。

建立道路园林绿化日常管养、户外广告管理、城市排水许可审批等城市管理长效机制，完善城市管理体系。拆除“两违”面积50.41万平方米。推行“城管驿站”服务执法，探索精细化管理新路径。补

2017年厦门“9·8”投洽会上，泉州台商投资区造地铁列车受到客商关注

（图/泉州台商投资区方志委）

齐“智慧”数字化城市建设设施短板，推动“数字城管”向“智慧城管”提档升级，提升城乡管理水平。围绕“一纵三横”E字形网格化的总体框架，推行区、镇、村、组四级联创网格化管理体系，投入3000多万元推进全区78个行政村“天网工程”及镇村视频监控中心建设。创建全省首个台湾籍服刑人员检察驿站暨社区矫正基地。在2017年底全省综治三率评测中，群众安全感得分95.791，位列全市第2，全省第11位。

【社会事业】 2017年，泉州台商投资区坚持把保障和改善民生放在首位，全年财政民生支出11.36亿元，占一般公共预算支出比重86.1%。完成33件区级为民办实事项目，总投资2.5亿元。建成标准化农村居家养老服务站（农村幸福院）27个，创建17个省级和33个市级“康乐家园”，新农保续保率超过98.3%，居全省第四、全市第一。加快推进民生“四网”工程建设。为全区5700户农村住户办理自然灾害险及叠加保险，为近21万名群众办理自然灾害责任险。全面提升办学水平，创建3所义务教育管理标准化学校。完成锦溪小学、后峰小学、张坂中学等教育扩容工程建设。成立区青少年校外活动中心和台商区学生资助管理中心并完成标准化创建工作。培育省级文明村3个，乡镇综合文化站达标建设4个。古泉州（刺桐）史迹申遗等相关工作有序推进，完成洛阳桥遗产点国际专家实地考评工作。深化区医院与市第一医院紧密型“医联体”合作关系，逐步建立分级诊疗运行机制。开展家庭医生签约服务，全区共组建家庭医生签约团队20个，签约6.57万人，签约率31.23%。推进“七五”普法工作，“一村一法律顾问”实现全覆盖。

【2017年博洛尼亚插画展中国巡展】 2017年5月30日，2017年博洛尼亚插画展中国巡展暨50周年大师作品展在位于泉州台商投资区的泉州丝路文化艺术展览馆开幕。各界嘉宾和观众共上千人观展，展览持续到7月3日。泉州是此次博洛尼亚插画展中国巡展的首个城市。80位世界级插画师的380幅原作参展，其中包括朱成梁、王祖民、于虹呈、黄朝贵等中国内地插画师。插画展还增加一项特展——50周年大师作品展。参展作品是从全世界众多创作者中精选出来的最受欢迎的50名插画家的代表作品，包括柯薇·巴可维斯基、布鲁诺·莫那、莱勒·卢扎蒂、艾瑞·卡尔、罗伯特·英诺森提、费班恩·纳格伦、苏西·李和艾拉·马俐等世界级插画大师。

2017年泉州台商投资区经济和社会发展主要指标一览表

表66

指标名称	单位	实绩	比上年增长（%）
地区生产总值	亿元	260.54	8.6
固定资产投资	亿元	202.85	—
财政总收入	亿元	13.37	7.4
地方一般预算收入	亿元	8.25	5.2
地方财政支出	亿元	13.2	8.4
农业总产值	亿元	8.53	—
工业增加值	亿元	175.30	8.1
社会消费品零售额	亿元	75.47	11.5
出口商品总值（海关口径）	亿元	30.49	15.1
实际利用外资（验资口径）	亿元	3.11	64.3

金门县

【县情概况】　金门县位于福建省东南部海域泉州围头湾与厦门湾内。面积153.056平方千米（含代管乌坵2.6平方千米，不含大小嶝、角屿）。总人口137456人（男性68722人、女性68734人），总户数39923户。全县可耕地面积2145.48公顷，主要农作物为高粱、小麦、芋头、甘薯和花生及部分蔬果栽培。渔业发展以近海渔捞及浅养殖为主，内陆养殖为辅。设有畜产试验所、动植物防疫所以及梅花鹿野放场附设休闲游乐设施。有森林总面积5141.98公顷，占全岛陆地面积的34.35%，森林蓄积材58.38万立方米。

厦门、漳州、泉州30余间保生大帝宫庙约1300位信众在金门开展为期5天的活动。活动结合地方庙宇资源特色，以漳州角美白礁慈济祖庙为首，邀请两岸各保生大帝宫庙至金门各乡镇巡安绕境，并在祖庙神尊驻驾宫庙的地点举办文艺晚会、美食文创集市、献敬大典暨掷筊活动。

【大学生交流】　2017年5月26—28日，泉州师范学院政治与社会发展学院2014级经济学专业学生到台湾铭传大学金门校区进行交流学习活动。通过“两岸一家亲”“歌词接龙”等团体活动，让两岸学生一起学习并培养良好的礼仪习惯、分享不同的生活经验，增进两岸学子友谊。通过参访金门历史博物馆、文化历史古迹、建筑及城镇设施，感受两岸共同的历史文化渊源。

【运动、休闲与文化国际论坛】　2017年9月23日，第一届世界华人运动、休闲与文化国际论坛在金门大学管理学院举办。副县长吴成典表示，金门是一个健康养生的岛屿，推动健康、幸福、运动的岛屿，是该届政府施政努力的目标，论坛主题十分符合金门县政的发展方向，欢迎国际企业到金门投资，一起打造快乐、休闲、健康的运动城市。

【“祭孔大典”】　2017年9月28日，金门县在金湖小学中庭广场孔子像前首度举办“祭孔大典”，议长洪丽萍、副县长吴成典、孔子第75代孙孔海钦、孟子第75代孙孟小洪等身着古装参加祭典，一切依循完整祭孔古礼。

【马拉松赛】　2017年1月14—15日，第十届金门马拉松赛举行。与往届不同，该届比赛分两天举办，第一天为5千米及11.2千米比赛，第二天为半程及全程比赛，共有两万多人参赛。

【元宵灯会暨首届两岸古风灯谜会】　2017年2月11—25日，金门县举办2017年元宵灯会暨首届两岸古风灯谜会，灯会主题为“爱您一起，点亮金门”，灯会活动场地比往年扩大范围，以总兵署为主会场，分会场分布金城后浦四境。

【“平安祈福季”】　2017年4月21日，金门县首次“平安祈福季”在水头码头启动，

2017年12月30日，金门县少年儿童参加2017海峡两岸（泉州）闽南童谣暨少儿闽南语主持大赛　（图/泉州市金门同胞联谊会）

荣誉 人物

责任编辑：刘志家 陈建强

荣 誉

地方荣誉

2017年泉州市荣誉称号名表

表67

荣誉名称	授予机关	时间
国家卫生城市	全国爱卫委	8月
全国社会治安综合治理最高奖“长安杯”（蝉联）	中央综治委	9月
国家森林城市	国家林业局	10月
全国未成年人思想道德建设工作先进城市	中央文明委	11月
全国文明城市	中央文明委	11月

2017年各县（市、区）荣誉称号名表

表68

县（市、区）	荣誉名称	授予机关
鲤城	双拥模范城（县）	省委、省政府、省军区
丰泽区	双拥模范城（县）	省委、省政府、省军区
洛江区	双拥模范城（县）	省委、省政府、省军区
洛江区	2013—2016年度平安县（市、区）	省综治委
泉港区	双拥模范城（县）	省委、省政府、省军区
泉港区	2013—2016年度平安县（市、区）	省综治委
泉港区	第二批义务教育教师队伍“县（区）管校聘”管理体制改革示范区	教育部
石狮市	2017年度全国中小城市综合实力百强县市（第16位）	中国城市经济学会中小城市发展委员会等
石狮市	2017年度全国新型城镇化质量百强县市（第21位）	中国城市经济学会中小城市发展委员会等
石狮市	2017年度全国创新创业（双创）百强县市（第35位）	中国城市经济学会中小城市发展委员会等
石狮市	国家知识产权强县工程示范县	国家知识产权局
石狮市	双拥模范城（县）	省委、省政府、省军区
晋江市	2017年度全国中小城市综合实力百强县市（第8位）	中国城市经济学会中小城市发展委员会等
晋江市	2017年度全国中小城市投资潜力百强县市（第3位）	中国城市经济学会中小城市发展委员会等
晋江市	2017年度全国新型城镇化质量百强县市（第12位）	中国城市经济学会中小城市发展委员会等
晋江市	2017年度全国创新创业（双创）百强县市（第4位）	中国城市经济学会中小城市发展委员会等
晋江市	2017福布斯中国大陆最佳县级城市30强（第21位）	福布斯中国
晋江市	国家知识产权强县工程示范县	国家知识产权局
晋江市	双拥模范城（县）	省委、省政府、省军区
晋江市	2013—2016年度平安县（市、区）	中小城市经济发展委员会等
南安市	2017年度全国中小城市综合实力百强县市（第30位）	中国城市经济学会中小城市发展委员会等
南安市	2017年度全国中小城市投资潜力百强县市（第13位）	中国城市经济学会中小城市发展委员会等
南安市	2017年度全国新型城镇化质量百强县市（第34位）	中国城市经济学会中小城市发展委员会等
南安市	2017年度全国创新创业（双创）百强县市（第32位）	中国城市经济学会中小城市发展委员会等
南安市	2017福布斯中国大陆最佳县级城市30强（第12位）	福布斯中国
南安市	双拥模范城	全国双拥工作领导小组、民政部、解放军总政治部

续表68

县（市、区）	荣誉名称	授予机关
南安市	双拥模范城（县）	省委、省政府、省军区
南安市	国家知识产权强县工程示范县	国家知识产权局
南安市	2013—2016年度平安县（市、区）	省综治委
惠安县	2017年度全国中小城市综合实力百强县市（第35位）	中国城市经济学会中小城市发展委员会等
惠安县	2017年度全国新型城镇化质量百强县市（第50位）	中国城市经济学会中小城市发展委员会等
惠安县	2017年度全国创新创业（双创）百强县市（第77位）	中国城市经济学会中小城市发展委员会等
惠安县	双拥模范城（县）	省委、省政府、省军区
安溪县	2017年度全国中小城市综合实力百强县市（第65位）	中国城市经济学会中小城市发展委员会等
安溪县	2017年度全国中小城市投资潜力百强县市（第25位）	中国城市经济学会中小城市发展委员会等
安溪县	2017年度全国创新创业（双创）百强县市（第81位）	中国城市经济学会中小城市发展委员会等
安溪县	2017年国家电子商务进农村综合示范县	财政部、商务部
安溪县	双拥模范城（县）	省委、省政府、省军区
永春县	双拥模范城（县）	省委、省政府、省军区
德化县	双拥模范城（县）	省委、省政府、省军区
德化县	国家卫生县	全国爱卫委

先进单位

2017年获国家级部委表彰的先进单位名表

表69

单位名称	荣誉名称	授予机关
国家统计局泉州调查队	第五届全国文明单位	中央文明委
泉州市工商局	第五届全国文明单位	中央文明委
泉州海关	第五届全国文明单位	中央文明委
泉州检验检疫局	第五届全国文明单位	中央文明委
鲤城区临江街道伍堡社区	第五届全国文明单位	中央文明委
丰泽区丰泽街道源淮社区	第五届全国文明单位	中央文明委
石狮市湖滨街道玉湖社区	第五届全国文明单位	中央文明委
晋江市市场监督管理局	第五届全国文明单位	中央文明委
安溪县国税局	第五届全国文明单位	中央文明委
中国农业银行安溪县支行	第五届全国文明单位	中央文明委
中国建设银行晋江分行	第五届全国文明单位	中央文明委
中国银行业监督管理委员会泉州监管分局	第五届全国文明单位	中央文明委
丰泽街道丰泽社区	全国文明社区	中央文明委
丰泽街道源淮社区	全国文明社区	中央文明委
晋江市深沪镇运伙村	第五届全国文明村镇	中央文明委
惠安县崇武镇潮乐村	第五届全国文明村镇	中央文明委
南安市霞美镇金山村	第五届全国文明村镇	中央文明委
南安市梅山镇蓉中村	第五届全国文明村镇	中央文明委
安溪县湖上乡盛富畲族村	第五届全国文明村镇	中央文明委
泉港区界山镇东张村	第五届全国文明村镇	中央文明委
洛江区马甲镇新民村	第五届全国文明村镇	中央文明委
石狮市蚶江镇厝仔村	第五届全国文明村镇	中央文明委
福建铁拓机械有限公司	全国五一劳动奖状	全国总工会

续表69

单位名称	荣誉名称	授予机关
福建省东鑫石油化工有限公司机电仪部机修组	全国工人先锋号	全国总工会
晋江市国税局中心办税服务厅	全国工人先锋号	全国总工会
九牧王股份有限公司茄克二厂	全国工人先锋号	全国总工会
鲤城区妇幼保健院妇女保健科	全国巾帼文明岗	全国妇联
泉州市公安局丰泽分局户政大队	全国巾帼文明岗	全国妇联
泉港庄重文实验小学教研室	全国巾帼文明岗	全国妇联
石狮市地方税务局办税服务厅	全国巾帼文明岗	全国妇联
泉州出入境检验检疫局石狮办事处综合业务科	全国巾帼文明岗	全国妇联
晋江市人民法院民事审判第一庭	全国巾帼文明岗	全国妇联
南安市实验幼儿园教研组	全国巾帼文明岗	全国妇联
安溪县公安局出入境管理大队	全国巾帼文明岗	全国妇联
福建省特种设备检验研究院泉州分院检务中心	全国巾帼文明岗	全国妇联
泉州市山美水库管理处	全国巾帼建功先进集体	全国妇联

2017年获省委、省政府表彰的先进单位名表

表70

单位名称	荣誉名称	授予机关
台商区财政局	爱国拥军模范单位	省委、省政府、省军区
泉州市人社局	爱国拥军模范单位	省委、省政府、省军区
泉州纵横保安服务有限公司	爱国拥军模范单位	省委、省政府、省军区
丰泽区灯星社区	爱国拥军模范单位	省委、省政府、省军区
洛江区万安街道万福社区	爱国拥军模范单位	省委、省政府、省军区
泉港区第一中学	爱国拥军模范单位	省委、省政府、省军区
安溪县明爱福利养老院	爱国拥军模范单位	省委、省政府、省军区
德化县双拥办公室	爱国拥军模范单位	省委、省政府、省军区
军鹏特种设备装备股份公司	爱国拥军模范单位	省委、省政府、省军区
泉州市公安局丰泽分局	厦门会晤筹备和服务保障工作先进集体	省委、省政府
南安市公安局	厦门会晤筹备和服务保障工作先进集体	省委、省政府
泉州市公安局	厦门会晤筹备和服务保障工作先进集体	省委、省政府
泉州市公安局丰泽分局	厦门会晤筹备和服务保障工作先进集体	省委、省政府
南安市公安局	厦门会晤筹备和服务保障工作先进集体	省委、省政府
泉州市公安局	厦门会晤筹备和服务保障工作先进集体	省委、省政府
泉州市委政法委	厦门会晤筹备和服务保障工作先进集体	省委、省政府
泉州市环保局	厦门会晤筹备和服务保障工作先进集体	省委、省政府
泉州市文广新局	厦门会晤筹备和服务保障工作先进集体	省委、省政府
泉州市提线木偶戏传承保护中心	厦门会晤筹备和服务保障工作先进集体	省委、省政府
泉州港口管理局	厦门会晤筹备和服务保障工作先进集体	省委、省政府
泉州市公安局	全省道路交通安全综合整治先进集体	省政府
泉州市公安局丰泽分局	全省道路交通安全综合整治先进集体	省政府
泉州市交通运输委员会	全省道路交通安全综合整治先进集体	省政府

先进个人

2017年获国家级部委表彰的先进个人名表

表71

姓名	工作单位	荣誉名称	授予机关
徐义平	市委政法委	全国社会治安综合治理先进工作者	人社部、中央综治委
陈秀玉	福建天广消防有限公司	全国巾帼建功标兵	全国妇联
康玉兰	惠安县小岞南西小学	全国巾帼建功标兵	全国妇联
吕艳蓉	永春县人民检察院	全国巾帼建功标兵	全国妇联
蔡水花	泉州农商银行总行营业部	全国巾帼建功标兵	全国妇联
郑理玲	泉州市第一医院科研教学科	全国巾帼建功标兵	全国妇联
陈忠起	南安市公安局	全国优秀人民警察	人社部、公安部
李　勇	泉州市公安局洛江分局刑事侦查大队	全国优秀人民警察	人社部、公安部
王　锋	泉州市公安局巡特警支队特警三大队	全国优秀人民警察	人社部、公安部
柯亦文	泉州太平洋集装箱码头有限公司	全国五一劳动奖章	全国总工会
刘国文	福建豪翔园林建设有限责任公司	全国五一劳动奖章	全国总工会
曾旭晴	泉州市实验小学	全国五一劳动奖章	全国总工会

2017年福建省“五一劳动奖章”获得者名表

表72

姓　名	工作单位	荣誉称号	授予机关
曾凤蓉	泉州市通政中心小学	福建省五一劳动奖章	省总工会
肖金树	晋江市财政局	福建省五一劳动奖章	省总工会
朱小英	泉州台商投资区东园镇人民政府	福建省五一劳动奖章	省总工会
许丽英	中国太平洋财产保险股份有限公司泉州中心支公司	福建省五一劳动奖章	省总工会
洪丽尚	泉州市公安局鲤中派出所	福建省五一劳动奖章	省总工会
林振清	泉州匹克鞋业有限公司	福建省五一劳动奖章	省总工会
姚育晓	晋江市实验小学	福建省五一劳动奖章	省总工会
张达斌	晋江兴翼机械有限公司	福建省五一劳动奖章	省总工会
许茵茵	福建晋江农村商业银行股份有限公司	福建省五一劳动奖章	省总工会
叶取龙	石狮市豪健服装实业有限公司	福建省五一劳动奖章	省总工会
高芙蓉	国网福建石狮市供电有限公司	福建省五一劳动奖章	省总工会
林少安	福建省南安第一中学	福建省五一劳动奖章	省总工会
蔡志颖	福建敏捷机械有限公司	福建省五一劳动奖章	省总工会
温银南	泉州市晨艺园林古建有限公司	福建省五一劳动奖章	省总工会
白丽静	安溪县凤城镇城东社区居委会	福建省五一劳动奖章	省总工会
吕珍妹	永春县医院	福建省五一劳动奖章	省总工会
曾秀华	德化县浔中中心小学	福建省五一劳动奖章	省总工会
王新武	福建省三星电气股份有限公司	福建省五一劳动奖章	省总工会
郑玉珍	泉州市城市管理行政执法局	福建省五一劳动奖章	省总工会
连细春	福建省永春碧卿国有林场	福建省五一劳动奖章	省总工会
曾清华	福建省泉州市汽车运输总公司站务分公司	福建省五一劳动奖章	省总工会
蔡水花	泉州农商银行	福建省五一劳动奖章	省总工会
吴志成	国网福建省电力有限公司泉州供电公司	福建省五一劳动奖章	省总工会

续表72

姓 名	工作单位	荣誉称号	授予机关
邱刚毅	中国移动通信集团福建有限公司泉州分公司	福建省五一劳动奖章	省总工会
胡建林	信和新材料股份有限公司	福建省五一劳动奖章	省总工会
吴文海	石狮市鸿峰环保生物工程有限公司	福建省五一劳动奖章	省总工会
郭银钹	汇盈化学品实业（泉州）有限公司	福建省五一劳动奖章	省总工会
陈俊超	永春县水利局	福建省五一劳动奖章	省总工会
陈成业	中共泉州市委组织部	福建省五一劳动奖章	省总工会
庄丽榕	泉州市地方税务局	福建省五一劳动奖章	省总工会
李建强	泉州市东海片区开发建设工程指挥部工程	福建省五一劳动奖章	省总工会

2017年获省委、省政府表彰的先进个人名表

表73

姓名	工作单位	荣誉名称	授予机关
张少前	市委防范办	厦门会晤筹备和服务保障工作先进个人	省委、省政府
郑国防	市委宣传部	厦门会晤筹备和服务保障工作先进个人	省委、省政府
林培煌	市委宣传部	厦门会晤筹备和服务保障工作先进个人	省委、省政府
林聘贤	市委宣传部	厦门会晤筹备和服务保障工作先进个人	省委、省政府
吴家安	市委宣传部	厦门会晤筹备和服务保障工作先进个人	省委、省政府
胡志春	市委宣传部	厦门会晤筹备和服务保障工作先进个人	省委、省政府
林培山	市委宣传部	厦门会晤筹备和服务保障工作先进个人	省委、省政府
陈霞红	市委宣传部	厦门会晤筹备和服务保障工作先进个人	省委、省政府
邱庆龙	市委宣传部	厦门会晤筹备和服务保障工作先进个人	省委、省政府
林达榜	市委宣传部	厦门会晤筹备和服务保障工作先进个人	省委、省政府
黄立南	市委宣传部	厦门会晤筹备和服务保障工作先进个人	省委、省政府
杨　敏	市委宣传部	厦门会晤筹备和服务保障工作先进个人	省委、省政府
洪贻团	市委宣传部	厦门会晤筹备和服务保障工作先进个人	省委、省政府
吴明兴	市委宣传部	厦门会晤筹备和服务保障工作先进个人	省委、省政府
张爱斌	市委宣传部	厦门会晤筹备和服务保障工作先进个人	省委、省政府
朱添洪	市委宣传部	厦门会晤筹备和服务保障工作先进个人	省委、省政府
黄达伟	市委宣传部	厦门会晤筹备和服务保障工作先进个人	省委、省政府
连江淮	市委宣传部	厦门会晤筹备和服务保障工作先进个人	省委、省政府
刘红生	市综治办	厦门会晤筹备和服务保障工作先进个人	省委、省政府
辜智钦	市委政法委	厦门会晤筹备和服务保障工作先进个人	省委、省政府
陈紫云	市委政法委	厦门会晤筹备和服务保障工作先进个人	省委、省政府
康志福	泉州市公安局鲤城分局治安大队	厦门会晤筹备和服务保障工作先进个人	省委、省政府
陈大强	泉州市公安局丰泽分局	厦门会晤筹备和服务保障工作先进个人	省委、省政府
杜昌勇	泉州市公安局洛江分局	厦门会晤筹备和服务保障工作先进个人	省委、省政府
王明旺	泉州市公安局台商区分局	厦门会晤筹备和服务保障工作先进个人	省委、省政府

续表73

姓名	工作单位	荣誉名称	授予机关
陈江彬	晋江市公安局出入境管理大队	厦门会晤筹备和服务保障工作先进个人	省委、省政府
庄文斌	南安市公安局	厦门会晤筹备和服务保障工作先进个人	省委、省政府
杜双路	安溪县公安局	厦门会晤筹备和服务保障工作先进个人	省委、省政府
吴凯仰	安溪县公安局指挥中心	厦门会晤筹备和服务保障工作先进个人	省委、省政府
林亮旺	德化县公安局	厦门会晤筹备和服务保障工作先进个人	省委、省政府
王灿红	泉州市公安局开发区分局	厦门会晤筹备和服务保障工作先进个人	省委、省政府
徐宝宗	泉州市公安局指挥情报中心	厦门会晤筹备和服务保障工作先进个人	省委、省政府
朱俊琪	泉州市公安局治安支队	厦门会晤筹备和服务保障工作先进个人	省委、省政府
许志国	泉州市公安局交警支队丰泽大队	厦门会晤筹备和服务保障工作先进个人	省委、省政府
陈坤雷	泉州市公安局网安支队	厦门会晤筹备和服务保障工作先进个人	省委、省政府
王培钦	泉州市公安局警卫处	厦门会晤筹备和服务保障工作先进个人	省委、省政府
刘昭曙	泉州市邮政管理局	厦门会晤筹备和服务保障工作先进个人	省委、省政府
杨伟忠	泉州市质量技术监督局	厦门会晤筹备和服务保障工作先进个人	省委、省政府
商　可	泉州市闽南民间歌舞传承中心	厦门会晤筹备和服务保障工作先进个人	省委、省政府
周杰俊	泉州市高甲戏传承中心	厦门会晤筹备和服务保障工作先进个人	省委、省政府
林小伟	福建省梨园戏传承中心	厦门会晤筹备和服务保障工作先进个人	省委、省政府
黄华君	团市委	厦门会晤筹备和服务保障工作先进个人	省委、省政府
林昭永	中共泉州市委党校	厦门会晤筹备和服务保障工作先进个人	省委、省政府
黄潮水	南安市农办系统党委	厦门会晤筹备和服务保障工作先进个人	省委、省政府
黄志超	南安市	厦门会晤筹备和服务保障工作先进个人	省委、省政府
田　宏	南安市	厦门会晤筹备和服务保障工作先进个人	省委、省政府
王明旺	台商区公安分局	厦门会晤筹备和服务保障工作先进个人	省委、省政府
肖朝晖	泉州市食品药品监督管理局	厦门会晤筹备和服务保障工作先进个人	省委、省政府
朱青南	泉州市食品药品监督管理局	厦门会晤筹备和服务保障工作先进个人	省委、省政府
李培德	泉州市社科联	厦门会晤筹备和服务保障工作先进个人	省委、省政府
费琼琼	泉州广播电视台	厦门会晤筹备和服务保障工作先进个人	省委、省政府
黄君蓉	泉州广播电视台	厦门会晤筹备和服务保障工作先进个人	省委、省政府

续表73

姓名	工作单位	荣誉名称	授予机关
林华淼	泉州广播电视台	厦门会晤筹备和服务保障工作先进个人	省委、省政府
施纯添	泉州广播电视台	厦门会晤筹备和服务保障工作先进个人	省委、省政府
刘　凯	泉州广播电视台	厦门会晤筹备和服务保障工作先进个人	省委、省政府
陈煜军	泉州广播电视台	厦门会晤筹备和服务保障工作先进个人	省委、省政府
许伟杰	泉州市交通委	厦门会晤筹备和服务保障工作先进个人	省委、省政府
邱新跃	泉州市人民检察院	厦门会晤筹备和服务保障工作先进个人	省委、省政府
朱涌江	泉州开发区交警大队	福建省道路交通安全综合整治先进个人	省政府
李海峰	台商区交警大队	福建省道路交通安全综合整治先进个人	省政府

2017年省、市见义勇为模范及先进个人名表

表74

姓名	工作单位及职业	荣誉称号
李辉达	晋江市人	福建省见义勇为模范
何　伟	南安市双珠水暖洁具阀门有限公司职员	福建省见义勇为模范
张　全	洛江区万安嘉琳广场保安员	福建省见义勇为先进个人
倪胡铭	信泰（福建）科技有限公司	福建省见义勇为先进个人
李国涛	信泰（福建）科技有限公司	福建省见义勇为先进个人
周宜丰	信泰（福建）科技有限公司后勤主管	福建省见义勇为先进个人
何荷番	福建医科大学附属第二医院医生	泉州市见义勇为模范
沈毓民	泉州市水利水电总公司职员	泉州市见义勇为模范
张伟民	台商区龟山湾旅游公司员工	泉州市见义勇为模范
车乃用	晋江市公交公司驾驶员	泉州市见义勇为模范
陈成响	德化县人，农民	泉州市见义勇为模范
蔡秉昭	鲤城区人，装修工	泉州市见义勇为先进个人
高志杨	广州广翔电器有限公司职员	泉州市见义勇为先进个人
黄以森	福建省福清市不动产交易登记档案馆，退休	泉州市见义勇为先进个人
涂宛玲	福建医科大学附属第二医院护士	泉州市见义勇为先进个人
吴秋平	永春县人，水电工	泉州市见义勇为先进个人
张国平	鲤城区人，渔民	泉州市见义勇为先进个人
翁乌糖	鲤城区人，渔民	泉州市见义勇为先进个人
张妹信	鲤城区人，渔民	泉州市见义勇为先进个人
谢自强	台商区人，个体经营户	泉州市见义勇为先进个人
谭　军	安踏体育用品集团有限公司职员	泉州市见义勇为先进个人
张汉飞	台商区龟山湾旅游公司员工	泉州市见义勇为先进个人
蒋自传	晋江市安海镇五里桥公园保安	泉州市见义勇为先进个人
施漂亮	晋江市龙湖镇龙埔村治保主任	泉州市见义勇为先进个人
夏云清	宁德市周宁县人，个体水电工	泉州市见义勇为先进个人
颜春生	晋江市人，个体工商户	泉州市见义勇为先进个人
黄碧山	南安市第五建筑有限公司董事长	泉州市见义勇为先进个人
黄华雄	南安市第五建筑有限公司总经理	泉州市见义勇为先进个人
黄顺持	南安市第五建筑有限公司安全员	泉州市见义勇为先进个人
石　梁	南安英都霞溪村百安消防有限公司员工	泉州市见义勇为先进个人

续表74

姓名	工作单位及职业	荣誉称号
吴海麟	南安水头中学学生	泉州市见义勇为先进个人
吴平生	福安市城阳镇副镇长	泉州市见义勇为先进个人
赖礼培	泉州开发区巡防大队协管员	泉州市见义勇为先进个人

人　物

先模人物

柯亦文　男，泉港区人，1982年出生，泉州太平洋集装箱码头有限公司操作部装卸大队员工。2011年10月，柯亦文被选为泉州太平洋集装箱码头小虎队队员，每月的月度之星评选中多次被评为装卸队月度之星。2013年，工作突出被提升为小虎队副队长。践行“团结协作、勤勉奋进、勇于奉献”小虎队的精神，发扬艰苦奋斗的作风，大胆开拓，不断创新，抓住装卸工艺工作，强化装卸创新和质量管理，突出装卸工艺和人才队伍培养。由于工作勤勤恳恳，任劳任怨，在生活上乐于帮助他人，分别于2011年、2012年、2013年、2015年连续四年被公司评为文明员工，并在2015年5月获2015年福建省“五一”劳动奖章。2017年获全国“五一劳动奖章”。

刘国文　男，惠安人，1970年出生。福建豪翔集团艺术总监。1987年职高毕业后，到惠安国营石雕厂从事石材石雕工作。1991年，自筹资金，在母校租一间教室，开始其创业梦。2004年，出任豪翔集团艺术总监后，拓展事业的新天地，娴熟地掌握圆、浮、透、线、沉、影等传统雕刻技术。自主设计与制作国内众多大型石雕艺术工程项目，60多次在省级以上各大奖赛事获奖。其中，深圳万福广场《九龙柱》被载入“大世界吉尼斯之最”纪录；玉雕作品《手印》被国家博物馆永久收藏；石雕佳作《夜光杯》获2006年第四届中国雕艺节一等奖；坐落于安徽九华山的《九华圣境》大牌楼，在全国“第三届营造技术保护与创新学术论坛”上被授予“中国营造技术创新工程”。主笔完成的《福建省地方标准——石雕石刻制品》2012年10月发布实施，填补国内同类标准的空白。后又作为主要起草人之一参与《中华人民共和国建材行业标准——石雕石刻品》的制订，自此惠安掌握行业的话语权，扩大惠安石雕行业在国内外的影响，带动惠安石雕品牌的进一步提升。2005—2008年，主持泉州市科技局项目《通用公共设施石制品标准化生产技术开发》通过验收。获得惠安县首届十佳青年、福建省民间艺术家、福建省青年民间工艺大师、德艺双馨雕刻艺术大师、福建省工艺美术大师等诸多称号。是中国石雕艺术大师、福建省工艺美术大师、国家（一级）高级技师、高级工艺师，福建省技术能手，福建省非遗　“惠安石雕”代表性传承人、泉州市优秀人才。2017年获全国“五一劳动奖章”。

曾旭晴　男，台湾省台北市人，1969年12月出生泉州市实验小学校长、党支部书记。福建省特级教师、中学高级教师，教育部“农村助力工程校长培训”实践导师、福建省学科带头人教学实践导师、福建省“送培下乡”讲师团成员、泉州市基础教育课程改革指导组成员、泉州师院兼职教授，曾获得福建省“五一”劳动奖章、福建省优秀教师、福建省骨干校长、福建省名校长培养对象、福建省首批中青年学科带头人、福建省骨干教师、泉州市先进教育工作者、市优秀党员、市“四五”普法先进个人等称号，曾当选中共泉州市委第十一次、十二次党代会代表，泉州市第十一届人大代表、福建省台湾省籍党代会代表、泉州市第十二次妇代会代表、省第九届青联委员、市青联常委；被聘为市教育系统评议政风、行风代表，鲤城区检察院执法监督员。2015年9月，《泉州工人》以“成为一道光，照亮前行的路”为题介绍其事迹，在社会上引起较大的反响。2017年获全国“五一劳动奖章”。

名家能人

蔡长泰　男，1949年5月出生，原石狮市湖滨街道仙迹社区党支部书记，石狮市楹联研究会会长。蔡长泰自1968年起，从事楹联书法职业。热心倡导文化活动。1982年起发起组织原晋江县中华人民共和国成立后第一个文艺群体——石狮侨乡书画社及晋江凤鸣诗社，任主要负责人。1993年，著作《还原斋楹联集》出版，开本地区同类作品之先河。1994年筹备组织“石狮·中国楹联文化研究会”，成为石狮市第一次召开的全国性文艺理论性研讨会。2002年，国家计生委宣教中心等四部门在京举办《蔡长泰计划生育楹联诗词书法展》，为计生工作方式的创新提供新的载体和渠道。2009年，石狮市纪委等十部门举办《蔡长泰反腐倡廉楹联诗词书画展》，其作品以诗联书画形式，呈现反腐倡廉工作常态。2016年，把展览的作品捐献给石狮市档案馆永久收藏，供公众欣赏。先后获得全国弘扬楹联文化先进个人、中国改革开放文艺终身成就奖等称号。2017年8月荣登“中国好人榜”。

王理　男，中化泉州石化公司首席科学家，泉州市第一层次人才。1982—2009年，在美国UOP公司、American Cyanamid（美国氰胺公司）、Allied-Signal（现霍尼韦尔）等公司工作，其间，获得UOP STINE STAR最高科技贡献奖、美国霍尼韦尔公司最高个人成就奖、霍尼韦尔杰出科技奖等荣誉。2009年回国。2014年6月加入泉州石化，担任首席科学家，接到的第一个任务是完成中化集团“新一代加氢裂解催化剂研发及建立催化剂中心”（科技公司）的研究项目。王理组织人员改造实验室、采购仪器设备及试剂、建设小试中试厂房、筹备科技公司注册事项。半年时间内，科技公司组成包括部门领导、主任研究员、研究员、实验员等专兼职人员在内的8人科研团队，为科技公司打造“高、精、尖”的人才队伍奠定基础。

曾福泉　男，1974年出生于南安洪濑。1992年就读于中国纺织大学（现为东华大学）颜料化学专业。1998年，前往英国曼彻斯特大学颜料化学专业攻读硕士、博士学位。博士毕业后，曾福泉留在英国，在全球最大的液体色母制造企业先后担任资深科学家、技术经理和亚太区技术与运营经理，并攻克丙纶无法漂染的世界性难题，发明3项专利，其中2项已获商品化应用。2008年，携妻带子回乡创建中国首家塑料液体色母公司——泉州市约克颜料有限公司。2010年，入选福建省首批“百人计划”引进高层次创业创新人才，2011年获得科技部中小企业创新基金资助，2013年获第十届“福建省五四青年奖章”和入选第十批国家“千人计划”。

杨利　男，1978年10月出生，泉州七中教研室副主任、科技创新发展中心主任。杨利指导学生获得2项世界机器人奥赛金牌、17项全国金牌，累计获得315个市级以上科技创新大赛和机器人竞赛奖项。他热爱编程，运用“做中学”的现代教育理论和“四动”教学法指导学生活动，培养未来社会的领军人物。主持的机器人教育课题研究获全国一等奖，基础教育教学成果获省二等奖。先后获得省新长征突击手、第八届福建省青少年科技教育突出贡献奖优秀辅导员、市（凯辉）教科研先进工作者等称号、2017年获践行社会主义核心价值观基层“最美人物”。

逝世人物

余光中　男，祖籍永春县，1928年10月21日 出生于江苏南京，著名作家、诗人、学者、翻译家，曾因创作《乡愁》等诗饮誉海内外。1992年，余光中首次应邀回大陆；2003年，在阔别家乡半个多世纪后，余光中回到永春故居完成“寻根之旅”；2004年，担任泉州参评“中国最佳魅力城市”推荐人；2011年，回乡时为家乡留下新的诗篇——《洛阳桥》。同年，余光中获首届“全球华文文学星云奖”。2017年12月14日逝世。

李亦园　男，祖籍鲤城区，1931年出生，著名人类学家，台湾“中央研究院”院士。1948年赴台，从事人类学研究。曾任台湾大学教授、台湾“中研院”民族学研究所所长、台湾“清华大学”人文社会学院院长，台湾“中央研究院”院士、台湾“清华大学”社会人类学研究所教授。在1989年返乡，其后常应邀参加家乡的各种学术活动，为“泉州学”的定义和范畴提出独到见解，为“泉州学”的确立、构建和发展做出重要贡献。生前，李亦园多次表达盼望祖国统一的迫切愿望，提出两岸应共同努力，合作交流，弘扬闽南文化 。2017年4月18日逝世。

郑景新　男，祖籍永春县桃城镇，1933年出生马来西亚，马来西亚国籍，曾留学英国大学农艺专业。郑景新出国留学返马来西亚后，即协助其父拓展事业。在福州，与日本日立集团、福建省水产厅合作成立万马集团有限公司，投资电子业，水产业，冷冻食品业；在永春，独资兴办永福建筑材料有限公司、万马集团永春分公司养鳗场，均任董事长。郑景生先后担任吉隆坡永春会馆副会长、会长，吉隆坡中华独中董事、吉隆坡同善医院名誉主席、雪兰莪福建会馆董事等。2017年2月15日逝世。

附录

责任编辑：刘楷彬

2017年泉州市国民经济和社会发展统计公报[1]

泉州市统计局
国家统计局泉州调查队
（2018年3月29日）

2017年，全市上下认真学习贯彻党的十九大精神，以习近平新时代中国特色社会主义思想为指导，全面落实中央、省和市委市政府决策部署，着力稳增长、控风险、谋长远，经济运行稳步回升，金融风险有效化解，产业格局更加优化，泉州各项事业发展迈上新台阶。

综合

初步核算，全年实现地区生产总值（GDP）[2] 7548.01亿元，按可比价格计算，比上年增长8.4%，经济总量连续19年保持全省第一。其中，第一产业增加值198.03亿元，增长0.9%；第二产业增加值4397.78亿元，增长7.2%；第三产业增加值2952.19亿元，增长10.6%。第一、二、三产业对GDP增长的贡献率分别为0.3%、51.3%和48.4%，分别拉动GDP增长0.03个、4.3个和4.1个百分点。三次产业比例为2.6:58.3:39.1。按常住人口计算，人均地区生产总值87615元（按年平均汇率折合12977美元），比上年增长7.5%。

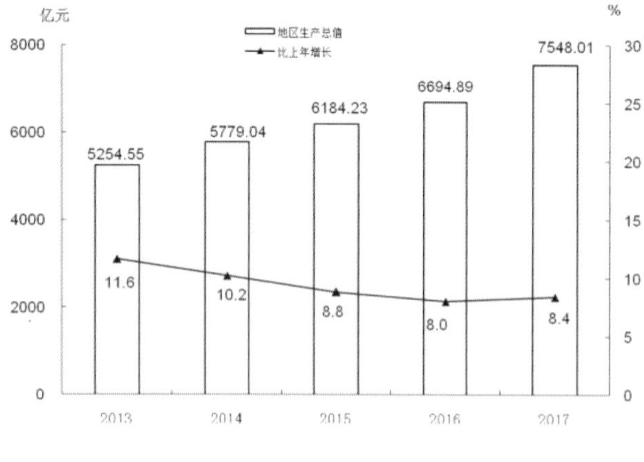

图1 2013—2017年地区生产总值及其增长速度

年末全市常住人口865万人，比上年末增加7万人。65岁及以上老年人口占7.3%。人口出生率为14.8‰，死亡率为6.6‰，自然增长率为8.2‰，常住人口城镇化率为65.7%。年末全市户籍人口742.33万人，户籍人口城镇化率为49.7%。

2017年年末常住人口数及其构成

表75

指　　标	年末数(万人)	比重(%)
常住人口	865	100.0
其中：城镇	568.3	65.7
农村	296.7	34.3
其中：男性	444.6	51.4
女性	420.4	48.6
其中：0—14岁	164.3	19.0
15—64岁	637.3	73.7
65岁及以上	63.4	7.3

全年城镇新增就业人员12.64万人，有2574名下岗人员实现了再就业；全年培训农村劳动力6.07万人，转移就业3.90万人。年末城镇登记失业率为1.28%。

全年居民消费价格总水平比上年上涨1.1%，其中，消费品价格上涨0.6%，服务项目价格上涨1.9%。工业生产者出厂价格上涨3.7%。新建住宅销售价格上涨6.9%，其中：新建商品住宅销售价格上涨7.1%；二手住宅交易价格上涨9.4%。

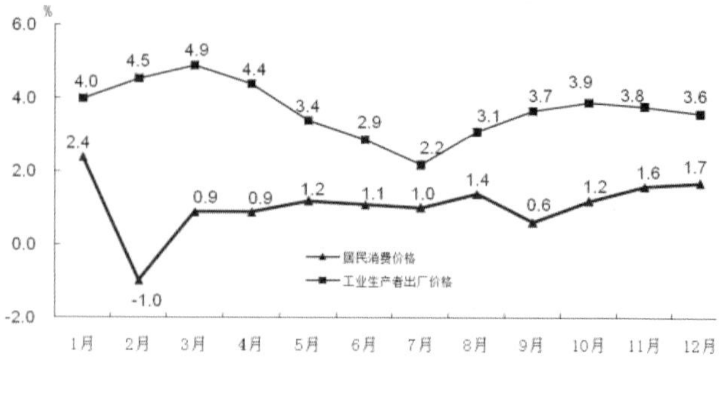

图2 2017年居民消费价格及工业生产者出厂价格月度同比涨跌幅度

2017年居民消费价格比上年涨跌幅度（%）

表76

指标	全市	城市	农村
居民消费价格总指数	1.1	1.1	1.1
一、食品烟酒	-1.2	-1.1	-1.5
粮食	0.0	0.2	-0.3
鲜菜	-15.4	-15.3	-15.9
畜肉	-5.8	-6.4	-3.8
水产品	5.2	5.5	3.9
蛋	-5.8	-7.1	-2.3
鲜果	3.9	5.5	-1.5
二、衣着	1.5	1.7	0.5
三、居住	2.0	2.2	1.3
四、生活用品及服务	2.0	2.0	2.0
五、交通和通信	0.9	0.5	2.6
六、教育文化和娱乐	2.9	3.1	2.1
七、医疗保健	1.7	0.7	4.4
八、其他用品和服务	7.0	6.8	7.7

全市一般公共预算收入442.30亿元，比上年增收18.22亿元，增长4.3%，加上上划中央“三税”收入346.46亿元，全市一般公共预算总收入合计完成788.76亿元，比上年增收18.90亿元，增长2.5%。一般公共预算支出637.81亿元，比上年增加40.14亿元，增长 6.7%。其中，教育支出138.19亿元，增长7.4%；科技支出14.91亿元，增长12.6%。政府性基金收入159.70亿元，政府性基金支出 156.84亿元。地税部门组织各项收入349.66亿元，下降1.4%，其中，地税税收收入238.8亿元，下降6.6%。国税部门组织各项收入629.70亿元，增长17.2%，其中，国税税收收入520.86亿元，增长12.6%；海关代征税收收入108.84亿元，增长45.9%。

农业

全年农林牧渔业完成总产值 358.14亿元，比上年增长1.0%。粮食种植面积204.57万亩，比上年减少1.07万亩，下降0.5%；其中稻谷面积107.02万亩，减少1.93万亩；烟叶种植面积0.25万亩，减少7亩；油料种植面积32.03万亩，减少0.13万亩；蔬菜种植面积131.37万亩，减少0.57万亩。粮食总产量71.12万吨，比上年增加1.99万吨，增长2.9%，其中稻谷42.10万吨，增加0.97万吨，增长2.4%。

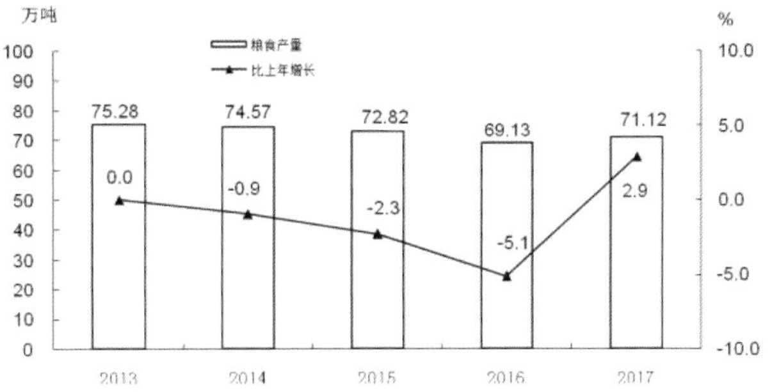

图3 2013—2017年粮食总产量及其增长速度

2017年主要农产品产量

表77

产品名称	产量(万吨)	比上年增长(%)
粮食	71.12	2.9
春收	7.56	0.3
夏收	20.01	-5.7
秋收	43.55	7.8
油料	5.48	1.5
其中：花生	5.45	1.4
油菜籽	0.02	67.9
糖料	1.16	-8.0
其中：甘蔗	1.16	-8.0
烟叶	0.01	-3.3
茶叶	8.09	3.8
水果	49.34	3.4
蔬菜	159.42	0.7
食用菌	8.16	7.9

全年植树造林总面积13.40万亩，增长79.9%，其中，人工荒山造林1.68万亩，增长63.1%；人工迹地更新6.3万亩，增长52.2%；人工促进天然更新1.13万亩，增长175.6%；低产低效林改造4.27万亩，增长145.4%；林冠下造林0.04万亩，减少71.4%。全年完成幼林抚育作业面积11.65万亩，减少10.3%。年末实有封山（沙）育林面积51.78万亩。全年商品材产量40.24万立方米，与上年持平。

全年肉蛋奶总产量21.24万吨，增长4.7%。其中，肉类总产量16.18万吨，增长3.5%；禽蛋4.13万吨，增长11.5%。肉猪出栏数142.15万头，增长1.0%，年末生猪存栏数103.04万头，增长17.5%。

全年水产品总产量113.94万吨，比上年下降2.2%。其中，淡水产品产量2.29万吨，增长3.0%；海水产品产量111.65万吨，下降2.3%，其中，海洋捕捞76.77万吨，下降4.9%；海水养殖34.87万吨，增长3.8%。

年末全市拥有国家级、省级农业产业化龙头企业8家和107家；无公害农产品509个、绿色食品132个、有机食品12个，农产品地理标志产品10个；福建十大农产品区域公用品牌1个、福建名牌农产品132个。

工业和建筑业

全年全部工业实现增加值3926.19亿元，增长7.7%，工业对经济增长的贡献率达48.6%。其中规模以上工业增加值3328.10亿元，增长8.3%。全年规模以上工业实现销售产值13626.35亿元，增长13.6%，其中出口交货值2178.45亿元，增长10.2%。拥有超亿元企业2523家，比上年增加215家，其中超10亿元企业246家，比上年增加57家。

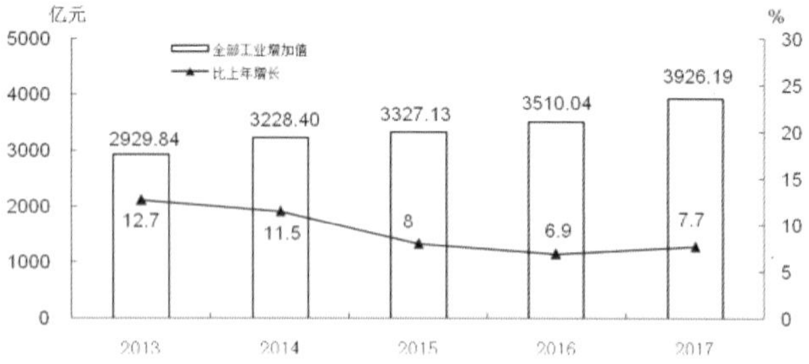

图4 2013—2017年全部工业增加值及增长速度

2017年规模以上工业增加值主要分类情况

表78

指　标	绝对数(亿元)	比上年增长(%)
规模以上工业增加值	3328.10	8.3
其中：国有控股企业	270.15	5.4
其中：国有企业	10.99	9.1
集体企业	1.72	50.9
股份制企业	1724.65	9.3
股份合作制企业	11.87	19.6
外商及港澳台投资企业	1538.39	7.0
其中：私营企业	1073.56	11.2
其中：轻工业	2086.60	8.0
重工业	1241.51	8.8
其中：采矿业	21.43	-2.5
制造业	3176.12	8.3
电力、热力、燃气及水的生产和供应业	120.55	11.0

2017年规模以上工业中部分重点产业增加值

表79

指　标	绝对数(亿元)	比上年增长(%)
规模以上工业增加值	3328.10	8.3
主导产业	2619.33	8.0

续表79

指　标	绝对数(亿元)	比上年增长(%)
#纺织鞋服	1151.39	8.0
石油化工	541.58	3.9
机械装备	382.15	10.6
建材家居	689.52	9.3
特色产业	610.30	10.1
#食品饮料	259.21	8.5
工艺制品	224.00	11.0
纸业印刷	127.09	11.9
高新技术产业	499.54	8.0
新兴产业：新一代信息技术	62.81	37.6
新兴产业：生物医药	11.96	8.3

规模以上工业企业经济效益综合指数为305.4，比上年上升29.4点，其中总资产贡献率21.1%，上升1.5个百分点；资本保值增值率103.1%，下降2.4个百分点；资产负债率44.5%，下降1.2个百分点；全员劳动生产率26.65万元/人，提高3.87万元/人；流动资产周转率3.2次，提高0.2次；工业产品销售率95.9%，提高0.2个百分点。全年规模以上工业企业实现利润总额1074.06亿元，比上年增长17.6%，其中外商及港澳台商投资企业、股份制企业和股份合作制企业利润分别增长15.3%、20.1%和20.5%。规模以上工业亏损企业亏损额7.28亿元，减亏11.03亿元。

2017年规模以上工业增加值主要分类情况

表80

产品名称	单　位	产　量	比上年增长(%)
原煤	万吨	78.16	-27.4
发电量	亿千瓦时	349.55	10.6
罐头	万吨	26.44	-4.8
化学纤维	万吨	156.85	-10.3
纱	万吨	84.01	14.1
布	亿米	57.77	16.1
服装	亿件	37.81	3.7
皮鞋	亿双	12.44	4.8
机制纸及纸板	万吨	165.26	0.2
原油加工量	万吨	2083.69	0.0
烧碱	万吨	9.18	-3.5
塑料制品	万吨	89.15	19.3
花岗石板材	万平方米	4872.73	5.1
生铁	万吨	1.01	11.3
钢材	万吨	527.59	16.3
饮料	万吨	110.08	-16.2
精制茶	吨	63622.74	6.8
中成药	吨	3319.39	7.1
水泥	万吨	693.65	28.6

续表80

产品名称	单 位	产 量	比上年增长（%）
陶瓷砖	亿平方米	21.40	5.5
卫生陶瓷制品	万件	240.06	78.2
建筑工程用机械	台	6176	5.9
金属切削机床	台	2085	13.0
太阳能电池（光伏电池）	万千瓦	69.00	42.0
光电子器件	万只（片、套）	6964.62	53.5
花岗石板材	万平方米	4543.05	0.1
生铁	万吨	0.88	4.7
钢材	万吨	453.78	19.6
陶质砖	亿平方米	3.53	15.1
瓷质砖	亿平方米	16.76	16.6
手提包袋、背包	万个	2252.50	-5.0

全市工业用电量329.11亿千瓦时，增长6.9%。

全社会建筑业实现增加值474.19亿元，比上年增长3.5%。全市资质等级以上的建筑企业有615个，完成建筑业总产值1523.93亿元，增长8.1%。全市建筑房屋施工面积8923.96万平方米，下降6.9%；房屋竣工面积3027.70万平方米，下降10.0%。全市建筑业总产值达到亿元及以上的企业165家，其中5亿元及以上的企业56家。

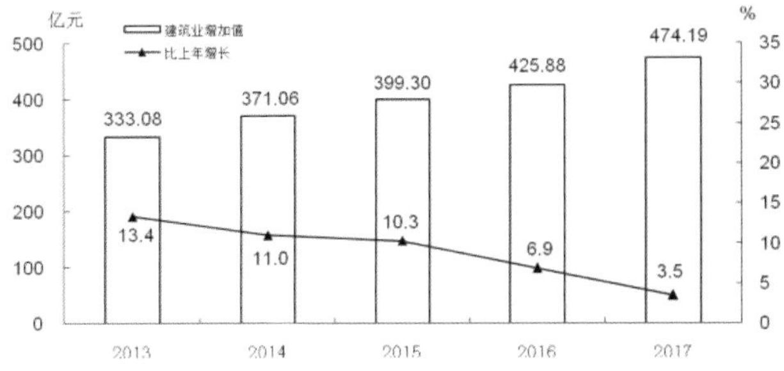

图5 2013—2017建筑业增加值及增长速度

固定资产投资

全年固定资产投资4123.80亿元，比上年增长10.0%。其中，项目投资3423.15亿元，增长12.5%；房地产开发投资700.66亿元，下降0.8%。固定资产投资按三次产业分，第一产业投资78.84亿元，增长25.7%；第二产业投资1625.57亿元，增长19.0%；第三产业投资2419.39亿元，增长4.3%。工业投资1620.74亿元，增长19.6%，占固定资产投资的比重为39.3%。基础设施投资1018.78亿元，下降3.5%，占固定资产投资的比重为24.7%。高技术产业投资279.36亿元，增长16.5%，占固定资产投资的比重为6.8%。

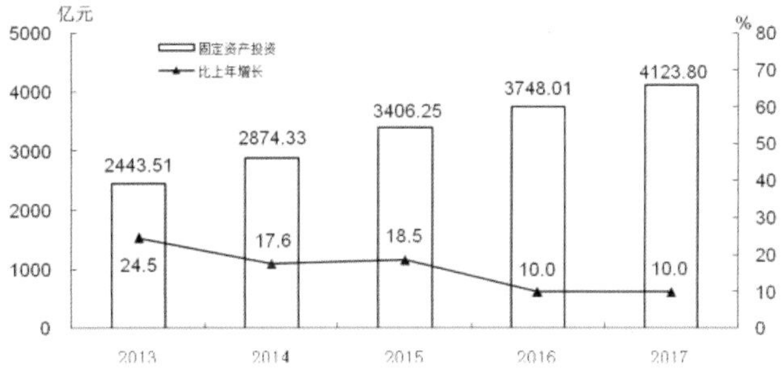

图6 2013—2017固定资产投资及增长速度

2017年固定资产投资情况

表81

指 标	投资额(亿元)	比上年增长(%)
固定资产投资（不含农户）	3748.01	10.0
其中：国有及国有控股	1096.56	17.2
按构成分		
项目投资	3041.86	18.0
房地产开发投资	706.14	3.6
按产业分		
第一产业	62.74	60.5
第二产业	1366.46	18.0
第三产业	2318.80	5.0

2017年分行业固定资产投资情况

表82

行 业	投资额（亿元）	比上年增长(%)
总 计	4123.80	10.0
农、林、牧、渔业	86.00	28.5
采矿业	4.47	210.4
制造业	1523.93	22.1
其中：食品制造业	41.87	-23.0
纺织业	117.39	12.3
纺织服装和服饰业	213.36	49.1
皮革、毛皮、羽毛(绒)及其制品业	163.99	43.0
化学原料及化学制品制造业	39.89	-43.4
非金属矿制品业	149.91	15.5
金属制品业	65.09	28.9
通用设备制造业	68.17	35.0
专用设备制造业	69.39	16.4
计算机、通信和其他电子设备制造业	114.54	6.5
电力、燃气及水的生产和供应业	92.34	-12.5
建筑业	7.23	-43.2
批发和零售业	165.92	53.5

续表82

行　　业	投资额（亿元）	比上年增长(%)
交通运输、仓储和邮政业	475.42	14.7
住宿和餐饮业	22.72	23.4
信息传输、软件和信息技术服务业	65.88	46.4
金融业　.	5.26	-35.8
房地产业	833.04	-4.4
租赁和商务服务业	44.28	-2.9
科学研究和技术服务业	29.52	9.2
水利、环境和公共设施管理业	446.07	-17.4
居民服务、修理和其他服务业	16.47	-3.1
教育	71.36	-9.2
卫生和社会工作	33.27	3.6
文化、体育和娱乐业	53.45	36.0
公共管理和社会组织	147.19	116.7

房地产开发投资额700.66亿元，按工程用途分，商品住宅投资440.22亿元，下降3.6%；办公楼投资42.77亿元，增长2.9%；商业营业用房投资99.66亿元，增长3.2%。商品房销售面积1244.50万平方米，增长23.3%。商品房销售额940.69亿元，增长36.0%。

2017年房地产开发和销售主要指标完成情况

表83

指　标	单位	绝对数	比上年增长(%)
投资完成额	亿元	700.66	-0.8
其中：住宅	亿元	440.22	-3.6
其中：土地购置费	亿元	124.91	-2.6
房屋施工面积	万平方米	6383.36	2.1
其中：住宅	万平方米	4107.50	4.1
房屋新开工面积	万平方米	1225.82	36.3
其中：住宅	万平方米	859.78	49.6
房屋竣工面积	万平方米	770.07	-24.2
其中：住宅	万平方米	505.63	-25.3
房屋销售面积	万平方米	1244.50	23.3
其中：住宅	万平方米	1025.45	16.4
本年资金来源	亿元	1493.73	22.9
其中：国内贷款	亿元	75.08	-15.5
其中：个人按揭贷款	亿元	284.85	34.7
本年购置土地面积	万平方米	126.14	-19.4
本年土地成交价款	亿元	53.51	22.1

全市396个市级在建重点项目全年完成投资1271.3亿元，占固定资产投资的30.8%，全年建成（或部分建成）投产86个项目，新开工98个项目。其中，厦沙高速公路德化段、厦沙高速安溪至永春达埔段、惠安县中化泉州100万吨/年乙烯项目回填工程、德化县彭村水库工程、湄洲湾南岸铁路支线等一批项目建成投产；安溪县2025产业园附属及配套设施建设项目、福建天电光电湖头光电基地项目、晋江市快速通道东石连接线工程项目、泉州火车站综合交通枢纽项目、安溪县中国国际信息技术（福建）产业园数据中心建设改造项目等一批项目开工建设。

国内贸易

全年社会消费品零售总额3033.95亿元，比上年增长11.4%。按构成分，限额以上消费品零售额1281.64亿元，增长18.7%；限额以下消费品零售额1752.31亿元，增长6.6%。

在限额以上批发零售企业商品零售额中，建筑及装潢材料类比上年增长58.7%，通讯器材类增长45%，五金、电料类增长33.7%，中西药品类增长31%，服装鞋帽、针、纺织品类增长26.4%，家用电器和音像器材类增长22.9%，文化办公用品类零售额增长19.1%，体育、娱乐用品类增长15.3%，汽车类增长15%，粮油、食品类增长12.3%，石油及制品类增长9.3%。全市限额以上批发和零售业企业通过互联网实现商品零售额195亿元，比上年增长71.6%。

图7 2013—2017年社会消费品零售总额及其增长速度

对外经济

全年进出口总额达1567.6亿元，比上年增长2%；以美元计价为231.5亿美元，下降0.5%。其中，出口1046.6亿元，下降2.1%，以美元计价为154.5亿美元，下降4.5%；进口521.1亿元，增长11.3%，以美元计价为77亿美元，增长8.8%。进出口顺差525.5亿元，以美元计价为77.5亿美元，比上年减少13.54亿美元。

2017年进出口主要分类情况

表84

指　标	绝对数（万美元）	比上年增长（%）
进出口总额	2315370	-0.5

续表84

指　　标	绝对数（万美元）	比上年增长（%）
出口额	1545389	-4.5
其中：一般贸易	1370239	-4.3
加工贸易	130968	1.5
其中：机电产品	118095	2.9
其中：高新技术产品	356374	-4.2
进口额	769981	8.8
其中：一般贸易	654121	21.8
加工贸易	55407	-25.2
其中：机电产品	29839	59.1
其中：高新技术产品	109883	-25.7

2017年对主要国家和地区进出口情况

表85

国家和地区	出口额（万美元）	比上年增长（%）	进口额（万美元）	比上年增长（%）
亚洲地区	720033	-11.0	510239	21.5
香港地区	121373	-12.9	1261	-1.9
台湾地区	28710	-0.2	41373	21.0
日本	37625	-15.5	12044	12.6
韩国	22348	-35.1	12763	11.5
东盟	314409	-4.3	41645	4.5
欧盟	285310	-4.0	49516	7.3
俄罗斯	29347	46.1	20255	24.2
美国	227546	0.5	56362	19.0
非洲	86972	-16.2	68802	-43.7

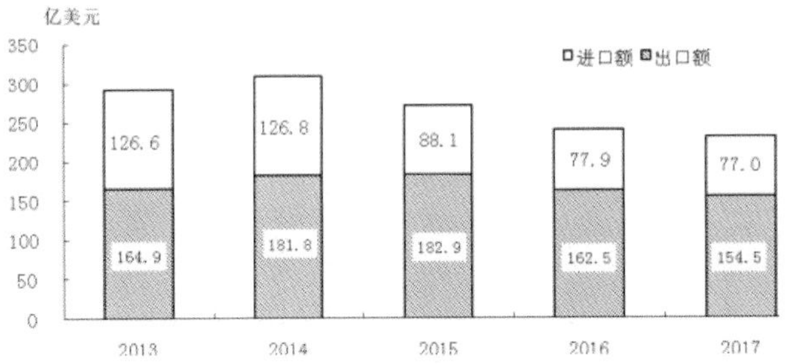

图8　2013—2017年货物进出口总额

全年新签外商直接投资合同项目196项，比上年增长58.1%，投资总额16亿美元，比上年下降31.9%；合同外资金额6.88亿美元，下降49.3%；按验资口径，实际利用外资15.92亿美元，下降2.2%。新批外商投资超千万美元（含增资）的项目由上年的55家下降到30家。在新签利用外资合同中，投向第二产业的合同金额4.33亿美元，下降45.9%，投向第三产业的合同金额2.37亿美元，增长55.6%。外商投资企业当年累计开业投产28家。

2017年外商直接投资分行业情况

表86

行业名称	新批合同项目（个）	合同金额（万美元）	实际使用外资（验资口径）（万美元）
总　　计	196	68782	159194
农、林、牧、渔业	6	3157	10195
制造业	41	33865	109263
电力、燃气及水的生产和供应业	1	603	1995
建筑业	3	1946	996
交通运输、仓储和邮政业	6	5346	4902
信息传输、计算机服务和软件业	6	304	14
批发和零售业	69	11115	10034
住宿和餐饮业	10	473	1711
金融业	1	44	4605
房地产业	7	-581	12001
租赁和商务服务业	18	6009	213
科学研究、技术服务业	11	1498	66
水利、环境和公共设施管理业	2	1388	2181
居民服务、修理和其他服务业	6	793	
文化、体育和娱乐业	9	2823	410

全年共签订对外经济技术合作合同金额10996万美元，比上年增长44.5%；完成营业额5031万美元，增长5.4%。全年派出劳务人员5704人，年末在外劳务人员共有4483人。全年批准境外投资企业12家，境外投资金额29352万美元。

交通、邮电和旅游

全年交通运输、仓储和邮政业实现增加值506.06亿元，增长8.8%。全年共新建、改建公路150公里，其中新建公路89公里。全市公路通车总里程达17657公里，比上年增加132公里。其中，二级及二级以上高级公路里程2825公里，高速公路里程652公里。公路密度达162.52公里/百平方公里。全市铁路总里程243.88公里，其中高铁里程45.21公里。

全年全市货物运输量28729.95万吨，增长11.8%；客运量7675.78万人次，下降5.9%。全市港口完成货物吞吐量12986.18万吨，比上年增长3.4%，其中外贸货物吞吐量3865.25万吨，增长6.2%；集装箱吞吐量224.26万标箱，增长7.2%。

2017年各种运输方式完成货物运输量情况

表87

指 标	单位	绝对数	比上年增长(%)
货运量	万吨	28729.95	11.8
铁路	万吨	946.13	-13.5
公路	万吨	16537.19	13.67
水运	万吨	11240.71	11.96
民航	万吨	5.92	19.3
货物运输周转量	亿吨公里		
铁路	亿吨公里		
公路	亿吨公里	142.20	11.8
水运	亿吨公里	1776.94	12.0
民航	亿吨公里		

2017年各种运输方式完成旅客运输量情况

表88

指标	单位	绝对数	比上年增长(%)
客运量	万人	7675.78	-5.9
铁路	万人	1321.85	11.3
公路	万人	5805.82	-11.8
水运	万人	14.06	17.0
民航	万人	534.05	40.8
旅客运输周转量	亿人公里		
铁路	亿人公里		
公路	亿人公里	41.4	-18.3
水运	亿人公里	0.06	83.5
民航	亿人公里		

年末，全市民用汽车保有量达到127.39万辆（含三轮汽车和低速货车），比上年末增长12.5%；其中私人汽车保有量116.64万辆，增长11.7%。全市民用轿车保有量81.55万辆，增长13.7%；其中私人轿车保有量77.24万辆，增长13.1%。全市共有营运汽车总数77959辆，其中客运车辆8549辆（含客运班车1870辆，旅游客车324辆，包车客车261辆，公交车3320辆，出租车2774辆），货运汽车60078辆（含普通货车50098辆，牵引车4308辆，挂车5672辆）。拥有省际运输船舶217艘，总载重268.44万吨。全市公交运营线路长度4423.1公里，全年公交客运量20813万人次。

全年完成邮电业务总量360.36亿元，增长46.5%。其中，邮政业务总量158.95亿元，增长36.6%；电信业务总量201.41亿元，增长55.3%。全市城乡固定电话用户172.54万户，移动电话用户942.01万户，其中4G电话用户707.42万户。互联网用户1071.60万户，其中固定宽带用户292.03万户，移动互联网用户779.57万户。

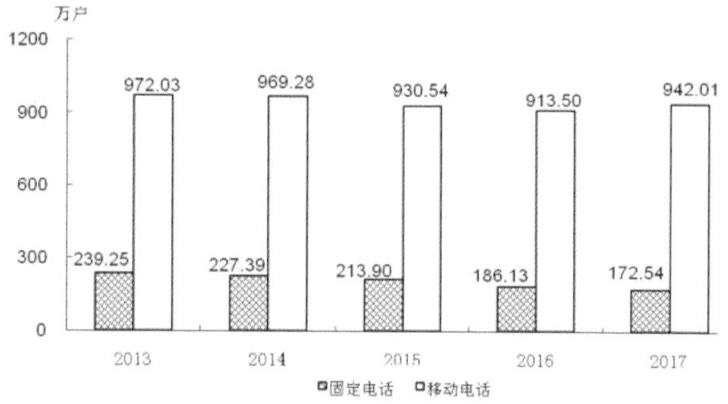

图9 2013—2017年末电话用户数

全年共接待国内外游客5474.49万人次，比上年增长21.4%。其中，国内游客5329.23万人次，增长21.7%；境外游客145.26万人次，增长10.9%。全年实现旅游总收入843.81亿元，增长28.7%。其中，旅游国内收入752.55亿元，增长29.6%；旅游创汇13.52亿美元，增长20%。

金融

年末全市金融机构本外币各项存款余额6891.80亿元，比上年末增长1.5%，其中人民币各项存款余额6777.69亿元，比上年末增长2.1%。人民币存款中，住户存款余额3511.56亿元，比上年末增长6.6%；企业存款1906.07亿元，比上年末下降5.0%。全市金融机构本外币各项贷款余额6070.60亿元，比上年末增长3.5%，其中人民币各项贷款余额6041.91亿元，比上年末增长4.4%。人民币贷款中，个人消费贷款余额1537.06亿元，当年新增431.99亿元，其中住房贷款余额1134.6亿元，当年新增265.15亿元。全年全市新设银行机构1家。

2017年末金融机构本外币存贷款情况

表89

指标	年末数(亿元)	比上年末增长(%)
各项存款余额	6891.8	1.5
其中：人民币存款	6777.69	2.1
其中：非金融企业存款	1906.07	-5.0
住户存款	3511.56	6.6
各项贷款余额	6070.60	3.5
其中：人民币贷款	6041.91	4.4
其中：短期贷款	2727.97	-0.6
中长期贷款	3101.87	17.3

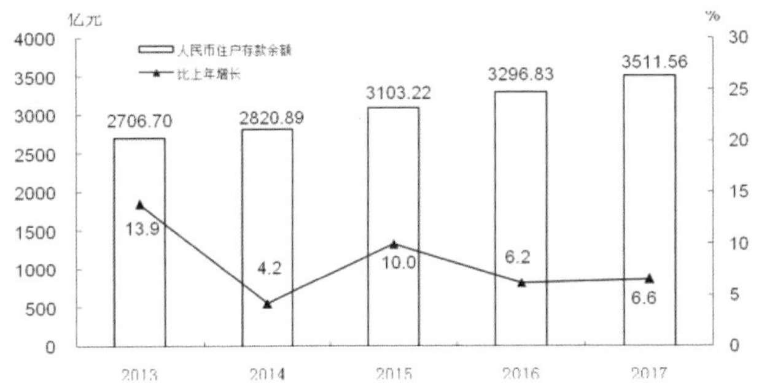

图10 2013—2017年人民币住户存款余额及其增长速度

全年证券市场通过发行、配售股票共筹集资金18.7亿元，比上年减少12.41亿元。其中，新发行A股1只，增发4只，筹集资金14.38亿元，比上年减少11.06亿元；境外新发行上市2只，筹集资金4.32亿元。截至2017年末，累计境内上市公司（A、B股）数量由上年末的19家增加到20家，总市值1603.73亿元，比上年末减少9%；累计境外上市公司数量由上年末的82家增加到84家。

全市保险业实现各项保费收入197.22亿元，比上年增长9.9%。其中，财产保险保费收入62.60亿元，增长6.4%；人寿保险保费收入134.63亿元，增长11.7%。赔款及给付支出59.90亿元，增长4.0%。其中，财产保险赔款及给付支出31.52亿元，下降0.5%；人寿保险赔款及给付支出28.38亿元，增长9.4%。

人民生活与社会保障

全年全市居民人均可支配收入33256元，比上年增长7.8%；人均消费支出21538元，增长4.5%；人均住房建筑面积66.8平方米。按常住地分，全市城镇居民人均可支配收入42696元，增长7.7%，人均消费支出26044元，增长3.3%，人均住房建筑面积66平方米；农村居民人均可支配收入18606元，增长8.3%，人均消费支出14545元，增长7.9%，人均住房建筑面积67.9平方米。城乡居民家庭恩格尔系数分别为33.4%和41.2%。

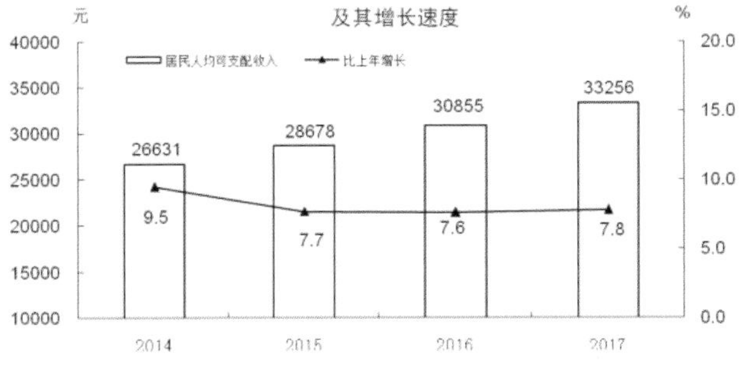

图11 2014—2017年居民人均可支配收入及其增长速度

年末城镇每百户家庭拥有彩色电视机125.9台、洗衣机80.1台、电冰箱（柜）88台、空调181.6台、计算机97.7台、家用汽车44.8辆、移动电话245部。年末农村百户家庭拥有彩色电视机119.9台、摩托车97.3辆、家用汽车15.2辆、洗衣机77.3台、空调96.2台、移动电话273.2部。

全市年末已参加养老保险人数523.94万人，比上年新增15.61万人。其中：参加企业养老保险人数139.56万人，比上年新增5.56万人，参加机关事业单位养老保险人数19.76万人，比上年新增9.91万人，参加城乡居民社会养老保险人数364.62万人，比上年新增0.14万人。年末企业离退休人员领取基本养老保险金人数10.08万人，全部实现养老金按时足额发放。年末全市参加失业保险人数68.4万人，领取失业保险金人数4.06万人。参加工伤、生育保险人数分别为113.38万人和97.93万人。全市参加职工基本医疗保险人数116.35万人。参加城镇居民基本医疗保险居民41.59万人；参加新型农村合作医疗人数563.7万人，参合率达99.97%。

年末全市收养性社会福利单位有403个，床位数20593张。其中，儿童收养性福利机构12个，床位564张，年末在院人数364人；城镇老年收养性福利机构18个，床位4557张，年末在院人数1446人；社区养老服务机构和设施237个；社区互助性养老设施136个。全市社区服务机构3646处。全市城镇服务中心达2274处，其中社区服务中心136个、社区服务站2132个。城市有1.04万人、农村有6.09万人得到最低生活保障救助。全年销售社会福利彩票11.94亿元，筹集社会福利资金3.47亿元，直接接收社会捐赠款2.24亿元。

全年全市创建60个人居环境整治村、30个美丽乡村示范宜居村、5条美丽乡村景观带，投入实际扶持资金7500万元；确定了30市级扶贫开发重点帮扶村，投入市级扶持资金1.59亿元。10个省级扶贫开发帮扶村共争取各类资金达22216万元，实施帮扶项目214个。组织实施“造福工程”，落实搬迁安置 10808人。

教育和科学技术

全市拥有高等院校18所，其中本科高校5所，独立学院1所，高职高专12所。研究生在校生4530人，招生1629人，毕业生1024人。普通高校本专科在校生12.61万人，招生3.71万人，毕业生3.43万人。全市中等职业学校38所（含技工学校6所），普通高中115所。高中阶段在校生21.77万人；招生7.52万人，其中普通高中4.54万人、中等专业学校2.72万人、技工学校2573人。全市普通初中211所，初中在校生26.62万人，招生9.63万人，其中招收外来务工人员子女3.49万人。全市小学1341所，在校学生74万人，招生12.9万人，其中招收外来务工人员子女4.62万人。全市幼儿园1503所，在园幼儿38.43万人，招生13.61万人，学前三年入园率97.9%。全市特殊教育学校11所，特殊教育在校生5141人。在泉就读外来务工人员子女义务教育阶段37.01万人。

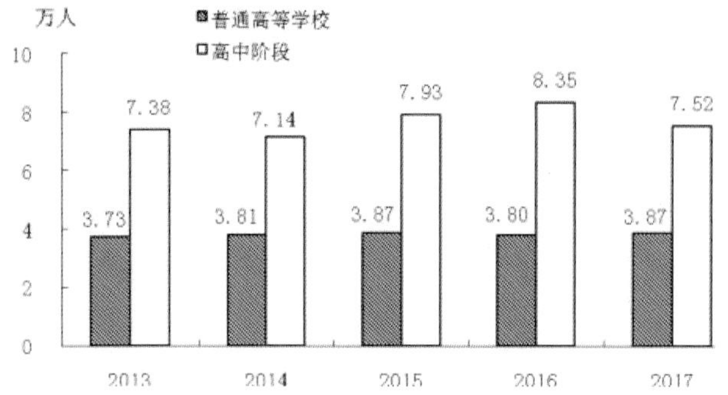

图12 2012—2016年各类学校招生人数

年末全市企事业单位共有各类专业技术人员（不含退休及非公有制企业从业人员）11万人，其中高级职称1.28万人，中级职称4.57万人，初级职称4.72万人，未评职称0.43万人。共设立了19个企业博士后科研工作站，累计引进博士后研究人员202人(次)，目前在站博士后56人。

全年新认定省级高新技术企业113家，总数达390家。年末，全市拥有省级、市级工程技术研究中心分别达85个和201个，228家企业被评为福建省创新型企业。全年共实施国家、省、市各级各类科技计划项目309项，其中国家级1项、省级132项、市级176项。有1项科技成果获国家科学技术奖，77项成果获市科学技术奖。全年专利申请47179件，授权25525件，2012年以来累计专利授权量达110811件。其中，本年新增发明专利授权量2483件，2012年以来累计发明专利授权量达6284件，年末每万人口发明专利拥有量达6.81件。全年共签订各类技术合同89项，合同金额8387.56万元。

年末共有产品检测机构12个，其中国家检测中心6个。全市共有法定计量技术机构8个，全年强制检定计量器具14.8万台（件），非强检计量器具8.8万台（件）。全年监督抽查1250家生产企业的产品2660批次，合格率达95.3%。

全年新增获工商总局认定全国驰名商标2件 ，累计154件。年末全市拥有中国名牌产品46个，省政府质量奖4个、市政府质量奖16个，国家地理标志保护产品11项。全年新增福建省名牌产品38项，累计304项。全市累计拥有11个全国农业标准化示范区项目，23个福建农业标准化示范区。

全年全市6家企业参与6项国际标准研制，56家企业参与48项国家标准制修订，54家企业参与66项行业标准制修订，19家企业参与19项地方标准制修订。全市累计获批独立承担或联合承担17个专标委秘书处和工作组。

年末全市共有国家级地面气象观测站7个，其中国家基准气候站1个、国家基本气象站1个、国家一般气象站5个；拥有天气雷达观测站1个，区域气象自动站257个。全市共有地震前兆台站20个，前兆测项43个，测震台站17个，烈度速报台站148个，强震动观测台站11个，GPS观测基准台6个。

文化、卫生和体育

年末全市共有各类艺术表演团体12个，影（剧）院59个，群众艺术馆1个，文化馆12个，博物馆（纪念馆）12个，乡镇文化站164个，公共图书馆11个。图书馆藏书总量478.79万册，电子图书541.20万册。文化系统专业艺术表演团体艺术演出2098场，观众118.71万人次；剧场、影剧院演（映）出60万场次。年末全市有广播电视台8座，调频、电视转播发射台9座，广播节目11套，广播综合人口覆盖率为98.53%；电视节目12套，电视综合人口覆盖率为98.48%。全市有线广播电视覆盖用户220.82万户，实际用户139.83万户，有线广播电视传输干线总长38706.30公里。

年末全市共有各类卫生机构（不含村卫生室）1518个，其中医院130个，卫生院126个，预防保健机构（含妇幼所、院）72个。年末共有卫生技术人员42911人，其中医生15903人，注册护士18489人。卫生机构拥有编制病床33190张，开放床位37683张。全市农村100%有医疗点，乡村医生和卫生员5273人。

全年共报告法定甲乙类传染病病例16104例，报告发病率187.69/10万。县级以上医疗机构疫情报告网络直报覆盖率为100%，乡镇卫生院覆盖率为100%，儿童预防接种四苗接种率99.85%；乙肝疫苗接种率99.87%。

全年全市运动员取得2项3人次亚洲冠军，7项8人次全国冠军。全年全市共新建“全民健身工程”点101个。成功举办泉州市第九届全民健身节。全年销售体育彩票16.92亿元。

资源、环境和安全生产

年末环湾建成区面积达220平方公里，比上年末增加6平方公里；其中，中心市区建成区面积达150.98平方公里，比上年末增加2.46平方公里。中心市区建成区新增园林绿地241.8公顷，总绿地面积达8866公顷，绿化覆盖面积9504公顷，绿化覆盖率为43.2%，人均公园绿地面积为14.4平方米。

全年全市自来水供水总量47355.05万立方米，其中居民家庭自来水用水量17909.64万立方米，家庭自来水用户106.22万户。全年共铺装天然气管道333公里，年末天然气管道累计达3334公里；天然气用户数27.5万户。全年全市城市生活垃圾无害化处理率98.63%；城市污水处理率92.14%。

全年共投入重点流域（含近海水域）整治资金13.63亿元，其中重点流域投入整治资金8.55亿元，近海水域投入整治资金5.08亿元。截至年末，全市有1780

家企业办理了水污染物排污申报登记，1415家企业办理了大气污染物排污申报登记，20家企业办理了固体废物污染排污申报登记，1898家企业办理了噪声污染排污申报登记。辖区各城市、县城空气质量达到国家二级标准，泉州市区空气质量一、二级优良天数345天，占总天数的94.5%；市区饮用水源达标率为100%，晋江流域水质监测省控断面Ⅲ类水质达标率为100%。实施农村饮水安全巩固提升工程，受益人口16.42万人，其中本年新增11万人。

泉州市本级和10个县（市、区）先后建成国家生态市、县、区并获命名；全市建成111个国家级生态乡镇，1659个市级以上生态村。

全市拥有省级以上林业自然保护区4个，其中国家级自然保护区1个；陆地自然保护区面积2.49万公顷，占国土面积的2.6%。另有福建深沪湾海底古森林遗迹国家级自然保护区，面积31平方公里。全市拥有森林公园38个，其中国家级1个、省级22个，森林公园总面积3.93万公顷，占国土面积的3.56%。全市森林面积65.04万公顷，森林覆盖率为58.7%，活立木总蓄积量3947.9万立方米，森林蓄积量为3798.1万立方米。

全年发生特大森林火灾3起，过火面20.7公顷，因森林火灾造成受害森林面积10.8公顷，损失林木227立方米、幼树0.5万株。

全年因洪涝和干旱造成的直接经济损失2.81亿元，比上年下降95%；全年农作物受灾面积0.28公顷，比上年下降99%，其中，绝收0.01公顷，下降99%。

全年全市共发生生产安全事故377起，比上年下降22.6%，其中工矿企业（含消防火灾、建筑行业等）32起、道路交通335起、水上交通2起、铁路交通6起、渔业船舶2起；死亡185人，下降20.6%，其中工矿企业（含消防火灾、建筑行业等） 34人、道路交通142人、水上交通1人、铁路交通5人、渔业船舶3人；受伤315人，下降18%，其中工矿企业（含消防火灾、建筑行业等）14人、道路交通299人、水上交通0人、铁路交通2人、渔业船舶0人；经济损失1618万元，下降72.2%，其中工矿企业（含消防火灾、建筑行业等）1104万元、道路交通314万元、水上交通200万元、铁路交通0万元、渔业船舶0万元。各类较大事故0起，下降100%。亿元生产总值生产安全事故死亡人数0.023人，比上年下降17.9%。

注释：

[1]本公报中数据均为初步统计数。各项统计数据均未包括金门县。部分数据因四舍五入的原因，存在着与分项合计数不等的情况。

[2]地区生产总值、各产业增加值绝对数按现价计算，增长速度按可比价格计算。

市区丰泽街中心地段（2017年拍摄） （图/陈英杰）

2017年泉州市重点课题调研成果选登

深化“放管服”改革 助力一流营商环境的调查与思考

□ 市委政研室 市行政服务中心管委会 市工商联联合课题组

党的十八大以来，以习近平同志为核心的党中央从全局出发，把转变政府职能作为全面深化改革的“牛鼻子”，坚韧不拔地把“放管服”改革推向深入。泉州市深入贯彻中央、省委的重大战略部署，已连续4年把“放管服”改革作为全面深化改革重点项目，取得了积极成效。坚持依法清权理权、科学减权放权，打造“清单式管理”制度框架，2014年以来市级精简各类权力事项2906项、精简率达41.7%；下放审批事项74项、取消183项、调整规范行政权力1257项，精简率超50%。坚持把行政服务提速提效作为工作主线，共精简申报材料1274项，削减审批环节259个，压缩审批时限3800个工作日。“双随机一公开”监管、跨部门综合执法改革和信用体系建设取得阶段性成效，多区叠加优势充分发挥，企业发展环境持续得到改善。其中，行政审批制度改革和商事制度改革的相关经验做法被国务院确定为“落实有关重大政策措施真抓实干成效明显地方”。推进“放管服”改革是一项系统工程，与经济社会发展要求和人民群众期待相比，仍有不小差距。

一、问题与短板

1. *简政放权方面*。一是有些权限下放不彻底、不合理。有的部门不愿意打破既有利益格局，该放的权还没有全部放开、放到位；有的部门将认证、审查、评估等权限简单移交社会组织，当“甩手掌柜”。二是有些权限上下衔接不到位。权限下放存在“自由落体”现象，配套政策、业务指导没有跟上，人员、编制没有紧随“权限”下放，下一级行政审批部门“接不住”“办不了”，或因责任加大而疲于应付。三是行政审批精细化不够。部分行政审批事项的法定审批前置环节多、手续杂，标准、条件、流程、时限不够明确具体，“填表多、填表难、填表烦”问题十分突出。四是行政审批服务自由裁量不当现象仍然存在。审批权标准化建设尚未全面展开，审批条件、审批结果、审批时限都可能因审批人员、审批对象的不同而有所区别。五是行政服务中心派驻窗口队伍建设亟待加强。承接上级下放权限后，窗口队伍工作任务更重、压力更大，“职业病”隐患突出，队伍稳定性差，窗口工作人员普遍反映“被边缘化”“重监管轻激励”。

2. *放管结合方面*。一是监管缺位与过度并存。“双随机一公开”监管机制尚不健全，“互联网+监管”未能有效运用，一些取消审批事项的事中事后监管措施没有及时跟上，对新产业、新业态、新模式的包容审慎监管经验不足。二是审批中介服务市场发育不足。行政审批中介服务管理规则和标准、中介惩戒退出细则办法有待进一步细化，中介“有权无责”的困境亟待破局；审批中介机构乱象丛生，服务事项环节多、耗时长、收费乱、垄断性强、出具相关报告质量不高，存在“大牌子、小队伍”现象。三是社会信用体系不健全。公共信用信息归集共享机制不健全，各级各部门间共享渠道尚未打通；守信激励和失信惩戒机制尚不健全，失信的社会成本较低，合同违约、偷税漏税、债务拖欠、商业欺诈等失信行为时有发生。

3. *优化服务方面*。一是网上行政服务供给能力不足。“互联网+政务服务”处在起步阶段，信息数据资源开发利用不够，电子证照建设有待深化；电子政务项目存在多头管理、纵强横弱，部门之间信息壁垒依然矗立，后台技术标准不一，部门信息数据共享、审批业务协同办理未能实现，用户体验感差。二是优惠政策不少但落地遇障碍。门槛条件设置较高是首要原因，信息不对称导致政策知晓率不高；政策针对性、操作性不强，大大抑制红利效应的最大限度发挥；政策兑现存在受理部门多、手续繁杂、用时较长等梗阻；政策“僧多粥少”，易滋生内幕暗箱操作，企业家对政策兑现感到困难重重、信心不足。三是公共服务配套存短板。园区路网布局、公共交通、休闲娱乐场所等基础设施配套较弱，园区周边的教育、医疗卫生、文化、住房保障等公共服务供给不充分不平衡。产业服务配套有待加强，工业固体危险废弃物无人回收而大量积压，铸锻造、热处理、精密加工等工业基础配套弱，技术研发、产品设计、检验检测、创业孵化等公共服务平台积累不足。四是要素保障能力有欠缺。企业存在不同程度的“招工难”“用工荒”问题，继续教育平台和职称申报通道不畅，“50周岁以上的女性不能购买工伤保险”问题突出；区域金融服务实体经济的主动性、创造性和有效性仍然不足，企业融资结构单一，银行惜贷慎贷，创投机构、天使投资不活跃，融资难融资贵尚未得到根本解决；地价高、租金贵是企业反映最强烈的问题之一。五是企业税费负担需减轻。“营改增”后，生产性服务业没有进项抵扣，企业税负无实质性降低；税务部门设定增值税进项税额抵扣率，但地区差异大，本土税源流失周边严重；人工成本、原材料价格、运输成本上涨较快，社保缴纳“只增不减”、水平衡测试、天然气垄断且涨价预期强烈等问题，应当引起关注。

二、对策与建议

党的十九大报告指出“转变政府职能，深化简政放权，创新监管方式，增强政府公信力和执行力，建设人民满意的服务型政府”，这是对深化“放管服”改革提出的新要求、新部署。泉州要切实在“学懂弄通做实”上下功夫，对标一流营商环境，坚持问题导向、需求导向，突出转型攻坚聚力跨越，不断把“放管服”改革引向深入，更加彻底地“放”、更加到位地“管”、更加有效地“服”，用行政权力的减法换取市场活力的乘法，增强企业与百姓的获得感，为建设“五个泉州”奠定坚实基础。

1. *强化顶层设计，整体谋划、统筹推进*。“放管服”改革是一项系统工程，要正确处理并协调好放、管、服三者关系，进一步做好简政放权的“减法”、做强监管的“加法”和优化服务的“乘法”，为企业松绑、为群众解绊、为市场腾位、为廉政强身。一是构建“12345”工作格局。以“1个中枢”强领导，“一把手”亲自抓，成立市打造一流营商环境工作领导小组及办公室，整合市委市政府督查室和市效能办、行政服务中心、电子政务服务中心等力量；以“2个平台”优服务，建好实体办事大厅和网上办事大厅，实现无缝对接、融合发展；以“3项改革”抓监管，推进审批“三集中”改革、“双随机”监管改革和“互联网+监管”改革，让事中事后监管更加到位；以“4套机制”促落实，强化人大监督、效能监督、政府自查、群众监督，形成多方参与、有机结合的监督体系；以“5张清单”管权力，制定实施权力清单、责任清单、公共服务事项清单、收费目录清单和市场准入负面清单，亮出家底，划出底线。二是提升“放管服”改革执行力。最大限度发挥好行政服务中心的“放管服”改革前沿作用，提供综合服务能力，并进一步探索组建市行政审批局的可行性；进驻部门务必“一把手”亲自抓，优化派驻窗口队伍结构，完善保障机制，建立轮岗制度，确保把业务能力强、综合素质高的业务人员和后备干部派驻行政服务中心，以人文关怀营造适度宽松的工作氛围；探索建立派驻窗口工作人员激励机制，派驻窗口等同于“下基层蹲点服务”；以市行政服务中心搬迁为契机，在硬件建设、软件开发，特别是人性化设计、大数据开发运用方面，完善服务设施，更加精准解决问题、满足需求，提升办事体验感、获得感。如，设立幼儿寄存站、儿童乐园，让带娃的市民便捷办事。三是完善行政服务激励约束机制。进一步弘扬“马上就办、真抓实干”精神，落实好强化机关效能建设正向激励措施，探索增设绩效奖励资金，制定“容错纠错”清单；用好用活促落实“4套机制”，坚持定期督查与不定期督查相结合，明察与暗访相结合，常规督查与专项督查相结合，全面督查与重点督查相结合，持续开展点穴式、交叉式、随机式督查，直指“病灶”；发挥考核工作的“指挥棒”和“风向标”作用，创新评价方式，考评结果纳入全市工作实绩考核体系。

2. *深化简政放权，放得彻底、接的稳妥*。简政放权是“放管服”改革的起始点，要不折不扣贯彻落实国家、省上的相关部署，对照管权力“5张清单”，稳妥推进自然人和法人分类简政放权。一是全面推行清单管理。把权力清单制度作为简政放权的重要抓手，及时对接上级，主动自我动刀，进一步清理、精简市级行政审批事项；持续加大向基层放权力度，尤其是市级政府面向自然人的审批服务事项，尽量下放到县（市、区）及乡镇（街道），尽量下放到老百姓身边；深化权力清单和责任清单“两单融合”，实现市、县、乡纵向权责清单全覆盖。二是打通服务群众“最后一公里”。将大量自然人办事的便民服务事项，如医保、社保、水、电及各种证明出具，简化流程、融合电子印章等技术植入自助服务机，建设24小时行政服务自助区；力争2018年前，将自助服务区覆盖到全市所有行政服务大厅，同时在城市居民区、超市、广场等公共场所、人口密集区域布点设置，打造百姓“15分钟办事圈”。三是深化商事制度改革。突出“减证”“证照分离”，复制推广上海浦东改革试点，全面梳理、分类处理各类涉企证照事项，探索将更多涉企证照与营业执照整合，实现“多证合一、一照一码”；突出“审批路线图”，进一步规范投资准入管理，及时更新“负面清单”，强化部门协同。四是深化审批服务自由裁量权改革。按鼓励允许类、限制类、禁止类改革审批权力，逐个项目、逐个权力岗位排查自由裁量空间；进一步细化量化技术审查标准，健全裁量技术标准评判和动态调整机制，规范和约束专家评审行为，确保专家按规则独立评审；梳理细化现场踏勘标准清单，探索实行现场踏勘人员的综合管理、统一调度和随机抽取，推行“打勾式”现场踏勘，并全过程视频、音频、照片记录取证；探索推行审批官制度，试行“一审一核”、终生追责制度；引入企业标准化管理理念，将各部门规范的办事流程、机制体制以标准形式固化，打造标准化服务样本。

3. *创新监管方式，批管分离、管得到位。*监管是“放管服”改革的重要支撑，也是薄弱环节，要坚决推进“批管分离”，突出事后监管，强化监管责任，维护良好市场秩序。一是强化后续市场监管。全面推行“双随机、一公示”监管制度，完善以随机抽查为重点的日常监督检查制度，健全随机事项清单管理；探索建立风险分类监管方式，将政府关切、社会关注、百姓关心的重点行业、重点区域和重点领域，以及投诉举报多发易发或违法违规行为相对集中的企业、行业和领域，列入监管重点实施定向抽查、精准监管；建立跨部门联合随机抽查的模式和机制，强化证照联动监管，做到“一家发现，通报相关，协同监管”；畅通社会公众投诉渠道，探索整合各职能部门的投诉举报平台功能，建成统一、便民、高效的消费投诉、经济违法行为举报和行政效能投诉平台。二是加快社会诚信体系建设。以企业法人信息资源库为基础，进一步完善企业信用信息公示系统；完善市级公共信用信息平台应用功能，扩大法人信用信息数据归集范围，加快自然人信用信息数据库建设。三是强化审批中介服务管控。细化管理规则、质量标准、惩戒退出细则等配套政策，推进行政审批中介服务市场化改革，抓紧出台各细分行业中介服务机构监管制度及执业考评办法；规范中介服务事项和收费，厘清中介服务功能和责任，完善全市行政审批中介服务项目和收费目录清单；提升中介服务效率和质量，重点管控转包、挂靠等“大牌子、小队伍”问题；实施“互联网+中介服务”，发挥“审批服务网上中介超市”平台作用，推行中介服务网上交易，强化中介服务过程管理和服务成果考评。

4. *优化政府服务，赋能清障、提质增效。*增强群众对改革成果的获得感，是“放管服”改革的落脚点和直接目标。一是优化行政服务。全面开展“减证便民”“简表便民”专项行动，完善“一趟不用跑”“最多跑一趟”办事清单；全面推行“一号一表一窗一网”快速服务机制，即一窗审核、数据共享、同步联审，实现从物理整合到化学整合质的飞跃；引进生物识别技术等“黑科技”，探索“机器代工”，以工匠精神加快推进“互联网+政务服务”建设，深化国家电子证照共享平台建设试点，加速推进企业全程电子化登记，出台电子证照建设应用管理办法，实现市县乡村四级全覆盖、线上线下深度融合；探索建立统一的电子政务项目管理组织体系，全力攻坚后台支撑，加速实现信息共享；全面整合“便民服务网上办事大厅”“12345便民服务平台”和市行政服务中心微信平台、手机APP、114预约服务、泉政通平台，打造“指尖上的行政服务中心”。二是优化产业服务。落实好国家和省取消、停征、降低收费各项政策，落实好企业增值税、营业税、所得税优惠政策，强化部门协同协作，加大政策宣贯，确保优惠政策全方位有效落地；深化人才“港湾计划”，发挥高等院校、新型研发机构的平台优势，抓紧出台新市民积分服务管理规定和实施细则，精准吸引产业发展和城市建设的紧缺人才，破解企业“招工难”“用工荒”问题；鼓励发展天使基金、风险投资、创业投资、私募基金，支持龙头企业赴境内外上市、发行债券票据；实施工业用地“优供、限供、不供”三个等级的差别化管理，鼓励企业节地挖潜，提高用地效益；加快泉州市工业废物综合处置中心建设，进一步提升工业固体危险废弃物处理处置能力，配套建设热加工中心，建设技术研发、产品设计、检验检测、创业孵化等行业公共服务机构。三是优化民生服务。加快老旧工业园区改造升级，新工业园区、创业园区参照新型产业小镇、产业社区乃至新型城区标准，提升配套基础设施能级；加大园区公共服务供给，所在地县（市、区）、管委会要把园区纳入民生事业补短板范畴，同步推进“四心工程”；建立营商环境问题长效机制，形成“多渠道征集问题—下达问题清单—督促解决落实—落实情况反馈企业”的全过程工作链条，每年确定一批重点整治问题，其中各县（市、区）、各市直单位每年聚集一个重点问题、解决一个重点问题。

课题指导：郑新聪　翁祖根
课题负责：许友烈　谢秀玲

傅玉波
课题组成员：陈丽永 刘荣添
周卫军 郭舒维
杨华阳 庄翰鑫
王斌斌 黄顺达
黄惠敏 吴淇铭
执 笔：刘荣添 杨华阳
黄惠敏
（编校：翁 莉）

2017年泉州市重点建设竣工项目

（一）交通项目

1. 厦门至沙县高速公路泉州德化段
2. 厦门至沙县高速公路泉州安溪至永春（达埔）段
3. 联三线（惠安赤湖至崇武古城）提升改造工程
4. 安溪安翔公路（中山大桥段及连接道路）工程
5. 国道324线泉州台商投资区段拓改工程

（二）能源项目

1. 国网福建泉州供电公司充电站项目
2. 南安翔云风电场项目
3. 安溪青洋风电场项目
4. 永春外山风电场项目

（三）农林水项目

1. 泉州市山美水库生态环境保护试点项目
2. 泉港双溪水库
3. 闽江防洪工程德化段
4. 泉港大象光伏及立体农业项目

（四）社会事业项目

1. 中科院海西研究院泉州装备制造研究所晋江园区建设项目
2. 中科院海西研究院泉州装备制造研究所泉州台商投资区建设项目

（五）城建环保项目

1. 泉州站前东西大道西延伸段
2. 泉三高速南惠支线泉州北互通连接线工程
3. 石狮市横纵干线建设项目
4. 南安石井科院北路
5. 惠安城南工业园区东环路续建路段道路工程
6. 永春北环路道路建设项目
7. 永春市政道路建设项目
8. 泉港锦川小区（一期）
9. 石狮加曾寨片区安置房
10. 石狮永宁片区安置房
11. 石狮灵山灵峰片区安置房
12. 泉州山线绿道工程精品示范段
13. 石狮市热电企业环保综合改造提升工程
14. 石狮鸿山循环经济项目

（六）服务业项目

1. 泉港新辉大电子商务产业园区
2. 南安英良·印象五号项目
3. 南安中工艺石材物流园石材加工项目
4. 南安霞美欢乐水世界
5. 丰泽新一代信息技术研发及产业化项目
6. 鲤城温陵商贸中心（美食街北延段片区改造）
7. 丰泽南益广场
8. 洛江恒大翡翠龙庭
9. 泉州台商投资区世贸蓝色海湾综合体

（七）工业项目

1. 泉港天骄化学材料生产项目
2. 南安天辉钢结构设备生产项目
3. 泉州台商投资区泉工机械项目
4. 洛江华大超硬材料生产项目
5. 石狮通达二期项目
6. 鲤城多层瓷介电容器产业基地及研发中心项目
7. 泉州开发区生物医药产业综合提升工程
8. 南安大理石粉循环经济项目
9. 永春超精准电子混合气体项目
10. 泉港福海粮油生产项目（三期）
11. 安溪味博生物科技产业园
12. 永春春江源食品项目
13. 南安固美金属铝型材加工项目
14. 南安华俊商品混凝土生产项目
15. 惠安惠兴石感漆涂料项目
16. 海尔（福建）智造基地

领导名录

中共泉州市委员会

书　记　郑新聪
副书记　康　涛
　陈奕辉
常　委　翁祖根
　温惠榕
　林俊其（至2017年10月）
　孔繁军
　林万明
　陈铁晗
　张永宁
　林锦明
　杨晓山（2017年6月任）
　刘建军（2017年12月任）
秘书长　翁祖根
副秘书长　陈文聪
　郑建清
　张荣宝
　吴达平
　简国正（2017年2月任）
　郑少波
　杨建辉
　郭从容

办公室
主　任　陈文聪
副主任　管东辉
　林吟啸
　杨德生
　卢新建
纪检组长　郑兴波（2017年5月任）
系统党委
书　记　陈文聪
专职副书记　郭建鹏
督查室
副主任　蔡永记
　魏琛虎
机要局
局　长　管东辉

市委政策研究室
副主任　许友烈
　陈辉煌

市委保密委员会办公室（市国家保密局）
局　长　黄万成

市委接待办
主　任　吴达平
副主任　庄玉龙
　黄雪玲

市委党史研究室
主　任　尤剑国
副主任　叶芬蓉
　高友土

市委档案局（市档案馆）
局　长　夏丽清
副局长　黄跃进
　陈若波

市委组织部
部　长　孔繁军
副部长　张翼翔
　陈晓蓉
　杨远志
纪检组长　廖丽芬（2017年5月任）
市直党群系统党委
专职副书记　王小寅（2017年11月任）
市委非公企业工委
专职副书记　施晓瑛

市委宣传部
部　长　陈铁晗
常务副部长　郑国防
副部长　黄景生（至2017年3月）
　郭丹红（2017年3月任）
　林炯泉
　叶燕民
　许旭明
　吴建生
纪检组长　杨春煌（2017年5月任）

市直宣传系统党委
党委书记　郑国防
专职副书记　庄仁哲

市委统战部
部　长　林万明
常务副部长　黄碧煌
副部长　王庆祥
　庄绍进
　陈　晖
纪检组长　陈少青
市直统战系统党委
专职副书记　黄子榕

市委政法委员会
书　记　林锦明
常务副书记　曾焕楷
副书记　徐义平
　何敬锡（至2017年2月）
综治办
主　任　徐义平
副主任　刘红生
610办
主　任　张少前
副主任　陈家祥
政治部
主　任　谢晓章
市直政法系统党委
专职副书记　汪祖培

市委台湾工作办公室
主　任　黄振奋
副主任　黄兴顺
　李朝晖
　许颖颖

市委机构编制委员会办公室
主　任　李元巍（至2017年5月）
　赖畅水（2017年5月任）
副主任　黄振良
　叶舒城
　邱志民（2017年3月任）

市事业单位登记管理局
局　长　　王淑绵

市委直属机关工作委员会
书　记　　陈奕辉
常务副书记　　黄黎波
副书记　　郑天文
　　陈炯仁
委　员　　王志强
　　苏文笔
　　吴志宏
　　谢江山
　　庄　禾
　　潘向前（2017年3月任）
纪工委书记　　苏文笔

市委巡查办、巡察组
主　任　　张荣宝
巡察一组组长　　吴清水
巡察二组组长　　黄国庆
巡察三组组长　　李元巍
巡察办副主任　　王洪龙
巡察办副主任　　李进京
巡察组副组长　　刘毓颂
巡察组副组长　　林育伟
巡察组副组长　　卓树丛

市委老干部局
局　长　　周文心
副局长　　林丽燕
　　陈政实
　　周中华

市委文明办
主　任　　林炯泉
副主任　　吕宝贝
　　陈庆宗

市委网络文化建设和管理办公室
主　任　　林培煌

市委党校
校　长　　孔繁军
常务副校长　　黄世界
副校长　　彭丽花（至2017年3月）
　　陈毅生
　　黄雄彪
　　詹碧英（2017年11月任）

市委讲师团
团　长　　朱林果

中共泉州市纪律检查委员会

中共泉州市纪律检查委员会
书　记　　温惠榕
副书记　　邓安娜
　　许锦聪
　　苏双喜
常　委　　林开通
　　许振煌
　　洪进星
　　郭　宁
　　王团结
秘书长　　郭　宁
监察局
局　长　　邓安娜
副局长　　林振约
　　苏耿聪
　　黄志强
办公室
主　任　　郑进锡（至2017年12月）
组织部
部　长　　王团结
宣传部
部　长　　林国章
党风政风监督室
主　任　　梅　永
信访室
主　任　　朱仁雄
案件监督管理室
主　任　　林添盛
第一纪检监察室
主　任　　郑燕飞
第二纪检监察室
主　任　　黄荣峰
第三纪检监察室
主　任　　潘自力
第四纪检监察室
主　任　　陈蕴哲（至2017年5月）
第五纪检监察室
主　任　　陈守林
纪检监察干部监督室
主　任　　钟志锋
机关党委
书　记　　林开通
专职副书记　　戴卓华（2017年4月任）

泉州市人民代表大会及其常委会

主　任　　郑新聪（2017年1月任）
党组书记　　陈万里
副主任　　吕　竞（至2017年1月）
　　张建生
　　朱团能
　　曾　巍
　　许文贵
　　吴友才
　　蔡思红
秘书长　　欧阳秋虹
副秘书长　　谢立新
专职委员　　兰　菁
副秘书长　　庄丽雅
　　蔡碧毓
办公室
主　任　　谢立新
副主任　　王文郴
　　黄克松
研究室
主　任　　王伟明
副主任　　叶睿葆
人事代表工委
主　任　　谢丽华
副主任　　戴小平
财经工委
主　任　　傅天富
副主任　　陈云毅
内司工委
主　任　　齐清秀
副主任　　郭少梅
环城工委
主　任　　王卫红
副主任　　叶朝阳
农工委
主　任　　庄金平
副主任　　卓国明
教科文卫工委
主　任　　张育凯
副主任　　胡佩玉
侨台民宗工委
主　任　　何志辉
副主任　　徐晓燕

法工委
主　任　李小兴
副主任　黄少鸿
机关党委
书　记　欧阳秋虹
纪检组
组　长　傅蔚茹
常务副组长　张青阳

泉州市人民政府

市　长　康　涛
常务副市长　张永宁
副市长　杨晓山（2017年6月任）
陈荣洲（至2017年1月）
周真平
卢炳椿
农　刚（至2017年8月）
季翔峰
洪自强
吕　刚
肖汉辉
秘书长　廖国文
副秘书长　黄文捷
林晋炼
林　强
杨永裕
张文卫
廖良结
王克思
办公室
主　任　黄文捷
副主任　黄文成
纪检组长　谢　斌
副主任　郑志勇
洪冬青
林清伏
纪检组
常务副组长　汪白露
效能办
副主任　洪冬青
系统党委
书　记　苏文雅
专职副书记　张希伴
督查室
副主任　吴鹏森
口岸办
主　任　黄文成

市支援前线办公室
主　任　许礼哲
副主任　吴连金
陈洪生

市信访局
局　长　林　强
副局长　陈丽琨
庄谓聪
吴志耕
沈俊旭

市发展和改革委员会
主　任　陈文堃
副主任　林合龙
陈小宝
陈招平
纪检组长　马立星（至2017年5月）
涂志斌（2017年5月任）
副主任　傅少明
系统党委
专职副书记　周明星
纪检组
常务副组长　王瑞珠（2017年6月任）

市经济和信息化委员会
主　任　黄国富
副主任　吴金埔
王春阳
纪检组长　黄俊荣
总工程师　施金洋
副主任　林曙铭
系统党委
专职副书记　曾钟远

市商务局
局　长　丁　峰
党组副书记　张　良
副局长　黄金跛
郑金福
纪检组长　黄珊珊（至2017年5月）
副局长　黄庭瑜
粘学清
简国红
党组成员　洪良泉
市教育局
局　长　廖伏树
副局长　陈少华
王瑞钦
毛伟雄
纪检组长　陈进兴
副局长　刘殊芳
徐昌裕
蔡琦瑜
陈军宣（2017年7月任）
系统党委
专职副书记　胡建军

市科技局
局　长　李文生
副局长　陈建兴
黄珍霞
纪检组长　郑兴波（至2017年5月）
刘舒蓉（2017年5月任）
知识产权局
局　长　黄丹萍

市民族与宗教事务局
局　长　胡晓泉（至2017年4月）
黄景生（2017年4月任）
副局长　兰德志
陈　鸿

市公安局
局　长　卢炳椿
副局长　柳新群
曾志敏
纪检组长　林　冰
副局长　卓庆忠
王连生
邱军炼（至2017年12月）
党委委员　陈建新
马运根
赖建玲（至2017年4月）
副局长　庄文斌
陈文荣
党委委员　庄金山
陈爱民
李森建（2017年7月任）
总工程师　王仙龙
副局长　胡晓胜（2017年10月任）
市打私办
主　任　曾志敏
副主任　马运根
市直公安系统党委

党委书记 卢炳椿
专职副书记 傅维明（至2017年4月）
黄建民（2017年7月任）
办公室
主 任 陈建新
政治部
主 任 赖建玲（至2017年4月）
副主任 贾常舜（至2017年12月）
部务会成员 林忠民
警务督察支队
支队长 陈俊杰
警务保障处
处 长 郑庆奎
指挥情报中心
主 任 陈泉斌
国内安全保卫支队
支队长 蔡永义
政 委 陈 健
治安支队
支队长 傅庆生（2017年5月任）
政 委 傅庆生（至2017年5月）
陈山东（2017年5月任）
刑事侦查支队
支队长 林元益
政 委 陶崇隆（至2017年12月）
经济犯罪侦查支队
支队长 方贞群
政 委 吴志锋
技术侦察支队
支队长 白建胜
政 委 易小克（至2017年12月）
禁毒支队
支队长 肖珍怀
政 委 李 群
公共信息网络安全监察支队
支队长 林起煌
政 委 吴天进
巡特警察支队
支队长 王艺彬（2017年3月任）
政 委 吴志伟（2017年7月任）
交通警察支队
支队长 庄金山
政 委 谢希圣
出入境管理支队
支队长 李清洗（至2017年2月）
户政管理支队
政 委 黄进乐（2017年10月任）
反恐怖支队
支队长 陈少贤
劳动教养工作办公室
主 任 朱德宏（至2017年6月）
工 会
主 席 李 宏
泉州年看守所
所 长 李锦林
经济技术开发区分局
局 长 庄飞鹏（2017年3月任）
油城分局
局 长 王洪杰（2017年7月任）
政 委 李园春（2017年1月任）
晋江机场分局
局 长 王卫东
纪检组
常务副组长 蔡炳耀（2017年5月任）

市民政局
局 长 杜朴生（2017年4月任）
副局长 周振强
蔡永升
副局长 薛文新
何志宏
党组成员 商黎霖
李国松
纪检组长 宋小峰（2017年5月任）
市老龄办
副主任 商黎霖
李国松

市司法局
局 长 林培新
副局长 赵运军
副局长 郭惠昆
柯秀丽
副局长 陈生校
政治部主任 傅孙满（2017年3月任）

市财政局
局 长 李清景
副局长 肖惠中
任秀斌
纪检组长 杨水永（至2017年8月）
副局长 庄尧森
总会计师 林文革
副局长 王小阳
纪检组长 赖发泽（2017年5月任）
副局长 曹 雪（2017年4月任）
市医疗保障管理局
局 长 李清景（2017年1月任）
副局长 肖惠中（2017年1月任）

市人力资源和社会保障局
局 长 刘曙庆
副局长 张庭侠
陈学东
刘炳华（至2017年11月）
纪检组长 谢 斌（至2017年5月）
副局长 骆靖宇
颜细财
李锦枝
纪检组长 何国平（2017年5月任）

市国土资源局
局 长 赖开族
副局长 戴全福
副局长 吴河安
总规划师 苏远红
副局长 郑建南
库区移民开发局
局 长 陈能语
市国土资源监察支队
支队长 何 伟
政 委 李启泽

泉州市住房和城乡建设局
局 长 钟文成
党委书记 苏庆福
副局长 张春权（2017年5月任）
王惠萍
陈进平（至2017年5月）
张志铭
庄绍宁
陈 希
总工程师 陈拥军（至2017年4月）
蔡海鸿（2017年4月任）
系统党委
专职副书记 郑葆飞

市城乡规划局
局 长 黄世清（至2017年12月）
刘文发（2017年12月任）
副局长 刘文发（至2017年12月）
刘克华
黄三多
徐宏艳

市市政公用事业管理局
局　长　王天祥
纪检组长　黄全承
副局长　陈大庆
　吴家琅
考评中心主任　王森江
系统党委
专职副书记　康景彪

市城市管理行政执法局
局　长　陈进平
副局长　林宇杰
　卢章雄
　王作彪
党组成员　龙西国（2017年10月）

市交通运输委员会
主　任　刘志平（至2017年2月）
　潘新雅（2017年5月任）
交战办主任　许笃慧（至2017年2月）
　吴福荣（2017年4月任）
党委书记　郭建生（至2017年2月）
副主任　吴福荣（至2017年4月）
纪检组长　庄木才
副主任　黄俊杰
　潘新雅（至2017年5月）
　杨琦伟
总工程师　傅远辉
系统党委
专职副书记　吴福铭
市公路局
局　长　郭根才
市道路运输管理处
处　长　林达贤
市水路运输管理处
处　长　黄克良
交通战备办公室
副主任　方向明
　洪小明
市交通综合行政执法支队
支队长　郑怡中（至2017年11月）

市农业局
局　长　刘锦川
党委书记　黄双九
副局长　吴晓雄
　杨文普（2017年10月任）
　陈振荣
　钱瑞峰
纪检组长　傅伟林（至2017年5月）
　蔡正确（2017年5月任）
副局长　万文伟
总畜牧兽医师　陈德利
系统党委
专职副书记　傅旺隆
副局长　阮孟诚（至2017年12月）
市农科所
所　长　李锦泉（至2017年2月）
书　记　魏　毅
市农机总站
站　长　黄振辉

市林业局
局　长　林华伟
党组副书记　李丽玲
纪检组长　傅伟林
副局长　黄衍庆
　傅国建
市森林公安局
局　长　林建真
政　委　陈自力

市水利局
局　长　傅春添
副局长　苏杭生
系统党委
专职副书记　郑耀忠
总工程师　黄桂元（至2017年5月）
副局长　黄桂元（2017年5月任）
　谢招南
总工程师　王逸民（2017年6月任）
纪检组长　林志彬（2017年5月任）
市防汛抗旱指挥部办公室
主　任　蔡旭萌（2017年5月任）
市山美水库管理处
主　任　郭明德（2017年6月任）
书　记　颜沧波
市龙门滩引水工程管理处
主　任　苏荣薰
书　记　颜建东

市海洋与渔业局
局　长　李建芳
副局长　庄　慧
　黄前程
　郑碧钦
　王松青
党组成员　王金健（2017年4月任）
　杜先华（2017年12月任）

市文化广电新闻出版局
局　长　陈荣法（至2017年3月）
　陈惠平（2017年3月任）
副局长　林育毅
　出宝阳
　吕秀家（2017年7月任）
　丁毓玲
系统党委
专职副书记　周梁升
市文化市场综合执法支队
支队长　林星民

市卫生和计划生育委员会
主　任　叶一帆
副主任　曾奕民
　吴宗桥
　苏培聪
　吴达辉
　吴鹭阳
纪检组长　张永忠
系统党委
专职副书记　邱　龙
副主任　张艺斌

市体育局
局　长　王家声
副局长　吴永江
　谢文华
纪检组长　黄礼智
副局长　汪国庆
党组成员　张延龄(2017年12月任)

市审计局
局　长　骆振军
纪检组长　蔡正确（至2017年5月）
总审计师　李锦忠
副局长　黄清安
　李小玲（2017年8月任）

市统计局
局　长　李跃民
副局长　李植聪

施能宗
纪华宗

市环境保护局
局　长　蔡天守（至2017年11月）
李国坤（2017年11月任）
总工程师　林榕加
副局长　黄　华
纪检组长　廖德信
副局长　连益梅
郑天助

市物价局
局　长　施国宾
总经济师　黄巧丽
副局长　黄明土
王宗锋
副局长　刘建军

市旅游局
局　长　张锡坤（至2017年2月）
李伯群（2017年4月任）
副局长　苏　悦
陈庆风
孙少磊

市粮食局
局　长　柯跃峰
副局长　陈锦霞
郑华江

市外事侨务办公室
主　任　温锦辉
副主任　郑志强
倪景云

市人防办
主　任　林琪伟
副主任　崔　健
蔡永生
谢文生
张铭芳
纪检组长　洪懿萱（至2017年5月）

市安全生产监督管理局
局　长　刘烨明
副局长　杨良木
副局长　王夏阳

黄婉清
张树武（2017年12月任）

市法制办
主　任　黄继业
副主任　林荣奇
柳　璟

市国有资产管理委员会
党委书记　陈劲松
主　任　庄鸿卿（至2017年5月）
王洪海（2017年5月任）
副主任　叶怀远（至2017年9月）
副主任　刘海祥
政治部主任　汪亚彬
总会计师　李维芳
纪检组长　陈泉木
党委委员　周俊杰（2017年12月任）
纪检组
常务副组长　陈向东（2017年5月任）

市金融工作局
局　长　陈德庆
副局长　徐　悦
黄培群
金融分析师　陈丽蓉
副局长　朱　亮

泉州市食品药品监督管理局
局　长　李国坤
药品安全总监　蔡锦忠
副局长　吴艺阳
郑云超
食品安全总监　肖朝晖

泉州市工商行政管理局
局　长　陈开基
纪检组长　李金育
副局长　王新新
林梓杰
苏秀梅
欧阳其满
党组成员　李雪芬

泉州市质量技术监督局
局　长　庄冰心
副局长　郑乙全
副局长　林志良

市行政服务中心管理处
主　任　李德雄
副主任　谢秀玲
许玉斌

清源山风景名胜区管委会
党工委书记
管委会主任　邱达敏

市政府驻北京联络处
主　任　吴炳煌
副主任　王秀也

市政府驻上海联络处
主　任　张宁滨

市政府驻深圳办事处
主　任　王志明

市政府驻福州办事处
主　任　陈万全

市政府驻厦门办事处
主　任　陈金鑫

市政府驻成都办事处
主　任　连世扬

市政府发展研究中心
主　任　胡毅雄
副主任　张照绿
市地震局
局　长　林田平
副局长　叶　威

市地方志编纂委员会
常务副主任　张惠评
副主任　林龙海
许晓松

市供销合作社
主　任　郑显章
副主任　吴开元
林宗清
陈锦忠（2017年12月任）

市城镇集体工业联合社
主　任　郑文良

副主任 余碧海
蔡文雄

市住房公积金管理中心
主 任 黄金顺（至2017年7月）
书 记 郭希纯

政协泉州市委员会

主 席 陈灿辉（2017年1月任）
副主席 骆沙鸣
陈铭福
王祖耀
李冀平
王瑞强
陈 益
洪川夫（2017年1月任）
林志建
秘书长 陈伟平
副秘书长 方建生
李金鼠
专职常委 陈志勇
李德志
周炳忠
办公室
主 任 方建生
副主任 陈小民
研究室
主 任 侯守水
副主任 陈洋锋
提案委
主 任 梁云南
专职副主任 郑瑞鑫
经济委
主 任 杨文龙
社会和法制委
主 任 张继红
专职副主任 王木生
教科文卫体委
主 任 黄聪吟
专职副主任 王忠华
港澳台侨和外事委
主 任 林鸿扬
专职副主任 张月娥
民族宗教委
主 任 郑云梅
专职副主任 吴绶莹
人口资源环境委
主 任 洪南福
专职副主任 黄捍卫
文史和学宣委
主 任 王小良
专职副主任 黄丽红
机关党委
专职副书记 黄阳辉
委员工作室
主 任 孙丽珠
纪检组
组 长 陈韫哲
常务副组长 李 玫

法院、检察院

市中级人民法院
院 长 欧岩峰（至2017年6月）
陈 明（2017年6月任）
党组副书记 吴俊民
副院长 沈毅青
高智辉
陈慧瑛
韩天明
潘丰源
纪检组长 苏子凡
政治部主任 江振平

市人民检察院
检察长 高扬捷
党组副书记 叶少凤
副检察长 樊美清
黄灿平
纪检组长 赵永奇
政治部主任 齐丹璇
副检察长 陈世炎
副检察长 孙志平

民主党派、社会团体

中国国民党革命委员会泉州市委员会
主 委 樊美清
专职副主委 陈海鹏

中国民主同盟泉州市委员会
主 委 陈建通
专职副主委 余嘉容

中国民主建国会泉州市委员会
主 委 戴仲川
专职副主委 黄军红

中国民主促进会泉州市委员会
主 委 庄宝玲

中国农工民主党泉州市委员会
主 委 陈 益
专职副主任 谢承华

中国致公党泉州市委员会
主 委 陈铭福
专职副主委 林丽华

九三学社泉州市委员会
主 委 王祖耀
专职副主委 李长江

台湾民主自治同盟泉州市委员会
主 委 苏耿聪
专职副主委 张 敏（2017年3月任）

泉州市总工会
主 席 孔繁军
常务副主席 王茂泉
副主席 江永清
王毅扬
陈宝芳
陈坤生

共青团泉州市委员会
书 记 杨凤翔
副书记 吴艺晖

泉州市妇女联合会
主 席 庄灿霞
副主席 丁为华
黄宝玲
李小玲（至2017年7月）
纪检组长 陈少青（至2017年7月）
副主席 庄泓鸿（2017年8月任）
党组成员 杨文忠

泉州市归国华侨联合会
主 席 陈晓玉
副主席 王巧丽
李荣生（至2017年12月）

泉州市台湾同胞联谊会
会 长 陈严辉

泉州市科学技术协会
主　席　骆沙鸣
副主席　章金良
魏隆福
郑华生
王建生

泉州市工商业联合会
主　席　周少雄
党组书记　陈　晖
专职副主席　黄振骞
傅玉波
黄珍红

泉州市文学艺术界联合会
主　席　许旭明
副主席　肖一鸣
泉州市社会科学界联合会
主　席　李培德

泉州市残疾人联合会
理事长　白碧英
副理事长　郑　虹
黄长春
陈纳新

泉州市计划生育协会
会　长　林伯前
常务副会长　黄源水
常务专职副会长　张艺斌
专职副会长　黄凤南
赵文详

中国国际贸易促进会泉州市支会
会　长　黄岩平
副会长　廖雅滨
喻青松

地方军警机构

泉州军分区
司令员　高　宏
政　委　刘建军

武警泉州市支队
支队长　张　剑
政　委　范伟民

泉州市公安边防支队
支队长　朱甘顺
政　委　杜　强

泉州市公安消防支队
支队长　李　隽
政　委　施艺伟

泉州边防检查站
站　长　孙　德
政　委　黄　洋

肖厝边检站
站　长　吴　冰
政　委　林云祖

泉州警卫处
副处长　王培钦

福建省公安边防总队海警第二支队
支队长　叶　昇
政　委　林伯川（至2017年6月）
杨庆勇（2017年6月任）

国家部委、省直驻泉机构

中国闽台缘博物馆
书　记　黄籴问
馆　长　林建春
副馆长　陈建鹰
粘秋生

泉州市国家税务局
局　长　沈家骏
副局长　朱国彬
施维天（至2017年10月）
纪检组长　何卫东
副局长　黄育文
总会计师　王庆福
总经济师　庄稼仁（2017年2月任）

泉州市地方税务局
局　长　黄小平（至2017年7月）
符夷杰（2017年7月任）
副局长　骆跃建（至2017年7月）
余清雄（至2017年7月）
黄松青
颜伟宏
周志望（2017年7月任）
林丽珠（2017年7月任）
纪检组长　林　清（至2017年7月）
王　焱（2017年12月任）
会计师　黄　强（2017年7月任）
稽查局局长　洪建家（至2017年12月）

泉州海关
关　长　张秀清（至2017年9月）
顾红梅（2017年12月任）
副关长　黄　榕
王阳生（至2017年12月）
李　炎（2017年12月任）
张美景
赖永伟
杨志雄

泉州出入境检验检疫局
局　长　刘文敏
副局长　欧阳钦芬
陈元俊

泉州海事局
局　长　李志强
政　委　吴清平
副局长　郑乃龙
王明强
张志坚
晋江海事处处长　许增智
泉港海事处处长　周文庆（至2017年11月）

人民银行泉州市中心支行
行　长　阮玉盼
纪委书记　陈明安（至2017年12月）
副行长　陈东方
谢仲庆
工会主任　蒋培娜
副行长　吕　俊（2017年4月任）

泉州银监局
局　长　刘水祥
副局长　方良川
纪委书记　林育新
副局长　林　敏
副局长　陈伟凌

市港口管理局
局　长　蒋少怀
副局长　阮其如
陈培焕
陈　诚

纪委书记 张逢桂（2017年11月任）

国家统计局泉州调查队
队　长 潘诗耀
副队长 林秋元
洪幼松
何惠忠
纪检组长 张俊飞

泉州气象局
局　长 李棠华
副局长 李宏图
纪检组长 许德福
副局长 叶宾宾

邮政管理局
副局长 薛军军
牛振国

泉州烟草专卖局
局长、经理 游文忠（2017年6月任）
副局长 张　军
副经理 李春发
纪检组长 徐家忠（2017年11月任）
副局长 施鸿程（2017年12月任）

国网泉州供电公司
总经理 王智敏
党委书记 蒋木春
副总经理 罗　斌
总会计师 陈鸿金
纪委书记 林　红（至2017年3月）
王晓彬（2017年3月任）
副总经理 李清良
工会主席 郑皆得
总工程师 王连辉

泉州水文局
局　长 郭树山（至2017年3月）
廖立伟（2017年6月任）
书　记 陈丽辉

泉州市盐务局
局　长 陈旺生
副局长 颜平源
姚锦渊

泉州监狱
监狱长 黄全瑜
政　委 张生闽
纪委书记 陈志强
副监狱长 范群武
政治处主任 俞太洪
副监狱长 陈国书
党委委员 刘　松
何坚强

洛江监狱
党委书记 杜心彬
党委委员 黄金磷
刘新晶
范宗芳
林泗水

泉州司法强制隔离戒毒所
所　长 杜心得
政　委 李香平
政治处主任 张爱民
纪委书记 林　青
党委委员 李志强

无线电管理局
局　长 林　源

市直新闻单位

泉州晚报社
社　长 叶燕民
总编辑 林耀平
副社长 黄　强
副总编辑 郭培明
邱志坚
王家声
彭耕耘

泉州广播电视台
台　长 吴建生
书　记 沈文锋
副书记 张伟宏
副台长 高栋梁
杨旭东
苏兴秋

各县（市、区）

鲤城区

区　委
书　记 黄阳春
副书记 许宏程
林荣川
常　委 陈恬波
黄天凯
陈伟群
陈燕飞
洪金城
黄向阳
曾朝阳
颜建安
张应辉
扎西伦珠

区人大常委会
主　任 郑进发
副主任 黄绍芒
陈财水
王白瑜
黄志煌

区政府
区　长 许宏程
常务副区长 黄向阳
副区长 苏毅君
张刺治
陈爱民
王江涛
吴振强
吴碧林

区政协
主　席 郭成宗
副主席 高云飞
潘永生
王锦延

区法院
院　长 李清坝

区检察院
检察长 王文龙

高新区管委会
书　记 吴保忠
主　任 万顺灿

丰泽区

区　委
书　记 黄景春

副书记 杨国昕
蔡龙群
仁青达瓦（2017年1月任）
常 委 苏延辉
廖春园
吴毓舟
许勤荣
骆 红
周顺安
胡祥辉
张圣忠
洪武强

区人大常委会
主 任 林建扬
副主任 林世川
张维斌
曾国家
蔡宁波

区政府
区 长 杨国昕
副区长 吴毓舟
洪武强
韩卫华
朱长沙
洪奕蓉
邱朝阳
施逢勃
黄琪金

区政协
主 席 上官蓝波
副主席 戴在平
高炳州
李木火
许志达

区法院
院 长 杨武能

区检察院 许金约

洛江区

区 委
书 记 洪飞跃
副书记 苏汉庭
颜丽明
常 委 黄清凯
余庆锋
王明元
陈天年
金玲珊
郑进锡
徐情恨
廖晓凌
郑忠平

区人大常委会
主 任 蔡永生
副主任 林新平
林少槐
林坤聚
何雄峰

区政府
区 长 苏汉庭
常务副区长 王明元
副区长 陈天年
廖启明
杨文格
杜韶山
陈逢生
谢卫东
陈 倩

区政协
主 席 王伊景
副主席 王诗榕
李奉恒
王 蔚
庄怀璇
党组成员 廖志芳
区法院
院 长 洪志强

区检察院
检察长 林志铭

泉港区

区 委
书 记 吴礼源
副书记 颜朝晖
苏松炎
常 委 吕火渠
王晓莺
陈相成
陈龙津
刘 刚
施有良
陈沙龙
彭垂鼎
陈明聪

区人大常委会
主 任 陈守川
副主任 赵琼花
黄胜富
邱彬侨
王国明

区政府
区 长 颜朝晖
副区长 傅文星
郭荣华
黄玉真
黄建辉
王志强
陈清拥
马立华
党组成员 陈国才
柯东阳

区政协
主 席 朱云鹏
副主席 钟海平
庄一鸣
陈庆堂
邱金谋
区法院
院 长 郑 敏

区检察院
检察长 黄清源

泉港石化园区
党工委书记 吴礼源
管委会主任 刘敏坚
副主任 张剑辉
杨新智
蔡寅鸣
陈宗旗
陈剑锋

石狮市

市　委

书　记　朱启平

副书记　黄春辉

　　　　庄玉海

常　委　林天虎

　　　　林振海

　　　　陈元生

　　　　张鸽翔

　　　　蔡天守（至2017年4月）

　　　　林希妍

　　　　方章成

　　　　杨德才

　　　　陈　宏（2017年10月任）

市人大常委会

主　任　上官跃进

副主任　施心新

　　　　吴清木

　　　　许赞成

　　　　林进全

市政府

市　长　黄春辉

常务副市长　蔡天守（至2017年4月）

　　　　陈　宏（2017年10月任）

副市长　杜举胜（至2017年12月）

　　　　张永安

　　　　施汉杰

　　　　李　斌

　　　　张汉杰

　　　　林志鹏

　　　　马　坤（2017年4月任）

市政协

主　席　林自育

副主席　郭丽莲

　　　　陈贤明

　　　　丁东福

　　　　陈东华

市法院

院　长　林明容

石狮高新区管委会

书　记　朱　贤

主　任　洪志扬

晋江市

市　委

书　记　刘文儒

副书记　张文贤

　　　　陈晋永

常　委　林惠玲

　　　　许仰东

　　　　黄文福

　　　　潘子良

　　　　吴忠刘

　　　　陈长义

　　　　刘文成

市人大常委会

主　任　洪于权

副主任　郭鸿荣

　　　　曾献礼

　　　　连泉富

　　　　姚志强

市政府

市　长　张文贤

副市长　李自力

　　　　张淑语

　　　　黄少伟

　　　　李志强

　　　　庄天怀

　　　　王文晖

市政协

主　席　林仁达

副主席　林庆峰

　　　　叶荣宗

　　　　洪元程

　　　　洪忠信

市法院

院　长　陈水深

市检察院

检察长　甘泽阳

福建深沪湾海底古森林遗迹自然保护区管理处

主　任　苏文伟

南安市

市　委

书　记　王春金

副书记　林荣忠

　　　　张桂森

常　委　吴跃达

　　　　吴忠溪

　　　　张瑞平

　　　　张小红

　　　　李岩华

　　　　黄辉灿

　　　　张树武（至2017年12月）

　　　　王连赞

　　　　张纪伟（2017年12月任）

市人大常委会

主　任　黄永俊

副主任　林建辉

　　　　丁瑞金

　　　　叶维新

　　　　陈文举

党组成员　潘爱忠

市政府

市　长　林荣忠

常务副市长　黄辉灿

副市长　薛建明

　　　　黄景阳

　　　　王昭昭

　　　　江景灿

　　　　洪永佳

党组成员　吴世木（至2017年10月）

　　　　陈巧英

　　　　陈江虹

　　　　王端峰

　　　　林　峰（至2017年12月）

市政协

主　席　洪顺昌

副主席　张国进

　　　　谢连树

　　　　黄文佳

市法院

院　长　林德育

市检察院

检察长　曾宏闽

惠安县

县 委
书 记 黄文胜
副书记 赖清正
蒋向群
常 委 许贞丽
吕建成
苏少波
陈国栋
许长春
刘炳祥
林育伟
王春雷
王志明

县人大常委会
主 任 张培坤
副主任 黄泉福
骆育敏
黄少山
黄育聪

县政府
县 长 赖清正
常务副县长 吕建成
副县长 汪水永
王也夫
刘东升
黄丽琼
李育杯
党组成员 辜惠钦
黄松友

县政协
主 席 蔡荣清
副主席 张其聪
陈锦满
刘宗斌
康丽红

县法院
院 长 吴泰雄

县检察院
检察长 许金标

安溪县

县 委
书 记 高向荣
副书记 刘林霜
常 委 许锦青
林荣超
史思泉
陈剑宾
叶文德
林文超
邱忠民

县人大常委会
主 任 廖皆明
副主任 苏志雄
黄明哲
叶海强
林志煌

县政府
县 长 刘林霜
副县长 林毅敏
肖印章
丁建铭
王礼藕
潘华培
吴志朴
洪 龙
叶松景

县政协
主 席 梁金良
副主席 陈春买
袁霖辉
许文凤
王文礼

县法院
院 长 许良才

县检察院
院 长 胡激洋

永春县

县 委
书 记 蔡萌芽
副书记 庄永智
高金全
常 委 林海鸥
余金南
江 渊
张金发
王超万
骆春玲
徐联生
杜明星
方有欣

县人大常委会
主 任 林金电
副主任 余永坚
陈发源
颜松龄
郭美西

县政府
县 长 庄永智
常务副县长 余金南
副县长 颜一鹏
周少华
刘永强
郑永璘
陈佩芳
康 峰

县政协
主 席 康思坚
副主席 梁文光
张敏辉
李江源
汤若狮

县法院
院 长 王志伟

县检察院
检察长 施文凭

德化县

县 委
书 记 梁玉华
副书记 刘德旺
陈金忠
常 委 吴顺情

王志安
刘惠煌
林祖传
林明义
陈坚宏
黄晓东
石渊文

县人大常委会
主　任　王传敬
副主任　徐明侃
连继续
苏惠生
郑荣尊

县政府
县　长　刘德旺
常务副县长　吴顺情
副县长　陈祥端
张秋英
苏锡培
陈维启
赖有为
蒋文强
尚自刚
陈志奋
党组成员　徐文福

县政协
主　席　温文英
副主席　刘志阳
林文昌
颜鸿琪
张晓文

县法院
院　长　苏益铮

县检察院
检察长　王声典

福建戴云山国家级自然保护区管理局
局　长　涂青云

泉州开发区（出口加工区）

党工委
书　记　梁炳辉
委　员　黄华强
连志富
卢　锋

管委会
副主任　连志富
傅国明
陈　斌
吴福来
于　琨（2017年3月任）

纪工委
书　记　黄华强

党务工作部
部　长　卢　锋

泉州出口加工区管委会
主　任　薛宗炎
副主任　黄溪洪

泉州台商投资区

党工委
书　记　吴汉宗
副书记　刘志平（2017年2月任）
林清泉（2017年4月任）
委　员　邱经良（至2017年12月）
杨昌文
陈家强
丁尚光
赖丽水（2017年4月任）

管委会
主　任　刘志平（2017年2月任）
副主任　邱经良（至2017年12月）
杨昌文
丁尚光
赖丽水（2017年4月任）

纪工委
书　记　陈家强

党群工作部
部　长　陈友爱

《泉州年鉴》相关名词解释

“四个意识”：增强政治意识、大局意识、核心意识、看齐意识。

“五位一体”总体布局：中共十八大报告对推进中国特色社会主义事业作出经济建设、政治建设、文化建设、社会建设、生态文明建设“五位一体”总体布局。

“四个全面”战略布局：即全面建成小康社会、全面深化改革、全面依法治国、全面从严治党。

“六个精准”要求：2013年10月，习近平到湖南湘西考察时，首次提出“精准扶贫”概念。2015年6月，习近平在贵州考察时，提出“六个精准”概念，即“对象要精准、项目安排要精准、资金使用要精准、措施到位要精准、因村派人要精准、脱贫成效要精准”。

“五个泉州”：即创新泉州、智造泉州、“海丝”泉州、美丽泉州、幸福泉州。

市委“三大战略”：即“打造泉州经济升级版、改革创新示范区、生态宜居幸福城”三大战略。

“1234”现代产业体系：力争到2020年构建“1234”现代产业体系，“1”是1万亿元GDP，“2”是2万亿元工业总产值，“3”是形成传统、重化、高新“三大板块”三足鼎立格局，“4”是服务业占比超40%。

三大板块：即传统优势产业、重化产业、高新技术产业“三大板块”。

PPP：英文Public-Private Partnership的缩写，即政府和社会资本合作。PPP模式是在基础设施及公共服务领域建立的一种长期合作关系。通常模式是由社会资本承担设计、建设、运营、维护基础设施的大部分工作，并通过“使用者付费”及必要的“政府付费”获得合理投资回报；政府部门负责基础设施及公共服务价格和质量监管，以保证公共利益最大化。

“放管服”改革：“简政放权、放管结合、优化服务”改革的简称。

“多规合一”：在一级政府一级事权下，强化国民经济和社会发展规划、城乡规划、土地利用规划、环境保护、文物保护、林地与耕地保护、综合交通、水资源、文化与生态旅游资源、社会事业规划等各类规划的衔接，确保“多规”确定的保护性空间、开发边界、城市规模等重要空间参数一致，并在统一的空间信息平台上建立控制线体系，以实现优化空间布局、有效配置土地资源、提高政府空间管控水平和治理能力的目标。

海丝：海上丝绸之路。

非遗：非物质文化遗产。

政产学研：政府、企业、学校、科研院所。

山线水线：“山线”即山线绿道工程。起点位于西湖公园北大门，经清源山、南少林寺、圣墓、大坪山、桃花山、森林公园等风景区，终点止于东海滨海公园，全长约22.5千米。“水线”即晋江下游生态整治工程（一期）。位于中心市区晋江北岸，北起黄龙大桥，南至滨海公园，全长约16.5千米，总面积约226公顷。建成后命名为“北滨江公园”，设四区十园：野趣水岸区（北峰园、白水营园）、文化水岸区（笋江园、石笋园、笋浯园）、乐活水岸区（田安园、浦西园）、湿地水岸区（沉洲园、汀洲园、滨海园），已建成6园，成为休闲健身滨水绿廊和滨江亮丽风景线。

“四心”工程：包括教育舒心工程，卫生与健康暖心工程，养老贴心工程和民生基础设施安心工程。

“1+X”政策体系：“1” 是主体，即《中共泉州市委 泉州市人民政府关于实施创新驱动发展战略建设国家自主创新示范区的意见》；“X”为系列配套文件（动态更新），已出台配套政策14份。重点在促进科技成果转移转化、为科研人员“松绑+激励”、科技金融结合、人才团队引进等方面开展先行试点，以科技创新促进全面创新。

“人才港湾”计划：2017年2月，市委、市政府出台《关于实施人才“港湾计划”的若干意见》，主要围绕推动人才工作由“服务支撑产业”向“引领产业发展”升级，提出坚持“两个规律”（社会主义市场经济规律、人才成长规律）、突出“两个主体”（用人主体、人才主体）、深化“两个创新”（体制创新、机制创新），聚焦人才管理、引进、培养、使用、激励、服务等关键环节，精准推出27条改革动向鲜明的政策措施，打造人才“引得进、留得住、过得好”的梦想港湾、事业港湾、生活港湾。

“百千5311”工程：即推广应用数字化生产线100条以上，生产、销售国产工业机器人1000台以上，推广应用国产数控系统5000台（套）以上，打造智能制造示范生产线3条，培养一批智能制造技术人才，培育一家新型研发机构。

农业“一区两园”：“一区”指国家现代农业示范区；“两园”指台湾农民创业园和农民创业园（示范基地）。

三品一标：即无公害农产品、绿色食品、有机农产品、地理标志农产品。

供应链融资模式：即“N+1+N”，是对原有“1+N”模式的升级，突出对产业供应链上下游小微企业提供融资服务，“1”是产业供应链龙头企业，两个“N”分别是产业供应链两头的小微企业。截至2017年12月末，共建链42条，通过支持58家核心企业带动644家上下游企业实现融资，贷款余额49.68亿元。

无间贷：泉州银行“无间贷”是对传统的续贷审批流程进行前置和优化，对符合条件的小微企业，在原贷款到期时无需归还贷款本金，重新签订合同即可完成续贷，解决小微企业贷款期限与实际经营周期不匹配问题，避免企业借助高成本“搭桥”资金续贷造成融资成本上升。2017年11月，“无间贷”业务在全国小微企业金融服务电视电话会议上推广。

多证合一：在全面实施企业、农民专业合作社工商营业执照、组织机构代码证、税务登记证、社会保险登记证、统计登记证“五证合一、一照一码”登记制度改革和个体工商户工商营业执照、税务登记证“两证整合”的基础上，将涉及企业（包括个体工商户、农民专业合作社）登记、备案等有关事项进一步整合到营业执照上，被整合证照不再发放，实行“多证合一、一照一码”，大幅度缩短企业从筹备开办到进入市场的时间。

“双随机”抽查：建立检查对象库和执法人员库，通过摇号等方式随机抽取检查对象、随机选派执法检查人员，推进监管执法的科学性、公正性。

联合国“绿色开发区”：即联合国工业发展组织支持的“绿色丝绸之路——绿色工业园区项目”，评定条件涵盖环境管理体系、清洁生产、生态效率、健康与安全、应急响应等方面内容。全国仅有泉州经济技术开发区、烟台经济技术开发区、连云港徐圩新区、张掖经济技术开发区、乌鲁木齐经济技术开发区5个国家级开发区被联合国工发组织授予“绿色开发区”。

“七个一”示范工程：在泉州古城启动“一园一区一河一街一路一厝一站”示范工程。“一园”，即小山丛竹公园；“一区”，即龙头山片区；“一河”，即八卦沟；“一街”，即西街；“一路”，即中山路；“一厝”，即老范志大厝；“一站”，即旧车站。

社区营造：即以政府引导、群众参与、自下而上、协会帮扶、共建共管为主要形式，以决策共谋、发展共建、建设共管、效果共评、成果共享为主要特点，最终达到群众深度参与社区建设管理，完成自组织、自治理和自发展的过程。

社会扶贫“三百”工程：由市委统战部、市侨联、市工商联发起，倡导“扶贫不分地域、守望相助行善举”，实施百企帮百村（组织100家企业与人均可支配收入较低、贫困面较大、基础设施薄弱的贫困村开展村企挂钩帮扶工作）、百会扶百村（发动百家商会、协会结对帮扶100个贫困村，采取创业指导、就业培训、农产品销售等帮扶方式）、百侨助百村（发动各级侨联挂钩帮扶贫困村）扶贫工程。

限房价竞地价：是指政府在土地使用权出让前，事先限定将来房屋销售的最高价格，由参与竞买的房地产开发企业竞拍按出价最高者获得的土地出让方式。该土地出让方式能够稳定市场预期，防止出让价格异常特别是异常高价地出现。

雪亮工程：以县、乡、村三级综治中心为指挥平台，以综治信息化为支撑，以网格化管理为基础，以公共安全视频监控联网应用为重点的“群众性治安防控工程”。通过三级综治中心建设把治安防范措施延伸到群众身边，发动社会力量和群众共同监看视频监控，共同参与治安防范，从而实现治安防控“全覆盖、无死角”。因为“群众的眼睛是雪亮的”，所以称之为“雪亮工程”。

“六大旅游产品”培育计划：即培育十大特色文化旅游示范基地，十大旅游特色街区，十大旅游休闲集镇，十大旅游特色村（3星级以上乡村旅游特色村），十大特色旅游风景道，十大旅游度假区。

五个一批：福建省关于项目管理的工作部署，即谋划一批、签约一批、开工一批、投产一批、增资一批。

农村土地“三权分置”：指形成农村土地所有权、承包权、经营权三权分置、经营权流转的格局。

侨务“三新”工程：以新华侨华人、华裔新生代、社团新力量为重点开展侨务联谊和服务工作。

厕所革命：国家旅游局2015年在全国范围内发动一场旅游厕所革命，制定《全国旅游厕所建设管理三年行动计划》，提出实现“数量充足、干净无味、实用免费、管理有效”的目标。习近平多次对“厕所革命”作出指示。

全面改薄：全面改善贫困地区义务教育薄弱学校基本办学条件的简称。

小片区管理：将县（市、区）城区义务教育的服务区划分为若干个小片区，以片区内的优质校为龙头捆绑周边一般校，实行“师资互派、资源共享、统一教学、捆绑考核”的管理模式，有效整合片区内义务教育学校资源，提高片区内薄弱学校的办学水平。

智慧天网：即各级公安机关视频图像信息传输网为基础，以物联网技术为支撑，以数据感知、采集、传输为目标的数字化传输网络，通过各级公安机关联接各种数据采集设备，实现对社会面各类动态数据的采集、传输、汇聚，为公安机关日常工作及政府决策提供数据支撑。因为“天网恢恢、疏而不漏”，所以称为“智慧天网”。

一门一号一窗一网：“一门”，指“一门”服务，即打破上下层级、部门行政界限，将行政审批和公共服务事项归于集中服务大厅办理，实现服务无界限、行政无缝隙、标准无差异。“一号”，指“一号”申请，即以居民身份证及法人社会信用代码作为唯一标识，建设电子证照库及基本信息专属服务空间，实现企业群众办事“一号”申请。“一窗”指按业务相近原则整合为几类业务审批分厅，在中心内按区域分别设置，如工商注册登记类分厅、基础建设审批类分厅等，每个业务审批分厅按受审分离原则设置统一咨询窗口、受理窗口、发证窗口，不再按部门设置窗口。“一网” ，指“一网”通办，即建设市、县、乡、村四级一体化政务服务平台，构建统一政务服务门户网站，实现群众网上办事一次认证、多点互联、“一网”通办。

关检“监管互认”：对海关和检验检疫局双方都需要查验（检验）的部分货物，海关和检验检疫局一方根据规范要求查验（检验）并记录，双方可共享、互认查验结果和数据。

《泉州年鉴》参编单位及审、撰稿人名单

单位	审稿人	撰稿人
市委办	林吟啸	卢春庆
市人大研究室	王伟明	陈意鸣
市政府办	林清伏	黄景顺
市政协研究室	侯守水	杜加立
市纪委办（监察局）	宋占锋	郑　颖
市委组织部	陈晓蓉	郑寒凝
市委宣传部	郭丹红	林聘贤 洪伟明
市委统战部	黄碧煌	刘　颖 陈延民 陈　薇
市委政法委	曾焕楷 谢晓章	吴贵德 邱冬凌
市委台工办	许颖颖	林千煌
市委编委办	赖畅水	吴真真 徐　炜
市委市直机关工委	黄黎波	吴金辉
市委老干局	章伟强	林志彬
市委文明办	叶长青	卢远远
市委政研室	杨毅萍	黄小寅
市委保密局	黄万成	黄长胜
市委党史研究室	尤剑国	和秀鹏
市档案局	陈若波	黄金泽
市委党校	林昭永	庄燕红
市信访局	庄谓聪	张雪萍
市政府法制办	柳　璟	苏秋香
市人防办	林琪伟	许和平 陈秀聪
市支前办	吴连金 陈洪生	赵建军
市发改委	张华林	洪若凡
市经信委	林坚栋	陈　佳
市安监局	黄教宗	黄　凯
市教育局	毛伟雄 林贵福	洪玮玮

单位	审稿人	撰稿人
市科技局	李文生 王炳川	林峰龙
市民族与宗教事务局	兰德志 陈　鸿	廖祥年
市公安局	陈建新	陈鹏程
市民政局	何志宏	傅温典
市老龄办	蔡永志	傅惠卿
市司法局	曾伟程	段雯瑾
市财政局	任秀斌	郭智勇 陈敬平
市医保局	王宗平	肖经纬
市国资委	陈建新	陈一帆
市金融工作局	黄棉棉 林文络 陈维红	林枢阳 洪晓彤 郭燕燕
市人力资源和社会保障局	陈学东 郑　强	杨明涌 阮崇文
市国土资源局	刘炳华 黄龙腾	余　晖
市住房和城乡建设局	郑葆飞	郭文森
市市政公用事业局	李永刚	蔡俊强
市行政执法局	王作彪	缪妙芳
市城乡规划局	金志森	朱　寒
市交通委	吴福荣	吴王明
市水利局	黄建洪	颜少清
市农业局	陈振荣	张迎芳
市海洋与渔业局	郑碧钦	朱丹华
市林业局	陈华文	陈秧发
市商务局	陈祖阳	叶冠庆
市文广新局	黄建明	陈鑫祥 谢芳泽
市卫计委	吴达辉	王建芳
市体育局	高向阳	蔡诗芳
市审计局	骆振军	张志文

单位	审稿人	撰稿人
市统计局	颜俊伟 黄延聪 王伟亮 黄灿煌 姚艳蓉	陈文珍 黄银杏 陈章祯 林晓蓉 侯雅丽 陈　进 蔡淑荟 齐玄飞 林家振 黄胜锋 吴彦珺 李诗颖 林　辉 吴秋明
市环保局	郭建华	张　意
市物价局	李智嘉	廖楷琳
市旅游局	孙少磊	马　宁
市粮食局	陈锦霞	张莉静
市外事侨务办	郑志强	林泓宇
市口岸办	杨　铭	叶雅芳
市政府发展研究中心	张照绿	江春平
市行政服务中心	苏永清 林灿荣	林龙珠
市住房公积金管理中心	郑杰毅	廖静娜
市地震局	叶　威	刘蔚蔚
市城镇集体工业联合社	郑旺兴	许思思
福建省泉州港口管理局	陈舒颜	黄　锦
市供销社	潘　茜	林航宇
市中级法院	李瑞阳	郑昭文 丁吉娜
市检察院	叶小金	吴婉碧
泉州军分区	谢祥宁	彭俊强 王伟韬
市城镇集体工业联合社	蔡文雄	郑旺兴
泉州预备役高炮团	李志传	吴木扬
武警泉州市支队	吴惠彬	谢正良
福建公安边防总队海警二支队	叶　昇	黄文杰
市公安边防支队	胡恭友	蓝　敏
市公安消防支队	马　勇	陈志忆
泉州边检站	杨清波	龚元章
肖厝边检站	庄铭源	刘凯涛
民革泉州市委会	陈海鹏	谢凤娟
民盟泉州市委会	余嘉容	王锦斌

单位	审稿人	撰稿人
民建泉州市委会	黄军红	陈滨林
民进泉州市委会	吕效球	蔡再来
农工党泉州市委会	谢承华	杨西治
致公党泉州市委会	林丽华	朱文婷
九三学社泉州市委会	李长江	张章录
台盟泉州市委会	张　敏	孙媛媛
市工商联（总商会）	傅玉波	谢　兵
致公党泉州市委会	林丽华	庄从福
九三学社泉州市委会	李长江	张章录
市工商联（总商会）	傅玉波	谢　兵
市总工会	杨晓明	何筱璐
团市委	吴艺晖	李奕铭 郑志宏
市妇联	丁为军	刘伟宏 王桂红
市侨联	陈海涛	陈忠锋 蔡　敏
市台联	陈严辉	刘云燕
市科协	陈思煌	王思颖
市文联	许旭明	詹敏芬
市社科联	李培德	朱燕玉
市残联	甘元章	黄美纯
市金门同胞联谊会	林　荣 张亚轮	林子旭 许燕松
市计生协会	刘友水	蔡文彬 郑小茹
市贸促会	傅文聪	涂锶琳
市关工委	蓝荣田	潘新成
市慈善总会	洪淑芳	姚巧娥
国家统计局泉州调查队	洪幼松 王小瑄 黄晓丹	颜福仁 郑月娇 修　瑞
中国闽台缘博物馆	林建春	吴雅菱
国家统计局泉州调查队	潘诗耀	修　瑞 曾　艳 颜福仁
市国税局	陈尚仁	林　琳
市地税局	王秋玲	陈懿坤
市工商局	许煌灯	柯　翔
市质监局	庄冰心	肖远鹏
市药监局	吴艺阳	詹忠辉

单位	审稿人	撰稿人
市公路局	郭根才 徐　斌	黄水来
泉州海关	谢树贵	何斌士
泉州出入境检验检疫局	黄晋峰	陈世阳
泉州海事局	李志强	胡鹏飞
泉州气象局	吴远志	陈常林
泉州市邮政管理局	陈古森	许志煌
泉州市烟草专卖局		陈常林
泉州电业局	陈海龙	郑日铃
泉州水文局	林元润	陈　欣
泉州盐务局	陈旺生	庄赞金
泉州监狱	张生闽	王锦源
洛江监狱	林泗水 杜心林	赵少钦 林振焕 王拾林
泉州司法强制隔离戒毒所	李香平	戴腾跃
泉州市无线电管理局	黄白苇	危雪儿
泉州市古泉州（刺桐）史迹申报世界文化遗产工作领导小组办公室	周真平 廖良结 吕秀家	谢晓艺 刘　珑 周桂云
第三届海上丝绸之路国际艺术节泉州市执委会综合组	郑少波	黄金车
泉州市生态修复城市修补工作领导小组办公室	刘海明	郭文森
泉州古城保护发展工作协调组办公室	李伯群 黄团峰	吴梅燕
泉州广播电视台	杨旭东	林惠坤
泉州晚报社	杨　杰	黄连茂
泉州学研究所	林丽珍 王　磊	尤丹萍 何　捷
市老促会		黄太平
市老年大学	柳小燕	余清梅 叶岩春
泉州商报	王一航	杨　翚
华侨大学	沈剑云	庄　蕾
泉州师范学院	黄江昆	陈全宝 常飞云
仰恩大学	庄哲峰	宋　可
泉州黎明职业大学	陈延民	谢小芳
泉州医学高等专科学校	祁少华	陈治琼
泉州幼儿师范高等专科学校	刘文开 陈金通	尤寅灵
泉州经贸职业技术学院	骆志生	吴少英
泉州工艺美术职业学院	林月伯	陈仁府

单位	审稿人	撰稿人
中国人民银行泉州市中心支行	郑再生	颜建源
泉州银监局	王恺恬	柯志生
中国工商银行	郑绍斌	闫洪珍
中国建设银行	张华锋	王　艳
中国农业发展银行	洪丽娟	赖秀你
中国农业银行	吴云翔	陈佳锟 张瑞德
中国农业发展银行	洪丽娟	赖秀你
中国银行	郭艺涛	叶建川
兴业银行	黄上游	王　琳
泉州银行	王奎章	袁　佼
省农信联社泉州办事处	黄智星	王家欣
中信银行	苏如兰	郑依瑜
民生银行	张毅斌	朱肇一
交通银行	连华英	杨祖杰
市保险行业协会	黄若霖	钟端端
晋江机场	陈火斌	叶　杨
铁路公司	周　衡	丁一新
中国电信泉州分公司	杨旭升	江中杰 闫建榕
中国移动泉州分公司	陈晓彤	姜虹桦
中国联通泉州分公司	孔令焰	陈江燕
市自来水公司	王汉荣	陈加珍
市公交公司	黄艺荣	蔡文强
鲤城区	吴英明	刘浩淼 周晓昵
丰泽区	李美泽	卢承志
洛江区	陈永泽	赖云鹏
泉港区	林进辉	陈小燕
石狮市	李秉源	王家超
晋江市	蒋家兴 颜才镖 黄　良	林荣国
南安市	苏勇鹏	李清梅
惠安县	黄平辉	朱君凡
安溪县	许充分	李江城 王佳雯
永春县	林良金	陈东升
德化县	刘玉珊	苏忠兴
泉州开发区	苏金波	徐勤友
泉州台商投资区	许振兴	李圣炜

拼音检索

说 明

一、本索引采用主题词分析法，按主题词首字汉语拼音字母顺序排列。

二、栏目、分目标题用黑体字。“特载”“专记”“市情概况”“大事记”“荣誉 人物”“附录”“《泉州年鉴》相关名词解释”“《泉州年鉴》参编单位及审、撰稿人名单”内容不作索引。

三、索引主题词后的数字表示页码，数字后的 a、b、c 表示栏别左中右。

四、空一字起排的款目为上一主题的“附见”。

D

E

F

G

H

J

K

L

M

N

R

S

T

W

Y